2024

中国国有资产监督管理年鉴

《中国国有资产监督管理年鉴》编委会　编

中国经济出版社
CHINA ECONOMIC PUBLISHING HOUSE

SASAC

图书在版编目（CIP）数据

中国国有资产监督管理年鉴. 2024 / 《中国国有资产监督管理年鉴》编委会编. -- 北京 : 中国经济出版社，2024. 12. -- ISBN 978-7-5136-7941-1

Ⅰ. F123. 7-54

中国国家版本馆CIP数据核字第2024BJ0339号

出版统筹　姜　静
营销统筹　张　巍
责任编辑　郑　潇　李玄璇
营销编辑　徐立敏　汪银芳
营销助理　马　林
责任印制　马小宾
封面设计　原创在线

出版发行　中国经济出版社
印 刷 者　北京富泰印刷有限责任公司
经 销 者　各地新华书店
开　　本　889mm×1194 mm　1/16
印　　张　55
插页印张　2.25
字　　数　2000千字
版　　次　2024年12月第1版
印　　次　2024年12月第1次
定　　价　480.00元
广告经营许可证　京西工商广字第8179号

中国经济出版社　**网址** http://epc.sinopec.com/epc/　**社址** 北京市东城区安定门外大街58号　**邮编** 100011

本版图书如存在印装质量问题，请与本社发行中心联系调换（联系电话：010-57512564）

编写说明

一、《中国国有资产监督管理年鉴》（以下简称《国资年鉴》）由国务院国有资产监督管理委员会（以下简称国务院国资委）主管、主办，《国资年鉴》编委会编纂，中国经济出版社编辑出版。

二、《国资年鉴》是一部全面记载我国国有经济运行、国有资产监管体制改革和国有企业改革发展，尤其是中央企业和地方国资监管机构所监管企业总体情况的大型工具书和资料性图书，是国务院国资委统一对外宣传的重要窗口和交流平台，对于宣传、指导我国国有资产监督管理工作及国有企业工作具有重要参考价值。

三、《国资年鉴》突出政策性、权威性、实用性和连续性。主要用户包括全国各级国有资产监管机构及相关行业管理部门，各类国有企业，有关中介机构，各国驻华机构，有关科研院所、图书馆、资料室等。

四、《国资年鉴（2024）》共设九篇内容。

第一篇　重要理论文章。刊载国务院国资委党委，国务院国资委党委书记、主任张玉卓收录于《人民论坛》《机关党建研究》《求是》等的文章。

第二篇 国有资产监督管理概况。国务院国资委各厅局就2023年我国国有资产监督管理情况、国有企业改革与发展情况予以分析、评述。

第三篇 各省（区、市）国有资产监督管理概况。由31个省（自治区、直辖市）国资委、新疆生产建设兵团国资委和5个计划单列市国资委就2023年本地区国有经济运行情况及国有企业改革与发展状况进行评述。

第四篇 中央企业改革与发展。99户中央企业就2023年经济运行、主要经济指标、国有资产保值增值、重大创新、履行社会责任等方面进行分析、评述。

第五篇 国有资产统计资料。刊载由国务院国资委财务监督与运行评价局提供的2023年国资系统监管企业户数、从业人数、国有资本总量之综合、行业、地区分析表；国资系统监管企业资产负债之综合、行业、地区分析表；国资系统监管工业企业户数、从业人数、国有资本总量地区分析表；国资系统监管工业企业资产负债地区分析表；国资系统监管商业企业户数、从业人数、国有资本总量地区分析表；国资系统监管商业企业资产负债地区分析表；31个省(自治区、直辖市）、新疆生产建设兵团和5个计划单列市监管企业主要指标表。

第六篇 国有资产监督管理政策法规选编。精选2023年有关国有资产监督管理的重要行政法规、部门规章和规范性文件。

第七篇 国有企业党的建设成果概览。采用图文并茂的形式重点展示国有企业在党的建设方面取得的成就。

第八篇 大事记。刊载2023年国务院国资委大事记。

第九篇 附录。刊载2023年度中央企业负责人经营业绩考核A级企业、《财富》“世界500强”中国企业上榜情况等相关资料。

五、《国资年鉴（2024）》涉及全国性统计数据，暂未包括港、澳、台地区。统计数据截至2023年底，由于数据修约，存在分项与总项不等的情况。

六、《国资年鉴（2024）》编委会编委名单，各地方国资委工作站和中央企业工作站站长、撰稿人名单截至2024年11月底。

《中国国有资产监督管理年鉴》编辑部

二〇二四年十二月

国务院国资委党委书记、主任张玉卓赴哈尔滨电气集团有限公司调研

国务院国资委党委委员、副主任谭作钧赴中国一重集团有限公司基层一线宣讲党的二十届三中全会精神并调研

国务院国资委党委委员、副主任袁野赴国家能源投资集团有限责任公司四川公司所属金堂公司调研

中央纪委国家监委驻国务院国资委纪检监察组组长、国务院国资委党委委员龚堂华出席学习贯彻习近平新时代中国特色社会主义思想读书班（第一期）并作开班讲话

国务院国资委党委委员、副主任苟坪赴中国石油化工集团有限公司齐鲁石化分公司调研

国务院国资委党委委员肖宗辉出席国务院国资委 2024 年预算执行等情况审计进点会并讲话

时任国务院国资委党委委员、副主任翁杰明赴哈尔滨电气集团有限公司国际公司承建的迪拜哈斯彦电站项目调研

时任国务院国资委党委委员、副主任赵世堂出席第六届数字中国建设峰会系列活动并致辞

时任国务院国资委党委委员、副主任王宏志赴华润医药商业集团北京物流中心（马连道库区）调研

时任国务院国资委党委委员、副部长级干部周国平赴中国中铁股份有限公司京雄高速公路项目管理中心调研

时任国务院国资委党委委员、秘书长彭华岗出席国务院新闻办新闻发布会

《中国国有资产监督管理年鉴》编委会

编委会主任

张玉卓　国务院国有资产监督管理委员会　党委书记、主任

编委会副主任

（在任）

谭作钧　国务院国有资产监督管理委员会
党委委员、副主任，直属机关党委书记

袁　野　国务院国有资产监督管理委员会
党委委员、副主任

龚堂华　中央纪委国家监委驻国务院国资委纪检监察组
组长
国务院国有资产监督管理委员会　党委委员

苟　坪　国务院国有资产监督管理委员会
党委委员、副主任

肖宗辉　国务院国有资产监督管理委员会　党委委员

（时任）

翁杰明　国务院国有资产监督管理委员会
党委委员、副主任，直属机关党委书记

赵世堂　国务院国有资产监督管理委员会
党委委员、副主任

王宏志　国务院国有资产监督管理委员会
党委委员、副主任

周国平　国务院国有资产监督管理委员会
党委委员、副部长级干部

彭华岗　国务院国有资产监督管理委员会
党委委员、秘书长

杨长利　中国广核集团有限公司　党委书记、董事长
刘开新　华侨城集团有限公司　党委常委、纪委书记
张沛然　南光(集团)有限公司(中国南光集团有限公司)　董事、副总经理
李洪凤　中国电气装备集团有限公司　党委书记、董事长
徐增堂　中国物流集团有限公司　党委常委、副总经理
莫德旺　中国国新控股有限责任公司　党委副书记、董事、总经理
李维政　中国检验认证(集团)有限公司　党委委员、副总经理
安铁成　中国汽车技术研究中心有限公司　党委书记、董事长
陈　力　中国铁塔股份有限公司　总经理
蓝　海　中国绿发投资集团有限公司　党委副书记、董事

《中国国有资产监督管理年鉴》
工作站站长(一)

(地方国资委)

陈江峰　北京市国有资产监督管理委员会　研究室主任
吴爱明　天津市国有资产监督管理委员会　研究室主任
周纬经　河北省国有资产监督管理委员会　综合处处长
李智俊　山西省国有资产监督管理委员会　办公室主任
卢晓亮　内蒙古自治区国有资产监督管理委员会　办公室负责人
刘春杰　辽宁省国有资产监督管理委员会　办公室主任
王祎峰　大连市国有资产监督管理委员会　办公室主任
刘晓强　吉林省国有资产监督管理委员会　宣传工作处副处长
刘楠楠　黑龙江省国有资产监督管理委员会　政策法规处处长
陈　浩　上海市国有资产监督管理委员会　办公室主任
阙金华　江苏省国有资产监督管理委员会　办公室主任
张斌豪　浙江省国有资产监督管理委员会　办公室副主任
李　昊　宁波市国有资产监督管理委员会　办公室主任
张政政　安徽省国有资产监督管理委员会　党委委员、副主任
李宇昆　福建省国有资产监督管理委员会　办公室副主任
廖敏磊　厦门市国有资产监督管理委员会　办公室主任
黎　萍　江西省国有资产监督管理委员会　办公室(党委办公室)副主任

程　烨　山东省国有资产监督管理委员会　办公室主任
颜　靖　青岛市国有资产监督管理委员会　办公室主任
李选杰　河南省国有资产监督管理委员会　研究室主任
平本栋　湖北省国有资产监督管理委员会　办公室主任
陈　宁　湖南省国有资产监督管理委员会　政策研究与法规处处长
梁国平　广东省国有资产监督管理委员会　办公室副主任
张坚胜　深圳市国有资产监督管理委员会　办公室主任
刘晓军　广西壮族自治区国有资产监督管理委员会　办公室副主任
武　军　海南省国有资产监督管理委员会　办公室主任
庄　玉　重庆市国有资产监督管理委员会　办公室主任
张展智　四川省国有资产监督管理委员会　办公室主任
戴卫华　贵州省国有资产监督管理委员会　办公室主任
杨大伟　云南省国有资产监督管理委员会　办公室主任
马玉芳　西藏自治区国有资产监督管理委员会　办公室（政策法规处）副主任、三级巡视员
张　飞　陕西省国有资产监督管理委员会　办公室（党委办公室）主任
李　伟　甘肃省国有资产监督管理委员会　政策法规处处长
田　勇　青海省国有资产监督管理委员会　党委委员、副主任
耿建勋　宁夏回族自治区国有资产监督管理委员会　办公室主任、一级调研员
曲　雷　新疆维吾尔自治区国有资产监督管理委员会　综合处处长
胡杨军　新疆生产建设兵团国有资产监督管理委员会　办公室主任

工作站站长（二）

（中央企业）

乔书荣　中国核工业集团有限公司　核工业档案馆馆长
李君三　中国航天科技集团有限公司　办公室副主任
张　鹏　中国航天科工集团有限公司　综合管理部部长
曹　凯　中国航空工业集团有限公司　政策研究室主任
洪方智　中国船舶集团有限公司　政策研究部政策研究室处长
李子福　中国兵器工业集团有限公司　改革与资产管理部副部长
赵　伟　中国兵器装备集团有限公司　综合管理部副主任
姚志杰　中国电子科技集团有限公司　综合管理部主任
赵晓永　中国航空发动机集团有限公司　综合管理部副部长、党组办公室主任
董之光　中国融通资产管理集团有限公司　办公室主任
杜毅漫　中国石油化工集团有限公司　中国石化出版社出版总监、企业文化与教育出版分社（年鉴出版分社）社长
李　鑫　中国海洋石油集团有限公司　办公室副主任
张　珂　国家石油天然气管网集团有限公司　集团办公室（党组办公室、董事会办公室）副主任
许　兵　国家电网有限公司　办公室副主任

乔嘉赓　中国南方电网有限责任公司
办公室(党组办公室、董事会办公室、
总经理办公室)副主任
李卫华　中国华能集团有限公司
董事会办公室主任兼办公室(党组办公室)副主任
王亚军　中国大唐集团有限公司
办公室(党组办公室、董事会办公室)副主任
郑江涛　中国华电集团有限公司
董事会秘书、
办公室(党组办公室、董事会办公室)主任
王捍忠　国家电力投资集团有限公司　党组宣传部部长
李小冬　中国长江三峡集团有限公司
新闻品牌中心主任
丁茂廷　国家能源投资集团有限责任公司
副总经济师、综合管理部(党组办公室)主任
朱拥华　中国电信集团有限公司　综合调研室主任
白福柱　中国联合网络通信集团有限公司
集团办公室副主任
邓小琳　中国移动通信集团有限公司
办公室(党组办公室/董事会办公室)
副主任、新闻中心主任
李瑞涛　中国电子信息产业集团有限公司
综合管理部主任
冷永昆　中国第一汽车集团有限公司
办公室(党委办公室)机要保密部总监
毛　静　东风汽车集团有限公司
公司(党委、董事会)办公室副主任
江　仲　中国一重集团有限公司　党委宣传部部长
杜文朋　哈尔滨电气集团有限公司　办公室主任
郭　勇　中国东方电气集团有限公司
党组办公室/董事会办公室/公司办公室副主任
杨　立　鞍钢集团有限公司　档案管理办公室主任
张文良　中国宝武钢铁集团有限公司　史志办公室主任
谢　文　中国矿产资源集团有限公司　办公室主任
关晓光　中国铝业集团有限公司　办公室主任
周家恺　中国远洋海运集团有限公司
行政事务部高级经理
王泽明　中国航空集团有限公司　总经理办公室主任
李干斌　中国东方航空集团有限公司
党组研究室(政策研究室、史志办公室)主任
王小刚　中国南方航空集团有限公司　档案馆副馆长
姚　雁　中国中化控股有限责任公司　办公室副主任
刘　云　中粮集团有限公司　集团办公室主任
张　勇　中国五矿集团有限公司　党群工作部副部长
夏　畦　中国通用技术(集团)控股有限责任公司
集团办公室(党组办公室、总经理办公室)主任
周利杰　中国建筑集团有限公司
集团办公室(党组办公室)主任
张华生　中国储备粮管理集团有限公司
综合部(新闻中心)副主任
井书光　中国南水北调集团有限公司　办公室主任
张　亮　国家开发投资集团有限公司
党群工作部(党组宣传部、党组统战部、
工会、团委)主任、团委书记
田蓓蓓　招商局集团有限公司
集团办公室信息处副处长
宋贵斌　华润(集团)有限公司　办公室主任
黄文玉　中国旅游集团有限公司[香港中旅(集团)有限
公司]　总经理办公室负责人
王蒙蒙　中国商用飞机有限责任公司　办公室主任
郝成涛　中国节能环保集团有限公司　办公室副主任
张　敏　中国诚通控股集团有限公司
集团董事会秘书、集团办公室(董事会办公室、
总经理办公室、党委办公室)主任

林小龙　中国中煤能源集团有限公司　办公室（党委办公室）副主任

姚雪亮　中国煤炭科工集团有限公司　集团办公室秘书处处长

顾剑峰　中国机械科学研究总院集团有限公司　院务工作部部长

刘掌权　中国钢研科技集团有限公司　集团办公室副主任

贾　浩　中国化学工程集团有限公司　综合管理部（党委办公室）部长

屈晓明　中国盐业集团有限公司　办公室（党委办公室）主任

刘清华　中国建材集团有限公司　办公室副主任、外事办主任

胡晓妹　中国有色矿业集团有限公司　办公室（党委办公室、董事会办公室、外事办公室）副主任

杨　杰　中国稀土集团有限公司　董事会秘书、办公室总经理

周慧渊　中国有研科技集团有限公司　集团办公室主任

吉兆宁　矿冶科技集团有限公司　办公室主任

韩军旗　中国国际技术智力合作集团有限公司　办公室（党委办公室）主任

陈乐端　中国建筑科学研究院有限公司　办公室主任

梁　军　中国中车集团有限公司　办公室（党委办公室）主任

屈　韬　中国铁路工程集团有限公司　办公室副主任

沈玉泉　中国铁道建筑集团有限公司　办公室主任

屈耀斌　中国交通建设集团有限公司　办公室（党委办公室）文书处（档案处、保密处）处长

丁　峰　中国信息通信科技集团有限公司　总经理办公室主任

王拓江　中国农业发展集团有限公司　办公室副主任

张学琼　中国林业集团有限公司　办公室主任

马　跃　中国医药集团有限公司　办公室（党委办公室、董事会办公室）主任

於骁冬　中国保利集团有限公司　战投中心主任

钱江锋　中国建设科技有限公司　办公室副主任（主持工作）

董彰星　中国冶金地质总局　党委办公室主任、办公室总经理

宋思哲　中国煤炭地质总局　秘书处处长

鲁志勇　新兴际华集团有限公司　综合部部长

金　勇　中国民航信息集团有限公司　办公室主任

魏建华　中国航空油料集团有限公司　规划发展部总经理

陈　思　中国航空器材集团有限公司　办公室主任

魏立军　中国电力建设集团有限公司　党委工作部副主任

关云航　中国能源建设集团有限公司　办公室（党委办公室、董事会办公室）主任

张学武　中国安能建设集团有限公司　办公室主任

龙　涛　中国黄金集团有限公司　办公室（党委办公室、董事会办公室），科技创新部、信息化管理部总经理

胡光耀　中国广核集团有限公司　综合管理部总经理

李　洋　华侨城集团有限公司　品牌与企业文化部总经理

彭计飞　南光（集团）有限公司（中国南光集团有限公司）　办公室总经理

范钦晓　中国电气装备集团有限公司　办公室（党委办公室、董事会办公室）主任

倪时政　中国物流集团有限公司　集团办公室主任

牛　欣　中国国新控股有限责任公司公司办公室（党委办公室、董事会办公室）副主任

孙汉福　中国检验认证（集团）有限公司办公室主任

张立雄　中国汽车技术研究中心有限公司办公室副主任（主持工作）

陈晓杰　中国铁塔股份有限公司宣传中心主任

来维涛　中国绿发投资集团有限公司董事会秘书兼办公室（党委办公室、董事会办公室）主任

《中国国有资产监督管理年鉴》撰稿人

（按姓氏笔画排序）

丁　冲　丁　康　丁若沙　丁浩东　于安妮　马世昌　马国亮
马喜兰　马魁梓　王　烨　王　琳　王　越　王　巍　王乃卉
王本飞　王生豪　王邵飞　王英伟　王明坤　王振华　王晓晨
王海林　王琬莹　王智鑫　牛立圆　毛佳文　方佳俊　尹诗岚
尹爱岭　孔　爱　孔小可　邓慧都　石义刚　叶　松　叶　明
田相庆　田蓓蓓　付　煜　付　睿　白　旭　包明凯　冯金玺
吉　军　毕京平　朱　军　朱　浪　朱亦珺　朱奕璇　任　哲
任洁江　刘　菲　刘　超（天津市国资委）　刘　超（中国华电）　刘　鑫
刘广为　刘双武　刘志强　刘晓军　刘银海　米星雨　孙博宇
李　尧　李　威　李　盈　李　健　李　琰　李　媛　李　蔓
李小龙　李玉龙　李亚光　李成涛　李青林　李朋辉　李宝江
李晓静　杨　迪　杨冰莹　杨敏言　杨涵雪　邴颂东　吴地委
何　立　何玉梅　沈之旸　沈妮妮　沈艳艳　宋　莹　宋孟楠
张　君　张　旺　张　晓　张　清　张　超　张文良　张好萌
张志强　张振东　张格格　张浩杨　张海峰　张展智　张晨旭
张智昊　张楚良　张黎明　陈　明　陈　波　陈　茜　陈　斌
陈　翔　陈大晟　陈卉卉　陈净涤　陈雪芹　陈鸿辉　陈聪颖
武正帅　欧天奕　罗云和　周　佳　周　健　周文涛　周书亚
周亚娇　周秋慧　郑丁山　郑礼建　郑光伟　单　婷　单新东

孟友瑞　　孟媛媛　　赵　杨　　赵　坤　　赵　岩　　赵　晨（上海市国资委）

赵　晨（中国有研）　　赵东亮　　赵阳灿　　赵晓辉　　胡冰洁　　胡雪辰

姜力祺　　姚雪亮　　姚新宇　　袁　芳　　袁　圆　　袁晓健　　贾泽鹏

夏　雨　　夏松乾　　徐晓春　　高　微　　郭　晨　　郭航空　　郭新丽

唐照寓　　黄　健　　黄　嫄　　黄春桥　　黄晓天　　黄懿明　　曹昆鹏

曹桐瑞　　龚　健　　盛小隆　　常慧娟　　梁　盈　　董　震　　董晓明

董银玉　　蒋方舟　　蒋若冰　　蒋晓琳　　韩　斌　　韩　露　　韩燕飞

程　欣　　曾　俊　　蓝天一　　蔡洪检　　谭　锐　　谭文武　　翟　宇

熊　图　　樊美麟　　滕晓玲　　潘承彬　　薛　颖　　薛俊武　　穆　森

戴黎黎　　鞠佩伦

目 录

第一篇 重要理论文章

第二篇 国有资产监督管理概况

第三篇　各省(区、市)国有资产监督管理概况

第四篇 中央企业改革与发展

第五篇　国有资产统计资料

第六篇　国有资产监督管理政策法规选编

第七篇　国有企业党的建设成果概览

第八篇　大事记

第九篇　附　录

索　引

Contents

Chapter Ⅰ. Important Theoretical Articles

Chapter Ⅱ. General Situation of the Supervision and Administration of State-owned Assets

Chapter Ⅲ. General Situation of the Supervision and Administration of State-owned Assets in Provinces, Autonomous Regions, Municipalities and Cities

Chapter Ⅳ. Reform and Development of China's Central SOEs

Chapter Ⅴ. Statistic Data of State-owned Assets

Chapter Ⅵ. Selected Policies and Regulations on Supervision and Administration of State-owned Assets

Chapter Ⅶ. Fulfilling Party Building of SOEs China Electronics Technology Group

Chapter Ⅷ. Chronicle of SASAC

Chapter Ⅸ. Appendix

Index

重要理论文章

第一篇

国企改革三年行动的经验总结与未来展望

国务院国资委党委

实施国企改革三年行动是以习近平同志为核心的党中央作出的一项重大决策。习近平总书记2019年12月在中央经济工作会议上明确提出制定实施国企改革三年行动方案，2020年6月30日亲自主持召开中央深改委第十四次会议审定《国企改革三年行动方案(2020—2022年)》，正式拉开了国企改革三年行动的大幕。面对突发疫情以及外部环境急剧变化等风险考验，各地各有关部门和广大国有企业坚持以习近平新时代中国特色社会主义思想为指导，认真贯彻党中央、国务院关于实施国有企业改革三年行动的决策部署，扎实推进各项改革任务落地，取得了一系列重大成果，积累了一大批宝贵经验，为新一轮深化国企改革奠定了坚实基础。

以国企改革三年行动为标志的新时代国企改革取得重大成果

在以习近平同志为核心的党中央坚强领导下，在国务院国企改革领导小组统筹推动下，各地各有关部门和广大国有企业坚持提高政治站位，把实施国企改革三年行动作为重大政治任务，推动国企改革在重点领域和关键环节上取得突破性进展，三年行动方案确定的重要改革任务高质量全面完成，国企改革三年行动成为党和国家近年来着力推动的具有标志性意义的一项重大工作。

一是首要任务高效落实，习近平总书记重要论述精神全面引领新时代国企改革实践。把坚决做到"两个维护"作为最高政治原则和根本政治规矩，着力推动习近平总书记关于国资国企工作的重要论述大学习大普及大落实。全面落实"第一议题"制度。通过党委(党组)理论中心组学习、联学会等多种方式，第一时间传达学习习近平总书记重要讲话和重要指示批示精神，按照"有没有学习研讨、有没有贯彻措施、有没有督导推动、有没有跟踪问效"四项标准强化督导、确保落实。全面加强"穿透式"学习培训。编印《国企改革三年行动以来习近平关于国有企业改革发展和党的建设重要论述和有关会议精神材料汇编》等"两摘编一汇编一读本"，推动学习宣贯工作直达基层一线、覆盖重要二三级子企业，3年来各地各中央企业累计开展专题培训超过33万场次，中央企业培训超过500万人次。全面实施"一把手"改革工程。各地党委政府主要负责同志和中央企业主要负责同志均召开专题会议，对实施国企改革三年行动作出部署。通过持续深入抓学习贯彻，国资国企广大干部明方向、清思路、晰路径，奋力把学习成果不断转化为波澜壮阔的改革实践。

二是制度建设切实加强，中国特色现代企业制度和国资监管体制更加成熟定型。积极探索扎根中国土壤、彰显中国智慧、体现中国风格的国有企业治理机制，为企业高质量发展提供坚实保障。中国特色现代企业制度建设取得重大进展。全面贯彻"两个一以贯之"，落实《关于中央企业在完善公司治理中加强党的领导的意见》，出台董事会工作规则、董事会和董事评价、董事会报告重大情况等制度，中央企业及其重要子企业、地方一级企业及其重要子企业全部制定前置研究清单，各级国有企业基本实现董事会应建尽建、外部董事原则上占多数。国资监管效能切实增强。全面履行出资人职责、国有资产监管职责和负责企业党的建设工作职责，加快监管理念、重点、方式、导向等全方位转变，深化国有资本投资、运营公司改革，专业化、体系化、法治化"三化"监管优势更加彰显，形成与我们党集中统一领导优势相适应、与社会主义市场经济体制相协调的国有资产监管新模式。

三是重点问题攻坚突破，充满生机活力的现代新国企加速涌现。以增强企业活力、提高效率为中心，深入推进国有企业市场化经营机制改革。强化国有企业独立市场主体地位取得历史性突破。公司制改制全面完成，对中央企业各级企业的功能界定分类首次实现，国有企业办社会和解决历史遗留问题全面扫尾，全国国资系统监管企业2万多个各类公共服务机构、1500万户职工家属区"三供一业"基本完成分离移交。三项制度改革实现全方位破冰破局。经理层成员任期制和契约化管理全面推行，中央企业和地方国有企业末等调整和不胜任退出的管理人员比例分别由2.5%、1.9%提升至5.7%、4.5%，94%具备条件的中央企业和88.8%具备条件的地方国有企业子企业开展中长期激励。中央企业各级子企业中混合所有制企业户数占比超过70%。改革专项工程发挥示范带动作用。深入推进"双百行动""科改示范行动""区域性综改试验""深化东北地区国资国企改革""世界一流企业示范工程"，一批老国企焕发新生机，一批现代新国企加速成长。

四是布局结构优化调整，国有资本整体功能和配置效率显著提升。贯彻落实党中央、国务院印发的《关于新时代推进国有经济布局优化和结构调整的意见》，积极服务构建新发展格局。战略性重组和专业化整合持续深化。以市场化方式推进4组7家中央企业战略性重组，新组建、接收8家中央企业，协调推动30余个中央企业专业化整合重点项目，中央企业涉及国家安全和国计民生领域营业收入占总体比重超过70%。全国省属国有企业实施116组347家重组，开展专业化整合2150次。布局战略性新兴产业步伐加快。实施产业基础再造工程，加大新一代信息技术、人工智能、新能源、新材料、生物技术、绿色环保等领域投入力度，强化航空航天、轨道交通、海洋工程、智能装备、芯片等高端制造业布局，3年来中央企业在战略性新兴产业领域年均投资增速超过20%。企业瘦身健体成效显著。中央企业法人户数累计压减44%，管理层级大多数控制在四级（含）以内，从事主业的户数占比达到93%。"僵尸企业"处置和特困企业治理任务基本完成，非主业非优势业务和低效无效资产清退任务加快落地，中央企业主业投资占比和从事主业的子企业数量占比均超过90%。

五是强根铸魂优势彰显，党的领导党的建设实现根本性加强。坚持党的领导、加强党的建设，是国有企业的"根"和"魂"。坚持不懈深入学习贯彻落实习近平总书记在全国国企党建会上的重要讲话精神，推动国有企业党的建设全面严起来、实起来、强起来。管党治党责任体系系统重塑。建立国有企业践行不忘初心、牢记使命长效机制，健全中央企业党委（党组）报告年度党建工作、党委（党组）书记现场述职等制度，出台党建工作责任制实施办法，企业党建工作体系加快建立健全，党建责任得到层层压实。党建基层基础全面建强。坚持"四同步""四对接"，健全党建工作和业务工作同谋划、同部署、同落实、同考核的具体制度，加强基层党组织书记、党务干部、党员三支队伍建设，有力消除混合所有制企业党建盲区，基层党建标准化规范化水平大幅提升。正风肃纪反腐持续深化。推进中央企业纪检监察体制改革，统筹推进中央巡视国资委党委和中管企业党委（党组）反馈问题整改，严肃查处利益输送、设租寻租、化公为私等靠企吃企问题，营造风清气正的良好政治生态。通过坚持和加强党对国有企业的领导，一些企业党的领导党的建设存在的弱化、虚化、淡化、边缘化等问题得到根本扭转，党建政治优势更好转化为企业发展优势。

国企改革三年行动的深入实施，推动国有企业发展方式发生深刻转变，科技创新取得重大突破，高质量发展迈出坚实步伐，国有企业在推动经济社会发展、抗击新冠疫情的大战大考中"顶梁柱"作用充分彰显，在落实国家重大战略、服务构建新发展格局中主力军作用充分发挥，在承担急难险重任务、保障和改善民生中姓党为民政治本色充分体现，为党和国家事业取得历史性成就、发生历史性变革作出了重要贡献。

坚持和运用好新时代国企改革的宝贵经验

新时代国企改革成果显著，在实践中取得的宝贵经验弥足珍贵，需要长期坚持并不断完善。

一是牢牢把握指导思想，始终用习近平总书记关于国资国企工作的重要论述统领国企改革。习近平总书记关于国有企业改革发展和党的建设的重要论述，系统宣示了新时代我们党领导和发展国有企业的大政方针、根本原则和重大举措，是新时代国有企业改革发展和党的建设的科学指南，是国企改革的源头活水。

二是牢牢把握重大原则，把党的领导贯穿国企改革全过程各方面。坚持和加强党对国有企业的全面领导，坚决防止以深化改革为名弱化党的领导，坚决反对借口同国际接轨、把党的领导和党建工作同生产经营对立起来、弱化甚至否定党的领导和党建工作的错误做法，推动企业党的建设与企业改革发展深度融合，为做强做优做大国有企业提供坚强政治保证。

三是牢牢把握使命任务，始终站位党和国家事业大局谋划推进改革。紧紧围绕党之大计、国之大计，聚焦战略安全、产业引领、国计民生、公共服务等功能，谋划和推进各项改革任务，使改革更好对接发展所需、民心所向，为建设现代化产业体系、加快构建新发展格局，维护我国经济安全、产业安全、国家安全提供坚实支撑。

四是牢牢把握正确改革方向，推动国有企业与市场经济深度融合。坚持公有制主体地位不动摇，坚持国有经济主导作用不动摇，坚持社会主义市场经济改革方向，以解放和发展生产力为中心，遵循市场经济规律和企业发展规律深化国企改革，不断强化企业独立市场主体地位，坚持和完善我国基本经济制度。

五是牢牢把握改革方法论，切实增强改革实效。落实“可衡量、可考核、可检验、要办事”的要求，更加注重改革的系统性、整体性、协同性，树立系统观念，构建强有力的组织推进体系和务实高效的工作推进机制，紧盯重点难点攻坚突破，推动改革系统集成、协同高效。

乘势而上实施新一轮国企改革深化提升行动

党的二十大报告指出：“深化国资国企改革，加快国有经济布局优化和结构调整，推动国有资本和国有企业做强做优做大，提升企业核心竞争力。”2023 年 2 月，习近平总书记在《求是》发表的《当前经济工作的几个重大问题》文章中对深化国资国企改革、提高国企核心竞争力作出重大部署。国资国企将全面贯彻党的二十大精神和中央经济工作会议部署，以提高企业核心竞争力和增强核心功能为重点，深入实施新一轮国企改革深化提升行动，坚定不移推动国有资本和国有企业做强做优做大，在建设现代化产业体系、构建新发展格局中发挥更大作用。

一是围绕增强产业引领力深化改革，更好推动现代化产业体系建设。更大力度布局前瞻性战略性新兴产业。加大新一代信息技术、人工智能、新能源、新材料、生物技术、绿色环保等产业投资力度，在集成电路、工业母机等领域加快补短板强弱项，促进支撑国家算力的相关产业发展，推动传统产业数字化智能化绿色化转型升级。强化在产业链循环畅通中的支撑带动作用。深入推进战略性重组和专业化整合，发挥龙头企业优势，持续推动基础固链、技术补链、优化塑链、融合强链。围绕产业链部署创新链，加快在重要领域和节点实现自主可控，增强国内大循环内生动力和可靠性。积极参与全球产业链优化布局。以高质量共建“一带一路”为重点，聚焦重点国家和重点项目深耕细作，增强资本、技术、人才等各类要素全球化配置能力，提升国际循环质量和水平。

二是围绕提升科技创新力深化改革，有效发挥在新型举国体制中的重要作用。加快原创性引领性科技攻关。强化企业科技创新主体地位，加强基础性、紧迫性、前沿性、颠覆性原创技术研究，尽快取得更多“从 0 到 1”的突破，提升基础研究和应用基础研究能力。大力提高投入产出效率。突出科技产出、科技成果、科技转化、科技产业，构建以实效为导向的科技创新工作体系，强化以企业为主导的产学研深度融合，牵头建设更多高效协同的创新联合体，打通产业应用“最后一公里”。加快建设科技创新国家战略人才力量。完善科技人才评价机制，探索创新对科技人才的激励手段，赋予领军人才更大技术路线决定权和经费使用权，建立更有效的科技成果收益分享机制，让广大科技人才创新活力和创造潜能充分释放。

三是围绕提高安全支撑力深化改革，着力提升安全发展能力水平。增强重要能源资源托底作用。推进重要能源、矿产资源国内勘探和增储上产，扩大优质煤炭产能，构建新型电力系统，提升种子自主可控和海外粮源掌控能力。强化重要基础设施建设。加大对通信网络等新型基础设施建设的投入，强化对主干电网、主干管网等网络的布局，加快关键大通道和重要枢纽建设。坚决守住不发生重大风险的底线。推动建立健全多层次债务风险预警机制，强化重点领域投资管控，加强境外项目经营风险防控，有效防范各类风险衍生或外溢。

四是围绕打造现代新国企深化改革，加快完善中国特色国有企业现代公司治理。提升国有企业公司治理现代化水平。全面落实"两个一以贯之"，把党的领导贯穿到公司治理全过程，动态优化国有企业党委（党组）前置研究讨论重大经营管理事项清单。分层分类落实董事会职权，强化外部董事规范管理和履职支撑，完善董事会向经理层授权制度。全面构建中国特色现代企业制度下的新型经营责任制。更大力度推行管理人员竞争上岗、末等调整和不胜任退出相关制度，分类明确并优化员工市场化退出的标准和渠道，探索建立完善企业内部人才市场，真正按市场化机制运营。健全更加精准灵活、规范高效的收入分配机制。完善具有市场竞争优势的核心关键人才薪酬制度，加大收入分配向基层关键岗位、作出突出贡献的一线苦脏险累岗位倾斜力度，推动中长期激励政策更大范围、更大力度规范实施，支持国有企业结合实际探索创新更多灵活的激励方式。

五是围绕营造公平竞争市场环境深化改革，更大力度促进各类所有制企业共同发展。深入推进政企分开、政资分开。充分发挥市场在资源配置中的决定性作用，更好发挥政府作用，支持企业依法自主经营。健全国资监管体制，放大专业化体系化法治化优势，提升监管信息化水平，更好发挥国有资本投资运营公司功能作用。深化国有企业分类核算、分类考核。完善企业功能界定与分类，设置更有针对性、个性化的考核指标。完善公益性业务目录，深化公益性业务分类考核，建立与公益性业务分类核算相适应的补偿机制。加强同各类所有制企业的协同合作。积极稳妥深化混合所有制改革，更好发挥积极股东作用，提升国有控股上市公司质量，鼓励国有企业与其他所有制企业加强各领域合作，在更深层次更高水平实现优势互补、互利共赢。

新时代新征程，国资国企广大干部职工将更加紧密地团结在以习近平同志为核心的党中央周围，坚持以习近平新时代中国特色社会主义思想为指导，深刻领悟"两个确立"的决定性意义，增强"四个意识"、坚定"四个自信"、做到"两个维护"，以更高站位、更强责任、更大力度把国企改革向纵深推进，推动国有企业坚定走好中国式现代化新道路，为全面建成社会主义现代化强国作出更大贡献。

（文章刊发于2023年3月16日《人民论坛》）

深入学习贯彻党的二十大精神　以国资国企新使命新担当为党和国家事业发展作贡献

国务院国资委党委

党的二十大擘画了全面建成社会主义现代化强国、以中国式现代化全面推进中华民族伟大复兴的宏伟蓝图，为新时代新征程党和国家事业发展指明了前进方向。习近平总书记在学习贯彻党的二十大精神研讨班开班式上发表的重要讲话，以马克思主义政治家、理论家、战略家的深刻洞察力、敏锐判断力和理论创造力，深刻阐释了中国式现代化的一系列重大理论和实践问题，为我们全面学习、全面把握、全面落实党的二十大精神提供了重要遵循。国务院国资委党委坚决把学习宣传贯彻习近平总书记重要讲话精神和党的二十大精神作为首要政治任务和长期战略任务，推动广大干部职工不断增强深刻领悟"两个确立"的决定性意义、做到"两个维护"的自觉性、坚定性，以国资国企新担当，为党和国家事业发展作出新贡献。

一、深刻领悟"两个确立"的决定性意义，坚决做"两个维护"的忠实践行者

学习贯彻党的二十大精神，要学深悟透其精神内涵和本质要求，学出信仰信念信心，切实把深刻领悟

"两个确立"的决定性意义、做到"两个维护"作为最高政治原则和根本政治规矩，贯穿于国资国企工作各方面全过程。

党的二十大取得的所有成果中，最重要最根本的是再次宣示了"两个确立"的决定性意义，明确了最大的政治、最大的大局、最大的原则。新时代十年，以习近平同志为核心的党中央团结带领全党全军全国各族人民攻克了一个个看似不可攻克的难关险阻，创造了一个个令人刮目相看的人间奇迹。十年间我们遭遇的风险挑战风高浪急，有时甚至是惊涛骇浪，复杂性严峻性前所未有；十年来我们取得的一切成就，都是党和人民一道拼出来、干出来、奋斗出来的。习近平总书记作为党中央的核心、全党的核心，在风云变幻中举旗定向、掌舵领航，在大战大考中指挥若定、运筹帷幄，在惊涛骇浪中力挽狂澜、砥柱中流。实践充分证明，习近平总书记不愧为党的核心、人民领袖、军队统帅，不愧为强国建设、民族复兴的领路人，习近平新时代中国特色社会主义思想就是指引党和国家事业前进的旗帜和灯塔，深刻领悟"两个确立"的决定性意义、做到"两个维护"，就是中国式现代化行稳致远的根本保证、力量源泉。

新时代十年，习近平总书记亲自谋划、亲自部署、亲自推动国资国企工作，从根本上推动国有企业改革发展和党的建设取得历史性成就，使我们更加深刻领悟"两个确立"的决定性意义。新时代十年，习近平总书记一锤定音明确了国有企业的地位作用，极大地鼓舞和激励国资国企战线广大干部职工理直气壮做强做优做大国有资本和国有企业。2016 年 10 月 10 日，习近平总书记出席全国国有企业党的建设工作会议并发表重要讲话，深刻回答了国有企业还要不要，国有企业要不要加强党的建设、怎样加强党的建设等一系列重大理论和实践问题，深刻阐明了新时代为什么要做强做优做大国有企业这个重大时代命题，在关键时刻力挽狂澜，为国有企业拨正航向、正本清源。新时代十年，习近平总书记发表一系列关于国有企业改革发展和党的建设的重要论述，是习近平新时代中国特色社会主义思想的"国企篇章"，为新时代做好国资国企工作提供了根本遵循。新时代十年，国资国企的一切变革、一切成就，都是习近平总书记英明领导的胜利，都是习近平新时代中国特色社会主义思想的胜利，是"两个确立"的决定性意义在国资国企领域的生动体现。

迈上新征程，国资国企要把对"两个确立"决定性意义的深刻领悟转化为做到"两个维护"的高度自觉，确保习近平总书记重要指示批示和党中央决策部署不折不扣落实落地。把加强和维护党中央集中统一领导建立在对党的核心发自内心的敬仰爱戴上、建立在对习近平新时代中国特色社会主义思想持之以恒的学习践行上，始终在思想上政治上行动上同以习近平同志为核心的党中央保持高度一致。完善落实"两个维护"的制度机制，深化党委（党组）会议"第一议题"制度、中心组学习"首要议题"制度，健全"看齐对标"机制，完善贯彻落实习近平总书记重要指示批示和党中央决策部署各项制度。认真履行管党治党政治责任，自觉同违反党章、破坏党的纪律、危害党中央集中统一领导和团结统一的言行作斗争，把"两个维护"作为企业民主生活会、党建考核、巡视巡察重要内容，确保党中央政令畅通、令行禁止。

二、牢牢把握新时代新征程国资国企使命任务，更加有力支撑中国式现代化伟大实践

党的二十大报告在加快构建新发展格局、着力推动高质量发展一章对国资国企工作作出重大部署，充分体现了党中央对国资国企在经济建设领域为中国式现代化提供支撑的重要要求。国资国企作为党领导经济工作的重要力量，与党的中心任务相适应，新征程上的使命任务就是要坚持"一个目标"，用好"两个途径"，发挥"三个作用"。"一个目标"就是做强做优做大国有资本和国有企业，"两个途径"就是提高企业核心竞争力、通过优化布局和调整结构增强核心功能，"三个作用"就是要切实发挥中央企业在建设现代化产业体系、构建新发展格局中的科技创新、产业控制、安全支撑作用。聚焦这一使命任务，今后一个时期重点要抓好 5 个方面工作。

坚决抓实高质量发展这一首要任务，在提高发展质量效益上取得新突破。高质量发展的关键在于加快转变发展方式，培育打造发展引擎。要健全完善目

标管理体系，加快补齐全员劳动生产率、净资产收益率、投资回报率、经济增加值率等方面的短板弱项，更好发挥考核“指挥棒”作用，引导中央企业提升价值创造能力，更加注重投入产出效率，更加注重经营业绩的“含金量”，实现质的有效提升和量的合理增长。要聚焦战略安全、产业引领、国计民生和公共服务功能，推动中央企业巩固在关系国家安全和国民经济命脉重要行业领域的控制地位。推动中央企业在集成电路、工业母机、6G、基础软件和工业软件、人工智能、生物技术、新能源、新能源汽车、新材料和未来产业等领域加大布局投入，助力国家打造现代化产业体系。要提升对公共服务体系的保障能力，带头推动落实区域协调发展战略和乡村振兴战略，强化中央企业在生态环保、防灾减灾救灾、公共应急物资保障、健康养老等公共服务领域的有效供给。要推动中央企业发挥品牌引领作用，大力实施品牌战略，着力提升品牌管理水平，不断形成品牌竞争新优势，实现中国产品向中国品牌转变。

坚持把科技创新摆在更加突出位置，在高水平科技自立自强上取得新突破。科技创新事关国运，国有企业是科技创新的重要主体，必须加快打造国家战略科技力量。要围绕“卡脖子”关键核心技术攻关，高质量实施千家创新型国有企业培育工程，推动中央企业加大对传统制造业改造和战略性新兴产业等领域科技攻关投入，争取实现更多“从0到1”的突破。以原创技术策源地为抓手加强基础研究和应用基础研究，紧盯“巴斯德象限”，从生产实践中凝练科学问题。要围绕提高科技研发投入产出效率，推动中央企业优化支出结构、提高研发产出，有组织推进从基础研究到产业化的全链条创新，加快构建以实效为导向的科技创新工作体系，建立更加有效的科技成果收益分享机制，健全成果转移转化机制，打通产业应用“最后一公里”。要围绕增强创新体系效能，引导企业强化内在价值、长期价值导向，聚焦重大攻关任务、基础前沿技术研究、现代产业链建设等加大政策精准供给，持续完善激励创新的考核评价体系和机制，用好国家实验室、创新联合体等平台，引领产学研用深度融合、协同创效。

深入实施新一轮深化国企改革行动，在加快打造现代新国企上取得新突破。改革是破解发展难题的有效手段。要提升国企公司治理现代化水平，落实“两个一以贯之”，把党的领导贯穿到公司治理全过程，动态优化国有企业党委（党组）前置研究重大事项清单。分层分类落实董事会职权，强化外部董事规范管理和履职支撑，完善董事会向经理层授权制度。要建立中国特色现代企业制度下的新型经营责任制，更大力度推行管理人员竞争上岗、末等调整和不胜任退出，优化员工市场化退出的标准和渠道，探索建立完善企业内部人才市场，真正按市场化机制运营。深化国有企业分类核算、分类考核。要完善具有市场竞争优势的核心关键人才薪酬制度，加大收入分配向基层关键岗位、作出突出贡献的一线苦脏险累岗位倾斜力度，推动中长期激励政策更大范围、更大力度规范实施，支持国有企业结合实际探索创新更多灵活的激励方式。要着力提升国有控股上市公司质量，鼓励国有企业与其他所有制企业加强合作，在更深层次更高水平实现优势互补、互利共赢。

积极完善以管资本为主的国有资产监管体制，切实增强国资监管效能。加强国有资产监管，防止国有资产流失是国资监管的重要职责，必须落准抓实做到位。要着力提升专业化、体系化、法治化监管的精准性、科学性。改革完善中央企业业绩考核、薪酬激励、投资管控、财务监管等一系列政策制度，加快完善有别于行业监管和社会公共管理的国资监管专业化模式，进一步统筹好多重监管目标，加快实现全方位全过程监管，扎实推进企业国有资产法、企业国有资产监督管理暂行条例等法律法规修订工作，始终在法治轨道上推进国资监管治理体系和治理能力现代化。要着力提升出资人监督的针对性、有效性。以防范化解重大风险为重点，推动各类监督力量有机贯通、形成合力，持续强化对中央企业投融资、债务、房地产、金融等重点领域重要环节的监督，坚决防止国有资产流失。要着力提升服务企业的主动性、实效性。进一步强化服务意识，主动帮助企业解决痛点、难点、堵点问题，建立健全企业反映问题、督促解决的长效机制。

坚持党的全面领导、切实加强企业党的建设，以高质量党建引领保障国资央企高质量发展。坚持党的领导、加强党的建设是国有企业的"根"和"魂"。国资委党委全面贯彻党的二十大关于全面从严治党的战略部署，持续深化落实全国国有企业党的建设工作会议精神，坚持党对国有企业的领导不动摇，切实加强党对国资央企工作的全面领导，进一步突出以高质量党建引领保障国资央企高质量发展这个主题，通过抓实组织、抓实队伍、抓实全面从严治党、抓实责任、抓实宣传思想，始终做习近平新时代中国特色社会主义思想的忠实践行者，用好思想政治工作"传家宝"，培养打造高素质专业化人才队伍，推动党建工作与生产经营更加深度融合，为国资央企奋进新时代新征程提供坚强保证。

三、持续推进模范机关建设，在学习贯彻党的二十大精神上作表率

国资委党委作为国资央企系统贯彻落实党中央决策部署的"第一棒"和"最先一公里"，要持续推进模范机关建设，带动国资央企系统成为学习贯彻党的二十大精神的先锋队、排头兵。

加强党的政治建设。坚持从政治上思考谋划和推动工作，坚持不懈用习近平新时代中国特色社会主义思想凝心铸魂，用习近平总书记关于国有企业改革发展和党的建设重要论述武装头脑、指导实践，当好贯彻党中央决策部署的执行者、行动派、实干家，以更加坚定的政治自觉抓实抓好国资央企各项工作，确保党中央决策部署在国资央企一贯到底、落实到位。

大兴调查研究之风。突出问题导向和目标导向，推动机关干部深入一线机制化，引导机关干部多到央企去，多到基层一线去，多到困难多、意见集中、工作很难打开局面的单位去，听真话、察实情，研究真问题、真研究问题，确保调研有实效、问题真解决。

着力提升专业能力。以提升履职尽责能力为目标，全方位锤炼履职本领，弘扬斗争精神、强化斗争本领，注重加强培训学习，切实提高国资监管的专业化水平，打造国资监管忠诚卫士，更好服务和保障国资央企高质量发展。

持续强化正风肃纪。坚持党性党风党纪一起抓，持续深化纠"四风"树新风，推进作风建设常态化长效化。推动不敢腐、不能腐、不想腐同时发力、同向发力、综合发力，紧盯权力集中、资金密集、资源富集的重点领域和关键环节，加大腐败案件查处力度，为企业改革发展营造风清气正的良好氛围。

新时代新征程，国资央企将更加紧密团结在以习近平同志为核心的党中央周围，以习近平新时代中国特色社会主义思想为指导，全面贯彻党的二十大精神，埋头苦干、锐意进取，为全面建设社会主义现代化国家、全面推进中华民族伟大复兴作出新的更大贡献！

（文章刊发于2023年第4期《机关党建研究》）

深学细悟笃行　为强国建设贡献国资央企力量

国务院国资委党委

在全党深入开展学习贯彻习近平新时代中国特色社会主义思想主题教育，是以习近平同志为核心的党中央为全面贯彻党的二十大精神、动员全党同志为完成党的中心任务而团结奋斗所作的重大部署。党的二十大明确了新时代新征程党和国家事业发展的目标任务，对以中国式现代化全面推进中华民族伟大复兴、全面建成社会主义现代化强国作出重大战略部署。国有企业是中国特色社会主义经济的顶梁柱，在建设现代化产业体系、构建新发展格局、推动高质量发展、推进中国式现代化建设中肩负重要使命。国务院国资委和中央企业要以深入开展主题教育为契机，在深学细悟笃行习近平新时代中国特色社会主义思想上下更大功夫，在推进强国建设、民族复兴的伟大征程中奋力谱写国资央企新篇章。

一、习近平新时代中国特色社会主义思想是做好新时代新征程国资央企一切工作的行动指南

以习近平同志为核心的党中央高度重视国资国

企工作。党的十八大以来，习近平总书记对国资国企工作发表一系列重要讲话，作出一系列重要指示批示，提出一系列新思想新观点新论断，形成了习近平总书记关于国有企业改革发展和党的建设的重要论述，是做好新时代新征程国资央企一切工作的行动指南。

坚持和发展中国特色社会主义，明确新时代国有企业地位作用。习近平总书记深刻指出，国有企业是中国特色社会主义的重要物质基础和政治基础，关系公有制主体地位的巩固，关系我们党的执政地位和执政能力，关系我国社会主义制度。公有制主体地位不能动摇，国有经济主导作用不能动摇，这是保证我国各族人民共享发展成果的制度性保证，也是巩固党的执政地位、坚持我国社会主义制度的重要保证。国有企业地位重要、作用关键、不可替代，必须坚定不移做强做优做大。

深刻把握中国特色社会主义的最本质特征，明确国有企业的根本政治保证。习近平总书记 2016 年 10 月 10 日出席全国国有企业党的建设工作会议并作重要讲话，深刻回答了国有企业还要不要、国有企业要不要加强党的建设等重大理论和实践问题，深刻指出坚持党的领导、加强党的建设是我国国有企业的光荣传统，是国有企业的“根”和“魂”，是我国国有企业的独特优势，强调坚持“两个一以贯之”，在关键时刻为国有企业改革发展正本清源、举旗定向。

统筹两个大局，明确国有企业的使命任务。习近平总书记强调，国有企业要做落实新发展理念的排头兵、做创新驱动发展的排头兵、做实施国家重大战略的排头兵；中央企业等国有企业要勇当原创技术的“策源地”、现代产业链的“链长”。这些重要论述，为国资央企紧紧围绕党之大计、国之大计谋划推进工作提供了根本遵循。

坚持全局性谋划、战略性布局、整体性推进，明确搞好国有企业的方法路径。习近平总书记强调，要深化国资国企改革，加快国有经济布局优化和结构调整，完善中国特色现代企业制度；推进国有企业改革，要有利于国有资本保值增值，有利于提高国有经济竞争力，有利于放大国有资本功能。这些重要论述，为做好新时代新征程国资央企工作提供了科学行动指南。

习近平总书记关于国有企业改革发展和党的建设的重要论述，体系科学完整、内容博大精深，是习近平新时代中国特色社会主义思想的国企篇章。国资央企开展主题教育，要坚持全面学和重点学相结合，完善贯彻落实习近平总书记重要论述的全链条制度体系，养成在吃透党中央精神前提下开展工作的习惯，坚定拥护“两个确立”，坚决做到“两个维护”，当好习近平新时代中国特色社会主义思想的坚定信仰者、忠实践行者。

二、习近平新时代中国特色社会主义思想引领新时代国资央企工作取得重大成就

党的十八大以来，中国特色社会主义进入新时代，国资央企深入学习贯彻习近平总书记重要讲话和重要指示批示精神，推动国资央企工作发生了重大变化、取得了显著成就。

新时代国资央企取得重大政治成果，姓党为民的政治本色更加彰显。党对中央企业的领导全面加强。中央企业不断完善“第一议题”、“看齐对标”等制度；持续深化学习贯彻习近平总书记在全国国有企业党的建设工作会议上的重要讲话精神，专题编印学习习近平总书记关于国有企业改革发展和党的建设重要论述“两个摘编”、“一个读本”；连续 6 年开展党建责任制考核，推动基层党建标准化、规范化水平不断提高。常态化开展贯彻落实习近平总书记重要指示批示情况“回头看”，严明政治纪律、严肃政治规矩、强化政治监督，大力纠“四风”、树新风，深化巡视整改，开展靠企吃企专项整治，持续加大反腐力度，国资央企反腐败斗争取得压倒性胜利并巩固发展。

新时代国资央企取得重大发展成果，稳定经济社会大局的顶梁柱、压舱石作用充分发挥。高质量发展导向鲜明树立，中央企业综合实力和经营效益迈上新台阶，2012—2022 年资产总额从 31 万亿元增长到 81 万亿元，利润总额从 1.3 万亿元增长到 2.6 万亿元；2022 年营业收入利润率为 6.8%，比 2012 年提高 1.8 个百分点；全员劳动生产率为 76.3 万元/人，比 2012 年增长 84.2%。高质量发展动能显著增强，深入实施创新驱动发展战略，持续完善企业科技创新体制机

制，推动产学研深度融合，加快攻克关键核心技术"卡脖子"难题，取得以载人航天、北斗导航、5G应用、国产航母、港珠澳大桥、白鹤滩水电站等为代表的一批具有世界先进水平的重大成果和标志性工程。高质量发展基础更加坚实，积极推进国有经济布局优化和结构调整，党的十八大以来累计有27组49家中央企业实施战略性重组和专业化整合，落后产能加快淘汰，非主业非优势业务和低效无效资产有序退出，中央企业在涉及国家安全、国计民生等领域的布局比重超过70%，主业投资占比和从事主业的子企业数量占比均超过90%，近5年战略性新兴产业年均投资增速超过20%。

新时代国资央企取得重大改革成果，成功打造了一批充满生机活力的现代新国企。中国特色现代企业制度更加成熟定型，全面贯彻"两个一以贯之"，在完善公司治理中加强党的领导，中央企业集团层面及1.26万户重要子企业全面制定党委（党组）前置研究事项清单，董事会应建尽建全面完成并基本实现外部董事占多数，现代公司治理机制加快健全。公司制改制全面完成，对中央企业各级企业的功能界定分类首次实现，剥离企业办社会职能和解决历史遗留问题加快扫尾，促进国有企业更加公平参与市场竞争。企业活力效率得到明显提升，三项制度改革大面积、多层级破冰破局。截至2022年底，中央企业管理人员竞争上岗7.4万人、占比超过六成，各级企业末等调整和不胜任退出的管理人员3.8万人，已开展中长期激励的中央企业子企业为5750户、累计激励36.8万人次，一批老国企焕发新生机，一批现代新国企加速成长。

新时代国资央企取得重大成就，有力保障了国有经济战略支撑作用充分发挥。国资央企积极发挥在经济社会发展上的保障作用。坚决助力打赢脱贫攻坚战，累计投入和引进帮扶资金近千亿元，定点帮扶的248个国家扶贫开发工作重点县全部脱贫摘帽。克服困难、集中资源做好煤电油气等产品保供稳价，有力维护人民群众供电、供气、供暖安全。2013年以来，累计上缴税费18.2万亿元、约占全国税收收入的1/7，上交国有资本收益1.3万亿元，向社保基金划转国有资本1.2万亿元。国资央企积极发挥在落实国家重大战略上的支撑作用。聚焦服务国家区域重大战略，积极推进央地合作，累计签署战略合作项目协议4478个；积极参与共建"一带一路"，目前中央企业境外机构和项目超过8000个、资产总额近8万亿元，中老铁路、希腊比雷埃夫斯港等一批标志性工程成功落地，高铁、核电等一批高质量产品走出国门。国资央企积极发挥在应对重大风险挑战中的骨干作用。中央企业在抗击新冠疫情、应对重大自然灾害中挺身而出、逆行出征，在建党百年、北京冬奥等重大活动中全力提供高质量服务，关键时刻充分彰显大国重器的责任担当。

新时代10年国资央企改革发展取得历史性成就，充分印证了习近平新时代中国特色社会主义思想的实践伟力，使我们更加深刻认识到开展主题教育的重大意义。

三、在习近平新时代中国特色社会主义思想科学指引下，奋力谱写新时代新征程国资央企新篇章

国资央企深入开展这次主题教育，必须牢牢把握"学思想、强党性、重实践、建新功"的总要求。4月21日，习近平总书记主持召开的二十届中央全面深化改革委员会第一次会议审议通过了《关于强化企业科技创新主体地位的意见》、《关于加强和改进国有经济管理有力支持中国式现代化建设的意见》等，对加强和改进国有经济管理，立足新时代新征程国有经济肩负的使命任务和功能定位，服务构建新发展格局、推动高质量发展、促进共同富裕、维护国家安全作出重要部署。国资央企要坚持学思用贯通、知信行统一，以学铸魂、以学增智、以学正风、以学促干，坚定当好执行者、行动派、实干家，把准方向、守正创新、真抓实干，在新征程上奋力谱写国资央企改革发展新篇章。

切实抓好主题教育重大政治任务，以习近平新时代中国特色社会主义思想凝心铸魂。国资央企要以日新日进的态度抓好理论学习，原原本本、系统学习《习近平著作选读》、《习近平新时代中国特色社会主义思想专题摘编》等重要文献，坚持理论联系实际，增

强创造性执行能力，在思想淬炼、深学深信中找到治企强企良方、凝聚奋进力量。以刀刃向内的自觉抓好检视整改，坚持边学习、边对照、边检视、边整改，强化党性分析，列出问题清单，动真碰硬整改，从严开展干部队伍教育整顿，以严肃教育纯洁思想、以严格整顿纯洁组织，打造政治过硬、本领过硬、廉洁过硬的队伍。以求真务实的作风抓好调查研究，大兴调查研究，从最突出的问题抓起、从最现实的利益出发，找准真问题，真解决问题，更好服务发展所需、改革所急，回应企业所盼、民心所向，把学习成效转化为工作动力和工作实绩。

切实抓好高质量发展首要任务，加快建设世界一流企业。当前，我国发展面临新的战略机遇、新的战略任务、新的战略阶段、新的战略要求、新的战略环境，世界百年未有之大变局加速演进，不确定难预料因素增多。国资央企要立足新时代新征程国有经济肩负的使命任务和功能定位，牢牢把握做强做优做大国有资本和国有企业这个总目标，牢牢把握坚持和加强党对国有企业的全面领导这个总原则，牢牢把握积极服务国家重大战略这个总要求，加快推动高质量发展。要保持战略定力，始终聚焦提高企业核心竞争力和增强核心功能“两个途径”，坚守实体经济根基，端稳主责主业饭碗，切实把重点重心放到转变发展方式、提高效率效益上来，不图虚名、不打“擦边球”、不挣不该挣的钱，加快解决科技、人才、效率、品牌等方面突出问题，提升高质量发展能力水平。要确保行动有力，着力打好党建引领、价值创造、科技自强、深化改革、优化布局、完善监管、守牢底线“七套组合拳”，加快建设世界一流企业，以企业实力增强综合国力，坚定成为我们党赢得具有许多新的历史特点的伟大斗争胜利的战略基石。

切实抓好服务构建新发展格局战略任务，充分发挥中央企业引领示范和带动作用。国资央企要充分发挥科技创新骨干作用，突出科技产出、科技成果、科技转化、科技产业，加快构建以实效为导向的科技创新工作体系，一体推进科技创新、产业创新和体制机制创新，坚定创新突破信心，从技术供给和需求牵引双向发力，紧盯重点产业链供应链“卡脖子”难题，集中力量开展原创性引领性科技攻关，最大限度形成合力，着力打造原创技术“策源地”。充分发挥产业发展引领作用，加大新一代信息技术、人工智能、新能源、新材料、生物技术、绿色环保等产业投资力度，在集成电路、工业母机等领域加快补短锻长，增强标准、品牌、商业模式、产业生态塑造能力，加快高端化智能化绿色化转型，优化全球产业链布局，更好支撑带动产业链循环畅通。充分发挥安全支撑保障作用，加强国防科技工业能力建设，推进重要能源、矿产资源国内勘探和增储上产，提升种子自主可控和粮源掌控能力，加大通信等新型基础设施建设投入力度，强化对主干电网、主干管网和国家水网等网络的布局，加快关键大通道和重要枢纽建设，有效发挥支撑托底作用。

新蓝图使命在肩，新征程催人奋进。国资央企要把学习贯彻习近平总书记关于国有企业改革发展和党的建设的重要讲话和重要指示批示精神贯穿主题教育全过程，触及灵魂学思想、永葆忠诚强党性、牢记使命重实践、真抓实干建新功，奋力推动新时代新征程国资央企改革发展和党的建设工作不断取得新进展新成果，为全面建设社会主义现代化国家作出新的更大贡献。

（文章刊发于2023年第9期《求是》）

深入学习贯彻习近平法治思想　奋力谱写国资央企法治新篇章

国务院国资委党委

党的十八大以来，习近平总书记以马克思主义政治家、思想家、战略家的非凡理论勇气、卓越政治智慧、强烈使命担当，在领导全面依法治国、建设法治中国的伟大实践中，创造性提出关于全面依法治国的一系列具有原创性、标志性的新理念新思想新战略，形成了习近平法治思想，谱写了习近平新时代中国特色社会主义思想的“法治篇章”，为全面依法治国工作提供了根本遵循。国务院国资委和中央企业深入学习贯彻习近平法治思想，全面贯彻落实党的二十大精神，坚持以法治思维和法治方式统筹推进国资央企各项工作，着力打造国资监管法治机构和法治央企，为做强做优做大国有资本和国有企业，推动中央企业在建设现代化产业体系、构建新发展格局中发挥科技创新、产业控制和安全支撑作用提供了坚实法治保障。

一、坚持政治引领，深入学习贯彻习近平法治思想

习近平法治思想站在政治的高度深入分析了法治现象背后的政治根源、政治逻辑，清晰指明了全面依法治国的政治方向、政治要求，具有重大政治意义。国务院国资委和中央企业深刻认识到，国有企业是中国特色社会主义的重要物质基础和政治基础，是我们党执政兴国的重要支柱和依靠力量，是党领导的国家治理体系的重要组成部分，将习近平法治思想贯彻落实到国资央企工作全方位各领域是一项重要政治责任。一是学懂弄通悟透核心要义。把学习贯彻习近平法治思想作为党的创新理论武装的重要内容，组织召开国务院国资委党委和中央企业党委（党组）理论学习中心组联学会，认真学习《习近平法治思想学习纲要》等权威读本和专家辅导报告，深刻领会习近平法治思想的精神实质和丰富内涵，不断增强抓好法治建设的政治自觉、思想自觉、行动自觉。二是层层压实工作责任。认真传达学习中央全面依法治国工作会议、中央政法工作会议、全国党内法规工作会议精神，结合国资央企工作实际研究贯彻落实措施。党政主要负责人切实履行推进法治建设第一责任人职责，制定修订国务院国资委直属机关党委工作规则和国务院国资委工作规则，印发《中央企业主要负责人履行推进法治建设第一责任人职责规定》，以“关键少数”带动“绝大多数”，推动习近平法治思想在国资央企落实落地。三是努力培育法治文化。加大对习近平法治思想的学习宣传力度，系统梳理习近平总书记关于企业依法合规经营的重要论述，在国资央企系统树牢“先立规矩后办事”“决策先问法、违法不决策”的法治理念。深入开展法治宣传教育，定期举办法治讲堂，每年举办国资央企系统法治建设培训班，组织“法治央企建设百人谈”等活动，重点宣传宪法、民法典、公司法、反垄断法，深入宣传党内法规，努力使尊法学法守法用法在国资央企蔚然成风。

习近平总书记在党的二十大报告中对“坚持全面依法治国，推进法治中国建设”作出全面部署。新征程上，国务院国资委和中央企业将坚持不懈用习近平新时代中国特色社会主义思想凝心铸魂，增强政治责任感使命感，把学习习近平法治思想同学习党的二十大精神结合起来，在深入学习宣传贯彻党的二十大精神和开展学习贯彻习近平新时代中国特色社会主义思想主题教育过程中，全面深入贯彻习近平法治思想，切实转化为依法监管、依法治企的生动实践。

二、坚持依法监管，持续推进国资监管法治机构建设

法治政府建设是全面依法治国的重点任务和主体工程，深入推进国资监管法治机构建设是贯彻落实习近平法治思想的重要举措。党的十八大以来，国务院国资委坚持依法履行职责、依法建章立制、依法规范决策共同推进，基本建成职能科学、权责法定、履职规范、公开透明、廉洁高效、守法诚信的国资监管法治机构。一是坚持权责法定，国资监管职能体系更加完善。落实企业国有资产法、公司法和党内法规有关要求，坚持以管资本为主加快推进职能转变和机构调整，编制权力和责任清单，厘清监管职能，优化监管方式，强化各级国资委履行国有企业出资人职责、专司国有资产监管职责和负责国有企业党的建设“三位一体”职能配置，清晰界定国资委与企业的权责边界，努力做到不缺位、不越位、不错位。组建综合监督局与监督追责局，印发《中央企业违规经营投资责任追究实施办法（试行）》，形成了业务监督、综合监督、责任追究的监督闭环。二是强化制度建设，履职的法治保障进一步健全。每年编制立法工作计划，围绕新时代

国资国企改革发展重点任务，加快立改废释，涵盖考核分配、财管运行、企业改革、产权管理、综合监督与责任追究、公司治理、资本运营与收益管理、科技创新等13大板块，以管资本为主的国资监管制度体系基本形成。截至2022年底，国务院国资委现行有效规章28件、规范性文件226件。三是依法规范权力运行，决策科学化民主化法治化水平持续提升。健全党委会、委务会工作机制，健全重大决策合法性审查机制，强化对重要制度文件、企业合并重组方案、公司章程、监督追责、授权委托、信息公开等的法律审核把关，完善公平竞争审查机制，确保重大决策依法合规。建立健全公职律师和外聘法律顾问制度，43名公职律师和11名外聘法律顾问在推进依法监管中积极建言献策。落实信息公开要求，自觉接受社会监督，主动回应社会关切。

习近平总书记强调："全面推进依法治国总目标是建设中国特色社会主义法治体系，建设社会主义法治国家。"①必须提高全面依法治国能力和水平，为全面建设社会主义现代化国家、实现第二个百年奋斗目标提供有力法治保障。② 新征程上，国务院国资委将坚持系统思维，统筹谋划，突出重点，以更高标准、更实举措推进国资监管法治机构建设，推动修改企业国有资产法，持续完善国资监管法规制度体系，进一步强化对重大决策的法律审核把关，持续加强国资监管法治机构建设，提升依法行权履职能力水平。

三、坚持法治护航，始终以法治思维和法治方式推动国有企业改革发展

社会主义市场经济本质上是法治经济。近年来，国务院国资委坚决贯彻落实党中央、国务院决策部署，完整、准确、全面贯彻新发展理念，服务加快构建新发展格局，坚持以法治引领保障国有企业改革发展，取得重要成果。一是依法推动做强做优做大国有资本和国有企业。坚持以习近平总书记关于国有企业改革发展和党的建设重要论述为根本遵循，坚决贯彻落实宪法关于"国有经济，即社会主义全民所有制经济，是国民经济中的主导力量"的明确要求，坚定不移做强做优做大国有资本和国有企业，不断夯实中国特色社会主义的重要物质基础和政治基础。2012年至2022年，中央企业资产总额从31.4万亿元增长到81万亿元，利润总额从1.3万亿元增长到2.6万亿元；2013年以来，累计上缴税费18.2万亿元、约占全国税收收入的1/7，上交国有资本收益1.3万亿元，向社保基金划转国有资本1.2万亿元，为坚持和完善社会主义基本经济制度、确保经济平稳运行和社会和谐稳定提供重要支撑。二是依法推动国有企业深化改革。坚持在法治下推进改革，在改革中完善法治，确保重大改革于法有据，及时制定修订制度文件，国企改革"1+N"政策体系持续完善。加强国资监管立法与党内法规制度有机衔接，进一步厘清各治理主体权责边界，推动党委（党组）把方向、管大局、保落实的领导作用制度化、规范化、程序化，推动中国特色现代企业制度更加成熟定型。积极推动《国有企业监事会暂行条例》废止，国有企业完成公司制改制，成为按照公司法登记的有限责任公司或者股份有限公司。依法推动国有经济布局优化和结构调整，推动剥离国有企业办社会职能和解决历史遗留问题加快扫尾，推动非主业非优势业务和低效无效资产按照市场化、法治化原则有序退出。党的十八大以来，累计有27组49家中央企业依法实施战略性重组和专业化整合，中央企业在涉及国家安全、国民经济命脉和国计民生等领域的布局比重超过70%。三是依法推动国有企业高质量发展。牢牢抓住高质量发展这个首要任务，围绕规划发展、财务监管与评价、产权管理、企业改革、公司治理、考核分配、资本运营与收益管理、企业法治、社会责任等方面持续完善监管制度，鲜明树立高质量发展导向，引领和推动中央企业聚焦主责主业发展实体经济，大力发展战略性新兴产业。认真落实科学技术进步法、促进科技成果转化法等法律法规要求，制定印发《关于系统推进中央企业科技创新激励保障机制建设的意见》等制度文件，坚持把科技创新摆在更加

① 习近平：《加快建设社会主义法治国家》（2014年10月23日），载习近平：《论坚持全面依法治国》，中央文献出版社2020年版，第111页。

② 参见习近平：《坚持走中国特色社会主义法治道路 更好推进中国特色社会主义法治体系建设》，载《求是》2022年第4期，第6页。

突出位置，深入实施创新驱动发展战略，不断完善国有企业科技创新体制机制，全面激发企业创新主体活力。中央企业研发投入强度进一步加大，2022年研发投入经费超1万亿元，工业企业研发投入强度超过3%，重点企业研发投入强度超过5.6%。国有企业在航天、深海、能源、交通、国防军工等领域取得了一批重大科技成果，一系列“上天入地”的国之重器彰显了国有企业科技创新主力军地位，为推动高水平科技自立自强提供了重要支撑。

习近平总书记强调：“法治兴则民族兴，法治强则国家强。”①当前，我国正处在实现中华民族伟大复兴的关键时期，世界百年未有之大变局加速演进，改革发展稳定任务艰巨繁重，对外开放深入推进，需要更好发挥法治固根本、稳预期、利长远的保障作用。新征程上，国务院国资委和中央企业将聚焦党之大计、国之大计谋划推动国资央企工作，以高质量法治建设引领保障国有企业改革发展。牢牢把握正确方向，坚持和加强党对国有企业的全面领导，坚持社会主义市场经济改革方向，积极推动将改革发展成熟经验上升为法律制度，固化改革成果、引领高质量发展；以提高核心竞争力和增强核心功能为重点，围绕发挥科技创新、产业控制、安全支撑作用等方面强化制度保障，更好提升国有经济整体功能；积极参与国有企业议题谈判对话，努力为国有企业改革发展争取良好外部政策法律环境。

四、坚持依法治企，大力提升中央企业法治保障能力水平

守法经营，这是任何企业都必须遵守的原则，也是长远发展之道。党的十八大以来，国务院国资委和中央企业深入学习贯彻习近平法治思想，认真落实全面依法治国战略部署，坚持一手抓改革发展，一手抓法治建设，法治央企建设取得积极进展和明显成效。一是顶层设计持续加强。先后印发《关于全面推进法治央企建设的意见》《关于进一步深化法治央企建设的意见》《中央企业合规管理办法》等制度文件，“治理完善、经营合规、管理规范、守法诚信”的法治央企总目标基本实现，“十四五”时期法治央企建设目标和路径进一步清晰。二是企业法律合规管理体系持续健全。明确中央企业主要负责人履行推进法治建设第一责任人职责，普遍建立了主要负责同志牵头的法治建设委员会、合规管理委员会，总法律顾问和首席合规官制度全面深化，对企业重大决策、规章制度、经济合同法律审核实现三个100%，业务部门、法律合规部门、监督部门构成的合规管理“三道防线”作用有效发挥。目前，80多家中央企业集团和1000多户重要子企业设置了首席合规官，全系统合规管理人员超过2.8万人。2022年，中央企业通过加强案件管理、依法维护权益，避免或挽回经济损失超2000亿元。三是涉外法治工作不断强化。统筹推进国内法治和涉外法治工作取得明显成效，加快中央企业涉外法治工作布局和人才队伍建设，企业依法合规开展国际化经营的理念更加牢固，涉外法律纠纷案件稳妥解决，涉外法律风险得到有效防范化解，为企业国际化经营提供了有力法治保障。

习近平总书记强调，“各类企业都要把守法诚信作为安身立命之本，依法经营、依法治企、依法维权”②。新征程上，国务院国资委和中央企业将以习近平法治思想为指导，紧紧围绕打造世界一流企业，不断深化治理完善、经营合规、管理规范、守法诚信的法治央企建设，着力健全领导责任体系、规章制度体系、合规管理体系、工作组织体系，持续提升法治工作引领支撑能力、风险管控能力、涉外保障能力、主动维权能力和数字化管理能力，为企业高质量发展筑牢坚实法治基础。

五、坚持依规治党，不断夯实全面从严治党的制度根基

加强党内法规制度建设是全面从严治党的长远之策、根本之策。坚持依法治国和依规治党有机统

① 习近平：《坚持走中国特色社会主义法治道路 更好推进中国特色社会主义法治体系建设》，载《求是》2022年第4期，第5页。

② 习近平：《毫不动摇坚持我国基本经济制度 推动各种所有制经济健康发展》(2016年3月4日)，载《人民日报》2016年3月9日，第2版。

一，充分发挥依法治国和依规治党的互补性作用，是习近平法治思想的重要内容。党的十八大以来，国务院国资委坚决贯彻落实党中央决策部署，坚持以习近平总书记关于依规治党的重要论述为根本遵循，统筹推进国资央企党内法规制度建设，着力将党内法规制度建设成效转化为治理效能，为提升党建工作制度化规范化水平提供了坚实制度保障。一是持续强化“两个维护”的制度保障。制定出台《国资委党委贯彻落实习近平总书记重要批示工作办法》《关于推动中央企业深入贯彻落实习近平总书记重要指示批示的督查办法》等党委规范性文件，建立完善“第一议题”制度、“跟进督办”制度，确保习近平总书记重要指示批示和党中央决策部署到哪里就贯彻落实到哪里。二是持续健全党内法规制度建设工作机制。坚持把党内法规制度建设作为坚持和加强党的全面领导的重要抓手，规范党委规范性文件制发管理，建立健全系统内备案审查工作长效机制，注重发挥备案审查监督功能、纠错作用，完善党内法规制度执行监督检查机制，建立健全上下贯通、协同发力的党内法规工作机制，有力维护了党内法规制度的统一性，为推动党中央决策部署贯彻落实提供了有力制度保障。三是持续完善党委规范性文件制度体系。聚焦贯彻落实习近平总书记重要指示批示精神和党中央决策部署，紧紧围绕服务国资国企改革发展大局，持续加强党的政治建设、思想建设、组织建设、作风建设、纪律建设等各方面制度立改废释。截至2022年底，现行有效国务院国资委党委规范性文件73件，为党建工作科学化、规范化水平持续提升提供了有力支撑。四是持续提升党内法规制度建设效能。中央企业全面落实“党建入章”“一肩挑”，专职副书记应配尽配，党对中央企业的全面领导在制度上有规定、程序上有保障，确保企业改革发展始终沿着正确方向前进。党对国有企业的全面领导更加有力，党的建设得到根本性加强，为国资央企服务构建新发展格局、积极推动高质量发展，奋进新征程、建功新时代提供强有力的政治引领和政治保障。

习近平总书记强调：“依规治党深入党心，依法治国才能深入民心。”①新征程上，国务院国资委和中央企业将认真学习贯彻习近平总书记关于依规治党的重要论述，深入贯彻落实习近平总书记在全国国有企业党的建设工作会议上的重要讲话精神，坚持与中国特色现代企业制度相衔接、与企业改革发展中心任务相适应，统筹推动国资央企党内法规制度建设，坚定不移把全面从严治党向纵深推进，着力将党内法规制度优势转化为国资国企治理效能，持之以恒以高质量党建引领保障国资央企高质量发展。

新时代新征程，国务院国资委和中央企业将更加紧密地团结在以习近平同志为核心的党中央周围，坚持以习近平新时代中国特色社会主义思想为指导，全面贯彻落实党的二十大精神，深入践行习近平法治思想，坚定不移走中国特色社会主义法治道路，不断开创国资央企系统法治建设工作新局面，为全面建设社会主义现代化国家作出新的更大贡献。

［文章刊发于2023年第8期
《习近平法治思想研究与实践》专刊
（2023年第36期《民主与法制》周刊）］

深入实施国有企业改革深化提升行动

国务院国资委党委

实施国有企业改革深化提升行动，是以习近平同志为核心的党中央站在党和国家工作大局的战略高度，继部署实施国有企业改革三年行动之后，面向新时代新征程作出的一项全局性、战略性重大决策部署。国务院国资委党委深入学习领会习近平总书记重要指示批示精神，指导推动国资国企切实扛起责任，抓好贯彻落实，以更高站位、更大力度把国有企业改革向纵深推进，更好地履行新时代新征程国资国企的新使命，为全面建设社会主义现代化国家作出更大贡献。

---

① 习近平：《在中央全面依法治国委员会第一次会议上的讲话》（2018年8月24日），载习近平：《论坚持全面依法治国》，中央文献出版社2020年版，第223页。

一、切实把思想和行动统一到党中央关于实施国有企业改革深化提升行动的重大决策部署上来

近年来，在习近平总书记亲自谋划、亲自部署、亲自推动下，各地区、各有关部门各负其责、协同配合，推动国有企业改革在重要领域和关键环节取得突破性进展，改革三年行动取得明显成效，有力促进了国有企业做强做优做大、在关键时刻发挥关键作用。新时代新征程上，新形势新任务对深化国有企业改革提出了新的更高要求。习近平总书记在党的二十大报告中对深化国资国企改革作出重大部署，在2022年中央经济工作会议上进一步强调要根据形势变化，以提高核心竞争力和增强核心功能为重点，谋划新一轮深化国有企业改革行动方案。我们必须深刻认识实施国有企业改革深化提升行动的重大意义，进一步增强责任感使命感紧迫感，全力推动改革任务落实落地、取得成效。

从中国式现代化建设全局深刻领会实施国有企业改革深化提升行动的重要性。党的二十大擘画了全面建设社会主义现代化国家、全面推进中华民族伟大复兴的宏伟蓝图。国有企业是中国特色社会主义的重要物质基础和政治基础、党执政兴国的重要支柱和依靠力量，在全面推进中国式现代化进程中发挥着不可替代的重要作用。必须紧紧围绕以中国式现代化全面推进中华民族伟大复兴中心任务，通过不断深化改革，既坚定不移做大，更意志坚定地做强做优，充分发挥国有经济主导作用和战略支撑作用。

从应对世界百年未有之大变局深刻领会实施国有企业改革深化提升行动的重要性。当前，世界进入新的动荡变革期，正在经历大调整、大分化、大重组，不确定、不稳定、难预料因素增多，我国发展不平衡不充分问题仍然突出。国有企业大多分布在关系国家安全国民经济命脉的重要行业和关键领域，是实现国家战略意图、应对外部环境变化和重大风险挑战的关键变量。必须通过不断深化改革，更好发挥战略安全、产业引领、国计民生、公共服务等功能作用，以自身的高质量发展应对外部环境的不确定性。

从开创国资国企改革发展新局面深刻领会实施国有企业改革深化提升行动的重要性。通过实施国有企业改革三年行动，国有企业改革发展取得重大成果，但一些长期制约国有企业发展的体制机制弊端尚未彻底破除，一些国有企业仍存在大而不强、资产收益率不高、创新能力不足等问题。必须通过不断深化改革，抓重点、补短板、强弱项，提高国有企业治理水平和核心竞争力，促进企业高质量发展。

二、牢牢把握国有企业改革深化提升行动的方向目标

习近平总书记强调，我们的改革开放是有方向、有立场、有原则的。国有企业改革深化提升行动与改革三年行动有机衔接、与时俱进、守正创新，既充分体现了道路自信、理论自信、制度自信、文化自信的战略定力，又充分体现了主动适应形势之变、任务之变的战略主动。实施国有企业改革深化提升行动，要从全局领会把握，抓住关键根本，确保正确方向。

始终把学习贯彻习近平总书记关于国有企业改革发展和党的建设的重要论述作为首要任务。习近平总书记关于国有企业改革发展和党的建设的重要论述，是做好新时代新征程国资国企工作的根本遵循和科学指南。实施国有企业改革深化提升行动，最根本的就是要把习近平总书记重要论述精神贯穿始终、落实到位，必须把学习贯彻习近平总书记重要论述精神作为首要任务，自觉做到学与知深度结合、思与信融会贯通、用与行有机统一，坚定自觉做习近平新时代中国特色社会主义思想的忠实践行者。

始终坚守国有企业改革的重大原则不动摇不偏离。做强做优做大国有资本和国有企业是习近平总书记对新时代国有企业一以贯之的目标要求。实施国有企业改革深化提升行动，必须坚持和运用好改革三年行动积累的宝贵经验，坚持和加强党对国有企业的领导，坚持和完善社会主义基本经济制度，坚持社会主义市场经济改革方向，任何时候都不能出现丝毫偏差。

始终锚定“三个明显成效”的目标任务聚力攻坚。

国有企业改革深化提升行动从新时代新征程赋予的新使命新任务出发，围绕提高企业核心竞争力和增强核心功能，提出要实现"三个明显成效"，即在增强国有企业服务国家战略功能作用上取得明显成效，在推动国有企业真正按市场化机制运营上取得明显成效，在加快建设世界一流企业和培育专精特新企业上取得明显成效。这"三个明显成效"相互关联、相互支撑、相互作用，体现了经济属性、政治属性、社会属性的有机统一，体现了使命导向、效率导向、结果导向的有效融合，体现了内在要求和外在需求的相互贯通，必须统筹把握、一体推进、全面落实。

三、突出抓好以更好服务国家战略为导向的功能性改革

推动国有企业在建设现代化产业体系、构建新发展格局中充分发挥科技创新、产业控制、安全支撑作用，是国有企业改革深化提升行动的鲜明导向。我们必须聚焦国之大者、围绕国之所需，切实把充分发挥战略功能价值放在优先位置，突出重点、综合施策、全面发力。

完善科技创新机制，更好服务实现高水平科技自立自强。科技自立自强不仅是发展问题，更是生存问题。国有企业作为国家战略科技力量的重要组成部分，必须准确把握在我国科技创新全局中的战略定位，强化企业科技创新主体地位，提升企业科技创新引领力和全球竞争力。要突出战略导向，强化内在、长期价值，健全国有企业打造原创技术策源地的政策体系和制度安排，加强基础性、紧迫性、前沿性、颠覆性技术研究。加强企业主导的产学研深度融合，牵头或参与建设国家实验室、全国重点实验室等国家级创新平台，加强与科研院所、高等学校等创新主体深度合作。主动开放创新资源、提供技术牵引和转化支持，积极开展首台（套）装备、首批次材料、首版次软件应用，促进科技成果转化。积极参与高水平人才高地和吸引集聚人才平台建设，加快打造科技创新国家战略人才力量。

优化国有经济布局，更好促进现代化产业体系建设。现代化产业体系是现代化国家的物质技术基础。国有企业作为建设现代化产业体系的主力军，必须坚守实体经济根基，积极布局产业新赛道，大力培育发展新动能，促进加快形成自主可控、安全可靠、竞争力强的现代化产业体系。要更大力度布局前瞻性战略性新兴产业，加大在新一代信息技术、人工智能、生物技术、新能源、新材料、高端装备、绿色环保等产业投资力度，在集成电路、工业母机、关键软件等领域补短板强弱项。充分发挥国有龙头企业在产业链循环畅通中的支撑带动作用，启动产业链融通发展共链行动，推动基础固链、技术补链、优化塑链、融合强链。推动数字化技术与企业生产经营管理深度融合，加大绿色低碳技术研发和推广力度，推动传统产业数字化智能化绿色化转型升级。

强化重点领域保障，更好支撑国家战略安全。安全是发展的前提。国有企业作为维护国家战略安全的重要基石，必须把维护产业链供应链和能源资源安全作为重大使命责任，推动国有资本进一步向关系国家安全、国民经济命脉和国计民生的领域集中。要强化重点领域布局，通过市场化方式，强化国有经济在国防军工、能源资源、粮食供应等领域的控制地位，增加医疗卫生、健康养老、防灾减灾、应急保障等民生领域公共服务有效供给。增强重要能源资源托底作用，加强重要能源、矿产资源国内勘探开发和增储上产，推进油气资源进口多元化，提升对运输通道的掌控力。强化重要基础设施建设，加大对新型基础设施建设的投入，维护能源、交通、通信等基础网络安全。

四、着力打造发展方式新、公司治理新、经营机制新、布局结构新的现代新国企

国有企业改革不断深化，形成了推动改革的强大势能，这个"势"弥足珍贵，为持续深化改革提供了坚实基础。我们必须在巩固深化国有企业改革三年行动成效的基础上，乘势而上深化体制机制改革，推动国有企业真正按市场化机制运营。

围绕优化资源配置深化改革，进一步加大市场化整合重组力度。坚持以企业为主体、市场化为手段，突出主业、聚焦实业，更加注重做强和做专，推进国有企业整合重组、有序进退、提质增效，从整体上增强服

务国家战略的能力。完善主责主业动态管理制度，引导企业做强主业，坚决遏制部分国有企业盲目多元化、“铺摊子”倾向。加快推动集成电路、工业母机、装备制造、电子信息、医疗健康、检验检测等关键领域整合重组，加大新能源、矿产资源、主干管网、港口码头等领域专业化整合力度，促进国有资本合理流动和优化配置。

围绕提升活力效率深化改革，进一步完善中国特色国有企业现代公司治理和市场化运营机制。活力和效率是国有企业改革的中心问题。要全面落实“两个一以贯之”，健全中国特色现代企业制度，充分发挥国有企业党委（党组）把方向、管大局、保落实的领导作用，分层分类动态优化党委（党组）前置研究讨论重大经营管理事项清单，完善“三重一大”决策机制，配齐建强董事会，加强外部董事队伍建设，提升国有企业公司治理水平。更广更深落实三项制度改革，全面构建中国特色现代企业制度下的新型经营责任制，健全更加精准灵活、规范高效的收入分配机制，激发各级干部员工干事创业的积极性主动性创造性。

围绕完善监管服务深化改革，进一步健全以管资本为主的国资监管体制。国有企业改革要先加强监管、防止国有资产流失，这一条不做好，国有企业其他改革难以取得预期成效。要坚持授权与监管相结合、放活与管好相统一，深化分类改革，推动分类考核与企业功能使命更加精准适应，国资监管与公司治理更好衔接，以管资本为主的国资监管体制更加完善。深化分类考核、分类核算，完善国有企业功能界定与分类指引，优化考核办法，在中央企业实行“一业一策、一企一策”的考核。健全以党内监督为主导，出资人监督与纪检监察监督、巡视监督、审计监督、财会监督、社会监督等各类监督贯通协同机制，强化企业内部监督。完善权责清单管理，动态优化授权事项，构建上下贯通、实时在线的数字化智能化监管体系，提升国资监管的科学性针对性有效性。

五、在深化改革中全面加强国有企业党的领导和党的建设

坚持党的领导、加强党的建设是国有企业的“根”和“魂”。实施国有企业改革深化提升行动，必须深入学习贯彻习近平总书记关于党的建设的重要思想，落实新时代党的建设总要求，在改革中全面加强党的领导和党的建设，切实发挥高质量党建的引领保障作用。

完善党领导国有企业的制度机制。党的领导是我国国有企业的光荣传统和独特优势。要坚持和完善坚定维护党中央权威和集中统一领导的各项制度，增强国有企业党组织政治功能和组织功能，确保党中央各项决策部署在企业各层级全面落实、一贯到底。坚持和完善党建工作责任制考核，推动党建工作责任制考核、经营业绩考核、领导干部综合评价同步实施、有效联动。完善不同层级和类型基层党组织作用发挥的机制，有针对性地加强对混合所有制企业党建工作的指导。

打造高素质专业化国有企业领导人员队伍。国有企业领导人员是党在经济领域的执政骨干，是治国理政复合型人才的重要来源。要按照“对党忠诚、勇于创新、治企有方、兴企有为、清正廉洁”的要求，坚持既从严管理又关心爱护，建立国有企业领导人员梯度培养机制，加大教育培训力度，完善考核评价体系，促进“能者上、优者奖、庸者下、劣者汰”。大力弘扬企业家精神，建立完善新时代国有企业领导人员干事创业的有效机制，推动其当好创新发展的探索者、组织者、引领者。

坚决落实全面从严治党要求。全面从严治党，国有企业没有特殊、没有例外。要切实增强管党治党意识，健全全面从严治党体系。以严的基调强化正风肃纪，加强对“一把手”的监督，锲而不舍落实中央八项规定精神，抓住“关键少数”以上率下，持续深化纠治“四风”。加强重点领域专项整治，坚决整治权力集中、资金密集、资源富集领域和岗位的腐败，持续开展靠企吃企专项整治，加大跨国（境）腐败治理力度，一体推进不敢腐、不能腐、不想腐。

实施国有企业改革深化提升行动是一项重大政治任务。国务院国资委党委将切实扛起组织实施全国国有企业改革的重大责任，会同有关部门建立完善组织领导机制和工作推进机制，统筹推动各项改革举措落实落地、见行见效，奋力书写新时代新征程国有

企业改革发展新篇章，为强国建设、民族复兴作出新的更大贡献。

（文章刊发于2023年第19期《求是》）

不断开创新时代新征程国资央企宣传思想文化工作新局面

国务院国资委党委

党的十八大以来，以习近平同志为核心的党中央准确把握世界范围内思想文化相互激荡、我国社会思想观念深刻变化趋势，从全局和战略高度对宣传思想文化工作作出系统谋划和部署，提出一系列新思想新观点新论断，引领新时代宣传思想文化事业取得历史性成就，意识形态领域形势发生全局性、根本性转变，形成习近平文化思想。习近平文化思想是新时代党领导文化建设实践经验的理论总结，是习近平新时代中国特色社会主义思想的文化篇，标志着我们党对社会主义文化建设规律的认识达到了新高度，表明我们党的历史自信、文化自信达到了新高度，为做好新时代新征程宣传思想文化工作、担负起新的文化使命提供了强大思想武器和科学行动指南。

国有企业是中国特色社会主义的重要物质基础和政治基础，是我们党执政兴国的重要支柱和依靠力量。国资央企宣传思想文化工作是党的宣传思想文化工作的重要组成部分，肩负着为做强做优做大国有资本和国有企业凝心聚力的重大责任，必须以党的方向为方向、以党的意志为意志，始终沿着习近平文化思想引领的航向，不断开创新时代新征程国资央企宣传思想文化工作新局面。

坚持举旗定向，把牢党对国资央企宣传思想文化工作的领导权。习近平总书记强调，宣传思想文化工作事关党的前途命运，事关国家长治久安，事关民族凝聚力和向心力，是一项极端重要的工作；强调坚持和加强党对宣传思想文化工作的全面领导，让党的旗帜在宣传思想战线高高飘扬。这些重要论述深刻阐明了坚持党的文化领导权的极端重要性，明确了做好宣传思想文化工作必须坚持的政治保证。新时代以来，国资央企牢牢把握“两个巩固”根本任务，坚持不懈用习近平新时代中国特色社会主义思想凝心铸魂，高质量开展主题教育，深化落实党委会“第一议题”、理论中心组“首要议题”制度，编印习近平总书记关于发展国有经济论述摘编及学习读本，推动国资央企党的二十大精神学习宣传贯彻全覆盖，开展“习近平总书记国企足迹”专题报道，把习近平总书记亲自考察或作出重要指示批示的重大项目重大工程打造成示范点，有力推动党员干部职工听党话跟党走的信念信仰更加坚定，“两个确立”“两个维护”的思想根基更加巩固。踏上新征程，国资央企将毫不动摇坚持党对宣传思想文化工作的全面领导，把讲政治作为第一要求，不断巩固发展壮大国有经济的共同思想基础。坚定正确政治方向。坚持用习近平文化思想统领国资央企宣传思想文化全部工作，围绕“七个着力”，经常对标对表、时时校准偏差，引导国资央企党员干部职工正本清源、固本培元，始终同以习近平同志为核心的党中央保持高度一致，从思想上、精神上、文化上不断夯实党在经济领域的长期执政基础。坚持强化理论武装。巩固拓展主题教育成果，把“学思想”作为打头任务，持续推动党的创新理论武装深化内化转化，把习近平总书记关于国有企业改革发展和党的建设重要论述作为做好国资央企一切工作的源头活水和逻辑起点，学思用贯通、知信行统一。坚决压实工作责任。坚持把宣传思想文化工作纳入国资央企党的建设总体布局，全面落实意识形态工作责任制，不断健全党委（党组）统一领导、党政齐抓共管、宣传部门组织协调、有关部门分工负责、党员干部职工共同参与的“大宣传”工作格局，持续建强宣传思想文化工作队伍，坚决筑牢国资央企意识形态领域安全屏障。

坚持服务中心，汇聚推动国资央企奋进新时代的磅礴力量。习近平总书记强调，坚持团结稳定鼓劲、正面宣传为主，是宣传思想工作必须遵循的重要方针；强调必须坚持巩固壮大主流思想舆论，弘扬主旋律，传播正能量，激发全社会团结奋进的强大力量。这些重要论述深刻总结了我们党对宣传思想文化工作的规律性认识，明确了做好宣传思想文化工作必须把握的原则要求。新时代以来，国资央企坚持把围绕中心、服务大局作为宣传思想文化工作的基本职责，聚焦高质量发展、科技自立自强、布局结构调整、深化国企改革、加强国企党建等重点任务，着力打好新闻宣传、舆论引导"组合拳"，打造以中国企业论坛、中国智造品牌论坛等为代表的宣传品牌，推出《大国基石》《信物百年》等一批精品力作，浓墨重彩地展现了新时代我们党领导国资央企取得的历史性成就，在全社会构筑起推动国资央企事业发展的最大"同心圆"。踏上新征程，国资央企将坚持把统一思想、凝心聚力作为宣传思想文化工作的中心环节，强信心、聚民心、暖人心、筑同心，做大做强主流思想舆论，鼓舞党员干部职工朝着党在新时代赋予国资央企的新使命风雨无阻向前进。强化正面宣传。全力抓好党中央决策部署宣传，精心组织开展主题宣传、形势政策宣传、成就宣传、典型宣传，集中宣传国资央企贯彻落实党中央决策部署的新进展新成效，唱响中国经济光明论、中国发展稳健论，更好引导社会预期、提振发展信心。强化思想育人。广泛践行社会主义核心价值观，持续深化"大国顶梁柱、永远跟党走"主题实践活动，有针对性地做好不同层级、不同群体思想政治工作，开展文明单位、文明车间、文明班组创建活动，深化青年精神素养提升工程，推动党员干部职工思想道德素养提升。强化阵地建设。坚持党管宣传、党管意识形态、党管媒体、党管互联网，一体落实"两个所有"要求，统筹线上线下宣传资源，持续推进媒体融合发展，提高舆论引导能力，塑造主流舆论新格局。

坚持文化自信，不断厚植国资央企事业高质量发展的文化底色。习近平总书记强调，文化自信，是更基础、更广泛、更深厚的自信，是更基本、更深沉、更持久的力量；强调发展社会主义先进文化，弘扬革命文化，传承中华优秀传统文化，增强实现中华民族伟大复兴的精神力量。这些重要论述充分彰显了我们党高度的文化自觉和文化担当，为铸就社会主义文化新辉煌、建设中华民族现代文明提供了根本遵循。新时代以来，国资央企深刻把握"两个结合"的重大意义，深入总结百年来我们党领导国资央企走过的非凡历程、铸就的宝贵精神，传承红色文化基因、弘扬国企先进精神，大力选树"中国核动力事业的拓荒牛"彭士禄、"共和国石化技术开拓者"陈俊武等"时代楷模"，创作推出《长空之王》《激情的岁月》等一批精品影视力作，发布7批132个工业文化遗产，命名100家爱国主义教育基地，为国资央企事业立得住、站得稳、行得远注入强大精神动力。踏上新征程，国资央企将坚决担负起新的文化使命，以强有力的文化支撑，更加坚定走好中国特色国有企业发展道路。聚焦价值引领，赓续红色文化。加强"五史"宣传教育，大力弘扬中国共产党人的精神谱系，传承"两弹一星"精神、大庆精神(铁人精神)、"两路"精神、载人航天精神、青藏铁路精神、探月精神、新时代北斗精神等国企先进精神，着力打造以"央企楷模"为代表的中央企业先进典型群英谱，用好企业爱国主义教育基地，引导党员干部职工始终成为中华精神文化的传承者。聚焦世界一流，塑造企业文化。推进央企文化软实力建设，深入挖掘企业历史资源、文化资源，实施品牌引领行动，大力弘扬企业家精神、工匠精神，加强工业遗产保护利用，全面构建体现国企价值、国企力量的文化体系，不断推动文化建设成果转化为企业发展优势。聚焦主责主业，繁荣文化产业。切实发挥国资央企特别是文化央企优势，主动担当国家重大文化产业项目，支持现代公共文化服务体系建设，推进中华优秀传统文化保护传承，着力打造文化精品，坚定当好文化强国建设国家队、排头兵。

坚持交流互鉴，以国资央企世界一流的海外形象助推中华文明传播力影响力。习近平总书记强调，坚守中华文化立场，讲好中国故事、传播好中国声音，展现可信、可爱、可敬的中国形象；强调加强国际传播能力建设，全面提升国际传播效能，深化文明交流互鉴，推动中华文化更好走向世界。这些重要论述充分体现了我们党提高国家文化软实力、占据国际道义制高点的战略谋划，为形成同我国综合国力和国际地位相匹配的国际话语权指明了方向。新时代以来，国资央企建强用好海外社交矩阵，结合外宣重点、国际热点持续开展"美美与共"海外宣传，发挥落地融入优势，系统推进跨文化融合传播，不断加强国际传播能力建设，在高质量共建"一带一路"中积极传播中国故事、中国声音、中国形象，有力推动中华文化融入当地、深入人心。踏上新征程，国资央企将把对外宣传工作摆在更加重要位置，推动道路优势、制度优势、文化优势向国际传播优势转化，树立央企良好海外形象，更好服务推动构建人类命运共同体。着力扩大在国际主流舆论场的“音域”和“音量”。围绕对外工作大局，精心策划重大主题对外宣传，积极宣介全球发展倡议、全球安全倡议、全球文明倡议等重要理念，引导国际社会更好了解我国的发展道路、发展理念、发展成就，坚决维护我国主权、安全、发展利益和国家形象。着力提升国际传播的“能力”和“合力”。不断完善海外文化融合机制，深化拓展与中外媒体合作，同步推进对外宣传公关和海外生产经营，在促进海外工程建设、项目合作、文化交流中，阐释推介更多具有中国特色、体现中国精神、蕴藏中国智慧、展现中国形象的优秀文化。着力拓展文化“走出去”的“广度”和“深度”。持续做优做精央企海外文化传播品牌，实施央企海外文化融合项目，以外籍员工为纽带，凝聚知华友华力量，努力实现招聘一个当地员工、影响一个当地家庭、维系一个当地社区（部落），推动中华文化更好走向世界、影响世界、造福世界。

（文章刊发于2023年第11期《旗帜》）

在共建“一带一路”高质量发展新阶段展现中央企业新担当

国务院国资委党委

在共建“一带一路”重大倡议提出10周年之际，习近平总书记在第三届“一带一路”国际合作高峰论坛上发表一系列重要讲话，精辟概括丰硕成果，深刻总结宝贵经验，郑重宣布八项行动，为共建“一带一路”进入高质量发展新阶段明确了新方向、开辟了新愿景、注入了新动力。中央企业是我国参与国际竞争合作、高质量共建“一带一路”的重要力量，国务院国资委党委坚定支持中央企业以习近平总书记重要讲话精神为指引，深入开展国际化经营，深化与共建国家的互利合作，为实现共建“一带一路”更高质量、更高水平的新发展作出更大贡献。

一、响应重大倡议，中央企业参与共建“一带一路”取得丰硕成果

习近平总书记在2013年创造性地提出共建“一带一路”倡议，此后多次在不同重要场合发表重要讲话、作出重要论述，为推动共建“一带一路”高质量发展、以中国方案破解全球难题提供了根本遵循。10年来，中央企业认真贯彻落实习近平总书记重要论述精神，投身共建“一带一路”伟大实践，在提升企业国际化经营能力和水平的同时，为共建国家创造了重要的经济价值、环境价值、社会价值，有力推动共建“一带一路”取得丰硕成果。截至2023年10月，中央企业累计在140多个共建国家投资合作项目超过5000个，涉及金额超过1万亿美元。

扎实推进基础设施“硬联通”。基础设施“硬联通”是共建“一带一路”的重要方向。10年来，中央企业坚持以经济走廊为引领、以互联互通为主线，累计在共建国家投资或参与建设港口、铁路、机场等重大基础设施超过200个，有效疏通了海陆天网大动脉，促进了要素资源大流通。

——海上支点串点成线。希腊比雷埃夫斯港从名不见经传的港口一跃成为地中海第一大港，斯里兰卡汉班托塔港、吉布提多哈雷港、尼日利亚莱基港、巴西巴拉那瓜港等成为“海上丝绸之路”的重要节点。

——陆上通道拓线成面。中老铁路助力老挝从“陆锁国”变为“陆联国”，中欧班列成为贯通亚欧陆运干线的“钢铁驼队”，亚吉铁路、匈塞铁路、雅万高铁等开创“一条铁路拉动一个经济带”的新模式，中马友谊大桥、佩列沙茨大桥、白沙瓦—卡拉奇高速公路等成为打通交通动脉、畅通经济循环的“希望之桥”、“梦想之路”。

——天上航线织密网络。助力共建国家民航基础设施建设，改扩建的马尔代夫维拉纳国际机场有效

助推当地旅游业发展，增开的成都—新加坡、浦东—胡志明、西安—阿斯塔纳等航线，为促进经贸、文化交流提供了更为便捷的空中通道。

——网上联通赋能升级。通信服务网络覆盖40余个国家，在阿盟、东盟、南亚等地推广北斗应用、服务亿级用户，投资建设的2Africa海缆成为世界上最大的海缆项目之一，亚欧5号海缆联通东南亚、中东、欧洲16个国家，有效提升区域通信能力、促进信息走廊建设。

积极推动规则标准"软联通"。规则标准"软联通"是共建"一带一路"的重要支撑。中央企业坚持在项目建设、运营、采购等环节执行国际规则，讲国际语言，为深化"一带一路"合作注入了"润滑剂"和"催化剂"。

——标准化合作水平不断提升。积极对接国际先进规则标准，以优势产品和重大工程为依托，推动我国规则、技术、标准走出去，牵头制定移动通信、特高压等重要国际标准超过100项，强化民航、建材、物流、水电等多领域标准合作。

——市场化合作机制落地见效。深化国际产能和装备制造合作，与有意愿国家的企业开展三方、多方市场合作，建成了中白工业园、赞中经贸合作区等20多个产业园区，投资了中沙延布炼厂等170多个油气项目，建设了巴西美丽山特高压直流输电工程等能源工程，打通了中亚、中哈、中俄、中缅等油气输送通道，有力促进各方优势互补、共赢发展。

——数字化合作机遇共创共享。把握数字化、智能化发展大势，加强同共建国家企业在数字领域的对接合作，在沙特建设全球规模最大的综合智慧能源项目，将赞比亚谦比希铜矿打造成非洲第一座数字化矿山，以新业态、新技术赋能当地产业升级，共享数字经济发展红利。

全力促进民生领域"心联通"。同共建国家人民"心联通"是共建"一带一路"的重要基础。中央企业积极推动实现联合国可持续发展目标，践行环境、社会、公司治理（ESG）理念，聚焦当地所需、发挥自身所长，推动资源向民生项目倾斜，架起了同共建国家人民的"连心桥"。

——实施了一批惠民利民工程。积极开展民生项目，支持发展中国家减贫事业、民生设施建设，投资建设的巴基斯坦卡西姆电站为超过400万户家庭送去光明，科特迪瓦城市供水项目使230万人受益，尼日利亚卡诺灌溉项目有效缓解了当地粮食短缺问题。

——解决了一批就业民生问题。积极贯彻本地化用工原则，带动当地近百万人就业，全方位健全职业健康安全管理体系，组织海外员工参加职业技能培训，使海外员工的归属感、幸福感不断增强。积极设计或建设各类医院，高质量打造非洲疾控中心，新冠疫情期间累计向共建国家等提供7.3亿剂疫苗和大量医用口罩，为全球抗疫注入中国力量。

——打造了一批绿色发展样板。严格遵守东道国生态环保法律法规和标准规范，注重生态环境保护，携手推动绿色发展，打造了哈法亚等绿色现代化油田，建设了吉赛水电等一批风光水储清洁能源项目，把蒙内铁路建成生态环保之路，在与巴西水资源合作中破解了困扰当地30多年的水生态平衡难题。

中央企业参与共建"一带一路"的10年实践充分证明，习近平总书记提出的共建"一带一路"倡议应潮流、得民心、惠民生、利天下，汇集着人类共同发展的最大公约数，是中国同世界共享机遇、共谋发展的阳光大道，是各国企业携手同行、互惠共赢的广阔舞台，具有强劲的韧性、旺盛的生命力和光明的发展前景。

二、坚守合作初心，推动共建"一带一路"高质量发展行稳致远

习近平总书记在第三届"一带一路"国际合作高峰论坛上总结了三个方面的成功经验，这是过去10年共建"一带一路"取得的重要认识成果，也是新阶段高质量共建"一带一路"走深走实的重要保证。新阶段新实践，中央企业必须珍惜重大成果，传承宝贵经验，守正创新、继往开来，为高质量共建"一带一路"取得新的更大成果提供坚实支撑。

坚持互利共赢的鲜明导向。"只有合作共赢才能办成事、办好事、办大事"，"和平合作、开放包容、互学

互鉴、互利共赢的丝路精神，是共建'一带一路'最重要的力量源泉"，习近平总书记这样强调。当前，世界之变、时代之变、历史之变正以前所未有的方式展开，破解人类共同发展难题，应对全球性风险挑战，孤立和封闭没有出路，合作和开放才是正道。10年来，中央企业始终坚持共商共建共享，与共建国家企业携手探索合作领域、打造发展引擎，有效激活了企业发展动力，提升了共建国家发展能力。面向新阶段、实现新发展，必须顺应和平、发展、合作、共赢的时代潮流，大力弘扬丝路精神，坚持平等互利、互惠共赢，与共建国家积极寻求更多利益汇合点、合作契合点，共同培育新的增长动能和发展模式，促进各国发展潜力竞相迸发。

坚持市场化商业化的合作方式。坚持市场化商业化合作，是"一带一路"倡议保持可持续性、强大韧性和澎湃活力的底层逻辑。10年来，中央企业全面对接通用国际规则，充分尊重共建国家意愿，主动学习国际领先企业治理经验，以市场化方式积极探索国际合作的有效途径。面向新阶段、实现新发展，必须更加主动适应高水平对外开放要求，推动建设高标准市场体系，强化与共建国家市场对接、项目协同、产业共振，在更大范围、更高水平促进经济要素自由流动、资源高效配置和市场深度融合，推动加快建设开放型世界经济。

坚持绿色低碳的发展理念。习近平总书记强调，我们要努力建设一个山清水秀、清洁美丽的世界。实现绿色发展、可持续发展，是迈向人与自然和谐共生的现代化的必由之路，是世界各国的共同目标。10年来，中央企业坚持把绿色发展理念融入共建"一带一路"项目选择、实施和管理全过程，带头践行绿色、低碳、循环、可持续的生产生活方式，不断加强生态环保合作。面向新阶段、实现新发展，必须顺应国际绿色低碳发展趋势，响应各方可持续发展需求，充分发挥中央企业在可再生能源、节能环保、清洁生产等领域优势，强化高水平绿色低碳技术供给，更好推动共建"一带一路"对接联合国2030年可持续发展议程，支持共建国家绿色发展，共同营造和谐宜居的人类家园。

坚持服务民生的价值追求。增进共建国家的民生福祉，是共建"一带一路"的初衷。习近平总书记强调，要坚持以人民为中心的发展思想，聚焦消除贫困、增加就业、改善民生，让共建"一带一路"成果更好惠及全体人民。10年来，中央企业积极践行人类命运共同体理念，承担建设了一系列民生工程、民心工程，帮助当地民众解决了燃眉之急、改善了生活条件、提升了幸福指数。面向新阶段、实现新发展，必须坚持高标准、惠民生、可持续目标，打造更多建设周期短、综合效益好的"小而美"、"惠而实"项目，统筹股东、员工、客户、供应商、社会等相关方利益，高标准履行企业社会责任，为共建国家经济社会发展创造更多价值，不断提升当地人民的获得感、幸福感、安全感。

坚持依法合规的底线要求。依法合规是高质量共建"一带一路"的底线要求，关系中央企业形象、国家整体形象。10年来，中央企业不断强化法治思维、严守合规底线，严格按照国际规则和共建国家法律法规要求推进生产经营。面向新阶段、实现新发展，必须进一步增强自律意识、法律意识、责任意识，坚持一切合作都在阳光下运作，推动建立"一带一路"企业廉洁合规评价体系，以零容忍态度打击腐败，切实当好依法合规经营的表率，推动建设风清气正、环境友好的新时代丝绸之路。

三、砥砺金色十年，为高质量共建"一带一路"贡献中央企业更大力量

习近平总书记在第三届"一带一路"国际合作高峰论坛上擘画了面向未来的发展蓝图，拓展了共建"一带一路"的光明前景。共建"一带一路"开启新的金色十年，中央企业机遇广阔、大有可为。要以贯彻本次高峰论坛精神为新起点，落实好八项行动，助力高质量共建"一带一路"，为以中国式现代化全面推进强国建设民族复兴、推动实现世界各国的现代化作出新贡献。

聚焦互联互通，打造高质量共建"一带一路"的新通道。围绕设施联通，积极推进中欧班列高质量发展，主动参与跨里海国际运输走廊建设，助推"丝路海运"港航贸一体化发展，加快陆海新通道和空中丝绸

之路建设，不断深化传统基础设施项目合作，推进新型基础设施项目合作，为促进全球互联互通优存量、做增量。围绕市场相通，健全全球生产服务网络，主动参与国际规则、商业法则、行业标准的制定和完善，继续扩大三方或多方市场合作，促进商品、资金、技术、人员等要素流通，推动贸易和投资自由化便利化水平进一步提高。围绕理念融通，搭建高水平企业交流合作平台，加强与共建国家各类所有制企业、行业协会、高校院所等多层次立体式交流，拓展对话渠道、扩大合作领域、增强互信水平，不断提升共建"一带一路"的感召力和吸引力。

打造重点工程，树立高质量共建"一带一路"的新标杆。着力打造标志性工程，推动高峰论坛企业家大会达成的合作协议高质量落地，深化国际产能和装备制造合作，加大能源资源项目投入力度，更好发挥重大项目的强引擎、硬支撑作用。积极建设民生项目，主动对接民生需求，加大本土化经营力度，聚焦基建、农业、水利、林草、减贫、教育等领域，建好一批投资小、见效快的项目，形成更多接地气、聚人心的成果。切实提升项目综合效益，统筹考虑当地发展需要和企业自身能力，将先进适用的技术装备、高水平的管理服务融入"一带一路"建设，真正打造造福当地的"发展带"、惠及人民的"幸福路"。

拓展合作领域，开辟高质量共建"一带一路"的新空间。聚力打造绿色丝路，落实"一带一路"绿色投资原则，深化同共建国家的绿色基建、绿色能源、绿色交通等合作，严控新增高耗能高排放项目，切实让绿色成为共建"一带一路"的底色。聚力打造健康丝路，积极开展生物医药、公共卫生体系建设合作，助建更多先进医疗卫生中心，提供更多高质量医疗产品、技术和服务。聚力打造数字丝路，积极参与"一带一路"科技创新行动计划，加大5G基站、云计算、数据中心等建设力度，强化人工智能、智慧城市等领域合作，大力推动北斗国际服务规模化产业化。

统筹发展安全，夯实高质量共建"一带一路"的新基底。进一步健全合规体系，牢固树立依法合规经营理念，严格遵守项目所在国法律法规，加强海外员工合规培训，不断提高运用法治思维、法律手段处理国际化经营事项能力。进一步加强风险防范，完善境外项目风险防控制度和机制，加强企业内控体系建设，做好项目尽职调查和可行性研究，强化重点风险监测和防范化解，加强项目和人员安全保障。进一步强化廉洁建设，加大跨境腐败治理力度，健全防控长效机制，有效防范化解"一带一路"国际合作的廉洁风险，在高质量共建"一带一路"中走得更稳、更实、更好。

（文章刊发于2023年第23期《求是》）

为全面建设社会主义现代化国家开好局起好步作出国资央企更大贡献

国务院国资委党委书记、主任　张玉卓

党的二十大擘画了全面建成社会主义现代化强国、以中国式现代化全面推进中华民族伟大复兴的宏伟蓝图，为新时代新征程党和国家事业发展指明了前进方向。2023年是全面贯彻落实党的二十大精神的开局之年。国务院国资委和中央企业将全面贯彻党的二十大精神和中央经济工作会议部署，深刻领悟"两个确立"的决定性意义，增强"四个意识"、坚定"四个自信"、做到"两个维护"，以心中有数保持战略清醒，以心中有底坚定战略自信，以心中有责强化战略主动，突出党建引领、创造价值、科技自强、深化改革、优化布局、守牢底线，扎实推进国资央企各项工作，积极促进稳增长、稳就业、稳物价，在推动经济运行整体好转、实现质的有效提升和量的合理增长上勇挑大梁，为全面建设社会主义现代化国家开好局起好步多作贡献。

突出党建引领　加快建设新时代中央企业党建工作新格局

深入贯彻党的二十大关于坚定不移全面从严治

党、深入推进新时代党的建设新的伟大工程的重大部署，始终坚持党对国资央企的全面领导，持续深入贯彻落实习近平总书记在全国国有企业党的建设工作会议上的重要讲话精神，坚持与中国特色现代企业制度相衔接、与企业改革发展中心任务相适应，加快建设新时代中央企业党建工作新格局，为企业改革发展提供坚强政治保证。一是全面、系统、整体地把坚持党中央集中统一领导落实到位。完善做到“两个维护”的制度机制，坚持并不断深化“第一议题”制度，强化政治监督，健全贯彻落实习近平总书记重要指示批示精神的全链条制度体系，确保党中央政令畅通、令行禁止。不断提高政治判断力、政治领悟力、政治执行力，在政治立场、政治方向、政治原则、政治道路上始终同以习近平同志为核心的党中央保持高度一致。二是坚持不懈用习近平新时代中国特色社会主义思想凝心铸魂。深入学习宣传贯彻党的二十大精神，按照党中央部署开展好主题教育，实施党的创新理论学习教育计划，落实意识形态工作责任制，加强和改进思想政治工作，进一步强化党的创新理论武装，学深立场观点方法，学懂道理学理哲理，学出信仰信念信心。三是切实增强企业高质量党建对高质量发展的引领保障作用。坚持大抓基层的鲜明导向，实施中央企业基层组织、书记、党员、活动、制度、培训、保障“七抓”工程。进一步完善领导人员培养、选拔、考核、评价、任用制度，大力弘扬企业家精神，让企业领导人员敢为带动企业敢干、员工敢首创。以严的基调强化正风肃纪，深化靠企吃企专项整治，一体推进不敢腐、不能腐、不想腐，营造风清气正的良好政治生态。

突出创造价值　扎实推动中央企业提质增效稳增长

坚持稳字当头、稳中求进，坚持效益效率相统一，推动中央企业生产经营实现“一增一稳四提升”。“一增”即确保利润总额增速高于全国 GDP 增速，力争取得更好业绩，增大国资央企稳定宏观经济大盘的分量；“一稳”即资产负债率总体保持稳定；“四提升”即净资产收益率、研发经费投入强度、全员劳动生产率、营业现金比率 4 个指标进一步提升。通过“一增一稳四提升”，引导企业更加注重经营成果的真实性和“含金量”，更加注重提升价值创造能力，努力实现投资有回报、企业有利润、员工有收入、国家有税收的高质量发展，全力为保持经济运行在合理区间、促进国民经济持续健康发展提供有力支撑。一是扩大有效投资，提振发展信心。聚焦新型基础设施、新型城镇化、交通水利等重大工程建设和短板领域，实施一批强基础、增功能、利长远的重大项目，加大科技和产业投资。严格投资负面清单制度，提高有效投资质量，以真金白银的投资增长拉动经济增长。二是努力扩收增利，提升质量效益。加强市场研判，及时优化调整经营策略和产品结构，促进重点领域消费持续恢复，培育壮大热点消费新场景。强化煤炭与火电、冶金与机械、商贸与航运等上下游行业协同，推动通信、航空运输、建筑等企业加强行业内部协同，提升行业价值。强化精益管理，加大降本节支力度，深化亏损企业治理，努力实现子企业亏损面和亏损额在 2022 年基础上再降低 10%以上。三是做好保供稳价，强化基础保障。持续打好能源电力保供攻坚战，推动重要能源、矿产资源国内勘探和增储上产，推进油气资源进口多元化，实行战略性资源安全保障工程，推进种业科技自立自强、种源自主可控，增强对重要能源资源的支撑托底能力。落实助力中小企业纾困解难的政策举措，带动产业链、生态圈企业创造更多就业岗位。

突出科技自强　着力打造创新型国有企业

准确把握中央企业在我国科技创新全局中的战略定位，坚持巩固优势、补上短板、紧跟前沿，以新型举国体制锻造国家战略科技力量，布局新赛道、培育新优势，充分发挥科技领军企业的主体作用，聚焦国家战略任务，打造创新引领的现代产业集群。一是以国家战略需求和产业升级需要为导向开展技术攻关。着力打造原创技术策源地，加强科技基础能力和基础制度建设，强化目标导向的应用基础研究，在下一代通信网络、新能源、新材料、人工智能等领域形成一批基础前沿成果，发布推广一批关键材料、核心元器件、关键零部件重大攻关成果，推动能源、交通、建筑、装备制造等重点行业开展国产化示范应用工程。二是以提升创新体系效能为目标深化开放协同。突出科技产出、科技成果、科技转化、科技产业，积极承担国家重大科技任务，高质量建设已获批的全国重点实验室，加强国家级双创基地、国家科创中心建设，打造创新联合体升级版，推动产学研协同、大中小企业融通。三是以解决实际问题为目标激发创新活力。构建以创新价值、能力、贡献为导向的科技人才评价体系，完善科技成果转化收益分享机制，推进科技人才培养工程，培养造就更多大师、战略科学家、一流科技领军人才和创新团队、青年科技人才、卓越工程师、大国工匠、高技能人才，更大力度激发创新创造潜能。

突出深化改革　开展新一轮国企改革深化提升行动

坚持社会主义市场经济改革方向，推动国企改革三年行动成果制度化、规范化、长效化，以提高核心竞争力和增强核心功能为重点，乘势而上推进新一轮国企改革深化提升行动，更大力度打造现代新国企。一是着力完善中国特色国有企业现代公司治理。动态优化中央企业党委（党组）前置研究讨论重大经营管理事项清单，加快建设专业尽责、规范高效的董事会，构建完善全员新型经营责任制，更大力度落实管理人员竞争上岗、末等调整和不胜任退出制度，集团总部原则上实现全覆盖。健全规范有序的收入分配机制，推动中长期激励扩面提质，积极稳妥深化混合所有制改革，促进中央企业真正按市场化机制运营。二是持续完善以管资本为主的国资监管体制。强化国务院国资委出资人服务意识，坚持首办负责制，为央企提供有温度、有效率的务实服务。大力提升国资监管智能化水平，推动从“人防人控”向“技防技控”转型升级。加快推进国资央企云体系、大数据体系和司库体系建设，实现企业重要经营信息的动态归集和穿透监测，提升监管工作即时性。健全国有资本经营预算制度，进一步加大对关键核心技术攻关和战略性新兴产业培育的支持力度，适时组建新的国有资本投资运营公司。三是全面加快建设世界一流企业。强化对标提升和分类施策，分行业建立可量化可操作的世界一流企业评价体系，深化创建示范、管理提升、价值创造、品牌引领“四个专项行动”，建设一批主导全球产业链供应链价值链的龙头企业，培育一批“专精特新”“小巨人”和单项冠军企业，在不同领域形成百家以上不同层级的典型示范企业。

突出优化布局　加快实现产业体系升级发展

聚焦战略安全、产业引领、国计民生、公共服务等功能，以高质量实施“十四五”重大工程和重点项目为抓手，全面推进产业体系升级发展，推动中央企业在建设现代化产业体系、加快构建新发展格局上发挥“领头羊”作用。一是积极培育壮大战略性新兴产业。加大新一代信息技术、人工智能、生物技术、新能源、新材料、绿色环保等布局力度，强化航空航天、轨道交通、海洋工程、智能装备、芯片等高端制造业布局，力争2023年中央企业制造业新增投资比重达到13%，战略性新兴产业布局比重提高2个百分点以上。二是加快传统产业改造升级。制定重点行业领域布局结构调整指引，推动中央企业2023年在关系国家安全、国计民生重点行业的布局比重至少提高1个百分点，加快传统产业数字化转型，大力发展绿色低碳产业，推动中央企业全年万元产值综合能耗同比下降3%以上、二氧化碳排放同比下降3.6%以上。三是以市场化方式加大专业化整合力度。稳步提高直接融资比重，培育和推动更多符合条件的企业上市融资、增资扩股，2023年在装备制造、检验检测、医药健康、矿产资源、工程承包、煤电、清洁能源等领域推动专业化整合，切实提高产业竞争力。

突出守牢底线　有效防范化解重大风险

坚持统筹发展和安全，强化底线思维、关联思维，坚持标本兼治、远近结合，着力防范化解各类风险，坚决守住不发生系统性风险底线，以高水平安全保障企业高质量发展。一是抓好重点领域风险防范化解。压实各级企业主体责任，增强风险处置的精准性、有效性，稳妥做好重点领域、重点企业风险处置，强化资产负债率刚性约束，抓好房地产、金融等领域风险防范应对。二是健全风险监测防控机制。动态调整重点管控企业名单，强化业务规范、考核约束、违规追责等联动管控，完善合规管理体系，设立首席合规官，加快打造法治央企。三是提升企业安全生产水平。坚持从零开始、向零奋斗，深入开展中央企业安全管理强化年行动，健全企业安全生产组织机构，推进安全生产管理从事后处置向事前预防转变，加大安全技术研发投入，推进高风险老旧设施升级改造，在安全隐患高发领域大力推进“机械化换人、自动化减人”，全面提升本质安全水平，筑牢安全生产底线。

开新局要有新气象，新征程呼唤新担当。国资央企将更加紧密地团结在以习近平同志为核心的党中央周围，坚持以习近平新时代中国特色社会主义思想为指导，全面贯彻党的二十大精神和中央经济工作会议部署，勠力同心、勇毅前行，扎扎实实做好国资央企改革发展和党的建设各项工作，为全面建设社会主义现代化国家、全面推进中华民族伟大复兴作出新的更大贡献。

（文章刊发于2023年2月17日《学习时报》）

深入贯彻习近平生态文明思想　加快中央企业绿色低碳转型和高质量发展

国务院国资委党委书记、主任　张玉卓

党的十八大以来，习近平总书记站在中华民族永续发展和构建人类命运共同体的高度，亲自谋划、亲自部署、亲自推动生态文明建设，发表一系列重要讲话、作出一系列重要指示，以全新的视野创造性地形成了习近平生态文明思想，作为习近平新时代中国特色社会主义思想的重要组成部分，标志着我们党对生态文明建设规律、社会主义建设规律、人类社会发展规律的认识达到新高度。习近平总书记在党的二十大报告中深刻阐释人与自然和谐共生是中国式现代化的中国特色之一，对推动绿色发展、促进人与自然和谐共生单列专章作出战略部署，进一步丰富和发展了习近平生态文明思想，为新时代新征程生态文明建设提供了根本遵循。国有企业是中国特色社会主义的重要物质基础和政治基础，是实现高质量发展、推动生态文明建设、促进人与自然和谐共生的重要力量。国务院国资委和中央企业始终把保护生态环境、推动绿色发展作为重要使命责任，深入学习贯彻习近平生态文明思想，坚定贯彻新发展理念，协同推进降碳、减污、扩绿、增长，以企业高质量发展全方位助力经济社会绿色发展和美丽中国建设，全力为全面建设社会主义现代化国家作贡献。

一、坚持思想引领，切实强化绿色发展理念

国务院国资委和中央企业坚持以加强党的政治建设为统领，深刻领悟“两个确立”的决定性意义，增强“四个意识”、坚定“四个自信”、做到“两个维护”，深入学习贯彻习近平新时代中国特色社会主义思想，把推动绿色低碳发展作为一项重大政治任务。强化政治自觉，把学习贯彻习近平生态文明思想作为党的创新理论学习的重要内容，强化“第一议题”制度，健全“看齐对标”机制，深刻领会生态文明建设的重大意义，不断增强抓好绿色低碳发展的政治自觉。强化组织领导，将企业发展与生态保护、绿色转型一体推进，成立生态环保和绿色低碳发展相关领导小组，国务院国资委专门设立社会责任局，将绿色低碳发展纳入“十四五”中央企业发展规划纲要，将节能降碳指标纳入中央企业负责人经营业绩考核体系，加快建立健全有利于企业绿色转型的组织管理体系、统计监测体系、考核奖惩体系。强化制度保障，修订完善中央企业节约能源与生态环境保护监督管理办法，印发关于推进中央企业高质量发展做好碳达峰碳中和工作的指导意见，统筹中央企业碳达峰行动方案编制工作，强化制度执行和刚性约束，有力推动中央企业绿色低碳发展迈出坚实步伐，为新时代我国生态环境保护发生历史性、转折性、全局性变化作出了重要贡献。

党的二十大报告强调，必须牢固树立和践行绿水

青山就是金山银山的理念，站在人与自然和谐共生的高度谋划发展。新征程上，国务院国资委和中央企业将全面深入贯彻习近平生态文明思想，更加牢固地树立和践行"绿水青山就是金山银山"理念，服务生态文明建设大局，谋划推进国资央企工作，加快形成节约资源和保护环境的空间格局、产业结构、生产方式、生活方式，坚决把中央企业发展建立在资源高效利用和绿色低碳发展的基础之上。一是推动绿色发展理念与企业生产经营深度融合。坚持党对国资央企生态文明建设工作的全面领导，发挥国资监管机构专业化、体系化、法治化监管优势，进一步完善组织领导、政策制度、监督考核、基础管理等组织体系和工作体系，开展企业绿色发展先行示范，树立绿色发展的鲜明导向。二是以市场化方式为绿色发展赋能。深入落实资源要素市场化改革要求，积极参与水权、用能权、碳排放权等交易市场建设，更好促进完善碳定价机制，以市场化方式提升资源集约利用水平。三是大力培育和践行绿色文化。树立正确政绩观，倡导 ESG（环境、社会和公司治理）理念，编制发布中央企业绿色低碳发展报告，举办中央企业绿色发展论坛和成果展，加强绿色低碳领域国际交流合作，增强国资央企干部员工的节约意识、环保意识、生态意识，形成绿色发展的良好氛围。

二、加快产业升级，着力推动发展方式绿色转型

优化升级产业结构是推动发展方式绿色转型的重要手段，也是建设现代化产业体系的重大任务。党的十八大以来，国务院国资委和中央企业把绿色低碳转型作为深化供给侧结构性改革的重要内容，加快淘汰落后产能，大力推进产业绿色改造升级，发展壮大绿色低碳新兴产业，高质量发展的绿色成色更足、成果更实。2012—2022 年，中央企业万元产值综合能耗下降约 35.1%，二氧化硫、氮氧化物、化学需氧量、氨氮排放量分别下降约 77.7%、77.6%、57.0%、56.2%。落后产能加快退出，2016—2022 年，中央企业累计化解钢铁过剩产能 1644 万吨，化解煤炭过剩产能 1.19 亿吨，整合优化煤炭资源 2.8 亿吨，煤电企业完成燃煤机组超低排放改造任务，化工企业建设废水"零排放"项目，建材企业强化固体废物、危险废物循环利用。传统产业加快转型，石油石化、建筑、钢铁、交通、有色、建材等行业中央企业加快绿色升级，鞍钢建设国内规模最大的绿色智能地下铁矿，中国石油所属吉林石化建设国内首个全绿电化工项目，中国铁塔成立后新建基站共享率从 14% 提升至 80% 以上，节约土地 5.5 万亩、减少碳排放 2500 多万吨。绿色产业加快布局，2017 年以来，中央企业在新能源、新材料等领域的投资年均增速超过 20%，数字化转型行动计划和 5G 应用"扬帆"行动深入推进，人工智能、大数据、云计算等新一代信息技术与绿色低碳产业加快融合，中国建筑牵头制定绿色建筑、零碳社区等国家标准，中国远洋海运 2022 年新造船订单中新能源动力船舶占比超过 90%。

党的二十大报告强调，推动经济社会发展绿色化、低碳化是实现高质量发展的关键环节，要加快推动产业结构、能源结构、交通运输结构等调整优化，发展绿色低碳产业。中央企业产业结构整体"较重"，煤炭、石油石化、冶金、建材、电力等高碳行业资产占比达到 70%，在产业转型中应当切实发挥好表率引领作用。国务院国资委和中央企业将扭住产业结构转型升级这个关键，全方位、全产业、全过程推进，不断提高产业结构的绿色化程度，提升可持续发展能力和水平。一是坚决遏制高耗能高排放项目盲目发展。严格落实"两高"项目能耗准入标准，全面排查在建、拟建项目，实施清单管理、分类处置、动态监控，巩固钢铁、煤炭去产能成果，加强产能过剩分析预警，严格压减产能。二是进一步推动绿色转型。推进钢铁、有色金属、石油石化、交通、建筑、建材等行业绿色升级，实行非高炉炼铁技术示范，加快再生有色金属产业发展，积极有序发展现代煤化工，推动超低能耗建筑、低碳建筑规模化发展，提高绿色建材应用比例，加快发展电动、液化天然气动力船舶。三是以新一代信息技术引领产业绿色升级。实施绿色制造工程，推动 5G、大数据、人工智能等新兴技术与绿色低碳产业深度融合，大力发展新材料、高端装备、新能源汽车、绿色环保等战略性新兴产业，建设一批国际先进水平的绿色工厂和工业园区，加快推动工业领域数字化、智能化、绿色化融合发展。

三、突出重点领域，全面建设清洁低碳能源体系

能源是经济社会发展的重要物质基础，也是碳排放的最主要来源，相关领域碳排放量占我国碳排放总量的80%以上。近年来，国务院国资委和中央企业坚持高效统筹保障能源安全和推进能源结构绿色调整升级，立足多元化能源供给，加快能源清洁高效利用，大力实施可再生能源替代，有效提升能效水平、保障供应安全。煤炭消费加快减量替代，加快现役机组节能降碳、灵活性和供热改造"三改联动"，发电行业中央企业单位供电煤耗降至298克标准煤/千瓦时以下，单位供电二氧化碳排放量低于550克/千瓦时。清洁能源产业深入发展，发电行业中央企业清洁能源装机容量占比超过45%，超过三分之一的中央企业布局氢能产业，电网行业中央企业新能源利用率超过97%，国家电网在张北建成世界首个柔性直流电网工程、保障冬奥场馆绿电供应，南方电网广东梅州、阳江抽水蓄能电站全面建成投产。多元化能源体系保障供应，聚焦打好能源电力保供攻坚战，统筹好煤电和新能源供给，发挥大电网余缺互济优势，多渠道保障能源电力稳定供应，2022年煤炭行业中央企业日均产量达到295万吨、同比增长7%，执行中长期合同让利超过1900亿元，电力行业中央企业发电量达到5.1万亿千瓦时，以54.7%的机组容量保障了全国63.1%的电力供应。

党的二十大报告强调，要立足我国能源资源禀赋，坚持先立后破，有计划分步骤实施碳达峰行动，推动能源清洁低碳高效利用。国务院国资委和中央企业将立足我国富煤贫油少气的基本国情，强化系统观念，统筹好发展和减排、整体和局部、长期目标和短期目标的关系，严格落实能源消费强度和总量"双控"要求，扎实推进碳达峰碳中和任务落地，加快建设清洁低碳能源体系，全面提高能源利用效率。一是深入推进化石能源高效利用。加强能源产供储销体系建设，科学有序发展先进煤电，大力淘汰落后低效设备，积极推进煤炭清洁高效转化、分级梯次利用，加大油气资源勘探开发和增储上产力度，加快页岩气、煤层气、致密油气等非常规油气资源规模化开发。二是加快建设新能源和清洁能源体系。坚持集中式和分布式并举、陆海并重，加快建设风电和光伏发电基地，统筹水电开发与生态保护，积极安全有序发展核电，因地制宜推进生物质能、地热能、海洋新能源开发利用。三是着力提升可再生能源供给消纳水平。构建以新能源为主体的新型电力系统，推进清洁电力资源大范围优化配置，提升电网对高比例可再生能源的消纳和调控能力，促进可再生能源多元直接利用和就地就近消纳，加快新型储能示范推广应用，建设稳定安全可靠的新能源供给消纳体系。

四、强化科技赋能，为经济社会发展绿色化低碳化提供有力支撑

科技是解决环境问题的利器、产业绿色低碳发展的支撑。科技决定企业的未来，科技决定未来的企业。新时代以来，国务院国资委和中央企业充分发挥企业创新主体作用，坚持应给尽给、强化创新体系建设和政策保障，加大国有资本经营预算支持力度，绿色低碳领域原创技术策源地建设取得积极成果。一批绿色低碳技术创新平台建成运行，中央企业牵头建设新能源汽车、氢能源等一批绿色创新平台，成立海上风电产业技术创新联合体、中国新型储能产业创新联盟、全球低碳冶金创新联盟，中国石化建成我国最大的碳捕集利用与封存全产业链示范基地。一批绿色低碳硬科技取得突破，中国宝武富氢碳循环氧气高炉工艺路径实现减碳20%目标，东方电气集团超超临界煤电机组达到全球领先技术水平。一批绿色科研成果示范应用，中国华能全球首堆四代核能高温气冷堆并网发电，国家能源集团全球唯一的百万吨级煤直接液化制油示范工程不断升级。

党的二十大报告指出，必须坚持科技是第一生产力、人才是第一资源、创新是第一动力，专门强调要加快节能降碳先进技术研发和推广应用。中央企业作为绿色科技创新的国家队、主力军，将聚焦传统工艺替代难、现有技术挖潜难、新技术投资应用成本高等重点难点问题，坚持攻关和应用两手抓，加快绿色领域关键核心技术攻坚突破和创新应用，为绿色发展提供强有力的科技支撑。一是进一步加大绿色前沿科技攻关力度。大力开展低碳零碳负碳技术攻关，在高效率太阳能电池、可控核聚变、二氧化碳捕集利用等

重点领域加大攻坚力度，力争实现更多“从 0 到 1”的突破。二是搭建更多高水平绿色创新平台。以国家绿色低碳科技和产业重大需求为导向，主动承担重大科技工程项目，积极整合高校、科研院所等力量和产业链上下游资源，建设更多绿色技术创新联合体，促进绿色低碳领域产学研深度融合。三是加快绿色科技成果转化应用。用好国家绿色发展基金和首台(套)等政策，发挥国资央企创新基金作用，支持重点绿色技术创新成果转化应用，加强绿色技术专业人才培养，促进绿色低碳领域创新链、产业链、资金链、人才链深度融合，着力打通从绿色技术到绿色产业的“最后一公里”。

五、服务国家战略，在美丽中国建设中发挥示范带动作用

党的十八大以来，以习近平同志为核心的党中央以前所未有的力度抓生态文明建设，实施山水林田湖草沙一体化保护和系统治理，持续推进污染防治攻坚战，我国广袤国土上的蓝天白云重新展现，绿色版图不断扩展，绿色经济加快发展，城乡环境更加宜居，美丽中国建设迈出坚实步伐。在这一历史性进程中，国务院国资委和中央企业坚决贯彻落实党中央、国务院决策部署，把生态环境保护作为中央企业发展的硬约束，强化制度保障和激励引导，助力打好三大攻坚战，推动降碳减污和生态环保工作取得明显成效。开展绿色帮扶助力扶贫脱贫，充分考虑贫困地区自然资源、生态环境等要素禀赋结构，因地制宜发展生态旅游、循环农业等绿色低碳产业，实施农村电网巩固提升工程，推进“光伏＋储能”等综合能源利用和“柴改电”等示范项目。发挥专业优势推进污染防治，积极参与长江大保护等重大战略实施，中国三峡集团在长江沿线落地投资超过 1300 亿元、每日污水处理能力达到 1000 万吨、惠及人口 2300 万人，中国节能沿江建设固体废物处理项目 35 个、日处理能力 2.4 万吨；积极参与生态修复治理，国家能源集团打造国家级矿山公园，中国宝武建成亚洲规模最大的硬岩复垦基地。强化标本兼治化解生态风险，严格实施考核奖惩制度，用好监督检查、约谈通报、考核问责等组合拳，全面开展中央企业环境污染风险隐患排查整治，扎实推进生态环境保护督导检查，压实企业生态环保主体责任，坚决守住生态保护和风险防控的底线红线。

党的二十大报告强调，尊重自然、顺应自然、保护自然，是全面建设社会主义现代化国家的内在要求；要推进美丽中国建设，持续深入打好蓝天、碧水、净土保卫战，提升生态系统多样性、稳定性、持续性。国务院国资委和中央企业将坚定践行以人民为中心的发展思想，坚决履行生态环保和污染防治责任，以中央企业环境友好的集约式、高质量发展，不断满足人民群众日益增长的优美生态环境需要。一是优化绿色低碳发展区域布局。在服务京津冀协同发展、长江经济带发展、粤港澳大湾区建设、长三角一体化发展、黄河流域生态保护和高质量发展等区域重大战略中，强化绿色低碳发展导向，积极参与共抓长江大保护，深化央地绿色产业合作，促进重要江河湖库保护治理，加强南水北调水源地及沿线生态保护，主动承担生态修复重大工程，共同守护天蓝、地绿、水清的美好家园。二是打造乡村振兴“绿色样板”。以绿色生态为导向支持乡村产业振兴，推进绿色农业技术帮扶，推广“光伏＋设施农业”“海上风电＋海洋牧场”等低碳农业模式，支持发展休闲农业、绿色种养、乡村旅游、林业碳汇、农村光伏等新业态，推进“水电路讯”等农村公共基础设施补短板，打造宜居宜业和美乡村。三是高质量共建绿色“一带一路”。加快中央企业对外投资合作绿色转型，积极发展高质量、高技术、高附加值绿色产品贸易，深化与各国企业在绿色技术、绿色装备、绿色服务、绿色基础设施等方面合作，积极参与共建“一带一路”国家清洁能源开发利用，推动新能源等绿色低碳技术和产品走出去。

新时代新征程，国务院国资委和中央企业将更加紧密地团结在以习近平同志为核心的党中央周围，以习近平新时代中国特色社会主义思想为指导，深入贯彻习近平生态文明思想，坚定不移走生态优先、绿色发展之路，为促进经济社会发展全面绿色转型、建设人与自然和谐共生的美丽中国作出新的更大贡献。

（文章刊发于 2023 年第 1 期
《习近平生态文明思想研究与实践》）

深入开展主题教育 推动国资央企高质量发展

国务院国资委党委书记、主任 张玉卓

在全党深入开展学习贯彻习近平新时代中国特色社会主义思想主题教育，是以习近平同志为核心的党中央为全面贯彻党的二十大精神、动员全党同志为完成党的中心任务而团结奋斗所作的重大部署，是深入推进新时代党的建设新的伟大工程的重大举措。国资委和中央企业开展主题教育，要深刻领会习近平总书记在主题教育工作会议上的重要讲话精神，认真贯彻落实党中央决策部署，牢牢把握主题教育总要求和目标任务，真正来一次理论大学习、思想大武装，学思想、强党性、重实践、建新功，为国资央企服务构建新发展格局、积极推动高质量发展，奋进新征程、建功新时代提供强有力的政治引领和政治保障。

一、深刻领会开展主题教育是统一全党思想意志行动、始终保持党的强大凝聚力战斗力的必然要求，坚持不懈用党的创新理论武装国资央企

习近平总书记指出，团结统一是党的生命，是党的力量所在。怎么实现全党思想、意志、行动的统一？最根本的就是用党的基本理论武装全党。强调这次主题教育要在推动学习贯彻新时代中国特色社会主义思想走深走实上下功夫，教育引导党员、干部从思想上正本清源、固本培元，始终在思想上政治上行动上同党中央保持高度一致，共同把党锻造成一块攻无不克、战无不胜的坚硬钢铁。学习领会习近平总书记重要讲话精神，我们深刻认识到，党的创新理论每前进一步，理论武装就要及时跟进一步。习近平新时代中国特色社会主义思想，实现了马克思主义中国化时代化新的飞跃，是当代中国马克思主义、二十一世纪马克思主义，是中华文化和中国精神的时代精华，是全党全国各族人民为实现中华民族伟大复兴而团结奋斗的行动指南。新时代 10 年伟大变革，根本在于有习近平总书记掌舵领航，有习近平新时代中国特色社会主义思想科学指引。迈上新时代新征程，更加迫切需要用党的创新理论武装全党，全面系统掌握这一重要思想的科学体系、核心要义、实践要求，把握好这一重要思想的世界观、方法论，坚持好、运用好贯穿其中的立场观点方法，不断增进对党的创新理论的政治认同、思想认同、理论认同、情感认同，把全党思想、意志和行动统一在习近平新时代中国特色社会主义思想的伟大旗帜下，为胜利推进强国建设、民族复兴的历史伟业勇毅前行。

国有企业是我们党执政兴国最可信赖的依靠力量，必须坚持以党的旗帜为旗帜、以党的意志为意志，始终成为党的创新理论的坚定信仰者和忠实实践者。国资央企开展主题教育，要牢牢把握用习近平新时代中国特色社会主义思想凝心铸魂这个根本任务，把坚定拥护“两个确立”、坚决做到“两个维护”作为核心要求，大力弘扬马克思主义学风，坚持干什么就重点学什么、缺什么就重点补什么，时时刻刻、事事处处从习近平总书记关于国有企业改革发展和党的建设重要论述这个国资央企事业源头活水中汲取智慧和力量。一要深刻领会关于国有企业地位作用的重要论述，坚持公有制主体地位不能动摇，坚持国有经济主导作用不能动摇，增强国有经济竞争力、创新力、控制力、影响力、抗风险能力，坚定不移做强做优做大国有资本和国有企业，进一步坚定做好国资央企工作的信心和底气。二要深刻领会关于国有企业高质量发展的重要论述，从推进国有经济布局优化和结构调整、加快推动绿色低碳发展、实行高水平对外开放、统筹发展和安全等方面，牢牢把握国资央企高质量发展的根本方向、重大原则和途径方法，全面引领和推动中央企业聚焦主责主业发展实体经济，加快转变发展理念和发展方式，深入推进战略性重组和专业化整合，稳步开展国际化经营，有效防范和化解重大风险，全面步入高质量发展的轨道。三要深刻领会关于国有企业科技创新的重要论述，从实现高水平科技自立自强、强化国家战略科技力量和企业创新主体地位、勇

当原创技术"策源地"等方面，牢牢把握赋予国有企业特别是中央企业的重大政治任务，坚持把科技创新摆在更加突出位置，着眼于打造更多国之重器、锻造国家战略科技力量，推动中央企业努力建设科技攻关重地、原创技术策源地、科技人才高地和科技创新政策特区。四要深刻领会关于深化国有企业改革的重要论述，从强化国有企业独立市场主体地位、建设中国特色现代企业制度、加快健全灵活高效的市场化经营机制、积极稳妥推进混合所有制改革等方面，牢牢把握新时代国有企业推进市场化改革、完善市场化经营机制的根本遵循，推动新时代国企改革不断走深走实，着力锻造一批发展方式新、公司治理新、经营机制新、布局结构新的现代新国企。五要深刻领会关于加强国有资产监管的重要论述，从守护好发展好全体人民共同财富、完善国有资产管理体制、加强监管和增强活力相结合等方面，牢牢把握国资监管的极端重要性，坚持和完善以管资本为主的国有资产监管体制，切实增强国有资产监管效能，促进国有资产保值增值，坚决防止国有资产流失。六要深刻领会关于国有企业坚持党的领导、加强党的建设的重要论述，从坚持党对国有企业的全面领导、建设党在经济领域的执政骨干队伍、加强基层党组织建设、做好思想政治工作等方面，牢牢把握新时代我们党领导和发展国有企业的规律性认识，把坚持党的领导、加强党的建设作为"根"和"魂"，教育引导党员、干部深刻领悟"两个确立"的决定性意义，增强"四个意识"、坚定"四个自信"、做到"两个维护"，以学铸魂、以学增智、以学正风、以学促干，为国资央企奋进新征程、建功新时代提供强有力的政治引领和政治保障。

二、深刻领会开展主题教育是推动全党积极担当作为、不断开创事业发展新局面的必然要求，坚定不移做强做优做大国有资本和国有企业

习近平总书记指出，我们党百年奋斗的伟大成就都是党团结带领全国各族人民拼出来、干出来的，要把党的二十大描绘的宏伟蓝图变成现实，仍然要靠拼、要靠干。强调这次主题教育要教育引导广大党员、干部学思想、见行动，不断提高推动高质量发展本领、服务群众本领、防范化解风险本领，加强斗争精神和斗争本领养成，提振锐意进取、担当有为的精气神。学习领会习近平总书记重要讲话精神，我们深刻认识到，以中国式现代化推进中华民族伟大复兴是前无古人的开创性事业，绝不是轻轻松松、敲锣打鼓就能实现的，必然会遇到很多从未有过的全新课题、遭遇各种艰难险阻、经受许多风高浪急甚至惊涛骇浪的重大考验。唯有始终保持锐意进取、敢为人先、迎难而上的奋斗姿态，以主题教育新成效彰显担当作为新风貌，才能把党的二十大绘就的宏伟蓝图一步一步变为美好现实。

国有企业是中国特色社会主义重要物质基础和政治基础，是我们党领导经济工作的重要力量，必须紧紧围绕以中国式现代化推进中华民族伟大复兴这个中心任务，为全面建设社会主义现代化国家作出新的更大贡献。国资央企开展主题教育，要牢牢把握新时代新阶段国资央企职责使命，把党的创新理论武装同贯彻落实习近平总书记重要指示批示和党中央决策部署结合起来，同全面落实党的二十大精神结合起来，转化成国资央企改革发展监管和党的建设的生动实践。一要紧扣做强做优做大国有资本和国有企业这个总目标，全面系统把握强、优、大三者之间的内涵要求，既要坚定不移地做大，更要意志坚定地做强做优，切实把重点重心放到大力转变发展方式，提高效率效益上来，加快打造一批能与发达国家大型跨国公司同台竞技的世界一流企业，以企业实力增强综合国力，为巩固党的执政地位、坚持我国社会主义制度提供坚实物质基础。二要紧扣积极服务国家重大战略这个总要求，聚焦党之大计、国之大计谋划推动国资央企工作，围绕党的二十大作出的推动新型工业化、加快建设制造强国、质量强国、航天强国、交通强国、网络强国、数字中国等重大部署，围绕区域协调发展战略、区域重大战略深化央地合作，推动国资央企高质量发展，坚定成为我们党赢得具有许多新的历史特点的伟大斗争的战略基石，为全面建成社会主义现代化强国提供重要支撑。三要紧扣提高企业核心竞争力和增强核心功能"两个途径"，聚焦加快解决科技、效率、人才、品牌等方面突出问题，加强深化改革，加大创新力度，加快补短锻长，结合企业特点塑造独特

竞争优势；聚焦战略安全、产业引领、国计民生、公共服务等功能，以市场化方式推进战略性重组，加快企业间同质业务整合，分步骤、有计划地加快调整优化国有经济布局结构，在战略性新兴领域加快构建新的增长引擎，更好发挥国有经济整体功能作用。四要紧扣当前国资央企改革发展监管和党的建设重点任务，把主题教育理论学习、调查研究、推动发展、检视整改等贯通起来，边学习、边对照、边检视、边整改，以强化理论学习指导实践发展，以深化调查研究推动解决发展难题，进一步打好党建引领、价值创造、科技自强、深化改革、优化布局、完善监管、守牢安全底线"七套组合拳"，以国资央企高质量发展检验主题教育成效。

三、深刻领会开展主题教育是深入推进全面从严治党、以党的自我革命引领社会革命的必然要求，持之以恒以高质量党建引领保障国资央企高质量发展

习近平总书记指出，全面从严治党永远在路上，党的自我革命永远在路上，解决大党独有难题是一个长期而艰巨的过程，既需要常抓不懈，又需要集中发力，确保党永远不变质、不变色、不变味。强调这次主题教育要教育引导各级党组织和广大党员、干部突出问题导向，查不足、找差距、明方向，接受政治体检，打扫政治灰尘，纠正行为偏差，解决思想不纯、组织不纯方面存在的突出问题，不断增强党的自我净化、自我完善、自我革新、自我提高能力。学习领会习近平总书记重要讲话精神，我们深刻认识到，治国必先治党，党兴才能国强。我们党作为世界上最大的马克思主义执政党，要始终赢得人民拥护、巩固长期执政地位，就必须时刻保持解决大党独有难题的清醒和坚定，发扬彻底的自我革命精神，永远吹冲锋号，及时消除一切影响党的先进性纯洁性的因素，清除一切侵蚀党的肌体健康的病毒，以强烈的政治责任感使命感一刻不停把全面从严治党引向深入。

国资央企党的建设是新时代党的建设新的伟大工程的重要组成部分，必须深入贯彻党的二十大关于全面从严治党的重大部署，持续巩固深化习近平总书记在全国国有企业党的建设工作会议上的重要讲话精神落实成果，加快建设与全面从严治党体系相匹配、与中国特色现代企业制度相衔接、与改革发展中心任务相适应的国资央企党建工作新格局。国资央企开展主题教育，要牢牢把握高质量党建对国资央企高质量发展的引领保障作用，着力解决党员、干部队伍在理论学习、政治素质、能力本领、担当作为、工作作风、廉洁自律等6个方面存在的突出问题，不断健全国资央企党的领导、党的建设"七个体系"，不断提升党建规范化、精细化、体系化水平。一要健全党对国资央企全面系统整体领导的工作体系，完善拥护"两个确立"、做到"两个维护"体制机制，教育引导党员、干部不断提高政治判断力、政治领悟力、政治执行力，始终同以习近平同志为核心的党中央保持高度一致，确保国有企业国有资产牢牢掌握在党的手中。二要健全中国特色现代国有公司治理体系，落实"两个一以贯之"的重要要求，推动党委（党组）发挥领导作用与其他治理主体依法行权有机统一、党管干部党管人才与市场化选人用人有机统一、党组织设置与企业管理架构运行有机统一、思想政治工作与企业文化建设有机统一、党内监督与企业内部监督有机统一、党建责任与经营责任考核有机统一。三要健全企业家和战略人才选育管用体系，把政治素质好、履职业绩优，勇于担当、敢于作为的企业领导人员选出来用起来，全方位培养引进用好拔尖创新人才，让科研人员能够心无旁骛搞科研。四要健全上下贯通执行有力的组织体系，加快构建以境内独资全资控股企业为主体，混合所有制企业和境外单位为两翼的"一体两翼"党建格局，实施中央企业基层组织、书记、党员、活动、制度、培训、保障"七抓"工程，推动基层党建更好围绕中心、服务大局。五要健全彰显国企先进精神的价值体系，实施中央企业先进精神培育行动，积极构建体现国企精神、国企价值、国企力量的企业文化，系统建设网上网下一体、内宣外宣联动的媒体矩阵，汇聚推动国资央企改革发展磅礴力量。六要健全以党内监督为主导的监督体系，完善出资人监督体制机制，推动出资人监督和纪检监察监督、巡视监督、审计监督、社会监督等各类监督力量贯通协同，强化董事会监督作用，形成"大监督"合力。七要健全落实管党治党要

求的责任体系，牢牢抓住党建责任制这个“牛鼻子”，用好考核评价这个“指挥棒”，积极探索党建责任制考核、经营业绩考核、领导干部综合评价同步实施、有效联动、交叉印证的方式，着力构建中国特色国有企业综合评价体系，督促领导人员把管党治党、治企兴企责任一并抓在手上、扛在肩上，更好引导企业全面履行经济责任、政治责任和社会责任。

（文章刊发于2023年第5期《党建研究》）

在推进中国式现代化建设中谱写国资央企新篇章

国务院国资委党委书记、主任　张玉卓

习近平新时代中国特色社会主义思想是当代中国马克思主义、二十一世纪马克思主义，是中华文化和中国精神的时代精华，实现了马克思主义中国化时代化新的飞跃，是引领强国建设、民族复兴的行动指南和根本遵循。国有企业是中国特色社会主义的重要物质基础和政治基础，是我们党执政兴国的重要支柱和依靠力量，在全面建设社会主义现代化国家、全面推进中华民族伟大复兴的历史进程中肩负着重大使命责任。国资央企坚持以学习贯彻习近平新时代中国特色社会主义思想主题教育为契机，全面学习、全面把握、全面落实习近平新时代中国特色社会主义思想，学思想、强党性、重实践、建新功，坚定不移做强做优做大国有资本和国有企业，为中国式现代化建设不断作出新的贡献。

学思想凝心铸魂，坚定做习近平新时代中国特色社会主义思想的忠实践行者

党的理论创新每前进一步，理论武装就要跟进一步，这是我们党的光荣传统和宝贵经验。国资央企开展主题教育，就是要牢牢把握用党的创新理论凝心铸魂这个根本任务，紧密结合国资央企特点，教育引导国资央企党员干部全面系统掌握这一重要思想的世界观方法论和贯穿其中的立场观点方法，不断增进对党的创新理论的政治认同、思想认同、理论认同、情感认同，始终成为我们党听指挥、拉得出、冲得上、打得赢的基本队伍。

提高站位学。把学习贯彻习近平新时代中国特色社会主义思想作为首要政治任务，健全完善党委（党组）会议“第一议题”制度、中心组学习“首要议题”制度和贯彻落实“对标看齐”制度，深刻领悟这一重要思想的核心要义、丰富内涵，作为引领国资央企一切工作的根本遵循、源头活水，教育引导党员干部时时刻刻、事事处处从这一重要思想中找方向、找思路、找方法，确保国资央企始终沿着正确方向前进。

融会贯通学。把深入学习习近平新时代中国特色社会主义思想，同学习领会习近平总书记关于国有企业改革发展和党的建设的重要论述结合起来，同贯彻落实习近平总书记重要指示批示精神和党中央决策部署结合起来，在学懂弄通做实党的创新理论中，突出以高质量党建引领保障高质量发展，突出提高企业核心竞争力、增强核心功能，突出防范化解重大风险，突出解决职工群众急难愁盼问题，切实把党的创新理论转化为推动国资央企高质量发展的生动实践。

示范引领学。把习近平总书记亲自考察或作出重要指示批示的重大项目重大工程打造成感悟思想伟力、践行职责使命、展示央企形象的示范点，通过现场学习、经验交流、宣传推广等方式，推动经验变制度、标杆变标准、示范变规范，引导推动国资央企争做学习上的示范、贯彻上的表率、实干上的榜样。

悟思想勇于担当，坚决扛起新时代新征程国资央企新使命新任务

习近平总书记深刻指出，我国国有企业为我国经济社会发展、科技进步、国防建设、民生改善作出了历史性贡献，功勋卓著，功不可没。回顾百年党史，国有企业由党而建、跟党创业、为党奋斗，为我们党实现第一个百年奋斗目标作出重大贡献。社会主义革命和

建设时期，以国有企业为主体建立起独立的比较完整的工业体系和国民经济体系，有效维护了国家主权和安全。改革开放和社会主义现代化建设新时期，国有企业不断从计划走向市场、从国内走向国外，国有经济布局结构发生重大变化，为我国实现从生产力相对落后的状况到经济总量跃居世界第二的历史性突破提供了有力支撑。党的十八大以来，中国特色社会主义进入新时代，以习近平同志为核心的党中央高度重视国资央企工作，习近平总书记发表一系列重要讲话、作出一系列重要指示批示、部署一系列重大战略举措，推动国资央企改革发展和党的建设工作发生重大变化，为党和国家事业取得历史性成就、发生历史性变革作出了重要贡献。

党的二十大报告明确提出新时代新征程党的中心任务，也赋予了国资央企新的使命责任。今年以来，习近平总书记又多次发表重要讲话、作出重要指示批示，进一步为国资央企事业发展引领航向、提供科学指引。国资央企必须持续深化学习，对标对表抓好贯彻落实。

牢牢把握新时代新征程国资央企工作的总目标总原则总要求。总目标就是坚定不移做强做优做大国有资本和国有企业，既坚定不移做大，更意志坚定地做强做优，特别要把做强放在优先位置；总原则就是坚持和加强党对国有企业的全面领导，旗帜鲜明讲政治、理直气壮抓党建，任何时候都不能有丝毫动摇；总要求就是积极服务国家重大战略，自觉服务党和国家工作大局，习近平总书记要求什么，党中央部署什么，国家需要什么，国资央企就坚定地往什么方向发力，坚定当好中国特色社会主义经济的“顶梁柱”。

用好提高企业核心竞争力和增强核心功能“两个途径”。提高核心竞争力是中央企业成为世界一流企业的根本之道，要聚焦提升创新能力和价值创造能力，紧紧扭住科技、效率、人才、品牌四个要素，主动对标世界一流企业，坚定成为行业领先企业，加快塑造独特竞争优势；增强核心功能是中央企业担负新使命新任务的必然要求，要把核心功能体现在增强国有经济主导作用和战略支撑作用上，体现在更好履行战略安全、产业引领、国计民生、公共服务等功能上，实现经济属性、政治属性和社会属性的有机统一。

发挥中央企业科技创新、产业控制、安全支撑作用。“三个作用”相互贯通、各有侧重。科技创新是根本，决定着产业控制和安全支撑作用的发挥，必须强化企业创新主体地位，打造国家战略科技力量，努力成为原始创新和核心技术的需求提出者、创新组织者、技术供给者、市场应用者；产业控制是关键，必须积极培育产业链龙头企业，加快打造自主可控、安全可靠、竞争力强的现代化产业体系，全面提升我国产业基础高级化和产业链现代化水平；安全支撑是底线，必须聚焦重点领域，提升产业链“韧性”、释放科技创新“活力”，筑牢“防”的底线、打造“攻”的实力，在国防安全、粮食安全、能源安全、资源安全、产业安全等方面发挥兜底托底作用，提升国家战略安全保障能力，推动国资央企真正成为堪当时代重任的大国重器、强国基石。

用思想踔厉奋发，为中国式现代化建设贡献国资央企力量

学思想、悟思想，最终要以用思想、见行动作为检验，这也是主题教育的重要落脚点。国资央企要坚持以学铸魂、以学增智、以学正风、以学促干，匡正干的导向、增强干的动力、形成干的合力，坚定当好习近平新时代中国特色社会主义思想的执行者、行动派、实干家，在新征程上推动国资央企改革发展和党的建设取得新成效。

坚决当好高质量发展的主力军。坚持把高质量发展作为首要任务，完整准确全面贯彻新发展理念，在大力推进新型工业化，加快建设制造强国、质量强国、航天强国、交通强国、网络强国、数字中国，建设更高水平开放型经济新体制中发挥国资央企重要作用。特别在当前世界经济不稳定不确定难预料因素增多、国内经济恢复基础不牢固的情况下，中央企业要统筹质的有效提升和量的合理增长，以高质量产品和服务供给创造有效需求，以有效投资带动各类经营主体共同发展，助推国民经济平稳有序运行、持续回升向好。

加快锻造高水平科技自立自强的国家队。坚持

"四个面向",立足国家所需、产业所趋、产业链供应链所困,把科技创新摆在"头号工程"的重要位置,突出企业创新主体地位,锻造国家战略科技力量,全力突破引领行业发展的原创性、前沿性技术,全力突破关键核心技术"卡脖子"问题,全力突破科技创新投入不足、效率不高、产出不够、转化不畅等制约瓶颈,培育更多卓越高科技人才队伍,打造更多更具含金量的"国之重器",助力科技强国建设。

积极成为构建现代化产业体系的排头兵。切实肩负产业报国使命,聚焦发展实体经济,坚持战略性新兴产业和传统产业两端发力,切实提升战略性新兴产业规模质量,加快打造引领未来发展的新支柱新赛道,着力推动传统产业高端化智能化绿色化,不断培育更多世界级优势产业集群,持续增强在国防军工、粮食、能源资源、骨干网络等关键领域支撑托底能力,抢占产业竞争制高点,牢牢把握发展主动权,更好服务构建新发展格局。

着力建设富有活力的现代新国企。巩固国企改革三年行动成效,乘势而上实施新一轮国企改革深化提升行动,坚持和加强党对国资央企的全面领导,坚持和完善社会主义基本经济制度,坚持社会主义市场经济改革方向,以提高国有企业核心竞争力和增强核心功能为重点,坚持分类改革,健全以管资本为主的国资监管体制,完善中国特色国有企业现代公司治理,推动国有企业在服务国家战略功能作用上取得明显成效,在真正按市场化机制运营上取得明显成效,在加快建设世界一流企业和培育专精特新企业上取得明显成效。

坚持不懈打造全面从严治党的示范地。深入贯彻习近平总书记关于党的建设的重要思想,加快建设与全面从严治党体系相匹配、与中国特色现代企业制度相衔接、与改革发展中心任务相适应的国资央企党建工作新格局,健全完善国资央企全面从严治党体系,不断提升党的组织体系整体效能,切实增强企业各级党组织政治功能和组织功能,以高质量党建引领保障国资央企高质量发展。

伟大思想引领伟大事业,伟大事业成就伟大梦想。新时代新征程,国资央企将坚持不懈用习近平新时代中国特色社会主义思想凝心铸魂,深刻领悟"两个确立"的决定性意义,增强"四个意识"、坚定"四个自信"、做到"两个维护",进一步铸牢政治忠诚、坚定理想信念、掌握看家本领、发扬斗争精神,踔厉奋发、真抓实干,不断开创国资央企改革发展新局面,为中国式现代化建设作出国资央企新贡献。

(文章刊发于 2023 年 8 月 7 日《学习时报》)

推动国有企业在建设现代化产业体系、构建新发展格局中发挥更大作用

国务院国资委党委书记、主任　张玉卓

习近平总书记指出:"国有企业是中国特色社会主义的重要物质基础和政治基础,是党执政兴国的重要支柱和依靠力量"。国资国企要坚持以习近平新时代中国特色社会主义思想为指导,坚持和加强党的全面领导,牢牢把握新时代新征程的新使命新任务,坚定不移做强做优做大国有资本和国有企业,充分发挥国有经济主导作用和战略支撑作用,在建设现代化产业体系、构建新发展格局中发挥更大作用,为全面建设社会主义现代化国家作出更大贡献。

充分发挥科技创新作用,支撑高水平科技自立自强

当前,世界百年未有之大变局加速演进,科技创新成为国际竞争和大国博弈的主战场。科技自立自强不仅是发展问题,更是生存问题。国有企业在我国产学研用创新链条中具有重要地位,一大批科技领军企业已经成为国家战略科技力量的重要组成部分,理应肩负起高水平科技自立自强的使命担当。

在关键核心技术攻关上勇挑重担。充分发挥新型举国体制优势,围绕基础研究和应用基础研究、"卡脖子"关键核心技术攻关、前沿性颠覆性原创技术研

究，不断加大研发投入，带动产业链上中下游企业共同参与，打造创新联合体升级版，大力推进科技攻关，努力掌握更多拥有自主知识产权的关键核心技术。

在发挥科技创新主体作用上敢打头阵。围绕产业链部署创新链，加强各类创新资源统筹，以原创技术策源地建设为依托，牵头构建以企业为主体、市场为导向、产学研深度融合的科技创新体系，主动与高校、科研院所和民营企业建立多种形式合作关系，健全科学合理的利益分配机制，发挥市场对技术研发方向、路线选择、各类创新要素配置的导向作用，促进创新链条有机衔接、创新效率大幅提高。

在科技成果转化应用上主动作为。充分发挥国有企业市场需求、集成创新、组织平台优势，建设一批概念验证和中试平台，主动开放应用场景，探索在重大项目、重点工程谋划阶段明确自主可控目标，积极应用首台套、首批次、首版次技术产品，在应用过程中不断促进技术产品的完善和迭代升级，加快科技成果向现实生产力转化，不断打通从科技强到企业强、产业强、经济强的通道。

充分发挥产业引领作用，助力我国现代化产业体系建设

现代化产业体系是现代化国家的物质技术基础。产业竞争力关乎国家竞争力，只有持续推动产业升级，才能不断塑造新的国家竞争优势。国有企业应当放眼全球、主动作为，打造现代产业链链长，在全球新一轮产业竞争中掌握战略主动。

促进我国提升全球产业分工地位和话语权，坚持国际化经营方向。加强对外开放合作，完善面向全球的生产服务网络，通过对外投资并购、优化全球布局、打造国际品牌，强化全球价值链掌控力，增强主动运用、积极引领塑造国际规则的能力，以高质量共建“一带一路”为契机，带动中国装备制造、技术、标准和服务共同“走出去”，不断向全球产业链价值链中高端迈进。

引领传统产业转型升级。深入实施产业基础再造工程和制造业高质量发展专项工作，加快技术改造和设备升级，优化重大生产力布局，推动传统产业高端化智能化绿色化发展，增强高铁、电力装备、新能源、通信设备等领域的全产业链优势，全面提升我国产业基础高级化和产业链现代化水平。

带动战略性新兴产业集群化发展。加强与民营企业等各类所有制企业在新领域新赛道的互利合作，大力发展集成电路、工业母机、新一代移动通信、工业软件、人工智能、生物技术、新能源、新能源汽车、新材料等科技含量高、带动作用大的战略性新兴产业，积极培育孵化未来产业，加快构建集群化发展优势，努力抢占科技革命和产业变革的制高点。

充分发挥安全支撑作用，有力保障国家战略安全

当前，我国发展进入战略机遇和风险挑战并存、不确定难预料因素增多的时期，各种“黑天鹅”“灰犀牛”事件随时可能发生。很多国有企业分布在关系国家安全、国民经济命脉的重要行业和关键领域，要坚持统筹发展和安全，筑牢“防”的底线、提升“稳”的能力，关键时刻发挥好兜底托底作用。

切实强化与现代化建设相适应的基础设施建设。积极服务和推进铁路、公路、水运、航空、物流等基础设施建设，促进形成安全、便捷、高效、绿色、经济的综合交通体系。强化国有资本对电网、石油天然气管网、江河主干水网、信息通信网等领域投入，加强新一代移动通信、人工智能、算力网络、卫星互联网、工业互联网等新型基础设施建设，更好维护国家骨干网络安全。

切实保障与现代化建设相适应的能源资源供给。加大油气资源勘探开发力度，保持原油和天然气稳产增产，加快推进煤炭清洁高效利用，增加风光储氢等清洁能源供给，优化国有资本在海外能源资源、关键战略性矿产资源、物流枢纽及远洋运输等领域布局，增强种业研发能力、海外粮源及国际粮食贸易掌控能力，扩大我国在能源、资源、粮食等基础性保障领域的战略纵深。

切实维护与现代化建设相适应的产业链供应链安全。实施关键核心技术攻关工程，在关系国家安全的领域和节点构建自主可控、安全可靠的国内生产供

应体系，不断提高我国产业链供应链稳定性和竞争力。

国务院国资委将积极当好国有企业增强核心功能、发挥重要作用的组织者、推动者，围绕提升企业核心竞争力、增强核心功能，扎实推进国有企业改革深化提升行动，加快优化国有资本布局结构，推动国有经济向关系国家安全、国民经济命脉的重要行业集中，向提供公共服务、应急能力建设和公益性等关系国计民生的重要行业集中，向前瞻性战略性新兴产业集中，推动国有企业当好服务国家战略、保障改善民生、发展实体经济的“长期资本”“耐心资本”“战略资本”，真正成为堪当时代重任的大国重器、强国基石。

（文章刊发于2023年9月20日《人民日报》）

全面落实机关党建主体责任为国资央企高质量发展提供坚强政治保证

国务院国资委党委书记、主任　张玉卓

习近平总书记强调，加强和改进中央和国家机关党的建设，必须牵住责任制这个“牛鼻子”；只有全面落实党建责任制，机关党建工作才能形成强大合力。习近平总书记的重要指示要求从根本上揭示了推动机关党建严起来、实起来、强起来的责任保证。中央和国家机关部门党组（党委）落实机关党建主体责任座谈交流会对压实机关党建主体责任、提高机关党建质量提出明确要求。国资委党委深入学习贯彻习近平总书记关于机关党建的重要指示精神，坚决扛起机关党建主体责任，党委书记带头履行第一责任人责任，班子成员主动落实“一岗双责”，以上率下、以机关带系统、以党建促业务，全面提高机关党建质量，以模范机关建设新成效有力引领推动国资央企事业新发展。

坚决扛起政治机关建设责任，切实当好国资央企落实习近平总书记重要指示要求和党中央决策部署的“最初一公里”

习近平总书记强调，中央和国家机关首先是政治机关，必须旗帜鲜明讲政治；讲政治是具体的，“两个维护”要体现在坚决贯彻党中央决策部署的行动上，体现在履职尽责、做好本职工作的实效上，体现在党员、干部的日常言行上。我们深刻认识到，直属机关政治性第一属性、讲政治第一要求，事关党中央权威和集中统一领导，事关党中央决策部署的贯彻落实，事关国资央企改革发展事业全局，必须深刻领悟“两个确立”的决定性意义，从讲政治的高度谋划推进机关党建工作，不断筑牢全委做到“两个维护”的高度自觉，确保国资央企始终沿着党指引的方向前进。

筑牢做到“两个维护”的政治自觉。深化落实党委会“第一议题”、理论学习中心组学习“首要议题”、贯彻落实“对标看齐”制度，健全贯彻落实习近平总书记重要指示批示精神和党中央决策部署工作链条，把习近平总书记视察或作出重要指示批示的重大项目重大工程打造成示范点，引导党员干部自觉养成在吃透中央精神的前提下开展工作的习惯，始终同以习近平同志为核心的党中央保持高度一致，确保国有企业国有资产牢牢掌握在党的手中。

筑牢做到“两个维护”的思想自觉。高质量开展主题教育，持续深化政治机关意识教育，把习近平总书记关于国有企业改革发展和党的建设重要论述作为一切工作的源头活水和逻辑起点，编印学习摘编、读本，通过党委班子成员带头上讲台、实施青年理论学习提升工程以及读书班、研修班等方式，引导党员干部自觉把学习成果转化为推动国资央企高质量发展的思路举措。

筑牢做到“两个维护”的行动自觉。以学懂弄通做实党的二十大精神为主线，紧紧围绕习近平总书记赋予国资央企的新定位新任务，聚焦做强做优做大国有资本和国有企业这个总目标，引导党员干部树牢正确政绩观，以国企改革深化提升行动为抓手，推动政策举措向提高企业核心竞争力、增强核心功能发力，在更好发挥中央企业科技创新、产业控制、安全支撑作用上担当作为。

坚决扛起抓基层打基础责任，不断巩固党领导国资央企事业发展的重要保障

习近平总书记强调，只有持之以恒抓基层、打基础，发挥基层党组织战斗堡垒作用和党员先锋模范作用，机关党建工作才能落地生根；要树立大抓基层的鲜明导向，推动基层党组织全面进步、全面过硬。我们深刻认识到，管党治党根在基层、重在基础，党的基层组织是党的全部工作和战斗力的根本所在，必须深入贯彻落实新时代党的建设总要求和新时代党的组织路线，坚持眼睛向下、重心下移，牢牢把握当好“三个表率”、建设“模范机关”目标要求，以增强政治功能和组织功能为重点，做到组织、队伍、制度“三个统抓”，锻造党在经济领域的坚强战斗堡垒。

抓组织。国资委党委定期研究部署机关党建工作，加强对机关党委工作领导，建立学习贯彻习近平总书记“7·9”重要讲话精神周年座谈会机制，党委班子成员带头参加所在党支部的组织生活，深化“四强”党支部创建，制定实施党支部分类指导意见及责任清单，机关党支部重在围绕中心、建设队伍，事业单位党支部重在保证监督、促进工作，离退休党支部重在宣传政策、强化服务，有针对性地破解“两张皮”难题。

抓队伍。扎实开展干部队伍教育整顿，既“拔烂树”，全面排查和规范机关企业往来行为，规范党员干部履职行权；也“护森林”，坚持把政治标准放在首位，大力选拔想干事、能干事、会干事、不出事的优秀干部，“70后”局级干部成为主力，“80后”局级、“90后”处级干部崭露头角。用好思想政治工作传家宝，健全经常性谈心谈话制度，让干部把全部心思用在工作上。近年来，机关党员干部涌现出“人民满意的公务员集体”“全国五一劳动奖状”“全国三八红旗手”“全国青年文明号”等一大批先进典型，榜样示范作用充分彰显。

抓制度。健全机关党建责任制，用好考核评价指挥棒，连续开展党建述职评议考核，把落实习近平总书记重要指示批示情况和推动中心工作效果作为考核重点，将考核结果作为评优评先、干部选用的重要参考，书记抓、抓书记，一级抓一级、层层抓落实，推动各单位党组织负责人把党建责任抓起来、把党建任务落下去。

坚决扛起全面从严治党主体责任，为营造国资央企风清气正的政治生态当好表率

习近平总书记强调，中央和国家机关作风状况直接关系党中央形象，关系党和政府在人民群众中的形象；全面从严治党、进行自我革命，必须从中央和国家机关严起、从机关党建抓起。我们深刻认识到，打铁必须自身硬，监管好、发展好国有资产，必须坚持把纪律规矩挺在前面，做到正风、肃纪、反腐“三个从严”，坚决守护好全体人民共同财富。

从严正风。坚持“干”字当头，坚决整治形式主义、官僚主义，党委班子成员深入一线开展全覆盖调研，建立机关处室和97家企业基层单位“一对一”联系点机制，推动涉企事项网上“一站受理、跨网通办”，让数据多跑路、让企业少跑腿。

从严肃纪。制定机关基层党组织日常监督、提醒工作规定，建立违反中央八项规定及其实施细则精神问题快查快结机制，切实发挥巡视利剑作用，对干预插手企业重大事项以权谋私、违规经商办企业等行为开展专项整治，以刚性约束规范“亲”“清”政商关系。

从严反腐。坚决落实国资委党委全面从严治党主体责任清单，定期专题研究国资央企全面从严治党情况，建立国资委党委和驻委纪检监察组定期沟通机制，全面加强对机关纪委工作的领导，以严的基调，聚焦权力集中、资金密集、资源富集领域，深化“靠企吃企”整治，一体推进不敢腐、不能腐、不想腐，深刻汲取国资央企违纪违法典型案例教训，常态化开展党性教育、政德教育、警示教育和家风教育，引导党员干部清清白白做人、干干净净做事。

坚决以实际行动走好践行“两个维护”的第一方阵，进一步落实机关党建主体责任

全面从严治党永远在路上，党的自我革命永远在路上，决不能有松劲歇脚、疲劳厌战的情绪，必须深入贯彻落实习近平总书记关于机关党建的重要指示精

神，按照中央和国家机关部门党组（党委）落实机关党建主体责任座谈交流会部署，以更大力度、更高标准、更实举措落实好机关党建主体责任，围绕国资央企新定位新使命，持续巩固拓展习近平总书记“7·9”重要讲话精神落实成果，全面提高机关党建质量，走好践行“两个维护”的第一方阵。

确保责任落实有抓手。进一步增强落实机关党建责任使命感紧迫感，强化主业主角意识，健全主体责任、第一责任人责任、“一岗双责”落实体系，指导推动机关党委更好履行党建专门责任、机关纪委更好履行监督责任，完善明责履责、考责问责闭环机制，该奖励的奖励，该问责的问责，确保党建责任落到底落到位。

确保责任落实有重点。把全面提高机关党建质量作为责任落实出发点，以党的政治建设为统领，一体推进思想建设、队伍建设、业务建设，着力深化理论武装、着力夯实基层基础、着力推进正风肃纪，把全的要求、严的基调、治的理念体现到主体责任落实全过程各环节，更好发挥机关党建对国资央企党建的风向标作用。

确保责任落实有实效。坚持以高质量机关党建引领保障高质量发展，不断健全国资央企全面从严治党体系，着力纠治形式主义、官僚主义，匡正干的导向、增强干的动力、形成干的合力，引导党员干部把勤政和廉政、干事和干净统一起来，着力打造让党中央放心、让人民群众满意、让中央企业信赖的模范机关，为强国建设、民族复兴贡献国资央企力量。

（文章刊发于 2023 年第 9 期《旗帜》）

坚持党的领导、加强党的建设，是国有企业的“根”和“魂”

国务院国资委党委书记、主任　张玉卓

全国组织工作会议用“十三个坚持”集中概括了习近平总书记关于党的建设的重要思想，习近平总书记关于国有企业坚持党的领导加强党的建设的重要论述是其中的重要组成部分。我们深刻认识到，坚持党的领导、加强党的建设，是国有企业的“根”和“魂”，是新时代国有企业发生根本性转折性全局性重大变化的关键所在，也是引领国有企业未来改革发展的根本政治保证，重点是做到“四个牢牢把握”。

牢牢把握“两个确立”“两个维护”最高政治原则，确保国有企业始终沿着习近平总书记指引的方向前进。党的领导、党的建设是具体的、实践的，最首要、最根本的就是坚定捍卫“两个确立”、坚决做到“两个维护”。国资委党委坚持把习近平总书记关于国有企业改革发展和党的建设重要论述作为源头活水和逻辑起点，做到习近平总书记和党中央决策部署到哪里、国资央企就跟进落实到哪里。我们要牢记习近平总书记重要嘱托，不断做强做优做大国有企业，提高企业核心竞争力、增强核心功能，发挥科技创新、产业控制、安全支撑“三个作用”，以实际行动彰显使命担当。

牢牢把握“两个一以贯之”重要遵循，持续完善党领导国有企业的治理架构和组织体系。建设中国特色现代企业制度，是习近平总书记作出的极具思想性、原创性、战略性的科学论断和重大部署。国资委党委坚持从制度、组织和程序上推动企业党委（党组）发挥领导作用与其他治理主体依法行权有机统一，实现了党的领导优势和现代企业市场优势有机结合。我们要持续推动党的领导和公司治理深度融合，加快打造公司治理“中国样板”。

牢牢把握管党治党政治责任，以高质量党建引领保障国有企业高质量发展。党建工作做实就是生产力、做强就是竞争力、做细就是凝聚力。国资委党委坚持把抓党建作为重大责任，推动企业管党治党意识和责任明显增强，党的领导弱化、党的建设缺失状况明显改观，企业和员工面貌焕然一新。我们要巩固拓展习近平总书记全国国企党建会重要讲话精神落实成果，激发以党建促发展内生动力，推动企业党建优势向发展优势、竞争优势转化。

牢牢把握全面从严主题主线，为国有企业改革发展营造风清气正的良好政治生态。全面从严治党在国企没有特殊、没有例外，只能加强、不能削弱。国资委党委坚持以严的基调正风肃纪反腐，开展“靠企吃企”等专项整治，推动国资央企全面从严治党不断向纵深发展。我们要持之以恒推进党风廉政建设和反腐败斗争，一体推进不敢腐不能腐不想腐，为探索破解大党独有难题给出国资央企回答。

（文章刊发于 2023 年 9 月 28 日《人民日报》）

2024

CHINA'S STATE-OWNED ASSETS SUPERVISION AND ADMINISTRATION YEARBOOK

中 国 国 有 资 产 监 督 管 理 年 鉴

国有资产监督管理概况

第二篇

国有资产监督管理体制改革和国有企业改革发展综述

2023年是全面贯彻党的二十大精神的开局之年，也是国资国企接续奋斗再出发的重要一年。一年来，在以习近平同志为核心的党中央坚强领导下，各级国资委和广大国有企业坚持以习近平新时代中国特色社会主义思想为指导，全面贯彻党的二十大、二十届二中全会和中央经济工作会议精神，坚决贯彻党中央、国务院重大部署，牢牢把握高质量发展主题，坚持稳中求进工作总基调，顶压前行、克难奋进，推动国有企业改革发展各项工作取得积极成效，为全面建设社会主义现代化国家新征程开好局起好步作出积极贡献。

一、深入学习贯彻习近平新时代中国特色社会主义思想，坚定拥护“两个确立”、坚决做到“两个维护”

各级国资委和广大国有企业始终把党的政治建设摆在首位，坚决把学习贯彻习近平总书记重要指示批示精神作为最根本的政治纪律、最重要的政治规矩，不断提高政治判断力、政治领悟力、政治执行力，全面、系统、整体地把坚持党中央集中统一领导落到实处，确保将做到“两个维护”贯穿国资国企工作全过程、各方面。

（一）坚决用习近平新时代中国特色社会主义思想凝心铸魂

牢牢把握“学思想、强党性、重实践、建新功”总要求，扎实组织开展学习贯彻习近平新时代中国特色社会主义思想主题教育。国务院国资委党委把学习领会习近平新时代中国特色社会主义思想“普遍原理”同“国企篇章”结合起来，编印《习近平关于发展国有经济论述摘编（2023年版）》，会同中央组织部、中央党校开展中央企业党员干部轮训，举办5期高管研修班、组织2.6万余人参训，推动国资央企31万个基层党组织、464万名党员经受主题教育洗礼。在主题教育测评中99.7%的干部职工总体评价为“好”。

（二）坚持用习近平总书记重要指示批示统领全部工作

2023年，习近平总书记多次深入国有企业考察指导工作，发表一系列重要讲话，作出一系列重要指示批示，为新时代新征程国资国企工作领航定向。国务院国资委党委围绕学习贯彻习近平总书记重要指示批示精神，通过组织中心组集体学习、召开中央企业负责人会议、举办专题研讨班等多种形式，认真学习领会和贯彻落实习近平总书记重要讲话和重要指示批示精神，并明确坚定不移做强做优做大国有资本和国有企业总目标、坚持和加强党对国有企业的全面领导总原则、积极服务国家重大战略总要求，提高企业核心竞争力和增强核心功能，发挥中央企业科技创新、产业控制、安全支撑作用的“三个总”“两个途径”“三个作用”的总体落实思路，指导推动国资央企牢牢把握党中央赋予的新使命新定位，对自身工作进行重新审视谋划，扎实推动党中央决策部署一贯到底、落实落地，在新征程上展现更大作为。

（三）全力确保习近平总书记重要指示批示精神落实落地

坚持把习近平总书记重要指示批示作为“政治要件”，严格落实“第一议题”制度，习近平总书记每次发表重要讲话、作出重要指示，各级国资委和广大国有企业都认真传达学习，研究具体贯彻落实意见。国务院国资委党委不断深化“第一议题”制度，制定贯彻落实评估办法、办理质量和效率实施规范，构建完善“315＋”工作机制，把习近平总书记视察或作出重要指示批示的重大项目、重点工程打造成示范点，从制度机制上确保习近平总书记重要指示批示在国资央企全面落实。

二、坚持高质量发展这个新时代的硬道理，为我国经济回升向好提供有力支撑

各级国资委和广大国有企业牢牢把握高质量发展这一首要任务，坚持完整、准确、全面贯彻新发展理念，把提高发展质量和核心竞争力放在更加突出位

置，高水平统筹发展和安全，坚定不移推动国有企业做强做优做大。

(一)树立价值创造鲜明导向

国务院国资委调整优化“一利五率”目标管理体系，实施提质增效专项行动、价值创造行动，强化中央企业经济运行动态旬跟踪、月监测，按季度召开形势分析会，建立国有企业经济运行圆桌会议机制，积极协调解决企业遇到的共性问题和政策诉求，推动企业加快转变发展方式，不图虚名、不盲目追求规模，着力提升价值创造能力。各地国资委强化目标引领，加强经济形势研判和企业运行监测，推动各地国有企业在内外需同时走弱、PPI持续走低的情况下，运行恢复向好，实现高质量的稳增长。截至2023年底，全国国资系统监管企业资产总额和所有者权益分别为332.5万亿元和110.8万亿元，同比分别增长10%和10.2%。其中，国务院国资委监管的中央企业资产总额和所有者权益分别为86.1万亿元和30.5万亿元，同比分别增长6.7%和6.4%。2023年，全国国资系统监管企业实现增长值(劳动生产总值)18.4万亿元、营业总收入80.6万亿元、利润总额4.5万亿元、净利润3.3万亿元，上交税费4.8万亿元。其中，中央企业实现增长值10.5万亿元、营业总收入39.6万亿元、利润总额2.6万亿元、净利润2万亿元，上交税费2.5万亿元。

(二)持续加大有效投资力度

国务院国资委印发《进一步扩大中央企业有效投资工作方案》，指导中央企业聚焦国家重大项目、基础设施建设、产业链强链补链等重点领域加大投资力度，以有效投资拉动需求增长、稳定社会预期、提振发展信心。各地国资委切实发挥国有企业带动作用，布局一批强牵引、利长远的重大项目，形成更多实物工作量。2023年，中央企业累计完成固定资产投资(含房地产)5.1万亿元、同比增长11.4%，承担建设的国家“十四五”规划重大工程及其他重点项目合计超过1000项；地方监管企业完成固定资产投资6.9万亿元，同比增长17.3%。

(三)切实筑牢安全发展根基

国务院国资委坚持标本兼治、综合治理，巩固深化“严肃财经纪律、依法合规经营”综合治理专项行动成效，建立健全司库体系，发挥外部董事、总会计师、首席合规官等的“前哨”“探头”作用，加快风险管理从事后监控向事前事中监控转变，实施资产负债率分类管控，强化金融房地产业务、境外经营等重点领域风险防范化解，严肃整治各类突出问题，2023年中央企业整体资产负债率稳定在65%以内，重点风险可控在控。各地国资委不断完善重大经营风险早发现、早预警、早处置的长效机制，做好重大风险预评估，推动国有企业牢牢守住安全发展底线。

三、大力推动科技创新和产业升级，加快建设现代化产业体系

各级国资委和广大国有企业坚持把科技创新作为头号任务，把产业升级作为重中之重，立足发展实体经济，大力发展新质生产力，不断向产业链价值链高端攀升。

(一)坚持提升科技创新能力

各级国资委和广大国有企业以强烈紧迫感和强有力举措全力推进科技创新，强化企业科技创新主体地位，全方位融入国家创新体系，积极参与国家科技创新决策，主动承担国家重大科技项目，加强与科研机构、高等院校、头部民营企业和创新型民营企业的深度合作，大力推动原创技术策源地建设，持续加大研发投入力度，突出对底层技术、根技术的研发攻关，加快科技成果转化。2023年中央企业研发经费投入1.08万亿元，连续两年超过1万亿元。一批高质量创新成果加快产出，四代核电技术快堆示范工程建成投运，高温气冷堆实现商业化，神舟十六号、十七号成功发射，C919商业首航，国产大型邮轮命名交付，6G网络架构创造长距离传输世界纪录，直驱海上风电机组达到世界领先水平，一批关键材料、基础零部件、基础软件取得重要突破，国有企业主导制定一批国际标准、国家标准和行业标准。

(二)坚持战略性新兴产业和传统产业两端发力

一方面，进一步巩固国有企业在传统产业的优势，守住发展实体经济的本分，把重心放在改造提升、

转型升级上，聚焦主业、深耕实业，大力推动设备更新、工艺升级、数字赋能、管理创新，深入实施国有企业数字化转型行动，117 个智能工厂、304 个优秀场景入选国家智能制造试点示范行动，中央企业产业链融通发展共链行动累计发布产业链供需清单超 1000 项，带动产业链超过 5100 家经营主体协同发展。另一方面，把发展战略性新兴产业和未来产业作为当务之急，国务院国资委专门召开会议作出部署，明确集成电路、工业母机等 9 个战略性新兴产业和 6 个未来产业的体系化布局，启动中央企业战略性新兴产业焕新行动、未来产业启航行动，加大新领域新赛道布局力度，2023 年，中央企业在战略性新兴产业完成投资 2.2 万亿元、同比增长 32.1%，实现营业收入超过 10 万亿元、同比增长 17.2%。

（三）加快构建有利于科技创新和产业创新的良好生态

国务院国资委持续优化政策供给，坚持应给尽给、顶格管用，对军工、科研设计、重型装备、粮食储备、国有资本运营公司、建筑等企业实施“一业一策”考核，明确推动中央企业加强应用基础研究、科技攻关和成果转化、发展战略性新兴产业的若干支持政策，鼓励企业树立战略眼光，当好耐心资本。紧紧扭住人才这个核心要素，着力打造中央企业人才高地，实施“百—万—百万”科技人才培养工程，截至 2023 年底中央企业拥有科技人才 174.7 万人，2023 年新当选院士 14 人，29 名个人和 20 个团队获首届“国家工程师奖”。

四、乘势而上实施国企改革深化提升行动，不断增强企业发展的动力活力

深入实施国有企业改革深化提升行动，是党中央在国企改革三年行动基础上，面向新征程作出的重大部署。各级国资委和广大国有企业坚决贯彻党中央决策部署，以增强核心功能、提高核心竞争力为重点，推动新一轮国企改革全面落实落地。

（一）抓好政策制订和组织实施

国务院国资委坚决扛起推动全国国企改革的重大责任，经国务院批准，建立国务院国有企业改革深化提升行动工作协调机制，加强沟通协调，解决重大问题，推动形成改革合力。同时，加强政策宣贯和人员培训，编印改革百问，指导推动中央企业制定实施方案，中央企业累计形成举措 1.8 万余项、超前落实近 2000 项。各地国资委普遍以更高站位、更大力度推进改革，结合自身实际制定具体实施方案，国企改革深化提升行动实现高标准高起点开局。

（二）抓好改革重点任务落实

国务院国资委坚持深化功能性结构性改革，从国有经济布局结构大盘子出发，持续完善主业动态调整机制，统筹优化配置各方面资源，深入推进中央企业战略性重组和专业化整合；坚持深化体制机制性改革，持续健全中国特色国有企业现代公司治理和市场化经营机制，深化董事会建设并持续向中央企业子企业拓展，强化经理层任期制和契约化管理刚性兑现。同时，不断强化基层创新和示范引领，深化品牌引领行动、世界一流“双示范”创建行动和对标一流管理提升行动，推动“科改行动”“双百行动”扩围深化。各地国资委聚焦打造更多充满生机活力的现代新国企，不断巩固国企改革三年行动成果，按照可衡量、可考核的原则，采取一系列特点鲜明、具有很强针对性的改革举措，扎实推进改革专项工程，涌现出一大批改革样板。

（三）抓好国资监管效能提升

各级国资委不断探索国有资产监管规律，完善国有资产监管体制，更好发挥国资监管机构专业化、体系化、法治化、高效化监管优势。国务院国资委更加注重提升依法监管能力，2023 年共出台规章规范性文件 14 件；更加注重创新监管手段，优化国资国企在线监管系统，初步建成国资监管大数据中心和国资监管信息资源库，实现企业重要经营信息的动态归集和穿透监测；更加注重发挥监管合力，强化出资人监督与纪检监察、巡视、审计等监督贯通协同，健全信息共享、线索移交等机制。

五、坚持聚焦“国之大者”、围绕“国之所需”，全方位服务国家重大战略

各级国资委和广大国有企业牢记功能使命，发挥

优势所长，自觉服务党和国家事业发展大局，在落实重大战略任务、应对各类风险挑战中走在前、挑重担、作表率。

（一）积极服务构建新发展格局

对内主动落实京津冀协同发展、长江经济带发展、粤港澳大湾区建设、东北振兴等区域重大战略，积极助力雄安新区、横琴粤澳深度合作区等建设，找准与自身发展结合的突破口和发力点，不断创新优化与地方合作模式，实现共赢发展。对外高质量参与共建“一带一路”，第三届“一带一路”国际合作高峰论坛期间承办企业家大会，中央企业签约项目和金额再创新高。国有企业积极参与第六届中国国际进口博览会、中国—东盟博览会、中国—非洲经贸博览会、世界地热大会等重大经贸合作活动，有力促进高水平对外开放。

（二）全力保障重要能源资源安全

扎实推进重要金属矿产资源保供稳链工作，加大重要能源资源增储上产力度，着力推进能源结构调整，加强煤炭清洁高效利用，加快发展风电、光伏等非化石能源，有力提升能源资源配置能力。中央企业坚决扛起能源电力保供政治责任，2023 年发电企业以占全国 51.8%的装机规模贡献了 62.9%的发电量，煤炭企业带头执行电煤长协机制向下游企业让利近千亿元，电网企业组织跨区跨省电力支援 4761 次，迎峰度夏(冬)、春节、两会等重点保供任务圆满完成。

（三）更好助力保障和改善民生

全力做好突发险情应对处置，在京津冀洪涝灾害、甘肃积石山地震以及低温雨雪冰冻灾害等抢险救援中，国有企业闻令而动、向险而行，第一时间参与抢险救援，用实际行动诠释了中流砥柱作用。助力乡村振兴和援建帮扶扎实有力，“产业兴疆”和消费帮扶活动有序开展，定点帮扶年度任务高质量完成。

六、深化落实管党治党责任，以高质量党建引领保障国资国企高质量发展

各级国资委和广大国有企业党委（党组）深入贯彻习近平总书记关于党的建设的重要思想，深化落实全国国企党建会精神，持续提高党建工作质量，为国资国企高质量发展提供坚强保证。

（一）全面加强国资国企党的建设

国务院国资委党委持续打造“习近平总书记国企足迹”宣传品牌，开展“二十大精神进国企”主题宣传，积极弘扬国有企业先进精神。压紧压实中央企业党建工作责任，会同中央组织部向党中央报告中管企业年度党建工作情况，召开中央企业党委（党组）书记党建工作述职会，完成 97 家中央企业党建责任制考核，推动考核结果与企业领导人员薪酬挂钩。实施基层党建提质增效工程，推动中央企业加快创建党员责任区、示范岗、先锋队，深化党员骨干“揭榜挂帅”“赛马”等载体平台建设，分行业推动产学研、上下游党建联建共建，实施中央企业青年精神素养提升工程。

（二）着力打造高素质专业化干部人才队伍

国资国企认真贯彻落实习近平总书记关于国有企业领导人员“20 字”要求，落实党管干部原则，扎实做好干部选育管用工作，为国资国企事业提供坚强组织保障。坚持严管与厚爱相结合，落实细化“三个区分开来”要求，大力弘扬优秀企业家精神，支持企业领导人员大胆试大胆闯，始终保持奋发有为的精神状态。切实加强外部董事队伍建设，开展专职外部董事兼职清理，遴选一批企业优秀年轻干部作为专职外部董事人选。深化出资人与外部董事重要事项双向通报机制，按季度召开外部董事沟通调度会，提升外部董事履职能力。

（三）深入推进党风廉政建设和反腐败工作

国务院国资委党委持续深化靠企吃企等问题专项整治，持续加大惩治腐败力度，坚持风腐同查，健全违反中央八项规定精神快查快结机制，重拳纠治形式主义官僚主义。强化以案促改、以案示警，加强对“一把手”和领导班子的监督，积极推进廉政警示教育基地建设，推动惩治腐败与预防腐败有力贯通，坚决铲除腐败滋生的土壤条件。2023 年国资央企全面从严治党职工群众总体满意度达到 96.7%。

（审稿人：张璟平　撰稿人：王　烨）

企业国有资产监管法治建设

2023年，国务院国资委坚持以习近平新时代中国特色社会主义思想为指导，坚决贯彻党的二十大和二十届二中全会精神，深入学习贯彻习近平法治思想，紧紧围绕国资国企改革发展中心任务，扎实开展法治建设各项工作，取得积极进展。

一、健全国资监管体制

持续推进职能转变。加强权责清单管理，将履行中央企业出资人职责、专司国有资产监管职责和负责中央企业党的建设职责归纳细化为13个业务领域的具体权责事项，厘清职责边界，规范行权履职。

着力完善国资监管大格局。编制落实2023年度指导监督地方国资工作计划，加强对地方国资监管工作的指导监督。举办全国国资委系统构建国资监管大格局研讨培训班，持续提升地方国资监管能力水平。先后组织召开两轮地方国资委片区调研座谈会，了解地方国资监管工作情况，针对性加强指导监督。

二、完善国资监管法规制度

深度参与国家重点领域立法。积极参与公司法修改工作，围绕公司法中国家出资公司专章和监事会相关规定提出修改建议。大力推进企业国有资产法修改工作，推动将修法列入十四届全国人大常委会立法规划和2024年立法计划。积极配合全国人大常委会做好综合性国有资产法起草工作。

扎实做好国资监管立法。编印国务院国资委2023年立法工作计划，加大计划执行督促落实力度。围绕科技创新、公司治理、案件管理等重点领域共出台规章规范性文件14件。截至2023年底，国务院国资委现行有效规章28件、规范性文件235件。

持续开展文件集中清理工作。按照国务院办公厅等部门要求，对国务院国资委规章规范性文件及政策性文件进行全面清理，着力解决文件老、多、散等问题，健全完善国资监管法规制度体系，进一步提升文件质量，为深化国资央企改革发展提供更加有力的制度保障。

三、深入推进依法治企

深化法治央企建设。召开中央企业深化法治建设加强合规管理工作会议，明确2023年重点任务。举办国有企业总法律顾问（首席合规官）培训班，对总法律顾问发挥法治建设领军作用提出明确要求。

不断加强案件管理。以国务院国资委规章形式修订印发《中央企业重大法律纠纷案件管理办法》，强化案件全生命周期管理。指导企业进一步完善案件管理工作机制，形成"事前风险防控、事中纠纷化解、事后以案促管"的完整链条，加强以案促管、以管创效。建立中央企业法律合规风险监管信息系统，用信息化手段主动抓取企业涉诉以及违法违规被处罚情况，"点对点"提示有关企业，发挥预警提示作用。

深入推进合规管理。指导中央企业认真落实《中央企业合规管理办法》，完善业务及职能部门、合规管理部门和监督部门合规管理"三道防线"制度机制，强化重点领域合规管理。健全合规管理组织体系，80余家中央企业及2100多户重要子企业设立首席合规官。组织开展合规管理有效性评价，指导企业加快补齐短板。

四、扎实开展法治宣传教育

突出法治宣传教育重点内容。建立国务院国资委机关领导干部应知应会党内法规和国家法律清单制度，区分不同层级、不同岗位编制应知应会内容，提升学习的精准性、科学性、实效性。

组织开展法治宣传培训。举办国资监管机构法治建设专题培训班，培训反垄断、公平竞争等内容。面向中央企业、地方国资委和国有企业，先后举办4期法治讲堂，围绕企业法律合规风险管控等作专题讲座。持续开展"宪法宣传周"系列活动。

创新普法方式方法。通过国务院国资委网站"国资监管法治建设"专栏、"国资法治"微信公众号等途径宣传重要法律法规。丰富普法活动，组织开展应知应会党内法规和国家法律知识竞赛活动，引导广大干部职工不断增强法治意识和法治能力。

五、加强党内法规制度建设

做好计划编制。编印国务院国资委2023年党委规范性文件制定计划，严格规范计划外项目新增程序，加强计划执行情况跟踪督促和指导协调，不断增强党委规范性文件的严肃性、计划性、科学性。截至2023年底，国务院国资委现行有效党委规范性文件81件，涵盖党的政治建设、思想建设、组织建设、作风建设、纪律建设等各方面。

抓好文件前置审核和备案工作。严格落实党委规范性文件制定管理办法要求，从政治性、合法合规性、合理性和规范性等方面对文件进行全方位审查，确保文件符合党内法规和中央文件各项要求。文件印发后，按要求及时向党中央备案，备案文件均顺利通过。

加强对中央企业党内法规制度建设的指导。认真开展委管企业党委规范性文件备案审查工作，组织开展部分委管企业党委规范性文件备案工作推进会，指导中央企业持续提升党内法规制度建设整体水平。

（审稿人：卢建勋　撰稿人：刘　鑫）

中央企业规划发展工作

2023年，国务院国资委坚持以习近平新时代中国特色社会主义思想为指导，深入学习党的二十大精神，坚持以战略投资者的角度提升产业维度监管和服务能力，切实发挥有为政府和有效市场的桥梁纽带作用，努力贯通参与国家顶层设计、谋划中央企业产业方向、落实重点任务举措的工作闭环，以加快发展战略性新兴产业为主线，推动规划发展工作取得积极进展和成效。

一、战略性新兴产业加快布局

2023年，中央企业战略性新兴产业营业收入突破10万亿元大关，比上年增长17.2%，占比增长3.2个百分点，战略性新兴产业投资2.18万亿元，比上年增长32.1%，1100项任务取得重要进展。

（一）加强顶层设计

聚焦“9+6”重点领域编制行业研究报告和具体行动方案，明确工作思路、发展目标、实施路径、任务清单和责任主体，启动实施“央企产业焕新行动”。

（二）强化责任落实

指导中央企业以“两上两下”方式，编制布局发展战略性新兴产业工作方案，预筹核心产品、服务、技术、标准及重大工程等标志性成果超过3800项。

（三）做好支撑保障

深化战略性新兴产业专项工作与现代产业链建设、打造原创技术策源地、建设世界一流企业等工作协同。研究设立中央企业战略性新兴产业发展专项基金。出台推动中央企业加快发展战略性新兴产业若干支持政策。

二、产业链建设更加有力

深入贯彻落实习近平总书记关于加快建设现代化产业体系重要论述精神，实施产业链融通发展共链行动，在重点领域形成针对性布局，带动上中下游供需协同、大中小企业共同发展。

（一）明确重点方向

围绕党中央重大关切和国家重大需求，遴选第三批6家链长企业，形成22家企业23个领域“以链带面、织链成网”的产业发展格局。

（二）强化托底保障

明确夯实产业基础、培育竞争优势等15项重点任务，解决产业链短板弱项问题600余项。

（三）实施共链行动

启动中央企业产业链融通发展共链行动，推动中央企业与各类所有制企业携手共进。围绕机床、移动信息、轨道交通、网络安全等重点领域，组织供需对接活动13场，发布供需清单1018项，带动产业链各类主体5315家。

（四）注重成效推广

指导中央企业开展产业链沙龙12场，促进交流合作。编发信息专刊12期，联合中央广播电视总台推出《中国经济大讲堂》"行稳致远：产业链中坚话强链"系列节目，凝聚社会共识。

三、有效投资大幅增长

统筹强基础、增功能、利长远、惠民生、防风险，更好发挥有效投资对支撑产业体系、稳定经济大盘的关键性作用，实现中央企业投资质的有效提升和量的合理增长。

（一）坚持目标导向

积极落实稳增长稳投资要求，设定投资规模、投资增速量化目标，细化投资重点和投资方向。

（二）强化政策保障

制定进一步扩大中央企业有效投资工作方案，明确优化监管方式、强化考核引领、探索融资路径、做好要素支撑4个方面15项具体举措。

（三）加强过程督导

紧抓重点行业、重点企业、重点项目，建立抓紧推动实施一批、系统谋划新增一批、提前研究储备一批的项目推进接续机制，促进有效投资落实落地。2023年，中央企业累计完成固定资产投资5.09万亿元，比上年增长11.4%，高于全国固定资产投资增幅8.4个百分点。

四、服务国家战略再结硕果

聚焦国家区域协调发展战略和区域重大战略，引导中央企业加强协同联动，实现企业与区域发展的两协同两促进。

（一）深入落实区域战略

聚焦京津冀协同发展、长三角一体化发展、粤港澳大湾区建设、长江经济带发展、黄河流域生态保护和高质量发展等若干区域发展战略，高质量支撑雄安新区建设，服务横琴粤澳深度合作区发展，积极参建长江经济带沿线28个国家先进制造业集群，推动中央企业投资项目落实落地，支撑地方经济发展、产业优化和生态改善。

（二）充分发挥协调保障作用

实施央企与地方共建新发展格局战略行动，参与各省对接合作活动12场，签约项目220项，明确企地"双牵头"机制，有力推动项目落地。

五、国际化经营创造佳绩

深刻把握国际局势和世界经济形势，积极服务共建"一带一路"，稳妥开展国际化经营，实现中央企业境外业务质量效益"双提升"。

（一）扎实推进境外重点项目

深度参与第三届"一带一路"国际合作高峰论坛，承办企业家大会，中央企业累计签约项目214个。加强中央企业境外项目管理，协力保障重大项目顺利推进，积极推动重点领域有序实施，持续打造更多标志性成果。2023年，雅万高铁、老挝国家输电网等多个具有战略意义的重大项目取得实质性突破，累计承担港口、铁路、机场等重点领域项目超200个。

（二）有效防范境外风险

建立中央企业境外重点项目常态化跟踪和重大风险分析预警机制，明确15家区域牵头单位，引导中央企业落实风险防控主体责任，保障企业项目和人员安全。会同商务部、外交部等部门，对46个项目开展风险评估。

（审稿人：戴　希　撰稿人：夏松乾）

中央企业财务监督工作

2023年，国务院国资委坚决贯彻党中央、国务院决策部署，聚焦高质量发展首要任务，坚持稳中求进工作总基调，积极应对严峻复杂的外部环境，统筹推进财务监督各项工作任务，促进中央企业持续健康发展。

一、强化经济运行监测，全力推动提质增效稳增长

2023年，积极克服内外需同时走弱、PPI持续走低的影响，明确目标任务，强化监测分析，创新工作举措，全力推动中央企业努力克服困难挑战，生产经营平稳有序，重点产品产销保持增长，经济效益回升向好，高质量发展取得积极进展。

（一）不断加强经济运行动态监测分析

一是着力发挥财务快报对党中央、国务院的信息主渠道作用，按月及时完成中央企业财务快报分析，更加注重增加值，突出关注中央企业对国民经济增长的贡献度；每月向中央企业印发财务动态，强化快报工作通报制度。二是持续提升财务快报质量。进一步优化预报机制，指导中央企业做好月报摸底报送等工作，成立专业化的数据运维团队，对企业报送的数据予以严格审核和精细化管理，提升数据管理水平，努力减少各类偏差。三是多维度监测重点生产经营动态，完成重点生产经营指标旬报，对重点行业的产销存指标按旬进行动态监测分析报告；完成重点工业子企业经济运行情况月报，逐月对重点工业子企业进行统计分析；编印重点商品价格预测月报，逐月研判大宗商品价格走势。四是加强地方工作指导，按月完成地方国有企业快报数据收集、整理和分析工作，编发地方企业财务简明资料和全国国资系统监管企业财务简明资料，从效益增长、债务风险、社会贡献等多个维度分析各地方企业的经济运行情况，为各地国资加强日常管理、强化工作对标提供参考。

（二）巩固提升运行分析机制能效

一是建立国有企业经济运行圆桌会议沟通交流机制，深入了解企业经济运行情况，存在的困难，建立企业政策诉求台账，努力协调解决有关问题。二是及时向上报告中央企业经济运行情况。每季度向国务院办公厅、全国人大财经委员会报告中央企业经济运行情况；按月向委党委会、委务会汇报中央企业经济运行情况。三是积极谋划2024年经济工作，在广泛座谈走访详细了解企业全年运行态势和2024年经营形势分析判断基础上，研究起草国务院国资委2024年经济工作思路，提出优化2024年“一利五率”目标建议。四是积极运用外脑资源。每季度组织召开宏观经济专家座谈会、重点行业协会座谈会，积极消化吸收专家观点，提升运行工作研判的前瞻性、准确性和指导性。

（三）夯实“两金”管控质量

一是突出目标引领。在预算中对重点企业逐户明确要求，坚持“应收应付一起管”，确保“两金”增幅低于营业收入增幅，应付账款增幅低于营业成本增幅，周转效率进一步提高。二是加强跟踪监测。逐月跟踪监测“两金”管控情况，就部分企业虚假压降、非“正常类”两金不降反增等问题，向全中央企业印发通报。对虚假压降承担审计责任的会计师事务所给予谈话警示等严肃处理。

（四）做好国有资产统计分析工作

一是研究修订2023年度财务决算报表格式，结合国资监管工作需要和中央企业“一利五率”指标体系要求，对企业财务决算报表格式、编制说明进行补充完善和精简优化。起草决算工作通知，多维度对决算报表进行培训，加强决算数据质量审核分析，夯实报表管理工作的数据基础。二是完成国有资产统计工作，完成2022年度中央企业财务决算数据复审与汇总，完成地方国有企业和中央部门2022年度国有资产统计报表集中验审和数据采集整理工作，充分利用国有资产统计数据成果，完成各类汇总资料。三是全面梳理近年来国务院国资委统计工作开展情况，积极配合第五次全国经济普查工作。

二、坚决贯彻党中央、国务院部署，扎实做好能源电力等保供工作

2023年，始终心怀“国之大者”，坚持宗旨意识，认真贯彻落实习近平总书记重要指示精神和党中央、国务院决策，尤其是将党中央高度关心、对保障市场主体和基础民生发挥重大作用的能源保供等工作作为全局“一号工程”和“首要任务”，取得积极成效。

（一）动态监测预警，强化督导落实

一是持续强化对中央企业所属煤矿、煤电厂、水电站和燃气电厂的穿透监测，按日跟踪电煤库存、水电站库容、煤炭产量等重点指标，对重点地区、重点问

题及时预警。二是迎峰度夏(冬)关键期间,多次召开会议,督促发电企业加强电煤储备,确保机组顶峰发电时发得出、顶得上;督促煤炭企业加大煤炭开采力度,全力增产增供,带头执行电煤中长期合同价格机制。针对南方区域电力紧缺严峻形势,先后赴湖北、广东、云南、四川等地深入保供一线督导调研。

(二)通过考核奖惩、资金支持、政策协调等方式予以支持

一是在2022年度经营业绩考核工作中,对有关中央企业给予专项考核加分奖励,特别是对于部分保供难度大、贡献突出的企业予以提级加分奖励。二是指导有关发电企业做好能源保供特别债发行和使用,有力保障发电企业资金需求。三是协调推动优化汛期水位限制、加快水电站额定容量核增、加强梯级水库统一调度,支持企业增强水电供应能力。

(三)积极有力做好油气化肥保供

一是油气保供方面。每月动态跟踪监测分析石油、天然气等生产供应状况,报送页岩油、供暖季保供等两办信息,在重要节点召开专门会议动员部署推进。牵头成品油专项整治工作,推动完善专项整治工作方案和油品体制机制,参加全国成品油行业专项整治工作调度机制。二是化肥保供方面。推动有关文件制定印发。

三、全面加强风险管控,坚决守住不发生重大风险底线

2023年,坚决贯彻党中央、国务院关于打好防范化解重大风险攻坚战的决策部署,坚持底线思维,增强系统观念,中央企业债务风险总体可控在控。

(一)不断强化债务风险管控

一是发挥好管控机制作用。将有关企业纳入重点管控名单,逐家发函明确工作要求,建立起月度跟踪、季度会商、现场督导工作机制,从投资规划、债务约束、考核奖惩、监督问责、干部管理、舆情管控等方面提出针对性措施。二是加强负债率分类管控。统筹防风险、稳增长、促投资各项工作,调整中央企业负债率管控目标。三是强化考核激励约束。结合2022年债务风险防控情况,提出业绩考核降级扣分建议,同时对风险化解较有成效的企业提出加分建议。

(二)加强境外财务资金管控

强化信息化管控。推动具备条件的企业积极克服困难,将境外财务资金管控要求纳入司库信息系统,固化管理要求,规范操作流程。

(三)推动地方国资委防控国有企业债务风险

一是强化监测预警。自建立季度监测和跨部门信息共享机制以来,多次向地方国资委印发风险提示函,提示国有企业债券兑付困难,督促采取措施化解风险。二是开展督导调研。调研有关地方国有企业债务风险防范化解工作,督促地方国资委妥善化解国有企业存量债务风险,严控增量风险,努力维护区域经济金融稳定。三是加强宣贯培训。以组织召开构建国资监管大格局研讨培训班、国有资产统计报表验审会为契机,两次开展地方国有企业债务风险防控专题培训,推动地方国资委提高监管水平,增强风险防控能力。

四、深化创新监管方式,不断提升财务监管效能

2023年,以加快建设世界一流财务管理体系为统领,以司库建设为抓手,加快推动财务数智化转型,持续完善全面预算、财务决算、审计质量监管、国有资产统计等工作,夯实监管基础,创新监管方式,持续有力促进中央企业会计信息质量和财务管理水平全面提升。

(一)以司库建设为抓手推动提升国资监管数智化水平

一是组织中期验收。深入企业调研,细化形成验收标准,印发验收通知,对中央企业司库体系中期建设情况逐户开展现场验收,并对验收结果进行通报,达到以评促建、以评促学效果。二是开展督导调研。深入现场了解司库体系建设进展情况。组织召开司库体系建设推进会、片区推进会,实现对所有中央企业督导全覆盖。三是做好经验分享。开创《司库体系建设交流专刊》,征集刊发中央企业在系统建设、组织推动、功能开发、数据应用过程中形成的好经验好做法。四是强化资金管理。通过司库体系建设推动中央企业梳理压降低效无效账户、加强银企直联、加大

资金归集力度、强化金融资源集约管理、严控资金使用成本，资金管理水平明显提升，资金使用效率明显改善，风险防控能力明显增强。五是规范数据标准。持续更新中央企业司库信息系统数据报送标准规范，夯实数据管理和监管分析基础。六是建设监管平台。按照"两级部署"工作安排，司库监管平台已初步上线运行，构建包括资金规模及流向、债务期限结构等分析模型，可对数据进行清洗校验、实时配置运行监管指标模型，初步具备海量数据穿透监测、多维度展示统计分析结果、潜在风险提示等功能。七是开展专项分析。试点开展中央企业司库数据分析应用，针对发现的异常情况，向相关企业一对一印发核查函，督促指导企业采取有效措施预警处置风险，形成发现疑点—提示风险—反馈整改的工作机制。

（二）扎实做好全面预算管理工作

一是认真开展2023年度中央企业预算联合审核工作。收集梳理企业预算报表及有关材料，深入了解企业预算安排情况。组织中央企业全面预算管理工作协调小组成员单位对各中央企业预算报告中涉及的关键财务指标和投资、资金、薪酬、科技创新、法人层级压减等重点事项预算安排情况开展联合审核，逐户提出审核意见。二是督促指导中央企业做好2024年度预算工作。研究提出2024年度中央企业关键财务指标和重点工作任务目标等预算要求，组织各协调小组成员单位结合监管工作需要修改完善2024年度预算报表，发挥预算目标引领作用，新增核心竞争力和核心功能情况表。进一步优化报表结构、指标口径及报表编制说明书等材料，提升预算报表体系科学性、合理性、有效性，组织召开2024年度中央企业预算报表培训视频会议，提高企业填报质量和效率。

（三）高水平做好财务决算管理工作

一是强化决算审核。组织2022年度中央企业财务决算集中会审，制定审核方案、更新审核手册，组织决算集中审核培训会，在审核过程中以财务报告为基础，以会计信息质量为核心，以风险防范为要点，持续巩固提升财务决算水平。二是强化决算组织。组织2023年度中央企业财务决算报表培训视频会议，完成2022年度决算备案复函，持续加强决算组织力度。三是强化决算整改。起草中央企业2021年度决算问题整改情况通报，完成2022年度中央企业决算批复并督促整改，持续完善决算闭环。四是强化决算功能。起草中央企业2022年度财务决算审核报告，编制中央企业所属金融子企业2022年度财务决算汇总资料，持续推动决算数据"动起来、活起来、用起来"。

（四）持续强化财务决算审计管理

一是不断完善制度建设。与财政部和中国证监会联合印发国有企业、上市公司选聘会计师事务所管理办法，进一步对全国国有企业选聘审计中介机构行为进行统一和规范；推动修订中央企业财务决算审计管理工作规则。二是严格审计机构选聘管理。对中央企业聘用会计师事务所情况严格备案管理，首次对选聘会计师事务所费用情况进行统计梳理，对发现年限、家数等不符合我委相关要求的在决算备案批复中明确指出问题，督促企业整改。在年度决算审核中对会计师事务所选聘情况进行复核，发现部分企业实际选聘与备案情况不符，均在决算备案中提出整改要求。三是强化审计质量评估处理。对中介机构进行严肃质询，对确有问题的严格进行提醒、警示、通报、禁入等处理，严肃审计工作纪律。

（五）指导企业着力提升财务管理水平

一是组织召开中央企业财务工作会议。分别在年初年末召开两次覆盖中央企业财务全系统的工作会议，委领导出席并讲话，全面总结中央企业财务工作取得的成效亮点，分析面临的形势和任务，部署下一阶段工作重点任务，10余家中央企业交流经验，取得积极成效。二是进一步提升总会交流专刊平台作用，加强与财政部下属杂志社等的沟通和资源共享，专刊的权威性和影响力不断提升。三是会同财政部开展管理会计案例征集活动，促进财务管理经验交流分享。

（六）进一步深化总会委派管理

一是配合干部管理部门向有关中央企业委派总会计师，印发新任职委派总会计师专业岗位履职责任书。二是完成2022年度委派总会计师工作述职意见反馈工作，对上一年度工作情况进行评价，提出后续需关注事项和重点工作任务，形成闭环管理。

(七)提升专业化数据管理水平

一是加强统计基础数据库建设,利用网络化、信息化手段持续对国资系统监管企业历史数据进行多维度标准化、规范化整理,实现财务历史数据同口径可比以及快速分类查询分析。二是定期共享中央企业、地方监管企业、国资系统监管企业财务数据,结合有关厅局需求对共享内容进行动态调整完善,不断加大国务院国资委内部数据共享工作力度。三是做好数据检索查询等服务工作,累计对国务院国资委内部、外部提供数据300余次,数据量超过50万项,向多个国务院国资委外部部门提供中央企业有关数据,为各地方国资委提供大量央企驻地方子企业数据资料等。

(审稿人:刘绍娓　撰稿人:王　巍)

2023年度全国国资委系统监管企业资产与财务状况分析

2023年,全国国资委系统监管企业①(以下简称国资系统监管企业)坚持以习近平新时代中国特色社会主义思想为指导,坚决贯彻党中央、国务院决策部署,以学习宣传贯彻党的二十大精神为工作主线,统筹发展和安全,迎难而上推动经济运行实现稳中有进,改革发展和党的建设各项工作取得新的显著成绩,规模效益稳步增长,为新征程开好局起好步作出积极贡献。

一、规模实力不断壮大

面对复杂多变的严峻形势,国资系统监管企业坚决落实国家稳经济一揽子政策,咬紧全年目标任务,制定一系列提质增效硬举措,全力拓展增长空间,经营规模延续增长态势。截至2023年末,国资系统监管企业资产总额332.5万亿元,比上年增加30.2万亿元,增长10%;所有者权益总额110.8万亿元,比上年增加10.2万亿元,增长10.2%。2023年度实现营业总收入80.6万亿元,比上年增加2.2万亿元,增长2.9%。从隶属关系看,中央企业实现营业总收入39.6万亿元,占国资系统监管企业的49.2%,有60家企业营业总收入超过千亿元,其中有4家企业超过2万亿元;地方监管企业实现营业总收入41万亿元,占50.8%,其中实现营业总收入超过万亿元的地区有15个。

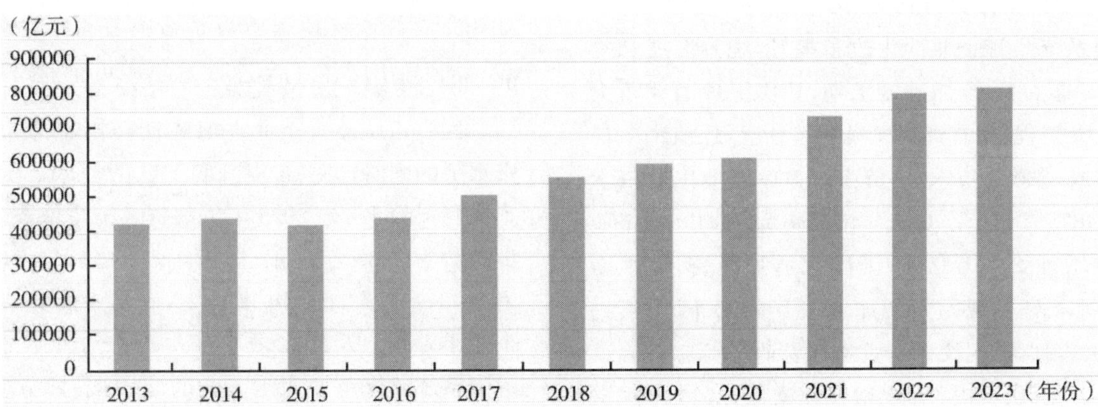

图1　2013—2023年国资系统监管企业营业总收入变化

① 全国国资委系统监管企业包括国务院国资委监管企业和地方各级国资委监管企业。

二、经济效益稳步增长

2023 年，国资系统监管企业加大有效投资力度，积极推进瘦身健体，狠抓高质量稳增长，运行态势恢复向好，经营效益稳步增长。2023 年实现利润总额 4.5 万亿元，比上年增加 805.1 亿元，增长 1.8%；实现净利润 3.3 万亿元，比上年增加 1015.2 亿元，增长 3.2%；实现归属于母公司所有者的净利润 1.9 万亿元，比上年增加 1082.1 亿元，增长 6.2%。从隶属关系看，中央企业实现利润总额 2.6 万亿元，占国资系统监管企业的 57.6%，利润总额超过 100 亿元的企业有 44 家；地方监管企业实现利润总额 1.9 万亿元，占比 42.4%，其中实现利润总额超过 100 亿元的地区有 22 个。

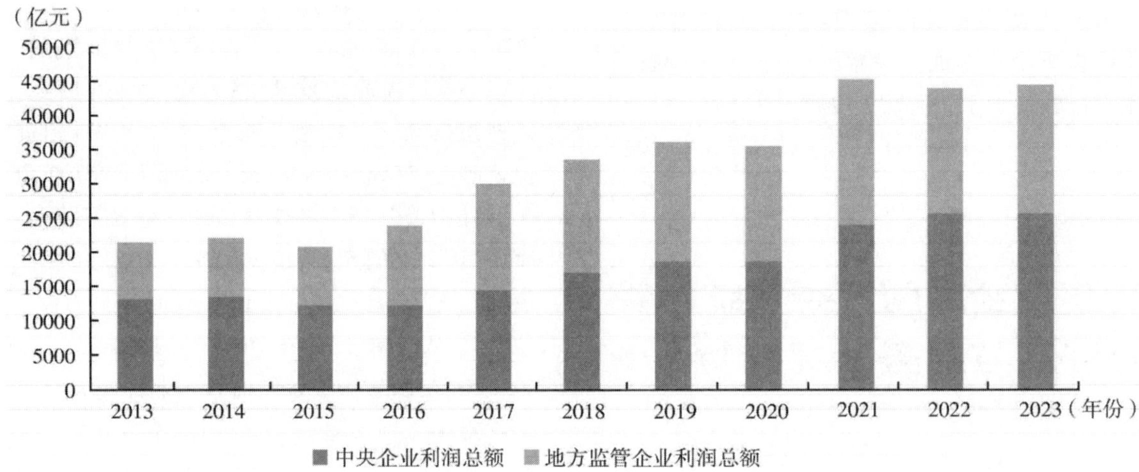

图 2　2013—2023 年国资系统监管企业利润总额构成及变化

三、保值增值任务圆满完成

国资系统监管企业深化改革提升，统筹发展和安全，聚焦实业主业，抢抓进度工期，扎实推进国家重大项目和重大工程，国有资本规模持续壮大，保值增值任务圆满完成。2023 年末，国资系统监管企业国有资本总量合计 82.6 万亿元，比上年增长 10.8%，其中：企业经营积累增加 2.7 万亿元；因国家追加投资、资本溢价、无偿划入等客观因素增加 6.2 万亿元；因无偿划出、自然灾害损失、上交国有资本经营收益等客观因素减少 2.5 万亿元。扣除客观增减因素后，2023 年国资系统监管企业平均国有资本保值增值率为 102.5%。从隶属关系看，中央企业 2023 年末国有资本总量 17.7 万亿元，比上年增长 6.9%，平均国有资本保值增值率为 106.8%，高于国资系统监管企业平均水平 4.3 个百分点，有 20 家企业保值增值率超过 110%；地方监管企业 2023 年末国有资本总量 64.9 万亿元，比上年增长 11.9%，平均国有资本保值增值率为 101.3%。

四、职工队伍保持稳定

国资系统监管企业在保障社会就业、提高职工工资水平的同时，进一步提升职工队伍整体素质，提高职工福利保障水平。2023 年末国资系统监管企业从业人员人数为 3268 万人，比上年增长 1.6%；年末职工人数为 3011.1 万人，比上年增长 2%。从隶属关系看，中央企业年末职工人数 1266.9 万人，比上年增长 2.7%，占国资系统监管企业职工人数的 42.1%；地方监管企业年末职工人数 1744.2 万人，比上年增长 1.6%，占国资系统监管企业职工人数的 57.9%。2023 年国资系统监管企业缴纳基本养老保险 5506.1 亿元，缴纳基本医疗保险（含生育保险）2883.7 亿元，职工基本养老保险、基本医疗保险、失业保险等覆盖面均超过 90%。

五、科技创新能力持续增强

2023年，国资系统监管企业着力抓好关键核心技术攻关，持续加大创新投入力度，完善创新体制机制，推动资金、人才、政策向重点企业、重点项目倾斜，创新发展步伐不断加快。2023年度国资系统监管企业研发经费投入1.7万亿元，比上年增长7.9%。在研发经费持续投入的推动下，四代核电技术快堆示范工程建成投运，神舟十六号、十七号成功发射，6G网络架构创造长距离传输世界纪录，宽幅液晶显示器用PVA光学膜填补国内空白。截至2023年末，国资系统监管企业拥有自主知识产权的专利数量211.9万项，比上年增长16.1%。

六、社会贡献持续增加

国资系统监管企业坚持算大账、算长远账、算政治账，在实现自身发展的同时，积极履行社会责任，在落实国家宏观调控政策、带头助力乡村振兴、保障能源资源安全、积极参与抢险救灾等方面，发挥了主力军和先锋队作用；促进产业链供应链安全稳定等方面，突出了"稳定器""压舱石"的责任担当。2023年国资系统监管企业上交税费总额4.8万亿元，约占全国财政收入的四分之一。从隶属关系看，中央企业上交税费总额2.5万亿元，占国资系统监管企业上交税费总额的53.2%，其中上交税费超过百亿元的企业有46家；地方监管企业上交税费总额2.2万亿元，占比为46.8%。国资系统监管企业在保持生产经营稳步发展的同时，加强安全生产管理，大力推进节能减排，更好地实现安全、绿色、可持续发展，2023年国资系统监管企业支出的安全生产费用4417.1亿元，比上年增长29.2%，支出环境保护及生态恢复费用1930.6亿元。2023年，中央企业切实发挥能源电力保供主力军作用，中央发电企业以占全国52%的装机规模贡献了63%的发电量，中央电网企业组织跨区跨省电力支援超3200次。中央企业积极助力乡村振兴和援建帮扶，扎实开展清欠工作，农民工工资连续5年实现基本无拖欠，高质量参与共建"一带一路"，对外合作水平持续提升。

（审稿人：刘绍娓　撰稿人：曹桐瑞）

企业国有产权管理工作概况

2023年，企业国有产权管理工作以习近平新时代中国特色社会主义思想为指导，深入学习贯彻党的二十大精神和中央经济工作会议精神，按照国务院国资委党委部署，以新发展理念为引领、以高质量发展为主题，紧密围绕国资央企中心工作，充分发挥资本市场功能，指导和服务中央企业融资本、优配置、防风险，着力服务央企高质量发展、着力落实国企改革深化提升行动、着力提高监管效能，各项工作取得积极进展。

一、中央企业2023年度产权状况

2023年，中央企业户数规模持续增长，布局结构不断优化，投资管理更加规范。

（一）企业户数有所增长

截至2023年底，中央企业共登记全资、控股、实际控制企业67654户，全年新增7813户、减少3340户，净增4473户，增幅7.08%。从变动情况看，新增企业以投资新设为主，占84.07%；减少企业以关停注销为主，占65.55%。从单家央企看，企业户数增幅超过10%的27家，总户数超过1000户的26家，超过2000户的6家。

（二）行业布局更趋优化

截至2023年底，中央企业在国际组织以外的19个行业门类均有分布，共涉及92个大类，基本实现全覆盖。在涉及国家安全、国民经济命脉和国计民生领域，中央企业共44439户，占总户数的65.69%，同比增加5699户，增幅14.71%；共实际出资20.90万亿元（中央企业股东实缴出资合计值，下同），同比增加1.02万亿元，增幅5.11%。在战略性新兴产业领域，中央企业共23559户，占总户数的34.82%，同比增加3251户，增幅16.01%；共实际出资7.47万亿元，同比增加0.70万亿元，增幅10.41%。

(三)层级结构更加集中

从产权层级看,中央企业主要集中在4级以内,共40740户,占60.22%;共实际出资22.02万亿元,占79.67%。5级企业共12456户,占18.41%;共实际出资2.24万亿元,占8.10%。最长层级延伸至16级,6级以下企业户数和实际出资逐级递减,其中10级以下企业904户。从主业集中度看,中央企业坚持有进有退,持续向主责主业集中,全年新设企业中95.83%为主业企业,通过注销、转让等方式压减非主业企业506户,年底共有主业企业61413户,主业集中度达90.78%,同比提升0.72个百分点。

(四)对外并购有所放缓

2023年,中央企业通过收购、增资取得控股股权646项,累计并购完成额751.18亿元,同比分别减少77项、2079.72亿元。从领域看,62%的项目集中在战略性新兴领域。从并购价格看,93%的项目不高于评估备案结果,7%的项目(44个)存在溢价,平均溢价率57.10%,溢价率较高的标的主要为新能源发电、加油站、非金属矿采选等领域企业。

(五)参股管理日益规范

截至2023年底,中央企业登记参股企业13419户,共实际出资1.51万亿元。从户数变化看,全年净增475户,增幅3.54%,较此前年度明显降低(2020—2022年增幅均在10%以上),新增参股投资和补登历史投资均大幅减少。从户均出资看,除少数重大基金外,中央企业对参股企业户均实际出资约0.9亿元,近年来基本持平。

二、用好用活资本市场,提高国有资本配置效率,助推中央企业高质量发展

指导中央企业积极利用股票市场、债券市场、产权市场等资本市场及无偿划转、协议转让、协议增资等出资人管理手段,扩大直接融资、盘活存量资产、优化国有资本布局结构,为中央企业高质量发展提供有力支撑。

(一)开展直接融资,引入增量资本

2023年,中央企业通过股票市场融资1471.38亿元,其中,11户央企子公司完成IPO发行,实现融资220.27亿元;35户央企上市公司完成再融资37项,融资规模1251.11亿元。推动央企"硬科技"子企业赴科创板上市,中船特气、航材股份等7户企业登陆科创板。积极利用产权市场增资扩股,中央企业进场增资项目124宗,增资额1498.86亿元,其中非公资本389.93亿元,占比26.02%,涉及新材料、新能源汽车、高端装备制造等先进制造业,以及新一代信息技术、新能源产业等战略性新兴产业的企业融资832.1亿元,占全部融资额的55.5%。指导中央企业落实债券管理新规,用好债券市场深化注册制改革机遇,通过境内外债券市场募集资金超过3万亿元,其中发行科技创新类债券超过270只,募集资金超过3300亿元。与中国证监会联合印发《关于支持中央企业发行绿色债券的通知》,推动央企绿色低碳发展,中央企业全年发行绿色债券190余只,融资金额超过1900亿元。

(二)盘活存量资产,提高发展质量效益

2023年,中央企业运用产权市场盘活存量股权、资产共计1117.7亿元。其中,处置低效无效资产回收资金490.1亿元,清理退出亏损股权实现减亏162.6亿元,76家中央企业累计处置参股企业股权415宗,回收资金214.1亿元。指导中央企业利用基础设施REITs等创新工具盘活存量资产,华润集团、中国中化以消费类基础设施资产发行基础设施REITs,募集资金79.7亿元;国家电投以所持海上风电项目成功发行首单央企新能源基础设施公募REITs,募集资金78.4亿元。

(三)开展专业化重组整合,优化国有资本布局结构

灵活运用资本市场平台和出资人管理手段,贯彻落实国有资本"三个集中"要求。一是以上市公司为平台开展专业化整合。2023年,18户央企控股上市公司完成资产重组,注入优质资产逾2000亿元,通过并购重组进入行业上下游相关领域,掌握核心资源和关键环节。中国能建分拆易普力并注入南岭民爆,为市场首单分拆借壳项目,有效促进了资源向优势龙头企业集中。二是利用协议增资、协议转让优化布局结

构。2023年，审批协议增资项目2宗，金额23.06亿元，其中中广核惠州公司协议增资17.97亿元，引入大唐核投，增强了企业资本实力，推动太平岭核电项目加快商运步伐。审批协议转让项目4宗，金额28.68亿元，其中中国有研将其所持的有研稀土38.72%股权协议转让给中国稀土，强化稀土领域专业化整合，有利于维护我稀土产业链供应链安全稳定。三是利用无偿划转强化资源整合。2023年，审批无偿划转项目7宗，其中中国中铁划入云南省国资委持有的中铁云投股权，深化央地合作；中粮集团将其持有的通徐公司股权划转给中储粮集团，增强首都地区中央储备粮保障能力。

三、全面落实国企改革深化提升行动，推动改革任务落地见效

2023年是国企改革深化提升行动开局之年，国有产权管理各项工作积极稳妥推进。

（一）推动国有控股上市公司成为综合改革表率

一是扎实开展提高央企控股上市公司质量专项工作。分主题召开3次季度推进会，国务院国资委领导出席会议并讲话，通报工作进展并明确下一阶段工作部署，推动《提高央企控股上市公司质量工作方案》落实落细；有序开展中期督导，围绕4方面14项工作举措，建立中期督导评价指标体系，在央企自评基础上，对14家央企开展现场督导，组织督导组以现场和书面复核相结合的方式对71家央企进行督导评价，超八成企业任务推进情况符合预期；加强宣传引导，围绕积极股东、投资者关系管理、科技创新等主题编印14期简报，交流先进经验。二是充分发挥央企控股上市公司“领头雁”作用。持续优化股权结构、完善法人治理，指导中国国新通过增持、协议转让、参与定增等多种方式成为多家央企控股上市公司积极股东，委派董事参与公司治理；加强投资者沟通，实现央企境内上市公司年报业绩说明会“全覆盖”，超八成央企境内上市公司披露ESG报告，有效增进市场认同，稳定市场预期；引导央企控股上市公司加大中期分红力度，提高投资者回报，19户央企境内上市公司推出年中现金分红方案，规模合计超1600亿元，占境内市场近八成。

（二）促进各类所有制企业协同发展

会同全国工商联指导北京产权交易所举办“2023年国有企业民营企业协同发展项目推介会”，集中发布394个国企民企协同发展项目，聚焦产业链供应链关键环节和战略性新兴产业，推动健全合作机制、拓宽合作领域、扩大合作成果，促进国企民企互利共赢、共同发展。

（三）推动国有企业存量土地盘活利用取得积极进展

一是明确盘活规则，印发《关于加快推进中央企业土地盘活利用有关工作的通知》，指导中央企业和地方国资委切实加强土地资源管理，抓紧完善存量土地权属和用地手续，“一地一策”制订土地盘活利用方案，更好开展存量土地盘活利用。二是加强政策指导，开展土地盘活工作专项培训，邀请自然资源部相关同志讲解政策，各中央企业和地方国资委合计6000余人参加培训；印发案例集，选取典型案例为国有企业盘活利用土地提供借鉴参考。三是设立专项基金，指导中国诚通设立土地盘活专项基金，为国有企业存量土地盘活利用提供资金支持。

（四）开展国有企业职务科技成果赋权改革试点

赴科技部、中科院相关院所以及多家中央企业开展调研，起草形成《国有企业职务科技成果赋权改革试点实施方案》，明确建立“先赋权、促转化”的赋权模式，以具体科技成果项目为试点对象，对科技成果相关核心贡献人员进行赋权，将赋权内容与科技成果未来转化路径相结合，激发科技人员的主动性和创造力，让更多的科技成果从研发起始，就充分考虑如何从“实验室”走到“生产线”，从源头提高科技成果转化效率。

四、多措并举提升监管效能，牢牢守住不发生国有资产流失底线

2023年，国有产权管理工作坚持“防流失、促流转”的工作定位，持续提升监管效能，坚决防范国有资产流失风险。

(一)进一步健全产权管理制度体系

一是优化债券发行管理方式,强化风险防控。修订印发《中央企业债券发行管理办法》,优化债券管理方式,坚持债券融资服务主业实业发展、坚持分级分类管理、坚持全流程管控等基本原则,注重防范债券违约风险,将一事一批的发行审核方式调整为与预算相结合的年度债券发行计划管理,进一步提升监管效能。二是完善资产评估管理方式,提升管理效率。制定《关于优化中央企业资产评估管理有关事项的通知》,首次对资产评估项目实施分类管理,对包括对外并购项目在内的重大资产评估项目实施特殊管理;进一步优化可以豁免评估和进行估值的情形;明确科技成果、知识产权等资产选取定价方式的原则、路径;在行业内尚未形成估值报告执业准则的情况下,率先提出估值报告审核标准。

(二)不断提升产权管理信息化水平

一是推动与市场监管总局信息系统对接,会同市场监管总局研究起草《假冒企业登记违法行为防范查处规定》等文件,明确产权登记作为工商注册前置条件,推动国资委产权管理综合信息系统与市场监管总局市场主体登记注册系统对接取得积极进展。二是建设全国国资系统产权信息库,印发《关于建设全国国资系统产权信息库有关事项的通知》,全面推进各地方国资委建设可动态监测企业产权变动关键环节的产权管理信息系统,力争实现全国各级国资监管机构所监管企业产权登记信息的全部归集、动态更新。三是持续完善产权管理信息系统功能,配合打击假国企央企、盘活存量土地等工作,开发全级次名单报送、土地管理等模块,保障相关工作顺利开展;持续提升系统智能化水平,完善查询分析功能,优化企业办事功能,全年共利用系统处理产权登记申请 2.5 万项;为委内厅局开通信息系统账号,便于各厅局查询利用企业产权登记信息。四是有力保障国务院国资委监管企业产权信息查询平台平稳运行,向社会公众提供中央企业及所属企业基本信息查询服务,2023 年,社会公众登录 9.2 万人次、查询 14.6 万次,为建设阳光央企、打击假冒国企发挥重要作用。

(三)加强国有资产交易监管

一是持续开展项目监测,2023 年在线监测中央和地方国有资产交易项目 34435 宗,累计发现并及时纠正各类问题 78 项。二是及时做好政策解答,2023 年办理国有资产交易相关政务咨询共 501 项,及时回应各方疑问。三是切实加强机构监督,开展产权交易机构服务情况评价,督促产权交易机构提升服务能力和水平;组织召开交易机构座谈会沟通业务情况和存在的问题,指导机构规范开展业务,实现良性竞争。四是不断深化地方指导监督,通报 2022 年度地方国有资产进场交易情况和在线监测发现的问题,并提出工作要求,指导地方国资委切实加强企业国有资产交易监管。五是推动加强行业建设,指导产权交易机构协会完善行业准则,强化行业自律,营造公开透明、有序竞争的市场环境。

(四)加强资产评估备案管理

2023 年,中央企业共发生 9520 项评估项目,净资产账面值 18631.40 亿元,净资产评估值 30250.08 亿元,增值率 62%。其中,国务院国资委备案项目共 18 项,涉及净资产账面值 342.20 亿元,净资产评估值 654.78 亿元,增值额 312.58 亿元,增值率达 91%,资产评估价值发现作用充分显现。一是严格审核标准,实现保值增值,累计聘请了 49 名外部专家,历经 56 次专家评审,合计提出 1912 个问题,经审核,净资产评估值调整 6.60 亿元,有效提高评估报告质量,为企业创造交易增值。二是提高工作效率,服务改革发展,优化工作流程,每个项目平均备案天数缩减至约 30 个工作日,工作效率同比提高 36%,为企业各项重组事项按时完成提供助力。

(五)加强监督检查工作力度

一是持续完善产权登记核对,坚持"双随机、一公开"形式,综合运用多种方式对 16 户中央企业所属 1.9 万户全资、控股、实际控制及参股企业的 56 万项登记数据、4172 项经济行为进行核对,现场修正错误指标 4061 项,排查疑似假冒国企和字号冒用等问题 5000 余项,逐户印发整改通知,督促企业提升重视程度、加强基础管理。二是持续开展资产评估专项检查,完成对 25 户中央企业资产评估管理专项检查,检查发现 34 个资产评估制度建设和执行方面的问题,个别企业存在“应评未评、应备未备”事项，抽查了50个评估项目，发现360个评估报告方面的问题，以厅函形式向全体中央企业通报检查结果，督促相关企业对发现的问题坚决整改。

（审稿人：谢小兵　撰稿人：韩　斌）

国有企业改革与重组情况

2023年，国务院国资委始终坚持以习近平新时代中国特色社会主义思想为指导，深入学习贯彻党的二十大精神，认真落实党中央、国务院决策部署，牢牢把握做强做优做大国有资本和国有企业这一根本目标，围绕服务国家战略，以市场为导向、以企业为主体，不断优化国有资本布局结构，增强国有经济整体功能和效率，扎实推进国有资本向关系国家安全和国民经济命脉的重要行业和关键领域集中。进一步加快建设世界一流企业，深化公司制股份制改革，完善中国特色现代公司治理，加强企业管理，不断增强核心功能、提高核心竞争力，切实发挥中央企业在建设现代化产业体系、构建新发展格局中的科技创新、产业控制、安全支撑作用。

一、全力推进中央企业战略性重组和专业化整合

（一）服务国家战略落地，保障能力有效提升

在有关行业领域持续优化资源布局，充分发挥国资央企“国家队”作用，更好服务国家战略需要。

（二）提升资源配置效率，发展质量不断提高

完成中央企业邮轮运营平台公司组建，首艘国产大型邮轮“爱达·魔都号”安全顺利商业首航。推动中国三峡集团所属中水电公司划转至中交集团、国家电网所属国能生物划转至国家电投、中国华能与13家央企的22个新能源项目开展运维服务试点，有力促进相关企业聚焦主责主业，实现更高质量发展。

（三）着力培育新动能，促进战略性新兴产业更好发展

指导中央企业聚焦横向合并、纵向联合、创新攻坚及内部协同，加快推进战略性新兴产业发展。先后两次举办集中签约仪式，涉及25组专业化整合重点项目，涵盖生态环保、生物技术、新能源汽车等多个战略性新兴产业领域。

（四）集聚创新资源力量，研发能力持续增强

完成中国电科重组华录集团，加快集聚中央企业电子信息领域优势资源，提升关键技术产品供给能力，推动补强产业链关键环节，在智能制造、数据存储等领域形成协同优势。

二、牵头协调推动世界一流企业建设

（一）高质量部署推进价值创造行动

召开对标世界一流企业价值创造行动启动会、推进会，全面部署、系统推进相关工作。“一企一策”对中央企业实施方案开展评估，选树优秀典型，印发评价通报。研究制定《中央企业对标世界一流企业价值创造行动工作考核实施细则》，将价值创造行动纳入中央企业负责人经营业绩考核。

（二）研究建立分行业世界一流企业评价指标体系

选取部分代表性较强的行业作为首批试点，遴选综合实力强、研究水平高的企业牵头，聚焦竞争力、创新力、控制力、影响力、抗风险能力等关键指标，研究建立11个行业世界一流企业评价指标体系，引领企业对标找差、补短锻强、提质增效。

（三）不断深化对标世界一流企业管理提升行动

聚焦精益管理、智能管理，通过召开现场推进会、组织视频培训等方式，指导企业持续加强管理提升。组织开展中央企业对标提升行动阶段性总结和考核评估工作，三年来中央企业累计修改完善管理制度7897项，层层创建管理标杆3241个。组织33家中央企业首次开展新能源业务运营管理对标评估。

（四）进一步夯实工作基础

举办第五届中国企业论坛——世界一流企业建

设平行论坛，组织加快建设世界一流企业专题研讨班，开展9期国企改革讲堂系列培训。

三、积极稳妥做好改制上市工作

（一）协调推进重要子企业上市

2023年，中央企业新增19户控股上市公司，其中航天南湖、天玛智控等7户企业成功在科创板上市，为加快科技创新提供有力支撑。指导中央企业有序开展基础设施REITs上市，举办工作交流会，组织开展专题调研，会同上交所进行课题研究。

（二）稳慎推进骨干员工持股

加强指导督促，做好有关企业上市、重大资产重组等涉及员工持股事项的审核把关，强化备案管理，推动企业规范稳慎开展员工持股。

（三）扎实开展股权多元化改革

指导协调有关中央企业与战略投资者积极沟通，研究集团层面股权多元化改革方案，引入资金实力强、管理水平高、协同效应好的战略投资者，进一步优化股权结构，完善公司治理，深化内部改革。

（四）深入开展"控股不控权"问题专项整治

开展"控股不控权"集中整治，印发工作通知，指导企业深入排查问题、推动整改落实。对部分企业进行督导或专项核查，督促企业认真整改。推动长效机制建设，研究制定防范"控股不控权"的制度文件。

（五）进一步加强参股管理

研究制定《国有企业参股管理暂行办法》，首次对国有企业参股管理提出系统性规范要求。指导推进中央企业扎实做好存量问题整改，开展参股质量评估，加强常态化监管。

四、着力完善中国特色现代企业制度

（一）健全制度体系

出台《关于中央企业深化子企业董事会建设的指导意见》，研究起草《中央企业董事会授权管理办法（试行）》，研究修订《中央企业公司章程指引》。系统总结近年来建设中国特色现代企业制度和落实中央企业董事会职权试点工作，形成关于中国特色现代企业制度建设工作情况报告、关于落实中央企业董事会职权试点有关情况报告。

（二）加强日常管理

严格对中央企业章程审核把关，指导企业完善"三重一大"的决策机制，针对董事会建设等专题，深入开展调研和有关重大课题研究。编印《中央企业公司治理制度文件范本汇编（一）》《国有企业完善公司治理范例汇编（一）》。举办国有企业公司治理培训班，开展3期"董秘开讲"视频培训、2期共20场董秘协作交流活动。

五、强化企业管理提升集团管控能力

（一）持续深化国有资本投资公司改革

组织开展国有资本投资公司培育发展战略性新兴产业调研，研究发挥国有资本投资公司平台作用，促进战略性新兴产业发展的工作思路和措施。发挥5家转正企业的引领带动作用，组织开展系列课题研究，形成一套具有较强推广价值的经验成果，指导和促进试点企业持续深化改革。

（二）全面推动中央企业供应链管理

制定印发《关于中央企业在建设世界一流企业中加强供应链管理的指导意见》，联合工业和信息化部等出台《关于支持首台（套）重大技术装备平等参与企业招标投标活动的指导意见》。强化中央企业采购交易在线监管，深入开展采购招投标领域综合治理专项行动，累计发现采购风险问题4539个，及时转送企业核查整改。组织完成2023年中央企业采购管理对标评估工作。

（三）巩固中央企业压减工作成果

召开中央企业压减工作视频推进会，分享经验做法，明确任务要求。研究制定战略性新兴产业和未来产业新设法人考核支持政策。截至2023年底，中央企业管理层级全部控制在5级以内。

(四)切实加强中央企业总部组织机构管理

进一步健全中央企业总部管控模式和组织机构数据采集机制，动态掌握变化情况，指导有关中央企业优化调整总部组织机构，督促进一步健全长效机制。开展中央企业组织结构及管控模式课题研究，分行业提出优化建议，促进企业形成反应灵敏、运行高效的组织结构和管控模式。

（审稿人：林庆苗　撰稿人：孙博宇　董　震）

中央企业收入分配调控工作情况

2023年，国务院国资委以习近平总书记重要批示精神为统领，全面贯彻党的二十大精神和中央经济工作会议部署，认真落实党中央、国务院决策部署，坚持创新引领，深化改革驱动，加强政策供给，持续深化中央企业工资决定机制改革，加强工资总额跨周期调节，督促中央企业强化工资效益联动，加大对科技创新等服务国家战略等特殊事项的工资支持，较好发挥收入分配对企业高质量发展的激励约束作用。

一、工资与效益总体保持同向

国务院国资委贯彻落实党中央关于深化工资总额决定机制改革决策部署，坚持依法合规与实事求是相结合，积极构建效益联动、效率调节、水平调控、周期调整四位一体的工资决定机制，同步加强对个别经营困难、效益下降或亏损企业的工资降幅兜底保障，推动中央企业实现效益增长与效益下降时激励约束总体平衡。从年度清算情况看，中央企业职工收入与企业经济效益挂钩紧密、联动合理，较好落实了“效益增工资增、效益降工资降”的要求。

二、科技创新激励力度持续加大

国务院国资委建立健全工资总额特殊事项清单制度，对中央企业承担国家重大专项任务、建设国家级创新平台、吸引保留关键核心技术攻关领军人才等所需工资总额，予以特殊支持，按需足额保障。2023年用于支持重大科技创新的工资总额占特殊事项比例超三分之一，同比增长超过15%，支持的工资总额主要涉及承担国家重大专项任务、建设国家级创新平台、开展关键核心技术攻关、打造原创技术策源地和培育现代产业链链长科技创新核心能力相关重大基础研究领军人才及团队等科技创新重要事项。首次将战略性新兴产业发展纳入特殊事项清单，对相关企业工资总额予以支持，不与经济效益挂钩。

三、社会责任履行支撑作用有效发挥

支持企业落实增加中央粮食储备专项任务，国务院国资委对中储粮集团执行国家一次性玉米轮换转储任务造成的亏损，在工资清算中予以全额加回考虑。支持企业做好稳就业工作，对26家企业扩大应届高校毕业生招聘规模新增人员支付工资予以增人增资政策支持，核增部分据实计入下一年工资总额基数。加强低收入群体兜底保障，将3家企业低于当地社会平均工资人员定向实施“提低”的工资总额予以特殊支持。这些靶向支持政策，为中央企业承担社会责任提供坚强保障。

四、橄榄型收入分配格局维持稳定

国务院国资委指导中央企业深入推进三项制度改革，主动对标劳动力市场价位，合理调整不同岗位职工薪酬水平，加强对高收入群体的规范和调节，推动工资增量向一线核心骨干和苦脏险累岗位倾斜，增加劳动者特别是一线劳动者劳动报酬。2023年，中央企业职工平均工资同比增长5.3%，与当年城镇非私营单位就业人员平均工资增幅(5.5%)基本相当，职工平均工资是全国城镇非私营单位就业人员平均工资(12.1万元)的1.56倍，与上年(1.57倍)基本持平。11家中央企业职工平均工资低于全国城镇非私营单位就业人员平均工资，80家企业处于1～3倍，没有企业超过3倍，继续呈现“中间大、两头小”的橄榄型收入分配格局。

（审稿人：来　婷　撰稿人：付　煜）

2023年度中央企业负责人经营业绩考核工作情况

2023年，国务院国资委以习近平总书记重要批示精神为统领，全面贯彻党的二十大精神和中央经济工作会议部署，坚持稳中求进工作总基调，突出高质量发展主题，充分发挥业绩考核"指挥棒"作用，切实推动中央企业实现质的有效提升和量的合理增长，在建设现代化产业体系、构建新发展格局中更好发挥科技创新、产业控制和安全支撑作用。

一、聚焦高质量发展，系统修订中央企业负责人经营业绩考核办法

以聚焦高质量发展为引领，坚定不移做强做优做大国有资本和国有企业，第七次系统修订《中央企业负责人经营业绩考核办法》，进一步完善考核指标体系、评价体系和奖惩体系，着力引导中央企业增强核心功能、提升核心竞争力，更好发挥国有经济战略支撑作用。主要修订内容体现在五个方面：一是深化分类考核，进一步提高业绩考核的精准性有效性。统筹中央企业经济责任、政治责任和社会责任，根据企业功能定位和特点，差异化设置考核指标及权重，实行"一业一策、一企一策"考核。二是加强先进对标，进一步树立争创世界一流的鲜明导向。强化战略引领、目标导向和对标提升，优化目标管理机制，依据发展规划、行业周期、重大客观因素影响等综合确定目标基准值，对行业周期波动大的企业，可参考行业水平确定目标，鼓励企业跑赢大盘，提高核心竞争力，争创世界一流。三是突出正向激励，进一步发挥中央企业的科技创新作用。健全研发费用增量视同利润加回机制，对关键核心技术攻关和基础研究投入，进一步提高加回比例。专门制定科技创新考核激励方案，设立科技创新优秀企业榜单，加大创新成果加分奖励，探索实施"一票升级"，助推新质生产力培育发展。四是强化考核牵引，进一步推进国有资本布局优化和结构调整。聚焦锻造产业竞争新优势、打造经济增长新引擎，相应完善业绩指标体系，推动传统产业转型升级，积极培育壮大战略性新兴产业，加快布局前沿领域和未来产业，持续提高产业链韧性和自主可控水平。五是严格考核惩戒，进一步守住依法合规经营的安全底线。持续健全考核约束机制，加大违规惩戒力度，探索实施"一降到底"，建立考核结果追溯调整机制，以前年度业绩严重不实的，调整相应考核结果，引导中央企业成为依法经营、合规经营、诚信经营的典范。

二、坚持稳中求进，完成2023年度中央企业考核指标调整和目标确定工作

充分发挥业绩考核指挥棒作用，进一步加大差异化考核，结合企业功能定位和发展实际，优化调整2023年度中央企业负责人经营业绩考核指标，围绕"一利五率"指标"一增一稳四提升"总体目标要求，完善目标确定机制，激发企业为稳定宏观经济大盘作贡献。一是突出质量效益。坚持效益效率相统一，注重引导企业提升经营成果的"含金量"。在考核利润总额、经济增加值指标的基础上，聚焦补短板强弱项，对相关企业差异化设置净资产收益率、全员劳动生产率、营业现金比率等指标。对利润总额等指标目标值实行分档管理，完成一档目标的企业，根据目标值先进程度给予加分奖励。二是突出科技自立自强。进一步强化企业创新主体地位，推动中央企业大力推进关键核心技术攻关，加快实现高水平科技自立自强。对科技进步要求高的企业，加强研发经费投入强度、科技收入、重大装备国产化研制等指标考核，同时将关键核心技术攻关、打造原创技术策源地等任务纳入企业年度考核，适度降低经济效益指标权重。三是突出发挥企业功能。引导企业坚守责任使命，在建设现代化产业体系、构建新发展格局中发挥更大作用。对通信、汽车、煤炭、建材等企业加强产业数字化收入占比、新能源车销量增长率、新能源装机容量增幅、新材料产业发展等考核。四是突出防范化解重大风险。

强化底线思维，加大考核约束，推动中央企业守住不发生重大风险的底线。将资产负债率作为约束性指标，纳入各企业业绩责任书。对重点风险管控企业，根据不同主要风险点，设置不同考核约束性条款。

三、加强目标执行监测，开展2023年度中央企业负责人经营业绩考核半年预评估工作

为引导督促企业全力以赴完成全年经营业绩目标，根据《中央企业负责人经营业绩考核办法》及配套实施方案和中央企业负责人薪酬管理实施细则的规定，国务院国资委组织完成2023年度中央企业负责人经营业绩考核半年预评估工作。对预评估结果较好的36家企业，予以正向激励，适当提高企业负责人预发绩效年薪水平，充分调动企业负责人积极性。

四、严格考核标准，完成2023年度中央企业负责人经营业绩考核结果核定工作

结合2023年度中央企业经营业绩特点，国务院国资委坚持依法依规、实事求是原则，“一业一策、一企一策”对企业考核完成情况进行审核，合理核定考核结果，并据此实施考核奖惩和企业负责人薪酬兑现，考核激励约束作用进一步增强。

经国务院国资委党委会、委务会审议通过，2023年度中央企业负责人经营业绩考核结果A级企业49家，占比50%，分别是：中国移动、招商局集团、国家电网、中国石油、中国三峡集团、国家电投、中国海油、中国石化、南方电网、中国电信、国家能源集团、中核集团、中国华电、中国华能、中国电科、国家管网集团、中广核、华润集团、中国联通、中煤集团、中国船舶、中国远洋海运、中国中车集团、国投、中国建筑、中国一汽、兵器装备集团、中国大唐、中国五矿、中国航发、兵器工业集团、中国宝武、东方电气集团、中国煤炭科工、中铝集团、中交集团、通用技术集团、中国电子、中国电气装备、中国有色集团、中国钢研、中国通号、中国化学工程、南航集团、中粮集团、中国东航、中国建材、中航集团、保利集团。

为推动中央企业更好履行高水平科技自立自强的使命担当，国务院国资委从2023年度开始设立科技创新优秀企业榜单，遴选26家企业进入科技创新优秀企业榜单，分别是：中国移动、中国石化、中国电科、国家电网、中国船舶、国机集团、航天科技、中国海油、中国电信、中国钢研、中核集团、南方电网、航天科工、兵器工业集团、航空工业集团、东方电气集团、中国石油、中国信科、中国中车集团、中国电子、通用技术集团、中国有研、中国中化、中国航发、中国华能、中国商飞。

（审稿人：肖福泉　撰稿人：曹昆鹏　丁　冲）

中央企业资本运营与收益管理工作

2023年是全面贯彻党的二十大精神的开局之年，国务院国资委深入学习贯彻习近平新时代中国特色社会主义思想和党的二十大精神，强化政治引领，紧扣新时代新征程国资央企使命责任，着力优化国有资本经营预算（以下简称资本预算）管理，加强金融基金业务监管和风险防范，深化国有资本运营公司改革，完善多元股东履职管理，充分发挥国家资本金、金融资本、资本平台等功能作用，支持高水平科技自立自强，推动国有资本布局优化调整，资本运营与收益管理各项工作取得明显成效。

一、抓好增量资本管理，以资本预算保障重大政策落实

深入贯彻落实中央深改委第三次会议精神，坚持资本预算资本属性，通过资本预算安排加大国家资本金新增投入，充分发挥引导带动作用，支持中央企业履行好新时代新征程重大使命。

（一）健全完善制度

会同全国人大预工委、财政部共同研究起草《关于进一步完善国有资本经营预算制度的意见》，报经中央深改委第三次会议审议通过后报国务院印发，明

确资本预算是企业国有资产管理重要内容的基本内涵，强化主要用于促进国有企业高质量发展的功能定位，为完善资本预算管理机制提供了制度遵循。

（二）优化支出安排

充分发挥资本预算引导带动作用，坚持以国家战略需求为导向，聚焦资本属性、重点任务和重点企业编制2024年资本预算建议草案，将有限资金向关系国家安全、国民经济命脉的重要行业和关键领域集中，向关系国计民生的公共服务、应急能力、公益性领域等集中，向前瞻性战略性新兴产业集中，更好服务构建新发展格局、推动高质量发展。

（三）完善收益管理

有效履行出资人的收益权与社会责任，组织完成2022年度国有资本收益上交。对于股权多元化企业，统筹考虑股东回报和企业留存发展，实施市场化差异化利润分配机制。督促中央企业及时足额向社保基金分红，2022年度分红金额167.94亿元，划转以来累计分红513.14亿元，为社保基金会提供了稳定增量收益和现金流。

（四）强化监督评价

强化对企业预算执行的监督指导，完善全过程绩效管理机制，重点组织开展转制科研院所资本预算注资绩效评价和部门绩效评价，指导督促企业扎实做好评价发现问题整改，强化评价结果反馈和应用，同时积极探索符合出资人特点和管资本要求的注资绩效评价方式方法，着力提升资本预算支出效能。

二、抓好金融资本监管，以严的基调防范风险促进规范发展

深入学习贯彻中央金融工作会议精神，坚持“严”的工作基调，积极探索健全具有出资人特色中央企业金融业务监管体系，重点管好主体责任落实、金融业务布局、金融业务安全和金融业务质效，持续强化对中央企业金融业务的监管和风险防范，引导中央企业聚焦主责主业，以实业高质量发展支撑我国金融高质量发展。

（一）把好金融投资入口关，严防“脱实向虚”

牢牢把握以融促产定位，坚持回归本源、聚焦主业，立足发展与企业产业特点相符合、主业需求相配套的金融业务，促进实业更好发展。细化涉金融基金业务相关投资计划、财务预算审核标准，从源头上遏制中央企业向金融领域无序扩张冲动。同时持续开展中央企业存量金融业务优化调整，推动中央企业聚焦主责主业不断优化金融业务布局，切实防止“脱实向虚”。

（二）规范基金业务监管，促进健康发展

压实集团管理责任，要求企业严格规范基金发起设立、募投管退等各个环节，推动中央企业基金业务在规范中发展、在发展中规范。同时，立足战略性新兴产业和未来产业发展需要，明确对于创业投资基金的支持政策，充分发挥好基金聚合资本、组合投资、分散风险等优势，投早、投小、投长期、投科技，积极服务构建新发展格局。

（三）强化重点领域风险防范，守住风险底线

将金融业务风险监管作为出资人监管的重中之重，紧盯高风险领域加强重点监测和监督检查，压实企业主体责任，推动健全从中央企业集团公司到金融子企业的多层次风险防控体系。加快监管信息化建设，完善中央企业金融业务和风险信息报送机制，加强与行业监管协同，努力做到早识别、早预警、早暴露、早处置，切实守住不发生重大风险和引发系统性风险的底线。

（四）发挥产业金融优势，服务主业实业

引导中央企业发挥深耕产业的优势，发展特色化、差异化产业金融，更好服务主业实业。支持央企最大的非银行支付机构翼支付升级建设中央企业产业数据运营平台。支持中国电子、华润银行联合推进金融基础设施信创工作，提升金融基础设施自主可控能力。

三、抓好资本平台建设，以专业化运营助力央企改革发展

深入实施中央企业改革深化提升行动，指导中国诚

通、中国国新两家国有资本运营公司立足资本运营平台定位，充分发挥专业平台功能作用，助力央企改革发展。

（一）推动优化国有资本增量布局

指导运营公司通过基金等方式加大对科技创新、战略性新兴产业投入，强化孵化培育功能，逐步调整加大对央企科技类上市公司投资比重。两家运营公司2023年在战略性新兴产业和未来产业新增基金投资超200亿元，累计投资近4000亿元，重点布局新一代信息技术、高端制造等行业，投资了一批“补短板、锻长板”代表性项目。

（二）推动盘活“两非两资”存量资产

指导运营公司与央企创新合作模式，发挥综合性专业化平台优势，通过整合重组、处置变现、资产证券化等手段盘活“两非两资”存量资产，助力央企聚焦主责主业。截至2023年底，两家运营公司受托接收央企“两非两资”资产累计约220户，资产总额超400亿元，累计出清约150户，出清率超60%。

（三）推动参与防范化解重大风险

指导运营公司利用各类金融工具，服务央企减负债、压两金、降杠杆，稳妥化解债务风险。尤其是在行业低谷期，当企业资本需求与金融机构要求难以精准匹配时，助力企业平滑产业周期、化解风险。

四、抓好多元资本协同，以高水平治理推动高质量发展

针对国务院国资委直接履行股东职责的股权多元化中央企业，坚持市场化、法治化原则完善多元股东履职管理，强化股东协商与协同，充分发挥多元股东治理优势支持相关中央企业实现高质量发展。

（一）进一步完善股东履职机制

制定印发年度股东会有关工作通知，指导企业制定年度股东会工作计划，注重发挥外部董事作用，指导召开年度股东会现场会的企业邀请外部董事列席，有效促进国资监管要求和股东会决议更好落实。组织召开股权多元化中央企业股东履职工作座谈会，交流股东会工作经验和典型做法，推动股东会工作标准化、规范化，提升股东会质效。

（二）进一步完善多元股东利润分配机制

围绕服务国家战略和国有资本布局结构调整，统筹兼顾股东财务回报和企业资本积累，积极探索“一企一策”差异化分红机制。对于16家股权多元化企业2022年度利润，经与其他股东充分沟通协商，有的根据经营实际采用高比例特殊分红政策，有的参照行业特点分红，均依法通过股东会审议完成利润分配决策程序，工作时效性明显增强。

（三）进一步强化股东协同机制

协调推动重点企业股东合作，支持国产大飞机、稀土、输配电装备等国家重点产业发展。中国商飞与中铝集团、中国电科、航空工业集团等股东开展技术联合攻关；中国稀土集团与股东中国有研签署合作协议，共同打造世界一流稀土创新科技平台；中国物流与股东中国远洋海运共同参与投资成立上海大宗商品仓单登记有限公司，合作打造全国现代化仓单登记及流通体系。

（审稿人：王海琳　撰稿人：张　旺）

中央企业科技创新工作

2023年，国务院国资委深入贯彻落实习近平总书记重要指示批示精神和党中央、国务院决策部署，深入实施创新驱动发展战略，以国家战略需求和产业升级需要为导向加快开展技术攻关，以提升创新体系效能为目标持续深化开放协同，以解决实际问题为保障更好激发创新活力，科技创新主体地位进一步强化，作用发挥更加明显。

一、重大成果不断涌现

（一）重大任务

中国商飞C919国产大飞机商业首航，标志着中

国民航商业运营国产大飞机正式“起步”。中国船舶“爱达·魔都号”大型邮轮完成试航，总重控制精度达1%。航天科技神舟十六、神舟十七号太空接力，中国在太空探索领域取得坚实进步。中国华能高温气冷堆实现商业化，标志着中国在第四代核电技术研发和应用领域达到世界领先水平。

（二）原创策源

中国中化生物育种领域国际首创 HI—Edit 单倍体耦合基因编辑技术，玉米基因改良效率提升 4 倍。中国石油油气资源勘探开发领域构建高温井筒工作液体系，支撑“深地塔科 1 井”突破万米大关。中国石化首次发现能够独立直接降解石油的古菌，被《自然》期刊报道。中核集团中国环流三号首次实现 1.5 兆安等离子体电流下的偏滤器位形稳定运行，达到国际领先水平。

（三）技术攻关

中国宝武新型耐热钢研制取得突破，在全球首个 630℃超超临界二次再热火电机组中示范应用。中国电信助力实现全球首次消费类手机直连卫星通话，服务超过 200 万用户。中国移动研制国内首款可重构 5G 射频收发芯片，提升 5G 网络核心设备自主可控水平。哈电集团研制国际同类最大规格 CAP1400 屏蔽电机主泵，在“国和一号”示范工程成功应用。

（四）产业培育

兵器装备集团突破多激光束高精度搭接技术，成功研制阵列式激光制造装备。中国船舶研发首台深海矿产资源勘探开发多金属硫化物采矿车，完成“池—湖—浅海”海底矿物采集试验。中国石油突破 240℃水基钻井液关键技术，支撑超深油气井安全高效钻探开发。中国五矿突破非接触式精细调查关键技术，将深部岩体结构特征、物理参数提取效率提高 3 倍。

二、创新要素加速聚集

（一）研发投入

2023 年，中央企业研发投入超过 1 万亿元，连续两年破万亿元，研发投入强度 2.73%。36 家企业研发投入超过 100 亿元，其中航空工业集团与中国电科超过 600 亿元，中国建筑、航天科技、中国船舶、中国宝武超过 400 亿元。

（二）人才队伍

截至 2023 年底，中央企业共拥有科研人员 136.8 万人，较 2022 年底增加 17.6 万人，高级技工、技师与高级技师 210.8 万人，科研人员和高级技工、技师与高级技师占中央企业年末职工人数的比重分别达到 11.6%和 17.8%。拥有两院院士 235 人，其中中国科学院院士 44 人、中国工程院院士 190 人、双院士 1 人。

（三）研发平台

截至 2023 年底，中央企业拥有国内研发机构总计 5119 个，其中新建 254 个。国家级研发平台 916 个，较 2022 年底增加 157 个，其中牵头建设国家实验室 2 个、全国（国家）重点实验室 99 个、国家技术创新中心 6 个、国家产业创新中心 1 个、国家制造业创新中心 9 个、国家级企业技术中心 453 个。

三、开放协同持续深入

（一）产学研合作

截至 2023 年底，中央企业组建产业科技创新联盟 472 家，建有孵化器平台 82 个、产业园区 83 个，开展产学研合作项目 2 万余个。国务院国资委牵头组织推动的 7 个中央企业创新联合体带动高校、科研院所、地方国企、民营企业近 300 家，组建创新平台 48 个、成立联合攻关团队 312 个，有序实施年度合作项目超过 400 个。

（二）成果转化

2023 年，中央企业通过许可、自行实施、作价投资等方式完成科技成果转化项目 2500 余项。发布中央企业科技创新成果推荐目录，包含中央企业自主创新成果 223 项。中央企业建设中试验证平台 206 个，建设技术转移、成果转化专业机构平台 122 个。

（三）国际合作

截至 2023 年底，36 家中央企业拥有境外研发机构355个，海外科研人员1.28万人，其中共建"一带一路"国家和地区有112个。46家中央企业与国际原子能机构、国际可再生能源署等国外机构、院所、企业在能源、材料等领域开展合作项目244项，51家中央企业参加国际组织442个，4家中央企业牵头组建国际性产业联盟和标准组织4个。

（四）科学普及

截至2023年底，42家中央企业建立集团层面科协。中央企业目前拥有专（兼）职科普人员7.4万人，占科技活动人员的3.41%；建立科普场馆展厅630个、非场馆类科普基地7887个，运行科普网站、科普类微博、科普类微信公众号等新媒体平台388个。2023年，中央企业科普经费使用总额3.4亿元，举办科普讲座、展览、竞赛等活动1.4万场，覆盖450万余人次。

四、创新成效加速提升

（一）数字化转型

2023年，中央企业数字化转型推进体系不断健全，数字化转型投入超过4000亿元，入选国有企业数字化转型试点企业名单107户，发布智能现场建设任务254项。数字化转型成效逐步显现，数字化研发设计工具普及率88.3%、关键工序数控化率74.7%，接入工业互联网平台设备数量超过4000万个，数字化转型水平进一步提升，助力企业高质量发展。

（二）专利

截至2023年底，中央企业累计拥有授权专利135.6万件，比上年增长11.5%，其中授权发明专利62.0万件，增长22.9%。2023年，中央企业申请专利35.1万件，比上年增长11.7%；申请发明专利25.14万件，比上年增长22.49%；获得授权专利21.81万件，比上年增长4.35%；获得授权发明专利10.94万件，比上年增长31.46%。从PCT（专利合作协定）情况看，截至2023年底，中央企业累计申请PCT专利3.95万件，2023年申请5868件，比上年增长11.86%。中央企业在第二十四届中国专利奖评选中获得金奖8项、银奖22项。

（三）标准

截至2023年底，中央企业累计制定和发布国际标准2300余项，国家标准15000余项，行业标准41000余项。牵头建设国家级标准化平台132个，获得2022年度中国标准创新贡献奖30个。承担ISO/IEC/ITU国际标准组织秘书处33个，担任技术机构主席/副主席51人，注册专家累计超过3200人次，技术标准竞争力持续提高。

（四）论文期刊

2023年，中央企业发表科技论文127603篇。其中，SCI论文8812篇、EI论文13624篇、中文期刊论文77686篇。截至2023年底，70家中央企业主管或主办科技期刊714种，其中中文科技期刊675种、外文科技期刊39种；核心期刊、SCI/EI期刊315种，占比44.1%。

（审稿人：方　磊　撰稿人：马魁梓）

国有资产综合监督工作

2023年是贯彻落实党的二十大精神的开局之年，是"十四五"规划承上启下的关键之年，也是综合监督工作的强化提升之年。国务院国资委深入贯彻落实党中央、国务院重大决策部署，紧紧围绕国资监管中心工作，统筹谋划国有资产综合监督检查重点任务，持续完善监督检查、内部审计、内控体系和境外监督等四方面监督体系，深入协同各类监督力量，以高质量综合监督工作保障和推动国资央企高质量发展，各项工作成效显著。

一、持续加强综合监督检查，切实发挥监督保障执行作用

国务院国资委以推动监督检查精准定位、全面覆盖、深化运用为目标，完善监督检查机制，统筹内外部监督资源，优化监督方式方法，着力提升国资监管专业化、体系化、法制化、高效化水平，切实保障和推动

国资央企高质量发展。

(一)科学编制年度综合监督计划

国务院国资委结合中央经济工作会议精神和中央企业负责人会议明确的国资监管重点任务和工作要求，聚焦国资监管重点领域和关键环节，研究制定《2023年国有资产综合监督检查工作计划》，明确监督检查总体目标，确定中央企业违规违法获取工程项目问题专项检查、虚假贸易业务整治情况"回头看"专项复核等10项重点任务。同时，结合建筑、商贸等行业企业特点，有针对性地制定检查工作方案，明确检查工作重点，切实增强综合监督检查计划性、系统性和有效性。

(二)精准有力实施综合监督检查

按照统一部署、有序推进的原则，采取全面自查与重点督查相结合、交叉互查与专项检查相结合的方式，分类分批组织对97家中央企业524户子企业开展综合监督检查，揭示虚假贸易、违规获取工程项目、PPP业务、内控体系以及金融、科研投入、投资等方面各类问题风险及内控缺陷。开展虚假贸易业务专项复核，对中国电建等30家中央企业及所属168户子企业虚假贸易业务进行专项复核，推动企业主动补报虚假贸易业务，督促企业彻底根治虚假贸易顽疾；开展PPP业务专项检查，针对违规投融资等问题提出切实防止PPP风险扩散蔓延的建议；开展科技研发投入专项检查，揭示研发经费核算和统计不实等问题，指导企业进一步规范研发投入管理；开展金融业务专项检查，着力解决金融业务集中统一管理不到位、未及时退出高风险金融业务等问题；开展重大资金安全专项检查，聚焦部分企业违规出借资金等问题提出加强资金管理的意见建议；开展重大投资专项检查，揭示投资授权机制不合理等问题，要求企业加强投资授权审批，切实防范投资风险。

(三)强化监督检查结果运用

坚持做好整改"下半篇文章"，将综合监督检查发现问题的整改工作作为提升企业管理水平的有力抓手，建立健全监督检查问题整改长效机制。一是建立整改台账，统一整改标准，通过立行立改、分阶段整改、持续整改分类推进，并按季收集整改报告，全面复核整改落实情况，督促企业按照"三不放过"原则抓实整改工作，将问题点转化为管理提升点，提升综合监督工作成果运用水平。二是定期通报问题，及时梳理总结检查发现的典型性、普遍性问题和体制性机制性障碍，在中央企业范围内通报，督促中央企业引以为戒、举一反三、对照检查，切实提升依法合规经营能力和水平；对于苗头性、倾向性问题，及时向中央企业提示相关风险，并提出风险防范和管理提升的建议，做到早发现、早提醒、早纠正，切实提升监督质效。三是加大追责力度，充分发挥综合监督工作的警示震慑作用，对发现涉及违规经营投资造成损失或不良后果的，严肃追究有关人员责任；对涉嫌违纪违法的，按照干部管理权限，及时移送纪检监察机构或有关部门查处，切实发挥综合监督工作警示震慑作用。

二、强化各类监督贯通协同，做深做实审计监督"后半篇文章"

国务院国资委贯彻落实二十届中央审计委员会第一次会议工作部署，认真履行出资人职责，加强与中央纪委、中央审计办、审计署等监督力量的贯通协同，坚决把党中央关于审计监督体制改革的各项部署落实到位，扎实做好检查发现违纪违法问题线索移交及审计问题整改等工作。

(一)进一步健全完善整改落实工作机制

充分发挥国务院国资委审计工作领导小组办公室统筹作用，深入学习宣贯习近平总书记在二十届中央审计委员会第一次会议上的重要讲话精神，对国家审计发现重大问题进行通报。研究制定《落实中央政治局常委会会议和二十届中央审计委员会第一次会议精神的委内分工方案》，提出加强审计结果运用、深化各类监督贯通协同等5个方面16项具体举措，有序推进委内相关业务厅局协同抓好审计监督和整改落实工作。在此基础上及时印发《国务院国资委〈审计要情〉〈审计重要信息〉办理工作规则》，明确国务院国资委归口管理职责、分类办理方式、办理时限及报告反馈等方面工作要求，进一步规范审计移送事项办理工作。全年办理《审计要情》等审计移送事项10项，及时向党中央、国务院进行专报。

(二)强化出资人监督与纪检监察、审计监督贯通协同

坚持以党内监督为主导,加强与中央纪委国家监委、驻委纪检监察组在重大事项请示报告、问题线索移送及信息共享等方面协同,全年移交审计发现问题线索10项;加强与中央审计办互动联系,及时报送国务院国资委审计工作开展情况、审计查出问题专项整改情况,完成移送6项重大审计问题线索的核查工作,积极落实中央审计办任务落实分工;加强与审计署在计划制订、问题移送、证据移交、案件查办等方面工作协同机制,多措并举深化审计成果运用,推进出资人监督与审计监督在追责问责、考核评价、完善制度等方面同题共答、同向发力,切实形成监督合力。

(三)抓紧抓实审计整改追责工作

牵头完成2022年度中央预算执行审计整改工作,梳理国务院国资委承担整改主体责任和监督管理责任的问题清单,推动国务院国资委和有关企业扎实开展整改工作。重点完成18家中央企业2022年经济责任审计、22家中央企业财务收支审计的整改工作,通过挂牌督办、印发整改通知、开展追责问责等方式扎实推进整改督办任务,加强审计整改结果复核,确保整改工作落实落细。

三、发挥内部审计“经济体检”作用,提升中央企业内审监督效能

国务院国资委坚决贯彻落实党管审计的要求,以发挥中央企业内部审计“治已病、防未病”作用为指引,推动中央企业聚焦健全工作体系、扩大审计覆盖面、强化审计整改、提升审计质效、加强队伍建设,进一步夯实管理基础,以高质量审计工作推动企业高质量发展。

(一)加强内部审计年度工作部署

国务院国资委贯彻中央经济工作会议和中央企业负责人会议精神,以推动落实2023年4月召开的中央企业内部审计工作视频会议精神为契机,制定印发年度中央企业内部审计工作通知,要求着力构建集中统一、全面覆盖、权威高效的内部审计监督体系,规范内部审计管理,从广度上消除监督盲区,从精度上选准短板弱项,从深度上揭示重大突出问题和堵点痛点,充分发挥内部审计监督保障执行作用。同时,下达2023年重点工作任务,结合外部监督反映的重大问题,对军工、石油等7个行业企业提出内部审计关注重点,加大审计监督工作力度。

(二)推进重点领域精准监督

指导中央企业立足审计“经济监督”职责定位,不断完善“上审下”内部审计监督工作机制,2023年组织中央企业开展各类审计4.2万项,聚焦查错纠偏和防范风险,推动完善内部制度3.6万项,充分发挥“治已病、防未病”作用。一是着力保障党和国家重大决策部署落地见效。围绕国有资本布局优化和结构调整、绿色发展、能源保供等重大决策部署,63家中央企业实施跟踪审计,推动解决问题。二是注重发挥审计监督反腐治乱作用。坚持严的基调,85家中央企业巡审结合揭示违反中央八项规定精神及党风廉政建设等问题,及时移送纪检监察部门查处。三是严查会计信息质量不实问题。90家中央企业通过开展财务收支审计、会计信息质量专项治理,及时调整会计账目,严肃追责问责。四是及早揭示重大风险隐患。充分发挥经济运行“探头”作用,开展境外审计,及时查处金融、债务等风险隐患。五是维护公开公平公正市场环境。通过深入整治工程领域违规违法经营,查改虚假招标、围标串标、决策审批、可研论证等问题,督促中央企业对照检查、强化整改,推动提升依法合规经营水平。

(三)推动内部审计工作提质增效

探索研究建立中央企业内部审计工作质量评估指标体系,开展试评估工作,对20家内部审计工作质量较好、被评为A级的中央企业进行通报表扬,激发中央企业内部审计工作动力,主动补短板、强弱项。同时,加大对中央企业内部审计骨干人员的培养力度,制定分层分类激励评价规则,激发内部审计人员积极性主动性。2023年累计抽调575名中央企业内部审计骨干人员参与综合监督检查工作,通过实战练兵促进加强中央企业内部审计队伍专业能力建设。

四、提升内控体系有效性，有力保障中央企业高质量发展

紧紧围绕新时代新征程国资央企新使命新任务，印发《关于做好2023年中央企业内部控制体系建设与监督工作有关事项的通知》，将提升中央企业内控工作体系有效性纳入新一轮国企改革深化提升行动重点改革任务考核范围，指导中央企业按照“强内控、防风险、促合规”内控体系建设与监督工作总目标，着力在深化内控管理体制机制建设、增强内控体系刚性约束、提高重大风险防控能力等方面下功夫，不断提升集团依法合规经营能力和水平。

（一）进一步细化内控体系建设

指导推动中央企业切实发挥内控体系在依法依规治企、严肃财经纪律、防范化解风险等方面的重要作用，建立健全领导有力、权责清晰、运转有效的内控管理体制机制，对照近三年来国家审计、国资监管及企业内部监督等各类监督检查揭示的问题，进一步组织开展企业内控制度缺陷排查评估，有针对性地健全完善内控制度体系，加快构建与世界一流企业相适应的中央企业内控体系。

（二）进一步深化内控体系有效性抽查评价工作

对照“严肃财经纪律、依法合规经营”综合治理发现问题整改落实情况开展内控专项整治，全面加强中央企业内控体系建设，进一步压实企业内控监督评价责任，提升内控体系的系统性、规范性、有效性。聚焦内控体系建设与监督、公司治理等重点领域和关键环节，对10家中央企业开展内控体系有效性抽查评价，及时移送违规违纪违法问题线索。总结以往工作经验，探索从集团和子企业两个维度对企业内控体系有效性开展评价打分，为企业“精准画像”，逐户印发《综合监督检查报告》，涉及共性、典型问题在全部中央企业范围内进行通报，推动中央企业对照检视，补齐短板，加快实现高质量发展。

（三）进一步优化重大风险防控工作机制

贯彻落实党中央、国务院关于防范化解重大风险决策部署，聚焦“提前预警、精准防控”，指导中央企业结合行业特点和经营实际持续完善重大经营风险早发现、早预警、早处置长效机制，扎实做好年度风险评估和季度跟踪监测工作，加强风险识别预警，做好风险预案，并建立按季度向中央企业通报重大风险监测情况的工作机制。有效推动中央企业建立完善上下贯通、横向协调的重大经营风险报告工作机制，积极稳妥推进重大经营风险事件应对处置，有效防止风险扩散衍变。

五、持续强化境外监督，提升中央企业境外依法合规经营水平

面对错综复杂的国际环境，国务院国资委紧盯中央企业境外重要业务领域和关键环节，抓内控、强内审、控风险，持续深化境外国有资产监管，不断提升中央企业境外单位依法合规经营能力和重大风险防控水平。

（一）建强内控体系建设和监督工作

指导中央企业结合境外单位所在国家（地区）法律法规、集团公司管控要求及经营实际需要，进一步完善境外单位内控体系建设，聚焦境外单位重要岗位人员派出管理、主要负责人提级管理和任职备案、境外工程项目承揽、大额资金支付等重要领域、关键环节和重要岗位职责要求，切实增强境外单位内控体系刚性约束。推动中央企业集团加大对境外单位内控体系有效性监督评价工作力度，组织对境外单位大额资金支付、重大投资、工程项目承揽等重要业务全流程合规性的内控监督评价，确保将国资监管要求落实到内控体系建设与监督工作中，以查促改、以查促建，促进提升境外单位依法合规经营水平。

（二）夯实内部审计工作基础

指导督促中央企业结合境外单位所在国家（地区）和业务开展实际情况，探索建立境外区域审计中心，优选委派具备熟悉境外法律法规、国际会计准则以及所在国家（地区）政治经济文化特点的复合型审计专职人员，健全完善境外审计监督工作体系。积极推动中央企业在强化落实审计重点任务、强化问题整改等方面下真功夫，统筹安排境外审计项目，组织人

员力量赴境外投资规模大、工程项目承揽较大等重要子企业现场开展专项审计，聚焦境外子企业决策的内容、程序执行、经营绩效、内部管控、财务管理、廉洁从业等方面，为境外国投资产进行安全“体检”和“排雷”，有效保护境外国有资产安全。

（三）筑牢境外重大经营风险防线

针对当前国际环境呈现的新变化、新特点，指导中央企业有效识别防范潜在风险，将境外投资风险管理作为投资风险管理体系的重要内容，强化境外投资前期风险评估和风控预案的制订，抓好投前决策、项目管理、运营发展等过程控制。做好季度重大风险监测工作，完善境外风险监控工作机制，优化风险监测指标体系，促进提升重大风险评估监测预警科学性、针对性。加强重大风险事件报告工作，推动中央企业完善境外单位重大经营风险事件应报情形、报告时限及应对处置工作机制，及时报告境外资产重大损失风险、重大舆情风险、被其他国家或者国际组织机构制裁或调查风险等事项，切实提升境外重大风险应对处置能力。

（审稿人：徐　赫　撰稿人：沈艳艳）

中央企业监督和违规经营投资责任追究工作

2023年，国务院国资委以习近平新时代中国特色社会主义思想为指导，深入学习领会党的二十大和中央经济工作会议精神，贯彻落实党中央、国务院决策部署，切实扛起国有资产监管主体责任，总体建成覆盖中央企业和地方各级国资监管机构的组织体系和制度体系，着力查办重大违规经营投资问题线索，责任追究工作震慑作用不断强化，企业合规经营理念不断树牢，切实筑牢国有资产安全防线，发挥业务监督、综合监督、责任追究“三位一体”出资人监督机制效能，有力保障中央企业高质量发展。

一、严惩治强震慑，监督追责查案力度不断加大

坚决扛起违规经营投资责任追究主责，把查大案、严追责、强震慑作为强化出资人监督的有效途径，严肃查处违规经营投资重大问题线索，监督追责的力度不断加大，追责惩戒遏制警示效果进一步增强。一是对习近平总书记关心关注问题查办持续加力。组织落实习近平总书记指示批示的违规经营投资问题线索查处工作，以实际行动践行“两个维护”。贯彻落实习近平总书记关于做好审计整改工作的重要指示精神，集中核查由国务院国资委牵头负责整改的中央企业经济责任审计反映的问题。落实习近平总书记重要批示精神，组织开展中央企业相关专项核查，依法依规追究相关人员责任。二是直接核查企业重大违规问题线索多点发力。直接核查企业数量和问题数量均有所增加。对部分央企所属企业违规投资等问题进行直接核查，对相关责任人进行严肃追责问责。三是违规追责推动追究纪法责任更加有力。落实全面从严治党主体责任有关工作要求，深挖违规问题背后的利益动因，涉嫌违纪问题线索移送纪检监察机构，推动追究违纪责任的效果更加显现。

二、促根治强合规，责任追究治顽疾作用不断凸显

组织或参与内控抽查评价等专项治理或专项检查，推动责任追究深度融入各类专项治理，有力保障专项工作取得实效，不断提高专项治理权威刚性。一是专项整治“严兜底”。将追责要求深度嵌入内控体系抽查评价等专项整治工作方案中，指导中央企业将违规经营投资责任追究融入专项整治全过程，对顶风违规责任人一经发现就地免职，推动彻底根治顽瘴痼疾。二是责任约谈“深提醒”。针对重大投资经营风险，直接约谈中央企业负责人，有力推动问题整改和责任追究，不断强化警示和提醒作用，切实发挥责任约谈“抓早抓小、防患未然”效果。三是追责成果“强运用”。通报有关企业长期未落实国资监管要求，放任子企业超出自身财务承受能力投资等问题风险，要求企业结合通报的问题风险，采取有效措施，主动防

范化解风险。深入查找经营管理漏洞。

三、重医治强发展，违规追责促提升效能不断显现

充分发挥责任追究"治已病、防未病"的正向作用，惩前毖后、治病救人，推动问题整改落实落地、助力重大风险防范化解、促进管理提升防漏堵洞，责任追究保障高质量发展的作用更加有力。一是加强指导抓"风险预防"。印发《关于做好2023年中央企业违规经营投资责任追究工作的通知》，要求企业紧盯触碰国家法律"红线"的严重违规经营问题，紧盯股权投资、工程建设、金融业务等违规问题高发领域，筑牢国有资产安全防线。编写《国有企业违规经营投资责任追究工作指南》并印发各中央企业和地方国资委，围绕责任追究工作体系的薄弱环节和重点难点，对央企地方进行指导，进一步提升责任追究工作规范性，提高监督追责干部业务能力，增强责任追究效能。二是紧盯重点抓"脱险治困"。核查某中央企业所属企业违规投资问题，督促指导稳妥处置所属企业债务风险，尽快缓解资金紧张状况。推动某中央企业的风险化解，完成对某中央企业所属企业涉嫌违规经营投资问题的现场调查并印发整改通知，督促企业推动风险化解和问题整改。三是督促整改抓"提升强体"。一体推进查处问题、健全机制、提升管理，督促中央企业把整改到位作为违规问题对账销号的重要条件，从纠正违规行为、完善制度机制、开展责任追究等方面评估整改质量，推动形成"查办一起案件、整改一类问题、完善一套制度"的综合效果。督促企业做好核查追责事项的整改工作，修订内控、购销、财务等管理制度，有力推动企业守牢依法合规经营底线、远离违规经营红线。

四、抓法治强支撑，追责制度体系化建设不断推进

贯彻国企改革深化提升行动部署，做好违规经营投资责任追究制度机制建设，不断提升监督追责工作规范化、体系化、法治化水平。一是推动强化责任追究法律依据。积极配合做好《中华人民共和国公司法》《企业国有资产法》修订，强化对出资人监督和责任追究的法律授权，进一步夯实中央企业违规经营投资责任追究的法律基础。配合做好《国有企业管理人员处分条例》征求意见工作，为出资人监督增加有力追责手段。二是修订责任追究基本制度。开展《中央企业违规经营投资责任追究实施办法（试行）》（国务院国资委令第37号）修订工作。在调查研究基础上，形成37号令修订征求意见稿。三是完善追责协同配套制度。印发《中央企业财务决算审核发现问题整改和责任追究工作规定》（国资发监责规〔2023〕25号），健全委内财务监督专门协同制度，规范财务决算审核发现问题信息共享、跟踪督促、移送追责等机制，形成国资监管合力。四是优化责任追究报告工作机制。健全定期报告机制，按年度汇报企业责任追究工作情况和经营投资存在的苗头性、趋势性风险，发挥"全面体检"作用。建立季度报告机制，在线采集企业案件查办等责任追究工作情况，强化数据采集、传输、分析的闭环管理。

（审稿人：吴文岳　撰稿人：刘广为）

中央企业董事会建设情况

2023年，国务院国资委坚持以习近平新时代中国特色社会主义思想为指导，全面贯彻落实党的二十大精神，坚持"两个一以贯之"，着力建设科学理性高效的中央企业董事会，打造高素质专业化的中央企业外部董事队伍，为推动中央企业高质量发展提供有力支撑。

一、中央企业董事会持续配强建优

截至2023年底，97家中央企业除冶金地质总局、中煤地质总局2家事业单位外，95家企业全部建立董事会。

（一）优化董事会结构功能

围绕增强中央企业董事会整体功能，根据企业功

能定位、主责主业和发展战略精准选配外部董事，及时调整不胜任的外部董事，2023 年为 52 家中央企业调整补充外部董事 133 人次。中央企业董事会功能定位更加清晰，制度机制更加完善，运行更加规范高效，“定战略、作决策、防风险”作用更加凸显。

（二）加强外部董事队伍建设

坚持高素质专业化导向，积极拓宽外部董事人选来源渠道，全年组织开展 2 次外部董事专业资格认定，遴选 61 名外部董事人选入库，调整出库 38 人。遴选一批年富力强的专职外部董事，严格办理专职外部董事免职退休，积极探索加强专职外部董事队伍建设的有效途径。截至 2023 年底，中央企业外部董事人才库有外部董事人选 340 余人，其中 88%具有企业任职经历、20%担任过中央企业正职，外部董事队伍年龄、专业、来源结构持续优化。

（三）严格日常管理监督

常态化派员列席董事会及其专委会会议，多角度、近距离了解掌握董事会运行情况和外部董事履职表现。完成 2022 年度中央企业董事会和外部董事评价，引导董事会科学理性高效决策，外部董事规范有效履职。中央企业专职外部董事党委持续加强对专职外部董事的政治引领、管理监督和支撑服务等工作。

二、中央企业董事会建设制度体系持续完善

坚持问题导向，健全完善董事会建设制度机制，着力补短板、固底板、堵漏洞，推动中国特色现代企业制度更加成熟定型。

（一）组织开展完善董事会建设制度专题调研

深入中央企业及子企业、地方国资委、地方国企、民营企业等 101 家单位进行访谈或座谈，组织开展董事会建设有关课题研究，全面了解中央企业及其重要子企业、地方国有企业董事会建设的经验做法和存在问题，系统梳理制度建设的重点、难点和突破点，研究提出加强和改进董事会、董事队伍建设的思路和措施。

（二）公司法对外部董事制度作出明确规定

2023 年 12 月，第十四届全国人大常委会第七次会议表决通过新修订的《中华人民共和国公司法》，规定国家出资的国有独资公司董事会成员中外部董事应当过半数。这充分体现社会各界对外部董事占多数的董事会制度的认可，为新时代新征程进一步深化国有企业外部董事制度提供法律依据。

（三）加强规范性文件立改废释

印发《中央企业董事会工作规则问答》，聚焦中央企业关切的如何把握董事会决策主体作用的内涵、如何把握外部董事占多数的要求等重点问题解疑释惑。印发《关于规范中央企业董事会秘书管理的意见》，从规范岗位设置、严格任职条件、完善选聘程序、明晰岗位职责、支持行使职权、强化管理监督等方面，对董事会秘书管理全面作出规范，推动董事会秘书更好履职尽责、支撑服务董事会建设。

（四）推动完善上市公司独立董事制度

与中国证监会加强政策协同，积极参与《国务院办公厅关于上市公司独立董事制度改革的意见》《上市公司独立董事管理办法》制（修）订工作，结合中央企业所属上市公司实际，推动上市公司独立董事制度与中央企业外部董事制度有效衔接。

三、出资人机构与外部董事工作联动更加有效

进一步加强对中央企业董事会、外部董事履职支撑保障，健全出资人机构与外部董事重要事项双向通报机制，推动提升出资人监管质效。

（一）持续加强对外部董事履职的指导支撑

组织外部董事参加国务院国资委有关专题会议，组织召开 4 次外部董事季度沟通会暨董事会建设调度会，组织开展外部董事履职实务培训，及时向外部董事解读相关政策、宣贯履职要求、交流工作经验。完善工作提示制度，根据有关专项整治及监督检查等掌握情况，以《工作提示单》的方式将有关重大问题、重大风险情况转外部董事，督促外部董事紧盯问题整改，有效防范和化解有关重大风险。

(二)更好发挥外部董事监督"前哨"作用

落实外部董事报告制度,引导外部董事识别揭示任职企业重大风险并及时向国务院国资委报告,有效处置外部董事报送的关于企业债务管控、亏损子企业治理等重要报告,形成风险事项早发现、早预警、早处置的工作闭环。

四、中央企业子企业董事会建设深入推进

按照"应建尽建""配齐建强"的标准和要求,指导中央企业加强子企业董事会建设,推动董事会建设上下贯通、整体提升。

(一)以考促建推动配齐建强

开展2022年度中央企业子企业董事会配齐建强情况考核,细化考核定量指标,指导推动提升子企业董事会建设质量。各中央企业结合自身实际,在子企业董事会专门委员会设置及运行、外部董事配备管理和履职保障、专职外部董事与子企业现职领导人员交流等方面形成一系列典型经验做法。截至2023年底,99.9%的符合条件的中央企业子企业建立董事会,其中99.9%实现外部董事占多数,子企业董事会持续建强、现代公司治理水平不断提升,企业独立市场主体地位进一步强化。

(二)推动外部董事人才资源共享

国务院国资委持续建好国有企业外部董事人才储备库,积极为中央企业子企业、地方国有企业董事会建设提供外部董事人才支持,2023年向12家中央企业和8个地方国资委推荐外部董事人选86人次。

(审稿人:苏云成　李　萍　撰稿人:刘志强　张黎明)

中央企业领导人员管理情况

2023年,国务院国资委党委以习近平新时代中国特色社会主义思想为指导,深入贯彻落实党的二十大精神,扎实开展主题教育,牢牢把握职责定位,以组织路线服务保证政治路线的高度自觉,围绕更好发挥中央企业在建设现代化产业体系、构建新发展格局中的科技创新、产业控制、安全支撑作用,不断加强中央企业领导人员队伍建设,为企业高质量发展提供坚强组织保证。

一、以政治建设统领班子建设,用党的创新理论凝心铸魂

坚持把政治建设摆在首位,教育引导企业领导人员深刻认识"两个确立"的决定性意义,不断增强做到"两个维护"、服务"国之大者"的责任感、使命感。

(一)把政治建设融入日常工作

发挥近距离接触企业领导人员优势,通过任职谈话、考核谈话和出资人集体谈话以及宣布讲话等提出政治要求,督促企业领导人员增强政治敏锐性、提高政治鉴别力,自觉把企业改革发展放到党和国家事业全局中谋划推动,引领企业发挥"三个作用"。指导开展主题教育,用习近平新时代中国特色社会主义思想统一思想、统一意志、统一行动。

(二)持续强化理论武装

高标准高质量开展主题教育,与中央组织部、中央党校举办覆盖430万央企党员干部的习近平新时代中国特色社会主义思想轮训班。举办高管研修班5期,培训二级企业领导班子成员以上央企高管2.6万余人。组织中央企业领导人员参加习近平新时代中国特色社会主义思想和中国式现代化、企业党建、双碳等4个网络培训班。召开中央企业年轻干部、青年科技工作者、青年工匠学习贯彻党的二十大精神座谈会,与他们交心谈心。

(三)加强思想淬炼、政治历练

办好中央企业领导人员"新任班"和"中青班",78人参训。选派72名委管企业及二级企业领导人员参加"一校四院"调训。按照中央组织部统一部署,从委管企业选派27名干部援疆,选派5名干部赴海南自贸港挂职。会同有关方面选派10名社科院专家和38名地方国企干部到中央企业挂职锻炼,选派15名干部参加中央巡视专项检查,让干部在重大任务、重大专项中历练成长。

二、紧紧围绕国之所需，选优配强中央企业领导班子

坚持党管干部原则，落实新时代好干部标准和国企领导人员“二十字”要求，事业为上、以事择人，大力选拔懂经营、会管理、善决策的企业领导人员。

（一）坚持正确选人用人导向

把政治标准放在首位，落实“四个注重选拔、四个坚决不用”“八个既看又看”要求，严把政治关、品行关、能力关、作风关、廉洁关，全方位考察干部素质能力、品行作风、廉洁自律和担当作为情况。建立委管企业调整不适宜担任现职干部纪实报备制度，推动形成能者上、优者奖、庸者下、劣者汰的用人导向。

（二）选优配强企业领导班子

着眼建设世界一流企业，加强综合分析研判，持续优化企业领导班子结构。2023 年，调整补充中央企业领导人员 291 人次。把正职配备作为班子建设的重中之重，全年为 35 家中央企业选配正职 43 人次，实现班子新老交替、平稳运行。加强领导人员梯队建设，大力选拔优秀年轻干部，全年选拔任用“70 后”中央企业领导人员 77 人。进一步推进干部交流，全年交流使用中央企业领导人员 93 人。围绕服务重大战略做好新设企业领导班子组建工作，平稳移交华录集团领导班子管理权限。

（三）推动经理层成员任期制和契约化提质扩面

贯彻落实国企改革深化提升行动方案，推动经理层成员任期制和契约化提质扩面。在提质上，增强契约目标的战略性、科学性、挑战性，强化目标考核的刚性兑现，真正做到干得好就激励、干不好就调整。在扩面上，推动中央企业更大力度、更广范围、分层分类落实管理人员经营管理责任，让各层级企业管理人员不能也不敢“躺平”。

三、坚持严管厚爱相结合，激励企业领导人员担当作为

聚焦及时性、有效性，着力完善管思想、管工作、管作风、管纪律的机制措施，强化企业领导人员动态管理监督。

（一）加强干部全方位管理和经常性监督

贯彻落实全国组织工作会议精神，组织召开委管企业组织工作会议。组织委管企业领导人员按最新填报要求报告个人有关事项，对家产、家事等信息进行分析，强化监管精准性。做好领导人员兼职、因私出国（境）、“裸官”管理及近亲属经商办企业常态化管理工作。加强“一把手”任职谈话，并召开 10 次新任副职出资人集体谈话会，督促新任企业领导人员严于律己、严负其责、严管所辖。强化考核评价，根据委管企业领导人员年度综合考核评价结果，谈话提醒 10 人、批评教育 2 人、免职和交流各 1 人。加强选人用人指导监督，深入开展突出问题专项整治，对 6 家建筑类委管企业开展选人用人专项检查。

（二）关心关爱干部，激励担当作为

加强调查研究，“进一步激励国有企业干部担当作为”研究报告获 2023 年全国组织工作选题统计分析报告二等奖。根据企业发展需要和个人诉求，为有关人员办理提前退出班子手续。结合反馈年度综合考核评价结果，与企业领导人员逐一谈心谈话，加油鼓劲、疏导解压，激励他们轻装上阵、干事创业。看望慰问生病领导人员，吊唁病逝退休领导人员，协调帮助处理善后事宜。用心用情做好老干部工作，开展“话传统、谈复兴、聚力量”调研，协调解决有关企业退休老领导就医困难等问题。

（审稿人：苏云成　李　萍　撰稿人：张黎明　刘志强）

人才工作和人才队伍建设情况

2023 年，国务院国资委党委坚持以习近平新时代中国特色社会主义思想为指导，深入贯彻习近平总书记关于党的建设和做好新时代人才工作的重要思想，

全面贯彻党的二十大精神，聚焦新时代新征程国资央企使命任务，统筹谋划、系统部署，精心组织，以更大力度、更实举措纵深推进人才强企战略，人才工作取得新的进展和明显成效。

一、强化自主培养，加快锻造战略人才力量

2023 年 9 月，启动实施中央企业“百—万—百万”科技人才培养工程，坚持系统观念，突出高层次科技人才梯次培养，把顶尖科技人才培养作为重中之重，分层分类建立重点科研骨干人才库，推动调整优化青年科技人才队伍结构，促进形成人才梯次发展雁阵格局，突出基础研究人才和战略性新兴产业人才培养，区分顶尖、领军、青年科技人才不同特点，给平台、给项目、给团队、给政策开展差异化培养。组织开展第 23 批博士服务团成员选派推荐工作，确定 45 名中央企业优秀博士赴西藏、新疆、青海等地锻炼，同时，完成第 22 批博士服务团成员和延期人员服务锻炼期满考核工作。

二、加力引进人才，不断壮大中央企业人才队伍

指导中央企业积极引进海内外各方面优秀人才，引进人才数量稳定增长，质量持续提高。组织召开国资央企促进高校毕业生就业工作推进会，会同有关部门印发关于做好国有企业招收高校毕业生工作的通知，制定印发进一步完善人才市场化招聘机制的通知，联合有关部门开展促就业“国聘行动”，鼓励国资系统深挖岗位潜力，增加开展夏季招聘，推动企业根据发展战略性新兴产业、建设世界一流企业等需要，采取扩大有效投资、超前储备人才等务实举措，积极吸纳高校毕业生。2023 年，全国国有企业招录高校毕业生人数比 2019 年增长 28.9%。

三、扩大表彰范围，有效增强高层次人才荣誉激励

中央企业新当选两院院士 14 人，其中中国科学院院士 3 人，中国工程院院士 11 人。在首届“国家工程师奖”表彰中，中央企业共有 29 名个人和 20 个团队受到表彰，分别占受表彰总数的 36%和 40%。国务院国资委党委开展首届中央企业“三优一能”表彰，组织召开表彰大会，向 10 名优秀科技领军人才、10 个优秀创新团队、50 名优秀青年科技人才和 50 名技术能手颁发奖牌和证书。还有 33 名科技工作者和 2 个团队获得第三届全国创新争先奖；3 个团队获中国青年女科学家奖；22 名科技人才和 8 个创新团队入选“央企楷模”。

（审稿人：杜　量　撰稿人：王邵飞）

中央企业党建工作

2023 年，国务院国资委党委以全面贯彻落实党的二十大精神为主线，认真贯彻习近平总书记“2·26”重要批示精神，深入学习贯彻全国组织工作会议精神，扎实开展学习贯彻习近平新时代中国特色社会主义思想主题教育，深化拓展全国国企党建会议精神落实成果，着力构建与全面从严治党体系相匹配、与中国特色现代企业制度相衔接、与企业改革发展中心任务相适应的国资央企党建工作格局，为中央企业提高核心竞争力和增强核心功能，发挥科技创新、产业控制、安全支撑作用提供坚强保证。

截至 2023 年底，中央企业系统党员 468.58 万人，其中，女党员 119.14 万人，35 周岁以下党员 126.62 万人，在岗工人党员 147.23 万人，离退休党员人数 12.03 万人。党组织 31.84 万个，其中党组 42 个，党委 2.21 万个，党总支部 1.52 万个，党支部 28.11 万个。

一、坚持政治领航，把“两个维护”体现到履行国资央企职责使命具体行动上

（一）健全贯彻落实习近平总书记重要指示批示和党中央决策部署机制

制定国务院国资委党委会议“第一议题”制度实

施办法，及时学习传达习近平总书记重要讲话和重要指示批示精神，全年涉及有关议题109次，指导推动中央企业建立健全“传达学习、研究部署、贯彻落实、跟踪督办、报告反馈”工作闭环，建立贯彻落实评估制度。把贯彻落实情况作为中央企业领导班子民主生活会对照检查和党建责任制考核重要内容，按照有没有学习研讨、有没有贯彻措施、有没有督导推动、有没有跟踪问效“四项标准”，推动习近平总书记重要指示批示和党中央决策部署在中央企业落实落地。

（二）抓紧抓实巡视整改重大政治任务

召开部分中央企业巡视整改推进会，统筹推动二十届中央第一轮巡视30家中管企业落实整改责任、抓好落地见效。以高标准严要求配合中央巡视组对国务院国资委党委开展巡视，把接受巡视监督、抓好问题整改和推进各项工作紧密结合。与中央纪委国家监委驻国务院国资委纪检监察组建立会商机制，针对专题会商和日常监督指出问题，党委班子成员牵头抓整改，持续推动整改工作走深走实。

（三）严肃党内政治生活

督促指导中央企业严格执行党章和党内政治生活准则，用好批评和自我批评武器，严格落实民主生活会列席督导、及时叫停、责令重开、整改通报等要求，开展2022年度中央企业领导班子年度民主生活会督导，确保中央企业高质量开好专题民主生活会，不断增强党内政治生活政治性、时代性、原则性、战斗性。

二、坚持思想铸魂，高质量开展习近平新时代中国特色社会主义思想主题教育

（一）抓示范带整体

抓实两批主题教育，统筹49家委管企业、31个机关厅局和直属单位、20家管理局系统单位、15家直管行业协会，把习近平总书记视察或作出重要指示批示的40个重大项目、重点工程打造成示范点，召开第一批主题教育示范点建设研讨会和第二批“牢记习近平总书记嘱托　勇当强国兴企时代先锋”座谈会，编印《感悟思想伟力》心得案例集，引导各级党组织和广大党员干部感悟思想伟力、践行职责担当。

（二）抓学习强理论

国务院国资委党委组织开展2期读书班、38次中心组学习，通读精读中央指定8本书目。组织中央企业二级子企业以上领导班子成员参加高管研修班，指导三级企业开展专题读书班等，组建200余人的青年宣讲团，组织团员青年专题学习50余万次，开展“三个问题”大讨论大反思20余万场。

（三）抓调研摸实情

建立问题、责任、任务、成果转化4个清单，党委委员围绕改革发展热点难点堵点，每人认领1～2个课题，下沉企业摸情况、找对策。围绕国企改革深化提升行动、“卡脖子”技术攻关、发展战略性新兴产业等重点任务，召开加快发展战略性新兴产业部署推进会、国有企业经济运行圆桌会议，帮助企业解决实际困难。

（四）抓整治促提升

一体推进两批主题教育整改，开展整改落实“回头看”，有效解决一批制约企业高质量发展和群众急难愁盼问题，100％的机关干部职工、99.7％的企业干部职工对主题教育总体评价为“好”。

三、坚持“两个一以贯之”，推动中国特色现代企业制度优势转化为治理效能

（一）完善党的领导和公司治理融合的制度机制

配合中央组织部研究起草《关于中央企业在完善公司治理中加强党的领导的意见》政策问答，印发《关于中央企业深化子企业董事会建设的指导意见》，进一步明确细化相关要求和政策边界，指导帮助企业吃透政策精神。

（二）提高制度执行的质量和效率

持续推进《关于中央企业在完善公司治理中加强党的领导的意见》在中央企业落地，严督实导中央改革办专项督察反映问题整改进度成效，指导中央企业分层分类、动态优化集团及所属企业前置研究讨论重大经营管理事项清单，推动中央企业集团及所属重要子企业制定党委（党组）前置研究讨论重大经营管理

事项清单，有效发挥党委（党组）把方向、管大局、保落实的领导作用，不断推动中国特色现代企业制度走深走实。

（三）聚焦重难点问题加强调查研究

发挥国企党建专委会、党建政研会等平台作用，围绕党委（党组）、董事会、经理层各治理主体运转履职情况开展完善中国特色现代企业制度专题调研，形成"三个治理主体关系和有效衔接'三重一大'决策制度"课题成果，以理论研究带动工作实践，不断完善中央企业各治理主体行权履职的有效方式。

四、坚持强基固本，不断增强国资央企基层党组织政治功能和组织功能

（一）深化党建规范化建设

召开国资央企深化落实习近平总书记全国国企党建会议重要讲话精神座谈会，统筹组织、书记、党员、活动、制度、培训、保障等要素实施基层党建提质增效"七抓"工程，开展基层党建、增强党组织政治功能和组织功能、党建与生产经营融合等调研，研究起草加强混合所有制企业党建工作规范性文件，"一企一策"推进31家中央企业换届选举"应换尽换"，指导做好24户次、56人次中央企业直属党委届中任免工作，开展中央企业党务工作突出问题清查整治"回头看"，推动中央企业党的组织和工作覆盖质量不断提升。

（二）提升党员教育管理科学化水平

与中组部党员教育中心共同举办全国国有企业基层党组织书记培训示范班。开展《2019—2023年全国党员教育培训工作规划》贯彻落实情况总结评估。高质量完成2022年度党内统计年报工作，组织召开在京中央企业党内统计工作培训班。向中组部上交30笔大额党费共10.14万元。认真组织在京中央企业做好元旦春节期间走访慰问，走访慰问生活困难党员、老党员和因公殉职党员干部家属22393人次。

（三）推动党建与生产经营融合

把党员示范岗、党员突击队建在产业链创新链、核心攻关团队、重大项目施工、救灾防灾现场，深化党员骨干"揭榜挂帅""赛马"等载体平台建设，分行业推广产学研、上下游党建联建共建有效做法。

（四）抓好统战群团工作

完成中央企业系统（在京）团十九大、妇女十三大代表选举和组团参会。召开中央企业青年精神素养提升工程推进会，举办"时代青年之问"论坛、中国青年企业家论坛。召开第五次中央企业归侨侨眷代表大会，推动中央企业完善建言献策工作室建设机制，推荐中央企业党外人士担任省级以上人大代表、政协委员。

五、坚持压实责任，持续推动国资央企全面从严治党向纵深发展

（一）开展中央企业党建工作责任制考核

坚持"一个全面、四个突出"，考核指标全面对标党的二十大精神，评分权重突出重点工作，评价标准突出定量定性结合，考核分组突出同行对比，人员编组突出机关企业结合，组建既懂党建又懂业务的复合型考核组，完成全部97家中央企业党建工作责任制考核，考核结果与领导人员薪酬奖惩挂钩，充分发挥以考促建"指挥棒"作用。

（二）深化党建述职评议三项制度

组织召开3场中央企业党委（党组）书记党建工作现场述职会议，10名中央企业党委（党组）书记、21名专职副书记重点围绕贯彻落实中央关于加强国企党建工作部署要求、落实全面从严治党责任，以及本人履职尽责等情况向国资委党委现场述职，其他中央企业党委（党组）书记书面述职。督促中央企业抓好基层党组织书记抓党建述职评议考核，会同中组部采用列席会议等方式深入部分中央企业现场督导，采取随机调阅等方式加强全过程指导，抓好述职评议考核整改落实。中央企业党委（党组）连续8年向国务院国资委党委报告年度党建工作。

（三）落实全面从严治党主体责任，深入推进党风廉政建设和反腐败斗争

会同中央组织部向党中央报告中管企业年度党

建工作情况，召开专题会议研究中央企业、国务院国资委机关落实全面从严治党责任和党内法规执行情况。着力推进以“四个专项治理”为代表的系列整治工作，坚决整治金融板块业务风险、跨境腐败、虚假贸易、违规违法获取工程项目、粮食购销领域腐败、医药领域腐败等问题，查处通报一批典型案例。健全规范领导干部配偶、子女及其配偶经商办企业行为常态化机制。制定实施新时代廉洁文化建设具体措施，召开警示教育大会，筹建国务院国资委廉政警示教育基地，编印违纪违法典型案例，组织旁听案件庭审，引导党员干部知敬畏存戒惧守底线。

（审稿人：丁少中　撰稿人：陈聪颖）

中央企业统战群团工作

2023年，国务院国资委党委坚持以习近平新时代中国特色社会主义思想为指导，以全面贯彻落实党的二十大精神为主线，坚持党对统战群团工作的全面领导，围绕中心、服务大局，持续深化“爱企业、献良策、做贡献”活动，扎实开展团员和青年主题教育，深入推进青年精神素养提升工程和“青马工程”建设，充分发挥统战群团组织的桥梁纽带作用，为中央企业提高核心竞争力和增强核心功能，发挥科技创新、产业控制、安全支撑作用汇聚磅礴力量。

一、统战工作

（一）强化思想政治引领，坚持党对中央企业统战工作的全面领导

一是坚持理论武装铸魂。学习贯彻全国统战部长会议精神、习近平总书记在中央政治局第九次集体学习时的重要讲话精神，推动中央企业通过“第一议题”、中心组学习等方式，及时跟进学习习近平总书记关于做好统一战线工作的重要讲话和指示批示精神。二是高质量开展主题教育。印发专门通知，支持民主党派基层组织和无党派人士、党外知识分子开展好“凝心铸魂强根基、团结奋进新征程”主题教育，充分利用党内主题教育资源，同学习、同教育、同活动，一体推进习近平新时代中国特色社会主义思想大学习。三是深化联谊交友机制。落实党员领导干部与统战成员联谊交友和“双走访”“双报告”要求，通过座谈研讨、走访慰问等多种方式，向党外代表人士通报国资央企改革发展和统战工作情况，听取意见建议，将思想政治引领融入日常。

（二）强化载体平台搭建，推动建言献策工作提质增效

一是持续推进建言献策工作室创建。总结推广先进典型，推动中央企业完善建言献策工作室建设机制，引导有条件的中央企业普遍建立工作室，扩大工作室数量，着力打造一批院士专家、首席科学家工作室品牌。二是大兴调查研究之风。围绕“学习贯彻二十大、团结奋斗新征程”主题活动，鼓励支持党外知识分子围绕核心技术攻关、国企改革深化提升行动、重大项目建设等企业中心工作开展课题调查研究，遴选78篇优秀调研报告交流推广。三是丰富载体形式。通过课题征集、揭榜挂帅、课题研究、评审发布等形成建言献策闭环管理，畅通成果形成、转化、评价机制，持续深化“爱企业、献良策、做贡献”活动，激发创新创效活力，凝心聚智助力企业高质量发展。

（三）强化党外代表人士队伍建设，为增强企业核心竞争力和核心功能凝心聚智

一是注重发现培养。注重在重大科研项目研发、重点工程项目建设中有意识地发现和培养党外代表人士，每年常态化开展无党派人士认定工作。分级建立重点人才库，对国资委重点掌握的党外代表人士名单实行动态管理。二是注重教育培训。组织推荐中央企业党外干部参加全国无党派人士理论研究班、领导干部赴香港研讨班、全国国有企业党外干部培训班。推动中央企业广泛开展党外干部人才教育培训，统筹安排党外干部参与挂职锻炼、轮岗交流，为党外干部人才搭建成长成才台阶。三是注重推荐使用。注重党外代表人士的政治安排、实职安排，发挥建言资政作用，推荐担任省级以上人大代表、政协委员。

纳入企业领导干部队伍建设，统筹安排党外代表人士到重要岗位任职。中央统一战线工作领导小组简报专题刊发国资委加强党外代表人士队伍建设经验做法。

（四）强化民族宗教和港澳及海外统战工作，持续深化大统战工作格局

一是推动民族工作走深走实。与新疆维吾尔自治区、兵团、西藏自治区分别签署《"十四五"时期合作备忘录》，组织央企与宁夏回族自治区召开黄河流域生态保护和高质量发展先行区建设企业家座谈会。广泛开展铸牢中华民族共同体意识学习教育，选树先进典型，讲好民族故事，组织参观铸牢中华民族共同体意识文物古籍展，抓好非法宗教活动治理，先后选派委机关一批干部援疆援藏，协调安排新疆、西藏、贵州等民族地区国资国企干部和中央企业干部开展双向挂职。面向民族地区开展招聘活动，提供一批就业岗位。二是不断壮大海内外友好力量。及时学习贯彻第十一次全国归侨侨眷代表大会精神、习近平总书记致欧美同学会成立 110 周年贺信精神。鼓励和支持驻港澳央企和央企驻港澳分支机构广泛开展交流交往活动，凝聚爱国爱港爱澳力量。推动中央企业侨联换届，22 个组织和个人获全国侨联先进组织和个人表彰。三是压实统战工作责任。开展完善大统战工作格局、落实统战工作责任制情况调研，持续推进统战重点领域工作列入党建责任制考核，把统战工作摆上重要议事日程，定期研究统一战线重大问题、部署重要工作，确保统战工作有工作部门承担落实，有明确人员具体负责。会同中央统战部五局开展加强新时代无党派知识分子思想政治工作和无党派代表人士队伍建设座谈交流，研究起草加强新时代国有企业统战工作指导性文件。

二、共青团和青年工作

（一）坚持党的领导，扎实开展团员和青年主题教育

一是强化统筹谋划。找准团员和青年主题教育的切入点，创新提出"13445"工作思路，特别是注重"四个结合"，充分发挥中央企业共青团协作区作用，着力把团员和青年主题教育成果转化为推动企业高质量发展实效。二是强化分类指导。召开中央企业青年精神素养提升工程推进会暨团员和青年主题教育工作会议，举办"牢记习近平总书记嘱托　勇当强国兴企时代先锋"座谈交流会，总结发掘基层鲜活典型，推动协作区联学共建走深走实。三是强化宣传引导。统筹国资央企线上线下媒体资源，全面展现国资央企团员和青年精神风貌，在《中国青年报》《现代国企研究》发表《深入开展团员和青年主题教育　为推动国资央企高质量发展凝聚青年力量》。团中央《每日要情》、简报共 22 次刊发中央企业系统团委工作开展情况，多家央企基层团委典型经验做法被《中国共青团》杂志、《中国青年》等媒体采用。

（二）坚持为党育人，深入实施"两大工程"

一是全面实施青年精神素养提升工程。举办青年精神素养提升工程推进会和"时代青年之问"论坛，现场发布青年倡议。中央企业各级党组织书记累计讲授专题团课 15 万次，各级团组织开展专题学习 32 万次，开展"三个问题"大讨论 20 万次、"我与先辈比奋斗"组织生活会 11 万场。二是深化"青马工程"建设。联合团中央组织部举办"青马工程"国企班，推进全部中央企业二级单位青马工程广泛覆盖，择优从严选拔，累计培养学员近 10 万人，充分发挥"点亮一盏灯、照亮一大片"示范带动作用。截至 2023 年底，青马学员职务晋升超过 1 万人，岗级（不含职务）晋升约 3.5 万人。

（三）坚持服务大局，推动青年岗位建功

一是深化青年创新创效。制定《关于深化新时代新征程中央企业青年创新创效活动的意见》，推动中央企业围绕战略性新兴产业和未来产业组建创新型青年突击队，2023 年组建创新创效团队 3.7 万余支，开展创新创效大赛 7000 余场，筹集创新基金 75 亿元，形成国家级创新创效成果 8000 余项，团青组织在推动科技创新、实现价值创造中的贡献度不断提升。二是担当"急难险重新"任务。深化揭榜挂帅、"赛马"攻关等载体机制，组织动员广大青年在科技创新、产业控制、安全支撑等重点任务中担纲重任，在攻坚拔寨中尽锐出战、协同联动、形成合力，组建各类"急难险重新"任务攻坚青年突击队 6.7 万支，参与"队、号、手、岗、赛"建功行动 136 万人次，创建全国青年文明号 179 个，推报全国青年安全生产示范岗 45 个。三是开展青年志愿行动。主题教育期间，央企青年闻令而动、挺膺担当，主动参与京津冀洪涝灾害、甘肃积石山地震以及低温雨雪冰冻灾害等抢险救援，冲锋在前，在紧急驰援中当主力、比担当、作贡献。深化"青春央企"志愿服务品牌，组建青年志愿服务队 5.6 万支，积极参加第十四届中国青年志愿者评选表彰，4 名青年获得优秀个人奖、3 个组织获得优秀组织奖、1 个项目获得优秀项目奖。

(四)坚持从严治团，持续提升团青组织建设规范化水平

一是高质量完成团十九大组团上会工作。召开共青团中央企业系统(在京)代表会议，选举产生 37 名央企优秀青年参加团十九大。二是持续规范央企基层组织建设。督促指导 24 户中央企业高质量完成团委换届改选工作，完成 10 户团委负责人调整工作，2 户新组建中央企业成立团委，推动中央企业团委应建尽建。三是做好央企青联工作。聚焦"建设一流企业 青年共创未来"主题，举办第六届中国企业论坛之首届中国青年企业家论坛。牵头开展的"筑梦丝路"青年发展计划纳入第三届"一带一路"国际合作高峰论坛务实合作项目清单，成功举办"筑梦丝路"青年发展计划海外项目成果展。中央企业系统 13 个集体(个人)获得第 27 届"中国青年五四奖章"，集体获奖名额 9 个。

三、工会和女职工工作

(一)做精做细工会工作，持续巩固主人翁意识

一是持续健全完善中央企业民主管理制度。抓好《关于进一步加强中央企业职工代表大会制度建设的意见》贯彻落实，持续推动建立中央企业集团职代会，保障职工群众知情权、参与权、表达权、监督权。会同全国总工会围绕"职工董事如何在公司决策中进一步发挥作用"开展中央企业职工董事现状调研，形成调研报告。二是稳步推进产业工人队伍改革建设。充分发挥国有企业在推进产改中带动作用，打好政治上保证、制度上落实、素质上提升、权益上维护"组合拳"。产业工人党员数量持续增长，新发展党员中产业工人占比 41%，较 2020 年提高 15 个百分点；技能水平稳步提高，高技能人才在技能人才中的占比 36.7%，高于全国平均水平，产业工人主力军作用充分彰显。三是持续选树先进典型。大力弘扬劳模精神、劳动精神、工匠精神，积极选树宣传"大国工匠""最美职工"。2023 年，中央企业 45 个集体和 188 名个人分别获得全国五一劳动奖状和奖章，223 个集体获评全国工人先锋号。四是有力保障职工合法权益。2023 年 4 月，连同中华全国总工会发放两期全国劳模专项补助资金，累计拨付 153.8 万元，惠及 598 名全国劳模(含生活困难劳模)，把党组织的关怀送到劳模心坎上。加强职工关心关爱，指导中央企业持续开展"送温暖""我为群众办实事"等暖人心活动，以组织的温情温度激发微观活力。

(二)做深做实女职工工作，积极发挥"半边天"作用

一是高标准完成中央企业系统(在京)代表团参加妇女十三大。指导 74 家在京央企推选 48 名央企代表，与国务院国资委机关 4 名代表共同组成 52 人代表团。中央企业有 12 名代表当选执委，3 名代表当选全国妇联常委。新闻联播、《人民日报》、新华社、《中国妇女报》等中央主流媒体报道央企代表先进事迹及代表团活动 40 余次。二是深入实施央企科技创新"巾帼行动"。中央企业女职工组建"巾帼创新工作室"1637 个。中央企业女科技工作者 38.2 万人，其中有副高级及以上职称的超过 16 万人，占比 42%。三是履新国务院妇儿工委成员单位。作为国务院妇女儿童工作委员会新增成员单位，首次向国务院妇儿工委报送《关于中央企业妇女儿童工作有关情况汇报》。建立杰出人才、领军人才、新星人才等多层次的女性科技人才库，动态储备一批各行业各层面的优秀女性科技人才。

(审稿人：丁少中　撰稿人：陈聪颖)

中央企业宣传思想文化工作

2023年，国务院国资委党委加强对中央企业宣传思想文化工作全面领导，坚持以习近平新时代中国特色社会主义思想为指导，突出全面学习、全面把握、全面落实党的二十大精神主线，深入学习贯彻落实习近平文化思想，坚持用新时代党的创新理论武装头脑、指导实践、推动工作，全面落实意识形态工作责任制，宣国资壮阔叙事，传央企铿锵声音，让“好故事”看可见触可及，让“好声音”叫得响传得远，为做强做优做大国有资本和国有企业、加快建设世界一流企业提供了坚强思想保证，凝聚了强大精神力量，营造了良好舆论氛围，创造了有利文化条件。

一、坚持理论引领，党的创新理论武装进一步深化

坚持把学习宣传贯彻落实习近平新时代中国特色社会主义思想作为首要政治任务，深学细悟笃行，国资央企坚定拥护“两个确立”、增强“四个意识”、坚定“四个自信”、做到“两个维护”的思想根基进一步筑牢。一是理论学习入脑入心。聚焦学习宣传贯彻党的二十大精神首要政治任务，深化中央企业党委（党组）理论学习中心组集体学习质量提升专项行动，印发中央企业党委（党组）理论学习中心组专题学习工作计划，召开中央企业学习贯彻党的二十大精神暨党委（党组）理论学习中心组学习调研座谈会，推进党的创新理论武装在国资央企系统不断走深走实。二是理论宣传出新出彩。联合《人民日报》等中央媒体，集中推出国资央企宣讲二十大精神活动系列报道。组织开展“二十大精神进国企”系列融媒体访谈，持续打造“习近平国企足迹”宣传品牌，累计推出相关报道300余篇。指导中央企业组建各级各类宣讲队伍，全面深入开展宣讲，推动党的二十大精神进基层。组织中央企业开展党的二十大精神宣讲微视频征集活动，评比发布优秀作品100部，持续营造浓厚学习氛围。三是理论研究走深走实。加强对习近平总书记关于国有经济重要思想的理论研究阐释，组织编印《习近平关于发展国有经济论述摘编（2023年版）》。强化思想政治工作研究，召开中央企业党建政研会2023年度课题启动暨交流会，立项课题265项，组织专门力量深入研究。建立健全同党报党刊合作长效机制，国务院国资委党委和主要负责同志在中央媒体发表理论文章12篇，党报党刊刊发中央企业理论文章259篇，形成强有力的理论声势。中央企业党建政研会等4个政研会获得中国政研会2022年度优秀研究成果评选活动组织工作先进单位，35个成果分别获得中国政研会2022年度一、二、三类优秀成果，13个案例获评中国政研会2023年度基层思想政治工作优秀案例，分别占获奖总数的50%、35%、16%。

二、坚持精神铸魂，团结奋进力量进一步汇聚

坚持精神铸魂、价值引领，传承红色基因，弘扬先进精神，树牢价值标杆、培育时代新人。一是强化典型引领。组织发布2022年度、2023年度“央企楷模”，召开中央企业“时代楷模”“央企楷模”代表座谈会，积极弘扬国有企业先进精神。弘扬科学家精神，组织与中国科协等部门命名147个2023年度科学家精神教育基地，其中中央企业占比18.57%。组织举办第四届中央企业社会主义核心价值观主题微电影（微视频）展映，指导中央企业创作推出《长空之王》等电影，为国资央企改革发展汇聚团结奋斗的磅礴力量。二是提升文明素养。组织制定关于进一步提升中央企业党员干部职工思想道德素养的指导意见，印发《中央企业党员干部职工提升思想道德素养“十要”“十不”》，切实提高中央企业思想道德建设科学化、规范化、制度化水平。组织开展三年一届的全国文明单位系统性排查和复查评选工作，提升文明单位创建整体质量。组织专题学习习近平总书记关于深入开展学雷锋活动的重要指示精神，向中央企业发布“传承雷

锋精神　彰显央企担当”倡议书，进一步推动国资央企深刻把握雷锋精神的时代内涵和实践要求。18个中央企业先进典型成功入选2022年度全国学雷锋志愿服务“四个100”名单。三是厚植文化根基。组织召开中央企业学习贯彻习近平文化思想交流推进会、文化传承座谈会，深入学习贯彻习近平文化思想。开展中央企业爱国主义教育基地建设调研座谈，指导中央企业打造精品展陈，进一步加大对红色遗址、革命文物保护力度。组织开展中央企业文化遗产（电力行业）名录发布活动，讲好工业文化遗产故事，传承红色基因。持续深化中央企业一流文化软实力建设，全面构建体现国企价值、国企力量的文化体系，夯实一流文化软实力根基。

三、坚持凝聚共识，主流舆论进一步巩固壮大

牢牢把握正确舆论导向，打好舆论引导主动仗，建强媒体融合主力军，发挥主流媒体“定音鼓”“风向标”作用，一大批精品力作充分展示出现代化建设新征程中的“国资央企样本”“国资央企经验”“国资央企实践”“国资央企探索”，让主旋律有高频率、正能量有大流量。一是系统发声提质提效，“好声音”进一步传递。组织开展“权威部门话开局”新闻发布会，张玉卓同志出席并权威介绍国资央企情况，34家中外媒体同步发声，详细解析国资央企改革发展的“形”与“势”、“量”与“质”，全面展现开放、担当、创新、奋进的新时代国资央企形象。策划开展全国两会宣传，依托央视新闻联播等媒体平台，组织“扬帆开新局　2023年全国两会专题”报道，奏响国资央企高质量发展“最强音”。举办第六届中国企业论坛、2023年中国智造品牌论坛、第六届中央企业优秀故事展演、“走进新国企·中国智造品牌行”“走进新国企·打卡新坐标”等活动，持续扩大国资央企品牌活动影响。二是专题宣传有声有色，“好氛围”进一步形成。坚持唱响强信心社会主旋律，共策划开展稳经济促发展、国企改革三年行动收官、科技创新、能源保供、绿色低碳发展、共建“一带一路”等重点专题宣传50余次，全方位、多角度展现国资央企在推进中国式现代化进程中的使命担当和突出成就。统筹推进学习贯彻习近平新时代中国特色社会主义思想主题教育宣传，开设专题专栏，中央主流媒体先后刊发有关报道6000余篇次，中央主题教育官网刊发报道500余篇次，中央主题教育简报先后17期刊发经验做法，宣传局编发相关简报99期，编印《国资委党委主题教育案例选编》，及时充分反映国资央企主题教育工作成效。三是融合联动走深走实，“新格局”进一步构建。组织与中宣部宣传舆情研究中心、中央网信办开展座谈交流，深化合作。加强与大型互联网平台深度对接，举办中央企业走进网络媒体活动，组织中央企业赴新浪微博、抖音集团等7家互联网企业开展主题沙龙，强化联动传播。构建“中央企业学习平台1＋31个国资央企强国号”网络矩阵，中央企业学习平台签发上线稿件4200余篇，其中获首页推荐340余篇，累计阅读量超过1亿次，网络空间成为凝聚共识的新空间。指导中核集团、中国石化等重点企业试点组建自媒体联盟，加强自媒体支持引导，放大传播声量，破解自媒体处置难题。

四、坚持胸怀大局，国际传播效能进一步提升

主动服务大国外交，以中国味、国际范、现代化的创新表达，讲好国资央企故事，进一步提升国际传播影响力、中华文化感召力。一是重大主题宣传持续加强。开展“读懂新时代中国”党的二十大精神和习近平新时代中国特色社会主义思想海外传播活动。深入推进“满天星”行动计划，国资央企海外社交矩阵账号数量886个，粉丝总量突破7000万人，较上年度增长逾75％。持续开展“美美与共”海外宣传，累计发布各类信息4万余条，海外浏览量8.15亿次，形成以企业话语讲好中国故事的重要阵地。持续深化与中央外宣媒体的战略协同、与国外主流媒体的互信联系，开展“一带一路”十周年专题宣传，累计推出全媒体报道2.3万余条，转发转载超过6万条，主流价值影响力不断扩大。二是海外形象声誉持续提升。实施央企品牌海外传播行动，组织“世界一流企业文化价值和形象建设研究”等重点课题研究，举办3期国企

海外形象建设沙龙，分四批组织16家重点企业开展全球品牌形象传播工作专题调研，指导企业持续升级全球品牌形象传播策略。统筹开展“携手共筑幸福梦”“中国品牌传播月”等专题宣传，举办“外国小哥看央企”等在线直播活动，广泛宣介企业价值、企业文化、企业形象，着力打造绿色、优质、开放、共赢的中国名片，推动中国品牌“出圈”“出海”。三是文化浸润影响持续深化。统筹推进重点国别跨文化融合项目，指导企业实施国传项目，开展央企海外文化融合工程，更好实现跨文化融合工作的体系化推进、本土化落地。全面完成“中国书架”央企项目三期建设任务，开展各类读书交流活动130余场。组织实施亚洲电力行业、非洲基建行业、中东石化能源行业高端人脉建设项目，重点推进青年文明对话、“Z to Z”青年创响等央企海外“Z世代”重点传播项目，积极凝聚知华友华国际力量，以文化“软实力”为国资央企高质量发展提供“硬支撑”。

五、坚持筑牢屏障，意识形态安全进一步巩固

严格落实意识形态工作责任制，全面提升舆情引导和应对处置能力，用好主阵地、掌握主导权、打好主动仗，筑牢国资央企意识形态“安全防线”。一是深入开展“清朗”专项行动，工作责任进一步压实。指导中央企业做好存量清理、增量管控、重点整治、企媒合作、正面宣传、队伍建设等六方面重点工作，开展网络意识形态专题督查，压实企业主体责任。二是把握舆情管理工作规律，防范能力进一步提升。顺应信息化条件下舆情管理规律特点，探索建立舆情处置、网评引导、溯源打击“三同步”舆情应对工作机制，加强舆情分析研判、统筹线上线下联动，稳妥处置相关舆情。三是加强统筹协调综合治理，网络安全得到有效保障。组织编制《中央企业网络安全工作指引》，建立国资央企打击治理电诈工作机制。推动网络安全万人培训中央企业专项，建立核心网评员＋骨干网评员＋基层网评员三级网评队伍体系，举办全系统舆情素养网络讲座，与公安部联合开展中央企业网络安全大赛，全面提升干部职工的媒介素养。在2023年网评“创四优”竞赛中，获奖数量位列全国前列。

（审稿人：陈国栋　撰稿人：陈净涤）

中央企业履行社会责任工作

2023年，国务院国资委坚持以习近平新时代中国特色社会主义思想为指导，深入贯彻党的二十大精神和中央经济工作会议部署，持续完善出资人社会责任监管方式，打造社会责任特色品牌，构建社会责任沟通传播体系，国资央企社会责任工作取得新的进展。

一、坚决筑牢安全生产防线

（一）强化理念引领

坚持人民至上、生命至上，统筹发展和安全。“从零开始、向零奋斗”，督促中央企业树立零事故、零伤亡目标，强化“任何风险都可以控制、任何违章都可以预防、任何事故都可以避免”意识，反复检查“工作有没有抓到位、责任有没有落到位、隐患有没有改到位”，切实将安全发展理念转化为思想自觉、行动自觉，高标准推进安全生产工作。

（二）加强体系建设

修订《中央企业安全生产监督管理办法》《中央企业安全生产考核实施细则》，突出过程管控，强化考核约束，对重特大事故在中央企业负责人年度经营业绩考核中，执行“一票否决”。制定《中央企业安全生产管理评价办法》，推动安全管理向事前预防转型。指导中央企业创新建立生产安全事故统计分析制度、现场安全风险和企业事故公告制度、高风险岗位员工常态化培训制度、生产安全事故追责问责制度，构建安全生产长效机制。

（三）督促责任落实

综合运用考核、约谈、通报和风险提示、警示，着力督促中央企业落实安全生产主体责任。对涉及重

大、较大生产安全事故的企业在中央企业负责人年度经营业绩考核中进行扣分。约谈有关企业负责人，通报典型生产安全事故，印发安全生产督促函、安全风险提示函，推动中央企业举一反三防范遏制事故。

（四）开展专项行动

统筹推进国务院国资委重大事故隐患专项排查整治2023行动和中央企业安全管理强化年行动，深入排查整治隐患。开展重点领域、重要时段保安行动，在全国两会、中秋节和国庆等重要时段，对危化、建筑施工等高风险领域企业，深入现场督导检查，确保安全生产。

二、全力支援应急抢险救灾

（一）提升应急救援能力

完善国资央企应急工作机制，始终保持应急备勤状态，做到及时响应、迅速行动。加快推进以中国安能为主体的中央企业专业化战略应急救援队建设，持续加强中央企业隧道、矿山、危化专业救援队伍建设。督促指导中央企业开展多层级应急培训、演练，增强风险防范意识，提升应急救援能力。

（二）助力"京津冀"等地防汛抢险救灾

2023年8月，受台风"杜苏芮"影响，京津冀等地遭遇极端强降雨，引发山洪泥石流等自然灾害，造成重大人员伤亡和财产损失。国务院国资委坚决落实习近平总书记对防汛救灾工作重要指示，组织协调中央企业全力做好防汛抗洪救灾等工作。累计投入人员50万人次、车辆设备17万台次，参与河堤加固、河道清理、道路抢通、铁路修复，电力、通信等重要基础设施抢修恢复、应急保障，食品、药品等生活物资保障，成功排除白沟河重大险情，清理永定河主河道208千米，为有关地方抢险救灾和生产生活秩序恢复作出重要贡献。

（三）支援积石山地震抗震救灾

"12·18"积石山6.2级地震发生后，连夜启动应急响应，迅即组织央企力量驰援灾区。紧急协调5000套活动板房支援甘肃、青海灾区，保障群众安全温暖过冬。有关中央企业加紧抢修、抢通、抢建，全力保障能源电力、交通运输、通信基站等重要基础设施安全运行，确保民生产品和应急物资供应。

（四）紧急支援甘肃抗旱减灾

落实国务院领导同志指示，派出工作组连夜赶赴甘肃省开展工作，本着"甘肃所需、央企所能、救急救难"原则，协调中央企业全力支援抗旱急需物资，累计帮扶化肥、打井、灌溉车用汽（柴）油、喷洒农药用无人机等物资约2.5亿元，有力支持甘肃抗旱减灾工作。

三、积极稳妥推动绿色低碳发展

（一）扎实推进碳达峰行动

组织专业力量评审企业碳达峰行动方案，指导企业进一步完善方案，确保切实可行。督促指导企业制定年度碳达峰工作计划，加强过程跟踪调度，开展年度自评估，推动企业行动方案落地见效。开展中央企业绿色低碳发展评价体系研究，探索建立科学、客观的中央企业绿色低碳发展评价标准和指标体系。

（二）推动重点环节节能降碳

加快绿色低碳先进技术示范应用和推广，联合国家发展改革委实施绿色低碳先进技术示范工程，并组织中央企业积极申报，18个中央企业项目入选第一批示范项目清单。指导中央企业积极稳妥实施重点领域产品设备更新改造和回收利用。研究建筑行业中央企业全产业链碳排放足迹，摸排高耗能产业链环节，提高建筑行业节能减排效能。

（三）发挥绿色发展示范带动作用

2023年，中央企业万元产值综合能耗同比下降3%，万元产值二氧化碳排放同比下降3.6%，好于国家"十四五"目标进度要求。召开全国节能宣传周国资央企推进会，发布中央企业绿色低碳发展报告及优秀案例，联合全部中央企业发起绿色低碳倡议，向全社会宣传国资央企推动绿色低碳发展的决心、行动和成效。组织中央企业参加第28届联合国气候变化大会"中国角"活动，将8家企业主题活动纳入"中国角"边会，展示绿色低碳科技成果产品23项。

四、持续加强生态环境保护

(一)完善环境保护监管机制

完善考核、警示、约谈、通报等机制,约谈通报发生环境违法违规事件、碳排放数据质量问题的企业,并对发生环境违法违规事件的企业在中央企业负责人年度经营业绩考核中予以扣分。运用信息化手段监测涉及中央企业生态环境问题,实现企业上报与平台监测并行。

(二)强化环境风险排查整治

开展中央企业长江黄河流域生态环境保护专项整治行动,推动中央企业常态化开展生态环境风险隐患排查治理。组织专家对重点行业、重点区域的中央企业基层单位开展生态环境保护专项督导检查,督促企业强化生态环境风险防控。督促企业不折不扣整改长江经济带生态环境警示片、黄河流域生态环境警示片指出的相关问题。

(三)加强环保管理工作指导

开展中央企业环保管理体系对标研究,指导推动企业对标先进、改进工作,提高专业化水平。开展中央企业建筑行业生态环境污染源和风险识别评价研究,指导企业制定识别与评价方法,构建污染源数据库清单。

五、提升援扶工作质量成效

(一)更好落实帮扶责任

落实党中央决策部署,牵头调整优化定点帮扶结对关系,调整后95家中央企业定点帮扶256个县,新增6家企业、10个帮扶县。2023年,中央企业圆满完成定点帮扶、对口支援年度目标任务,在295个援扶县累计投入无偿帮扶资金51.3亿元、有偿帮扶资金192.1亿元,引进无偿帮扶资金7.9亿元、有偿帮扶资金85亿元,培训各类干部人才92.5万人次,购买脱贫地区农产品92.3亿元,帮助销售67.6亿元,主要帮扶指标较2022年稳中有进,为脱贫地区、民族地区、革命老区和边境地区经济发展、民生改善和社会稳定作出积极贡献。

(二)以专项行动大力推进援疆援青援赣工作

持续推进中央企业产业兴疆行动,支持新疆发展壮大优势产业、转型升级传统产业、培育打造新兴产业,为新疆经济振兴发展强基赋能。启动新一轮“工装援疆”行动,以更大力度扶持新疆纺织服装产业发展。举办中央企业助力青海高质量发展专题活动和央企援赣促振兴活动,有关中央企业与青海、赣州方面签署项目合作协议28个、金额1456亿元。举办第十二届中央企业面向西藏青海新疆高校毕业生专场招聘活动,中央企业累计提供专招岗位5251个、人才需求1.8万人,招录5468人。

(三)打造央企消费帮扶品牌

依托央企消费帮扶电商平台,精心组织开展“央企消费帮扶迎春行动”、第二届“央企消费帮扶兴农周”活动,累计采购帮销农产品22亿元。启动“央企消费帮扶聚力行动”,指导相关央企每月牵头开展1次线下为主、线上为辅的农副产品集中展销活动,组织央企援扶地区商户参展,动员中央企业下属单位、业务合作伙伴和广大干部员工集中采购,累计举办6次,采购帮销额10.2亿元。

六、深化质量管理品牌建设工作

(一)推动品牌引领行动走深走实

成立中央企业品牌引领行动领导小组,加强组织领导,凝聚工作合力。召开首次中央企业品牌建设工作会议暨中央企业品牌引领行动推进会,全面部署中央企业品牌建设。指导中央企业制定品牌引领行动实施方案、设立工作机构,明确任务清单、进度安排和完成时限,保障行动实施。组织开展中央企业品牌建设工作对标,引导企业对标先进、补短锻长。

(二)夯实质量品牌工作基础

研究建立具有中国特色的品牌价值评价体系。探索将品牌建设纳入中央企业负责人经营业绩考核。举办第6届中央企业QC小组成果发表赛,86家中央企业202个小组参加,激发广大干部职工参与质量改进与创新活动的热情。开展中央企业全面质量管理知识竞赛，各中央企业精心组织、踊跃参与，参赛人数超过600万人，比上年增长约10%。

(三)加强交流推广和示范带动

联合举办"中国品牌日"、中国质量(成都)大会，举办国企品牌建设高层论坛、"开展质量提升　建设一流企业"国资央企分论坛，组织38家中央企业参加中国品牌博览会，展示中央企业品牌质量发展成果和贡献担当，促进互学互鉴。编制发布中央企业年度品牌建设发展报告、质量发展报告和品牌建设、质量管理典型案例。组织推荐中央企业申报"中华老字号"，14个央企字号入选。

七、不断拓展社会责任实践

(一)加强特色履责实践

积极助力残疾人事业发展，持续组织开展"让生命听见声音——中央企业公益助残专项行动"，聚合央企专业力量和公益资源，救助重度听障患者，2023年实施手术300余台，会同中国残联组织开展"助残就业　拉手圆梦——中央企业面向残疾人专场招聘活动"，提供岗位900余个。指导中央企业做好双拥工作，大力挖掘退役军人安置岗位潜力，提高安置质量，2023年中央企业接收安置2095名安排工作退役士兵。发布"中央企业餐桌剩余食物就地饲料化利用行动"，推动中央企业餐桌剩余食物就地饲料化利用行动，节约粮食资源、践行绿色生产生活方式。指导中国建筑开展"百场宣讲进工地"活动，推动中央企业关心关爱未成年人特别是农村留守儿童。

(二)加强ESG工作探索实践

研究中央企业集团公司ESG管理办法。举办中国企业论坛ESG分论坛，发布《中央企业上市公司ESG蓝皮书》。支持中央广播电视总台财经节目中心推进"中国ESG发布"项目，支持"中央企业ESG联盟"开展ESG相关活动，指导有关机构举办多次ESG论坛活动，加强ESG交流研讨。

(三)加强社会责任沟通传播

编制发布中央企业社会责任蓝皮书、海外社会责任蓝皮书、国资国企社会责任蓝皮书等"1+N"系列社会责任报告，全面展示国资央企履行社会责任的丰硕成果。指导支持多家中央企业、地方国资委举办社会责任报告发布、社会责任论坛等活动，推动国资国企扩大社会责任影响力。组织中央企业参与第12届"中华慈善奖"评选，13家中央企业获得表彰16项。会同民政部举办第10届中国公益慈善项目交流展示会，18家中央企业参展。

(审稿人：李　军　撰稿人：马世昌)

国际合作与港澳台工作

2023年，国务院国资委坚持以习近平新时代中国特色社会主义思想和党的二十大精神为统领，着力发挥国资央企国际合作工作优势，聚焦增强核心功能、提高核心竞争力，扎实推进科技创新、产业链供应链、国企改革治理等三个领域国际合作，促进内外双循环大背景下的贸易畅通，做好中央企业境外中方员工安保工作及港澳台工作，推动各项工作取得积极进展。

一、聚焦高水平科技自立自强，积极推进国际科技创新合作

紧紧围绕国资央企科技创新工作部署，着力提升国际合作对打造创新型央企的支撑力，服务央企打造"三地一特区"。一是汇聚国际科技合作资源。4月，分别举办"中央企业国际科技创新资源对接"活动，8家央企与6家外国专家机构在高端装备制造等领域达成人才合作意向；举办"科技外交官央企行"活动，13位科技外交官走进央企详细介绍欧美国家创新企业分布、科技合作政策，海外创新资源获取新途径不断拓展。二是健全国际科技合作机制。7—9月，推动央企人工智能、储能材料、核能等领域优秀科技人才参加"中法科研伙伴交流计划""中法杰出青年科研人员交流计划"。2023年，促成3家央企5个外国专家

项目获得国家政策和资金支持；11月，15家央企26个项目在2023金砖国家工业创新大赛中获奖；6月，中国一汽获批国家引才引智示范基地，“专家＋项目＋基地”创新合作服务体系不断强化。三是搭建国际科技合作平台。下半年，开展央企海外研发中心建设情况调研，研究起草《推动中央企业海外研发中心高质量发展工作方案》。6—11月，协同推动中国石化、中国华能等企业联合在华发起设立国际二氧化碳捕集利用封存技术创新合作组织。1月，参加2024年世界经济论坛年会，推动西方工商界在人工智能等战略性新兴产业加强与央企互利合作，探讨企业科技创新与未来发展之策。协助中国电信牵头成立的全球云网宽带产业协会（WBBA）与OECD等有关国际组织加强联系，支持其6月举办2023WBBA宽带发展大会。制定专门方案，支持代表国家参与国际标准化组织（ISO）、国际电工委员会（IEC）等组织工作的事业单位专家出国履职，国际科技合作网络融入程度不断深入。

二、聚焦培育产业发展环境，积极推进产业链供应链国际合作

紧紧围绕国资央企建设现代化产业体系工作部署，着力提升国际合作对央企构筑安全稳定、互利共赢、绿色低碳产业链供应链的引领力。一是瞄准关键资源，有效利用大国外交平台，着力推动与刚果（金）、赞比亚等国在能源电力、矿产资源、交通运输等领域合作。二是瞄准关键环节，3月、4月、8月，会同有关央企分别与空中客车、蒂森克虏伯、壳牌、力拓等知名跨国企业开展一体化交流，建立协同沟通机制。10月21日至11月5日，举办剑桥大学—中国企业领导力高级研修班，组织有关央企负责人与10余家世界一流企业CEO面对面交流，有效传递合作需求，国资央企与产业链供应链优势力量的互动更加紧密。三是瞄准关键通道，6月，举办“中非基础设施合作论坛”，推动央企与非洲合作伙伴加强战略对接和密切协作。四是瞄准关键领域，9月，指导协助中国石化首次在华举办世界地热大会，发布全球地热领域首部行业标准——《中国地热供暖标准做法》。2月、6月，分别与英国、丹麦驻华使馆举办专题活动，搭建双方企业绿色低碳发展交流平台，国资央企与产业链供应链企业在可持续发展领域合作不断深入。

三、聚焦“为国交友”使命责任，积极推进国企改革治理国际合作

紧紧围绕国资央企服务大国外交使命任务，分众化立体式开展国资国企主题对外交流，着力提升国资国企国际影响力和话语权。一是落实元首外交部署，深化双边伙伴关系。在习近平总书记、李强总理见证下，分别于3月与俄罗斯国资署、于6月与蒙古国国资委签署合作备忘录，建立双边交流机制。3月、5月，分别与越南、南非等国国资部门举办部长级对话会；2月、7月，配合外交部举办3场驻华使节“步入国企”系列参访活动；统筹组织央企申报全球发展倡议项目库，推动多个海外项目入选《全球发展倡议实践成就与世界贡献》优秀案例，并在第78届联合国大会高级别周上发布，国资国企国际“朋友圈”持续拓展。二是强化经验分享，广泛聚集共识。10月，国务院国资委领导会见古巴副总理兼外贸外资部长并签署交流机制协议。9月，举办中蒙、中加（纳）结构化交流活动；12月，承办经合组织第16届亚洲国企治理会议，分享国企改革发展成就，交流监管治理经验，广泛凝聚国企重要地位作用和高质量发展共识。三是主动对话磋商，增进理解认同。1月，组织企业参加世界经济论坛2023年年会；6月，参加世界经济论坛2023新领军者年会。3月，在博鳌亚洲论坛期间举办“打造充满活力的现代企业”分论坛。11月，在虹桥国际经济论坛举办“开放创新赋能企业发展”分论坛。8月、9月，分别与美国、欧盟在华商会举办中国国企改革研讨会。5月、7月、10月，分别与国际货币基金组织、标普、穆迪等机构开展磋商，推动国际社会特别是西方工商界理解我国企市场化改革方向和独立市场主体地位。

四、聚焦促进内外双循环，积极推动中央企业稳外贸稳外资

紧紧围绕稳外贸稳外资工作要求，着力提升央企

统筹国内国际两种资源配置能力，助力央企加快建成面向全球资源配置和生产服务的生态系统。一是着力夯实“稳”的基础。加强央企外贸数据分析，针对重点行业定期组织企业、协会研判趋势，梳理有关国家贸易商机，多方式搭建贸易合作平台，服务企业推进重点商品进口来源多元化，推动央企外贸稳中向好。2023 年，央企原油、天然气、铁矿石进口量同比增长率较全国分别高 0.1 个、2.6 个、5.6 个百分点，货物进出口总额（以美元计）同比增长率较全国高 0.8 个百分点。11 月 5—10 日，第六届进博会央企交易团一年期展位意向成交（剔除大宗商品）金额 182.3 亿美元，比上年增长 1.6%，占比 23.2%，居各交易团之首，央企稳住外贸基本盘的支撑能力进一步增强。二是着力打造“优”的结构。有效发挥央企经贸促进联合体作用，6 月、9 月、10 月、12 月，统筹组织企业分别参加中国—非洲经贸博览会、中国—东盟博览会、中国—阿拉伯国家博览会、中国（澳门）国际高品质消费品博览会等重点经贸活动，助力更好配置全球优质资源要素。2023 年，央企机电产品、高新技术产品进口额同比分别增长 117.4%、20.3%，超全国 128.1 个、30.6 个百分点。第六届进博会央企交易团人工智能、生物技术、新材料等高端技术产品成交额比上年增长 80%，贸易结构进一步优化。三是着力纾解“堵”的难题。用好各类机制，强化工作协同，促成中国远洋海运与兵器装备集团签订新能源汽车出口长协，协调解决招商局集团船舶维修物料通关诉求。开展海外仓建设专项调研，推动培育贸易新业态新模式。搭建进口互助平台，借助特殊贸易手段促成部分中央企业非通用货币回流变现并形成可复制模式，服务贸易畅通的手段进一步丰富。

五、聚焦守好中央企业境外安全底线，统筹抓好应急处置和机制建设工作

在有力有效处置突发安全事件的同时，着力健全长效机制，把握境外安全工作主动权，坚决守住不发生境外中方员工重大安全事件的底线红线。一是高标准贯彻落实中央部署。指导中央企业加强恐袭防范能力，开展境外安全工作评价体系专题培训，对 16 家企业 26 个项目进行跨部门会商评估，指导企业防范海外“问题工程”，保护好海外务工人员合法权益。二是高效率稳妥处置突发事件。常态化保持 7×24 小时应急响应，成功应对多起突发事件对我员工安全威胁。有关境外突发事件发生后，迅速摸清人员和物资底数，及时启动预案，全力做好应急处置。协调各方资源，指导有关企业妥善处置中方员工遭绑架事件，成功营救全部被绑员工。三是高质量构建长效工作机制。坚持“危地不往、乱地不去”，加强风险源头管控，严控企业向高风险国别地区派员。深化相关机制建设，覆盖国家进行扩容，依托国别牵头企业编发境外安全简报。完成应急指挥系统国资委端软件开发和中央企业集团端系统建设，信息化手段赋能应急响应效能持续提升。

六、聚焦中央港澳及对台工作决策部署，全力履行好港澳台工作职责

认真落实党中央决策部署，着力推动央企助力港澳增强发展动能，融入国家发展大局。一是聚焦融入国家发展大局，持续强化涉港澳工作战略协同。9 月，组织 36 家央企出席香港第八届“一带一路”高峰论坛，指导中国建筑依托香港中企协建委会发起“香港公益房屋修缮计划”，支持澳门举办第二届中国（澳门）国际高品质消费品博览会暨横琴世界湾区论坛以及国际汽车、游艇、公务航空展，多措并举支持港澳发展经济、改善民生、破解经济社会发展中的深层次矛盾和问题。二是聚焦两岸经济融合发展，全力做好国资央企对台工作。支持福建探索海峡两岸融合发展新路、建设两岸融合发展示范区，助力两岸经济文化交流合作。

（审稿人：朱　凯　撰稿人：郑丁山）

机关事务工作

2023 年，国务院国资委坚持以习近平新时代中国特色社会主义思想为指导，深入学习贯彻习近平总书

记关于机关事务工作的重要指示精神，坚持勤俭办一切事业，大力提升机关服务管理工作水平，为国务院国资委中心工作和重点任务的顺利完成提供坚实支撑。

一、全力以赴做好机关服务管理工作

（一）规范高效做好服务管理

认真执行新修订的服务工作业绩考核办法，研究批复 2023 年度机关服务保障事项，持续提升服务管理规范化、精细化水平。优化服务工作流程，拓展“智慧后勤”平台服务内容，不断提高服务工作效能。在全国机关事务理论研究评选中，3 篇文章分别获得一、二、三等奖，获奖文章数量、质量在参评单位中位居前列。

（二）坚决有力保障重点工作

围绕中心、服务大局，高质高效完成机关重要会议、重大活动和重点任务服务保障工作。以高度的政治责任感扎实做好中央巡视服务保障工作，在安保、会议、文印、车辆服务以及办公设备、用品配备等方面做了大量细致的工作。

（三）贴心暖心服务干部职工

全面完成 2023 年度便利服务承诺。改善机关办公环境，消除安全隐患，扎实推进办公区空调系统节能改造，顺利完成委机关智能通行系统改造。强化优质服务理念，在为职工提供健康管理、餐饮服务、生活便利等方面做了大量卓有成效的工作，健康体检更有针对性，美食节、专家问诊、“金融服务惠职工”系列活动受到普遍欢迎。老旧小区综合整治扎实推进，职工住房难、停车难、子女入托难等问题得到缓解。

二、多措并举规范资产财务管理监督工作

（一）注重抓好预决算管理及经费保障工作

坚持有保有压，全面做好预算管理各项工作。积极与主管部门沟通争取支持，为全力打造世界一流企业、引领科技创新、深化改革、加强监管等重点工作提供经费保障。加强绩效管理，多策并用过“紧日子”，管好“钱袋子”，精打细算、勤俭节约，财政资金运行效率和效益有了新的提升。加强决算管理，圆满完成各项决算和政府财务报告编报工作。加大资金统筹调剂力度，推动解决公益一类事业单位经费不足等问题，为相关单位事业发展提供有力支持。

（二）注重抓好审计监督工作

高度重视、自觉接受国家审计监督。密切配合审计署开展预算执行审计、网络安全和信息化建设审计等工作，不折不扣抓好问题整改，预算执行审计问题中立行立改的全部整改到位，分阶段整改、持续整改的按时完成阶段性整改目标。强化内部审计，完成资产经营管理（服务）业绩考核审计确认、经济责任审计和预算单位财务收支审计；组织对历年内审问题整改情况进行复核，加大力度推动整改，整改完成率继续提升。

（三）注重抓好资产管理工作

强化基建管理，下达 2023 年中央预算内投资项目，审核批复项目可行性研究报告 19 个、竣工决算 24 个，组织 12 个项目竣工验收。修订机关办公资产管理办法，进一步盘活闲置资产，从严从实配置办公资产，资产配置和使用效益不断提高。依法合规做好公车管理、政府采购、产权转让、土地管理、对外投资等事项审核工作。

（四）注重抓好资产经营工作

坚持“稳健经营、特色发展”，认真落实新修订的经营管理业绩考核办法，在内外部不确定因素增多的情况下，不断巩固经营工作稳中向好的态势。聚焦主责主业，调整优化经营结构，深挖降本潜力，坚决防范化解风险，全力推动高质量发展。

三、有力有效提升综合管理和社会事务管理工作

（一）扎实推进改革任务

加快推进 14 个生产经营类事业单位改革，经

反复沟通、协调推进，资产清查(清算)工作全部完成。深入推进委属17个培训疗养机构改革，克服多重困难做好资产清查、物业移交、人员安置等工作，改革主体任务基本完成。机械北戴河燕山疗养院经全面适老化改造后开业运营，取得良好示范效果。牵头做好中央企业培训疗养机构改革工作，持续攻坚，推动纳入改革范围的536个机构全部完成改革任务。

(二)高效完成定点帮扶任务

认真贯彻巩固拓展脱贫攻坚成果同乡村振兴有效衔接工作电视电话会议精神，在组织领导、责任落实、督查巡查、宣传发动等方面不断加大工作力度。2023年，深入河北省平乡县、魏县开展帮扶项目30多个，直接投入无偿帮扶资金738万元，帮助引进无偿帮扶资金1350万元、实际投资7034万元、协议投资10多亿元，培训人员7232人次；购买和帮助销售脱贫地区农产品5亿多元，大幅超额完成年度工作计划。

(三)积极有为深化社会事务管理

加强与属地部门沟通协调，创新工作方式，继续做好绿化美化、爱国卫生、交通安全、综合治理工作。持续深化能源资源节约工作，督促指导中央企业食堂深入开展制止餐饮浪费，制度建设、宣传教育、考核评估机制进一步健全。广大干部职工积极踊跃参加救助困境母亲、义务献血等活动，充分展示机关良好社会形象。

(四)全面落实安全管理责任

加强安全管理体系建设，印发《关于加强管理局系统安全管理体系建设工作的通知》。加强安全动态管理，实行重点时期安全管理月报制度，发布“安全课堂”强化全员安全教育，以“四不两直”方式开展安全督导20余次，排查整改隐患200余项，“安全管理网”不断织密织牢。在8月北京特大暴雨防汛险情中，抓早抓小，有力应对，确保安全度汛。树牢底线思维，做好信访维稳、网络安全及舆情监测工作，有力维护机关安全稳定。

(审稿人：赵丽新　撰稿人：包明凯　王本飞)

离退休干部工作

2023年，国务院国资委坚持以习近平新时代中国特色社会主义思想为指导，深入贯彻全国老干部局长会议精神，认真落实《关于加强新时代离退休干部党的建设工作的意见》，一体推进离退休干部党的建设、作用发挥、服务管理各项工作，确保离退休干部队伍思想稳定、各项待遇有效落实。

一、持续有力加强离退休干部党的建设

坚持用党的创新理论凝心聚魂，组织老同志深入学习习近平新时代中国特色社会主义思想和党的二十大精神，更加紧密团结在以习近平同志为核心的党中央周围。强化组织功能，抓好离退休干部党支部标准化规范化建设，推进“一支部一特色”活动，不断增强党支部工作的动力和活力。颁发“光荣在党50年”纪念章、举办干部荣誉退休仪式、组织参观爱国主义教育基地，有效增强老同志的荣誉感、归属感和永远跟党走的坚定信念。

二、用心用情做好离退休干部服务保障工作

认真落实离退休干部政治待遇和生活待遇。国务院国资委党委年初以慰问信形式向老同志致以新春祝福，2次向老同志通报国资央企工作情况，3次向老部长传达中央有关文件精神。国务院国资委有关领导亲自或委托离退休干部工作机构慰问老部长、老同志51人次。妥善办理5名老部长后事。建好用好“不忘初心”“筑梦国资”信息化平台，嵌入医药费报销、24小时热线等模块开展“云服务”，“一系统多平台全覆盖”的离退休干部工作信息化体系初步建立。践行精准服务理念，健全离休干部“一人一策”制度和特困帮扶机制，有效解决离退休干部困难。主动对接社会化养老服务体系，积极引进央企和社会康养资源，与多家医院签订协议，结合特色门诊和药品配送服

务，缓解老同志就医难问题，努力为老同志提供更加便捷、优质服务。组织10个离退休干部局与中国康养签署为老服务战略合作协议。坚持联席会议制度，机关服务中心支持服务离退休干部工作的力度持续加大，服务水平进一步提高。

三、积极有效发挥离退休干部作用

持续深化“增添正能量·共筑中国梦”活动。积极搭建老同志发挥优势平台，精心举办“展示银龄风采、凝聚奋进力量”首届老年大学线上文艺展演、“桑榆霞满天、健康向未来”健乐杯主题运动会等文体活动，国务院国资委离退休干部合唱团在第四届“万人同唱一首歌”活动中获得一等奖。坚持问政于老同志、问计于老同志，支持引导老同志自觉自愿、量力而行为党和国家事业、国资央企改革发展贡献力量，“话传统、谈复兴、聚力量”专题调研有声有色，老部长赴贵州、辽宁、浙江等地调研形成的报告，极具价值，受到国务院国资委党委书记、主任张玉卓批示肯定和辽宁省委致信感谢。中组部老干部局、全国老龄委等部门对国务院国资委离退休干部工作给予高度评价。

（审稿人：赵丽新　撰稿人：包明凯　王本飞）

国务院国资委党委开展巡视工作情况

2023年，国务院国资委党委坚持以习近平新时代中国特色社会主义思想为指导，深入学习贯彻党的二十大精神，贯彻落实中央纪委二次全会和全国巡视工作会议精神，认真落实习近平总书记关于巡视工作重要论述和党中央决策部署，全面贯彻党的巡视工作方针，对标中央巡视，坚定不移对国务院国资委党委管理领导班子的中央企业（以下简称委管企业）深化政治巡视，强化巡视整改和成果运用，深化巡视巡察上下联动和贯通协调，加强巡视工作规范化建设，不断推动国务院国资委党委巡视工作向深拓展、向专发力、向下延伸，以高质量政治监督保障国资央企事业高质量发展。

一、坚定不移深化政治巡视，推动党的二十大后国务院国资委党委巡视高标准开局起步

（一）严格落实巡视工作主体责任，强化组织领导

国务院国资委党委严格落实巡视工作主体责任，把巡视作为纵深推进全面从严治党、履行全面监督职责的重要抓手，自觉将学习贯彻习近平总书记重要指示批示精神，特别是关于巡视工作和国资央企工作重要论述作为把握形势、谋划工作、解决问题的源头活水和逻辑起点，站位国资央企发展改革监管和党的建设工作大局，统一谋划部署、推进落实。国务院国资委党委书记认真履行巡视工作第一责任人责任，担任巡视工作领导小组组长，落实“四个亲自”要求，出席国务院国资委党委年度巡视工作会暨2023年第一轮巡视动员部署会、阶段汇报会和集中反馈会议，对巡视工作的重点阶段、关键环节提出明确要求；亲自审定巡视方案，确定巡视对象，选定巡视组组长、副组长人选，高位推动巡视工作；及时听取巡视情况汇报，点人、点事、点问题；带领巡视工作领导小组全面深入研究每份巡视报告、谈话报告、问题线索报告，对巡视反映的突出问题提出明确具体的处理意见。中央纪委国家监委驻国务院国资委纪检监察组组长作为分管领导直接推动巡视工作，担任巡视工作领导小组副组长，全程统筹指挥调度，亲自为巡前培训班进行开班动员并作专题辅导；召开巡视组组长、副组长集体谈话会；巡视期间到各巡视组驻地了解工作进展、研究解决问题、指导开展工作；指导驻国务院国资委纪检监察组全面梳理研究各巡视组反映的重点问题线索，对于涉嫌严重违纪的，提前介入、及时处置；督促抓好立行立改，发挥巡视震慑作用。其他党委委员认真履行“一岗双责”，把抓好巡视工作作为履职尽责的重要抓手。巡视前与巡视办负责同志深入研究分管领域监督重点，巡视后督促分管厅局抓好移交事项办理和成果运用等工作，压实整改责任。

（二）坚守政治巡视定位，推进政治监督具体化、精准化、常态化

牢牢把握“两个维护”根本任务，完成对6家建筑类委管企业的首轮常规巡视，紧盯被巡视党组织职能责任，紧盯人民群众反映最强烈、最突出的问题，持之以恒推进政治监督具体化、精准化、常态化。一是加强顶层设计和统筹谋划。研究制定《国资委党委巡视工作规划（2023—2027年）》，明确今后五年国资央企巡视工作的指导思想、职责定位、监督重点、成果运用、队伍建设等重要内容，为新一轮巡视全覆盖提供了清晰的时间表和路线图，充分发挥规划引领作用。二是统筹研究首轮巡视工作。坚持围绕中心、服务大局，聚焦党的二十大赋予国资央企在新时代新征程的新使命新任务，特别是习近平总书记对国资央企提出的重要要求，与时俱进深化巡视监督重点、制定巡视工作方案，滚动优化形成以“四个落实、19个了解、N个是否”为主体的巡视监督内容体系。三是板块轮动开展集中巡视。落实二十届中央纪委二次全会部署要求，首次对权力集中、资金密集、资源富集的6家建筑类委管企业开展集中巡视，聚焦建筑类企业特点查找政治偏差，紧盯被巡视党组织在落实“两个一以贯之”、履行主责主业、服务国家战略等方面查找政治偏差，发现了普遍存在的9类行业共性问题，研究起草《关于建筑类中央企业突出共性问题的报告》，为推动化解影响企业高质量发展的主要矛盾、重大风险提供决策参考。

（三）全面贯彻党的巡视工作方针，强化巡视利剑震慑作用

全面对标中央巡视，充分发挥政治巡视利剑作用，释放“初始即严、全面从严、一严到底”的强烈信号。一是突出对“一把手”和关键少数的监督。严格落实《中共中央关于加强对“一把手”和领导班子监督的意见》，聚焦企业主要负责人正确履职用权、积极担当作为、廉洁自律情况，对反映“一把手”的重要问题进行深入了解，形成专题材料，为加强企业领导班子建设和监督提供重要参考。驻国务院国资委纪检监察组结合巡视移交的问题线索，对中国能建原党委副书记、总经理立案审查，首次在巡视期间对在职央企主要负责人进行审查调查，有力发挥震慑作用。二是突出对问题线索的深入了解。准确把握建筑类委管企业全面从严治党的领域性、阶段性特点，聚焦招标投标、项目审批、物资采购、境外投资等权力集中、资金密集、资源富集的重点领域和关键环节，深入查找靠企吃企、设租寻租、利益输送、关联交易以及违规违法获取工程项目等腐败行为。巡视共发现问题205个，反映领导干部问题线索涉及563人，其中32人列入进一步了解关注类，为有关纪检监察部门审查调查提供精准靶向。三是突出立行立改、边巡边查。研究制定《关于国务院国资委党委巡视期间推动边巡边查工作办法（试行）》，积极推动立行立改，向被巡视企业移交立行立改事项19项，督促各企业分别召开警示教育大会，发挥警示震慑作用，及时回应干部职工和群众关切，取得良好政治效果和社会效果。

二、强化巡视整改和成果运用，扎实做好“后半篇文章”

（一）持续抓好十九届中央巡视国务院国资委党委整改工作

在2022年开展整改自查评估工作基础上，对各厅局整改措施落实情况进行全面检查，重点检查整改措施完成情况、反馈问题解决情况和建立长效机制情况。及时更新《国资委党委巡视整改工作台账》，梳理总结《国资委党委巡视整改制定完善制度情况清单》，对难度较大、进展相对缓慢的重点问题和整改措施，逐项督促有关责任单位加大整改力度。

（二）统筹推动中管企业抓好中央巡视整改落实

召开十九届中央巡视国务院国资委党委和中管企业党组（党委）持续深化巡视整改推进会，对国务院国资委和中管企业持续深化巡视整改工作再部署再推进，督促各被巡视党组织按照党中央新部署新要求，以高度责任感严格履行整改责任，保证整改措施落实落地；研究起草《国资委党委关于十九届中央第三轮巡视42家中管企业综合情况通报问题及移交事项办理情况的报告》。

(三)一体推进委管企业落实国务院国资委党委巡视整改

一是压紧压实整改主体责任。坚持集中反馈与“一对一”反馈相结合,国务院国资委党委书记亲自出席集中反馈会议,通报共性问题,提出明确整改要求;组织6家委管企业领导班子成员参加部分中央企业巡视整改推进会,现场聆听国务院领导和中央纪委领导同志关于抓好巡视整改的工作要求,督促委管企业从严从实抓好整改工作。二是发挥考核“指挥棒”作用。探索和健全巡视整改评估和考核机制,在对委管企业巡视巡察工作年度考核中,将巡视整改分值占比由30%提升至50%,以考核导向的调整推动委管企业更加重视巡视整改工作。三是加强对巡视整改情况的审核把关。会同驻国务院国资委纪检监察组等有关部门对国务院国资委党委2022年第二轮巡视15家直管协会集中整改进展情况报告进行审核,提出书面审核意见并“一对一”进行反馈;研究起草《关于国资委党委2022年第二轮巡视整改集中整改期进展情况的综合报告》,首次以综合情况报告形式向委党委巡视工作领导小组报告整改进展情况。向2023年委党委第一轮巡视的6家委管企业印发巡视整改工作提示,推动企业党委扎实履行巡视整改主体责任,规范整改工作流程和工作要求,有效抓好整改落实;督促指导6家企业制定整改工作方案,会同驻国务院国资委纪检监察组和有关厅局对整改工作方案和台账进行两轮审核,为后续整改工作打下坚实基础。

三、深化上下联动和贯通协调,巡视综合监督平台作用进一步深化

(一)深化上下联动,推动委管企业巡视巡察提质增效

坚持以巡视带巡察,发挥上下联动、一体推进系统优势。一是持续加大指导工作力度。通过规划制定、调研指导、检查督导等方式,加强对委管企业内部巡视巡察工作的指导。向委管企业印发《关于30家中管企业党组内部巡视专项检查情况的通报》,指导督促委管企业对照共性问题开展自查自纠和整改,并赴企业现场督导检查,加强精准指导。2023年,47家委管企业党委开展巡视工作,巡视288家所属党组织,发现问题5700多个;1149家委管企业的二三级企业开展巡察工作,共发现问题4万多个。二是强化培训指导。先后派出业务骨干赴国家能源集团、中国电建等16家中央企业,以及民航总局首都机场集团、中国纪检监察学院(北戴河校区)等相关单位就如何开展巡视巡察和整改专题培训授课,涉及各级巡视巡察干部约4000余人,有效提升相关单位巡视巡察和整改工作质量及规范化水平。先后抽调18名委管企业业务骨干,通过“以干代训”方式参加二十届中央第一轮、第二轮巡视,为企业巡视巡察工作培养“火种”。

(二)发挥监督合力,推进巡视监督与其他监督贯通协调

充分发挥国资综合监管优势,研究制定《加强国务院国资委巡视机构与组织人事部门协作配合工作办法》,切实加强巡视监督和组织部门日常监督的贯通协调,共同推动巡视工作高质量发展。加强与驻国务院国资委纪检监察组及相关厅局的沟通协调,着力推动巡视监督与纪律监督、监察监督、派驻监督统筹衔接,与组织监督、出资人监督有机贯通,促进监督信息、资源、力量和成果共享共用,有效发挥国资大监督格局优势。巡视前,委内8家单位向各巡视组详细介绍被巡视企业有关情况、通报问题线索,充分共享信息资源。7个厅局结合业务工作,对巡视组开展巡前政策辅导。巡视中,巡视组与驻国务院国资委纪检监察组就重要问题线索进行会商研判;企干二局协助巡视组抽查领导干部个人有关事项报告,深入开展选人用人专项检查;有关单位及时为巡视组提供政策咨询、监督手段支持,共同推动重点问题立行立改。巡视后,做好巡视发现问题和建议的移交办理工作,有关厅局加强成果运用,共向7个厅局移交办理事项17项,推动解决建筑类央企存在的突出共性问题和体制机制问题。健全与驻国务院国资委纪检监察组全过程配合协调机制,驻国务院国

资委纪检监察组接收移交涉及35名委管干部的133件问题线索。

四、夯实巡视工作基础，不断提升巡视工作规范化建设

(一)加强制度建设，完善巡视制度体系

对标中央巡视工作制度体系，参照《中央巡视工作主要制度汇编》《中央巡视工作手册》，对国务院国资委巡视制度进行全面梳理和调整，全面推进"废改立"工作。及时启动《国务院国资委党委巡视工作领导小组工作规则》的修订工作。按照《中央巡视工作领导小组工作规则》的新精神新要求，结合中央巡视办对中央单位党组(党委)巡视工作领导小组听取巡视情况汇报的相关要求，及时启动《国务院国资委党委巡视工作领导小组工作规则》的修订工作并多次征求有关单位意见，进一步明确巡视工作领导小组的职责权限、运行方式和会议制度等内容，推动领导小组规范高效运行，更好落实工作职责。修订完善有关制度规范，全面对标二十届中央第一轮巡视新要求新做法，汇编形成《国务院国资委党委2023年巡视工作手册》和《被巡视党组织配合国资委党委巡视工作手册》，作为开展巡视工作的重要参照。

(二)加强队伍建设，配齐配强巡视干部

加强巡视工作力量，从国务院国资委机关和中央企业选派党性原则坚定、熟悉企业监管的领导干部担任巡视组组长、副组长，抽调熟悉纪检监察、组织人事、财务审计等业务的新任职干部、优秀年轻干部和业务骨干共38人参加全年巡视，有效改善巡视队伍年龄结构、专业结构，提升巡视组战斗力。

(三)强化政治建设，全力建设模范机关

大力强化政治引领，深入学习贯彻习近平新时代中国特色社会主义思想，把学习总书记系列重要讲话作为各级各类会议"第一议题"、党员学习"第一内容"。扎实开展主题教育，不断提升巡视干部政治判断力、政治领悟力、政治执行力。开展全员集中学习，注重创新学习方式，丰富深化"天天学习"品牌内涵，采取"每日一课""天天知识点"等方式，推动理论学习更具针对性、有效性。坚持边学习、边对照、边检视、边整改，强化上下联动、同学共促，与中央企业基层党组织开展联学联建，围绕推动企业高质量发展，深入开展调研，一体推进理论学习、调查研究、推动发展、检视整改等重点措施，切实做到以学铸魂、以学增智、以学正风、以学促干。强化组织引领。针对巡视期间人员多、来源广的特点，突出抓好巡视组临时党支部建设，牢牢压实临时党支部书记(巡视组组长担任)、纪检委员(副组长担任)责任，督促其在推进巡视工作的同时抓好党支部建设，加强党员教育管理，切实履行好"一岗双责"，做到"临时党支部不临时"。开展模范机关建设。持续开展对党忠诚教育，国务院国资委党委第五巡视组党支部被评为中央和国家机关"四强"党支部。

(审稿人：王洪飞　撰稿人：赵晓辉)

国有企业改革深化提升行动进展情况

2023年是全面贯彻党的二十大精神的开局之年，也是深入实施国有企业改革深化提升行动起步之年。习近平总书记高度重视国资国企工作，在中央经济工作会议上强调要深入实施国有企业改革深化提升行动。国务院国资委始终坚持以习近平新时代中国特色社会主义思想为指导，认真贯彻党中央、国务院决策部署，按照国务院国有企业改革深化提升行动工作协调机制要求，在巩固深化国企改革三年行动成果的基础上，深入实施国有企业改革深化提升行动，同有关部门、广大国有企业一道，聚焦增强核心功能、提高核心竞争力，创新完善跟踪督办、穿透基层、典型推广等工作机制，坚定不移做强做优做大国有资本和国有企业。截至2023年底，全国32个省级国资委、100家中央企业全部完成实施方案制定，各中央企业制定改革举措1.91万项，完成0.53

万项，国有企业改革深化提升行动实现高质量、高起点开局并扎实推进。

一、承前启后接续推动国企改革三年行动和国有企业改革深化提升行动

（一）完成国企改革三年行动总结收官

1月31日，全国国有企业改革三年行动总结电视电话会议召开。2月27日，国务院国资委召开国企改革三年行动经验成果交流会议。中央主流媒体对国企改革三年行动开展系列报道，“新华权威头条”刊发长篇通讯《国企改革三年行动观察》，《人民日报》头版刊发《改革再深化　持续释放国企活力》专题报道，《引领示范：国企改革三年行动综合典型案例集》编辑出版，从不同角度、不同层面展现国企改革三年行动取得的显著成效。

（二）制定国有企业改革深化提升行动方案

习近平总书记在2022年中央经济工作会强调，国企改革三年行动已见成效，要根据形势变化，以提高核心竞争力和增强核心功能为重点，谋划新一轮深化国有企业改革行动方案。按照习近平总书记重要指示精神，落实党中央、国务院重要决策部署，国务院国资委会同有关部门起草《国有企业改革深化提升行动方案（2023—2025年）》。5月9日，习近平总书记主持召开中央政治局常委会会议，审议通过《国有企业改革深化提升行动方案（2023—2025年）》，6月17日，中共中央办公厅、国务院办公厅正式印发，国有企业改革深化提升行动正式启动实施。

实施国有企业改革深化提升行动，是以习近平同志为核心的党中央站在党和国家工作大局的战略高度，继部署实施国有企业改革三年行动之后，面向新时代新征程作出的一项全局性、战略性重大决策部署。新一轮国企改革具有鲜明的时代特征，从改革任务来看，主要可分为两大类：一类是功能使命类改革任务，聚焦新时代新征程赋予国有企业的使命责任，聚焦国之大者，围绕国之所需，推动企业在建设现代化产业体系、构建新发展格局中切实发挥科技创新、产业控制和安全支撑作用；一类是体制机制类改革任务，主要是巩固国企改革三年行动取得的成果，重点解决“从有形到有神”的问题，着力破解制约企业高质量发展的一些体制性机制性障碍，推动企业真正按市场化机制运营。功能使命类改革引领体制机制类改革，体制机制类改革支撑功能使命类改革，两类改革任务互促共进、相得益彰，形成改革组合拳。

（三）动员部署与宣贯培训

7月18日，全国国有企业改革深化提升行动动员部署会召开。7月13—14日、7月25—26日，中央企业负责人、地方国资委负责人研讨班专题研讨国有企业改革深化提升行动。9月28日，国务院国资委召开国有企业改革深化提升行动专题推进会，对实施国有企业改革深化提升行动作出具体安排。组建国务院国有企业改革深化提升行动工作协调机制，统筹推动各项工作。组建以相关厅局主要负责同志为成员的宣讲团，系统宣讲国有企业改革深化提升行动精神和要求。编写《国有企业改革深化提升行动百问》，涵盖题目105个、约12万字。编发《国有企业改革深化提升行动简报》190期，树立先进典型，激发国有企业活力动力，进一步推进国有企业改革深化提升行动各项重要举措落实落地。

（四）精准分工落地

国务院国资委制定贯彻落实《国有企业改革深化提升行动方案（2023—2025年）》重点任务分工方案，形成工作台账，责任落实到人，全程跟踪督办。各地方、各中央企业高度重视，把实施国有企业改革深化提升行动作为重要政治任务，列入重要议事日程，确保改革举措落地见效。

（五）考核评估督导

适应新一轮改革任务特点，调整指标体系，优化升级在线系统，健全考核评估机制。9—10月，国务院国资委会同有关部门组成5个督查组，对5个省和10家中央企业开展改革重点工作任务落实情况专项督查。实地走访46户企业，召开62场座谈会，访谈446人次。在调阅核查大量文件资料的基础上，起草形成督查报告，印送被督查单位进行整改，同时形成34项

典型经验做法清单、43项督查发现问题清单和46项反映意见建议清单。

二、强化国有企业科技创新主体地位，锻造国家战略科技力量

（一）优化完善创新体系

加快关键核心技术攻关，深入推进原创技术策源地布局和建设，组织实施“加强目标导向的基础研究”等11个专项行动计划。加强企业主导的产学研深度融合，牵头或参与建设国家实验室、全国重点实验室等国家级创新平台，加强与科研院所、高等学校等创新主体深度合作。推进科技成果转化，主动开放创新资源、提供技术牵引和转化支持，积极开展首台（套）装备、首批次材料、首版次软件应用。持续加大研发投入，中央企业研发经费连续两年破万亿，研发投入强度达到2.68%。

（二）制定顶格支持政策

更加注重内在价值、长期价值，创新激励政策“能给尽给、应给尽给”，从赋权松绑减负、强化正向激励等方面加大政策供给，实施科技研发投入在业绩考核中全部视同利润加回、重点核心研发团队工资总额单列等政策。推行“揭榜挂帅”“赛马”机制，激发科研人员创新创造潜能。推动国有企业职务科技成果赋权改革试点。

（三）聚力开展重大科技攻关

加强基础性、紧迫性、前沿性、颠覆性原创技术研究，提升基础研究和应用基础研究能力。一批国家重大科技任务和科技创新重大项目取得重要突破，四代核电技术快堆示范工程建成投运，高温气冷堆实现商业化，神舟十六号、十七号成功发射，C919大飞机商业首航，6G网络架构创造长距离传输世界纪录，直驱海上风电机组达到世界领先水平。

（四）倾力打造人才高地

加大引才聚才育才力度，实施“百—万—百万”科技人才培养工程。2023年中央企业新当选院士14人，在职院士达到93人。探索柔性引才用才，中央企业通过“双聘”方式从高等院校和科研院所引入科技人才5983人，地方国企引入超过1000人。

三、优化国有经济布局结构，加快建设现代化产业体系

（一）大力发展战新产业和未来产业

更大力度布局前瞻性战新产业，加大在新一代信息技术、人工智能、生物技术、新能源、新材料、高端装备、绿色环保等产业投资力度，在集成电路、工业母机、关键软件等领域补短板强弱项。启动实施中央企业战新产业焕新行动和未来产业启航行动。2023年，中央企业、地方国企战新产业投资分别达到2.18万亿元、0.73万亿元，占投资总额的比重分别为35.2%、17.1%。

（二）提升产业链供应链韧性和安全水平

充分发挥国有龙头企业在产业链循环畅通中的支撑带动作用，启动产业链融通发展共链行动，推动基础固链、技术补链、优化塑链、融合强链。在中央企业中明确三批22家链长。会同工业和信息化部组织实施中央企业产业链融通发展共链行动，2023年中央企业发布产业链供需清单1000余项，签订合同超过5000余项。

（三）推动传统产业数字化智能化绿色化转型升级

遴选91个绿色低碳先进技术示范项目，107户企业列为国有企业数字化转型行动试点，117个智能工厂、304个优秀场景入选国家智能制造试点示范项目，起到引领带动示范作用。

四、强化重点领域保障，更好支撑国家战略安全

坚持统筹发展和安全，把维护国家战略安全作为国有企业重大使命责任。强化重点领域布局，通过市场化方式，强化国有经济在国防军工、能源资源、粮食供应等领域的控制地位，增加医疗卫生、健康养老、防灾减灾、应急保障等民生领域公共服务有效供给；增

强重要能源资源托底作用，加强重要能源、矿产资源国内勘探开发和增储上产，推进油气资源进口多元化，提升对运输通道的掌控力；强化重要基础设施建设，加大对新型基础设施建设的投入，维护能源、交通、通信等基础网络安全；牢牢守住不发生重大风险的底线，加快合规体系建设，防范化解中央企业金融板块业务重点领域风险，建立健全长效机制，牢牢守住安全发展底线。

五、以市场化方式推进整合重组，着力提高国有资本配置效率

（一）突出主责主业

完善主责主业动态管理制度，引导企业突出主业、聚焦实业，更加注重做强和做专。围绕"国之大者"，进一步推动国有资本向关系国家安全、国民经济命脉的重要行业和关键领域集中，向关系国计民生的公共服务、应急能力、公益性领域等集中，向前瞻性战略性新兴产业集中。

（二）开展整合重组

推动中国三峡集团所属中水电公司划转至中交集团、国家电网所属国能生物划转至国家电投、中国华能与13家央企的22个新能源项目开展运维服务试点，有力促进国有资本合理流动和优化配置，实现更高质量发展。开展生态环保、生物技术、新能源汽车等领域25组29家中央企业专业化整合重点项目集中签约，加快推进战新产业发展。地方国企累计开展战略性重组68次、专业化整合1323次。

（三）加快"两非""两资"处置出清工作

强化跟踪监测和考核约束，建立健全识别预警长效机制和部门联动绿色通道。2023年，中央企业处置低效无效资产回收资金254.11亿元，压减法人户数3386户，减少人工成本538.7亿元。推动中央企业存量土地盘活利用，提高企业存量土地盘活积极性。

（四）持续深化亏损治理

加快亏损企业治理、历史遗留问题处理，控制亏损子企业数量、减少亏损面和亏损额。2023年中央企业亏损面比上年下降2.1个百分点；亏损额比上年减少1750.5亿元，减亏幅度21.5%。

六、推动中国特色现代公司治理和市场化经营机制制度化长效化，不断激发活力提高效率

（一）持续提升国有企业公司治理效能

突出实质性把关，根据不同规模、不同层级、不同类型企业的特点，"一企一策"动态优化党委（党组）前置研究讨论重大经营管理事项清单，完善"三重一大"决策机制。2023年底，中央企业子企业、地方国有企业子企业动态优化"前置事项清单"的比例分别达到66%、71%。配齐建强董事会，加强外部董事队伍建设。坚持外部董事占多数，不过于追求高比例。坚持拓宽外部董事来源渠道，建立跨行业、跨区域、多元化的外部董事人才库，同时，加大专职外部董事与企业现职领导人员双向交流力度。坚持增强外部董事履职评价和激励约束等制度的科学性，已建立考核评价制度的企业占比超过80%。坚持加强规范外部董事的管理和履职支撑，通过内部交流、外部培训、定期轮换等方式，切实提升外部董事的专业素质和履职能力。

（二）加快构建中国特色现代企业制度下的新型经营责任制

推进经理层成员任期制和契约化管理工作提质扩面，促进考核目标更科学、契约执行更刚性，并逐步向其他管理人员延伸。根据考核结果，中央企业和地方国企绩效薪酬降幅超过20%的占比分别为7.7%和5.8%，因触发契约退出条款退出人员占比分别为0.97%和0.66%。市场化用工机制深入推进，管理人员竞争上岗、末等调整和不胜任退出更广更深覆盖，分类明确并优化员工市场化退出的标准和渠道。

（三）健全更加精准灵活、规范高效的收入分配机制

工资总额管理更加突出战新产业发展和科技创新要求，中央企业科技创新激励工资总额实行单列管

理超过 1200 亿元。完善具有市场竞争优势的核心关键人才薪酬制度，重点面向关键核心创新人才，加大收入分配向基层关键岗位、作出突出贡献的一线苦脏险累岗位倾斜力度。推动中长期激励政策更大范围、更大力度规范实施。

（四）积极推动国有控股上市公司成为综合改革表率

开展提高央企控股上市公司质量专项行动，强化资本市场布局优化和功能发挥，打通"科技—产业—金融"链条，不断提高上市公司质量。中央企业通过IPO、增发在股票市场融资超过 1400 亿元，向 18 户央企控股上市公司注入优质资产近 2000 亿元。

（五）以价值创造为核心打造世界一流企业

开展价值创造行动，聚焦效益效率、创新驱动等 7 个方面完善价值创造体系。深入实施品牌引领行动，加快打造一批管理科学、贡献突出、价值领先的卓著品牌。

（六）不断深化改革专项工程

持续深化改革穿透基层，推动"双百行动""科改行动"充实扩围和动态调整，截至 2023 年底，有"科改企业"664 户、"双百企业"572 户，出台十二条支持政策鼓励加大改革创新力度；全面深化区域性综改试验，指导各综改试验区认真做好工作台账、任务清单、标志性成果清单等编制工作；启动国企改革深化提升行动数智化工程，印发工作方案，在基础较好的中央企业先行先试。

七、深化专业化体系化法治化高效化监管，持续完善国有资产监管体制

（一）深化分类改革

推动分类考核与企业功能使命更加精准适应，国资监管与公司治理更好衔接，国资监管体制更加完善。修订中央企业负责人经营业绩考核办法，深化分类考核、分类核算，完善国有企业功能界定与分类指引，优化考核办法，在中央企业实行"一业一策、一企一策"考核。

（二）提高国资监管水平

完善权责清单管理，16 个地方对监管企业授权放权清单进行了动态优化。印发《国有企业参股管理暂行办法》。构建上下贯通、实时在线的数字化智能化监管体系，提升国资监管的科学性针对性有效性。

（三）健全协同监督体系

健全以党内监督为主导，出资人监督与纪检监察监督、巡视监督、审计监督、财会监督、社会监督等各类监督贯通协同机制，强化企业内部监督。切实提升监管效能，维护国有资产安全，为企业改革发展营造良好环境。

（四）充分发挥国有资本投资、运营公司作用

中央企业强化国家级基金功能，两家资本运营公司累计向战新产业投资 2405.4 亿元，占投资总额比重 70.72%。地方 116 家两类公司 2023 年对战新产业投资 3506 亿元。

八、全面加强党的领导党的建设，为新一轮国企改革提供坚实政治保障

（一）增强国有企业党组织政治功能和组织功能

有力有效推进"第一议题"制度贯彻落实，深刻领悟"两个确立"的决定性意义，坚决做到"两个维护"，将深入学习贯彻习近平总书记关于国有企业改革发展和党的建设的重要论述作为指导实践、推动工作的强大动力。坚持和完善党建工作责任制考核，推动党建工作责任制考核、经营业绩考核、领导干部综合评价同步实施、有效联动。

（二）打造高素质专业化国有企业领导人员队伍

按照"对党忠诚、勇于创新、治企有方、兴企有为、清正廉洁"的要求，坚持既从严管理又关心爱护，建立国有企业领导人员梯度培养机制，加大教育培训力度，完善考核评价体系，促进"能者上、优者奖、庸者下、劣者汰"。中央组织部、中央党校（国家行政学院）、国务院国资委联合开展习近平新时代中国特色社会主义思想中央企业党员干部轮训班，推进中央企

业各级党员干部全覆盖培训，截至2023年底已培训二级企业副职以上干部2.7万人。

（三）从严抓好巡视整改

落实两次巡视整改专题推进会议精神，动真碰硬推动整改落实。国务院国资委党委牵头开展违反中央八项规定精神问题、中央企业金融板块业务风险问题两个专项治理工作，对6家委管建筑类企业进行集中巡视，以高质量整改推动国资央企改革发展。

国有企业改革深化提升行动有力推动国有企业高质量发展。经营效益稳中向好。2023年，全国国有企业实现营业收入85.73万亿元，比上年增长3.6%，利润总额4.63万亿元，比上年增长7.4%。国资系统监管中央企业实现营业收入39.8万亿元、利润总额2.6万亿元、归属于母公司所有者的净利润1.1万亿元，地方监管企业实现利润总额1.9万亿元。中央企业净资产收益率6.6%、全员劳动生产率78.4万元/（人·年），营业现金比率10.1%。服务国家重大战略主动作为。坚决落实京津冀协同发展、长江经济带发展、粤港澳大湾区建设等重大战略，积极助力雄安新区、横琴粤澳深度合作区等建设，推动中央企业与地方签署各类投资项目220项、涉及金额1.4万亿元。保障国计民生勇于担当。参与京津冀地区暴雨洪涝灾害、甘肃积石山地震以及低温雨雪冰冻灾害等抢险救援，扎实开展援疆援藏援青，积极助力乡村振兴，坚决打好能源保供攻坚战。

（审稿人：尹义省　曹如民　撰稿人：田相庆　刘　菲）

2024

CHINA'S STATE-OWNED ASSETS SUPERVISION AND ADMINISTRATION YEARBOOK

中 国 国 有 资 产 监 督 管 理 年 鉴

各省(区、市)国有资产监督管理概况

第三篇

北京市

一、北京市国有资产监督管理工作综述

2023年,面对复杂严峻的外部环境和艰巨繁重的改革发展稳定任务,北京市国资委系统在市委、市政府的坚强领导下,坚持以习近平新时代中国特色社会主义思想为指导,全面贯彻党的二十大精神,牢牢把握高质量发展主题,坚持稳中求进工作总基调,顶压前行、克难奋进,各项工作取得新进展新成效。

(一)聚焦提升质量和效益,推动经济持续恢复向好

出台扩大市管企业有效投资16条措施,指导市管企业稳生产、优经营、强管理、拓市场,助推整体经营效益稳中有升。市管企业资产总额16万亿元,比上年增长5.6%;累计实现营业收入2.16万亿元,利润总额1577.9亿元。在京纳税1109.6亿元,税收贡献持续突破1000亿元。全年承担全市重点项目数量和投资金额均创历史新高。规模以上工业产值、银行存贷款余额、文体娱乐业收入等GDP支撑指标跑赢全市大盘。商贸旅游业比上年增利83.3亿元,文娱板块收入比上年增长75.2%。

(二)突出重点领域关键环节,带动国企改革实现新突破

巩固深化国企改革三年行动成果,高质量高起点印发实施北京市国企改革深化提升行动实施方案。出台《关于推进市管企业落实股东职责的指导意见》。市管企业全部制定董事会授权管理制度。出台资本市场运作三年计划,九州一轨、京仪装备科创板首发上市,云星宇北交所IPO上市,京能光伏发行全国首只新能源公募REITs。完成10家企业股权激励批复。年金管理实现市管企业全覆盖。京东方、北汽蓝谷、建工修复入选世界一流"双示范"企业。推动首都信息、北京国际大数据交易所深化综合性改革。退出劣势及不符合首都功能定位企业202户。

(三)坚持科技创新引领,增强企业发展内生动力

强化企业科技创新主体地位,印发科技创新三年行动计划,研发投入全额视同利润考核,超出行业优秀值1.3倍的额外加分。53家国企(含区属企业)成立科协。与央企共同发布应用场景108项。市管企业研发投入强度2.95%,工业企业研发投入强度4.4%。推进"卡脖子"技术攻关,出台打造原创技术策源地实施方案。在集成电路、新材料、智能装备、畜禽种业等方面实现"卡脖子"突破。自来水集团、首钢京唐、京东方等3家企业参与完成的3项科技创新成果获得2023年度国家科学技术奖。市管企业30项成果获得年度北京市科学技术奖,城建集团项目获得唯一技术进步特等奖,1名个人、2个集体获得首届"国家卓越工程师奖"。发力数字化绿色化转型,北京国际大数据交易所牌照落地。市管企业积极布局人工智能算力平台等数字基础设施,深化拓展"长安链"应用场景。"一企一策"编制碳达峰行动方案,北京绿色交易所承建的全国温室气体自愿减排交易市场正式启动。

(四)以"三化"监管为抓手,持续完善国资监管体系

提升出资人监管效能,完成国有企业"十四五"规划中期评估,优化完善国有企业功能分类。出资人监管信息化平台正式上线运行。出台法律纠纷案件管理办法,开展派出总会计师业务履职专项考核,推动总审计师制度全面落实落地,上市公司和重要子企业总法律顾问配备到位。加快构建国资监管"一盘棋",基本完成市属文化经营性国有资产划转,新组建首都文化科技集团。按照四种方式分类推动市级机关事业单位所属委托监管企业转直接监管。制定全面加强市管金融企业监管工作方案,构建各监督主体协同工作机制。着力防范化解各类风险,健全重点风险预警和专班化处置机制。开展安全生产和火灾隐患大排查大整治,对地铁信号故障开展安全审计,在北京燃气考核中大幅增加安全等社会责任考核指标。强化债务约束,实体企业资产负债率稳定在近10年较好水平。加强区属国资国企监管,在完善市场化经营

机制、优化国有经济布局、提升国资监管效能等领域持续深化改革，区属国资国企发展成效明显。

(五)彰显责任担当，积极服务国家和首都发展大局

高质量融入京津冀协同发展，建立京津冀三省市国资委合作机制，三地文旅、能源、建筑等企业签署合作协议。在城市副中心年度投资近500亿元，研究推动第二批市管企业搬迁副中心。天津南港LNG项目投产运行，涿州电厂二期工程获得核准，雄安新区中关村科技园揭牌运营。高标准服务保障首都功能，圆满完成“一带一路”国际合作高峰论坛、服贸会、中关村论坛、京港洽谈会等重大活动服务保障。轨道交通运营里程跃居全国第一位，稻香湖再生水厂、安定循环经济园区一期等环保设施相继建成。市属文化企业倾力打造精品力作，助力北京全国文化中心建设。全力以赴开展防汛救灾和灾后恢复重建，市管企业争分夺秒抢险救灾，第一时间抢通交通要道，运送救灾物资，提供临时安置场所。24家市管企业承担基础设施、公共服务、金融支持、民生服务等灾后恢复重建项目444项，涉及金额近100亿元。全面提升改善民生水平，开展老旧小区综合整治、居住类城市更新项目297个。提前完成北京市118个村“消薄”成果巩固提高任务。在对口帮扶六省区新增投资46.8亿元，吸纳当地就业4977人。开通通学公交线路50条，助力110家医院实现医保移动支付。接诉即办月均综合成绩连续11个月保持99分以上。

(六)坚持党建引领，全面加强党对国有企业的领导

强化思想政治引领，高质量开展学习贯彻习近平新时代中国特色社会主义思想主题教育。严格落实“第一议题”制度，修订完善市国资委系统重大事项请示报告制度。妥善应对处置舆情事件，全系统意识形态领域安全稳定。提高基层党建工作质量，开展混合所有制改革企业党建措施和党支部参与重大问题决策指引落实情况“回头看”，出台两新组织党建若干措施，创新产业链党建和区域党建模式，推动党建融入中心工作。从严正风肃纪反腐，制定加强“一把手”和领导班子监督任务清单，开展违规经营投资、靠企吃企、跨境腐败、医药领域腐败、控股不控权专项治理和选人用人自查整改工作“回头看”。出台深化巡视巡察、审计整改及成果运用一体化贯通措施。对10家二级企业党组织开展常规巡察。

二、北京市国有资产总量与结构分析

表1　2023年北京市国有企业指标

项　目	金　额(亿元)
资产总额	160256.2
所有者权益	31295.5
国有资产总量	19287.3
营业收入	21602.0
利润总额	1577.9
净利润	1129.2
归属于母公司所有者的净利润	779.9
应交税金总额	1634.6
实际上缴税金总额	1698.5

注：表中为市管企业数据。

表2　2023年北京市国有企业户数情况

2022年户数(户)	2023年户数(户)	比上年增长(%)
8052	8329	3.4

表3　2023年北京市国有资产总量按隶属关系分布情况

隶属关系	国有资产总量(亿元)	占　比(%)
市属企业汇总	19627.8	75.0
区属企业汇总	6530.3	25.0
东城区	428.7	1.6
西城区	946.6	3.6
朝阳区	406.8	1.6
丰台区	181.7	0.7

续表

隶属关系	国有资产总量(亿元)	占比(%)
石景山区	224.2	0.9
海淀区	987.4	3.8
门头沟区	58.3	0.2
房山区	125.4	0.5
通州区	161.4	0.6
顺义区	345.7	1.3
昌平区	523.3	2.0
大兴区	413.5	1.6
怀柔区	119.9	0.5
平谷区	56.7	0.2
密云区	71.8	0.3
延庆区	96.3	0.4
燕山区	0.3	0.001
亦庄经济开发区	1382.3	5.3
合　计	26158.1	100.0

注:表中国有资产数据为 2023 年度全市单户企业叠加汇总数,表中汇总数与全市总量不等的原因是本表中未考虑集团内部抵消数。

表 4　　2023 年北京市国有资产总量按行业分布情况

行　业	国有资产总量(亿元)	占比(%)
农林牧渔业	366.5	0.6
工业	14174.8	21.9
建筑业	1067.8	1.6
交通运输业	4009.3	6.2
仓储业	54.5	0.1
商贸业	1589.8	2.5
房地产业	12189.3	18.8
信息传输、软件和信息技术服务业	408.0	0.6
社会服务业	21735.0	33.5
教育文化广播业	392.9	0.6
科学研究和技术服务业	911.6	1.4
金融业	7843.1	12.1
其他行业	85.8	0.1
合　计	64828.4	100.0

注:表中国有资产数据为 2023 年度全市单户企业叠加汇总数,表中汇总数与全市总量不等的原因是本表中未考虑集团内部抵消数。

表 5　　2023 年北京市国有资产总量按经营规模分布情况

经营规模	国有资产总量(亿元)	占比(%)
大型企业	15573.0	24.0
中型企业	24602.1	37.9
小型企业	11959.9	18.4
微型企业	12693.5	19.6
合　计	64828.4	100.0

注:表中国有资产数据为 2023 年度全市单户企业叠加汇总数,表中汇总数与全市总量不等的原因是本表中未考虑集团内部抵消数;由于数据修约,分项合计与总项存在不等的情况。

三、北京市国有资本保值增值综合分析评价

表 6　　2023 年北京市国有企业地区和行业国有资本保值增值情况

地　区	国有资本保值增值率(%)	行　业	国有资本保值增值率(%)
市属企业汇总	103.85	农林牧渔业	103.43

续表

地　区	国有资本保值增值率(%)	行　业	国有资本保值增值率(%)
区属企业汇总	99.01	工业	103.82
东城区	100.95	建筑业	106.19
西城区	93.33	交通运输业	100.35
朝阳区	101.51	仓储业	94.34
丰台区	97.25	商贸业	108.25
石景山区	100.09	房地产业	98.13
海淀区	99.96	信息传输、软件和信息技术服务业	100.25
门头沟区	99.10	社会服务业	101.87
房山区	99.10	教育文化广播业	99.67
通州区	96.22	科学研究和技术服务业	105.58
顺义区	94.58	金融业	105.33
昌平区	99.87	其他行业	75.77
大兴区	101.86		
怀柔区	98.54		
平谷区	99.13		
密云区	99.14		
延庆区	98.24		
燕山区	91.13		
亦庄经济开发区	101.91		

四、北京市国资委监管企业改革发展情况

(一)推动国有企业真正按市场化机制运营

持续深化市场化改革，激发企业活力效率，市管企业经理层成员任期制和契约化管理覆盖率实现100%，稳步推进职业经理人制度建设。九州一轨、京仪装备科创板首发上市，云星宇北交所上市。京能光伏发行全国首只新能源公募REITs，市管企业REITs数量5家，约占全国的1/6，盘活存量基础设施资产102亿元，上市只数和规模均位列全国第一。新增10家企业实施股权激励，首钢朗泽探索“带期权上市”，京城机电、北京电控等企业探索开展项目跟投。京东方、北汽蓝谷、建工修复入选世界一流“双示范”企业。10家企业新增入选“科改企业”、4家企业入选“双百企业”，在国务院国资委评估考核中，2家企业获评“标杆”，5家企业获评“优秀”。

(二)集中力量攻坚“卡脖子”技术

加大政策、资金支持力度，研发投入视同利润考核的标准从“超过平均”扩展为“全额视同”，超出行业优秀值1.3倍的企业额外加分；全年安排8.6亿元国资预算支持企业高精尖产业发展。推动市管企业在8个策源领域、24个细分领域落实打造原创技术策源地实施方案，集中力量攻坚显示器件、光功能材料等49个“卡脖子”技术项目。市管企业积极推进高水平科技自立自强，北方华创12英寸晶边刻蚀机填补国内空白；首钢集团高温合金制备技术获得中国专利金奖，打破国外垄断；京城机电会同小米等企业牵头组建人形机器人制造业创新中心；首农食品集团自主培育的种禽出口非洲，实现我国种禽出口“零的突破”。

(三)积极推进高精尖产业发展

推动市管企业壮大新型显示、新能源汽车等优势产业，在高端机器人、氢能、生物育种等新兴领域拓展布局，市管企业高精尖产业营业收入占比超过1/3。与央企聚焦智慧城市建设、产业转型升级、产业前沿技术等领域，共同发布108项应用场景，投资总额超过43亿元。积极培育数据要素市场，北京绿色交易上线运行全国温室气体自愿减排(CCER)注册登记系统与交易系统，累计成交量突破1亿吨，成交额超过36亿元。北京国际大数据交易所交易牌照获批，数据交易规模超过15亿元。超过30家市属国企参与数据资产登记、数据资产入表、开放数据应用场景等试点工作。积极布局数字基础设施，京能集团、北京电控、中关村发展集团加快打造算力平台，门头沟首期100P

算力和上庄500P算力正式上线。北京股权交易中心成为全国首批"专精特新"专板运营机构，以多层次资本市场赋能优质中小企业创新发展。

(四)加强重点领域风险防控

健全重点风险预警和专班化处置机制。市管企业合规管理体系实现全覆盖，开展总会计师日常考核及年度现场述职评议考核，推动总审计师试点提质扩面，完善落实总审计师制度。强化债务约束，实体企业资产负债率稳定在近10年最好水平，未发生债券违约和逃废债情况。市管企业积极开展境外投资后评价，严防境外投资风险。对地铁信号故障开展安全审计，加强安全生产风险管控。北控集团在北京燃气考核中大幅度增加安全等社会责任考核指标，实施"一票否决"机制。

五、北京市国资委监管企业并购重组与完善法人治理结构情况

(一)稳步推进国有企业整合重组

聚焦主责主业，探索通过资产重组、股权合作、资产置换、无偿划转等方式，推动市管企业战略性重组和专业化整合。提升文化产业链现代化水平，推动完成新划转国有文化企业接收工作，新组建首都文化科技集团，将相关国有文化资产划转至首都文化科技集团。按照"整体脱钩划转""部分股权划转""保留委托监管""自主清理退出"方式，加快推动首批98家市级机关事业单位所属企业整体脱钩划转，42家企业自主清退。推动外企人力与北京城乡重组上市，提升上市公司资本价值水平。

(二)完善中国特色现代企业制度

一是推动党的领导融入公司治理。督导落实混合所有制改革企业党建措施和党支部参与决策指引，推动企业党组织按照股权结构、组织建制"对号入座"，明晰职责定位、强化功能作用。国有独资、全资和控股企业党委全部制定前置研究讨论清单，具备条件的党支部98％以上制定集体研究把关清单。二是深化董事会建设。落实企业股东职责，出台《关于推进市管企业落实股东职责的指导意见》，严格市管一级企业股东管理，规范股东行为。优化董事会决策机制，落实相关制度要求，建立规范董事会的市管一级企业制定完善董事会授权管理制度和决策事项清单，企业经营决策效率明显提高。完善董事会工作报告及评价体系，召开建工集团、首旅集团董事会专题报告会，首次将北京银行等4家市管金融企业(含北京信托)、北京国管、永定河投资公司董事会纳入评价范围，形成总体评价报告与各企业"一对一"评价相结合的"1＋38"评价报告体系。召开环卫集团出资人(扩大)会议，邀请市政府相关部门、人大代表、政协委员、行业专家、社会公众等社会公共利益相关方代表参会，不断巩固完善城市公共服务类企业的综合监督评价机制、沟通协调平台和信息公开渠道。开展子企业董事会建设深化提升专题调研，督导市管企业加强子企业董事会规范化建设工作，结合实际工作开展情况，细化完善市国资委相关制度文件要求。三是强化外部董事履职管理和服务支撑。督导规范履职，建立"逐月统计、一人一表、一月一报"的外部董事履职台账工作机制，及时掌握外部董事履职情况，督促纠正发现的问题。加强外部董事队伍结构研究，做好外部董事引进、交流工作。开展外部董事年度述职和评价，完善外部董事自评扣分细则和出资人评价要素，客观公正反映外部董事履职情况，督促外部董事勤勉履职。提升履职能力，提高董事会运作服务保障水平，分两批组织开展外部董事履职能力提升培训班，组织董事会秘书参加国务院国资委企业改革局"董秘开讲"培训、2023年市管企业董事会秘书培训班，进一步提升履职能力。搭建外部董事信息沟通交流机制和互学互鉴平台，保障好外部董事相关利益，为外部董事履职创造良好条件，不断夯实董事会规范运作基础。四是落实经理层管理责任。加强经理层成员任期制和契约化管理督导检查，强化问题整改。推进中关村发展集团等新纳入企业的任期制和契约化管理签约工作，子企业任期制和契约化管理实现全覆盖。调查梳理2021年、2022年二级及以下企业经理层成员任期制和契约化岗位调整、级别调整和薪酬调整兑现情况。研究职业经理人选聘及管理工作，积极稳妥推进职业经理人制度。

六、北京市国资委监管企业建立和完善经营业绩考核体系情况

（一）全面升级分类考核指标体系

根据企业功能定位、经营目标、风险程度，进一步优化分类考核指标体系。竞争类企业引入亏损面考核，引导企业积极扭亏减亏；城市公共服务类企业新增“成本费用占营业收入比重”指标，推动企业进一步节约成本，提高财政资金使用效率；特殊功能类企业新增利润总额考核，引导企业更加关注效益，积极提高利润贡献。进一步调整优化考核加（扣）分机制，设置14项加（扣）分指标，灵活反映企业推动落实改革发展的成效，对专项工作实施更加精准的考核。

（二）突出“四个导向”考核任期成效

统筹考虑前期疫情对企业的不利影响，聚焦新形势新要求，创新提出“服务首都、科技创新、改革发展、风险防范”四个导向，全面实施任期绩效考核。考核“在京上缴税费”指标，指导企业立足首都发展大局，强调在京贡献；创新指标权重扩大至20％，增加数字化转型指标，实现企业全覆盖，助力首都数字化标杆城市建设；新增“人事费用率”“人工成本占比”指标，深化三项制度改革考核，促进管理人员能上能下、员工能进能出、收入能增能减，激发企业活力、提高发展效率；新增考核“不良资产率”指标，引导企业着力提升资产质量，全面提升风险防范水平。

（三）加大企业高质量发展支持力度

考核中，将科研投入视同标准由“超过全国国有企业行业平均水平以上予以视同”调整为“研发投入全额视同”，超过全国行业平均水平30％的单独加分，强化考核引领，鼓励企业加强研发创新，不断激发企业发展内生动力，以科技创新引领产业创新，加快发展高精尖产业，推动传统产业高端化、智能化、绿色化发展。

七、北京市国资委监管企业负责人考核与选人用人机制改革情况

（一）加强企业负责人年度和任期考核

完善企业负责人经营业绩考核制度，进一步细化考核模式、实现精准考核。突出增强企业核心功能，将政府重点任务、企业关键产业、行业发展要求等融入考核；突出综合监管成效，将创新、发展、安全、合规等重点改革任务在考核中通盘体现；突出穿透式管理，推动企业负责人考核由“一级企业考核”延伸到“所属企业备案”。坚持立足促发展、强调保贡献、突出强创新、体现新要求原则，统筹运用多主体现场评价方式，综合考量“效益、效率”和“质量、成效”，组织开展企业负责人年度和任期考核。根据企业负责人经营业绩考核结果，科学核定兑现企业负责人薪酬，坚持企业负责人薪酬与经营业绩考核动态挂钩，通过发挥考核“指挥棒”作用，真正体现奖优罚劣。

（二）健全科学有效的选贤任能机制

一是全力做好市管企业领导干部协管工作。配合市委组织部对涉及提拔、进一步使用、试用期满的领导人员进行考察，动态掌握企业领导班子和干部队伍建设情况，与市委组织部会商研判企业领导班子整体功能及干部履职表现，为选好用好市管企业领导干部提供决策支撑。二是充分调动经营管理人员积极性。深化选人用人市场化改革，市管企业全面规范落实经理层成员任期制契约化管理“三要件”，末等调整和不胜任退出相关制度在市管企业实现全覆盖，二、三级子企业覆盖面不低于50％，深入推动全员绩效考核结果强制分布、刚性运用。完成10家企业股权激励批复，首钢朗泽探索“带期权上市”，京城机电、北京电控等企业探索开展项目跟投。累计14家科技型企业开展员工持股试点，企业创新活力不断增强。三是加快建设高水平人才高地。加大创新人才引进培养支持力度，全年安排4551万元国有资本经营预算为29名高层次人才引进项目及11个创新团队培养项目提供资金支持，21家市管企业设立博士后工作站34个，在站博士后83人。提升干部人才履职能力，结合重点产业发展及科技领军人才分布情况，举办科技创新人才和人才工作培训班，注重在培训工作中发现和考察优秀青年干部人才，提升干部人才干事创业、履职尽责的专业素质。积极推荐发掘专家人才，全年21人入选“北京市战略科技人才”，12人入选“北京市有突出贡献的高技能人才”，5人入选“北京市有突出贡献的科学、技术、管理人才”，2人入选北京学者，推荐

10名专家参加“人才京郊行”“首都院士专家南阳行”“首都专家和田行”等活动，引导专家人才更好服务地方经济社会发展。四是加强选人用人监督管理。对10家二级企业开展选人用人专项检查，督导各级企业高质量完成选人用人问题专项自查整改及“回头看”，干部人才选用监督管理得到进一步增强。

八、北京市国资委监管企业党的建设和廉政建设情况

(一)积极服务保障首都工作大局

全力推进主题教育走深走实，加强对市管企业主题教育的指导，市国资委领导班子成员多次深入基层企业联系点开展调查研究，以调研指导方式加强对市管企业主题教育的督促指导，全力推动习近平新时代中国特色社会主义思想，以及党的二十大精神进企业、进车间、进班组。加强基层党建助力乡村振兴，落实帮扶“第一责任”，选派第七批第一书记170人，组织学习“千万工程”经验，发挥好临时党支部“红色堡垒”作用，不断巩固和提升工作成效。深化派出企业与区、镇、村的产业合作，精心打造民宿旅游、特色农业种植、红色党建基地等一批示范项目。全力调度抢险救灾，第一时间启动“23·7”灾情委、企、村应急对接联络机制，累计投入参建人员4.2万人、车辆设备1.6万台，完成清淤425万立方米，清理河道364千米，承担门头沟、房山、昌平三区灾后重建项目，涉及金额93亿元。扎实做好民生服务和基础保障，丰富完善“首开经验”，加快推进老旧小区综合整治和居住类城市更新项目。落实落细两个“关键小事”，市管企业“物业管理三率”基本实现全覆盖，开展“垃圾分类我主导”系列活动，“混装混运”专项整治取得明显成效。深化“接诉即办”，市管企业月均综合成绩连续11个月保持在99分以上。

(二)推动国企党建向纵深发展

摸清京外企业党建底数，全面调查了解京外企业数量分布、股权结构、职工党员、组织设置隶属、党的领导融入公司治理等情况，系统总结提炼区域党建和平台党建模式，查找出一批落实主体责任、发挥党组织作用、融入地方发展、划分双重管理职责和党建基层基础等方面的问题，研究提出一系列工作建议举措。抓好境外企业党建问题整改，落实中组部、国务院国资委有关要求，会同市委组织部制定下发境外企业党建工作方案。加强“境外企业党建薄弱，风险管控不到位”问题专项治理，从加强理论学习、压实党建责任、完善党组织发挥作用机制、监督“关键少数”和强化风险管控五方面提出整改措施，结合跨境腐败治理，一体推进主体责任落实和经营风险防控。推动党建和业务深度融合，探索党建和业务同频共振的方法路径，以党建创新助推高质量发展。总结北汽集团“党建+产业链”模式，推动首农食品集团探索实施“链上党建”，编印市国资委系统基层党建工作典型经验集，推广一批有特色可复制的党建引领改革发展、党建引领基层治理、党建融入生产经营和党支部工作法等品牌项目。

(三)深入推进正风肃纪反腐

压实全面从严治党主体责任，加强全面从严治党考核，层层传导压力。全覆盖对市管企业全面从严治党责任进行动态抽查考核，逐级开展党建述职评议考核。将考评结果与企业领导班子综合考评、经营业绩考核相衔接，与企业领导人员绩效薪酬相挂钩。深化政治巡察和监督检查，召开“六位一体”监督协同机制推进小组会，加强协同监督，提升监督实效。强化巡察工作指导，加强巡察干部业务培训，规范企业巡察工作重要事项报告报备。对4家市管企业乡村振兴领域工作开展专项巡察，同步推动全部市管企业进行对照检视、自查自纠，移交问题线索。对10家二级企业党组织开展示范巡察，对11家二级企业党组织开展监督检查。初步建成由五大业务架构组成的巡视巡察管理应用系统，并在十三届市委市国资委党委第一轮巡察中试运行。聚焦标本兼治推动问题整改，积极通过收回、压降超比例借款和担保方式，推动中央巡视发现“向改制参股企业单方面提高借款和融资担保额度”问题整改。分类研判十二届市委巡视“大起底”有关问题，协同推进整改市纪委市监委重点关注的问题、市管企业自报的未完成问题。针对十三届市委第二轮巡视3家市管企业反馈的重点问题，建立新一轮巡视整改工作台账，指导企业建立完善制度，规

范工作程序。探索巡察工作领导小组成员联合审核整改工作机制，对整改内容不具体、解决问题不到位、追责问责不精准的坚决不予通过。加强警示教育，在全系统通报追责问责企业党组织及企业领导人员情况。加强制度机制建设，制定《关于深化巡视巡察、审计整改及成果运用一体化贯通的工作措施》，建立定期通报、共性问题研判等机制，举一反三督促企业补齐短板、堵塞漏洞。制定《加强"一把手"和领导班子监督任务清单》，统筹推动50项工作措施落实，强化对下监督，做实同级监督。出台《关于加强巡视巡察整改和成果运用的实施办法》，推动巡察工作从制度设计到实践操作形成完整工作闭环。修订巡视巡察制度汇编，推动提升巡察质效。

（撰稿人：韩燕飞）

天津市

一、天津市国有资产监督管理工作综述

2023年，天津市深入学习贯彻习近平总书记关于国企改革发展和党的建设重要论述精神，认真落实国务院国资委部署要求，聚焦服务全市高质量发展"十项行动"，以"盘活存量、培育增量、提升质量"为抓手，以增强国有企业核心功能和提升核心竞争力为重点，深入实施国企改革深化提升行动，着力健全以管资本为主的国资监管体系，充分发挥国有企业科技创新、产业控制、安全支撑作用，全力推动国有资本和国有企业做强做优做大取得新的明显进展。

（一）针对性提高国资监管专业化体系化法治化高效化水平

深入学习贯彻习近平法治思想，持续推进国资国企法治建设。编纂《天津市国资监管规章规范性文件汇编》，梳理现行有效国资监管制度152件。制定印发《天津市国资委监管企业合规管理办法》，推动监管企业全面加强合规管理。修订出资人监管权责清单，动态调整授权放权清单。加快完善国资监管方式，加强穿透式监管顶层设计，提升"智慧国资"监管平台数据质量，推进数智化平台项目。完善持续推进"风险管控质量工程"专项工作，加强监管企业内部控制体系建设，基本实现一本内控手册、一套流程表单、一套内控制度的"三个一"工作成果。指导监管企业健全内部审计体制机制，推动总审计师制度向重点子企业延伸，推进委派总会计师应派尽派。组织开展"十项行动"政策跟踪审计、参股投资专项整治和境外企业专项治理，开展资金管理、融资性贸易、会计信息虚假三项"回头看"，完善违规经营投资责任追究体系，加快构建业务监督、综合监督、责任追究"三位一体"国有资产监督工作体系。稳妥推进国资系统司库体系建设，推动银企直联实现全面覆盖，保障资金安全、提升资金使用效率。

（二）持续健全债务风险管控体系

指导重点市级国资监管企业制定实施深化改革高质量发展中期行动方案，制定平台类国企防范化解债务风险工作方案、市级重点平台类国企"三量"改革化险工作方案和平台类国企市场化债转股工作方案，推动融资平台类国有企业加快转型发展。以落实中央有关支持政策为契机，推动国企优化产业布局、调整债务结构、压降融资成本，债券市场持续回暖，国有企业债券发行成本大幅降低，到期债券全部如期兑付。公交集团深入实施进一步深化改革实现可持续发展工作方案，稳步推进主辅分离、资产增值、管理提效、债务化解、数字化转型、确保稳定等各项工作，企业同比大幅减亏。天房集团协议重组取得重要成果，市政集团"8+5"重组方案经债委会表决通过，城建集团完成重整计划执行、实现扭亏为盈。截至2023年底，市级国资监管实体企业资产负债率比上年降低0.8个百分点。

（三）抓紧抓牢国有金融资本监管

制定实施《天津市国有金融资本受托管理工作实施细则》，形成国有金融资本受托管理架构，夯实国有金融资本受托管理基础。建立市属法人金融机构高风险资产监测机制，增强信息技术和量化风险指标管理，强化市属国有金融企业合规与风险管理。持续开展金融机构高风险资产清收专项工作。市属金融机

构问题资产压降成效明显、资产负债结构持续优化、拨备覆盖率进一步提升，有效增强风险抵御能力。有序推进金融数字化智能化转型，持续提高自研比例，推动科技信息系统自主掌控能力提升。

(四)推动国企树牢“为党尽忠、为民尽责”良好形象

深入开展“民呼我为、擦亮窗口”为民服务工作，指导推动市国资系统企业通过自设客服电话、12345便民热线等方式接收热线508万件，均按时办结。推动一批服务保障民生的项目加快落地、一批群众关注关心的热点难点问题加快解决。在天津市津南区“5·31”局部地面沉降事件处置中，由国有企业组织的地铁、燃气、水务、勘察、测绘、房鉴和建筑等七大专业1000余人队伍火速奔赴现场，圆满完成抢险救援任务，积极支援灾后重建。在天津防汛抗洪抢险救灾中，国资系统累计派出抢险人员3.8万人次，投入各类防汛应急车辆4800余部、设备装备6527台(套)，统筹协调4000吨水泥，为全市防汛抗洪救灾贡献国资国企力量。举办“践行国资国企社会责任，弘扬姓党为民政治本色——天津国资国企社会责任蓝皮书(2023)暨社会责任报告发布会”，发布首本《天津市国资国企社会责任蓝皮书》，集中发布22家市管企业社会责任报告。

二、天津市国有资产总量与结构分析

表1　2023年天津市国有企业指标

项　目	金　额(亿元)
资产总额	85713.3
所有者权益总额	17917.1
国有资产总量	14999.8
营业收入	5274.9
利润总额	176.7
净利润	114.2
归属于母公司所有者的净利润	82.6
应交税金总额	325.8
实际上缴税金总额	317.6

表2　2023年天津市国有企业户数情况

2022年户数(户)	2023年户数(户)	比上年增长(%)
3894	4128	6.0

表3　2023年天津市国有资产总量按隶属关系分布情况

隶属关系	国有资产总量(亿元)	占比(%)
市属企业汇总	6733.6	44.9
区属企业汇总	8266.2	55.1
滨海新区	3534.61	42.8
和平区	37.54	0.5
河东区	56.66	0.7
河西区	83.34	1.0
南开区	47.17	0.6
河北区	28.09	0.3
红桥区	117.86	1.4
东丽区	537.28	6.5
西青区	826.01	10.0
津南区	336.45	4.1
北辰区	517.61	6.3
武清区	683.08	8.3
宝坻区	306.62	3.7
宁河区	186.54	2.3
静海区	474.59	5.7
蓟州区	492.76	6.0

表 4　2023 年天津市国有资产总量按行业分布情况

行　业	国有资产总量（亿元）	占　比（%）
农林牧渔业	210.4	0.7
工业	1945.7	6.2
建筑业	1977.1	6.3
交通运输业	4060.3	12.9
仓储业	314.9	1.0
商贸业	262.0	0.8
房地产业	4508.0	14.3
信息传输、软件和信息技术服务业	69.3	0.2
社会服务业	15956.1	50.6
教育文化广播业	51.3	0.2
科学研究和技术服务业	268.8	0.9
金融业	1926.1	6.1
其他	−19.5	−0.1
合　计	31530.3	100.1

注：表中数据为汇总数，未进行合并抵扣。

表 5　2023 年天津市国有资产总量按经营规模分布情况

经营规模	国有资产总量（亿元）	占　比（%）
大型企业	1769.1	5.6
中型企业	10268.9	32.6
小型企业	14231.5	45.1
微型企业	5260.8	16.7
合　计	31530.3	100.0

注：表中数据为汇总数，未进行合并抵扣。

三、天津市国有资本保值增值综合分析评价

表 6　2023 年天津市国有企业地区和行业国有资本保值增值情况

地　区	国有资本保值增值率（%）	行　业	国有资本保值增值率（%）
滨海新区	100.6	农林牧渔业	95.8
和平区	92.9	工业	103.2
河东区	103.0	建筑业	100.3
河西区	100.2	交通运输业	98.9
南开区	97.4	仓储业	101.7
河北区	97.3	商贸业	99.5
红桥区	100.1	房地产业	101.4
东丽区	97.7	信息传输、软件和信息技术服务业	97.7
西青区	100.0	社会服务业	100.4
津南区	101.8	教育文化广播业	96.9
北辰区	99.5	科学研究和技术服务业	100.9
武清区	101.4	金融业	104.6
宝坻区	99.9	其他	—
宁河区	101.4		
静海区	99.5		
蓟州区	99.6		

四、天津市国资委监管企业改革发展情况

天津市始终坚持“两个毫不动摇”，坚持社会主义市场经济改革方向，坚定不移深化国有企业改革，充分激发企业内生动力和发展活力，用深化改革为国企高质量发展赋能增效。

(一)稳步提升国有经济发展质量效益

建立按月座谈、按季调度、市区协同的经济运行工作机制,印发《市国资委关于提高企业精细化管理水平实现降本增效的实施意见》,围绕落实"一利五率"指标体系,推动国有企业严控预算执行、持续拓市盈利、推进降本增效。健全国资系统投资工作推进机制,定期通报投资进展,对投资体量大且序时进度不达预期的企业加大督促力度,通过包联机制帮助企业解决在项目投产达产等方面的掣肘问题。服务全市"十项行动",明确重点任务82项,策划实施重点项目72个,建立"每月比进度、重难点及时推动协调"的督导机制,专班化推动、项目化实施、清单化落实。2023年,市级国资监管企业利润总额比上年增长14.6%,营业收入比上年增长4.5%,劳动生产总值比上年增长5.6%,研发经费投入比上年增长8.1%,净资产收益率比上年增加0.5个百分点。

(二)持续优化国资布局结构加快产业焕新

制定印发《天津市国资委监管企业主责主业动态管理办法》,推动国有企业聚焦主责主业和战略性新兴产业加大投资布局力度。举办轨道交通产业发展促进大会,推动28家产业链企业签约合作,加快形成轨道交通产业集群。组织10多家港口、航运、金融、贸易企业建立协作机制,主办第三届世界一流港口多式联运大会,推进航运金融和港口经济发展。加强国资系统文旅资源协同,"串珠成链"精心策划活动、搭建消费场景,旅游集团整合推出精品旅游线路20条、品牌化特色文旅活动20项。围绕产业上下游协同发展、夯实重点产业发展根基、形成规模经济等方面,推动市级国资监管企业完成整合国资系统健康医疗和养老服务等资源设立天津康养集团、天津港集团整合做强物流产业板块、天纺标公司并购重组天津食品集团所属乳品食品监测中心等30个专业化重组整合项目做实落地。推动海河设计集团持续深化改革、拓展外埠业务,做实做强中环信息产业集团。

(三)聚焦科技自立自强培育发展新动能

发挥考核"指挥棒"作用,引导企业注重创新、敢于创新,2023年,市级国资监管企业研发经费投入强度1.7%,其中工业企业为3.2%。制定实施科技型企业数量质量"双提升"专项工作方案,深化落实"科改行动",建立高新技术企业、"专精特新"企业、科技领军企业、"雏鹰""瞪羚"等科技型企业数据库和科技型企业后备培育库,积极打造科技型企业培育梯队。遴选科技型企业推动打造自主创新策源地,推动市国资系统企业牵头组建国家级技术创新联盟3个、市级技术创新联盟10个,推动实施科技攻关项目104项。深化校企合作,组织市国资系统企业围绕科技研发、技术攻关、产品升级等方面梳理需求清单和高校科技成果可承接清单,加强对接促进高校科技成果在津转化落实。推动渤化集团、中环信息产业集团等企业依托现有创新平台打造中试服务平台15个,服务天开园科技成果转化。

(四)拓围深化市场化经营机制改革

对市级国资监管企业"1+3"权责表和党委前置研究讨论事项清单的制定和执行情况逐一"过筛子",完善各治理主体运转机制。落实企业董事会对经理层的业绩考核和薪酬分配权制度,修订完善《市管企业外部董事管理办法》,调整配备外部董事45人次。食品集团、水务集团差异化治理及授放权做法入选中国特色现代企业制度典型案例,天津港集团、长芦海晶集团案例入选《中国职业经理人年度报告》。进一步规范经理层成员任期制和契约化管理,将企业经营结果与经理层考核结果紧密挂钩,市级国资监管一级企业均制定末等调整和不胜任退出相关制度。对考核不合格或不适宜担任现职的14名市管一级企业职业经理人予以解聘。修订《市国资委监管企业工资总额管理暂行办法》,开展三项制度改革评估,全级次传导考核压力,实现强制分档、一岗一薪、易岗易薪。加大中长期激励力度,将中长期激励工作情况纳入监管企业综合管理考核指标,开展股权项目跟投,完善科技型企业分红激励方案,推动新增5户企业实施中长期激励。

五、天津市国资委监管企业"盘活存量、培育增量、提升质量"工作情况

天津市委、市政府立足国有企业资源禀赋和发展实际,提出"盘活存量、培育增量、提升质量",作为深化

国企改革、推动高质量发展的总抓手，着力解决国有资产利用效率不高、国有企业发展动能不足等突出问题。

(一)加强组织统筹形成“三量”工作推动合力

天津国资国企认真贯彻落实市委、市政府部署要求，结合实施国企改革深化提升行动，加强国资系统“三量”工作整体统筹和方案设计，并以天津城投、泰达控股2家企业为标杆完善盘活思路举措，推动34家监管企业结合自身实际分别制定实施“三量”工作方案。摸清国有企业土地、房产、资金、产能、品牌资质等存量资产资源底数，分类施策、“一企一策”明确盘活利用路径方法。建立市区联动、定期调度、互比互学等工作机制，推动“三量”工作取得扎实实效，带动国有经济发展稳中有进、企稳向好。

(二)盘活存量带动资产增值

坚持“内容为王”“善建善营”，通过城市更新盘活烂尾地烂尾楼、招商引战盘活低效企业、“腾笼换鸟”盘活商务楼宇、“一厂一案”盘活老旧厂区厂房、“一品一策”盘活老字号品牌等途径，千方百计盘活存量，截至2023年底，市国资系统企业策划重点资产盘活项目40个，累计盘活土地房产约136万平方米，实现收入约130亿元，形成一批可供剖析的资产盘活典型案例。渤化国际轮胎公司全面盘活资产近12亿元并引入高端产业链项目，轨道集团国际航运大厦项目引入航运物流企业44家，渤轻集团“金鸡鸣园”生活广场、蓝天医疗器械产业园投入运行，泰达控股爱米斯地块保租房项目加快建设，津诚资本棉三创意产业园围绕“科创+文创”改造提升，通广科技产业园引进中关村智造中试服务平台。筛选729、抵羊、王朝、利民、飞鸽等重点老字号老品牌企业，制定实施“一品一策”高质量发展方案，“长城牌”“海河”“三鱼”等品牌入选商务部第三批中华老字号名单。

(三)培育增量积蓄发展后劲

制定《市国资委落实京津冀协同发展走深走实专项行动深化央地合作的工作方案》，分类分批与央企及所属企业“点对点”对接服务，市政府与中核集团、中交集团、航天科工等10余家央企达成战略合作意向，推动中核二四公司等央企二、三级企业落户天津。2023年，市国资系统与央企合作项目投资455亿元。举办国有经济深化改革强化合作签约仪式，推动54个合作项目签约落地。2023年，市国资系统企业完成投资近700亿元。渤化集团两化搬迁二期配套工程、食品集团东疆4万吨冷链物流基地一期项目、天津港30万吨级通用码头升级工程等项目竣工投产，大运河、海河文化旅游带拓展提升改造工程全面开工。京津冀三省市国资委联合印发《完善京津冀三省市国资委合作机制方案》，推动三地国企签署系列合作协议，旅游集团与50家三地旅行社签署合作协议。建立“上市公司数据库”与“上市储备项目清单”，制定实施企业上市十条支持政策，海光科技实现新三板挂牌，广通股份进入新三板创新层，王朝酒业完成定向增发。

(四)提升质量促进企业稳健前行

开展“育精培优”专项行动，锁定一批创新强、基础优、潜力大的二、三级科技企业，建立“育精培优企业库”，首批遴选50家企业，着力打造高质量发展的标杆企业。全国“科改企业”“双百企业”的天津国企户数12家，天纺标入选创建世界一流企业领军示范企业。制定实施降本增效和精细化管理措施，市管企业成本费用利润率提高7.1%。建立低效无效企业市场化法治化退出机制，完成80余家低效无效企业退出。持续推进亏损企业治亏增效，2023年，亏损企业亏损额比上年下降23.4%，亏损面比上年下降5个百分点。数字化智能化绿色化转型加快推进，能源集团被列入国务院国资委数字化转型试点企业，渤化化工、大沽化工、海晶科技、海河乳品4家企业被认定为智能工厂，津能管业、抵羊智造、环球磁卡、永利化工4家企业被认定为数字化车间，交通集团做实做强天津供应链城市共同配送服务平台，城投集团建成天津市首条智慧高速公路。

六、天津市国资委监管企业建立和完善经营业绩考核体系情况

天津市国资委立足履行企业国有资产出资人职责，充分发挥考核“指挥棒”作用，建立健全有效激励约束机制，引导国有企业更好实现经济责任、政治责任、社会责任相统一。

(一)完善"一体两翼"考核工作机制

为加强考核工作统筹,建立起价值导向一致、考核内容完备、工作衔接紧密的考核机制,逐步建立起以经营业绩为主体、综合管理考核与党建考核为两翼的"一体两翼"考核体系。经营业绩考核聚焦企业质量效益和风险防控,全面贯彻中央和市委对国企改革发展的决策部署,坚持以战略为引领、以问题为导向,强化行业对标和分档考核,"一企一策"设置考核指标,不断提升考核的科学性和精准度;综合管理考核聚焦国资监管重点领域,围绕法人治理、依法治企、合规经营、财务监督、安全生产、信访维稳等领域设置考核指标,引导企业不断强化精细化管理;党建考核聚焦企业党委落实全面从严治党主体责任情况,从政治建设、思想建设、组织建设、队伍建设、廉政建设等方面设置考核指标,推进企业党建工作与企业经营管理工作深度融合,提升企业领导人员"两手抓"意识,推动国企党建与经营发展互促共进、全面提升。

(二)明确聚焦高质量发展的考核导向

围绕国资预算保增长"稳大盘",指导企业按照不低于两位数增幅设置利润目标,保障全市经济目标完成;结合企业实际开展行业对标,优化设置经济增加值和净资产收益率指标,引导企业持续改善经营。聚焦降本增效提高经营管理水平,坚持"过紧日子"和"一切成本皆可控"理念,用好人均创效和成本收入比指标,引导企业不断强化成本管控,优化人工成本效率,向管理要效益。聚焦高质量发展推动企业加强战略管理,通过考核工业企业研发投入强度、科研转化效率、上市公司、老字号、战略性新兴产业等重点任务指标,推动企业更好服务国家重大战略和天津市产业升级;同时围绕融资结构优化、融资成本压降、现金流动性等"一企一策"研究指标,引导企业多措并举防范化解债务风险,积极改善经营性现金流状况。

(三)强化考核结果刚性兑现

坚持以经济效益为核心的考核导向,核算利润时剔除非经营性因素校准效益效率,进一步提高考核精准度;强化债务风险防控和科技创新考核力度,引导企业持续提高发展质量。对出色完成国家重大战略任务和市委、市政府重点工作任务,以及在科技创新和上市工作中取得突出成绩的企业,在考核中给予加分奖励;对出现资金流动性问题、序时进度专项考核落后的企业,在考核中给予扣分处罚。经过严格考核,A级企业户数占比15.15%、B级占比60.61%、C级占比21.21%、D级占比3.03%。压实企业董事会主体责任,强化绩效薪酬与经营业绩紧密挂钩机制,突出刚性考核、刚性兑现。2022年度,19户企业73名职业经理人的绩效年薪平均考核兑现率(绩效年薪核定值/标准值)60.81%;其中4人兑现率超过100%,占比5.5%;41人位于60%~100%,占比56.2%;28人低于60%,占比38.3%;7人绩效年薪为0,占总人数的9.6%。

七、天津市国资委监管企业负责人选人用人机制改革情况

(一)完善国有企业领导班子选配机制

在天津市委组织部领导下,对监管企业领导班子和干部队伍进行综合分析研判,着眼优化班子结构,突出政治标准,树立鲜明用人导向。认真落实领导干部政治素质考察办法,对企业领导人员政治素质进行正反向测评,深入了解干部在政治忠诚、政治定力、政治担当、政治能力、政治自律等方面的表现。用好巡视巡察、审计、信访、个人有关事项报告查核、干部人事档案审核等各方面成果,抓住干部重要行为特征进行分析甄别,既听其言更观其行,既察其表更析其里,全面深入了解干部政治表现。结合2022年度企业领导班子和领导人员综合考核评价,对班子运行质量、干部履职情况、企业经营状况进行综合分析研判,形成班子运行情况报告,对企业领导班子和领导人员评定考核等次,研究提出班子优化调整建议,不断增强选干部、配班子的科学性精准性实效性。全年累计调整监管企业班子成员77人次,持续提升企业班子运行质量。

(二)加强年轻干部选育管用机制建设

组织开展优秀年轻干部专项调研,着力发现掌握一批"跑得快"、"跳得高"、发展潜力大的优秀年轻干部,筛选200名处科级、58名委管企业中层纳入"优秀年轻干部库"重点跟踪培养。对市管企业所属二级企业"一把手"中的年轻干部进行重点分析,储备一批市

管企业领导人员后备人才。加大优秀年轻干部选拔使用力度，选拔7名优秀年轻干部担任委管企业班子成员，选派国资系统14名优秀年轻干部参加市委党校举办的中青年干部培训班。与天津大学建立交流合作机制，选派2名优秀年轻干部作为实践导师到天津大学为师生做专题辅导。

(三)完善严管与厚爱并重的监督机制

从严压实企业党委主体责任，突出对领导班子特别是对下属各级企业“一把手”的监督，全面管住管好“一把手”，以“关键少数”带动“绝大多数”，大力营造自觉接受监督的浓厚氛围。结合举办市属企业主要负责人专题研讨班，市国资委主要负责人与35家监管企业“一把手”进行集体政治谈话，压实党委主体责任和书记“第一责任人”责任，及时“咬耳扯袖”，防止苗头性倾向性问题滋生蔓延。严格执行领导干部个人有关事项报告制度，严格兼职审批，严禁兼职取酬，严格企业领导人员出国境审批，对企业领导人员持续开展经常性监督。认真落实“三个区分开来”，在驻委纪检监察组指导下，研究制定《关于进一步健全完善国资系统企业公职人员干事创业容错纠错机制的实施办法》，健全担当作为的激励和保护机制，为担当者担当、为负责者负责、为干事者撑腰。修订完善《国资系统异地交流监管企业领导人员住宿保障具体办法》，让外地来津干部能够以津为家、以企为家，全身心投入国资国企高质量发展工作中去。

八、天津市国资委监管企业党的建设和廉政建设情况

天津市国资委坚持把学习贯彻习近平新时代中国特色社会主义思想作为源头活水，以实施“强根铸魂”行动为抓手，不断加强国企党的领导党的建设，推动国资系统上下在落实重大决策、服务重大战略、承担重大任务等方面走在前、作表率，更好发挥“压舱石”“顶梁柱”“主力军”作用。

(一)深入开展主题教育，推动国资系统党员干部铸魂增智正风促干

结合国资系统实际制定学习贯彻习近平新时代中国特色社会主义思想主题教育实施方案，成立领导小组和工作机构，召开专题部署会、工作调度会、问题会商会研究工作，示范引领各级党组织有力有序开展主题教育。上下联动指导，建立联系服务市委4个巡回指导组机制，及时听取指导组意见，形成指导组—国资委—监管企业抓主题教育的合力。形成6个方面60项重点任务的《任务清单》，制定大兴调查研究实施方案、《调研清单》，推动确定调研课题200个，制定39个问题140条整改措施的《问题清单》，推动取得实效。充分发挥理论学习中心组学习“旗舰”领航作用，先后组织集体学习10次、读书班1期，编印学习参考19期。打造“人人都是宣讲员、处处都是宣讲地”宣讲理念，积极构建“领导干部＋政工师＋思政教师＋基层志愿者”多元宣讲主体，持续开展基层大宣讲活动。通过主题教育，达到凝心铸魂筑牢根本、锤炼品格强化忠诚、实干担当促进发展的预期效果。

(二)以上率下抓责任落实，不断完善从严治党责任体系

坚持统筹谋划，将管党治党与中心工作同谋划、同部署、同落实。组织召开国资系统全面从严治党工作会议，研究制定2023年推进全面从严治党、持续净化政治生态重点任务安排，组织国资系统领导班子和领导干部制定2023年度主体责任清单、任务清单，进一步明确全年工作思路，细化各项重点工作任务。组织召开国资系统述责述廉大会，22名市管企业党委书记、两委机关及直属单位领导干部进行书面、口头述责述廉并接受民主评议。市国资委党委与驻委纪检监察组紧密配合、强化协同，认真落实定期会商工作机制，聚焦习近平总书记重要指示批示精神、党中央和市委部署要求、巡视整改、安全生产等方面内容，共同深入企业开展监督检查，强化信息互联互通，实现监督成果共享。

(三)贯彻新时代党的组织路线，不断增强党组织政治功能和组织功能

着力夯实国企基层党建工作基础，开展基层党组织设置排查整顿，纠偏正向28个不合规联合党支部，督导20家外埠企业明确党建工作领导指导责任，推动43个“后进”党组织全面过硬全面提升。牢牢把握

政治机关属性,制定《市国资两委机关深化政治建设和模范机关创建工作的实施方案》,组织完成机关党委、机关纪委、机关工会和妇联换届工作,组织5个党支部完成换届,及时增补支部委员7人。持续深化"国企英才培养工程",配合市委组织部研究制定企业家队伍高层次人才培养实施办法,推动35家监管企业搭建线上招才引智平台,引进高校毕业生3221人;落实市委关于就业援藏的部署要求,2020年以来累计为西藏昌都籍高校毕业生量身提供就业岗位60余个,市国资两委"精准定制式"就业援藏经验做法入选全国典型案例。加强统一战线工作,组建国资系统无党派代表人士工作室集群,充分发挥党外代表人士议政建言职能作用。

(四)驰而不息正风肃纪,着力加强国有企业党风廉政建设

针对国资国企易发生腐败和作风问题的领域、环节,先后持续深入开展参股投资、应收款项财务核销、公众停车、金融领域、粮食购销领域、境外企业、统计造假屡禁难绝、医药领域集中整治等多个专项整治,以点带面、系统施治。持之以恒纠治"四风",修订市国资委党委关于深入贯彻落实中央八项规定精神进一步加强作风建设的实施意见,持续加固国资国企党员干部精神堤坝。深入推进"清廉国资""清廉国企"建设,持续开展"三个以案",积极构建"线上+线下"立体式、多媒介、全方位、沉浸式教育阵地载体。国资系统累计建成廉洁文化基地10个,市级爱国主义教育基地7个,为广泛开展廉洁教育提供阵地支撑。

(撰稿人:刘　超)

河北省

一、河北省国有资产监督管理工作综述

2023年,河北省国资委以习近平新时代中国特色社会主义思想为指导,全面贯彻习近平总书记视察河北重要讲话精神,认真落实省委、省政府部署要求,在国务院国资委大力指导下,紧扣全省国资国企工作会议确定的"1126"工作安排①和"一利五率"实现"一增一稳四提升"工作目标,顶住外部压力、克服内部困难,稳增长、促改革、抓创新、引央企、防风险、优监管、强党建,国资国企改革发展和党的建设等各项工作取得新的成效。

(一)服务重大国家战略和全省发展大局

出台《深入推进京津冀协同发展和高标准高质量推进雄安新区建设工作方案》,充分发挥河北省国资委监管企业在落实重大战略重大任务中的功能作用。主动对接京、津国资委,牵头建立京津冀三地国资合作机制,促成第一次联席会议暨深入合作研讨会召开,举办三地国企产业合作研讨班,指导河钢集团、河北港口集团、河北建投集团等与京、津国企签订战略合作协议。邀请国务院国资委党委书记、主任张玉卓赴雄安新区调研考察。服务保障省委、省政府领导对75家在京央企全覆盖走访。出台并修订完善引进央企专项考核实施细则,全年引进中央企业二、三级子公司329家,其中二级30家、三级299家,实现历史性突破。

(二)全面建设效益、创新、数字、绿色、平安、责任"六个国企"

面对经济波浪式前进、曲折式发展的态势,强化经济运行调度,深入开展"双对标"和对标一流企业价值创造行动,千方百计提质增效,推动国有经济实现"质"的有效提升和"量"的合理增长。研发投入"三年上、五年强"专项行动完成阶段性任务,监管企业研发投入强度稳居全国省级监管企业第一方阵。加快数字绿色转型,制定监管企业战略性新兴产业发展、数字化转型行动方案,截至2023年底,累计10家企业完成全省重点行业环保绩效创A任务。制定重大经营风险事件报告工作规则,落实"631"偿债保障机制,有效防范化解各类风险隐患。积极开展河北省"23·7"流域性特大洪水灾害对口帮扶和灾后重建,河北省国资委

① "1126"工作安排:即"一个中心"——建设"六个国企";"一个主题"——高质量发展;"两个关键"——科技创新、央企入冀;"六个行动"——两个对标、能力提升、项目建设、改革深化、风险防控、服务市县。

及监管企业捐款捐物2.15亿元。9家上市公司披露社会责任、ESG专项报告，社会影响力进一步提升。

（三）启动实施国企改革深化提升行动

国企改革三年行动在全国评估中获评A级，新一轮国企改革深化提升行动顺势启动。河北省国资委及早着手研究制定国企改革深化提升行动实施方案，第一时间了解国家最新改革动态，学习先进省份经验，征求相关部门意见建议，反复研讨、多次修改完善，经省委常委会和省政府常务会议审议通过，以省"两办"名义正式印发《河北省国有企业改革深化提升行动实施方案（2023—2025年）》。制定配套文件5个，梳理细化改革重点任务156项，台账式管理推进任务落实。深化监管能力提升三年专项行动，更新监管权力和责任清单，优化监管手段、监管方式、监管流程，不断提升"三化"监管水平。

（四）全面加强党的领导党的建设

深入开展学习贯彻习近平新时代中国特色社会主义思想主题教育，积极配合省委对省国资委党委开展机动巡视，增强党组织政治功能和组织功能，推进党建与业务同频共振、党建与生产经营深度融合，纵深推进全面从严治党，把国企党建打造成引领高质量发展的"红色引擎"，省国资委党委国企基层党建工作被省委组织部评定等次为"好"。

二、河北省国有资产总量与结构分析

截至2023年底，河北省资产总额68742.7亿元，比上年增长10.8%；全年实现营业总收入12229.7亿元，比上年减少1.0%；平均职工人数71.4万人，比年初降低0.27%。

表1　　2023年河北省国有企业指标

项　目	数　量
资产总额(亿元)	68742.7
所有者权益(亿元)	21265.6
国有资产总量(亿元)	18181.2
营业总收入(亿元)	12229.7
利润总额(亿元)	241.5
净利润(亿元)	137.3
归属于母公司所有者的净利润(亿元)	23.0
应交税金总额(亿元)	533.1
实际上缴税金总额(亿元)	546.8
平均职工人数(万人)	71.4
资产负债率(%)	69.1

2023年，河北省具有独立法人资格的国有企业（以下简称国企）7685户，比上年增长19.1%；全年净增加1235户，其中增加的1509户国企主要为：上年应报未报778户，占新增户数的51.6%；新投资设立620户，占新增户数的41.1%；其他收购、划转、分立、新设合并、竣工移交等合计111户，占新增户数的7.3%。按隶属关系划分，市县属5663户，占比73.7%，全年净增加1103户，比上年增长24.2%；省属企业2022户，占比26.3%，全年净增加132户，比上年增长7.0%。省属企业中，省国资委监管企业1623户，占全省企业总户数的21.2%，全年净增加87户，比上年增长5.7%。按经营规模划分，大型企业171户、中型企业718户、小型企业2412户、微型企业4384户，分别占全省户数的2.2%、9.3%、31.4%、57.1%。大型企业中，省市监管企业合计144户（省级监管100户），占比84.2%。全省企业中，小微型企业占比较大，大中型特别是大型企业比例相对较小，且主要集中于各级国资监管机构监管企业。

表2　　2023年河北省国有企业户数情况

2022年户数(户)	2023年户数(户)	比上年增长(%)
6450	7685	19.1

2023年末，河北省国有资产总量18181.2亿元，比期初增长13.8%；国有资本保值增值率100.03%，

比上年下降0.2个百分点。按隶属关系划分,省属国企(含雄安集团,下同)国有资产总量5265.4亿元,占比29.0%,比期初增长6.0%;市县属国企国有资产总量12915.7亿元,占比71.0%,比期初增长17.3%。按行业分布划分,2023年,国有资产主要集中在社会服务业、交通运输业和工业,分别占比44.3%、13.8%和13.6%。按经营规模划分,大型企业、中型企业、小型企业和微型企业国有资产总量分别为3547.5亿元、3404.2亿元、6958.4亿元和4271.1亿元,分别占比19.5%、18.7%、38.3%和23.5%。

表3　　2023年河北省国有资产总量按隶属关系分布情况

隶属关系	国有资产总量(亿元)	占比(%)
省属国企汇总(含雄安集团)	5265.4	29.0
市县属国企汇总	12915.7	71.0
石家庄市	2494.3	13.7
唐山市	3195.1	17.6
沧州市	1135	6.3
张家口市	1166.4	6.4
邯郸市	1199.9	6.6
邢台市	534.6	2.9
廊坊市	968.6	5.3
承德市	536	2.9
秦皇岛市	483.8	2.7
保定市	832.1	4.6
衡水市	255.7	1.4
雄安新区	53.7	0.3
定州市	27.2	0.1
辛集市	33.3	0.2
合计	18181.2	100.0

表4　　2023年河北省国有资产总量按行业分布情况

行业	国有资产总量(亿元)	占比(%)
农林牧渔业	118.4	0.7
工业	2475.2	13.6
建筑业	2163.0	11.9
交通运输业	2503.4	13.8
仓储业	361.5	2.0
商贸业	340.3	1.9
房地产业	1234.4	6.8
信息传输、软件和信息技术服务业	94.7	0.5
社会服务业	8056.9	44.3
教育文化广播业	108.7	0.6
科学研究和技术服务业	150.3	0.8
金融业	510.9	2.8
其他	63.5	0.3
合计	18181.2	100.0

表5　　2023年河北省国有资产总量按经营规模分布情况

经营规模	国有资产总量(亿元)	占比(%)
大型企业	3547.5	19.5
中型企业	3404.2	18.7
小型企业	6958.4	38.3
微型企业	4271.1	23.5
合计	18181.2	100.0

三、河北省国有资本保值增值综合分析评价

2023年,河北省国有企业国有资本保值增值率

100.03%，比上年下降0.2个百分点，整体完成保值增值任务。按隶属关系划分，省属国企保值增值率101.2%，比上年上升0.1个百分点；市县属国企国有资本保值增值率99.5%，比上年下降0.3个百分点。按行业分布划分，金融业、工业和教育文化广播业保值增值率较高，分别为106.10%、104.86%和103.95%。

表6　2023年河北省国有企业地区和行业国有资本保值增值率情况

地　区	国有资本保值增值率(%)	行　业	国有资本保值增值率(%)
石家庄市	99.90	农林牧渔业	97.57
唐山市	99.69	工业	104.86
沧州市	99.02	建筑业	100.23
张家口市	99.36	交通运输业	101.25
邯郸市	100.16	仓储业	103.25
邢台市	98.57	商贸业	99.25
廊坊市	99.41	房地产业	99.67
承德市	99.90	信息传输、软件和信息技术服务业	103.54
秦皇岛市	98.67	社会服务业	100.46
保定市	98.75	教育文化广播业	103.95
衡水市	98.85	科学研究和技术服务业	101.00
雄安新区	99.76	金融业	106.10
定州市	97.36	其他	98.27
辛集市	97.95		

四、河北省国资委监管企业改革发展情况

(一)服务重大国家战略和全省发展大局有力有效

助力京津冀协同发展。推动京津冀三地国资国企合作走深走实，搭建产业链协同和项目合作、协同创新、人才交流、协调服务等4个平台，截至2023年底，省国资委监管企业与京津合作项目34个，累计完成投资2368亿元。积极参与建设京津冀世界级港口群，河北港口集团新建内陆港10个，新增集装箱航线14条，全年货物吞吐量、利润分别比上年增长8.5%、20.4%。大力推进交通基础设施建设，邢和铁路、津兴城际、京秦高速遵秦段等通车运营。旅投集团与北京首旅、天津旅游集团签署战略合作协议，推介河北旅游资源与京津共享。

主动融入雄安新区建设。指导委监管企业结合自身优势，在高标准高质量建设雄安新区中作出国企贡献。河北建投集团在雄安新区发起设立总规模100亿元的空天信息系列基金，雄安金湖未来城项目市场化开发部分完工，具备条件的首期商业、住宅开盘销售。截至2023年底，河钢集团累计为三校一院、京雄高铁等62个标志性项目直供钢材105.8万吨。河北建工集团雄安公司获批建筑、市政双一级资质。河北地信集团承建雄安新区测绘基准、北斗地基增强等系统升级，为新区建设提供地理信息服务。河北招标集团环交所整体搬迁至雄安新区，排污权交易量位列全国第二。

生物医药产业发展加力提速。成立省国资委、冀中能源、华药集团三级工作专班，组建一体推进联合工作组，推动华药集团积极发展生物医药产业。截至2023年底，冀中能源华药集团生物医药研发投入强度同比增加2.04个百分点，6个品种11个规格通过仿制药一致性评价，乙肝疫苗实现收入同比增长17%；迅可临床使用量超过10万支。

(二)“六个国企”建设加力提速全面展开

建设效益国企，发展质效不断提升。强化投资拉动，加强精益管理，委班子成员深入包联企业50余次，指导企业用足用好惠企政策，帮助协调解决土地保障、项目建设等困难，促进国有经济实现“质”的有效提升和“量”的合理增长。全年完成固定资产投资521.2亿元。举办河北省国有企业招商引资项目推介会，签约项目24个，总投资732亿元。河钢浦项汽车板、建投唐山LNG等19个投资超过10亿元的项目投产达效，开滦尼龙66一期、冀中能源12万吨玻纤、唐山三友精细化工等一批项目开工建设，增强发展后劲。

建设创新国企，科技创新成果加速涌现。省委、省政府主要领导分别召开专题会议研究推进国企科技创新，对专项行动的成效给予充分肯定。在省委、省政府的支持推动下，省国资委完善研发投入刚性增长机制，分行业设置研发投入考核目标，大力创建研发平台和科技型企业，强化成果转化应用。截至2023年底，省国资委监管企业拥有省级以上研发平台153家，高新技术企业143家，“专精特新”企业35家，研发人员近2.2万人；授权专利1359件，制定或参与制定标准99项；科技成果转化应用615项，比上年增长58.3%，科技成果转化率19.5%。河钢集团全球首例120万吨氢冶金示范工程实现连续稳定生产。河北建投集团国家能源氢能与可再生能源协同技术研发中心入围国家能源局“十四五”第一批赛马争先创新平台。河北交投集团新一代94G赫兹超距交通毫米波雷达填补国内空白。唐山三友集团“高效低耗莱赛尔纤维技术开发及应用”成果达到国际先进水平。

建设数字国企，数智化转型步伐加快。瞄准重点领域，推进数字产业化、产业数字化齐头并进。河钢集团通过全球软件领域最高级别能力成熟度五级认证。开滦、冀中能源集团建成省级及以上智能化矿井9个。河北建投集团发布省内第一朵国资信创云——“河北建投云”。河北交投集团交投1号卫星成功发射，搭建行业首个卫星物联网星座。河北国富集团积极推进AI育种。河北水规院、水勘院等水利企业应用数字孪生技术助力智慧水利建设。省国资委监管企业财务共享从“全面建设”转入“建用并重”，由资费控制向业财融合推进，部分企业实现AI智能交互。

建设绿色国企，低碳转型发展深入推进。坚持绿色发展理念，稳妥有序推进“双碳”行动，制定促进重点行业监管企业环保绩效创A的六条措施，加强污染防治源头和过程控制，加快企业绿色转型。河钢集团获评世界钢铁协会“可持续发展优胜者企业”。河北港口集团秦皇岛港三期、四期、五期煤码头成为全国首家“五星级”绿色港区。河北建投集团新增新能源装机容量48万千瓦，崇礼风电制氢二期并网发电。河北国控成合环保进入华北地区危废跨省转移白名单。河北建研院开展超低能耗建筑等绿色低碳技术研发。

建设平安国企，守牢安全发展的底线。坚持防范在前、预防为先，完善常态化风险隐患防范化解机制，明确监管企业资产负债率导向目标，制定监管企业合规管理办法，开展重大事故隐患专项排查整治2023行动、信访问题源头治理三年攻坚行动、“控股不控权”问题专项整治，2023年委监管企业到期债券全部按时兑付，各类风险隐患得到有效防范化解，省国资委系统持续保持平安稳定。

建设责任国企，充分展现担当作为。面对历史罕见的河北省“23·7”流域性特大洪水灾害，河北省国资国企闻令而动，省国资委党委下拨党费专项资金160万元，各监管企业迅速组织力量投入防汛救灾一线，调集物资设备30万台(套)、出动各类车辆1900余辆次。把灾后重建作为重要政治责任，8家受灾企业投入资金约2.74亿元，全部完成年度修复计划。做好能源保供，开滦、冀中能源集团超额完成国家下达的1100万吨电煤保供任务。立足国企实际，助力“这么近、那么美，周末到河北”，河北高速集团、河北交投集团全年免收旅游包车通行费1.17亿元，惠及车辆74.5万辆次。

(三)国有企业改革持续深化

深入开展对标一流企业价值创造行动。组织各市和监管企业召开价值创造行动启动会议，安排部署相关工作，督导监管企业制定实施方案。成立工作专班，下设3个工作组，推动专项行动落实落地。加强交流学习，组织监管企业和各市国资监管机构积极参加“世界一流企业建设”和“管理提升”培训，学习国家电网、中国建筑、中国中车等央企先进经验。强化过程督导，召开专题推进会，建立定期报送工作机制。河钢数字入选国家创建世界一流专精特新示范企业。河北信投集团上海东方久乐获批国家级专精特新“小巨人”企业。

扎实推进混合所有制改革。把上市作为混合所有制改革的重要途径，指导监管企业成立上市工作推进领导小组；建立拥有27家企业的省国资委上市资源储备库，其中9家企业进入省级上市资源储备库，形成1～5年内企业申报上市辅导规划梯队。积极引入高匹配度、高认同感、高协同性战略投资者，2023年，通过国有企业产权转让、增资扩股、参股、首发上市、投资新设等方式，引资10.84亿元。指导监管企业开展多层次资本合作，由央企、省企、市企、县企、民企共同出资、省企相对控股的河北国际陆港有限公司成功组建，全年开行中欧班列 612 列，开行数量居全国第 9 位，实现历史性跨越。提升混合所有制改革企业管控能力，转发国务院国资委《国有企业参股管理暂行办法》，加强国有企业参股管理。

扩面提质改革专项工程。河北建投国融等 3 户"双百企业"以及河钢数字等 3 户"科改企业"在 2022 年度国务院国资委评估中获评"优秀"。紧抓国务院国资委推动"双百行动""科改行动"充实扩围的重要契机，逐企认真遴选，组织开展推荐，省建研院等 3 户企业新纳入"科改行动"，河北港口集团所属唐港股份等 2 户企业新纳入"双百行动"。截至 2023 年底，河北省有"双百企业"8 户、"科改企业"7 户。结合国企改革深化提升行动，组织 15 户"科改企业""双百企业"明确 2023—2025 年改革目标、改革路径、改革举措，研究制定具体工作方案和工作台账，确保改革工作稳步实施。

（四）国资监管制度机制更加完善

监管制度进一步健全。更加注重以管资本为主，编制更新《河北省国资委监管权力和责任清单（2023版）》。清理规范制度文件，废止、失效文件 15 件，现行有效制度类文件 138 件。开展"内控制度建设年"，集团总部及重点子企业共制定、修订和废止制度 2834 项，及时堵塞制度漏洞、填补制度空白。

监管方式进一步优化。升级在线监管系统，创建国资专网，印发《国资数智化管理标准》，构建"一个数据中心、一个统一门户、三个数字化管理平台"新格局，选取 6 家企业开展资金风险预警试点，22 个业务应用模块实现数据化、图形化、可视化。全面梳理监管企业存量土地数量、权属、分布和经营状况，形成存量土地盘活利用情况台账。

监督效能进一步提高。开展"十四五"规划中期评估，查找短板弱项，提出改进建议。制定内部审计计划，对开滦、河北港口集团等 6 家企业开展审计。严肃开展违规责任追究，全年处置违规经营投资问题线索 18 项，通过组织处理、扣减薪酬、禁入限制等方式追责问责 82 人次。

支持服务市县发展力度进一步加大。省国资委班子成员多次带队赴市、县对接，4 名二级巡视员常态化联系服务，推动企业与市县项目合作。服务全省招商引资，帮助市县与央企对接 120 余次；梳理对央企诉求 128 项，每月调度进展。向各市国资监管机构下放地市级以下上市公司国有股权变动监督管理权限。指导河北建投集团、冀中能源井矿集团等移交有关土地资产，支持当地发展。

五、河北省国资委监管企业并购重组与完善法人治理结构情况

（一）推进企业战略性重组和专业化整合

成立省国资委整合重组工作专班，制定委监管企业整合重组总体方案，按照"由大并小、同业整合、优势互补"的原则，推动粮食、建筑、水利等领域企业整合重组。推动省粮产集团对 3 家邯郸市属粮企整合重组。强化内部协同、横向合并，省国资委监管企业专业化整合形式更加丰富多样，整合范围更加多元。河钢集团完成信息技术、装备制造、物流服务、汽车板销售等业务板块整合。开滦集团实施涵盖五大业务板块 62 家子企业专业化整合。河北港口集团煤炭、矿石、集装箱等主要业务板块实现一体化运营。河北建投集团收购开滦集团协鑫发电公司 51%股权。

（二）健全法人治理结构、完善现代企业制度

开展监管企业党委前置研究讨论重大经营管理事项清单"回头看"，厘清党委与其他治理主体权责边界。加强外部董事履职支撑，印发《关于加强监管企业外部董事履职支撑有效发挥外部董事作用的若干措施》。指导各监管企业参照国务院国资委《关于规范中央企业董事会秘书管理的意见》，完善董事会秘书工作机制。开展规范子企业董事会建设专项行动，细化不同层级、不同类型子企业董事会建设运行规则，不断提高企业治理水平。持续提升经理层成员任期制和契约化管理工作质量，稳步推进集团总部实现末等调整和不胜任退出全覆盖，推动市场化经营机制制度化长效化。完善监管企业公司章程，组织对河北港口集团等多家企业公司章程进行修订，提升以公司章程为基础的企业内部制度体系建设水平。

六、河北省国资委监管企业建立和完善经营业绩考核体系情况

参照《中央企业负责人经营业绩考核办法》,立足突出质量效益、科技创新、产业引领、安全支撑等四个方面,修订完善《河北省国资委监管企业负责人经营业绩考核及绩效评价办法》(以下简称《考核办法》),配套5个实施方案和细则,即分类考核实施方案、年度考核实施细则、任期考核实施细则、研发投入视同利润实施细则和经济增加值考核实施细则,形成企业负责人经营业绩考核"1+5"体系。新修订的《考核办法》实行"一业一策""一企一策"考核,突出战略导向、价值导向和问题导向,增加精神激励、晋级奖励、考核结果追溯调整机制等考核奖惩内容。在加强行业对标上,增加绩效评价内容,与业绩考核工作有机衔接,创新设置二级指标,修正一级指标得分。在对科技创新支持上,把战略性新兴产业投资额和战略性新兴产业营业收入占比、新产品产值占比、环保绩效创A等纳入考核体系;在指标权重上,对科技创新任务重的企业,给予更为灵活的政策;对企业在科技创新取得突出成效的,给予考核加分奖励,并适度提高研发投入加回比例。在个性化指标设置上,逐户研究,引导企业补齐短板弱项,持续推进企业高质量发展。

七、河北省国资委监管企业负责人考核与选人用人机制改革情况

(一)综合考核评价有关情况

以考准考实为目标,河北省国资委会同省委组织部对24户监管企业的运行、管理、效益和班子建设等情况进行实地考核,对领导班子和领导人员2022年度工作情况进行综合评价,综合测评采用电子测评系统,提升考核效率和测评的真实性、准确性。逐企逐项研究确定监管企业2023年度定性考核任务目标,作为企业领导班子和领导人员2023年度考核评价的重要依据,各企业结合实际,将任务细化分解至每位领导班子成员,形成工作目标承诺,并在河北省国资委备案,有效发挥考核"指挥棒"和激励约束作用,确保年度各项重点工作高质量完成。

(二)选人用人机制改革情况

2023年,河北省国资委继续拓展深化经理层成员任期制契约化管理和推行职业经理人制度试点工作,不断激发经营层活力。一是在监管企业子企业全面推行经理层任期制和契约化管理,推动经理层成员任期制和契约化管理高质量全覆盖。指导监管企业以规范任期管理和契约签订、严格经营业绩考核、刚性兑现薪酬、实现能上能下为重点,"一人一岗"履行签约程序,"一企一策""一人一表"实施差异化考核,按照《经理层成员任期制和契约化管理契约文本操作要点》等文件要求,及时排查契约文本不规范、"含金量不足"等问题,并进行整改完善。已实施经理层成员任期制和契约化管理的集团公司和各级子企业户数、经理层成员总人数比例均100%。通过任期制、契约化的刚性约束,实现经理层能上能下、以上率下推动企业在更深更广层面实现"三能",不断激发企业活力。二是在符合条件的监管企业及子企业推行职业经理人制度,其中财达证券公司市场化选聘的4名副总经理,覆盖经营层全部业务条线,均取得较好业绩,2023年完成第一任期的考核和薪酬兑现,在省国资委监管企业中起到良好的改革示范效应。

八、河北省国资委监管企业党的建设和廉政建设情况

(一)扎实开展主题教育

成立省国资委学习贯彻习近平新时代中国特色社会主义思想主题教育领导机构和工作机构,制定实施意见及7个配套方案,举办读书班33期、专题研讨823期,调研重点课题133个;深入开展大排查和整改落实情况"回头看",建立问题清单,省国资委层面检视的10项问题全部完成整改;编发简报31期,中央和省内各大媒体发布省国资委系统专题内容274篇,与河北电视台共同策划主题教育在国企系列报道13集,在"以学铸魂、以学增智、以学正风、以学促干"上取得扎实成效。

(二)干部人才队伍建设展现新貌

选优配强监管企业领导班子,调整配备13家企业领导人员39人;调整财达证券、资产公司领导班子管理体制,分别交由河钢集团、河北建投集团党委管

理；对省水工局等 3 家企业领导班子进行认定接收。按程序对 2 名企业主要负责人延迟免职。修订省国资委机关《内部量化考核实施办法》《监管能力和作风建设专项评议办法》，推荐、提任、调整委机关处级以上领导干部 15 人，激励干部担当作为。引进科技创新人才 133 人，柔性引进"周末工程师"65 人，培养政府特殊津贴专家 12 人。

（三）基层基础抓实筑牢

把监管企业落实"第一议题"制度、完善党中央重大决策部署跟踪督办机制等情况纳入基层党建实地核查内容。深化党组织设置与企业组织架构运行有机统一专项行动，优化党组织设置 818 个，6031 个党支部全部提档升级。召开"七一"表彰暨党建工作与生产经营深度融合推进会，表彰先进典型组织和个人 319 个，7 名基层党支部书记被授予全省"千名好支书"称号。开展党建品牌创建和深化"四创"活动，培训基层党组织书记、党务工作者及党员 23 万人次。11 家监管企业党委、省国资委机关 28 个党支部、省国资委直属机关工会和机关工会完成换届。

（四）反腐斗争巩固深化

持续深化纠治"四风"和作风纪律专项整治。积极配合省委对省国资委党委开展机动巡视。抓好省委优化营商环境专项巡视反馈意见整改，12 个问题全部整改完成。制定加强巡察整改和成果运用的实施意见，对河北粮产集团、河北地矿集团等 4 家企业开展政治巡察。深入开展监管企业跨境腐败治理、省国资委系统医药领域腐败问题集中整治、全省国有粮食企业存在问题查纠整治行动，取得积极成效。

（撰稿人：尹爱岭）

山西省

一、山西省国有资产监督管理工作综述

2023 年，山西省国资委党委深入贯彻党的二十大、二十届二中全会和习近平总书记对山西工作的重要讲话重要指示精神，全面落实山西省委、省政府决策部署，推动国有经济平稳运行，国企改革纵深推进，科技创新实现新突破，提质降本增效取得阶段性成果，履行社会责任迈上新台阶，牢牢守住不发生重特大生产安全事故的底线，为全省经济回升向好作出重要贡献。

（一）聚焦首要政治任务，深入开展学习贯彻习近平新时代中国特色社会主义思想主题教育

坚持问题导向、目标导向，5 件民生实事全部按期落实，8 个方面问题全部完成整改。深入落实"第一议题"制度，开展党委会（党委中心组）集中学习 35 次，学习习近平总书记重要讲话、批示指示精神 50 余次。班子成员围绕习近平总书记重要讲话开展专题研讨 8 次，深入调研 27 次，与山西焦煤党委开展党委理论学习中心组联组共学活动。召开主题教育调研成果及典型案例交流会，形成 14 项调研成果转化运用清单。山西省国资委主要领导领题的调研报告紧紧围绕省管主要领导干部专题研讨班要求，对全省国资国企高质量发展提出建议 69 条。山西省国资委党委一体推进理论学习、调查研究、推动发展、检视整改、建章立制，在以学铸魂、以学增智、以学正风、以学促干上取得扎实成效。

（二）聚焦高质量党建引领，坚持和加强党对国有企业的全面领导

压实党委主体责任。组织召开省属企业党委书记抓基层党建工作述职评议会议，签订落实全面从严治党主体责任目标责任书。推动党建工作与生产经营深度融合，制定年度党建工作要点，修订完善考核指标，扎实开展党建工作责任制考核及落实全面从严治党主体责任督导检查。

夯实基层党建基础。深入开展党建工作项目化，高质量推进重点党建项目建设 221 个。常态化开展党支部"过筛子"，加大省属企业"一般"等次基层党支部整改力度。进一步夯实组织工作基础，开展党组织设置和隶属关系排查、流动党员组织关系集中排查，撰写《健全组织体系、理顺党组织关系情况分析》的统计分析报告。

强化政治思想建设。持续推进习近平新时代中

国特色社会主义思想深入国企,省国资系统专题宣讲党的二十大精神5万余场次,覆盖人群185万余人次。实施省属企业党委理论学习中心组学习规范年建设工程,对省属企业党委理论学习中心组学习进行列席旁听。山西省国资委与省属企业、省属企业与省属企业、省属企业内部子(分)公司、省属企业与驻晋央企等创新开展"联组共学",取得良好学习成效。

深化清廉国企建设。召开省属企业党风廉政建设和反腐败工作会议,制定全面建设清廉国企2023年工作要点。深入开展"省属企业不敢腐不能腐问题"课题研究,与省纪委监委共同制定印发《省属企业内部监督衔接贯通实施办法(试行)》,不断提升企业监督治理效能。制定清廉国企示范单位创建管理办法、考评指标,审核推荐全省国有企业第一批示范单位。深入推进省属企业境外腐败治理工作,对省属企业医药领域腐败问题进行集中整治。

(三)聚焦活力动力强化,启动新一轮国资国企深化改革提升行动

高标准谋划国企改革深化提升行动。全面完成国企改革三年行动任务,顺利通过考核评估。山西省国资委多次对接国务院国资委,全面学习领会中央层面新一轮改革方案精神,制定并以山西省委办公厅、省政府办公厅名义印发《山西省国有企业改革深化提升行动实施方案》,明确9个方面35条改革措施156项重点任务。协助山西省人民政府办公厅筹备山西省国有企业改革深化提升行动动员部署会。

推动完善中国特色国有企业现代公司治理。健全完善省属企业党委重大事项决策权责清单,动态审批前置研究讨论重大经营管理事项,加强清单备案管理。规范董事会建设,开展落实董事会职权情况调查,拓宽外部董事来源渠道,动态管理人才库。健全市场化经营,研究起草《省属企业实施中长期激励的指导意见》,进一步规范省属企业负责人履职待遇和业务支出、公务用车、企业年金。

(四)聚焦科技创新驱动,提升省属企业核心竞争力

加强科技创新保障。印发《省属企业柔性引进高端人才指导意见(试行)》。对27户科技型子企业研发团队技术骨干人员及192名高端人才实行工资总额单列管理。引导企业加大研发投入,2023年,省属企业研发经费投入强度1.91%,比上年增长0.16%。

加强创新平台建设。太重集团、晋能控股全国重点实验室完成重组,云时代太行省实验室获批建设,晋能控股智能矿山省实验室形成建设方案。截至2023年底,省属企业累计建成国家级研发创新平台27个、省级研发创新平台194个、共建技术研究院24个、中试基地21个,5户省属企业融入怀柔国家实验室山西基地建设。

加强关键技术研发。首批选择14户省属企业示范开展原创技术策源地建设,20个项目取得显著进展。太重集团、交控集团率先启动基础研究计划联合资助项目。安全高效低成本切顶无煤柱开采技术等一批重大技术实现突破,晋华炉3.0等一批科技成果完成转化应用。

(五)聚焦效率效益提升,全力推动省属企业稳增长

纵深推进提质增效、扭亏减亏三年行动,深入开展经营管理成本偏高"老大难"问题专项整治。截至2023年底,省属企业资产总额3.76万亿元,2023年营业收入1.41万亿元、利润总额972.06亿元,分别居全国第7位、第6位、第4位;劳动生产总值4207.58亿元,实际上缴税金总额1574.46亿元,资产负债率72.4%,年化净资产收益率5.51%,全员劳动生产率40.37万元/(人·年),营业现金比率10.52%,核心经营指标趋稳向上。

(六)聚焦国资协同联动,有力保障山西经济转型发展

强化国资监督协同。探索构建国资监督"13331"工作体系①,相关做法被国务院国资委工作动态刊登。持续完善国资监管大数据平台建设,在国务院国资委验收评估中获评"优秀"。开展巡视审计问题整改专

① 国资监督"13331"工作体系:坚持党内监督统一引领、聚焦业务监督三个环节、强化综合监督三项职责、发挥追责免责三项效能、建立完善一批长效机制。

项检查，集中整治违规挂靠、控股不控权、担保风险等重大问题，打击整治假国企 27 户。加大追责问责力度，2023 年追责问责 94 人次，直接、间接挽回损失 2.06 亿元，化解损失风险 9.06 亿元。

强化央地合作协同。山西省国资委设立央企服务处，发挥工作专班办公室职能，全力保障推动山西省与中央企业深化合作专题活动，成功举办山西省与中央企业深化合作座谈会暨签约仪式，24 户央企集团与省政府达成战略合作协议，在晋规划投资 4105 亿元。山西省国资委推动央企合作工作成效受到山西省委、省政府主要领导的充分肯定。

强化经济责任、社会责任协同。全力保障国家能源安全，落实煤炭增产保供任务，2023 年，省属企业原煤产量 7.58 亿吨，保供中长协电煤 2.88 亿吨，贡献全省近 100%的战略性新兴产业供电。建立健全工资决定和正常增长机制，在岗职工平均工资 12.02 万元，比上年增长 5.53%。深入推进稳就业保就业，全省国资系统招收应往届高校毕业生近 7000 人。持续推动中小企业纾困解难，扎实推动国有企业清理拖欠中小企业账款。成功举办首届山西省国有企业社会责任论坛，取得良好社会反响。

（七）聚焦重大风险防范，夯实国资国企高质量发展的基础

严防生产经营风险。加强合规管理，制定省属企业合规管理办法。持续压降资产负债率，省属企业资产负债率在连续 8 年下降的基础上，比上年再降 0.3 个百分点。

严防安全生产风险。组织开展安全生产和消防工作专项督导、重大事故隐患专项排查整治，推动省属企业基本完成省安委办挂牌督办、国家矿山安监局山西局反馈问题整改工作，督促省属煤矿安全生产管理持续控制在 3 级以内。2023 年，省属企业未发生重特大生产安全事故。

严防信访稳定风险。开展信访矛盾纠纷大排查大摸底大化解，推动因事转企、公务员转企引发的补贴发放、保险转移接续等问题基本得到妥善处置。圆满完成全国两会和党的二十届二中全会等重点时期安全保障，实现“三个不发生”目标，受到省驻京信访工作组通报表扬。

二、山西省国有资产总量与结构分析

表 1　2023 年山西省国有企业指标

项　目	金　额(亿元)
资产总额	51621.52
所有者权益	15925.50
营业总收入	15439.11
利润总额	1128.37
净利润	717.08
归属于母公司所有者的净利润	378.82
应交税费总额	1667.36
实际上缴税费总额	1772.31

按照《企业国有资产监督管理暂行条例》《企业国有资产统计报告办法》规定的汇编范围，2023 年山西省纳入统计范围的国有企业（含国有控股和实际控制，下同）7793 户，比上年净增加 196 户。其中，省属监管企业 3950 户，净增加 65 户［其中增加 141 户，增加的主要原因是新投资设立 75 户、上年应报未报 34 户；减少 76 户，减少的主要原因是撤销关闭 42 户、吸收合并 13 户、出售（拍卖）9 户、破产 6 户］；省级非监管企业 525 户，净增加 38 户；市县国有企业 3318 户，净增加 93 户。

表 2　2023 年山西省国有企业户数情况

2022 年户数(户)	2023 年户数(户)	比上年增长(%)
7597	7793	2.58

截至 2023 底，山西省国有资产总量 10840.95 亿元，比上年的 10162.78 亿元净增加 678.17 亿元。其中省属监管企业国有资产总量 5847.89 亿元，占全部国有资产总量的 53.95%。

表 3　　2023 年山西省国有资产总量按隶属关系分布情况

隶属关系	国有资产总量（亿元）	占　比（%）
省级企业汇总	6022.88	55.56
省属监管企业	5847.89	53.95
省级非监管企业	174.99	1.61
各地市企业汇总	4818.07	44.44
太原市	1708.73	15.76
大同市	260.52	2.40
朔州市	185.49	1.71
忻州市	335.08	3.09
吕梁市	306.51	2.83
晋中市	429.57	3.96
阳泉市	99.31	0.92
长治市	306.89	2.83
晋城市	590.81	5.45
临汾市	381.30	3.52
运城市	213.84	1.97
合　计	10840.95	100.00

从经营规模来看，国有资产主要集中在大型企业，占全省国有资产总量的 76.76%。

表 4　　2023 年山西省国有资产总量按经营规模分布情况

经营规模	国有资产总量（亿元）	占　比（%）
大型企业	8321.39	76.76
中型企业	1056.67	9.75
小型企业	971.65	8.96
微型企业	491.24	4.53
合　计	10840.95	100.00

三、山西省国有资本保值增值综合分析评价

2023 年末，山西省国有企业国有资本保值增值率 103.53%。其中，省属监管企业国有资本保值增值率 105.60%，比 2022 年的 103.46% 提高 2.14 个百分点。

表 5　　2023 年山西省国有企业地区国有资本保值增值情况

地　区	国有资本保值增值率（%）
省级企业汇总	105.54
省属监管企业	105.60
省级非监管企业	102.92
各地市企业汇总	100.91
太原市	99.16
大同市	100.94
朔州市	100.03
忻州市	102.81
吕梁市	100.90
晋中市	100.50
阳泉市	98.51
长治市	101.48
晋城市	103.42
临汾市	106.56
运城市	97.56
合　计	103.53

四、山西省国资委监管企业改革发展情况

山西省国资委监管省属企业 18 户，主要分布在煤炭、化工、电力等领域，重点布局高端装备、新能源、新材料、节能环保、数字创意、新一代信息技术、通用航空等战略性新兴产业，7 家企业入围全国“双百企业”名单，4 家企业入围全国“科改企业”名单。2023 年，省属企业资产规模平稳增长，获利能力持续提升，

山西省印发《山西省国有企业改革深化提升行动实施方案(2023—2025 年)》,制定 9 个方面 35 项改革任务,持续推动国资国企高质量发展。

(一)在发挥科技创新作用方面:突出目标导向,推动企业科技创新能力显著提升

以提高企业核心竞争力为导向,优化省属企业科技创新体系和创新生态。一是强化顶层设计。印发《省属企业科技创新"1551"工程实施方案(2024—2028 年)》,加大政策、资金、人才、技术等要素供给,打通企业创新工作的痛点、堵点。二是推动建设高水平创新平台。推进省属企业 2 个全国重点实验室完成重组。云时代太行省实验室获批建设。组织推荐企业申报技术创新中心、科技成果转化示范基地。建成国家级各类研发创新平台 27 个,省级各类研发创新平台 194 个。三是全力做好创新服务和保障工作。强化指导督办、动态监测、按月调度等工作机制,推动企业创新资源优先配置。2023 年,省属企业研发经费投入 269.10 亿元,比上年增加 2.6 亿元,增长 1%。研发经费投入强度累计 1.91%,比上年增长 0.16 个百分点。

以实现科技自立自强为导向,推动省属企业打造原创技术策源地。一是印发《山西省推进省属企业打造原创技术策源地实施方案》,首批选择山西焦煤、晋能控股、华阳新材、潞安化工等 14 户省属企业示范建设。二是组建工作专班,开展全覆盖专项督导,协调解决突出问题。聚焦基础研究和应用基础研究,9 户企业 20 个首批研发项目取得显著进展,潞安化工研制的煤基风电齿轮油专属复合剂打破国外垄断;山西焦煤完成综合掘进机器人原理样机。

(二)在发挥产业控制作用方面:突出引领带动,优化国有经济布局结构

推动省属企业聚焦数字化、智能化、绿色化改造,大力布局前瞻性战略性新兴产业,筑牢转型发展根基。一是推动省属企业提升数字领域核心竞争力,支持云时代公司跻身国内同行第一方阵,服务企业数字化转型。二是推动省属煤炭企业聚焦先进产能煤矿和智能化矿井建设,持续提升煤炭安全绿色高效开采水平。三是推动省属电力、文旅、酿造、化工、农业、建筑、交通、水务、物流、环保等企业,依据各自产业特点,着力锻长补短,促进"三化"转型开花结果。

大力推进央地合作,拉动央企在晋投资。强化服务央企职能,成立专班,建立机制,在政策供给、产业布局、公共服务等方面保障好与央企的深入合作。组织 30 多户驻晋央企召开分组座谈会,举办山西省与中央企业深化合作座谈会暨签约仪式,25 户央企集团与省政府达成战略合作协议,2023 年中央企业在晋实际完成投资 1103.91 亿元,比 2022 年投资完成额增长约 10%。

(三)在发挥安全支撑作用方面:突显责任担当,在服务国家战略上贡献山西力量

聚焦"国之大者",坚决抓好煤炭增产保供任务。山西省切实扛起保障国家能源安全的政治责任,将煤炭增产保供作为一项政治任务,精心组织、扎实推进。省属涉煤企业进一步提高政治站位,以日保旬、以旬保月、以月保季、以季保年,保质保时保量做好能源保供。省属涉煤企业承担原煤产量任务 7.57 亿吨,中长协电煤保供任务 2.96 亿吨。截至 2023 年底,省属涉煤企业原煤累计生产 75767.7 万吨,完成率 100%,兑现山西"不让国家为煤发愁"的承诺。

(四)健全以管资本为主的国资监管体制

全面加强监管闭环的国资监督体系建设。一是进一步加强和改进国资监督工作,构建"坚持党内监督统一引领、聚焦业务监督三个环节、强化综合监督三项职责、发挥追责免责三项效能、建立完善一批长效机制"的"13331"国资监督闭环,形成协同高效的国有资产监督格局。二是深入开展"339"专题整治,聚焦全国国有企业改革深化提升行动动员部署电视电话会议提出的"三个充分体现""三个坚决遏制",统筹抓好"九类问题"专题整治,保障国企改革提升行动取得实效。三是优化监管方式,提升监管信息化智能化水平,推进国资监管大数据平台迭代升级,实现与国有资本数智化管理平台的融通共享。

五、山西省国资委监管企业完善法人治理结构进展情况

按照国企改革深化提升行动有关要求,推动中国

特色国有企业现代公司治理制度化、长效化。加强党的领导融入公司治理方面,动态审批党委前置研究讨论重大经营管理事项清单,并对清单运行情况开展"回头看"。完善董事会建设的制度体系方面,印发《省属国有企业董事会工作规则(试行)》《省属国有企业专职外部董事履职管理与保障办法(试行)》,被省纪委监委纳入第二批"不能腐"制度建设体系,经过省纪委监委三轮审核。外部董事管理方面,进一步明确外部董事履职记录和履职报告的格式内容及标准要求,持续提升规范化水平,及时向山西省委组织部提出外部董事配备建议。提升外部董事能力素养方面,持续面向外部董事等高管人员,筹备举办高规格、高质量的省属企业加强董事会建设高级研修班及省属企业高管履职实务专题培训班,编撰外部董事参考书籍,为外部董事高效行权履职持续赋能。

六、山西省国资委监管企业建立和完善经营业绩考核体系情况

认真学习贯彻国务院国资委思路做法,紧紧围绕国资国企改革中心任务,服务、推动全省高质量发展,推动省属企业经营业绩考核的科学性和有效性不断提升。

(一)总体思路

省属企业经营业绩考核工作总体思路是:以习近平新时代中国特色社会主义思想为指导,深入贯彻党的二十大精神和中央、省委经济工作会议要求,坚持稳中求进工作基调,完整、准确、全面贯彻新发展理念,树立以"效益+现金"为中心的考核理念,坚持"全面对标、全面预算、全级次分类"基本原则,着力提升国有资本运行效率,提高国有资本回报水平,加大国有资本创新力度,进一步做强做优做大国有资本和国有企业,为全省高质量发展贡献力量。

(二)指标体系

全面对标"一利五率"。2023 年考核指标全面覆盖"一利五率"①内容,并提升指标分数权重。其中,对于"一利",在投入产出指标中进行明确,对于"五率",分别在提质增效、对标挖潜、限制约束指标中进行明确。

按照"全级次分类"测算指标。在对利润总额、净资产收益率、经济增加值等核心指标的测算中,按照"全级次分类"原则,将省属企业所有独立法人企业按照"商业一类、商业二类、公益类"分类测算考核指标,每一类测算值再根据省属企业各类资产比重进行加权汇总,形成省属企业 2023 年考核目标值,并基本与企业全面预算相一致。

进一步完善考核内容。在 2022 年考核投入产出、提质增效、对标挖潜、限制约束 4 类指标的基础上,2023 年根据山西省委、省政府有关政策要求,新增 2 类指标。一是重点把控指标。在 2022 年对扭亏减亏单列考核的基础上,2023 年把投资管理、资产管理等工作纳入单列考核。二是重点任务指标。推动落实山西省委、省政府各项决策部署是考核工作的重要导向。此部分主要涉及山西省两会、政府工作报告及山西省委、省政府主要领导批示指示等对企业有明确要求的事项,其中重点对省属企业新建项目开工率、续建项目复工率、年度投资完成率"三率"进行考核,加强政策引导。对省属煤炭企业设置吨煤成本指标。改进原先只考核原煤生产成本的简单方法,按照原煤、商品煤两个维度进行约束,统计口径与省能源局、省统计局等机构保持一致,商品煤吨煤成本口径乘以销量,直接换算煤炭企业利润,促进解决利润解释不清、数字不够透明等问题。

(三)考核导向

强调投入产出。一是考核利润总额指标,发挥国企"压舱顶梁"作用,强调资本绝对回报。二是考核净资产收益率指标,引导省属企业不断提高资本回报水平。三是考核经济增加值指标,充分体现价值创造管理理念。

强调对标挖潜。一是开展行业横向对标,对照国务院国资委《企业绩效评价标准值》,明确省属企业所在行业考核目标值,按照优、良、中、低、差分档计分。二是开展纵向对标,企业对比自身过去三年加权平均水平有提高,按照类别设置差异化分数比重,鼓励企

① 一利五率:利润总额,净资产收益率、资产负债率、全员劳动生产率、研发经费投入强度、营业现金比率。

业超越自我、不断发展。三是指导推动省属企业所属子企业开展对标考核，出台有关制度办法，在省属企业总部对标的基础上，指导推动二、三级直至全级次企业开展对标考核。

强调风险防控。一是考核资产负债率指标，省属企业资产负债率高于全国平均水平，压降资产负债率是经营业绩考核的重要导向。二是考核融资总额压降指标，充分考虑企业落实山西省委、省政府战略部署的影响，将企业落实“稳增长”政策进行的合理投资作为明细项列入考核指标，区别存量负债和新增负债，存量负债必须刚性下降，确保不发生流动性风险。三是设置扭亏减亏指标，按照“减亏就是增盈”的思路，鼓励企业真抓实干。

强调创新驱动。一是考核研发经费投入强度指标，依据《企业绩效评价标准值》，按照梯度设置考核目标值。二是对获得国家、省科学技术奖的省属企业，给予考核加分奖励，同时对研发费用视同利润加回。

强调刚性兑现。强化考核结果应用，提高考核结果区分度，确保考核结果客观准确反映企业考核期间的经营业绩水平，充分激发企业内生活力和发展动力，引导企业在提高发展质量效益的同时，积极支持服务国家和省级战略。考核指标、计分规则全文下发，以“财务报表”为依据的指标占比 80%以上，有效减少人为主观因素干扰，体系清晰，计算简单，企业可根据考核指标完成情况实现自主打分，促进考核公开公平公正。

七、山西省国资委监管企业党的建设和廉政建设情况

2023 年，山西省国资委党委坚持以习近平新时代中国特色社会主义思想为指导，以学习宣传贯彻党的二十大精神为主线，以扎实开展学习贯彻习近平新时代中国特色社会主义思想主题教育为中心任务，深入贯彻落实党中央、国务院及山西省委、省政府重大决策部署，进一步深刻领悟“两个确立”的决定性意义，坚决扛起管党治党政治责任，不断将全面从严治党贯穿省国资国企改革发展、国资监管和党的建设全过程各方面，有效以全面从严治党和高质量党建工作新成效引领保障企业高质量发展。

（一）学习贯彻习近平新时代中国特色社会主义思想主题教育成果在高质量发展新成效中得到有效检验

山西省国资委党委主动作为，在省委第十巡回指导组内第一个召开动员会议，在高位谋划、高效推动中强势起步。牢牢把握“学思想、强党性、重实践、建新功”总要求，有机融合、一体推进理论学习、调查研究、推动发展、检视整改等重点任务。在调查研究方面，围绕两大类 11 个课题进行调研，班子成员牵头调研 27 次，在问需于企业、问计于基层中有效做到把情况摸清、把问题找准、把对策提实。在推动发展方面，深入落实省领导指示要求，高位推进央地合作，组织 30 多户驻晋央企分组召开深化合作座谈会，成功举办山西省与中央企业深化合作座谈会暨签约仪式，55 户中央企业出席，24 户央企集团与省政府达成战略合作协议。高起点谋划新一轮国企改革，牵头制定《山西省国有企业改革深化提升行动实施方案（2023—2025 年）》，省委、省政府给予充分肯定。

（二）党的全面领导在完善公司治理中得到有效加强

深入贯彻落实山西省委《关于省管企业在完善公司治理中加强党的领导的意见》，组织省属企业对贯彻落实情况进行自查，全覆盖对省属企业进行实地督导检查，党委“把方向、管大局、保落实”的领导作用进一步有效发挥。召开省属企业落实“三重一大”决策制度工作推进会，运用山西省国资委“三重一大”决策和运行监管平台进行动态监管，督促指导企业认真做好监管运行系统排查出问题的整改工作，进一步提升重大事项决策的科学化、民主化、法治化水平。动态审批省属企业修订完善后的党委前置研究讨论重大经营管理事项清单，开展清单运行情况“回头看”，进一步规范党委前置工作程序，有效提升清单运行质量和水平。

（三）战斗堡垒作用在党建工作与生产经营深度融合中得到有效发挥

注重发挥先进典型示范带动作用，对 2022 年评选

的省属企业红旗党委和标杆党(总)支部进行评估,充分运用摘牌和新增等方法,营造创先争优的良好氛围,在基层党组织全面进步、全面过硬上取得新成效。深入实施党建工作项目化,加强对项目实施情况的实地评估验收,有效将经济工作中项目管理的手段和方法引入党建工作,进一步推动党建工作与生产经营融合互促。

(四)国资监管水平在创新构建"13331"大监督体系中得到有效提升

全面强化国资监管,建立"坚持党内监督统一引领、聚焦业务监督三个环节、强化综合监督三项职责、发挥追责免责三项效能、建立完善一批长效机制"的"13331"国资监督闭环,有效贯通党内监督和国资监管,提高国资监管水平。全面开展清廉国企示范单位创建,纵深推进清廉国企建设。

(五)高质量党建引领作用在破解制约企业发展的深层次矛盾和化解历史遗留问题中得到有效彰显

坚持服务生产经营不偏离,持续发挥党委领导作用和党支部战斗堡垒作用,开展省属企业经营管理成本偏高"老大难"问题专项整治,实施提升管控能力建设行动、推动成本对标管理行动、推进全面预算管理行动、提升采购质效行动、推进数字化转型行动、压降融资成本行动、提升会计信息质量行动等 7 项行动,有效将国企党建优势转化为企业高质量发展动能。

(撰稿人:张志强)

内蒙古自治区

一、内蒙古自治区国有资产监督管理工作综述

2023 年,内蒙古自治区国资委以习近平新时代中国特色社会主义思想为指导,全面贯彻党的二十大精神,深入学习贯彻习近平总书记考察内蒙古重要讲话精神及关于国有企业改革发展和党的建设的重要论述,按照内蒙古自治区党委、政府的部署安排,在国务院国资委的精心指导下,锚定"突围"目标,综合施策,推动国资国企各项工作取得新成效。

(一)积极稳增长

以实施突围攻坚为抓手,在"一利五率"目标体系引导下,积极应对市场下行压力,推动企稳回升。监管企业全年实现利润 122.5 亿元,比上年增盈 50.67 亿元;上缴税费 185.7 亿元,比上年增长 19.9%;资产总额超过 1 万亿元,千亿资产企业增至 4 户。监管企业全年完成投资 902.3 亿元,比上年增长 40.9%。监管企业研发投入强度 3.8%,大幅高于全国平均水平。乌兰布和沙漠 1200 万千瓦大型风电光伏基地、北方稀土绿色冶炼升级改造、乌海抽水蓄能电站、"引绰济辽"工程、呼和浩特新机场高速、包银高铁、集大原高铁等项目加快建设。

(二)加快促改革

深化拓展三年行动改革成果,制定印发深化提升行动实施方案,接续推进重点任务。制定并落实公司治理各主体"定、议"事项一览表,分层分类、动态优化企业党委前置研究事项 700 余项。推动各级企业实现董事会"应建尽建""配齐建强",优化提升运行效率。统筹实施全区各级国有企业创建一流工程,推动北方稀土入选国家创建世界一流专业领军示范企业。深入推进"双百行动",包钢集团被评估为"优秀";深入推进"科改行动",包头稀土院、环保技术公司分别被评估为"标杆""优秀";推动 4 户企业新入围"双百企业""科改企业"。

(三)大力强监管

统筹落实"引导、监督、服务"三项职责,不断提高监管效能。阳光采购平台全年完成采购项目 5155 宗,成交金额 170 亿元,节资率 8.2%。制定实施区本级涉企国有资产处置事项审批程序的意见,规范处置程序。完善违规经营投资责任追究工作机制,对包钢集团铝锭贸易纠纷、北方稀土违规担保问题开展核查。制定企业内部审计管理、债券发行管理制度,严控增量负债、压减存量债务规模。严控非主业和三级以下企业投资,实施新设企业投资年度评价,防止"设立即亏损"问题。开展"合规管理年"活动,制定实施

《合规管理工作方案(2023—2025年)》《加强合同全生命周期管理的意见》。

(四)集中抓“突围”

确立“率先突围、打造标杆,逐企突破、夯实基础”的工作思路,推动优势企业突围打样、重组企业焕发活力、功能型企业加快改革、新建企业完善发展基础,“一企一策”加快国企突围。对自治区“五个大起底”工作进行有益拓展,全面清查企业运行和资源资产情况,清理29户非正常经营企业,减少高负债子企业86户,4户偏离主业子企业完成整改,69处闲置房产盘活52处,闲废物资处置率99%、获取收益3.6亿元,7宗闲置土地盘活4宗。以效益为导向改革考核分配机制,制定推进中长期激励的实施意见,树立奖优罚劣、奖罚分明的鲜明导向。完成交通集团重组,组建国贸集团,新设稀土新材料、能源储备、蒙氢管网等子企业,加快推动能源、电力、稀土、文旅产业做强做大。自治区国资委监管的一级企业亏损面由45%降至15.8%,独立核算企业亏损面降至16.2%,比上年减少8.5个百分点。

(五)全力强党建

加强思想政治建设,将学习习近平总书记关于国企改革发展和党的建设的重要论述作为首要任务,落实“第一议题”制度,对企业理论学习开展巡听旁听。加强“北疆文化”建设,指导包钢集团挖掘用好“齐心协力建包钢”红色资源,举办“北疆楷模”黑鹰山供电所事迹分享交流会,充分发挥示范引领作用。推动党建与生产经营深度融合,实施国有企业党支部建设“星级化管理”。深化清廉国企建设,推动落实党风廉政建设“两个责任”,持续推进巡视整改、巡察监督和“回头看”,严肃查处重点领域重点环节廉洁问题,国有企业政治生态逐步改善。

二、内蒙古自治区国有资产总量与结构分析

表1　2023年内蒙古自治区国有企业指标

项　目	金　额(亿元)
资产总额	32049.28
所有者权益	13723.10
国有资产总量	12704.73
营业收入	4124.04
利润总额	203.22
净利润	153.57
归属于母公司所有者的净利润	131.17
应交税金总额	216.09
实际上缴税金总额	253.96

表2　2023年内蒙古自治区国有企业户数情况

2022年户数(户)	2023年户数(户)	比上年增长(%)
3516	3984	13.31

表3　2023年内蒙古自治区国有资产总量按隶属关系分布情况

隶属关系	国有资产总量(亿元)	占　比(%)
区属企业汇总	3265.42	25.7
盟市企业汇总	9439.31	74.3
呼和浩特市	876.65	6.90
包头市	1163.52	9.16
乌海市	275.41	2.17
赤峰市	1829.00	14.40
通辽市	836.34	6.58
鄂尔多斯市	1740.89	13.70
呼伦贝尔市	1005.57	7.91
巴彦淖尔市	591.59	4.66
乌兰察布市	457.63	3.60
锡林郭勒盟	289.20	2.28

续表

隶属关系	国有资产总量(亿元)	占　比(%)
兴安盟	174.82	1.38
阿拉善盟	198.70	1.56
合　计	12704.73	100.00

表4　2023年内蒙古自治区国有资产总量按行业分布情况

行　业	国有资产总量(亿元)	占　比(%)
农林牧渔业	795.29	4.22
工业	3697.61	19.62
建筑业	2541.05	13.48
交通运输业	1922.83	10.20
仓储业	41.96	0.22
商贸业	325.48	1.73
房地产业	691.19	3.67
信息传输、软件和信息技术服务业	40.07	0.21
社会服务业	7759.87	41.17
教育文化广播业	394.92	2.10
科学研究和技术服务业	316.72	1.68
金融业	218.03	1.16
其他	104.33	0.55
合　计	18849.38	100.00

注:表中数据为单户企业合计数,非剔除内部抵消的合并数。

表5　2023年内蒙古自治区国有资产总量按经营规模分布情况

经营规模	国有资产总量(亿元)	占　比(%)
大型企业	3362.74	17.84
中型企业	2701.81	14.33
小型企业	7994.84	42.41
微型企业	4789.99	25.41
合　计	18849.38	100.00

注:表中数据为单户企业合计数,非剔除内部抵消的合并数。

三、内蒙古自治区国有资本保值增值综合分析评价

表6　2023年内蒙古自治区国有企业地区和行业国有资本保值增值情况

地　区	国有资本保值增值率(%)	行　业	国有资本保值增值率(%)
呼和浩特市	99.25	农林牧渔业	99.28
包头市	99.02	工业	102.69
乌海市	99.83	建筑业	101.43
赤峰市	99.86	交通运输业	101.19
通辽市	100.66	仓储业	98.05
鄂尔多斯市	102.26	商贸业	108.85
呼伦贝尔市	100.53	房地产业	99.15
巴彦淖尔市	99.86	信息传输、软件和信息技术服务业	118.71
乌兰察布市	99.27	社会服务业	100.38
锡林郭勒盟	101.15	教育文化广播业	96.81
兴安盟	98.45	科学研究和技术服务业	107.77
阿拉善盟	97.06	金融业	104.95
		其他	98.26

四、内蒙古自治区国资委监管企业改革发展情况

(一)谋划实施国有企业改革深化提升行动

印发《国有企业改革深化提升行动实施方案(2023—2025年)》,研究制定《深入推进国有企业改革深化提升行动工作机制》《重点任务分工台账》,召开全区国企改革深化提升行动部署推进会,举办全区国企改革深化提升专项行动培训班。

(二)深入实施一流企业创建

结合内蒙古各层级各企业的发展阶段、规模实力、改革基础不同的实际,制定推动全区国有企业创建一流企业的实施方案、工作方案、主要指标体系等文件,印发《监管企业对标一流企业价值创造行动工作方案》。深入开展寻标对标创一流,与山东省建立联络机制和企业结对机制、对标提升机制。持续深化示范创建、管理提升和价值创造行动,制定印发《价值创造行动工作方案》,从效益效率、创新驱动发展、国家战略落实等7个方面明确30条具体举措。推动北方稀土公司纳入全国创建世界一流专业领军示范企业名单。

(三)开展"突围攻坚"行动

制定《关于推动自治区国资系统突围的实施方案》,配套制定企业"大起底"、深化主辅业改革、强化经营效益与考核分配挂钩、"四个一批"、扭亏增效等5个工作推进落实方案。组织召开突围工作专题部署会,逐户审定企业突围工作方案及台账,按月调度工作进展。

(四)实施扭亏治亏专项行动

为着力破解监管企业"整体质效不高,特别是独立核算企业亏损面大"的问题,采取"一企一策"形成扭亏增效的整体工作方案和7户企业扭亏治亏工作方案,与企业签订经营业绩责任状,确保扭亏治亏目标落到实处。自治区国资委监管的一级企业亏损面由45.0%降至15.8%,独立核算企业亏损面降至16.2%,比上年减少8.5个百分点。

(五)深入开展"十个大起底"

针对解决企业历史遗留问题,亏损企业和高负债企业治理,非正常经营企业、参股企业、严重偏离主业企业处置,企业闲置土地、房产、矿产资源、闲废物资盘活等10个方面深入开展大起底,全面清查资源资产和企业运行情况,采取针对性措施解决监管企业底数不清、管控不力等突出问题,盘活各类资源资产,提高资源利用效率,有效促进国资国企节约集约高效发展。治理亏损子企业65户,清理非正常经营企业10户,减少高负债子企业25户,闲废物资处置率96%、获取收益3.4亿元,71处闲置房产处置盘活49处,13宗闲置土地盘活4宗。

五、内蒙古自治区国资委监管企业并购重组与完善法人治理结构情况

(一)加快"蒙字号"国企方阵组建

制定《自治区国资委实施"四个一批"工作方案》,围绕内蒙古经济社会发展重点领域、关键环节,加快构建布局结构合理、功能作用明显的"蒙字号"国企方阵。整合组建内蒙古交通集团,打造集投融资、工程建设、运营养护、路衍经济、智慧交通、网络货运等为一体的综合性交通企业。启动地矿、煤勘、有色3家企业重组整合,解决同质化分散经营问题,提升国有资本配置效率。组建内蒙古国贸集团,聚焦综合物流运输服务、口岸基础设施建设、进出口贸易等板块,助力内蒙古建设国家向北开放重要桥头堡。立足地区资源禀赋和产业优势,加快推动能源、电力、稀土等骨干企业做强做大,努力打造"蒙字号"标杆企业。

(二)健全完善中国特色国有企业现代公司治理

坚持"两个一以贯之",推动在完善公司治理中加强党的领导组织化、制度化、具体化,推动监管企业党委前置研究重大事项4442项,动态优化党委前置研究讨论重大经营管理事项清单628项,确保有效发挥党委把关定向作用。提升董事会建设质量,制定加强董事会应建尽建企业日常管理、差异化落实董事会职权工作方案等制度文件,推动各级企业实现董事会

"应建尽建",并动态调整应建范围。增强经理层经营活力,推动经理层成员任期制和契约化管理在全覆盖的基础上提升质量,深入基层点对点指导企业经理层成员签约工作,全区1095户企业、2748人实现任期制契约化管理。组织开展任期制契约化自查和实地督查检查,聘请第三方机构开展考核评估,针对发现的问题下发"回头看"和整改通知,指导督促企业进行整改,将有关经营指标列入企业经营业绩考核目标。深化国有企业监事会改革,对监管企业监事会设置和监事配备情况进行摸底并形成初步方案。

六、内蒙古自治区国资委监管企业建立和完善经营业绩考核体系情况

(一)突出增效考核导向

一是适度提高目标,引导企业结合实际体现担当,提升效益。要求盈利企业多做贡献努力增盈,亏损企业力争扭亏或大幅减亏,确保监管企业总考核目标利润较上年增幅不低于地区GDP目标增速,发挥国有企业稳经济大盘的作用。二是优化目标体系,加大经济效益考核指标权重。突出利润总额指标统领牵引作用,商业竞争类企业利润总额单一指标目标权重40%,特定功能类企业利润总额单一指标权重30%,进一步传导增收控成本的压力。三是推动"一企一策"考核。进一步深化基于分类考核的体系及指标设置,考核指标参照中央企业"一利五率"指标体系,遵循可比可测原则,结合企业业务重点或短板弱项差异化设置。

(二)增强可持续发展能力

一是聚焦重点功能任务。针对性地设置考核指标,突出"五大任务",立足产业发展加大投资、强链补链,深入改革对标提升等维度,引导企业认真履行使命任务,在改革发展中不断提升"蒙字号"国企发展水平,助力区域发展。二是突出科技创新再蓄力。通过研发内容考核"+",研发费用利润"+",研发奖励得分"+",引导企业强化创新在企业发展全局的核心地位,在对2022年考核结果的测算评级过程中,给包钢集团等9户企业研发费用视同利润加回11.4亿元,电力集团等3户企业因获得自治区技术发明或科学技术进步奖一等奖考核加分。三是深化监管企业中长期激励。起草印发《关于推进监管企业中长期激励的实施意见》,系统梳理中长期激励政策,提出监管企业开展中长期激励的总体目标,明示适用工具"5+X",提出保障实施的具体举措5条,鼓励企业结合实际稳慎探索创新。

(三)强化分配约束激励

一是加强工资总额预算管理。依据工资总额管理办法及实施细则,督导企业认真落实工资总额管理要求,强化工效联动,加大工资总额管控力度,做到"业绩升、薪酬升,业绩降、薪酬降"。对19户企业工资总额预算执行情况开展审计,确保预算执行的刚性。完成305张薪酬调查报表的审核上报。二是加强"关键少数"履职待遇业务支出管理。修订印发《自治区直属企业负责人履职待遇、业务支出管理办法》《关于进一步加强负责人履职待遇、业务支出工作的通知》等文件,进一步规范履职待遇、业务支出标准和禁止规定。对2022年度履职待遇不规范的企业及时予以纠正,对5户企业的2023年履职待遇、业务支出预算在2022年的基础上进行削减。三是严格企业负责人薪酬管理。从低核定8户企业的负责人年薪基薪,占19户企业的42%;从低核定9户企业负责人的绩效年薪,占19户企业的47%;扣减4户企业7名负责人的部分或全部绩效年薪。

七、内蒙古自治区国资委监管企业负责人考核与选人用人机制改革情况

(一)加强人才队伍建设

督促监管企业紧扣我国北方重要生态安全屏障、国家重要能源和战略资源基地建设、我国向北开发重要桥头堡等任务,制定年度高层次人才引进计划,加大基础人才引进力度,发布重点产业链急需紧缺高层次人才岗位83个,赴北京大学、清华大学、吉林大学等高校开展专项引才行动,柔性引进一类人才1人、五类人才2人,刚性引进五类人才9人,招聘应届博士研究生17人、硕士研究生396人。

(二)开展选人用人专项排查整改工作

制定印发《自治区国资委监管企业选人用人问题排查整改方案》,督促监管企业全面排查整改2018年以来员工招聘、管理人员选任、制度建设执行等方面问题,发现问题216个,区分问题类型进行立行立改或今后工作严格执行相关制度规定,能够立行立改147个全部完成,制(修)订人事管理制度54项,按照管理权限,给予党纪处分1人、问责1人、组织处理2人。

(三)积极推进经理层成员市场化选聘

探索推进区属企业市场化选聘经理层成员,对包钢集团等7户企业市场化选聘经理层成员8人(3正5副)的工作方案、考察方案进行审核,组织推动威信押运公司等3户委管企业市场化选聘经理层成员4人(1正3副),着力引发"鲇鱼效应",提高企业市场竞争意识和竞争能力。

(四)加强外部董事队伍建设

对外部董事队伍情况进行全面分析,组织监管企业推荐外部董事人才库补充人选33人,择优遴选入库8人,调整配备外部董事岗位28个,常态化保持外部董事占多数。赴浙江大学举办培训班,对外部董事、董事会秘书进行业务培训,着力提高外部董事履职能力和董事会运行规范化水平。采取线上测评、内部测评、实地谈话了解、机关处室评分相结合的方式,对15户企业董事会、董事、外部董事和3户企业执行董事进行年度评价,评定董事会评价优秀等次企业4户、优秀等次外部董事5人。

八、内蒙古自治区国资委监管企业党的建设和廉政建设情况

(一)健全完善党对国资国企的领导制度机制

以贯彻落实习近平新时代中国特色社会主义思想和党中央重大决策部署为首要政治任务,建立督查督办工作机制,形成任务、措施、责任、时限"四位一体"的工作台账,实施季、月、旬、周四个周期的调度工作,强化监督检查,全力推动落实。制定实施自治区国资委党委工作规则、"三重一大"决策制度和议事决策事项清单,贯彻民主集中制,提高科学执政、民主执政、依法执政的能力。推动党的领导融入企业公司治理,推动监管企业党委前置研究重大事项4442项,动态优化党委前置研究讨论重大经营管理事项清单628项,确保有效发挥党委把关定向作用。健全党对统战工作的领导机制,印发关于做好《贯彻落实〈内蒙古自治区党委关于加强新时代统一战线工作的实施意见〉重点任务分工方案》《贯彻落实〈自治区党委统一战线工作领导小组2023年工作要点〉重点任务分工方案》有关工作的通知,指导企业健全"三级统战网络"机制,领导班子成员与机关党外知识分子、留学人员开展谈心谈话7次,围绕贯彻中央民族工作会议精神和《内蒙古自治区促进民族团结进步条例》开展自查,申报自治区党委统战部无党派人士、党外知识分子工作理论调研课题1项,举办系统企业民主党派成员培训班4期,指导企业开展"爱企业、献良策、做贡献""建言献策促发展　凝心聚力谋新篇"等主题活动,选派系统企业19名无党派人士、少数民族代表人士、归国留学人员优秀代表参加自治区党委统战部"凝心铸魂强根基、团结奋进新征程"主题教育培训班。健全党对群团工作的领导机制,强化党建带群建工作,落实《内蒙古自治区中长期青年发展规划(2018—2025年)》各项任务,强化产业工人队伍党建工作,举办内蒙古自治区第二届"企业杯"篮球联赛,组织企业参加2023年度全区"最美拥军人物""最美拥军企业""最美军嫂"和中国妇女第十三次全国代表大会内蒙古自治区代表候选人等推荐评选工作。

(二)持续强化党的创新理论武装

指导各企业通过"第一议题"开展学习494次,推动各企业党委理论学习中心组学习358次、研讨202次、累计巡听旁听217次。指导各企业开展习近平新时代中国特色社会主义思想百场宣讲报告会174场次,组织宣讲3164次,开展培训2140次、参训人数4.4万余人。举办3期党组织书记学习贯彻习近平新时代中国特色社会主义思想和党的二十大精神示范培训班、党务干部学习贯彻党的二十大精神及党建业务培训班,召开自治区国资国企改革发展情况、"聚焦完成'两件大事'贡献国资国企力量"新闻发布会。组建自治区国资委党委宣讲团,深入开展"感党恩、听党

话、跟党走"暨《国务院关于推动内蒙古高质量发展奋力书写中国式现代化新篇章的意见》主题宣讲。组织开展"理响新征程"理论宣讲比赛，累计观看直播14万人次。在习近平总书记给乌兰牧骑队员回信六周年暨内蒙古自治区4户国有企业乌兰牧骑授旗成立五周年之际，组织开展自治区国有企业乌兰牧骑业务交流发展研讨会暨汇报演出。

(三)加强监管企业基层党组织和党员队伍建设

围绕"感党恩、听党话、跟党走，团结奋斗全方位建设'模范自治区'"群众性教育实践活动，梳理国有企业党组织在落实五大任务、全方位建设"模范自治区"中的职能职责，形成国有企业党支部的创建标准，推动争创北疆党建品牌。加强基层党组织"三支队伍"建设，新选用各级党组织书记263人，及时调整不胜任、不适宜的党组织书记9人，新配备党务干部3167人，发展党员1538人(年度下发指标数)，培养入党积极分子5105人。指导企业3699个党组织按期换届，做到"应换尽换"。加强企业基层党组织党建阵地建设，累计建成党建阵地1885个。指导企业围绕产业链加强与央企等上下游企业开展党建联建，企业各级党组织结对互联互促1597个，组织党建联建活动1776次。按照《关于加强和改进混合所有制企业党建工作的指导意见(试行)》，明确各企业所属156家混合所有制企业党组织的功能定位，健全管理体系和工作机制，推进党的组织和工作覆盖。

(四)推动党的建设融入基层治理

坚持把党建引领作为推动基层治理创新发展的根本路径，把政治优势、组织优势转化为基层治理效能，推动各级国有企业在职党员参与基层治理常态化，通过帮助社区、包联单位协调资源、采购产品、志愿服务等方式充实街道、社区治理力量，并组织监管企业与社区、农村(嘎查)党建共建，发挥国有企业在服务基层治理、帮助群众解决实际困难等方面的积极作用。纵深推进"双报到"，各企业到社区报到党组织数量1741个、党员3万余人，参与社区工作队、志愿服务队等组织党员1.3万余人，暖心服务小分队864个、开展走访慰问2372次，帮助职工群众解决实际困难3545件，667个党组织与社区党组织结对共建。推广国有企业党员骨干领衔"揭榜挂帅"、技能比武、集中攻关等做法，结合服务保障五大任务落实，企业各级党组织建立党员责任区4326个、党员示范岗3904个，在解决关键核心技术"卡脖子"问题等重大任务中创先争优、攻坚克难。深入实施消费帮扶，推动企业积极履行社会责任，累计帮助帮扶地区销售农副产品和旅游等服务项目6968.455万元。

(五)推进作风建设常态化长效化

认真落实中央八项规定精神，以"严"的基调强化正风肃纪。持续深化纠治"四风"，重点整治形式主义、官僚主义，着力纠治不担当不作为、任性用权乱作为等问题；严肃整治享乐主义、奢靡之风，坚决破除特权思想和特权行为。重要节日前印发清廉过节通知，防止"四风"问题反弹。组织党委班子成员、机关党员干部、监管企业主要领导和纪委书记赴呼和浩特第三监狱开展廉政警示教育。制定《关于加强调研指导类事项规范化管理的通知》，规范此类事项审批备案流程，严明纪律要求，防止增加企业负担。深入开展"转作风、提效能"专项行动，分步骤、按时限、高质量抓好制度建设、快干实干、规范工作、精减优化、服务群众各阶段工作，印发《自治区国资委办公室关于印发工作提质增效28条措施的通知》，对公文运转办理、文件制发、会议筹备、督查督办等重点工作进行全环节梳理、全流程优化。扎实开展"三提"专项行动，强化报账意识、交卷意识、结果意识，突出"三抓、三促"，聚焦"慢、粗、虚"问题，持续推动国资国企各方面工作快起来、细起来、实起来。

(六)统筹做好巡察监督和巡视整改工作

研究制定《自治区国资委党委关于督导落实自治区党委第三轮巡视反馈意见的工作方案》《关于对照巡视反馈共性问题开展自查整改的工作方案》，召开十一届自治区党委第三轮巡视整改督导工作推进会，扎实推进整改落实工作。自主举办自治区国资委党委巡察干部培训班2期，修订完善《区属国有企业巡察"三个聚焦"监督重点细化清单》，印发《2022年度监管企业政治生态情况评估报告》，扎实开展第五轮巡察，创新采取"巡察+审计"联动模式，对6户区属企业重点分子公司开展为期40天的巡察。研究起草企业违规经营投资责任追究办法、问题线索委内移送规则，进一步规范违规经营投资责任追究工作。起草《关于纪检监察监督、巡视监督与国资监督贯通协调的工作办法（试行）》（代拟稿），进一步推进纪检监察监督、巡视监督与国资监督贯通协调。

（七）持续推进党风廉政建设

组织召开党风廉政建设和反腐败工作会议，分析形势、深挖根源、部署任务、压实责任、推进工作。印发2023年国资监管、国企改革发展党建工作要点，明确党风廉政建设工作目标、年度计划和具体举措，有力有序推进落实。制定年度重点任务督办台账，将党风廉政建设作为其中的重点内容，加强监督检查，并通过开展廉政谈话、述职评议等方式及时掌握监管企业领导班子、领导干部廉洁从政情况。印发《全面推动清廉国企建设的实施方案》《清廉国企建设考核评价办法（试行）》，推进清廉国企建设工作开展和考核评价，推动各监管企业累计召开警示教育大会594次，查办案件94件，督促整改问题89个，修订制度410项，新建制度327项，取得阶段性成效。深化李杰翔案以案促改，制定实施《关于做好李杰翔严重违纪违法案以案促改的工作方案》，建立整改工作责任制，细化明确措施40条，推动各监管企业累计召开警示教育大会851次、专题民主生活会和组织生活会1553次、党支部会议6271次，处置问题案件54件，查处处级干部12人、科级干部25人、一般党员干部19人，有力推动国资国企系统全面从严治党向纵深发展。修订《内蒙古自治区直属企业违规违法经营投资责任追究办法》《自治区国资委监管企业经营投资问题线索委内移送办理工作规则》，汇编印发《违规经营投资责任追究工作文件汇编》，进一步规范自治区国资委违规经营投资责任追究工作。大力整治感知惠风公司融资性贸易，包钢铝锭贸易纠纷、北方稀土违规担保贷款等造成国有资产损失等问题，对相关责任人进行严肃追责问责。对发生重大违纪违法案件企业，扣发企业领导班子成员的绩效年薪和任期激励收入，层层传导压力，进一步压实企业党风廉政建设工作责任。扎实开展"大吃大喝、铺张浪费"问题、"利用境外项目佣金中介费牟取私利"、涉煤领域违规违法问题常态化治理、粮食购销领域腐败问题等一系列专项整治工作。

（撰稿人：武正帅）

辽宁省

一、辽宁省国有资产监督管理工作综述

2023年，辽宁省国资国企系统学习贯彻习近平总书记关于国有企业改革发展和党的建设的重要论述，全面落实辽宁省委、省政府部署要求，着力推动辽宁省国企改革深化提升并取得明显成效。截至2023年底，14户省属企业累计实现营业总收入864.6亿元；实现利润总额44.5亿元，比上年增加22.2亿元，增长99.1%，增幅位居全国省级国企前列。

（一）央地合作成效显著

53家中央企业来辽会商会见。成功召开与中央企业深化合作座谈会、国资央企助力东北全面振兴座谈会，推进重大项目156个、总投资额1.28亿元，开启国资央企与辽宁合作新篇章。其中，2023年计划开复工91个，当年实际开复工83个，开复工率91.2%；2023年计划投资647.9亿元，当年实际完成投资616.6亿元，投资完成率95.2%。与中国诚通、中国国新共同设立规模100亿元的辽宁振兴发展基金。央地合作机制顶层设计健全完善，省长担任央地合作领导小组组长，小组下设项目协调推进专班，实现高位推动、长效沟通、问题协调解决、跟踪督办、要情报送协调联动。中粮集团、华润集团等20户央企与辽宁省签署战略合作协议，全年成功在辽落地中国能建辽宁总部等20户区域总部或驻辽公司。服务央企成效显著，建立驻辽央企信息库、央企在辽重点项目库、驻辽央企重大服务事项清单，收集整理各类事项311个，协调相关单位办结289个。

（二）重点领域改革强力推进

"瘦身健体"积极推进，推动辽控集团与中国诚

通、中国国新合作打造资产接收管理、处置盘活“双平台”，辽宁省属企业压缩三级以下企业管理层级23户、减少法人44户。科技创新不断强化，健全完善研发投入稳定增长机制，2023年辽宁省属企业研发投入强度1.62%，比上年增加0.38个百分点，新建省级研发平台5个，17项成果获得省科技进步奖。开展辽宁省国有企业“星火”创新创意大赛，推动驻辽央企及省、市属企业开展协同技术攻关。资产证券化扎实推进，“一企一策”研究推进资产资本化、资本证券化，推进能源控股集团清洁能源18亿元资产注入所属上市公司工作。发挥考核“指挥棒”作用，建立经营业绩考核和国有企业推动全面振兴新突破评价“双考核”体系，强化科技创新、服务辽宁省重点任务，突出“一企一策”差异化考核。“监管＋服务”不断创新，基本建成国资国企在线监管服务平台。深入开展省属企业经营管理突出问题综合检查整治、虚假贸易业务专项整治、“靠企吃企”问题专项整治、医药领域腐败问题集中整治，持续推进粮食购销领域腐败问题专项整治、跨境腐败治理和追逃追赃工作。稳妥推进混合所有制改革，完成混合所有制改革企业23户，引资1.3亿元。推动ESG在交投集团、能源控股集团和辽水集团先行先试，在全国地方国资系统进入第一梯队。

(三)党的领导党的建设全面加强

严格落实“第一议题”制度，国资国企系统跟进学习贯彻习近平总书记重要讲话、重要文章和重要指示批示948次；举办宣传贯彻党的二十大精神培训班539期、学习班1087期、报告会503场次、讲座讲坛213场次；举办学习贯彻习近平总书记在新时代推动东北全面振兴座谈会上的重要讲话精神宣讲4950次，受众16.4万人次。主题教育扎实有效。指导21户省管企业检视整改问题196个，建章立制273个，辽宁省国资委机关和20户省管企业主题教育被评为“好”。基层党建逐步夯实，14户省属企业、66户重要子企业完成党委前置研究讨论重大经营管理事项清单修订。完成2296个党支部评估定级。开展央地国企党建联建活动，7户省属企业围绕11个项目与央企开展深入洽谈。深化“共产党员先锋工程”建设，解决群众困难2870个。巡视整改有力有效，加强组织领导，强化标本兼治，省委巡视反馈的5个方面32个问题完成整改28个，占比87.5%。

二、辽宁省国有资产总量与结构分析

截至2023年底，辽宁省地方国有企业资产总额34486.98亿元、所有者权益14825.73亿元、国有资产总量13127.37亿元、平均资产负债率57.01%、累计实现营业收入3001.62亿元、累计实现利润总额－42.28亿元，其中，归属于母公司所有者的净利润－90.09亿元、实际上缴税费总额189.46亿元。

表1　2023年辽宁省国有企业指标

项　目	金　额(亿元)
资产总额	34486.98
所有者权益	14825.73
国有资产总量	13127.37
营业收入	3001.62
利润总额	－42.28
净利润	－84.27
归属于母公司所有者的净利润	－90.09
应交税费总额	190.39
实际上缴税费总额	189.46

2023年，辽宁省纳入统计范围的各级地方国有企业6221户，比上年增加686户，增长12.39%。

表2　2023年辽宁省国有企业户数情况

2022年户数(户)	2023年户数(户)	比上年增长(%)
5535	6221	12.39

2023年，辽宁省国有资产总量13127.37亿元，其中，省属企业国有资产总量1947.66亿元；各市(含市、县区属企业)管理企业国有资产总量11179.71亿元。

表3　2023年辽宁省国有资产总量按隶属关系分布情况

隶属关系	国有资产总量（亿元）	占比（%）
省属企业汇总	1947.66	14.84
地市企业汇总	11179.71	85.16
沈阳市	2256.92	17.19
大连市	3506.96	26.71
鞍山市	681.93	5.19
抚顺市	316.46	2.41
本溪市	330.51	2.52
丹东市	231.79	1.77
锦州市	411.78	3.14
营口市	692.68	5.28
阜新市	114.35	0.87
辽阳市	441.91	3.37
铁岭市	267.34	2.04
朝阳市	154.49	1.18
盘锦市	1569.84	11.96
葫芦岛市	202.77	1.54
合　计	13127.37	100.00

注：由于数据修约，分项与汇总数存在细微差距。

从行业分布上看，辽宁省国有资产主要分布在社会服务业、建筑业、房地产业、交通运输业、工业5个行业当中，占辽宁省国有资产总量的93.72%。

表4　2023年辽宁省国有资产总量按行业分布情况

行　业	国有资产总量（亿元）	占比（%）
农林牧渔业	353.46	2.69
工业	696.04	5.30
建筑业	1280.16	9.75
交通运输业	924.58	7.04
仓储业	28.41	0.22
商贸业	56.13	0.43
房地产业	1181.86	9.00
信息传输、软件和信息技术服务业	0.92	0.01
社会服务业	8221.24	62.63
教育文化广播业	85.35	0.65
科学研究和技术服务业	85.92	0.65
金融业	158.84	1.21
其他	54.47	0.41
合　计	13127.38	99.99

注：由于数据修约，合计数不等于100%，且与表1中的"国有资产总量"不对应。

从经营规模上看，辽宁省国有资产主要集中在大型企业当中，占辽宁省国有资产总量的53.32%。

表5　2023年辽宁省国有资产总量按经营规模分布情况

经营规模	国有资产总量（亿元）	占比（%）
大型企业	6999.99	53.32
中型企业	3073.14	23.41
小型企业	1939.69	14.78
微型企业	1114.55	8.49
合　计	13127.37	100.00

三、辽宁省国有资本保值增值综合分析评价

2023年，辽宁省国有资本保值增值率99.21%，其中，省属企业保值增值率99.81%，地市企业保值增

值率99.08%。从地区看,抚顺市、丹东市、阜新市、辽阳市、朝阳市实现保值增值;从行业看,农林牧渔业、商贸业实现保值增值。

表6　2023年辽宁省国有企业地区和行业国有资本保值增值情况

地　区	国有资本保值增值率(%)	行　业	国有资本保值增值率(%)
辽宁省汇总	99.21	农林牧渔业	102.53
省属企业汇总	99.81	工业	99.23
地市企业汇总	99.08	建筑业	97.90
沈阳市	99.02	交通运输业	95.87
大连市	99.26	仓储业	95.85
鞍山市	99.22	商贸业	101.94
抚顺市	100.72	房地产业	98.68
本溪市	99.72	信息传输、软件和信息技术服务业	85.53
丹东市	100.20	社会服务业	99.69
锦州市	96.61	教育文化广播业	97.34
营口市	99.41	科学研究和技术服务业	99.83
阜新市	100.87	金融业	95.37
辽阳市	102.45	其他	98.28
铁岭市	95.56		
朝阳市	102.27		
盘锦市	98.51		
葫芦岛市	94.39		

四、辽宁省国资委监管企业改革发展情况

2023年,辽宁省国资国企系统采取有效措施压茬推进省委全面振兴新突破三年行动方案中开展国企改革提升行动、做强做优做大国有企业、开展央企与辽合作提升行动等3个方面22项任务,并全部完成。14户省属企业实现利润总额比上年增长99.1%,超额完成决胜首战年目标要求。辽宁省在国务院国资委举办的国有企业改革深化提升行动研讨班上作经验交流发言,沈鼓集团被评为创建世界一流专精特新示范企业,交通规划设计院被评为“双百企业”标杆级,辽水集团“一条鱼的匠心之旅”入选国务院国资委优秀品牌故事。

(一)高位谋划和顶层推动国企改革深化提升

辽宁省委、省政府召开辽宁省国有企业改革深化提升工作会议,极大鼓舞辽宁国资国企战线的士气。以省委、省政府文件印发推动辽宁省国有企业改革深化提升实施意见,启动实施辽宁省国企改革深化提升三年行动,确定“一二三四五”总体思路,实施国有经济布局优化和结构调整提升、科技创新能力提升、企业管理提升、国资监管效能提升、国企党建提升“五个工程”,成立5个提升工程专项行动推进组,建立39项重点改革任务工作台账,逐项任务明确到措施、到处室、到个人、到时间节点、到目标要求,清单化项目化工程化推进。

(二)国有资本优化调整稳步推进

围绕推动优势企业延链补链强链,形成4对8户省属企业的改组组建和重组方案。推动辽控集团与中国诚通、中国国新合作,打造资产接收管理、处置盘活“双平台”。出台省属企业主责主业管理办法、投资项目后评价管理办法、投资监督管理办法等制度。

(三)央地合作成效显著

建立驻辽央企信息库、央企在辽项目库、驻辽央企重大服务事项清单并动态调整。全面配合辽宁省委办公厅、省政府办公厅成功举办辽宁与央企深化合作座谈会、国资央企助力东北全面振兴座谈会,两次会议集中签约项目89个,总投资6087亿元。

(四)企业活力和内生动力得到激发

将42户符合条件企业纳入拟开展中长期激励工作范围。确定96项年度省属企业科技创新重点项目清单,组织19户省、市属企业与大连理工大学等单位围绕61项可转化成果深入对接。遴选15名青年科技人才到江苏对口企业学习锻炼。

(五)国资监管效能不断提升

持续完善辽宁省国资国企在线监管服务平台建设,梳理优化内设机构195项工作职责、628项具体工作事项以及45项监管服务事项,推进在线办、一次办。建立辽宁省重点国有企业债务风险监测预警机制,省属企业平均资产负债率优于全国平均水平19.1个百分点。出台省属企业主责主业管理办法、投资项目后评价管理办法、投资监督管理办法,开展投资项目后评价22个,涉及投资额113.7亿元。积极处置境外23个存量项目。检查整治省属企业经营管理16个方面37个突出问题,督促整改263个,追责问责59人。

(六)党的领导党的建设全面加强

严格落实"第一议题"制度。14户省属企业、66户重要子企业完成党委前置研究讨论重大经营管理事项清单修订。开展央地国企党建联建活动,7户省属企业围绕11个项目与央企开展深入洽谈。

五、辽宁省国资委监管企业完善法人治理结构情况

(一)持续推进省属企业董事会规范建设

围绕以《省属企业规范董事会建设工作指引》为引领的"1+4"制度体系,持续推进省属企业董事会规范建设。141户省属各级企业纳入董事会应建范围,100%实现应建尽建,其中一级企业14户、子企业127户。66户重要子企业100%落实董事会职权,重点落实经理层成员选聘、业绩考核、薪酬管理等6项职权,鼓励企业结合实际探索差异化落实方案。141户各级企业董事会100%完成向经理层授权工作,制定董事会授权经理层管理办法和事项清单,明确相关授权额度。指导企业强化对经理层行权履职的跟踪评价,要求企业依据考核评价结果动态调整授权范围和授权事项。进一步完善省属企业董事会工作报告机制。

(二)强化外部董事队伍管理,推动外部董事占多数

累计向13户省属企业选派外部董事52人次,有26人担任董事会专门委员会主任委员,17名央企退休领导人员全部在聘,其中7人同时在2户省属企业兼职。2023年初,向辽渔集团、城乡建设集团、辽勤集团、辽控集团4户企业增派8名外部董事。动态调整外部董事聘任人选,根据年度考核结果对姚伟、刘永旭等11名外部董事进行表彰,8名外部董事任期结束后不再续聘。计划加大具备央企管理经验的外部董事选派比例,推动现代法人治理体系建设领域的央地合作。

六、辽宁省国资委监管企业建立和完善经营业绩考核体系情况

深入贯彻张国清副总理《在全国国有企业改革深化提升行动动员部署电视电话会议上的讲话》中提出的"三个充分体现""一企一策考核"等工作要求,重新修订《企业负责人经营业绩考核办法》,优化完善业绩考核制度体系。进一步健全符合科研规律的科技创新考核机制。升级《省属企业科技创新考核奖励实施方案》,建立科技创新年度考核晋级和精神激励机制;完善研发投入加回等考核支持措施,提高关键核心技术攻关等研发投入加回比例。突出服务国家及省战略考核导向。将培育战略性新兴产业、推进国家及省重点项目等纳入考核体系,加大对省属企业服务国家及省战略、承担重大保障任务等的考核力度,持续引导企业优化产业布局和结构,增强核心功能。优化"一企一策"的分类考核机制。深入开展差异化分类考核,根据功能定位、发展阶段、重点任务和问题短板等,确定"一企一策"的考核指标体系,进一步提高经营业绩考核的科学性和精准性。

七、辽宁省国资委监管企业选人用人机制改革情况

(一)持续深化经理层成员任期制和契约化管理

注重发挥任期制和契约化管理在推动企业"三能"机制中的龙头作用,推动形成契约目标、考核兑现与不胜任退出紧密联动、环环相扣的工作态势。完成2023年省属企业全级次签约工作,实现441户、1559名经理层成员100%签约。创新开展签约质量互检工

作,组织 13 户省属企业对全部 441 户、1559 名经理层成员开展 2023 年经理层成员签约质量互检工作,梳理并反馈问题 436 个。

(二)注重企业人才队伍建设,保障重点群体就业稳定

落实 2023 年度国资国企促进高校毕业生就业专项行动,持续实施"辽宁国企英才招聘计划",与省人社厅、省教育厅共同举办 2023 年央企国企高校毕业生招聘周活动,组织企业参加第 24 届海外学子创业周,全年辽宁省国有企业接收高校应届毕业生 1073 人。积极发挥国有企业稳就业"压舱石"作用,组织 6 户省属企业面向退役士兵提供安置岗位 128 个;组织 5 户省属企业参与"荣归辽沈　再建新功"退役军人专场招聘,提供就业岗位 150 余个。坚持省属企业 100%公开招聘,年内累计发布各级企业招聘公告、公示 107 期。

八、辽宁省国资委监管企业党的建设和廉政建设情况

2023 年,省属企业各级党组织坚持以习近平新时代中国特色社会主义思想为指导,全面贯彻党的二十大精神,贯彻落实习近平总书记关于国有企业改革发展和党的建设的重要论述,深入落实新时代党的建设总要求和新时代党的组织路线,坚持和加强党对国有企业的全面领导,开展"强党建、兴国企、促振兴"专项行动,发挥基层党组织战斗堡垒作用和党员先锋模范作用,坚定拥护"两个确立",坚决做到"两个维护",基层党建工作引领保障作用得到有效发挥,各项工作取得良好成效。

(一)坚持党对国有企业的全面领导

省属企业各级党组织切实履行好全面从严治党主体责任,建立联系点 1524 个,开展调研 5316 次、推动解决问题 3291 个,总结积累、全面推广好经验好做法 256 个。在完善公司治理中加强党的领导,发挥党委"把方向、管大局、保落实"领导作用,省属企业集团公司及 66 户重要子企业完成党委前置研究讨论重大经营管理事项清单修订工作,全年各级党组织前置研究讨论事项 7087 个。强化党组织书记抓基层党建工作述职评议考核,开展党建工作责任制考核,省属企业修订党建工作责任制考核评价办法 48 次,细化年度指标体系具体内容 1007 项、动态调整 106 项。开展"第一议题"制度学习 30580 次,举办培训班 539 期、学习班 1087 期、报告会 503 场次、讲座讲坛 213 场次,受众 85277 人。开展学习贯彻习近平新时代中国特色社会主义思想主题教育,举办读书班 1649 期、撰写心得体会 6292 篇、开展调研 3366 次、转化调研成果 2085 个、检视问题 1520 个并整改落实 1326 个、建立长效机制 1108 个、出台文件 1228 个。

(二)增强基层党组织政治功能和组织功能

严密党的基层组织体系,新成立党组织 97 个、调整或撤销党组织 152 个,设置联合党支部 17 个、临时党支部 7 个。提高党员队伍建设质量,发展党员 868 人,其中青年职工(35 岁以下)417 人、产业工人 461 人。加强党员教育管理,编印《淬·初心》学员感言集锦,举办党员培训班 857 期、培训 48930 人,基层党组织书记培训班 181 期、培训 3318 人,举办党务工作者培训班 156 期、培训 4911 人。落实党的组织生活制度,组织召开党员大会 16188 次、支委会 26025 次、党小组会 21100 次、党日活动 24072 次、民主生活会 539 次、组织生活会 4119 次、民主评议党员 2420 人次。加强党支部标准化规范化建设,完成 2296 个党支部评估定级,其中"较好"以上 2246 个,占比 97.8%。建立"共产党员之家"997 个,创建"一支部一品牌"1669 个,征订教育培训书籍 101160 册,投入党费 1048.7 万元。

(三)推动基层党建工作与生产经营深度融合

实施"共产党员先锋工程",创建党员责任区 1811 个、党员示范岗 2606 个、党员突击队 880 个、党员服务队 198 个。以"赓续红色基因、加强央地合作、共襄辽宁振兴"为主题,开展党建联建活动,与省属企业达成初步合作意向 37 个。探索开展"产业链供应链创新链"党建,推动产学研、上下游、大中小企业开展党建联建共建 59 个。加强混改企业党建工作,省属企业中现有混合所有制企业 102 户,91 户企业将党建工作要求写入公司章程,76 个党委全部建立"双向进入、交

叉任职”领导体制；77 户企业制定党组织前置研究讨论重大经营管理事项清单。加强境外企业党建工作。开展各类教育 21 次。

（四）坚定不移深化正风肃纪反腐

推进作风建设常态化长效化，查处违反中央八项规定及实施细则精神案件 20 起，深化纠治“四风”问题 7 个，纠治漠视侵害职工群众利益、加重基层负担的形式主义、官僚主义问题 3 个。强化党员干部管理监督。开展经常性以案说法、警示教育 1367 次。一体推进“三不腐”，查处靠企吃企、关联交易、内外勾结侵吞国有资产问题 7 个，违规决策、违规经营造成重大国有资产损失等新型腐败和隐性腐败问题 1 个。

（撰稿人：杨冰莹）

大连市

一、大连市国有资产监督管理工作综述

2023 年，大连市国资委系统深入学习贯彻习近平新时代中国特色社会主义思想和党的二十大精神，全面落实习近平总书记关于东北、辽宁、大连振兴发展重要讲话和指示批示精神，特别是在新时代推动东北全面振兴座谈会上的重要讲话精神，按照市委、市政府的部署要求，深入落实全面振兴新突破三年行动部署，聚焦提高核心竞争力和增强核心功能，积极谋划新一轮国资国企改革深化提升行动，深化企业专业化整合，加强国资监管，开展央地合作，全面加强党的建设，推动企业高质量发展。截至 2023 年底，大连市国资委监管企业资产总额 3194.45 亿元，比上年增长 4.23%；负债总额 1923.05 亿元，比上年增长 8.12%；累计实现营业收入 340.53 亿元，比上年增长 5.52%；利润总额－28.69 亿元，比上年减亏 16.79 亿元；上缴税费 19.3 亿元，比上年增长 4.49%。

（一）加快国有经济布局优化和结构调整

加大推动“三资”清查盘活和“两非”处置力度，建立识别预警长效机制，引导企业聚焦主业发展，严控非主业投资，推动技术、人才、资金等各类资源要素向企业核心业务集中，做强做优企业核心业务。进一步做好内部专业整合工作，重点推动大连市城市建设投资集团有限公司、大连市国有资本管理运营有限公司、大连文化旅游发展集团有限公司、大连农渔产业集团有限公司等开展企业内部专业化整合。制定全域新华书店整合方案，通过资源共享和优化配置，使现有资源得到充分利用，形成大连市新华书店一盘棋的规模效益和竞争优势。解决企业因债务、税费问题仅以经营权移交而所有权未实际划转的问题，确保市属国企专业化整合走深走实。

（二）完善企业科技创新机制，提高国有企业核心竞争力

加大科技投入力度。发挥财政资金引导作用，加大国有资本经营预算对市属国有企业创新的支持力度。年度财务决算中出具研发投入专项审计报告，将研发投入强度指标纳入企业负责人经营业绩考核，在考核中视同利润予以加回。推进打造原创技术策源地。按照《推进市属国有企业打造原创技术策源地工作方案》，重点推动大连重工装备集团有限公司、瓦房店轴承集团有限责任公司、大连检验检测认证集团有限公司等龙头企业在散料装卸、大型挤压造粒机、高端精密轴承、特种设备检验检测等领域打造原创技术策源地，着力突破一批关键核心技术。积极培育发展战略性新兴产业。推进大连市国有资本管理运营有限公司与央企、其他市属国有企业和社会资本共同发起设立产业投资基金，聚焦石油化工、现代农渔、文化旅游等对大连市具有引领带动作用的重点产业领域以及新一代信息技术、高端装备、新能源等战略性新兴产业领域，孵化培育新技术、新产业、新业态。支持市属国企将战略性新兴产业作为培育业务并视同主业管理。加快科技创新人才队伍建设。依托专项工程、重大项目等载体，培养造就一流科技创新人才和青年科技英才。建立技术序列与管理序列并行的双通道晋升机制和薪酬体系。

(三)加大央地合作力度,实现央地融合发展

建立央地合作机制。成立大连市央地合作工作专班,制定《大连市央地合作工作机制方案》,在项目推进、产业发展、招商合作、服务保障四方面建立健全央地合作机制。截至2023年底,大连市推进央地合作投资项目98个,总投资5591亿元。列入省重点项目21个,总投资2993.6亿元。推进高端装备及新能源产业、大连数谷、中粮油脂等项目开工建设。分批成立项目协调推进专班,以2023年底前开工建设的25个项目作为首批成立专班项目。加强央地信息沟通和工作协同。建立并动态调整"两库一清单",梳理重点央企338户,重点央地合作项目56个,服务事项30项。积极利用中国大连高级经理学院搭建央地企业交流合作平台。

(四)健全国有资产监管体制,全面提升国资监管效能

加强监管制度建设。完善权责清单管理,全面加强专业化体系化法治化监管。建立市属企业法治建设"1+N"制度体系,制定相关制度规定7个。加强合规管理和责任追究。健全出资人监督与纪检监察、巡察、审计、财会、职工民主、社会监督等各类监督贯通协同机制。完善业务监督、综合监督、责任追究"三位一体"的出资人监督体系。指导企业做好十三届市委第二轮巡察反馈问题整改及追责问责工作。加强企业投资监管工作。结合企业资产负债状况、投资管理情况,下发2023年度投资特别监管企业名单,对企业投资实施分类重点监管。推动大连市国有资本管理运营有限公司设立项目评审专家库,完善项目专家评审会机制,充分发挥专家评审在投资项目审核中的专业支撑作用。进一步规范市属国有企业重大投资事项,明确权责边界,防范投资风险,指导大连市国有资本管理运营有限公司履行初审职责。加强系统性风险防范。做好债务风险排查,实施负债规模和资产负债率双重管控。"一企一策"化解债务风险,确保不发生到期债券违约事件。推进国资国企监管信息化建设。开展国资国企监管平台二期项目建设,完成国务院国资委专家组对大连市国资委监管信息化平台建设的验收评估工作。

二、大连市国有资产总量与结构分析

截至2023年底,大连市国有企业(不含金融企业)1031户(含三级以下企业),其中一级企业125户(市本级国企13户、区市县级国企112户)。资产总额7172.25亿元,比上年增长2.14%;负债总额3603.81亿元,比上年增长4.52%;累计实现营业收入474.07亿元,比上年增长5.1%;利润总额-41.23亿元,比上年减亏19.46亿元;实际上缴税金总额30.29亿元,比上年增长10.35%。

表1　2023年大连市国有企业指标(不含金融企业)

项　目	金　额(亿元)
资产总额	7172.25
所有者权益	3568.44
国有资产总量	3342.48
营业收入	474.07
利润总额	-41.23
净利润	-48.26
归属于母公司所有者的净利润	-51.78
应交税金总额	32.25
实际上缴税金总额	30.29

表2　2023年大连市国有企业户数情况

2022年户数(户)	2023年户数(户)	比上年增长(%)
942	1031	9.45

截至2023年底,大连市国有资产总量3342.48亿元。从隶属关系分布看,市本级国有资产总量1066.25亿元,占比31.90%,区市县级国有资产总量2276.23亿元,占比68.10%;从行业分布看,社会服务业国有资产总量2650.04亿元,占国有资产总量的79.28%;从经营规模分布看,大型企业国有资产总量2017.89亿元,占国有资产总量的60.37%,中型企业、小型企业、微型企业分别占国有资产总量的16.65%、10.75%、12.23%。

表 3　2023 年大连市国有资产总量按隶属关系分布情况

隶属关系	国有资产总量（亿元）	占　比（%）
市本级企业汇总	1066.25	31.90
国资监管企业	1059.84	31.71
非国资监管企业	6.41	0.19
县市区级企业汇总	2276.23	68.10
中山区	25.55	0.76
西岗区	13.12	0.39
沙河口区	—2.29	—0.07
甘井子区	153.16	4.58
旅顺口区	298.85	8.94
普兰店区	184.19	5.51
瓦房店市	56.21	1.68
庄河市	183.67	5.50
长海县	20.6	0.62
金普新区	647.58	19.37
高新区	83.56	2.50
长兴岛	600.22	17.96
太平湾新区	11.81	0.35
合　计	3342.48	100.00

表 4　2023 年大连市国有资产总量按行业分布情况

行　业	国有资产总量（亿元）	占　比（%）
社会服务业	2650.04	79.28
交通运输业	380.06	11.37
房地产业	246.32	7.37
教育文化广播业	19.18	0.57
建筑业	18.97	0.57
金融业	12.63	0.38
工业	5.51	0.16
仓储业	3.44	0.10
农林牧渔业	3.33	0.10
其他	2.73	0.08
商贸业	0.23	0.01
合　计	3342.48	100.00

表 5　2023 年大连市国有资产总量按经营规模分布情况

经营规模	国有资产总量（亿元）	占　比（%）
大型企业	2017.89	60.37
中型企业	556.64	16.65
小型企业	359.31	10.75
微型企业	408.64	12.23
合　计	3342.48	100.00

三、大连市国有资本保值增值综合分析评价

截至 2023 年底，大连市国有企业国有资本保值增值率 99.14％，按地区看，市属国有企业国有资本保值增值率 97.75％，区市县企业国有资本保值增值率 99.81％；按行业看，仓储业、社会服务业、农林牧渔业和商贸业的保值增值率排名前三位，分别为 101.49％、100.24％、100.00％，教育文化广播业、交通运输业、工业保值增值率排名后三位，分别为 88.73％、88.37％、67.78％。

表 6　2023 年大连市国有企业地区和行业国有资本保值增值情况

地　区	国有资本保值增值率(%)	行　业	国有资本保值增值率(%)
大连市	99.14	仓储业	101.49
市本级	97.75	社会服务业	100.24
国资监管	97.97	农林牧渔业	100.00
非国资监管	70.73	商贸业	100.00
区市县级	99.81	建筑业	99.08
中山区	93.64	金融业	98.76
西岗区	97.89	房地产业	97.05
沙河口区	134.67	科学研究和技术服务业	90.00
甘井子区	100.03	教育文化广播业	88.73
旅顺口区	99.50	交通运输业	88.37
普兰店区	97.80	工业	67.78
瓦房店市	101.54		
庄河市	91.83		
长海县	96.95		
金普新区	103.72		
高新区	92.09		
长兴岛	100.26		
太平湾新区	99.40		

四、大连市国资委监管企业改革发展情况

(一)全面深化国资国企改革

开展大连市国资系统"十四五"规划调整工作,对 17 户监管企业的主业重新进行核定,完成 9 户企业非主业剥离工作。推进国有企业改革深化提升行动,研究制定《大连市国有企业改革深化提升行动方案》,明确具体任务,制定工作台账。制定并实施"一企一策"高质量改革发展方案,指导监管企业以明确发展战略为突破口,坚持目标导向和问题导向相结合,坚持锻长板、补短板相结合,实现高质量发展。结合推进瓦房店轴承集团有限责任公司、大连检验检测认证集团有限公司混合所有制改革工作中的实践经验,修订《大连市国有企业混合所有制改革操作指引》。

(二)精准实施分类改革

竞争类企业强化精益管理,提升核心竞争力,大连重工装备集团有限公司重组后各项经营指标大幅增长,2023 年实现营业收入 150.2 亿元,比上年增长 19.9%;利润总额 4.5 亿元,比上年增长 136.2%。功能类国企聚焦市委、市政府重大战略部署,实现经济效益和社会效益的有机统一,大连国际机场集团有限公司、大连英歌石科技产业发展有限公司积极开展新机场、英歌石科学城建设。公益类国企持续推进降本增效,不断提高公共服务质量和水平,推动大连公共交通建设投资集团有限公司、大连市水务集团有限公司强化内控管理,提升运营效率。

(三)深化三项制度改革

印发《关于深化市属国有企业三项制度改革的实施意见》,推动监管企业大力推行员工公开招聘、管理人员竞争上岗等制度体系。制定三项制度改革考核评估实施方案,评估结果与企业负责人经营业绩考核和薪酬刚性挂钩。

(四)开展专项行动

开展"世界一流价值创造"行动。组织监管企业召开加快建设世界一流企业推进会暨价值创造行动启动会,从加强组织领导、能力体系建设、制定实施方案和强化指导推动 4 个方面着手,推动世界一流企业建设走深走实,17 户监管企业全部制定实施方案并有序推进。开展"世界一流双示范"行动。指导大连重工装备集团有限公司控股子公司大连华锐重工集团股份有限公司成功入选创建世界一流专精特新示范企业,其实施方案获评 A 级。开展"双百行动"。在国务院国资委开展的 2022 年度"双百企业"评估中,大连市城市建设投资集团有限公司、瓦房店轴承集团有限责任公司、三寰集团有限公司 3 户入选企业评估结

果均达标并再次入选新一期"双百行动"。截至2023年底，辽宁省入选"双百企业"7户，其中大连市入选3户，入选企业数量在辽宁省地级市排名第一。

五、大连市国资委监管企业并购重组与完善法人治理结构情况

（一）全面推进监管企业并购重组

实施大连热电股份有限公司重大资产出售及发行股份购买资产并募集配套资金重组，进一步提高上市公司质量，助力大连产业经济振兴发展。完成大连高佳化工有限公司增资扩股项目，成功引入国家军民融合产业投资基金等6家战略投资者，建立央地融合发展新领域、新模式，为下一步IPO上市奠定坚实基础。积极推动瓦房店轴承集团有限责任公司、大连检验检测认证集团有限公司混合所有制改革工作，成立混改上市工作领导小组和专班，制定混合所有制改革方案。

（二）完善企业法人治理结构建设

优化调整外部董事人才库。进一步拓宽外部董事来源渠道，确定兼职外部董事入库人选31人。截至2023年底，市属国有企业外部董事（兼职）人才库93人，其中管理类41人、法律类23人、财务金融类29人。推进外部董事聘任工作。2023年聘任兼职外部董事8人，解聘兼职外部董事7人，累计向监管企业派出53名兼职外部董事。推动董事会规范运行。举办企业外部董事履职能力提升培训、企业董事会工作人员业务专题培训、企业董事履职能力提升专题研修班等，组织企业参加国务院国资委举办"董秘开讲"培训，提升董事会办公室工作人员业务能力，强化国有企业董事履职能力。

六、大连市国资委监管企业建立和完善经营业绩考核体系情况

（一）建立健全有效的配套激励约束机制

为贯彻落实《中共大连市委办公室　大连市人民政府办公室关于印发〈大连市市属国有企业负责人经营业绩考核暂行办法〉和〈大连市市属国有企业负责人薪酬管理办法〉的通知》（大委办〔2022〕12号）相关规定，进一步规范大连市国资委监管企业负责人经营业绩考核和薪酬管理工作，结合企业实际情况，起草配套的《年度经营业绩考核计分细则》《任期经营业绩考核计分细则》《经营业绩考核得分加（减）分细则》《经营业绩考核有关指标说明》《薪酬管理办法实施细则》5个实施细则，使监管企业负责人经营业绩考核和薪酬管理具有可操作性，为考核和薪酬分配结果提供政策依据。

（二）建立监管企业负责人经营业绩考核动态监测机制

下发《关于建立市国资委监管企业负责人经营业绩考核动态监测机制的通知》，通过建立企业负责人经营业绩指标完成情况定期报送制度，实现对经营业绩责任书目标执行情况的动态跟踪，对考核目标完成进度不理想的企业提出预警，及时督促企业采取有效措施，确保全年目标的实现。对于企业目标完成滞后的企业，采取通报、约谈主要负责人等方式，督促企业完成既定目标。

七、大连市国资委监管企业党的建设和廉政建设情况

（一）加强国有企业党的建设工作

制定《2023年度市国资委党委履行全面从严治党主体责任工作计划》和全系统《宣传思想、意识形态、统战群团工作要点》及各类工作清单。督导各企业完善党委会前置研究讨论重大经营管理事项清单，规范党委前置研究。推进党的基层组织建设，全面实施"三亮三比三评"党建项目建设，加强对"一把手"和领导班子的监督，开展党组织书记抓党建述职评议和考核，开展系统企业党建工作考核、系统纪检干部培训班和机关纪检干部队伍教育整顿工作。

（二）加强党风廉政建设

净化政治生态，制定并下发《关于净化国有企业政治生态的实施意见任务分解表》《党风廉政建设工作要点》《市国资委党委关于贯彻落实中央八项规定精神进一步加强作风建设的实施意见》。召开系统企业巡察问题通报暨镜鉴警示工作会议、党风廉政建设和专题警示教育大会，建立各企业从严治党工作情况

季度报告制度。抓住领导干部"关键少数",把握监督执纪问责"四种形态",常态化开展履职谈话和廉政谈话,及时督促提醒。

(撰稿人:单　婷)

吉林省

一、吉林省国有资产监督管理工作综述

2023 年,面对复杂严峻的外部环境和艰巨繁重的改革发展任务,吉林省国资国企坚决贯彻习近平总书记在新时代推动东北全面振兴座谈会上的重要讲话精神,按照省委、省政府决策部署,攻坚克难,奋力作为,各项工作取得新的积极进展和明显成效。

(一)企业运行稳中向好,发展质效不断提升

经济效益稳步增长。截至 2023 年底,12 户监管企业资产总额 5291.3 亿元,比上年增长 4.8%;所有者权益总额 1902.2 亿元,比上年增长 5.3%;平均资产负债率 64.1%,总体保持稳定。全年实现营业总收入 701.2 亿元,比上年增长 13.4%;利润总额 17.4 亿元,比上年增加 21.2 亿元;实现增加值 170.2 亿元,比上年增长 19%;上缴税费 25.7 亿元。

(二)国企改革深化提升,重点任务加快落实

制定印发《吉林省国有企业改革深化提升行动实施方案(2023—2025 年)》。深化企业重组整合和改革脱困取得重大突破。吉林化纤集团有限责任公司实现提级管理,成功入选国务院国资委创建世界一流专精特新示范企业名单;长白山森工集团有限公司出资完成中国吉林森工集团有限责任公司重整,两大森工集团整合融合深入推进;吉林省吉盛资产管理有限责任公司完成分拆重组,债务风险得到有效化解;吉林省水务投资集团有限公司、吉林省农业投资集团有限公司深化企业内部改革,专业化整合取得明显成效;吉林省能源投资集团有限责任公司明确改革脱困方向,搭建起新能源板块转型发展平台;大成生化科技集团有限公司实现复产稳产,16 亿元金融化债资金全部到位,卸掉债务 34 亿元,氨基酸国内市场占有率恢复到 17%。各市(州)积极搭建发展平台。长春市组建人才发展集团、文旅影视集团、未来科创集团,白城市组建农投集团,白山市组建文旅集团,有力促进地方产业的发展。公司治理能力持续提升。制定《关于加强监管企业董事会建设的指导意见》,富奥汽车零部件股份有限公司获评深交所 2023 年上市公司董事会优秀实践案例。强化经理层任期制和契约化管理,刚性兑现奖惩。提高全员绩效考核有效性,竞争上岗、末等调整、不胜任退出等制度实现全覆盖,全员劳动生产率 21.2 万元/(人·年),比上年增长 26.2%。在国务院国资委考核分配会议上,吉林省国资委是唯一作交流发言的地方国资委。各市(州)积极推进体制机制改革。长春市、吉林市、通化市、长白山管委会推动国有企业完善公司治理机制、推进三项制度改革取得新进展。

(三)重大项目加速推进,布局结构持续优化

有效投资力度加大。在建的 82 个重大项目,完成投资总额 142.8 亿元,其中重大基础设施和民生领域投资 109.9 亿元,占比 77%;战略性新兴产业和优势产业投资 20.1 亿元,占比 14.1%;监管企业管理和参与的基金 12 只、总规模 80.4 亿元。重大基础设施建设取得新进展。吉林省高速公路集团有限公司集桓、蒲烟高速公路建成通车,全省高速公路通车总里程 4844 千米;吉林省铁路建设投资有限公司沈白高铁项目进展顺利,完成总投资的 79.7%;吉林省水务投资集团有限公司中部城市引松供水二期主体工程全部完工,全年实现供水 6734 万吨。各市(州)国有企业加强供水、供热、供气、交通等基础设施建设,保障服务能力进一步提升。战略性新兴产业加快布局。吉林化纤集团有限责任公司 3 万吨碳纤维原丝、6 万吨碳化项目推进顺利,吉林省能源投资集团有限责任公司 60 万千瓦风电项目全容量并网发电,长春一汽富维汽车零部件股份有限公司、富奥汽车零部件股份有限公司新能源汽车零部件业务占比超过 50%。传统产业加快升级改造。吉林省农业投资集团有限公司承接高标准农田和黑土地保护项目 168.67 平方千米,吉林省旅游控股集团有限责任公司长白山和平旅游度假区一期 4 个项目投入运营,中国吉林森工集团

有限责任公司新建成10万吨桶装水和7万吨柔性生产线，长白山森工集团有限公司编制国家级森林碳汇试点建设实施方案，吉林省国华资产管理有限责任公司成为吉林省新的中欧班列运营平台并成功发运14列。“产业数字化”加速推进。“吉行高速”“吉智云”“粮食云仓”等一批数字化项目运行顺利，全省筛选13户国企开展数字化转型试点，吉林化纤集团有限责任公司、吉林省高速公路集团有限公司申报国务院国资委试点。各市（州）国企加快优势产业发展。长春市积极发展畜牧、会展、数字产业。吉林市、四平市探索开展对俄贸易。白城市、松原市加快发展新能源产业和现代化大农业。各市（州）全面发展文旅产业，长白山开发建设集团营业收入比上年增长182%。协同发展走深走实。积极参加国务院国资委深化东北地区国资国企改革现场推进会和东北三省一区国资央企助力东北全面振兴座谈会，推动吉林省与央企集中签约。成功举办东北三省一区国资国企交流合作联席会议并签署协同发展协议。成功承办以“新质生产力激发国企新动能”为主题的现代新国企论坛。

（四）创新成效明显显现，创新体系逐步完善

围绕国有企业改革深化提升行动，明确科技创新5个方面22项具体措施。创新投入大幅提升。12户监管企业研发经费总投入11.7亿元，比上年增长33%。重点工业企业研发投入强度3.35%，比上年提高0.98个百分点。协同创新扎实推进。吉林化纤集团有限责任公司与重点高校、科研院所和上下游企业共建5个联合创新平台，聚焦碳纤维产业开展关键共性技术研发；吉林省工业技术研究院集团有限公司与长春光机所、长春应化所等共建4个产业孵化器，3个项目进入孵化转化阶段。创新成果持续涌现。吉林化纤集团有限责任公司T800级碳纤维进行下游应用测试；长春一汽富维汽车零部件股份有限公司10余项技术应用于红旗、大众产品。富奥汽车零部件股份有限公司18项重点研发项目实现量产。创新政策加快完善。吉林省工业技术研究院集团有限公司建立科技经纪人制度，10亿元科技成果转化基金首期到位3亿元。

（五）监管机制持续完善，监管效能明显提高

监管机制进一步完善。制定企业内部审计监督指导意见、重大经营风险报告工作规则、境外国有资产监管暂行办法、省国资委监督检查工作实施办法等规范性文件，有效规范综合监督工作，促进完善企业风险管理体系。市（州）层面白城市、松原市、长春新区、中韩示范区持续健全国资监管制度，延边州、辽源市进一步推动集中统一监管，梅河口市新组建国资局，监管方式进一步优化。建立国有企业经济运行圆桌会议沟通交流机制，更加深入了解省属及市州监管企业经营状况，对会上提出的诉求建议积极协调推动解决。国资监管信息化建设通过国务院国资委验收并获评优秀，全周期投资管理决策系统、“三重一大”决策在线监管系统在国务院国资委获得一等奖。监管合力进一步提升。推进产权瑕疵整改，开展内控体系建设、内部审计质量、法治建设考核评价，实行违规经营投资责任追究，强化国资监管刚性约束。债务风险防控进一步加强。对债券即将到期的监管企业和市（州）国资监管机构下发风险提示函18次，全年未有债券违约情况发生。企业安全生产形势总体稳定，无亡人生产安全事故发生。积极化解吉粮集团重整遗留、吉铁集团老工伤趸缴，原省一建、二建集体访等信访突出问题，2023年吉林省国资委被省信访联席会议评为优秀单位。

（六）党的领导全面加强，党建工作成效显著

思想引领不断强化。深入学习贯彻党的二十大精神，扎实开展学习贯彻习近平新时代中国特色社会主义思想主题教育，一体推进理论学习、调查研究、推动发展、检视整改等重点措施，在以学铸魂、以学增智、以学正风、以学促干上取得明显成效，主题教育终期评估为“好”等次。党建工作质量进一步提高。大力推动党建与生产经营深度融合，监管企业1123个支部立项1472个，提升经济效益3.3亿元。开展“党建品牌创优”活动，吉林省水务投资集团有限公司、吉林省能源投资集团有限责任公司、中国吉林森工集团有限责任公司、吉林省交通投资集团有限公司4户企业获评全国国企党建品牌优秀案例。着力提升董事长、总经理和董事履职能力，举办5期专题培训班，培训企业领导人员400余人次。国资国企带头履行社会责任。实施乡村振兴帮扶项目45个，消费采购农产品280万元。招聘高校毕业生267人，清理拖欠民营企业账款1608万元。积极参与舒兰、扶余抢险救灾，吉林省水务投资集团有限公司、吉林省高速公路集团有限公司等企业在抗洪一线构筑吉林国企最美风景线。正风肃纪反腐持续从严。坚持以案为鉴、以案促改、以案促治，一体推进“三不腐”。深化廉政教育“五个一”系列活动，推进“一把手监督”工作专项整改。开展涉粮购销领域、涉医药领域腐败问题集中整治，境外投资专项整治和三项制度改革专题巡察，纠“四风”树新风，系统政治生态持续向好。

二、吉林省国有资产总量与结构分析

表1　2023年吉林省国有企业指标

项　目	金　额(亿元)
资产总额	29230.40
所有者权益	11184.40
国有资本总量	10433.42
营业总收入	1910.14
其中：营业收入	1876.94
利润总额	1.74
净利润	−19.34
归属于母公司所有者的净利润	−65.75
应交税金总额	107.96
实际上缴税金总额	90.19

表2　2023年吉林省国有企业户数情况

2022年户数(户)	2023年户数(户)	比上年增长(%)
3658	4009	9.60

表3　2023年吉林省国有资本总量按隶属关系分布情况

隶属关系	国有资本总量(亿元)	占　比(%)
省属企业	1760.53	16.87
地市企业	8672.89	83.13
长春地区	4595.55	44.05
吉林地区	1179.67	11.31
四平地区	233.07	2.23
辽源地区	373.21	3.58
通化地区	453.70	4.35
白山地区	271.41	2.60
松原地区	980.54	9.40
白城地区	179.04	1.72
延边地区	280.21	2.69
长白山管委会	22.45	0.22
梅河口市	104.04	1.00
合　计	10433.42	100.00

表4　2023年吉林省国有资本总量按行业分布情况

行　业	国有资本总量(亿元)	占　比(%)
农林牧渔业	558.98	5.36
工业	428.92	4.11
建筑业	1319.34	12.65
交通运输业	1177.75	11.29
仓储业	53.00	0.51
商贸业	−48.66	−0.47
房地产业	501.90	4.81
信息传输、软件和信息技术服务业	27.41	0.26
社会服务业	5979.43	57.31
教育文化广播业	22.52	0.22
科学研究和技术服务业	101.17	0.97

续表

行　业	国有资本总量（亿元）	占　比（%）
金融业	302.33	2.90
其他	9.33	0.09
合　计	10433.42	100.00

表 5　　2023 年吉林省国有资本总量按经营规模分布情况

经营规模	国有资本总量（亿元）	占　比（%）
大型企业	40.61	0.39
中型企业	－167.22	－1.60
小型企业	7677.23	73.58
微型企业	2882.78	27.63
合　计	10433.42	100.00

三、吉林省国有资本保值增值综合分析评价

表 6　2023 年吉林省国有企业地区和行业国有资本保值增值情况

地　区	国有资本保值增值率（%）	行　业	国有资本保值增值率（%）
吉林省国有企业汇总	99.91	吉林省国有企业汇总	99.91
省属企业	99.83	农林牧渔业	99.30
地市企业	99.93	工业	103.88
长春地区	101.56	建筑业	98.94
吉林地区	99.35	交通运输业	97.79
四平地区	98.79	仓储业	95.00
辽源地区	93.94	商贸业	—（连续两年为负数）
通化地区	97.78	房地产业	99.10
白山地区	94.53	信息传输、软件和信息技术服务业	104.82
松原地区	98.83	社会服务业	101.38
白城地区	100.83	教育文化广播业	97.80
延边地区	99.00	科学研究和技术服务业	98.37
长白山管委会	91.42	金融业	98.13
梅河口市	99.19	其他	88.64

四、吉林省国资委监管企业改革发展情况

全面完成大成生化科技集团有限公司金融化债工作。2023 年 6 月，省、市共同筹措 16 亿元，以基金 ODI（对外直接投资）方式认购大成生化科技集团有限公司香港上市公司股票，再由上市公司 FDI（外商直接投资）方式回购债权化解债务。省商务厅、省发展改革委积极提供服务支持，优化简化审批流程，高效协同，14 天完成全部 ODI 审核备案工作，实现缩短资金境外滞留时间，当日入境、当日化债的任务要求，比照原定时间进度安排提前 2 周。大成生化科技集团有限公司金融化债工作全面完成。此次化债，大成生化科技集团有限公司增加注册资本金 15.8 亿元，化解 54.92 亿元金融债务，大幅降低的债务规模，每年可减少财务成本 2.04 亿元，实现债务重组收益 39.12 亿元。指导吉林省吉盛资产管理有限责任公司深化改革，2023 年 11 月 16 日，吉林省铁路建设投资有限公司正式承接吉林省吉盛资产管理有限责任公司在国开行最后一笔 12.87 亿元贷款，标志着吉林省吉盛资产管理有限责任公司改革重组工作基本完成。指导吉林省能源投资集团有限责任公司新能源转型发展，通过设立新能源平台委托吉林省能源投资集团有限责任公司管理，支持企业实现转型发展。指导吉林省

铁路建设投资有限公司持续与金融机构对接沟通降息事宜，全力压降吉林省铁路建设投资有限公司付息额度，2023年度实际付息4.01亿元，较年度测算减少7800万元，较组建初期的8亿元减少近4亿元，降幅近50%。指导吉林省国华资产管理有限责任公司聚焦主业改革发展，打造专业化物流平台，推动企业成功谋划、申报、运营吉林省新的中欧班列平台，开通“长同欧”中欧班列新通道，协调省发展改革委、省工业和信息化厅、沈铁集团等单位落实中欧班列计划，全年累计发送班列14列，货值3.3亿元。

五、吉林省国资委监管企业并购重组与完善法人治理结构情况

(一)顺利完成森工集团重整工作

省国资委全力推动森工集团重整工作，经过各相关单位通力配合，2023年12月10日，长春中院裁定重整计划执行完毕并终结重整程序，标志着历时三年半的森工集团重整工作取得圆满成功，为省属企业战略性重组和专业化整合打响第一枪，省属林业产业实现一体化发展，经营面积3.6万平方千米，占全省土地面积近1/5；企业资产总额提高到近300亿元，年度利润总额超过1.5亿元；长远可持续发展基础更加牢固，产业集中度进一步提高，同业竞争得以有效消除，优势产业板块得以协同发展，向全国一流林业产业集团迈进。

(二)加强企业董事会建设

2023年，吉林省国资委以提升国有企业公司治理水平为目标，以加强监管企业董事会建设为抓手，规范监管企业董事会运行，加强外部董事队伍建设。一是加强监管企业董事会规范运行管理。制定印发《关于加强省国资委监管企业董事会建设的意见》，对监管企业董事会相关要求进行明确和规范，为推进董事会规范建设提供制度遵循。组织开展监管企业董事会向省国资委报告工作专题会议，省人大、省政协相关部门领导围绕国有资产保值增值、防范化解风险等进行质询。列席企业董事会会议，建立专职外部董事报告单、董事会召开情况备案表等工作台账，深入了解董事会运行情况和外部董事履职状态，对发现的问题及时下发工作提示，监管企业董事会规范运行水平不断提升。二是加强外部董事队伍建设。建立起由88名成员组成的兼职外部董事人才库。从委管企业现职领导人员中转任2名专职外部董事、新聘任2名退休企业领导人员担任兼职外部董事，现有专兼职外部董事19人，外部董事力量得到进一步加强。对6名兼职外部董事开展聘期评价工作，作为续聘和退出的依据，推动外部董事履职尽责。三是开展董事会和董事年度考核评价工作。对13户监管企业董事会和董事进行年度考核评价工作，并同步开展已出台制度执行情况检查，树立正确的评价导向，对履职优秀的给予表扬和激励，对不胜任不适宜的及时调整，以考核评价“指挥棒”引导外部董事履职尽责、担当作为，监管企业董事会组织架构持续完善，董事会运行规范性持续提升。

六、吉林省国资委监管企业建立和完善经营业绩考核体系情况

吉林省国资委深入对照分析出资企业实际经营情况，修订《吉林省国资委出资企业负责人经营业绩考核暂行办法》《吉林省国资委出资企业负责人薪酬管理暂行办法》，不断调整完善绩效激励、考核评价体系。企业负责人经营业绩考核工作突出“五个着力”，即着力突出战略引领，使经营业绩考核工作与企业战略定位和发展方向有效结合，引导企业建立长期价值导向；着力提高发展质量，质量效益指标与吉林省经济发展速度相对标，把各项历史遗留问题和改革包袱与当期经营区分考虑，综合确定目标值；着力引导科技创新，对研发投入强度、技术成果转化量等进行考核，当年新增研发投入、承担国家重点研发计划、购置使用的首台(套)装备和首批次新材料按规定比例视同利润，鼓励企业加大科技创新投入；着力发挥功能作用，围绕“五大安全”定位、“四新设施”建设任务设置相关指标；着力防范化解风险，将资产负债率、利息现金保障率、债权清收、金融债务化解、资产活化等纳入业绩考核，将重大财务风险和债务违约风险设为否决指标。

七、吉林省国资委监管企业负责人考核与选人用人机制改革情况

（一）确定 2023 年度企业负责人经营业绩考核目标

吉林省国资委结合国务院国资委“一增一稳四提升”的考核总体要求，积极引导和鼓励企业根据战略规划调整和吉林省经济发展预期，报送具有一定挑战性的业绩目标。在确定经营业绩考核目标时，与宏观经济发展形势相对标，与企业所处行业发展速度相对标，与企业战略规划相对标。同时，充分考虑企业历史问题和经营实际，把各项历史遗留问题和改革包袱与当期经营区分考虑，综合确定目标值。督促企业按要求及时完成巡视巡察和审计提出整改事项，继续将这两个指标作为扣分指标列入考核。

（二）完成 2022 年度企业负责人经营业绩考核工作

根据《吉林省国资委出资企业负责人经营业绩考核暂行办法》（吉国资发考分〔2020〕12 号）、年度目标责任书，依据财管处审核的决算数据、企业上报的 2022 年度业绩考核完成情况报告、中介机构对业绩考核目标完成情况的专项审计报告、会计师事务所对企业受疫情影响经营业绩的认定报告、各处室关于有关重点工作任务完成情况的意见、安全生产处关于安全生产考核的意见、纪检组关于对违纪负责人扣减绩效年薪处理意见等，对 9 户出资企业负责人 2022 年度经营业绩进行考核，最终确定考核结果为：A 级企业 3 户、B 级企业 5 户、C 级企业 1 户。切实将经营绩效与工资待遇、奖惩挂钩，形成责任倒逼、压力传导机制。

（三）完成 2020—2022 年任期经营业绩考核工作

根据《吉林省国资委监管企业负责人经营业绩考核暂行办法》（吉国资发考核〔2018〕54 号）、任期经营业绩责任书，依据任期内各年度考核结果、财务监管处审核的 2020—2022 年各年度企业财务决算报告、企业上报的任期考核完成情况总结分析报告、各处室关于重点工作任务完成情况的意见、安全生产处关于安全生产考核的意见、党群处关于党建工作考核的意见等，对 9 户出资企业负责人 2020—2022 年任期经营业绩进行考核，最终确定考核结果为：A 级企业 2 户、B 级企业 1 户、C 级企业 6 户，根据考核结果测算任期激励收入。

（四）持续加强委管企业领导人员队伍建设

坚持党管干部原则与发挥市场机制作用相结合，着力建设政治过硬、适应发展、能力全面的企业干部人才队伍。一是选优配强国有企业领导班子。在省委组织部领导下，对省管、委管企业领导班子进行综合分析研判和优化调整，调整 4 家企业“一把手”，统筹配备 8 名企业副职领导人员，监管企业班子运行质量和整体合力不断提升。二是强化企业领导人员业务培训。抓住董事长、总经理、董事等关键少数，举办 5 期专题培训班，培训 400 余人次，董事长、总经理等主要领导人员的能力水平得到有效提升，治企兴企本领显著增强。三是加大年轻干部培养选拔力度。不断完善年轻干部选育管用机制，动态调整优秀年轻干部储备库，推动企业党委把重点培养对象放到重要岗位进行历练，选拔 2 名优秀年轻干部担任委管企业正职，鲜明树立重实干、重实绩、重担当用人导向。四是加强人才队伍建设。进一步巩固拓展校企“联盟”合作模式，加大推动教育、科技、产业、人才等一体化布局落实力度，吉林省能源投资集团有限责任公司、吉林化纤集团有限责任公司通过评审成为“吉林省卓越工程师产学研协同培养项目”首批参与企业。组织做好高层次人才评选表彰工作，常态化开展人才评级申报工作，1 人被评选为享受政府特殊津贴人员、5 人被评为吉林省创新创业优秀人才。

八、吉林省国资委监管企业党的建设和廉政建设情况

（一）党的建设

一是聚焦坚持“两个一以贯之”，党对国有企业的领导更加坚定。自觉用习近平新时代中国特色社会主义思想凝心铸魂，深化内化转化党的创新理论，省属企业党委落实“第一议题”538 次、理论学习中心组学习 219 次，切实筑牢信仰之基、补足精神之钙、把稳

思想之舵。不断完善"一领、双融、双建、双十、四强化"党建工作体系，着力在把牢方向、夯实基础、深化融合、聚力创新上下功夫，指导59户省属企业动态优化党委前置研究讨论重大经营管理事项清单，扎实开展省属企业国企改革三年行动党建工作任务"回头看"，全面查实情、找问题、补漏洞，党建工作经验在全省国企改革简报上刊发，吉林省国有资本运营集团有限责任公司、富奥汽车零部件股份有限公司被国务院国资委评为公司治理示范企业，国企改革三年行动22项党建工作任务全面完成。

二是聚焦深入学习贯彻习近平新时代中国特色社会主义思想，党的思想建设更加有力。高质量强化理论武装，扎实开展学习贯彻习近平新时代中国特色社会主义思想主题教育，一体推进理论学习、调查研究、检视整改、推动发展、建章立制，省属企业举办理论学习读书班16期，形成调研报告195篇，完善建立常态长效机制184项，常态化落实"我为群众办实事"1255项，吉林省国资委党委、吉林省国有资本运营集团有限责任公司、吉林省水务投资集团有限公司、吉林省农业投资集团有限公司主题教育成果被省级以上媒体报道，吉林省交通投资集团有限公司《以调查研究"实作风"推动发展"真功夫"》被评为全国国企党建工作研究优秀作品。

三是聚焦提升基层党组织建设质量，基层党组织战斗堡垒更加坚强。规范化建强基本组织，加强新时代吉林党支部标准体系(BTX)建设，党支部智能体检绿灯率99%以上。实施省属企业基层党组织建设三年提升计划，全面实施"质量提升、创新拓展、巩固深化"三项计划，基层党组织标准化建设水平不断跃升。专业化打造基本队伍，分层分类组织省属企业党委专职副书记、基层党组织书记、党务工作者培训班，定期开展线上党务知识测试，答题合格率从74%提升到90%，《上好"四堂课"、推动党员教育掷地有声》典型经验在《国企》刊物、"新时代e支部"等媒体刊发，被评为全国国企党建经验交流优秀作品。刚性化落实基本制度，2次召开卓有成效的组织生活会，省属企业党委委员亲授党课134堂，以普通党员身份参加组织生活会184次，切实增强党内政治生活的严肃性和时代性。

四是聚焦党建与生产经营深度融合，党建赋能改革发展活力效力更加显现。"支部立项"创效走深走实，2次召开"支部立项"推广研讨会，形成一批优秀案例成果，省属企业1123个党支部全年共立项1472个，提升经济效益3.3亿元，典型经验被评为全国国企党建工作研究优秀作品，获得全省"奋斗十四五、建功新时代"主题实践活动突出业绩奖，经验做法在《中国组织人事报》、《吉林日报》、吉林卫视《党建新视线》等媒体报道。"党建品牌创优"有声有色，吉林省水务投资集团有限公司、吉林省能源投资集团有限责任公司、中国吉林森工集团有限责任公司、吉林省交通投资集团有限公司获评全国国企党建品牌建设优秀案例，实施党建品牌创优计划，131户省属二级以下企业党建品牌"百花齐放"。"联建共建"创实见行见效，首次承办全国"新质生产力激发国企新动能——现代新国企研讨会"，组织20户驻吉央企和16户省属企业集中研讨交流、搭建合作平台，中国华能集团有限公司与吉林省能源投资集团有限责任公司风力发电、中国电信股份有限公司吉林分公司与吉林省旅游控股集团有限责任公司"数字文旅"等央地合作项目投产达效，多点支撑、多业并举、多元发展的协作发展新格局逐步形成。

(二)廉政建设

一是组织2022年度委管企业党组织书记述责述廉评议工作，9户委管企业党委书记现场述责述廉，并接受评议。二是召开年度党风廉政工作会议，对全年工作进行部署。三是结合系统实际，组织开展"五个一"系列活动，深化系统党风廉政教育文化内容(一次集训、一次宣传周、一次征文比赛、一次警示教育、一次参观见学)。组织新任省管干部家属参加省纪委廉政教育活动。四是开展以案为鉴、以案促改和以案促治相关工作，召开警示教育大会，观看警示教育专题片；下发《关于深刻吸取李克石违纪违法案件教训，开展以案为鉴以案促改以案促治有关工作的通知》。五是结合纪检组检查指出问题整改，开展落实"一把手监督"工作专项整改，明确要求各企业制定落实相关要求的措施或意见。

(撰稿人：徐晓春　鞠佩伦)

黑龙江省

一、黑龙江省国有资产监督管理工作综述

2023年,黑龙江省国资委深入学习贯彻党的二十大精神和习近平总书记视察黑龙江省期间的重要讲话重要指示精神,坚决落实省委、省政府各项部署要求,全面完成年度工作任务。国企改革深化提升行动全面启动,科技创新力度不断加大,高质量发展步伐加快,国资监管体系持续完善,党的领导党的建设不断加强,各项工作取得新成效。截至2023年底,黑龙江省地方国有企业资产总额22350.33亿元,所有者权益10019.22亿元,其中,省国资委出资企业资产总额5808亿元,所有者权益1948亿元。全年地方国有企业实现营业收入2233.08亿元,比上年增长1.74%;实现利润总额38.88亿元,比上年增长22.63%。省国资委出资企业实现营业收入1394亿元、利润33亿元,继续在黑龙江省地方国有企业中保持主导地位。

(一)振兴发展迈出坚实步伐

以"十四五"规划为牵引,全力推动国资国企高质量发展。启动实施地方国有企业振兴专项行动,纳入年度重点任务清单的9个方面227项任务顺利完成。战略性新兴产业加快布局。出资企业布局战略性新兴产业项目38个,完成投资35.9亿元,比上年增长63.4%。新产投集团深圳联合飞机项目、山子高科项目落地,带动投资43.3亿元。项目投资拉动有力。出资企业投资项目243个,完成投资256.5亿元,其中产业项目投资比上年增长17.9%。交投集团铁科高速、哈伊高铁、鹤伊高速项目建设和机场二期扩建项目加快推进,新产投集团大庆聚碳酸酯联合项目完成一期工程建设,实现一次投料试车成功。科技创新引领作用持续显现。出资企业研发经费投入18亿元,重点工业企业研发投入强度3.1%,新增授权专利404件。龙煤集团应用矿用盾构机施工下山巷道,填补国内空白;建投集团水利水电集团获评国家高新技术企业;新产投集团恒丰纸业入选工业和信息化部新一代信息技术与制造业融合发展示范企业;交易集团组建东北"三省一区"科技成果转移转化战略联盟,促进科技成果就地转化。央地合作取得新进展。在国资央企助力东北振兴座谈会上,黑龙江省与央企签约项目18个,总投资额1206亿元。出资企业央地合作开工项目12个,总投资260.2亿元,实际到位资金52.1亿元。新产投集团与中国一重集团、哈电集团等合作组建黑龙江省新能源集团,推动黑龙江风电产业规模化、集群化发展。亏损企业治理效果明显。坚持市场化法治化原则,采取强化管理、整合重组、清理退出等方式,"一企一策"强力推进亏损企业治理,黑龙江省地方国有企业减亏25.2亿元。

(二)国资监管效能持续提升

深入推进以管资本为主的职能转变,落实强监管严监管要求,切实提升专业化体系化法治化高效化监管水平。信息化监管进一步加强。国资国企在线监管系统全面投入使用。完成国务院国资委组织的验收工作,在全国37个省(自治区、直辖市)验收评估中,黑龙江省排名第4位,相关经验被国务院国资委收录为典型案例。投资监管力度进一步加大。推动监管关口前移,严格备案出资企业2023年度投资计划325.8亿元,不予备案投资项目23个,涉及投资46.5亿元,占计划投资的12%。成立省国资委投资咨询专家库,首批入库专家学者167人。法治国企建设进一步深化。合规管理体系持续健全,出资企业规章制度、经济合同、重要决策法律审核率100%。交投集团建立派驻二级企业总法律顾问制度,推动总法律顾问制度向子企业延伸。风险防控进一步加强。建立带息负债风险监测系统,推动企业加强债务风险管控;加强企业担保事项监管,对企业年度担保情况开展专项审核;建立银行账户月度监测系统,及时了解掌握企业银行账户总数、开立和低效无效账户清理情况,企业累计完成低效无效账户清理1000多个;建立企业"两金"月度监测系统,及时了解企业存量应收账款清收情况和重点存货余额情况。

(三)国资国企责任担当充分彰显

坚持社会责任与经济责任相统一,推动国资国企在服务保障民生、稳岗就业、社会公益等方面主动作为。同心聚力推进惠民工程建设。建投集团全力推进粮食产能提升重大水利工程、林海水库、肇东文旅康养城保交楼项目等重要民生工程的投资建设。农投集团积极推进高标准农田建设,建设的海伦市"五好两宜"和美乡村试点项目,是东北三省唯一的示范样板。精准发力保民生。龙江森工集团全力抗击洪涝灾害,妥善安置受灾居民6100余户。机场集团提升服务运行品质,全年旅客吞吐量再创历史新高。牡丹江国有企业承接全市老旧、弃管小区151.5万平方米物业管理,大庆国有企业建设再生水利用项目,改善城市人居环境,让群众切身感受到国资国企温度。竭尽全力稳就业。坚持把稳岗就业作为一项重大政治责任,多次组织开展集中招聘活动,出资企业新增用工4.1万余人,累计使用农民工32.2万人次,招收应届高校毕业生2040人,比上年增长35.4%。倾情助力冰雪旅游发展。在黑龙江冰雪旅游火爆出圈之时,国资国企在冰雪大世界的高标准建设、中央大街的精心设置、雪乡的提档升级、"冷水鱼·冬捕季"的火热开幕、机场地铁出租车的优质服务、宣传推介的超前发力等方面发挥重要作用,彰显助力冰雪经济发展的责任担当。

二、黑龙江省国有资产总量与结构分析

表1　　2023年黑龙江省国有企业指标

项　目	金　额(亿元)
资产总额	22350.33
所有者权益	10019.22
国有资产总量	9532.66
营业收入	2233.08
利润总额	38.88
净利润	17.12
归属于母公司所有者的净利润	0.54
应交税金总额	132.22
实际上缴税金总额	131.66

表2　　2023年黑龙江省国有企业户数情况

2022年户数(户)	2023年户数(户)	比上年增长(%)
3612	3642	0.83

表3　　2023年黑龙江省国有资产总量按隶属关系分布情况

隶属关系	国有资产总量(亿元)	占　比(%)
省属企业汇总	1730.94	18.16
地市企业汇总	7801.72	81.84
哈尔滨市	3930.37	41.23
齐齐哈尔市	634.52	6.66
牡丹江市	507.93	5.33
佳木斯市	520.15	5.46
大庆市	731.49	7.67
鸡西市	132.66	1.39
双鸭山市	421.92	4.43
伊春市	175.35	1.84
七台河市	241.43	2.53
鹤岗市	158.23	1.66
黑河市	126.10	1.32
绥化市	212.58	2.23
大兴安岭地区	9.00	0.09
合　计	9532.66	100.00

表 4　2023 年黑龙江省国有资产总量按行业分布情况

行　业	国有资产总量（亿元）	占　比（%）
农林牧渔业	387.40	3.05
工业	1149.37	9.07
建筑业	1409.21	11.12
交通运输业	1453.27	11.46
仓储业	118.56	0.93
商贸业	37.51	0.30
房地产业	2123.95	16.76
信息传输、软件和信息技术服务业	27.36	0.22
社会服务业	5717.16	45.10
教育文化广播业	0.46	0.00
科学研究和技术服务业	88.35	0.70
金融业	157.19	1.24
其他	6.23	0.05
合　计	12676.02	100.00

注：表中数据非合并口径，为合计口径。

表 5　2023 年黑龙江省国有资产总量按经营规模分布情况

经营规模	国有资产总量（亿元）	占　比（%）
大型企业	2105.53	16.61
中型企业	4964.27	39.16
小型企业	2580.62	20.36
微型企业	3025.60	23.87
合　计	12676.02	100.00

注：表中数据非合并口径，为合计口径。

三、黑龙江省国有资本保值增值综合分析评价

表 6　2023 年黑龙江省国有企业地区和行业国有资本保值增值情况

地　区	国有资本保值增值率（%）	行　业	国有资本保值增值率（%）
黑龙江省	100.09	农林牧渔业	102.13
省属企业汇总	100.47	工业	100.29
哈尔滨市	100.03	建筑业	101.01
齐齐哈尔市	100.64	交通运输业	99.70
牡丹江市	98.88	仓储业	96.91
佳木斯市	100.52	商贸业	113.85
大庆市	101.40	房地产业	100.94
鸡西市	96.89	信息传输、软件和信息技术服务业	103.87
双鸭山市	101.50	社会服务业	100.03
伊春市	98.84	教育文化广播业	0
七台河市	99.37	科学研究和技术服务业	104.27
鹤岗市	98.41	金融业	101.84
黑河市	99.29	其他	92.47
绥化市	97.03		
大兴安岭地区	98.70		

四、黑龙江省国资委监管企业改革发展情况

将国企改革三年行动与新一轮深化提升行动有机衔接、一体贯通推进，不断增强国企改革的系统性整体性协同性。开展国企改革三年行动完成情况“回头看”，对此前自查、督查发现的问题整改情况进行逐项回头检视，对新查出的问题跟踪问效、销号管理，夯

实改革基础。提前谋划制定黑龙江省国有企业改革深化提升行动实施方案，明确台账任务105项，创新建立“三书一函”机制加快推进，省级层面改革任务完成率超过38%。出资企业全部制定具体实施方案，安排部署改革任务796项，新一轮国企改革顺利开局。加大“压减”和“僵尸企业”出清工作力度。组织开展出资企业实际控制企业情况调查，摸清合并报表范围法人单位底数。对无业务、无贡献、无法实现功能的企业制定清理退出计划，完成116户各级子企业“压减”任务和88户“僵尸企业”出清工作。加快健全市场化经营机制。对10户出资企业、410户子企业经理层成员任期制和契约化管理工作开展检查评估。2023年出资企业管理人员末等调整和不胜任退出人数占比3.9%，一级企业实施户数占比100%，二、三级企业覆盖率54.3%，均高于全国平均水平。深化重点企业改革。龙江森工集团全年66项重点改革任务全部完成，实现营业收入110亿元、利润1亿元、“三公”经费压缩10%的既定目标。龙煤集团全年17个方面39项改革任务全面完成，建成智能化示范矿6个，智能化综采工作面11个，智能化掘进工作面7个，截至2023年底，实现原煤产量3950万吨，营业收入292.5亿元，利润总额15.1亿元。北大荒集团深入实施“三大一航母”建设工程，集团粮食生产实现“二十连丰”，粮食总产量2279.45万吨。培育建设一流企业。开展地方国有企业对标一流企业价值创造行动，农投集团龙科种业入选国务院国资委创建世界一流专业领军示范企业名单，创建方案被国务院国资委评估为A级。积极推动企业上市。向省上市办集中推荐省级上市挂牌后备企业13户。新产投集团所属基金参股企业哈尔滨思哲睿智能医疗设备股份有限公司科创板IPO申请通过上海证券交易所上市审核委员会审核，提交证监会注册，东盛金材成功在新三板挂牌。大力推进“两资”“两非”处置。按月调度“两非”剥离进展情况，完成9户“两非”剥离任务，完成率90%。组织盘活“两资”资产，完成处置任务98项，完成率90.7%，处置金额3641.5万元。抓好国企改革专项工程。向国务院国资委推荐“双百企业”和“科改企业”，哈尔滨电碳厂入选“科改企业”，恒丰纸业、龙江水电集团入选“双百企业”。

五、黑龙江省国资委监管企业并购重组与完善法人治理结构情况

(一)企业并购重组方面

完成出资企业内部资源、资产、业务专业化整合48宗，涉及农业、林业、矿业、两新产业、对俄贸易、冰雪旅游等方面。省市国有企业共同出资组建哈尔滨亚布力旅游投资集团，以筹办第九届亚洲冬季运动会为契机，打造冰雪运动和旅游度假胜地，推动黑龙江冰雪产业做大做强。新产投集团成立龙江数智公司和信创服务公司。推进事业单位改革，2家未分类的全面完成，9家生产经营类的基本完成，3家宾馆新公司注册成立。

(二)完善法人治理结构方面

持续推进董事会规范运行，细化集团公司董事会建设、完善法人治理结构情况决策、运行各方面要求，加大推进企业董事会建设工作力度。加强外部董事队伍建设，组织开展专职外部董事人选推荐、资格初审、专家评审、综合遴选等工作，将6名优秀企业人员补充进入专职外部董事库，进一步充实队伍专业化力量。修订印发《黑龙江省国资委出资企业董事会和董事评价办法》，指导出资企业结合实际完善权属企业董事会和有关董事综合考核评价制度。制定印发《关于加强出资企业董事会秘书管理的实施意见》，指导出资企业选优配强董事会秘书，强化董事会运行支撑。强化日常管理，严格执行外部董事报告制度，定期召开工作例会，报送工作情况。组织专职外部董事赴大连高级经理学院参加创新发展能力提升专题研讨班，切实增强履职能力。

六、黑龙江省国资委监管企业建立和完善经营业绩考核体系情况

在2022年修订出台《出资企业负责人经营业绩考核办法》、建立“1+7”考核体系基础上，2023年进一步贯彻落实中央和省委有关经济工作部署，结合国务院国资委关于考核工作的新要求和出资企业改革发

展的新形势新任务，突出高质量发展，全面优化经营业绩考核工作。更加突出科技创新。全面落实习近平总书记关于以科技创新推动产业创新，加快构建具有东北特色优势现代产业体系的部署要求，制定《推动出资企业加强科技创新工作激励保障政策的意见》，通过"四加两减一保障"①等一系列政策供给，鼓励引导企业原始创新、科技创新、产业创新、成果转化。近三年，出资企业研发经费投入年均增长56%，获得省级科技进步一等奖1项、二等奖2项。更加突出精准考核。全面落实国务院国资委关于"一利五率"新要求，结合企业功能定位和发展阶段，"一企一策"确定考核指标，公益性企业侧重社会效益、功能类企业关注重点任务、竞争类企业强调短板弱项，每户企业个性化考核指标占比提升至50%左右。更加突出激励约束。"硬碰硬"确定考核目标，并通过严格考核、刚性兑付，打破"平均主义大锅饭"。10户出资企业主要负责人2022年度经营业绩考核结果最高与最低相差42.68分，绩效年薪收入差距倍数最高与最低达到2.75倍，以上率下，引导各级企业真正树立"业绩升薪酬升、业绩降薪酬降"的分配导向。

七、黑龙江省国资委监管企业负责人考核与选人用人机制改革情况

一是完成委管企业领导班子和领导人员年度考核评价工作，配合省委组织部开展省管企业领导班子和领导人员综合考核评价工作。二是扎实开展面向全国市场化选聘经理层成员工作。成立考察组开展组织考察、背景调查，先后赴北京、上海、广东等地及省内相关地市共计8省12市开展考察工作，最终选聘经理层成员11人，平均年龄43.7岁，硕士以上学位9人，其中，省国资委系统外人员5人(来自省外3人、省内央企2人)，省国资委管理的企业领导班子专业结构、年龄梯次均得到大幅优化。三是拓宽选人用人视野，着力选优配强委管企业领导人员，为铁路集团选配2名副总经理，增强企业队伍力量。四是扎实开展出资企业重要权属企业备案管理工作。调整出资企业重要权属企业备案管理范围，对不适宜备案管理的企业进行调出，对具备条件的企业进行调入，经调整备案管理重要权属企业21家。五是推进企业领导人员信息系统建设工作，依托在线监管系统完成出资企业领导人员信息系统建设，将出资企业集团中层副职以上人员及储备库人员等1594人相关情况纳入信息系统管理。完善董事会管理系统、经理层管理系统建设，指导企业定期对人员情况等信息进行动态更新，提升干部管理信息化水平。

八、黑龙江省国资委监管企业党的建设和廉政建设情况

以开展学习贯彻习近平新时代中国特色社会主义思想主题教育和深化能力作风建设"工作落实年"活动为主线，全面实施"出资企业党建创新发展年"专项行动，坚持抓基层、打基础，强弱项、补短板，促进企业党建工作质量和水平得到全面提升。

(一)全面推进宣传思想和文化建设

推进党的创新理论武装走深走实。深入贯彻落实党的二十大精神和习近平总书记视察黑龙江省期间重要讲话重要指示精神，开展专题宣讲310余场次，集中培训7.2万人次。围绕习近平总书记关于国有企业改革发展和党的建设重要论述等重点内容，组织各级党组织开展"第一议题"学习1.5万次、理论学习中心组学习4300余次，党员领导干部讲党课9300余场，20万余名党员干部职工受到党性教育和思想洗礼，坚定拥护"两个确立"、坚决做到"两个维护"的政治自觉进一步增强。扎实开展主题教育。指导出资企业与省国资委机关统筹衔接、一体推进主题教育，建立"8+2+N"理论学习体系，组织引领各级党组织开展读书班和集体交流研讨3800余次、"三会一课"和"主题党日"等活动13.4万次；落实"四下基层"工作制度，各级领导干部带头深入基层开展调查研究7600余次，破解发展难题2240个，为群众办实事4250项，推动解决企业老旧小区改造等7项重点民生问题，切实将主题教育成果转化为为民服务实效。

---

① "四加两减一保障"：考核加分、利润加回、投入加大、激励加码，减轻科技创新企业的治亏压力和容错减压，工资总额保障。

(二)着力推进党建与中心工作融合共促

创新基层党建工作。组织开展出资企业优秀党建品牌评选活动,评选发布集团及基层企业20个优秀党建品牌。开展出资企业基层党支部标准化建设达标验收工作,对新申报的95个基层党支部进行验收,对21个已授牌党支部进行"回头看"抽检,出资企业标准化党支部4295个,达标率92%;深化开展"强堡垒、争先锋、促改革"专项行动和"提质增效、党员先行"主题实践活动,启动开展"提质增效、党员攻坚"活动,累计推动企业建立党员责任区、党员示范岗、党员突击队1.4万余个。加强混改企业党建工作。联合省委组织部,在全国范围内较早出台《关于加强混合所有制企业党建工作的若干措施(试行)》,得到中组部、国务院国资委等相关部门的充分肯定。

(三)扎实推进人才队伍建设

开展2023年度出资企业政工专业和煤炭工程专业职称评审工作,累计晋升590人。出资企业有10人被认定为黑龙江省第二批次高层次人才。2个省级高技能人才培训基地和1个技能大师工作室项目通过评估验收。2人获评省首席技师、5人获评龙江技术能手。截至2023年底,省国资委出资企业具有研究生及以上学历人才2873人,比上年增长32%;近三年,研究生及以上学历人才占比、45周岁以下人才占比和具有高级职称专业技术人员占比实现连续上升。

(四)深入推进党风廉政建设

深化"三不腐"一体推进。持续推进"清廉国企"三年建设工程,各企业排查和发现问题109个,制定整治措施212项,建立完善相关长效机制176项,给予各类处分85人,挽回经济损失1444万余元。各级党组织印发廉洁提示530余个,通报违纪案例1200余起,进一步营造从严治党治企的浓厚氛围。深入抓好能力作风建设。建立定期通报出资企业工作质效"低粗差"问题和创先争优月度榜单工作机制,通报问题122项,晾晒成绩103项。

(五)持续推动企业统战群团工作

创新推进统战工作。指导并推动哈电集团、龙江森工集团、龙煤集团等7户企业成立11个省内首批党外代表人士建言献策工作室,涵盖优秀党外知识分子240余人,相关经验做法获2022年度全国、黑龙江省统战工作实践创新成果奖,并分别在全国黑龙江省统战部长会议上被通报表彰。统筹抓好群团工作。开展出资企业青年理论微宣讲活动和国资系统青年联谊交友活动。开展2023年产业工人队伍建设自查工作。出资企业3人获评省三八红旗手、3个集体获评省三八红旗集体。

(撰稿人:赵东亮)

上海市

一、上海市国有资产监督管理工作综述

2023年,上海市国资国企认真学习贯彻落实习近平总书记考察上海重要讲话精神,全力做好改革发展和党的建设各项工作,高质量完成市委、市政府各项任务,为上海市经济社会发展作出积极贡献。

(一)坚持质量效益优先,国有经济贡献度稳步提升

充分发挥国资国企"稳定器""压舱石"作用,支撑稳住经济发展基本盘,助力增强上海国际经济中心综合实力。国有经济运行总体好转。出台稳增长促发展12条措施,推出涵盖288条内容的"政策服务包",推动监管企业"一司一策"制定稳增长方案,在经济形势复杂多变情况下,实现企业经营效益恢复向好。稳投资促消费成效显现。全年市国资委监管企业固定资产投资总额2607.41亿元,比上年增长8.7%。实施一批重大投资项目,华虹无锡集成电路研发和制造基地二期项目开工建设,"浦江数链"上线运行。开展四季促消费活动,带动销售收入超过2000亿元。风险防范能力不断加强。修订财务总监管理办法,总法律顾问制度全面铺开,7家企业试点总审计师制度。健全常态化矛盾风险防控排查机制,推动市属金融机构做好房地产、地方债等金融风险化解,稳妥处置一

批存量风险。

(二)坚持服务中心大局,国有企业使命担当有力彰显

准确把握新时代新征程国有企业定位,主动服务和融入新发展格局。全力服务国家战略和城市发展。与长三角国资国企共同推动产权市场信息披露、项目推介、交易规则、交易系统、交易监管等"五个一体化"。自贸区临港新片区、西岑科创园区、水乡客厅等项目加快建设,滴水湖金融湾、国际数据港等项目功能初现。天安财险、国投母基金等一批项目落户"五个新城"。全力服务五个中心建设。助力保障进博会,国资分团达成意向采购金额27.06亿美元,连续6年保持上海市各交易分团首位。深化国际贸易"单一窗口"功能。加快推进浦东机场四期、南通新机场、洋山港、上海东站等重大工程项目建设。组建汇在东方公司,推进东方枢纽特管区建设。全方位履行社会责任。发布《上海市属监管企业社会责任(ESG)蓝皮书(2023)》,在全国率先推出ESG评价标准指标体系。13家企业入选"中国ESG上市公司先锋100"。深化东西部协作和对口支援,全年市属国企提供对口帮扶资金2939万元、消费帮扶9961万元。出台市国资委监管企业参与上海市乡村振兴行动方案,32家市属国企对口帮扶崇明等4个区,102家国企党组织帮扶108个村。上海市地方国有企业签约2023届高校应届毕业生19576人。

(三)坚持提升资源配置效率,国资布局结构持续优化

坚持做强增量、做优存量,积极培育新产业新赛道,持续推动传统产业强基转型。加快战略性新兴产业发展。出台《本市国资国企加快战略性产业发展行动方案(2023—2025年)》,组建智能算力科技等若干战略性新兴产业平台。与国务院国资委围绕集成电路等项目形成联动工作机制。支持上汽、上药等龙头企业创新转型发展。加快推动汽车芯片国产化,发布"揭榜挂帅"攻关项目10个。持续推进传统产业转型升级。推动制造业企业"一厂一案"制定数字化转型方案,市国资委监管的规模以上制造业企业关键工序数控化率75%,高于全国平均水平16个百分点,80%以上市属企业初步实现数字化转型。首发《市属国企数据资产化披露指引》,向全社会开放268个数字化转型应用场景。一批企业获评全球数字化"灯塔工厂"或国家级智能工厂。多层次盘活国有存量资产。设立目标规模100亿元的存量资产盘活投资基金。加强市区协同,开展"四个一批"存量土地盘活三年行动,积极参与城市更新、"工业上楼",规范不动产租赁管理。

(四)坚持强化原创技术策源,企业创新转型不断加快

强化国有企业创新主体地位,不断完善创新体系、增强创新能力、激发创新活力,助力上海国际科创中心建设。不断健全创新政策体系。出台《关于推进本市国有企业打造原创技术策源地的实施意见》,明确20条具体举措和40项重点项目清单。编制完成15家企业创新发展三年规划及创新使命责任书,将重点关注项目纳入考核。持续加大创新投入力度。企业科技经费投入强度保持增长,比上年增长3.35%。支持24家企业创新能级提升项目,支持3家企业积极参与全国重点实验室重组。上海工研院、上海生物医药前沿产业创新中心等科研机构实现独立实体化运营。系统推进品牌战略。出台《关于鼓励和支持本市国有企业品牌加快发展的实施意见》,建立涵盖全产业领域的1415个品牌清单,培育打造世界一流品牌。国内首发《品牌数字资产创新指南》,推动i百联、智己汽车建立品牌数字资产发行平台。推进老字号品牌馆二期建设。开展"品牌企业进机场"专项行动。

(五)坚持管好国资放活国企,国资监管更加协同高效

坚持以"管资本"为主,优化国资监管方式,提升国资监管的科学性、针对性和有效性。提升国资监管能级。出台战略规划管理办法,完成"十四五"规划中期评估。建立重点子企业目录清单,实现国资监管由企业集团向重点子企业延伸。深化上海国资国企在线监管服务平台建设,价值评估指数、股权激励、私募基金管理等多项职能实现"线上监管"。开展基金份额评估管理试点,全年完成国资评估核准备案1083

项。加强法治国企建设,企业合规管理体系进一步健全,国有资产监管条例纳入市人大五年立法规划。开展境外国资5个领域专项整治。完善责任追究机制。持续深化课题研究、打造高端智库,2家企业获得市政府决策咨询研究成果奖。推动国资监管"一盘棋"。聚焦构建监管大格局,健全工作机制,制定服务清单,凝聚监管合力。委托监管企业世纪出版集团与民营企业通过"特殊管理股+普通股"模式加强战略合作。区属国企积极参与城市更新,与市属国企签署21组存量土地资源盘活协议。

二、上海市国有资产总量与结构分析

2023年,上海市地方国有企业实现营业收入3.70万亿元;利润总额0.27万亿元;资产总额29.31万亿元,比上年增长4.6%。

表1　2023年上海市国有企业指标

项　目	金　额(亿元)
资产总额	293084.63
所有者权益	63007.65
国有资产总量	38220.12
营业收入	36953.72
利润总额	2654.65
净利润	2012.14
归属于母公司所有者的净利润	1675.53
应交税金总额	2128.08
实际上缴税金总额	2284.53

2023年,上海市地方国有企业总数15664户,比上年增长3.1%。

表2　2023年上海市国有企业户数情况

2022年户数(户)	2023年户数(户)	比上年增长(%)
15192	15664	3.1

从国有资产总量隶属关系分布来看,上海市地方国有资产总量3.82万亿元,其中市属企业国有资产总量2.97万亿元、区属企业国有资产总量0.86万亿元,分别占比77.6%、22.4%。

表3　2023年上海市国有资产总量按隶属关系分布情况

隶属关系	国有资产总量(亿元)	占　比(%)
上海地方国有企业	38220.12	100.0
市属企业	29664.74	77.6
区属企业	8555.38	22.4

从行业分布来看,上海市地方国资总量的92.8%集中在前20个行业,84.0%集中在商务服务业、房地产业、道路运输业、货币金融服务、资本市场服务、汽车制造业、保险业、批发业、公共设施管理业、水的生产和供应业等前十大行业。

表4　2023年上海市国有资产总量按行业分布情况(前10个)

行　业	国有资产总量(亿元)	占　比(%)
商务服务业	32179.45	33.1
房地产业	20270.48	20.9
道路运输业	7601.65	7.8
货币金融服务	7467.48	7.7
资本市场服务	3334.86	3.4
汽车制造业	3246.72	3.3
保险业	2701.54	2.8
批发业	1771.29	1.8
公共设施管理业	1730.06	1.8
水的生产和供应业	1331.75	1.4
前10个行业小计	81635.29	84.0

续表

行　业	国有资产总量（亿元）	占　比（%）
合　计	97148.80	100.0

注：表中数据为合计数，非合并数；由于数据修约，分项与总项存在不相等情况。

从资产经营规模看，大型、中型、小型、微型企业国有资产经营规模分别为2.02万亿元、3.42万亿元、2.24万亿元、2.03万亿元，分别占上海地方国有资产总量的20.8%、35.2%、23.1%、20.9%。

表5　　2023年上海市国有资产总量按经营规模分布情况

经营规模	国有资产总量（亿元）	占　比（%）
大型企业	20211.79	20.8
中型企业	34202.36	35.2
小型企业	22405.54	23.1
微型企业	20329.12	20.9
合　计	97148.81	100.0

注：表中数据为合计数，非合并数。

三、上海市国有资本保值增值综合分析评价

2023年，市属企业及13个区国有资本全部实现保值增值。其中，市属企业国有资本保值增值率103.6%。

表6　　2023年上海市国有企业地区和行业国有资本保值增值情况

地　区	国有资本保值增值率（%）	行　业	国有资本保值增值率（%）
市属企业汇总	103.6	商务服务业	102.3
黄浦区	103.5	房地产业	101.1
长宁区	104.3	道路运输业	99.1
静安区	106.7	货币金融服务	107.8
普陀区	101.4	资本市场服务	102.2
徐汇区	100.5	汽车制造业	103.4
虹口区	101.7	保险业	113.5
金山区	97.4	批发业	104.0
浦东新区	103.1	公共设施管理业	100.9
奉贤区	101.8	水的生产和供应业	101.4
杨浦区	102.9		
嘉定区	100.6		
闵行区	100.6		
青浦区	104.0		
宝山区	98.2		
松江区	101.2		
崇明区	99.3		

四、上海市国资委监管企业改革发展情况

出台国企改革顶层设计。市委、市政府办公厅印发《上海市贯彻〈国有企业改革深化提升行动方案（2023—2025年）〉的实施方案》，明确10个方面27条改革举措。出台《关于我市国有企业加快建设世界一流企业的实施意见》，推动重点企业对标世界一流加快改革发展。上汽集团、申通地铁集团、上海电气、上港集团等4家企业入选国务院国资委创建世界一流和专业领军示范企业。制定"科改行动""双百行动"工作指引，推动企业主持或参与制（修）订国家、行业等技术标准95个，实现国内首创技术突破22项。推动上市公司改革发展。开展国有控股上市公司高质量发展专项行动，优化市值管理绩效水平评价体系。华虹半导体回归A股科创板，成为科创板当年第一大、史上第三大IPO；上海建科集团、锦江航运实现主板上市。加快推动资本运作，国有控股上市公司全年

完成IPO及资本运作项目7个,资本运作资金740亿元。深化市场化经营机制改革。指导临港集团下属综保物流、联和投资公司下属兆芯和艾普强开展员工持股,员工持股企业数量134家。具备实施条件的企业中,实施中长期激励的企业覆盖面70.34%。

五、上海市国资委监管企业并购重组与完善法人治理结构情况

(一)推进企业重组整合

加大对投资运营公司赋能赋权力度,推动开展市场化运作,将华谊集团5%的股份无偿划转至上海国投公司。围绕要素市场和人才队伍建设,组建上海交易集团、东方菁汇集团。上海联社完成化工联社监管关系变更。推动企业内部整合,持续压缩管理层级,年度压减四级次企业150余户,市国资委监管企业第四管理层级数量占比下降至4.8%。

(二)完善中国特色国企现代公司治理

着力构建公司治理"1+N"制度体系,研究制定完善监管企业公司治理的实施意见,加快修订董事会建设指导意见、外部董事管理办法、外部董事履职目录等配套性文件,增强董事会依法行权履职能力,加强外部董事履职管理。研究监事会改革实施方案。

六、上海市国资委监管企业负责人考核与选人用人机制改革情况

(一)完善考核评价体系

修订市管国有企业领导班子和领导人员任期综合考核评价办法,完成13家企业任期综合考核评价。积极稳妥推进上海银行等4家企业进一步深化职业经理人薪酬制度改革。

(二)加强人才队伍建设

完成华谊集团等8家企业职业经理人市场化选聘。做好企业青年干部选拔培养,发现储备一批优秀年轻干部。市国资委系统监管企业中,15人获评新一批政府特贴,15人获评市领军人才,12人获评市青年人才。

七、上海市国资委监管企业党的建设和廉政建设情况

(一)加强政治建设

全面落实"第一议题"制度,在全系统印发习近平总书记考察上海重要讲话精神学习计划,持续做好学习、宣传、阐释、培训。

(二)推进全面从严治党

推进巡视整改和巡察督导,上一轮被巡视企业集团整改措施完成率94%。市国资委党委对32家企业开展现场督导,各监管企业党委完成100余家二级及以下企业的现场巡察。

(三)夯实基层党建基础

开展"学贯二十大,争创双一流"党建主题活动。印发加强系统驻外机构党建工作指导意见,市国资委系统企业在全国38个城市建立6728个基层党组织,覆盖9.5万名党员。1055家二级企业党委"前置事项清单"实现应制尽制。表彰命名68家红旗党组织和218家党支部建设示范点。

(四)树立国企形象

"上海国资"新媒体平台全年发布推文5695条,总阅读量2104万次。2023"对话上海国企""海外员工看中国"等活动产生良好反响。统筹推进统战、老干部、工青妇、安全生产和模范机关创建等工作,全力维护信访稳定。

(撰稿人:赵　晨)

江苏省

2023年,江苏省国资委坚持以习近平新时代中国特色社会主义思想为指导,全面贯彻党的二十大、二十届二中全会和习近平总书记对江苏工作重要讲话重要指示精神,按照党中央、国务院和省委、省政府决

策部署，紧紧围绕"四个走在前""四个新"重大任务，坚决扛起"走在前、挑大梁、多作贡献"重大责任，各项工作取得积极进展和明显成效。

一、江苏省国有资产监督管理工作综述

(一)服务全省发展大局，在推动全省经济运行率先整体好转中"挑大梁"

经营质效走在全国前列。以"一利五率"指标体系、高质量发展综合考核为引领，积极开展管理提升、价值创造、亏损治理等专项行动，全面完成"一增两稳三提升"目标。2023年省属企业实现营业收入4596.3亿元、利润总额519.5亿元，分别比上年增长0.5%、25.6%，利润总额创历史新高。"五率"指标大部分位居全国前列。江苏交控等10户省属企业利润总额创历史新高，受疫情影响严重的金陵饭店集团、钟山宾馆集团、体育产业集团经营整体恢复，东部机场集团大幅减亏。投资拉动提供强力支撑。省属企业全年完成投资1106亿元，连续4年超过1000亿元。2023年全省重大项目中，由省属企业主导的44个，占比20%。沪宁沿江高铁正式开通，射阳港2×100万千瓦燃煤发电机组建成投产，盐城南洋机场改扩建工程顺利投运，粮食集团58万吨储备专库新扩建项目有序推进，有力支撑全省发展大局和企业自身发展。协同发展取得丰硕成果。举办第四届长三角地区国资国企联席会议、全省国资国企协同发展推进会、"央企、省企宿迁行"等活动，组织省属国资国企组团到安徽宣城洽谈交流，累计集中签约重大项目70余个，合同金额超过600亿元，以"一主多元"方式打造一批核心功能突出的功能性子企业，全省国资国企资源共享、优势互补的发展格局加快形成。服务"国之大者"坚决有力。中江国际集团中阿产能合作示范园成功举办首届中国工业品展会，新增签约入园项目15个，支持中阿(联酋)产能合作示范园发展联盟正式成立。中欧(亚)班列全年开行2123列，再创新高。

(二)国有企业改革深化提升行动全面启动实施，取得一批标志性成果

超前谋划精心编制实施方案。在圆满完成国企改革三年行动任务、三次评估均获评A级基础上，省国资委不等不靠、超前谋划，年初即成立起草领导小组，聚焦中国式现代化江苏新实践战略需求，按照"定三年、谋八年、展望十三年"的思路，形成以"11311"务实举措为核心的《江苏省国有企业改革深化提升行动实施方案(2023—2025年)》，以省两办名义印发。落实省委、省政府部署，省属企业均完成方案制定工作，并抓紧推进实施。重点改革任务持续深化落地。注重谋在前、干在先，同步实施具备条件的改革举措，研究形成省康养集团、省大数据集团组建方案，推动建立省级跨部门协调机制。新增7户企业入选国务院国资委"科改企业""双百企业"，36户企业入选江苏省"两个全面参照"企业。高投集团首期规模50亿元的江苏国企混改基金完成组建并实质性运作；徐矿集团苏能股份成为煤炭行业近十年来首家IPO主板上市企业，募集资金43亿元。省属贸易企业重组整合实现重大突破。作为江苏省落实新一轮国企改革深化提升行动的"一号工程"，省国资委按照省委、省政府决策部署，推动将苏豪控股集团与海企集团、汇鸿集团、惠隆公司及舜天集团等省属贸易企业进行整合重组，组建新的苏豪控股集团，为近年来江苏省规模最大、涉及面最广的一次国企改革。重组整合工作得到企业员工、社会各界普遍认可，资本市场也给予积极回应，实施以来未发生一起相关信访事件和负面舆情。

(三)国有资本布局结构持续优化，有效发挥科技创新、产业控制、安全支撑作用

科技创新驱动加快发展。实施省属企业科技创新重点突破计划，推动人才、平台、资金等创新要素加速集聚。全年牵头建设省级创新平台16个。环保集团获批立项国家重点研发计划，牵头组建省生态环境科研联盟。国信集团与东南大学共建国家卓越工程师学院。农垦集团"稻米提质增效关键技术创新与产业化应用"项目获得中国轻工业联合会科技进步一等奖。战略性新兴产业加快布局。按照省领导要求，参与组建江苏省战略性新兴产业基金集群。母基金公司完成工商登记，首期60亿元资金已经到位，正式开始运作。实施数字经济"2373"工程，打造一批典型项目和企业。盐业集团井神公司入选国家2023年度智

能制造示范工厂揭榜单位。港口集团两个项目入选"2023年智慧江苏重点工程"。水源公司项目获评2023数字江苏建设优秀实践成果"十佳"案例。沿海集团项目入选2023江苏省数字化绿色化协同转型发展典型案例。联合征信公司企业征信服务平台同时入选2023年智慧江苏重点工程和标志性工程。重点领域安全保障能力加快提升。省属能源企业多个百万千瓦机组同期开建,连云港抽水蓄能电站、如东液化天然气接收站、大丰85万千瓦海上风电等项目相继获得核准,安徽宁国抽水蓄能项目正式签约。积极承接国家级煤炭储备基地建设任务,完成300万吨煤炭储备任务。徐矿集团积极拓展非煤矿产资源开发,保障全省战略性新兴产业材料需求。

(四)"1+N"制度体系健全完善,国资监管服务效能不断提升

创新监管方式。首次实施预算方案审核备案,省国资委选聘省属企业年度财务决算主审会计师事务所开展年报决算审计。加强省级国资国企在线监管"1+N"系统建设,在国务院国资委验收评估中入选全国第一方阵。开展合规管理提升行动,获得2021—2023年度江苏省法治建设创新奖。突出监管重点。全面推进重点二级子企业财务负责人委派、资金集中管理、财务信息化建设三大专项行动。制定外派财务监督专员履职指引等制度,建立月例会、工作清单、建议书等管理举措,强化全过程驻场监督。开展省属企业综合绩效评价,发挥诊断分析和对标引导作用。守牢监管底线。定期监测全省国资系统监管企业债券兑付风险,未发生债券违约事件。开展安全生产专项整治巩固提升年行动,省属企业安全生产态势总体可控、持续向好。

(五)党的领导党的建设全面加强,为高质量发展强根固魂、凝心聚力

坚持把深入学习宣传贯彻党的二十大精神、习近平总书记对江苏工作重要讲话重要指示精神和开展学习贯彻习近平新时代中国特色社会主义思想主题教育作为贯穿全年工作的主题主线,一体谋划、一体推进,切实将"两个维护"体现在履职担当上、落实到具体工作中。牢牢把握"学思想、强党性、重实践、建新功"总要求,委企联动开展主题教育。落实省委工作要求,配合省委组织部高质量完成省属企业党委集中换届,高水平举办第十一期江苏国有企业大讲堂暨警示教育会议。坚持把"提高质量效益、增强企业竞争实力、实现国有资产保值增值"作为国有企业党组织工作的出发点和落脚点,压紧压实管党治党责任,织密筑牢意识形态安全防线,坚定不移正风肃纪反腐。

二、江苏省国有资产总量与结构分析

(一)主要指标总体情况

2023年末,江苏省国有企业(含金融、文化企业,下同)资产总额303932.9亿元、负债210542.6亿元、所有者权益93390.3亿元,分别比年初增长10.3%、10.8%、9%;实现营业收入21693.6亿元、利润总额1926.9亿元、应交税金总额1332.2亿元,分别比上年增长3.4%、5.5%、0.5%。其中,省国资委监管企业(含华泰证券公司,下同)资产总额24637.8亿元、负债15916.8亿元、所有者权益8721.0亿元,分别比年初增长6.4%、5.9%、7.3%;实现营业收入4596.3亿元、利润总额519.5亿元、应交税金总额202.2亿元,分别比上年增长0.5%、25.6%、-8.5%。

表1　2023年江苏省国有企业指标

项　目	金　额(亿元)
资产总额	303932.9
所有者权益	93390.3
国有资产总量	80378.9
营业收入	21693.6
利润总额	1926.9
净利润	1474.6
归属于母公司所有者的净利润	1110.7
应交税金总额	1332.2
实际上缴税金总额	1360.7

(二)国有企业户数情况

基本实现"应统尽统"。2023年,江苏省纳入企业国有资产统计户数13073户,比上年增加1102户,增长9.2%。其中,省国资委监管企业1538户,增加32户,增长2.1%。

三级以内企业占比超过80%。江苏省国有企业中,一级企业1574户、二级企业4471户、三级企业5044户、四级企业1764户、五级及以下220户,三级以内企业户数占比87%。其中,省国资委监管企业中,一级企业22户、二级企业374户、三级企业737户、四级企业324户、五级及以下企业81户(四级及以下企业含上市公司子企业),三级以内企业户数占比74%。

小微企业占比超过80%。根据国家统计局分类标准划分,按法人主体统计(单户报表),江苏省国有企业大型企业、中型企业、小型企业、微型企业户数分别为388户、1753户、4293户、6639户,大中型企业占比16.4%,小微企业占比83.6%。其中,省国资委监管企业中,大型企业、中型企业、小型企业、微型企业分别为60户、297户、533户、648户,大中型企业占比23.2%,小微企业占比76.8%。

盈利企业占比约60%。江苏省国有企业中,盈利企业7972户,亏损企业5101户,盈利面61%。其中,省国资委监管企业中,盈利企业1294户,亏损企业244户,盈利面84.1%。

表2　2023年江苏省国有企业户数情况

2022年户数(户)	2023年户数(户)	比上年增长(%)
11971	13073	9.2

(三)资产情况

资产规模稳步增长,县级企业占比过半。2023年末,江苏省国有企业资产总额303932.9亿元,比年初增加28274.4亿元,增长10.3%。省级企业、市级企业、县级企业资产总额分别为61277.8亿元、74502亿元、168153.1亿元,分别比上年增长10.5%、9%、10.8%,分别占比20.2%、24.5%、55.3%。

资产主要分布在五大行业,省级企业和市县企业差异大。江苏省国有企业资产分布行业占比情况:社会服务业占比39.04%、房地产占比14.92%、建筑业占比13.76%、金融业占比14.55%、交通运输业占比6.96%、工业占比4.4%,合计占比89.23%。市县企业资产主要分布在社会服务和房地产等领域,社会服务业占比46.62%、房地产业占比18.05%、建筑业占比16.79%、交通运输业占比4.84%、工业占比4.42%。

(四)国有资产总量情况

表3　2023年江苏省国有资产总量按隶属关系分布情况

隶属关系	国有资产总量(亿元)	占比(%)
省级企业汇总	7796.2	9.7
地市企业汇总	72582.7	90.3
南京市	10194.3	12.7
无锡市	5139.4	6.4
徐州市	4532.1	5.6
常州市	5272.0	6.6
苏州市	9672.0	12.0
南通市	6953.0	8.7
连云港市	3054.8	3.8
淮安市	5081.1	6.3
盐城市	7333.4	9.1
扬州市	338.0	4.5
镇江市	3432.7	4.3
泰州市	6283.9	7.8
宿迁市	1996.0	2.5
合　计	80378.9	100.0

表4　2023年江苏省国有资产总量按行业分布情况

行　业	国有资产总量(亿元)	占比(%)
社会服务业	39101.4	48.7
房地产业	10870.1	13.5

续表

行　业	国有资产总量（亿元）	占　比（%）
建筑业	9628.2	12.0
交通运输业	7943.0	9.9
金融业	4164.8	5.2
工业	3482.3	4.3
科学研究和技术服务业	998.5	1.2
商贸业	900.5	1.1
教育文化广播业	842.3	1.1
仓储业	838.4	1.0
农林牧渔业	763.4	1.0
其他	468.6	0.6
信息传输、软件和信息技术服务业	377.4	0.5
合　计	80378.9	100.0

表 5　2023 年江苏省国有资产总量按经营规模分布情况

经营规模	国有资产总量（亿元）	占　比（%）
大型企业	13331.5	16.6
中型企业	18689.5	23.3
小型企业	32676.7	40.7
微型企业	15681.2	19.5
合　计	80378.9	100.0

三、江苏省国有资本保值增值综合分析评价

国有资本较好实现保值增值。2023 年末，江苏省国有企业国有资本权益 80378.9 亿元，较年初增加 5672.6 亿元，增长 7.6%。其中，省级、市级、县级企业国有资本权益分别为 7796.2 亿元、22160 亿元、50422.7 亿元，分别较年初增加 400 亿元、1548.9 亿元、3723.7 亿元，增长 5.4%、7.5%、8%。

表 6　2023 年江苏省国有企业地区和行业国有资本保值增值情况

地　区	国有资本保值增值率（%）	行　业	国有资本保值增值率（%）
省级企业汇总	105.97	仓储业	112.18
地市企业汇总	101.48	金融业	105.02
南京市	100.97	商贸业	104.90
无锡市	107.15	教育文化广播业	104.49
徐州市	100.19	工业	104.06
常州市	99.91	交通运输业	102.62
苏州市	101.63	科学研究和技术服务业	101.80
南通市	100.72	房地产业	101.73
连云港市	93.69	信息传输、软件和信息技术服务业	101.71
淮安市	100.5	社会服务业	101.58
盐城市	102.82	建筑业	101.39
扬州市	102.62	农林牧渔业	101.14
镇江市	100.33	其他	98.38
泰州市	103.57		
宿迁市	105.12		

四、江苏省国资委监管企业改革发展情况

（一）做好国企改革三年行动总结

在国务院国资委开展的地方国企改革三年行动重点改革任务完成情况评估中，江苏省再次（第三次）被评为 A 级。7 户企业案例入选国企改革三年行动综合典型和专项典型经验成果。在 2023 年 2 月国务院国资委召开的国企改革三年行动经验成果交流会议上做大会交流发言。

（二）谋划实施国有企业改革深化提升行动

2023 年是国有企业改革深化提升行动开局之年。

江苏省国资委认真贯彻党中央、国务院决策部署和省委、省政府工作要求，在全面总结国企改革三年行动的基础上，谋划实施国有企业改革深化提升行动。省国资委成立以主要领导为组长的国有企业改革深化提升行动实施方案起草领导小组，建立每周召开一次例会的工作机制。坚持问题导向，深入调查研究，梳理出8个方面18个具体问题，形成《国资国企改革发展问题分析及对策措施研究报告》。在此基础上，牵头起草江苏省实施方案，广泛征求各设区市政府、省有关部门、省属企业意见。江苏省实施方案经省政府常务会议、省委常委会会议审议通过后，于2023年12月2日以省委办公厅、省政府办公厅名义正式印发。2023年12月20日，省政府召开全省国有企业改革深化提升行动动员部署会，全面推进部署改革任务。同步推动各省属企业、各设区市制定本企业、本地区国有企业改革深化提升行动实施方案，截至2023年底，省属企业实施方案全部出台。坚持谋在前、干在先，同步抓好实施方案制定和改革任务落实，特别是列入实施方案的重大改革事项，加大力度推进。省国资委根据中央方案和江苏省实施方案，将改革任务细化为238项，列出任务清单，其中硬性任务117项。印发《省国资委关于加大力度推动落实国有企业改革深化提升行动改革任务的通知》，督导改革任务落实。通过上下共同努力，各项改革任务有序推进，特别是省战略性新兴产业基金集群组建工作顺利推进，省级母基金公司完成注册。省属贸易企业重组整合及组建省大数据集团、省康养集团等工作取得阶段性进展。

五、江苏省国资委监管企业并购重组与完善法人治理结构情况

(一)重大资产重组情况

江苏省实施方案系统提出其后几年省属企业重组整合的重点领域，围绕落实国家和省重大战略，以省属优势企业为主体，整合优质资源，在贸易、能源、矿产、种业、水利、港口、海洋产业、建筑、数据、养老、酒店旅游、政务保障、资本运营等领域推进战略性重组，打造一批龙头企业。13个重大整合事项有的已经完成，有的在推进过程中。2023年7月，推动将苏豪控股集团与海企集团、汇鸿集团、惠隆公司及舜天集团等省属贸易企业进行整合重组，组建新的苏豪控股集团，着力打造具有江苏品牌特色，能更好服务江苏实体经济发展及产业链、供应链安全稳定的世界一流企业。此次整合重组涉及省属企业5户、子企业382户、上市公司4户、员工近2万人，是近年来江苏省规模最大、涉及面最广的一次国企改革。重组整合后，新苏豪资产规模近1000亿元、营收规模超过1000亿元，拥有境内外上市公司4家，整体实力和影响力显著提升。在外贸下行形势下，重组整合效应初步显现，2023年利润总额实现较大幅度增长。加快推动组建省大数据集团、省康养集团，形成组建建议方案。针对省属国企在江苏信保集团股权分散问题，整合省属企业及子企业持有的江苏信保集团4.4%股权，以评估价协议转让给省国信集团，涉及资金6.3亿元。积极推动专业化整合，2023年省属企业开展专业化整合16宗。

(二)公司治理有关情况

一是完善国有企业公司治理。指导省属企业结合修订公司章程，将党建工作要求规范写入公司章程，推动省属企业党的领导与公司治理深度融合。2023年，动态优化党委前置研究讨论重大经营管理事项清单的省属企业占比53.62%。省属企业集团层面全部建立董事会，各级子企业董事会应建尽建占比100%。坚持和完善“双向进入、交叉任职”的领导体制，结合省属企业党委集中换届，各企业均落实党委书记、董事长“一肩挑”要求，全部配齐专责抓党建工作的专职副书记。进一步优化现有外部董事配备，8名企业领导人员转任专职外部董事，新聘兼职外部董事7人、解聘24人，重新安排岗位5人，动态实现董事会成员“外大于内”全覆盖。省属企业中专职外部董事占外部董事比重35.71%。成立省属企业专职外部董事党支部，加强外部董事履职管理，完成省属企业外部董事年度考核。印发《省国资委转发〈关于中央企业深化子企业董事会建设的指导意见〉的通知》，省属企业全部分批分类落实子企业董事会职权，各级子企业落实董事会职权占比100%。省属企业集团及应纳入外部董事占多数的子企业100%实现董事会中外部董事占多数。省属企业集团100%建立董事会向经理层授权的管理制度，建立董事会的各级子企业

100%建立董事会向经理层授权的管理制度，并落实到位。二是落实建设世界一流企业专项行动工作任务。印发《省国资委关于印发江苏省国有企业争创世界一流企业实施方案的通知》，推动国有企业扎实开展培育创建世界一流企业工作。指导省属企业制定对标世界一流企业价值创造行动实施方案，有序推进落实。推荐江苏联环药业、无锡华光环能入选国务院国资委世界一流专精特新示范企业名单，指导企业制定创建工作方案，2户企业的创建工作方案被国务院国资委分别评为A+、A等级。印发《关于深化对标世界一流管理提升行动的通知》《关于深入推进建设世界一流"双示范"行动的通知》，建立健全管理提升长效机制和"双示范"行动工作机制。组织省属企业梳理在创造经济价值、战略价值、社会价值等方面好的做法和成效，推荐申报优秀案例14个。大力宣传品牌建设典型案例和优秀品牌故事，推荐2024年中国品牌日活动部分省属企业品牌。三是推动精准压减、有效治亏和"两非""两资"清理。印发《2023年度投资管理例行工作安排》，要求省属企业制定清理整合和"压减"工作计划，完成清理整合73户(项)。印发《省国资委关于深入开展"压减"和"两非""两资"清理工作的通知》，要求各省属企业精准压缩管理层级，严格控制在三级以内(国有资本投资、运营公司以及二、三级企业为上市公司的，可放宽到四级)；开展"三无"企业专项治理，持续压缩各级子企业中的小微企业占比。建立"两非""两资"出清多部门联动绿色通道和识别预警长效机制。对整治假国企行动中排查出的吊销未注销、因历史原因失管失控的企业列入"两非""两资"清理范围，督促有关省属企业加快清理。部署开展2023年亏损企业专项治理工作，确定省属企业经营性亏损企业治理整体目标和重点亏损企业"一企一策"治理目标任务，分类实施治理，年度"压减"目标基本实现。

六、江苏省国资委监管企业建立和完善经营业绩考核体系情况

(一)不断完善高质量发展绩效评价考核体系

聚焦国务院国资委"一利五率"目标管理体系，按照省属企业"一增两稳三提升"年度经营目标，修订完善《2023年度省属商业企业高质量发展绩效评价考核指标体系》，逐户确定省属企业2023年度经营业绩目标，以高于大盘、更有挑战性的目标引领企业"摸高跳远"。优化设置经营业绩指标，设置利润总额、净资产收益率、劳动生产率、营业现金比率、资产负债率、研发投入增长率6个经营业绩指标，其中营业现金比率首次纳入考核，体现要"有利润的收入和有现金的利润"；统筹设置国资监管重点事项指标，按照省属国资监管"1+N"制度体系规范，形成深化改革提升、创新发展、现代企业制度建设、财务及资产管理、深化治理等5个指标19个子项的考核内容；统筹考虑省属企业功能定位、行业领域、发展阶段，突出不同考核重点，设置主业个性指标39项、年度重大专项任务和重大突破性工作指标35项，推进"一企一策"考核，引导企业做强主责主业，推动省重大任务重大项目落地见效，考核的精准性和实效性不断增强。

(二)创新开展省属企业综合绩效评价工作

推动考核指引和绩效评价对标诊断有机结合，研究出台《江苏省省属企业绩效评价实施办法(试行)》，从盈利回报、资产运营、风险防控、持续发展等4个维度，设置16项评价指标，针对企业主业所处行业，确定各个指标权重，实施差异化分类评价，充分发挥对标诊断作用，多维客观评价省属企业发展质量，引导省属企业对标行业一流，横向比、纵向比，锻长板、补短板，不断提升核心竞争力，增强核心功能。完成《2022年度江苏省省属企业绩效评价报告》，在2022年度省属企业绩效评价中，通过选取国内同行业标杆企业进行对标，5户企业达到全国行业优秀水平，价值创造能力实现质的提升，考核指引作用和绩效评价对标引导作用得到充分体现。

(三)严格规范省属企业负责人薪酬管理

根据《江苏省国资委监管企业负责人薪酬管理暂行办法》(苏国资〔2016〕93号)，依据考核结果等有关数据，测算省属企业主要负责人2022年度薪酬标准，各企业主要负责人薪酬增幅均低于本企业职工平均工资涨幅，符合相关规定要求；同时省属企业负责人薪酬与经营业绩考核结果强挂钩，做到"业绩升、薪酬

升，业绩降、薪酬降”，凸显企业家“领头羊”价值与贡献。坚持激励约束并举原则，对在科技创新、推进资产证券化中取得重大成果，在承担能源保供等重大专项任务方面作出突出贡献的省属企业负责人给予一次性薪酬奖励；严格落实《关于受党纪政务处分的省属企业负责人薪酬扣减实施细则》规定要求，切实加强省属企业负责人薪酬管理。

七、江苏省国资委监管企业负责人考核与选人用人机制改革情况

(一)高标准做好省属企业党委集中换届工作

2023年是省属企业党委5年一次的集中换届之年，省国资委配合省委组织部顺利完成召开干部大会、谈话推荐和会议推荐、考察等各环节任务，及时批复17户省属企业换届预备人选和选举结果，任免省属企业领导人员192人次，确保省属企业新老班子顺利交接。

(二)不断完善省属企业综合考核评价体系

在省委考核办统筹指导下，牵头完成2023年度省属企业综合考核指标体系文件制定，并按程序提请省委考核办、省委常委会暨省考核委会议审议通过。牵头对省属企业考核指标半年度完成情况开展评估，形成高质量评估情况报告，对序时进度落后的企业及时“亮黄灯”提醒，推动省属企业高质高效完成全年任务。按照省委考核办统一安排，牵头启动省属企业年终考核，会同省委组织部、省财政厅、省委宣传部制定2023年度省属企业年终考核方案，举办省属企业年度综合考核业务培训，顺利完成2023年度年终考核任务。

(三)抓好省属企业领导人员日常选配和管理工作

配合省委组织部做好企业领导人员选配工作，认真执行民主推荐、考察、讨论决定、任前公示、任职谈话等规范程序，把政治考察作为重中之重，严格开展任前政治体检。配合省委组织部完成省属企业领导人员任免，全年累计印发文件117份。组织企业副职领导人员填报个人有关事项报告114份，新接收整理干部人事档案43卷，向省委组织部报送干部人事档案13卷，办理兼职审批备案79人次。严格执行年轻干部预审制度，办理完成企业预审工作37户次。

(四)完善省属企业法人治理结构

加强外部董事力量配备，结合省属企业党委换届工作，对外部董事队伍开展分析研判，进一步优化现有外部董事配备，8名企业领导人员转任专职外部董事，新聘兼职外部董事7人、解聘24人，重新安排岗位5人，动态实现董事会成员“外大于内”全覆盖。加强外部董事履职管理，成立省属企业专职外部董事党支部，做好包括参会、意见建议、投票等信息在内的履职纪实，赴企业听取履职情况评价，组织开展省属企业外部董事2022年度考核。定期召开专职外部董事工作例会，根据外部董事履职报告，整理形成外部董事履职简报140余篇。

(五)抓实省属企业人才和教育培训工作

组织开展人才引育用留专题调研，围绕企业人才缺口、企业聚才困难、人才发展障碍等问题挖根源、找对策，实地了解基层一线人才工作的活情况，形成专题调研报告、问题清单和成果转化清单。分3场组织19户省属企业召开人才工作座谈会，总结各企业全年人才工作成绩，分析不足短板，搭建交流平台。牵头组织多项省属企业人才荣誉申报工作，推荐政府特殊津贴人才3名、江苏省优秀企业2户和江苏省优秀企业家2人、高技能人才或平台13个、留学回国先进个人1人，树好身边的典型。牵头举办第十一期江苏国有企业大讲堂暨警示教育会议，邀请彭华岗、宁高宁等6名国资国企领域顶尖、权威的领导和专家进行专题授课，省市两级各类参训人员超过4000人，培训效果超出预期，是近年来领导重视程度、授课师资层次、教育培训质量最高的一次。在张謇企业家学院举办省属企业高层次人才理想信念专题培训班，涵盖能源、交通、金融、农业、贸易、工程等多个专业领域人才60人。举办省属企业外部董事年度座谈暨业务培训会，不断提升外部董事履职能力，提高董事会工作部门负责人业务水平。

八、江苏省国资委监管企业党的建设和廉政建设情况

(一)旗帜鲜明加强党的政治建设,广大干部职工坚定拥护"两个确立"、坚决做到"两个维护"的思想根基更加牢固

认真落实在完善公司治理中加强党的领导的意见,建设运行"三重一大"决策和监管系统,进一步规范企业党委在决策、执行、监督各环节的权责和工作方式。制定省国资委党委会"第一议题"制度实施办法,定期编发学习参考,指导省属企业党委会参照落实。完善省属企业党委理论学习中心组巡学旁听机制,结合委领导工作联系点制度,加强经常性指导和常态化问效。委企联动开展主题教育,认真抓好理论学习、调查研究、检视整改、建章立制等工作,推动学习教育走深走实。开展意识形态工作责任制落实情况专项督查分析,指导省属企业普遍建立意识形态工作"3+1"纳入机制。

(二)推动党建工作与生产经营深度融合,党建引领发展的优势充分彰显

苏豪控股集团等5户省属贸易企业党委坚决落实省委、省政府组建新的苏豪控股集团这一重大决策部署,发动广大党员干部做好人员安置、业务对接、矛盾化解等工作,改革成效得到省委、省政府和国务院国资委的充分肯定。发挥省属企业专业优势,提出采取省市联动、政企联动、部门联动方式组建全省战略性新兴产业基金集群方案。有关省属企业党委坚决落实省政府安排的出资任务,在加快建设现代化产业体系、加力布局战略性新兴产业中展现应有担当。广泛创建党员责任区、示范岗,以党员为骨干开展"揭榜挂帅""赛马"等活动,推动企业经营单位高质量完成全年重大经营投资任务。2023年由省属企业主导的重大项目占全省总数的1/5,一批基础性、引领性重大项目加快实施,有力支撑全省发展大局,增添企业发展后劲。

(三)持之以恒抓基层打基础,基层党组织创造力、凝聚力和战斗力不断增强

召开换届组织工作培训会,指导省属企业高质量起草党代会报告,通过法定程序选举产生新一届党委和纪委班子,实现省委提出的"选出好干部、配出好班子、绘出好蓝图、换出好气象"的目标要求。启动省属企业党支部评星定级管理三年行动,印发党支部工作指导手册,提升党支部"标准+示范"建设水平。召开省属企业"两优一先"表彰会议,组织评选"两优一先"各50名(个)。举办全省国有企业党组织书记示范培训班,对国资系统党组织书记进行全覆盖培训。举办省属企业党员发展对象培训班3期,累计培训1199人,发展党员954人。

(四)驰而不息正风肃纪反腐,风清气正的政治生态进一步巩固

督促省属企业聚焦省委巡视反馈问题,对整改落实情况进行"回头看",巩固整改成效。各省属企业在换届后规划启动新一轮巡察,实现巡察监督常态化制度化。会同省检察院举办国企领域预防职务犯罪专题交流,拍摄制作反腐倡廉系列微电影,编印《加强廉洁国企建设警示教育·每月一例》,不断创新警示教育方法形式。开展粮食购销、工程建设、医药等领域腐败问题整治,推动相关领域标本兼治、源头治理。建立省属企业违纪违法情况调度机制,支持省属企业纪检监察机构严肃查处违纪案件,指导企业运用监督执纪"四种形态"开展违纪案件查办和追责问责。

(撰稿人:程　欣)

浙江省

一、浙江省国有资产监督管理工作综述

2023年,浙江省各级国资监管机构和国有企业深入学习贯彻习近平总书记考察浙江重要讲话精神,坚决贯彻党中央、国务院和省委、省政府决策部署,深化落实三个"一号工程"和"十项重大工程"部署,以国资国企"四个年"活动为抓手,忠实践行"八八战略",扎实开展主题教育,强力推进创新深化改革攻坚开放提升,国有经济运行稳进向好,高质量发展迈出坚实步

伐。省市两级国资委履行出资人职责监管企业全年实现营业收入2.53万亿元、利润总额996亿元,分别比上年增长8.7%、5.2%;年末资产总额8.52万亿元、净资产2.56万亿元,分别比上年增长13.8%、12.2%。其中,省国资委履行出资人职责监管企业营业收入1.71万亿元、利润总额498亿元,分别比上年增长2.8%、6.0%;资产总额2.28万亿元、净资产8335亿元,分别比上年增长10.7%、8.3%。

(一)政治领航铸忠诚

以党的政治建设为统领,在循迹溯源中牢记嘱托、感恩奋进,坚定拥护"两个确立"、坚决做到"两个维护",确保国资国企工作始终与党的要求同向同行。高站位学习贯彻习近平总书记考察浙江重要讲话精神。第一时间传达学习、动员部署,推动习近平总书记考察浙江重要讲话精神在国资国企落地见效。省国资委制定浙江省国资国企贯彻落实工作方案,明确5个方面66项重点任务。高质量抓好主题教育。坚持抓机关带系统、抓本级带下级,建立国资国企主题教育联企学习、联手调研、联动克难、联合发展"四联"机制,推动各级党组织全员参与、一体推进。坚持以学习开路、以调研破题,用好第一批主题教育经验做法,推动两批主题教育前后衔接、持续深化。浙江省国资国企党员干部坚持以学铸魂、以学增智、以学正风、以学促干,实现党性修养、履职能力、工作绩效新提升。高标准开展"八八战略"实施20周年活动。深挖用好习近平同志在浙江工作期间"两次座谈"和"52次调研"国资国企的宝贵资源,深入开展"循迹溯源学思想　感恩奋进新征程"座谈交流,深化"国企篇章"理论溯源。系统梳理"八八战略"实施20周年来国资国企的精彩蝶变、经验启示、短板弱项和未来发展方向,形成《循迹溯源学思想　砥砺前行谱新篇》"1+25"实践汇编、工作专报,获得省委和国务院国资委主要领导批示肯定。

(二)服务大局显担当

牢记职责使命,强化功能、发挥优势,在服务浙江省重大战略重要任务中彰显"主力军""压舱石"作用。护航亚运盛会全力以赴。积极投身迎亚运盛会三大提升行动,高质量完成亚运场馆建设运维、交通保障、文旅安保、志愿服务等任务。省属企业选派1100余名党员骨干护航亚运,捐赠资金物资近1亿元。杭州、宁波、温州、湖州、绍兴、金华6个市国资国企坚决扛起亚运赛事承办地的责任担当,全力服务"家门口的亚运会"。赛后,70%以上亚组委社会专业人员被浙江省国企招聘录用。服务共同富裕积极有为。聚焦"地方国资国企高质量发展面临瓶颈"问题,在衢州、义乌、苍南3个市县开展共富破题试点。聚焦山区海岛县发展不充分不平衡问题,建立产业强县富民、"三个一"促发展等合作机制,省属企业完成山区海岛县投资139亿元,金融信贷支持浙江省共富工坊建设1000余家。扩投资争项目坚决有力。各地各企业坚持以投资促发展、以项目挑大梁,省属企业完成固定资产投资1014亿元,73个"十项重大工程"项目完成投资878亿元,超额完成年度任务。优化营商环境见行见效。开展"践行国资国企新风尚　争创营商环境新生态"专项行动,"一企一策"推进优化提升。强化保供保畅、减费让利,省能源集团承担资源涨价成本68亿元,省交通集团减免高速通行费35亿元,省机场集团为企业减少货运成本两成以上。强化稳岗就业,浙江省国企招录应届高校毕业生1.6万人,比上年增长10.6%;省属企业开展普惠性职业技能培训6.62万人次。

(三)创新深化强发展

以省属企业"大讨论大谋划大行动"全面落实年为抓手,深化"大讨论就是解放思想,大谋划就是放眼未来,大行动就是创新制胜"理念,强化战略引领、创新驱动、人才支撑,推动现代化产业布局提速提质。战略引领持续加强。加强战略统筹,出台未来五年浙江省国资国企高质量发展战略纲要,明确32项目标、24项任务,开展"345专项行动"。各省属企业细化制定发展战略,进一步明确产业发展方向。成立省国资国企研究院,温州组建市国资国企改革发展研究院,为强化战略研究和产业发展提供专业智库支持。创新成果加快涌现。开展浙江省国企打造原创技术策源地行动,"一企一策"编制省属企业创新任务书,以强烈紧迫感和全要素保障推进科技创新。浙江省国企入选省首台(套)产品工程化攻关项目17个,获得省科学技术奖29项。省属企业完成研发投入101亿元，比上年增长14.5%，重点制造与创新类企业研发投入强度3.89%；牵头省"尖兵领雁+X"研发攻关项目30个，获得省知识产权奖13项、省政府质量管理创新奖1项。产业布局不断优化。坚持战略性新兴产业与传统产业两端发力，加大新材料、新能源、数字经济等领域布局力度。省属企业完成战略性新兴产业投资424亿元，比上年增长26%，占比提高近5个百分点；新增国家专精特新"小巨人"企业7家、省"雄鹰企业"9家、省隐形冠军企业2家。杭钢集团、华昌液压分别入选国家智能制造示范工厂优秀场景、揭榜单位。推进大宗贸易高质量发展行动，省属企业大宗贸易营业收入占比下降1.95个百分点。人才引育扎实有效。开展强战略人才支撑行动，省属企业新引育高层次人才747人，获评浙江有突出贡献中青年专家4人、杰出工匠13人。落实领导干部联系人才、重点人才工作例会等制度，解决省属企业人才"关键小事"189项。物产中大、浙江交工、宁波轨道交通3家企业扎实开展省人才综合改革试点。省人才集团为地方引进"鲲鹏行动"人才1人，助力省属企业引进博士近500人。

(四)开放提升创一流

以世界一流企业加快建设年为抓手，塑造发展优势，扩大开放合作，助力"地瓜经济"提能升级，更好服务和融入新发展格局。创建世界一流"双示范"有力有效。出台浙江省国企加快建设世界一流企业实施方案，宁波舟山港集团、巨化集团、省能源集团、杭汽轮集团、杭氧集团、华展设计院等6家国企入选国务院国资委创建世界一流"双示范"名单，浙江入围数量全国最多。各企业细化制定创建实施方案，宁波舟山港集团方案获评全国第3位。高质量"走出去""引进来"双向并举。省属企业实现进出口额300亿美元，比上年增长3.9%；入选"一带一路"企业家大会签约项目3个；第六届进博会签约项目25个，成交额63亿元。优势互补协同合作走深走实。落实长三角一体化发展战略，省属企业与沪苏皖国企新增合作项目12个。组织省属企业赴台州、舟山开展项目合作交流，省自然资源集团协同丽水推进国土空间治理，省担保集团为县级基础设施建设项目发债增信，促进省地联动发展。财通证券与阿里、吉利等链主企业深度合作，打造浙商浙企产融协同新范例。资本赋能推进上市成效明显。依托资本市场加快开放发展，实现安邦护卫IPO整体上市、中巨芯科创板上市，完成中来股份、方正电机、宁波精达并购，浙江省新增国有控股上市公司5家，开展资本运作14家。实施基础设施公募REITs专项行动，省属企业通过资产证券化等方式盘活存量资产，回收资金超过40亿元。安全发展底线坚决守牢。开展企业大额基金投资、虚假贸易、参股管理等专项检查，加强基金、贸易等业务风险管控，完善财务核销事项责任追究事前沟通机制，强化审计查出问题整改工作闭环管理。统筹推进平安国企建设、安全生产隐患大排查大整治，评选合规管理示范企业、优秀企业11家。

二、浙江省国有资产总量与结构分析

2023年，浙江省(含宁波市，下同)上报国有企业19781户，比上年增长10.8%；年末资产总额331895.9亿元，比上年增长17.4%；所有者权益87712.8亿元，比上年增长15.3%，其中归属于母公司的所有者权益78672.1亿元，比上年增长15.3%。实现营业收入35724.4亿元，比上年增长8.1%；利润总额1841.4亿元，比上年增长10.0%；实际上缴税金总额1239.0亿元，比上年下降3.3%。

表1　2023年浙江省国有企业指标

指　标	金　额(亿元)
资产总额	331895.9
所有者权益	87712.8
国有资产总量	72471.5
营业收入	35724.4
利润总额	1841.4
净利润	1447.1
归属于母公司所有者的净利润	1151.8
应交税金总额	1221.5
实际上缴税金总额	1239.0

表 2　2023 年浙江省国有企业户数情况

2022 年户数(户)	2023 年户数(户)	比上年增长(%)
17849	19781	10.8

2023 年,浙江省国有资产总量 72471.5 亿元,比上年增长 15.8%。

从地区分布看,省级企业国有资产总量 9362.0 亿元,比上年增长 8.0%,占比 12.9%,比上年下降 0.9 个百分点。其中,省国资委履行出资人职责监管企业国有资产总量 4536.1 亿元,增长 5.4%,占比 6.3%;省级部门企业国有资产总量 4825.9 亿元,增长 10.6%,占比 6.7%。市县企业国有资产总量 63109.5 亿元,比上年增长 17.0%,占比 87.1%,比上年增长 0.9 个百分点。其中,杭州和宁波合计占比 36.6%。

从各市情况看,杭州市以 15920.8 亿元居第 1 位,宁波市以 10611.3 亿元居第 2 位,两市合计占市县企业国有资产总量的 42.0%,占浙江省企业国有资产总量的 36.6%。绍兴、湖州、嘉兴、温州、金华、台州、衢州、丽水和舟山 9 个市企业国有资产总量均在 1000 亿元以上,合计占浙江省企业国有资产总量的 50.5%。从各市增长情况看,增加最多的是杭州市、宁波市,分别增加 2285.4 亿元、1372.3 亿元,分别增长 16.8%、14.9%;其次是湖州和绍兴两市,增加额分别为 1211.4 亿元、1148.5 亿元,分别增长 23.1%、21.0%。

从行业分布看,社会服务业、房地产业、交通运输业、建筑业和工业是浙江省国有资产总量的主体。社会服务业以其拥有浙江省 58.7%的国有资产总量居各行业之首;其次房地产业拥有浙江省 13.1%的国有资产总量;再次是交通运输业、工业和建筑业分别占比 7.7%、5.4%和 5.4%,5 个行业合计占浙江省企业国有资产总量的 90.3%。金融业、商贸业和教育文化广播业分别占比 3.6%、1.9%和 1.2%,其他行业(科学研究和技术服务业、农林牧渔业、信息传输软件和信息技术服务业、仓储业和其他等)合计占浙江省企业国有资产总量的 3.1%。

从企业规模看,小微企业占比近八成。2023 年,浙江省国有企业中,小型企业国有资产总量 64733.3 亿元,占比 47.8%;微型企业 41572.0 亿元,占比 30.7%,两者合计占浙江省国有企业的 78.5%。中型企业国有资产总量 21724.1 亿元,占比 16.0%,次于微型企业;大型企业国有资产总量 7403.4 亿元,占比 5.5%,占比最低。

表 3　2023 年浙江省国有资产总量按隶属关系分布情况

隶属关系	国有资产总量(亿元)	占　比(%)
省级企业汇总	9362.0	12.9
省级监管	4536.1	6.3
省级部门	4825.9	6.7
地市企业汇总	63109.5	87.1
杭州市	15920.8	22.0
宁波市	10611.3	14.6
绍兴市	5221.2	7.2
嘉兴市	6461.0	8.9
湖州市	5723.4	7.9
温州市	6629.3	9.1
金华市	3418.0	4.7
台州市	2460.3	3.4
丽水市	1537.9	2.1
衢州市	3165.1	4.4
舟山市	1961.2	2.7
合　计	72471.5	100.0

表 4　2023 年浙江省国有资产总量按行业分布情况

行　业	国有资产总量(亿元)	占　比(%)
社会服务业	79465.8	58.7

续表

行　业	国有资产总量(亿元)	占　比(%)
房地产业	17732.5	13.1
交通运输业	10458.5	7.7
建筑业	7363.7	5.4
工业	7297.1	5.4
金融业	4832.3	3.6
商贸业	2523.3	1.9
教育文化广播业	1578.3	1.2
科学研究和技术服务业	1411.2	1.0
农林牧渔业	1012.7	0.7
信息传输、软件和信息技术服务业	868.6	0.6
仓储业	391.1	0.3
其他	497.8	0.4
合　计	135432.9	100.0

注:表中数据为汇总数据,不考虑合并抵消因素。

表5　2023年浙江省国有资产总量按经营规模分布情况

经营规模	国有资产总量(亿元)	占　比(%)
大型企业	7403.4	5.5
中型企业	21724.1	16.0
小型企业	64733.3	47.8
微型企业	41572.0	30.7
合　计	135432.9	100.0

注:表中数据为汇总数据,不考虑合并抵消因素。

三、浙江省国有资本保值增值综合分析评价

2022年,浙江省国有企业实现利润总额1841.4亿元,比上年增长10.0%;净利润1447.1亿元,比上年增长12.3%;归属于母公司所有者的净利润1151.8亿元,比上年增长11.1%。从相对指标来看,全年平均总资产报酬率1.16%;平均净资产收益率(含少数股东权益)1.74%,国有企业国有资本保值增值率100.96%。省级企业实现利润总额1319.7亿元,比上年增长9.3%;市县企业实现利润521.8亿元,比上年增长11.8%。

从11个市利润排名情况看,绍兴市、金华市均比上年上升5位,温州市、丽水市比上年下降1位,舟山市、台州市比上年下降2位,湖州市比上年下降4位,宁波市、嘉兴市、衢州市与上年相比保持不变,杭州市依旧保持第1位。

从各地相对获利能力看,杭州市最强,净资产收益率(含少数股东权益)2.09%;其他各市净资产收益率都在1%以下,其中温州市、湖州市、舟山市、台州市净资产收益率小于0。

从各地区情况看,省级企业国有资本保值增值率104.14%,其中省国资委履行出资人职责监管企业国有资本保值增值率105.14%,省级部门企业国有资本保值增值率103.13%。在11个地市中,杭州市以101.68%的国有资本保值增值率列各市首位,嘉兴市和宁波市分别以100.80%和100.74%紧随其后,衢州市和绍兴市分别为100.21%和100.04%。其余6个市未能实现国有资本保值增值。

从行业情况看,商贸业保值增值率最高,达到107.80%;其次是金融业、信息传输软件和信息技术服务业,保值增值率分别为106.48%、104.53%;再次是工业、科学研究和技术服务业、教育文化广播业,保值增值率分别为103.77%、103.68%、102.35%。除农林牧渔业、仓储业和其他行业以外,其他各行业均实现全行业保值增值。

从单户企业看,浙江省19781户国有及国有控股企业中,实现国有资本保值增值的企业9841户,占比49.7%,比上年上升0.1个百分点,其中实现国有资本增值的企业9226户,占比46.6%,实现国有资本保值的企业615户,占比3.1%。2023年企业国有资本未能实现保值增值的企业8995户,占比50.3%。

表 6　2023 年浙江省国有企业地区和行业国有资本保值增值情况

地　区	国有资本保值增值率(%)	行　业	国有资本保值增值率(%)
省本级企业汇总	104.14	商贸业	107.80
省级监管	105.14	金融业	106.48
省级部门	103.13	信息传输、软件和信息技术服务业	104.53
地市企业汇总	100.47	工业	103.77
杭州市	101.68	科学研究和技术服务业	103.68
嘉兴市	100.80	教育文化广播业	102.35
宁波市	100.74	建筑业	101.16
衢州市	100.21	交通运输业	100.70
绍兴市	100.04	社会服务业	100.55
丽水市	99.94	房地产业	100.43
金华市	99.89	农林牧渔业	99.55
湖州市	99.79	仓储业	97.98
温州市	99.37	其他	96.44
台州市	99.30		
舟山市	97.95		

四、浙江省国资委监管企业改革发展情况

(一)新一轮改革启动实施

坚持更高站位、更大力度谋划推进改革，出台浙江省国资国企改革攻坚深化提升行动方案，召开浙江省动员部署会，形成以行动方案为统领，共同富裕、区域综改、数字化改革 3 个专项工程为特色，11 个专项行动为抓手，N 个重点项目为依托的“1＋3＋11＋N”改革工作体系。各地各企业细化制定改革举措，全面拉开新一轮改革序幕。

(二)重点改革任务接续推进

功能性改革方面，省国资公司全力打造国资运营“浙江模式”升级版，省财开公司强化行政事业性资产盘活运营、资源性资产转化配置等功能；杭州、嘉兴、湖州、台州等地整合组建能源、科创、产业等集团，打造板块清晰、主业突出的实体企业。体制机制改革方面，出台省属企业董事会工作规则、董事会及董事评价办法，完善层级管控标准，加强相对控股混合所有制企业差异化管控，开展中长期激励企业库建设。省属企业新增混合所有制改革项目 169 个，引入社会资本 124 亿元。宁波实施企业副职薪酬差异化改革，薪酬差距拉至 1.94 倍。绍兴在 7 家竞争类企业开展中长期激励试点。

(三)改革专项工程扩围深化

发布杭州区域综改第二批 10 项标志性成果，积极争取综改试验扩面提升。推动“双百行动”“科改行动”扩围，浙江省国企新增国家“双百企业”5 家、“科改企业”8 家，总数分别达到 11 家、16 家。出台支持“科改企业”在创新业务领域跟投试点政策，在运达股份、机电院率先实施。

(四)国资监管体系持续完善

构建浙江省国资监管大格局，初步建立市县国资监管工作评估评价体系，拓展国资监管协作交流制度，省属金融文化企业、重点在浙央企全部纳入；完善国有经济指标体系，省属金融文化企业、县级国企季度快报全面覆盖。着力定标准强规范，完善省属企业经营投资容错免责机制，加强基金业务管理，规范领导人员差旅费管理。各外部董事、专职监事认真履职尽责，积极参与企业决策，深入一线开展监督。

五、浙江省国资委监管企业并购重组与完善法人治理结构情况

(一)聚焦战略功能作用积极作为

聚焦突出主业发展实业，以做强做专为目标，以优势企业为主体，加大企业集团内部和集团企业之间同类业务、同质业务或关联业务的专业化整合力度，提升资源配置效率，提高企业核心竞争力。聚焦战略

使命和功能定位，围绕加快发展战略性新兴产业，引领带动现代化产业体系建设，强化国资国企支撑保障功能，推动重点领域跨层级、跨区域、跨企业集团的战略性重组，增强企业核心功能。聚焦创新突破和资源协同，推动国有企业加强与重大创新平台、高校院所、央企民企等创新主体的深度合作，以市场化方式推进联合创新，对掌握核心资源关键技术的企业开展有效并购，缩短进入新赛道的培育期，杭州重新核定15家市属企业功能定位，衢州完成主责主业整合66项攻坚任务，突出主业强化战略管理。

(二)规范完善公司治理

健全完善董事会建设制度体系，修订出台《省属企业董事会工作规则》《省属企业董事会及外部董事评价办法》《关于省属企业深化子企业董事会建设的指导意见》《省属企业外部董事履职指南》，形成更加系统完备、科学规范、运行高效的制度体系。组织开展省属企业董事会及董事年度评价，对16家省属企业2022年度董事会运行和董事履职情况开展评价，并以"一企一意见"形式反馈董事会运行存在的问题及改进建议，对兼职外部董事履职确定优秀等次，激励强化兼职外部董事担当作为。

六、浙江省国资委监管企业建立和完善综合考核与经营业绩考核体系情况

(一)构建"两考并行"新格局

全面落实省委推进实施综合考核的重大部署，牵头构建省属企业综合考核体系，从考核层面实现统一监管。建立年度综合考核与任期经营业绩考核协同实施、紧密关联、强化运用的双轮驱动工作体系，推动制度设计、指标选取、考核实施、结果运用"四统一"，着力打造契合中央精神、体现浙江辨识度的考核工作品牌。建立高质量发展考核指标体系，落实国务院国资委"一利五率"考核要求，系统提升五大价值。扩大"净资产收益率""经济增加值""劳动生产率"考核覆盖面，全面提升经营业绩"含金量"。编制战略性新兴产业白名单，新设企业培育期内给予阶段性经营亏损考核豁免，实现利润则按150%计入考核利润。突出技术、人才、品牌等表外资产考核，综合考核中表外资产考核指标权重超过50%。

(二)不断提升考核监管效能

出台规范企业领导人员差旅费管理的制度文件，从严做好省属企业领导人员履职待遇和业务支出管理，规范做好国有资本经营预算工作，牢牢树立过紧日子思想，缩减不必要开支。扎实推进数字化考核系统迭代升级，强化薪酬分配、履职待遇与业务支出两大业务模块线上填报、审核、备案、监测功能，提升考核监管数字化智能化水平。

(三)推进企业实施中长期激励

持续推动符合条件的企业实施中长期激励，审核批复菲达环保限制性股票激励方案，激励对象中中层管理人员和核心技术(业务)骨干占比94%。建立省属企业中长期激励企业库，研究省属企业中长期激励工作指引，按照已实施中长期激励企业和计划实施企业两类进行动态管理。

(四)系统开展2023年度综合考核工作

考准考严考实省属企业党的建设、高质量发展绩效和满意度评价相关成效，2023年，17家省国资委履行出资人职责的省属企业和8家省财政厅履行出资人职责的省属企业中，8家企业获评综合考核第一等次，6家企业获评浙江省综合考核先进单位。

七、浙江省国资委监管企业负责人考核与选人用人机制改革情况

(一)持续加强科技创新考核引导

根据企业实际"一企一策"设置科技创新考核指标，最大分值权重达到55%。考核时将企业研发费用按100%视同利润加回，对纳入关键技术攻关清单的研发费用按150%视同加回并逐年提高视同加回比例。对获得国家和省级科学技术奖项的企业，在考核时进行加分奖励。

(二)推动落实董事会考核分配职权

指导各省属企业实施全员绩效考核、经理层成员任期制和契约化管理等工作，建立差异化的分类考核机

制和与市场对标的薪酬管理体系，推动绩效考核结果与薪酬分配紧密挂钩。2022年度省国资委履行出资人职责的省属企业主要负责人平均年薪100.65万元（不含任期激励收入）。

（三）持续推进选人用人机制改革

会同省委组织部完成9家省属企业党委换届工作，调研形成省属企业"3+N"人员名单，夯实省属企业干部梯队建设基础。协助省委组织部对20家企业56人次领导人员进行选配调整，做好26名领导人员兼职事项、62名关键岗位人员任免备案审核。推进落实市场化选人用人机制，指导省属企业持续深化管理人员竞争上岗、末等调整和不胜任退出工作。

（四）不断打造国企人才新高地

召开9次省属企业人才工作领导小组重点人才工作例会，推动解决人才"关键小事"189项。着力推动高端人才及团队引育，省属企业2人入选2023年享受政府特殊津贴人员名单，4人被评为"浙江省有突出贡献中青年专家"，13人被评为"浙江杰出工匠"，10人进入第七批浙江省特级专家候选人名单，省能源集团"减污降碳关键技术及其产业化团队"进入"国家工程师奖"浙江省推荐名单。积极开展职业技能评价、职称自主评审，物产中大、宁波轨道交通、省交工集团被列入浙江省人才发展体制机制综合改革首批试点单位。

八、浙江省国资委监管企业党的建设和廉政建设情况

（一）新风尚加快培育

聚焦"忠诚、担当、奋斗、创新、清正"，抓实新风尚党员先行，推动新风尚"十条举措"落地，选树基层深化典型样本108个、浙江省最美国企奋斗者20人，18人获评浙江省担当作为好干部好支书。25家省属企业全部制定新风尚行为规范，"新风尚·书记谈"在集团全覆盖后向二、三级企业延伸。

（二）基层党建强基提质

推进党建高质量强基六大行动，健全领导班子政治建设常态化机制，深化实施"一把手"政治能力提升计划，常态化开展党组织书记角色意识大体检，推动独立法人企业党组织集体研究把关重大事项全覆盖。

（三）队伍建设不断加强

完成9家省属企业党委换届，选配调整20家企业领导人员56人次，选出好班子，换出新气象。加强日常管理，做好26名领导人员兼职事项、62名关键岗位人员任免备案审核。加强干部梯队建设，调研形成省属企业"3+N"干部名单。

（四）正风肃纪持续深化

全面总结评估国企反腐倡廉"全覆盖无盲区零容忍"专项行动成效，开展国企领域突出问题专项整治"回头看"，推进党员领导干部违规吃喝、医药领域腐败问题等集中整治。持续抓好纠治"四风"工作，常态化开展正风肃纪检查。制定省委巡视9家省属企业突出共性问题整改方案，出台省属企业巡察工作五年规划，在广杰投资、新农都、温州机场3家企业开展提级、交叉巡察，强化以巡促改、以巡促治。

（撰稿人：郑光伟）

宁波市

一、宁波市国有资产监督管理工作综述

2023年，宁波市国资委以习近平新时代中国特色社会主义思想为指导，深入贯彻落实习近平总书记关于国有企业改革发展和党的建设重要论述，认真学习习近平总书记考察浙江重要讲话精神，坚持和加强党对国资国企的全面领导，扎实开展"126"国资国企高质量发展行动，聚力推进"国企改革深化年""产业转型升级年"两大攻坚，持续推动"八八战略"在国资国企系统走深走实，较好实现国有资本和国有企业做强做优做大阶段性目标。

（一）重组整合全面落地

新一轮国资国企改革有序完成，《关于进一步优

化国资布局深化国企改革　助推现代化滨海大都市建设的实施意见》全面落实落地。改革后,国资布局更加协调,形成"2家国有资本投资运营公司+10家产业集团+1家资源要素保障平台"的新发展格局,市属企业主责主业进一步聚焦,规模效应进一步显现。班子结构更加优化,平均年龄下降3.2岁,经营班子中专业化干部占比81.6%。总部机构更加精简,职能部门减少8个,人员编制减少100人。

(二)经济运行稳中快进

截至2023年底,宁波市国有企业资产总额33339.36亿元,比上年增长11.52%;全年累计实现营业收入2206.50亿元,比上年增长5.21%,利润总额56.73亿元,比上年下降17.45%,其中,宁波市国资委监管企业资产总额和净资产总额分别为6745.47亿元和2706.33亿元,分别增长9.95%和12.36%;累计实现营业收入、利润总额分别为1397.94亿元、92.56亿元,分别增长19.89%、2.13%,主要经济指标增幅均高于浙江省属企业。宁波市本级国有资本收益收缴202783万元,创历史新高。市属企业宁波开发投资集团有限公司首次入围"中国企业500强"。

(三)布局结构持续优化

聚焦重大交通基础设施建设、战略性新兴产业和未来产业培育等六大重点领域深化投资布局,完成有效投资1140.19亿元,投资完成率103.65%,比上年增长10.67%。其中,固定资产投资累计完成819.22亿元,股权投资累计完成320.97亿元。完善基金管理办法,构建"1+N+X"国资基金群,推动市属企业基金的市场化运作、专业化管理。截至2023年12月31日,市属国企新成立8只基金,围绕半导体、新能源、生物医药、新材料等战略性新兴产业,完成投资项目124个;完成出资41.5亿元,撬动3.6倍以上的社会资本。

(四)存量资产有效盘活

宁波市国企完成盘活项目79个,回收(融资)资金152.3亿元,其中,市属企业完成项目42个,回收(融资)资金109.5亿元。宁波市轨道交通集团有限公司发行全国首单鼓东区间地下商业保险版CMBS产品,宁波城建投资集团有限公司发行浙江省首单定向资产担保债务融资工具(CB),宁波交通投资集团有限公司杭州湾跨海大桥REITs全力冲刺攻坚正式申报工作。宁波城建投资集团有限公司第一批人防工程确权登记项目355宗,总面积202.35万平方米。

(五)重大项目全力推进

杭甬高速复线一期、象山湾疏港高速建成通车;轨道交通6号线一期、7号线、8号线一期和4号线延伸段,市域铁路象山线、慈溪线全面开工;宁波市康养疗护中心建设项目、宁波市疾病预防控制中心迁建项目、湾头星湖商业开发项目竣工验收;江北再生水厂建成投用;宁波市战略性蔬菜保供基地项目、宁海工厂化水产养殖项目建设全面启动。

二、宁波市国有资产总量与结构分析

表1　2023年宁波市国有企业指标

项　目	金　额(亿元)
资产总额	33339.36
所有者权益	11519.10
国有资产总量	10611.31
营业收入	2206.50
利润总额	56.73
净利润	33.48
归属于母公司所有者的净利润	14.82
应交税金总额	84.12
实际上缴税金总额	89.70

表2　2023年宁波市国有企业户数情况

2022年户数(户)	2023年户数(户)	比上年增长(%)
1861	2037	9.46

表 3　　2023 年宁波市国有资产总量按隶属关系分布情况

隶属关系	国有资产总量（亿元）	占　比（%）
市本级企业汇总	2823.29	26.61
监管企业	2140.92	20.18
非监管企业	682.37	6.43
部门出资企业	205.08	1.93
功能园区企业汇总	477.29	4.50
高新区企业	63.68	0.60
杭州湾新区企业	413.61	3.90
区（县、市）企业汇总	7788.02	73.39
海曙区	699.07	6.59
江北区	554.41	5.22
镇海区	451.09	4.25
北仑区	1013.96	9.56
鄞州区	778.42	7.34
奉化区	625.81	5.90
余姚市	964.46	9.09
慈溪市	1496.25	14.10
宁海县	542.99	5.11
象山县	661.56	6.23
合　计	10611.31	100.00

表 4　　2023 年宁波市国有资产总量按行业分布情况

行　业	国有资产总量（亿元）	占　比（%）
农林牧渔业	239.90	2.26
采矿业	55.40	0.52
制造业	23.31	0.22
电力、热力、燃气及水生产和供应业	353.40	3.33
建筑业	841.98	7.93
批发和零售业	210.46	1.98
交通运输、仓储和邮政业	859.46	8.10
住宿和餐饮业	26.31	0.25
信息传输、软件和信息技术服务业	35.52	0.33
金融业	113.33	1.07
房地产业	2219.86	20.92
租赁和商务服务业	4151.50	39.12
科学研究和技术服务业	148.05	1.40
水利、环境和公共设施管理业	1191.06	11.23
居民服务、修理和其他服务业	1.69	0.02
教育业	22.88	0.22
卫生和社会工作	4.67	0.04
文化、体育和娱乐业	112.53	1.06
合　计	10611.31	100.00

表 5　　2023 年宁波市国有资产总量按经营规模分布情况

经营规模	国有资产总量（亿元）	占　比（%）
大型企业	6787.55	63.97
中型企业	1642.92	15.48
小型企业	1379.25	13.00
微型企业	801.59	7.55
合　计	10611.31	100.00

三、宁波市国有资本保值增值综合分析评价

2023年,宁波市各级国资监管机构加快向管资本为主转型,以数字化改革为牵引,进一步提升国资监管的信息化水平,确保国有资本保值增值。

表6 2023年宁波市国有企业地区和行业国有资本保值增值情况

地区	国有资本保值增值率(%)	行业	国有资本保值增值率(%)
市本级企业汇总	104.54	农林牧渔业	99.26
监管企业	105.17	采矿业	96.72
非监管企业	102.50	制造业	92.41
部门出资企业	100.51	电力、热力、燃气及水生产和供应业	102.24
功能园区企业汇总	103.51	建筑业	99.93
高新区企业	103.55	批发和零售业	100.40
杭州湾新区企业	103.51	交通运输、仓储和邮政业	100.85
区(县、市)企业汇总	99.38	住宿和餐饮业	91.12
海曙区	101.07	信息传输、软件和信息技术服务业	101.08
江北区	100.70	金融业	103.77
镇海区	102.80	房地产业	100.70
北仑区	100.38	租赁和商务服务业	101.30
鄞州区	98.76	科学研究和技术服务业	103.63
奉化区	97.51	水利、环境和公共设施管理业	100.54
余姚市	100.91	居民服务、修理和其他服务业	162.96
慈溪市	99.40	教育业	97.85
宁海县	95.89	卫生和社会工作	77.86
象山县	97.34	文化、体育和娱乐业	95.63

四、宁波市国资委监管企业改革发展情况

(一)国资监管大格局加快构建

与宁波市人大常委会财经工委联合开展全国人大监督体系试点课题研究,在全国范围内首次建立企业国有资产管理人大监督评价指标体系。制定并实施宁波市国资委指导区(县、市)国资监管工作计划,研究制定《宁波市地方国资监管工作评估评价实施办法》,一体推进经营性国有资产集中统一监管、综合整治专项行动,加强宁波市国有产权交易监督,促进区(县、市)国资监管机构全面履行国资监管和国企改革发展职责,提升国资监管工作专业化水平。

(二)大监督体系试点成效初显

以宁波交通投资集团有限公司为试点,系统集成"党委统领、监督协同、全程闭环"的国有企业大监督体系,建立由纪委书记领衔的大监督工作协调机构,完善纪委统筹下的各类监督力量协同机制,通过年度工作统筹安排、监督力量协同配合、监督过程信息共享、监督成果共享共用等方式,进一步实现监督信息充分整合、高效复用,从而推动党内监督、纪检监察监督、审计监督、业务监督有机融合,监督效能效率大幅提升,总结形成《关于建立完善大监督体系的实施意见》制度成果。

(三)数字化改革走在前列

"宁波国资大脑2.0"迭代上线,在全国国资监管信息化专项验收中获得高分评价,作为副省级城市唯二代表之一入选国务院国资委典型案例。组织市属企业参加全国首届国企数字场景创新赛、国务院国资委智

能监管业务模型创新活动，获得一等奖2项、二等奖1项，一等奖数量在地方国资委中排名第6位、计划单列市中排名第1位，获得市级国资委优秀组织奖。高水平运营市人工智能超算中心，先行先试开展数据要素市场化改革，揭牌成立市公共数据授权运营平台。出台宁波市国企信创工作指导意见，启动信创国资云建设。

五、宁波市国资委监管企业并购重组与完善法人治理结构情况

(一)专项改革提质扩面

宁波开发投资集团有限公司、浙江华展工程研究设计院有限公司分别新入围国务院国资委“双百企业”“科改企业”名单，“双百企业”宁波市交通建设工程试验检测中心有限公司评估获评“优秀”。出台《关于深入实施“三江汇海”混改重点支持计划的通知》，公布第四批计划名单，“三江汇海”入选企业增至10家。制定出台《宁波市属相对控股混合所有制企业规范公司治理实施差异化管控的指导意见》，更好激发企业经营活力。

(二)资产证券化稳步推进

支持国有企业围绕主责主业稳慎开展并购，宁波市国有控股上市公司数量增至10家，8家市属企业入选宁波市拟上市企业培育库，宁波市水务环境集团有限公司整合奉化水务资产，走出IPO上市和水务一体化坚实步伐，浙江华展工程研究设计院有限公司完成股份制改造并申报证监局辅导备案。

六、宁波市国资委监管企业建立和完善经营业绩考核体系情况

首次将年度招商引资目标进行系统性分解，纳入市属企业年度工作任务，实行“月度汇总、季度排名、年度考核”，进一步压实企业主体责任。聚焦宁波“361”万千亿级产业集群打造方向，围绕生物医药、新材料、数字经济、文化旅游、高端装备等多个领域，谋划项目75个，其中成功签约项目35个、落地25个，实际到位内资17.1亿元、外资5.18亿美元，分别完成年度目标的114.07%、863.3%。

七、宁波市国资委监管企业负责人考核与选人用人机制改革情况

截至2023年底，市属企业集团总部全部实现外部董事占多数，董事会应建尽建、配齐建强取得实质性突破，相关经验做法在国务院国资委·地方国资委负责人国有企业改革深化提升行动研讨班会上受到肯定。市属企业经理层成员任期制契约化继续保持100%，8家集团总部中层实行任期制管理。在浙江省首次推行企业副职薪酬差异化改革，差距达到1.94倍。列入名录内新提任企业管理人员，97.75%通过竞争上岗方式产生；末等调整和不胜任退出比例3.48%、员工市场化退出率0.48%，均超过3%、0.3%的预期目标，全年累计调整不适岗干部78人，另有9人重新使用，实现“能下还能上”。宁波市国资委三项制度改革做法被评为浙江省国资国企重大改革“揭榜竞优”最佳改革实践案例，为全省唯一获奖国资监管机构。

八、宁波市国资委监管企业党的建设和廉政建设情况

宁波市国资委始终坚持用党的最新理论成果指导实践干好工作，不断强化党对国有企业的政治领导、思想领导、组织领导，以过硬的党建质量更好引领国资国企高质量发展。

(一)理论武装走深走实

深入开展学习贯彻习近平新时代中国特色社会主义思想主题教育，创新性构建“集中学习＋自主学习”“读书班＋专题研讨”“辅导报告＋学习体会”的国资国企系统特色学习体系，开设《习近平总书记与“八八战略”》“国资大讲堂”专题课，切实增强干部职工拥护“两个确立”、做到“两个维护”的行动自觉。修订完善宁波市国资委党委会议事规则，11次开展市属企业党委理论中心组巡听旁听，推动党委理论学习常态化、规范化。第一时间组织全系统深入学习贯彻习近平总书记考察调研浙江重要讲话精神，不断夯实国资国企紧跟核心、听党指挥的思想根基。

(二)基层基础不断夯实

以“大抓基层、重抓党建”为导向，出台深化践行

"四治融合"进一步加强国资国企基层基础的实施意见,不断提升基层党建规范化、精细化水平。修订《宁波市国有企业党组织片组管理办法》,10个区(县、市)国资监管机构党组织全部纳入片组管理。发挥星级标准导向作用,评定五星基层党组织136个,宁波市5星级党群服务中心7家。创新培育党建特色品牌,宁波能源集团股份有限公司"绿动甬能"获评浙江省国企党建创新案例,创新"N次方"思政教育机制等2个思政工作创新做法获得浙江省、宁波市思政工作一等奖。

(三)党建带动团结奋进

联合宁波市委统战部发布浙江省首个工作规程,推动国有企业统战工作标准化建设。举办"甬同心·跟党走"归国留学人员走进国资国企共话"四个自信"系列活动,广泛凝聚爱国报国共识。开展"大爱国资·情暖甬城"公益活动,倡议发动党员干部职工积极参与保障中东欧博览会、亚运会、文明典范城市创建。举办国资国企系统运动会、国企青年分享会和"国企担当扬红帆·童心筑梦向未来"系列活动,努力营造支持国企、助力国企的良好氛围。

(四)人才引育量增质提

成立全国人才集团高质量发展联盟,积极开展校园招聘,大力推进"阳光社招"。市属企业全年累计招录2958人,其中大专以上学历2135人,占72.18%;应届高校毕业生705人,比上年增长28.89%。开辟高级人才引进"绿色通道",引进硕士、博士249人,其中博士比上年增长50%;新增浙江青年拔尖人才等高层次人才22人,成功申报国家级引才计划19人,数量排名浙江省设区市国资委首位。新增各类创新平台14个,其中新设博士后工作站2个。

(五)清廉生态巩固向好

首次召开宁波市清廉国企建设工作会议,形成市属企业、驻甬央企、区(县、市)国资监管机构一体推动、齐抓共管工作格局。健全"清廉承诺进一线"机制,层层签订清廉责任书,确保压力穿透至基层。全面总结评估市属企业反腐倡廉"全覆盖无盲区零容忍"专项行程成效,制定整改责任清单,补齐短板、堵塞漏洞。擦亮廉洁文化建设品牌,发布30个具有宁波特色、国企辨识度的廉洁文化建设成果。宁波市会展旅业有限公司政企活动部获评浙江省清廉建设成绩突出单位;清廉越剧《走马御史》获评浙江省廉洁文化建设十大创新案例,《一个苹果也是纪律》获得第五届"玉琮杯"清廉微电影微视频大赛铜奖。常态化开展"严作风、促治理、见实效"正风肃纪检查,有力护航国资国企新一轮改革落地见效。

(撰稿人:沈妮妮)

安徽省

一、安徽省国有资产监督管理工作综述

2023年,安徽省国资委以习近平新时代中国特色社会主义思想为指导,深入学习贯彻党的二十大和习近平总书记关于国有企业改革发展和党的建设重要论述,坚决贯彻落实国务院国资委和安徽省委、省政府决策部署,推动国资国企改革发展取得新成效,以高质量党建引领保障国资国企高质量发展。

(一)坚持高质量发展首要任务,勇当安徽省经济社会发展"主力军"

强化价值创造导向,构建"一利五率"指标体系,出台"25条"措施推动经济运行稳健向好。2023年,安徽省国资监管企业实现营业总收入1.5万亿元、利润总额1060亿元,比上年增长10.3%、8.2%;其中省属企业营业总收入1.1万亿元、利润总额727亿元,均居全国第7位;完成投资2324亿元,比上年增长10.2%;净资产收益率5.5%,居全国第3位;年末资产负债率56.5%,为全国第四低。海螺集团、铜陵有色连续5年进入"世界500强"。国企责任担当有力彰显,安徽省国资监管企业全年上缴税费853.5亿元,成功举办第五届长三角地区国资国企联席(安徽)会议,连续10年超额完成央企合作"四个2000亿"年度目标任务,省属企业新录用员工1.4万人,引江济淮一期工程全线贯通。

(二)坚定不移深化国企改革,不断增强企业发展动力活力

安徽省国企改革三年行动获评A级、排名全国第8位,国企改革深化提升行动全面实施。深入实施一批重大重组整合,完成军工集团与中国兵装战略重组,组建运营省粮食集团、省生态环境集团、数字安徽公司,在省属企业二级公司层面设立科创投资、人力资源、国资研究院、航空物流等专业化公司。大力推进改革专项行动,开展一流企业培育行动,海螺集团入选全国"创建世界一流示范企业"并获得"中国工业大奖",合力股份、皖维高新入选全国创建世界一流专精特新示范企业。安徽省4户"双百企业""科改企业"获评"标杆",数量居全国地方国企前列。完善现代公司治理和市场化经营机制,组织开展省属企业党委前置研究讨论制度运行情况"回头看",开展省属企业董事会和董事评价,支持省属企业外部董事规范履职。提升经理层成员任期制和契约化管理质量,分层分类落实管理人员经营责任,省属企业全年末等调整和不胜任退出管理人员584人。

(三)深入实施创新强企战略,主动服务科技强省建设

服务国家战略科技力量,参与合肥综合性国家科学中心建设,启动紧凑型聚变能实验装置建设,支持深空探测实验室建设运营,推动淮河能源"深部煤炭安全开采与环境保护全国重点实验室"获批建设,省属企业全年承担国家级重大科技攻关23项、牵头建设国家级创新平台7个。打造国有企业原创技术策源地,制定第一批打造原创技术策源地重点项目攻关清单,组织企业围绕七大领域开展106个项目攻关,省属企业26项成果获得2023年省科学技术奖,数量占安徽省的10%。强化创新政策引导支持,制定《支持省属企业科技创新的若干措施》,实施费用加回、考核加分、人才加薪、股权加持,责任减压、生活减负"四加两减"措施,建立重点企业法定代表人创新使命责任书制度,省属企业全年研发投入220亿元,比上年增长23.9%。

(四)加快传统产业转型升级和新兴产业布局发展,服务构建现代化产业体系

推进传统优势产业转型升级,打造绿色建材、有色金属、能源化工3个现代化产业集群,省属企业拥有省级产业链链长链主企业17户。深入实施布局新兴产业行动,省属企业全年完成新兴产业投资536.5亿元,比上年增长33.2%。服务安徽省"首位产业",实施省属企业新能源汽车产业发展行动,推动江汽集团与华为、大众、蔚来深化战略合作。实施省属企业工业互联网创新发展3年行动、数字化转型5年行动,2023年建成工业互联网平台12个、智能工厂19座、数字化车间31个。出台《省属企业碳达峰碳中和工作举措》,推动能源集团掺氨燃烧成套技术及关键设备入选国家能源领域首台(套)重大技术装备名单。

(五)加强穿透式和专业化监管,持续提升国资监管效能

强化专业理性务实的监管理念,修订完善《省国资委授权放权事项监管责任清单》等规范性文件,着力提升国资监管专业性、有效性、系统性。大力压减省属企业管理层级,推动省属企业法人管理层级原则上控制在三级以内,排查四级及以下法人企业970户,完成压减任务的75.2%。稳妥处置重点领域风险隐患,狠抓中央关注的国企违规经营9类问题整改,开展国有企业财务债务、"控股不控权"等问题专项整治,建立省属企业"两非""两资"处置出清多部门联动绿色通道机制,全面推进国资监管数字化智能化提升行动,强化类金融业务监管。合规管理行动持续深化,省属企业全面设立合规管理委员会,有序推进首席合规官设置,业务、合规、监督"三道防线"基本建成。试点推进省属企业司库体系建设,加强省属企业内控体系建设专项检查。严格违规经营投资责任追究。

(六)全面加强党的领导和党的建设,引领保障高质量发展

把党的政治建设摆在首位,认真落实"第一议题"和"首要内容"制度,省国资委和省属企业集团党委全年学习贯彻习近平总书记重要讲话指示批示1200余件次;扎实开展主题教育,省国资委和省属企业党委推动1100余项调研成果转化落地,制定完善制度850余项。动真碰硬抓好巡视整改,统筹推进省国资委和省属企业联动整改，对重大共性问题提级整改，约谈16户企业党委书记，印发整改提示函13份，省国资委党委巡视整改成效评估等次为“好”。开展省属企业党建工作与生产经营深度融合行动，实施“领航”“引擎”“优才”“堡垒”“清风”五项工程，推动党建考核与经营业绩考核、绩效薪酬双挂钩。加强干部人才队伍建设，开展省属企业领导班子建设综合调研，选优配强企业领导人员，充实优化外部董事队伍，深化职业经理人制度试点。实施人才强企战略，制定人才“引育留用”20条措施，设立人才专项资金，2023年支持企业引进高层次人才77人。纵深推进党风廉政建设和反腐败斗争，针对省委巡视和日常监督发现问题，举一反三开展省属企业专项整治8个，严肃查处一批违规违纪问题，系统部署推进省属企业廉洁文化建设，推动省属企业政治生态向上向好。

二、安徽省国有资产总量与结构分析

表1　　2023年安徽省国有企业指标

项　目	金　额(亿元)
资产总量	99599.1
所有者权益	40673.7
国有资产总量	34808.9
营业收入	15705.5
利润总额	1062.6
净利润	825.0
归属于母公司所有者的净利润	563.1
应交税金总额	852.1
实际上缴税金总额	863.1

表2　　2023年安徽省国有企业户数情况

2022年户数(户)	2023年户数(户)	比上年增长(%)
5779	6295	8.9

表3　　2023年安徽省国有资产总量按隶属关系分布情况

隶属关系	国有资产总量(亿元)	占　比(%)
省级监管企业汇总	6083.9	17.5
省级非监管企业汇总	139.5	0.4
地市企业汇总	28585.6	82.1
合肥市	5224.7	15.0
淮北市	3499.5	10.1
亳州市	2269.2	6.5
宿州市	2092.8	6.0
蚌埠市	2076.9	6.0
阜阳市	1808.3	5.2
淮南市	1683.8	4.8
滁州市	1611.3	4.6
六安市	1547.7	4.4
马鞍山市	1392.3	4.0
芜湖市	1313.3	3.8
宣城市	1056.5	3.0
铜陵市	943.2	2.7
池州市	875.2	2.5
安庆市	621.4	1.8
黄山市	569.6	1.6
合　计	34808.9	100.0

注：由于数据修约，存在分项与总项不等的情况。

表4　　2023年安徽省国有资产总量按行业分布情况

行　业	国有资产总量(亿元)	占　比(%)
农林牧渔业	238.6	0.7
工业	2121.2	6.1
建筑业	3098.5	8.9

续表

行　业	国有资产总量（亿元）	占　比（%）
交通运输业	2139.0	6.1
仓储业	68.6	0.2
商贸业	193.8	0.6
房地产业	1723.0	4.9
信息传输、软件和信息技术服务业	4.2	0.0
社会服务业	23294.1	66.9
教育文化广播业	50.2	0.1
科学研究和技术服务业	36.7	0.1
金融业	1133.0	3.3
其他	708.0	2.0
合　计	34808.9	100.0

注：由于数据修约，合计数不等于100%。

表5　　2022年安徽省国有资产总量按经营规模分布情况

经营规模	国有资产总量（亿元）	占　比（%）
大型企业	19297.3	55.4
中型企业	6005.9	17.3
小型企业	7540.6	21.7
微型企业	1965.1	5.6
合　计	34808.9	100.0

三、安徽省国有资本保值增值综合分析评价

表6　2023年安徽省国有企业地区和行业国有资本保值增值情况

地　区	国有资本保值增值率（%）	行　业	国有资本保值增值率（%）
合肥市	100.4	农林牧渔业	100.9
淮北市	103.0	工业	115.5
亳州市	99.4	建筑业	107.1
宿州市	97.5	交通运输业	105.1
蚌埠市	98.9	仓储业	73.2
阜阳市	100.6	商贸业	103.5
淮南市	108.0	房地产业	101.3
滁州市	105.2	信息传输、软件和信息技术服务业	97.1
六安市	97.9	社会服务业	100.8
马鞍山市	101.9	教育文化广播业	104.7
芜湖市	107.8	科学研究和技术服务业	104.6
宣城市	102.9	金融业	102.8
铜陵市	101.5	其他	101.1
池州市	101.4		
安庆市	101.4		
黄山市	98.5		

四、安徽省国资委监管企业改革发展情况

国企改革三年行动圆满收官，获评A级，获得全国通报表扬。乘势而上实施新一轮国企改革深化提升行动，出台安徽省国有企业改革深化提升行动实施方案，重点改革任务全面推进，重点领域和关键环节改革取得积极进展。

（一）科技创新攻关持续发力

出台实施《关于推进国有企业打造原创技术策源地的实施意见》，遴选2023年度省属企业原创技术项目清单，并组织省属企业开展2023年度原创技术项目攻关，19个项目中17个项目具备产业化条件。推动省属企业加大研发投入，2023年省属企业研发经费

投入220.2亿元,比上年增长23.9%。牵头组建创新联合体26个、拥有国家和省级研发平台190余个。淮河能源深部煤炭安全开采与环境保护全国重点实验室获批并开工建设,能源集团掺氨燃烧成套技术及关键设备入选国家能源领域首台(套)重大技术装备名单,铜陵有色集团HVLP铜箔新产品有效解决国内5G铜箔材料及制造技术"卡脖子"难题,皖维集团宽幅液晶显示器用PVA光学膜打破国外垄断。

(二)国有经济布局结构不断优化

深入实施省属企业布局新兴产业行动,2023年新兴产业投资占比23.1%,比上年提高4个百分点。省级国资股权投资基金布局集成电路、聚变能源、生物医药等领域,2023年投资额超过60亿元。推动传统产业数字化转型和高端化发展,省属企业建成智能工厂、数字化车间分别比上年增长138%、82%。2023年省属企业在涉及国家安全、国民经济命脉和国计民生等领域资产总额占比较2022年末提高2.39个百分点。

(三)安全支撑保障功能切实增强

一是做好重要能源资源保供。2023年,省能源集团、淮河能源集团发电量合计894.9亿千瓦·时,比上年增长26%,约为安徽省全社会用电量的30%。铜陵有色集团启动米拉多铜矿扩建工程,淮河能源集团摘牌资源量16.5亿吨井田项目,省能源集团首个"疆电入皖"项目投产运营,淮北矿业集团全球规模最大合成气法制乙醇项目建成运行。省粮食产业集团实现省级粮食储备总量47.8万吨,约占安徽省的1/3。二是加强重要基础设施建设。安徽省首条交通强国智慧高速试点项目"宁芜高速改扩建"建成通车,省能源集团牵头设立中安能源公司,一体推进安徽省充换电基础设施建设。

(四)现代公司治理和市场化经营机制日益完善

开展省属企业党委前置研究讨论重大经营管理事项清单运行情况"回头看",257户监管企业党委全面制定实施并动态优化前置研究讨论重大经营管理事项清单。30户省属企业均建立董事会和外部董事考核评价制度,首次开展省属企业董事会和董事评价。更大范围实施管理人员竞争上岗、末等调整和不胜任退出,通过竞争上岗方式聘任管理人员的人数占比超过70%,实施末等调整和不胜任退出的企业户数在集团层面实现全覆盖。

(五)改革示范引领作用大力彰显

海螺集团入选"创建世界一流示范企业",合力股份、皖维高新入选"创建世界一流专业领军示范企业",截至2023年底,安徽省21户企业入选"科改企业""双百企业",4户企业获评"标杆",居全国前列。发挥上市公司改革表率作用,铜陵有色股份公司、华安证券入选"国有企业上市公司ESG·先锋100指数",淮北矿业集团获得第14届中国上市公司投资者关系天马奖。

(六)规划管理工作有序推进

一是做好省属企业"十四五"规划中期评估工作。印发《关于开展省属企业"十四五"规划中期评估的通知》,组织各省属企业全面开展规划中期评估。委托上海国资研究院对《省属企业"十四五"发展规划》开展评估。二是推动省属企业落实布局新兴产业行动计划。引导省属企业在新材料、新能源和节能环保、新能源汽车和智能网联汽车、高端装备制造等新兴产业领域实施一批重大项目,形成一批支柱产业。印发实施《关于加快推进省属企业新能源汽车产业发展行动方案》,围绕着力优化整车业务布局、强化产业链配套、加快构建后市场服务体系、深入推进技术协同攻关等4个重点任务加大对新能源汽车"首位产业"的支持力度,突出关键核心技术攻关,整合产业链上下游优势资源,谋划一批重大项目,取得一批标志性成果,形成一批优势产品。

(七)稳投资工作扎实开展

一是健全投资监管制度。印发《安徽省省属企业境外投资监督管理办法》,加强省属企业境外投资项目的事前、事中、事后监管。修订完善《安徽省省属企业投资项目负面清单》,着力防范投资风险。根据省属企业投资项目后评价工作指引的要求,印发工作通知,督促省属企业做好投资后评价工作。二是加强投资分析和调度。按月调度省属企业投资完成情况。

遴选60个投资额10亿元以上的重大项目进行重点调度，推进计划投资项目尽快实施。召开推动省属企业扩大有效投资工作座谈会，指导各省属企业科学研判和准确把握当前经济形势和产业变革趋势，千方百计扩大有效投资。

(八)数字化转型持续推进

省属企业聚焦企业智能管理、关键技术研发、新产品培育、技术升级改造等，谋划开展数字化转型重大项目建设74个，投资额80亿元。新增打造“5G+工业互联网”融合应用项目17个，主动设计人工智能技术创新场景超过20个，完成2025年总目标的67%。海螺集团成功入选全国首批“数字领航”企业，能源集团天然气公司获得2023年度数字化转型灯塔案例“金数奖”，淮北矿业杨柳矿、淮河能源顾桥矿入选第一批国家智能化示范煤矿，交控集团全过程云协同数智化工程勘设获得国务院国资委场景创新大赛研发设计类一等奖，国元金控集团基于DevOps的敏态技术平台获得2023年度中国数字化金融与科技创新应用优秀案例奖。除新组建的企业外，省属企业集团层面软件正版化率100%。淮河能源集团、江汽集团、叉车集团等6户企业获评软件正版化国家级示范单位，华安证券、淮北矿业集团、省港航集团等13户企业获评软件正版化省级示范单位。

(九)贯彻重大战略取得实效

一是积极融入长三角一体化发展。组织省属企业在第四届长三角国资国企联席会议上签约合作事项11项、投资额365亿元，推介项目1个。在第五届长三角国资国企联席会议上发布国有企业改革发展优秀案例约40篇。二是全力支持皖北振兴。推动省属企业加大皖北地区投资布局力度，2023年省属企业在皖北地区完成投资643.6亿元，比上年增长23.4%。推动省属企业发挥产业和资本优势，兵团式作战，支持皖北地区新材料和新能源产业发展。三是落实“一带一路”重大部署。积极组织省属企业参与第三届“一带一路”国际合作高峰论坛有关活动，推动落实第三届“一带一路”国际合作高峰论坛务实合作项目，扩大与土耳其、匈牙利、荷兰等三国在汽车、新能源、新材料等重点领域合作，签订多项合作协议和备忘录。

(十)品牌与质量建设持续强化

一是强化省属企业知识产权保护。印发《关于推进省属企业知识产权工作高质量发展的指导意见》，全面推进企业知识产权工作。截至2023年底，省属企业累计拥有有效专利数量21517件，其中发明6302件；累计拥有有效注册商标4135件，其中驰名商标13件；主持、参与制(修)订各类标准(图集)398项，其中国际标准11项、国家标准100项。二是推动省属企业质量管理创新与实践。支持省属企业深化质量管理融合创新与实践，健全企业首席质量官制度，增强全生命周期、全价值链、全产业链质量管理能力。江汽集团“基于物联融合的数字化质量管理”等4个案例入选2023年度安徽省数字化质量管理创新与实践十大典型案例，海螺集团“以数字赋能质量管理创新”是安徽省入选国家市场监管总局唯一典型案例，合力股份“构建G2系列首台套重大技术装备创新研发重量管控体系”等3个案例入选2023年安徽省企业首席质量官质量变革创新实践十大典型案例，淮北矿业集团等6户省属企业包揽2023年度安徽省质量品牌知识竞赛99.9%的奖项。省交控集团、江汽集团李德斌获得第六届安徽省人民政府质量奖，皖维高新材料公司、马钢集团、铜冠铜箔集团获得第六届安徽省人民政府质量奖提名奖。

五、安徽省国资委监管企业并购重组与完善法人治理结构情况

(一)战略性重组持续推进

深入推进重点领域战略性重组和专业化整合，持续提升产业集中度和专业化运营能力。出台《关于省属企业专业化整合的指导意见》，为省属企业稳妥开展专业化整合工作提供制度支撑。安徽军工集团与中国兵装集团战略重组全面完成，着力打造“百亿军工”。省粮食产业集团、省生态环境产业集团正式组建，数字安徽公司挂牌运营，港航、文旅、涉煤等领域重组整合有序推进，科创投资、人力资源、国资研究院、航空物流等一批专业化公司相继设立。

(二)法人治理结构持续完善

一是充实优化省属企业外部董事队伍。制定《关

于充实省属企业外部董事人才库的工作方案》《关于成立省属企业外部董事专业资格认定委员会暨召开外部董事资格认定评审会的工作方案》，会同省委组织部遴选外部董事人才库成员 54 人。按照履职程序，聘任 9 名省属企业外部董事，其中专职外部董事 5 人。修订《安徽省省属企业外部董事选聘和管理办法》，召开省属企业外部董事座谈交流暨集体谈话送任会，首次开展董事会和董事评价，推动外部董事更好发挥作用、董事会运行更加规范高效。相关做法被国务院国资委主要负责同志在地方国资委负责人国有企业改革深化提升行动研讨班上点名表扬。二是扎实推进出资人委派总会计师工作。全面梳理委管领导班子企业总会计师缺额情况，认真摸排委派总会计师合适人选，向数字安徽公司委派总会计师，进一步扩大委派总会计师覆盖面。三是持续深化省属企业职业经理人制度试点。指导省属企业结合行业特点和企业实际，积极开展职业经理人制度试点，顺利完成华安证券公司 1 名总经理、5 名副总经理职业经理人选聘工作。

六、安徽省国资委监管企业建立和完善经营业绩考核体系情况

根据企业功能分类、战略定位和发展目标，突出不同考核重点，差异化设置考核指标，构建导向鲜明、重点突出的“一业一策”“一企一策”考核体系，有效引导和推动省属企业更好地履行责任使命。一是突出质量效益。统筹“质”的有效提升和“量”的合理增长，聚焦“一利五率”考核指标，引导企业持续提高企业效益效率、价值创造能力和风险管控水平，设置国有资本保值增值率、利润总额、经济增加值、净资产收益率、全员劳动生产率等指标。二是突出科技创新。强化企业科技创新主体地位，聚焦提升自主创新能力，引导企业加大科技创新投入，加快实现高水平科技自立自强，设置研发经费投入强度、基础研究投入占比、重大攻关任务完成情况、新产品销售收入等指标。三是突出产业引领。推进国有资本布局优化和结构调整，聚焦产业竞争新优势、打造效益增长新引擎，引导企业积极培育壮大战略性新兴产业，设置战略性新兴产业投资增速和投入占比、新产品新业务新业态收入占比、市场占有率、新兴产业和未来产业培育等指标。四是突出安全支撑。坚守责任使命，发挥功能作用，聚焦基础关键领域支撑托底能力，引导企业积极承担国家和安徽省重大战略任务，设置重要能源保障、战略物资储备、重大基础设施建设等指标。五是突出风险管控。强化底线思维，聚焦企业风险站位和管控薄弱环节，引导企业依法合规经营，防范化解重大风险，防止国有资产流失，设置营业现金比率、“两金”占比、百元收入支付的成本费用等指标。六是突出短板对标。健全完善省属企业绩效评价机制，构建盈利回报、资产运营、风险防控、持续发展等 4 个评价维度，总资产周转率、资产负债率等 24 项评价指标体系。通过行业对标评价，引导企业发现短板弱项，客观衡量企业相对于同行业企业的发展质量和竞争能力。

七、安徽省国资委监管企业负责人考核与选人用人机制改革情况

(一)组织开展省属企业领导班子和领导人员综合考核

通过查阅材料，并结合工作台账、统计数据、平时了解掌握的情况以及巡视、人民来信反映问题查核情况等进行综合研判，对省属企业履行党建职责部分考核指标进行评分。牵头成立 2 个考核组，对煤炭设计院等 10 户委管企业和徽商职业学院 2022 年度领导班子和领导人员履行发展和党建工作职责情况进行综合考核。在纵横比较、分析研判的基础上，及时汇总第三方评价、民主测评、省直有关部门等评分结果，进行量化计分和综合分析，提出等次建议。考核结果以通报的形式反馈委管企业、徽商职业学院党委，对获得“优秀”等次的领导班子和领导人员进行通报表扬，对排名末位的企业负责人进行重点谈话提醒。

(二)选优配强委管企业领导班子

大力推进委管企业领导班子配备，2023 年提请委党委会研究委管企业和徽商职业学院领导人员、省属企业外部董事任免事项 59 人次，其中提拔使用 8 人，进一步使用 5 人，平级交流 19 人。对数字安徽公司、

省粮食产业集团、中煤矿建集团、煤炭设计院党委书记、董事长等人选及时配备到位。新充实2名“80后”干部到委管企业领导班子，增强干部队伍活力，其中“80后”企业正职1人、1986年出生的企业副职1人。建立健全日常监督管理制度，突出个人有关事项报告、因私出国（境）和干部兼职等监管重点，严格监督执行。

（三）加强省属企业领导人员教育培训

根据省委及省委组织部统一安排，开展省属企业中层以上经营管理人员学习贯彻党的二十大精神集中轮训工作，圆满完成4000人的集中轮训任务，实现省属企业中层以上经营管理人员轮训全覆盖。根据省委组织部安排，组织4名省属企业领导人员、13名企业经营管理人员参加省委党校春季、秋季学期主体班次学习。选调省属企业97名驻村帮扶干部参加省属企业驻村帮扶干部培训班，帮助驻村帮扶干部进一步提升抓党建促乡村振兴能力和水平。

八、安徽省国资委监管企业党的建设和廉政建设情况

2023年，安徽省国资委党委坚持以习近平新时代中国特色社会主义思想为指导，全面贯彻落实党的二十大精神，深入学习贯彻习近平总书记关于国有企业改革发展和党的建设的重要论述，加快建设省属企业党建工作新格局，以高质量党建引领保障省属企业高质量发展。

（一）坚持政治引领，凝心铸魂筑牢根本

一是加强党对国有企业的领导。完善衷心拥护“两个确立”、忠诚践行“两个维护”体制机制，教育引导党员、干部不断提高政治判断力、政治领悟力、政治执行力，始终同以习近平同志为核心的党中央保持高度一致，持续推动习近平总书记重要指示批示、党中央及省委决策部署在省属企业落实落地。开展省属企业党委前置研究讨论重大经营管理事项清单运行情况“回头看”，指导省属企业党委认真开展自查自纠，规范党委前置研究讨论要求和程序，提高决策质量。二是推动主题教育走深走实。出台《省国资委党委关于深入开展学习贯彻习近平新时代中国特色社会主义思想主题教育的工作方案》《省国资委学习贯彻习近平新时代中国特色社会主义思想主题教育工作安排》等，举办为期7天半的读书班，召开党委会议19次、中心组学习会议7次、领导小组会议6次、专题研讨会2次，深入学习贯彻习近平新时代中国特色社会主义思想，推动18项调研成果转化运用举措落地，新建国资监管制度24项，帮助企业解决实际问题50多个，联系指导市县国资国企第二批主题教育。三是推动理论学习入脑入心。全年召开党委理论学习中心组集体学习14次，交流研讨47人次，深入学习贯彻习近平总书记关于科技创新等重要讲话重要指示批示精神。印发《关于进一步推动省属企业落实第一议题和首要内容制度的通知》，督促省属企业各级党组织把学习习近平新时代中国特色社会主义思想和习近平总书记最新重要讲话指示批示精神作为党委会议“第一议题”、党委理论学习中心组学习会议首要内容。组建省国资委党委讲师团和“举旗帜·送理论”宣讲团，深入省国资系统基层单位，开展党的二十大精神宣讲等各类宣讲37场次。列席旁听省属企业党委理论学习中心组学习实现全覆盖，省属企业以专题研讨、读书班等形式，强化理论武装。四是落实意识形态和网络意识形态工作责任制。全年召开领导小组会议2次和党委会议3次，深入学习贯彻习近平总书记关于意识形态工作的重要论述，专题研究意识形态工作，分析通报省国资委和省属企业意识形态工作形势和任务。

（二）坚持明责传压，夯实管党治党责任

始终把落实责任制作为推动党风廉政建设的“牛鼻子”，进一步压紧压实责任链条，推动形成层层有责、各负其责、齐抓共管的工作合力。一是认真落实国资委党委政治责任。贯彻落实《中共中央关于加强“一把手”和领导班子监督的意见》和省委《关于加强对“一把手”和领导班子监督的若干举措》，修订完善《省国资委党委全面从严治党主体责任清单》，明确省国资委党委13项责任和班子成员71项具体责任。制发《省属企业全面从严治党重点任务清单》，从压紧压实省属企业党委主体责任、党委书记第一责任人职责、党委专职副书记直接责任、党委班子成员“一岗双

责"、纪检监察机构监督责任等5个方面提出要求,推动管党治党责任向基层延伸。二是强化党委书记"第一责任人"职责和班子成员的"一岗双责"。党委主要负责同志逢会必讲全面从严治党,主持召开党委会议专题研究全面从严治党工作,定期分析通报省国资系统全面从严治党形势,约谈履行管党治党政治责任不力的12名企业党委书记。开展省属企业党委书记和机关党支部书记抓党建述职评议并逐一点评,督促抓好问题整改。其他班子成员认真落实"一岗双责"要求,在常态化包保联系工作中把全面从严治党作为重要内容,指导、检查、督促联系企业和分管处室的全面从严治党工作。三是压紧压实省属企业党委主体责任。推行省属企业党委向省国资委党委报告年度党建工作、半年全面从严治党形势分析、党委书记向省国资委党委述职、基层党组织书记抓基层党建工作述职评议考核等制度。加强对省属企业党委履行主体责任的监督检查,实行党建考核与经营业绩考核、薪酬激励"双挂钩"。强化考核结果运用,将党建考核结果按20%权重直接计入业绩考核得分,对党建考核前5位的企业负责人给予5%年度绩效薪酬奖励,对后3位企业负责人扣减5%年度绩效薪酬,切实做到以考促改,以考促干。

(三)坚持夯实基础,不断加强基层党组织建设

一是开展后进基层党组织整顿提升行动。重点排查整治基层党组织设置不规范、换届不及时等问题,明确必须整顿提升的4类情形、重点整顿提升的10个方面问题,经过6个月努力,640个后进党组织全面完成整顿提升任务。二是开展专项整治和督查。开展党费收缴使用管理、党员发展和落实双重组织生活制度专项整治工作,排查问题56个,制定整改措施102项并完成整改。开展党建工作督查,全面掌握省属企业落实党建工作责任制、党内法规制度执行等方面情况,督查发现的51个问题完成整改。三是推进党建工作与生产经营深度融合。开展"推进省属企业党建工作与生产经营深度融合"课题调研,出台《推进省属企业党建工作与生产经营深度融合的实施意见》,实施领航、引擎、优才、堡垒、清风等5项工程。遴选4个基层党组织进入省国资委党委基层党建工作"领航"计划示范库,17个基层党组织进入培育库。四是推动发挥企业党委领导作用。开展省属企业党委前置研究讨论重大经营管理事项清单运行情况"回头看",指导省属企业党委自查自纠,规范党委前置研究讨论要求和程序。五是推动党组织发挥战斗堡垒作用。组织20户省属企业与省内20个欠发达乡镇开展结对帮扶,在结对帮扶乡镇谋划实施各类帮扶项目67个、涉及金额19.06亿元,帮助招引项目8个、投资规模2370万元,协调争取专项资金及实现融资5.8亿元。大力实施消费帮扶,组织省属企业积极参与脱贫地区农副产品产销对接"八进"行动、助销西藏新疆农副产品等活动。

(四)坚持党管干部党管人才,抓好企业干部人才队伍建设

一是分批分类配备领导班子成员。大力推进委管企业领导班子配备,提拔使用8人,进一步使用9人,平级交流14人。对党委书记、党委副书记、纪委书记等关键岗位进行配备,调整充实的干部中,"80后"干部2人,其中1人为企业正职。会同省委组织部遴选外部董事人才库成员53人,聘任外部董事8人,完成2户企业职业经理人选聘工作。二是常态化开展干部监督管理。完成委管企业和外部董事年度考核工作,首次开展董事会和董事评价工作,对30户省属企业董事会和包括省管干部在内的全部董事进行考核评价,得到国务院国资委主要负责同志肯定。三是全面加强省属企业人才工作。制定人才政策文件,从国有资本经营预算中统筹安排1亿元人才专项资金,建立省属企业人才"赛马"机制,实施特殊人才工资总额单列、工资总额特别奖励等激励措施。指导企业加大人才培育引进力度,2023年省属企业引进各类人才11413人,其中,引进高层次和急需紧缺人才77人、柔性引才31人,招聘高校应届毕业生6532人。四是加强干部队伍建设。开展加强省属企业专职党务干部队伍建设试点工作,经过8个月努力,试点企业基本解决党务工作力量配备不足、结构不优、业务不强、出口不畅等问题。组织省属企业党务干部参加国有企业基层党组织书记网络培训班、国有企业党建工作网络培训班、新闻宣传培训班。组织省属企业中层以上经营管理人员学习贯彻党的二十大精神,全覆盖完成4000余人的集中轮训任务。五是用心培养党外干部。建立党外知识分子建言献策工作室3个,选派党外干部参加“同心讲习所”学习和其他培训，注重发挥党外干部在企业改革中的作用。

(五)坚持守正创新，改进工作机制

一是落实领导干部接待群众来访和阅批群众来信制度。2023年，组织四轮委领导班子成员接访、下访，接访涉省属企业信访事项33批次50人次，其中省国资委主要领导接访9批次15人次，全部办结。完成省国资委主要领导阅批100件信访件办理督导工作、办结率100%。二是落实“民声呼应”工作机制。建立“快受理、快核查、快处置、快整改、快报告、快回访”的“六快”工作机制，省政府热线、人民网网友留言、“互联网+督查”反馈问题、省国资委网站主任信箱来信均按要求办结；人大代表建议、政协委员提案沟通率、办结率和满意率均100%；推动省属企业网上投诉事项1日转交、5日办理、30日办结，网上信访受理、办理、回复、办结率100%，做到“事事有回音，件件有着落”。省国资委被中央信联办、国家信访局表彰为“治理重复信访、化解信访积案专项工作”优秀集体，被中共安徽省委办公厅、安徽省人民政府办公厅表彰为2022年度安徽省信访工作优秀单位。三是开展“为民惠企争模范”行动。组织机关19个党支部建立包括做好稳就业工作、化解拖欠中小企业账款等方面的38项任务清单，均圆满完成。针对惠企政策落实“最后一公里”，分类编印《省属企业“一企一策”政策汇编》等，“一对一”精准送政策上门，“面对面”提供个性化服务，打通政策落地“最后一公里”。四是着力为基层减负。严格落实省委关于基层减负工作部署，做好机关精文减会、机关年度督察检查考核事项清单编报、要求基层填表报数事项清单摸排等相关工作，定期报送工作执行情况。制定省国资委2023年度会议和文件计划，加强年度文件、会议统筹管理，严控发文数量和规格。

(六)坚持问题导向，强力推进问题整改

持续强化对巡视整改和成果运用的组织领导，将“前半篇文章”和“后半篇文章”统筹考虑，层层压实责任，切实抓好落实。一是认真抓好巡视反馈问题整改。针对巡视反馈问题较多、巡视整改不力和抓基层党建述职评议考核排名靠后等问题，省国资委党委先后约谈省属企业党委主要负责人16人次。对省委巡视整改成效“差”等次的2户省属企业的党委书记抓基层党建述职评议考核等次予以降级处理，释放整改不力必问责的信号。截至2023年底，十一届省委第二轮巡视省国资委党委反馈的51个问题全部完成整改。巡视18户单位反馈的646个问题完成整改608个，省国资委党委和3户省属企业在巡视整改成效评估中被评等次为“好”。二是扎实开展突出问题专项整治。针对省委巡视指出企业存在的共性问题，组织开展违规吃喝、违规招投标等专项整治。三是持续抓好涉粮购销领域腐败问题专项治理。对全面从严治党不力问题追责问责6名领导班子成员。按照省委、省政府安排部署，如期完成省粮食产业集团及所属省储备粮公司组建挂牌工作。四是严肃开展省属企业医疗领域腐败问题集中整治。认真履行安徽省医药领域腐败问题集中整治工作协作机制成员单位职责，监督指导省属企业所办医疗机构认真开展医药领域腐败问题集中整治，6户省属企业所办医疗机构累计查摆问题12个。五是积极稳妥推进省属企业境外腐败治理。研究制定《2023年省属企业境外腐败治理工作安排》，深化“利用佣金中介费牟取私利、境外恶性竞争、违反财经纪律侵吞公款、违规投资经营、违规获取境外身份”等突出问题专项整治。印发实施《安徽省省属企业境外投资监督管理办法》《安徽省省属企业投资项目负面清单》，不断提升企业境外合规经营能力。

(七)坚持正风肃纪反腐，净化政治生态

一是锲而不舍纠治“四风”。修订完善《省国资委党委关于深入贯彻落实中央八项规定精神进一步推进作风建设的实施意见》，督促指导各省属企业党委把整治职工群众身边的腐败和不正之风问题摆在更加突出位置，省国资国企各级纪检监察机构查处违反中央八项规定精神问题56起，处理98人、处分81人，对21起42名省属企业管理人员违纪违法典型案例进行通报曝光。会同驻省国资委纪检监察组常态化开展省属企业作风建设交叉互查，实现省属企业监督检查全覆盖，督促整改问题204个。二是坚持一体推进“三不腐”。紧盯重点领域、重要环节、关键少数，支持省国资国企各级纪检监察机构监督执纪问责。针对查处的违纪违法案件反映出的体制机制问题，驻省国资委纪检监察组先后向2家省属企业党委制发纪检监察建议3份，督促指导举一反三、堵塞漏洞。持续强化警示教育和廉洁文化建设，会同驻省国资委纪检监察组研究制定《关于开展廉洁文化"六进"活动进一步推进清廉国企建设的实施方案》，举办"清廉国企你我同行"省属企业廉洁文化书画摄影作品展，召开全省省属企业廉洁文化建设现场会。三是深化重点领域专项整治。针对省委巡视指出企业存在的共性问题，组织开展违规吃喝、招投标领域等专项整治。组织2家涉粮企业抓好深化粮食购销领域腐败问题专项整治，组建省粮食产业集团。深化"利用佣金中介费牟取私利、境外恶性竞争、违反财经纪律侵吞公款、违规投资经营、违规获取境外身份"等突出问题专项整治，组织对6户省属企业所办医疗机构开展医疗领域腐败问题集中整治，各类专项整治工作取得明显成效。

(撰稿人：王海林)

福建省

一、福建省国有资产监督管理工作综述

2023年，福建省国资系统认真贯彻党的二十大和二十届二中全会、中央经济工作会议精神，认真落实省委十一届四次、五次全会，省委经济工作会议和省两会部署，按照国务院国资委工作要求，推动国资国企改革发展和党的建设取得积极进展。截至2023年底，省属企业资产总额2.33万亿元，累计营业收入4998.2亿元，实现利润总额102.02亿元，其中，高速集团、投资集团、能化集团、冶金控股、港口集团等5家企业资产总额超过1000亿元；能化集团、港口集团、厦门钨业等6家企业进入"中国500强"。

(一)发展后劲持续增强

千方百计抓产业、上项目、促投资，稳步推进国有资本结构布局优化。一是项目带动力度加大。2023年累计完成投资1149.69亿元，连续4年突破1000亿元，132个省重点项目投资完成率109.8%。特别是龙龙高铁龙武段开通运营，宁德首个15万吨级码头首船正式装载，冶控福蓉科技罗源新基地、省投永泰抽水蓄能、能化碳五碳九分离等重大项目建成投产。中沙古雷乙烯、永安抽水蓄能、江西大湖塘钨矿等项目开工建设。建工集团中标南安市新兴产业经济走廊综合开发项目(77亿元)成为集团有史以来投资额最大的投建营一体化项目。大数据集团正式启用全国首个全流程数据交易服务大厅。二是项目合作取得新实效。举办福建省与中央企业项目对接活动，2023年签约项目49个，总投资1018亿元。积极参与中国国际投资贸易洽谈会、世界航海装备大会等经贸活动，签约项目22个，总投资458亿元。加快"走出去"步伐，港口集团"丝路海运"联盟成员320家，厦钨新能源与法国欧安诺集团签署15亿欧元项目合作协议。三是科技创新逐步加强。2023年所出资企业研发经费投入强度2.38%、居全国第5位，其中7户工业企业投入强度4.18%，超过中央企业考核水平。获得省级以上科学技术奖9项，新获专利2235件，新增高新技术、"专精特新"、科技"小巨人"等企业约50家。战略性新兴产业完成投资390.74亿元，比上年增长4.2%，18家企业进入"2023福建战略性新兴产业企业100强"名单。厦门钨业在锂离子电池、重型燃气拖机等领域突破国外技术壁垒和产品垄断。金龙汽车获得第24届中国外观设计金奖，建工集团建设的福建省儿童医院项目获得中国建设工程鲁班奖。

(二)社会责任持续彰显

所出资企业牢记功能使命，践行责任担当，为维护社会和谐稳定发挥"压舱石"作用。一是基础设施支撑保障有力。高速集团建成高速公路通车总里程超过6000千米，路网密度居全国第3位(不含直辖市)，新建成高速服务区出入口22对，全年政策性减免高速通行费超过50亿元。投资集团助力铁路环网建设，为福建省铁路承担运营亏损超过50亿元。港口集团优化福建省港口建设运营，集装箱吞吐量超过全省的75%。水投集团建成水务管网占福建省的70%以上，向金门日均供水占当地供水量的75%。二

是保供稳价扎实有效。省属企业累计发电量290.76亿千瓦·时,占福建省发电量(3272.9亿千瓦·时)的8.88%,积极保障电力供应。投资集团与中海油合作的天然气管网累计供气111.17万吨,保障福建省80%以上的天然气供应。轻纺控股有力保障食盐市场稳定供应,“军队副食品区域集中筹措漳州试点”经验获中央军委后勤保障部总结推广。三是稳就业惠民生有作为。坚持做好稳岗扩就业,开展“国聘行动”,提供就业岗位3.3万个;2023年新增吸纳就业人数1.4万人,其中吸纳高校应届毕业生5282人,得到省政府领导的肯定。清理拖欠民营企业中小企业账款和农民工工资工作有效落实。

(三)国资监督管理持续加强

坚持服务与监督相统一,加快从“管企业”向“管资本”转变,逐步提升国资监督管理效能。一是监督关口进一步前移。修订主业投资管理、绩效考核等方面规范性文件,形成董事会建设“1+N”制度体系。对违反非主业投资决策审核程序、投资项目风险等事项出具监管提示函,给予相应企业经营业绩考核扣分。新一轮行政事业单位经营性资产集中统一监管有序推进。二是重点领域监督进一步聚焦。在境外项目、粮食购销、医药、工程等领域开展专项整治,加强担保、基金、金融衍生品等金融及类金融业务管控。完善经营风险监测防范机制,加强商贸业务日常监督,严控高风险贸易业务行为。三是监管重心进一步下移。加强外部董事、总会计师、总法律顾问兼任首席合规官“三支队伍”建设,合规管理体系不断健全。业务监督、综合监督、责任追究“三位一体”监督管理机制有序运转,强化监督管理工作闭环。2023年,所出资企业开展违规经营投资责任追究线索核查15项,追责处理20人次,增强监管制度刚性。

(四)党的领导持续强化

坚持党对国有企业的全面领导,扎实做好国有企业党建工作,引领保障企业高质量发展。一是主题教育走深走实。创新开展“循迹溯源学思想、担当作为建新功”系列活动,大力弘扬“四下基层”优良传统,聚焦制约企业发展难点问题,同题共答开良方出对策,全系统梳理整改问题清单117个。举办“学思想、强党性、重实践、建新功——国资·在行动”系列访谈,讲好福建国资故事,节目累计播放量超过500万次,在社会上引起热烈反响。二是管党治党责任进一步落实落细。会同省委组织部和省纪委监委研究制定、经省委常委会审议通过,出台《进一步加强和改进省管企业党的建设　推动国有经济高质量发展的意见》,提出23条、85项工作举措。常态开展企业党建工作责任制考核、党组织书记抓基层党建述职评议考核,层层压实主体责任。加强基层党建基础,做好权属混合所有制企业、驻外机构党建和链上党建工作,新增基层党组织82个,创建党建品牌721个。严格落实意识形态工作责任制,及时处置相关舆情849条,“八闽国资”公众号在全国“地方国资委新媒体指数榜”位居前列。三是党风廉政建设和反腐败斗争抓紧抓牢。扎实开展“强党建、促发展”专项整治,组织召开国资系统党风廉政建设“千人”警示教育大会暨反面典型案例剖析,省属企业新制定制度486项、修订制度626项。推进监督教育常态化,精准运用“四种形态”,省国资系统谈话函询222人、主动约谈1170人、谈话提醒128人。严格监督执纪问责,受理问题线索790件、立案127件、给予党纪政务处分112人,“三不腐”综合功效逐步提升。

二、福建省国有资产总量与结构分析

截至2023年底,福建省纳入国有资产统计范围的国有及国有控股企业(含厦门市,以下简称国有企业)资产总额89888.30亿元,比上年增长8.92%;所有者权益29696.61亿元,比上年增长10.49%;归属于母公司的所有者权益22719.30亿元,比上年增长9.61%。全年实现营业总收入32374.25亿元,比上年下降3.24%;利润总额632.61亿元,比上年增长3.84%;净利润480.06亿元,比上年增长11.89%;归属于母公司所有者的净利润384.56亿元,比上年增长67.22%。

(一)企业户数有所增加

2023年,福建省纳入国有资产统计范围的国有及国有控股企业11311户(含厦门市),比上年增加990户。其中,省级监管企业2131户,增加60户;省级非监管企业 272 户，未变动；地市企业 8908 户，增加 930 户。

(二)资产分布相对集中

从隶属关系看，福建省国有企业资产主要分布在省、市两级国资委监管企业，两级监管企业资产总额 70381.31 亿元、占比 78.30%，其中省级监管企业资产总额 23332.96 亿元、占比 25.96%，地市监管企业资产总额 47048.35 亿元、占比 52.34%。非监管企业资产总额 19506.98 亿元、占比 21.70%，其中省级非监管企业资产总额 484.58 亿元、占比 0.54%，地市非监管企业资产总额 19022.40 亿元、占比 21.16%。

从行业分布看，福建省国有企业资产总额行业分布排名前三位的是房地产业、社会服务业、建筑业。其中，房地产业资产总额 36175.39 亿元，占比 26.53%(未进行差额抵销，下同)；社会服务业资产总额 35488.28 亿元，占比 26.03%；建筑业资产总额 15323.49 亿元，占比 11.24%。3 个行业资产总额共计 86987.16 亿元，占比 63.80%。

(三)营业总收入比上年下降

2023 年，福建省国有企业营业总收入 32374.25 亿元，比上年下降 3.24%。从隶属关系看，福建省国有企业营业总收入主要分布在省、市两级国资委监管企业，两级监管企业营业总收入 30624.28 亿元、占比 94.59%，其中省级监管企业营业总收入 4855.36 亿元、占比 15.00%，地市监管企业营业总收入 25768.92 亿元、占比 79.59%。非监管企业营业总收入 1749.96 亿元、占比 5.41%，其中省级非监管企业营业总收入 141.79 亿元、占比 0.44%，地市非监管企业营业总收入 1608.17 亿元、占比 4.97%。

从行业分布看，福建省国有企业营业总收入行业分布排名前三位的是商贸业、社会服务业、工业。其中，商贸业营业总收入 24473.62 亿元，占比 58.01%；社会服务业营业总收入 6390.89 亿元，占比 15.15%；工业营业总收入 4832.03 亿元，占比 11.45%。3 个行业营业总收入共计 35696.54 亿元，占比 84.61%。

(四)利润总额稳步增长

2023 年，福建省国有企业实现利润总额 632.61 亿元，比上年增长 3.84%。从隶属关系看，福建省国有企业利润总额主要分布在省、市两级国资委监管企业，两级监管企业实现利润总额 563.78 亿元、占比 89.12%，其中省级监管企业利润总额 63.18 亿元、占比 9.99%，地市监管企业利润总额 500.60 亿元、占比 79.13%。非监管企业利润总额 68.83 亿元、占比 10.88%，其中省级非监管企业利润总额 10.29 亿元、占比 1.63%，地市非监管企业利润总额 58.54 亿元、占比 9.25%。

从行业分布看，福建省国有企业利润总额行业分布排名前三位的是社会服务业、房地产业、商贸业。其中，社会服务业利润总额 333.41 亿元，占比 35.46%；房地产业利润总额 283.48 亿元，占比 30.15%；商贸业利润总额 121.05 亿元，占比 12.88%；3 个行业利润总额 737.94 亿元，占比 78.49%。

(五)国有企业资产运营存在的主要问题

一是企业总体规模偏小，竞争能力不强。2023 年，福建省国有企业资产总额小幅增长，但总体规模偏小，对企业扩大再生产和提升市场整体竞争力造成一定制约。2023 年末，福建省国有企业户均总资产 7.94 亿元，户均净资产 2.63 亿元，其中省级监管企业户均总资产 10.95 亿元，增长 2.49%，户均净资产 2.29 亿元，增长 2.86%，增长幅度较小。二是资产利用效率不高，资产周转速度偏低。福建省国有企业平均总资产周转率 0.40 次，平均流动资产周转率 0.80 次，处于较低水平，主要是“两金”占用水平过高，影响企业资产的流动性和收益水平，加大企业短期偿债风险。截至 2023 年底，福建省国有企业应收账款及存货余额 22357.85 亿元，比期初的 20990.04 亿元增加 1367.81 亿元，增长 6.52%。三是总体负债水平略有上升，少数企业财务风险较大。2023 年底，福建省国有企业负债总额 60191.69 亿元，比上年增长 8.16%，部分企业债务负担沉重。

表 1　2023 年福建省国有企业指标

项　目	金　额(亿元)
资产总额	89888.30

续表

项　目	金　额(亿元)
所有者权益	29696.61
国有资产总量	22220.87
营业总收入	32374.25
利润总额	632.61
净利润	480.06
归属于母公司所有者的净利润	384.56
应交税金总额	1107.59
实际上缴税金总额	1162.05

表 2　2023 年福建省国有企业户数情况

项　目	2022 年户数(户)	2023 年户数(户)	比上年增长(%)
省级企业汇总	2343	2403	2.56
省级监管企业	2071	2131	2.90
省级非监管企业	272	272	与上年持平
地市企业汇总	7978	8908	11.66
福州市	769	921	19.77
厦门市	3784	4299	13.61
漳州市	614	630	2.61
泉州市	944	1049	11.12
三明市	247	250	1.21
莆田市	316	315	-0.32
南平市	349	375	7.45
龙岩市	385	396	2.86
宁德市	492	582	18.29
平潭综合实验区	78	91	16.67
合　计	10321	11311	9.59

表 3　2023 年福建省国有资产总量按隶属关系分布情况

隶属关系	国有资产总量(亿元)	占　比(%)
省级监管企业汇总	2511.17	11.30
省级非监管企业汇总	221.86	1.00
地市企业汇总	19487.84	87.70
福州市	4693.12	21.12
厦门市	4794.35	21.58
漳州市	1831.16	8.24
泉州市	3389.83	15.26
三明市	891.21	4.01
莆田市	976.65	4.40
南平市	734.46	3.31
龙岩市	1035.40	4.66
宁德市	695.12	3.13
平潭综合实验区	446.54	2.01
合　计	22220.87	100.00

表 4　2023 年福建省国有资产总量按行业分布情况

行　业	国有资产总量(亿元)	占　比(%)
农林牧渔业	293.89	0.58
工业	3910.98	7.77
建筑业	5958.72	11.84
交通运输业	5369.70	10.67
仓储业	618.94	1.23
商贸业	2101.88	4.18
房地产业	12672.12	25.19
信息传输、软件和信息技术服务业	220.29	0.44

续表

行　业	国有资产总量(亿元)	占　比(%)
社会服务业	16678.41	33.15
教育文化广播业	174.41	0.35
科学研究和技术服务业	507.76	1.01
金融业	1602.96	3.19
其他	198.68	0.39
合　计	50308.68	100.00

注:按照行业分类统计,差额表不参与汇总,无法按照会计报表编制进行合并抵消,各行业合计数大于福建省国有资产合计数。

表 5　　2023 年福建省国有资产总量按经营规模分布情况

经营规模	国有资产总量(亿元)	占　比(%)
大型企业	6270.34	12.46
中型企业	12127.26	24.11
小型企业	19510.65	38.78
微型企业	12400.43	24.65
合　计	50308.68	100.00

注:表中数据为汇总数,未进行合并抵消。

三、福建省国有资本保值增值综合分析评价

表 6　2023 年福建省国有企业地区和行业国有资本保值增值情况

地　区	国有资本保值增值率(%)	行　业	国有资本保值增值率(%)
福州市	103.41	农林牧渔业	112.20
厦门市	102.86	工业	97.27
漳州市	102.42	建筑业	100.98
泉州市	100.93	交通运输业	100.93
三明市	101.27	仓储业	100.32
莆田市	103.64	商贸业	102.74
南平市	100.51	房地产业	102.24
龙岩市	102.49	信息传输、软件和信息技术服务业	97.27
宁德市	100.66	社会服务业	102.22
平潭综合实验区	100.21	教育文化广播业	100.68
		科学研究和技术服务业	101.81
		金融业	104.55
		其他	97.06

四、福建省国资委监管企业改革发展情况

(一)法人治理结构初步建成

国资系统开展党委前置研究事项清单“回头看”,企业全面完成清单调整细化并建立动态调整机制。集团层面全部实现外部董事占多数,建立外部董事履职管理和保障机制。全面推行经理层任期制和契约化管理,2023 年末等调整和不胜任退出管理岗位 138 人。

(二)改革专项行动稳步推进

福建省国企改革三年行动成效在国务院国资委总体考评中被评为 A 级,受到全国通报表扬。深化实施“双百行动”“科改行动”“八闽综改行动”,福建省“双百企业”增至 12 家、“科改企业”增至 8 家。星网锐捷、金龙客车、厦门新立基、福人木业福州公司分别获评标杆企业、优秀企业。开展对标世界一流企业价值创造行动,长汀金龙稀土入选国务院国资委创建世界一流专精特新示范企业名单,实现省属企业“零的突破”。

（三）资本证券化有序推动

21家上市公司市值1732.54亿元，资产证券化率（上市公司总资产占省属企业总资产的比率）14.7%。稳步推进重点企业上市，海电运维上市申报获证监会受理并通过现场检查，马坑矿业、海峡科化有序推进IPO辅导备案，厦门国际投资公司向香港联交所提交上市申请，新增5家企业入选省重点上市后备企业库。

（四）积极参与重大招商活动

承办福建省与央企项目对接会，邀请国务院国资委和26家中央企业负责人参会，与福建省对接签约项目49个，总投资1018亿元，将签约项目纳入福建省重大项目周期管理系统，扎实推动项目落实落地。积极组织省属企业参加产业合作项目对接活动。其中，与福兴经济开发区及福州市产业合作项目对接中，现场签约项目14个，投资额100.55亿元；中国国际投资贸易洽谈会重大项目签约中，省属企业投资项目5项，投资额139.3亿元。参加航海装备大会，省属企业签约项目3项，投资额218.14亿元。以上项目共计22个，总投资额458亿元。

（五）推进企业数字化转型

组织企业参加国务院国资委首届数字创新场景专业赛，择优遴选出77个数字场景上报参赛，经初赛和决赛评审，20个场景获得奖项，其中一等奖1个、二等奖7个、三等奖12个。省国资委获得优秀组织奖，位列地方国资委第4名。向国务院国资委推荐2家数字化转型试点企业（能化集团权属企业福海创公司、船舶集团权属企业海电运维公司）。

（六）全面推进依法监管

强化风险预警制度体系建设，加强对企业财务指标分析监控，督促企业落实主体责任，履行债务风险、高风险商贸业务报告责任，加强两金占比经营风险的监测。按照相关制度要求，定期向省委审计委员会报送风险预警监测情况。加强财务预算、决算管理工作，强化财务快报分析，建立动态跟踪监测机制，强化财务指标预警，及时发现问题，有效防范财务风险。

五、福建省国资委监管企业并购重组与完善法人治理结构情况

（一）深入推进整合重组

推动新一轮战略性重组和专业化整合加快实施。港口集团、能化集团、水投集团、大数据集团重组组建基本完成，生产运营呈现良好态势，改革红利持续释放。船舶集团加快脱困转型，实现扭亏为盈，重组目标初步实现。坚决贯彻国家重大战略部署，顺利推进福建省稀土资源与中国稀土集团专业化整合。协调省国资公司、省投资集团等4家省属企业组建投资联合体，推进北京新福建大厦建设项目。

（二）完善法人治理结构

先后出台《关于福建省属企业在完善公司治理中加强党的领导的若干措施》《所出资企业董事会工作规则》《所出资企业外部董事选聘和管理办法》《所出资企业董事会和董事评价办法》等配套制度，形成董事会建设"1＋N"制度体系。督促省属企业制定党委前置清单并建立动态调整机制。落实"双向进入、交叉任职"领导体制，国有企业党委书记、董事长实现一肩挑，人事管理和基层党建工作由一个领导分管。根据外部董事占多数的要求，为17家所出资企业配备专职外部董事15人。建立外部董事任职企业月度生产经营情况报告制度和季度工作例会制度，加强外部董事的日常管理。印发《所出资企业外部董事履职指南》，组织外董参加各类业务培训，提升外董履职能力。

六、福建省国资委监管企业建立和完善业绩考核体系情况

（一）强化党建工作考核

将党建工作指标从管理绩效评价的二级指标中分离出来，提升为经营业绩考核的一级指标，构建党建工作、经济效益和管理绩效"三位一体"综合绩效考核机制。会同省纪委监委、省委组织部研究出台《关于进一步加强和改进省管企业党的建设　推动国有经济高质量发展的意见》，明确23条工作任务、85项工

作举措,加大党建工作考核力度,将考核结果与负责人经营业绩挂钩,以高质量党建引领和保障企业高质量发展。

(二)突出差异化分类考核

根据行业特点、发展阶段和生产经营实际等情况,将16家商业一类企业划分工业企业、建筑业和信息技术服务业企业、商贸和社会服务业企业、交通运输业企业以及国有资本投资、运营公司等5种类型,进一步突出不同考核重点,完善差异化分类考核,破除一套考核指标"一把尺子量到底"现象,促进考核评价更加精准、实效。

(三)强化正向激励导向

持续深化企业负责人薪酬体系改革,强化考核结果刚性兑现,做到"业绩升、薪酬升,业绩降、薪酬降";集团经理层推行任期制和契约化管理,加快从传统的"身份管理"向市场化"岗位管理"转变,合理拉开经理层成员间薪酬差距。坚持"一适应、两挂钩"的工资决定和正常增长机制,深化工资总额分级分类管理,落实企业收入分配自主权;进一步落实特殊事项清单管理制度,积极探索工资总额预算周期制管理,增强收入分配调控的针对性和有效性。有效实施全员业绩考核制度,合理拉开不同员工薪酬差距,破除平均主义、打破"高水平大锅饭";坚持"提低、扩中、限高"原则,推动薪酬分配向关键核心岗位、高技能人才和生产一线苦脏险累岗位倾斜。

七、福建省国资委监管企业负责人考核与选人用人机制改革情况

(一)优化班子结构

坚持把政治标准贯穿干部选拔任用全过程,切实把好选人用人关,配合省委组织部完成省管企业领导班子调整配备工作,调整配备省管企业领导干部55人,其中退休领导干部17人。深化党管干部原则与市场化选人用人机制有机结合,出台《关于常态化做好所出资企业经理层成员任期制和契约化管理工作的通知》,推动企业建立薪酬分配与岗位业绩挂钩联动机制,按照"业绩升、薪酬升,业绩降、薪酬降"原则,合理拉开经理层成员之间的薪酬差距,激发经理层成员干事创业的活力动力。截至2023年底,监管企业实施经理层成员任期制和契约化管理(含职业经理人)的人数占比95.5%。

(二)完善监督机制

加强对企业领导人员的监督,配合省委组织部完成2022年度省管企业领导班子年度考核、"一报告两评议"和优秀年轻干部专题调研工作,持续落实所出资企业主要负责人述职述廉述党建制度。加强对干部选拔任用工作的民主监督,复核考察企业纪委处室负责人4人,复核考察企业董事会秘书10人。进一步规范企业干部选拔任用行为,防止和纠正用人上的不正之风。

(三)强化培养锻炼

指导企业制定"十四五"人才规划,出台《国有企业人才队伍支持专项工作实施方案》,开展《关于实施新时代人才强省战略的意见》"回头看"评估,建立健全所出资企业高层次人才信息库,举办新时代人才强企战略培训班。坚持"以产业链部署创新链,以创新链激活人才链,以人才链服务产业链",鼓励企业千方百计引进高端人才。截至2023年底,国资系统员工总数201851人,其中研发人员19331人,占比9.6%。省A、B、C类人才162人,副高级职称以上6117人,国企类引进生119人,省(部)级以上人才荣誉获得者560人。

八、福建省国资委监管企业党的建设和廉政建设情况

(一)压实党建工作责任

认真贯彻落实省委领导批示要求,重点抓好《关于进一步改进和加强省管企业党的建设 推动国有经济高质量发展的意见》的贯彻落实,推动16家省管企业制定改进加强举措1204项。根据省委党建办统一部署和委托,组织力量对2家省管企业党委全面从严治党主体责任落实情况进行检查,查找反馈问题39个、提出问责建议2条,同时组织其他14家省管企业党委开展自查自纠,推动整改问题72个,持续向企业各级党组织传导全面从严治党压力。召开省属国企党建工作推进会,通过挂钩帮带、常态调研、培训示

范、考核评比等方法，抓严抓实党建工作考核和党建述职评议，加强对集团及权属企业党建工作的指导，督促企业查摆整改党建问题127个，帮助解决基层党建等困难问题1900余个。

（二）深化基层基础建设

认真贯彻执行国有企业基层党组织工作条例，加强权属混合所有制企业和驻外机构党建工作，推动新增基层党组织82个，推动455个到期换届基层党组织应换尽换。深化党支部“达标创星”活动，持续推动晋位升级、整体创优。指导推动省建工集团、能化集团、电子集团、投资集团、青山纸业等新建500平方米以上党建阵地5个，新建高速党群服务中心31个。指导督促企业找准基层党建服务生产经营的切入点和结合点，推动创建党建品牌721个，品牌赋能效应进一步彰显。省高速集团致力打造“海丝高速党建”品牌体系，推动全系统与279个地方单位、乡村党组织开展企地协同共建，为近600万个高速用户提供助农电商品牌93个和农特优产品近500款，为乡村振兴贡献国企力量。省水投集团体系化打造“党旗红引领水投蓝”党建品牌矩阵，助力建设运维水务管网占福建省的70%，连续五年向金门供水近3000万吨，有力保障金门民生及工业用水，架起两岸“连心桥”。

（三）持续加强正风肃纪反腐

持续开展廉政宣传教育和警示教育，对省属企业“一把手”定期开展廉政约谈，对干部凡提必谈。召集1700多名省属企业领导人员召开党风廉政警示教育大会，深入剖析省管国有企业领导干部腐败典型案例，研究提出深化廉洁国企建设的9条措施，推动企业压实党风廉政建设责任。聚焦工程招标投标、大宗物资采购等重点领域、关键环节，持续加大监督检查、审查调查力度。2023年，立案127件、给予党纪政务处分112人次。印发《关于在所出资企业中持续深化廉洁国企建设的通知》，联合省国资委编印《福建省国资委重要子企业廉洁风险防控手册精编》，督促所出资企业履行好主体责任，全面梳理重要二级子企业廉洁风险点，建立廉洁风险防控手册43份，加强重要领域重点环节廉洁风险防控。

（撰稿人：梁　盈）

厦门市

一、厦门市国有资产监督管理工作综述

2023年，厦门市国资委坚持以习近平新时代中国特色社会主义思想为指导，坚决贯彻党中央、国务院重大部署和市委、市政府工作要求，牢牢把握高质量发展主题，坚持稳中求进总基调，各项工作取得积极进展。

（一）经济效益保持平稳

2023年，厦门市国企资产总额和营业收入再创历史新高，10家市级企业和1家区级企业营业收入超过100亿元，其中建发集团营业收入突破7800亿元；6家市级企业利润总额超过10亿元。厦门市国企以占全省国企（非金融类）约1/3的资产和权益，贡献将近70%的营业收入和60%的利润。在5个计划单列市中，厦门市属国企营业收入规模排名第一，资产总额和利润总额排名第二（仅次于深圳）。

（二）经济拉动作用明显

国有企业积极发挥“稳定器”“压舱石”作用，为厦门市经济发展作出贡献。2023年，厦门市国资委监管的16家市属国企承接重点建设项目237个，完成投资额1116.79亿元，占厦门市重点项目完成投资额的49.51%；上缴税金（在厦口径，下同）183.49亿元，占厦门市一般公共预算收入的11.63%；实现批发零售销售额17868.28亿元，占厦门市批零销售总额的46.95%；贸易进出口额3834.58亿元，占厦门市进出口总额的40.49%；劳动生产总值1344.72亿元，占厦门市GDP总量的16.67%。

（三）品牌价值持续提升

国贸控股品牌价值821.36亿元，第3度入选“世界品牌500强”。建发集团、国贸控股、象屿集团连续多年入围《财富》“世界500强”，分别居第69位、第95位、第142位。建发集团、国贸集团、象屿集团、路桥

物资 4 家企业入围“中国企业 500 强”，建发、国贸、象屿、路桥、翔业、夏商、海投、火炬、安居、轨道等 10 家企业入围“中国服务业企业 500 强”。轻工集团的“古龙”“三圈”由商务部等五部门认定为“中华老字号”，象屿集团形象片入选国务院国资委国企百大优秀品牌故事。

(四)社会责任担当作为

积极开展挂钩村帮扶，累计投入资金 3107 万元，谋划推动发展项目 120 个，实现 70 个薄弱村当年村财收入达到 50 万元的目标。做好闽宁产业园招商工作，完成新设 3 家企业、实际到资 1.1 亿元的任务。翔业、夏商、轨道、市政、公交等企业扎实做好民生服务，承担厦门市 100%的蔬菜批发供应、100%的地铁客运服务、99%的公交客运服务、100%的管道天然气供应、94.28%的垃圾处理量和全省 83.2%的飞机起降服务量，有力保障城市基本运转。安居控股扎实做好住房保障工作，竣工 3 个公租房项目，实现保障性商品房销售 2796 套，回笼资金 24.65 亿元。

二、厦门市国有资产总量与结构分析

截至 2023 年，厦门市国有及国有控股企业(以下简称国有企业)资产总额 26450.42 亿元，比上年增长 12.37%；负债总额 17844.82 亿元，比上年增长 11.47%；所有者权益 8605.60 亿元，比上年增长 14.28%，其中归属于母公司的所有者权益 5307.02 亿元，增长 9.73%；营业收入 21833.50 亿元，比上年减少 8.24%；利润总额 346.99 亿元，比上年减少 7.62%。

表 1　2023 年厦门市国有企业指标

项　目	金　额(亿元)
资产总额	26450.42
所有者权益	8605.60
国有资产总量	4794.35
营业收入	21833.50
利润总额	346.99
净利润	264.51
归属于母公司所有者的净利润	141.67
应交税金总额	772.32
实际上缴税金总额	851.81

表 2　2023 年厦门市国有企业户数情况

2022 年户数(户)	2023 年户数(户)	比上年增长(%)
3784	4299	13.61

厦门市下设思明、湖里、海沧、集美、同安、翔安 6 个区。从国有资产地区分布情况看，2023 年厦门市市属企业年末国有资产总量 4187.57 亿元，占比 87.34%；6 个区所属国有企业年末国有资产总量 606.78 亿元，占比 12.66%。

表 3　2023 年厦门市国有资产总量按隶属关系分布情况

隶属关系	国有资产总量(亿元)	占　比(%)
市属企业汇总	4187.57	87.34
区属企业汇总	606.78	12.66
思明区	47.02	0.98
湖里区	261.09	5.45
海沧区	67.21	1.40
集美区	138.27	2.88
同安区	47.01	0.98
翔安区	46.17	0.96

从行业分布看，厦门市企业国有资产分布的行业前五位是房地产业、社会服务业、商贸业、交通运输业和金融业，分别占单户国有资产合计数的 44.60%、28.65%、8.33%、6.39%和 3.85%，占全部国有资产的 91.82%。

表 4　2023 年厦门市国有资产总量按行业分布情况

行　业	国有资产总量（亿元）	占　比（%）
农林牧渔业	11.46	0.07
工业	538.50	3.50
建筑业	504.31	3.28
交通运输业	983.43	6.39
仓储业	31.15	0.20
商贸业	1280.35	8.33
房地产业	6858.67	44.60
信息传输、软件和信息技术服务业	56.27	0.37
社会服务业	4405.95	28.65
教育文化广播业	45.01	0.29
科学研究和技术服务业	64.65	0.42
金融业	592.01	3.85
其他	6.85	0.04
合　计	15378.62	99.99

注：表中的合计是单户国有资产的简单加总，不是指报表合并的国有资产数；由于数据修约，分项合计不等于 100%。

从企业经营规模看，2023 年末厦门市大型、中型企业 925 户，占总户数的 21.52%，大型、中型企业国有资产总量 6788.87 亿元，占比 44.14%；小型、微型企业 3374 户，占总户数的 78.48%，小型、微型企业国有资产总量 8589.75 亿元，占比 55.86%。

表 5　2023 年厦门市国有资产总量按经营规模分布情况

经营规模	国有资产总量（亿元）	占　比（%）
大型企业	2296.26	14.93
中型企业	4492.61	29.21
小型企业	3985.61	25.92
微型企业	4604.14	29.94
合　计	15378.62	100.00

注：表中的合计是单户国有资产的简单加总，不是指报表合并的国有资产数。

国有资产总量与结构分析表明，厦门国有资产规模继续保持增长的趋势，国有企业所有者权益稳步提高。总体上看，厦门市国有企业努力克服国内外复杂经济形势的不利影响，保持稳中有进、进中向好发展。

三、厦门市国有资本保值增值综合分析评价

截至 2023 年底，厦门市国有企业归属于母公司的所有者权益 5307.02 亿元，比年初增加 470.79 亿元，增长 9.73%。年末国有资产总量 4794.35 亿元，比年初增加 404.79 亿元，增长 9.22%。

从 2023 年国有企业统计汇总数据看，除海沧区外，厦门市和其他各区的国有企业均实现国有资本保值增值，除农林牧渔业、工业和教育文化广播业外，其他各行业也都实现国有资本保值增值。

表 6　2023 年厦门市国有企业地区和行业国有资本保值增值情况

地　区	国有资本保值增值率（%）	行　业	国有资本保值增值率（%）
厦门市	102.86	农林牧渔业	97.76
市属企业汇总	103.35	工业	95.53
区属企业汇总	99.37	建筑业	102.06
思明区	100.42	交通运输业	101.20
湖里区	100.70	仓储业	103.47
海沧区	87.43	商贸业	105.37

地　区	国有资本保值增值率(%)	行　业	国有资本保值增值率(%)
集美区	101.63	房地产业	102.57
同安区	104.74	信息传输、软件和信息技术服务业	100.69
翔安区	102.09	社会服务业	102.63
		教育文化广播业	97.83
		科学研究和技术服务业	101.34
		金融业	106.60
		其他	93.68

四、厦门市国资委监管企业改革发展情况

2023年，厦门国资国企认真贯彻党中央、国务院关于深化国有企业改革发展的决策部署，坚决落实国务院国资委和市委、市政府的工作要求，坚持和加强党对国有企业的全面领导，落实以管资本为主加强国有资产监管的要求，以巩固国企改革三年行动成效，推进国有企业改革深化提升工作为总抓手，深入推进国资监管体制改革创新，奋力推进高质量发展，不断增强国有经济战略支撑作用，取得积极进展和成效。

(一)国资布局结构持续优化，积蓄城市发展新动能

围绕厦门市"4+4+6"产业体系，坚持传统产业和战略性新兴产业两端发力，努力与厦门城市发展同频共振、共同成长。一是加快布局战略性新兴产业。研究编制《厦门国资国企2023—2025年战略性新兴产业规划和2030远景目标》，提出构建国企"16+6+6"战略体系，即1个发展目标、6+个重点产业、6+家重点企业和6项重点工程，力争三年内战略性新兴产业营业收入突破1500亿元，产值达到1200亿元，总资产超过2000亿元。二是加快传统产业转型升级。实施国企数字化转型行动，累计投入16.2亿元，建设数字化转型项目115个，开展数字化转型专题培训4场。"国贸云链"等6个项目在国务院国资委组织举办的国企数字场景创新专业赛中获奖；信息集团成立数据交易公司，落地信用中国全量数据，归集市场数据273亿条。引导国有房地产企业主动适应行业发展新趋势、新特点，加快业务转型和产品升级，建发房产首次跻身"全国房地产企业10强"，联发地产、国贸地产和象屿地产跻身40强。三是稳妥推进专业化整合。整合国企建筑业同类资源，组建厦门特区建设投资集团，着力打造具有建筑设计、施工、监理、运营等全链条服务能力的建筑业产业集团。建发、象屿等企业开展产业链上下游并购，进一步巩固供应链链主地位。积极推动整合企业融合发展，象屿集团完成9家航商重整接收，海上游资源整合取得实质突破，获得市委主要领导肯定；国贸控股赋能海翼集团，厦工股份主业大幅减亏，厦工重工和银华机械实现扭亏；轨道集团开展业务板块同质化整合，关停并转企业2家；市政集团按照现代公司管理制度，推动城投公司企业化规范化运作。四是积极服务和融入新发展格局节点城市建设。建发集团加力国际业务，实现进出口额突破430亿美元，比上年增长超过8%。国贸控股积极布局金砖国家和"一带一路"地区，依托马六甲海峡运营的30万吨级浮式储油轮提升全球油品服务能力。象屿集团持续增强铁路运输核心能力，全年实现铁路货物运输量超过2300万吨，比上年增长22%。翔业集团成功开通厦门至墨西哥、巴西货运航线，跨境电商累计货量比上年增长211%。建发、国贸、翔业、资本公司等企业大力推动文体旅融合发展，住宿业、餐饮业营业收入分别增长52%、33%，海峡大剧院实现演唱会商演新突破，钻石联赛厦门站等全球性赛事成功举办。五是加快提升科技创新能力和服务水平。落实研发投入视同利润考核政策，所出资企业2023年投入研发经费14.91亿元，比上年增长43.12%，5家企业研发投入比上年增长超过50%。国贸控股打造先进制造业平台，推动天马研究院和天马光电子完成产线首台设备搬入，与厦门大学嘉庚实验室开展产学研合作，下属公司中红普林入选国务院国资委创建世界一流专精特新示范企业。火炬集团发挥平台作用，推动科学城2号孵化器投入运营，搭建新能源检测等国内领先的技术平台3个，积极开展氢能等未来产

业研究。法拉电子加快汽车电容器等薄膜电容器产品的开发，保持产品迭代能力。轻工集团推动三圈电池布局新能源储能项目，开展新型钠离子电池产业研究。

(二)发挥投融资主体作用，助力城市开发建设

积极做大资产规模，多维度拓展资金融通渠道，引入战略投资者，有效提升企业资本运作水平，为服务城市开发建设大战略提供更多有力支撑。一是积极推进资产证券化工作。6月29日上市后备企业市政环能收到上交所受理上市申请通知，8月16日路桥信息于北交所上市，11月15日建发致新通过深交所上市委会议。厦门国企资产证券化率约40%，有市属国有控股上市公司14家，储备上市后备企业约10家。近5年，厦门国有控股上市公司累计通过增发、配股、发债等融资方式募集金额1632.72亿元。二是大力开展招商引资工作。印发《厦门市重点国有企业招商引资实绩竞赛方案(2023版)》，坚持大招商、招大商、大员招商，国企主要领导外出招商引资及对接项目290次。全年新增签约项目106个、新增签约三年内计划投资额91.59亿元。新增签约重大项目9个，完成55个签约项目落地，实现域外实际到资69.27亿元，招商引资指标绩效排名市直行业主管部门第一。三是加快国资系基金群建设工作。指导推动建发集团下属建发新兴与全国社保基金共同成立总规模40亿元的专户母基金，开创全国地方国企首例；做好国战发基金对特房梅花基金、普洛斯建发基金、市政中交基金、海翼金砖基金等子基金的出资工作；印发《关于加快推进中国文化产业投资基金(二期)子基金设立工作的指导意见》，加快推动基金设立进程。

(三)深化体制机制改革，完善中国特色现代企业制度

巩固三年行动成果，研究谋划新一轮国企改革深化提升行动工作方案，力争在重点领域关键环节寻求新的突破。一是持续完善公司法人治理结构。下发《关于进一步明确国有企业党组织研究讨论重大经营管理事项的说明》，帮助国有企业进一步厘清党组织前置研究讨论重大经营管理事项的边界。研究印发《所出资企业董事会工作规则》《外部董事履职指引》等制度，建立外部董事人才库，不断规范董事会建设。二是推进领导人员管理体制改革。完成市属国有企业纪检监察机构主要负责人人事关系迁移、薪酬发放等工作，完善考核评价等制度建设，有力支撑纪委监督履职。实施分类分层考核，授权企业董事会开展总经理和其他副职负责人差异化考核，树立"重业绩、讲回报、强激励、硬约束"的导向。扩大职业经理人试点，面向全国公开选聘副总经理5人。三是贯彻落实厦门综改试点任务。支持台资企业参与国有企业混合所有制改革，推动建发集团完成对君龙人寿增资工作，指导象屿集团、轻工集团和安居控股分别围绕跨境电商、眼镜制造、花木园林等领域与台资企业探讨合作机会，制定混合所有制改革工作计划。信息集团挂牌厦门市公共资源交易中心数据交易分中心，上线数据产品594个，合作数商186家。

(四)强化国有资产监管，不断加强风险防范

坚持"放活"与"管好"齐抓、监管与服务并重，持续探索国有资产管理新举措，形成国资监管"大格局""一盘棋"。一是推动存量国有资产盘活去化。自国有资产管理使用情况专项巡察以来，截至2023年8月20日，15家市属国有企业土地和房屋建筑物闲置资产累计盘活去化307.42万平方米，盘活去化率96.09%，新增收益28.46亿元。十大重点项目盘活去化109万平方米，盘活去化率99.09%。二是健全以管资本为主的国有资产监管体制。组织开展国有资本投资公司改革试点评估，根据评估结果动态调整3家投资公司授放权事项；授权市政集团下属子公司市政投资有限公司每年不超过2亿元额度的股权投资项目自主决策。三是全面推进国资监管信息化建设。全面建设"智慧国资"监管平台，完成12个业务系统及应用支撑平台、大数据中心等5个功能支撑平台上线试运行，初步实现国资监管业务与信息化的深度融合。四是加大出资人稽查审计力度。组织开展2023年度专项审计稽查和国企副职经济责任审计工作，对山东致新医疗供应链管理有限公司等3家医药企业、南宁联发置业有限公司等5家异地投资企业、李植煌等13名领导干部经济责任履职情况进行审计。审计围绕国资监管重点合理安排项目，加强异地企业监管、工程招投标审计和国资监管制度执行情况检查。五是提升国资监管机构监管水平。研究制定国有企业对外投资、收购兼并、境外监管等系列制度，完善投资事项事前、事中、事后管控流程，督促国有企业聚焦主责主业有序投资、规范经营，切实防范非主业和境外投资风险。

五、厦门市国资委监管企业建立和完善经营业绩考核体系情况

完成新一轮考核体制机制改革。出台一系列企业负责人经营业绩考核改革方案，根据国有企业领导人员岗位职责、履职特点、身份差异，完善细化各项配套制度和措施，进一步优化国有企业激励机制，充分激发企业内生改革动力和创新活力。配合市纪委完成国企纪委书记管理体制改革，研究制定考核方案和薪酬福利待遇执行标准，实现统一待遇、统一考核的改革目标。

六、厦门市国资委监管企业负责人考核与选人用人机制改革情况

(一)完成企业负责人经营业绩考核和薪酬核定

一是完成企业负责人2022年度经营业绩考核工作。完成对所出资企业2022年业绩考核，核定党委书记、董事长年度薪酬；指导企业落实董事会考核分配职权，完成对总经理和其他副职负责人的分类绩效考核。从考核结果来看，15家所出资企业中，10家考核等级为A级(占总数67%)，5家为B级；总经理及副职负责人根据岗位职责，“一人一书”签订经营业绩责任书，合理拉开考核结果差距，基本年薪分配系数和考核评价系数极差分别不小于0.01和0.05，分层分类差异化考核目标要求基本实现。二是持续深化工资总额管理体制改革。研究修订企业工资总额管理办法及其实施细则，通过进一步优化效益联动指标等措施，建立更加科学完善的工资决定和正常增长机制。

(二)加强国企人才选聘力度

制定并实施国资系统年度培训工作计划，开展高级经营管理人员培训班、厦门市属国有企业“四支人才队伍”经营管理类人才专题培训班、厦门市属国有企业“四支人才队伍”党群及行政管理类人才专题培训班等各类专业化培训；确定“四支人才队伍”首批遴选入库人才180人；摸底国资系统台籍员工27人，推荐“厦门市2021—2022年度人才伯乐”“2023年享受政府特殊津贴人员”等各类人才10人，完成国资系统2022年度公有制经济人才统计；落实厦门市国际化引才工作部署，召开国资系统人才专题会，组织市属国企加入城市引才联盟，配合市委人才办搭建国际化引才数字平台，梳理国际化人才岗位45个，提供岗位需求超过101人次；畅通2024届国企经营类优培生引才通道，动员市属国有企业面向博士毕业生提供不低于集团中层副职(副高职级)优质岗位10个；举办2场国资国企专场招聘会，为应届高校毕业生提供就业岗位492个，得到省高校毕业生就业创业工作驻点督查调研组的高度肯定；组织市属国企参加2023年厦门市留学人才专场招聘对接会、厦门大学2023春季重点产业企业暨厦门国企“拓岗招才·稳就业促发展”专场招聘会，提供就业岗位1.48万个；人才引进及高校毕业生就业创业工作提前半年实现“接收高校毕业生不低于去年”的目标任务。

(三)规范国企干部监督管理

一是强化国企干部队伍建设，健全企业高管队伍。持续加强职业经理人管理，下发《市属国有企业职业经理人管理规定》；进一步完善机构设置及干部队伍建设，调整优化10家市属国有企业内设机构和下属子企业设置，进一步规范企业内设机构和子企业设置和管理；严格开展干部选拔任用，根据干部管理权限，搭建特区建设投资集团班子，开展城投公司副董事长及副总经理和公交集团党委副书记(兼任工会主席)、副总经理等24人的选拔任用工作。二是坚持党管人才原则，规范完善干部管理。收集并梳理16家市属国企党委管理干部的选拔任用流程及制度依据，按照放活与管好并重、赋权与监督结合原则，初步形成国企干部选拔任用规范指引。推动市属国企纪委书记统一管理落地实施，明确人事关系正式移转、交接、薪酬及福利待遇等人事事项，并指导企业办理相关人事接转手续。三是优化外部董事配备，完善市属国企法人治理结构。制定市属国企董事会优化调

整方案及外部董事人才库选聘方案，加快推进所出资企业董事会建设，按照《关于完善市属国有企业领导人员管理机制的实施方案》和市属国企领导人员调整，任命8家市属国企的董事长、副董事长，推动1家集团总经理、4家集团专职党委副书记进入董事会，考察研究5名法拉电子股份有限公司董事人选，保障市属国企董事会高效运转；根据市委组织部要求，补充4名外部董事，并综合考虑实际情况，对部分外部董事提出任免职建议。

七、厦门市国资委监管企业党的建设和廉政建设情况

全面开展习近平新时代中国特色社会主义思想主题教育，贯彻落实省委"三争"行动要求，把党领导经济工作的制度优势转化为国有经济治理效能。

（一）强化思想政治引领，牢记"国企姓党"的政治本色

一是精心动员部署学习计划。根据市国资委党委主题教育实施方案精神，印发《主题教育读书班方案》《主题教育总体学习方案》《机关党员开展主题教育理论学习计划》3项学习清单，细化分解学习任务，明确完成时限，及时跟进下发《有关工作提示》两份，强力推进落实，确保机关学习贯彻习近平新时代中国特色社会主义思想主题教育全面覆盖、一贯到底。二是持续推动思想教育落实。市国资委党委以党委会议、中心组学习会等多种形式，跟进学习习近平总书记最新重要讲话，深入学习习近平总书记关于国有企业党的建设重要论述精神，主题教育期间开展党委会"第一议题"专题学习7次，党委理论学习中心组学习8次，交流研讨8场，形成书面发言材料32篇。扎实开展"四讲"活动，即"党委书记带头讲、班子成员重点讲、支部书记深入讲、青年干部轮流讲"，深入基层开展党课宣讲。市国资委党委书记、主任面向机关处级以上干部、市属国有企业和集体企业分管领导作专题党课辅导，其他领导班子成员分别深入挂钩企业或所在支部开展党课宣讲，其间开展党课宣讲8场，支部书记上党课9场，持续推动学习贯彻习近平新时代中国特色社会主义思想走深走实。三是扎实开展国资系统主题教育。聚焦先进制造、民生安居等主题，开展"追寻足迹悟思想　国企奋进新征程"等系列专题活动，推进"党建＋机关文化"建设，举办机关干部走进国企系列交流学习活动，推动国企党员干部在循迹溯源中学思想促践行。

（二）打牢党建基础，不断提升基层组织力

用好"厦门党建e家""学习强国"学习平台，认真落实党委理论学习中心组、"三会一课"、主题党日等党内制度，推动基层党组织分期分批分类对党员进行集中培训，举办各类党务示范培训班13期，超过1500人参与，系统各级党组织线上线下组织召开党员大会3.75万次，支委会1.15万次，上党课超过8000次，抓实党员教育管理；扎实做好党员发展工作，系统新设立党组织91个，换届党支部超过284个，年度发展党员802人，基层党建力量显著增强；指导国有企业探索开展产业链供应链创新链党建，推动上下游、大中小企业党建联建共建，开展"链上党建"工作的企业194家；加强党建引领群团组织建设，推动系统各级企业和全体干部职工积极参与文明典范城市创建和城市基层治理工作，深化精准"双报到"工作，1.65万名党员到所在社区报到，参加志愿服务活动2.13万人次。

（三）深化廉洁文化建设，涵养风清气正政治生态

深化"6·21"厦门市国企党风廉政建设工作会议及"7·11"贯彻落实推进会精神，出台《所出资企业境外国有产权管理办法》《进一步加强厦门市国有企业党内监督的指导意见》等制度7项。持续开展市属国有企业落实全面从严治党主体责任情况检查，从党建、党风廉政建设、意识形态责任落实、选人用人、日常经营管理等方面查找短板和不足，清单化推动整改落实。以"树清风正气　强国企担当"为主题，开展国企廉洁文化宣传教育月活动，举办线上线下廉洁专题学习超过850场次，开展"清风课堂"进国企微宣讲超过100场，征集家风家教作品688件，开展廉政研讨座谈155场，宣传教育总体覆盖人数超过5万人，进一步营造风清气正的良好政治生态。

（撰稿人：龚　健）

江西省

一、江西省国有资产监督管理工作综述

2023 年,江西省国资系统坚持以习近平新时代中国特色社会主义思想为指导,坚决贯彻落实中央、国务院重大部署和省委、省政府工作要求,攻坚克难,顶压前行,各项工作取得积极进展和明显成效。

(一)经济运行稳中向好,国资国企支撑引领作用不断增强

一是经济效益稳定增长。2023 年,江西省国有企业资产总额 87326 亿元,比上年增长 10.1%;实现营业收入 13339 亿元,比上年增长 8.4%;利润总额 344 亿元,比上年下降 18%。省属国有企业资产总额 20950 亿元,比上年增长 8.4%;实现营业收入 8357 亿元,比上年增长 6.1%;利润总额 236 亿元,比上年增长 3.8%,25 家省属企业首次全面实现盈利。市属国有企业资产总额 6.64 万亿元,实现营业收入 4982 亿元、利润总额 108 亿元,赣州市、上饶市、南昌市资产规模超过 1 万亿元。二是有效投资不断扩大。开展"强规划　聚主业　扩投资"提升年活动,推动项目早开工、早竣工、早投产、早见效。2023 年,省属国企累计完成投资 1113 亿元,比上年增长 10.4%,主业投资占比 97%。三是提质增效蓄势赋能。"一对一"指导监管企业编制商业计划、制定价值创造行动方案,推动形成更多有利润的收入、有现金流的利润。2023 年,监管企业向内挖潜、降本增利 34.4 亿元,享受各项惠企政策 24 亿元。四是国资担当更加凸显。江西省国有企业全年上缴税费 383 亿元,比上年增长 3.7%。监管企业 100%清偿无分歧欠款,新招录高校毕业生等 5641 人。

(二)国资改革持续深化,打造现代新国企力度逐步加大

一是国企改革三年行动成果持续巩固。江西省国企改革三年行动评估连续 3 次获评 A 级,召开江西省国资国企改革创新三年行动总结会议,开展专项评估行动,深化六大机制类改革成果。推动"双百行动""科改行动"等扩围,3 家企业新纳入"双百企业",2 家企业新纳入"科改企业"。二是新一轮国企改革高质量开局起步。在全国较早印发国有企业改革深化提升行动方案,明确 95 项重点任务台账,细化分解 225 项任务措施,建立评估体系,倒排工期、挂图作战。稳步推进战略性重组和专业化整合,省人才集团正式组建运行,省农业发展集团、省数字产业集团印发组建方案。制定专业化整合方案,"一对一"指导 18 户监管企业形成内部专业化整合实施方案。三是现代公司治理和市场化经营机制不断完善。79 户企业调整优化党委前置研究事项清单。完善 80 人的外部董事人才库,监管企业 1979 名经理层成员实现任期制和契约化管理,353 人通过竞聘上岗,96 人因末等调整和不胜任退出现任职岗位。

(三)国资监管职能不断优化,国资监管大格局加速成型

一是监管职能不断优化。"一企一策"推进分类改革、分类监管、分类考核,逐个企业明确改革方向和经营目标。分成 6 类召开专题务虚会,加强对监管企业的精细化、专业化指导。以改革督查为抓手加强对各地国资监管部门的帮助指导。二是大监督体系加快落地。推动 15 家企业建立大监督体系,构建以党内监督为主导,各类监督力量有效贯通的企业内部监督体系。开展追责项目 42 个,追责 112 人次,健全完善制度 201 项,减少和挽回损失 1.71 亿元。监事会通过年度检查和日常监督,揭示企业问题和风险 578 个,挽回损失和新增效益 10.7 亿元。三是风险管控全面加强。加强全面风险管理,开展动态监控、提醒预警、分类处置,对风险等级高的企业提级监管,增强风险防控精准性、有效性。扎实做好信访维稳、安全生产、节能环保等工作,营造安全稳定的发展环境。四是考评机制持续完善。深化省属国有企业综合考核改革,成立省属国企(商业类)综合考核委员会,完善考核体系,优化考核指标,深化分类考核,对 9 户商业一类和 8 户商业二类企业分别建立"赛道",将考核结果与企业奖惩、待遇等挂钩,更好发挥考核"指挥棒"作用。

二、江西省国有资产总量与结构分析

表 1　　2023 年江西省国有企业指标

项　目	金　额(亿元)
资产总额	87326
所有者权益	34638
国有资产总量	31255
营业收入	13339
利润总额	344
净利润	255
归属于母公司所有者的净利润	160
应交税费总额	363
实际上缴税费总额	383

表 2　　2023 年江西省国有企业户数情况

2022 年户数(户)	2023 年户数(户)	比上年增长(%)
4800	6165	28.4

表 3　　2023 年江西省国有资产总量按隶属关系分布情况

隶属关系	国有资产总量(亿元)	占　比(%)
省属企业汇总	4438	14.2
地市企业汇总	26817	85.8
南昌市	3340	10.7
九江市	2105	6.7
景德镇市	1284	4.1
萍乡市	1726	5.5
新余市	560	1.8
鹰潭市	821	2.6
赣州市	4427	14.2
宜春市	3397	10.9
上饶市	4847	15.5
吉安市	1674	5.4
抚州市	2636	8.4
合　计	31255	100.0

表 4　　2023 年江西省国有资产总量按行业分布情况

行　业	国有资产总量(亿元)	占　比(%)
农林牧渔业	1039	3.3
工业	2011	6.4
建筑业	6934	22.2
交通运输业	2185	7.0
仓储业	48	0.2
商贸业	343	1.1
房地产业	4895	15.7
信息传输、软件和信息技术服务业	149	0.5
社会服务业	11566	37.0
教育文化广播业	337	1.1
科学研究和技术服务业	651	2.1
金融业	972	3.1
其他	125	0.4
合　计	31255	100.0

表 5　　2023 年江西省国有资产总量按经营规模分布情况

经营规模	国有资产总量(亿元)	占　比(%)
大型企业	5102	16.3

续表

经营规模	国有资产总量(亿元)	占　比(%)
中型企业	8901	28.5
小型企业	11786	37.7
微型企业	5466	17.5
合　计	31255	100.0

三、江西省国有资本保值增值综合分析评价

2023 年,江西省国有资本保值增值率 100.4%,省属企业国有资本保值增值率 101.3%,设区市企业国有资本保值增值率 100.2%,省属国有资本保值增值情况优于市属国有资本。

表 6　2023 年江西省国有企业地区和行业国有资本保值增值情况

地　区	国有资本保值增值率(%)	行　业	国有资产保值增值率(%)
南昌市	100.3	农林牧渔业	100.2
九江市	100.0	工业	99.0
景德镇市	100.5	建筑业	100.7
萍乡市	100.6	交通运输业	100.1
新余市	96.8	仓储业	98.5
鹰潭市	101.3	商贸业	106.2
赣州市	100.0	房地产业	100.5
宜春市	100.5	信息传输、软件和信息技术服务业	102.7
上饶市	100.2	社会服务业	100.8
吉安市	100.3	教育文化广播业	103.1
抚州市	100.4	科学研究和技术服务业	102.0
		金融业	102.8
		其他	99.3

四、江西省国资委监管企业改革发展情况

2023 年,江西省国资委在全面完成国资国企改革创新三年行动改革任务的基础上,提前部署、科学谋划,推动印发《江西省国有企业改革深化提升行动实施方案(2023—2025 年)》,组织实施江西省国企改革深化提升行动,坚定不移做强做优做大国有资本和国有企业,江西省国资国企改革发展各项工作取得新的明显成效。

(一)优化布局,增强国有企业核心功能

一是强化国有龙头企业在“1269”行动计划中的支撑带动作用。紧扣制造业重点产业链现代化建设“1269”行动计划,深入实施《江西国有企业“争链主　强集群”行动方案(2023—2026 年)》,推动中央、省、市三级国有龙头企业聚焦 12 条制造业重点产业链和 6 个先进制造业集群深耕发力,进一步发挥支撑带动作用。实施“五个一批”工程,发挥国有企业在现代化产业体系建设中的示范引领作用。二是更大力度布局战略性新兴产业。制定《加快培育和壮大战略性新兴产业的若干意见》,加快战略性新兴产业发展,前瞻布局未来产业。充分发挥省级国有资本投资运营公司和产业引导基金作用,以资本招商、基金投资加快发展战略性新兴产业。三是加快传统产业数字化智能化绿色化转型升级。以实施《省出资监管企业数字化转型行动方案(2022—2025)》为抓手,以实施“十百万”倍增工程为重点,全力打造一批江西省乃至全国有影响力的示范项目。2023 年,50 余个项目获得国务院国资委和省直有关厅局关于工业互联网、数字应用、数字化转型等的奖项或示范项目认定。其中,江铜集团城门山铜矿获得国务院国资委首届国企数字场景创新专业赛生产运营类一等奖。

(二)聚焦创新,提升国有企业核心竞争力

一是持续提升科研投入。印发《省出资监管企业科技创新综合评价实施方案(试行)》,全国首创企业研发投入产出综合评价模型,推动企业研发活动全方位发展。2023 年,监管企业研发投入 135 亿元,比上年增长 14%,工业企业研发投入强度 3.35%,发布 4 期“揭榜挂帅”榜单,涉及重大技术需求 31 个,累计 6

亿多元，5个项目入选江西省首批数字技术应用场景示范项目，14项获得江西省科学进步奖。二是推动关键核心技术攻关。出台《关于支持省属国有企业打造原创技术策源地的实施意见》，指导江铜集团等企业制定打造原创技术策源地实施方案，从方向路径、资源配置等方面培育原创技术，提升技术应用转化能力。江铜集团"高强高导铜铁合金关键技术研究及应用"项目和江钨集团"大型智能高梯度强磁选装备及工艺关键技术突破与应用"均入选2022年度江西省十大创新成果。三是创新成果不断涌现。江西省国有企业拥有国家级创新平台17个、省级创新平台113个，"瞪羚"企业6家、高新技术企业150家。国泰集团工业互联网被评为国家级"双跨"(跨行业、跨领域)平台，是全国民爆行业唯一入选平台。江西省军工集团全年新增专利52件。江西省建材集团万年水泥厂入选工业和信息化部数字化转型典型案例。四是协同发展扎实推进。举办"省企入昌"活动，签约投资项目65个，总投资935亿元。更大力度融入"一带一路"建设，赞比亚江西经济合作区揭牌，江西首个境外经贸合作区正式运营。

(三)对标一流，提高国有企业治理能力

一是提升国有企业公司治理水平。落实好董事会职权，加快建设专业尽责、规范高效的董事会。组织开展16户监管企业董事会和董事考核工作。推动外部董事与企业领导人员双向交流，全面落实董事会向经理层授权制度，建立总经理向董事会报告工作机制。二是全面构建中国特色现代企业制度下的新型经营责任制。将经理层成员经营业绩考核权力下放给董事会，省国资委对监管企业董事会下达年度(任期)经营业绩考核指标及目标，由董事会依据考核指标及目标，确定每位经理层成员的年度(任期)考核指标及目标，签订年度(任期)业绩责任书，并组织对经理层成员开展考核清算工作。三是持续深化三项制度改革。以工资总额预决算工作为抓手，强化工资总额预算管理、结构调整、过程管控，指导监管企业进一步深化内部收入分配制度改革。四是大力推动国有企业上市工作。2023年，上市公司国盛金控集团顺利完成迁址来赣事项；江盐集团作为全面注册制主板首批上市企业在上海市证券交易所上市，江西国科在上海证券交易所科创板挂牌上市，实现监管企业科创板上市"零的突破"。五是突出抓好国企改革专项行动。深入实施价值创造行动，督促指导17户监管企业、73户市属企业制定各具特色的价值创造行动实施方案，并汇编成册，建立省国资委《2023年推进对标世界一流价值创造行动工作台账》，涵盖七大方面、31项具体任务，统筹调度，抓好落实。

(四)突出主业，提升国有资本配置效率

一是加强主责主业管理。完善主责主业动态管理制度，制定江西省国资委监管企业核心竞争力、核心功能、主业定位及规划目标，动态调整监管企业主责主业，引导企业聚焦聚力坚守主责、做强主业。推动监管企业滚动制定包括所有层级的主业目录，对拥有实际控制权的下属各级企业实施全面有效的主业管理，及时纠正偏离主业问题，坚决遏制部分国有企业盲目多元化、"铺摊子"倾向。二是带动各类所有制经济共同发展。印发《关于加强混合所有制企业管理工作有关事项的通知》，完善混合所有制改革企业监管工作台账制度。梳理18户出资监管企业各级混合所有制改革企业328户(非穿透)，5户集团12个项目纳入混合所有制改革项目库。三是积极融入全球产业链供应链布局。推动监管企业积极参与共建"一带一路"，截至2023年底，监管企业境外资产总额79.67亿美元，比上年增长4.39%；境外营业收入56.3亿美元，比上年增长4.18%。

五、江西省国资委监管企业并购重组与完善法人治理结构情况

(一)稳步推进战略性重组和专业化整合

一是重组整合顶层设计初步形成。结合主题教育专题调研，牵头组织对江西省出资监管企业开展整体调研和九大行业领域分项调研，全面分析江西省出资监管企业布局情况及存在的问题，初步形成《关于推进省出资监管企业专业化整合的工作方案》。二是集团间重组整合稳步推进。完成人才集团组建工作，并于2023年7月正式挂牌，完善江西省人才教育科创领域布局。形成数字产业集团、农业发展集团组建方

案，为实施江西省数字化转型战略、构建具有江西特色的现代农业产业体系提供重要抓手。三是集团内部资源整合有序有力。指导18户省出资监管企业开展专业化整合调研，编制《集团专业化实施方案》，有力推动集团企业开展内部优化调整；推动企业实施精准压缩管理层级、减少法人户数措施，18户监管企业中完成处置56户，占任务总数的62.9%；完成清理处置"两非""两资"51户，占任务总数的39.2%。

(二)不断完善企业法人治理结构

一是进一步规范企业董事会建设。加强外部董事队伍建设，先后任免外部董事8人次，推动江西省交投集团董事会实现外部董事过半数。推动外部董事与企业领导人员双向交流，1名专职外部董事提任省管企业总经理，2名现职企业领导人员转任专职外部董事并委派担任新钢集团董事。举办外部董事专题培训班，进一步提升外部董事履职能力。二是进一步完善经理层成员任期制和契约化管理。指导各出资监管企业按照规范管理要求，与经理层成员签订新任期(2023—2025年)岗位聘任协议。推动盐业集团、大成国资集团经理层成员由职业经理人制度试点，统一调整实行经理层成员任期制和契约化管理。三是持续推进监事会改革工作。认真落实中央文件精神，根据工作需要和人岗相适原则，推动部分监事会主席和监事转岗，6名监事会主席转岗或到龄退休，6名监事转岗。

六、江西省国资委监管企业建立和完善经营业绩考核体系情况

为科学评价企业推进高质量发展成效，加强企业负责人经营业绩考核工作的统筹协调，江西省国资委成立经营业绩考核委员会，持续优化完善企业高质量发展成效考核体系。在2022年首次开展综合考核基础上，坚持继承与创新，进一步优化完善其中的企业高质量发展成效考核体系。一是坚持对标看齐，参照国务院国资委考核中央企业做法，将"一利五率"纳入考核指标范畴。二是突出科技创新，目标确定和业绩核定时重点聚焦研发投入增长、科研成果转化和重大科技项目进展情况，同时在利润总额清算时，将研发投入、引进人才当年新增支出部分视同利润加回。三是突出分类分档，坚持分类考核，根据企业不同属性和功能定位将企业分为两大类，突出不同考核重点，并对商业二类企业中承担的公益性业务实行分类核算，"四条线"分档确定利润增长目标。以2022年实际完成值为基数，按照9%、12%、15%、扭亏为盈四条线，分档确定各企业2023年度利润总额基准值。

七、江西省国资委监管企业负责人考核与选人用人机制改革情况

(一)持续加强企业领导人员考核评价

着力选优配强企业领导人员，2023年办理任免事项27人次，其中新提任或进一步使用省管企业领导人员7人次。配合省委组织部选任省管重点企业领导人员8人次。组织开展9户省管企业2022年度领导班子和领导人员年度考核及政治素质考察，16户出资监管企业董事会和董事、监事会主席考核工作，同时配合省委组织部对8户省管重点企业开展2022年度领导班子和领导人员考核。通过持续以考促建，各监管企业董事会建设更加规范，外部董事履职更加到位。强化企业领导人员监督管理，认真完成68名省管企业领导人员个人有关事项的集中填报和录入工作，先后完成11人随机抽查和26人重点查核工作，查核一致率首次实现100%。认真开展政治谈话，组织各监管企业党委全面开展政治谈话工作以及省国资委党委主要领导对各监管企业党委书记、总经理的政治谈话工作。

(二)规范企业选人用人机制

一是指导企业规范选人用人工作。严格企业选人用人和员工招聘录用工作监管制度建设，印发《关于进一步规范省属国有企业选人用人和员工招聘录用工作的意见》。指导省管企业开展政商"旋转门""逃逸式辞职"问题整治。二是推动人才专项工作。组织25户省属国有企业开展2022年度人才工作专项述职考核。推进监管企业党委书记领衔人才工作项目，完善人才引进、培养、选拔和使用管理体系，督促

企业着力破解人才工作重点难点问题。三是加强优秀干部培养工作。建立梯度培养机制，指导监管企业做好优秀干部推荐工作，汇总形成106人的企业领导人员后备人才库。加大教育培训力度，举办省出资监管企业优秀党员年轻骨干暨青马工程培训班，选调49名"80后"监管企业中层正职和市属企业班子成员参训。四是积极组织企业招才引才。指导江铜集团、江西国控集团、江钨集团认真开展引培生试点，申报引培生岗位需求24个。汇总编制和发布江西省国资系统2023年人才需求目录，组织各监管企业赴全国各地参加"才聚江西·智荟赣鄱"引才系列招聘活动。

八、江西省国资委监管企业党的建设和廉政建设情况

(一)政治引领不断强化

印发"第一议题"制度实施办法，监管企业党委及时传达学习习近平总书记最新重要讲话和指示批示精神1101件次，提出贯彻落实措施1422条。推动习近平总书记考察江西重要讲话精神入脑入心，省国资委党委班子成员带头在所联系企业宣讲习近平总书记考察江西重要讲话精神，主持专题研讨，推动监管企业开展党委理论学习中心组专题学习146次，各级党组织列入"第一议题"学习1921次，以主题党日、"三会一课"等形式开展学习2201次，覆盖全体党员。印发意识形态领域突出问题专项整治工作方案，强化舆情应对。

(二)主题教育深入开展

推动主题教育见行见效，指导10家省属企业和12家委属事业单位开展主题教育，形成调研成果151项，破解问题短板21个，建立民生项目清单137项，办理民生实事99件，检视问题226个，制定整改措施476条，销号198项，建立制度110项。

(三)党建基础不断夯实

建强组织，解决103个党员空白班组，实现党员班组100%，6家混合所有制改革企业成立党组织，建立党组织的混合所有制改革企业占比提升至93%。建强队伍，江西省国资系统全年累计培训党员48675人次，培训基层党组织书记2037人次。建强保障，指导监管企业全部建立党支部工作联系点和党费、专兼职党务干部保障制度。

(四)党建品牌亮点突出

17家监管企业党委、150余家二级企业党组织深入实施国企党建示范攻坚暨"一企一品"建设行动，形成"17+N"党建品牌矩阵。围绕中央组织部"点题"内容，创新开展铜产业链党建试点，建立以铜产业链党委为统筹、76家成员单位为主体、326个链上企业各级党组织结成176个共建对子的工作格局，推进重要战略合作20余项，初步探索出党建引领产业链发展的实践新路径。省交投集团"驿站先锋""公投同心"等党建品牌获评全国企业党建优秀品牌、创新优秀案例。九江抗洪展陈馆入选全国及江西省关心下一代党史国史教育基地。

(五)纵深推进党风廉政建设

召开江西省国资国企2023年度全面从严治党工作会议暨警示教育大会，拍摄警示教育片《迷失的国企当家人》，用身边案警示身边人。建立与驻省国资委纪检监察组情况通报、会商研判常态化机制，推动"两个责任"同向发力。集中开展省属国有企业突出问题专项治理，深挖企业在资产损失、公务回避、公款消费等方面存在的问题，查摆问题2022个，形成整改举措2357条，新建完善相关制度1629件。

(撰稿人:方佳俊)

山东省

一、山东省国有资产监督管理工作综述

截至2023年底，纳入国有资产统计范围的山东省国有及国有控股企业(以下简称国有企业)20084户，比上年增加2606户；资产总额199566亿元，比上年增长12.65%；负债总额135118亿元，比上年增长14.62%；所有者权益64449亿元，比上年增长

8.71%;国有资产总量49246亿元,比上年增长6.20%。2023年,实现营业收入42457亿元,比上年增长8.66%;利润总额1389亿元,比上年增长4.64%;净利润901亿元,其中归属于母公司所有者的净利润81亿元;实际上缴税金总额1896亿元,比上年减少2.90%;全年平均职工人数151.1万人。

二、山东省国有资产总量与结构分析

表1　2023年山东省国有企业指标

项　目	金　额(亿元)
资产总额	199566
所有者权益	64449
国有资产总量	49246
营业收入	42457
利润总额	1389
净利润	901
归属于母公司所有者的净利润	81
实际上缴税金总额	1896

表2　2023年山东省国有企业户数情况

2022年户数(户)	2023年户数(户)	比上年增长(%)
17478	20084	14.9

从隶属关系分布看,青岛、潍坊、济南三市国有资本总量规模较大,分别为10139亿元、6925亿元、4250亿元,分别占比20.59%、14.06%、8.63%。16个市中,青岛市国有资本总量居16市之首,国有资本总量最少的是日照市,为912亿元。

表3　2023年山东省国有资产总量按隶属关系分布情况

隶属关系	国有资产总量(亿元)	占　比(%)
省级企业汇总	6620	13.44
地市企业汇总	42627	86.56
济南市	4250	8.63
青岛市	10139	20.59
淄博市	1863	3.78
枣庄市	1112	2.26
东营市	942	1.91
烟台市	2802	5.69
潍坊市	6925	14.06
济宁市	1786	3.63
泰安市	1174	2.38
威海市	1998	4.06
日照市	912	1.85
临沂市	2313	4.70
德州市	1727	3.51
聊城市	1039	2.11
滨州市	1980	4.02
菏泽市	1662	3.38
合　计	49246	100.00

注:由于数据修约,存在分项与总项不等的情况。

从国有资产总量行业分布情况看,主要集中在租赁和商务服务业、房地产业、建筑业、交通运输仓储和邮政业、制造业。其中租赁和商务服务业17380.56亿元,占比35.29%;房地产业6092.65亿元,占比12.37%;交通运输、仓储和邮政业5269.96亿元,占比10.70%;建筑业5559.97亿元,占比11.29%;制造业3004.97亿元,占比6.10%。

表4　2023年山东省国有资产总量按行业分布情况

行　业	国有资产总量(亿元)	占　比(%)
农林牧渔业	286.78	0.58

续表

行　业	国有资产总量（亿元）	占　比（%）
采矿业	2134.13	4.33
制造业	3004.97	6.10
电力、热力、燃气及水生产和供应业	1410.78	2.86
建筑业	5559.97	11.29
批发和零售业	948.62	1.93
交通运输、仓储和邮政业	5269.96	10.70
住宿和餐饮业	58.77	0.12
信息传输、软件和信息技术服务业	363.19	0.74
金融业	2108.63	4.28
房地产业	6092.65	12.37
租赁和商务服务业	17380.56	35.29
科学研究和技术服务业	558.93	1.13
水利、环境和公共设施管理业	2609.82	5.30
居民服务、修理和其他服务业	854.02	1.73
教育	41.02	0.08
卫生和社会工作	84.19	0.17
文化、体育和娱乐业	386.77	0.79
公共管理、社会保障和社会组织	92.40	0.19
合　计	49246.15	100.00

注：由于数据修约，合计数与表1“国有资产总量”不对应。

从经营规模分布情况看，山东省国有企业大型企业489户，国有资产总量8830亿元，占比17.93%；中型企业2240户，国有资产总量10435亿元，占比21.19%；小型企业6010户，国有资产总量18223亿元，占比37.00%；微型企业11345户，国有资产总量11758亿元，占比23.88%。

表5　2023年山东省国有资产总量按经营规模分布情况

经营规模	国有资产总量（亿元）	占　比（%）
大型企业	8830	17.93
中型企业	10435	21.19
小型企业	18223	37.00
微型企业	11758	23.88
合　计	49246	100.00

三、山东省国有资本保值增值综合分析评价

2023年，山东省企业国有资本保值增值率99.94%。从隶属关系看，省级企业国有资本保值增值率101.88%，市及市以下企业国有资本保值增值率99.64%。从行业分布看，除住宿和餐饮业，农林牧渔业，电力、热力、燃气及水生产和供应业，水利、环境和公共设施管理业，居民服务、修理和其他服务业、房地产业未实现国有资本保值增值，其他各行业均实现国有资本保值增值。

表6　2023年山东省国有企业地区和行业国有资本保值增值情况

地　区	国有资本保值增值率（%）	行　业	国有资本保值增值率（%）
省级企业汇总	101.88	农林牧渔业	95.82
地市企业汇总	99.64	采矿业	104.18
济南市	104.3	制造业	107.2
青岛市	98.41	电力、热力、燃气及水生产和供应业	98.5
淄博市	98.23	建筑业	103.01
枣庄市	95.68	批发和零售业	105.11
东营市	99.53	交通运输、仓储和邮政业	100.95

续表

地　区	国有资本保值增值率(%)	行　业	国有资本保值增值率(%)
烟台市	99.36	住宿和餐饮业	89.85
潍坊市	100.01	信息传输、软件和信息技术服务业	105.52
济宁市	100.03	金融业	105.42
泰安市	98.03	房地产业	99.15
威海市	100.22	租赁和商务服务业	100.47
日照市	96.7	科学研究和技术服务业	109.44
临沂市	102.75	水利、环境和公共设施管理业	99.11
德州市	99.89	居民服务、修理和其他服务业	99.57
聊城市	100.49	教育	101.53
滨州市	96.94	卫生和社会工作	129.69
菏泽市	99.23	文化、体育和娱乐业	103.61
		公共管理、社会保障和社会组织	100.46

四、山东省国资委监管企业改革发展情况

(一)加快提质增效,增进发展成色

确立“两高一稳五提升”经营目标,出台促进省属企业高质量发展考核分配实施意见,引导企业改善经营质效,省属企业净资产收益率5.1%、比上年增加0.5个百分点,营业收入利润率4.5%、比上年增加0.1个百分点。开展寻标对标争创一流行动,建立争创企业培育库,加快打造世界一流、行业一流和“专精特新”企业。山东港口货物和集装箱吞吐量实现17亿吨、4000万标准箱“双突破”,体量规模全球领先;山东重工利润总额实现翻番,行业龙头地位更加稳固;浪潮集团服务器市场占有率10.3%,居全球第二;山东能源煤炭产量2.7亿吨,居全国第三。强力推进亏损治理和层级压减,2023年底,省属企业整体亏损面由2022年底的22.15%降至11.13%,比上年减亏223.5亿元;管理层级均控制在4级以内,法人层级压减年度任务全面完成,企业内部管理水平显著提升。

(二)深化改革攻坚,激发活力效率

扎实实施国有企业改革深化提升行动,印发实施方案,建立工作台账,细化分解122项任务,定期督导调度,推动改革任务落实落地。提升现代化治理水平,制定5类10个适用不同层级、不同类型企业的“党建入章”示范文本,指导省属企业分层分类动态优化党委研究决定事项、前置研究讨论事项和负面事项“三张清单”。出台董事会授权管理办法、子企业董事会建设方案,制定规范和保障外部董事行权履职若干措施,促进董事会规范运作。出台三项制度改革效能评估工作指引,强化评估考核联动,省属企业员工市场化公开招聘率、全员绩效考核覆盖率、经理层任期制和契约化管理覆盖率等常态化保持100%,市场化经营机制更趋完善。

(三)推进科技创新,培强核心动能

加大科技创新考核支持力度,完善研发投入增长机制,省属企业全年研发投入473.3亿元,比上年增长14.3%。组织11户重点企业开展科技创新能力提升专项行动,选取55户科技型企业开展省科改专项行动,打造一批改革样板和创新尖兵。推动高能级研发平台建设,在8户企业挂牌“山东国资科创基地”,组建6家创新创业共同体,新增省部级以上研发平台100个。山东重工、浪潮集团、山东能源等企业在高热电联产效率、服务器高效虚拟化、煤炭清洁转化等方面取得重大技术突破。加快数字化转型,发布实施全国首个数字化转型地方标准,在国务院国资委国企数字场景创新专业赛中,省属企业29个场景获奖,数量居全国第一。

(四)优化布局结构,强化产业支撑

加强主业管理,重新拟定省属企业主责主业及拟培育主业,推动优势资源进一步向主责主业集聚。深化重组整合,山东航空与中航集团联合重组顺利完成,山钢集团与宝武集团重组取得重要实质性进展。发挥国有企业引领带动作用,山东铁投建成济郑、莱荣高铁,助力山东省高铁通车里程跃居全国第一;山

东高速运营的山东中欧班列全年开行超过2500列，数量再创新高，有效助力“一带一路”建设；山东能源建成15个储煤项目，形成1650万吨煤炭储备能力，有力保障山东省能源安全。举办山东国资国企港澳合作交流会，承办第六届中国企业论坛，开展13场“央企省企地市行”和学习调研活动，累计签约项目253个、计划投资额4293亿元，有效促进各类资本协同发展。

（五）强化国资监管，守牢风险底线

聚焦投资、财务、发债等重点领域，制定出台一系列制度文件，全面强化制度执行，国资监管制度化、科学化、规范化、体系化水平显著提升。推进省属企业司库体系建设，开展银行账户专项清理，对单笔超过5000万元的大额资金流出实行严格监管。加强债券总量控制，明确债券余额不得高于带息负债总额的40%。多措并举控风险，牵头组建国有企业风险基金，专项用于解决应急性资金需求。加大境外国有资产监督力度，对境外资产规模较大的6户省属企业开展实地监督检查。推动省属企业全部设立责任追究工作机构，实行重大决策终身责任追究，真正让国资监督“长牙”“带电”。

五、山东省国资委监管企业并购重组与完善法人治理结构情况

（一）并购重组

一是山东航空与中航集团联合重组顺利完成。按照山东省政府与中航集团签署的《合作框架协议》，推动山东航空修订完善公司章程，落实股东权利、公司治理等协议约定事项。2023年3月18日，山航集团增资完成工商登记变更。国航股份与山东高速于4月7日完成100亿元增资，增资资金全部到位，山东航空战略重组工作顺利完成。二是山钢集团与中国宝武联合重组稳妥推进。2023年12月28日，山东省人民政府与中国宝武钢铁集团有限公司签署合作框架协议及相关投资协议，中国宝武正式持有山钢集团49%股权。通过实施联合重组，有利于借助中国宝武管理、技术、人才和品牌优势，进一步做强做优山钢集团。山钢集团与中国宝武全方位协同，推进日照二期一步建设和钢铁板块一体化运营、非钢产业协同发展等重点工作。三是省属企业专业化整合深入实施。在深入省属企业广泛调研基础上，省国资委印发《关于进一步加强省属企业专业化整合工作的意见》，指导督促各省属企业积极稳妥开展省属企业之间资源整合，加大内部专业化整合力度，提升国有资本配置效率；印发《关于省属企业开展“一企一业、一业一企”改革试点的工作方案》，启动改革试点工作，打造专业化发展模式。2023年，推动省属企业开展企业间专业化重组整合5次，企业内部专业化整合82次，进一步优化资源配置。

（二）完善法人治理结构情况

一是进一步推动党的领导融入公司治理。组织省属企业深入开展党的领导融入公司治理不够有效专项整治。制定5类10个适用不同层级、不同类型企业的“党建入章”示范文本，指导省属企业分层分类动态优化党委研究决定事项、前置研究讨论事项和负面事项“三张清单”。通过专项整治，省属企业“党建入章”全面落实、更加科学规范；省属企业及1694户子企业修改完善前置研究清单文本，动态优化“三张清单”事项36416项，党组织前置研究重大经营管理事项的内容更加准确到位、程序更加规范严谨。二是持续加强省属企业董事会建设。修订《山东省国资委授权放权清单》，根据企业改革发展实际和行权情况，动态调整对省属企业董事会的授权放权事项，调整后向企业董事会下放权力30项。出台《深化省属企业子企业董事会建设工作方案》，从董事会配齐建强、规范运行、高效行权等方面，明确目标任务、细化工作路径，全力推动省属企业子企业提升公司治理能力。出台《关于进一步规范和保障省属企业外部董事行权履职的若干措施》，编印《省属企业外部董事履职指南》，开展外部董事履职能力提升活动，建立履职台账，常态化开展考核评价，促进外部董事更好发挥作用。三是推动经理层更好履职尽责。省国资委出台《省属企业董事会授权管理办法（试行）》，规范董事会向总经理授权管理行为，推动董事会科学、规范向总经理授权，实现决策质量与效率相统一。省属企业及相关子企业，全面建立董事会授权管理制度，经理层依法行

权履职得到较好保障。组织开展经理层成员任期制和契约化管理提质工程，指导省属企业全部制定相应实施方案，在确保经理层成员全覆盖推行基础上，选取部分中层管理人员岗位参照实施，更大范围、分层分类落实管理人员经营管理责任，进一步激发企业干事创业动力活力。四是有效提升省属企业管理水平。开展对标世界一流企业价值创造行动，指导各省属企业"一企一策"制定、落实实施方案，在国务院国资委召开的推进会上，山东省国资委作为两家省级国资委之一作典型发言。深化对标世界一流管理提升行动，国务院国资委在青岛召开现场会，总结推广青岛港智能管理工作经验。省国资委在潍柴集团召开对标一流提升精益管理水平现场推进会，总结推广潍柴集团等6家企业精益管理工作经验。

六、山东省国资委监管企业建立和完善经营业绩考核体系情况

(一)坚持量质齐升，健全考核分配制度

围绕完成"两高一稳五提升"经营目标，结合省属企业实际，先后印发《2023年度省管企业高质量发展绩效考核方案》《省管企业高质量发展绩效考核指标标准(2023年版)》等制度文件，将营业现金比率纳入考核，形成以"一利五率"为核心的考核指标体系，构建出"一利"促进量的合理增长、"五率"引导质的有效提升的考核工作格局。出台《关于促进省属企业高质量发展的考核分配实施意见》，用好用活业绩考核和收入分配"两大抓手"，竖起考核分配指挥棒，引导企业高质量发展取得更大成效。

(二)注重分类施策，合理设置指标权重

开展分类考核，设置基本指标、个性化指标，商业一类企业分别占70%、30%权重，商业二类企业分别占60%、40%权重，个性化指标由企业根据行业特点、发展阶段、短板弱项等"一企一策"自主选取2～3项。开展对标考核，对处于充分竞争行业、管理规范的商业类企业，以同行业先进企业为标杆组，考核其所处行业位次和位次变化情况。2022年度考核中，山东港口、山东高速、山东能源、山东黄金、华鲁集团等5户企业为"优秀"，南郊集团、山东土地等2户企业为"合格"，其余11户企业均为"良好"。

(三)服务山东省战略，突出专项任务考核

将粮食储备、增储保供、种业振兴等公益类业务，以及企业承担的山东省重大任务纳入考核，实行分类核算、分类考核，引导省属企业勇担责任使命、服务山东省发展。锚定"稳增长、开新局"，对利润总额考核目标增幅高于山东省经济增速且增幅在省属企业排名中位及以上的企业，其工资总额预算增幅可在考核目标增幅内合理确定。做好2022年"双招双引"考核，省属企业招引项目55项，引进资金111.95亿元，引进各类人才400余人。

(四)重视科技创新，实施激励引导措施

加大省属企业科技创新工作考核支持力度，将承担国家、山东省重点研发计划产生的科技创新投入视同利润，分别按2倍、1.5倍在考核确认时予以加回。承担重点研发计划12项，费用视同利润加回1.28亿元；获得省级科技进步一等奖、二等奖和省级技术发明一等奖的9户企业在考核中予以加分。先后涌现山东重工热效率52.28%的柴油机、山东港口青岛港全自动化码头等一批世界领先的创新成果。

(五)强化风险防控，制定考核限制指标

把"防风险"作为重中之重，对企业制定限制性考核指标并赋予不同扣分分值，经营类企业承担省委省政府交办任务未按要求完成、发生重大信访维稳事件、发生重大环境污染责任事故的最多扣20分，发生经营、财务风险的最多扣50分，发生重大及以上生产安全责任事故或一般、较大事故达到一定次数的减至最低分。

七、山东省国资委监管企业负责人考核与选人用人机制改革情况

(一)严把选人用人导向，打造堪当重任企业领导人员队伍

一是坚持党管干部原则。按照企业领导人员"二十字"要求，严把政治首关，持续优化委管企业领导班子结构。全年提交委党委会议研究企业干部议题12

次，涉及领导人员63人次，新选拔企业领导人员10人，新调整配备企业正职领导人员5人，其中党委书记、董事长2人。对11户委管班子企业、122名企业领导人员开展2022年度综合考核评价，累计赴27户企业与510名干部进行考核谈话，组织1555名干部开展网上测评，多渠道、全方位掌握领导班子和领导人员履职情况。全面启动委管班子企业党委换届工作，完成2户企业换届人选考察。开展干部能上能下专题调研，系统总结做法成效及问题不足，提出推动干部能下的具体措施，全年2名正职领导人员转任专职外部董事或免职。二是大力培养选拔优秀年轻干部。按照中组部年轻干部调研要求，择优推荐"70后"委管企业党委书记、董事长和"80后"领导班子副职各2人。开展优秀年轻干部调研，动态掌握1982年以后出生中层正职43人、1987年以后出生中层副职35人，纳入优秀年轻干部信息库重点关注。落实谈心谈话制度，结合考核考察、工作调研，年内与委管优秀年轻领导人员进行全覆盖谈心谈话。创新优秀年轻干部培养锻炼方式，从山东产权、山东科创、山东种业、山东海洋4户企业选派1名领导班子成员和7名中层干部到水发集团挂职锻炼，并根据企业改革发展需要，按照人岗相适原则，3名挂职干部转为任职。三是加强企业领导人员全方位管理和经常性监督。以制度建设为先导，制定《关于委管班子企业被问责和受处分干部影响期满后拟提拔或进一步使用等情况的意见》。组织委管企业对落实党管干部原则、违规兼职等问题开展专项整治和因私出国（境）专项检查，指导委管企业党委清理兼职133人次，规范完善兼职审批201人次。下发《关于开展选人用人专项检查问题整改落实"回头看"的通知》，指导委管企业对党的十九大以来选人用人检查反馈问题整改落实情况开展"回头看"，确保问题见底清零。开展政商"旋转门""逃逸式辞职"问题整治工作，排查出党的十九大以来委管企业总部部门副职以上离职人员53人，并按计划逐人核实认定。对山东产权、鲁粮集团开展选人用人专项检查，发现反馈问题70余项。

（二）实施"人才强企"，加大力度推进省属企业人才高地建设

一是强化完善人才高地建设体系。深入实施党委书记人才工作项目，建立项目台账，审核人才工作项目37个。新增设立省国资委党委书记人才工作项目，实施省属国资国企海外人才集聚工程。印发《关于加强省属企业人才高地建设的指导意见》，召开省属国资国企重点工作推进落实会议进行部署和解读，围绕建设目标、工作机制、产教融合、引育成效、政治引领等5个方面提出指导意见18条。起草《转发关于山东重工潍柴集团人才工作经验的通报》，印发省属企业党委学习借鉴。二是加强人才工作考核督导。制定省属企业人才工作考核评价体系，从党管人才、人才引育、平台载体、人才改革、人才效能等5个考核要点入手，设置评价标准22条。对37户企业的2022年度落实人才工作目标责任制情况进行考核并印发通报，首次引入"引才成效评估"考核维度，重点突出人才工作业绩。2022年，省属企业新增高层次人才427人，其中，柔性引进和合作院士49人、国家级人才工程专家45人、长江学者20人、"享受国务院政府特殊津贴"专家141人、泰山学者101人、泰山产业领军人才71人。加速布局海外人才飞地，督导企业全力服务山东省海外引才"一盘棋"，依托华鲁集团、山东发展驻外机构，在香港、上海、深圳建设"招才引智驿站"，迁移引才端口，拓宽山东省引才视野和路径。三是着力打造省属企业人才工作品牌。深入摸排37户省属企业引才资源，组织签订目标责任书，省属企业申报第19批国家级人才计划人选87人、入选12人，分别是上年的5.8倍、3倍，入选数量居全国前列。组织举办省属企业2023年度泰山产业领军人才工程申报解读辅导会，2023年省属企业申报泰山产业领军人才工程97人、会议评审通过31人、入选26人，分别比上年增长21%、55%、44%。持续擦亮培训工作品牌，组织各省管企业正职举办省管企业数字化转型专题培训班两期。针对不同领域不同层次人才，全年举办山东省国资国企人才工作专题培训班等各类培训班次6个，累计培训学员430余人。系统总结2020年以来"雏鹰"人才挂职实训工作经验，挖掘典型案例，通过省国资委新闻发布会对外宣传。四是深入推进"四链"融合发展。联合省委组织部、省教育厅等9个部门印发《关于公布第一批山东省工程硕博士培养改革试点单位名单的通知》《山东省工程硕博士培养改革试点指导方案(试行)》,确定9户试点省属企业,推进校企融合发展。配合省教育厅举办第三期山东学位与研究室教育论坛。联合省工信厅、省财政厅印发《山东省人才引领型企业试点认定实施细则(暂行)》,确定1户示范类企业(浪潮集团)、1户培育类企业(山东科创)、10户入库培育企业。

(三)持续深化改革,推动省属企业加快健全市场化经营机制

一是着力加强省属企业外部董事队伍建设。参与制定《关于进一步加强外部董事队伍建设的若干措施》(以下简称《若干措施》),就推动落实外部董事制度、规范外部董事选聘管理、加强与企业现职领导人员双向交流等提出10项措施。对省国资委履行出资人职责的29户省属企业外部董事配备及空缺情况进行分析,研究提出贯彻《若干措施》的具体举措。配合省委组织部,按照先急后缓、分步实施原则配齐省属企业外部董事,首批到位5名省管干部转任的专职外部董事。起草《山东省省属企业外部董事人才库管理办法》,加快建设跨区域、跨行业、多元化的外部董事人才库。二是开展任期制和契约化管理提质工程。印发《省属企业经理层成员任期制和契约化管理质量提升工程行动方案》,对工程重点内容、实施步骤、组织保证等作出规定,明确到2025年末,省属企业全面建立覆盖全部经理层成员、突出经营业绩、突出刚性奖惩的新型经营责任制,更多符合条件管理人员参照执行,更大范围、分层分类落实管理人员经营管理责任。聚焦任期管理、目标设定、业绩考核等关键环节,下发任期制和契约化管理工作通知、评价标准明白纸,及时调度查核省属企业签约质量和考核结果应用情况,进一步巩固三年行动成果。

八、山东省国资委监管企业党的建设和廉政建设情况

(一)践行"两个维护",坚持和加强党对国有企业的全面领导

指导各省属企业全面落实"第一议题"、理论学习中心组学习、党中央重大决策部署跟进督办等制度,确保思想跟进、认识跟紧、行动跟上。大力实施"习近平新时代中国特色社会主义思想教育培训工程",组织实施党的创新理论学习教育计划,分级分层分类完成党的二十大精神学习培训2232人次;创新开展百场宣讲、百项调研、百个新媒体产品"三百"系列活动,打造山东港口、恒丰银行、山东能源等4个省属企业理论宣传宣讲中心,推动党的理论创新成果进企业、进车间、进班组、进头脑。深学细悟习近平总书记关于党的建设的重要思想,举办省属企业学习贯彻全国、山东省组织工作会议精神暨党务工作专题培训班,组织1200余名省属企业基层党支部书记进行集中轮训,推动习近平总书记关于党的建设重要思想在国有企业落地生根。会同省委统战部举办省属企业统战工作推进会暨统战部长培训班,汇聚省属企业高质量发展的强劲动能和强大合力。

(二)坚持从严从实,扎实开展学习贯彻习近平新时代中国特色社会主义思想主题教育

成立3个派出联络组,印发工作手册,开展专题培训,全程靠上跟进指导11户委管班子企业和山东工职院主题教育工作,"一企一策"推动各项任务落实。省属企业相关做法得到省委主题教育《工作简报》、新华网、大众网等媒体及"学习强国"学习平台的刊发报道,华鲁集团、山东高速等企业在中央指导组座谈会上作交流发言。对标省委要求,省国资委党委高质量举办读书班4期,将委管企业班子、工职院等纳入其中,采取集中自学、交流研讨等方式,确保学深悟透。制定在省属国资国企大兴调查研究的实施方案,从制约国资国企高质量发展最紧迫的问题入手,确定14个调研重点,细化为100余项调研内容,指导各级各单位把准方向、精准发力,委管班子企业和工职院研究确定158项重大调研课题。山东健康创新提出"两发现一带回"调研要求,探索座谈交流、对外考察等7种调研方法,面向220名党支部书记完成网络问卷调查。用好"四张清单",围绕对标一流、考核分配、投资管理、党的领导融入公司治理等,查摆问题166项,制定专项整治方案30项,制定创新性政策举措18项,推动检视整改和建章立制有机衔接。运用国资国企特色教育资源,创新谈心谈话、现场交流、实地观摩、闯关答题等方式,开辟强党性、建新功、创品

牌、话发展等特色宣传板块，坚决杜绝“低级红”“高级黑”，推动主题教育走深走实。

（三）锤炼过硬队伍，强化国资国企高质量发展组织保障

深化提升党建强基、品牌、头雁、对标、激励“五大工程”，扎实推进过硬党支部建设和党支部评星定级管理，省属企业过硬党支部及四星级以上党支部占比均超过70%。严格执行党的组织生活制度，8334个省属企业党支部完成2022年度组织生活会和民主评议党员工作。鲁商集团、华鲁集团、南郊集团、山东健康等企业编印发放《党建工作标准化指导手册》，为基层党组织提供标准规范。山东机场开展基层党建“强基提能、对标提质、创新提效”专项行动，实施党建工作清单管理制度，建立任务清单、纪实清单、错情清单“三张清单”。加大典型选树、品牌推广力度，评选表彰119名省属企业优秀共产党员、60名优秀党务工作者和119个先进基层党组织，激发奋勇争先、干事创业的激情动力。召开省属企业上海党建工作协作区、深圳党建工作协作区座谈会，成立省属企业海南党建协作区，深入开展产业链供应链创新链党建调研，促进党建共建、价值共创、发展共赢。成功组织举办第二届国有企业党的建设论坛，论坛期间展示省属企业150个党建品牌案例，形成争先创优、竞相出彩良好氛围。围绕生产经营重点、改革发展难点、群众关心热点，组织实施省属企业党委书记抓基层党建突破项目，评定2022年度省属企业党委书记抓基层党建突破项目50个。促进党建工作与生产经营深度融合，推动省属企业把基层党组织建在生产单元、项目工地、业务链上，在重大项目设立临时党支部，探索“党建+”有效载体，广泛实施“揭榜挂帅”、“赛马”、党员示范区先锋岗突击队等实践项目，让党旗在基层一线高高飘扬。新动能基金深入实施13个党组织书记抓基层党建突破项目，探索创建“党建联盟”“党建共同体”等“产业链党建”载体，“把支部建在基金上”，组建1个党员突击队，成立基金、投资项目攻关组，以党建赋能高质量发展。深入开展省属企业“党的领导融入公司治理不够有效”专项整治，制定专项实施方案，组织省属企业查摆突出问题198项，制定5类10个适用不同层级、不同类型企业的“党建入章”示范文本，动态优化“三张清单”，将专项整治纳入年度省属企业高质量发展绩效考核，有效提升融入工作的制度化、科学化、规范化水平。2023年，36户省属一级企业、4804户权属企业全部规范落实“党建入章”，各企业细化量化研究决定事项12412项、前置研究讨论事项19407项、前置研究讨论负面事项4597项。

（四）拧紧责任链条，一刻不停推进全面从严治党

一是组织开展省属企业党委书记全面从严治党和抓基层党建工作述职评议，逐户反馈问题，督促问题整改。省属企业各级党组织举办述职评议会议1131场次，12044名党组织书记参加述职，实现应述尽述。二是扎实开展2022年度省属企业党建工作责任制考核，实现党建工作责任制与生产经营责任制有效联动。山东高速用好考核“指挥棒”，对65家权属单位开展党建千分制考核。山东国投引入强制排名机制，实现优奖劣惩全覆盖，着力破解“党建木桶短板效应”。三是深入开展“靠企吃企”、医药领域与粮食购销领域腐败等专项整治，组织省属企业聚焦招投标、采购销、投资决策、融资信贷等易发多发重点，累计查摆问题817项，排查廉政风险点2884项，制定整改措施5015项，建立健全制度3599项，“当下改”与“长久立”标本兼治取得阶段性成果。四是加强新时代廉洁文化建设，紧密结合国企特色和国企管理，统筹抓好机制运行、理论研究、教育培训、产品供给、阵地载体、氛围营造等各项工作，选树90个国企特色廉洁文化地标，制定印发《山东省属企业教育阵地》图册，弘扬以德铸魂、以廉润心的清风正气。

（撰稿人：张　超）

青岛市

一、青岛市国有资产监督管理工作综述

2023年，青岛市国资委深入贯彻党的二十大精神，落实青岛市委、市政府部署，坚持党建统领，抓住

主题教育契机，扎实推动国资工作争先创优突破，市直企业实现稳健发展。纳入市直企业统计范围的企业全年资产总额3.06万亿元，比上年增长10.2%；实现营业总收入6900.3亿元，比上年增长6.5%；实现利润387.6亿元，比上年增长13.2%；上缴税费399亿元，比上年增长7.3%，为青岛市经济发展提供有力支撑。

(一)加压奋进促增长

抓牢项目促增长，围绕重大产业和城市更新两大方向，支持市直企业谋划推动匹配城市战略发展项目156个，青岛啤酒年产100万千升高端特色啤酒生产基地、青啤研发体验创新中心、澳柯玛智能家电强链产业园、海检集团海上综合试验场等项目加快建设；重庆快速路工程主线桥梁贯通、辽阳路快速路南半幅建成通车、地铁6号线一期全线轨通，提升城市运行效率与市民出行体验。挖掘存量促增长，推动市直企业22宗低效存量土地盘活利用，一批文体项目、综合产业园项目投入商业运营，方便周边市民运动、生活需求。机制改革促增长，为国企民企协同创新搭建平台，推动市直企业国家和省市级研发平台资源对接民企丰富的科技创新应用场景，国民携手营造浓厚的创新创业氛围。推动青岛产交所建设"青岛市科技成果交易平台"，完成363条技术需求、1000余项科技成果的发布，促进成果转化。对标一流促增长，启动世界一流企业价值创造行动，全面对标一流企业，市直企业在各行业各领域争先创优，获得国家、行业荣誉称号50多个，青岛海湾集团有限公司入选国务院国资委创建世界一流专业领军示范企业名单，青岛啤酒集团有限公司入选山东省国资委建设世界一流企业名单。

(二)深化改革激活力

国企改革走在全国前列，国企改革三年行动95项任务全部完成，以连续三次获得国务院国资委最高A级评价的成绩实现高质量收官，区域性国资国企综合改革试验深入推进，大数据监管系统在全国现场验收评估中获评"优秀"，居计划单列市第1位。法人治理结构更加完善，在20家市直企业和139家重要子企业中建立董事会办公室、设立董事会各专门委员会，推动外部董事融入企业经营管理；职业经理人制度改革实现突破，青岛饮料集团有限公司成为山东省首家各层级全面实施职业经理人制度改革的典型。深化改革开启新征程，开展新一轮国企改革深化提升行动，组织实施现代产业体系培育提振、城市建设社会民生服务提档等7个专项工程，清单化、责任化推动改革任务落实落地。

(三)创新举措强监管

优化出资人审计模式，聘请中介机构对21户企业进行全面审计，并召开青岛市监管工作会议，逐户签订整改责任书，同时启动市直企业6个重点领域专项整治工作，进一步完善综合监督体系。加强对混改企业监管，在全国计划单列市和省内16个地市率先出台《关于加强市属混合所有制企业党建工作的指导意见(试行)》。顶格举办"市直企业擂台"，青岛市委、市政府主要领导参加，包括金融文化类的27户市直企业董事长向出资人报告年度工作，促进董事会履责尽职。高标准启动社会责任工作，出台指导意见，完成首本社会责任蓝皮书编制，收录62个匹配城市战略、科技创新、绿色低碳发展等方面的优秀案例，并在计划单列市中率先发布蓝皮书，获得国务院国资委、山东省国资委认可，在全省国企社会责任工作会议上，作为唯一地市级国资委代表作经验交流发言。强化主动服务意识，创新开展贯通式调研，"一对一"联系服务企业活动，走访调研企业150余次，形成18篇调研报告，其中，国企改革深化提升项目成果在青岛市138个项目中脱颖而出，入选青岛市20个优秀创新突破成果。

二、青岛市国有资产总量与结构分析

2023年度，青岛市国有企业统计年报汇编各级次国有独资、国有控股企业3982户，资产总额46281.64亿元，负债总额33937.13亿元；所有者权益12344.51亿元，其中国有资本权益总额10162.46亿元；营业收入5697.66亿元，利润总额109.20亿元。

(一)资产总额分布与构成情况

2023年，青岛市国有企业资产总额46281.64亿元，比上年增长10.75%。其中，市属企业资产总额25350.27亿元，增长8.71%，占比54.77%；区(市)监管企业资产总额20931.37亿元，比上年增长13.32%，占比45.23%。青岛市国有企业资产构成中，非流动资产26396.19亿元，占比57.03%；流动资产19885.45亿元，占比42.97%，流动资产中，应收款项和存货"两金"所占比重40.51%，比上年上升1.4个百分点。总体来看，青岛市国有企业应进一步加强资金、成本的管控，切实提高资金的使用效率。

(二)国有资本分布与构成情况

2023年，青岛市国有企业国有资本权益总额10162.46亿元，按隶属关系分，市属企业国有资本权益总额4238.10亿元，占比41.7%；区(市)企业国有资本权益总额5924.36亿元，占比58.3%。

(三)所有者权益构成情况

截至2023年底，青岛市国有企业所有者权益总额12344.51亿元，比上年增长3.60%。其中，归属于母公司的所有者权益10437.42亿元，增长14.91%。少数股东权益1534.68亿元，增长4.68%，归属于母公司权益增速快于少数股东权益，国有权益增加。

(四)营业收入基本情况

2023年，青岛市国有企业实现营业收入5697.66亿元，比上年增长9.25%。其中，市属企业实现营业收入3279.30亿元，增长5.85%；区(市)监管企业营业总收入2418.36亿元，增长14.2%。市属企业中，投资类企业营业收入占总营业收入的45.27%，金融类企业占比14.91%，制造类企业占比30.03%，公共服务类企业占比8.64%，文化类企业占比1.14%，其他占比0.01%。总体看，营业收入主要来源于投资、金融、制造类企业，占总营业收入的90.21%。

(五)利润总额基本情况

2023年，青岛市国有企业实现利润109.20亿元，比上年下降3.92%。其中，市属企业实现利润133.94亿元，增长20.01%；区(市)监管企业累计亏损24.74亿元，下降22.7亿元。市属企业中，制造类企业实现利润占利润总额的59.46%，金融类企业占比46.56%，投资类企业占比14.38%，文化类企业占比2.28%。总体看，实现利润主要来源于制造、金融、投资类企业。

表1　2023年青岛市国有企业指标

项　目	金　额(亿元)
资产总额	46281.64
所有者权益	12344.51
国有资本权益总额	10162.46
营业收入	5697.66
利润总额	109.20
净利润	46.77
归属于母公司所有者的净利润	1.12
实际上缴税费总额	260.32

表2　2023年青岛市国有企业户数情况

2022年户数(户)	2023年户数(户)	比上年增长(%)
3507	3982	13.5

表3　2023年青岛市国有资本权益总额按隶属关系分布情况

隶属关系	国有资本权益总额(亿元)	占　比(%)
市属国有企业	4238.10	41.7
区(市)国有企业	5924.36	58.3
合　计	10162.46	100.00

表4　2023年青岛市国有资本权益总额按行业分布情况

行　业	国有资本权益总额(亿元)	占　比(%)
农林牧渔业	21.49	0.21
工业	697.89	6.87

续表

行　业	国有资本权益总额(亿元)	占　比(%)
建筑业	1198.87	11.80
交通运输业	762.77	7.51
仓储业	20.14	0.20
商贸业	134.07	1.32
房地产业	2409.22	23.71
信息传输、软件和信息技术服务业	56.12	0.55
社会服务业	3746.83	36.87
教育文化广播业	44.59	0.44
科学研究和技术服务业	88.00	0.87
金融业	926.52	9.12
其他	55.94	0.55

表5　2023年青岛市国有资本权益总额按经营规模分布情况

经营规模	国有资本权益总额(亿元)	占　比(%)
大型企业	973.65	4.84
中型企业	5587.41	27.77
小型企业	7708.19	38.31
微型企业	5849.73	29.08
差额抵销	－9956.51	—
合　计	10162.47	100.02

注:由于数据修约,合计与分项存在细微差距,且不等于100%。

三、青岛市国有资本保值增值综合分析评价

(一)国有资本保值增值分析

2023年,青岛市属国有企业保值增值率100.07%,区(市)国有企业保值增值率96.8%。从青岛市国有资产涉及的13个行业看,信息传输、软件和信息技术服务业,金融业,仓储业,工业,社会服务业,建筑业,房地产业,教育文化广播业实现保值增值,商贸业、科学研究和技术服务业、交通运输业、农林牧渔业未实现保值增值。

表6　2023年青岛市国有企业地区国有资本保值增值情况

地　区	国有资本保值增值率(%)
市属国有企业	100.7
区(市)国有企业	96.8
青岛市国有企业	98.4

表7　2023年青岛市国有企业行业国有资本保值增值情况

行　业	国有资本保值增值率(%)
农林牧渔业	89.51
工业	104.11
建筑业	105.18
交通运输业	81.69
仓储业	105.06
商贸业	96.48
房地产业	106.14
信息传输、软件和信息技术服务业	115.02
社会服务业	101.79
教育文化广播业	100.20
科学研究和技术服务业	92.71
金融业	105.14
其他	95.96

(二)青岛市国有企业综合绩效评价分析

企业盈利能力分析。2023年,青岛市国有企业净资产收益率0.37%,比上年增加0.01个百分点;总资产报酬率1.19%,比上年增加0.04个百分点;营业收入利润率1.33%,比上年增加0.23个百分点;成本费

用利润率1.83%，比上年减少0.08个百分点。综合分析，青岛市国有企业总体盈利能力较2022年略有提升，仍需进一步加大降本增效力度。青岛市国有企业中，制造类企业盈利能力较强，各项指标优于全国同行业平均水平。

企业债务风险分析。2023年，从经营收益支付债务利息的能力看，已获利息倍数为1.26倍，比上年提高0.04倍；从资产负债率变化情况看，资产负债率67.8%，较上年同期下降3.62个百分点；从流动比率看，现金流动比率−0.21，比上年提升2.15个百分点。总体来看，青岛市国有企业资金流动性比较平稳，偿债能力有所提升，但区（市）国有企业总体资产负债率较高，比上年增加3个百分点。

经营增长分析。2023年，从经营增长指标情况看，青岛市国有企业营业收入增长率9.25%；从利润增长能力看，营业利润增长率14.75%；研发经费投入强度0.58%。总体来看，青岛市国有企业营业利润有所提高，需进一步提升企业研发投入和经济发展能力。

四、青岛市国资委监管企业改革发展情况

中共中央办公厅、国务院办公厅印发《国有企业改革深化提升行动方案（2023—2025年）》后，青岛市深入开展政策研究，围绕党的二十大和中央经济工作会议对国资国企工作的部署，全面领会中央方案内涵，落实地方国资委负责人国有企业改革深化提升行动研讨班要求，起草形成青岛市实施方案初稿，及时向国务院国资委改革办汇报请示。同时，组织召开青岛市国资国企改革发展专家咨询会议，邀请国务院国资委原党委委员、秘书长彭华岗，中国企业改革与发展研究会会长宋志平等知名专家对青岛市实施方案进行研讨，根据国务院国资委改革办反馈意见和各位专家的建议对方案进行完善，经青岛市委、市政府审议通过后，正式印发。

青岛市实施方案基于青岛国企的实际和城市国资的特点，梳理明确未来的工作重心，创新配套实施现代产业体系培育提振、城市建设社会民生服务提档、企业科技创新能力提升、创建公司治理示范企业、深化三项制度改革、国资监管效能提升、党建统领国企改革发展等7个专项工程。同步制定7个专项工程纲要和工作台账，条目式列出主要任务91项，制定工作措施281项。通过落实各项任务措施，确保到2025年圆满完成新一轮国企改革深化提升行动既定改革任务，改革取得预期成效。

五、青岛市国资委监管企业并购重组与完善法人治理结构情况

（一）青岛市国资委新组建青岛东鼎产业发展集团有限公司

为加快发展战略性新兴产业，促进产业升级和区域发展，2023年7月，经青岛市委、市政府批准，组建青岛东鼎产业发展集团（以下简称东鼎集团），列市直企业管理。东鼎集团注册资本100亿元，其中货币出资20亿元。2023年11月，李沧区政府将其持有的金水集团有限公司51%股权注资到东鼎集团，进一步提升东鼎集团融资发展能力。

（二）加强顶层设计，规范公司治理机制运行

坚持以建章立制为重点，突出优化提升，进一步完善在董事会、外部董事方面的制度建设，筑牢公司治理的"四梁八柱"，推动市直企业董事会规范运行。一是启动国有企业公司治理示范企业创建活动。结合国企改革深化提升行动，印发《深化国有企业公司治理示范企业创建活动实施方案》，在市直企业启动国有企业公司治理示范创建活动，分层分类打造市级公司治理示范企业，切实把制度优势转化为治理效能。二是指导企业抓好专门委员会有效运转。制定印发《关于加强市直企业董事会专门委员会建设的通知》，规范专门委员会设置和人员配备，完善专门委员会议事规则，推动专门委员会规范运转。截至2023年底，20家市属企业及139户重要子企业全面规范建立董事会办公室，设立战略与投资、薪酬与考核、审计与风险，部分企业根据需要设立提名、科技、安全等专门委员会，形成"3＋X"专门委员会结构。国资智库对青岛市专门委员会建设工作进行发布。三是建立市直企业董事会秘书工作交流机制。印发《关于建立市直企业董事会秘书工作交流机制的通知》，以经验交

流、学习培训、政策研讨为主要任务,建立市直企业轮值主办交流、青岛市国资委集中培训研讨、政策文件制定征求意见建议3项工作机制,搭建市直企业董事会秘书工作交流平台。8月6日在青岛海发国有资本投资运营集团有限公司蔚蓝学院举办市直企业董秘第一次轮值交流活动,市直企业董事会秘书交流工作走在全国、全省前列,6月国务院国资委《地方国资监管信息》发布青岛市国资委董事会秘书工作交流机制的信息,8月31日国务院国资委官网、9月1日国资智库公众号将青岛市董事会秘书工作交流机制作为典型案例发布推广。四是完善履职保障机制。推行会前沟通,把关前移。在重大决策事项提交董事会研究决策前,外部董事召集人召开会前沟通会,组织议案拟定部门就相关问题进行答疑解惑。探索试行深度融合,全程介入。全面落实4个专门委员会建设,落实外部董事到专门委员会任职,做实外部董事在专门委员会中的主导地位,实施外部董事工作前延机制,对企业重大决策事项主动靠前、提前介入,加强基础性调查研究,为重大事项决策提供专业意见。根据统计数据,2023年,外部董事在专门委员会会议和会前沟通过程中,提出异议和否决意见13次,未发生在董事会决策时否决议案现象,将决策风险有效化解在会前沟通过程中。五是探索建立外部董事报告工作制度。针对外部董事发挥作用不够的问题,学习调研其他省、市工作经验,研究起草《市国资委监管企业外部董事报告工作办法》,明确外部董事报告事项内容,建立报告事项受理、处置和反馈工作流程,探索建立外部董事报告工作制度。

(三)加强队伍建设,优化外部董事人员结构

坚持以队伍建设为核心,突出专业特长,着力构建背景多元、专业互补、决策独立的外部董事队伍,为董事会决策提供专业、高效的多维支撑。一是优化调整兼职外部董事。采取列席旁听董事会、征求企业意见的方式,现场观察兼职外部董事履职情况,并征求董事长、外部董事召集人的评价意见,对兼职外部董事进行优化调整,从原48名兼职外部董事中择优续聘18名兼职外部董事。二是强化专职外部董事力量。配合青岛市委组织部增补1名专职外部董事,专职外部董事由原来的19人增加至20人。结合外部董事队伍现状,对外部董事工作组进行重新调整,由原来6个小组调整为7个小组。三是优化董事会人员专业结构。在选配外部董事过程中,坚持专业互补原则,做到外部董事专业结构与董事会成员形成良好互补,为科学策提供有力支撑,从而建立起以专职为主、兼职为辅、专业结构互补的外部董事队伍。

(四)抓实日常管理,提升外部董事履职效能

坚持以强化保障为前提,注重履职效能,着力加强外部董事履职保障机制、日常管理机制、服务保障机制三项机制建设,全面有效支持外部董事行权履职。一是强化外部董事履职保障。编撰《市直企业外部董事履职指南》。对标国务院国资委、山东省国资委,结合青岛国有企业董事会建设实际,在业务处室支持下,编撰印发《青岛市市直企业外部董事履职指南(2023年版)》,分3章、17节、163条,5.4万字,主要包含董事会建设、外部董事选聘和管理、外部董事履职提示三方面内容,为外部董事行权履职提供重要参考,有助于提升外部董事履职能力,规范市直企业董事会运作。履职指南获得专职外部董事的肯定和好评。二是强化外部董事日常管理。形成"一台账、一观察、一培训、一报告、一考核"的日常管理模式。建立履职台账,按季收集汇总外部董事履职工作台账,作为外部董事日常管理考核的重要依据。实施列席观察。设计"列席市直企业董事会观察记录表",探索实施列席旁听市直企业董事会会议制度,现场观察记录外部董事履职情况和董事会运行情况。加强业务培训。2023年4月、9—11月,举办两次专题培训班,有效提升外部董事专业素质能力。建立外部董事"双月座谈"交流机制,每两个月确定一个主题,组织外部董事开展集中交流,共同提升外部董事行权履职能力,2023年组织举办两次外部董事交流座谈活动。山东国资资讯对青岛市董事会座谈信息进行刊发。开展年度报告,1月,组织外部董事撰写个人年度履职情况报告,并收集汇总印刷成册;3月,联合青岛市组织部、市财政局、市文资办举办外部董事年度述职交流会议,听取外部董事报告年度履职情况。强化考核激励。探索建立青岛市委组织部、市国资委、市财政局对专职外部董事联合考核评价机制,从日常管理、任职企业、出资人多角度完成外部董事2022年度履职情况考核评价。考核结果向外部董事进行通报，并根据考核结果计算薪酬结果作兑现清算，实现考核与薪酬挂钩，强化对外部董事的激励约束。三是强化服务保障，优化外部董事委托管理机制。在原先委托管理保障方案基础上，协调青岛市委组织部、市财政局、市文资办优化调整专职外部董事工会关系管理，专门成立高层次人才管理服务公司，组建专职外部董事工会，统一保障外部董事福利待遇，全方位支持保障外部董事履职。协调人才发展集团制定专职外部董事年金计划，组织召开投资方案说明会议，落实外部董事年金计划，保障外部董事切身利益。

六、青岛市国资委监管企业建立和完善经营业绩考核体系情况

青岛市国资委监管的 21 户企业聚焦高质量发展首要任务，突出价值创造导向，完善考核内容，建立精准规范的内部经营业绩考核评价体系，形成指标层层分解、责任层层落实、压力层层传递、活力层层激发的责任落实机制，充分激发企业家、骨干人才和广大职工的活力。

（一）坚持高质量发展导向

积极对接出资人考核导向要求，切实履行国企"三大责任"。坚持党建统领，加强国有企业党的建设。突出效益优先，提升价值创造能力。对照青岛市经济社会发展目标，更好服务区域经济社会发展。落实新一轮国企改革深化提升行任务要求，确保在重点领域取得突破。将安全生产、环境保护、合规经营、减亏减层等重大风险事项处置完善作为工作底线和红线要求。

（二）坚持目标层层落实

建立完善全员覆盖的绩效目标责任制，逐级分解到人，层层传递责任。深化差异化考核，从所属企业职能出发，分类明确任务要求，着力增强考核的精准度和匹配度。抓住"契约化管理"这一牛鼻子，逐级建立业绩目标责任书制度，传递责任、传导压力，形成"一把手负总责，谁主管谁负责，一级抓一级，层层抓落实"的目标责任体系。

（三）坚持决策程序科学规范

充分发挥企业党委在业绩考核中"把方向、管大局、保落实"作用，对考核原则、目标要求、薪酬分配原则和标准等进行前置研究讨论。注重发挥董事会作用，牢牢把握出资人导向，健全董事会考核机制，履行好董事会考核经营层的职责，指导监督经营层做好对各级企业和员工的考核工作。

七、青岛市国资委监管企业负责人考核机制改革情况

青岛市国资委聚焦做强做优做大目标，不断提升核心竞争力和增强核心功能，夯实市属企业高质量发展基础，构建精准高效、规范有序的考核分配机制。

（一）提高考核针对性，强化使命担当

从国有企业所肩负的重大历史使命出发，强化对政治、经济、社会"三大责任"的考核评价。一是强化政治责任，服务青岛市发展战略。强化对市直企业匹配城市战略服务与支持，强化考核引导支持，对照政府工作报告和重点项目名单，对重大战略投资项目实施清单管理，进行量化考核，引导企业提高政治站位，担当落实好青岛市委、市政府重大决策部署。二是强化经济责任，推动高质量发展。按照市场规则，构建管资本为主的指标体系，重点关注资本投向、资本回报和资本风险控制。分档设置企业经营业绩目标，将主业创造价值与考核计分、结果评级紧密结合，形成"赛跑"机制，以业绩论英雄，推动企业落实好国有资产保值增值责任。三是强化社会责任，助力服务城市民生保障。将市属企业特别是公益服务类企业履行社会责任情况作为董事会报告年度工作的重要内容，与经营业绩考核和市属企业领导班子考核挂钩，激发企业履行社会责任积极性。

（二）提高考核精准性，推动差异化考核

根据国有资本的战略定位和发展目标，并根据企业发展阶段、行业特点和经营短板等全面实施"一业一策""一企一策"分类考核，统筹共性量化指标与个体企业差异性，根据市属企业不同功能定位、行业特点、发展阶段、承担重大任务等情况，突出考核重点，

设置更具针对性、个性化的考核指标,着力提升考核的精准性、有效性。一是分类设置指标。对商业一类企业,重点考核企业经济效益、资本回报水平和市场竞争能力。对商业二类企业,对保障城市经济运行,完成青岛市委、市政府专项任务,发展前瞻性战略性产业和风险控制等情况,实施量化考核。对公益类企业,重点考核产品服务质量、成本控制、营运效率和保障能力。二是重视补齐短板。根据企业经营管理情况,选取短板指标纳入考核。注重提升企业自主创新能力,加强研发投入、科技成果产出和转化等指标的考核,对重点制造企业研发投入强度按不低于3.5%核定。三是开展系统综合评价。行业对标与业绩竞标相结合,优化目标确定机制。分类考核与综合评价相结合,完善考核评价机制。以收益平衡、风险可控、任务落实为导向,全面客观评价企业经营业绩。

(三)提高考核约束性,确保目标落地落实

全面梳理工作机制和流程,围绕完善决策程序、落实经营责任等关键环节进行规范和完善,提高考核刚性约束。一是实施契约化管理。青岛市国资委与市属企业主要负责人签订经营业绩责任书,企业董事长与其他班子成员签订业绩责任书,明确目标任务和奖惩机制,确保责任层层传递。二是突出底线要求。推动企业严守安全环保红线、依法合规经营决策、妥善处置历史遗留问题、化解重大风险。对科技创新、主责主业、投资管理、历史遗留问题处置等重点内容予以单列,进一步提示企业落实改革及监管要求。三是加强监督检查公示公开。组织开展专项检查,对企业负责人薪酬管理市场化改革落实情况进行复核。督导全部监管企业在本企业网站对企业负责人薪酬信息进行公示,在青岛市国资委网站上通过链接方式统一进行披露,接受社会监督。

八、青岛市国资委监管企业党的建设和廉政建设情况

(一)压实企业管党治党主体责任

一是筹备召开2022年度市直企业党委书记履行全面从严治党责任和抓基层党建工作述职评议会议。组织各企业党委书记围绕2022年度履职情况逐一发言,并接受现场测评。会议采取"一述一评"方式,每名书记述职后,市国资委党委主要负责人进行点评,重点指出存在问题。会后,逐一汇总计算测评结果,形成反馈意见并进行反馈,不断压实市直企业党委管党治党主体责任。二是不断提高企业党组织前置研究讨论工作实效性。印发《关于进一步优化调整党组织前置研究讨论事项清单等"三张清单"的通知》,在企业面上组织开展自查整改,督促企业进一步明确前置研究事项金额额度,进一步与企业自身实际相结合,分层分类、动态优化调整清单内容,不断增强前置研究讨论的个性化和实效性。通过开展党建工作"回头看",督导市直企业及其权属企业分层分类、动态优化调整党组织前置研究讨论事项清单等"三张清单",对督导发现的问题,印发《关于切实做好党建工作"回头看"发现问题整改工作的通知》,督促企业加大整改力度并报送整改情况报告,切实提高党组织对重大经营管理事项前置研究清单落实的精准化和有效性。三是着力加强市属混合所有制企业党建工作。2023年8月初,在全国计划单列市和省内16地市中率先制定出台《关于加强市属混合所有制企业党建工作的指导意见(试行)》,根据市属混合所有制企业股权结构和控制力大小,科学确定不同类型企业党组织的设置方式、职责定位、管理模式,实行分类管理,督促市直企业党委建立健全加强混合所有制企业党建工作的管理体系和制度机制,填补制度空白。四是组织企业做好"双报到"工作。与青岛市委组织部联合印发《关于在学习贯彻习近平新时代中国特色社会主义思想主题教育中深化拓展机关企事业单位党组织、在职党员"双报到"工作的通知》,督促市直国有企业党委迅速行动起来,充分发挥"双报到"工作在主题教育中的载体作用,和共建社区共同协商确定年度结对共建项目清单,确定共建项目26个,梳理承诺事项83项,逐个项目明确完成时限和责任人,通过共同实施共建项目,不断增强结对共建工作实效,8个结对共建项目获得市级表彰。

(二)着力夯实基层党建工作基础

一是组织召开2023年度市直企业和委管驻青企业基层党建工作重点任务推进会。传达学习全国全

省青岛市基层党建工作重点任务推进会精神，继续以“强党建兴国企”为年度工作主基调，印发实施5个方面18项重点任务，督促各企业党委坚持在完善公司治理中加强党的领导，加强混合所有制企业党建工作，推动党的领导与公司治理有机统一，以高质量党建引领保障企业高质量发展。二是组织开展争创“青岛市五星级基层党组织”擂台赛。根据青岛市委组织部部署，组织来自市直企业、驻青国企、区（市）属国企等53个基层党支部开展2022—2023年度青岛国有企业党支部争创“青岛市五星级基层党组织”擂台赛。此次擂台赛通过青岛市委组织部“岛城先锋”微信公众号和青岛广播电视台蓝睛频道进行实时直播，组织引导各市直企业、驻青国企、各区（市）广大党员干部收听收看擂台赛，通过先进典型事迹带动引领，感召广大国有企业基层党组织和党员干部再接再厉，推动基层党组织对标提升、晋位升级。由青岛市国资委评选推荐的31个国有企业党支部全部获评“2022—2023年度青岛市五星级基层党组织”称号。三是做好庆祝中国共产党成立102周年工作。印发《关于做好庆祝中国共产党成立102周年有关工作的通知》，组织各市直企业党委落实青岛市部署安排，结合自身实际广泛开展党组织书记讲党课、主题党日、“光荣在党50年”纪念章颁发、走访慰问、集中宣誓等丰富多彩、形式多样的庆祝活动，并汇总编发工作信息予以宣传。四是加强党务干部培训。2023年7月20—21日，组织市直企业和委管驻青企业党务骨干等70余人，赴“莱西经验”发源地开展专题培训。此次培训采用专家授课、交流研讨、现场践学等形式开展培训。邀请有关专家作“莱西经验”专题讲座，青岛啤酒集团有限公司、青岛国际机场集团有限公司等国有企业有关负责人就企业基层党组织建设的典型经验交流发言，全体学员到“莱西经验”实践教学点开展现场学习。

（三）深化市直国有企业清廉建设工作

与青岛市纪委监委机关、青岛海发国有资本投资运营集团有限公司联合举办“奋进新征程　建功新时代”青岛市市直企业清廉建设演讲比赛活动，集中展示国企领域清廉建设优秀成果，营造干事创业良好氛围。组织企业报送有关清廉建设工作情况，2023年择优刊发《清廉国企》专刊4期，深化各企业交流学习，引导企业加强全面从严治党工作。联合青岛市纪委监委机关、市工商联和西海岸新区，在青岛市企业廉洁教育馆举办青岛市国有企业廉洁教育基地、青岛市清廉民企教育基地、驻青国有企业廉洁教育基地揭牌仪式。青岛市企业廉洁教育馆加挂“三个基地”，更好发挥新时代廉洁文化阵地作用，让更多参观者守望初始之心、深悟兴企之道、铭记覆舟之鉴、把稳前行之舵，推动企业发展更加行稳致远，擦亮“清廉之岛”城市名片。

（撰稿人：王琬莹）

河南省

一、河南省国有资产监督管理工作综述

2023年是国企改革接续突破、高质量发展全面起势的一年。全系统深入贯彻习近平总书记关于国有企业改革发展和党的建设重要论述，全面落实省委、省政府重大决策部署，锚定“两个确保”服务“十大战略”，全力以赴拼经济，纲举目张抓改革，做强做专优布局，创新机制强监管，在接续奋斗、持续发力中实现大事突破、难事有解、新事开篇，为现代化河南建设新征程开好局起好步作出重要贡献。

（一）经济效益创新高，综合实力显著提升

企业效益大幅增长。截至2023年底，省市两级监管企业资产总额5.8万亿元，比上年增长9.2%；全年实现营业收入9443.8亿元，比上年增长8.1%；利润总额582.5亿元，比上年增长60.8%。其中，省管企业资产总额3.9万亿元，比上年增长6.9%；实现营业收入6642.3亿元，比上年增长6.9%；利润总额295.6亿元，比上年增长32.9%，超额完成全年目标任务，创历史最好水平；主要指标增速位居全国前列，净资产收益率等增幅明显。资产质量持续优化。落实拓市增收、降本节支等措施，加大“两非”“两资”处

置力度,加快盘活企业土地资源,省管企业全年完成资产优化项目300余项,河南能源集团义翔铝业、阳光矿业资产成功处置回笼资金超过15亿元。重大项目有序推进。省管企业完成投资1410.5亿元,在建项目340个。河南能源集团建成全国最大聚甲醛生产基地。河南钢铁集团开工建设世界最宽板材产线。河南铁建投集团推进济郑高铁濮阳至省界段开通运营。河南交投集团阳新高速黄河特大桥建成通车、周口港中心作业区加快建设。中豫港务集团两河两港项目全面开工。河南水投集团贾鲁河治理工程顺利完成。安阳市全力推动红旗渠机场建成通航。保供稳链支撑有力。煤炭企业发运电煤2173.2万吨、让利8亿元。平煤神马集团氨基己腈技术支撑我国尼龙化工产业自主可控。河南国际集团开采几内亚铝土矿助力资源安全。河南农投集团、河南储备粮集团、河南种业集团等积极应对夏收"烂场雨",积极抢收,减灾降损。河南资源集团做好土地开发收储助力耕地保护。郑州市建设运营地铁公交、供水供热、保障房等重大民生工程项目。

(二)国企改革出新彩,发展活力日益强劲

三年行动圆满收官。国企改革三年行动终期评估获国家A级,保持在全国第一方阵,涌现出河南资产市场化改革、河南能源集团改革重生等"河南样本",实现"整体领先、个体出彩"。开展省管企业和省辖市重点改革任务评估,表彰先进单位50个、先进个人148人。新一轮行动率先开局。河南省深化提升行动实施方案全国首家过会、首批出台,成为全国范本。建立省政府领导联系企业制度,在省委全面深化改革委员会设立国企改革专项小组,完善跟踪督办、考核评估等6项机制,重点任务破题起势、落子有声。资产优化、创利增效、降低资产负债率三大攻坚作为开局之战,取得阶段性成果。现代企业制度更加完善。董事会工作规则和董事评价制度刚性落地,外部董事履职"一措施一指引"细化落实,董事长、外部董事、董事会秘书三支队伍不断建强。"四制"改革深入推进,中层管理人员竞争上岗比例72%,末等调整或不胜任退出比例6.4%。规范实施中长期激励,平煤神马集团探索项目跟投、股权期权等措施。河南资本集团实施全员考核、效薪联动。河南钢铁集团开展工资总额包干、业务包保、全员竞聘。郑州市推动中原环保实现整体上市。专项改革成效明显。创建世界一流企业全面启动,建立省级层面支持协调机制,推荐平煤神马集团作为国家培育库入选企业。洛轴集团、豫光金铅入选国家创建世界一流专精特新示范企业。河南省新增国家"双百企业"4户、"科改企业"5户,"双百企业"数量排名全国第3位。入围国家专精特新"小巨人"企业6户,选定省级"专精特新"中小企业16户。

(三)转型发展开新局,布局结构持续优化

重组整合做强做专。河南钢铁集团、中豫航空集团、豫信电科集团等战略重组顺利推进。联合国机精工集团组建中国金刚石集团。豫健生物集团、豫健体育集团、新材料投资集团、联合产权交易集团、中原农谷投资运营公司等一批专业化公司揭牌成立。河南检验集团与省检测中心一体化管理运行。郑州市重塑形成"9+1"企业发展格局,开封、济源等推进企业专业化重组整合。产业转型提档升级。省管企业牵头建设先进计算等4条河南省重点产业链,钢铁与铝铜镁产业融合发展加速推进。豫信电科集团推动超聚变服务器全球60%产能落地河南,设立数字经济产业创新研究院构建"中原数字大脑"。大力发展工业互联网,省管企业数字化转型项目投入10.5亿元,新建成一批智能煤矿、智能工厂。河南航投集团航空模拟仿真产业集群实现新突破。三门峡市做强电子级银粉等高端材料产业,平顶山、漯河等市谋划推进一批转型升级项目。科技创新全面发力。深度融入中原科技城、中原医学科学城、中原农谷"三足鼎立"科技创新大格局,出台科技创新激励保障12条措施,首次建立省级层面责任豁免机制,企业研发经费投入91.5亿元,比上年增长18.5%,建成2个全国重点实验室和2个省级中试基地、3个创新联合体、6个产业技术研究院。平煤神马集团第三代半导体等技术再破"天花板"。豫地科技集团高纯石英提纯中试取得突破。河南检验集团制(修)订国家和省级标准36项。新乡市推动中原农谷建设打造国家种业创新核心力量。开放合作增量扩面。河南航投集团郑卢"空中丝路"项目入选全国国有企业品牌建设典型案例,中欧班列(中豫号)全年开行3269班,累计超过1万列,居全国第3位,河南机场集团新开通国际客运航线18条。召开驻豫央企座谈会，中国电气装备集团等中原区域总部挂牌，央企省企航空港区行、中原农谷行等签约金额超过700亿元，2023年央企在豫投资超过1300亿元。洛阳、鹤壁等市推动一批央企省企合作重点项目落地。

(四)风险防控见新效，发展底座不断夯实

债务风险总体可控。实施债务风险常态化监测预警，定期开展全级次债务风险排查，指导重点企业制定风险化解预案。严格落实“631”债务偿还机制，河南能源集团存续债券全部兑付，时隔三年重启发债，助力河南省金融环境根本改善。新增AAA级信用企业3户，中豫信增公司为河南省国企债券发行提供增信179.8亿元，作用发挥突出得到领导批示肯定。截至2023年底，省管企业平均资产负债率66.1%，稳定在全国平均线以下。信阳、周口、驻马店等市建立企业债务管理系统，许昌市稳妥化解相关企业风险维护地方金融稳定。安全责任全面压实。全国首创省管企业安全生产、环境保护分级分类督促指导机制，实施差异化管理考核。建立三级安全主体责任清单和全员安全责任清单，召开安全生产现场警示会，开展重大事故隐患专项排查整治。企业大局保持稳定。学习借鉴“枫桥经验”，实行领导包案制度，常态化深入一线下访接访、化解矛盾，妥善解决职工群众切身利益问题，做到“案结事了”“事心双解”。河南国控集团建立信访稳定包保台账，实现整体稳定风险可控。省政府国资委被评为全国“治理重复信访、化解信访积案专项工作优秀集体”、河南省来访接待“人民满意窗口”。

(五)国资监管展新貌，威力效力愈加彰显

授权放权力度加大。印发省政府国资委授权放权清单(2023年版)，明确六大类28项授放权事项。以应授尽授为原则对河南资本集团全面授权，赋予企业更多自主权。推动企业集团对所属企业按层级实施授放权，充分激发基层经营单元活力。加快改组国有资本投资公司、运营公司，打造做强农业、发展战略性新兴产业的主平台。顺利完成省国资委机构改革，全国首创成立决策咨询、战略投资、薪酬考核、内审风控等4个专业委员会。基础管理进阶升维。做好规范性文件立改废释，新制定融资担保、金融业务、高质量财务管理体系等制度，现行规范性文件88件。夯实产权登记基础，规范产权交易行为，全年进场交易53宗86亿元。首次开展企业重大投资平行论证，创新实施企业董事长述职问询制度。洛阳、南阳等市以业绩考核“四挂钩”等促进企业价值创造，平顶山、焦作等市健全机制规范企业投资行为，三门峡市成立市管企业运营行政事业单位经营性国有资产。穿透式监管加快推进。树牢“无平台不监管”理念，完善覆盖省市两级的“121N”智能化监管架构，获评全国优秀等级。实施穿透式监管“三步走”，启动集团管控数智化创新活动，31个重点模块实行“揭榜挂帅”，河南水投集团、豫信电科集团实现全级次组织和投资项目全覆盖。中豫建投集团、豫资控股集团建成业务财务协同数字化体系。监督问责有力有效。强化出资人监督与纪检监察监督、巡视监督、审计监督、社会监督、内部监督等贯通协同，形成工作合力。开展与民营企业合资合作中的国有资产流失损失风险专项整治，维护国有资产安全。聚焦三年行动专项审计、省委督查重组企业等发现的问题，建立科学化规范化整改长效机制。加强违规经营投资责任追究，向企业转交问题线索15个，下发提示函33份。

(六)党的建设谱新篇，红色引擎更加有力

主题教育走在前列。深入开展学习贯彻习近平新时代中国特色社会主义思想主题教育，围绕党的创新理论打造党委中心组示范领学等“四个示范”学习品牌，省国资委党委和10户企业党委获评河南省“第一议题”学习示范点和理论学习中心组学习示范班，拥护“两个确立”更加坚定、做到“两个维护”更加坚决，主题教育成效转化为干事创业的加速器、真金白银的成绩单。基层基础持续巩固。以“三化三提升”为抓手，选树第三批标准化党支部示范点100个，标准化党支部建设全覆盖。高标准推进“百千万”工程，省管和中央驻豫企业60名党委书记、3700余名基层党组织书记、10000余名优秀党员参训。“从简、从实、从优”开展党建高质量考核，与生产经营业绩双向印证。濮阳市成立国企党委统筹负责在濮国企党建工作，郑州市“红色物联　智慧万家”获评全国企业党建优秀品牌。意识形态向上向好。联动主流媒体正向发声，推出“豫见新国企奋进新时代”等主题宣传和

"勇当开路先锋　堪做中流砥柱"等专题报道。完善网络舆情处置"1+2+N"机制,妥善处置负面舆情。河南盐业集团在抢盐风波中主动引导理性消费稳定社会情绪。"河南国资"新媒体指数稳居全国前三,主流意识形态辐射力影响力更加彰显。人才资源更加集聚。举办招才引智国企专场等活动,延揽杰出青年人才等2000余人。持续开展高层次人才认定,推荐企业人才入选"中原英才计划"。举办首届省管企业职业技能大赛,锤炼高素质技能人才队伍。公开征集国资国企专家库人选,打造河南省国资国企新型智库。党风廉政建设不断深化。开展清廉机关、清廉国企创建,选树首批清廉国企建设示范点9户。深化粮食购销领域腐败问题专项整治,加强企业境外腐败治理,推进医药领域腐败问题集中整治。创新建立违规经营责任追究"六通"机制,被国务院国资委作为典型推广。

二、河南省国有资产总量与结构分析

表1　　2023年河南省国有企业指标

项　目	金　额(亿元)
资产总额	97958.8
所有者权益	37125
国有资产总量	31558
营业收入	11559.4
利润总额	519.5
净利润	328.5
归属于母公司所有者的净利润	168.6
应缴税金总额	638.2
实际上缴税金总额	609.5

表2　　2022年河南省国有企业户数情况

2022年户数(户)	2023年户数(户)	比上年增长(%)
8483	9955	17.35

表3　　2022年河南省国有资产总量按隶属关系分布情况

隶属关系	国有资产总量(亿元)	占　比(%)
省属企业汇总	6906.8	21.89
地市企业汇总	24651.2	78.11
郑州市	5523.89	17.50
洛阳市	2818.92	8.93
开封市	2537.70	8.04
许昌市	1877.36	5.95
周口市	1493.92	4.73
平顶山市	1409.30	4.47
南阳市	1376.55	4.36
信阳市	1143.65	3.62
驻马店市	1098.28	3.48
三门峡市	1006.58	3.19
新乡市	817.69	2.59
商丘市	775.19	2.46
安阳市	773.59	2.45
焦作市	667.26	2.11
漯河市	476.48	1.51
鹤壁市	450.06	1.43
濮阳市	299.28	0.95
济源产城融合示范区	177.66	0.56

表4　　2023年河南省国有资产总量按行业分布情况

行　业	国有资产总量(亿元)	占　比(%)
农林牧渔业	883.72	1.7
工业	4778.51	9.3
建筑业	5923.81	11.5
交通运输业	4746.61	9.2

续表

行　业	国有资产总量（亿元）	占　比（%）
仓储业	70.34	0.1
商贸业	439.72	0.9
房地产业	5388.97	10.5
信息传输、软件和信息技术服务业	217.07	0.4
社会服务业	26726.67	52.1
教育文化广播业	473.95	0.9
科学研究和技术服务业	391.78	0.8
金融业	1042.65	2.0
其他	243.57	0.5
合　计	51327.37	100.0

注：表中数据为汇总数，未合并抵扣；由于数据修约，存在分项和总项不相等的情况。

表 5　　2023 年河南省国有资产总量按经营规模分布情况

经营规模	国有资产总量（亿元）	占　比（%）
大型企业	7203.06	14.0
中型企业	9249.13	18.0
小型企业	21730.35	42.3
微型企业	13144.84	25.6
合　计	51327.37	100.0

注：表中数据为汇总数，未合并抵扣；由于数据修约，存在分项和总项不相等的情况。

三、河南省国有资本保值增值综合分析评价

表 6　　2023 年河南省国有企业地区和行业国有资本保值增值情况

地　区	国有资本保值增值率（%）	行　业	国有资本保值增值率（%）
郑州市	100.1	农林牧渔业	99.8
洛阳市	106.6	工业	104.2
许昌市	103.6	建筑业	100.1
信阳市	101.7	交通运输业	101.7
平顶山市	100.0	仓储业	96.7
开封市	100.0	商贸业	103.6
南阳市	103.6	房地产业	100.2
三门峡市	100.3	信息传输、软件和信息技术服务业	99.1
驻马店市	101.1	社会服务业	103.4
周口市	101.9	教育文化广播业	103.1
商丘市	108.4	科学研究和技术服务业	107.2
安阳市	99.6	金融业	103.0
新乡市	100.1	其他	100.0
焦作市	101.6		
漯河市	101.0		
鹤壁市	98.9		
济源产城融合示范区	101.1		
濮阳市	102.4		

四、河南省国资委监管企业改革发展情况

2023 年，河南省委、省政府把深化国资国企改革作为河南省十大战略之一的全面深化改革战略之首，以前所未有的力度决战决胜国企改革三年行动，以前所未有的速度重构重塑国有资本布局，推动河南省国资国企面貌发生根本性、转折性、全局性变化，实现“三个首次一个突破”：国企改革首次进入全国第一方阵、国资布局首次实现战略性重构、国资监管首次实现集中统一、国有企业党的建设实现整体突破，国资

国企发展站在新的历史起点上。

(一)国企改革三年行动高质量收官

梳理提炼河南省三年行动以来主要做法成效和标志性成果，按照国务院国企改革办评估“重点任务183项台账”和“重点任务量化采集表”两项核心内容高质量上报相关佐证材料，经国家评估组现场评估，在国企改革三年行动整体评估中再次获评A级。继2021年度评估获评A级之后，河南省国企改革工作整体领先、全面出彩，持续保持在全国第一方阵。

(二)国企改革深化提升行动高起点开局

对上加强沟通，进一步理解把握改革深化提升行动的背景和相关政策；对下摸清情况，梳理汇总各层级国企改革中的难点痛点、短板弱项问题；对外专题调研，注重学习借鉴先进地区经验；对内专班推动，成立专家组，为改革顶层设计、前沿问题研究、重点难点破解、方案起草把关等提供智力支持。

(三)重点改革工作高标准推进

会同省发展改革委，全力做好平煤神马集团创建世界一流企业申报工作，并按建设世界一流企业培育库入库程序将平煤神马集团推荐至国家发展改革委初核。组织开展“双百行动”“科改行动”新一轮充实扩围工作，河南省新增入围“双百企业”4户、“科改企业”5户。全面梳理2022年混合所有制改革进展，对省管企业混合所有制改革情况进行全方位调查摸底，稳妥有序深化混合所有制改革。

五、河南省国资委监管企业并购重组与完善法人治理结构情况

(一)并购重组方面

通过央地合作、联合重组等方式，加强优势互补、攥指成拳，打造引领河南省重点产业高质量发展的“先锋军”。航空产业领域，牵头组建中豫航空集团，加强河南航投集团、河南机场集团业务板块融合，优化产业布局，打造河南省航空经济转型升级的重要驱动力、对外开放的重要平台。信息产业领域，推动豫信电科集团与洛单集团重组，支持豫信电科集团打造一流数字经济产业集团。牵头组建河南数据集团，培育河南省数据要素市场。支持豫信电科集团统筹推进河南省政务信息化项目建设。生物医药领域，牵头组建豫健生物集团，全面融入省医学科学院和中原医学科学城建设，搭建“一集团、一中心、一基金”组织结构，积极推动生物医药科技成果转化，助推生物医药强省建设。协调推动省医学生物检测公司重组，积极融入河南资本集团医药板块。新材料产业领域，牵头组建新材料集团，以“控原、补链、整合、赋能”为主要任务，发挥产业引领功能，助推河南省从原材料大省向新材料强省转型。联合国机集团组建中国金刚石集团，打造我国超硬材料产业链链主，推动提升金刚石产业国际竞争力。启动与中建材集团战略合作，实现优势互补，推动产业发展。产权交易领域，牵头组建联合产权交易集团，推动整合省内国有产权交易类资源，打造河南省统一的综合性要素市场化交易平台。检验检测领域，推动解决河南检验集团重塑性改革后资产划转等后续问题，争取早日实现百亿一流企业发展目标。

(二)完善法人治理方面

坚持党建融入优治理。修订《河南省省管企业贯彻落实“三重一大”决策制度实施办法》，指导省管企业在建设中国特色现代企业制度过程中，进一步完善“三重一大”决策机制，规范各治理主体决策行为，提高科学决策水平。着力加强“三支队伍”建设。在董事会和外部董事队伍建设方面，首次召开省管企业董事长述职问询会议，6户企业董事长现场述职，11户企业董事长书面述职，同步开展对17户省管企业董事会的出资人测评。调整省管企业董事41人次，其中外部董事22人次。落实外部董事召集人制度，开展学习研讨活动40次。组织44名外部董事赴深圳、广州参观见学，借鉴先进经验促进履职能力提升。在“董秘”队伍建设方面，建立省管企业董事会秘书定期协作交流机制，搭建各省管企业之间加强沟通交流、分享先进经验的平台。举办省管企业董事会秘书履职能力提升培训会，通过专题讲座、小组研讨、互动交流等形式组织董事会秘书进行学习培训，省管企业董事会秘书、董事会工作机构负责人40余人参加座谈

会。加强公司章程管理。严格履行章程审核程序，制定《国有独资公司章程制定和修改流程图》，做好国有独资企业章程审核工作。依法依规修改章程，将企业章程与《中华人民共和国公司法》《国有企业公司章程制定管理办法》《中央企业公司章程指引》对照，规范企业章程各项表述，做到合法合规。充分结合企业自身实际和功能定位，参照《河南省政府国资委授权放权清单（2023 年版）》中有关内容，在确保依法合规和内容齐全的前提下，尊重不同企业的自身特点，着重完善章程的个性化内容，努力做到规范化和个性化相适应。指导审核批准河南资源集团、河南水利投资集团、河南省储备粮集团等变更公司章程；批复河南农投集团、河南种业集团、河南储备粮集团等 3 户新组建企业的章程。提升多元化投资主体企业股东履职水平。根据《河南省政府国资委履行多元投资主体公司股东职责暂行办法》有关要求，完善多元化投资主体企业的公司治理机制，制定《多元化股东省管企业召开股东大会工作流程图》，规范股权多元化企业股东履职程序和内容，强化股东会决议落实情况跟踪机制，助力发挥好股东会作用，研究规范股东会议案前置审批程序，提高股东会议案质量。2023 年，召开年度股东会 3 次，牵头审核平煤神马集团选举部分董事、发行可交换公司债、文旅投资计划及财务预算的调整等各类议案。

六、河南省国资委监管企业建立和完善经营业绩考核体系情况

一是制定出台《关于推动省管企业加强科技创新的若干激励保障措施》。为深入实施创新驱动、科教兴省、人才强省战略，把创新摆在发展的逻辑起点、现代化建设的核心位置，围绕“政策先行先试、收益应享尽享、束缚能破则破”，推出突破性举措 12 条，坚持应给尽给、能给尽给，科研人员配备不限编制，薪酬不设顶板，放宽中长期激励条件，分类推进科技成果转化收益分享，首次提出建立科技创新责任豁免机制，以机制之变激发企业创新之源。二是修订完善《河南省省管企业绩效评价办法（试行）》。围绕实施分类评价、优化评价指标、加强结果应用 3 个方面进行细化完善，引导企业强化基础管理、补齐短板弱项、瞄准行业标杆、看齐一流水平，实现更高质量、更有效率、更为安全、更可持续的发展。三是配合省人社厅持续完善工资总额管理有关制度。出台《河南省国有企业工资内外收入监督管理实施办法》，指导企业进一步规范工资收入分配秩序，及时纠正分配偏差，落实国有企业工资制度改革政策。出台《河南省国有企业工资总额预算编制管理指引》，指导企业进一步加强工资总额预算管理，不断健全完善与劳动力市场相适应、与企业经济效益和劳动生产率挂钩的工资决定和正常增长机制。

七、河南省国资委监管企业负责人考核与选人用人机制改革情况

（一）做好考核评价工作

一是高标准制定 2023 年度及 2023—2025 年任期经营业绩考核目标。贯彻落实河南省委经济工作会议和十一届省委深改委第二次会议关于国资国企改革发展最新要求，强化“硬考核”，用好指挥棒，推动企业提高核心竞争力，增强核心功能，高标准签订 2023 年度及 2023—2025 年任期经营业绩责任书。在年度利润目标方面，通过“一对一”谈判等方式，千方百计引导企业提升盈利水平，提升利润总额 61.7 亿元。在任期目标方面，以增值为目标，以保值为底线，进一步压实企业国有资本保值增值责任，经审核，全部监管企业“国有资本保值增值率”目标均高于或等于 100%，实现任期内保值增值。二是加强业绩考核监测。建立业绩考核月报制度，要求企业每月上报各指标完成进度，对进展不及预期的企业及时沟通预警，不断提高过程监管的精准性。三是做好企业绩效评价工作。充分发挥绩效评价对标作用和“诊断”功能，根据新出台的绩效评价办法，测算企业绩效评价结果及所处行业水平。对绩效评价结果“优秀”的企业通报表扬，对结果较差的企业督促及时整改，努力提高经营管理水平。

（二）有序推进企业人才工作

一是举办招才引智活动。举办国企专场活动，邀

请2名杰出青年人才与省管企业签约，组织104家省属、市属国有企业现场参会，提供岗位3339个。遴选22家省管企业参加招才引智大会国企招聘专区，提供岗位2876个。二是开展人才认定工作。首次开展“中原英才计划(引才系列)”推荐评议，经专家评审向组织部推荐1名人选。启动第二、第三季度省管企业高层次人才认定，向省人社厅推荐5名人选(其中B类人才1人、C类人才2人、D类人才2人)。推荐平煤神马集团张建国为河南省“顶尖人才”培养对象，协调其牵头建设煤炭资源绿色开发产业研究院。三是组织职称申报评审。累计办理2403本专业技术职称中级、初级职称证书。严肃通报处理4家企业5人高级职称弄虚作假行为，约谈职称弄虚作假人员所在单位人力资源部主管和分管领导。

八、河南省国资委监管企业党的建设和廉政建设情况

(一)抓牢政治建设强根，发展引领力显著提升

一是突出坚持旗帜鲜明讲政治，推动党的二十大精神贯彻落实。全面开展省管企业“学习贯彻党的二十大精神”党员教育工作。通过领导带头组织学习、积极参加集中研讨、深入基层督导辅导，推动企业理论学习走在前、作表率。组织基层党组织书记、党务干部、党员系统培训1321班次，受训151327人次，基层党建工作质量全面提升。持续深化省管企业党的建设“根魂工程”，聚焦新一轮国企改革深化提升行动，组织起草《河南省省管企业党建领航行动实施方案(2023—2025年)》，谋划新时代国有企业全面加强党的建设“河南篇”。二是坚持强基固本夯堡垒，推动基层党组织建设提质增效。建强基层组织，以“三化三提升”为抓手，选树第三批100个标准化党支部示范点，谋划省管企业“五星”党支部创建工作。落实企业党委换届选举提醒督促工作机制，指导河南机场集团党委等10余家企业集团党委开展换届选举或党委委员补选工作。建强基本队伍，持续实施“百千万”培训工程，对省管企业和中央驻豫企业的60名党委书记或副书记，2215名新任基层党支部书记，1496名基层党组织书记，79名宣传思想工作人员，10000余名优秀党员开展集中培训。严格落实发展党员“双推双评三全程”制度，加大从生产经营一线、产业工人、青年骨干和高知群体中发展党员的工作力度，组织完成3139名党员发展对象的培训工作。建强基本制度，指导企业严格执行“三会一课”、谈心谈话、民主评议党员等组织生活制度，推行党委书记领办党建实事制度，对新任职党组织书记，落实“四个一”党建履职“必修课”制度。三是坚持明责考核保落实，推动党建考核与生产经营业绩考核“双印证”。召开省管企业党委书记抓基层党建述职评议考核会议，指导企业根据现场点评和自我检视情况建立问题清单，制定整改台账，每季度报送整改落实情况，逐项抓好问题销号。制定2023年省管企业党建高质量考核指标体系，综合分析评定省管企业基层党建工作成效。

(二)抓强思想建设铸魂，发展影响力显著提升

一是强化思想理论武装，凝聚高质量发展精神动能。严格抓好党的创新理论学习，对10户省管企业开展党委理论学习中心组学习巡听旁听。深入开展党的二十大精神学习宣传贯彻，组织12名省管企业党委书记深入矿山、车间、班组开展宣讲，形成“四级联动”宣讲格局，实现省管企业宣讲全覆盖。举办“立学为先　强企有我”省管企业党的二十大精神暨主题教育学习竞赛，在线点击量超过74万人次，53万人次参与答题，干部职工以赛促学，以学促干，干事创业精气神进一步提振。深化“学习强国”平台运用，省政府国资委获评河南省2022年度推广运用工作先进单位。二是强化意识形态引领，牢牢掌握意识形态工作领导权。全面落实意识形态工作责任制，召开3次省管企业意识形态分析研判会。优化舆情处置“1＋2＋N”应对机制，印发《省管企业舆情监测研判与应对处置工作机制》，对省管企业舆情监测情况进行摸底排查，均妥善处置。抓好意识形态阵地建设，开展网络安全巡检，推动意识形态持续向上向好。三是强化正面宣传导向，营造高质量发展浓厚氛围。联动主流媒体宣传，与中国网策划推出“豫见新国企奋进新时代”主题宣传活动，联合《河南日报》策划推出“勇当开路先锋　堪做中流砥柱——河南国资国企在行动”专题报道，与河南广播电台《对话民生》栏目策划推出“国企的大文章和百姓的小日子”活动。召开省管企业经

济运行和改革发展情况新闻发布会3场，彰显国资国企全力以赴拼经济、奋勇争先挑大梁的责任担当。聚焦主题教育宣传，下发《省管国资国企系统学习贯彻习近平新时代中国特色社会主义思想主题教育宣传工作方案》，助推国资国企系统主题教育走在前、作表率、强基础、求实效。持续擦亮"河南国资"宣传名片，"河南国资"新媒体指数稳居全国第一方阵，在全国国资国企系统的辐射力、影响力、号召力持续提升。

（三）抓严廉政建设护航，发展战斗力显著提升

一是聚焦专项整治工作走深走实。开展粮食领域腐败问题专项整治党建调研，印发《关于加强省管涉粮企业基层粮库党建试点工作的意见》，指导粮食企业开展清廉粮企建设。深化以案促改，组织涉粮企业召开夏粮收购专项培训暨粮食安全和廉洁从业宣讲会，净化企业政治生态、优化粮食安全发展环境。二是聚焦清廉国企建设见行见效。扎实开展清廉国企示范点培树工作，制定《清廉国企建设示范单位基本标准》，印发《关于做好清廉建设示范点培树，不断深化清廉国企创建工作的通知》，选树首批9家清廉国企建设示范点，召开省管企业清廉国企示范点命名暨经验交流会，以"清廉企业"建设护航省管企业高质量发展。三是聚焦境外反腐败工作落细落小。印发《2023年跨境腐败治理重点工作分工方案》，深入推进追逃追赃和跨境腐败治理工作，指导省管企业健全配套机制制度、完善相关措施手段，全面深化省管企业境外腐败治理工作。

（撰稿人：夏　雨　丁　康）

湖北省

一、湖北省国有资产监督管理工作综述

2023年，湖北省国资委坚持以习近平新时代中国特色社会主义思想为指导，坚决贯彻落实党中央、国务院决策部署和省委、省政府工作要求，牢牢把握高质量发展首要任务，顶压前行、克难奋进，国资国企各项工作取得显著成效。

（一）坚持稳中求进，经营效益再创新高

面对国内外严峻复杂的形势，湖北省国资国企承压前行、顽强拼搏，交出一份快于湖北省、好于全国的高质量发展新答卷，省属企业主要经营指标增速位居全国前列、中部第一。一是资产底盘逐步壮大。湖北省国资监管企业规模总量首次迈进全国前十、排名第9位，资产总额8.9万亿元，比上年增长15.5%，增速居全国第2位。省市"千亿骨干国企"增加3户，总数达到17户。二是营业收入大幅增长。全年营业收入首次突破1万亿元大关，比上年增长25.2%，增速居全国第2位。湖北联投集团、湖北交投集团营业收入超过1000亿元，6户企业入围"中国企业500强"。三是利润总体回升向好。在内外需同时走弱，PPI持续走低的情况下，实现利润总额499.6亿元，17户省属企业、15个市（州）总体实现盈利。其中，省属企业比上年增长37.2%，增速居全国第9位。四是经济贡献不断提高。全年上缴税费487.9亿元，比上年增长5.6%，高出全国近8个百分点；实现劳动生产总值1821.1亿元，其中省属企业增长17.5%；完成固定资产投资2732.9亿元，比上年增长11.5%，增幅全国排名第7位。

（二）坚持改革攻坚，活力动力全面释放

一是国企改革三年行动正式收官。湖北省改革典型经验做法在全国交流发言5次，9个案例入选国务院国企改革办典型案例，5户企业入选国务院国企改革办标杆企业名单，"省属企业改革重组"项目和湖北宜化集团、宜昌兴发集团获得湖北第四届改革奖。二是国企改革深化提升行动开局起步。研究出台《湖北省国有企业改革深化提升行动实施方案》，明确30项改革任务、5张任务清单、83项重点项目，提出11项创新举措。省属企业和市（州）国资委制定具体实施方案，累计提出600多项落实举措。三是重点领域国资国企改革扎实推进。聚焦强功能补短板，先后组建湖北水利发展集团、健康养老集团、人才集团、征信公司等一批功能性企业，研究制定湖北省农村信用联社改革工作方案。四是专项改革工程稳步推进。湖

北武汉区域综改破题见效,省委副书记、省长王忠林担任组长,制定20项重点任务清单,形成10项标志性成果。出台盘活存量土地"黄金八条"、建立联席会商工作机制、盘活土地资产近600亿元等工作经验被国务院国资委作典型推广。世界一流企业创建加快推进,湖北省新增18户"科改企业"、5户"双百企业","科改企业"数量居全国第2位。五是市场化经营机制更加完善。持续推进董事会建设,出台《省属企业董事会规范运作办法》《省属企业外部董事选聘和管理办法》,建立600余人规模的外部董事人才库。深入开展经理层成员任期制和契约化管理专项提升工程,省属企业全级次全覆盖落实。深入实施管理人员竞争上岗,广泛开展经理层"1+N"组阁竞聘、经营任务"揭榜挂帅"攻坚行动等市场化选聘举措,激发企业发展活力。出台《关于推进省属企业中长期激励的实施意见》,明确16种激励方式,省属企业102家子企业实施中长期激励,累计激励2183人次。

(三)坚持服务大局,功能作用日益彰显

一是供应链体系建设成势见效。省市国企聚焦汽车、医药、船舶、磷化工、科技创新、物流公共信息等产业链供应链薄弱环节,以国资国企为基础,搭建一批公共性、普惠性、开放性、共享性供应链平台,汇聚资源要素,融合国企民企,有效发挥国有企业引领带动作用。二是"九州通衢"基础支撑更加稳固。省属企业全年建设1亿元以上重点项目445个、完成各类投资2326亿元,新建续建"6桥24路",完成高速公路投资820亿元,支撑湖北省公路水路投资增速位列全国第一。完成铁路项目投资超过200亿元,推动武鄂黄黄都市圈城际铁路实现公交化运营。加快完成"向西入欧、向东出海"的外向型通道布局,新增航线路线44条,阳逻港吞吐量稳居长江中上游第一,中欧班列(武汉)开行首破1000列,比上年增长64%。花湖机场开通55条国内国际货运航线,单日全货机航班起降数居全国第2位。三是转型发展全面起势。出台《新时代省属国有企业高质量发展五年行动计划》,实施产业链"强筋壮骨"、数字化发展"转型赋能"、上市公司"倍增提质"等十大专项行动,推动国有资本加快向创新链关键环节、产业链核心节点和价值链高端领域集中。省属企业全年投资布局战略性新兴产业项目100多个、新增投资额229亿元、实现营业收入200亿元,呈布局加速、收入攀升的良好态势。湖北省国资国企围绕主责主业和产业链上下游加大投资并购,新增控股上市公司7家,总数达到26家。四是民生保障扎实有力。省市国企全年累计为2.8万户中小微企业和个体工商户减免房屋租金2.38亿元,减免各类通行费35亿元,入市保租房45万平方米,省属金融企业累计为各类市场主体提供融资支持超过3000亿元。省市国企带头做好保交楼、保民生、保稳定工作,各市州所属企业积极建设运营地铁公交、供水供热、应急保障中心、生态环保等一大批重大民生工程项目。五是央地合作品牌持续擦亮。聚力都市圈建设,在黄石召开2023湖北省与中央企业项目对接洽谈会,达成合作项目97个、投资总额3215亿元。湖北省2023年新签和续建央地合作项目723个,新增到位资金2451亿元,比上年增长32%。举办中央企业助力湖北乡村振兴座谈会,建立央企参与、省企协同、地方配合、群众受惠的联农带农富农机制,中央在鄂企业和省属企业累计实施定点帮扶项目606个,引进各类资金5.3亿元,开展消费帮扶4.36亿元。

(四)坚持放管结合,监管效能显著提升

一是监管制度不断完善。坚持制度先行,全面修订涉及省属企业财务监管、董事会建设、经营业绩考核、中长期激励等国资监管文件。二是监管方式持续优化。在全国率先成体系推动出资人监督与其他各类监督统筹衔接、有机贯通,联合纪委监委、审计等部门出台监督贯通协作工作办法,加强在信息共享、问题整改、成果运用等方面的协作联动。全面启动2.0版智慧国资监管平台建设,加快构建上下贯通、实时在线的数字化智能化监管体系。"一业一策、一企一策"对省属企业进行经营业绩考核,首次设置奋斗目标档,鼓励企业"跳起来摘桃子"。三是集中统一监管成效明显。加强对市州指导监督,在全国率先出台市州国资监管工作评估评价办法,首次对17个市(州)国资委开展评估。四是防控风险措施有力。对企业资产负债率实施分类管控,建立年度隐患排查、月度风险监测、季度情况通报的工作机制。湖北省国资监管企业资产负债率比上年下降0.49个百分点,比全国平均水平低4个百分点。修改完善省属企业合规管理办法，推动设立首席合规官，开展国有企业"积案化解、法治惠企"专项行动，帮助省属企业执行回款21亿元。

（五）坚持夯基固本，国企党建全面提升

一是主题教育走在前列。湖北省国资国企扎实开展学习贯彻习近平新时代中国特色社会主义思想主题教育，深化"思想引领、学习在先"机制，严格落实"第一议题"制度，一丝不苟贯彻落实习近平总书记重要讲话、重要指示批示精神，拥护"两个确立"更加坚定、做到"两个维护"更加坚决。以共同缔造为载体，深化开展党员干部下基层察民情解民忧暖民心实践活动，省属国资国企各级党员干部累计下基层7万多人次，解决问题近1万个，多次在湖北省推进会上交流发言。二是基层基础不断夯实。深化"四级同述同评同考"机制，推动企业将党建考核10%～20%权重融入考核、兑现薪酬，倒逼党建责任制落实。广泛开展"争创示范基层党组织，争当改革先锋模范"培育活动，选树"国有企业示范基层党组织"30个、"国有企业党员先锋模范"12人。三是意识形态向上向好。围绕中心工作，讲好国资国企故事，主流媒体宣传报道近万篇，营造良好的舆论氛围。省属文化企业充分发挥主阵地、主平台宣传引领作用，全方面展示中国式现代化湖北实践。四是清廉国企走深走实。扎实开展警示教育，与省纪委监委联合召开湖北省清廉国资国企建设工作推进会暨警示教育大会，引导党员干部知敬畏、存戒惧、守底线。大力推进工程领域、国有企业领域突出问题、粮食购销领域等六大专项整治，督促完成3179个具体问题整改。制定企业领导人员违规吃喝负面清单，组织开展自查自纠和集中督查，给予党纪处分33人、组织处理102人。定期对省属企业开展政治生态分析研判工作，有效净化企业发展环境和政治生态。

二、湖北省国有资产总量与结构分析

（一）国有企业资产总额情况

截至2023年底，湖北省国有企业资产总额10.59万亿元，较2022年末增长18.99%。

表1　　2023年湖北省国有企业指标

指　标	金　额（亿元）
资产总额	105934.68
负债总额	70541.74
所有者权益	35392.94
年末国有资本权益总额	30595.95
营业总收入	10972.50
利润总额	581.69
净利润	457.75
归属于母公司所有者的净利润	362.97
应交税金总额	512.22
实际上缴税金总额	550.09

（二）企业级次情况

截至2023年12月31日，湖北省全级次国有企业6928户，比上年增加1126户。其中，一级企业653户，减少35户；二级企业1640户，增加254户；三级企业2426户，增加317户；四级企业1545户，增加399户；五级企业538户，增加163户；六级企业85户，减少4户；七级企业39户，增加30户；八级企业2户，增加2户。湖北省6928户国有企业中，省本级企业2199户，市（州）县（区）本级企业4729户。

表2　　2023年湖北省国有企业户数情况

项　目	2022年户数（户）	2023年户数（户）	比上年增长（%）
湖北省国有企业	5802	6928	19.41
一级国有企业	688	653	−5.09
二级国有企业	1386	1640	18.33
三级国有企业	2109	2426	15.03
四级国有企业	1146	1545	34.82
五级国有企业	375	538	43.47
六级国有企业	89	85	−4.49
七级国有企业	9	39	333.33

续表

项　目	2022 年户数(户)	2023 年户数(户)	比上年增长(%)
八级国有企业	0	2	—

(三)国有资本权益总额情况

2023 年,湖北省国有企业年初国有资本权益总额 26925.97 亿元,全年国有资本权益总额净增加 3601.49 亿元,确认年末国有资本权益总额 30532.82 亿元(剔除客观增减因素后),主要是追加投资、无偿划入、会计调整、经营积累等因素带来的国有资本总量增加。

表 3　2023 年湖北省国有资本权益总额按隶属关系分布情况

隶属关系	国有资本权益总额(亿元)	占　比(%)
省级企业汇总	4099.12	13.43
地市级企业汇总	26433.70	86.57
武汉市	8485.23	27.80
宜昌市	2487.75	8.15
襄阳市	1929.00	6.32
黄石市	2080.21	6.81
黄冈市	1817.91	5.95
荆州市	1271.67	4.17
随州市	898.12	2.94
十堰市	2159.69	7.07
荆门市	832.31	2.73
咸宁市	1059.77	3.47
孝感市	1279.57	4.19
恩施州	1060.72	3.47
鄂州市	223.69	0.73
潜江市	312.53	1.02
仙桃市	238.79	0.78
天门市	272.30	0.89
神农架林区	24.45	0.08
合　计	30532.82	100.00

(四)国有资本权益总额按行业分布情况

按行业分类统计,湖北省国有企业国有资本权益总额主要分布在社会服务业、建筑业、交通运输业、房地产业、金融业等行业。其中,社会服务业国有资本权益总额 19893.09 亿元,占比 65.15%;建筑业国有资本权益总额 4306.24 亿元,占比 14.10%;房地产业国有资本权益总额 1971.89 亿元,占比 6.46%;交通运输业国有资本权益总额 1959.62 亿元,占比 6.42%;金融业国有资本权益总额 950.84 亿元,占比 3.11%。上述 5 个行业国有资本权益总额合计占比 95.25%。

表 4　2023 年湖北省国有资本权益总额按行业分布情况

行　业	国有资本权益总额(亿元)	占　比(%)
农林牧渔业	463.19	1.52
工业	489.28	1.60
建筑业	4306.24	14.10
交通运输业	1959.62	6.42
仓储业	19.24	0.06
商贸业	11.25	0.04
房地产业	1971.89	6.46
信息传输、软件和信息技术服务业	7.02	0.02
社会服务业	19893.09	65.15
教育文化广播业	162.34	0.53
科学研究和技术服务业	124.53	0.41

续表

行　业	国有资本权益总额（亿元）	占　比（%）
金融业	950.84	3.11
其他	174.30	0.57
合计	30532.83	99.99

注：由于数据修约，分项加总不为100%，合计数与表3不等。

（五）国有资本权益总额按企业规模分布情况

按规模分布看，规模以上大型企业国有资本权益总额20092.34亿元，占比65.80%；中型企业国有资本权益总额5250.71亿元，占比17.20%；小微型企业国有资本权益总额5189.78亿元，占比17.00%。

表5　2023年湖北省国有资本权益总额按经营规模分布情况

经营规模	国有资本权益总额（亿元）	占　比（%）
大型企业	20092.34	65.80
中型企业	5250.71	17.20
小微型企业	5189.78	17.00
合　计	30532.83	100.00

注：由于数据修约，合计数与表3不等。

三、湖北省国有资本保值增值综合分析评价

截至2023年底，湖北省国有企业平均国有资本保值增值率101.78%，比上年下降0.05个百分点。

表6　2023年湖北省国有企业地区国有资本保值增值率情况

地　区	国有资本保值增值率（%）
湖北省国有企业汇总	101.78
省级国有企业汇总	101.19
地市级国有企业汇总	101.87
武汉市	101.56
黄石市	101.56
十堰市	100.17
荆州市	102.47
宜昌市	106.36
襄阳市	101.32
荆门市	99.27
鄂州市	100.08
孝感市	101.55
黄冈市	102.05
咸宁市	101.13
恩施州	103.49
随州市	100.65
天门市	100.08
仙桃市	102.25
潜江市	103.66
神农架林区	101.33

四、湖北省国资委监管企业改革发展情况

（一）国企改革三年行动高质量收官

湖北省国企改革三年行动主体任务全面完成、实现高质量圆满收官，省属企业战略性重组和专业化整合工作得到国务院国资委肯定，并在2023年地方国资委负责人会议上作经验交流。2023年3月7日接受国务院国资委改革办对湖北省国企改革三年行动评估，4—5月省国企改革办组织开展对省属企业和市（州）国企改革三年行动任务落实情况的考核和评估工作。湖北省委、省政府授予“湖北省属企业重组整合”等10个项目“第四届湖北改革奖（项目奖）”称号。

(二)国企改革深化提升行动扎实推进

省委办公厅、省政府办公厅印发《湖北省国有企业改革深化提升行动实施方案(2023—2025年)》,共10章30条,省国企改革办同步印发与方案配套的任务清单、重点项目和重点任务、工作台账,明确目标任务、工作措施、责任单位和时限要求。自深化提升行动开展以来,湖北省先后5次在全国深化提升行动会议上作经验交流,多种方式盘活存量土地等经验做法被国务院国资委作典型推广,湖北交投集团司库体系建设入选国有企业经济运行动态总会计师交流专刊。2023年9月,国务院第二督查组对湖北省推进落实2023年国企改革重点任务情况进行现场督查,并给予充分肯定。

聚焦实体转型,着力打造新引擎。坚持分类管理,深入实施省属企业高质量发展十大专项行动,制定强功能优布局工作方案,加大布局重大产业项目,加快向实体企业转型。一是加快布局前瞻性战略性新兴产业。2023年新设立汽车产投、光电产投等产业主体20家,省属企业投资布局战略性新兴产业项目100余个、新增投资229亿元、实现营业收入200亿元,长江产业集团累计投资前瞻性战略性新兴产业项目48个,出资100亿元参与长江存储三期建设,呈布局加速、收入攀升的良好态势。二是逐步打造一批链主、群主企业。湖北省国有企业围绕"主业+"补链强链延链,落实"链长+链主+链创"工作机制,长江产业集团、湖北联投集团入选湖北省节能环保产业链链主企业。三是建设高质量供应链体系。加强与供应链头部企业、行业龙头企业合作,围绕产业集群建设,以国资国企为基础,牵头组建湖北国控、湖北楚象、长江汽车链、汽车数字化平台、长江船舶、数智病理、九州医药链等8家国资主导的公共性、普惠性、开放性、共享性供应链平台。组建湖北供应链物流公共信息服务平台,上线运行"楚道云链""联链通"等一批供应链金融服务平台,累计为2500多户各类链上企业提供融资支持100多亿元,为民营企业节约融资成本7000万元。

聚焦科技创新,着力增强新动能。2023年,湖北省地方国资监管企业研发投入比上年增长29%,其中,省属企业研发投入比上年增长32.1%、新增国家高新技术企业23家。湖北省"科改企业"入选总数26家,居全国第2位。一是强化政策供给。出台鼓励和支持省属企业加快推进科技创新工作的政策文件,在业绩考核、中长期激励、工资总额、财税奖励等方面"能给尽给、应给尽给",省财政分三年安排"尖刀"技术攻关工程专项资金16亿元,省税务局出台税收优惠若干措施,区域内国有企业享受研发加计扣除优惠金额277.8亿元,省国资委2023年批复科技创新单列工资1.06亿元。二是加速科技成果转化。支持湖北省国有企业做强做优45个科技创新平台,设立100亿元的湖北省楚天凤鸣科创天使基金,建立覆盖近100个天使项目的"天使投资项目库",长江存储、华工科技、兴发集团攻克闪存芯片、压力传感器、高速率光芯片、硅光芯片、电子级磷酸等一批"卡脖子"技术。三是大力实施招才引智。推动国有企业开展校企科研人员"双聘"试点,支持23名国有企业科技创新人才、经营管理人才赴省内高校兼职担任产业教授,实施楚天英才计划·创新型企业家培养活动,湖北省50名企业家纳入首批培养对象,做好国有企业高层次人才服务保障工作,将国有企业320余人纳入"楚才卡"服务范围,落实住房、医疗、出行等服务。组建湖北省人才集团,设立30亿元的省级科技人才股权激励基金,靶向引进国家重点工程、重大科技专项核心技术人才和团队。

聚焦功能使命,着力夯实新支撑。推动省属企业围绕战略储备、民生保供等功能使命,积极参与基础设施建设、粮食储备、能源保障、保障性住房收储开发等工作。一是强化战略保障功能。为稳定湖北省的能源保供,湖北国贸集团、联投商贸物流、楚象集团、国控集团积极响应国家能源安全战略,全力保障能源供应稳定。2023年湖北省"迎峰度夏"200万吨、"迎峰度冬"210万吨煤炭储备任务全部由4家企业承担。在粮食安全方面,湖北农发集团粮油仓储和加工综合能力位居湖北省同行业第一。二是增强基础支撑功能。2023年,省属企业续建、新建1亿元以上重大投资项目445个,完成投资1825.97亿元,比上年增长105.39%。湖北交投集团完成高速公路投资820亿元,支撑湖北省公路水路投资增速居全国第1位。湖北铁路集团完成铁路项目投资超过200亿元,在建、拟建铁路里程居全国第1位，武鄂黄黄城际铁路实现公交化运营。湖北港口集团阳逻港吞吐量稳居长江中上游第1位，中欧班列（武汉）开行突破1000列、居全国第4位。天河机场起降航班架次、国际旅客吞吐量、中转旅客吞吐量、冬航季旅客吞吐量实现“四个中部第1”，花湖机场开通55条国内国际货运航线，单日全货机航班起降架次居全国第2位、货邮吞吐量排名全国前五。三是强化服务民生功能。湖北省国有企业带头做好稳物价、惠民生、保交房、促就业工作，在民生实事中践行国企担当。2023年，湖北省国企招聘应届高校毕业生实际到岗数比上年增长43.3%，省属国企积极为农民工提供灵活就业岗位，招用农民工8万余人次。湖北联投集团积极推动“住有所居”，加强房源筹集、提速保租房项目建设，累计在管项目房源逾3万间，实施项目28个，累计投资额100亿元，整体出租率突破85%，品牌运营能力位居全国前列。

（三）武汉区域综改试验取得积极成效

扎实推进武汉区域综改实验，在央地协同盘活利用国有存量土地、人才共享共育、区域内国资“一本底账”等方面形成标志性成果10项。一是扎实推进国有企业存量资产盘活利用。2023年，盘活区域内国有企业土地资产价值591.12亿元，服务武钢集团对23宗更名困难的存量土地完成现场测绘，取得不动产权证11宗，将40.4万平方米闲置工业地块改造升级成14万平方米高新产业园区。建立联席会商机制，印发工作规则及《省属企业存量土地资产盘活利用重点项目责任清单（第一批）》，推动国有企业存量土地盘活利用工作进一步向央企和市州延伸。深入开展“省属企业清理盘活存量资产攻坚行动”，全面清理核查省属企业闲置、低效无效资产，推动省直行政事业单位一批非经营性资产转经营性资产划入省属企业，探索建立省属企业“三资”“一本账”、资产负债“一张表”，对企业重大投资、重要资产、大额资金等，运用数智化手段进行动态监测、实时管控、异常预警。多措并举盘活省市资产近900亿元，释放更大融资空间，切实改善企业经营质效。二是深化央地合作。中国宝武集团与省政府签订新一轮战略合作协议，双方在总部经济、绿色转型、产城融合、乡村振兴等10个方面深化合作，投资40亿元的新能源无取向硅钢、50亿元的高端取向硅钢项目开工建设，建成后将成为全球最大取向硅钢制造基地；深入推进三峡集团与湖北经济社会深度融合和协调发展，在总部经济、生态环保、能源开发、“双碳”合作、科技创新、国资国企合作等方面共同谋划中长期项目4000亿元。举办“2023湖北省与中央企业项目对接洽谈会”，达成合作项目97个，投资额3215亿元，50%以上投向战略性新兴产业。2023年，湖北省新签合作项目252个、投资总额6782亿元；新签和续建项目新增到位资金2451亿元。三是构建人才协同发展机制。探索建立“干部双向挂职、人才交流培养、党建联建共建”为内容的常态化合作机制，70余名中央企业优秀管理人员入选省属企业外部董事人才库，选聘任用9人；择优选拔32名企业青年骨干到省内外标杆企业挂职锻炼。实施省级卓越工程师校企联合培养项目，聚焦湖北省五大优势产业，首批择优遴选13所高校、17家在汉国有企业联合培养198人，培养一批卓越工程师后备人才。将武汉区域内国有企业纳入湖北省“院士专家企业行”活动重点服务对象，通过征集企业技术需求、协调高校院所匹配专家等方式，向企业选派25名专业水准较高的院士专家，帮助解决技术难题35个，开展联合攻关项目8个，引进高端人才12人。武汉市探索延迟退休工作机制，3名专家人才获批延迟退休。四是聚焦协同联动全面强化国有资产监管。争取国务院国资委支持，按季度收集汇总在鄂央企主要经营指标及重点企业分户经营指标台账，完善中央、省、市三级企业国有资产“一本底账”，定期披露在鄂央企、湖北省、省级、地市国资监管企业经济运行情况，加强对标对表与信息共享，为国资国企监管及发展提供决策支撑。率先成体系推动出资人监督与其他各类监督统筹衔接、有机贯通，联合省纪委监委、省委巡视办、审计等部门出台监督贯通协作工作办法。严格落实省属企业党委全面从严治党10项重点措施，建立健全省政府国资委领导列席省属企业党委会、与省属企业领导人员开展谈心谈话等工作制度，指导省属企业党委履职尽责、规范决策。率先出台市州国资监管工作评估评价办法，首次对17个市州国资监管、国企改革开展评估。

五、湖北省国资委监管企业并购重组与完善法人治理结构情况

(一)上市企业量增质升

2023年,湖北省国资国企围绕"主业+"补链强链延链,新增上市公司7家,地方国有控股上市公司26家,其中,省属企业控股上市公司12家,比2022年增加天风证券、双环科技、*ST明诚、上海雅仕4家。成功增补上市金种子企业5家、银种子企业4家。指导企业加强市值管理,通过提升经营业绩、转型新赛道、资产置换等方式,推动东湖高新、万润科技等4家上市企业市值超过100亿元(百亿市值企业比2022年增加2家)。

(二)省属企业重组整合持续推动

整合相关资源组建湖北水利发展集团、湖北健康养老集团、湖北自然资源管理公司、湖北数据集团、湖北人才集团、省征信公司等6家功能性国有企业。协调湖北宏泰集团、长江产业集团向长江财险共同增资12亿元。大力推进省属企业内部子企业专业化整合,加大"两非""两资"出清力度,深化重点亏损子企业治理,着力推进省属企业集团总部去机关化、去行政化。全面完成湖北省153家"两非""两资"企业处置、30家"僵尸企业"处置、20家重点亏损子企业治理,省属企业管理层级从最多的8级压减至不超过4级。

(三)强化外部董事管理

修订印发《省属企业外部董事选聘和管理办法》,建立外部董事召集人制度。研究出台《省属企业董事会和董事评价办法》,对省属企业董事会和外部董事开展年度评价。根据运行情况及时调整配备外部董事,2023年,调整配备外部董事10人次(含专职外部董事)。编制印发《省属企业外部董事履职指南(2023年版)》,从战略规划、重大投资、产权变动、重大财务事项、风险管理等方面明确履职要点149个。组织举办外部董事履职培训,邀请中央企业专职外部董事分享经验做法,提升外部董事履职能力。

六、湖北省国资委监管企业建立和完善经营业绩考核体系情况

(一)完善制度体系

先后出台《省属企业负责人年度经营业绩考核实施方案》等5个配套方案,与省属企业高质量发展、国有企业深化改革、科技自立自强等任务紧密结合,加强靶向引领。

(二)科学设置指标

参考对照"一利五率",突出考核指标少而精、准而实,按照"一企一策、一业一策"原则优化考核指标设置,引导市场竞争类企业做强做优做大、提高核心竞争力,功能保障类企业增强核心功能、提高保障能力,金融服务类企业提高盈利水平、服务实体经济。结合金融服务类企业实际,优化完善考核系数。

(三)突出目标引领

将利润总额增长10%、营业收入增长20%设为一档目标,同时设置更高的奋斗目标,完成后可额外加分,引导企业奋勇争先、多作贡献,确保省属企业主要效益指标增速高于湖北省经济增速。10户省属企业2023年营业收入目标值比上年增长21%,利润总额目标值增长30%。以净资产收益率对市场竞争类企业进行对标考核,低于国内行业平均水平的不得进入A级,促进企业加快补齐短板,提高发展质效。2023年5月与10户省属企业签订2023年度经营业绩目标责任书。

(四)精准分类考核

对市场竞争类、金融服务类企业承担的公益性业务进行分类核算和分类考核,制定公益性业务清单,对因承担清单范围的公益性业务导致实际收益较市场收益减少的部分,在经营业绩考核中视同利润加回,客观评价经营绩效。

(五)强化结果运用

2023年7月完成10户省属企业2022年度经营业绩考核工作,均评为A级,对5户年度绩优企业予以通报,推动省属企业在国计民生、公共服务等方面

发挥引领示范和带头表率作用。

七、湖北省国资委监管企业负责人考核与选人用人机制改革情况

(一)开展省属企业高质量发展综合绩效考核

构建管党治企成效、综合业绩、满意度评价、约束性指标“四位一体”的高质量发展综合绩效评价指标体系，实行市场竞争类、金融服务类、功能保障类、文化类企业分类考核，具体经营业绩指标实现“一企一策”考核，根据2022年考核情况对2023年考核指标进行动态整合优化，并对考核末等企业进行提醒谈话。

(二)推进省属企业选人用人机制改革

截至2023年底，11户省属企业及各级子企业经理层成员任期制和契约化管理全覆盖，中层管理人员聘任制全覆盖，中层及以下管理人员竞争上岗3092人、占管理人员总人数的45%，实行管理人员末等调整或不胜任退出的企业184户、调整331人。推动二级以下子企业中17户开展职业经理人选聘，在职职业经理人27人。

八、湖北省国资委监管企业党的建设和廉政建设情况

2023年，湖北省国资委党委认真贯彻落实党中央关于全面从严治党决策部署和湖北省委、省政府工作部署，大力加强党风廉政建设，切实落实管党治党政治责任，坚定不移推进全面从严治党向纵深发展，为省属国资国企改革发展提供坚强政治保障。

(一)坚持政治统领，扛牢政治责任

始终把党风廉政建设与国资国企改革发展同部署、同落实、同检查、同考核，不断强化责任落实。一是强化思想引领。认真开展习近平新时代中国特色社会主义思想主题教育，党委班子带头落实“学思想、强党性、重实践、建新功”总要求，省国资委党委书记、主任带头讲授专题党课5次，班子成员先后在省属企业以及机关所在支部讲专题党课，举办专题培训49场次。省属国企集团领导班子专题讲党课128场次，读书班覆盖1.2万人次。二是强化责任落实。认真落实《省政府国资委党委2023年落实全面从严治党主体责任清单》，细化11个方面46条措施，领导干部人人有目标、有任务、有责任。制定《省政府国资委党委推进省属企业党委落实全面从严治党主体责任重点措施》，明确10条重点任务和工作措施，督促省属企业党委落实从严治党主体责任。三是严格督责履责。在省属企业进行重大改革、重要人事变动、承接重大任务、面临经营困难、监管发现隐患苗头等重要时期，省国资委党委及时加强督促指导，开展谈心交心，帮助解决问题。2023年，省国资委党委主要领导与省属企业主要负责人谈心谈话23人次、其他班子成员与企业领导人员谈心谈话约120人次，有力督促省属企业落实党风廉政工作。

(二)坚持教育为先，筑牢廉洁防线

认真贯彻落实湖北省领导干部警示教育大会和湖北省国资国企领导人员警示教育大会精神，以国资国企腐败案件为反面典型，广泛开展警示教育、纪律教育。一是扎实开展警示教育。组织召开湖北省国资国企警示教育大会，观看《痛悔》等警示片、通报典型案例，督促省属企业举一反三，深入分析问题原因，制定有效整改措施，做到以案为鉴、警钟长鸣。二是扎实开展宣传教育月活动。认真落实党风廉政建设宣传教育月活动，开展廉洁家访、清廉座谈会、发放家庭助廉倡议书等廉洁文化宣传教育活动。省属国资国企开展专题教育640多场次、各级负责人上廉政党课849人次、参观警示教育基地692次、与“关键少数”谈话提醒1670次、教育覆盖7万多人。三是扎实推进清廉建设。制定《2023年清廉国企建设工作要点》，召开湖北省清廉国企建设工作推进会，统筹推进清廉国企建设。突出问题导向和效果导向，成立专班开展2023年度市州清廉国企建设调研，进一步夯实市州清廉国企建设责任。编辑《清风廉韵润荆楚——“湖北省清廉国企建设工作”侧记》，开展以“倡清廉、促发展”为主题的清廉剧场活动，营造崇廉拒腐、尚俭戒奢浓厚氛围。

(三)坚持问题导向，扎实推进专项整治

紧扣国企领域突出问题，加强组织领导，大力推动问题整治，确保企业健康发展。一是扎实开展突出

问题专项整治。省国资委党委坚决贯彻落实省委省政府和省纪委监委工作部署,成立工作专班,建立“五个一批”问题发现机制、“四不两直”实地检查机制、整改评估会商机制,强力推进工程领域、国有企业领域突出问题、粮食购销领域等6个专项整治。省属企业党委强化主体责任,主动开展自查自纠,实行销号管理,扎实推进整治工作。二是扎实开展违规吃喝专项检查。重点对违规接受宴请、相互吃请、超范围商务招待、超标准业务支出等违规问题进行排查整治,制定企业领导人员违规吃喝负面清单,签订抵制违规吃喝承诺书,组织开展自查自纠和集中督查,企业起底问题线索125件,党纪处分33人,对相关人员进行约谈、提醒谈话、批评教育等102人次。三是扎实开展政治生态分析研判。制定《省政府国资委职能处室落实省属企业政治生态分析研判信息共享机制实施细则(试行)》,建立定期研判机制,做到定性和定量相结合、日常管理和年度考核相结合,一季度一分析一研判,把政治生态分析研判做在平时、形成常态。

九、湖北省国资委深化央地合作情况

(一)创新举办央地对接活动

2023年9月13日,湖北省国资委在黄石市成功举办“聚力都市圈　奋进先行区——2023湖北省与中央企业项目对接洽谈会”,47家中央企业以及武汉都市圈9市政府、10家省属企业负责人参加洽谈会。洽谈会达成合作项目97个,总投资3215亿元,项目涵盖战略性新兴产业、重大基础设施、现代服务业、总部落户等领域。

(二)协助举办各类特色活动

参与筹备湖北省2023“相约春天赏樱花”经贸洽谈暨世界500强对话湖北活动,组织7家央企参会,央地一批新能源、航空航天、新材料等项目集中签约。参与筹备湖北省“世界大健康博览会”,组织4家央企省企参加大会及对接活动,签署一批大健康产业项目。参加第六届进博会,组织20多家在鄂央企、省属企业进行招商路演,组织省国资代表团参加进博会及省政府在沪招商活动。协助开展2023湖北对欧经贸洽谈暨新能源与动力圆桌会议、2023中国(宜昌)绿色能源发展大会、2023世界武当太极大会的央企嘉宾邀请和服务工作。

(三)不断深化央地战略合作

大力支持中央企业加大在鄂项目投资和战略布局,2023年,推动省政府与国家电网、中国宝武2家中央企业签署深化战略合作协议。三峡科技公司联手东风汽车、武汉经开投设立羿动新能源等5家子企业,东风公司联合中国信科、华中科技大学等成立车规级芯片产业技术创新联合体,3款国内空白车规级芯片首次流片。推动中国电子参股的武汉达梦数据冲刺“国产数据库第一股”,公司获上海证券交易所科创板IPO注册。2023年,中央企业在鄂新设区域总部、重要子企业、创新中心等32家。

(四)持续推动签约成果落地

建立省市企三级联动机制,加强重点项目日常管理,每月一调度,每季度一通报。2023年,各市(州)、省属企业与中央企业新签和续建项目723个,投资总额2.1万亿元,其中新签项目252个、投资总额6782亿元;新签和续建项目新增到位资金2451亿元,其中新签项目当年开工150个,开工率60%。新签项目投资总额、新增到位资金分别达到年度目标的339%、245%。

(五)积极打造一流营商环境

积极推进省政府与中国石化、中国能建、中国铁建等央企会谈事项的落实工作。参与承办三峡集团发挥带动引领作用、东风公司转型发展、中国信科业务支持等多个专题事项。协调中粮集团仓储物流项目调规、中建三局与中储粮湖北公司合作对接、中国电建蕲春项目列入省级重点项目、支持荆门石油化工产业转型发展等重点事项20多项。联合省经信厅、武钢集团、武钢有限共同成立工作专班,重点围绕战略合作协议事项落实,对协议内容及年度任务实行清单管理,按月调度、按季督办,重大事项及时提请省政府专题会议研究决策,积极探索央地合作新模式。

(撰稿人:周　健　李　蔓　曾　俊　刘双武　李小龙　周亚娇　叶　明　常慧娟)

湖南省

一、湖南省国有资产监督管理工作综述

2023年,湖南省国资国企统筹发展和安全,坚持"稳进高新"工作方针,深化改革,强化管理,持续创新,以高质量党建引领保障国企高质量发展,为湖南省经济稳中向好、进中提质作出积极贡献。

(一)国有经济难中求稳、稳中有进

2023年末,湖南省国有企业资产总额8.7万亿元,比上年增长6.5%;负债总额5.2万亿元,比上年增长8.0%;所有者权益3.5万亿元,比上年增长4.3%;国有资本及权益总额3.3亿元,比上年增长6.4%。营业收入9427.0亿元,比上年增长2.2%;利润总额477.0亿元,比上年下降7.1%;净利润400.8亿元,比上年下降8.1%;资产负债率59.6%,比上年增加0.8个百分点;净资产收益率1.2%,比上年减少0.1个百分点;国有资本保值增值率101.6%,比上年增加0.4个百分点。

(二)国有资产监管体制持续优化

一是完善监管体系。坚持依规监管、智慧监管、综合监管、公正监管、优服监管,持续规范、优化事前事中事后"553"监管体系,严格执行"十严禁"监管要求和"3520"考核办法,强化防范系统性风险双监管体系。二是夯实监管基础。先后出台企业投资监督管理、新增带息债务"四有"管理、国有资产专项监督检查等政策文件近20项,形成较为完备的监管制度体系。建成国资国企在线监管大数据系统,在国务院国资委组织的验收评估中获评等次"优秀"。全面建设省国资委机关内控标准化管理系统,全年累计纳入工作任务事项2074项,没有1项逾期。三是严控监管风险。重点防控投融资风险,省属监管企业新增借款仅占全年预算的27.4%。全面推行投资项目"两上董事会"决策、项目投资要件立项、重点项目三年跟踪审计制,企业低效无效投资得到有效遏制。发挥审计、财务、外部董事监管合力,累计发现问题125个,下达风险提示函和风险警示函31份。四是优化监管效能。坚持服务赋能,实施企业重大项目省国资委领导联点服务制度,做到"有需求及时到,无需求不打扰";坚持政策赋能,全面梳理惠企政策87项,形成政策清单并指导企业用足用好;坚持平台赋能,搭建省属企业协同发展合作平台,举办先进装备、信息技术、优质农产品、旅游品牌、工程建设领域5场推广暨签约活动,促成各类合作近100项。

(三)防化重大风险能力稳步提升

湖南省国资委加强企业内部审计监督,3年轮审1次,实现内部审计全覆盖;对重大投资项目、重大风险领域实施重点审计,每年至少审计1次。全面清理融资性贸易,坚决整改非主业贸易问题。梳理企业重大司法诉讼案件,与省高院建立日常沟通联络机制,联合省检察院、省工商联等九部门建立涉案企业合规第三方监督评估机制。开展安全生产专项整治三年行动等活动,进行安全风险点、危险源大排查大整治,全年未发生重特大安全生产事故、群体性和大规模上访事件。

二、湖南省国有资产总量与结构分析

表1　　2023年湖南省国有企业指标

项　目	2022年	2023年	比上年增长(%)
资产总额(亿元)	81327.0	86582.8	6.5
负债总额(亿元)	47803.4	51629.9	8.0
所有者权益(亿元)	33523.6	34952.9	4.3
国有资本及权益总额(亿元)	31067.7	33045.1	6.4
资产负债率(%)	58.8	59.6	增加0.8个百分点
净资产收益率(%)	1.3	1.2	减少0.1个百分点

续表

项　目	2022 年	2023 年	比上年增长(%)
总资产报酬率(%)	1.3	1.2	减少 0.1 个百分点
总资产周转率(次)	0.1	0.1	持平
国有资本保值增值率(%)	101.2	101.6	增加 0.4 个百分点
营业现金比率(%)	11.2	10.5	减少 0.7 个百分点

注:净资产收益率计算时分母、分子均含少数股东损益。

2023 年底,纳入湖南省企业国有资本统计范围的国有企业国有资产总量 3.2 万亿元,较年初 3.1 万亿元增加 0.1 万亿元,增长 3.2%。

按隶属关系来看,省属国有企业国有资产总量 5213.3 亿元,占比 16.0%,比上年增加 125.7 亿元,增长 2.5%;市州区县国有企业国有资产总量 2.7 万亿元,占比 84.0%,比上年增加 1297.9 亿元,增长 5.0%。其中,国有资产总量前五名分别是长沙市(6931.9 亿元)、常德市(3830.0 亿元)、岳阳市(2771.0 亿元)、郴州市(2530.4 亿元)、株洲市(2005.6 亿元),合计占比 55.6%。

表 2　　2023 年湖南省国有资产总量按隶属关系分布情况

隶属关系	国有资产总量(亿元)	占　比(%)
省属国有企业汇总	5213.3	16.0
省属监管企业	5184.6	16.0
省属非监管企业	28.6	0.1
市州区县企业汇总	27277.9	84.0
长沙市	6931.9	21.3
株洲市	2005.6	6.2
湘潭市	1697.0	5.2
衡阳市	1749.9	5.4
邵阳市	1582.6	4.9
岳阳市	2771.0	8.5
常德市	3830.0	11.8
张家界市	350.8	1.1
益阳市	624.9	1.92
郴州市	2530.4	7.8
永州市	1173.2	3.6
怀化市	1135.2	3.5
娄底市	588.2	1.8
湘西州	307.3	0.9
合　计	32491.2	100.00

注:表中数据国有资产总量为国有资本及权益总额和其他国有资金的合计;由于数据修约,存在分项与总项不相等情况。

按行业分布来看,湖南省国有资产总量集中在社会服务业、建筑业和房地产三大行业,其中,社会服务业国有资产总量 13769.5 万亿元,占比 42.4%,占比较上年上升 0.6 个百分点;建筑业国有资产总量 7337.2 亿元,占比 22.6%,占比较上年减少 0.5 个百分点;房地产业国有资产总量 5983.7 亿元,占比 18.4%,占比与上年持平。上述 3 个行业合计国有资产总量 2.7 万亿元,占比 83.4%,较上年占比 83.3%有所上涨。

表 3　　2023 年湖南省国有资产总量按行业分布情况

行　业	国有资产总量(亿元)	占　比(%)
农林牧渔业	416.4	1.3
工业	1115.9	3.4
建筑业	7337.2	22.6
交通运输业	2543.6	7.8

续表

行　业	国有资产总量（亿元）	占　比（%）
仓储业	94.9	0.3
商贸业	302.0	0.9
房地产业	5983.7	18.4
信息传输、软件和信息技术服务业	50.3	0.2
社会服务业	13769.5	42.4
教育文化广播业	108.1	0.3
科学研究和技术服务业	293.2	0.9
金融业	327.3	1.0
其他	149.0	0.5
合　计	32491.2	100.0

注：表中数据国有资产总量为国有资本及权益总额和其他国有资金的合计；由于数据修约，存在分项与总项不相等情况。

按经营规模分布情况来看，国有资产仍集中在中、小型企业，2023年大型企业规模上升明显，微型企业国有资产总量有所下降。小型企业和微型企业的户数最多，其户数占比分别为36.5%和43.8%，其次为中型企业，占比16.6%；但从国有资产总量来看，小型企业和中型企业的总量和占比最高，小型企业国有资产总量13265.4亿元，占比40.8%；中型企业国有资产总量7794.2亿元，占比24.0%，二者合计占国有资产总量的64.8%。大型企业户数占比和总量占比分别为3.1%和19.4%。中、小型国有企业国有资产总量占比高，对国有资产总量的规模保持稳定贡献较大。

表4　　2023年湖南省国有资产总量按经营规模分布情况

经营规模	户数（户）	户数占比（%）	国有资产总量（亿元）	占比（%）
大型企业	134	3.1	6302.0	19.4
中型企业	713	16.6	7794.2	24.0
小型企业	1570	36.5	13265.4	40.8
微型企业	1881	43.8	5129.6	15.8
合　计	4298	100.0	32491.2	100.0

注：表中数据国有资产总量为国有资本及权益总额和其他国有资金的合计。

三、湖南省国有资本保值增值综合分析评价

2023年，湖南省国有企业年初国有资本及权益总额3.1万亿元，年末国有资本及权益总额3.2万亿元，增加1423.5亿元，增长4.6%。其中，客观因素增加1646.5亿元，经营积累786.4亿元；客观因素减少745.3亿元，经营减值280.7亿元；期末其他国有资金增加16.6亿元。扣除客观增减因素后的国有资本保值增值率101.6%，较上年101.2%增加0.4个百分点。

变动因素分析。一是政府投入、资产评估及经营积累等因素增加权益2432.9亿元。其中客观因素增加1646.5亿元，占全年增加权益的67.7%，主要包括国家、国有单位直接或间接追加投资562.3亿元、无偿划入752.5亿元、资产评估增加35.1亿元、清产核资增加1.9亿元、产权界定增加0.5亿元、资本（股本）溢价123.5亿元、债权转股权26.9亿元、税收返还0.2亿元、减值准备转回0.1亿元、会计调整68.1亿元、中央和地方政府确定的其他因素增加75.4亿元；主观因素增加即经营积累增加786.4亿元，占全年国有资本及权益增加的32.3%。二是消化潜亏挂账、资本（股票）折价及经营亏损等因素减少权益1026亿元。其中客观因素减少745.3亿元，占全年减少权益的72.6%，主要包括经国家专项批准核销0.5亿元、无偿划出187.1亿元、资产评估减少0.3亿元、清产核资减少21.1亿元、产权界定减少12.3亿元、消化以前年度潜亏和挂账而减少200.5亿元、因主辅分离减少0.3亿元、企业按规定上缴利润47.0亿元、资本（股本）折价45.7亿元、中央和地方政府确定的其他因素减少230.5亿元；主观因素减少即经营减值280.7亿

元,占全年国有资本及权益减少的 27.4%。

按隶属关系看,省属国有企业国有资本保值增值率 103.5%,较上年的 102.9%增加 0.6 个百分点。市州区县企业国有资本保值增值率 101.3%,较上年的 100.8%增加 0.5 个百分点,湖南省 14 个市(州)中湘潭、张家界、益阳、永州、湘西 5 个市(州)未实现国有资本保值增值。

表 5　2023 年湖南省国有企业地区和行业国有资本保值增值情况

地　区	国有资本保值增值率(%)	行　业	国有资本保值增值率(%)
湖南省国有企业汇总	101.6	农林牧渔业	98.0
省属国有企业汇总	103.5	工业	106.3
省属监管企业	103.6	建筑业	101.2
省属非监管企业	98.8	交通运输业	100.3
市州区县企业汇总	101.3	仓储业	100.5
长沙市	101.7	商贸业	114.2
株洲市	101.3	房地产业	101.4
湘潭市	99.7	信息传输、软件和信息技术服务业	114.8
衡阳市	100.8	社会服务业	101.7
邵阳市	101.2	教育文化广播业	98.7
岳阳市	101.7	科学研究和技术服务业	104.2
常德市	100.9	金融业	107.8
张家界市	92.5	其他	78.8
益阳市	98.4		
郴州市	104.6		
永州市	99.2		
怀化市	101.1		
娄底市	103.0		
湘西州	99.5		

债务情况分析。一是负债情况。截至 2023 年底,湖南省国有企业负债总额 5.2 万亿元,比上年增加 3826.5 亿元,增长 8.0%。其中,流动负债合计 2.1 亿元,占比 40.7%,比上年增加 2396.1 亿元,主要系其他应付款增加 1468.50 亿元、一年内到期的非流动负债增加 323.60 亿元;非流动负债合计 3.1 万亿元,占比 59.3%,比上年增加 1430.5 亿元,主要系长期借款增加 1237.60 亿元、长期应付款增加 357.00 亿元。二是带息负债情况。2023 年,湖南省国有企业带息负债 3.2 万亿元,负债总额 5.2 万亿元,带息负债占负债总额比例 62.7%,比上年增加 1873.5 亿元,增长 6.0%,主要系市州区县企业带息负债增加所致。带息负债包括短期借款 2132.6 亿元、一年内到期的非流动负债 3310.1 元、长期借款 1.8 万亿元,应付债券 7130.7 亿元、交易性金融负债 4.2 亿元、其他带息负债合计 1873.5 亿元,由此可见,湖南省国有企业主要通过债务融资。三是债务风险指标分析。2023 年,湖南省国有企业资产负债率 59.6%,较上年末增加 0.8 个百分点,负债水平仍然偏高;流动比率 2.3 倍,较上年末减少 0.1 倍;速动比率 1 倍,较上年末减少 0.1 倍;现金流动负债比率 4.7%,较上年末减少 0.9 个百分点,短期偿债能力较上期有所减弱。

四、湖南省国资委监管企业改革发展情况

(一)着力稳增长,国有企业发展质效迈上新水平

一是降本增效持续加强。省属监管企业主营业务收入占比 97.2%,成本费用率 97.2%,比上年减少 0.1 个百分点。推进银行降利率工作,全年节约利息 8 亿元。加大直接融资力度,省属国有控股上市公司股权融资 33.6 亿元;28 户企业纳入省上市后备资源

库，湖南兵器首发上市、金贵银业与宝山矿业重大资产重组获深交所审核通过。二是项目建设持续发力。省属监管企业全年投资项目 1008 个，完成投资 1135 亿元。44 个项目列入省重点建设项目，中联先进智造基地、涟钢冷轧硅钢等重大产业项目顺利推进，机场改扩建工程、湘江航道虞公港项目、洞庭湖重点垸堤防加固工程等重大基础设施项目加快实施。三是市场拓展持续深化。钢铁集团重点品种钢销量占比突破 62%，新增 30 个钢种替代进口；湘电集团抢抓市场项目，签订滇中引水工程机电项目合同金额逾 2 亿元；轻盐集团雪天品牌居全国同行业第一，小包盐全国市场份额占比 10%；建设集团坚持以市场为导向、以质量求发展，17 个项目获得 2022—2023 年度国家优质工程奖 29 项。

（二）着力优布局，现代化产业体系建设取得新突破

一是产业体系不断健全。高质量完成"十四五"规划中期修编，加快构建富有湖南国资特色和优势的现代化产业体系，重点发展工程机械、先进材料、绿色矿业、文化旅游、现代农业、食品加工、数字产业、新能源、大健康等 9 个产业，打造 7 户以上现代产业链链主企业，推动形成钢铁集团、建设集团、中联重科、有色集团 4 个千亿级企业。二是战略性新兴产业加快发展。重点发展高端装备、新材料、新一代信息技术、新能源及节能环保、生物医药、未来产业等六大产业，推进企业主体培优增效等五大行动。三是基金集群持续壮大。打造 1200 亿元规模产业基金集群，有力服务现代化产业体系建设。

（三）着力促创新，国资系统创新发展开创新局面

一是强化策源地建设。认真落实打造原创技术策源地实施方案，明确示范企业和重点项目名录，13 户示范企业先行先试，6 个重点产业领域的 34 个重大项目全面启动，突破 85 项关键技术。二是强化技术攻关。省属监管企业按节点完成省"十大技术攻关项目"等攻关任务，在大型工程机械、钛材料精深加工等多个领域取得一批"最"字号、"首"字号突出成果。中联重科研发出全球最大的塔式起重机、12 项核心技术为世界首创，大飞机地面动力学试验平台成功开试，钢铁集团技术研究院落地湘江科学城。三是强化要素保障。2023 年，省属监管企业研发经费投入强度 2.9%。加大对企业 38 个高层次科研平台（团队）、96 名高层次人才、309 件发明专利经费支持和奖励力度。四是强化平台支撑。成功重组海上风力发电装备与风能高效利用全国重点实验室，新增国家级创新平台 2 个、省级创新平台 52 个、高新技术企业 40 家、国家级专精特新"小巨人"企业 4 家，新增发明专利 500 多件，累计与 30 多所高校、20 多所科研院所共建创新联合体 60 多个。深入实施数字化转型三年行动，举办"科技周"活动，推动"国资云"上线运行，中联重科、湘钢集团等获得 6 项国家级试点示范和标杆称号。

（四）着力推改革，国企深化改革开放踏上新征程

一是高站位推动重点领域改革。深入推进国企改革深化提升行动实施方案，重点实施中国特色国有企业现代公司治理完善行动等八大行动。推动企业建立分级分类、结构合理、运行有效的制度体系，制定或修订制度 2923 项。常态化推进减法人工作，监管企业存量法人户数从 2021 年底的 1521 户压减至 2023 年底的 1041 户，压减率 31.6%。推进湖南省国有企业"三资"清查处置，涉及资产 410 亿元，处置收益 367 亿元。二是高标准推进一流企业建设。开展对标世界一流企业价值创造行动，钢铁集团再度入围"世界 500 强"，建设集团入选"中国企业 500 强"，中联重科、雪天盐业入选"中国品牌 500 强"。在国务院国资委组织的评选中，华菱线缆、海利常德公司入选"国有企业创建世界一流专业领军示范企业"，"科改企业"湘投金天科技、中南智能分别被评为"标杆""优秀"，"双百企业"湘电动力、新天地保安被评为"优秀"。三是高效能破解企业发展难题。高质量完成省委部署的省属国有企业金融企业大调研，形成问题清单 3 张，推动开展专项行动 3 个。省领导专题研究并逐一指导、协调解决重点难点问题 35 个，包括高速集团 200 亿元权益投资单边挂账、城际公司 22.6 亿元运营贴息等。省国资委先后与 7 个省直单位、9 个市州沟通协调，推动解决企业 150 个突出问题，包括湘投集团 7.1 亿元低效债权、农业集团 1.1 亿元种猪补贴等；省国资委协同解决企业提出的问题 150 个以上，包括天心博力等企业 39 项产权变更，长沙水泵厂资产处置和职工安置等。推动"连环清"，全面完成国务院拖欠账款台账中涉及省属监管企业的7.7亿元清偿任务。四是高水平深化对外开放合作。开展央企对接合作,落地项目8个,包括中国运载火箭技术研究院在长沙新设分院、中国商飞上海飞机设计研究院湖南研究所揭牌等。牵头承办第三届中非经贸博览会中非基础设施合作论坛,促成项目签约19个、总金额逾29亿美元。先后在常德、郴州、娄底举办"国资国企进市州"专场活动,促成合作协议56个,投资金额575亿元。

(五)着力强功能,国企战略支撑作用得到新彰显

一是发挥功能作用。机场集团保障航班起降23.1万架次,比上年增长72.3%,吞吐量保持中部第一;高速集团经营管理高速公路6286千米,占湖南省已通车高速公路的83.5%;轨道集团有力保障湖南省铁路项目顺利推进;港航水利累计过闸船舶12907艘次,核载吨位4478万吨、比上年增长11.2%,有效降低社会物流成本。二是践行绿色"双碳"。持续推进重点生态环保问题整改,钢铁集团再投入100亿元,实施超低排放改造项目300多个;湘煤集团8个煤矿44个项目全部整改到位。三是助推乡村振兴。省国资委机关和监管企业派出驻村帮扶工作队20支,投入后盾单位自有资金4837万元,统筹各级乡村振兴资金6425万元,建设项目176个,发展村级产业58个。四是服务保障民生。监管企业全年招聘应届高校毕业生5116人,在2022年增长50%的基础上,再增长7.8%。医药集团发起设立总规模20亿元健康产业投资母基金,加快布局大健康产业;农业集团完成48.2万吨储备粮油轮出、55.1万吨早晚稻收购,实现生猪产能1000万头、出栏510万头,保障粮食安全和重要农产品供给。

五、湖南省国资委监管企业并购重组与完善法人治理结构情况

重组整合亮点纷呈,聚焦湖南"一江一湖四水"主战场,优化整合湖南省港航资源,组建港航水利集团;城陵矶港口集团正式揭牌,打造城陵矶港统一品牌。省人才集团挂牌成立,能源集团、矿产资源集团加快组建。纳入改革范畴的省属监管企业集团全部制定党委前置研究讨论重大经营管理事项清单。省国资委纳入改革范围的一级企业集团及所属子企业全部实现董事会应建尽建,符合条件的企业全部实现外部董事过半。

六、湖南省国资委监管企业建立和完善经营业绩考核体系情况

深化企业三项制度改革。2023年,企业员工公开招聘率100%,管理人员竞争上岗率90%以上,末等调整和不胜任退出率3%以上。推进经理层成员任期制和契约化管理。各集团及各级子企业2172名经理层成员全部签订"两书一协议",签约率100%。积极开展价值创造工作。督促18户企业全部制定价值创造工作方案,选取6个聚焦科技创新、国家战略落实方面的优秀案例报国务院国资委。

七、湖南省国资委监管企业负责人考核与选人用人机制改革情况

进一步完善省属监管企业负责人绩效考核办法,持续完善"3520"考核指标体系,印发《关于加强省管企业考核工作的指导意见》,将业绩考核得分按70%的比例计入省管企业领导班子和领导干部年度考核得分。持续加强"三支队伍"建设,轨道集团胡建华、中联重科起重机械技术创新团队获得"国家工程师奖"表彰,"英培计划"选拔人才52人。大力弘扬工匠精神,成功举办第二届"国企楷模"宣介仪式,探索"揭榜挂帅""师徒结对"机制。省国资委机关开展"驻企历练添动能"活动,派出三批20名青年干部下沉企业历练服务。

八、湖南省国资委监管企业党的建设和廉政建设情况

一是理论武装"铸魂"。省国资委党委高标准落实"第一议题"学习25次70项内容,监管企业集团党委开展学习381次、分子公司各级党组织开展学习9931次。打造省国资委系统理论学习特色品牌"弘理强企　典亮时代"读书分享会,推进党的创新理论进

基层、进班组、进一线。旗帜鲜明开展意识形态领域斗争，强化宗教、统战等工作。二是主题教育“强基”。落实省委“走找想促”部署要求，省国资委机关开展“三强三促”活动，深入企业生产经营一线调查研究，形成19篇高质量调研报告，查找梳理101个问题，已全部解决，得到中央巡回指导组、省委主题教育办的高度肯定。三是党建融合“固本”。大力实施提质增效、提亮增色、提能增技工程，高速集团“守创红”、机场集团“3+1打卡工作法”入选全国党建研究会“2023年度国企党建品牌建设优秀案例”；湘钢集团把党员阵地和交接班室融为一体，省委书记现场调研时给予高度肯定；旅游集团成立党员服务队和项目突击队，推动质量党建向价值党建转型。持续深化“百名工匠传薪火”“千名书记联项目”“万名党员先锋行”工程，书记联项目3656个、党员责任区4241个、党员立项攻关1362个，创效15.7亿元。四是全面从严治党“清风”。省国资委党委与驻省国资委纪检监察组定期开展会商会，扎实推进清廉国企和清廉机关建设。深入开展“两带头五整治”专项行动，重点开展靠企吃企、领导干部利用职权或影响力为亲友牟利等专项整治，谈心谈话5.8万人次。梳理企业违规融资、违规担保、违规投资类问题线索29件，追赃挽损1.6亿元。审理自办和企业纪委查办案件18件，追责企业中层以上管理人员18人，其中撤职以上重处分4人。

（撰稿人：陈　斌）

广东省

一、广东省国有资产监督管理工作综述

2023年，广东省国资委坚持以习近平新时代中国特色社会主义思想为指导，深入学习贯彻党的二十大和习近平总书记视察广东重要讲话、重要指示精神，以开展学习贯彻习近平新时代中国特色社会主义思想主题教育为契机，围绕落实省委“1310”具体部署及省委、省政府交办重点任务，坚决扛起新时代新征程国资国企新使命新任务，以实干践行责任担当，为广东在推进中国式现代化建设中走在前列贡献国资国企力量。

广东省国资系统有力应对复杂严峻的国内外经济形势，坚持稳中求进工作总基调，加快推动高质量发展，全力服务经济社会发展大局，较好发挥国有经济战略支撑作用。截至2023年底，广东省地方国资监管企业资产总额177223.56亿元，比上年增长8.81%；全年实现营业收入39626.54亿元，比上年增长10.32%；利润总额1929.28亿元，实际上缴税费总额2548.84亿元。其中，省国资委监管企业（以下简称省属企业）资产总额2.58万亿元，增长8.43%；全年实现营业收入7118.96亿元，增长9.19%；利润总额342.95亿元，增长23.99%；累计上缴收入124.08亿元（其中国有资本经营预算收入40.86亿元、财政专项收入75.42亿元、社保基金分红7.8亿元）。广东省6家地方国资监管企业进入《财富》“世界500强”榜单，广新控股集团成为首家入围“世界500强”的省属企业。广东省地方国资监管企业完成固定资产投资6676.9亿元，比上年增长8.5%。省属企业全年承担省重点项目99项，年度完成投资额1595.17亿元，完成率115.49%。

二、广东省国有资产总量与结构分析

2023年末，广东省地方国资监管企业资产总额177223.56亿元，比上年增长8.81%；全年累计实现营业收入39626.54亿元，比上年增长10.32%；累计实现利润总额1929.28亿元，比上年下降15.06%；归属于母公司所有者的净利润588.79亿元，比上年下降21.99%。

表1　2023年广东省地方国资监管企业指标

项　目	金　额(亿元)
资产总额	177223.56
所有者权益	63093.03
国有资本总量	44292.06
营业收入	39626.54

续表

项　目	金　额(亿元)
利润总额	1929.28
净利润	1353.04
归属于母公司所有者的净利润	588.79
应交税费总额	2516.45
实际上缴税费总额	2548.84

2023年末，广东省地方国资监管企业户数有所增加。广东省地方国资监管企业20128户，比上年增加1722户，其中广东省国资委监管企业2966户(一级企业集团18户)、地市国资监管企业17162户。

表2　2023年广东省地方国资监管企业户数情况

2022年户数(户)	2023年户数(户)	比上年增长(%)
18406	20128	9.36

2023年末，广东省地方国资监管企业资产仍主要集中在珠江三角洲地区，珠江三角洲地区9个地市资产总额144380.99亿元，占比81.47%。省属企业、广州和深圳合计资产总额127726.55亿元，占比72.07%。特别是广州和深圳，两个中心城市作为广东省区域经济发展的龙头，国资监管企业呈不断加快发展的态势。

2023年末，广东省地方国资监管企业国有资本总额维持高速增长的态势。广东省地方国资监管企业国有资本总量44292.06亿元，较年初的42030.86亿元增加2261.20亿元，增长5.38%。其中，省属企业国有资本总量7273.75亿元，增长5.58%；地市国资监管企业国有资本总量37018.31亿元，增长5.34%。

表3　2023年广东省国有资本总量按隶属关系分布情况

隶属关系	国有资本总量(亿元)	占　比(%)
广东省(不含非国资监管企业，下同)合计	44292.06	100.00
省国资委监管企业汇总	7273.75	16.42
地市国资监管企业汇总	37018.31	83.58
广州市	11326.55	25.57
深圳市	12942.83	29.22
珠海市	2486.85	5.61
汕头市	313.26	0.71
佛山市	2943.54	6.65
韶关市	125.61	0.28
河源市	219.17	0.49
梅州市	260.22	0.59
惠州市	730.73	1.65
汕尾市	131.09	0.30
东莞市	1365.43	3.08
中山市	638.45	1.44
江门市	1045.28	2.36
阳江市	102.89	0.23
湛江市	459.12	1.04
茂名市	513.31	1.16
肇庆市	684.41	1.55
清远市	268.16	0.61
潮州市	121.84	0.28
揭阳市	146.55	0.33
云浮市	193.01	0.44

2023年末，在国民经济13个行业分类中，广东省地方国资监管企业的国有资本主要分布在社会服务业、交通运输业、房地产业、工业和金融业5个行业。5个行业的国有资本总量95438.59亿元，占广东省地方国资监管企业国有资本总量的91.50%。

表 4　2023 年广东省国有资本总量按行业分布情况

行　业	国有资本总量（亿元）	占　比（%）
农林牧渔业	255.44	0.24
工业	11062.59	10.61
建筑业	4454.02	4.27
交通运输业	19887.19	19.07
仓储业	797.24	0.76
商贸业	1537.27	1.47
房地产业	19497.53	18.69
信息传输、软件和信息技术服务业	507.98	0.49
社会服务业	38931.09	37.32
教育文化广播业	221.50	0.21
科学研究和技术服务业	989.80	0.95
金融业	6060.19	5.81
其他	101.73	0.10
合　计	104303.58	100.00

注：表中数据由单户表相加得出，不考虑差额表影响。

表 5　2023 年广东省国有资本总量按经营规模分布情况

经营规模	国有资本总量（亿元）	占　比（%）
大型企业	18893.75	18.11
中型企业	26648.92	25.55
小型企业	34434.62	33.01
微型企业	24326.30	23.32
合　计	104303.58	100.00

注：表中数据由单户表相加得出，不考虑差额表影响。

三、广东省国有资本保值增值综合分析评价

2023 年，广东省地方国资监管企业国有资本保值增值率 100.66%，比上年的 101.63%减少 0.97 个百分点。其中，省属企业国有资本保值增值率 102.24%、地市国资监管企业国有资本保值增值率 100.35%。

分行业情况看，13 个国民经济行业中，12 个行业实现国有资本保值增值。分地市情况看，21 个地市中，有 12 个地市实现国有资本保值增值。

表 6　2023 年广东省地方国资监管企业地区和行业国有资本保值增值情况

地　区	国有资本保值增值率（%）	行　业	国有资本保值增值率（%）
广东省合计	100.66	广东省合计（不考虑差额）	102.5
省国资委监管企业	102.24	农林牧渔业	95.22
地市国资监管企业	100.35	工业	105.35
广州市	100.90	建筑业	101.86
深圳市	100.13	交通运输业	100.67
珠海市	99.61	仓储业	103.33
汕头市	97.63	商贸业	102.63
佛山市	100.39	房地产业	102.10
韶关市	99.80	信息传输、软件和信息技术服务业	100.90
河源市	98.65	社会服务业	102.54
梅州市	99.28	教育文化广播业	100.66
惠州市	104.52	科学研究和技术服务业	106.33
汕尾市	98.65	金融业	104.39
东莞市	102.28	其他	118.58
中山市	101.76		

续表

地　区	国有资本保值增值率(%)	行　业	国有资本保值增值率(%)
江门市	98.32		
阳江市	100.44		
湛江市	99.64		
茂名市	100.06		
肇庆市	94.37		
清远市	101.51		
潮州市	101.60		
揭阳市	100.44		
云浮市	100.14		

注:行业数据由单户表相加得出,不考虑差额表影响。

四、广东省国资委监管企业改革发展情况

巩固国企改革三年行动成效,乘势而上实施国企改革深化提升行动,以深化改革促进企业活力效率不断提升。

(一)认真谋划国企改革深化提升行动

在国企改革三年行动圆满收官、再次获评全国A级的更高起点上,围绕增强国有企业核心功能和提高核心竞争力,制定出台广东省国企改革深化提升行动实施方案,召开广东省国有企业改革深化提升行动动员部署电视电话会议,全面推开新一轮国企改革。产业转型升级进一步加快。贯彻落实高质量建设制造强省意见,引导企业把发展的着力点放在实体经济上,加大在制造业特别是关键环节和中高端领域布局,全年省属企业制造业领域投资项目133个,实际完成投资146.33亿元,4家省属企业入选省级链主企业,年度新增"专精特新"企业47家。出台推动省属企业碳达峰工作方案,加快发展方式绿色低碳转型,6家省属企业被工业和信息化部评为"绿色工厂"。推动省进出口有限公司实质化组建和实体化运作,指导省属企业加快布局海洋牧场、新型储能产业。推荐39个场景参加国务院国资委创新赛,7个场景分别获得二等奖、三等奖。存量资源盘活进一步做实。深入推进"三个一批"土地资源盘活项目库工作,盘活土地19宗,涉及面积220.3万平方米。盐业集团2611.6万平方米划拨土地转授权经营,增加国家资本金17.4亿元。科技创新能力进一步提升。推动出台关于推进国有企业打造原创技术策源地的实施意见。筛选20个项目纳入省属企业重点研发项目库,全程跟踪指导。突出科技创新成效考核,引导企业注重研发投入产出效率,2023年省属企业研发经费投入152亿元,比上年增长12.41%;研发投入强度2.12%,比上年提高0.05个百分点。推动省属企业与季华实验室、松山湖材料实验室、先进能源科学与技术广东省实验室等建立合作,继续采用"揭榜挂帅"等方式组建创新联合体,强力推进协同创新。

(二)重点改革任务成效持续巩固

深化完善中国特色国有企业现代公司治理,规范省属企业公司章程党建内容。健全完善董事会运行机制,动态调整优化董事会应建范围,确保100%应建尽建、外部董事占多数,省属企业董事会100%建立董事会向经理层授权管理制度,规范建立战略与投资、薪酬与考核、审计与风险专门委员会的户数比例从76.47%提升至100%。强化规范有效董事会建设向基层穿透实施,推动集团授权放权与分批分类落实子企业董事会职权有机衔接,2023年底落实至少4项董事会职权的子企业340户,占已建立董事会子企业户数的81.34%;全面落实董事会6项职权的子企业256户,占已建立董事会子企业户数的61.24%。组织经理层任期制和契约化管理质量提升、对标一流推动三项制度改革巩固提升专项工作,印发省属企业三项制度改革长效机制指导意见,推动"三能"机制常态化长效化落实落地。指导2家省属企业控股上市公司开展股权激励。广东建工控股整体上市全面完成,省建科院IPO上市获深交所通过。全年利用上市公司平台股权再融资超过109亿元。完成22家省属企业混合所有制改革,引入资本约53.24亿元。

(三)世界一流企业建设加快推进

"一企一策""一业一策"推动省属企业对照实施

方案和重点任务清单，科学构建评价指标体系和优质企业库，分层分类培养一批行业龙头、"专精特新"和制造业单项冠军企业。2家省属企业被纳入国务院国资委创建世界一流专业领军示范企业名单。

（四）改革专项工程拓面提质

积极参与"科改行动""双百行动"充实扩围，广东省"科改企业""双百企业"分别为39家、27家，数量均位居全国第一，5家企业在国务院国资委"科改行动""双百行动"推进会上进行经验做法交流发言。

五、广东省国资委监管企业并购重组与完善法人治理结构情况

（一）推进战略性重组和专业化整合

2023年以来，广东省国资委聚焦增强省属企业核心功能和提高核心竞争力，按照"合、撤、延"思路，持续加快实施专业化整合，先后完成60组集团内部专业化整合、清理退出101家低效无效企业、55家企业聚焦产业链上下游实施外部资源整合，更好推动省属国有资本布局优化和结构调整，进一步巩固省属企业高质量发展的良好态势。广晟控股集团将广东稀土集团100%股权无偿划转至中国稀土集团，支持中央企业对广东区域稀土资源开展专业化整合。一是突出"合"，提升协同效能。按照突出主业、产业关联要求，开展集团内部专业化整合，增强主业市场话语权和竞争力。优化管理层级，强化集团战略管控。建工控股以"横向整合做大规模、纵向整合做优内部管理、专业整合做强专业化经营能力"为目标，统筹谋划、有序推进建筑施工和清洁能源2个板块整合工作，已完成23组，28组在推进中。发挥优势企业主导作用，深化产业统筹。广晟集团将有色集团打造为非上市矿业企业的资产整合培育平台，承接国家稀土板块整合后剥离的4家非稀土类资产，将广晟矿投和境外矿业企业香港控股托管至有色集团。更好利用各类资源，提升整合效益。广新集团通过内部无偿划转粤新资产所持金辉高科、广新纺织股权分别至省土产、省五矿，进一步提升存量资产价值、提高效益。二是突出"撤"，推进集中配置。对于不具备竞争优势、缺乏发展潜力的非主业企业，按照市场化法治化原则坚决清理退出，推动资本、资源要素向优势企业集中。抓机制有序退出。交通集团建立劣势企业退出机制，凡在集团经营信息系统业绩评价中，得分40分以下，或连续两年50分以下，或连续3年60分以下的，列为重点重组出清对象并尽快实现退出。抓退出减轻负担。广晟集团关闭11家、吸收合并3家、停产2家、破产清算1家下属企业，坚决退出可持续发展能力严重不足的企业。抓转让提升效益。恒健公司将现金资产占比较高、业务相对不足的三级企业恒孚融资租赁65%股权以公开挂牌形式予以转让，转让金额1.18亿元。三是突出"延"，强化控制带动效应。以上市平台、头部企业为主体，着眼延链补链强链，对产业链供应链上拥有核心技术、处在关键关节的优质企业，开展并购整合，增强产业链控制力和带动力。环保集团广东宏大收购江苏红光化工有限公司54%股权、新疆有色冶金设计研究院有限公司51%股权、江苏宜兴阳生化工有限公司60%股权，打通高能炸药上下游产业链，业务规模增长至53.3万吨，居全国第3位。广晟集团中金岭南全面完成对山东东营方圆系20家公司的重整投资工作，快速完成铜产业链全流程贯通的关键布局，获得70万吨铜冶炼产能指标，实现铜铅锌产业链协同延伸和高质量发展。粤海集团广南集团通过增资扩股方式并购广州乡下生鲜农业科技有限公司，加速屠宰产业链拓展，强化核心环节布局，形成"屠宰加工—冷链配送—生鲜营销"一体化发展格局。

（二）持续完善法人治理结构

深入贯彻落实习近平总书记关于国有企业改革发展和党的建设重要论述精神，按照"两个一以贯之"要求，把加强党的领导和完善公司治理相统一，持续提升省属企业董事会建设的质量和效率，加快形成权责法定、权责透明、协调运转、有效制衡的公司治理机制，中国特色现代企业制度建设持续推进。一是严格落实加强党对国有企业领导的制度机制。组织省属企业修订公司章程党建内容，制定《关于健全和完善省属企业党委议事决策制度的意见》，明确国有企业党委讨论和决定重大事项职责，规范企业党委前置研

究讨论重大经营管理事项要求和程序，提高企业党委“把方向、管大局、保落实”能力，促进企业各治理主体在议事决策中协同高效、形成合力。二是持续规范董事会建设。开展2022年度省属企业董事会和外部董事考核评价，印发《关于省属企业完善中国特色国有企业现代公司治理的通知》，梳理董事会建设应建制度清单、省属企业董事会工作报送材料清单、审计巡察反馈公司治理问题清单，加强董事会建设及其专门委员会运作指导监督，推动企业建立健全董事会决议跟踪落实及后评估机制。开展授权放权体系建设与落实董事会职权、提升外部董事履职能力加强外部董事履职支撑等内容调研，印发《关于完善省属企业董事会应建尽建范围动态调整机制的通知》，优化董事会应建尽建范围动态调整机制，推动各级董事会应建尽建、配齐配强。三是加强外部董事队伍建设。开展省属企业专职外部董事增补调整，专职外部董事从9人调增为14人。开展省属子企业外部董事队伍建设检查，指导督促集团拓宽子企业外部董事来源，调整优化外部董事结构。制定《省属企业兼职外部董事人才库管理暂行办法》，统筹建立兼职外部董事人才库，与各地市国有企业、央企实现共建共享。强化外部董事、董秘学习交流，组织开展公司治理工作交流座谈，邀请中国南方电网有限责任公司分享子企业董事会建设的经验做法；在大连高级经理学院北京基地举办省属企业董事会建设工作培训班，省属企业外部董事、董事会秘书以及董事会工作办公室负责人等参加，促进省属企业规范董事会建设水平提升。

六、广东省国资委监管企业建立和完善经营业绩考核体系情况

(一)完善考核制度文件

修订《广东省省属企业负责人高质量发展经营业绩考核暂行办法》及配套实施方案。结合广东省实际提出“六项原则”“四维导向”；精简考核指标体系，年度考核权重指标体系调整为经营指标、任务指标、战略指标三大类指标；细化分类考核，区别企业功能定位、经营特点、发展重点、所处发展阶段等维度分类差异化明确考核重点；强调科技创新考核，新增《科技创新考核激励实施方案》；明确对企业负责人实行物质激励与精神激励；运用动态调整的“专管事项清单”兜底覆盖对考核工作的要求；优化考核评价方法，定量与定性考核评价相结合，先行先试在利润总额指标考核中运用复合考核计分方法；等级评定既开放“直通车”，亦设置“高压线”。

(二)持续优化考核对标体系

持续优化对标体系，使对标行业更加契合省属企业主业，对标数据更加科学可比。调整省属企业主业对标行业，梳理省属企业主业板块结构占比；优化对标数据清洗方法，解决宏观环境影响导致的数据异常问题；形成年度考核相关指标的对标标准值及计分标准，为考核审核工作提供支撑。

(三)推进绩效评价工作

开展省属企业绩效评价工作，发挥对企业经营发展的评价诊断和对标引导作用。在国务院国资委《中央企业绩效评价规定(试行)》的基础上，结合广东省国资国企实际，设置盈利回报、资产运营、风险防控和持续发展4个评价维度合计16项指标，按照企业功能定位分类和国民经济行业分类，差异化设置指标权重；计算各企业绩效评价得分形成绩效评价结果，激励优秀水平企业户数位列前3名的省属企业，将2022年度绩效评价结果通报各省属企业，提示企业强化结果运用，重点针对较低及以下水平的子企业开展诊断剖析，持续提升集团整体绩效水平。

七、广东省国资委监管企业负责人考核与选人用人机制改革情况

(一)持续深化改革，市场化机制成效显著

突出市场化选人用人，推动省属企业建立完善新型经营责任制，开展任期制和契约化管理提质扩面行动，全面推行人员公开招聘，管理人员竞争上岗、末等调整和不胜任退出，推动“三能”机制常态化长效化落实落地。印发《关于加强对标一流推动三项制度改革成效巩固提升的通知》《省属企业经理层任期制和契约化管理质量提升工作通知》《省属企业三项制度改

革长效机制指导意见》，推动三项制度改革长效化。开展“关键岗位、一线和苦脏累险岗位薪酬分配”专题调研，印发《关于省属企业关键岗位、一线和苦脏累险岗位薪酬分配调研情况的通报》，指导省属企业建立更加科学规范的内部薪酬策略，薪酬重点向关键岗位技能人才、一线和苦脏累险岗位倾斜。

（二）持续引才育才，人才队伍建设有序推进

突出引才育才，大力实施人才兴企战略，推动省属企业储备动能、创新发展。树牢人才“第一资源”观念，建立健全集聚人才的体制机制，为企业高质量发展提供坚强人才保障。组织实施省属国资国企人才队伍建设行动，印发《关于加快推动人才队伍建设行动方案落实落地的通知》，加大人才工作统筹指导力度。印发《推动人才队伍建设行动方案典型经验做法清单》，组织省属企业与华润集团、南网数研院、广汽埃安等企业交流学习，对标先进加强人才队伍建设。实施企业家人才培养工程，举办主题研修班 5 期，培训企业经营管理人才 200 余人。实施高层次人才引育提升行动，2023 年新获批设立博士后科研工作站 3 家、博士后创新实践基地 1 家；3 户企业入选“产教评”技能生态链链主企业，新增 8 户企业获职业技能等级认定资格，新增 1 户企业成为特级技师、2 户企业成为首席技师评聘试点单位；推荐申报国家重大人才计划 36 人，1 家企业获“珠江计划”独立推荐资格，14 名引进人才参评“珠江计划”，11 项榜单入选“广东特支计划”揭榜项目，13 名人才揭榜参评“广东特支计划”，新增入选国家、省“特支计划”人才 5 人、特级技师 15 人。

八、广东省国资委监管企业党的建设和廉政建设情况

（一）坚持以高质量党建引领高质量发展

深入学习领会习近平总书记关于党的建设的重要思想，全面加强国有企业党的领导、党的建设，努力把省属企业各级党组织锻造成为引领国有企业更好发挥战略功能的坚强战斗堡垒。一是政治建设质量不断提升。突出政治建设，旗帜鲜明讲政治抓政治，推动党的领导全面覆盖、一贯到底。牢记“国之大者”，坚决用习近平新时代中国特色社会主义思想统领工作、校准航向、凝聚力量，示范带动各级党组织忠诚拥护“两个确立”，坚决做到“两个维护”，深化政治监督。坚持学深悟透，政治能力不断提升。传达学习中央政治局关于加强和维护党中央集中统一领导的若干规定精神，带头落实“第一议题”、党委中心组集中学习研讨制度，列席旁听 5 家省属企业党委中心组学习，持续完善政治要件闭环办理机制，研究制定《省属企业党委会议“第一议题”制度工作指引》，组织“第一议题”学习 51 次，41 个专题的党委理论学习中心组学习，立项督办、闭环办理贯彻落实习近平总书记重要讲话、重要指示批示 49 项，示范带动广大党员干部学深悟透习近平新时代中国特色社会主义思想，不断提高政治判断力、政治领悟力、政治执行力。坚持规范治理，领导机制日趋完善。组织省属企业修订公司章程党建内容，出台《关于省属企业完善中国特色国有企业现代公司治理的通知》，起草《关于健全和完善省属企业党委议事决策制度的意见》，明确国有企业党委讨论和决定重大事项职责，规范企业党委前置研究讨论重大经营管理事项要求和程序，提高企业党委“把方向、管大局、保落实”能力，促进企业各治理主体在议事决策中协同高效、形成合力，把中国特色现代企业制度优势转化为公司治理效能。开展“合规管理强化年”专项行动，12 家省属企业通过 GB/T 35770 国家标准认证。坚持守牢防线，意识形态安全有序。推出“走基层、看新风”“国企改革广东新发展”等系列报道，加强正面舆论引导。出台《省国资委党委贯彻落实意识形态工作责任制的工作方案》，结合委领导挂点帮带，对省属企业落实意识形态工作责任制情况开展调研督导，邀请南方日报社有关负责人就“新闻宣传中需要注意的意识形态问题”开展专题授课，印发《省国资委网站和新媒体管理办法》，开展清网专项行动，着力推动省属企业压实工作责任和提升能力水平。坚持实干笃行，落实部署卓有成效。把贯彻落实中央重大决策部署作为检验对党忠诚的“试金石”。服务“百千万工程”，支持引导省属企业到粤东粤西粤北地区投资布局基础设施和民生服务项目；助力大湾区建设，牵头组织广东省国有企业参与横琴粤澳深度合作区建设；推动重大项目落地，承接省重点项目 99

项，截至2023年底，省属企业省重点项目年度累计完成投资1595.17亿元，完成率115.49%。提升科技创新能力，筛选20个项目纳入省属企业重点研发项目库，全程跟踪指导；扩大高校毕业生招收，省属企业新招聘就业29490人，其中招收高校毕业生10302人；打造世界一流企业，广新控股集团成为首家入围“世界500强”的省属企业；国企改革三年行动圆满收官，在国务院国资委组织的地方国企改革三年行动重点改革任务完成情况评估中获评A级。二是理论武装不断夯实。突出凝心铸魂，扎实开展理论学习教育，推动国资国企攻坚克难、干事创业。牢记习近平总书记嘱托，突出国资特色，持续深入学习贯彻党的二十大精神，扎实推动主题教育走深走实，省委主题教育领导小组5期简报宣传省国资系统经验做法。聚焦主责主业，理论学习持续深化。突出结合国资国企改革发展实际抓好理论学习，省国资委党委书记带头为省国资委机关全体党员干部、省属企业领导班子讲专题党课，省国资委机关建立健全“领学、督学、研学、促学、自学”五学联动机制，不断加强自身理论武装，并举办省国资系统学习贯彻党的二十大精神专题培训班，分5期9个班次全覆盖培训省属企业集团中层管理人员及二级企业班子成员2300余人，示范带动企业理论学习宣传贯彻工作不断往深里走、往实里抓。聚焦精准发力，调查研究见行见效。严格落实中央、省委大兴调查研究的部署要求，按照“深实细准效”标准，委党委围绕学习贯彻党的二十大精神和开展主题教育进行两轮专题调研，紧盯制约企业高质量发展的问题，紧盯省委巡视反馈的问题，紧盯职工群众急难愁盼的问题，深入基层一线、开赴先进地区企业，探索优化国资国企高质量发展的广东路径，形成调研成果18份，并制定印发《省国资委党委关于进一步加强调查研究工作的实施办法》，有效带动企业深入开展调研，改进调研形式，提高调研实效。聚焦提质增效，推动发展积极有为。落实省委“1310”具体部署，省国资委党委制定印发《锚定走在前列总目标　在奋力推进中国式现代化广东实践中展现国资担当行动方案》，作出“树立一个导向、把握四个关键、突出八项重点”的工作安排，推动省属企业在建设现代化产业体系、打造原创技术策源地、助力“百千万工程”等方面下功夫见实效，切实把学习成效转化为工作实绩。同时，围绕帮扶困难职工、提高职工收入等4个方面职工群众最关心的问题建立民生项目清单，推动国企改革发展成果更多、更好惠及人民群众。聚焦从严从实，检视整改动真碰硬。主题教育期间，省国资委党委全面梳理推进高质量发展中的难点痛点堵点问题，建立动态问题清单，采取台账式管理、项目化推进方式进行集中整治，先后针对“科技创新能力偏弱”“对混合所有制企业党建工作分类指导力度有待提高”等5个倾向性问题，制定16项针对性整改措施和研究构建长效机制，认真召开专题民主生活会，深入剖析国资监管工作存在问题和解决办法，以上率下推动省国资系统高质量抓好问题整改。三是党建基层基础不断牢固。突出固本强基，增强政治功能组织功能，推动基层党建统领发展、深度融合。围绕创新治理、推动发展，着力健全上下贯通、执行有力的组织体系。深化组织建设，整体效能全面提升。深化实施基层党建三年行动计划，筹办省国资系统基层党组织规范化建设培训班，集中整顿软弱涣散基层党组织，针对巡察发现的问题开展党建专项整治工作，持续推进基层党组织规范化建设。针对混合所有制企业党建工作这一薄弱环节，先后赴26家省内外混合所有制企业调研，赴国务院国资委请教专家，研究制定《关于加强省属混合所有制企业党建工作若干措施(试行)》，推动党的组织党的工作实现有效覆盖。深化融合发展，党建价值有形彰显。深化拓展“五强五化”创建活动，构建完善“党建+构建新发展格局”“党建+攻克发展难题”“党建+推进重大项目”等系列“党建+”融合工作机制，持续推进党建与生产经营同步谋划、共同破题、相融共进。挖掘提炼国有企业党建与生产经营深度融合的好经验、新做法，联合《南方日报》组织开展“高质量发展　国企在行动——2023年广东国资国企高质量发展特别报道”，选取10家省属企业和2家中央驻穗企业进行典型宣传，持续推动基层党建向中心任务聚焦、为全局工作聚力。深化先锋引领，组织凝聚力量增强。充分发挥基层党组织战斗堡垒作用和广大党员干部先锋模范作用，广泛组建“党员突击队”、设立“党员先锋岗”、划分“党员责任区”，引导党员干部在急难险重任务中当先锋、打头阵，团结带领广大职工齐心协力、共挑重担，涌现环保集团党员职工面对40℃高温"烤"验坚守绿美广东生态建设阵地，建工集团党员职工驰援茂名、罗定开展防汛抢险等先进事迹，凸显国有企业党组织的号召力、向心力和战斗力。深化机关创建，监管服务水平提高。持续深化"五聚焦五提升"模范机关创建，扎实推进"四强"党支部创建工作，结合省国资委实际，细化"四强"党支部创建要求和标准，明确将"四强"党支部创建情况纳入机关年度党支部书记述职评议考核，作为评优评先的重要衡量标准，推动机关各支部认真开展创建工作，加强自身建设，建强干部队伍，提升监管服务企业能力，资本运营处"四强"党支部创建做法被《跨越》杂志和省直机关工委公众号宣传推广。

（二）坚持持之以恒推进全面从严治党

突出锤炼作风，抓严抓细抓实作风建设，推动正风反腐持续发力、纵深推进。持续加大正风反腐工作力度，进一步提振干事创业精气神，营造风清气正良好政治生态。一是高站位部署，系统施治巡视问题。成立巡视整改工作领导小组，制定整改工作方案和"一台账三清单"，健全常态化整改工作机制，加强督导问效，坚持项目化管理、清单式推进、销号制落实，挂图作战、对账销号，举一反三补短板、强弱项、堵漏洞，扎实抓好省委巡视整改"回头看"检查反馈意见整改落实，健全完善长效机制，推动巡视整改走深走实，取得较好成效。截至2023年底，39项整改任务，已完成25个（含需长期坚持的事项），取得阶段性成效并长期坚持的3个，取得阶段性成效并将继续推进的11个。高标准严要求，持续深化政治巡察。部署两轮巡察，对18家省属二级企业党组织开展政治体检，发现问题586个，移送纪检监察机构线索16条。组织一轮巡察整改"回头看"检查，推动企业整改问题617个，新建、完善制度1189项，收回资金约8.2亿元。加强巡察整改和成果运用，制定《广东省国资委党委实施巡察整改"1＋3＋1"工作举措推动省属企业高质量发展的工作方案》，以压实整改责任、加强分类整治、深化专项治理为抓手，推动以巡促改、以巡促建、以巡促治取得实效。二是保持高压态势，一体推进"三不腐"。大力支持纪检监察机构查处违纪违法问题，2023年省属国资国企立案159件。部署开展加强省属企业重点项目专项监督和医药领域腐败问题集中整治工作，持续推动重点领域系统施治。督促指导省属企业党委认真贯彻落实《中共中央关于加强对"一把手"和领导班子监督的意见》及广东省两个责任清单，持续加强对省属国资国企系统"关键少数"的监督。研究制定省国资委党委关于推动出资人监督与其他各类监督贯通协调的若干措施，强化监督合力。扎实开展纪律教育学习月活动，举办党章党规党纪教育培训班，摄制警示教育片，汇编严重违纪违法人员忏悔录，深化以案促改，筑牢党员干部拒腐防变思想防线。三是高质量落实，锲而不舍纠治"四风"。制定印发《省国资委党委关于深入贯彻落实中央八项规定精神的实施措施》，指导督促省属企业健全完善配套制度措施，持续巩固拓展执行中央八项规定精神成果。组织开展省国资国企系统"四风"突出问题专项整治，发现"四风"问题404个，推动整改问题366项，清退款项180余万元，推动修订完善制度313项。核查反映违反中央八项规定精神和"四风"问题的信访举报问题线索30件，立案审查9人，处理处分15人。

（撰稿人：蒋方舟　杨敏言）

深圳市

一、深圳市国有资产监督管理工作综述

2023年，深圳市国资委以习近平新时代中国特色社会主义思想为指导，牢牢把握新时代新征程的新使命新任务，全面加强党的领导和党的建设，坚定不移深化改革，持之以恒推进高质量发展，各项工作取得新成效。国企改革三年行动获评A级，国资国企规模实力持续增强，主要经济指标稳中有进，总资产、营业收入再创新高；"城之重器"功能不断凸显，国有资本布局结构进一步优化。

（一）发展壮大国有经济，经济运行平稳向好

坚持稳中求进总基调，千方百计稳增长、促投资、

强功能。2023年,深圳市国有企业资产总额5.6万亿元,实现营业收入1.3万亿元,分别增长3.6%、8.4%;利润总额814亿元,实际上缴税金总额1062亿元。完成外贸进出口1076亿元,490户"四上"市属企业完成在深增加值超过1000亿元、比上年增长9.2%,高于全市GDP增长率3个百分点。

(二)优化调整布局结构,产业结构潜力凸显

围绕"20+8"产业集群,聚焦国企优势领域,出台战略性新兴产业发展实施方案,加快推动新型储能、低空经济、海洋经济等产业布局。强化资本运作,持续推动市属国企优质资源向上市公司集中,市属国企REITs累计发行规模70亿元,居全国地方国资第2位。全力服务"双招双引",引进重点项目9个、投资额40.8亿元。

(三)攻坚重点改革任务,企业活力更加强劲

国企改革三年行动高质量收官,在全国整体评估中获评A级。深圳区域性国资国企综改试验获评全市20个优秀改革案例。5家市属"双百企业"在国家年度评估中全部获得"优秀"以上等次,深投控等3家企业获评"双百企业"改革"标杆",获评数量连续两年居地方国资第1位。

(四)持续加强党建引领,党建工作提质增效

深入开展学习贯彻习近平新时代中国特色社会主义思想主题教育,打造"两图表、两手册、三清单、一例会"工作体系,得到省委组织部肯定。扎实开展国企党建质量提升分类指导行动,分门别类出台"1+4"系列文件,以点带面推动市属国企党建工作质量实现整体提升。充分发挥深圳国企党建研究会平台功能,助力驻深央企和省属国企深度融入深圳发展。党风廉政建设和反腐败工作纵深推进,巡察整改任务全面落实。坚持以机关带系统、以党建促业务,深圳市国资委机关党委选送项目获得广东省"先锋杯"二等奖、深圳市"党建杯"一等奖。

二、深圳市国有资产总量与结构分析

截至2023年底,深圳市国有企业资产总额55523亿元,所有者权益20900亿元,营业收入12780亿元,利润总额814亿元,净利润577亿元,其中归属于母公司所有者的净利润232亿元。

表1　2023年深圳市国有企业指标

项　目	金　额(亿元)
资产总额	55523
所有者权益	20900
国有资本总量	13038
营业收入	12780
利润总额	814
净利润	577
归属于母公司所有者的净利润	232
应交税金总额	999
实际上缴税金总额	1062

表2　2023年深圳市国有资本总量按隶属关系分布情况

隶属关系		国有资本总量(亿元)	占　比(%)
市属企业		9442	72.4
区属企业	坪山区	137	1.1
	龙岗区	315	2.4
	龙华区	179	1.4
	南山区	645	5.0
	盐田区	44	0.3
	宝安区	278	2.1
	罗湖区	163	1.2
	福田区	306	2.3
	大鹏新区	36	0.3
	光明区	159	1.2
	前海管理局	1141	8.7
	深汕特别合作区	97	0.7
	各区合计	3501	26.9

续表

隶属关系	国有资本总量（亿元）	占　比（%）
三大文化集团	95	0.7
全市合计	13038	100.0

注：由于数据修约，存在分项和总项不相等的情况。

深圳市国有资本主要集中于基础设施及公用事业，分布在园区和地产业、交通运输业、社会服务业、金融业和工业五大行业，园区和地产业主要是产业园区和房地产开发企业；交通运输业主要是地铁、机场、港口和高速公路等企业；社会服务业主要是人才保障房、投资与资产管理等企业；金融业主要是证券、担保等企业；工业主要是电力、供水、燃气等公用事业企业。五大行业国有资产总量占比91.5%。

表3　　2023年深圳市国有资本总量按行业分布情况

行　业	国有资本总量（亿元）	占　比（%）
园区和地产业	3720	28.5
交通运输业	2552	19.6
社会服务业	2256	17.3
金融业	1998	15.3
工业	1407	10.8
其他	1105	8.5
合　计	13038	100.0

截至2023年底，深圳市国有资产总量13038亿元，较年初增加457亿元，其中，大型企业国有资产总量11193亿元，占比85.9%；中型企业国有资产总量1102亿元，占比8.4%；小型企业国有资产总量720亿元，占比5.5%；微型企业所占比重较小。

表4　　2023年深圳市国有资本总量按经营规模分布情况

经营规模	国有资本总量（亿元）	占　比（%）
大型企业	11193	85.9
中型企业	1102	8.4
小型企业	720	5.5
微型企业	23	0.2
合　计	13038	100.0

三、深圳市国有资本保值增值综合分析评价

2023年，深圳市国有企业经营效益保持平稳，整体国有资本保值增值率100.1%。其中，工业保值增值率107.2%，保值增值水平最高；工业、金融业、仓储业、农业、商贸业、科学研究和技术服务业等6个行业的保值增值率超过平均值。

表5　　2023年深圳市国有企业行业国有资本保值增值情况

行　业	国有资本保值增值率（%）
工业	107.2
金融业	105.7
仓储业	105.3
农业	104.3
商贸业	103.5
科学研究和技术服务业	103.5
房地产业	99.7
交通运输业	98.7
信息技术服务业	98.2
建筑业	89.6
社会服务业	87.2
教育文化广播业	85.4

四、深圳市国资委监管企业改革发展情况

(一)“城之重器”功能有效发挥

经济运行保持平稳。全年完成在深投资2500亿元,比上年增长14%;完成固定资产投资2373亿元,比上年增长52%;承担市重大项目184个,完成投资1443亿元、约占全市总量的1/3。河套深港科技创新合作区、深圳湾超级总部基地等一批重大项目加速推进,努力实现高质量的稳增长。河套深港科技创新合作区、深圳国际交流中心等重大项目加快推进,首批11个“工业上楼”项目全面开工,安居保障性租赁住房REITs项目入选全国盘活存量资产扩大有效投资典型案例。持续深化央地合作,联合举办83家在京央企参加的科技创新央地合作交流会,切实解决其在深业务发展20余项诉求,助力央地合作重大项目在深落地。指导30家市属企业与115家央企子公司建立对接渠道,推动深智城集团与中国电信、深铁集团与中国通号组建合资公司,围绕智慧城市、轨道交通等领域开展合作。协同推进深圳国资国企党建研究会正式揭牌,搭建在深国企联系机制、服务平台和发展渠道。

(二)各项改革攻坚克难

在落实各项重大改革专项任务上走在全国前列。国企改革三年行动高质量收官,在全国整体评估中获评A级。深入落实国企改革深化提升行动,牵头编制深圳实施方案,同步推动各项任务落实落地。持续深化深圳公共资源交易改革,率先实现市、区两级公共资源交易平台市场化整合,制度性交易成本较改革前下降超过20%。积极培育数据要素交易全链条服务能力,为全国数据要素市场化配置改革贡献“深圳经验”。创新开展董事会专项评价,持续优化董事会议案决策流程,建立外部董事人才库,推动企业全面依法落实董事会各项权利,董事会规范化建设水平不断提升。创新构建阳光采购、资产交易、阳光租赁、资金融通、重大资源开发、国资人数据等“六平台一中心”监管系统。智慧国资监管平台在国家验收评估中获评优秀,国资产权监管系统入选全国信息化项目创新示范案例,阳光采购智慧监督平台资金节约率超过15%,被国家发展改革委、科技部等七部委纳入“深圳综合改革试点第二批创新举措和典型经验”,并向全国推广。

(三)国资布局全面优化

强化国资体系前瞻布局。深铁集团“轨道＋物业”开发模式作为唯一中国案例纳入《G20/OECD政策工具》。研究城中村改造发展基金方案,指导智城等企业CIM平台建设,加快推动土地确权。盐田港集团成功更名为深圳港集团,进一步提升深圳港国际影响力,助力深圳加快建设全球海洋中心城市。大力推动国资现代化产业体系建设,围绕“20＋8”产业集群部署,重新组建深农投、幸福健康等企业集团,加快布局新型储能、低空经济等产业,推动超过85%的净资产集中到以基础设施公用事业为主体、金融和战略性新兴产业为两翼的“一体两翼”领域。高标准建设深圳国际交流中心、机场三跑道等重大项目,主动对接民航、交通等主管部门,广泛调研大疆、东部通航等企业,指导机场集团推进低空产业公司组建工作。结合全市消费、应急、工业、贸易等产业物流需求,谋划全市物流设施体系“一张网”。多次赴深圳能源集团、深圳燃气集团、华为数字能源等企业开展专项调研,全面梳理全市储能产业现状及市属国企布局情况,指导深圳资本集团、深智城集团完成深圳市新型储能产业基金组建、“电力充储放一张网”建设等全市重点任务。加快打造保供安全的食品产业链,结合食品物资集团发展现状和存在问题,创新提出“A>1＋1＋1”顶层架构设计。支持深智城集团等企业加快汇集深圳城市空间、城市运营各领域数据,持续搭建精准、完备、安全的数字孪生城市底座(CIM),累计接入全市房建、交通、水务等领域BIM模型1900余个。综改试验(深圳)股权投资基金落地深圳正式投资运作。指导深圳交易集团推动深圳数据交易所等招引项目100%落户深圳。积极落实“双招双引”系统双周报机制,将招商引资纳入直管企业考核,及时跟踪重大招商引资项目进展,督导企业强化招商引资。陪同联想控股走访福田、前海等区,力争招引欧洲科学家以及新能源、新材料领域项目落户深圳。落实“五外联动”,光明科学城香港运营中心注册成立,深圳国际渔业博览会成功举办,小漠港外贸滚装汽车吞吐量超过6000辆,深圳机场集团新开加密国际货运航线11条,深铁集团海外服务总里程199千米。

（四）科创体系加快形成

加快构建"13888"创新工作体系。全年研发投入150亿元，比上年增长61%，创新型企业研发投入强度升至4%。不断强化创新载体建设，全系统拥有国家级和省级创新载体88个、新增18个，国家高新技术企业149家、新增32家。高效运营国资国企产业创新中心，导入10批次34个优质项目，积极推动深重投集团12英寸晶圆生产线达产、深圳燃气集团"深燃芯"装机使用、深圳能源集团飞轮储能电站加快建设。成功筹办2023深圳企业创新发展大会，有效推动"政产学研用资"创新资源深度融合。充分发挥基金带动作用，推动鲲鹏资本重点布局荣耀、贝特瑞等企业，培育产业链龙头企业。推动深圳资本集团设立超过100亿元半导体产业基金，助力突破重大核心技术。参与组建3000亿元国家级大基金三期，助推我国芯片领域快速发展。组织天使母基金、深创投集团设立20亿元种子基金，支持具有自主知识产权、科技含量高、创新能力强的种子期科技项目。持续完善"科技园区＋科技金融＋人才服务＋场景应用＋平台支撑"创新生态服务体系。推动河套科创中心全面封顶，深福保等园区获评"国家级孵化器"。全力保障企业创新发展所需薪酬资源。对承担国家战略性新兴产业、应用性基础研究有关薪酬，以及落实"人才强企""科技创新"战略所需薪酬，通过研发费用加回、增量业务、单列薪酬等形式予以保障。

（五）服务使命坚定践行

服务"民生七有"。全年建设筹集保障性住房9.3万套、供应4.6万套，分别占全市总量的49%、58%。着力破解养老托育民生难题，在全市10个区布局养老、托育、医疗项目84个，提供养老床位1866个、托位2035个，深入探索"一老一小"整体解决方案。贯彻国有物业租金减免政策，就进一步落实国有物业租金减免工作开展专项调研。办理助企纾困相关工作，有效协助企业解决生产经营困难，创造更优质营商环境。聚焦打造人才高地，组织开展"菁英聚鹏城"校园招聘活动，累计招聘优秀毕业生3万人。倾力推进乡村振兴，系统谋划6省11市帮扶协作任务，全力做好产业帮扶、消费帮扶、智力帮扶。制定年度生态文明建设工作要点及责任清单，督导相关企业完成治污保洁工程任务、依法披露环境信息，市国资委机关连续4年获评全市生态文明建设考核等次"优秀"。推动市属企业担保机构降低中小微企业融资成本，实施担保费率最高减免40%举措，为中小微企业减轻担保费用3.15亿元、惠及市场主体超过9800家。

五、深圳市国资委监管企业并购重组与完善法人治理结构情况

（一）优质资源向上市公司集中

实施"上市公司＋"战略，顺利完成深圳燃气集团可转债发行和万科H股配售募资，完成盐田港股份重大资产重组，全系统上市公司37家。

（二）市属国企积极开展基础设施REITs相关工作

推动市属国企积极开展基础设施REITs发行和扩募工作，REITs发行数量居全国省级国资第2位。红土盐田港REITs完成扩募，成为全国首批扩募的4只REITs之一，扩募资产规模约3.7亿元，进一步盘活深圳港旗下资产。深圳安居保障性租赁住房REITs入选全国盘活存量资产扩大有效投资典型案例。

（三）持续高效完善公司治理

研究制定直管企业董事会评价方案及配套评价指标，健全董事会授权管理体系和定期评价体系。优化议案审核办理流程和程序，推动专职外部董事、财务总监独立审核意见嵌入董事会决策流程，提升董事会决策质量。以"六位一体"大监督格局为依托，落实业务监督、综合监督、责任追究三位一体出资人监督机制，打造事前制度规范、事中跟踪监控、事后监督问责的出资人监督闭环。创新开展董事会专项评价，持续优化董事会议案决策流程，建立外部董事人才库，推动企业全面依法落实董事会各项权利，董事会规范化建设水平不断提升。

六、深圳市国资委监管企业建立和完善经营业绩考核体系情况

（一）发挥考核"指挥棒"牵引作用

优化考核机制，不断提升考核科学性有效性。完

成2023年度经营业绩责任书签订工作,优化考核指标制定流程,精准设定年度考核指标,牵引企业持续优化产业结构布局、推动重大项目落地、服务城市高效运行、筑牢民生保障底线,纵深推进改革创新,全力服务国资国企战略使命。基于企业功能定位,实施"一类一策",突出不同考核导向;聚焦行业关键要素,推进"一业一策",牵引企业提高核心竞争力;聚焦短板弱项痛点,开展"一企一策",推动企业补短板、强弱项、扬优势,不断增强核心功能。

(二)强化分配"调节器"导向作用

牢固树立"要薪酬等于要业绩"理念,强化"业绩增薪酬增、业绩降薪酬降"分配导向,严格匹配经营业绩预算目标,严守国有资产保值增值红线。实行灵活高效的结构化薪酬总额管理方式,完成2023年度企业薪酬预算。落实"共同富裕"政策相关要求,落实高校毕业生就业以及最低工资、失业险、养老保险缴费基数等标准上调相关政策。指导企业优化完善薪酬相关制度,夯实薪酬规范化管理基础。加强政策宣贯交流,组织薪酬管理培训,提升企业薪酬管理规范化水平。实现直管企业年度薪酬清算全覆盖,督导企业持续提升薪酬管理水平。根据新一轮国企改革深化提升行动相关工作部署,督导符合条件的市属企业按照"一类一策""一企一策"原则探索构建中长期激励约束机制。

(三)突出创新指引薪酬导向

保障企业创新发展所需薪酬资源,对承担国家战略性新兴产业、应用性基础研究有关薪酬,以及落实"人才强企""科技创新"战略所需薪酬,通过研发费用加回、增量业务、单列薪酬等形式予以保障。完善科技创新考核激励机制,加大科技创新考核支持力度,对创新投入和产业创新中心入驻费用视同利润、对原创技术策源地取得重大创新成果予以考核加分。

七、深圳市国资委监管企业负责人考核与选人用人机制改革情况

(一)深入推进市场化选人用人机制改革

开展市场化选聘工作专项检查及问题整改。制定《市属国企市场化选聘工作操作指引》《关于开展市属企业职业经理人考核工作专项检查的通知》等,指导市属国企全面梳理盘查系统企业在市场化选聘职业经理人工作中存在的突出问题。指导深投控等17家企业启动职业经理人任期考核,明确刚性考核要求。指导人才集团、振业集团完成3名职业经理人市场化退出,实现从"身份管理"向"岗位管理"转变。统筹指导深智城集团、万和证券开展副总经理市场化选聘工作,有效加强企业经营班子力量,优化班子成员能力素质结构。

(二)持续选优配强企业领导班子

着力优化企业领导人员队伍结构。会同市委组织部完成市管企业领导班子和领导人员年度考核,在年度考核中同步开展"知事识人 序事辨材"干部专项调研,建立优秀年轻企业领导人员人才储备库。贯彻落实市委、市政府决策部署,调整优化食品物资产业链企业管理机制,配合市委组织部顺利完成深农投干部管理权限调整以及相关企业领导班子及领导人员调整配备工作。按照干部管理权限完成特区建工集团、深重投集团、万和证券有关企业领导人员配备;完成深房集团、大铲湾、环水投资等企业"一把手"调整配备;会同深业集团党委,完成深业置地、鹏南公司、深业泰然、沙河股份等重点二级企业领导班子换届工作。全年调整配备企业领导人员52人次,队伍专业、年龄结构明显改善。制定并印发《关于加强和改进市属国企中层管理人员选拔任用工作的意见》,不断提高选人用人工作质量。全年开展企业中层正职任职备案259人,在备案审核中及时发现、纠正企业在中层干部选任中的各类问题46项。受理审核企业干部人事工作事前报告事项16次,有效提升市属企业选人用人工作水平。着力加强外派监督管理人员队伍建设。开展外派财务总监选拔配备,通过组织选任、现职企业领导人员转任等方式,选拔3名专业干部进入外派财务总监队伍。积极配合开展国企纪检监察体制改革、监事会改革等工作,完成深铁集团、特区建发集团、深圳交易集团等国有独资、全资公司监事会主席免职工作。

(三)全方位培养引进用好人才

指导建立"一把手抓第一资源"工作机制,把企业

招才引智工作纳入企业党建考核和企业主要负责人年度综合考核。把引进、使用和服务好各类高层次人才作为人才强企的重要战略举措，累计引进培养高层次人才250余人。锚定世界一流企业、原创技术策源地建设目标，聚焦深圳市"20＋8"产业集群，"一企一表"编制急需紧缺高端人才清单，通过线上线下专场招聘、猎头寻聘、校企合作引才等方式加大海外人才引进力度，引进、发动150余名人才申报国家海外人才计划，40余名人才申报广东省海外人才计划。推动资金链、产业链、创新链、人才链融合，国资人才基金通过项目投资支持引进国家、省、市人才及团队75个，举办"智汇大湾区人才项目路演"40余期，积极助力人才创新创业。持续做好高层次人才服务，协调深铁集团、深圳机场集团、深圳巴士集团等企业为鹏城优才卡持卡人提供出行礼遇，定期开展高层次人才节日慰问，积极组织高层次人才参加研修培训。举办市属国企"青年菁英人才培训班"第三期，打造国企校招生培训示范项目。创新打造深圳国资国企"博士人才荟"交流平台，力求促进各领域博士人才交流互鉴，专业提升，2023年9月举办首期活动暨新能源和电化学储能专场，组织相关领域博士人才开展交流研讨、参观访学，营造智慧交互、观点交锋、产学交融的良好氛围，有力服务博士人才成长发展。

八、深圳市国资委监管企业党的建设和廉政建设情况

（一）全面加强国有企业党的领导和党的建设

举办读书班和专题研讨班，举办学习贯彻《习近平著作选读》第一卷、第二卷首场宣讲报告会，开办深圳国企党支部书记培训班、党务干部能力提升培训班等40余场，覆盖各级党务干部7000余人次。小切口推动调研课题，建立调研成果清单项目58个，完成调研成果转化52个，相关工作得到省委巡回指导组和主题教育办的充分肯定。推动深圳国企党建研究会正式揭牌，系统梳理央企在深八大领域重点项目297个，覆盖市属企业28家、国务院国资委管理央企56家、财政部管理金融央企7家、央企子公司115家，推动市属企业与相关央企签署战略合作协议6份，成功在深落地合资公司6个。组织开展案例征集和党建优秀课题评选，汇编《高质量党建引领国企高质量发展案例选》《年度课题研究报告集》，评选华润置地"五个融合"、招商蛇口"双六能"机制建设、中国移动"圳兴号"党建品牌等31项优秀课题案例。开展市属国企党建质量提升分类指导行动，立足国资国企业态多元、党建工作重点各不相同等实际，出台"1＋4"文件，坚持分类施策，参照"一体两翼"国资布局，将市属国企分为基础设施公用事业类、投资运营服务类、开发建设类、科技创新类等四大类别，分门别类出台相关党建工作指引，引导各直管企业结合分类操作指引要求和自身实际，研究制定本企业试点工作方案。举办市属国企异地园区党建工作座谈会，"一园一策"制定加强异地园区党建工作方案，探索企业党组织在深哈、深河等异地园区开展党建工作，发挥引领保障作用。

（二）在压实管党治党责任上持续发力

常态化开展政治谈话和政治体检。组织国资国企248位领导班子成员开展述责述廉、接受评议工作，印发提醒函30份，督促企业党委书记对排名靠后的班子成员约谈提醒。推动全系统开展谈话2102人次，精准规范审慎回复党风廉政意见124人次。组织89名新任职干部开展集体廉政谈话，签订《廉政承诺书》，教育引导新任职干部系好"第一粒扣子"。积极配合市纪委监委派驻七组工作。梳理积压问题线索300条，推动15家委管企业针对市委巡察发现的突出问题开展内部巡检，建立"一企一策"监督台账，探索建立市委巡察、深圳市国资委巡检、企业内部巡检上下联动机制。加强廉洁文化品牌建设。在深圳市国资委官网增设"国资廉洁"专栏，扎实开展纪律教育学习月活动。积极组织参与省纪委监委"我的廉洁家风故事"主题征文活动，投控公司、深高速纪委选送的10项作品斩获殊荣。发布64篇"廉洁合规书记谈"文稿、9部国企自主创作的廉洁微视频、31家国企廉洁合规宣传明信片等一批国企廉洁合规文化成果。

（撰稿人：陈卉卉）

广西壮族自治区

一、广西壮族自治区国有资产监督管理工作综述

2023年,广西壮族自治区国资委坚持以习近平新时代中国特色社会主义思想为指导,认真贯彻落实党中央、自治区重大决策部署,重实效、强实干、抓落实,全力抓好提质增效稳增长,支持引导企业扩大有效投资,强化亏损治理,盘活存量资产,主要经济指标实现较快增长。国有企业改革深化提升行动正式启动,加快推进一流企业建设,支持企业高质量发展。出台加强监管企业主责主业管理的意见,指导企业聚焦主责主业发展,大力推进战略性重组和专业化整合。进一步完善以管资本为主的国资监管体制,强化全覆盖、全过程、穿透式监管。全力服务保障国家、自治区重大战略部署,成功举办央企支持广西沿边临港产业园区建设发展座谈会,得到李强总理批示。全面加强国有企业党的领导党的建设,严格落实"第一议题"制度,深入扎实开展主题教育,深入开展基层党建"五基三化"提升年行动,扎实推进清廉国企建设,各项工作取得新成效。广西全区企业国有资产总额7.14万亿元、负债总额4.79万亿元、国有资产总量2.03万亿元,分别比上年增长10.19%、10.27%、9.46%;实现营业收入1.11万亿元、利润总额118.59亿元,分别比上年增长7.64%、57.49%;固定资产投资3415.51亿元,比上年下降0.44%;实际上缴税金总额370.17亿元,比上年增长7.60%。

二、广西壮族自治区国有资产总量与结构分析

表1 2023年广西壮族自治区国有企业指标

项　目	金　额(亿元)
资产总额	71412.44

续表

项　目	金　额(亿元)
所有者权益	23552.04
国有资产总量	20276.88
营业收入	11107.83
利润总额	118.59
净利润	46.98
归属于母公司所有者的净利润	−23.76
应交税金总额	378.34
实际上缴税金总额	370.17

表2 2023年广西壮族自治区国有企业户数情况

2022年户数(户)	2023年户数(户)	比上年增长(%)
6931	7676	10.75

表3 2023年广西壮族自治区国有资产总量按隶属关系分布情况

隶属关系	国有资产总量(亿元)	占　比(%)
省属企业汇总	5301.99	26.15
地市企业汇总	14974.89	73.85
南宁市	2760.14	13.61
柳州市	2786.57	13.74
桂林市	1118.55	5.52
梧州市	744.85	3.67
北海市	377.05	1.86
防城港市	361.72	1.78
钦州市	529.20	2.61
贵港市	625.71	3.09
玉林市	1536.89	7.58
百色市	832.61	4.11

续表

隶属关系	国有资产总量（亿元）	占比（%）
贺州市	798.22	3.94
河池市	568.72	2.80
来宾市	643.71	3.17
崇左市	1016.63	5.01
中马钦州产业园区	274.32	1.35
合　计	20276.88	100.00

注：由于数据修约，存在总计与分项合计不相等的情况。

表4　2023年广西壮族自治区国有资产总量按行业分布情况

行　业	国有资产总量（亿元）	占比（%）
农林牧渔业	1480.92	3.92
工业	2330.74	6.17
建筑业	6584.82	17.44
交通运输业	2686.58	7.12
仓储业	638.85	1.69
商贸业	989.38	2.62
房地产业	4065.73	10.77
信息传输、软件和信息技术服务业	73.06	0.19
社会服务业	15569.15	41.24
教育文化广播业	251.36	0.67
科学研究和技术服务业	134.36	0.36
金融业	2861.44	7.58
其他	84.32	0.22
合　计	37750.71	99.99

注：表中数据为合计数，未合并抵扣；由于数据修约，存在分项合计不等于100%的情况。

表5　2023年广西壮族自治区国有资产总量按经营规模分布情况

经营规模	国有资产总量（亿元）	占比（%）
大型企业	3902.51	10.34
中型企业	12011.18	31.82
小型企业	14614.34	38.71
微型企业	7222.67	19.13
合　计	37750.70	100.00

注：表中数据为合计数，未合并抵扣。

三、广西壮族自治区国有资本保值增值综合分析评价

表6　2023年广西壮族自治区国有企业地区和行业国有资本保值增值情况

地　区	国有资本保值增值率（%）	行　业	国有资本保值增值率（%）
省属企业汇总	100.01	农林牧渔业	103.14
地市企业汇总	100.73	工业	100.21
南宁市	101	建筑业	100.39
柳州市	100.35	交通运输业	98.69
桂林市	99.33	仓储业	102.87
梧州市	101	商贸业	103.88
北海市	97.92	房地产业	99.83
防城港市	99.48	信息传输、软件和信息技术服务业	95.93
钦州市	104.89	社会服务业	100.87
贵港市	99.72	教育文化广播业	102.01

续表

地　区	国有资本保值增值率(%)	行　业	国有资本保值增值率(%)
玉林市	98.2	科学研究和技术服务业	107.16
百色市	98.84	金融业	103.68
贺州市	99.71	其他	99.94
河池市	110		
来宾市	99.28		
崇左市	104.98		
中马钦州产业园区	100.57		

四、广西壮族自治区监管企业改革发展情况

(一)全力抓好稳增长,企业经济效益较大提升

广西壮族自治区国资委监管企业实现营业收入7540.28亿元、利润总额90.25亿元,分别比上年增长6.26%、129.76%;资产负债率保持稳定。营业收入排全国第11位,较2022年末(第12位)上升1位。利润总额排全国第22位,较2022年末(第25位)上升3位。营业收入超过1000亿元的企业有广投集团、柳钢集团、北港集团,其中广投集团超过2000亿元。利润总额超过10亿元以上的有广投集团、北投集团、交投集团、柳工集团,其中广投集团超过50亿元。出口增长势头强劲,监管企业实现出口收入140亿元,比上年增长31.7%,创历史最好水平,其中柳工集团出口收入112亿元,增长39.1%,玉柴集团铸件外贸出口进入欧洲市场。自治区国资委建立健全重大项目动态管理机制,强化对企业重大项目跟踪服务,推动监管企业全年完成固定资产投资1802亿元,黄桶至百色铁路实现开工,龙门大桥主航道合龙,海上风电项目启动,页岩气开发出气点火,南宁机场T3航站楼、防城港赤沙1号泊位、柳工智能国际工业园、柳钢3800毫米宽厚钢板、玉柴船电动力装备、广投临港生态铝、北港鱼峰固废循环利用、北投跨境智慧口岸、广旅"南宁之夜"等一大批重大项目开竣工。印发企业亏损治理三年行动方案,分类精准推动亏损治理。133户各级子企业扭亏,扭亏金额37.7亿元;156户减亏,减亏金额64.6亿元。推进企业存量土地盘活利用,通过自主、联营等方式盘活使用土地1666.67平方千米。

(二)启动实施新一轮国企改革,企业发展活力有效激发

印发《广西壮族自治区国有企业改革深化提升行动实施方案(2023—2025)》。自治区领导专门就自治区实施新一轮国企改革作出批示,自治区人民政府召开全区国有企业改革深化提升行动动员部署电视电话会议,并印发方案重点任务清单,形成改革工作台账。自治区国资委举办国企改革深化提升行动宣贯会,各企业研究制定改革实施具体方案。自治区国资委"科改""企业+属地"信访联治2项改革成果被自治区党委改革办列为2023年全区50项优秀改革成果。广西产投资本、北部湾港股份、广投医药健康、农垦永新畜牧4户企业纳入国务院国资委"双百企业"。加快推进一流企业建设,召开全区国资国企创建一流企业暨科技创新工作会议,印发培育和建设一流企业实施方案,建立一流企业创建指标体系,遴选一批企业建立一流企业库,分类推进世界一流、国内一流和专业领军企业建设。柳工欧维姆公司入选国务院国资委创建世界一流专精特新示范企业。出台《关于支持华锡加快提高特色金属产业核心竞争力建设一流企业三年行动方案(2024—2026)》,制定《广西能源集团争创国内一流能源强企三年倍增行动方案》。

(三)推动聚焦主责主业发展,企业发展实力进一步增强

出台加强监管企业主责主业管理意见,修订投资、融资担保等管理办法和负面清单,加强企业投资合规管理,指导企业聚焦主责主业发展,主业投资占总投资比重97.87%。大力推动传统产业转型升级,加快发展战略性新兴产业,对具备条件的战略性新兴产业视同主业管理,监管企业战略性新兴产业投资127.31亿元,比上年增长25.32%。中国—东盟数字经济产业园、交投高速公路养护机器人、广汽新能源

物流车、广旅"一键游广西"、中恒创新医药研发、国宏智鸿环保水务等一批新兴产业项目加快建设。制定组建广西战略性新兴产业发展与传统产业转型升级基金、广西现代特色农业产业发展基金、广西产业合作区建设投资基金、广西新材料产业高质量发展基金、广西创新驱动型企业成长发展基金、广西现代设施农业发展基金等方案,培育新兴产业基金群。

(四)大力推进科技创新,企业创新动力明显增强

自治区国资委成立规划创新处,印发《关于推进广西国有企业打造原创技术策源地的实施方案》《推动企业加强科技攻关和成果转化、应用基础研究若干激励保障措施》等文件,深入实施科技创新"六大工程",自治区本级国有资本经营预算连续两年安排3亿元支持企业创新项目100个,有力推动企业加大科技创新力度。2023年,自治区国资委监管企业研发经费投入137亿元,比上年增长12.3%;研发经费投入强度1.8%,比全国平均高0.4个百分点;监管企业获得2022年度广西科学技术奖31项,占总数的20%。开展"科改企业"提质扩围,新增50户自治区级"科改企业";15户企业入选国家"科改企业",数量居全国第5位。10户企业入选广西第一批链主型龙头企业。推动转制科研院所与集团公司深度融合发展,转制科研院所改革发展经验做法得到自治区领导肯定性批示。遴选科技创新标杆企业12户,数字化标杆企业10户,科技创新标兵12人,有效激发企业创新活力。南南铝航空航天用铝、电子3C用铝等高纯铝,北投天峨龙滩世界最大跨径拱桥,玉柴世界首台超低浓度瓦斯发动机和发电机组,广投与华为合作推出具有完全自主知识产权的"数达"一体机、服务器密码机等一批国内国际领先的科技成果不断涌现。农垦非粮生物质能技术全国重点实验室获批,广西低碳智能动力实验室落户玉柴,北投新增9个自治区级科研平台。柳工装载机智能工厂获评2023第二届中国标杆智能工厂。广投强强碳素获评国家知识产权优势企业。北投交科获得2022年度广西企业科技创新奖,南南铝加工、柳工机械、玉柴股份、北港鱼峰水泥获得2022年度广西科学技术进步奖一等奖。农信社"桂惠贷"18项指标居全区银行业第1位。

(五)主动服务重大战略,国企使命担当更加彰显

坚决当好服务沿边临港产业园区、西部陆海新通道、中国—东盟产业合作区等国家和自治区重大战略的排头兵和主力军。自治区人民政府、国务院国资委在北京联合举办高规格的中央企业支持广西沿边临港产业园区建设发展座谈会,签订项目合作协议18项,投资额1400亿元,基金合作项目400亿元,得到中央领导和自治区领导的肯定性批示。召开驻桂央企座谈会2次,推进69个项目开展央地合作,并做好协调服务,驻桂央企在广西投资额超过9000亿元,资产总额超过1万亿元,推动4户央企在桂设立区域总部和研发中心。成功举办广西—广州国资国企产业合作推进会。北港集团胜利完成自治区党委、政府交给的使命任务,集装箱吞吐量突破800万标准箱、西部陆海新通道海铁联运班列突破9000列,建成启用全国首个海铁联运自动化集装箱码头二期工程。交投集团8条高速公路建成通车,助力全区高速公路通车里程突破9000千米。北投集团顺利完成平陆运河旧州特大桥中段拱肋整体提升工程,助力加快平陆运河建设。机场集团累计开通16条国际客运航线,实现南宁东盟10国通,南宁机场国际货邮吞吐量突破8.5万吨,居全国第11位。监管企业大力支持全国首届学青会顺利举办,累计赞助捐赠总价值1.68亿元,广旅集团主动作为,超额完成2亿元学青会资源开发任务。物流集团、广投集团、农垦集团、北投集团、北港集团、交投集团、宏桂集团、广林集团等投资24.2亿元参与广西农商联合银行组建,合计持股比例37.23%。

(六)健全完善监管体系,国资监管效能持续提升

进一步完善以管资本为主的国资监管体制,强化全覆盖、全过程、穿透式监管。17户企业设立首席合规官。印发监管企业境外国有资产监督管理暂行办法、监管企业境外投资经营审计监督办法等文件,强化境外国有资产管理。狠抓"三无企业"(无业务、无贡献、无法实现功能)清理处置。虚假贸易专项整治工作取得明显成效,挽回损失19.6亿元,推动11户企业完成内部贸易业务整合;逾期账款清收专项整治行动收回原值189.9亿元,逾期应收账款净值较2021年末下降37.5%;违规投资专项整治行动排查整治问题项目172个,涉及金额307.5亿元,问责处理34人次。

用好资金运行在线监管系统，实现“三全一穿”(全覆盖、全天候、全级次，穿透式)实时监管，累计向企业发送重大风险预警信息355条。严控投资风险，扎实开展违规投资专项整治，严防并购资产溢价、高负债企业等情形。指导监管企业化解历史包袱189亿元。严控金融风险，建立健全金融业务运行监测体系，加快清理整治“僵尸企业”占用金融资源等问题。充分发挥司法与国资监管联络办公室作用，有效化解监管企业历史积案，避免和挽回损失146.5亿元，得到国务院国资委充分肯定。

五、广西壮族自治区监管企业并购重组与完善法人治理结构情况

(一)推动企业重组整合

推动宏桂集团所属北部湾产权交易所以市场化方式并购广投集团北部湾股权交易所，打造全区统一交易资源大平台。推动广投集团组建广西铝业集团、广西广投产业链服务集团、广西能源集团，现代物流集团组建广西循环集团，广林集团组建森林资源产业投资集团，广农集团组建能源集团、糖业集团，农垦集团整合酒业资源成立酒业集团。印发自治区国有控股上市公司高质量发展实施方案，促进企业利用资本市场做强做优，北投集团成功控股广西广电公司，玉柴华原股份在北京证券交易所成功上市，国海证券成功定向增发。

(二)完善企业法人治理结构

2023年5月31日，印发实施《深化国有企业公司治理示范企业创建活动实施方案》，分层分类打造公司治理示范企业，全面推进国企法人治理体系和治理能力现代化。发挥国企改革专项工程示范作用，指导广西农垦永新畜牧集团有限公司纳入国家“双百企业”，组织“双百企业”制定行动方案。2023年12月11日，召开全区国有企业改革深化提升行动动员部署电视电话会议，全面启动自治区新一轮国企改革深化提升行动，推动自治区国资委监管企业完善中国特色国有企业现代公司治理。推动企业重点抓好分层分类动态优化国有企业党委前置研究讨论重大经营管理事项清单，完善国有企业“三重一大”决策机制；加强外部董事队伍建设，强化规范管理和履职支撑，显著提升外部董事整体素质；选优配齐建强董事会，坚持外部董事占多数，持续完善董事会运行机制；完善国有企业董事会工作规则，出台董事会专门委员会工作指引。

六、广西壮族自治区监管企业建立和完善经营业绩考核体系情况

深入推进企业负责人经营业绩“一企一策”考核专项改革，出台“1＋16”考核文件，精准区分企业不同业务板块引入行业对标，实施穿透式考核，充分发挥业绩考核“指挥棒”作用，推动企业提高核心竞争力和增强核心功能，相关做法获得国务院国资委刊发，在全国国资国企系统进行经验推广。

“一企一策”考核针对企业的不同特点，量身定制每户企业的考核方案，根据企业所处的行业、不同板块、改革发展的短板弱项等设置“个性化”指标，突出“六个引领”，强调考核的科学性、精准性、有效性。一是突出“双核”引领。突出提高企业核心竞争力和增强核心功能，注重引领企业在发挥建设现代化产业体系、构建新发展格局中的作用。加强对服务自治区发展战略以及完成重大专项任务情况的考核，加强对制造业和科技型企业的支持，对核心技术攻关的研发投入加倍视同业绩利润，对制造业企业的研发费用按120％的比例视同利润予以加回，支持企业加强科技攻关和成果转化、应用基础研究。二是突出“一流”引领。强化对标考核，将企业盈利水平等主要指标放在行业大盘中进行衡量，客观反映企业在同行业中的经营管理水平，引入符合行业特点、反映企业核心竞争力的技术经济指标，引领企业主动对标世界一流、国内一流。三是突出“质效”引领。突出利润总额、经济增加值等质量效益指标考核，对科技进步要求高的工业企业，着重加强研发经费投入强度等指标考核，同时综合考虑企业经营管理水平及风险控制能力等因素，引领企业提质增效。四是突出“含金”引领。引导企业“新官理旧账”，对消化历史欠账进行激励，企业因处理历史遗留问题等影响当期经营业绩的，经核准可按100％的比例视同考核利润，支持企业夯实发展

基础。增加利润考核的含金量，对采用公允价值模式进行后续计量的投资性房地产公允价值变动、处置主业优质资产取得的收益全额剔除，对其他非经常性损益项目按比例予以剔除，促进利润指标的考核更加客观合理。五是突出"价值"引领。考核经济增加值时，差异化确定资本成本率，区分商业一类和商业二类企业股权资本成本率；针对企业类型及资产负债率高低，动态调整资本成本率，考核企业经济增加值更加客观公正。六是突出"融合"引领。健全党建考核结果与企业负责人薪酬挂钩机制，根据党建考核结果给予绩效年薪一定比例的奖励或扣减。年度考核等级核定与党建考核结果紧密联系，党建考核结果较差的，考核结果不得进入A等级。

考核注重督促企业防控风险，对违规经营投资造成国有资产损失风险或其他严重不良后果的，进行扣分或降级处理；健全考核容错机制，注重激发和保护企业家精神、鼓励大胆创新，明确在合规尽责前提下企业即使未达到预期目标，也给予肯定；企业实施重大科技创新、发展战略性新兴产业等，对经营业绩产生重大影响的，按照"三个区分开来"原则和有关规定，在考核上不做负向评价。

七、广西壮族自治区监管企业负责人考核与选人用人机制改革情况

认真学习贯彻中办印发的《推进领导干部能上能下规定》(以下简称《规定》)，以"国企改革三年行动"为契机，以"三能"(干部能上能下、人员能进能出、收入能增能减)为显著标志的三项制度改革。2022年9月至2023年6月30日，监管企业调整不适宜担任现职干部62人，对照《规定》中"被认定不适宜担任现职，应当予以调整"的15种情形，主要集中在以下情形：属于领导能力不足，不能有效履行职责、按要求完成目标任务等情况的37人；因年度考核被确定为不称职，或者连续两年被确定为基本称职等情况的7人；因健康原因无法正常履行工作职责1年以上5人。推动落实领导干部能上能下以来，企业活力效率明显提升。

(一)全面推进经理层成员任期制和契约化管理

督促企业认真落实《自治区直属企业推行任期制和契约化管理工作方案》《自治区直属企业全资(控股)子公司推行经理层成员任期制和契约化管理的实施细则(试行)》等系列操作指引，将任期制管理纳入企业负责人经营业绩考核，压实各企业改革主体责任，大力推动企业坚决啃下干部能上能下的"硬骨头"。区直1406户各级企业，3922名经理层成员(含职业经理人)100%实现经理层成员任期制和契约化管理，其中区直企业集团层面经理层成员任期制和契约化管理在2021年国宏集团试点执行的基础上，其余15户企业集团层面也全部完成，实现多层级立体式落实落地。除完成规定动作外，各区直国有企业结合实际推动落实能上能下。柳钢集团出台《干部竞聘上岗和任期制管理实施办法》，构建领导干部公开竞聘、双向选择、择优任用、任期届满的选人用人机制。现代物流集团出台《中层领导人员能上能下实施办法(试行)》，明确29种不适应担任现职的具体情形，全面识别，拓宽"下"的广角，严格落实"三个区分开来"，把准"下"的考量，落实"下"后管理，树立"能者上、庸者下、劣者汰"的用人导向。国宏集团推行总部全员"一岗一契约"管理模式，打破"员工只进不出、只上不下"的惯性思维。汽车集团明确经理层成员岗位职责和分工，建立刚性兑现的薪酬分配机制，严格任期和退出管理。广投集团、柳工集团、林业集团对任期管理进行"扩围"，往上从经理层扩大至领导班子层，向下从经理层推广至下属企业领导班子层，做深做实任期制和契约化管理。

(二)着力提高契约目标的科学性、挑战性

自治区国资委按照"跳一跳、摸得着"原则，要求各企业结合本企业发展战略、近几年历史业绩、行业对标情况等，分类分档制定富有挑战性的考核目标，突出契约目标的科学性、挑战性。北投集团主动对标行业先进，突出目标科学、激励精准、退出刚性3个方面，推动形成"能上庸下劣汰"的用人导向。广旅集团在全部子企业中同步推行领导班子成员契约化管理，统筹构建"3+N"管理框架，坚持业绩导向，按照"一人一岗""一岗一表"签订差异化岗位聘任协议书和考核责任书，覆盖率100%。交投集团抓住关键岗位职责，实施"一人一表"的差异化考核，打破"高水平大锅饭"。

(三)着力增强岗位退出的原则性、有效性

经理层成员任期制和契约化管理的契约目标直接决定经理层成员努力的方向和高度,任期制和契约化管理强调考核要有刚性退出,实现经理层成员职务"能上能下",自治区国资委要求监管企业加强任期内的考核和管理,对管理人员实施多维度的考核评价,设置明确的退出"底线"。国宏集团按照"一人一岗"定责任、"一人一表"设指标、"一人一策"明薪酬的思路对经理层成员进行考核,对考核排名靠后的实行转岗培训,连续排名靠后的退出岗位。广投集团建立"黄牌警示、红牌出局"的制度化退出机制,完善管理人员解聘、退出通道。柳工集团实行5%~10%的末等调整和不胜任退出制度,近3年集团总监级人员新聘125人,晋升66人,解聘74人,降职10人。

八、广西壮族自治区监管企业党的建设和廉政建设情况

(一)强化政治建设

坚持"第一议题"制度和"首课机制",2023年召开党委会议传达学习习近平总书记最新重要讲话和重要指示精神55次,组织完成党委理论学习中心组学习12次,自治区国资委党委理论学习中心组联学做法获评区直机关2023年度"十佳"学习品牌。深入开展理论宣讲活动,自治区国资委领导班子成员深入8户企业开展理论宣讲,将企业党委落实意识形态工作责任制情况纳入宣传思想年度考核,对22家区直企业所属企业开展意识形态专项督查,完成自治区党委巡视自治区国资委党委反馈的8个意识形态问题整改。

(二)扎实开展主题教育

高质量开展实体经济调研服务,协调解决制约企业发展问题71个,出台针对性文件16份,在43个政府部门综合评价中排第11位。中央第十一指导组徐令义组长到农垦良圻片区调研,对农垦工作给予肯定。广投页岩气开发项目工作组、农信社三农零售与乡村振兴金融部、玉柴华原股份获评自治区"解放思想、开拓创新、真抓实干、担当作为"先进集体,北投集团、农投集团主题教育工作经验被全区推广借鉴。

(三)大力推进国有企业基层党组织建设

制定《全区基层党建"五基三化"提升年行动方案》,年内组织召开3次自治区国资委党委系统基层党建"五基三化"建设现场推进会。制定《抓基层党建工作落实情况表》,逐月开展统计调度,做到心中有数。"党建引领"大提升方面,深化企业"支部建在连上"机制,协同推进"书记领办"项目近2800个。择优推荐13个党建与生产经营深度融合的党建品牌案例入选2023年度全国第二届"国企党建品牌建设优秀案例"。以"志明先锋""凤娟标杆"为样板,打造技能大师、劳模工匠创新创效示范点。研究起草《区直企业党建工作与生产经营深度融合机制参考指引》《自治区国资委党委关于自治区直属企业党务工作人员与生产经营管理人员双向交流的指导意见》。研究制定《区直企业2023年度党建工作考核细则》(以下简称《考核细则》),开展党建考核相关调研,推动《考核细则》实施。组织开展"两优一先"评选,评选出"两优一先"各100名(个),开展分类表彰探索。切实加强境外企业和混合所有制企业党建工作。交投集团独创党建"九问"工作法,自治区党委书记肯定性批示"有特色"。

(四)扎实推进清廉国企建设

印发《2023年度全面深化清廉国企建设重点任务清单的通知》,制定出台《清廉国企建设领导小组2023年总体工作计划》《关于建设完善清廉国企建设工作机制与制度机制的通知》《清廉国企建设标准及评分细则》等文件,建立清廉国资国企建设常态化长效化机制。强化对"一把手"和领导班子成员监督。指导区直企业以严重违纪违法案件为反面典型案例,深化以案促改、以案促治。推动企业开展纪律教育"六个一"系列活动,组织开展警示教育视频会2次,国资国企系统3600多名企业领导人员接受警示教育。制定印发《关于开展监管企业领导干部廉洁家访工作的通知》,组织自治区国资委党委班子成员对17户监管企业集团的党委书记、董事长及总经理33名企业领导人员开展廉洁家访,筑牢家庭反腐倡廉堡垒。开展监管企业"八类重点问题"专项治理,梳理党的十八大以来起底排查问题线索1076件,新增问题线索数139

件；立案43件，涉案金额4.05亿元，追缴违纪资金339.63万元；监督检查发现问题262件，责任追究41人。开展跨境腐败治理，制定印发《境外企业突出问题集中整治工作方案》，深入开展境外恶性竞争、违反财经纪律侵吞公款、违规投资经营、违规获取境外身份及利用境外项目佣金中介费牟取私利等5个方面专项整治。开展医药领域腐败问题集中整治，组织开展自查自纠，收回自查报告表368份，受理问题线索6条。组织企业开展内部廉洁风险排查，梳理排查廉洁风险点9811个，形成廉洁风险防范措施12682条，对应健全制度549份。组织开展职工群众身边不正之风专项整治，通过“六查六改”，区直监管企业梳理排查形式主义、违规干预、庸懒散拖等问题88项，制定整改措施223条。组织开展勤廉工作、清廉建设方面的先进个人和先进集体推荐评选，3人获评2023年度“广西勤廉先进个人”，6个集体获评“清廉广西建设先进集体”，6人获评“清廉广西建设先进个人”。开展20名国资国企系统“勤廉榜样”事迹推广和清廉示范单位评选。

（撰稿人：刘晓军）

海南省

一、海南省国有资产监督管理工作综述

2023年，海南省国资委党委深入学习贯彻习近平总书记关于国有企业改革发展和党的建设的重要论述，坚决贯彻落实党中央、国务院决策部署和省委、省政府工作要求，以落实国企改革三年行动为工作抓手，聚焦主业发展、优化调整布局结构，全力以赴推动国资国企改革发展和党的建设各项工作迈上新台阶。

（一）国有企业提质增效，跨越式发展迈出坚实步伐

资产规模持续壮大。截至2023年底，海南省地方国有企业资产总额11892.6亿元，比上年增长16.7%；省国资委监管企业资产规模5231亿元，比上年增长28.8%。企业资产总额再上千亿元台阶。其中，省国资委重点监管企业资产5052.1亿元，比上年增长29.4%，增幅位列全国第一；企业资产负债率44.5%，在全国各省市国企中处于最低水平。海垦集团资产总额2062.5亿元，成为首家资产超过2000亿元的省属企业。海南联合、海南路桥资产总额分别比上年增长103%、73%。东方、定安、昌江等地资产总额比上年增长超过30%。

经济运行保持快速增长势头。海南省地方国有企业实现营业收入1453.9亿元，比上年增长48.7%；劳动生产总值300.7亿元，比上年增长25.1%，高于海南省GDP增速15.5个百分点；利润总额47亿元，比上年减少13.1%；实际上缴税金总额88.5亿元，比上年减少2.8%；职工薪酬总额142.2亿元，比上年增长18.5%。省国资委重点监管企业营业收入1178.5亿元，比上年增长58.5%，增幅列全国省份第一；劳动生产总值175.3亿元，比上年增长30.3%；利润总额31.6亿元，比上年下降14.2%；上缴税费58.5亿元，比上年下降9.7%；职工薪酬总额82.9亿元，比上年增长23.9%。根据省国资委“十四五”规划中期评估，主要指标基本达到“十四五”跨越式发展目标序时进度。营业收入方面，海垦集团、海南控股、中国通航、海南路桥、海南粮油、海南海洋、海南华盈等7家企业增速超过70%，白沙、陵水、临高等地比上年增长超过100%。利润总额方面，海南路桥、海南粮油、海南水务、海南产交所增速超过50%，三亚、澄迈等地比上年增长超过50%。

固定资产投资大幅增长。落实省委、省政府扩大有效投资部署，坚持“月跟踪、季通报”，自加压力、全力挖潜，省属重点监管企业完成固定资产投资346亿元，比上年增长34.6%，超额完成年度任务和中期调整任务。海南控股完成投资207.17亿元，全年挖潜投资超过71亿元。环岛旅游公路经过近三年的紧张施工建设，如期完成全线通车目标，海南旅投、海南交投、海南控股投资建设的3个驿站正式投入运营。高新技术产业破局性、引擎式旗舰项目进展顺利，海南国际商业航天发射中心一号发射工位正式竣工，航芯高科技产业园项目竣工、第一条芯片模组生产线正式

投产,全球首个商用海底数据中心一期工程全面竣工并投入运营。天角潭水利枢纽工程实现下闸蓄水,红岭灌区田间工程及南繁基地(乐东、三亚片区)水利设施建设工程竣工;机场口岸5个封关运作项目基础设施建设如期完成,海南中心项目高度突破150米。凤凰机场三期改扩建、博鳌机场三期扩建、新海陆岛物流园区起步区等重大项目正式开工。

科技研发投入高速增长。省属企业研发经费全年实现投入7.2亿元,比上年增长152.7%。实施科技创新经费配比机制改革,与省科技厅签订《关于联合支持省属国有企业及驻琼央企科技创新协议书》,明确科技创新经费配比机制,省属企业按省科技厅、省国资委、省属企业1∶1∶2比例筹措,驻琼央企按省科技厅、企业1∶3比例筹措,引导省属企业和驻琼央企加大科技创新投入。新增省部级重点实验室1家、省级技术中心2家。海南商发持续抓好关键技术攻关,研发强度在省属重点监管企业中排名第一。

降本增效成效明显。扎实开展亏损子企业治理,"一企一策"制定扭亏增盈方案,将治亏成效纳入企业考核。省属企业亏损户数比上年减少92户,亏损面下降8.3个百分点;亏损额减少5.7亿元,比上年下降12.5%。海垦集团下属14家企业扭亏为盈,20家企业完成层级"压减"工作。

(二)结构布局持续优化,资源配置效率提升

战略引领规划、布局和重组。落实省委、省政府部署,围绕产业引领、基建支撑和民生保障,根据国资布局图、产业树,完善改革重组方案,加快推进省属国资企业布局结构优化调整。海南盐业集团并入海南控股,推动做精做强盐业产业;海南金林并入中国通航,支持海南通用航空产业在全国保持领先地位(中国通航提升为班子正职比照副厅级干部管理的省属重点监管企业)。南海渔业、海洋发展整合组建海南省海洋产业集团,加快实施"向海图强"战略,促进海南海洋经济发展。组建海南省物流集团,全国布局物流园区基地,承担建设自贸港降低全岛物流成本重任。整合原省地质局划转企业,组建海南省地质集团,捏成拳头推进海南地矿产业发展。加快布局战略性新兴产业,海南华盈下属海南信投公司投资海南信通、信投启明等高新技术企业。

企业围绕布局、聚焦主业加快发展。组织开展省属国资国企"十四五"发展规划中期评估,动态修订印发省属企业2023年版主业清单。海垦集团橡胶主要生产指标居全球首位,2023年营业收入556亿元,有望成为省属企业中第一家"中国500强"企业。海南控股持续做强"3+2"主导产业,2023年营业收入339.6亿元,其中市场化产业贡献率96%。上缴税收20.8亿元,居省属企业首位。机场集团11家机场旅客吞吐量超过5281万人次,创历史新高。海南旅投旅游交通板块加快转型,新型客运板块营业收入比上年增长57%。海钢集团加快主业发展,钢材销售收入超过20亿元。海南建投围绕建筑施工、建设投资和建筑产业化,转型实施"建设+投资+运营"一体化发展模式,全年承揽合同金额231.4亿元。海南路桥立足修路造桥主业,营业收入和利润比上年高速增长。海南粮油聚焦粮油储备主业,储备板块、经营板块营业收入高速增长。海南联合抢抓机遇收购省农信社资产包,实现利润跨越式增长。海南水务处理污水量、供水量实现比上年较快增长。

资本运作取得新进展。海南橡胶完成收购中化集团控股的新加坡上市公司合盛农业,成为全球最大的天然橡胶全产业链集团,并表后贸易量占全球橡胶市场份额的22%。海南华盈下属海南信投公司分别对海南航芯高科技集团、海兰寰宇增资,并成为第一大股东,培育上市公司资源。海南旅投收购海南最大旅行社康泰旅游、俄贤岭热带雨林景区等,发行第三期5亿元公司债,利率2.98%,创海南区域、全国文旅行业同期同类型债券利率最低纪录。海南金城获评AA信用等级。海南机场首次纳入沪深300指数,获评AA+信用等级。

抱团发展不断深化。海垦集团向海南联合增资10亿元,支持其以公开竞价方式竞得海南农信135亿元不良资产包,帮助省农信社解决统一法人改革中不良贷款压降难题。省属企业组团帮助省农信社解决增资、老股遗留问题。海南建投与海钢集团共同开发海口主城区最大安居房项目浩业物流园,总投资35亿元,并动工建设。海南金城与海南粮油等企业合作,盘活存量土地资源,开工建设安居房项目4个共2600套,形成阶梯式项目滚动发展态势。

存量资产有效盘活。海垦集团全年完成1213.33平方千米土地资产化评估入账，增加企业资产731亿元，将农垦土地资源禀赋优势转化为发展资本优势；将35.2平方千米农用地注入垦地融合公司，将40%土地资本化股权划转各相关市县，推动解决历史遗留问题，并即将在其他省属企业中推广。海南华盈全面摸清托管企业家底，转让债券、股票收益9454.6万元，积极策划乌场钛矿、长昌煤矿等老旧小区改造开发或股权转让。海口市盘活低效资产905宗，取得收入3687.5万元。三亚市全面梳理国企资产资源管理账本，统筹盘活行政事业单位可经营性资产，通过股权划转、协议转让等方式，积极盘活国企内部资源。

（三）央地合作不断深化，服务地方经济发展功能增强

高位推动、精准谋划。新增12家央企与省政府签署战略合作协议或深化战略合作协议，驻琼央企新增62家，超额完成年度引进目标。推动出台新一轮《推进“百家央企进海南”行动方案（2023—2025年）》。联合国务院国资委成功举办央地深化合作座谈会，66家央企、2家外省国企参加，层次规模创近年来在京外召开的央地合作会新高。与央企共同探讨利用海南自贸港资金自由便利流动政策，在海南建立跨境资金池，吸引央企将国际化业务落地海南。主办“潮起海之南、建功自贸港”海南自由贸易港推介会并作海南国资专场推介。省国资委与澄迈、定安、保亭、琼中等地加强政企合作互动，服务地方经济社会发展。

合作协议落地见效。将57家央企与省政府签订的战略合作协议细化为557项目标任务，与各有关部门市县通力合作、挂图作战、推动落实。驻琼央企多项指标发展速度居全国前列，17家驻琼央企27个项目纳入2023年省重点项目，总投资1979亿元，年度计划投资261亿元，全年完成投资233亿元。

落实好央企服务工作机制。认真落实《海南省协助做好中央驻琼企业党建工作实施办法（试行）》，接收5家驻琼央企20个党组织300名党员落实属地管理，全年驻琼央企发展党员658人，培训2155人次，评选党建品牌19个，思想政治工作示范点14个。召开驻琼央企恳谈会、党建联席会议等，征集央企困难诉求，为央企有效协调解决总部设立、要素资源配置、优惠政策享受、财税奖励、人才落户、入学入托、社保接续、医疗保障等一批实质性问题。省委、省政府督查暗访中，央企对省国资委服务给予一致好评，省政府常务会议对此给予充分肯定。

（四）国资监管效能持续提升，各类风险有效防范化解

监管制度建设取得重大突破。《海南自由贸易港企业国有资产条例》正式发布，对标国际高水平经贸规则，从制度层面完善海南国资监管顶层设计，在考核激励、选人用人、竞争中性、信息公开、集中监管、容错纠错等方面实现一定的创新。国务院国资委予以充分肯定，全国人大财经委专门到海南调研。指导15家省属企业制定合规管理体系建设实施方案，将合规要求和管控措施嵌入关键节点，健全重大决策法律审核机制。

历史遗留问题逐步解决。深入开展托管企业清理，盘活处置闲置国有资产，推动企业加快退出“非主业、非优势”业务和“低效、无效”资产。批复1247家托管企业依职权办理注销，处置完成率90%以上。严肃认真开展企业账外资产清理，确认21户企业6132宗账外资产，整改入账6.43亿元，完成率100%。南江机械厂、石碌钢铁厂等企业破产清算工作加快推进。配合省发展改革委全面完成培训疗养机构的移交划转工作。

各类风险得到较好管控。支持帮助省属企业化解重大法律纠纷案件，3年挽回经济资产损失17.2亿元，避免40.67平方千米国有土地流失风险，省委书记在专题报告上予以批示肯定。针对乌鲁木齐公司等事件，第一时间采取措施，把风险隐患消除在萌芽状态，有效避免国有资产损失。深入开展防范“套代购”、公共工程领域腐败问题、境外佣金中介费、假冒国企央企等专项治理，发现的有关问题积极整改。

监管方式进一步优化。加快推进国资国企在线监管系统建设，实现投资项目、产权登记、资本运营、法治建设、合规监管、考核分配、阳光采购7个功能模块上线。在全国省级国资委中首家在省国资委层面和省属企业层面同时成功上线资金管理系统、建设财务共享云平台，分别有22户、18户省属企业上线接入，实现国资财务资源共享化、精细化、协同化、一体化管理。

二、海南省国有资产总量与结构分析

表 1　　2023 年海南省国有企业指标

项　目	金　额(亿元)
资产总额	11892.6
所有者权益	4845.6
国有资本总量	4370.4
营业收入	1453.9
利润总额	47.0
净利润	28.9
归属于母公司所有者的净利润	24.1
应交税金总额	85.8
实际上缴税金总额	88.5

表 2　　2023 年海南省国有企业户数情况

2022 年户数(户)	2023 年户数(户)	比上年增长(%)
1903	2048	7.6

表 3　　2023 年海南省资产总额按隶属关系分布情况

隶属关系	资产总额(亿元)	占　比(%)
省属企业汇总	6738.9	56.7
市县企业汇总	5153.7	43.3
海口市	2288.2	19.2
三亚市	1602.0	13.5
儋州市	200.5	1.7
保亭县	36.8	0.3
定安县	14.8	0.1
东方市	38.9	0.3
乐东县	16.5	0.1
屯昌县	35.8	0.3
文昌市	143.8	1.2
白沙县	60.9	0.5
昌江县	12.0	0.1
临高县	53.8	0.5
陵水县	188.0	1.6
琼海市	75.4	0.6
琼中县	43.6	0.4
万宁市	173.9	1.5
五指山市	22.5	0.2
澄迈县	146.4	1.2
合　计	11892.6	100

注:由于数据修约,分项与汇总数不等。

表 4　　2023 年海南省资产总额按行业分布情况

行　业	资产总额(亿元)	占　比(%)
第一产业	2361.9	19.9
第二产业	1456.0	12.2
第三产业	8074.7	67.9
合　计	11892.6	100.0

表 5　　2023 年海南省资产总额按经营规模分布情况

经营规模	资产总额(亿元)	占　比(%)
大型企业	-1015.9	-8.6
中型企业	5847.3	49.2
小型企业	5312.68	44.7
微型企业	1748.55	14.7

续表

经营规模	资产总额（亿元）	占 比（%）
合 计	11892.63	100.0

注：由于数据修约，分项与表1“资产总额”数据不等。

三、海南省国有资本保值增值综合分析评价

表6　2023年海南省国有企业地区和行业国有资本保值增值情况

地 区	国有资本保值增值率（%）	行 业	国有资本保值增值率（%）
海口市	101.6	农林牧渔业	100.9
三亚市	106.3	工业	100.8
儋州市	99.8	建筑业	98.1
保亭县	97.5	交通运输业	100.0
定安县	102.1	仓储业	0.0
东方市	89.6	商贸业	104.7
乐东县	99.3	房地产业	101.0
屯昌县	100.0	信息传输、软件和信息技术服务业	96.4
文昌市	98.3	社会服务业	102.0
白沙县	90.5	教育文化广播业	103.6
昌江县	99.7	科学研究和技术服务业	103.5
临高县	99.6	全融业	113.6
陵水县	97.1	其他	93.5
琼海市	98.9		
琼中县	96.3		
万宁市	93.6		
五指山市	90.5		
澄迈县	99.6		

四、海南省国资委监管企业改革发展情况

(一)新一轮改革全面实施

圆满完成上一轮国企改革三年行动国务院国改办终期评估迎检工作，国务院国资委督查反馈予以充分肯定。在全国各省份中第一批出台新一轮国企改革三年深化提升行动方案，并制定改革台账，分解量化指标，形成“省国资委—省属企业—市县国资监管机构—市县属企业”上下联动推进机制，确保实施主体和改革任务全覆盖。海口市委、市政府召开国资国企大会，全面部署推进市属国资国企布局调整、重组整合、深化改革各项工作。三亚市对改革深化提升任务进行分解，提出转型升级攻坚战、运营提升关键战、市场开拓突围战、人才队伍阵地战等目标。

(二)重点改革任务持续推进

投融资体制改革方面，进一步完善省交通集团、水投集团组建方案，省政府专题会多次研究，促进海南省投融资体制改革取得重要进展。海南交投、海南路桥获得“十四五”拟开工高速公路及附属设施项目和非收费公路项目业主身份。启动省开发区集团组建工作。农垦体制改革方面，在省委关于海南农垦改革大调研的6个课题组中，牵头组织开展企业经营管理、体制机制改革等3个专题调研，推动省种业集团加快筹建，研究制定《关于推动海垦集团进一步深化体制机制改革的通知》等政策文件，与省住建厅研究制定《垦地融合和民生改善试点县垦区住房保障工作实施方案》，与省资规厅等联合制定《垦地融合全域土地综合整治项目土地资本化实施方案(试行)》。收入分配制度改革方面，制定《优化海南省省属企业工资决定机制实施办法》，进一步完善国有企业工资决定和正常增长机制。制定《海南省省属企业收入分配改革试点工作方案》，在24家省属企业开展收入分配改革试点。经营性国有资产集中统一监管方面，2022年底19个委办局移交企业，根据企业主业发展定位、清产核资情况基本完成划转相关集团工作。与省委党校、省科技厅等7家省直单位新签订移交协议。专项工程方面，积极部署省国资系统对标世界一流价值创

造行动,新增"双百企业"1家(海南信投)、"科改企业"2家(海南商发、农垦热作),农垦金橡公司入围世界一流专业领军示范企业试点,实施方案在国务院国资委评估中获评A级。

(三)各企业、各市县改革不断深化

海南建投进一步完善"三能机制",落实中层管理人员竞聘上岗制度,集团本部及所属企业部门正、副职竞聘上岗55人。海南粮油聚焦效益效率等7项核心指标,成立10个重点工作专班,以人事改革为抓手,稳步推进世界一流企业价值创造行动。海口市大力推进企业整合重组,将13家市国资委监管企业和4家园区监管企业整合重组为6家,形成"2家国有资本投资运营平台+4家行业集团"的新布局。儋州市深化国企"瘦身健体",完成市军粮供应管理站、市商业总公司公司制改制,开展市开发投资公司等"僵尸企业"关闭工作。

五、海南省国资委监管企业并购重组与完善法人治理结构情况

(一)国企布局结构优化工作成效显著

海南盐业集团并入海南控股,海南金林并入中国通航。南海渔业、海洋发展整合组建海南省海洋产业集团;组建海南省物流集团;整合原省地质局划转企业,组建海南省地质集团。加快布局战略性新兴产业,海南华盈下属海南信投公司投资海南信通、信投启明等高新技术企业。

(二)公司制改革工作走向纵深

规范董事会建设,190户各级子企业建立董事会向经理层授权管理制度,180户子企业中实现外部董事占多数。

六、海南省国资委监管企业建立和完善经营业绩考核体系情况

修订《海南省省属国有企业负责人经营业绩考核评价实施细则》,根据企业战略定位、功能类别与发展目标,实施"一企一策"差异化考核,企业主要经济指标由企业揭榜竞标,国务院国资委在国企改革深化提升行动探讨班上予以肯定。

七、海南省国资委监管企业党的建设和廉政建设情况

(一)主题教育扎实开展

围绕"以学铸魂、以学增智、以学正风、以学促干"要求,省国资委党委突出抓好学懂弄通做实党的创新理论、党建引领高质量发展、提高企业核心竞争力打造高质量市场主体、对标做强做优做大跨越式发展目标、防范化解风险和解决历史遗留问题、解决群众急难愁盼问题"六个注重",着力提升党员干部党建引领、调查研究、改革创新、市场化运作、防范化解风险解决历史遗留问题、服务群众"六种能力",坚持目标导向、问题导向、效果导向相统一,注重把理论学习、调查研究、推动发展、问题整改、巩固深化作风建设有效贯通,不分阶段、有机融合、一体推进,形成调研成果转化措施19项,高标准完成9项推动发展事项,整改9个方面问题并全部销号,建立10项长效机制。省委主题教育第五巡回指导组给予高度肯定。6月2日,省委书记以"四不两直"方式督导检查主题教育工作,首站即到省国资委党委并悉心指导。

(二)"两个一以贯之"全面贯彻

各级党组织认真落实"第一议题"制度,开展党委理论学习中心组学习378次,开展习近平总书记关于国有企业改革发展和党的建设重要讲话和指示批示精神培训1000余场次。推动各省属企业进一步完善4项制度机制、健全5项清单、厘清2项授权决策中发挥作用的方式,及时修订"党委前置研究讨论企业重大经营管理事项清单"等,从制度层面把党的领导融入公司治理各环节。

(三)党建基层基础筑牢夯实

印发《省属企业党建工作责任制实施办法》《省属企业党建工作责任制考核评价暂行办法》,压实党建工作责任。实施党建工作举措10项,指导10家企业完成换届选举。举办"3000名党支部书记大轮训",参训人数4110人次。开展"百家党建示范点"巩固提升

行动，评选党建品牌43个、思政示范点36个，表彰先进基层党组织144个、个人526人，整治软弱涣散党组织109个。落实意识形态和网络意识形态工作责任制，加强舆情管控引导，唱响国资国企好声音，海南省国资委在全国地方国资委新媒体指数排第6位。成功举办省国资委成立二十周年系列庆祝活动，海南国资人不忘初心、砥砺前行的决心信心进一步凝聚。

（四）企业领导班子和干部人才队伍建好建强

制定印发《海南省国资系统人才队伍建设三年（2023—2025）行动方案》。面向全国公开选聘一批高级专业管理人才，省属国有企业领导人员更加专业化、职业化、市场化。牵头组织省属企业、驻琼央企参加"聚四方之才，共建自贸港"等各类招聘活动，招录应届毕业生3000余人，其中省属企业招录1041人，比上年增长91%。省国资委机关采取"请进来"和"走出去"方式，举办资本运作、财务、法治等各类专题培训36期；各省属企业举办各类培训班3730期，累计培训12万人次，干部职工能力素质进一步提升。

（五）全面从严治党主体责任有效落实

积极落实巡视整改党委主体责任，配合做好省委对省国资委巡视工作，积极推进问题整改。严肃认真组织召开主题教育、巡视整改专题民主生活会。将巡视反馈的59个问题分解为62个整改事项，制定整改措施145条。整改事项完成53个，完成率85.5%。整改措施完成120条，完成率82.8%。反馈意见建议4条全部落实，完成率100%。巡视反馈的6个立行立改的问题即知即改、完成整改。推动"纪巡审"监督贯通协同，全年省国资系统党纪处分39人次、政纪处分19人次、组织处理88人、提醒谈话223人次，通过纪检监督手段挽回经济损失5081.6万元，追回损失8600.6万元；通过审计监督发现问题2315个，追回损失5233.08万元，处理人员24人次，建立或完善制度411项。落实效能政府建设部署，出台省国资委公务员平时考核工作实施方案，机关干部工作作风加快转变。

（六）社会责任切实履行

2023年，全系统选派驻村队员131人、投入帮扶资金2047万元。针对2023年8月下旬部分市场食盐抢购现象，推动海南控股、海南盐业两家省属企业采取应急措施，确保食盐市场供应稳定、价格平稳。信访工作受理率、办结率均为100%，聘请第三方律师团队帮助化解信访积案和突出矛盾，信访存量化解工作成效明显，到省进京上访问题"零发生"。指导企业排查整治各类安全隐患1155个，实现安全生产责任事故、消防安全事故、防风防汛事故"零发生"和人员"零伤亡"。

（撰稿人：孔　爱）

重庆市

一、重庆市国有资产监督管理工作综述

2023年是全面贯彻党的二十大精神的开局之年。重庆市国资国企坚持以习近平新时代中国特色社会主义思想为指导，全面贯彻党的二十大精神和习近平总书记对重庆的重要指示批示精神，深入贯彻落实党中央、国务院加强和改进国有经济管理更好支撑中国式现代化建设、开展国有企业改革深化提升行动等重大部署和市委、市政府工作安排，聚焦服务现代化新重庆建设，鼓足干劲、唯实争先，有力推动国企改革提效增能行动突破性开局，国企发展质效持续提升，国企党的建设迈上新台阶。

（一）国企经营效益明显提升

2023年，重庆市国有企业实现营业收入7041.4亿元，比上年增长5.9%；利润总额547.5亿元，比上年增长8.8%。其中，51户市属重点国有企业实现营业收入4405.6亿元，增长3.5%；利润总额372.2亿元，增长18.2%；营业收入利润率8.4%，全员劳动生产率39.2万元/（人·年）。

（二）重点项目投资持续增长

市属国企承担的120个市级重大项目完成投资1267.3亿元，占全年计划的107%；轨道交通9号线二期、5号线北延、10号线二期、5号线一期中段、18号

线如期开通运营,郭家沱大桥及六纵线南段、黄桷坪大桥主墩基础、内环快速路沙坪坝段拓宽改造等重点项目顺利完工,充分体现国企在重庆市稳投资工作中的支撑引领功能作用。

(三)社会责任积极担当

做好稳就业保就业,全系统招录员工 13899 人,招录完成率 115%。助推重庆市乡村振兴工作,安排国有资本经营预算、系统捐赠资金累计 3.3 亿元,开展消费、销售帮扶 4 亿元。推动绿色低碳转型,重庆高速集团、市储备粮公司发展分布式光伏发电,重庆联交所集团搭建川渝碳中和联合服务平台实现两地自愿减排量互认互联互通,重庆物流集团、重庆交通开投集团等上线纯电动车 1200 余台,减少二氧化碳排放约 5000 吨。

二、重庆市国有资产总量与结构分析

截至 2023 年底,重庆市国有企业资产总额 100092.2 亿元,比上年增长 9.7%;负债总额 65443.8 亿元,比上年增长 10.4%;所有者权益 34648.4 亿元,比上年增长 8.5%。从地区分布看,市、区(县)两级国有企业年末资产总额分别占比 53%、47%,分别比上年增长 9%、10.6%;年末负债总额分别占比 59%、41%,分别比上年增长 9.4%、11.8%;所有者权益分别占比 42%、58%,分别比上年增长 7.9%、9%。

表 1　2023 年重庆市国有企业指标

项　目	金　额(亿元)
资产总额	100092.2
所有者权益	34648.4
国有资产总量	31412.2
营业收入	7041.4
利润总额	547.5
净利润	445.9
归属于母公司所有者的净利润	389.9
应交税费总额	432.7
实际上缴税费总额	422.1
劳动生产总值	1839.8

2023 年,纳入国有资产统计范围的重庆市全级次国有企业 4818 户,比上年增加 791 户,其中文化类企业纳入重庆市国有企业统计范围涉及 231 户。从隶属关系看,市、区(县)两级国企户数分别占比 49%、51%,其中市国资委监管企业户数 1691 户,占比 35%;从经营规模看,大、中、小微企业分别占比 3%、16%、81%;从经济类型看,国有及国有控股企业(含国有实际控制企业)占比 99.7%,企业化管理事业单位占比 0.3%;从产业类型看,第一产业、第二产业、第三产业企业分别为 180 户、1242 户、3396 户,分别占比 4%、26%、70%。

表 2　2023 年重庆市国有企业户数情况

2022 年户数(户)	2023 年户数(户)	比上年增长(%)
4027	4818	19.64

2023 年末,重庆市国有资产总量 31412.2 亿元,较年初增长 8.3%。从隶属关系看,市、区(县)两级国有企业国有资产总量分别占比 37.3%、62.6%,分别为 11751.9 亿元、19660.2 亿元。

表 3　2023 年重庆市国有资产总量按隶属关系分布情况

隶属关系	国有资产总量(亿元)	占　比(%)
市级企业汇总	11751.9	37.4
市国资委监管企业	8013.7	25.5
市级部门监管企业	3738.2	11.9
区县监管企业汇总	19660.2	62.6
万州区	622.4	2.0
涪陵区	1302.3	4.1

续表

隶属关系	国有资产总量（亿元）	占比（%）
渝中区	208.8	0.7
大渡口区	295.2	0.9
江北区	562.3	1.8
沙坪坝区	618.5	2.0
九龙坡区	580.1	1.8
南岸区	791.9	2.5
北碚区	445.3	1.4
綦江区	828.0	2.6
万盛经开区	327.1	1.0
大足区	1186.6	3.8
渝北区	338.5	1.1
巴南区	655.7	2.1
黔江区	393.9	1.3
长寿区	749.9	2.4
江津区	805.1	2.6
合川区	556.9	1.8
永川区	607.8	1.9
南川区	467.0	1.5
璧山区	508.1	1.6
铜梁区	430.4	1.4
潼南区	430.8	1.4
荣昌区	359.7	1.1
开州区	648.6	2.1
武隆区	242.5	0.8
梁平区	797.5	2.5
城口县	116.6	0.4
丰都县	609.0	1.9
垫江县	413.1	1.3
忠县	323.7	1.0

续表

隶属关系	国有资产总量（亿元）	占比（%）
云阳县	301.5	1.0
奉节县	322.2	1.0
巫山县	258.0	0.8
巫溪县	171.9	0.5
石柱土家族自治县	348.8	1.1
秀山土家族苗族自治县	402.3	1.3
酉阳土家族苗族自治县	330.3	1.1
彭水苗族土家族自治县	302.2	1.0
合计	31412.2	100.0

从国民经济行业分布看，国有资产总量主要集中在社会服务业，建筑业，房地产业，交通运输、仓储和邮政业，金融业，电力、热力、燃气及水生产和供应业，制造业等行业，合计占比92.7%。

表4　　2023年重庆市国有资产总量按行业分布情况

行业	国有资产总量（亿元）	占比（%）
农林牧渔业	679.0	1.3
采矿业	181.6	0.3
制造业	1241.1	2.3
电力、热力、燃气及水生产和供应业	1469.2	2.8
建筑业	12849.7	24.1
批发和零售业	543.8	1.0
交通运输、仓储和邮政业	6089.4	11.4
住宿和餐饮业	121.9	0.2
信息传输、软件和信息技术服务业	91.4	0.2
金融业	2113.5	4.0

续表

行业	国有资产总量(亿元)	占比(%)
房地产业	7216.2	13.6
租赁和商务服务业	14456.5	27.2
科学研究和技术服务业	301.9	0.6
水利、环境和公共设施管理业	3888.3	7.3
居民服务、修理和其他服务业	754.7	1.4
教育	149.1	0.3
卫生和社会工作	94.7	0.2
文化、体育和娱乐业	984.3	1.8
合并	31412.2	—
合计	53226.2	100.0

注:表中"合计"是按单户企业汇总,"合并"是集团内进行合并抵消后汇总。

三、重庆市国有资本保值增值综合分析评价

2023 年末,重庆市扣除客观增减因素之后的国有资本权益总额 29366.9 亿元,平均国有资本保值增值率 101.27%,比上年下降 0.2 个百分点,实现国有资本保值增值。市国资委监管企业国有资本保值增值率 101.90%,比上年提高 1.1 个百分点;区县国资监管企业国有资本保值增值率 101.09%,比上年下降 0.5 个百分点;市级部门监管企业国有资本保值增值率 100.88%,比上年下降 1 个百分点。

表 5　2023 年重庆市国有企业地区国有资本保值增值情况

地区	国有资本保值增值率(%)
重庆市	101.27
市级企业汇总	101.57
市国资委监管企业	101.90
市级部门监管企业	100.88

续表

地区	国有资本保值增值率(%)
区县监管企业汇总	101.09
万州区	101.14
涪陵区	101.35
渝中区	100.82
大渡口区	101.52
江北区	101.01
沙坪坝区	100.89
九龙坡区	100.54
南岸区	98.19
北碚区	101.45
綦江区	101.01
万盛经开区	100.96
大足区	102.84
渝北区	99.79
巴南区	100.52
黔江区	100.59
长寿区	103.73
江津区	101.70
合川区	101.36
永川区	101.36
南川区	97.95
璧山区	100.73
铜梁区	98.60
潼南区	101.05
荣昌区	100.30
开州区	101.16
武隆区	100.57
梁平区	99.83
城口县	100.09

续表

地　区	国有资本保值增值率(%)
丰都县	104.83
垫江县	101.02
忠县	99.81
云阳县	102.14
奉节县	107.97
巫山县	99.09
巫溪县	99.81
石柱土家族自治县	99.84
秀山土家族苗族自治县	99.29
酉阳土家族苗族自治县	103.70
彭水苗族土家族自治县	100.45

表 6　2023 年重庆市国有企业行业国有资本保值增值情况

行　业	国有资本保值增值率(%)
农林牧渔业	100.28
采矿业	101.83
制造业	100.30
电力、热力、燃气及水生产和供应业	102.45
建筑业	101.05
批发和零售业	101.29
交通运输、仓储和邮政业	100.17
住宿和餐饮业	97.30
信息传输、软件和信息技术服务业	115.55
金融业	106.93
房地产业	103.08
租赁和商务服务业	102.12
科学研究和技术服务业	104.99
水利、环境和公共设施管理业	100.68
居民服务、修理和其他服务业	100.32
教育	100.68
卫生和社会工作	101.76
文化、体育和娱乐业	100.84
合　并	101.27
合　计	—

注:表中"合计"是按单户企业汇总,"合并"是集团内进行合并抵消后汇总。

四、重庆市国资委监管企业改革发展情况

系统谋划构建重庆市国资国企"1+4"改革总体安排①,推动各项重点改革举措走深走实。一是国企战略性重组专业化整合提速推进。制定《市属国有企业战略性重组专业化整合实施方案》,聚焦先进制造业、专业化现代服务业、基础设施建设运营、城市发展和综合开发、金融服务、文旅融合发展等六大领域,分批有序推进重组整合重点改革项目落地。深化重庆渝富控股集团国有资本投资运营公司改革,注入一批优质股权提升投融资能力,组建总规模 2000 亿元的重庆产业投资母基金,为重庆市打造"33618"现代制造业集群体系赋能。推动重庆交运集团、重庆国际物流集团、重庆港务物流集团整合组建重庆物流集团,打造具有国际竞争力的大型综合性现代物流集团。完成重庆三峡银行股权重组,进一步增强对地方法人银行控制力。完成三峡人寿增资重组签约,持续优化资本结构,增强资本实力。二是集中统一监管取得重大突破。推动《深化市级经营性国有资产集中统一监管方案(试行)》落地,将 51 户市属重点国有企业纳入统一监管体系、执行统一制度规范,强化落实归口管

① "1+4"改革总体安排:"1"即制定《重庆市国有企业改革提效增能行动方案(2023—2025 年)》,"4"即加快推进统筹布局、统一监管、党建统领、清廉国企等 4 项重大改革任务。

理市属国有企业国有资产统计报告工作职责，构建重庆市“一盘棋”监管格局。制定落实《市级经营性国有资产集中统一监管办法(试行)》，进一步细化明确集中统一监管方式、监管重点事项、监管运行机制。三是“三清三减三增”专项工作取得积极进展。重庆市国资国企统筹联动、一体推进清理盘活存量资产、清除风险隐患、清收债权清偿债务，减层级、减数量、减亏损，增效益、增动力、形成新增长点。建立国资、规划自然资源和国有企业联动机制，分批集中办理市属国企资产确权 278 宗，通过股权转让、出售出租、引入战投、证券化等方式盘活存量资产。建立重点企业债务风险监测机制，制定实施 A 类企业债务风险化解方案，大力压降企业融资成本，市属非金融企业综合融资成本比上年下降 31 个基点。扎实开展重大事故隐患专项排查整治行动，圆满完成“治重化积维稳处突”任务，确保国资系统安全稳定。四是体制机制改革持续深化。围绕市场化提高企业核心竞争力，推动上市公司发展、价值创造提升等工作迭代升级，不断累积塑造市场竞争优势。国有上市公司发展增效提质，出台推动资源向上市公司集中、支持并购重组提质增效、优化上市公司考核评价等“十条措施”，“一企一策”推进 15 户国有上市公司提质增量、行业进位。重庆轻纺集团所属登康口腔成功上市，市农投集团所属中垦乳业完成股权调整。开展对标世界一流企业价值创造行动，重庆在全国国有企业价值创造行动推进会上作典型经验交流，梳理提炼的“32163”工作法被国内众多媒体广泛报道。五是国企开放合作拓面提质。重庆与国务院国资委举办央地合作座谈会、与金融管理部门举办金融系统座谈会，与国家电力投资集团、中国五矿集团、中车集团等 35 家央企签署战略合作协议，形成 254 个在谈项目、120 个储备合作项目，市水投集团引入中交集团在渝设立水利水电全国总部，重庆旅游集团引入中国旅游集团共建西南区域总部，中信银行在渝设立互联网金融业务集中运营中心等一批重大项目落地。西洽会、智博会期间国资系统与央企签约项目 64 个，金额 1340 亿元。举办重庆—新加坡企业对接交流会暨渝西地区一体化推介会、中国(重庆)—蒙古国乌兰巴托市投资推介会，发起并参与渝俄经贸洽谈暨产品展销会，签约项目 11 个，开启对外贸易新窗口。重庆国资交易分团参加第六届中国国际进口博览会，签约金额 9300 万美元。联合四川省国资委举办“2023 川渝国企江津行”活动，现场签约项目 14 个、投资金额 159 亿元。

五、重庆市国资委监管企业并购重组与完善法人治理结构情况

(一)并购重组

2023 年，重庆市国资委深入开展国有企业改革深化提升行动，聚焦服务现代化新重庆建设，有效推进企业战略性并购重组和专业化整合，进一步优化国有经济布局，促进企业高质量发展。一是深化重庆渝富控股集团国有资本投资运营公司改革。注入包括重庆轻纺集团、重庆水务环境集团等优质股权提升融资能力，组建总规模 2000 亿元的重庆产业投资母基金，为重庆市打造“33618”现代制造业集群体系赋能。二是推动市属国有物流企业整合。将重庆交运集团、重庆港务物流集团、重庆国际物流集团 3 户企业整合为重庆物流集团，推动资产、资源、品牌、业务、机构、管理、人员等全方位融合，构建重庆市一体化的“通道＋枢纽＋网络＋服务＋平台”的现代物流运行体系和辐射网络，促进重庆市物流降本增效和高质量发展，提升企业综合服务能力和核心竞争力。三是一批金融股权重组取得积极进展。完成重庆三峡银行股权重组，市城投集团、重庆高速集团、市地产集团和重庆发展投资公司等 4 家市属国企对重庆三峡银行进行战略投资，合计收购民营股东所持有的重庆三峡银行 57.096％股权，强化国有资本对地方法人银行的控制力，实现监管整改、股权重塑和风险化解等多重目标。完成三峡人寿增资重组签约，增资金额 5.5 亿元，有效增强资本实力。推进重庆兴农担保集团、重庆三峡担保集团协议转让 6 户区县担保股权，进一步优化国有金融资源配置效率，提高市属国有担保公司整体抗风险能力。四是利用上市平台实施一批专业化整合。重庆渝富控股集团推动重庆百货反向收购控股公司重庆商社(集团)有限公司，重组对价约 48.60 亿元，实现核心资源的优化整合，有助于提升对上市公司管理效率，增加流动性。重庆水务股份 9.6 亿元收购重

庆水务环境集团建设的大足、合川等6宗区县污水处理资产，实现集团优质资产注入上市公司，促进上市公司和集团良性发展。

(二)完善法人治理结构

2023年，重庆市国资委不断健全国有企业现代企业制度，完善法人治理结构，提升治理水平，促进国有资产增值保值。一是中国特色现代企业制度不断完善。推动党的领导有效融入公司治理，常态推进"党建入章"，确保新设立企业党建工作要求及时写入公司章程。开展党组织研究决定重大事项和前置研究讨论重大经营管理事项"两张清单"运行情况"回头看"，市属重点国有企业完成"两张清单"修订，发现并解决问题120个。督促企业结合清单调整，同步修订完善"两会一层"议事规则和"三重一大"集体决策办法，保障党的领导作用发挥。集团层面董事会实现"应建尽建"目标，截至2023年底，35户集团建立董事会(不含执行董事情况)，其中34户集团实现外部董事占多数的目标，董事会建设更加规范、运行更加高效。加强子企业董事会建设，印发《关于市属重点国有企业深化子企业董事会建设的指导意见》，指导市属重点国有企业董事会建设向子企业延伸拓展，促进各级子企业董事会制度更加健全，运行更加规范，作用更加充分，效果更加明显。加强重要子企业管理，印发《重要子企业管理办法(试行)》，指导企业通过差异化管控，培养一批市场机制灵活、公司治理现代、主责主业突出且对重庆市国资国企有支撑作用的重要子企业，并明确首批45户重要子企业名单。二是国有企业现代公司治理越发成熟。充分发挥章程在公司治理中的基础作用，根据《中华人民共和国公司法》要求，结合国资国企改革重组工作，认真履行出资人职责，"一企一策"科学制定和修订企业章程。2023年，累计修订6户企业章程：对股权重组改革后的重庆设计集团、重庆机场集团，通过修订章程条款，确保各股东按改革方案依法行权履职，确保改革顺利实施；对新组建的重庆物流集团和新纳入重庆市国资委监管的重庆发展投资公司，按照章程模板和统一监管要求修订公司章程；对重庆建工集团和重庆投资咨询集团，根据企业日常经营发展需要修订公司章程部分条款。在公司治理中不断加强完善党的领导，按照《重庆市国有企业贯彻〈关于中央企业在完善公司治理中加强党的领导的意见〉精神重点措施》《关于进一步推进市属国有重点企业贯彻落实"三重一大"决策制度的实施意见》等有关要求，指导企业修订调整"三重一大"决策制度实施办法、清单条款和格式，进一步厘清企业治理主体权责边界，保障清单制度之间有效衔接，不断加强完善党组织在公司治理中的领导作用。2023年，重庆设计集团、重庆土交所公司、重庆联交所公司、重庆股权服务集团、重庆物流集团、重庆粮食集团、市水投集团、重庆投资咨询集团、重庆进出口担保公司等9户企业完成"三重一大"集体决策制度修订备案工作。不断发挥董事会"定战略、作决策、防风险"作用，截至2023年底，499户子企业全面落实4项以上董事会重点职权，282户子企业建立董事会向经理层授权管理制度，董事会作用得到进一步体现。三是信息化建设和监管手段更加扎实。强化信息化建设和监督，根据《重庆国资大数据监管服务平台决策管理子系统建设方案》有关要求，扎实推动市属国企"决策系统"部署和建设工作，通过信息化手段，推动国有企业实现决策制度、决策事项、决策程序、决策结果的规范化、清单化、标准化、线上化，并对企业"三重一大"事项决策进行全过程监督，进一步加强国资大数据系统掌握全局和风险管控能力。推动监事会改革优化监管方式。落实中央关于深化国有企业监事会改革工作要求，对重庆市(含区县)所有国有企业监事会设置情况进行摸查，指导企业全面取消外派监事及外派监事会，建立董事会审计与风险委员会，优化监管方式。抓好监督管理专项工作，2023年，为切实加强股权管理，进一步提升控股企业治理能力和管控水平，牵头开展"控股不控权"专项整治工作，督促市属国有重点企业开展全面自查，实地抽查重庆化医集团等7户企业，将检查结果形成专项治理情况通报，指导督促企业强化问题整改。

六、重庆市国资委监管企业建立和完善经营业绩考核体系情况

2023年，重庆市国资委切实履行企业国有资产出资人职责，加快构建考核分配工作新格局，积极围绕

中心、服务大局，不断探索分类考核、分类监管，着力提升业绩考核精准性、规范性、有效性，引导推动国资国企高质量发展。

(一)优化制度体系，健全完善考核激励机制

按照"考出业绩精确性、考出改革积极性、考出发展导向性"原则全面优化业绩考核制度，形成"1+2"考核激励体系，包含一个指导意见和两个实施办法，即《关于深化市属国有企业经营业绩"一企一策"考核工作的指导意见》《市属重点国有企业负责人经营业绩考核办法》《市属重点国有企业负责人薪酬管理办法》。新制度体系主要有5个特点：一是提升分类考核精度，在对原办法考核分类标准进行升级优化的同时，新增5种特殊情形的考核内容，搭建"3+5"多面扩容的分类考核模式。二是迭代充实考核内容。首先将原质量、效率、动力三大变革指标体系迭代升级为财务定量指标和管理定性指标两大维度，不同类别企业定量指标和定性指标设置不同的权重比例。在指标内容上将经营指标体系由原来的"一利四率"升级为"一利五率"，管理定性指标引入企业ESG建设、市值管理、内控管理等现代企业制度核心内容。三是创新业绩考核方式。全面引入对标考核理念，要求核心财务指标优先选取可对标口径指标，引导企业不仅跟自己历史发展水平进行纵向对比，更要在全国甚至全球同行业中找准位置和差距，实现质量更优、效率更高、动力更强的创新超越目标。四是完善激励约束机制。按责任、风险、利益一致原则，物质激励与精神激励相结合，补充完善考核奖惩机制，建立业绩考核激励与约束清单，明确红线划好底线，搭建公平持久的比拼机制。五是优化考核等级及奖惩。对标对表国务院国资委业绩考核办法，将考核等级由原来的5个等级调整为4个等级，同时细化A、B级的晋级门槛条件。补充完善考核结果追溯调整机制，对企业以前年度业绩严重不实的，明确重庆市国资委可追溯调整相应年度或任期考核结果，对影响当期考核结果的可直接给予降级处理。

(二)强化考核引领，突出高质量发展导向

坚持用好考核"指挥棒""激励棒""风向标"，聚焦"四个突出"，引领市属国企为重庆市经济高质量发展贡献国企力量。一是突出质量效益考核。按照"一利五率"最新考核要求，锚定"一增一稳四提升"总体目标，系统提升五大价值。在2023年度经营业绩考核指标中扩大"国有资本回报率""经济增加值""全员劳动生产率"考核覆盖面，全面提升经营业绩"成色"。二是突出科技创新考核。贯彻新发展理念，优化创新目标，提高科技创新及信息化建设、数字化转型与应用考核权重，加强对制造业和科技型企业的支持，在经营业绩考核方面给予更加精准的激励，计算经济效益指标时将研发费用视同利润加回，进一步强化企业创新主体地位。三是突出重点任务考核。对主业处于重要行业和关键领域、承担政府重大专项任务的企业，以支持企业可持续发展和服务新重庆建设为导向，适度降低经济效益指标考核权重，加强对服务新重庆建设以及完成重点专项任务情况的考核(最大权重达到36%)，确保重大决策部署落地见效。四是突出对标一流考核。将企业核心财务指标放在行业大盘中进行综合评判，客观反映企业在同行业中的经营管理水平，引领企业主动对标世界一流、国内一流，补齐弱项，提质发展。2023年，重庆市国资委按照国务院国资委新出台的绩效评价办法，从盈利回报、资产运营、风险防控、持续发展4个维度16个核心财务指标，对商业一类、商业二类、公益类企业进行"一业一策"分类评价，对企业经营状况精准画像，评价结果显示35户市属重点国有企业绩效评价平均得分67.52分，总体处于全国国企平均水平。

(三)坚持考核奖惩，健全考核分配监管机制

牢牢把握出资人职责定位，敢于动真碰硬，建立刚性结果运用机制。依据考核结果奖优罚劣，将考核结果与企业负责人绩效年薪和任期激励收入直接挂钩，也充分运用到干部任免、综合考核等其他方面，防止考核流于形式。为突出业绩考核引领导向作用，不仅要求市属国企集团本部要密切关注考核新变化、新要求，积极搭建内部考核评价新机制，并要求企业经营业绩考核指标上下贯通、整体联动。2022年，重庆市国资委直接考核的25户市属重点国有独资企业业绩考核A级8户、占比32.00%，B级14户，C级3户；由股东考核的8户多元化或混合所有制企业董事会考核结果95分以上4户，90～95分3户，仅1户企业

因行业周期性下滑和受监管要求影响，得分低于80分。

七、重庆市国资委监管企业选人用人机制改革情况

（一）有序推进企业班子建设

常态化开展企业班子综合分析研判，形成分析研判报告14篇。修订市属重点国企专务制度。稳步实施班子优化调整，完成13户委托管理企业班子调整配备，新提拔重用领导人员19人，平级交流2人，免职3人，退休7人，任专务11人，任免董监事42人次，审批兼职14人次。配合市委组织部完成重庆物流集团组建和14户市管企业班子调整配备，涉及30名市管企业领导人员。督促指导市属重点国企深化落实董事会“外大于内”和经理层任期制和契约化管理改革任务。

（二）扎实做好人才工作

加强人才培育和平台建设，3人获得国家工程师奖、全国创新争先奖、万人计划、中华技能大奖4项国家重要人才奖项，是市属重点国企首次突破。推荐表彰国企领域重庆市担当作为好干部10人。新建市企业技术中心2个、市级博士后科研工作站2个、市级高技能人才培训基地1个、市级技能大师工作室6个。举办党的二十大精神专题培训班、国企领导人员进修班、中青年干部中长期经营管理培训班、技术技能人才示范培训班、外部董事履职培训班，培训500余人。大力推行市场化用工，各级企业管理人员竞争上岗人数占新聘任总人数的50%，末等调整或不胜任退出人数占比0.28%。

八、重庆市国资委监管企业党的建设和廉政建设情况

（一）党的建设

2023年，市属国企各级党组织坚持以习近平新时代中国特色社会主义思想为指导，深入贯彻党的二十大精神和市委六届二次、三次、四次全会精神，全面加强党建统领，不断提升党的领导力组织力，国企党的建设水平进一步提升，引领保障改革发展取得新进展新成效。截至2023年底，市属国有企业基层党组织4687个，其中党委344个、党总支208个、党支部4135个，党员6.64万人。一是健全完善政治铸魂体系。始终把政治建设摆在首位，深入推进忠诚国企建设。完善闭环落实机制、“第一议题”制度。建立年度总台账，实行月、季、年动态管理和专班推进，根据企业实际和功能分类，落实“赛马”机制并月度晾晒5次，有力服务保障重大战略落实，推动“总书记有号令、党中央有部署，重庆见行动”在国资国企落实落地。深化落实“十项举措”，落实政治生态定期分析研判机制，持续深入肃清流毒恶劣影响，坚决纠治讲大话、做假账、不担当等问题，推动政治生态持续向上向好。二是扎实抓好主题教育。上下联动带头扎实开展主题教育。贯通理论学习、调查研究、推动发展、检视整改，在“学得好、干得好、改得好、建得好、调查研究解决问题好”上下真功夫。紧扣学习重点，发放《习近平著作选读》等规定书目22.86万册，编印《习近平关于国有企业改革发展和党的建设重要论述摘编》发给1.2万名集团中层以上党员干部。推动各企业围绕国企改革发展难点痛点堵点开展重大课题调研226个，转化成果133个，检视整改问题205个，建立制度机制228个；深入开展专项整治，整改问题231个。三是深化实化党的创新理论武装。深入开展习近平新时代中国特色社会主义思想“国企篇章”学思践悟行动，通过党委会“第一议题”、理论学习中心组“首要议题”、基层党支部“三会一课”分层分类抓好学习，督促市属重点国企党委开展理论学习近400次，组织党的二十大精神“进国企”等宣讲超过2000场次，开设专栏及时转载习近平总书记最新重要讲话精神。严格落实意识形态工作责任制，国资国企意识形态领域向上向好。强化监测预警，指导处置网络舆情130余次，审批备案论坛讲座10次。加强和改进思想政治工作，选树典型，加强队伍建设，新增政工师近170人。四是全面加强党建统领。深入调研并会同市委组织部制定《关于加强党建统领全面提高国有企业党的领导力组织力的重点措施》，落实6个方面23项举措加强党建统领。坚持和加强党对国有经济的全面领导，服

务保障中心大局,推动国企改革发展。谋划形成重庆市国资国企“1+4”改革总体安排,实现市级经营性国有资产集中统一监管。组建总规模2000亿元的重庆产业投资母基金,累计投资先进制造业项目74.7亿元。组建重庆物流集团,助力重庆打造内陆开放高地和国际物流枢纽。承担的120个市级重大项目完成全年投资计划的107%。以数字赋能科技创新,工业企业研发投入强度4%。深入开展“三清三增”专项工作,全面推进除险清患。五是积极提升基层党建质效。认真落实“四同步、四对接”要求,新建撤并划转党组织403个。调研总结试点经验,拟制国企打造新时代红岩先锋变革型组织实施方案,开展首批“红岩先锋·四强四好”党支部评审命名。推广党员骨干领衔“揭榜挂帅”、集中攻关,深入开展“党旗在基层一线高高飘扬”,设立党员责任区1.22万个、先锋岗1.93万个,激励党员传承红岩精神、发挥先锋模范作用。依托浙江大学培训党务工作者98人,示范培训党支部书记、产业工人党员391人。深化“双培养一输送”,新发展党员4090人。六是注重发挥国企统战人士作用。深入开展“凝心铸魂强根基、团结奋进新征程”主题教育,广泛开展“智汇国企·建功新时代”活动,鼓励和引导党外人士提交建议提案150余件,90余条被《重庆统战信息专报》等刊物采用。指导国企建立落实党外知识分子思想状况动态研判机制,每年1次听取党外知识分子思想政治工作汇报。建立党外优秀年轻干部台账并向市委统战部推荐,70人作为“85后”“95后”党外优秀年轻干部初步人选。选送4人参加市级层面党外代表人士实践锻炼,市国资委、各企业举办党外人士培训班10余期培训学员500余人。指导重庆化医集团等6户国企建好用好党外代表人士建言献策工作室。与民建市委会制定工作任务清单13项,照单推进落实。七是积极做好群团工作。扎实开展团员和青年主题教育,不断提升国企共青团的大局贡献度。指导国企开展“青马工程”培训班25期培训学员1605人次。深入推进“青春倡廉”行动,举办廉洁书画摄影展、讲廉洁故事大赛、廉洁征文比赛等活动,扣好廉洁“第一粒扣子”。11个团组织及个人分别受到团中央、团市委“两红两优”表彰,12个集体成功创建第21届全国青年文明号、4个集体成功创建全国青安岗。落实产业工人队伍建设改革工作,与市总工会联合下发《关于充分发挥国有企业在推进产业工人队伍建设改革中带动作用的实施意见》,在市推进产业工人队伍建设改革现场会上进行交流发言。2个集体分别获评全国三八红旗集体、全国巾帼文明岗,3名个人、3个集体分别获评重庆市三八红旗手标兵、三八红旗手(集体)。

(二)廉政建设

一是压紧压实全面从严治党责任。抓紧抓牢责任“牛鼻子”,实行年度定任务、对接抓落实、定期督进展、考核查效果、监督纠偏差,持续压紧压实国资系统各级党组织主体责任。对全面从严治党形势分析研判发现6家市属重点国企9个突出问题下发督办通知,对存在苗头性、倾向性问题的2户企业领导人员进行约谈,对2022年度管党治党责任落实不好的2户企业党委考核降档。开展对3户担保公司常规巡察,发现问题85个、问题线索12个,督导整改完成率86.4%;对5户市属重点国企子企业开展提级交叉巡察,发现问题179个、问题线索31个;督导第一轮巡察4户企业问题整改完成率92.6%;督导市委巡视11户企业问题整改完成率93.5%。督促市属重点国企党委认真落实对下属企业党组织全面从严治党责任落实情况分析研判制度,全年累计分析研判下级党组织111个,发现问题406个,整改完成306个、正持续整改100个,针对性建立完善制度机制278个,处理相关责任人员40人次,推动全面从严治党责任压力层层传导。严格落实意识形态工作责任制,为国资国企改革发展和党的建设提供良好思想舆论环境。二是扎实推进清廉国企建设。围绕建立健全清廉重庆“六大工作体系”目标任务,多举措推进清廉国企试点建设走深走实。加强清廉国企建设统筹推进,牵头建立由相关市级部门组成的清廉国企建设分专班和市国资委专项工作组,制定《清廉国企建设试点示范工作实施方案》《清廉国企建设暨政治生态评价指标体系》,将清廉国企建设列入重庆市国资国企“1+4”改革总体安排4项重大改革任务,通过党委会、专题会等研究部署清廉国企建设工作10余次,对试点企业“一对一”现场督导提出意见建议50余条,分市国资委和试点企业两个层面梳理并推动建立制度51项、机制54

项,7家清廉国企试点企业针对重要领域和关键环节制定加强管理措施1284个、完善制度机制340个、建成数字化管控系统87个。三是持续夯实作风建设。锲而不舍落实中央八项规定及其实施细则精神,毫不松懈纠治"四风"突出问题,2023年,市国资系统查处违反中央八项规定精神问题29件。深入开展企业负责人履职待遇和业务支出执行情况专项检查,发现并推动整改问题69个。扎实开展"不作为、慢作为、乱作为"问题专项整治,查找问题4个,制定整改措施8条,均取得阶段性成效并长期坚持。大兴调查研究之风,结合主题教育,紧扣国企痛点难点堵点问题开展13个课题调研,形成问题清单46项、调研成果转化清单45项,6项检视问题全部达成预期目标并销号。深入落实"三服务"机制、建设服务型机关,成立国资传媒中心,建立高效值班应急平台体系,组建招商服务、法律事务服务、人才服务、生产经营协调等工作组,与市级部门协作建立盘活存量资产会商机制,切实为企业出实招、办实事、破难题、促发展。四是一体推进不敢腐、不能腐、不想腐。严肃企业违规经营投资追责问责,市国资委启动核查问题线索7项、处理13人次,推动市属国企开展责任追究223项、处理452人次、扣减责任人薪酬1065.76万元,挽回损失3.41亿元;保持惩治腐败高压态势不动摇,全系统处置问题线索1235件,立案186件,给予党纪政务处分165人,运用"四种形态"处理850人。认真落实市纪委监委监督执纪执法工作意见,持续深化粮食购销、"围啃"国企、控股不控权、虚假贸易、履职待遇、跨境腐败等重点领域突出问题专项整治、专项治理,深入发现并督促整改问题1956个,以下看上完善国资监管制度49项,推动企业健全制度机制575个。下发《关于围绕9起典型案件扎实开展"以案四说"和以案促改促治工作的通知》,推动全系统开展警示教育4132场次、覆盖12万人次,引导教育干部职工知敬畏、存戒惧、守底线;制定国企清廉文化建设工作方案,开展市国资系统2023年度"青春倡廉"书画摄影展暨"青春路·廉同行"主题活动,引导青年干部扣好"人生第一粒扣子"。

(撰稿人:胡冰洁)

四川省

一、四川省国有资产监督管理工作综述

2023年,四川省国资国企系统坚持以习近平新时代中国特色社会主义思想为指导,深入学习贯彻党的二十大精神和习近平总书记来川视察重要指示精神,紧紧围绕中央和四川省委、省政府决策部署,在国务院国资委的大力指导下,攻坚克难、改革创新,推动各项工作取得显著成效。截至2023年底,四川省地方国有企业资产总额189158.21亿元、营业收入21774.90亿元、利润总额1514.45亿元、实际上缴税金总额1464.10亿元,分别比上年增长15.8%、9.0%、21.3%、14.0%;其中省属企业资产总额27365.84亿元、增长12.0%,营业收入7179.42亿元、增长6.1%,利润总额276.98亿元、增长57.4%,实际上缴税金总额289.26亿元、增长12.9%。一是全力拼经济稳增长。紧紧围绕高质量发展首要任务拼经济、搞建设、抓发展、稳增长,重点在提质增效上下功夫,国有经济增长动能加速恢复,经济运行总体回升势头增强。二是着力优布局调机构。坚持产业引领,以推动国资国企三级规划体系落实落地为牵引,着力调整存量结构、优化增量投向,统筹推进国有经济布局优化和结构调整,把发展的着力点放在实体经济上,加快推动产业优化升级,建设现代化产业体系,更好发挥国资国企战略支撑作用。三是持续抓改革促创新。巩固提升国企改革三年行动成果,深化三项制度改革,重点领域改革向纵深推进,新一轮国企改革深化提升行动落地实施。四是着力强监管提效能。加大出资人监督、重点领域监管力度,转变监管理念与方式,推进法治合规建设,开展违规经营投资责任追究,不断提升监管质量效益。五是注重学思想强党性。扎实开展习近平新时代中国特色社会主义思想主题教育,以高质量党建引领保障高质量发展。六是始终敢担当善作为。聚焦乡村振兴、抢险救灾、保供保畅、稳岗扩

就业、助企纾困等工作,认真履行社会责任,展现国资国企良好形象。

二、四川省国有资产总量与结构分析

截至2023年底,四川省地方企业国有资产统计报表汇编企业13638户,比上年增长11.3%;资产总额189158.21亿元,比上年增长15.8%;负债总额128054.32亿元,比上年增长15.7%;所有者权益61103.89亿元,比上年增长16.1%;归属于母公司的所有者权益53195.32亿元,比上年增长16.0%;国有资产总量52797.62亿元,国有资本保值增值率101.4%;营业收入21774.90亿元,比上年增长9.0%;利润总额1514.45亿元,比上年增长21.3%;净利润1110.33亿元(其中归属于母公司的净利润481.08亿元),比上年增长23.8%;应交税金总额1480.44亿元,比上年增长13.6%;实际上缴税金总额1464.10亿元,比上年增长14.0%。

表1　2023年四川省国有企业指标

项　目	金　额(亿元)
资产总额	189158.21
所有者权益	61103.89
国有资产总量	52797.62
营业收入	21774.90
利润总额	1514.45
净利润	1110.33
归属于母公司所有者的净利润	481.08
应交税金总额	1480.44
实际上缴税金总额	1464.10

表2　2023年四川省国有企业户数情况

2022年户数(户)	2023年户数(户)	比上年增长(%)
12253	13638	11.3

从隶属关系看,省属企业国有资产总量6381.69亿元、占比12.1%,成都市国有资产总量16407.26亿元、占比31.1%,省属企业与成都市合计占四川省的43.2%。其他20个市(州)国有资产总量合计占四川省的56.8%,宜宾市、绵阳市、泸州市、眉山市、雅安市、遂宁市、南充市、乐山市、凉山州、达州市、德阳市、巴中市、资阳市、自贡市国有资产总量超过1000亿元,国有资产总量的地区分布状况与地区经济发展水平基本一致。

表3　2023年四川省国有资产总量按隶属关系分布情况

隶属关系	国有资产总量(亿元)	占　比(%)
省属企业汇总	6381.69	12.1
市(州)企业汇总	46415.93	87.9
成都市	16407.26	31.1
宜宾市	3951.71	7.5
绵阳市	2779.46	5.3
泸州市	2455.15	4.6
眉山市	2449.53	4.6
雅安市	1876.24	3.5
遂宁市	1631.86	3.1
南充市	1626.29	3.1
乐山市	1624.67	3.1
凉山州	1617.94	3.1
达州市	1587.87	3.0
德阳市	1547.06	2.9
巴中市	1149.66	2.2
资阳市	1114.96	2.1
自贡市	1104.83	2.1
内江市	931.25	1.8
广元市	891.34	1.7

续表

隶属关系	国有资产总量（亿元）	占比（%）
广安市	882.17	1.7
攀枝花市	547.09	1.0
甘孜州	120.71	0.2
阿坝州	118.88	0.2
合计	52797.62	100.0

从行业分布看，社会服务业的国有资产总量26833.73亿元，占比50.8%，为行业中最高；其余有7个行业国有资产总量超过1000亿元，分别是建筑业6681.08亿元、房地产业5800.65亿元、交通运输业4046.10亿元、金融业2358.37亿元、工业1958.87亿元、商贸业1850.31亿元、农林牧渔业1721.36亿元，以上8个行业国有资产总量合计占比97.0%；教育文化广播业，科学研究和技术服务业，信息传输、软件和信息技术服务业，仓储业，卫生、体育和娱乐等其他行业国有资产总量均超过100亿元，分别占四川省的1.0%、0.8%、0.6%、0.4%、0.2%，合计占比3.0%。

表4　2023年四川省国有资产总量按行业分布情况

行业	国有资产总量（亿元）	占比（%）
社会服务业	26833.73	50.8
建筑业	6681.08	12.6
房地产业	5800.65	11.0
交通运输业	4046.10	7.7
金融业	2358.37	4.5
工业	1958.87	3.7
商贸业	1850.31	3.5
农林牧渔业	1721.36	3.2
教育文化广播业	521.36	1.0

续表

行业	国有资产总量（亿元）	占比（%）
科学研究和技术服务业	404.13	0.8
信息传输、软件和信息技术服务业	299.26	0.6
仓储业	191.58	0.4
卫生、体育和娱乐等其他行业	130.82	0.2
合计	52797.62	100.0

从经营规模看，大型企业国有资产总量35682.39亿元，占比67.6%；中型企业国有资产总量7800.38亿元、小型企业国有资产总量7396.44亿元、微型企业国有资产总量1918.41亿元，分别占四川省国有资产总量的14.8%、14.0%、3.6%，合计占比32.4%。

表5　2023年四川省国有资产总量按经营规模分布情况

经营规模	国有资产总量（亿元）	占比（%）
大型企业	35682.39	67.6
中型企业	7800.38	14.8
小型企业	7396.44	14.0
微型企业	1918.41	3.6
合计	52797.62	100.0

三、四川省国有资本保值增值综合分析评价

截至2023年底，四川省国有资产总量52797.62亿元，比上年增长16.1%，由生产经营产生的经营净积累623.72亿元，国有资本保值增值率101.4%，比上年下降0.3个百分点。省属企业国有资本保值增值率102.5%。市（州）企业国有资本保值增值率101.2%，15个市（州）企业实现国有资本保值增值，前三名分别是宜宾市国有资本保值增值率106.0%、泸州市国有资本保值增值率102.4%、阿坝州国有资本

保值增值率102.0%。6个市(州)企业未实现保值增值,分别是巴中市国有资本保值增值率99.9%、广元市国有资本保值增值率99.9%、内江市国有资本保值增值率99.8%、遂宁市国有资本保值增值率99.4%、自贡市国有资本保值增值率99.4%、南充市国有资本保值增值率98.3%。13个行业中9个行业实现保值增值,分别是卫生、体育和娱乐等其他行业国有资本保值增值率131.4%,商贸业国有资本保值增值率121.3%,金融业国有资本保值增值率107.8%,建筑业国有资本保值增值率104.1%,科学研究和技术服务业国有资本保值增值率102.4%,教育文化广播业国有资本保值增值率101.8%,信息传输、软件和信息技术服务业国有资本保值增值率101.4%,社会服务业国有资本保值增值率101.2%,仓储业国有资本保值增值率101.0%;4个行业未实现保值增值,分别是农林牧渔业国有资本保值增值率99.6%,交通运输业国有资本保值增值率98.5%,房地产业国有资本保值增值率97.8%,工业国有资本保值增值率85.1%。

表6　2023年四川省国有企业地区和行业国有资本保值增值情况

地　区	国有资本保值增值率(%)	行　业	国有资本保值增值率(%)
省属企业汇总	102.5	卫生、体育和娱乐等其他行业	131.4
市(州)企业汇总	101.2	商贸业	121.3
宜宾市	106.0	金融业	107.8
泸州市	102.4	建筑业	104.1
阿坝州	102.0	科学研究和技术服务业	102.4
成都市	101.2	教育文化广播业	101.8
资阳市	101.1	信息传输、软件和信息技术服务业	101.4
眉山市	100.9	社会服务业	101.2
绵阳市	100.7	仓储业	101.0

续表

地　区	国有资本保值增值率(%)	行　业	国有资本保值增值率(%)
甘孜州	100.6	农林牧渔业	99.6
凉山州	100.4	交通运输业	98.5
德阳市	100.4	房地产业	97.8
广安市	100.3	工业	85.1
雅安市	100.2		
乐山市	100.2		
攀枝花市	100.1		
达州市	100.0		
巴中市	99.9		
广元市	99.9		
内江市	99.8		
遂宁市	99.4		
自贡市	99.4		
南充市	98.3		

四、四川省国资委监管企业改革发展情况

(一)国有企业改革持续深化

国企改革三年行动重点改革任务评估连续两年获评A级。着力抓好新一轮国企改革深化提升行动,研究制定国企改革深化提升行动实施方案,督导各市(州)、省属监管企业同步研究制定具体落实方案。不断增强创新驱动能力,制定《关于推进国有企业打造原创技术策源地的实施方案》。制定《关于进一步推动国有企业高质量发展的若干措施》实施方案,构建规范董事会建设"1+N"、经理层任期制和契约化管理"1+4"等制度体系。强化企业总部机构优化设置和子公司规范管理,大力推进管理层级压减,省属监管企业总助级高管人员和中层管理人员降幅分别为33.3%和12.02%。深入推进重点领域改革,省内民用运输机场整合,川煤集团司法重整、川盐集团改制

等各项工作成效明显。出台《四川省省属监管企业科技创新专项资金管理办法》，引导和支持企业加大研发投入，省属监管企业研发投入91.7亿元，比上年增长29%。

（二）国有经济布局结构持续优化

全覆盖对18户省属监管企业开展主营业务确认，推动企业更加聚焦主责主业。健全完善三级国资规划体系。加快布局优化和结构调整，省属国有资本在“六大优势产业”和战略性新兴产业投资布局比上年增长均超过30%，发起设立四川省绿色低碳优势产业基金、新材料发展基金。深化川渝国资国企合作，川渝共同产权市场互联网平台累计成交金额2777.9亿元，成渝地区双城经济圈发展基金6只子基金、9只储备子基金总规模超过200亿元、落地近100亿元。深化“国企市州行”，与资阳、德阳等4个市签署合作协议123个、协议投资额超过2000亿元。拓展欧洲、东南亚、大洋洲等国际经贸市场，对外贸易总额超过200亿元。强化国有资本运营，系统谋划、统筹推进国企股权运作，四川省地方国企控股上市公司43家、市值约1.4万亿元。

五、四川省国资委监管企业并购重组与完善法人治理结构情况

（一）加快实施并购重组与培育优势资源集团

巴中恩阳、阿坝红原等6个省内民用运输机场全面完成整合，与双流机场、天府机场形成双核引领、集群发展的“2+10”新格局。川煤集团改革脱困成效明显，通过司法重整资产负债率由134%降低至75.1%、扭亏近20亿元，并全面恢复信用评级。五粮液集团战略增资川航集团50.48亿元。四川旅投集团完成安逸酒店100%股权收购，安逸酒店集团进入“中国饭店集团60强”榜单第16位。川盐集团完成公司制改制并成功揭牌，创2017年国家盐业体制改革以来经济效益最佳。组建四川交易集团，整合省内交易机构和公共资源交易业务，推动形成“管办分离”和集中化、规模化、区域化的要素交易区域统一大市场。组建四川人才发展集团，分层分类实施企业家培育计划，制定省属监管企业高层次人才目录清单，为四川省高质量发展提供重要人才支撑。

（二）健全完善公司法人治理结构

推动中国特色现代国有企业制度建设，把党的领导融入公司治理，省属企业集团“决策前置”“党建入章”率等均100%，党建工作纳入企业年度经营业绩与负责人薪酬考核；地方国企一级企业“党建入章”、党组织书记与董事长“一肩挑”应批尽批。推动总部优化和子公司规范管理，出台省属监管企业总部机构优化管理办法，严格控制总部用工总量、内设机构数和中层管理人员职数；印发子公司规范管理制度，严控管理层级，加快构建“小总部、大集团、大产业”组织体系。出台董秘规范管理指导意见，优化外部董事遴选资格条件，做好新一轮外部董事遴选入库工作，全年新入库31人。

六、四川省国资委监管企业建立和完善经营业绩考核体系情况

（一）科学实施精准考核

围绕“四增长两提升一合理”目标，及时调整考核指标、提出更具挑战性的考核目标，切实发挥考核“指挥棒”作用，引领企业多作贡献。坚持分类考核，重点强化成本费用压降、债务风险防范、现金流保障和资金使用效率，“一企一策”细化考核指标。突出重大任务，围绕落实省委、省政府重大部署，将省内支线机场整合、专业化重组、煤电保供等重点任务纳入考核。鼓励科技创新，对科技型企业和研发经费投入增幅低于省国资委总体目标的企业，专项考核研发投入增幅或研发投入强度等指标；对承担重点科技攻关任务产生的研发投入提高利润加回比例；对获得发明金奖、银奖、科技进步奖的企业予以加分鼓励。

（二）更大范围开展中长期激励

贯彻落实《四川省省属监管企业实施中长期激励的指导意见（试行）》，用好“3+3”（国有控股上市公司股权激励、国有科技型企业股权和分红激励、国有控股混合所有制企业员工持股、超额利润分享机制、跟投机制、虚拟股权激励）政策工具箱。加大授放权力

度、分层负责,省国资委负责督促指导省属企业制定内部中长期激励管理办法及配套实施细则,企业集团负责具体审批所属子企业中长期激励方案。实施中长期激励的企业26户,2023年新增华海清科、蜀道装备2户上市公司开展股权激励,省国资委履行出资人职责控股上市公司实施股权激励比例45%。

(三)加强人工成本管控

强化工资总额预算管理,对存续子企业,根据经济效益确定工资总额增幅;对新设子企业,综合考虑集团整体工资水平、行业工资水平等因素确定工资水平;对工资水平过高企业,从严控制工资总额预算增幅。加强人工成本动态监控。督促企业关注人工成本,提高劳动效率。每季度根据企业财务快报,向人工成本异常的企业下发提示函,督促集团公司加强行权能力建设,认真履行对下属子公司的监管职责,加大对集团本部及子公司人工成本支出、工资总额预算执行情况的动态监控。探索更加灵活高效的工资总额管理方式,鼓励创新,对科改企业、纳入天府综改行动的高新技术企业以及核心技术团队工资总额予以单列保障,鼓励初创期的科技型企业实行工资总额周期制管理。

七、四川省国资委监管企业负责人考核与选人用人机制改革情况

(一)加大管理层考核力度

将管理人员竞争上岗周期与经理层成员任期制和契约化周期进行衔接,以三年为一个任期,定期开展差额竞争上岗,对落聘的管理人员予以降职、降级。完善全员业绩考核体系,提高定量考核比例,特别是经营层任期制契约化考核,定量考核比例不得低于60%,考核结果与职位升降、收入增减、评先评优等强制挂钩。2023年,省属企业新聘任管理人员竞争上岗占比72%,末等调整和不胜任退出比例0.7%,公开招聘和全员绩效考核户数占比均100%。

(二)加强企业领导人员队伍建设

大力弘扬企业家精神,加快构建具有国企特色的考核评价体系,创新开展经营综合评价,从领导力、管控力等5个维度建立52项评价指标体系,绘出每个企业综合经营能力的"雷达图",直观呈现企业经营综合状况"仪表盘",形成领导班子胜任力指数,"一企一策"开出补短板、强弱项良方。加强国有企业领导人员队伍建设,坚持国企领导干部选人用人标准,持续在"选育用管"上下功夫,完成川盐集团、省建院及省国经公司调整配备。全面推行经理层成员任期制和契约化管理,推动实现"能者上、优者奖、庸者下、劣者汰"。

八、四川省国资委监管企业党的建设和廉政建设情况

(一)深入开展学习宣传教育

深入学习习近平总书记来川视察重要指示精神,贯彻习近平总书记关于国有企业改革发展和党的建设的重要论述,切实把拥护"两个确立"、做到"两个维护"贯彻到国资国企工作的全过程各方面。采取"任务+清单"模式扎实开展学习贯彻习近平新时代中国特色社会主义思想主题教育,创新四川省国资委党校"1+3+N"办学发展模式,举办"国企心向党·笃学再出发""国企心向党·书记讲党课"示范带学系列活动,覆盖110户国有企业27万余名党员。

(二)夯实基层党建基础

以"四川天府国企党建示范引领工程""强基固本提升工程"为牵引,着力"强根固魂、强基固本",全面加强国企党的领导、党的建设。集中开展省属监管企业发展质量不优、党的建设弱项短板、软弱涣散基层党组织和安全生产等专项整治,切实增强基层党组织的政治功能和组织功能,国有企业党的领导弱化、虚化、边缘化问题得到有效扭转。发挥基层党组织首创精神、典型示范引路作用,组织四川省国有企业开展示范创建活动,申报省国资委层面第一批示范项目七大类233个,全面梳理提炼创建经验成果,着力选树一批国企党建重点领域示范标杆。

(二)狠抓党风廉政建设

深化全面从严治党,严格落实"两个责任",紧盯"关键少数"加强企业领导班子成员特别是"一把手"监督。持续推进正风肃纪,严肃查处靠企吃企、设租

寻租、利益输送等腐败问题，追责问责超过30人；配合做好省委对国资国企常规巡视，落实省委巡视发现问题整改，将省委巡视10户省属监管企业600余条问题进行精准分解，推动解决行业领域深层次问题。推进“五粮春”系列案以案促改，扎实开展“三大提升行动”“四项专项整治”“五个教育警示”，系统推进“三不”机制建设，营造风清气正的良好发展环境。

（四）积极履行社会责任

推动巩固脱贫攻坚成果同乡村振兴有效衔接，建立国企“1＋1帮1”带县三级联帮机制，78户国企帮扶“四类地区”39个欠发达县振兴发展。省商投集团创新帮扶工作思路，提出39个欠发达县域托底性“数字帮扶”解决方案，在四川省率先推出1个数字帮扶平台和1套数字帮扶应用场景，为欠发达县域跨越发展和区域协调发展贡献国资力量。组织实施“国聘行动”、高校专场招聘会、“戎耀归蜀”等各类“线下＋线上”招聘和知名高校研究生国企实践活动800余场次，为四川地方国有企业提供就业岗位4.2万个，推动国有企业吸纳各类人群就业3.2万人，全面完成稳就业年度目标任务。

（撰稿人：张展智　李　威）

贵州省

一、贵州省国有资产监督管理工作综述

2023年，贵州省国资国企坚持以习近平新时代中国特色社会主义思想为指导，深入学习贯彻习近平总书记关于国有企业改革发展和党的建设的重要论述，坚决贯彻落实党中央、国务院和贵州省委、省政府各项决策部署，坚持以高质量发展统揽全局，积极抢抓国家重大战略机遇，围绕贵州省主战略主定位，以增强企业核心功能、提高核心竞争力为重点，顶压前行、苦干实干，各项工作取得明显成效，迈出新步伐。

（一）整体效益持续稳增长

2023年，贵州省国资系统监管企业累计实现营业收入5743.1亿元，比上年增长9.9%；利润总额1285.3亿元，比上年增长17.8%；税金969.8亿元，比上年增长12.4%；劳动生产总值2614.2亿元，比上年增长14.4%。贵州省国资委31户监管企业（含9户参股企业）累计完成固定资产投资1546.97亿元，比上年增长19.98%。贵州省国资委22户控股企业累计实现劳动生产总值2439.6亿元，比上年增长14.9%；全员劳动生产率114.7万元/（人·年），比上年提高7.8万元/（人·年）；工业板块累计实现利润总额1169.8亿元，比上年增长10.5%，占利润总额的90.2%；实现工业总产值2158亿元，比上年增长6.7%，对经济发展支撑作用明显。贵州省国资委22户控股企业与全国37个省（自治区、直辖市，含计划单列市）省级国资监管企业比较，全员劳动生产率、净资产收益率均排名第一。

（二）国企改革迈向新起点

全面完成国企改革三年行动评估验收工作，推动贵州省委、省政府出台《贵州省国有企业改革深化提升行动实施方案（2023—2025）》，并靠前部署各项重点任务落实，实现国企改革三年行动和国企改革深化提升行动无缝衔接。建立国有相对控股混合所有制企业差异化管控等制度，国有股东依法行权履职更加规范。加强上市后备企业资源库建设，稳妥推动重点企业上市，国有资本配置和运行效率进一步提高。持续深化三项制度改革，扎实开展“双百行动”“科改行动”；启动对标世界一流企业价值创造行动等，企业的发展活力、发展动能不断增强。

（三）资本布局获得新成果

顺利完成民航集团、建投集团、能源集团组建工作，不断优化国有资本布局。推动大数据集团完成贵阳数交所投资重整；推动磷化集团加强与宁德时代合作发展新能源电池及材料产业；推动振华风光在科创板上市；完成乌江能投并购贵州燃气，积极支撑构建具有贵州特色的现代化产业体系。协助贵州省人民政府与国务院国资委在北京签署战略合作框架协议；牵头制定《2023年贵州央企招商工作方案》；组织召开招

商推介会等，切实推动央企与地方合作向更宽领域、更深层次、更高水平迈进。研究出台《支持贵安新区高质量发展十项措施》，积极落实贵州省委、省政府关于"强省会"战略和支持贵安新区高质量发展的决策部署。

(四)科技创新迈出新步伐

督促指导企业加大科技创新投入，新增国家企业技术中心、省级技术中心、省级科技型中小企业各1个，入选贵州省专精特新"小巨人"企业遴选名单1个，入选省级技术创新平台培养库项目25个。修订印发《2023年度科技创新考核细则》，进一步优化考核指标。组织监管企业积极申报全国创新争先奖、贵州省科学技术奖等。

(五)监管效能实现新提升

制定印发《贵州省国资委关于进一步规范监管企业采购行为的通知》，持续规范企业采购行为。完成10户企业章程合规审查，进一步规范企业组织和行为。规范国有资产登记、评估和备案等，提高国有资产监管水平。在法治建设、薪酬管理、审计、经营评价以及信息化建设方面出台一系列制度，全面覆盖、科学规范、专业高效的国有资产监督管理体系进一步完善。

(六)风险防控展现新作为

对监管企业和市(州)监管机构债务状况实行台账化管理，压紧压实企业主体责任，强化债务风险防范统筹力度。制定印发《贵州省国资委2023年安全生产工作要点》等文件，压紧压实安全生产主体责任。开展专项排查整治、"打非治违"等专项行动，常态化开展交叉检查工作，全方位排查消除各类安全风险隐患。督促指导监管企业推进生态环境保护问题整改，进一步筑牢发展和生态底线。牢牢守住意识形态、信访维稳、网络舆论等领域风险底线，为贵州国资国企高质量发展营造良好的内外部环境。

(七)党的建设取得新成效

高质量完成主题教育各项工作任务，党员理想信念教育进一步加强。推动监管企业继续完善"党建入章"工作，切实把党的领导融入公司治理各环节。以"黔进先锋·贵在行动"为载体，深入实施国有企业党建提质增效行动。推动央企、省企互派干部挂职交流，指导监管企业加强人才引进，企业核心竞争力持续加强。持续深化"靠企吃企"专项整治，深入推进"清廉国企"建设，扎实开展警示教育，深入实施省管国有企业基层党组织纪检委员(纪委书记)履职能力提升"两年行动""小切口、深层次"专项行动等工作，督促指导相关省管企业党委抓好巡视反馈问题整改等，管党治企措施更加有力，贵州国资国企良好政治生态更加牢固。

二、贵州省国有资产总量与结构分析

截至2023年底，贵州省地方国企(一级)3151户(未含省级文化类和金融类企业)，资产总额106600.29亿元，所有者权益38225.43亿元。全年实现营业收入7470.70亿元，利润总额1118.15亿元，实际上缴税金总额1025.70亿元。

表1　2023年贵州省国有企业指标

项　目	金　额(亿元)
资产总额	106600.29
所有者权益	38225.43
国有资产总量	35773.18
营业收入	7470.70
利润总额	1118.15
净利润	767.28
归属于母公司所有者的净利润	387.09
应交税金总额	1033.20
实际上缴税金总额	1025.70

表2　2023年贵州省国有企业户数情况

2022年户数(户)	2023年户数(户)	比上年增长(%)
2697	3151	16.83

截至2023年底，贵州省国有企业国有资产总量35773.18亿元。从隶属关系看，省属企业国有资产总量

7611.67亿元，占比21.28%。其中，贵州省国资委监管企业国有资产总量7157.01亿元，占比20.01%；市(州)企业国有资产总量28161.51亿元，占比78.72%。

从各市(州)分布看，贵阳市(含贵安新区)以国有资产总量7932.82亿元居第1位，遵义市以3792.71亿元居第2位，两市合计约占贵州省企业国有资产总量的32.77%。毕节市、黔南州、铜仁市、黔西南州、六盘水市、安顺市、黔东南州国有资产总量分别为3214.87亿元、3105.86亿元、2257.15亿元、2145.06亿元、2203.09亿元、1801.77亿元、1708.17亿元，合计占贵州省企业国有资产总量的45.95%。

表3　　2023年贵州省国有资产总量按隶属关系分布情况

隶属关系	国有资产总量(亿元)	占比(%)
省属企业汇总	7611.67	21.28
省国资委监管企业	7157.01	20.01
市(州)企业汇总	28161.51	78.72
贵阳市(含贵安新区)	7932.82	22.17
遵义市	3792.71	10.60
毕节市	3214.87	8.98
黔南州	3105.86	8.68
铜仁市	2257.15	6.31
黔西南州	2145.06	6.00
六盘水市	2203.09	6.16
安顺市	1801.77	5.04
黔东南州	1708.17	4.78
合　计	35773.18	100.00

从行业分布看，社会服务业国有资产总量占比53.95%，居各行业之首，其次是建筑业，占比15.31%；再次是交通运输业、工业、房地产业、农林牧渔业、金融业，分别占比7.88%、6.72%、6.18%、3.46%、3.17%，5个行业合计占比27.41%；商贸业、教育文化广播业、科学研究和技术服务业、仓储业、软件和信息技术服务业、其他分别占比1.16%、0.72%、0.33%、0.17%、0.36%、0.59%，合计占比3.33%。

表4　　2023年贵州省国有资产总量按行业分布情况

行　业	国有资产总量(亿元)	占比(%)
农林牧渔业	1237.33	3.46
工业	2405.56	6.72
建筑业	5477.83	15.31
交通运输业	2820.36	7.88
仓储业	62.15	0.17
商贸业	414.90	1.16
房地产业	2209.39	6.18
软件和信息技术服务业	128.64	0.36
社会服务业	19297.55	53.95
教育文化广播业	257.98	0.72
科学研究和技术服务业	116.95	0.33
金融业	1134.66	3.17
其他	209.88	0.59
合　计	35773.18	100.00

从企业经营规模看，大型企业国有资产总量15703.50亿元，占比43.90%；中型企业国有资产总量9332.29亿元，占比26.08%；小型企业国有资产总量7013.55亿元，占比19.61%；微型企业国有资产总量3723.84亿元，占比10.41%。

表5　　2023年贵州省国有资产总量按经营规模分布情况

经营规模	国有资产总量(亿元)	占比(%)
大型企业	15703.50	43.90

续表

经营规模	国有资产总量(亿元)	占　比(%)
中型企业	9332.29	26.08
小型企业	7013.55	19.61
微型企业	3723.84	10.41
合　计	35773.18	100.00

三、贵州省国有资本保值增值综合分析评价

从各地区情况来看,贵州省属企业国有资本保值增值率100.63%,其中贵州省国资委监管企业国有资本保值增值率109.98%。在市(州)层面,均未实现保值增值。

从行业分布看,13个行业中,3个行业实现国有资产保值增值,工业保值增值率最高,为124.62%;其余10个行业未实现国有资产保值增值,排名靠后的3个行业分别为科学研究和技术服务业、教育文化广播业、金融业,保值增值率分别为93.89%、95.92%、97.72%。

表6　2023年贵州省国有企业地区和行业国有资本保值增值情况

地　区	国有资本保值增值率(%)	行　业	国有资本保值增值率(%)
市(州)企业汇总	98.43	工业	124.62
贵阳市	99.48	教育文化广播业	95.92
遵义市	97.12	软件和信息技术服务业	110.12
铜仁市	97.68	农林牧渔业	98.27
黔西南州	98.72	社会服务业	99.47
毕节市	98.54	房地产业	97.86
贵安新区	99.33	建筑业	98.24
黔南州	99.18	金融业	97.72
安顺市	95.80	交通运输业	100.01
六盘水市	98.47	商贸业	99.70
黔东南州	98.13	仓储业	99.90
		科学研究和技术服务业	93.89
		其他	98.88

四、贵州省国资委监管企业改革发展情况

(一)新一轮国企改革落地落实

全面完成国企改革三年行动评估验收工作,并在巩固提升改革成果的基础上,全面实施国企改革深化提升行动,各级国资监管机构及监管企业都能做到以更高站位、更大力度推进改革重点任务,实现国企改革三年行动和国企改革深化提升行动无缝衔接。

(二)重点改革任务深入推进

稳妥推进混合所有制改革,建立国有相对控股混合所有制企业差异化管控等制度,国有股东依法行权履职更加规范。加强上市后备企业资源库建设,15家企业入选2023年度贵州省上市挂牌后备企业名单。开展国有企业党组织前置研究讨论重大经营管理事项清单运行情况"回头看",持续完善外部董事专家库管理、选拔任用、考核评价、薪酬待遇等一系列制度,持续推动企业选聘职业经理人,建立监管企业三项制度改革长效评估机制等,中国特色现代企业制度和市场化经营机制更加健全。

(三)专项改革工程扩围深化

深入开展"双百行动""科改行动",茅台股份、物资物流公司成功入围"双百企业"扩围名单,瓮福集团、茅台红缨子公司顺利入选"科改企业"扩围名单,截至2023年底,贵州省有12户企业入围国务院国资委"双百企业"和"科改企业"名单。启动对标世界一流企业价值创造行动,推动领军企业示范创建,茅台

红缨子公司、贵绳股份公司成功入选国务院国资委创建世界一流专精特新示范企业名单，企业的发展活力、发展动能不断增强。

（四）企业科技创新能力稳步提升

2023年，贵州省国资委31户监管企业累计投入研发经费73.16亿元，基本保持2022年高投入水平。新增国家级创新平台2个、省级创新平台12个。完成关键核心技术攻关项目69个，其中56个投入使用。磷化集团、贵绳集团、遵钛集团等5户企业研发投入强度均保持3%以上。物流集团、保利久联、建投集团、公路开发集团、首钢贵钢等10户企业的研发经费投入比上年增长均在10%以上。科技创新激励机制加快完善。修订印发《2023年度科技创新考核细则》，优化考核指标，实行分类考核，考核的针对性、科学性、实效性进一步增强。连续3年成功开展创新创意奖评选活动，有效激发企业创新活力。数字化转型迈出坚实步伐。贵州省国资委监管企业（不含托管企业）数字化转型投入18.4亿元，电子商务交易总额357亿元，比上年增长6%。新增数字场景20个，获各级数字化创新奖41项，在“国企数字场景创新专业赛”中获奖17个。茅台集团获得产业链供应链数字经济创新案例十大杰出案例奖。能源集团、中国振华获得2023年数博会工业互联网场景大赛相关赛题一等奖。习酒集团“5G+数字化工厂”获得第四届中国工业互联网大赛二等奖。大数据集团贵阳市城市运行管理中心获评2023年度数字治理省级示范项目。高质量创新成果加快产出。2023年，新增“专精特新”企业12个（国家级2个）、高新技术企业6个，科技型、创新型中小企业各3个。获得贵州省科技进步奖12个、贵州省十大科技成果2项；取得专利1264件（发明专利297件）、著作权304项；牵头或参与起草标准102个。依托贵州交建集团组建的贵州交通山区峡谷桥梁建造技术团队被中共中央、国务院授予“国家卓越工程师团队”称号。茅台股份公司以第1名成绩第3次获得全国质量奖，首次获评全国质量标杆。高速集团研发的新型公路中分带低筋混凝土护栏技术被交通运输部列为2023年度全国示范工程。能源集团完成省级重大专项页岩气效益开发关键技术攻关。贵绳集团起草的《床垫及座靠垫用碳素弹簧钢丝》国际标准全球发布。毕节市建成贵州省首个AI数字会客厅。

五、贵州省国资委监管企业并购重组与完善法人治理结构情况

（一）战略性重组和专业化整合稳妥推进

顺利完成能源集团、民航集团、建投集团、旅游产业集团组建工作，完成黔晟国资战略性重组，完成乌江能投并购贵州燃气，打造一批主责主业更加聚焦、业务结构更加清晰、核心竞争力更加突出的优势企业。安顺市围绕“两城三基地”建设，组建航空集团公司，推动贵州航空产业城决策部署落地。贵阳市持续推进企业优化重组，通过实施“瘦身健体”行动将监管企业控制在276户。

（二）新兴产业加快布局

围绕贵州省打造“六大产业基地”、实施“富矿精开”和建设“电动贵州”战略部署，布局战略性新兴产业。磷化集团加强与宁德时代合作，推动新能源电池材料快速发展。黔晟国资通过基金、直投等方式投入资金117亿元，助力产业转型升级和结构调整。大数据集团完成贵阳数交所投资重整，发布全国首套数据交易类凭证，推动数据交易额持续快速增长。

（三）央地协作持续发力

推动贵州省人民政府与国务院国资委在北京签署战略合作框架协议，央地合作向更宽领域、更深层次、更高水平迈进，有力促进贵州省相关产业发展，助力国家战略腹地建设。2023年，贵州省央企入黔投资合作签约项目140个，投资总额1008.5亿元，完成全年央企招商目标任务。

（四）法人治理结构不断完善

坚持探索创新、主动作为，加强董事会、经理层建设，进一步丰富完善中国特色现代企业制度。创新推行外部董事制度，开拓性构建外部董事专家库管理、选拔任用、考核评价、薪酬待遇等一系列制度，为外部董事队伍建设提供“贵州方案”，监管企业董事会100%实现“外大于内”。探索实施备案职务制度，联合贵州省委组织部印发《贵州省国资委监管企业备案

职务人员管理暂行办法》，创新性地将总工程师、总经济师、总法律顾问、安全总监等纳入备案管理，由贵州省国资委党委选拔任用、报贵州省委组织部备案，进入企业经理层、参与工作分工、享受班子副职待遇，但不占用领导班子职数。开拓推进职业经理人制度，印发《贵州省国资委监管企业推行职业经理人制度操作指引》，推动企业按照“市场化选聘、契约化管理、差异化薪酬、市场化退出”方式选聘职业经理人。持续实行经理层成员任期制契约化管理，拓展国企改革三年行动工作成果，推动监管企业经理层成员签订《岗位聘任协议书》《年度经营业绩责任书》《任期经营业绩责任书》，集团公司经理层成员签订率100%，并督促企业严格根据契约文本强化刚性兑现，进一步调动经理层成员干事创业的积极性。

六、贵州省国资委监管企业建立和完善经营业绩考核体系情况

(一)考核激励作用充分发挥

坚持以问题为导向，研究制定《贵州省国资委监管企业负责人违规违纪违法薪酬管理实施细则(试行)》，强化监管企业负责人接受违规违纪违法处理后的薪酬结果运用，为薪酬扣减工作提供统一“施工图”及“度量标尺”。结合考核指标提质增效工作成果，形成《2023年度贵州省省管国有企业促进高质量发展绩效考核实施方案》。召开2023年度高质量发展绩效考核专项工作会，考核责任单位及25户省管大一型企业和3户省管大二型企业相关负责人参会。根据《国有企业工资内外收入监督管理规定》等文件要求，选取6户监管企业作为试点，聘请专业第三方机构，首次独立开展企业负责人薪酬待遇、工资总额执行情况检查，并进行专职外部董事、监事会主席薪酬执行情况检查，强化考核分配检查力度，维护考核分配的规范性、权威性和公平性。结合2022年财务决算数据及企业申报数据，完成2022年监管企业负责人绩效年薪调节系数、考核评价系数的测算，对4户获第一等次的监管企业考核评价系数进行10%的上调，结合企业负责人违规违纪违法情况及处理结果，再综合薪酬基数、绩效年薪调节系数、考核评价系数，完成企业负责人2022年度薪酬测算。聚焦贵州省国资委中心工作、重点任务及监管企业核心工作，拟定2023年特殊管理事项清单印发各监管企业，并督促各监管企业自查相关工作任务完成情况，既保障考核体系更贴切各监管企业每年的工作重点和实际，又引导企业服务贵州省重大战略，实现高质量发展。

(二)收入分配新格局不断完善

印发《贵州省国资委关于加强监管企业收入分配管理的通知》，督促企业认真开展自查自纠，加强坚持规范考核分配管理。不定期到监管企业实地调研工资总额内部分配实际情况，强调导向优化总体要求，提供政策解读和业务指导，不断提升企业相关工作质量。组织召开监管企业工资总额部门负责人会议，对年度工资总额管理工作进行整体安排部署。作为贵州省唯一实施“一企一会”工资总额清算及预算现场会审的国资监管机构，对监管企业工资总额清预算报告进行面对面审核，全面完成15户监管企业的2022年工资总额清算及2023年工资总额预算审核及批复工作。转发《人力资源社会保障部　财政部关于做好国有企业津贴补贴和福利管理工作的通知》，要求监管企业开展自查自纠，对企业报告情况逐一审核，帮助企业持续规范津贴补贴和福利管理工作。

(三)中长期激励工作稳步推进

指导试点企业围绕岗位分红激励相关工作推进情况、工作成效、经验做法等进行全面梳理总结，充分发挥试点企业的示范带动作用。举办2023年度贵州省国资委监管企业中长期激励专题培训，邀请专家作政策解读，5家试点企业作案例分享，达到交流总结、推动工作的作用。督促各相关监管企业对全员绩效考核覆盖率、激励机制、综合成效和中长期激励等进行梳理评估，组织2023年度“双百企业”“科改企业”考核分配及中长期激励工作座谈会。

七、贵州省国资委监管企业负责人考核与选人用人机制改革情况

(一)干部队伍建设持续优化

围绕重点改革任务，配合贵州省委组织部及时为

新重组的3户大一型企业选配21名领导班子成员，牵头快速为新升格的4户大二型企业配备24名领导班子副职，确保将贵州省委、省政府明确的重点改革任务及时落实到位。着眼提升能力素质，举办3期示范培训班，培训企业领导人员137人。创新干部培养机制，推动央企、省企互派16名干部挂职交流。发挥考核“指挥棒”作用，完成对监管企业77名贵州省国资委管理干部2022年工作实绩的考核评价，对95名省管干部提出考核等次建议。截至2023年底，贵州省国资委监管企业（含下属大二型企业）配备领导人员162人，9户参股企业有贵州方代表12人，为企业生产经营、改革发展提供坚强组织保障。

（二）人才队伍建设不断加强

实施“倾心引才”行动，组织督促企业开展全面调研、提出目标任务、建立人才库、拓宽引才渠道、完善引才机制、强化引才激励等，2023年，监管企业引进人才8563人，比上年增长11.34%，进一步扩大企业人才资源增量。实施“悉心育才”行动，组织督促企业加强政治引领、建设育才平台、打造育才基地，开展内部轮岗、墩苗锻炼、技术技能大赛、人才轮训等，分层分类培养人才，2023年，监管企业培养培训人才40余万人次，比上年增长14.22%。实施“精心用才”行动，组织指导企业拓宽晋升渠道、完善评价制度、为才松绑赋权、加大真金白银投入等，2023年，监管企业投入423个项目、5.7亿元资金大力支持人才干事创业，进一步发挥企业人才资源作用。实施“真心爱才”行动，组织督促企业完善党委联系人才制度，开展为人才办实事活动，创建人才服务品牌，健全完善薪酬分配制度，探索开展赋予科研人员职务科技成果所有权等。2023年，各监管企业党委带头联系服务人才794人，累计为人才办理实事554件；举办评选表彰活动179次，评选表彰优秀人才4734人次。

（三）招录高校学生就业数量大幅增长

搭建平台、拓宽渠道，会同贵州省教育厅搭建“国聘行动”平台，会同贵州省人社厅开展国企招聘进校园活动，在“十一届贵州人博会”设立引才专区，开展就业见习万岗募集行动，多渠道促进大学生就业。健全机制、压实责任，建立贵州省国资委党委统筹协调、企业党委履行主体责任、企业人力资源工作部室具体落实、各级子企业共同挖掘岗位、贵州省国资国企“一盘棋”抓就业的工作体系。坚持定期监测企业在岗职工情况防范失业风险，并对招聘情况实行每周一调度，确保工作落实。2023年，贵州省国企招录高校毕业生17919人，比上年增长38.75%，实现连续3年招录高校毕业生数量大幅增长。

（四）选人用人工作水平系统提升

组织实施“三规范两创新”工作，督促指导企业“规范制度建设”，健全完善制度、细化操作指南、明确工作流程；督促指导企业“规范基础工作”，开展干部调研、摸清干部底数、完善干部档案、整理干部工作文书材料；督促指导企业“规范培训培养”，强化理论武装、开展专业培训、推进轮岗交流、实施墩苗锻炼；督促指导企业“创新体制机制”，健全干部综合分析研判机制、定期监督谈话机制、竞争上岗机制、末等调整机制、不胜任退出机制、岗级分离机制、多通道晋升机制；督促指导企业“创新激励约束”，健全破除论资排辈大胆使用机制、激励保护机制、精准考核机制、薪酬激励机制等。联合贵州省委组织部印发《关于规范省管企业人员招录（调用）工作的指导意见（试行）》，填补贵州在国有企业招录调用工作方面的制度空白，为国有企业公开公平公正开展招录调用工作画红线、立规矩。

八、贵州省国资委监管企业党的建设和廉政建设情况

（一）党的领导持续加强

贵州各级国资监管机构和监管企业始终把贯彻落实习近平总书记关于国有企业改革发展和党的建设重要论述贯穿工作始终，持续加强和改进党的建设各项工作，高质量完成主题教育各项重点任务，全面完成“党建入章”，持续完善“一清单三规则”决策机制，党组织在公司治理结构中的法定地位及作用更加突出。

（二）党建工作质量持续提高

深入实施国有企业党建提质增效行动，基层党建

工作突出问题得到集中整治,国企党建品牌"一企一品"创建持续深化,企业"空白班组""大支部"等问题得到进一步解决,推动党的组织和工作从"有形覆盖"向"有效覆盖"不断转变。人才队伍建设持续强化。

(三)政治担当持续彰显

深度参与贵州省乡村振兴,系统企业直接投入帮扶资金 42.22 亿元,引进帮扶资金 3.25 亿元,发展帮扶项目 405 个,采购帮扶地区农副产品 7.07 亿元,帮助销售农副产品 126.05 亿元。多措并举助力高校毕业生就业,贵州省国有企业吸纳高校毕业生就业 17919 人,比上年增长 38.75%,实现连续 3 年招录高校毕业生数量大幅增长。全力以赴抓好基础保供,能源集团、磷化集团均超序时进度完成电煤、化肥保供任务,"稳定器"作用充分发挥。

(四)正风肃纪持续从严

印发《贵州省国资委系统 2023 年度党风廉政建设工作要点》《贵州省国资委党委关于推进"清廉国企"建设的实施方案》,深入推进监管企业党风廉政建设和反腐败工作。指导国有企业制定巡察工作规划,完善巡察工作制度体系,加强巡察队伍培训,推动 17 户省管企业党委开展巡察 20 轮次,覆盖巡察对象 60 个。制定《贵州省国资委监管企业执行中央八项规定有关精神"零报告"管理暂行办法》,推动落实中央八项规定有关精神、持之以恒纠正"四风"工作常态化、制度化。深入开展省管国有企业基层党组织纪检委员(纪委书记)履职能力提升"两年行动""小切口、深层次"专项行动等工作,管党治企措施更加有力,国资国企良好政治生态更加牢固。

(撰稿人:张浩杨)

云南省

一、云南省国有资产监督管理工作综述

2023 年,云南省国资委坚持以习近平新时代中国特色社会主义思想为指导,全面贯彻落实党的二十大精神,深入贯彻落实习近平总书记考察云南重要讲话和重要指示批示精神,在省委、省政府正确领导下,坚持贯彻新发展理念,坚持稳中求进工作总基调,一手抓防风化债,一手抓高质量发展,不断增强国资监管实效,深入推进全面从严治党,国资国企改革发展等各项工作不断迈上新台阶。截至 2023 年底,云南省国有企业资产总额 72935.70 亿元,比上年增长 6.71%;所有者权益 24498.38 亿元,比上年增长 8.05%;营业收入 9659.80 亿元,比上年下降 5.76%;利润总额-94.37 亿元,比上年减亏 13.21%;利税总额 193.93 亿元,比上年增长 14.05%;实际上缴税金总额 338.13 亿元,比上年下降 0.8%;完成固定资产投资额 2495.84 亿元,比上年下降 2.41%。

二、云南省国有资产总量与结构分析

表 1　2023 年云南省国有企业指标

项　目	数　量
资产总额(亿元)	72935.70
所有者权益(亿元)	24498.38
国有资产总量(亿元)	20056.36
营业收入(亿元)	9659.80
利润总额(亿元)	-94.37
净利润(亿元)	-147.79
归属于母公司所有者的净利润(亿元)	-212.67
应交税金总额(亿元)	341.72
实际上缴税金总额(亿元)	338.13
国有资本保值增值率(%)	99.21

表 2　2023 年云南省国有企业户数情况

2022 年户数(户)	2023 年户数(户)	比上年增长(%)
7424	8061	8.58

表 3　　2023 年云南省国有资产总量按隶属关系分布情况

隶属关系	国有资产总量（亿元）	占　比（%）
省级企业汇总	6556.90	32.69
监管企业	5711.50	28.48
非监管企业	845.40	4.22
州（市）国有企业汇总	13499.46	67.31
昆明市	4563.27	22.75
红河哈尼族彝族自治州	1151.68	5.74
保山市	934.71	4.66
曲靖市	1008.36	5.03
大理白族自治州	806.54	4.02
昭通市	692.04	3.45
玉溪市	743.24	3.71
普洱市	558.47	2.78
楚雄彝族自治州	650.33	3.24
文山壮族苗族自治州	485.63	2.42
临沧市	365.58	1.82
滇中新区	379.67	1.89
德宏傣族景颇族自治州	300.94	1.50
西双版纳傣族自治州	482.32	2.40
丽江市	186.34	0.93
怒江傈僳族自治州	125.92	0.63
迪庆藏族自治州	64.42	0.32
合　计	20056.36	100.00

表 4　　2023 年云南省国有资产总量按行业分布情况

行　业	国有资产总量（亿元）	占　比（%）
农林牧渔业	726.87	3.62
工业	573.38	2.86
建筑业	2532.60	12.63
交通运输业	2996.43	14.94
仓储业	25.07	0.12
商贸业	−12.93	−0.06
房地产业	550.29	2.74
信息传输、软件和信息技术服务业	25.19	0.13
社会服务业	12115.67	60.41
教育文化广播业	130.84	0.65
科学研究和技术服务业	96.94	0.48
金融业	262.88	1.31
其他	33.13	0.17
合　计	20056.36	100.00

表 5　　2023 年云南省国有资产总量按经营规模分布情况

经营规模	国有资产总量（亿元）	占　比（%）
大型企业	13215.24	65.89
中型企业	3182.78	15.87
小型企业	2303.54	11.49
微型企业	1354.80	6.75
合　计	20056.36	100.00

三、云南省国有资本保值增值综合分析评价

2023 年末，云南省企业国有资产总量 20056.36 亿元，较年初增加 1353.73 亿元，增长 7.24%。其中，国有资本权益增加 2362.65 亿元，主要是国家、国有单位直接或追加投资增加 697.54 亿元，无偿划入

669.68亿元,资产评估增加247.99亿元,清产核资增加10.17亿元,产权界定增加0.80亿元,资本(股本)溢价361.79亿元,接受捐赠0.02亿元,债权转股权55.20亿元,税收返还0.25亿元,会计调整50.46亿元,中央和地方政府确定的其他因素增加国有资本12.61亿元,经营积累256.09亿元;国有资本权益减少1013.00亿元,主要是经国家专项批准核销5.00亿元,无偿划出292.72亿元,资产评估减少6.49亿元,清产核资减少21.76亿元,产权界定减少2.87亿元,消化以前年度潜亏和挂账而减少43.16亿元,因主辅分离减少4.61亿元,按规定已上缴利润74.02亿元,资本(股本)折价20.72亿元,中央和地方政府确定的其他因素138.00亿元,经营减值403.64亿元。考虑客观因素增减变动,云南省国有资本保值增值率99.21%,离实现保值增值差0.79个百分点。

2023年末,省级国有企业国有资产总量6556.90亿元,较年初增加347.81亿元,增长5.60%,国有资本保值增值率98.28%,低于云南省平均水平0.93个百分点,其中,省国资委监管企业年末国有资产总量5711.50亿元,较年初增加299.41亿元,增长5.53%,国有资本保值增值率97.99%;州(市)国有企业国有资产总量13499.46亿元,较年初增加1005.92亿元,增长8.05%,国有资本保值增值率99.67%。

从云南省国有资产的分布情况看,省级企业国有资产总量占云南省的32.69%,其中,省国资委监管企业国有资产总量占省级企业的87.11%;州(市)企业国有资产总量占云南省的67.31%,其中昆明市企业国有资本占州(市)企业的33.80%。

表6　2023年云南省国有企业地区和行业国有资本保值增值情况

续表

地　区	国有资本保值增值率(%)	行　业	国有资本保值增值率(%)
省级国有企业	98.28	农林牧渔业	99.84
丽江市	102.02	工业	90.15
怒江傈僳族自治州	99.55	建筑业	101.51
昭通市	102.73	交通运输业	100.35
玉溪市	99.71	仓储业	105.16
普洱市	100.37	商贸业	-1.00
西双版纳傣族自治州	99.93	房地产业	99.50
楚雄彝族自治州	98.14	信息传输、软件和信息技术服务业	100.78
大理白族自治州	99.24	社会服务业	98.70
曲靖市	100.39	教育文化广播业	102.67
昆明市	100.23	科学研究和技术服务业	103.90
迪庆藏族自治州	97.27	金融业	104.49
临沧市	100.24	其他	99.75
文山壮族苗族自治州	100.29		
保山市	99.65		
德宏傣族景颇族自治州	96.78		
红河哈尼族彝族自治州	98.24		
滇中新区	91.88		

四、云南省国资委监管企业改革发展情况

(一)深入推进新一轮国企改革

一是强化组织领导,统筹安排部署。云南省委、省政府高度重视国企改革,云南省委书记在云南省国企改革发展大会上指出,要围绕管理、发展、脱困、改

革，统筹谋划国企改革发展工作；云南省省长在云南省国企改革发展工作视频会议上强调，要聚焦效益效率、改革创新、布局优化、风险防控、强化监管、党建引领，实施“8个专项行动”，统筹推进国企改革深化提升行动。截至2023年底，召开云南省全省性推进会4次、省级层面专题研究国企改革工作20余次。二是加强顶层设计，认真制定方案。按照深化提升行动要求，聚焦体制机制顽疾，组织省级相关部门、各州（市）和省属企业，结合实际，认真研究制定改革方案，在出台《云南省国有企业改革发展三年行动方案（2023—2025年）》基础上，以省委办公厅、省政府办公厅名义印发《关于实施国有企业改革深化提升行动的通知》，明确深化改革的目标任务。制定对标一流企业价值创造、主责主业清理整治、压缩管理层级减少法人户数等8个专项行动方案，以小切口推进改革任务落实落细。三是强化跟踪督办，确保改革实效。建立由省政府分管负责人牵头的跨部门工作协调机制，研究解决云南省国企改革发展中的重点难点问题。建立“月调度、季通报、年考核”机制，省政府分管负责同志每季度召开国企改革专题调度会，省委督查室、省政府办公厅将国企改革作为督查重点，每季度调度并通报情况。省国资委每月调度任务指标进展情况，2023年4月、9月组织督导组对省属企业和州（市）进行现场督导评估，评估结果纳入省属企业年度绩效考核。四是强化宣传引领，营造浓厚氛围。截至2023年底，举办4期“国资大讲堂”，组织3场国资国企改革发展新闻发布会，深入宣传贯彻深化提升行动要求，以及推进过程中的特色亮点。新华网、《云南日报》等主流媒体报道文章10余篇，录制云南电视台《金色热线》访谈节目1期，“云南国资”微信公众号发布报道100余条，积极宣传云南国资国企改革发展成效，以及履行社会责任等方面取得的成果。选树先进典型，积极宣传推广各省属企业推动改革的好经验、好做法。

（二）国有经济布局结构进一步优化

一是更大力度布局新兴产业，推动省属企业加大前瞻性战略性新兴产业布局，在贵金属新材料、玻璃纤维及复合材料、精细化工及新材料、绿色环保等领域实施一批重点项目，新增风电光伏120.5万千瓦，截至2023年底，省属企业战略性新兴产业投资79亿元。二是促进产业链循环畅通，启动国有企业牵头的产业链融通发展共链行动，支持云天化集团、云锡控股、省贵金属集团等企业牵头建立协调机制，围绕主责主业，在化肥、锡、贵金属新材料等领域发挥循环畅通的支撑作用，打造现代产业链龙头企业。深化东西部协作，承办沪滇产业转移洽谈对接活动，签署31个合作协议，投资金额348.92亿元。三是推动传统产业转型升级，制定出台《云南省省属企业数字化转型“十四五”发展规划》，推进有色、化工、建筑、交通等传统领域数字化智能化绿色化转型，截至2023年底，省属企业数字化转型投入19.65亿元，取得转型成果164项。

（三）国有企业科技创新能力进一步提升

一是加大研发投入力度。省政府出台创新驱动高质量发展29条措施，重点支持国有企业提升创新能力，对规模以上企业新设立研发机构，且研发投入强度超过1.5%的给予一次性30万元后补助经费。提高对省属企业科技创新考核权重，将研发投入视同利润，年度增量部分按150%加计考核。截至2023年底，省属企业研发经费投入103.20亿元，比上年增长6.5%。二是加快创新平台建设。推动省属企业与同济大学、上海大学、数字中国研究院、中国科学院金属研究所等高校、科研院所签订联合共建协议，新增云南省锡铟产业创新联合体等3个创新联合体，新增生态环境治理技术创新中心、磷资源技术创新中心等15个省级研发平台和创新中心，省属企业国家级创新平台累计达到55个，省级创新平台累计达到125个。三是加强核心技术攻关。组织开展省属工业企业研发活动、研发机构“清零”行动，推动打造一批产业科技平台，突破一批关键核心技术，提高自主可控能力。截至2023年底，省属工业企业全部设立研发机构，开展研发活动，在化工、新材料、军工等领域突破39个关键核心技术攻关，贵金属集团稀贵金属综合利用新技术国家重点实验室重组项目取得重大进展，医用材料项目获工业和信息化部“揭榜挂帅”专项支持、贵金属二次资源再生项目入选国家发展改革委绿色低碳攻关项目。

（四）国有企业在重点领域安全支撑能力进一步加强

一是强化重点领域布局。按照云南省“一盘棋”的思路，加强重点领域安全能力建设，深化粮食企业改革，整合相关资源，重组省储备粮公司，进一步提升国有企业在粮食保障等领域的控制地位，确保粮食产业链供应链安全。二是强化重要能源资源保障。推动省属企业加强重要能源、矿产资源勘探开发和增储上产，保障能源资源核心需求。截至2023年底，煤炭资源量提升24.14亿吨，核定产能增加464万吨/年，规划产能增加1266万吨/年，完成486万吨电煤保供任务，执行电煤长协价格让利7.5亿余元。组建锂资源公司，获取2宗锂资源探矿权，资源掌控能力进一步凸显。三是强化重要基础设施建设。加大对基础设施建设的投入，保持重大基础设施超前布局，推动省属企业承担重大基础设施建设，累计完成基础设施投资1421.14亿元，建成高速公路270多千米，柬埔寨暹粒吴哥国际机场如期通航运营。

(五)国有资本配置效率显著提升

一是加强主业管理，组织开展主责主业清理整治专项行动，重新梳理核定省属企业主业，指导省属企业完成“十四五”规划中期评估及动态调整，按照每户省属企业不超过3个主业的要求，完成企业主业核定，引导企业聚焦主业、做强实业，企业战略定位更加清晰、主责主业更加突出，部分企业盲目多元化、“铺摊子”倾向得到遏制。二是加大“压减”和亏损企业治理，组织开展压减法人户数和治理亏损子企业专项行动，推动企业“瘦身健体”，累计清退处置220户“两非”“两资”企业，360多户企业实现扭亏或减亏。

(六)国资监管针对性有效性不断提高

一是完善监管体系。印发《云南省国资委监管权力和责任清单(修订版)》，在国资在线监管系统中建设决策信息系统，实现省国资委对各集团的监督以及各集团对各子企业决策事项的全过程管控和监督。加快推进合规体系建设，全部省属企业设立合规委员会，75%的省属企业设立总法律顾问。二是加强监管制度建设。修订《省属企业负责人经营业绩考核暂行办法》《省属企业负责人薪酬管理暂行办法》，“一利五率”考核指标在企业负责人薪酬考核中占比60%，充分发挥考核指挥棒作用。制定出台《省属企业投资管理细则》，修订完善《省属企业投资项目后评价管理办法》，加强企业年度投资计划审核备案，围绕经营性现金流、投资回报率等主要指标，逐户企业逐个项目过堂会审投资计划，坚决杜绝盲目投资、盲目扩张和无利润、无现金流回报的投资项目，2023年审减省属企业年度投资项目272个，审减金额227.53亿元。三是突出监管重点。组织开展提升国资监管能力专项行动，深入开展省属境外企业专项综合治理，持续推进违规经营投资损失责任追究体系建设，深化粮食购销领域腐败问题专项整治，全面开展医药领域腐败问题集中整治。开展混合所有制企业整治专项行动，完成对混改企业进行全级次评估，积极推进控股不控权等问题的清理整治。

五、云南省国资委监管企业并购重组与完善法人治理结构情况

(一)并购重组情况

深入推进战略性重组和专业化整合。围绕优化资源配置，以企业为主体、市场化为手段，突出主业、聚焦实业，加大“合并同类、整合关联”力度，2023年，完成省电力配售公司、小龙潭煤矿整合，重组产交所集团、储备粮集团，组建省农发集团、省大数据公司，累计完成15组涉及42户不同层级企业整合重组，资源配置效率进一步提高。

大力推进企业上市。按照《国务院关于进一步提高上市公司质量的意见》《云南省企业上市倍增计划(2022—2025年)》工作要求，坚持做优存量与做精增量结合，推动省属企业上市公司高质量发展，培育和推动更多符合条件的企业上市融资、增资扩股。2023年，新增省贵金属集团所属昆明贵研催化剂有限责任公司入选上市“金种子”企业，分拆上市方案基本形成，力争尽早实现贵研铂业汽车催化剂板块上市。云天化集团所属重庆国际复合材料股份有限公司作为“金种子”企业，于2023年12月26日在深圳证券交易所创业板成功上市。

(二)完善法人治理情况

省国资委按照国企改革三年行动和国企改革深化提升行动要求，持续健全省属企业公司法人治理体系，制定下发《省属企业各治理主体经营管理事项权责清单》(模版)，指导各省属企业制定权责清单，全面

厘清党委会、董事会、经理层权责边界，加快健全完善权责法定、权责透明、协调运转、有效制衡的公司治理机制。2023 年 8 月，省国资委研究下发《云南省省属企业公司治理示范创建专项行动方案》，经企业申报、征求意见、专家评审，研究确定 20 户省属企业集团和 46 户子企业作为首批公司治理示范创建企业。各创建企业按照专项行动方案要求，结合本企业实际开展创建各项工作，通过分层分类创建公司治理示范企业，各省属企业以公司章程为基础的内部制度体系不断健全，各治理主体权责边界全面厘清，党在公司治理各环节的领导全面加强，省属企业公司治理能力和治理水平显著提升。一是强化统筹调度。省国资委 2 次调度示范创建工作，督促各创建企业及时成立工作机构，制定集团总部及子企业的示范创建方案，细化集团和子企业创建重点工作任务，梳理形成“三个清单”(问题清单、措施清单、责任清单)，建立工作台账，实行逐个问题“挂号”、逐项内容“销号”，将重点工作任务落实到岗、责任到人。二是全面厘清各治理主体权责边界。截至 2023 年底，省属企业集团层面 100% 制定印发《各治理主体经营管理事项权责清单》《党委会议事规则》《党委前置研究讨论事项清单》，严格落实和规范党委前置研究讨论制度程序。三是持续提升董事会规范化建设水平。认真抓好 2022 年度省属企业董事会调研评价反馈的 60 个问题整改工作，推动各企业严格贯彻执行《省属企业规范化建设工作指南》。加强外部董事履职管理，全面实现外部董事占多数，制定出台《进一步加强和规范外部董事管理的若干措施》，进一步强化外部董事履职尽责。四是有效激发经理层经营活力。深化经理层任期制和契约化管理改革工作，坚持业绩导向，合理拉开经理层成员之间收入差距，绩效年薪不低于年度薪酬的 60%。强化结果运用，推进管理人员能上能下，2023 年省属企业各级管理人员末等调整和不胜任退出 140 人。五是不断健全完善合规管理和监督体系。省属企业集团和 30 户子企业制定《合规管理体系建设工作实施方案》，集团层面 100%完成合规管理的组织架构、制度流程、运行机制以及保障措施的总体框架搭建。15 户省属企业和 33 户子企业建立健全党风廉政建设党委主体责任与纪委监督责任协同推进机制。

六、云南省国资委监管企业建立和完善经营业绩考核体系情况

2023 年，省国资委认真贯彻落实党中央、国务院，省委、省政府和国务院国资委决策部署，聚焦“一利五率”不断健全完善制度体系，明晰考核分配导向，开展全员劳动生产率提升专项行动，以工作机制创新助推三项制度改革、全员绩效考核、收入分配秩序等走深走实，为国资国企改革发展作出积极贡献。

(一)聚焦价值导向，不断健全完善制度体系

一是修订经营业绩考核和薪酬管理办法。为引导省属企业实现高质量可持续发展，结合国务院国资委提出的“一利五率”考核重点指标和《中央企业负责人经营业绩考核办法》，对省属企业经营业绩考核和薪酬管理办法进行修订，印发《云南省省属企业负责人经营业绩考核暂行办法》(云政办发〔2023〕42 号)和《云南省省属企业负责人薪酬管理暂行办法》(云国资考分〔2023〕135 号)，解决过去对企业经营业绩考核不聚焦、差异化考核体现不充分、现金流管控不到位、科技研发重视不够等问题，实现“一利五率”在薪酬考核中占比 60%，增强经营业绩考核的针对性、客观性和有效性。二是出台工资总额管理办法实施细则。为进一步提高工资总额管理的科学性和有效性，解决实际操作过程中遇到的问题，印发《云南省省属企业工资总额管理办法实施细则(试行)》(云国资考分〔2023〕94 号)，重点将效益性工资总额联动指标调整为“利润总额+核心能力指标”(“一利五率”指标)，明确全部省属企业均可实行工资总额结构化管理，引导企业在工资总额管理中“提低、限高”。三是积极完善相关保障制度。会同省委组织部和省医保局共同印发《关于妥善解决省管企业领导人员医疗照顾医保待遇有关问题的通知》，解决过去一段时间省管企业领导人员医疗照顾、医保待遇未有效保障的问题；为提高绩效年薪发放的及时性，出台《云南省国资委直接监管企业负责人绩效年薪发放实施细则(试行)》(云国资考分〔2023〕148 号)，明确绩效年薪可在基本年薪 1 倍范围内进行预发。

(二)聚焦中心任务,推动重点工作落细落实

一是抓实薪酬考核管理。组织完成省属企业负责人2022年和2020—2022年经营业绩考核和薪酬兑现,2022年度经营业绩考核16户监管企业中4户为A级、8户为B级、1户为D级、3户不定等次,2020—2022年任期经营业绩考核16户监管企业中5户为A级、9户为B级、2户不定等次;22名专职外部董事2022年度考核平均分86.37分,2020—2022年任期考核平均分90.35分;年度薪酬平均水平是上年在岗职工平均工资的5.08倍,结构上,基本年薪占年薪总额的35.37%,绩效年薪占64.63%。二是严格工资总额管理。开展职工薪酬调查,向国务院国资委报送608户企业薪酬数据;完成省属企业工资总额2022年清算及2023年预算工作,将职工收入同企业负责人绩效年薪挂钩,对2户超发工资、2户拖欠工资企业负责人绩效年薪进行扣减。三是深入推进三项制度改革。积极践行"典型引路法",通过总结推广云天化集团、云锡控股、省能投集团等3户企业在三项制度改革方面好的经验做法,推动监管企业三项制度改革大面积多层级破冰破局,重点难点问题取得实质性突破;新进员工公开招聘比例由2020年底的85%上升至100%,末等调整和不胜任退出的管理人员比例由2020年末的1.1%上升至4.05%,管理人员竞争上岗比例由2020年底的12%上升至40.16%。四是开展全员劳动生产率提升行动。制定《云南省省属企业全员劳动生产率提升工作方案》,要求各省属企业从优化产业发展结构、提升人力资源管理效能、强化创新驱动引领等重点工作方面下功夫,"一企一策"制定具体实施方案,实现到2025年省属企业平均全员劳动生产率达到42.5万元/(人·年)的目标。五是建立健全创新激励机制。鼓励企业用好技能和科技人才的薪酬分配两个指引,细化制定创新激励相关办法,云天化集团制定《领军型人才管理办法》,选取集团内职业素养高、技术技能拔尖、精通专业、能支撑实现集团战略目标且在生产经营、创新发展中起到关键核心作用的人才入库(入库人员不超过50人),对入库人员发放技术技能津贴和考核奖励;云锡控股设置"云锡之鹰"奖励,对实施创新驱动发展、打造新兴产业增长极方面贡献突出的职工实施物质奖励;省贵金属集团采取跟投平台间接持股的方式在4个项目中开展跟投,得到广大员工的积极支持。

七、云南省国资委监管企业负责人考核与选人用人机制改革情况

(一)企业负责人考核情况

自2017年云南省省管企业领导班子和领导人员管理体制调整为省委管理以来,省国资委党委根据省委组织部的委托,开展省管企业领导班子和领导人员实地考核,将相关考核情况报省委组织部,由省委研究确定省管企业领导班子和领导人员年度考核等次。2023年,省国资委按照省委组织部的委托,由省国资委领导任组长,组成7个考核组,对云南省投资控股集团有限公司等14户省管企业、云南省国有资本运营有限公司等8户委管企业领导班子和领导人员年度考核、党风廉政建设责任制检查考核、党委书记抓基层党建工作述职评议、领导干部政治素质考察、省属企业选人用人工作"一报告两评议"等内容进行综合考核评价。经中共云南省委、云南省国资委党委研究,确定云天化集团有限责任公司、云南省农村信用社联合社、云南省贵金属新材料控股集团股份有限公司等3户企业领导班子2022年度考核为"优秀",云南省投资控股集团有限公司等20户企业领导班子2022年度考核为"良好";36人2022年度考核为"优秀",150人2022年度考核为"称职",2人2022年度考核为"不称职",6人2022年度考核不定等次。

(二)选人用人机制改革情况

为进一步激发活力、提高效率,切实深化劳动、人事、分配三项制度改革,不断增强省属企业内生活力、发展动力和市场竞争力。一是持续健全市场化选人用人机制。制定下发《关于进一步做好市场化选聘工作的通知》,加大子企业市场化选聘力度。2023年以来,推进省能投集团云能资本、云锡控股物流公司、省工投集团下属3户企业开展市场化招聘工作,引进职业经理人11人,进一步提高职业经理人占比。省属企业市场化选聘职业经理人累计300人。全面完成经理层任期制和契约化管理改革工作,对改革工作开

展“回头看”检查，查找出16户企业38个问题，督促指导企业抓好整改，持续深化提升，强化结果运用，推进管理人员能上能下。全年省属企业各级管理人员末等调整和不胜任退出人数140人。二是加大高层次人才引进培养力度。深入实施“博士招引三年行动”，协调推进部分企业先后在北京、上海、成都、武汉等一线城市知名高校开展博士和高层次人才集中招引活动，全职引进博士及以上人才35人，柔性引进高层次人才18人。加大“兴滇英才支持计划”申报力度，省属企业申报各类人才127人；积极组织开展“科技副总”选聘工作，7户省属企业选聘首批“科技副总”9人。三是拓宽领军型干部战略视野。联合省工业和信息化厅举办2023年云南省卓越企业家高级研修班，50名国有企业领导人员和省重点培养的民营企业家参训，进一步提升战略思维、拓宽开创视野。举办第3期经济管理干部深入学习贯彻党的二十大精神示范培训班、云南省人才强企助推高质量发展专题培训班。四是强化干部监督工作。制定下发《关于加强省属企业作风革命效能革命督促指导工作的通知》《关于加强省属企业“躺平式”干部专项整治督促指导工作的通知》，督促指导各企业抓好“两个革命”和“躺平式”干部专项整治工作，全年各省属企业整治“躺平式”干部632人。五是深化分配制度改革。建立收入能增能减的分配制度，建立以效益为导向和奖优罚劣的绩效考核激励机制，合理拉开薪酬分配差距，注重向关键岗位、核心骨干人才、急需紧缺人才和作出突出贡献的人才倾斜。持续深化实施省贵金属集团、能投股份、南天信息等4户企业员工持股改革工作，云南航产投集团、云锡控股、省贵金属集团等企业进一步扩大协议工资制覆盖范围。在省属企业全面推行职务和级别并行薪酬体系，建立纵向晋升和横向发展的多重职业发展通道，拓宽专业技术、业务人才的职业发展空间，提供晋升通道，打破干部人才成长瓶颈。

八、云南省国资委监管企业党的建设和廉政建设情况

(一)着力强化思想引领，践行“两个维护”坚决有力

严格落实“第一议题”制度。省国资委党委和省属企业各级党组织6.56万次以“第一议题”形式深入学习贯彻习近平总书记重要指示批示精神，持之以恒筑牢政治忠诚。认真开展主题教育。成立领导小组、印发实施方案，统筹抓好委机关和省属企业党委主题教育工作。征订学习书籍39万册，组织研讨逾2.7万次，举办读书班592期1.48万人次。各级领导班子成员结合年度工作重难点开展领题调研1.27万次，解决问题3149个。组建巡回指导组，对信用增进、云南白药集团、诚泰保险、英茂集团、国际信托5户企业主题教育实现督导全覆盖。深入学习宣传贯彻党的二十大精神。组织党的二十大精神宣讲3107次，开展“领导干部上讲堂”4117次，组织“万名党员进党校”培训522期5.34万人次。对省属企业党委理论学习中心组学习列席旁听全覆盖。牢牢掌握意识形态工作领导权。印发年度宣传思想和意识形态工作要点。开展意识形态领域专项督查，消除风险点241个。组建网评员队伍1200人。积极宣讲云南国企故事，在《云南日报》、云南网等主流媒体开展“国企改革发展三年新征‘图’”主题宣传，推送宣传报道158篇。

(二)全面加强党的领导，现代企业制度建设稳步推进

省属企业公司治理示范创建活动扎实开展。印发省属企业各治理主体经营管理事项权责清单，修订完善党委会、董事会、总经理办公会议事规则，外部董事管理办法，以及贯彻落实“三重一大”决策制度，集团层面及899户子企业全部建立董事会，12户省属企业和纳入外部董事改革范围的855户子企业实现外部董事占多数，各治理主体权责更加明晰和规范，公司治理机制更加完善。“党建入章”动态覆盖。组织“党建入章”“回头看”，省属企业1680个公司全部完成“党建入章”。“双向进入、交叉任职”全部落实。省属企业720个二、三级分(子)公司全部落实“双向进入、交叉任职”，集团层面和170个二级公司党委书记、董事长实现“一肩挑”，党委“把方向、管大局、保落实”作用有效发挥。

(三)充分发挥引领作用，抓党建促省属企业改革发展走深走实

注重“一企一策”强化专项行动落地实效。坚持

把省委党的建设工作领导小组部署的年度重点项目“抓党建促省属国有企业改革发展”专项行动、云南省国企改革发展大会及视频会安排的“党建融入生产经营”等8个专项行动与抓党建促省属企业高质量发展座谈会明确的“国资国企治理能力提升”等6个专项行动结合起来，细化为国资国企党委书记领办项目1362个、班子成员攻关项目3175个、党组织创新项目2585个压责推动。2023年以来，省国资委会议调度4次，下发《提示函》23份。省属企业调度53次。注重“一张图”“一办法”“一指引”推动党建与生产经营深度融合。积极挖掘省属企业有效做法，广泛借鉴外省市成熟经验，探索制定《推进党建与生产经营有效融合的实施办法(试行)》《推进党建与生产经营有效融合“流程图”》《党支部(党总支)参与企业重大问题决策工作指引(试行)》。注重“一盘棋”引领提升国资国企监管能力。坚持一手抓防风化债、一手抓高质量发展。深入推进国企改革发展三年行动，省国资委监管企业2023年度重点任务完成71.5%。扎实开展省属企业主责主业专项行动，按照每户企业不超过3个主业要求，重新梳理完成主业核定。加强投资监管，坚决杜绝没有利润、没有现金流回报的投资项目。推进战略性重组和专业化整合，累计完成15组42户企业整合重组。做好“央企入滇”后半篇文章，与央企签约的58个项目完成投资1200多亿元。推进企业“瘦身健体”，累计清退“两非”“两资”企业175户，95户亏损企业实现扭亏，亏损面减少20%。加大决策信息和产权管理信息系统建设，将决策权限、程序等嵌入国资在线监管流程，全过程管控和监督有效加强。稳步构建省属企业合规管理体系，16户省属企业设立合规委员会，12户设立总法律顾问。持续强化审计监督，完成16户直接监管企业2022年度财务决算审计，督导整改各类问题800余项。进一步改进省属企业内控内审工作，13户企业690项问题完成整改94%。

(四)持续强基固本，基层党建基础稳步夯实

深入实施基层党组织战斗堡垒工程。扎实开展支部“扩先、提中、治软”工作专项，632个中间党支部、71个后进党支部晋位升级、12个软弱涣散党组织整改提升，50个支部被评为省国资层面示范支部，10个党支部被评为省级“云岭先锋红旗党支部”。开展党组织设置、党组织隶属关系清理整治，省属企业“空白班组”全部清零，建立基层党建示范点177个。配备专兼职党务干部1.5万余人，示范培训基层党组织书记和党务骨干800人。党建带群建、“云岭国企党旗红”党建品牌创建等深入开展，产业工人队伍建设改革经验做法被全国总工会转发。持续推进党员队伍先锋模范工程。发展党员3950人，分级培训“党员发展对象”3954人。指导省属企业设立党员责任区8067个、党员示范岗1.95万个，组建党员突击队3597支，广大党员在改革发展稳定中的作用充分发挥。扎实开展基层党建工作大调研大督导。坚持以点带面，对省属企业52个二级企业党委、106个支部年度党建工作开展“查、补、强”大调研大督导，督导整改问题73个，推广小而实做法13个。立行立改各级反馈问题。实行挂账销号，省委2022年度述职评议反馈的4个问题得到有效整改。

(五)突出常态长效，党风廉政建设始终保持高压态势

深入推进“清廉国企巩固年”建设。严格按照省委安排，有针对性印发工作方案，将“10个行动”细化为46条具体举措抓整治、促提升。“小切口”整治民生领域突出问题，“惠民行动”为127名农民工追发工资117万元；重大项目审批监管“阳光行动”揭示16户省属企业问题560项；优化营商环境“暖心行动”督导省属企业偿还拖欠中小企业账款2.9亿元。始终保持反腐倡廉高压态势。坚决支持纪检监察机构履行职责，严肃查处各类腐败问题，深入推进“四风”问题整治。2023年，国资国企纪检监察机构立案310件，党纪政务处分305人，查处违反中央八项规定精神21起，通报曝光3次15人。全面加强纪律建设。坚决落实省领导批示精神，用好用活省纪委关于建投集团腐败窝案串案及昆钢领导干部失职渎职问题的分析和整改建议，持续组织以案为鉴、以案促改和领导干部失职渎职问题专项整改，1.96万名党员领导干部当众回答“六个灵魂之问”。组织省国资委及省属企业领导班子成员209人旁听原省能投集团董事长段文泉案件庭审。连续两年与驻委纪检监察组联办省属企业青年领导干部党性教育专题培训，培训省属企业45岁以下二级以上公司领导班子成员及部门负责人789

人，各省属企业党委培训45岁以下三级公司领导班子成员及二级公司部门负责人5.67万人。组织省属企业2200名中层以上党员干部到企业廉政文化长廊现场见习，深入开展家风教育，推动形成导向鲜明的国资国企廉洁文化。对省属企业新任职的党委书记、董事长和总经理（总裁），深入开展廉政提醒谈话，省国资委和省属企业党委书记、纪委书记对下一级1268名新任职党委书记任前廉政提醒谈话全覆盖。积极构建齐抓共管工作格局。督导各省属企业党委全部建好用好与纪检监察机构的工作协同机制，党风廉政建设和反腐败工作形成“一盘棋”。

（六）强化政治担当，党建工作层级责任压紧压实

突出高位统筹。5次召开省属企业年度党建、党风廉政建设工作会议统筹安排工作，省国资委党委13次、省属企业党委307次研究部署党建工作。细化责任分工。省国资委党委和各省属企业党委分别印发年度党建工作方案、重点项目清单和党委书记、班子成员全面从严治党责任清单等，一贯到底，形成责任链条。强化责任传导。国资国企各级党组织先后开展调研督导524次，现场解决问题689个。召开9名新任省属企业党委专职副书记“工作对接会”，实打实通报到任企业党建工作特色亮点和存在问题，提出下步建议，“一对一”交好履新“第一棒”；开展“期中考”，分别面谈各省属企业党委工作部部长，逐户摸进度、逐项理问题、逐个研对策，面对面传导压力。

（撰稿人：任　哲）

西藏自治区

一、西藏自治区国有资产监督管理工作综述

2023年是贯彻落实党的二十大精神开局之年，是三年新冠疫情防控转段后经济恢复发展的一年。2023年，西藏自治区国资系统在自治区党委、政府的坚强领导下，深入学习贯彻习近平新时代中国特色社会主义思想，坚决贯彻中央、自治区决策部署，牢牢把握高质量发展主题，按照年初工作安排，攻坚克难、苦干实干，推动国资国企改革发展监管和党的建设各项工作取得积极进展和显著成效。

各级国资监管部门加强组织领导，强化经济形势研判和企业运行监测，推动企业运行恢复向好，实现整体效益大幅增长。截至2023年底，自治区国有企业资产总额5343.3亿元；所有者权益1855.2亿元，比上年增长10.78%；平均资产负债率65.28%，比上年减少3.07个百分点。2023年，累计实现营业收入467.9亿元，比上年增长13.88%；利润总额37.1亿元，比上年增长582.69%；实际上缴税金总额34.3亿元，比上年增长4.32%。其中，自治区政府国资委监管企业实现利润总额12.8亿元，扭亏增利19.3亿元。

二、西藏自治区国有资产总量与结构分析

表1　2023年西藏自治区国有企业指标

项　目	金　额（亿元）
资产总额	5343.3
所有者权益	1855.2
国有资产总量	1698.3
营业收入	467.9
利润总额	37.1
净利润	31.8
归属于母公司所有者的净利润	35.0
应交税金总额	35.6
实际上缴税金总额	34.3

表2　2023年西藏自治区国有企业户数情况

2022年户数（户）	2023年户数（户）	比上年增长（%）
1100	1183	7.55

表 3　2023 年西藏自治区国有资产总量按隶属关系分布情况

隶属关系	国有资产总量(亿元)	占比(%)
省属企业汇总	941.1	55.4
地市企业汇总	757.1	44.6
拉萨市	494.5	29.1
日喀则市	9.5	0.6
林芝市	44.3	2.6
山南市	36.5	2.2
那曲市	88.0	5.2
昌都市	39.7	2.3
阿里地区	44.6	2.6
合　计	1698.2	100.0

注:由于数据修约,合计数与表 1"国有资产总量"数值有偏差。

表 4　2023 年西藏自治区国有资产总量按行业分布情况

行　业	国有资产总量(亿元)	占比(%)
农林牧渔业	75.0	4.4
工业	174.8	10.3
建筑业	104.9	6.2
交通运输业	12.0	0.7
仓储业	4.3	0.3
商贸业	8.3	0.5
房地产业	357.0	21.0
信息传输、软件和信息技术服务	7.8	0.5
社会服务业	394.8	23.2
教育文化广播业	26.4	1.6
科学研究和技术服务业	8.8	0.5
金融业	522.5	30.8
其他	1.6	0.1
合　计	1698.2	100.0

注:由于数据修约,合计数与表 1"国有资产总量"数值有偏差。

表 5　2023 年西藏自治区国有资产总量按经营规模分布情况

经营规模	国有资产总量(亿元)	占比(%)
大型企业	745.6	43.9
中型企业	613.2	36.1
小型企业	207.8	12.2
微型企业	131.7	7.8
合　计	1698.3	100.0

三、西藏自治区国有资本保值增值综合分析评价

表 6　2023 年西藏自治区国有企业地区和行业国有资本保值增值情况

地　区	国有资本保值增值率(%)	行　业	国有资本保值增值率(%)
省属企业汇总	102.8	农林牧渔业	99.8
地市企业汇总	98.5	工业	108.1
拉萨市	96.5	建筑业	100.2
日喀则市	100.6	交通运输业	106.3
林芝市	103.5	仓储业	103.4
山南市	104.8	商贸业	110.4

续表

地　区	国有资本保值增值率(%)	行　业	国有资本保值增值率(%)
那曲市	103.0	房地产业	95.3
昌都市	102.7	信息传输、软件和信息技术服务	106.0
阿里地区	102.0	社会服务业	100.9
		教育文化广播业	108.8
		科学研究和技术服务业	114.4
		金融业	101.8
		其他	101.6

四、西藏自治区国资委监管企业改革发展情况

(一)深入推进"1+3"改革方案落实落地

强化协调联动、跟踪督办,凝聚改革合力,加快推动"1+3"改革方案任务落地见效,提升国有资本配置效益。深入推进自治区国有企业改革深化提升行动走深走实,全面实施"五大专项行动",建立工作调度机制,确保2024年底完成70%以上主体任务,力争完成80%。深入推进"压减"工作见行见效,着眼转型升级和提升竞争力需要,高标准推动"压减"工作,严格并精准地控制新增法人,确保将企业管理层级控制在3级以内、产权层级控制在4级以内。

(二)大力实施"三优"企业培育行动

着眼"功能优、管理优、绩效优",从监管企业二、三级子企业中遴选出一批主责主业突出、基础管理规范、骨干支撑作用显著的企业,加大培育力度,树立典型,以点带面。

五、西藏自治区国资委监管企业并购重组与完善法人治理结构情况

推动现代化产业布局取得新突破,在推进战略性重组专业化整合上抓实抓细。围绕自治区重点产业,加快推动国有资本"三个集中",重点推动水泥、国有金融资本及实业资本等重组整合,同时结合资源禀赋,积极推进酒店、藏医药等重组整合,打造特色优势企业,构建全区资源统筹的大国资格局。在强化资本运作上持续用力。支持有条件的企业参与上市"格桑花行动",加快节奏,推动甘露股份、高驰技术、天海集团加快上市进度。

六、西藏自治区国资委监管企业建立和完善经营业绩考核体系情况

(一)完善经营业绩考核机制

切实发挥好考核"指挥棒"作用,做好对监管企业经营业绩、党建等工作考核。严格落实"红旗黄牌"、国资通报、提醒约谈等制度,奖在明处、罚动真格。完善经营业绩考核机制,印发《西藏自治区政府国资委监管企业负责人年度经营业绩考核实施方案》,对监管企业负责人经济责任、党建工作、社会责任考核权重进行调整,根据考核得分,将企业负责人年度经营业绩结果分为A、B、C、D四个级别。

(二)完善考核激励约束机制

坚持业绩考核与激励约束紧密结合,坚持权责利相统一的要求,建立与企业负责人选任方式相匹配、与企业功能相适应、与经营业绩相挂钩的差异化激励约束机制,树立"正向激励"为主、激励约束并重和关键事项"一票否决"的考核导向,实现业绩升、薪酬升,业绩降、薪酬降,将考核结果作为监管企业负责人职务任免的重要依据。

七、西藏自治区国资委监管企业负责人考核与选人用人机制改革情况

(一)完善激励干部担当作为机制

树立"能上能下"用人导向,切实把优秀人才选拔出来予以重用。人才队伍建设明显加强。开展企业人才队伍建设与提升三年行动,配合组织部门促进党政机关、事业单位与国有企业优秀干部人才双向交

流。组织监管企业赴北京、重庆、成都参加“招才引智”推介活动,引进计划外援藏干部31人。

(二)加大国有企业人才引进工作力度

采取柔性引进、产业项目牵引、技术研发合作、人才特殊支持、“小组团”支援等多种方式,实行“候鸟式”聘任、“离岸式”研发、“巡回式”服务,集聚各类高层次优秀人才,为推动国有企业高质量发展提供人才支撑。

(三)全面实施职业技能提升活动

加大岗前培训、在岗技能培训和高技能人才培训力度,不断提高企业职工的职业素养、技能水平和创新能力。依托党校、高校等资源,积极对接大连经理学院,举办国资监管和国企改革发展党建等各类专题培训班,不断提高国资委系统干部的领导能力、管理能力和专业能力。广泛开展职工技能培训和轮训,不断提高职工技能水平。

(四)持续举办招才引智活动,大力推行市场化选聘职业经理人制度,为企业发展提供紧缺人才资源

继续实施“党支部书记挂职锻炼计划”,加大党务干部与业务干部的交流力度,推动企业党建工作既成就事业又造就人才。

八、西藏自治区国资委监管企业党的建设和廉政建设情况

(一)思想政治引领不断强化

深入开展主题教育,一体推进理论学习、调查研究、推动发展、检视整改等重点措施,自治区政府国资委系统开展学习3600余次、参学6万余人次,举办“西藏国资大讲堂”12期;检视问题559个,完成整改452个;形成调研报告112份,推动成果转化213项,在以学铸魂、以学增智、以学正风、以学促干方面取得实效。

(二)党建主体责任不断压实

印发《西藏自治区政府国资委党委2023年全面从严治党责任清单》,完善国资委党委工作规则,修订重大事项请示报告实施办法,全面从严治党“四责协同”机制不断深化细化,党建主体责任进一步压紧压实。

(三)党建基层基础不断夯实

持续深化“五强”“五优”争创活动,开展“五型四零”机关建设,评选“五强”基层党组织30个,“五优”共产党员100人,17个基层党组织获评全区“四个创建”基层党组织示范点,促进党建与业务深度融合。高驰集团打造“小红砖”“网络安全——红色卫士”等党建品牌6个,基层党建向心力和凝聚力持续增强。拉萨成立市国资委“强党建”专班,深入市属企业调研8次,推动“两个维护”在国企落实落细。林芝开展“匠心”党建品牌创建行动,先后创建“党建铸魂、匠心为本”“雪域茶谷、红色易贡”等基层党建子品牌11个。

(四)巡视整改取得实效、反腐持续从严

坚持问题导向,在补齐短板、建章立制上下功夫,制定和修订《西藏自治区政府国资委关于贯彻落实“三重一大”决策制度的实施意见》等重点制度22件。坚持把严明政治纪律和政治规矩摆在首要位置,强化对“一把手”和领导班子的监督,一体推进不敢腐、不能腐、不想腐。严格落实中央八项规定及其实施细则精神,坚决纠正“四风”。以案促改进一步常态化,组织机关干部和企业领导人员开展廉政警示教育7场次、受教育1000余人次,筑牢纪律红线和底线意识。

(五)抓落实的工作机制不断完善

各级党组织负责人是抓作风建设的第一责任人,推动建立“工作项目化、项目清单化、清单责任化”的狠抓落实机制,实行“周研究、半月梳理、月总结”的调度机制,建立完善“定责、履责、督责、评责、追责”工作体系,以规范促落实、以制度促落实、以责任促落实。

(撰稿人:滕晓玲)

陕西省

一、陕西省国有资产监督管理工作综述

2023年,陕西省国资系统坚持以习近平新时代中

国特色社会主义思想为指导，认真落实党的二十大精神和习近平总书记历次来陕考察重要讲话重要指示，按照陕西省委、省政府工作部署要求，全力稳增长、抓创新、促改革、防风险、优监管、强党建，高质量发展取得新的进展。

（一）全面提升质量效益，对全省稳增长的支撑作用更加凸显

2023 年，陕西省国资委监管企业累计实现营业收入 1.72 万亿元，比上年增长 5.8%；利润总额 799.4 亿元，超出年度目标任务 99.4 亿元；工业总产值 7933.3 亿元，比上年增长 3.5%；累计上缴税费 1275.1 亿元。在全国省级监管企业中，省属企业营业收入排名第 5 位、利润总额排名第 5 位、资产总额排名第 9 位、所有者权益排名第 7 位、净资产收益率排名第 2 位、全员劳动生产率排名第 5 位。全年生产煤炭 3.06 亿吨，比上年增长 10%；生产原油 1162.7 万吨，比上年增长 1.3%；生产天然气 80.2 亿立方米，比上年增长 5.8%；发电量 1244.5 亿千瓦・时，比上年增长 4.2%；生产汽车 15.9 万辆，比上年增长 46.1%。延长石油、陕西交控、陕西物流等 9 户企业利润增幅超过 20%，陕煤集团煤炭增产 1388.3 万吨，陕建控股进位“全球 500 强”，法士特集团重型变速器产销量连续 18 年稳居世界第一。会展中心高质量完成西洽会、中国—东北亚博览会等 11 项重大展会布展任务。陕西农垦粮食种植面积和单产创历史最高纪录。西安市国有企业资产总额突破 3 万亿元大关。铜川市国有资本收益连续两年保持 10%以上增长。陕西交控京昆高速蒲城至涝峪口改扩建工程建成通车。引汉济渭工程实现向西安先期供水。西安机场三期工程完成东航站楼主楼屋面、综合交通中心和轨道预留工程，承担的全省最大援藏项目西藏阿里普兰机场建成通航。陕西电子芯业时代科技有限公司 8 英寸高性能特色工艺半导体芯片生产线项目开工建设。高质量筹办“创新引领・深化合作”央企助力陕西高质量发展推进会，达成合作项目 120 个，总投资额 4887.4 亿元。杨凌示范区国资局推动国有企业在中亚国家建设 6 个农业合作园区，建成上合组织农业基地中国（陕西）商品交易中心，促成陕西农产品走出国门。

（二）全面强化创新驱动，现代产业体系建设取得新成效

印发《关于省属企业深入实施创新驱动引领高质量发展的实施办法》等文件，对竞争类企业将创新考核权重从 10%提高至 20%，对首台（套）、秦创原建设等专项加分，对企业在考核时研发费用视同利润 100%加回。省属企业单设科技管理部门和集团层面独立法人资格创新研究院（或创新中心）实现全覆盖。2023 年，监管企业研发经费投入 253.4 亿元，比上年增长 11.64%；研发投入强度 1.47%。新产品产值 980.2 亿元，比上年增长 26.5%；贡献率 5.7%。积极推进延链补链强链，提升装备和技术水平，加快绿色转型，传统产业高端化、智能化、绿色化水平不断提高。延长石油榆林炼油厂试点智能装车管理系统发油率提高 20%、工作效率提升 30%。陕煤集团建成 32 处“智能矿井”和 5 个“智慧矿区”，智能化产能占比 99%，发布世界首套 10 米超大采高智能化采煤机。西安机场获得三星级“双碳机场”称号。陕药集团聚焦“智能制造、绿色制造”，投资 10 亿元新建凌峰环球工厂。法士特集团高智新智慧工厂被工业和信息化部认定为全国首批智能制造示范企业。陕投集团佛坪 140 万千瓦抽水蓄能项目获省发展改革委核准。陕西有色科创成果填补国内空白 4 项、全国领先 17 项，主导钛及钛合金领域国际标准 2 项。陕西电子卫星通信、水上搜救等新兴领域一批关键产品相继研制成功。陕西氢能启动榆林—鄂尔多斯 10—30GW“绿氢＋”一体化项目建设，氢能重卡成功示范运营。渭南市国资委深入实施“高新技术壮大工程”，建立研发准备金和奖励制度，科技创新力度持续加大。

（三）全面深化国企改革，企业发展内生动力显著增强

2023 年，陕西省在国务院国资委地方国企改革三年行动完成情况检查评估中获评 A 级。全面启动国有企业改革深化提升行动，制定出台《陕西省国企改革深化提升行动实施方案》。陕汽控股、法士特集团、秦川集团、陕鼓集团 4 户企业入选国家世界一流专业领军示范企业创建名单，开源证券、陕西水电入选“双百企业”，全省“双百企业”总数 12 户。省属企业 1090

户全层级亏损企业中清理退出76户，另有302户实现年末报表账面扭亏为盈，综合治理完成率34.7%，超额完成年度治理任务。陕外集团纳入亏损企业治理的16户企业全部扭亏。完成陕西水务、引汉济渭、东庄水利、渭河生态、古贤水利5户水利领域省属企业整合，新设陕西水务发展集团，陕西地建托管陕果集团，涉农企业整合加快推进。陕西环保推进内部板块整合和业务重组，二级企业法人户数减少15%。咸阳市国资委整合重组8户供热企业，同质化整合迈出坚实步伐。宝鸡市国资委整合完成文旅集团、农发集团等专业化经营公司组建，加快构建"1+9"投融资架构体系。安康市组建物流口岸、全域旅游、绿碳资源等公司，市属一级企业整合优化至14户。省属企业5428名经理层成员实行任期制和契约化管理，二级及以下企业472名新任经理层成员实行市场化选聘，2328名新任管理人员实行竞争上岗，管理人员末等调整和不胜任退出631人，占管理人员总人数的3.39%。省属上市公司资本运作步伐明显加快，秦川机床、兴化股份、宝色股份通过非公开发行股票实现直接融资28.6亿元；陕天然气、西部证券、陕建股份发行债券融资355.5亿元；陕建股份实施核心员工股权激励，有效激发企业活力。陕西能源、华达股份完成首发上市，融资规模79.26亿元。开源证券在深交所审核，陕西水电IPO获上交所受理。长安汇通高效运营国有资本，推动5户持股企业与省属企业专业化整合，助力2户省企成功上市，5户进入上市冲刺阶段。西安市国资委举办2023年陕西西安国资国企综合改革试验首批签约合作项目推进会，16个综合改革试验项目和4个综改基金项目完成签约，总金额超过4000亿元。综改基金引领带动作用不断释放，储备项目63个，完成立项10个，决策落地4个。

(四)全面防范化解风险，企业运行更趋稳健

印发《债务风险防控工作指导意见》《加强银行账户及资金管理的意见》，逐户召开债务风险排查专项行动整改问题反馈会，逐月排查，"一企一策"推进债务风险化解。截至2023年底，省属企业资产负债率67.7%，带息负债比率59.27%，比上年下降0.59个百分点。营运资金249.7亿元，比上年增长62.9%，经营现金流量利息保障倍数1.92，债务风险综合指标持续改善。项目投资管理持续加强，完善事前备案、事中监督、事后评价的闭环管理体系，修订印发《陕西省省属企业投资监督管理办法》《陕西省省属企业投资项目负面清单》，不断提高监管质效。省属企业年度投资计划备案审核和中期监督检查发现问题296个，完成整改269个，整改率90.88%。印发《关于进一步深化省属企业法治建设的意见》《监管企业合规管理办法》，推进企业强化法治国企建设，提升合规管理能力。省属企业全年累计审结重大案件208起，结案金额71.7亿元，其中，胜诉136起，胜诉率65.4%，避免或挽回经济损失35.5亿元，挽损率49.5%，5户企业避免和挽回损失超过1亿元，法治企业建设基础持续夯实。制定实施省属企业设立公司事前监管制度，全年办理89户公司设立事项，对部分企业新设事项予以否决或退回，企业盲目扩张、无序设立公司的问题得到有效遏制。

(五)监管方式更加科学精准有效

省国资委通过加快制度体系建设，优化监管方式，不断提升监管效能。"1+N"国资监管制度体系初步建立，印发《关于进一步加强省属企业监督管理工作的实施意见》，明确加强监管的目标任务、重点内容、监督方式和组织保障，修订完善项目投资、风险防控、企业改革、责任追究、薪酬考核等方面制度12项，构建起全领域、全过程、全链条国资监管制度体系。监管措施和考核指标持续优化，充分发挥考核指挥棒作用，更加突出省属企业服务全局战略功能定位，更加突出高质量发展导向，聚焦价值创造和盈利回报，既确立更具挑战性的经营指标，又提出务实明晰的投资、创新、改革、治理等重点工作任务，科学精准设置指标，做到经济效益、政治效益和社会效益兼顾。实施监管企业问题清单管理，逐户建立"监管企业问题清单"，督促各企业研究制定整改工作方案和工作台账，强化问题整改监督检查。截至2023年底，纳入台账清单的526项问题完成整改306项，整改率58.2%。

(六)企业党建质量持续提升

认真践行"沿着总书记足迹看变化悟思想"实践研学要求，组织34户省属企业以"学思想、重实践，推动企业高质量发展”为主题，在陕汽控股召开党委理论学习中心组联学会，深入开展学习研讨。在全系统开展“学习习近平新时代中国特色社会主义思想、推动企业高质量发展”主题实践活动，聚焦6个方面23项重点任务，细照笃行党的最新创新理论，推动企业高质量发展。制定加强省属企业党风廉政建设20条具体举措，深入推进清廉国企建设，着力加强总会计师、总法律顾问、总审计师派驻和外部董事制度建设，进一步织密监管防线。启动2023年第一轮巡察工作，对省委2019年常规巡视、2021年专项巡视反馈问题整改情况进行全面梳理，61个问题均已整改完成。全力支持驻委纪检监察组监督执纪问责，全年对委管干部立案2件，给予党纪政务处分4人，诫勉处理1人，其中2名省属企业领导人员被开除党籍、开除公职。积极履行社会责任，在清欠治欠、稳就业、社会公益、乡村振兴等方面担当作为，展现良好形象。全年偿还中小企业欠款7640万元，调查属实的投诉案件清欠率100%；招收高校毕业生18920人，超额完成省委、省政府下达的稳就业目标任务；18家企业对外捐赠8396万元；消费帮扶累计4.4亿元，完成6名挂职副县长、73名驻村第一书记和127名驻村工作队员轮换交接。省国资委省级单位定点帮扶工作考核评定为等次“好”。

二、陕西省国有资产总量与结构分析

2023年，陕西省国资系统坚持稳中求进工作总基调，完整准确全面贯彻新发展理念，强化中央驻陕企业服务保障，扎实推动国资国企高质量发展，陕西地方国有经济的竞争力、创新力、控制力、影响力、抗风险能力进一步增强。截至2023年底，陕西省国有企业资产总额87793.4亿元，比上年增加7337.71亿元，增长9.12%。全年实现营业收入21839.72亿元，比上年增加1420.59亿元，增长6.96%；利润总额1220.54亿元，比上年减少131.06亿元，减少9.70%；实际上缴税金总额1538.46亿元，比上年减少173.9亿元，减少10.16%；固定资产投资额2961.36亿元，比上年增加98.99亿元，增长3.46%。

表1　　2023年陕西省国有企业指标

项　目	金　额(亿元)
资产总额	87793.4
所有者权益	24276.48
国有资产总量	18100.21
营业收入	21839.72
利润总额	1220.54
净利润	967.75
归属于母公司所有者的净利润	548.03
应交税金总额	1490.97
实际上缴税金总额	1538.46
固定资产投资额	2961.36

截至2023年底，陕西省国有企业8230户，比2022年底增加672户，增长8.89%。从隶属关系看，省级企业3646户，比上年增加73户，增长2.04%，其中省国资委监管企业3156户、降低0.25%，省级非监管企业490户、增长20.1%；市级及以下企业4584户，增长15%。从盈亏状况来看，盈利企业4786户，比上年增加572户，增长13.57%；亏损企业3444户，比上年增加10户，增长2.91%。

表2　　2023年陕西省国有企业户数情况

2022年户数(户)	2023年户数(户)	比上年增长(%)
7558	8230	8.89

2023年末，陕西省企业国有资产总量18100.21亿元，比上年增加1498.92亿元，增长9.03%。从隶属关系来看，省级企业国有资产总量7363.09亿元，比上年增加412.04亿元，增长5.93%，占比40.68%。其中，省国资委监管企业国有资产总量6466.19亿元，比上年增加261.59亿元，增长4.22%，占比35.72%；省级非监管企业国有资产总量896.89亿元，比上年增加150.44亿元，增长20.15%，占比4.96%。市属企业国有资产总量10737.12亿元，比

上年增加 1086.87 亿元，增长 11.26%，占比 59.32%。在市属企业中，西安市企业国有资产总量占比最大，为 39.14%。

表 3　　2023 年陕西省国有资产总量按隶属关系分布情况

隶属关系	国有资产总量(亿元)	占比(%)
省属企业汇总	7363.09	40.68
省国资委监管企业	6466.19	35.72
省级非监管企业	896.89	4.96
市属企业汇总	10737.12	59.32
西安市	7084.54	39.14
铜川市	288.07	1.59
宝鸡市	423.01	2.34
咸阳市	87.62	0.48
渭南市	221.57	1.22
延安市	479.02	2.65
汉中市	1330.58	7.35
榆林市	221.97	1.23
安康市	259.78	1.44
商洛市	168.63	0.93
杨凌示范区	91.68	0.51
韩城市	80.66	0.45
合　计	18100.21	100.00

注：由于数据修约，存在分项与总项不相等的情况。

从行业分布来看，工业占用国有资产总量最大，为 4896.26 亿元，占比 27.05%，其中，煤炭工业、石油和石化工业、化学工业占比较大，国有资产总量分别为 1684.16 亿元、535.83 亿元、804.77 亿元；其次是房地产业，国有资产总量 3065.46 亿元，占比 16.94%。

表 4　　2023 年陕西省国有资产总量按行业分布情况

行　业	国有资产总量(亿元)	占比(%)
工业	4896.26	27.05
煤炭工业	1684.16	9.3
石油和石化工业	535.83	2.96
冶金工业	311.72	1.72
化学工业	804.77	4.45
机械工业	284.14	1.57
电力工业	443.37	2.45
建筑业	2575.03	14.23
交通运输业	2790.68	15.42
物流业	78.51	0.43
金融业	1731.74	9.57
房地产业	3065.46	16.94
社会服务业	1895.57	10.47
其他	1066.96	5.89
合　计	18100.21	100.00

从经营规模来看，2023 年末，大型企业国有资产总量 6749.97 亿元，占比 37.29%；中型企业国有资产总量 4830.74 亿元，占比 26.69%；小型企业国有资产总量 5548.86 亿元，占比 30.66%；微型企业国有资产总量 970.64 亿元，占比 5.36%。

表 5　　2023 年陕西省国有资产总量按经营规模分布情况

经营规模	国有资产总量(亿元)	占比(%)
大型企业	6749.97	37.29
中型企业	4830.74	26.69
小型企业	5548.86	30.66

续表

经营规模	国有资产总量（亿元）	占　比（%）
微型企业	970.64	5.36
合　计	18100.21	100.00

三、陕西省国有资本保值增值综合分析评价

2023年，陕西省企业国有资本保值增值率102.55%，实现国有资本保值增值。从隶属关系来看，省级企业保值增值率103.96%。市属企业为101.57%，其中西安、宝鸡、榆林、安康、杨凌等5个市（区）实现国有资本增值，保值增值率分别为100.34%、100.29%、121.16%、100.4%、100.05%；铜川、咸阳、渭南、延安、汉中、商洛、韩城等7个市出现国有资本减值。分行业看，国有资产总量在2000亿元以上且实现国有资本增值的主要有：工业国有资产总量4896.26亿元，保值增值率109.54%；建筑业国有资产总量2575.03亿元，保值增值率103.53%。工业行业中，国有资产总量较大行业情况分别是：煤炭工业国有资产总量1684.16亿元，保值增值率127.95%；化学工业国有资产总量804.77亿元，保值增值率94.61%；石油和石化工业国有资产总量535.83亿元，保值增值率110.58%；电力工业国有资产总量443.37亿元，保值增值率109.45%；冶金工业国有资产总量311.72亿元，保值增值率85.18%；机械工业国有资产总量284.14亿元，保值增值率100.23%。

表6　2023年陕西省国有企业地区和行业国有资本保值增值情况

地　区	国有资本保值增值率（%）	行　业	国有资本保值增值率（%）
省属企业汇总	103.96	工业	109.54
监管企业	104.04	煤炭工业	127.95
非监管企业	103.39	石油和石化工业	110.58
地市企业汇总	101.57	冶金工业	85.18
西安市	100.34	化学工业	94.61
铜川市	94.87	机械工业	100.23
宝鸡市	100.29	电力工业	109.45
咸阳市	95.49	建筑业	103.53
渭南市	97.47	交通运输业	100.81
延安市	97.06	物流业	100.77
汉中市	84.35	金融业	101.49
榆林市	121.16	房地产业	99.06
安康市	100.4	社会服务业	93.49
商洛市	92.17	其他	102.46
杨凌示范区	100.05		
韩城市	96.56		

四、陕西省国资委监管企业改革发展情况

（一）完成国企改革三年行动评估迎检工作并获评国家A级

陕西省国资委高度重视全国地方国企改革三年行动完成情况评估工作，围绕"第一议题"制度、董事会建设、市场化改革等重点改革任务，会同40余户各级企业接受资料抽查、现场调研，并召开座谈会议向调研评估组报告，就有关疑问交流解答。省委书记作出批示，对近年来陕西省国企改革工作和成果给予充分肯定。省国资委、陕煤集团、陕建控股、法士特集团改革经验入选国务院国企改革办印发的全国典型经验。国务院国资委办公厅印发《关于国企改革三年行动重点改革任务地方整体评估情况的通报》，陕西省改革工作同山东、深圳、浙江等省份被国务院国资委评为A级，予以通报表扬。

（二）全面启动国企改革深化提升行动

中共陕西省委办公厅、陕西省人民政府办公厅印

发《陕西省国企改革深化提升行动实施方案(2023—2025)》(陕办发〔2023〕13号),正式启动全省国企改革深化提升行动。召开全省国企改革深化提升行动动员部署会议、全省国企改革深化提升行动培训会,先后指导市(区)国资委和省属企业结合自身实际制定工作方案和台账,压实改革任务,全面梳理出94项改革任务187项改革举措,明确任务分工、完成时限、预期目标和标志性成果,将国企改革深化提升行动列入省属企业2024年重点工作任务,强化考核倒逼责任落实。

(三)积极推动上市公司提质增量专项行动

印发《省属上市公司提质增量专项行动工作方案》,开展省属企业"走进深交所"交流活动,召开省属企业上市工作培训会,先后赴交控科技、三秦环保、江苏恒神、陕西水电、天光半导体等上市后备企业调研指导,加强上市后备企业培育,帮助解决上市障碍,推动企业上市进度。完成2户企业上市、1户企业上市申报。4月10日,陕西能源在深交所挂牌上市,募集资金72亿元,是全国全面注册制实施以来的第一批主板上市企业;10月17日,陕西华达在深交所创业板首发上市,募集资金7.26亿元,成为监管企业中第16家A股上市公司;12月30日,陕西水电上市申请获上交所受理。

(四)持续开展市场化改革专项行动

印发《关于深化市场化改革重点任务有关事项的通知》,召开省属企业深化市场化改革重点任务专题培训,截至2023年底,省属企业全年新进员工24865人,100%实行公开招聘;全员绩效考核实现全覆盖;5363名经理层成员实行任期制和契约化管理;二级及以下企业新任经理层成员实行市场化选聘647人;2328名新任管理人员实行竞争上岗,占新任管理人员总人数的97.24%;管理人员末等调整和不胜任退出635人,占管理人员总人数的3.4%。

(五)扎实推动专项改革

一是加快一流企业建设。印发《关于开展一流企业建设工作的通知》,组织业务培训和先进经验交流,指导企业结合实际确定创建目标。陕汽集团、法士特集团、秦川机床、陕鼓集团入选国家世界一流专业领军示范企业创建名单。二是"双百企业"不断深化改革。"双百企业"扩围新增开源证券、陕西水电2户企业,总数12户,数量居全国前列。法士特集团连续两年被国务院国资委评为标杆"双百企业",陕建股份、陕汽控股、陕西能源、北元化工4户企业被评为优秀"双百企业"。三是扎实推动区域综合改革试验。联合西安市国资委举办"2023年陕西西安国资国企综合改革试验首批签约合作项目推进会暨综改基金投资论坛",16个综合改革试验项目和4个综改基金项目完成签约,总金额超4000亿元。研究出台《陕西西安综改试验考核奖励办法》,进一步强化激励。构建西安综改基金投资项目库,储备项目69个,完成立项项目12个,决策投资项目5个。立项数、交割数在全国综改城市中排名第一,投资首年就实现盈利。四是开展"控股不控权"问题专项整治工作。制定印发《省属企业"控股不控权"问题专项整治工作方案》,加强股权管理,并对混合所有制企业开展系统评估。

五、陕西省国资委监管企业并购重组与完善法人治理结构情况

(一)并购重组

一是组建陕西水务发展集团有限公司。以省国资委监管陕西水务、引汉济渭、东庄水利、渭河生态、古贤水利5户企业为基础,新设合并组建陕西水务发展集团有限公司,11月30日正式挂牌运营。同时,将省水利厅及其下属企业持有的6户水利设计、监理企业股权无偿划转水务发展集团。进一步提高全省水网统一规划建设、水资源统筹调配能力和供水保障能力,促进水资源的节约和高效利用,完善省属水务产业链,全面提升陕西省涉水企业核心竞争力,更好服务陕西省经济社会高质量发展。二是研究省属农业企业重组整合相关事宜,制定重组整合方案。

(二)完善法人治理结构情况

制定出台《省属企业董事会议事规则指引》《省属企业董事会专门委员会议事规则指引》,探索建立董事会专门委员会工作规则,推进董事会合规运行,提

升董事会决策效率。修订印发《省属企业外部董事选聘和管理办法(试行)》,加强和改进外部董事履职管理,系统推进外部董事队伍建设和全过程监管。推进董事会专门委员会建设,截至2023年底,29户省属企业建立专委会,并按规定配备人员。对32户省属企业报送的175次董事会会议的1181项议案进行事前关注,对其中的509项议案提出意见建议并适度介入,企业意见采纳率99.6%。召开董事会授权管理专题会,梳理形成不可授权事项38项,逐户核查企业董事会授权制度及权责清单,发现违规授权、权责不明、管理不到位等各类问题146个。分2次组织董事向国资委书面报告半年和年度履职情况,并汇编成册,增强董事报告意识和履职责任心。充实《省属企业董事履职政策选编》有关内容,补充收录2023年新制定印发的制度文件23篇,及时提供给外部董事,做好履职制度保障。举办2期董事专题培训班,组织董事及有关人员学习研讨,促进董事理论水平和实务能力得到有效提高。制定印发《关于加强省属企业集团管控建设的指导意见》,要求省属企业从明确管控层级定位、设计分类管控模式、厘清管控权责界面、健全管控制度体系和评估机制四大维度、14个具体方面细化具体机制设计,指导企业建立健全集团管控体系,夯实管控基础,提高决策效率,加强风险防控,不断激发子企业活力动力。总结18户中央企业和7户地方国有企业集团管控优秀经验,编印《国有企业集团管控建设案例集》。

六、陕西省国资委监管企业建立和完善经营业绩考核体系情况

2023年,陕西省国资委适应新形势新要求,全面优化完善考核工作和指标体系,1月17日,签订2023年度省属企业考核目标责任书,确定"一增两降四提升"总体目标①,利润总额目标值710.9亿元,较2022年目标值(575亿元)增长23.6%,着力推动省属企业发展质量和经济效益双提升。

(一)坚持以经济效益为中心

经营指标重点考核利润总额或归属于母公司所有者的净利润、净资产收益率,同时设置成本控制或运营效率等指标。27户省属企业利润总额目标实现正增长,5户归属于母公司所有者的净利润指标增幅超过基准值10%以上,9户净资产收益率指标增幅超过基准值5%以上。

(二)坚持以高质量发展为导向

突出国企服务中省战略功能定位,加强投资、创新、改革和风险防控任务的考核。突出科技创新主体地位,引导企业加快产业优化升级,提升核心竞争力,同时守牢底线思维,实现高质量发展。

(三)坚持以补短板、强弱项为突破

强化行业对标和穿透分析在指标设置、目标设定的应用。24户企业设置成本控制指标、7户企业设置运营效率指标、4户企业设置现金流管理相关指标。

(四)坚持以实事求是、尊重实际为原则

充分尊重市场经济规律和企业发展规律,科学合理确定考核目标任务。对煤炭企业,考虑大宗商品价格持续上涨,适当降低效益目标,体现稳中有进;对油气企业,增设油气当量生产任务指标,强化油气保供任务;对历史遗留问题较多的企业,增设不良资产比率指标,推动企业加快处置不良资产;对高端制造相关企业,设置市场占有率指标,引导企业既尽力而为又量力而行。

七、陕西省国资委监管企业负责人考核与选人用人机制改革情况

(一)发挥市场机制作用

持续开展省属企业经理层成员任期制和契约化管理,印发《关于做好2023年度经理层成员任期制和契约化管理的通知》,督促各级企业对经理层成员指标的完成情况进行考核,刚性兑现2022年度考核结果,签订2023年契约文件,重申契约文本要点,逐户审核支撑性材料,对不符合项进行反馈整改。选取陕西电子、陕汽控股、法士特集团等6户企业作为试点,针对领导班子成员岗位职责和分管业务,开展省属企

---

① "一增两降四提升"总体目标:"一增"指劳动生产总值增速要高于全省经济增速;"两降"指百元营业收入支付的成本费用、资产负债率进一步下降;"四提升"指净资产收益率、国有资本回报率、研发投入强度和全员劳动生产率进一步提升。

业领导人员综合能力评价和领导班子整体评价。

(二)加强企业人才队伍建设

紧密对接中省人才计划,开展享受政府特殊津贴人选、第八批国家高层次人才特殊支持计划申报推荐,推荐3人申报两院院士评选,推荐49人为陕西省第十届优秀企业家候选人。开展省级企业高层次人才发展资金资助,给予省属企业能源化工、工程技术、先进制造等重点领域140名个人、6个团队、25个项目5700万元资助支持,取得良好示范效应。按照"高校聘、企业用、政府助、协同用、多方赢"思路,推进校地合作、校企联姻、校招共用深度合作,指导企业结合实际情况,探索多种分配方式,加大对"校招共用"引才用才支持力度。承办第五届"丝绸之路青年学者论坛"国企分论坛,举办2023年陕西国有企业人才招聘周,在清华、人大、武汉大学等高校发布岗位需求210个,收集简历2000余份。举办第六届国有企业职工职业技能大赛、"高技能人才队伍建设"专题研修班,拓展高技能人才成长通道。

八、陕西省国资委监管企业党的建设和廉政建设情况

(一)党的建设

一是突出政治引领,坚持和加强党的全面领导。始终把政治建设摆在首位,印发学习宣传贯彻习近平总书记在听取省委、省政府工作汇报时的重要讲话精神工作方案,举办国资委系统专题培训班。开好民主生活会,聚焦6个重点内容,编印学习研讨材料,广泛征求意见,开展谈心谈话,从严从实审核把关监管企业对照检查材料和个人发言提纲,指导监管企业对照党的二十大精神、省十四次党代会部署和作风建设专项行动开展批评与自我批评,建立问题整改措施台账狠抓整改落实,严肃党内政治生活、推进自我革命、筑牢思想根基。统筹谋划、系统推进"学习贯彻习近平新时代中国特色社会主义思想　推动企业高质量发展"主题实践活动,聚焦6个方面23项重点任务,真抓实干把党中央重大决策部署和省委要求落到实处。印发《系统企业2023年党的建设工作要点》,系统谋划部署2023年度全面从严治党5个方面、17条、24项重点任务。坚持管党治党责任与治企兴企责任联动,扎实开展年度党委书记抓党建述职评议考核和党建工作年度目标责任考核,督促推动各级党组织书记从严履行抓党建"第一责任人"职责,严督实考促进全面从严治党向纵深发展、向基层延伸。二是紧盯学深悟透,扎实推进主题教育走深走实。牢牢把握"学思想、强党性、重实践、建新功"的总要求,扎实推进主题教育,召开全系统动员部署会,成立领导小组,组建工作专班,印发实施方案和重点工作计划,高质量召开调研成果交流会、专题民主生活会以及组织生活会,检视整改、建章立制,一体推进系统企业主题教育走深走实、见行见效。召开全系统理论学习中心组联学会,沿着习近平总书记足迹看变化悟思想,在深学细悟中完善思路举措,在对标对表中检视校准前进方向。深入114户企业,累计开展调研281人次,台账式管理、项目化推进"亏损企业治理""深化粮食购销领域腐败专项整治""企业党委逾期未换届问题"等3个专项整治。系统各级党组织确定2100个调研课题,调研发现问题6875个,解决问题2637个,转化成推动企业改革发展措施3777项,形成525项制度成果,解决一批企业发展瓶颈、管理短板和基层"急难愁盼"的老大难问题。三是坚持问题导向,大力破解国企党建"融入不深"。会同省委组织部在省属国有企业部署开展党建工作提质增效专项行动"回头看",聚焦7个方面重点任务,深入17个集团,30户二、三级企业开展调研督导,对省属企业党委前置研究讨论重大经营管理事项清单执行落实情况检查评估,督促各企业党委准确把握党委功能定位、明晰具体权责、规范前置把关,持续用力推动党的领导融入公司治理。以促进"两个作用"有效发挥、推动党建工作和生产经营深度融合为目标,在总结去年"两项试点"经验做法的基础上,会同省委组织部制定并印发深化以党员为骨干开展"揭榜挂帅""赛马"活动和产业链供应链创新链党建工作方案,巩固拓展试点成果,着力打造党建工作与生产经营深度融合的陕西国企样板。四是坚持强基固本,着力增强党组织政治功能和组织功能。按照"一年夯基础、两年创特色、三年大提升"的总体目标,召开监管企业党支部标准化规范化建设推进会,开展

监管企业党支部标准化规范化建设专项行动，编写《党支部标准化规范化建设工作手册》《陕西国企党建优秀案例选编》，举办企业基层党支部标准化建设专题培训班，规范党建标识设计制作使用和宣传标语设施，开展标准化规范化建设标杆党支部验收检查和落实2019—2023年全国党员教育培训工作规划总结评估，通过夯基础、抓案例、树典型，以点带面推动企业基层组织建设全面进步、全面过硬。命名延长石油横山采油厂采注二站等20个党支部为省国资委监管企业标准化规范化建设"示范党支部"。批复并指导陕西水务发展集团、陕西宾馆等2户企业成立党委，积极推进系统企业换届选举。印发关于规范提升集中统一监管新接收企业党建工作方案，开展调研摸底，针对性推动新接收企业在党组织设置、党员队伍、党建入章、前置要求落实等党建工作补短板、提质效。认真落实"双培养一输送"机制，培训党组织书记120人，指导系统各企业发展党员4000余人。发放"光荣在党50年"纪念奖章121枚。划拨专项经费458万元，开展元旦、春节、"七一"前夕系统企业走访慰问。五是协调各方力量，用心用力做好统战群团工作。组织开展党外知识分子"不忘合作初心　继续携手前进"主题教育，组织认定监管企业无党派人士154人、代表20人(其中省级9人、省级新推荐5人)，推荐省知联会代表大会代表24人、理事候选人7人，协调做好省第9次归侨侨眷代表大会候选人推荐工作，征集统战工作实践创新成果，开展"爱企业、献良策、做贡献"活动，党外知识分子建言献策254个。组织开展学习习近平总书记《论党的青年工作》主题活动，落实"书香青春"陕西青少年新时代悦读计划，推进基层团组织书记述职评议，扎实开展"青"字号品牌助力"三个年"活动专项行动，开展"我为团十九大建言"献言献策活动，指导系统企业开展青年职业技能竞赛，组织开展"两红两优"和"优秀(杰出)青年岗位能手"评选，45个团委和支部、90名团干和团员、20名优秀(杰出)青年岗位能手受到表彰。举办2023年陕西省国资委系统足球友谊赛，近40个代表队、600余名运动员参赛，助力健康陕西，丰富职工生活。弘扬"劳模精神"，开展五一劳动节省国资委系统企业全国劳动模范宣传活动。评选推荐"陕西省巾帼建功标兵"，做好军转解困。

(二)廉政建设

2023年，陕西省国资委制定印发《关于进一步加强省属企业党风廉政建设的若干措施》，落实党委书记第一责任人职责，班子成员"一岗双责"，扎实推进党风廉政建设和反腐败斗争，一体推进"三不腐"体制机制建设，把党风廉政建设要求融入业务工作，加强企业党风廉政建设的谋划部署和推进落实。围绕"学党章、悟思想、强党性、善作为"主题，深入开展第六个纪律教育学习宣传月，持续强化经常性纪律教育。一是坚持惩治并举，一体推进"三不腐"。狠抓中央八项规定精神贯彻落实，紧盯重要节点开展廉洁过节提醒教育和专项检查，通报曝光典型案件13起13人；坚持案件查办力度不减，全年处置监督对象问题线索21件，立案2件，党纪政务处分4人。省属企业纪检监察机构共处置问题线索1019件，立案164件，党纪政务处分197人次，组织处理55人。二是做实日常监督，强化经常性纪律教育。突出年轻干部重点群体，开展机关年轻干部"同读好书　共筑清廉"廉洁教育活动，召开年轻干部读书分享暨廉洁从政座谈会。对机关优秀年轻处级领导干部、12名新任委管企业领导人员和41名相关企业领导班子成员和中层干部开展廉政提醒、一对一谈心谈话，有效传导"严管"压力和"厚爱"激励。省国资委系统组织观看警示教育片10.6万人，参加"党规党纪知识测试"网上答题13.4万人，25件作品在"党纪党规伴我行"主题征文活动中获奖，驻省国资委纪检监察组被省纪委表彰为先进单位。三是用好检控平台，严把选人用人廉洁关。不断提高信访件登记办理效率，全年登记办理信访举报343件，平台签收率100%，分5批对27件重要信访举报件集体研判，精准提出处置意见。严把选人用人廉洁关，审慎出具党风廉政意见94人次，提出暂缓使用建议2人。四是建塑廉洁文化，尚廉氛围更加浓厚。擦亮"陕西国企清风"微博、微信公众号新媒体平台品牌，开设"纪律教育公开课""给领导干部提个醒"等专栏10个，刊发信息1500余篇。建成企业廉洁文化示范点395个，充分发挥廉洁教育主阵地作用，全年接受教育19.2万人次。

(撰稿人：郭航空)

甘肃省

一、甘肃省国有资产监督管理工作综述

2023年,甘肃省国资委坚持以习近平新时代中国特色社会主义思想为指导,全面贯彻落实党的二十大精神,深入学习贯彻习近平总书记关于国有企业改革发展和党的建设的重要论述、对甘肃重要讲话重要指示批示精神,坚决贯彻省委、省政府工作部署,深入开展学习贯彻习近平新时代中国特色社会主义思想主题教育和"三抓三促"行动,扎实推进国资国企改革发展和党的建设各项工作取得积极进展和明显成效。

(一)多措并举提升经营质量效益

一是着力加强经济运行调度。指导省属企业坚持高目标引领,当好甘肃省经济社会高质量发展的"主力军""压舱石"。年初"跳起摸高"确定工业总产值增幅"保8争9"的目标,严格落实"周动态监测、月分析调度、季评估通报、年对账盘点"调度机制,科学制定排产检修计划,开足马力扩大生产,全力推进稳增长目标落实。省属企业完成工业总产值4492.13亿元,比上年增长11.60%,完成目标的102.37%,拉动甘肃省规模以上工业增长2个百分点,贡献率26%。二是着力扩大项目有效投资。结合"十四五"规划中期评估,动态调整"十四五"规划重点项目库,截至2023年底,615个储备项目中开工项目467个,建成、投产项目203个,累计完成投资3675.59亿元。树立大抓项目、抓大项目鲜明导向,指导企业强化要素保障,全力推进重点项目建设,全年完成固定资产投资986亿元,其中产业类项目投资452.47亿元,增长10.46%。省属企业52个省列重大项目,全年累计投资592.72亿元。三是着力提升经营质量效益。指导推动省属企业深入开展对标管理提升行动、提质增效攻坚行动,引导省属企业从重总量、重速度向重质量、重效益转变。实现利润总额201.18亿元,比上年增长4.18%;净利润143.5亿元,比上年增长10.3%。净资产收益率比上年提升0.21个百分点,营业现金比率比上年提升1.7个百分点,全员劳动生产率比上年增加1.97万元/(人·年)。深入开展亏损企业专项治理行动,全面推动433户省属企业亏损子企业实现扭亏,省属企业总体亏损面21.27%,较年初下降17.01%。

(二)持续深化布局优化和结构调整

一是传统产业改造力度持续加大。加快冶金有色产业提速增效、煤炭化工产业提质增能、装备制造产业提档升级,加快向产业链中高端迈进。省属企业完成"三化"改造投入160亿元,累计建成国家级绿色矿山11个、绿色工厂21个,省级智能工厂5个、数字化车间26个。兰石集团焊接数字化车间在首届国企数字场景创新专业赛中获得一等奖。白银集团铜冶炼智能制造示范工厂项目入选国家"智能制造示范工厂"名录。大水头煤矿获评甘肃省首座国家级智能化示范矿井。二是新兴产业投资布局提速增效。深入实施国有资本布局优化和结构调整"6+1"行动,省属企业新材料产量434.5万吨,实现产值947.19亿元,新增煤炭资源储量30亿吨,争取到新能源项目指标1270万千瓦。甘肃电投集团沙戈荒新能源基地项目获批,在建和启动前期电力项目装机容量1100万千瓦。甘肃国投集团等参与投资的甘肃德福形成7万吨高档锂电铜箔产能规模,成为全国最大的单体电池级铜箔生产基地。白银集团微细电磁线产能规模跻身国内第2位,1.5吨高纯铼、2000吨光伏导电带填补甘肃省技术空白。三是能源资源保障实现重大突破。围绕新一轮找矿突破行动,加大资源获取力度,加大中西部地区资源开发力度。指导加快推进景泰白岩子等煤炭企业产能核增。金川集团获得青海夏日哈木镍矿控股权,年保障供应镍量镍精矿3万吨,与青山集团合作控股印度尼西亚冶炼企业,有效化解镍铁供应链断链风险。白银集团加快自有矿山探边摸底,新增铜铅锌资源金属量35万吨;秘鲁多金属尾矿扩能项目达产达标,形成年产铜铅锌金属量14万吨的生产能力。甘肃电投集团竞得宁县中部煤炭资源区块矿业权,联合甘肃能化集团积极推动九龙川年产800万吨煤炭资源开发项目获得国家发展改革委核准批复。

（三）深入实施创新驱动战略

省属工业企业完成研发投入124.85亿元，比上年增长14.77%，研发投入强度2.7%，带动新产品产值增长11.48%。与省科技厅、省财政厅分别建立定期会商、工作协同机制，共同支持企业创新平台建设、科技项目攻关。国有资本经营预算中列支7000万元支持13户省属企业29个科研项目。新认定省部级以上平台22个，新增省级"专精特新"中小企业34户，新获得省科技进步奖29项、专利奖16项。甘肃公交建集团交设股份获批国家企业技术中心，甘肃农垦集团药物碱厂普华公司获批国家级高新技术企业，亚盛股份获批农业农村部重点实验室。知识产权港公司承办的省科技成果转化综合服务平台上线运行。

（四）大力推进对外合作和招商引资

一是持续深化央地合作。在第29届兰洽会期间举办2023年央地合作发展座谈会，新签约项目72个，总投资1443.57亿元，连续3年筹办央地合作项目对接活动，累计签约央地合作项目276个，总投资7370.79亿元。截至2023年底，项目开工231个，开工率83.7%，投产65个，累计完成投资2404.86亿元。二是认真落实"强县域""强省会"行动。指导省属企业谋划形成59个企地合作项目，计划总投资584.2亿元，截至2023年底，项目开工54个、开工率91.5%，累计完成投资185亿元。三是深入实施"引大引强引头部"行动。制定省属企业招商引资推进方案，联合嘉峪关、兰州新区分别与酒钢集团、兰石集团成功举办有色冶金新材料、新能源及装备制造产业链招商活动，签约招商引资项目76个，金额1876.46亿元。酒钢集团引进9家下游铝精深加工企业，铝产业集群不断壮大。

（五）努力提升国资监管效能

持续健全完善国资监管制度体系，围绕财务监管、监督追责、投资管理等重点领域新制定出台规范性文件12件，修订4件。加强对省属企业融资担保、资产租赁、贸易业务等事项监督管理，引导企业坚守主业发展、依法合规经营。动态调整授权放权事项，对16户企业完成"一企一策"授权放权。加强对市（州）国资监管工作的指导监督，制定年度工作计划，围绕重点领域和关键环节加强指导，组织召开市（州）国资监管机构负责人座谈会。建立健全内部监督体系和违规追责工作体系。扎实推进审计问题整改，省属企业涉及中央和省级审计反馈的157项问题整改80%。强化服务企业意识，省、市国资监管机构全面落实包抓联企业制度，协调解决企业生产经营困难问题442个。

（六）坚决有力服务保障甘肃省发展大局

11户中央定点帮扶企业、78户归口管理企业接续奋斗做好乡村振兴帮扶工作，全年累计投入帮扶资金4.97亿元，实施帮扶项目827个，消费帮扶6.27亿元，培训40万人，帮助就近就地及劳务输出就业51663人。第一时间动员号召广大在甘央企、省属企业积极支援临夏积石山县抗震救灾和灾后重建工作，累计捐款36918.12万元、捐赠物资价值3027.05万元，省属企业支援箱式活动板房10369套。积极争取国务院国资委支持17户央企投入2.5亿元支援甘肃省河西地区12个县（市、区）抗旱救灾，最大限度减少旱灾损失。大力实施"结对帮扶·爱心甘肃"工程建设，省属企业1001名干部与帮扶县孤儿、重度残疾人"一对一"结对认亲，帮助解决实际困难1735个。充分挖掘就业岗位，省属企业招收高校毕业生7548人，完成年度任务的150.96%。

二、甘肃省国有资产总量与结构分析

截至2023年底，甘肃省国有资产总额29872.64亿元，比上年增长6.18%；完成营业收入11100.90亿元，比上年增长2.93%；实际上缴税金总额242.56亿元，比上年下降13.49%；利润总额148.36亿元，比上年下降18.34%；净利润94.95亿元，比上年下降12.22%。

表1　2023年甘肃省国有企业指标

项　目	金　额(亿元)
资产总额	29872.64
所有者权益	10838.43

续表

项　目	金　额(亿元)
国有资产总量	9926.63
营业收入	11100.90
利润总额	148.36
净利润	94.95
归属于母公司所有者的净利润	82.56
应交税金总额	243.25
实际上缴税金总额	242.56

2023年,甘肃省国有企业4219户,比上年增加492户,增长13.2%。

表2　2023年甘肃省国有企业户数情况

2022年户数(户)	2023年户数(户)	比上年增长(%)
3727	4219	13.2

截至2023年底,甘肃省国有企业国有资产总量9926.63亿元,其中省属监管企业资产总量4921.89亿元,占比49.58%;省属非监管企业资产总量30.50亿元,占比0.31%;市(州)、兰州新区属及以下国有企业资产总量4974.24亿元,占比50.11%。在市(州)、兰州新区属及以下国有企业中,兰州市国有企业资产总量1428.72亿元,占比14.39%。

表3　2023年甘肃省国有资产总量按隶属关系分布情况

隶属关系	国有资产总量(亿元)	占　比(%)
省属企业汇总	4952.39	49.89
省属监管企业	4921.89	49.58
省属非监管企业	30.50	0.31
市(州)、兰州新区属及以下国有企业汇总	4974.24	50.11
兰州市	1428.72	14.39
兰州新区	876.97	8.83
天水市	295.58	2.98
酒泉市	320.69	3.23
张掖市	331.97	3.34
平凉市	146.49	1.48
定西市	257.00	2.59
嘉峪关市	85.25	0.86
白银市	342.51	3.45
金昌市	54.46	0.55
陇南市	188.78	1.91
庆阳市	79.92	0.81
甘南州	58.87	0.59
临夏州	406.46	4.09
武威市	100.57	1.01
合　计	9926.63	100.00

从行业分布情况来看,社会服务业国有资产总量最大,为3650.08亿元,占比36.77%。其次是交通运输业、工业、建筑业、房地产业、金融业和农林牧渔业,分别占比24.02%、15.42%、8.63%、7.02%、3.31%、2.53%。

表4　2023年甘肃省国有资产总量按行业分布情况

行　业	国有资产总量(亿元)	占　比(%)
农林牧渔业	251.49	2.53
工业	1530.42	15.42
建筑业	856.89	8.63
交通运输业	2384.07	24.02

续表

行　业	国有资产总量（亿元）	占　比（%）
仓储业	108.98	1.11
商贸业	14.13	0.14
房地产业	696.55	7.02
信息传输、软件和信息技术服务业	5.44	0.05
社会服务业	3650.08	36.77
教育文化广播业	67.98	0.68
科学研究和技术服务业	27.53	0.28
金融业	328.74	3.31
其他	4.33	0.04
合　计	9926.63	100.00

从经营规模分布情况来看，大型企业国有资产总量6666.79亿元，占比67.16%；中型企业国有资产总量2011.04亿元，占比20.26%；小型企业国有资产总量945.25亿元，占比9.52%；微型企业国有资产总量303.55亿元，占比3.06%。

表5　2023年甘肃省国有资产总量按经营规模分布情况

经营规模	国有资产总量（亿元）	占　比（%）
大型企业	6666.79	67.16
中型企业	2011.04	20.26
小型企业	945.25	9.52
微型企业	303.55	3.06
合　计	9926.63	100.00

三、甘肃省国有资本保值增值综合分析评价

2023年，甘肃省国有资本保值增值率101.50%，实现国有资本的保值增值。从地区来看，兰州新区、天水市、定西市、陇南市、临夏州、武威市实现国有资本保值增值。

从行业来看，商贸业、工业、农林牧渔业、建筑业、教育文化广播业、金融业、仓储业和科学研究和技术服务业实现国有资本保值增值，商贸业国有资本保值增值率最高。

表6　2023年甘肃省国有企业地区和行业国有资本保值增值情况

地　区	国有资本保值增值率（%）	行　业	国有资本保值增值率（%）
甘肃省国有企业汇总	101.50	农林牧渔业	104.73
省属企业汇总	102.93	工业	109.51
省属监管企业	102.95	建筑业	103.91
省属非监管企业	100.44	交通运输业	99.45
市（州）、兰州新区属及以下国有企业汇总	100.04	仓储业	100.11
兰州市	98.07	商贸业	111.36
兰州新区	100.53	房地产业	99.37
天水市	100.38	信息传输、软件和信息技术服务业	99.21
酒泉市	98.05	社会服务业	99.46
张掖市	99.04	教育文化广播业	102.03
平凉市	94.96	科学研究和技术服务业	100.01
定西市	100.88	金融业	100.32
嘉峪关市	98.47	其他	101.14
白银市	97.07		
金昌市	97.91		
陇南市	100.14		

续表

地 区	国有资本保值增值率(%)	行 业	国有资本保值增值率(%)
庆阳市	99.93		
甘南州	99.69		
临夏州	115.01		
武威市	101.47		

四、甘肃省国资委监管企业改革发展情况

(一)巩固拓展国企改革三年行动成果

全面评估甘肃省国企改革三年行动实施情况，对发现的短板弱项，指导各省属企业和市(州)国资委建立问题清单，逐一研究制定整改措施，有针对性地补齐短板弱项。对成效明显的改革举措，通过形成企业内部制度、完善有关政策等，推动建立长效机制，持续放大改革综合成效；对形成的典型经验做法大力推广复制，发挥示范带动作用，在相关简报、媒体宣传推广国资国企改革经验做法和信息 341 条，8 个改革案例在国务院国资委《国资工作交流》，以及《甘肃信息》、《甘肃情况》、省委改革办《改革动态》等刊载。

(二)谋划实施国企改革深化提升行动

省委、省政府审定印发甘肃省国企改革深化提升行动实施方案(2023—2025 年)，组织召开甘肃省国有企业改革深化提升行动动员部署会议，省委、省政府主要领导出席会议并作动员部署和工作安排，部署 9 个方面 46 项重点改革任务。深化和完善国企改革三年行动中探索形成的工作推进机制，研究建立跨部门协调机制，积极开展宣传贯彻培训，建立健全任务台账，统筹推进方案实施。省属企业对标对表研究制定落实措施，明确时间表、路线图、任务书。

(三)分类分层推进一流企业创建

构建以创建一流企业行动实施方案为总揽，以对标一流管理提升、质量提升、价值创造、品牌引领、企业家培育 5 个专项行动为支撑，以创建一流示范、专精特新示范、公司治理示范等示范行动为引领的“1＋5＋X”工作体系。金川镍盐入选全国创建世界一流专精特新示范企业，实施方案被国务院国资委评为 A＋等次。开展创建一流企业“双示范”行动，遴选金川集团等 3 户省属企业创建一流示范企业，遴选兰州助剂厂等 5 户省属企业子企业创建“专精特新”示范企业，以点带面推进一流企业创建工作。确定 9 户省属企业开展现代公司治理示范创建。“双百企业”金川集团、“科改企业”祁牧乳业被考评为等次“优秀”。组织省属企业和市州国资监管机构参与“双百企业”“科改企业”扩围行动，6 户企业新纳入名单。

五、甘肃省国资委监管企业并购重组与完善法人治理结构情况

(一)并购重组情况

研究制定进一步推进省属企业专业化整合重组总体方案，按照“成熟一户、推进一户”的原则，分类推进省属企业专业化整合重组，先后实施省属煤电、水利建设、生态环保、资产运营板块专业化整合，新设甘肃能化股份、润陇环保集团，重组组建甘肃水务集团，进一步推动国有资本向重点行业、主导产业和龙头企业集中。深入开展“两非”“两资”清理和亏损企业专项治理，推动企业通过合并同类业务、压缩管理层级、市场化出清等方式，优化组织体系和内部资源配置，提升管理效能，清理处置“两非”“两资”126 项，推动 541 户省属亏损子企业实现扭亏为盈。甘肃国投集团收购兰州佛慈集团 100%股权暨间接收购上市公司佛慈股份控制权，有效化解甘肃国投集团对兰州国投的委贷风险。陇神戎发成功并购普安制药股份公司，实现甘肃药业集团主业资产证券化。

(二)完善法人治理结构情况

一是分层分类动态优化党委前置事项清单。指导省属企业及其重要子企业根据不同规模、不同层级和业务特点、股权结构、管控模式等实际，“一企一策”修订党委前置研究讨论重大事项清单，283 户省属企业在实际运行过程中进行动态优化完善。二是加强董事会建设，各级企业实现董事会应建尽建 613 户，

完成率100%，其中587户企业董事会建立向经理层授权管理制度，占比95%。29户省属一级企业全部建立董事会和外部董事考评制度，"一企一策"指导子企业差异化落实董事会职权，619户已建董事会子企业中落实至少4项职权的企业590户，占比100%；全面落实6项董事会职权的企业496户，占比84%。三是加强外部董事队伍建设。针对甘肃省高层次、专业化董事人才短缺问题，面向省属国有企业、在甘高等院校和科研院及中介机构征集外部董事人才，形成316人的外部董事人才库。四是经理层任期制契约化管理。省属一级企业及各级子企业的4128名经理层成员实行任期制和契约化管理，覆盖率100%，结合落实董事会职权试点改革，全级次选聘职业经理人185人。落实刚性考核兑现，176名经理层成员全年绩效薪酬增幅超过20%，394名经理层成员全年绩效薪酬降幅超过20%，16名经理层成员退出原岗位。

六、甘肃省国资委监管企业建立和完善经营业绩考核体系情况

按照不低于甘肃省经济社会发展总体目标为原则，确定"一增一稳一保五提升"的2023年度经营业绩考核目标。按照不低于上一任期、对标进档晋位的原则，摸高确定2022—2024年任期经营业绩考核目标。

（一）聚焦提质增效，突出经济效益考核

针对不同类型企业差异化设定考核权重，重点考核净利润、利润总额、净资产收益率、资产负债率、全员劳动生产率、研发投入强度等指标，引导企业加快转型升级步伐，提升经营质量效益。引导省属企业抢抓市场机遇满产超产，强化精细化成本管控，严格预算执行，更好实现高质量发展。

（二）聚焦高质量发展，强化结构调整转型升级考核

强化对创新驱动、固定资产投资、重点项目建设、培育发展战略性新兴产业和特色优势产业、"三化"改造等指标的考核。按照《考核办法》规定，对省属企业新增研发投入视同利润予以加回，对获得省政府科技进步奖给予加分奖励，激励省属企业持续加大科技创新投入，加快推进基础设施领域重大项目建设，构建更具竞争力的产业新格局。

（三）聚焦改革成效，量化实施国企改革工作考核

聚焦取得"三个明显成效"，围绕重点考核推进改革机制建设、法人治理结构及规范运行、落实董事会职权、市场化经营机制、对标一流管理提升行动和改革专项工程等指标，对省属企业国企改革三年行动年度任务落实情况进行量化评估。

（四）聚焦履行社会责任，实施专项工作考核

鼓励引导省属企业积极主动履行政治责任、社会责任，对因承担电煤保供任务影响效益、用于解决历史遗留产权登记难问题支出、给予服务业小微企业和个体工商户减免国有房屋租金，视同利润予以加回。对严守疫情防控，投入的设施改造、防疫物资采购和核酸检测等增加的刚性成本支出，考核中予以客观认定。

七、甘肃省国资委监管企业负责人考核与选人用人机制改革情况

（一）加强党对人才工作的全面领导

研究制定贯彻落实中央《关于加强和改进新时代人才工作的意见》和省委、省政府《实施意见》落实措施，制定印发省属企业人才工作要点和重点任务台账。将省属企业人才工作列入党建工作责任制考核指标和各级党组织书记抓党建工作述职评议考核。推荐进入省领军人才、省优秀专家、陇原青年英才队伍67人，选派4名优秀青年参加"西部之光"访问研修。建立完善企业领导人员联系专家制度，25户企业领导联系专家637人，其中省级以上专家177人。组织省属企业推荐158名高层次专业技术人才申报"陇原人才服务卡"，按照简化办理程序审核387名"陇原人才服务卡"C卡到期延续申报。

（二）认真细致做好干部选任

准确把握新时代好干部标准，认真贯彻落实《省属国有企业领导人员管理规定》，坚持党管干部原则，不断加强和改进干部选任工作，以正确选人用人导向

引领干事创业导向。严把干部选任关口,认真执行"四必核"等制度,坚持德才兼备、以德为先,坚持事业为上、以事择人、人事相宜,结合年度考核、干部调研等情况,全面了解掌握领导班子运行状况和领导人员履职情况,并对领导班子进行综合分析研判,根据班子缺额、结构要求和企业高质量发展需要提出配备建议。选优配强外部董事队伍,通过现职领导人员转任专职外部董事,对达到法定退休年龄需要解聘、任期届满本人提出书面辞职申请的外部董事进行调整补充,全年委派外部董事 36 人。

(三)全面加强干部监督管理

完成委管企业领导班子和领导人员、财务总监、外部董事 2022 年度考核,同步对有关人员进行任期考核,对 8 名在化债专项工作中表现不佳的财务总监进行提醒谈话。认真落实省委第一批主题教育专项整治工作部署,指导 22 户省属工商类骨干企业开展干部不担当不作为问题专项整治。对 2022 年度考核为"一般"等次的省属企业领导班子担当作为进行调研,并进行集体约谈。认真做好因私出国(境)管理工作,严格依规开展兼职审批工作。

(四)深化任期制契约化管理和市场化选聘职业经理人工作

以更高标准提升经理层成员任期制和契约化管理工作质量,通过国企改革三年行动考核、实地调研、工作督导等多种方式,指导企业强化目标的科学性、挑战性和刚性考核兑现,加快推动经理层成员任期制和契约化管理提质扩面。省属企业集团及各级子企业全部实现经理层成员实行任期制和契约化管理,覆盖率 100%。支持和鼓励省属企业商业类子企业加快建立职业经理人制度,加大市场化公选聘力度,截至 2023 年底,累计选聘职业经理人 200 人。

(五)推进人才激励制度改革

着力构建以创新价值、能力、贡献为导向的科技人才评价体系,努力推动科技人才评价改革。10 户能源类、装备制造类、战略性新兴产业类等科研领域企业制定人才评价改革相关制度办法 42 项。支持省属企业统筹运用国有控股上市公司股权激励、国有科技型企业股权和分红激励、科技成果转化收益、超额利润分享等中长期激励政策。截至 2023 年底,29 户省属企业中 26 户制定具有市场竞争优势的高层次人才薪酬分配制度,对 546 名高层次人才和急需紧缺人才实行协议工资、项目工资,对 245 名人才给予特殊奖励。

(六)不断强化干部教育培训

根据国资国企改革发展需要,坚持"缺什么,补什么",有针对性地对省属企业经营管理人才进行培训。建立企业家常态化培训机制,制定省属企业企业家培育计划,会同省委组织部共同实施,组织培训班 6 期,培训企业领导人员 320 余人次。建立与中央企业、行业先进企业合作培养机制,开展"走进一流企业对标提升"系列培训活动,分批组织省属企业领导人员和部分民营企业家走进华润集团、宝武集团、科大讯飞、华为,开阔视野,对标一流找差距。

八、甘肃省国资委监管企业党的建设和廉政建设情况

(一)全面加强党的创新理论武装,牢牢把握国企改革发展的正确方向

一是紧扣主题主线,突出实际成效,扎实推进主题教育走深走实。严格落实"第一议题"制度,统筹抓好主题教育和"三抓三促"理论学习,省国资委党委会全年学习"第一议题"182 次,组织理论学习中心组学习 22 次,举办读书班 2 期,专题研讨交流 9 次,组织召开省国资国企党委理论学习中心组经验交流会,分层举办企业领导人员、基层党组织书记、党务干部培训班 6 期。二是省属企业党委将习近平总书记关于国企改革发展和党的建设的重要论述、党的二十大对国资国企改革发展作出的重大战略部署纳入党委理论学习中心组学习和各级各类培训班重要内容,开展党员轮训 12.04 万人次,组织宣讲党的二十大精神、习近平新时代中国特色社会主义思想 786 场次。

(二)扎实推进党的领导融入公司治理,党委领导作用充分发挥

一是省属企业集团及 1234 户全级次企业全部实

现"党建入章",省属企业集团层面全部实现党委书记、董事长"一肩挑",200余名党委委员分别进入董事会、经理层。二是认真贯彻落实《关于省属国有独立法人企业党支部(党总支)重大事项集体研究把关的指导意见》。逐户对28户省属企业、14个市(州)和兰州新区改革深化提升行动方案进行审核把关,督促指导各市州优化完善党委前置研究讨论重大事项清单。修订印发《关于加强和改进省属混合所有制企业党建工作的指导意见(试行)》。三是遴选9户企业扎实开展省属企业现代公司治理示范创建行动,选树命名20个示范点,9户企业被《国企》杂志评选为国企党建优秀案例。

(三)着力夯实基层基础,服务保障生产经营更加有力

一是在企业改革重组中同步调整理顺、优化设置党的基层组织,全年批复成立2户企业党委,调整理顺7户企业的党组织隶属关系,跟踪指导6户企业党委按期换届。二是以主题教育和"三抓三促"行动为抓手,深化"双培养",加大在青年和产业工人中发展党员力度,省属企业全年新发展党员2173人。实施党支部书记能力素质提升行动,轮训党支部书记4004人次。三是扎实开展党建工作突出问题专项整治,聚焦7个方面185个问题,制定措施470条,整顿软弱涣散基层党组织5个。

(四)持续从严正风肃纪,党风廉政建设和反腐败工作纵深推进

一是会同省纪委监委召开甘肃省国有企业廉政教育大会,制定落实方案,细化分解9个方面29项工作措施。坚持关口前移,组织600多名省属企业领导人员、领导人员家属及省国资委机关干部集中开展警示教育,省属企业10.5万人次同步开展警示教育。二是扎实开展省属企业腐败和作风问题、医疗领域腐败问题、干部不担当不作为、违规举债"形象工程政绩工程"等8个专项整治,跟踪推动45个方面141项突出问题有效解决。三是始终坚持"严"的基调,锲而不舍纠治"四风",督促省属企业紧盯关键环节、重要岗位,严惩靠企吃企、关联交易、设租寻租、利益输送等腐败问题。

(撰稿人:李宝江)

青海省

一、青海省国有资产监督管理工作综述

2023年,面对复杂多变的外部环境和艰巨繁重的改革发展稳定任务,青海省政府国资委(以下简称省国资委)积极践行"干部要干、思路要清、律己要严"要求,攻坚克难、真抓实干,推动国资国企改革发展各项工作取得新进展。截至2023年底,青海省国有企业实现营业收入1316.62亿元,利润总额96.83亿元,研发经费投入强度1.46%,平均资产负债率58.52%。19户省国资委监管企业全年实现营业收入1146.96亿元,利润总额115.7亿元,研发经费投入强度1.61%,平均资产负债率54.32%,国有资本保值增值率100%。

(一)监管机制更加完善

围绕构建国资监管大格局要求,建立健全国资监管制度体系,制定《省属监管企业合规管理办法》《省属监管企业合规管理指引》《省国资委监管企业投资负面清单》《关于加强省属监管企业财务管理体系建设的意见》等政策文件,创新建立国有企业经济运行圆桌会议沟通交流机制,开展监管机构干部国企改革专题培训,专业化体系化法治化监管能力不断巩固提升。

(二)国企改革稳步推进

紧扣党中央、国务院安排部署,报请出台青海省国有企业改革深化提升行动实施方案。召开青海省国有企业改革深化提升行动动员部署会,青海省省长吴晓军、副省长刘超分别以"六个深化提升""四个坚持"对改革工作做出指示要求,指导制定"1+N"改革配套政策体系,高位推动10个方面38条105项重点改革任务落实落地,年度改革目标任务全面完成。

(三)创新能力持续提升

全年累计投入科研经费17.28亿元。1家企业新

入围国务院国资委"科改企业",11 家企业入围国家级高新技术企业。西矿集团石煤提钒工艺、镁基土壤修复材料研究成果达到国际领先水平。汇信公司青海省首个"揭榜挂帅"重大科技专项通过验收。能发集团"互联网+"智慧矿山安全监管项目获得青海省科学技术进步三等奖。

(四)资本布局不断优化

支持推动盐湖股份 4 万吨基础锂盐、汇信公司 2 万吨高质碳酸锂、鱼卡二井田等一批重点项目投资建设,企业布局战略性新兴产业力度进一步加大。交控集团整合重组省路桥集团、青海湖旅游控股公司顺利完成,实现交通全产业链布局和交旅融合发展。青粮集团组建成立,西矿集团、盐湖股份等完成 10 家所属公司内部整合,国有资本配置效率进一步提高。

(五)债务风险妥善化解

扎实开展平台类、非平台类国有企业基础调研,分类制定债务风险防范化解方案,全面完成年度债务化解和平台企业压降任务。引进北京建龙重工集团有限公司成功完成对西宁特殊钢集团有限公司的司法重整,安置职工 4414 人,西宁特钢上市公司主体地位得到有效维护。

(六)支撑作用发挥明显

青海盐湖工业股份公司年产氯化钾 492 万吨,钾肥稳价保供作用发挥明显;青海省粮食集团有限责任公司、青海三江集团有限责任公司、西部矿业集团有限公司等单位加强粮肉盐等应急物资储备,保障民生更加有力;"12·18"地震灾害发生后,累计捐款捐物 3916 万元,参与现场救援的能发集团矿山救援队获得国家相关部门通报表扬;青海交通控股集团有限公司推动青海省高速公路建设突破 5000 千米,支撑区域经济发展作用凸显。

二、青海省国有资产总量与结构分析

2023 年,纳入青海省国有资产统计范围的国有企业 1259 户,除省级金融企业外,青海省国有企业户数与 2022 年相比新增 268 户,减少 63 户,净增 205 户,比上年增长 19.45%。资产总额 10053.35 亿元,比上年下降 0.72%。

按隶属关系划分,省国资委监管企业资产总额 5211.30 亿元,占比 51.84%,比上年增长 3.57%;省直部门(含委托监管)企业资产总额 794.45 亿元,占比 7.90%,比上年下降 26.34%;市(州)国资委监管企业资产总额 1835.13 亿元,占比 18.25%,比上年下降 2.49%;市(州)部门监管企业资产总额 2212.47 亿元,占比 22.01%,比上年增长 3.66%。

按一级企业规模划分,19 户大型企业资产总额 6508.23 亿元,占比 64.74%,比上年增长 2.41%;55 户中型企业资产总额 1191.26 亿元,占比 11.85%,比上年下降 1.44%;192 户小型企业资产总额 1354.07 亿元,占比 13.47%,比上年增长 4.97%;269 户微型企业资产总额 999.79 亿元,占比 9.94%,比上年下降 21.43%。大型企业中:资产总额超过 1000 亿元的企业 1 家(青海省交通控股集团有限公司);资产总额 500 亿~1000 亿元的企业 3 家(青海省国有资产投资管理有限公司、西宁市城市投资管理有限公司、西部矿业集团有限公司);资产总额 100 亿~500 亿元的企业 10 家(青海盐湖工业股份有限公司、西宁经济技术开发区投资控股集团有限公司、青海省木里煤业开发集团有限公司、海东工业园区开发建设有限公司、西宁市湟水投资管理有限公司、青海汇信资产管理有限公司、青海省发展投资有限公司、青海三江集团有限责任公司等)。

按一级企业国民经济行业划分,社会服务业(含投资与资产管理)资产总额 3617.38 亿元,占比 35.98%,比上年下降 2.25%;交通运输业资产总额 2801.31 亿元,占比 27.86%,比上年增长 7.06%;工业资产总额 1758.80 亿元,占比 17.49%,比上年下降 11.45%;房地产业资产总额 807.34 亿元,占比 8.03%,比上年增长 1.76%;建筑业资产总额 687.53 亿元,占比 6.84%,比上年增长 1.32%;农林牧渔业资产总额 153.44 亿元,占比 1.53%,比上年增长 3.94%;金融业资产总额 80.45 亿元,占比 0.8%,比上年增长 28.13%。上述各行业中,社会服务业资产总额占青海省国有企业的比重最大,其次是交通运输业,排名第三的是工业,3 个行业资产总额占青海省国有企业比重为 81.33%。

表1　2023年青海省国有企业指标

项　目	金　额（亿元）
资产总额	10053.35
负债总额	5883.03
所有者权益	4170.32
营业收入	1316.62
利润总额	96.83
净利润	73.49
归属于母公司所有者的净利润	28.84
应交税金总额	89.40
实际上缴税金总额	94.48

表2　2023年青海省国有企业资产总额按隶属关系分布情况（一级企业）

隶属关系	资产总额（亿元）	比上年增长（%）	占　比（%）
省属企业汇总	6005.75	−1.71	59.74
省国资委监管	5211.30	3.57	51.84
省直部门（含委托监管）	794.45	−26.34	7.90
市（州）企业汇总	4047.60	0.78	40.26
市（州）国资委监管	1835.13	−2.49	18.25
市（州）部门监管	2212.47	3.66	22.01
合　计	10053.35	−0.72	100.00

表3　2023年青海省国有企业资产总额按行业分布情况（一级企业）

行　业	资产总额（亿元）	比上年增长（%）	占　比（%）
农林牧渔业	153.44	3.94	1.53
工业	1758.80	−11.45	17.49
建筑业	687.53	1.32	6.84
交通运输业	2801.31	7.06	27.86
仓储业	22.98	4.98	0.23
商贸业	72.75	9.01	0.72
房地产业	807.34	1.76	8.03
信息传输、软件和信息技术服务业	2.09	0.48	0.02
社会服务业（含投资与资产管理）	3617.38	−2.25	35.98
教育文化广播业	20.73	−0.10	0.21
科学研究和技术服务业	26.29	−2.59	0.26
金融业	80.45	28.13	0.80
其他	2.27	−6.20	0.02
合计	10053.35	−0.72	100.00

表4　2023年青海省国有企业资产总额按经营规模分布情况（一级企业）

经营规模	资产总额（亿元）	比上年增长（%）	占　比（%）
大型企业	6508.23	2.41	64.74
中型企业	1191.26	−1.44	11.85
小型企业	1354.07	4.97	13.47
微型企业	999.79	−21.43	9.94
合计	10053.35	−0.72	100.00

三、青海省国有资本保值增值综合分析评价

从一级企业规模划分情况来看，大型企业年末国有资本及权益总额2499.79亿元，占比66.28%，较年

初增长4.32%,国有资本保值增值率100.06%;中型企业年末国有资本及权益总额315.72亿元,占比8.37%,较年初增长4.11%,国有资本保值增值率96.14%;小型企业年末国有资本及权益总额408.63亿元,占比10.83%,较年初增长11.41%,国有资本保值增值率103.59%;微型企业年末国有资本及权益总额547.27亿元,占比14.51%,较年初下降32.37%,国有资本保值增值率99.52%。

表5　2023年青海省国有企业国有资本及权益总额按经营规模分布情况(一级企业)

经营规模	国有资本及权益总额(亿元)	占　比(%)	比年初增长(%)	国有资本保值增值率(%)
大型企业	2499.79	66.28	4.32	100.06
中型企业	315.72	8.37	4.11	96.14
小型企业	408.63	10.83	11.41	103.59
微型企业	547.27	14.51	-32.37	99.52
合　计	3771.41	100.00	-2.69	99.98

从一级企业行业分布情况看,青海省企业国有资产主要集中在社会服务业、交通运输业和工业。其中,社会服务业国有资本及权益总额1563.59亿元,占比41.46%,较年初增长0.26%,国有资本保值增值率98.41%;交通运输业国有资本及权益总额1100.67亿元,占比29.18%,较年初增长9.97%,国有资本保值增值率99.08%;工业国有资本及权益总额576.67亿元,占比15.29%,较年初下降29.22%,国有资本保值增值率102.17%。国有资本总量增幅前三的行业分别是金融业58.01%、教育文化广播业15.29%和交通运输业9.97%;国有资本保值增值率排名前三位的行业分别是商贸业107.18%、建筑业106.29%及信息传输、软件和信息技术服务业102.63%。

表6　2023年青海省国有企业国有资本及权益总额按行业分布情况(一级企业)

行　业	国有资本及权益总额(亿元)	占　比(%)	比年初增长(%)	国有资本保值增值率(%)
农林牧渔业	94.98	2.52	2.33	102.30
工业	576.67	15.29	-29.22	102.17
建筑业	215.34	5.71	4.36	106.29
交通运输业	1100.67	29.18	9.97	99.08
仓储业	6.46	0.17	-0.92	98.28
商贸业	18.41	0.49	7.91	107.18
房地产业	115.70	3.07	-1.57	99.67
信息传输、软件和信息技术服务业	1.27	0.03	0.00	102.63
社会服务业	1563.59	41.46	0.26	98.41
教育文化广播业	10.71	0.28	15.29	96.65
科学研究和技术服务业	16.06	0.43	0.31	101.25

续表

行　业	国有资本及权益总额（亿元）	占　比（%）	比年初增长（%）	国有资本保值增值率（%）
金融业	49.60	1.32	58.01	99.34
其他	1.94	0.05	－6.28	95.55
合　计	3771.41	100.00	－2.69	99.98

从隶属关系分布来看，省国资委监管企业、西宁市国有企业和省直部门（含委托监管）企业国有资本及权益总额较大，分别为2044.26亿元、668.89亿元和497.62亿元，分别占比54.20%、17.74%和13.19%。国有资本及权益总额增速排名前三位的是海北州、黄南州和海东市，增速分别为54.81%、17.74%和16.30%，下降幅度较大的是省直部门（含委托监管）企业、海西州，分别下降34.73%、12.06%。

表7　2023年青海省国有企业国有资本及权益总额按隶属关系分布情况（一级企业）

隶属关系	国有资本及权益总额（亿元）	占　比（%）	比上年增长（%）
省属国有企业汇总	2541.88	67.40	－5.62
省国资委监管企业	2044.26	54.20	5.87
省直部门（含委托监管）企业	497.62	13.19	－34.73
市州县国有企业汇总	1229.53	32.60	4.01
西宁市	668.89	17.74	2.55
海东市	277.20	7.35	16.30
海西州	176.15	4.67	－12.06
海南州	46.55	1.23	－1.67
海北州	44.71	1.19	54.81
黄南州	8.23	0.22	17.74
果洛州	2.24	0.06	－3.03
玉树州	5.56	0.15	－3.14
合　计	3771.41	100.00	－2.69

四、青海省国资委监管企业改革发展情况

（一）落实"第一议题"制度，党的政治建设持续加强

坚持把"第一议题"制度作为理论强党、政治建党的首要任务，督促企业党委深入学习贯彻习近平新时代中国特色社会主义思想，切实把贯彻落实党中央决策部署和习近平总书记重要指示批示精神，体现到谋划发展战略、制定工作举措、完成重点任务和推进高质量发展实践中。制定《监管企业贯彻落实习近平总书记重要指示批示督办工作细化措施》，明确督办流程、督办方式及督办结果运用，督促监管企业真正把贯彻落实习近平总书记重要指示批示精神贯穿和体现到国资监管和企业改革的全过程各方面。

（二）顺利完成国务院国资委国企改革重点任务督查

印发《贯彻落实国务院国资委2023年国有企业改革重点督查任务分工方案》，认真梳理经验做法及存在问题，补充完善改革台账资料，做实做细迎检各项工作。会同相关部门成立迎检督查工作专班，传达督查要求、明确责任分工，组织召开国有企业改革重点工作任务落实情况座谈会，全力配合督查组做好资料调阅、专题访谈及入企调研等相关工作，顺利完成督查迎检。督查组组长，国务院国资委党委委员、副主任王宏志在总结讲话中对青海省国有企业改革深化提升行动给予高度肯定，并建议聚焦提高核心竞争力和增强核心功能，扎实推动具有青海特色的新一轮国有企业改革。

（三）多措并举推动国有经济布局结构不断优化

引导监管企业更大力度布局战略性新兴产业，企

业2023年度战略性新兴产业营业收入占比3.30%，战略性新兴产业新增投资占比1.41%。推动传统产业数字化智能化绿色化转型，将重点企业年度数字化转型纳入企业经营业绩考核目标，西部矿业集团有限公司湘和公司熔铸工段建成国内首条5G全自动智能化锌冶炼熔铸产线，青海交通控股集团有限公司建成智能数据中台等九大核心业务数字化应用体系。青海盐湖工业股份公司面向全国23个省(自治区、直辖市)，开展国内最大规模的跨省绿证交易认购工作，圆满完成省间绿证认购目标，促进可再生能源电力消费，提高可再生能源消费占比，推动企业绿色低碳转型。

(四)强化科技创新推动产业创新取得成效

印发《青海省推进国有企业打造原创技术策源地实施方案》，鼓励推动企业开展原创性引领性科技攻关，青海盐湖工业股份公司、青海汇信资产管理有限公司加快钾钠镁锂工艺技术等8个“揭榜挂帅”项目实施，氯化镁脱水攻关取得阶段性成效，产品首次出口老挝。企业主导推动产学研深度融合，青海盐湖工业股份有限公司积极构建“研究院+分(子)公司技术中心+中试基地”科技创新模式，首个“高收率氯化钾冷结晶新工艺研发与工程化示范”中试装置项目搭建完成。推动建立健全与科技创新特点相适应的国有企业科技创新薪酬激励机制，西部矿业集团有限公司加大科研人员激励力度，2023年公司对降本增效、节能降耗、技术创新方面作出贡献的企业科研团队共奖励202.12万元，对首例科技成果转化项目进行专项奖励。2023年，监管企业研发经费投入强度1.61%，比上年提升0.61个百分点。

(五)扎实推进专项治理提升运营效率

组织青海省国资委系统监管企业对假借国企名号开展经济活动，挂靠“伪国企”向下延伸扩张等乱象开展综合整治。加强同市场监督管理局联动协作，信息共享，实现工商信息和国有产权登记信息相互比对核验，通过整治，尚未发现存在假国企问题。督促监管企业建立“两非”“两资”预警识别机制、重点子企业专项治理机制，建立健全亏损源头治理长效机制，筛选重点亏损子企业并将治理情况纳入企业负责人经营业绩考核，推进企业通过股权转让、资产处置等方式盘活存量资产，企业资产使用效率不断提高。

(六)以管资本为主的国资监管体制不断健全

将省级国有经营性资产集中统一监管与防范化解区域系统性风险有机结合，综合考虑产权明晰、资产质量和发展潜力等主要因素，按“分类分批”原则有序推进改革，省级经营性资产集中统一监管率提升至99.4%。开展省属监管企业公益性业务分类核算和分类考核工作，“一企一策”确定省国资委监管企业负责人年度经营业绩差异化分类考核指标，指导企业准确划分竞争类业务和公益类业务，考核的精准性进一步提升。制定《青海省国资委国资监管责任约谈工作规则》，责任追究工作制度体系建设不断完善，监管闭环逐步形成。跟踪评估《青海省政府国资委监管权责清单(2021年版)》实施情况，结合整体评估情况动态调整授放权清单，监管针对性和有效性不断提升。

(七)专项改革工程扎实有序推进

建立台账管理、月调度、年底总结评估等推进机制，推动“双百企业”突出重点、探索创新，截至2023年底，“双百企业”西宁低碳产业基金投资管理有限公司、青海盐湖蓝科锂业股份有限公司全员劳动生产率分别为省国资委监管企业平均水平的4.2倍、16.6倍。“科改企业”加大研发投入，加强科技人才队伍建设，加快科技成果转化，充分激发企业创新创造潜能，全面提升发展质量。青海省交控建设工程集团有限公司2023年度新入选“科改企业”，科改突围有了新突破。青海西部镁业有限公司、青海省交控建设工程集团有限公司研发投入分别比上年增长10.5%、48.83%，3家“科改企业”年研发投入占主营业务收入平均值5.15%。在2023年全国“双百企业”“科改企业”评估中，西宁低碳产业基金投资管理有限公司、青海盐湖蓝科锂业股份有限公司、西部矿业集团科技发展有限公司均被评为“优秀”。

五、青海省国资委监管企业并购重组与完善法人治理结构情况

(一)市场化方式推进整合重组取得明显成效

组织召开国资国企改革发展专题会议，围绕推进

国有企业战略性重组和专业化整合开展研讨，制定监管企业战略性重组和专业化整合方案，扎实推进中国盐湖集团、青海清洁能源产业发展集团组建工作，青海省交通控股集团有限公司吸收合并青海省公路桥梁工程集团有限公司、青海湖旅游控股公司，鼓励监管企业按照产业相近、行业主业相同、优势互补的原则推进所属子企业专业化整合，先后完成10家子企业内部整合，国有资本配置效率不断提升。

（二）党领导国有企业的制度机制更加完善

坚持把党的领导融入现代企业公司治理各环节，把党的组织内嵌到公司治理结构中，落实党组织在公司法人治理结构中的法定地位，全面完成党建入章和"一肩挑"重大要求，监管企业党委及874个基层党组织全面实现书记与车间（班组）主任"一肩挑"。修订《进一步优化完善监管企业党委委员分工负责的指导意见》，明确"双向进入、交叉任职"工作要求，企业党委科学执政、民主执政、依法执政得到全面提升。推进监管企业进一步细化"一则两单"，将企业生产经营、技术改造、资金使用、车间班组生产计划、发展党员和党员教育培训等事项纳入支部决策的重大事项范围内，有效解决融得不深、引领不够等问题。

（三）董事会建设进一步加强

以建章立制推动董事会高效规范运行，印发实施《关于进一步加强和规范青海省政府国资委监管企业董事会建设的实施意见》《青海省政府国资委监管企业董事会工作报告制度》，对省属董事会运行及外部董事履职情况开展年度评价，评定董事会运行优秀企业2户，运行良好企业11户，运行一般企业3户，反馈各类问题51项，通过评价反馈整改机制，促使各企业董事会持续提升治理效能。进一步强化对外部董事履职情况的日常监督评价，外部董事履职能力得到有效提升。按照《青海省省属企业外部董事评价办法》，科学确定外部董事年度考核等次，促使外部董事履职能力得到有效提升。

（四）市场化经营机制改革深入推进

启动2022年度经理层任期制和契约化薪酬刚性兑现工作，督促做好2023年度契约签订，董事会向经理层授权改革全方位推开。深入推进市场化用工，促进高校毕业生就业，在圆满完成2次校园引才工作的基础上，会同省内高校首次举办国资系统高校毕业生夏季专场就业招聘活动，企业新进员工实现公开招聘全覆盖。按照"工资增长与企业经济效益同向联动、能增能减"原则，对省国资委监管企业2022年度工资总额执行情况进行清算，对2023年工资总额预算进行核准或备案。深入企业开展薪酬分配制度改革落实情况调研及国有企业工资收入监督检查，对不合理工资增长进行调控，工资决定机制改革进一步深化。

六、青海省国资委监管企业建立和完善经营业绩考核体系情况

（一）考核制度不断优化完善

聚焦高质量发展首要任务，锚定做优做强做大国有资本和国有企业，认真学习国务院国资委及其他兄弟省市国资委企业负责人经营业绩考核办法，结合青海省实际修订《青海省省属出资企业负责人经营业绩考核办法》及实施细则，进一步完善考核指标体系，构建涵盖可持续发展、价值创造、科技创新、风险防控、资产运营等多个维度的差异化量化指标库和创新发展、产业优化、防风化债、公司治理及内部控制等多项内容的重点工作任务指标库，更加精准地反映企业发展实际，推动企业提高资产经营效率和管理水平、提升可持续发展能力，实现高质量发展。

（二）"指挥棒"作用明显发挥

按照企业发展与青海省经济发展速度相适应、与青海省经济建设中骨干地位作用相匹配、与高质量发展要求相适应的原则，确定监管企业2023年经营业绩考核总体目标。根据各企业功能定位、行业特点、资本结构、资产经营水平等，统筹共性量化任务与个体企业差异，引入"一利五率"，按照"一增一稳四提升"的原则，"一企一策"差异化设置考核指标，突出不

同的考核重点，各监管企业加强市场研判，坚持自我加压，2023 年同口径利润总额目标较上年完成值增长 23%，能源集团、物产集团等 5 家企业目标值达到历史最好水平，稳增长责任层层落实。

(三)全员绩效考核深入开展

各监管企业以落实国有资产保值增值责任为核心，全面深化全员绩效考核。建立健全领导机构和相应的工作机构，切实加强考核工作的组织领导。针对企业所处不同行业、不同发展阶段的特点，针对管理层和部门的不同职责、员工所处的不同岗位，围绕集团公司的总体目标和发展战略，加强研究和完善考核办法，科学合理地确立业绩考核指标，突出分类指导，不断增强考核的导向性、针对性和实效性，实施“工作有标准、管理全覆盖、考核无盲区、奖惩有依据”的全员绩效考核，促进集团公司战略目标和年度工作任务的分解落实和最终完成。把考核结果与薪酬激励、人员任免紧密挂钩，严格兑现奖惩，通过全员绩效考核，真正建立起管理者能上能下、员工能进能出、薪酬能高能低的有效激励约束机制。

(四)创新激励机制见行见效

强化企业科技创新主体地位，将企业科技创新和数字化转型投入纳入企业年度考核目标，对科技进步要求高的企业，重点关注自主创新能力的提升，加强对研发投入、科技成果产出和转化等方面的考核，提升产业科技化水平。加大科技创新激励，在 2023 年度考核中，对 9 家企业 11.9 亿元研发费用视同利润加回，对 10 家企业在科技创新工作方面取得成效的给予考核加分。

七、青海省国资委监管企业负责人考核与选人用人机制改革情况

(一)企业负责人考核工作圆满完成

研究拟订《青海省国有企业领导班子和领导人员综合考核评价办法(初稿)》，按程序报省委组织部审定。修订企业负责人经营业绩考核办法，立足企业实际，突出效益效率、创新驱动、实业主业等导向，科学构建体现高质量发展的考核指标体系。对照 2022 年经营业绩考核目标责任书，结合财务决算报告和企业自评报告，对监管企业 2021 年及第四任期经营业绩考核指标完成情况进行考核，核定考核结果。会同省委组织部等印发《2022 年度监管企业领导班子和领导人员目标责任(绩效)考核实施方案》，圆满完成 21 家监管企业 2022 年度目标责任(绩效)考核工作，根据任务完成情况，科学评定领导班子(绩效)和领导人员考核等次。

(二)企业领导班子建设工作稳步推进

统筹谋划配强配齐企业领导班子，完成 17 名委管企业领导人员任免工作，配合省委组织部完成 3 名省管企业领导人员提拔任用的推荐考察工作，梳理并向中组部、省委组织部推荐 11 名国资系统优秀年轻干部，一批政治上、能力上、作风上、纪律上都过硬的年轻干部脱颖而出进入组织视野。青海省汽车运输集团公司等 3 家企业新老班子实现有序衔接，西宁特殊钢集团有限公司等 2 家涉改企业管理职能及时划转，在监管企业全面深化改革的关键时期保持领导人员队伍的稳定性和工作的连续性。系统提升企业领导人员能力素质。先后组织举办青海国资大讲堂、国有企业领导人员能力提升培训班和优秀企业家理想信念专题培训班，邀请国务院国资委等部门权威专家专题授课，监管企业领导人员政治业务素质实现有效提升，企业家践行“二十字”标准的思想自觉和行动自觉进一步增强。

(三)企业人才队伍建设不断夯实

加大企业人才培养力度。深入贯彻落实《“昆仑英才·高端创新创业人才”计划实施方案》，积极争取省委组织部人才专项资金 1315 万元，重点支持 42 名人才和 4 个团队，为切实推动入选人才(团队)成长成才，发挥人才(团队)在企业改革发展实践中的引领作用奠定坚实基础。积极参与校园引才和应届毕业生招聘会活动，累计提供优质就业岗位 400 余个，引进毕业生 211 人，为促进省内高校毕业生充分就业作出国资国企贡献。组织参与“智汇三江源·助力新青海”人才项目洽谈会，7 户监管企业在洽谈会累计签约中高层次人才项目 30 项，涉及盐湖化工、有色金属、生态农牧等领域，为企业引进高层次人才和团队，解

决产业工艺方面技术难题奠定基础。

(四)领导人员监督管理力度不断加大

会同纪检组组织召开监管企业领导人员警示教育大会,突出以近年来发生在青海省及本系统的违纪违法典型案例为镜鉴,持续强化警示教育、营造从严氛围,全力推动企业领导人员进一步受警醒、明底线、知敬畏、存戒惧,不断增强拒腐防变的自觉性和坚定性。完成48名委管企业领导人员个人有关事项报告录入、提交查核。启动个人事项报告随机抽查工作,按15%比例对8名领导人员的个人事项报告进行抽查,对5名未如实填报个人事项报告的领导人员进行批评教育处理。

八、青海省国资委监管企业党的建设和廉政建设情况

(一)政治建设全面夯实

督导监管企业各级党组织严格执行"第一议题"制度,夯实对标总书记重要讲话和重要指示批示精神谋划发展战略、制定工作举措、推进重点任务的思想自觉和行动自觉。组织开展重温习近平总书记全国国企党建会发表重要讲话七周年专题活动,将学习成果转化为推动企业改革发展的实践成果。印发《监管企业党的建设深化提升行动方案》,深层次推动党建与企业改革发展同频共振、互促互进。高标准完成省委常委(扩大)会点评党建问题整改任务,有效补齐基层党建工作短板。

(二)思想建设持续巩固

组织开展学习贯彻习近平新时代中国特色社会主义思想主题教育,两级党委开展集体学习350余次,班子成员领题调研,形成报告106份,指导完成建章立制255项,解决实际问题351项,推动教育成果加速转化为高质量发展的实际行动。青海汇信资产管理有限公司、青海能源投资集团有限公司开展职工体检、疗养,青海创安有限责任公司筹措资金解决养老、医疗等历史遗留问题,青海深圳青鹏集团有限公司完善职工补充医疗保险,以企业发展成果化解职工群众急难愁盼问题。持续抓实抓牢意识形态工作,加强对重点时段、重大节日、敏感时期网络舆情的分析研判工作,指导重点企业制定舆情处置预案并开展演练,有效维护正确舆论导向和国企良好形象。

(三)组织建设全面进步

坚持以创新落实基层党建工作"六个一"要求为抓手,细化制定6个方面22项具体措施,举办党建示范观摩会45场,带动基层党建工作持续提质增效。实施"强基赋能"党建项目,举办"党支部书记能力提升工程"省级示范培训班,引导企业各级党组织紧紧围绕服务改革发展开展工作、组织活动、发挥作用。有序完成西宁特殊钢集团有限公司党委整建制转出、青海省粮食集团有限公司党组织转入工作,全年发展党员1000人,党员发展结构质量不断得到优化提升。深度参与乡村振兴,在54个对口联点村实施党建结对共建项目56项,乡村建设发展治理项目40项,总投资额671.42万元。青海省交通控股集团有限公司开展"当先锋、比贡献"活动,打造共享阵地6个。青海能源发展集团有限公司聚焦政治价值创造,开展"能源先锋"党建项目,引导党员干部凝心铸魂。

(四)作风纪律建设不断强化

组织召开监管企业党的建设暨党风廉政建设工作会议,对企业党委书记抓基层党建工作进行述职评议。持续推行监管企业党委书记抓"四项责任"报账制度,全面压实党建工作责任。组织监管企业开展以案促改专项教育整治,提出18个方面具体任务,以案促改以案促治成效显现。会同省纪委监委、省委组织部在盐湖股份、汇信公司组织开展"清廉润国企　廉洁护发展"廉洁文化建设观摩会,营造思廉倡廉的浓厚氛围。开展两轮委管企业巡察,发现问题67个,移交问题线索2件,党内监督的"长牙""带电"作用逐步发挥。各监管企业也结合实际开展富有成效工作,青海水利水电集团有限公司启动新一轮内部巡察,加强基层党组织政治监督。青海国有资产投资管理有限公司打造作风纪律建设示范观摩点,营造从严管党治党的浓厚氛围。

(撰稿人:王生豪)

宁夏回族自治区

一、宁夏回族自治区国有资产监督管理工作综述

2023年,宁夏回族自治区国资委坚持以习近平新时代中国特色社会主义思想为指导,认真贯彻党的二十大、习近平总书记视察宁夏重要讲话指示批示及自治区第十三次党代会精神,全力深化国资国企改革发展,全面加强党的领导党的建设,实现做强做优做大国有资本和国有企业、央地融合发展、国资监管效能、国企党的建设"四新突破",在宁夏经济社会发展大局中展现"勇于挑大梁、敢于扛重任"的国资担当。经营性国有资产集中统一监管纳入国务院国资委典型案例推广,大力推动与驻宁央企合作发展,受到自治区党委、政府和国务院国资委主要领导肯定,"深化分类授权放权,深入推进虚假贸易、粮食领域腐败问题、境外投资、成品油行业专项整治和区属企业论坛活动专项清理"工作被国务院国资委主要领导点名表扬。2023年,宁夏回族自治区国有企业资产总额9482.72亿元,营业收入615.94亿元、利润总额37.09亿元、实际上缴税金总额37.73亿元,劳动生产总值196.75亿元。其中,营业收入、利润总额等主要经营指标达到历史第二高点。

二、宁夏回族自治区国有资产总量与结构分析

截至2023年底,宁夏回族自治区国有及国有控股一级企业188户,全级次企业896户,比上年增加30户,其中自治区属国有一级企业20户、全级次企业322户,市县国有一级企业168户、全级次企业574户。国有资产总量2564.95亿元,比上年增长8.77%;国有资本保值增值率100.5%,与上年持平。属于地方政府履行出资人职责的国有资本总量2564.95亿元,比上年增长8.77%;户均占有国有资本2.86亿元,比上年增加0.11亿元。

表1　2023年宁夏回族自治区国有企业指标

项　目	金　额(亿元)
资产总额	9482.72
所有者权益	3110.25
营业收入	615.94
国有资产总量	2564.95
利润总额	37.09
净利润	28.87
归属于母公司所有者的净利润	22.9
应交税费总额	37.62
实际上缴税费总额	37.73

表2　2023年宁夏回族自治区国有企业户数情况

2022年户数(户)	2023年户数(户)	比上年增长(%)
866	896	3.5

表3　2023年宁夏回族自治区国有资产总量按隶属关系分布情况

隶属关系	国有资产总量(亿元)	占　比(%)
区属国有企业汇总	1244.79	48.53
地市企业汇总	1320.11	51.47
银川市	852.82	33.25
石嘴山市	51.42	2.00
吴忠市	86.54	3.37
中卫市	91.96	3.59
固原市	108.74	4.24
宁东管委会	128.63	5.02
合　计	2564.90	100.00

注:由于数据修约,合计数与表1中的"国有资产总量"不等。

表4　2023年宁夏回族自治区国有资产总量按行业分布情况

行　业	国有资产总量（亿元）	占　比（%）
宁夏国有企业	9482.73	100.01
农林牧渔业	400.15	4.22
工业	237.67	2.51
建筑业	30.51	0.32
交通运输业	1028.57	10.85
仓储业	20.92	0.22
商贸业	1.66	0.02
房地产业	291.22	3.07
信息技术服务业	7.85	0.08
社会服务业	2190.50	23.10
教育文化广播业	6.26	0.07
科学研究和技术服务业	5.46	0.06
金融业	5260.92	55.48
其他	1.04	0.01

注：表中数据为汇总数，未合并抵扣；由于数据修约，合计数不等于100%。

表5　2023年宁夏回族自治区国有资产总量按经营规模分布情况

经营规模	国有资产总量（亿元）	占　比（%）
大型企业	3734.60	38.38
中型企业	1090.02	11.49
小型企业	4437.22	46.79
微型企业	220.89	2.33
合　计	9482.73	98.99

注：表中数据为汇总数，未合并抵扣；由于数据修约，合计数不等于100%。

三、宁夏回族自治区国有资本保值增值综合分析评价

2023年，宁夏回族自治区国有企业国有资本保值增值率100.5%，比上年下降0.9个百分点。其中，区属国有企业国有资本保值增值率103.4%，下降1个百分点；市县属企业国有资本保值增值率98.2%，下降0.8个百分点。

表6　2023年宁夏回族自治区国有企业地区和行业国有资本保值增值情况

地　区	国有资本保值增值率（%）	行　业	国有资本保值增值率（%）
宁夏区属国有企业	103.4	农林牧渔业	95.6
五市一基地企业	98.2	工业	98.7
宁东管委会	102.0	建筑业	107.0
银川市	98.2	交通运输业	101.5
中卫市	91.6	仓储业	94.6
吴忠市	100.1	商贸业	90.0
固原市	96.2	房地产业	100.0
石嘴山市	100.0	信息技术服务业	63.0
		社会服务业	98.7
		教育文化广播业	60.2
		科学研究和技术服务业	99.2
		金融业	104.9
		其他	100.0

四、宁夏回族自治区国资委监管企业改革发展情况

2023年，宁夏回族自治区国资委坚持以习近平新时代中国特色社会主义思想为指导，深入贯彻落实

习近平总书记关于国有企业改革发展和党的建设重要论述以及视察宁夏重要讲话指示批示精神，全面落实党中央、国务院决策部署和自治区党委、政府工作要求，巩固国企改革三年行动成效，谋划推进国企改革深化提升行动，奋力推进国资国企改革不断取得新成效。

(一)聚焦全区战略强化服务，发展质量明显提升

立足自治区产业基础和禀赋优势，始终坚持“两个毫不动摇”，持续发展壮大国有资本和国有企业，增强国资国企核心功能。一是狠抓经营运行，主要经济指标实现稳定增长。紧盯全年目标不动摇，建立由“两利四率”转向“一利五率”的目标考核引领机制，组织召开全区国有企业固定资产投资推进会3次，建立季度经营分析和驻宁央企分析对标制度，助推企业高质量发展。二是狠抓央地合作，项目战略支撑作用更加明显。主动对标对表黄河流域生态保护和高质量发展先行区战略，6月1日成功举办黄河流域生态保护和高质量发展先行区建设企业家座谈会，签约项目24个、1336亿元。召开在宁央企投资工作座谈会，持续推动“国资国企地市行”104个签约项目落地落实，积极引进央企二、三级子公司落户宁夏，央地企地合作向更宽领域、更深层次、更高水平迈进。组织赴福建、广东等省招商引资，在福州举办闽宁国资国企招商合作推介会，赓续闽宁缘，共谋新合作。召开与民营企业合作推进座谈会，推动国企民企互利共赢、共同发展。三是狠抓布局调整，区属企业重组整合步伐加快。按照“资源相同、主业相近、业务相关、产业协同”的原则，以重组整合为手段，撤销合并宁夏农投集团，将宁夏建投集团、宁夏旅投集团调整为产业集团，组建宁夏粮食集团、数字宁夏建设运营公司，完成西部创业股权转让，推动国有资本向全区重要行业、关键领域和优势企业集中，形成“1+2+6”的区属企业发展格局。四是狠抓治亏脱困，提质增效工作成效显著。坚持“治亏”“脱困”两手抓，组织开展“双增双节提质增效稳增长”活动，持续推进“瘦身健体”，区属国有企业压减企业法人21户，出清“两非”“两资”企业8户，处置“僵尸企业”4户，盘活闲置存量资产4.8亿元。依法依规推进国能宁煤增效扩股、资产评估，完成北京宁夏大厦等10余宗产权划转事宜，推动宁夏农垦土地确权评估增加资本金128亿元。督促监管区属企业全面梳理应付民营企业账款和农民工工资情况，完成无分歧账款动态清零目标，8户监管企业累计清理拖欠民营企业中小企业账款8.16亿元。

(二)聚焦关键环节深化改革，体制机制活力激发

按照“三因三宜三不”要求，持续深化国资国企改革，进一步激发国企发展活力。一是国企改革三年行动全面顺利完成。深入贯彻全国国企改革三年行动总结电视电话会议精神，按照“可衡量、可考核、可检验、要办事”工作要求，坚持问题导向攻坚克难，紧盯目标任务持续发力，全面完成国企改革三年行动评估工作，顺利通过国务院国资委评估验收。新增列入国家“科改企业”2户、“专精特新”企业1户、“双百企业”1户等，累计总数14户，改革之“效”不断提升，企业发展活力得到进一步激发。鼓励企业加大科技创新投入，全区国有企业研发经费投入强度比上年增长0.4个百分点，宁夏水投云澜科技股份公司入选国家级专精特新“小巨人”企业。二是中国特色现代企业制度逐步完善。坚持加强党的领导和完善公司治理相统一，9户区属企业清晰界定党委会和董事会、经理层等其他治理主体的权责边界，实现党的领导与公司治理有效结合、深度融合。印发自治区属国有企业董事会及董事评价办法，完成13名专兼职外部董事选聘工作，7户区属企业集团及47户各级子企业全部实现外部董事占多数，董事会整体功能、决策质量持续提升。三是市场化经营机制改革成效显著。以全面推进经理层成员任期制和契约化管理为突破口，持续深化三项制度改革，区、市国有企业经理层成员全部实现任期制和契约化管理，中国特色现代企业制度下的新型经营责任制基本建立。聚焦关键岗位核心人才，在5户区属国有企业探索开展中长期激励。管理人员能上能下机制逐渐形成，员工能进能出渠道逐步畅通，收入能增能减制度基本建立。出台《参股央企股权管理办法》，加强自治区属国有企业参股股权管理，维护股东合法权益。

(三)聚焦国资监管优化方式，监管效能逐步增强

坚持统筹发展和安全，增强忧患意识，坚持底线思维，不断完善国资监管方式，既为企业发展赋能，又实现从严监管。一是安全和生态环保底线不断筑牢。全面贯彻落实自治区党委十三届四次、五次全会精神，从严从实从细抓好安全生产和生态环境保护工作，准确把握职能定位，扎实履行监管职责，严格落实“党政同责、一岗双责、失职追责”和“三管三必须”总要求，建立安全隐患排查整治领导包抓机制，自治区国资委党委主要领导采取“四不两直”方式深入企业调研督导30余次，对发现的68个问题隐患督促企业闭环抓好整改落实。区属国有企业连续五年安全生产考核等次为“优秀”。二是国资监管制度体系健全完善。制定《关于进一步加强自治区属国有企业内部控制体系建设的实施意见》，组织开展区属企业对标央企一流管理提升活动，激励企业加强内控管理，持续推进国资国企系统在线监管系统运营，监管精准性和有效性进一步提升。修订经营业绩考核办法，建立集合目标体系、执行体系、考评体系、奖惩体系“四位一体”的一企一策业绩管理体系，健全企业负责人薪酬分配制度，考核导向激励作用得到有效发挥。三是债务风险防范化解稳步推进。坚持“点、线、面”全面债务风险管控机制，通过企业重组、股权划转等方式化解企业经济领域风险隐患点42个。成立宁夏国有企业信用保障基金，化解银川市属国有企业风险。

五、宁夏回族自治区国资委监管企业并购重组与完善法人治理结构情况

2023年，宁夏回族自治区国资委坚持调整存量结构、优化增量投向，完成宁夏农投集团撤并和宁夏粮食集团、数字宁夏建设运营公司组建工作，国有资本布局更加合理。持续推进“瘦身健体”，区属企业开展专业化整合11次、涉及各级子企业18户，压减企业法人21户，出清“两非”“两资”企业8户，处置“僵尸企业”4户。坚持以扩大有效投资加速产业发展，区属企业完成固定资产投资125.5亿元，比上年增长5.5%。严格落实“两个一以贯之”，21户动态优化党委前置研究讨论重大经营管理事项清单，占比33.9%，确保国有企业党委“把方向、管大局、保落实”，董事会定战略、作决策、防风险和经理层谋经营、抓落实、强管理的具体化、规范化、程序化。全面加强董事会建设，符合条件的9户区属企业集团及53户子企业全面落实6项董事会重点职权，占比88.3%。进一步加强外部董事队伍建设，建立完善外部董事人才库，董事会整体功能、决策质量持续提升。区属企业对标一流企业创造行动总体完成率超过40%。

六、宁夏回族自治区国资委监管企业建立和完善经营业绩考核体系情况

按照中央企业负责人会议提出“一利五率”“一增一稳四提升”总体要求，修订完善《自治区属国有企业负责人年度经营业绩考核实施细则》《自治区属国有企业负责人任期经营业绩考核实施细则》，进一步推动精细化分类考核，不断完善激励约束机制。一是对考核指标体系进行优化调整，体现“一利五率”经营指标体系，更好统筹实现质的有效提升和量的合理增长。二是对“阶段性国资监管和改革重点工作任务”内容进行细化完善，实现国企改革持续深入推进。三是经营业绩考核A级企业比例参照国务院国资委做法。四是对落实“创新、转型、提质、增效”方面表现突出企业进行专项表彰，营造示范引领、比学赶超的浓厚氛围。五是对企业负责人基薪计算方式进行修改，拉平基薪水平，合理调整收入结构，强化业绩与薪酬双对标管理。六是修改党建考核结果纳入经营业绩考核标准，提升国企党建工作质量。七是完善绩效年薪调节系数确定规则，消除分档取值带来绩效年薪调节系数的跳跃，减少年度薪酬波动较大的情况。

七、宁夏回族自治区国资委监管企业负责人考核与选人用人机制改革情况

始终坚持质量第一、效益优先，突出高质量发展导向精准发力，着力强化价值管理，着力强化对标评价，不断激发企业价值创造的内生动力，发挥考核分配导向作用。一是核定年度及任期经营业绩目标。落实国有资产保值增值责任，引导企业“跳起摘桃子”申报挑战性目标，强化净资产收益率、营业现金比率、成本费用占营业收入比重和国有资本保值增值率等指标考核，监管企业归属于母公司所有者的净利润总额比上年完成值增长28.36%，不断引导企业实现

"量"的合理增长和"质"的稳步提升。二是完成上一年度及上一任期经营业绩考核。延伸穿透至二、三级子企业,通过现场查阅资料、实地检查、个别抽查等方式,开展经营业绩现场考核和督导服务,并将巡视、审计和督导检查中发现影响经营业绩方面内容一并纳入考核范畴,不断完善一企一策、导向鲜明、指标科学的考核体系。三是持续推进三项制度改革。持续深化三项制度改革,印发《自治区属国有企业三项制度改革评估工作指引》,组织召开三项制度改革经验交流暨任务推进会,区、市国有企业经理层成员全部实现任期制和契约化管理,公开招聘、竞争上岗、末等调整和不胜任退出等市场化机制加快实施。区、市国有企业新聘任管理人员竞争上岗占比分别为63%、57%,管理人员末等调整和不胜任退出比例均超过3%。聚焦关键岗位核心人才,在5户区属国有企业探索开展中长期激励。管理人员能上能下机制逐渐形成,员工能进能出渠道逐步畅通,收入能增能减制度基本建立。四是强化考核刚性兑现。修订经营业绩考核办法,建立集合目标体系、执行体系、考评体系、奖惩体系"四位一体"的一企一策业绩管理体系,积极构建完整考核链条,牢固树立讲担当、重担当、激励先进、鞭策落后的鲜明导向,对年度业绩未完成的1户企业主要负责人考核级别定为D级,企业负责人年度绩效薪酬为0。

八、宁夏回族自治区国资委监管企业党的建设和廉政建设情况

2023年,宁夏回族自治区国资委认真学习贯彻习近平新时代中国特色社会主义思想和党的二十大精神、自治区第十三次党代会精神,按照新时代党的建设总要求,坚持以党的政治建设为统领,以增强政治功能和组织功能为重点,以落实党建工作责任制为抓手,强根铸魂抓党建,凝心聚力促发展,国有企业党的建设取得新进步、新成效。

(一)强化政治建设,坚决做到"两个维护"

一是不断创新理论武装。严格落实"第一议题"制度,认真组织实施党的创新理论学习教育计划,积极推行党委主抓学、中心组引领学、领导干部带头学、党支部跟进学、党员职工主动学"五级联动"学习机制,着力推进习近平新时代中国特色社会主义思想进企业、进车间、进班组、进头脑。自治区国资委党委召开党委会议28次、中心组学习会14次,专题研讨9次,推动国资国企系统各级党组织坚定拥护"两个确立"、坚决做到"两个维护"。二是学习宣传贯彻深入开展。结合主题教育,深入开展"感恩总书记　奋进新征程"习近平新时代中国特色社会主义思想宣讲,区属国有企业举办宣讲会、报告会1067场,讲党课1581次,受教育6.8万人次。积极参加第三届宁夏"学习强国"达人挑战赛,被自治区党委宣传部授予优秀组织奖。举办自治区第四届国有企业"学习强国"达人挑战赛,充分展现企业各级党组织和广大党员职工的精神风貌和时代风采。向自治区党委宣传部报送智库1个,向自治区政研会推荐全国政研工作优秀单位1个,报送优秀研究成果3篇,向主题教育领导小组办公室报送的征文获得二等奖1篇、优秀奖1篇。成功举办首届自治区国有企业职工运动会,大力推进企业精神文明建设,丰富职工文化生活。三是着力防范政治风险。严格落实意识形态工作责任制,审批意识形态领域讲座论坛、辅导报告16期。每季度排查1次意识形态领域风险,针对意识形态工作监督检查、考核评价和意识形态领域专项巡视发现的问题,持续跟进整改落实,国资国企系统意识形态领域保持总体稳定。常态化开展铸牢中华民族共同体意识专题教育、网上涉"三化"信息排查和从严整治共产党员信教参教问题"回头看"工作,深化巩固"三化"治理和党员信教参教问题整治成果,筑牢政治安全的铜墙铁壁。

(二)聚焦主责主业,主体责任逐级压实

一是压紧压实责任。召开党建暨党风廉政建设工作会议,制定《2023年国有企业党建工作要点》、全面从严治党"三个清单"、党风廉政建设和反腐败任务分工,压紧压实党委主体责任和纪委监督责任。深化运用"清单制+责任制",细化制定对"一把手"和领导班子监督措施,推动"第一责任人"扛起责任、抓好落实。扎实开展基层党建提质增效"五项行动",大力实施国企党建"八大工程",深化拓展"六化六提升"工程成果,党建工作质量和水平持续提升。二是突出关键

少数。坚持年度述职述责述廉述法和抓党建述职评议考核制度，召开自治区国资委机关党支部书记和企业党委书记述职述责述廉述法和抓党建述职评议考核会议，强化企业党委书记履职尽责的政治担当。专题听取党建和党风廉政建设工作汇报，及时调整党建工作联系点，班子成员主动联系调研企业基层党组织建设48次，了解全面从严治党工作进展情况，指出存在问题，帮助指导企业加强全面从严治党工作。三是强化考评问效。结合平时调研、互查互检、专项督导和年度考核，采取明察暗访、随机抽查等方式，对12户区属企业党建、党风廉政建设和反腐败工作进行考核，推动党建工作考核评价结果与领导班子综合考评、经营业绩考核相衔接，与企业领导人员薪酬相挂钩。针对自治区党委年度考核和述职评议考核指出的问题，印发《2022年党风廉政建设责任制、意识形态工作责任制和领导班子领导干部考核发现问题的整改方案》和述职评议考核整改方案，截至2023年底，3个方面7个具体问题全部整改完毕。

(三)夯实基层基础，重点任务落实有力

一是全面加强党的领导。认真贯彻在完善公司治理中加强党的领导的实施意见和自治区属国有企业党支部(党总支)参与重大问题决策工作指引，指导9户区属企业严格落实“党建入章”、“双向进入、交叉任职”、企业党组织前置研究讨论“三张清单”等制度，动态调整各级党组织决策清单和前置研究讨论事项清单，推动党的领导与公司治理有效融合。健全完善董事会年度报告制度，召开区属国有企业董事会、股权代表评议会和外部董事述职报告会，选齐配强5户区属国有企业兼职外部董事，全面提升外部董事队伍质量和履职水平。二是全面加强“三基”建设。持续推进党支部规范化标准化建设，打造基层党建示范点327个，建成“六有”党支部1405个，三星级以上基层党组织占比42%。深入实施干部政治能力和专业能力提升“两大工程”，启动实施第二期“青马工程”，培训基层党组织书记和党务工作人员2400余人、青年中层骨干100人。深化“两培养一输送”，培训发展对象1410人，发展党员1246人。严格落实换届选举、“三会一课”、组织生活会等党内基本制度，指导宁夏电投等8户企业党委完成换届工作。开展党费收缴使用管理工作专项检查，督促整改落实问题32个，进一步规范党费收缴使用管理工作。三是全面推进党建与生产经营融合发展。紧紧围绕自治区“三区建设”“四新任务”“五大战略”“六新六特六优”产业等重大战略，制定全区国有企业党建与生产经营融合发展意见，扎实开展“党员示范岗”“党员责任区”等创先争优和党员立项攻关、党员承诺践诺等活动，大力表彰先进党组织、优秀党务工作者和优秀共产党员，打造“双向融合　两牌同创”“党建＋项目”等党建品牌，切实把党建活力转化为发展活力，把党建优势转化为发展动能。

(四)强化制约监督，源头治腐持续巩固

一是着力规范权力运行。认真贯彻落实中央《关于加强对“一把手”和领导班子监督的意见》(以下简称《意见》)和自治区《实施办法》，修订完善“三重一大”决策制度，贯彻落实民主集中制，坚持将各级党组织领导班子及“一把手”贯彻《意见》和《实施办法》情况纳入党委书记抓基层党建述职的重要内容，自觉接受干部职工评议和监督。二是扎实做好巡视巡察工作。积极配合做好自治区党委新一轮巡视工作，切实履行巡视整改主体责任，组织召开国资国企巡视反馈问题整改动员部署会和推进会，通过建立整改问题、任务、责任“三张清单”，构建“书记领办、领导包抓、一体整改、定期调度、定期督办”协调机制等措施，推动巡视整改落地见效。启动实施企业第二轮巡察工作，对2户区属二级企业党组织开展政治巡察，着力营造风清气正的发展环境。三是持续纠正和整治“四风”。紧盯“四风”方面存在的苗头性、倾向性、隐蔽性问题，聚焦工程建设、物资采购、投资并购等专项整治活动，深入开展靠企吃企、虚假贸易、工程建设政府采购领域专项治理，发现问题498个、线索8个，废改立制度1158项，挽回损失190.56万元。扎实开展国资国企作风整治专项行动，围绕9个方面35条整治重点，国资国企党委班子查找的146个问题、班子成员查找的224个问题均整改完成。紧盯重要节点，在元旦、春节、五一、国庆等节假日发送廉政提示短信140余条。加强廉洁文化建设，大力推动社会主义先进文化和廉洁文化进企业活动，营造“以廉为荣、以贪为耻”的良好社会风尚。

(五)深化"三不"一体推进,发展环境持续优化

一是持续强化"不敢腐"的震慑。始终保持惩治腐败高压态势,严肃查处靠企吃企、设租寻租、关联交易、内外勾结侵吞国有资产的违纪违法问题。2023年,国资国企系统受理信访举报352件,立案查处55件,给予党纪处分56人。二是扎牢"不能腐"的制度笼子。出台参股股权管理办法、企业合规管理办法、法律纠纷案件管理办法、董事会及董事评价办法、内控体系建设实施意见等,国资监管制度体系进一步完善。坚持以案促改,深刻吸取近年来国资国企系统腐败案件教训,用身边的事教育身边的人,发挥查办案件综合效应。三是筑牢"不想腐"的思想防线。认真开展"廉政警示教育周"系列活动,通过参观警示教育基地、观看廉政警示片、党支部书记讲廉政党课等形式,推动实现警示教育常态化,12户区属国有企业开展警示教育、廉政知识测试等活动1200余场次。适时组织开展"一把手"集体廉政谈话,国资国企系统组织集体廉政谈话65场次,开展任前廉政谈话443人次。

(撰稿人:马喜兰)

新疆维吾尔自治区

一、新疆维吾尔自治区国有资产监督管理工作综述

2023年,新疆维吾尔自治区国资国企坚持以习近平新时代中国特色社会主义思想为指导,深入学习贯彻党的二十大精神,学习贯彻习近平总书记系列重要讲话和指示批示精神,坚决贯彻党中央决策部署,认真落实自治区党委、政府和国务院国资委工作要求,克服困难挑战,顶压奋进前行,推动国资国企改革发展和党的建设取得新成效,为自治区经济社会高质量发展作出积极贡献。

(一)聚焦当好自治区经济发展的"推进器",国有经济实现稳进提质增效

面对复杂严峻的外部形势,自治区国资国企充分发挥国有经济的主导作用和战略支撑作用,实现稳生产、稳经营、稳效益。一是经济运行稳中有进。截至2023年底,新疆维吾尔自治区国有企业(不含金融企业,下同)资产总额29890.45亿元,比上年增长5.39%;所有者权益11968.04亿元,比上年增长4.78%;全年实现营业收入5467.44亿元,比上年下降6.11%,其中主动压减大宗贸易收入516亿元;受主要产品价格大幅下降影响,利润总额75.38亿元,比上年下降59.45%;平均资产负债率59.96%,比上年上升0.23个百分点。14个地州市全部实现盈利,为自治区经济稳增长提供有力支撑。二是投资拉动作用有效发挥。全区国企完成固定资产投资1170亿元,比上年增长31.4%。其中,区属企业完成投资620.53亿元,增长60.6%;聚焦自治区"八大产业集群"完成投资32.73亿元,增长84.7%。三是社会贡献成效明显。2023年,全区国企实现劳动生产总值854.62亿元;吸纳各类人员就业4.8万人,其中高校毕业生1.2万人,超额完成自治区安排的7800人任务。积极对接中央企业"工装援疆",签约33.6万件(套)、金额6350余万元。深入开展乡村振兴,向定点帮扶地区和南疆驻村点累计投入1400余万元,开展消费帮扶超过4000万元,为社会稳定、民生保障作出应有贡献。

(二)聚焦当好新疆特色现代产业体系建设的"领头羊",国有资本布局实现再优化

紧紧围绕建设"八大产业集群",积极补短板、强功能、建龙头、聚集群。一是规划中期调整有序开展。强化规划引领作用,指导各级国资国企开展"十四五"规划中期调整,推动国有资本向"八大产业集群"集中、向重点基础设施领域集中、向南疆地区集中。二是战略性重组和专业化整合持续深化。重组或新设数字新疆集团、商贸物流集团、亚新煤层气集团、能源集团、人才发展集团5家产业集团,成立国有资本运营研究中心、农村综合产权交易中心、征信公司、天缘航空公司4家具有重要功能的二级公司。开展专业化整合,推动商贸物流集团整合国际陆港集团、机场

集团整合乌鲁木齐临空集团、金投集团整合喀什昆仑药业以及中泰集团与农牧投集团、文旅投集团开展资产整合。三是优势资源开发利用取得重要成果。坚持以油气为关键、煤炭为基础、新能源为方向、矿产资源为重点，大力推动企业参与疆内石油、天然气、煤炭、金属矿产、风光电等优势资源的勘探开发。有色集团大红柳滩稀有金属矿完成投资 26 亿元；新矿集团成功竞得火烧云铅锌矿权并实现当年探转采；能源集团新增煤炭年产能 1000 万吨；新投集团 1500 万吨/年煤炭分质清洁高效利用示范项目入选自治区“十四五”新增煤化工项目；中泰集团成功竞得托克逊县干沟矿区南部煤矿；亚新煤层气集团完成煤层气产能建设 2.8 亿立方米。

（三）聚焦当好全面深化改革的“先行者”，重点领域关键环节改革实现再深化

积极履行新时代新征程赋予国资国企的重要使命，坚持做强做优做大国有企业，以更大力度深化国有企业改革。一是国企改革深化提升行动有力推动。圆满完成国企改革三年行动，启动新一轮国企改革，印发《自治区国有企业改革深化提升行动实施方案(2023—2025 年)》。指导推动地州、区属企业全部制定实施方案，其中 4 个地州和 10 家企业印发出台。二是中国特色现代企业制度更加完善。指导推动企业持续优化“三重一大”权责清单，完善党委前置研究事项清单。强化董事会建设，研究制定《外部董事履职指引》等 5 个制度办法，动态优化调整外部董事人才库，有效提升外部董事履职能力。遴选 10 家企业作为公司治理示范典型案例在全区推广交流，营造比学赶超良好氛围。三是国有资本运营能力持续提升。推动宝地矿业成功上市，新疆建筑设计研究院实施混改暨员工持股。指导新疆产业引导基金整合设立 5 只子基金，总规模 58.3 亿元，带动社会资本投入 43 亿元。推动机场集团、水发集团获得 AAA 信用评级。四是国企改革专项工程再添新绩。在持续抓好 4 家“双百企业”和 1 家“科改企业”改革专项工程的基础上，推动 4 家企业新入围“双百企业”、6 家企业新入围“科改企业”，总数 15 家。

（四）聚焦当好打造科技创新策源地的“排头兵”，科技创新实现再突破

坚持把科技创新摆在更加突出位置，推动企业在打造新疆原创技术策源地上当好先锋队。一是研发投入不断加大。全区国有企业年度研发投入 39.7 亿元，比上年增长 11.7%。其中，区属企业研发投入 31.5 亿元，区属工业企业研发投入强度 2.53%，超过全国平均水平 0.36 个百分点。有色金属研究所等 5 家企业入选自治区研发投入 50 强。二是创新平台建设加快推进。区属企业新增科技创新平台 28 个，总数 154 个，实现国有规模以上工业企业研发机构全覆盖；新增高新技术企业 21 家、“专精特新”企业 9 家，总数 130 家。三是科技创新成果不断涌现。区属企业新增科研项目 166 个，其中列入国家部委计划 4 个；新增知识产权 658 件(项)，其中专利发明 537 件、软件著作权 121 项。其中有色集团“锂资源重介质选别工艺”国内首创，新业集团“碎煤加压气化综合利用工艺”获得第二十三届中国发明专利银奖，中泰集团完成首批次万吨级无汞催化剂中试运行试验。

（五）聚焦当好畅通产业循环、构建新发展格局的“国家队”，国有经济整体功能实现再提升

立足整体发展壮大国有经济，加大开放合作力度，不断推动央地区地兵地优势互补、协同发展、深度融合。一是央地协同发展再获新成果。推动 37 家在疆央企 199 个投资项目落实落地，累计完成投资超过 4100 亿元。推动商贸物流集团、新矿集团等区属企业与部分央企在物流、矿产、能源等领域组建一批合资公司。二是区地联动发展取得新进展。相继召开自治区国资国企、金融机构助力吐鲁番市、昌吉州经济高质量发展推进会，签约项目金额 1400 余亿元。推动亚新煤层气集团、数字新疆集团等 5 家区属企业与乌鲁木齐市、喀什地区等 6 个地州市达成一批合作项目。三是兵地融合发展实现再深化。制定兵地融合发展工作推进方案，支持兵团南疆产业园区建设。推动农牧投集团与兵团企业加快新冀能源循环经济项目建设，支持新矿集团与新疆兵能矿业合作成立新疆兵地矿业公司。

(六)聚焦当好国有资产保值增值的“守护人”,专业化体系化法治化监管实现再强化

坚持“三统一、三结合”,加快完善国资管理体系,国资监管大格局加快构建。一是监管体系进一步健全。克州成立国资委,全区14个地州市实现独立设置国资委全覆盖。研究出台主业管理、合规管理等制度,修订投资监督管理办法及投资项目负面清单,不断提高监管的规范性和有效性。与党委组织部共同起草《进一步完善激励约束机制更好支撑区属国有企业高质量发展的实施意见》,激发企业担当作为、敢闯敢干。二是监管能力进一步提升。持续开展调整核定主业、法人层级压减、减亏治亏、资不抵债企业盘活处置等专项治理,14家区属企业主业由调整前的39个优化调整至27个;压减法人层级176户,压减率16.6%;344户子企业实现亏损面、亏损额“双降半”目标;100户子企业完成盘活处置。三是风险防范能力进一步增强。建立完善风险防控体系,及时排查处置违规经营投资、虚假贸易、法务等领域风险隐患,对违规经营投资事项开展问题核查、实施责任追究,清收债权46亿元,大宗贸易收入占比下降8.6个百分点,化解各类法律纠纷案件282件、挽回经济损失7.8亿元。

二、新疆维吾尔自治区国有资产总量与结构分析

截至2023年底,新疆维吾尔自治区国有企业(不含金融企业)资产总额29890.45亿元,比上年增长5.39%;所有者权益11968.04亿元,比上年增长4.78%;全年实现营业收入5467.44亿元,比上年下降6.11%;利润总额75.38亿元,比上年下降59.45%;实际上缴税金总额196.23亿元,比上年增长0.71%;平均资产负债率59.96%,比上年上升0.23个百分点。

表1　2023年新疆维吾尔自治区国有企业指标

续表

项　目	数　量
资产总额(亿元)	29890.45
所有者权益(亿元)	11968.04
国有资产总量(亿元)	11372.10
营业收入(亿元)	5467.44
利润总额(亿元)	75.38
净利润(亿元)	40.85
归属于母公司所有者的净利润(亿元)	39.38
应交税金总额(亿元)	197.87
实际上缴税金总额(亿元)	196.23
平均资产负债率(%)	59.96

截至2023年底,自治区国有企业户数938户,比上年减少51户,减少5.16%。

表2　2023年新疆维吾尔自治区国有企业户数情况

2022年户数(户)	2023年户数(户)	比上年增长(%)
989	938	—5.16

截至2023年底,自治区国有企业国有资产总量11372.10亿元。其中,区属企业国有资产总量2696.81亿元,占比23.71%;地州市企业国有资产总量8675.29亿元,占比76.29%。从地州市分布情况看,乌鲁木齐市最高,为2344.97亿元,占比27.03%,其次为伊犁州国有资产总量948.05亿元、占比10.93%,巴州国有资产总量882.86亿元、占比10.18%。

表3　2023年新疆维吾尔自治区国有资产总量按隶属关系分布情况

隶属关系	国有资产总量(亿元)	占　比(%)
区属企业汇总	2696.81	23.71
地州市企业汇总	8675.29	76.29
乌鲁木齐市	2344.97	27.03

续表

隶属关系	国有资产总量（亿元）	占　比（%）
伊犁州	948.05	10.93
巴州	882.86	10.18
阿克苏地区	782.22	9.02
昌吉州	683.13	7.87
阿勒泰地区	557.85	6.43
哈密市	532.31	6.14
博州	433.74	5.00
喀什地区	470.98	5.43
塔城地区	349.43	4.03
克拉玛依市	341.39	3.94
和田地区	240.52	2.77
克州	60.26	0.69
吐鲁番市	47.57	0.55
合　计	11372.10	100.00

从行业分布情况看，社会服务业国有资产总量最大，为5058.04亿元，占比44.48%；其次是工业、房地产业、交通运输业、农林牧渔业、建筑业，分别占比12.13%、9.64%、9.11%、8.67%、8.55%。

表4　2023年新疆维吾尔自治区国有资产总量按行业分布情况

行　业	国有资产总量（亿元）	占　比（%）
社会服务业	5058.04	44.48
工业	1378.98	12.13
房地产业	1096.46	9.64
交通运输业	1036.44	9.11
农林牧渔业	985.52	8.67
建筑业	972.77	8.55

续表

行　业	国有资产总量（亿元）	占　比（%）
金融业	350.22	3.08
科学研究和技术服务业	186.69	1.64
商贸业	174.89	1.54
仓储业	42.01	0.37
信息传输、软件和信息技术服务业	23.76	0.21
教育文化广播业	23.73	0.21
其他	42.6	0.37
合　计	11372.10	100.00

从经营规模分布情况看，大型企业国有资产总量7355.44亿元，占比64.68%；中型企业国有资产总量1822.25亿元，占比16.02%；小型企业国有资产总量1152.57亿元，占比10.14%；微型企业国有资产总量1041.84亿元，占比9.16%。

表5　2023年新疆维吾尔自治区国有资产总量按经营规模分布情况

经营规模	国有资产总量（亿元）	占　比（%）
大型企业	7355.44	64.68
中型企业	1822.25	16.02
小型企业	1152.57	10.14
微型企业	1041.84	9.16
合　计	11372.10	100.00

三、新疆维吾尔自治区国有资本保值增值综合分析评价

2023年，新疆国有企业国有资本保值增值率100.5%，比上年减少0.4个百分点。

从地区来看，自治区本级企业国有资本保值增值率100.9%，实现国有资本保值增值。地州市企业国有资本保值增值率100.3%，11个地州市企业实现国

有资本保值增值。其中,克拉玛依市最高,为103.5%,其次为阿克苏地区国有资本保值增值率101.1%、吐鲁番市国有资本保值增值率100.9%。3个地区企业未实现保值增值,分别为塔城地区国有资本保值增值率99.8%、阿勒泰地区国有资本保值增值率99.4%、喀什地区国有资本保值增值率99.3%。

从行业来看,8个行业实现保值增值,最高为教育文化广播业国有资本保值增值率108.3%,其次为科学研究和技术服务业国有资本保值增值率104.5%、金融业国有资本保值增值率103.7%。未实现保值增值的行业分别为:社会服务业国有资本保值增值率99.9%,房地产业国有资本保值增值率99.6%,信息传输、软件和信息技术服务业国有资本保值增值率99.0%,仓储业国有资本保值增值率95.4%,其他行业国有资本保值增值率99.2%。

表6　2023年新疆维吾尔自治区国有企业地区和行业国有资本保值增值情况

地　区	国有资本保值增值率(%)	行　业	国有资本保值增值率(%)
区属企业	100.9	教育文化广播业	108.3
地州市企业	100.3	科学研究和技术服务业	104.5
克拉玛依市	103.5	金融业	103.7
阿克苏地区	101.1	建筑业	101.7
吐鲁番市	100.9	交通运输业	101.0
哈密市	100.4	商贸业	100.8
伊犁州	100.3	工业	100.3
昌吉州	100.3	农林牧渔业	100.3
乌鲁木齐市	100.2	社会服务业	99.9
巴州	100.2	房地产业	99.6
和田地区	100.2	信息传输、软件和信息技术服务业	99.0
克州	100.1	仓储业	95.4
博州	100.0	其他	99.2
塔城地区	99.8		
阿勒泰地区	99.4		
喀什地区	99.3		

四、新疆维吾尔自治区国资委监管企业改革发展情况

(一)强化顶层设计,层层推动国企改革深化提升行动

锚定"一个目标、两个路径、三个作用",研究制定《自治区国有企业改革深化提升行动实施方案(2023—2025年)》,明确八大任务、细化122条改革举措,把准全区国企改革深化提升行动实施目标方向。组织安排两期国企改革深化提升行动专题培训班,14个地州市国资委、各监管企业累计300余人参加培训。遴选10家集团公司和基层企业作公司治理示范典型案例推广交流,更深层次讲好自治区国资国企改革发展故事。

(二)把准改革方向,多措并举落实深化改革重点任务

聚焦改革任务落地,推进方案实施见效,梳理形成自治区国有企业改革深化提升行动(2023—2025年)任务清单,将改革任务细化分解至月度,明确责任部门、完成时限、完成标准、预期标志性成果等,清单式管理和追踪改革任务落实。实施"月调度、季通报、年考核"推进工作机制,按期调度全区国有企业改革深化提升行动各项改革任务落实情况和推进进度,"一竿子插到底"穿透式推进。

(三)突出改革实效,真改实改全面提升国企发展质效

2023年,纳入改革范围的860户监管企业14项阶段性改革重点任务基本完成,国有经济布局和结构调整进入新阶段。聚焦"八大产业集群"建设,重组或

新设数字新疆集团、商贸物流集团、亚新煤层气集团、能源集团、人才发展集团等5家自治区级产业集团，成立国有资本运营研究中心、农村综合产权交易中心、征信公司、天缘航空公司等4家重要功能型二级公司，推动产业集团开展同类资产整合。围绕提升国有企业活力效率深化改革，研究起草《区属国有企业上市三年行动计划(2023—2025年)》，推动宝地矿业成功上市、新疆建筑设计研究院有限公司成功实施混合所有制改革暨员工持股。指导新疆首支百亿规模产业引导基金整合设立5只子基金。制定印发《开展自治区国有企业对标一流企业价值创造行动的工作方案》，推动16户区属企业纳入第一批“对标一流企业价值创造行动”名单，引导企业不断对标提升。深入实施创新驱动战略，推动区属规模以上国有工业企业研发机构实现全覆盖，全区国企年度研发投入比上年增长11.7%，其中，区属规模以上工业企业研发机构实现全覆盖，研发投入强度2.53%。

五、新疆维吾尔自治区国资委监管企业并购重组与完善法人治理结构情况

(一)坚持“一企一业”，加快建设具有新疆特色和优势的现代化产业体系

围绕“八大产业集群”建设，培育壮大优势特色产业，加强国有资本重点领域布局。联合兵团、阿克苏地区与自治区本级涉油气领域国有企业组建新疆亚新煤层气投资开发(集团)有限责任公司，加快布局、统筹推进新疆煤层气产业，补齐自治区煤层气勘探开发领域短板。与中国国际技术智力合作集团有限公司组建新疆人才发展集团有限责任公司，围绕人才产业发展需求，全面搭建市场化、专业化、数字化的一站式人才服务平台，推动人才第一资源转化为发展第一动力。推动新疆国有资产投资经营有限责任公司、新疆交通投资(集团)有限责任公司与亚太卫星宽带通信(深圳)有限公司、航天信息股份有限公司共同出资成立数字新疆产业投资(集团)有限公司，实现央企和区属国有企业多方合作，加快自治区数字政府建设，协同推进数字经济、数字社会发展。新疆商贸物流集团有限公司重组设立后，有序优化整合新疆国际陆港(集团)有限责任公司和乌鲁木齐国际陆港区、乌鲁木齐综合保税区等商贸物流资源，强化产业链要素保障，统筹推进全区商贸物流产业转型升级。推动新疆能源(集团)有限责任公司与新疆新能源(集团)有限责任公司整体合并重组，整合优势能源资源，推进自治区煤炭、风光电、油气等资源开发利用和节能环保等领域全产业链发展，支撑新时代国家“三基地一通道”建设。新疆特色国有现代产业体系，“一企一业、一业一企”新格局初步形成。

(二)聚焦核心功能，培育专业化公司推动产业链增值升级

围绕产业强链、补链、延链发展方向，加快资源有效整合，填补企业产业链缺位。推动金投集团和其他省份国资国企研究机构、行业内优秀研究咨询机构、金融中介机构共同组建新疆国有资本运营研究中心有限公司，打造国资智库。推动农牧投集团成立新疆农村综合产权交易中心，探索建设全疆统一的农村产权流转交易市场，打造全疆乡村振兴数字化服务平台。新设混合所有制企业新疆天缘通用航空有限责任公司，由新疆机场(集团)有限责任公司与乌鲁木齐市、喀什市、江苏亚捷通用航空发展集团有限公司合作成立，着力构建以乌鲁木齐为中心，以喀什、伊宁为南北疆区域中心枢纽，半径500千米的“1小时航空经济圈”，全面提升自治区丝绸之路经济带核心区战略地位和区域辐射能力。

(三)加大资源整合，剥离非主业资产持续优化资产结构

以产业控制为关键，在更大范围推动优势资源资本向优势企业、链长企业、企业主业集中，将中泰集团所属吉泰实业、中泰农业等58项涉农涉旅国有股权无偿划转至农牧投集团和文旅投集团，将原新能源集团联强农业、金润绿源等国有股权无偿划转至农牧投集团，剥离部分国有企业数字化资产，助力数字新疆集团健康可持续发展，推动国有经济更好发挥产业控制和战略支撑作用。

(四)强化决策统领，以完善法人治理机构促进企业稳健发展

围绕选拔忠诚干净担当的高素质专业化干部，

积极参与新设重组企业领导班子配备，配合自治区党委组织部参与商贸物流、数新集团、亚新煤层气等企业领导班子成员的考察工作。逐一对原委管企业领导班子进行分析研判，先后对农牧投、金投、边疆宾馆、文旅投等4家企业12名领导人员进行调整。加强董事会建设，研究制定《进一步加强和规范外部董事履职支撑服务工作方案》《外部董事履职指引》等文件，规范企业董事会建设，强化外部董事的履职与服务保障。结合外部董事考核结果和企业重组整合实际，对监管企业外部董事进行优化调整，解聘外部董事38人次、聘任外部董事19人次，21人退出外部董事岗。

六、新疆维吾尔自治区国资委监管企业建立和完善经营业绩考核体系情况

(一)强化经营业绩考核目标引领

按照年初国资监管工作会议既定年度总体预期发展目标，围绕“一利五率”搭建指标体系，确定监管企业2023年度和2023—2025年任期经营业绩考核目标，压实主体责任，强化目标管理，与各企业签订年度和任期经营业绩考核责任书，引导推动企业提质增效，努力实现“一增一稳四提升”。

(二)修订完善经营业绩考核制度办法

结合新形势新任务新要求，修订完善监管企业负责人经营业绩考核、薪酬管理和监管企业工资总额管理3个办法。围绕“一利五率”丰富优化考核指标体系，增设效能指标深化对标机制，“一提三加一保障”加大创新考核激励，完善考核特殊清单引导企业全面担当，优化相关系数确定和计分规则放大激励效应。

(三)探索完善监管企业激励约束机制

按照自治区党委、人民政府部署要求，围绕“健全激励约束机制，激发干事创业热情”目标，从差异化分类考核、科技创新考核激励、人才基金国企专项、增量激励机制等方面提出思路措施，进一步放大激励效应，激发区属国企领导人员干事创业热情。

七、新疆维吾尔自治区国资委监管企业负责人考核与选人用人机制改革情况

(一)协同推进区属国有企业领导人员管理体制改革

根据自治区党委深改委第二十二次会议精神和自治区党委书记在国有企业调研时的指示要求，于6月底将原自治区国资委党委管理的5家企业领导班子和领导人员统一纳入自治区党委管理。配合自治区党委组织部完成自治区党委管理企业领导班子和领导人员2023年度(绩效)考核工作，进一步完善企业领导人员管理制度机制，着手修订《自治区国有企业领导人员管理规定》。

(二)加强企业人才队伍建设，加强人才政策宣传，组织举办干部人才政策学习专题会

强化人才挂职培养，实施国企经营管理人才赴央企挂职锻炼计划，积极争取国务院国资委和自治区党委组织部支持，选派20名区属国有企业和地州市企业经营管理人才赴央企二、三级企业挂职锻炼。加大人才关心关爱，推荐区属国有企业2名专业技术人才、2名高技能人才列入2023年享受政府特殊津贴人选名单。积极争取人才政策支持，充分利用自治区人才发展基金，组织申报自治区2023年度第二批“2+5”重点人才计划。加大国有企业领导人员能力提升培训力度，积极开拓央企培训资源，全年培训企业领导人员150人次。

八、新疆维吾尔自治区国资委监管企业党的建设和廉政建设情况

(一)深入开展学习贯彻习近平新时代中国特色社会主义思想主题教育

牢牢把握“学思想、强党性、重实践、建新功”总要求，制定自治区国资系统学习贯彻习近平新时代中国特色社会主义思想主题教育“1+4”工作方案，成立以党委书记任组长的主题教育领导小组及办公室，一体推进理论学习、调查研究、推动发展、检视整改。成立巡回指导组，对区属企业开展2轮巡回指导工作，搭

建全面督导、分类指导推进机制。建立健全整改落实考核评估机制，形成"一清单一方案、一方案一措施、一措施一落实"成果转化机制，推动落实一批重点任务，挖掘形成一批典型案例，办成一批民生好事实事。针对查找出的问题，按照"常和长""严和实""深和细"原则对现行制度进行梳理汇总，修订完善方案制度25项。

（二）持续深化党的领导融入公司治理

坚持和完善"双向进入、交叉任职"领导体制，区属18家国有企业集团层面全面落实党委书记、董事长"一肩挑"。对区属国有资本相对控股并具有实际控制力以上的混合所有制改革企业"党建入章"情况进行全面摸排，稳步推动422家混合所有制改革企业党建工作进章程，进一步推动区属国有企业落实党组织在公司法人治理结构中的法定地位。开展区属国有企业党组织前置讨论重大经营管理事项清单运行"回头看"，指导企业分层分类、"一企一策"、动态调整完善"三重一大"权责清单，确保党委"把方向、管大局、保落实"领导作用有效发挥。

（三）持续夯实基层党建基础

制定《自治区国资委党委领导班子基层党建工作联系点的实施方案》，自治区国资委班子成员示范带头实施，带动国资国企各级党组织建立健全班子成员直接联系基层党支部工作制度。持续深化"五个好"标准化规范化党支部创建，不断强化"三支队伍"建设，加大党员教育培训力度，深化党员"三学三亮三比"争当先锋等活动，引导党组织和党员在重大任务中创先争优、攻坚克难，推动党建与生产经营深度融合。实施"三联融入"领航发展行动，创新开展"一企一品"创建活动，开展区企联央企融入产业合作党建联建64场次，不断健全党建引领基层治理的工作体系。交投集团2个基层党建品牌入选2023年度"全国国企党建品牌建设优秀案例"。

（四）持续从严正风肃纪反腐

健全与派驻纪检组贯通联动、协作互动的工作格局，全年运用监督执纪"第一种形态"处理25人次。针对粮食购销领域、境外企业、医药领域等重点环节，扎实开展专项治理行动，严肃查处靠企吃企、关联交易、设租寻租等方面腐败问题。扎实开展廉政警示教育、纪律教育活动，组织国资国企各级党组织领导干部带头讲廉政党课、做廉政报告，开展参观廉政教育基地、观看警示教育片、通报典型案例、旁听职务犯罪案件庭审等各类警示教育活动700余场次。以高度的政治责任配合做好十届自治区党委对自治区国资系统的集中巡视，对照巡视反馈问题，制定整改工作方案，逐条明确整改措施、责任部门、完成时限，一体推进国资国企巡视整改任务，认真做好巡视整改"后半篇文章"。首次运用"巡审联动"模式对文旅投集团党委开展巡察审计，推动企业建立完善53项机制。

（撰稿人：李朋辉）

新疆生产建设兵团

一、新疆生产建设兵团国有资产监督管理工作综述

2023年，新疆生产建设兵团国资委党委以习近平新时代中国特色社会主义思想为指引，深入学习贯彻习近平总书记视察新疆和兵团重要讲话重要指示精神，认真贯彻落实兵团党委、兵团决策部署，聚焦做强做优做大国资国企目标，优化调整国有资产布局结构、实施国企振兴行动、着力提升国资监管效能、全面强化党建引领保障，全力推动国资国企实现高质量发展。

二、新疆生产建设兵团国有资产总量与结构分析

截至2023年底，纳入统计范围的兵团全级次国有及国有控股企业（以下简称兵团国有企业或兵团企业）1982户，资产总额7540.62亿元，比上年增长12.13%；负债总额5122.31亿元，比上年增长9.67%；所有者权益2418.31亿元，比上年增长17.72%。资产负债率67.93%，比上年下降0.58个百分点。全年实现营业总收入3233.45亿元，比上年

增长 19.45%，利润总额 48.86 亿元，比上年增长 89.65%。2023 年末，兵团国有企业国有资产总量[①] 1846.78 亿元，较年初增长 18.18%。

(一)企业户数有所增加，小微企业占比较大

截至 2023 年底，兵团国有企业 1982 户，全年增加 423 户，减少 50 户，比上年净增加 373 户，增长 23.18%。从隶属关系看，各师市国有企业 1748 户，兵团国资委监管企业 193 户，兵团直属企业 41 户；从企业规模看，大型企业 85 户、中型企业 375 户、小型企业 665 户、微型企业 857 户，分别占比 4.29%、18.92%、33.55%、43.24%。

(二)资产规模持续扩大，资产分布相对集中

截至 2023 年底，兵团国有企业资产总额 7540.62 亿元，比上年增长 12.13%。从隶属关系看，各师市国有企业资产合计 6808.65 亿元，比上年增长 12.59%，占比 90.29%；兵团国资委监管企业资产合计 680.09 亿元，比上年增长 10.54%，占比 9.02%；兵团直属企业资产合计 51.88 亿元，比上年下降 16.44%，占比 0.69%。兵团国有企业资产主要集中在第八师、第十一师、第四师、第三师、第一师、第十二师、第七师等 7 个师市，资产总额 5582.73 亿元，占比 74.04%。从企业规模看，大型企业资产占比 88.97%，中型企业资产占比 3.84%，小型企业、微型企业资产分别占资产总额的 3.68%、3.51%。从行业分布看，农林牧渔业资产占比 8.59%，工业资产占比 26.75%，建筑业资产占比 13.99%，社会服务业资产占比 27.93%，商贸业资产占比 11.9%，其他行业资产占比 10.84%。

(三)市场开拓能力不断增强，营业收入持续增长

2023 年，兵团国有企业实现营业总收入 3233.45 亿元，比上年增长 19.45%。从隶属关系看，各师市国有企业实现营业总收入 2843.31 亿元，比上年增长 18.82%，占比 87.93%；兵团国资委监管企业实现营业总收入 325.91 亿元，比上年增长 18.53%，占比 10.08%；兵团直属企业实现营业总收入 64.23 亿元，比上年增长 64.71%，占比 1.99%。从企业规模看，大型企业实现营业总收入 3098.6 亿元，比上年增长 18.35%；中型企业实现营业总收入 85.18 亿元，比上年增长 50.22%；小型企业实现营业总收入 47.85 亿元，比上年增长 52.14%；微型企业实现营业总收入 1.83 亿元，比上年增长 223.69%。从行业分布看，农林牧渔业营业总收入 231.82 亿元，比上年增长 8.11%，占比 7.17%；工业企业实现营业总收入 576.46 亿元，比上年增长 24.3%，占比 17.83%；建筑业实现营业总收入 605.13 亿元，比上年增长 15.82%，占比 18.71%；社会服务业实现营业总收入 215.62 亿元，比上年增长 12.11%，占比 6.67%；商贸业实现营业总收入 1404.67 亿元，比上年增长 21.82%，占比 43.44%，其他行业实现营业总收入 199.75 亿元，比上年增长 24.19%，占比 6.18%。

(四)盈利能力持续提升，经济效益大幅增长

2023 年，兵团国有企业实现利润总额 48.86 亿元，比上年增长 89.65%。从隶属关系看，盈利排名前三位的师市主要有：第一师阿拉尔市实现利润总额 9.89 亿元，比上年增长 124.21%，占比 20.24%；第七师胡杨河市实现利润总额 8.48 亿元，比上年增长 21.59%，占比 17.36%；第二师铁门关市实现利润总额 6.59 亿元，比上年增长 465.41%，占比 13.49%。从企业规模看，大型企业实现利润总额 51.12 亿元，比上年增长 73.02%；中型企业实现利润总额 1.02 亿元，扭亏为盈，增利 1.53 亿元；小型企业实现利润总额－2.12 亿元，比上年减亏 0.8 亿元；微型企业实现利润总额－1.16 亿元，比上年增亏 0.81 亿元。从行业分布看，农林牧渔业亏损 15.05 亿元，比上年减亏 0.11 亿元；工业实现利润总额 21.11 亿元，比上年下降 23.71%，占比 43.21%；建筑业实现利润总额 13.26 亿元，比上年增长 46.41%，占比 27.14%；社会服务业实现利润总额 7.98 亿元，比上年增长 372.83%，占比 16.33%；商贸业实现利润总额 12.89 亿元，扭亏为盈，增利 21.29 亿元，占比 26.39%；其他行业实现利润总额 8.67 亿元，比上年下降 53.1%，占比 17.74%。

---

① 企业国有资产总量：指企业所有者权益中国有资本及其享有的权益额和其他国有资金的合计。

表1 2023年新疆生产建设兵团国有企业指标

项　目	金　额(亿元)
资产总额	7540.62
所有者权益	2418.31
营业总收入	3233.45
利润总额	48.86
归属于母公司所有者的净利润	24.61
应交税金总额	102.04
实际上缴税金总额	97.17
国有资产总量	1846.78

兵团国有资产隶属关系分布情况。从隶属关系看，兵团国资委监管企业、第八师、第三师和第四师国有资产总量合计占比58.56%，其中，兵团国资委监管企业国有资产总量214.43亿元，占比11.61%；第八师国有资产总量426.38亿元，占比23.09%；第三师国有资产总量244.93亿元，占比13.26%；第四师国有资产总量195.68亿元，占比10.60%。

表2　2023年新疆生产建设兵团国有资产总量按隶属关系分布情况

隶属关系	国有资产总量(亿元)	占　比(%)
第一师阿拉尔市	56.36	3.05
第二师铁门关市	76.68	4.15
第三师图木舒克市	244.93	13.26
第四师可克达拉市	195.68	10.60
第五师双河市	52.64	2.85
第六师五家渠市	66.70	3.61
第七师胡杨河市	74.26	4.02
第八师石河子市	426.38	23.09
第九师白杨市	117.7	6.38
第十师北屯市	23.35	1.26
第十一师	181.34	9.82
第十二师	73.55	3.98
第十三师新星市	30.35	1.65
第十四师昆玉市	11.86	0.64
兵团国资委监管企业	214.43	11.61
兵团直属企业	0.57	0.03
合　计	1846.78	100.00

兵团国有资产行业分布情况。从行业分布情况看，兵团企业国有资本分布在20个国民经济行业门类中的18个行业门类中，主要集中在租赁和商务服务业、制造业及批发和零售业，合计占比57.37%。其中，租赁和商务服务业国有资产总量569.82亿元，占比30.85%；制造业国有资产总量290.16亿元，占比15.71%；批发和零售业国有资产总量199.67亿元，占比10.81%；其他15个行业占国有资产总量的42.63%。

表3 2023年新疆生产建设兵团国有资产总量按行业分布情况

行　业	国有资产总量(亿元)	占　比(%)
农林牧渔业	148.64	8.05
采矿业	27.11	1.47
制造业	290.16	15.71
电力、热力、燃气及水生产和供应业	105.64	5.72
建筑业	128.78	6.97
批发和零售业	199.67	10.81
交通运输、仓储和邮政业	98.94	5.36
住宿和餐饮业	12.29	0.67

续表

行　业	国有资产总量（亿元）	占　比（%）
信息传输、软件和信息技术服务业	2.41	0.13
金融业	43.74	2.37
房地产业	94.37	5.11
租赁和商务服务业	569.82	30.85
科学研究和技术服务业	16.10	0.87
水利、环境和公共设施管理业	53.25	2.88
居民服务、修理和其他服务业	56.68	3.07
教育业	-2.31	—
卫生和社会工作	0.08	0.01
文化、体育和娱乐业	1.41	0.08
合　计	1846.78	100

兵团国有资本按经营规模分布情况。兵团企业中，大型企业国有资产总量1512.46亿元，占比81.9%；中型企业国有资产总量124.05亿元，占比6.72%；小型企业国有资产总量91.44亿元，占比4.95%；微型企业国有资产总量118.83亿元，占比6.43%。

表4　2023年新疆生产建设兵团国有资产总量按经营规模分布情况

经营规模	企业户数（户）	国有资产总量（亿元）	国有资产总量占比（%）
大型企业	85	1512.46	81.90
中型企业	375	124.05	6.72
小型企业	665	91.44	4.95
微型企业	857	118.83	6.43
合　计	1982	1846.78	100.00

三、新疆生产建设兵团国有资本保值增值综合分析评价

（一）分地区国有资本保值增值情况

2023年，兵团国有企业国有资本保值增值率（剔除客观增减因素后）为100.57%。9个师国有企业和兵团国资委监管企业实现保值增值，保值增值率分别为：第一师阿拉尔市109.07%、兵团国资委监管企业104.4%，第十一师104.27%、第七师胡杨河市103.64%、第五师双河市102.12%、第六师五家渠市101.79%、第三师图木舒克市101.55%、第二师铁门关市101.03%、第九师白杨市100.85%。

（二）分行业国有资本保值增值情况

2023年，兵团11个行业实现保值增值，分别是：卫生和社会工作保值增值率148.11%，建筑业保值增值率113.75%，科学研究和技术服务保值增值率113.38%，采矿业保值增值率112.43%，信息传输、软件和信息技术服务业保值增值率107.45%，制造业保值增值率104.93%，交通运输、仓储和邮政业保值增值率102.89%，居民服务、修理和其他服务业保值增值率102.84%，金融业保值增值率102.78%，水利、环境和公共设施管理业保值增值率102.6%，批发和零售业保值增值率100.29%。

表5　2023年新疆生产建设兵团国有企业地区和行业国有资本保值增值情况

地　区	国有资本保值增值率（%）	行　业	国有资本保值增值率（%）
第一师阿拉尔市	109.07	农林牧渔业	86.99
第二师铁门关市	101.03	采矿业	112.43
第三师图木舒克市	101.55	制造业	104.93
第四师可克达拉市	95.05	电力、热力、燃气及水生产和供应业	74.05
第五师双河市	102.12	建筑业	113.75

续表

地　区	国有资本保值增值率(%)	行　业	国有资本保值增值率(%)
第六师五家渠市	101.79	批发和零售业	100.29
第七师胡杨河市	103.64	交通运输、仓储和邮政业	102.89
第八师石河子市	98.67	住宿和餐饮业	99.29
第九师白杨市	100.85	信息传输、软件和信息技术服务业	107.45
第十师北屯市	97.62	金融业	102.78
第十一师	104.27	房地产业	99.01
第十二师	88.32	租赁和商务服务业	99.58
第十三师新星市	100.67	科学研究和技术服务业	113.38
第十四师昆玉市	97.39	水利、环境和公共设施管理业	102.60
兵团国资委监管企业	104.4	居民服务、修理和其他服务业	102.84
兵团直属企业	53.36	教育业	98.98
兵团国有企业	100.57	卫生和社会工作	148.11
		文化、体育和娱乐业	80.96

四、新疆生产建设兵团国有企业综合绩效评价情况

从盈利能力状况上看，兵团企业总资产报酬率2.08%，比上年增加0.21个百分点；净资产收益率1.22%，比上年增加0.75个百分点；成本费用利润率1.5%，比上年增加0.51个百分点；成本费用占营业总收入的比率100.4%，比上年增加0.16个百分点。2023年兵团企业资产盈利能力明显增强，单位投入的收益能力有所提升。

从资产运营质量状况上看，兵团企业总资产周转率0.45次，比上年增加0.01次；流动资产周转率1.03次，比上年增加0.07次；存货周转率4.43次，比上年增加0.41次。兵团企业资产的使用和管理效率较上年略有上升。

从债务偿还能力上看，兵团企业资产负债率67.93%，比上年下降0.58个百分点；已获利息倍数为1.49倍，比上年上升0.19倍；流动比率1.09%，比上年下降0.03个百分点；速动比率0.86%，比上年下降0.03个百分点。兵团企业资产负债率较上年略有下降，短期偿债能力有所下降，长期偿债能力有所提升，企业债务风险依然较高。

从"一利五率"指标看，利润总额48.86亿元，比上年增长85.22%；营业现金比率4.15%，比上年下降4.41个百分点；全员劳动生产率25.77万元/(人·年)，比上年增长12.58%；研发经费投入强度0.59%，比上年下降0.08个百分点。

表6　新疆生产建设兵团国有企业"一利五率"指标

指　标	2022年	2023年	比上年增长(%)
利润总额(亿元)	26.38	48.86	85.22
营业现金比率(%)	8.56	4.15	减少4.41个百分点
全员劳动生产率[万元/(人·年)]	22.89	25.77	12.58
研发经费投入强度(%)	0.67	0.59	减少0.08个百分点
净资产收益率(%)	0.47	1.22	增加0.75个百分点
资产负债率(%)	68.51	67.93	减少0.58个百分点

五、新疆生产建设兵团国资委监管企业改革重组情况

(一)推进战略性重组和专业化整合

制定印发《兵团国有企业振兴行动方案》，聚焦兵团国有企业资产总额达到1万亿元目标，加大力度推

进重点国有企业跨师市、跨区域、跨所有制开展战略性重组和专业化整合,着力打造一批千亿级、百亿级优势产业集团。全力推进兵团建工、新疆天业打造千亿级企业集团工作;以天润乳业为主体整合新农乳业等优质乳业资源,加快推进兵团乳业振兴,努力打造百亿级龙头乳企;以中新建物流集团为基础,整合新疆通航、石河子机场和新赛股份,着力打造全疆最大的生产型物流企业;组建成立中新建电力集团,整合兵团电力、天富能源、锦龙电力等企业,承担起兵团发展新能源发电项目建设、运营、管理主体职责,加快构建以新能源为主体的兵团新型电力系统,致力于打造全疆最大的集发供调为一体的千亿级电力企业;完成新疆中新建农牧有限责任公司、新疆中新建能源矿业有限责任公司注册组建并挂牌运营;兵团国资公司着力推进酒店业整合发展,并完成五星大厦划入、香江丽华酒店托管等工作,着力做强兵团酒店业。积极谋划组建国有资本投资运营公司、中新建文旅集团、兵团康养集团、兵团人才集团、兵团储备粮公司、兵团名品展销中心有限责任公司和新疆昆仑纺织服装公司等优势产业集团,推动兵团国有资产布局结构更加优化。

(二)国企改革巩固深化提升

召开兵团国企改革三年行动总结暨新一轮改革提升深化行动部署动员会,总结三年行动改革成效,部署新一轮改革行动,兵团本级109项重点改革任务全面完成,国企改革三年行动整体完成率100%,国有企业精神面貌焕然一新,质量效益明显提升。截至2022年底,兵团国有企业累计实现营业收入2716.68亿元,利润总额29.2亿元,资产总额6358.41亿元,较改革前的2019年分别增长27.87%、7.35%、12.8%。认真贯彻落实新一轮国企改革深化提升行动部署,制定印发《兵团国有企业改革深化提升行动方案(2023—2025年)》,提出七大类33项具体改革措施,明确新一轮国企改革提升行动的路线图、时间表和任务书。制定《改革工作台账》《改革重点任务量化指标采集表》,层层压实责任,细化明确各项改革任务责任部门、落实进度要求、标志性成果形式、跟进完成情况。兵地联合举办国企改革深化提升行动专题培训,为新一轮国有企业改革提供引领和保障。

(三)持续推进改革重点任务

围绕建立健全中国特色现代企业制度和市场化经营机制,修订《兵团国资委监管企业负责人年度经营业绩考核实施方案》,强化对企业领导人员的差异化考核;研究制定《兵团国资委监管企业外部董事选聘和管理办法》《兵团国资委监管企业董事会和董事评价办法》,持续加强和改进董事会的指导与管理。指导兵团设计院完成股份制改造,加快上市步伐。国务院国资委在地方国资委负责人年初会议、年中会议等多个会议上对兵团国资国企改革工作给予肯定和表扬。

六、新疆生产建设兵团国资委监管企业党的建设和廉政建设情况

(一)扎实开展主题教育

落实主题教育部署要求,始终将强化思想政治理论武装作为推动各项工作的"先手棋",把习近平新时代中国特色社会主义思想作为"第一议题",召开26次党委会、17次理论学习中心组学习、9次主任专题工作会议,强化理论武装,筑牢理论根基。组织委机关副处级以上领导干部参加兵团读书班学习,举办兵团国资委监管企业副职领导干部主题教育读书班,指导监管企业举办读书班9期,参学人员258人次。大兴调查研究之风,制定《2023年度兵团国资委党委大兴调查研究工作方案》,重点围绕兵团国有企业高质量发展、战略性重组和专业化整合等6个调研主题,深入各师市、各企业开展调查研究,深入发现查找问题,推动企业高质量发展取得新成效。持续抓好整改落实,围绕理论学习、政治素质、能力本领、担当作为、工作作风、廉洁自律6个方面检视出8条问题,针对查摆出的问题提出21条整改措施并全部整改完毕。

(二)企业领导干部考核选派

坚持凭能力用干部、以实绩论英雄的用人导向,突出年轻化、专业化、知识化要求,扎实开展监管企业领导班子年度考核,会同兵团党委组织部,开展兵团管理的企业领导班子和正职领导人员履职调研考核工作,协助选优配强监管企业各级领导班子成员。专

门印发文件强化监管企业重点子企业领导人员管理，着力打造一支政治强、能力优的企业领导人员队伍。

（三）履行管党治党主体责任

召开监管企业党委书记抓基层党建述职评议会、2023 年党建工作会议暨党风廉政会议和反腐败工作会议，签订 2023 年度党建工作及党风廉政建设和反腐败工作责任书。把落实巡视整改作为重要政治任务，扎实推进巡视审计问题整改，对兵团投资公司、兵团国资公司的整改措施进行指导督促，兵团党委第四巡视组反馈兵团国资公司党委 4 个方面 13 项 39 个具体问题，已完成整改 24 个，整改率 62%。

（撰稿人：李亚光）

2024

CHINA' S STATE-OWNED ASSETS SUPERVISION AND ADMINISTRATION YEARBOOK

中国国有资产监督管理年鉴

中央企业改革与发展

第四篇

中国核工业集团有限公司

【基本概况】 2023年，中国核工业集团有限公司（以下简称中核集团）深入贯彻落实党的二十大精神和习近平总书记重要指示批示精神，勇担国任、创新优化，把高质量发展要求贯穿改革发展全过程，发挥科技创新、产业控制、安全支撑三大作用，大力推动新型工业化建设和数字化转型。全年实现营业收入2805.71亿元，利润总额293.12亿元，经济增加值（EVA）161亿元。连续18年获评国务院国资委经营业绩考核A级，连续4年入选《财富》"世界500强"。

【主要指标】

表1　2023年中国核工业集团有限公司主要经济指标

项　目	2022年	2023年	比上年增长（%）
资产总额（亿元）	11511.06	13384.28	16.27
所有者权益（亿元）	3582.45	3899.57	8.85
营业收入（亿元）	2509.75	2805.71	11.79
利润总额（亿元）	253.96	293.12	15.42
净利润（亿元）	204.64	223.64	9.28
归属于母公司所有者的净利润（亿元）	85.87	91.84	6.96
利税总额（亿元）	393.43	448.57	14.02
应交税金总额（亿元）	71.42	61.21	－14.30
全员劳动生产率[万元/（人・年）]	65.65	71.02	8.18
净资产收益率（%）	6	6	与上年持平
总资产报酬率（%）	3.5	3.3	减少0.2个百分点
国有资本保值增值率（%）	107.6	106.2	减少1.4个百分点

【改革发展】 2023年，中核集团以改革三年行动收官和改革深化提升行动开局为主线，持续深化国企改革，实现发展新跃迁。国企改革三年行动在国务院国资委整体考核位列央企第二，12项考核任务中"两非"剥离、"压减"工作、董事会配齐建强、责任追究体系等4项任务斩获第一，董事会应建尽建、落实董事会职权、对标世界一流等10项任务位列前十。"科改行动""双百行动"在国务院国资委专项考核中位列中央企业第三，所属10户企业全部为"标杆"或"优秀"。中核集团加快建设世界一流企业实施方案在国务院国资委评估中位列中央企业第四，中国核电、同方威视成功入选国务院国资委首批200家创建世界一流"专业领军"示范企业名单，创建方案在国务院国资委评估中获得A＋。新一轮改革深化提升行动实施方案获得国务院国资委高度肯定，中核集团作为国防科技工业企业唯一代表在国务院国资委推进会上交流经验。主责主业与核心竞争力明显增强，中国核电集约化改革加快落地，中核铀业实施系统性重组改革，核燃料系统"四定"标准化、新能源产业组织优化、聚变专业化公司设立等改革工作取得突破。法人压减取得显著成效，改革三年行动以来累计压减412户。现代企业治理水平不断提升，改革三年行动以来，82户设立党委的重要子企业100%制定党委前置事项清单，338家应建子企业实现外部董事多数占比。

【重大项目】 2023年，中核集团坚定不移贯彻新发展理念，构建新发展格局，推动高质量发展，各产业发展捷报频传。积极安全有序发展核电，中核集团核电机组装机规模跃居国内第一、全球第二，为实现国家"双碳"目标提供新动能。自主三代核电技术华龙一号示范工程顺利通过竣工验收并获得国家优质工程金奖；四代堆技术昂首世界前列。高温气冷堆核电站示范工程成功投入商运。"玲龙一号"全球首堆全面进入安装阶段；三门核电4号机组开工建设。徐大堡1号、2号机组核准开工，金七门项目获得国家核准。田湾7号、8号机组，徐大堡3号、4号机组，漳州1号、2号机组等建设顺利。18台在运核电机组世界核电运营者协会（WANO）指数满分。安全环保管理与各类风险管控能力实现整体跃升。天然铀"四位一体"保障能力进一步夯实。发现一批万吨至十万吨级铀矿床，项目落地创历史最佳。我国核燃料供应保障水平和产业国际竞争力进一步提升，核燃料出口捷报频传。同位素及制品保持领军地位，核技术应用产业链链长方案获得国务院国资委肯定。新能源产业实现较快发展，为构建新型能源体系贡献中核力量。

【走向海外】 2023 年，中核集团不断加大开放力度，打开多元化高水平开放合作的新局面。组建中核集团七大海外代表处，实现全球覆盖，国际化经营体系不断健全。国家名片“华龙一号”海外首个工程两台机组正式交付巴基斯坦。恰希玛核电站 5 号机组(C-5)破土动工。国际热核聚变实验堆(ITER)磁体支撑产品正式交付。在国家主席习近平与法国总统马克龙的共同见证下，中核集团与法国电力集团共同签署《关于“核能支持低碳发展前瞻性研究”蓝皮书谅解备忘录》。积极参与第三届“一带一路”国际合作高峰论坛，积极参加国际原子能机构(IAEA)第 67 届大会，第五届法国世界核能工业博览会。与沙特阿拉伯、阿联酋、阿尔及利亚、俄罗斯、哈萨克斯坦等国务实合作不断走向深入。

【重大创新】 2023 年，中核集团坚持“走稳热堆、走实快堆、走好聚变堆关键第一步”总体思路，核能“三步走”战略实施取得重要进展。华龙后续机型研发进入收官关键阶段，研发成果在漳州海南等华龙机组落地应用。“中国环流三号”首次实现 100 万安培等离子体电流下的高约束模式运行。国内首台基于强流回旋加速器的硼中子俘获治疗(BNCT)样机研制成功，示范项目迈入关键实施阶段。全球首台民用航空集装箱 CT 安检系统通过考察，中核集团 CT 技术让世界更安全。高水平研发平台布局成效显著，先进核能技术全国重点实验室等 4 个国家级研发平台和 2 个国家级中心成功获批。国家大科学装置——中国先进研究堆全面对外开放，新增需求用户 140 余家，创历史最佳运行业绩。

【党建工作】 2023 年，中核集团以习近平新时代中国特色社会主义思想为指导，深入学习贯彻党的二十大精神，深刻领悟“两个确立”的决定性意义，增强“四个意识”、坚定“四个自信”，坚决做到“两个维护”。以高质量党建引领保障高质量发展。连续 4 年在中央企业党建考核中获评 A 级，连续 5 年在中央单位定点帮扶考核获得最高等次“好”。高质量开展主题教育，中核集团第一批主题教育“好”和“较好”的总体评价占 100%。全力以赴完成好中央巡视迎检和整改任务。党建融入中心质量持续提升，开展安全质量管理提升“结对子”，推动“红色引擎”为企业改革发展注入新动能。扎实推动“创新优化年”专项工作。中核品牌形象“出新、出圈、出彩”。“清风中核”“青春中核”“幸福中核”建设务实有效，打造各类青年、老年等群众性主题活动。

【信息化与数字化建设】 2023 年，中核集团把数字化转型作为核工业高质量发展的关键内涵，加快核工业数字化智能化转型升级，加速数字核工业建设。在国务院国资委国资监管数智化提升专项行动验收中获评“优秀”。国务院国资委国企数字场景大赛并列军工央企第一。29 个数字化项目获得国家及部委奖项或入选试点示范，超过“十四五”前两年总和。“数字化矿山”实现“千里之外、一键采铀”，建成硬岩智能矿山示范标杆。龙鳍平台实现成功供货，打造“中国智造”新名片。自主研发的我国第四代核电安全生产管理系统 ASP—1 通过验收。高质量开展数字化转型一号工程，联合打造国内首个与国外顶尖软件相当的全面自主可控集团级 ERP。集团总部新建核应急响应中心全面建成并正式投运，安全环保信息化平台完成数据治理改造，实现各层级单位全员应用。经济运行信息化系统建成并在全系统上线运行。

【履行社会责任】 2023 年，中核集团积极履行央企社会责任，用心用情用力推进乡村振兴。在 2022 年度定点帮扶考核中，集团公司排名首次进入前十，在中央企业中排名第七，军工央企排名第一，定点帮扶评价连续 5 年为最高等次“好”。累计向 4 个定点帮扶县投入无偿帮扶资金 6351 万元，有偿帮扶资金 10.6 亿元。培训基层干部、技术人员、乡村振兴带头人 36716 人次，累计消费帮扶金额 2.07 亿元。国家乡村振兴局等六部委通报表扬集团公司帮扶良好实践，典型经验被国家乡村振兴简报和国务院国资委援扶专刊多次收录，首次承办国务院国资委“消费帮扶聚力行动”活动，32 家央企参加；在中央党校与国家乡村振兴局联合举办乡村振兴培训班，5 省 6 地市县 69 名干部参加培训，发布中核集团乡村振兴报告，中核经验进一步推广。

(撰稿人：杨涵雪)

中国航天科技集团有限公司

【基本概况】 2023年是中国航天科技集团有限公司(以下简称集团公司)贯彻落实党的二十大精神的开局之年,是加快建设航天强国的重要一年。2023年,集团公司坚持以习近平新时代中国特色社会主义思想为指导,坚决落实习近平总书记重要指示批示和党中央重大决策部署,坚定拥护"两个确立",坚决做到"两个维护",攻坚克难、砥砺前行,出色完成各项型号任务和改革发展建设任务,推动航天强国建设取得新成就。全年圆满完成宇航发射48次,入轨总质量151吨,发射次数与入轨质量分别占我国全年发射的71.6%和97.5%。长征系列运载火箭连续成功175次,总发射次数突破500次。3次载人航天发射和2次返回任务成功实施,中国空间站进入常态化运营阶段。习近平总书记用"神舟家族太空接力"点赞集团公司取得的成绩。北斗三号备份卫星成功发射,全球卫星导航系统进一步增强。卫星互联网试验系统完成发射,为系统组网奠定重要基础。集团公司不断巩固国家安全战略基石,有力支撑国防装备现代化建设,全年战略、战术武器试验任务均圆满完成,为维护国家主权、安全、发展利益提供强有力支撑。同时,集团公司在党的建设、科技创新、产业发展、深化改革、人才队伍建设等方面也都取得优异成绩。

2023年,集团公司4人当选中国科学院、中国工程院院士,14人入选国家万人计划,18人入选海外高层次人才引进计划,14人获评全国技术能手,国家级人才计划入选数量位列中央企业第一。获国防科学技术奖65项,中国专利奖金奖1项、银奖1项,获奖数量和等级在军工集团居首位。发布4项航天领域国际标准。获得"全国五一劳动奖状""全国工人先锋号""全国三八红旗集体"等国家级荣誉50余项,向全社会展现航天人无私奉献、拼搏奋进的精神面貌。

【主要指标】 2023年,集团公司坚持强军核心功能,坚决整改贸易违规问题,坚决压控"两金"规模,尽管主要经济指标未达预期,但高质量发展的基础得以夯实,全年实现营业收入2911.2亿元,比上年减少2.6%;利润总额114.4亿元,比上年减少58.5%;资产总额6421.7亿元,比上年减少1.4%;全员劳动生产率50.2万元/(人·年),比上年减少12.1%;资产负债率48.8%,比上年减少3.9个百分点;研发经费投入强度15.5%,比上年增加0.65个百分点。

表1　2023年中国航天科技集团有限公司主要经济指标

项　目	2022年	2023年	比上年增长(%)
资产总额(亿元)	6514.1	6421.7	-1.4
所有者权益(亿元)	3336.5	3536.1	6.0
营业收入(亿元)	2988.0	2911.2	-2.6
利润总额(亿元)	275.5	114.4	-58.5
净利润(亿元)	252.7	93.3	-63.1
归属于母公司所有者的净利润(亿元)	217.6	75.6	-65.3
技术开发投入(亿元)	444.5	450.6	1.4
利税总额(亿元)	337.5	177.2	-47.5
应交税金总额(亿元)	84.8	83.9	-1.1
全员劳动生产率[万元/(人·年)]	57.1	50.2	-12.1
净资产收益率(%)	8.0	2.7	减少5.3个百分点
总资产报酬率(%)	4.5	1.9	减少2.6个百分点
国有资本保值增值率(%)	110.0	102.4	减少7.6个百分点

【改革发展】 2023年,集团公司立足新发展阶段,完整、准确、全面贯彻新发展理念,积极主动融入新发展格局,锚定高质量发展目标,全力推动各领域改革工作。一是改革顶层部署深入落实。坚决贯彻落实党中央、国务院关于国企改革深化提升行动部署要求,统筹《集团公司新时代改革发展实施方案》各领域重点任务,以提升核心竞争力、增强核心功能为重点,制定《中国航天科技集团有限公司改革深化提升

行动实施方案(2023—2025年)》并加紧推动落实,在国务院国资委年度改革重点任务考核中获评A级。二是科研管理模式优化调整。推进型号全周期计划管理,建立跨集团协调机制,深入推进卫星生产线建设、发射场流程优化、产品统型等工作,具备年产运载火箭100余发、大中型卫星80颗、小型卫星300颗能力。常态化开展武器飞行试验精细化管控,提升装备实战化能力。三是现代化产业体系加快建设。研究航天器及应用产业链链长建设方案,积极发挥集团公司在航天领域产业链循环畅通中的支撑带动作用。制定集团公司布局发展战略性新兴产业工作方案,明确集团公司未来战略性新兴产业发展目标及总体思路。加快推进航天绿色制造体系建设,累计制定发布航天绿色标准7项,国家绿色制造示范企业创建数量位居央企第一。四是市场化经营机制不断健全。优化成员单位经营业绩考核的强军指标、经济指标考核内容并强化风险管控,深化"一业一策、一企一策"考核。高质量推动任期制和契约化管理,实现管理人员末等调整和不胜任退出制度覆盖集团公司总部和二、三级子企业。完善全员绩效管理体系,加大对战略性新兴产业、新业态、科技创新关键领域的工资总额支持力度。五是集团公司管控持续优化。印发《集团公司机构编制管理办法》,明确机构编制管理的工作基线和管理规范。制定2023—2025年法人管控方案,法人管控的标准和机制更加完善。挂牌成立集团公司司库中心和财务共享中心,推动建立集团公司全级次穿透的财务管理系统。开展管理规范性一致性提升专项行动,进一步提升集团公司管理水平。六是"双百行动""科改行动"提质扩面。2023年新增1户"双百企业"、1户"科改企业",总户数13家,排在中央企业前列。纳入年度专项考核的11户"双百企业""科改企业",4户获评"标杆"、3户获评"优秀"。

【重大项目】 2023年,集团公司圆满完成宇航发射任务48箭138星(船/器)。长征系列运载火箭连续成功175次,总发射次数突破500次,累计成功率97%,创历史新高。3次载人航天发射和2次返回任务成功实施,中国空间站进入常态化运营阶段。习近平总书记用"神舟家族太空接力"点赞集团公司取得的成绩。北斗三号备份卫星成功发射,全球卫星导航系统进一步增强。载人月球探测工程登月阶段任务全面启动实施,国家综合定位导航授时体系关键技术攻关和系统论证深入开展,为加快建设航天强国贡献更多力量。8型9颗民用卫星成功入轨,有力增强我国气象、通信、对地观测等服务保障能力,支撑国民经济发展和社会生产生活,其中,世界首颗高轨合成孔径雷达卫星陆地探测四号卫星有力提升对我国及周边区域全天时、全天候、宽覆盖的观测能力;国内首颗降水测量卫星风云三号07星填补我国降水三维立体探测数据空白。顺利完成中央企业北斗发展三年行动计划有关任务,全力支持推动北斗应用产业高质量发展。

2023年,集团公司提高控股上市公司质量专项工作稳步推进,资产证券化工作取得积极进展。完成乐凯新材重大资产重组,并募集配套资金21亿元;完成航天软件科创板IPO上市,募集资金12.68亿元;完成航天电子再融资,足额募集资金41.356亿元创集团成立以来上市公司单笔融资额新高;上市公司累计融资75.04亿元,超过近五年上市公司融资总额。完成可交换公司债券申报审批,具备发行条件。加强上市公司制度建设,在集团层面出台上市公司投资者关系管理、股份增减持及股份回购、信息沟通传导、绩效评价体系等指导文件;组织开展上市公司股份增减持,航天投资减持回笼资金2.25亿元。2023年,经营性股权投资额25.26亿元,经营性投资计划完成率连续两年超过90%。

2023年,集团公司围绕高质量发展首要任务,开展两大产业专项研究,制定推动产业高质量发展指导意见,明确今后一个时期推动两大产业发展的基本原则、发展目标和重点任务,提出"三优三强四提升"十项重点任务和20条具体举措,全面加快推动产业高质量发展。聚焦"航天+信息化+"优势领域,集中资源打造产业链链长和"专精特新"企业,积极培育打造6家链长及34家"专精特新"企业,加强重点工作落实与日常督促指导,更好发挥"领头雁"的牵引带动作用。加强培育产业创新发展动能,卫星应用领域,天空地一体化生态监测体系建设成果持续深化,青海三江源(三期)、甘肃智慧祁连等多个国家公园建设项目顺利交付,高通量机载卫星通信终端完成装机试飞应用验证并取得补充型号合格证(STC)资质,为后续实现批量销售奠定基础;以数字化营销为牵引,深入挖掘卫星通信服务场景应用,带动40余家卫星通信地面终端企业开展卫星互联网应用合作,持续提升卫星通信全链路核心竞争力;"四维云"建设实现"主业上云",积极构建国内领先的"四维地球"遥感云服务平台,对标世界先进水平打造高精度地理空间基准产品。无人系统与高端装备制造领域,飞鸿、彩虹无人机在无人运输、林草资源监测、森林防火等领域开展一批典型应用项目;ECMO设备实现市场首台(套)销售;国内首个直径3米阴极辊产品新获订单超过5亿元并成功出口;60英寸超大口径裂解气阀创造裂解气阀口径世界纪录。节能环保与新能源领域,煤高效利用制氢、绿色节能煤气化装置等项目,实现重要市场突破;构建钢铁高炉煤气净化项目节能环保"EPC+运营"新商业模式;组织10余家单位参加阿布扎比国际石油展,整合石油化工领域两业资源"抱团出海";5吨/天氢液化系统冷箱成功下线,2吨/天氦膨胀制冷氢液化系统入选国家能源局首台(套)重大技术装备名单,达到国内领先水平;轨道交通后备电源领域锂电池市场占有率全国排名第一。新材料领域,以胶印版材、光学膜、背板为代表的膜产品市场占有率整体提升,有效抢占竞品核心渠道和标志性客户。电子信息与智慧产业领域,珠海12英寸立体集成TSV项目启动,有力推动集成电路产业链发展;智慧审计业务拓展到10个省市,业务模式向"产品+服务"转变。

【走向海外】 2023年,集团公司以深度融入"一带一路"建设,积极参与金砖国家等双边、多边民用航天合作为抓手,着力推动政府间航天合作项目,服务国家战略大局。在两国元首见证下,支撑国家航天局签署中巴地球资源卫星06星补充议定书和中巴航天合作十年计划。高质量完成埃及二号卫星系统、埃及AIT中心等国家高科技援助项目建设工作。深度参与中法、金砖等多个民用航天合作机制。促进四大主业国际化渠道互通互融,创新营销模式,合力拓展两业国际市场,航天技术应用产品出口比上年增长5.3%,代理贸易有效压减,比上年减少61.8%。组织开发构建集团公司国际化两业产品数字化平台,聚焦重点产品和重点市场,对接国际化渠道和产品需求。推广航天技术海外应用,亚合资金项目"面向东盟应用的通导一体海洋渔船监控系统项目"获立项批复。4项民用航天对外技术合作项目通过科工局验收。积极参与国际组织活动,嫦娥五号团队获得国际宇航科学院劳伦斯团队奖,集团公司1名专家成功当选国际宇航联副主席,5名专家当选专业委员会委员,1名专家连任国际宇航科学院工程学部主席。顺利完成欧洲代表处人员更替。主导制定并发布国际标准5项,为国际规则标准制定贡献中国力量。积极响应"空间与重大灾害国际宪章",52次向国际用户提供累计1484景遥感卫星图片。

2023年,集团公司主导制定的ISO 24412《航天系统——热真空环境试验》、ISO 14625《航天系统——发射、着陆或回收场地地面保障设备通用要求》、ISO 5879《航天系统——运载火箭和航天器分离地面试验要求》、ISO/TR 6832《航天系统——热真空试验设备技术指南》和ISO 21360-6《真空技术——真空泵性能测量标准方法——第六部分:低温真空泵》5项国际标准由国际标准化组织(ISO)批准发布,发布数量位居央企集团前列。截至2023年底,航天科技集团主导制定国际标准累计38项(ISO标准37项、IEC标准1项),其中发布34项、在研4项。"十四五"以来,航天科技集团主导制定发布的航天领域国际标准数量的增速位居全球第二(仅次于美国),为进一步增强我国航天领域的国际话语权和影响力贡献央企力量。

【重大创新】 2023年,集团公司加快推动高水平科技自立自强,全面提升自主创新能力,强化基础研究系统布局,推进关键核心技术协同攻关,加强颠覆性技术和前沿技术研究,不断健全集团公司技术创新体系。一是持续优化航天科技创新体系建设。持续推动航天原创技术策源地建设,优化技术布局,完善并发布航天原创技术策源地建设实施方案,集聚力量进行原创性引领性科技攻关,努力增强原创成果供给能力。紧抓国家重点实验室重组机遇,18个重点实验室组建方案在第一批、第二批重组中获批,完成第三批6个国防科技重点实验室重组方案论证并上报主管部门,按照科技部有关部署,积极推进民口国家级重点实验室体系重塑,组织完成天文与空间领域国家重点实验室体系布局方案并上报科技部。二是核心重要关键技术取得突破。圆满完成预冷组合动力飞行器飞行试验，突破预冷组合动力飞行器机体推进一体化等重大关键技术；全面按计划完成“1025专项”二期关键核心技术攻关年度任务，获得以氢透平膨胀机组原理样机、5kW空冷燃料电池电堆试验样机为代表的一系列阶段性攻关成果。三是知识产权与科技成果收获丰硕。全年获得国防科学技术奖64项，创新团队1个，其中科技进步特等奖1项、一等奖13项、二等奖14项，技术发明一等奖1项、二等奖4项，获奖数量和等级均在军工集团中名列前茅。获得中国专利奖金奖1项，外观设计金奖1项、银奖1项，专利优秀奖7项，居军工集团第1位。累计有效发明专利突破3.5万件，再创新高。

在加快推动科技创新的同时，集团公司推动各单位、各部门持续深入开展管理提升，不断提高管理能力和水平，支撑世界一流航天企业集团建设。一是组织开展2023年度管理创新成果申报及评选工作。按照《集团公司管理创新成果评审管理办法》，经单位推荐、申报和评审委员会评选，对九院质量技术部、八院规划计划部、五院遥感卫星总体部、一院703所等单位(或部门)申报的34项成果予以表彰，其中一等奖9项、二等奖11项、三等奖14项。二是择优推荐参加行业级和国家级管理创新成果评选。一院703所“支持国家重大工程的新一代航天材料体系原始创新管理”获得第三十届全国企业管理现代化创新成果一等奖，八院、五院总体部、八院804所、九院771所、四院、六院11所(京)和五院遥感卫星总体部7家单位申报的成果获得二等奖，获奖等级和数量再次名列央企前茅。2023年是军工企业管理创新成果评审改革的第一年，评审周期由一年一次改为两年一次，2022年和2023年成果合并为第十九届军工企业管理创新成果。集团公司两年83项成果获得第十九届军工企业管理创新成果奖。其中，一等奖15项、二等奖38项、三等奖30项，获奖数量连续名列军工集团前茅。

【党建工作】 2023年，集团公司深入推进新时代党的建设新的伟大工程，坚定不移全面从严治党。一是高质量开展学习贯彻习近平新时代中国特色社会主义思想主题教育。围绕以学铸魂、以学增智、以学正风、以学促干，用党的创新理论统一思想、统一意志、统一行动。二是坚持以党的政治建设为统领。建立党组落实“第一议题”制度工作机制，健全贯彻落实习近平总书记重要指示批示综合评估制度，强化督导落实，始终在思想上政治上行动上同以习近平同志为核心的党中央保持高度一致。三是全面提升党建工作质量。发布党建工作要求进公司章程指引，制定党委前置研究讨论事项清单范本，加强分类指导。健全完善党建工作责任制，深化党建融入中心工作机制，提高基层党组织政治功能和组织功能。四是坚决落实巡视整改主体责任。成立组织机构，建立工作机制，明确问题清单、责任清单、任务清单，编制整改工作方案，形成185项整改措施，以“严”的基调、以整顿的方式，“地毯式”推进整改。五是持之以恒加强党风廉政建设和反腐败工作。严格执行中央八项规定及其实施细则精神，紧抓“关键少数”，强化“八小时工作时间之外”监管。紧盯关键节点，持续深入纠治“四风”。支持纪检监察机构开展工作，严格规范信访受理处理，精准把握运用“四种形态”，依规依纪依法执纪问责。强化廉洁文化建设，涵养廉洁政治生态。

【信息化与数字化建设】 2023年，集团公司持续推进数字航天建设，加快实施经营管理与科研生产数字化转型，持续提升企业数字化、网络化、智能化水平，完成数字航天1.0建设。一是信息化顶层设计持续加强。启动企业整体建模设计，发布《集团公司数字航天建设整体布局》，完成经营管理数字化转型、科研生产数字化转型、网络安全体系建设、自主可控应用总体方案4个专项论证，以优异成绩通过国务院国资委国资监管专项行动验收。二是管理信息化系统深化应用。财金、人力、固定资产、门户、翎信、主数据、商密网、统一管控平台等8个统建系统持续深化应用支撑业务变革，协同办公、合同、股权投资、航天大脑及大数据平台、违规追责、纪检监察等6个系统全面上线运行，提升集团公司经营管理水平。三是科研生产系统全面启动建设。航天型号计划、供应链2个系统完成立项开展建设，航天型号质量管理、航天型号产品全生命周期管理2个系统完成深化论证。四是数据治理及大数据应用稳步推进。完成数据管理体制机制初步设计，建成集团公司大数据平台，深化主数据系统应用，数据应用初显成效。五是持续提升信息基础设施和网络安全保障能力。稳步推进自主可控应用工作，提高国密网运行能力，完成商密网数据中心同城及异地备份建设工作，积极组织、参与网络安全攻防实战演练活动，提高集团公司各单位网络防护水平，为开启数字航天2.0的建设新征程打下坚实基础。

【履行社会责任】 2023年，集团公司深入贯彻习近平总书记关于定点帮扶工作的重要指示批示精神，按照党中央、国务院决策部署，积极落实帮扶政策，认真履行帮扶责任，持续做强做优定点帮扶工作。高质量完成在陕西省洋县、太白县，河北省涞源县的年度定点帮扶工作。集团公司领导深入一线对帮扶工作推进和责任落实情况进行督导，确保帮扶项目取得实效，切实履行各项帮扶职责。全年投入无偿帮扶资金2100万元，组织实施帮扶项目26个，进一步深化拓展产业帮扶成效。在中国乡村振兴、学习强国等主流媒体发表主题文章10篇；在各类媒体平台发表文章和视频249篇(个)，诠释航天精神，讲好航天帮扶故事。积极参与国务院国资委第二届“央企消费帮扶兴农周”活动，采购帮销农产品2646.6万元，排名中央企业第10位。落实国防科工局对口支援吉水工作，通过安排专项资金、助力印制电路板特色产业等方式支持吉水经济社会发展，为实现军工能力与区域经济共赢发展贡献力量，助力定点帮扶县巩固拓展脱贫攻坚成果，全面推进乡村振兴。

2023年，集团公司扎实推进全年广播电视安全播出保障工作。切实强化政治担当，认真履职尽责，有序组织、统筹推进全年广播电视安全播出保障工作，将高标准完成全年安播保障任务作为头等大事，全面落实重保期工作要求，圆满完成第三届“一带一路”国际合作高峰论坛、杭州第19届亚运会等重要时段安播保障任务，进一步筑牢安全播出、安全传输和设施安全的基础。

2023年，集团公司按照国务院国资委统一部署，全力做好新时代援疆援藏援青援赣工作，充分发挥集团公司科技优势，助力新疆、西藏、青海和四川、云南、甘肃涉藏州县，以及赣州各项事业发展。通过开展生态环境监测保护、人工影响天气作业、无人机测绘、卫星广播电视传输、信息化建设等产业项目，带动青海经济社会发展和管理水平提升；积极参与甘肃抗旱工作，开展增雨作业有效缓解土壤墒情，驰援甘肃、青海抗震救灾，开展气象保障、应急通信、对地观测及救援引导，彰显央企担当。

(撰稿人：潘承彬)

中国航天科工集团有限公司

【基本概况】 中国航天科工集团有限公司(以下简称航天科工)是我国航天事业和国防科技工业的中坚力量，航天强国建设和国防武器装备建设的主力军。2023年，航天科工坚持以习近平新时代中国特色社会主义思想为指导，全面落实党的二十大和二十届二中全会精神，坚决落实习近平总书记重要指示批示精神和党中央、国务院、中央军委决策部署，全面接受中央巡视，牢记职责使命、履行强军首责，坚持高质量发展，向着建设世界一流航天企业目标阔步前进。

【主要指标】

表1　2023年中国航天科工集团有限公司主要经济指标

项　目	2022年	2023年	比上年增长(%)
资产总额(亿元)	5180.7	5078.9	-1.96
所有者权益(亿元)	2303.3	2336.0	1.42
营业收入(亿元)	2143.2	1765.8	-17.61
利润总额(亿元)	183.0	24.3	-86.72
净利润(亿元)	167.5	16.5	-90.15
归属于母公司所有者的净利润(亿元)	145.7	31.7	-78.24
应交税金总额(亿元)	76.80	57.57	-25.04
全员劳动生产率[万元/(人·年)]	45.85	35.50	-22.57

续表

项　目	2022年	2023年	比上年增长(%)
净资产收益率(%)	7.51	0.71	减少6.80个百分点
总资产报酬率(%)	3.71	0.60	减少3.11个百分点
国有资本保值增值率(%)	108.32	101.94	减少6.38个百分点

【改革发展】 2023年，航天科工全面贯彻落实党中央、国务院及国务院国资委等关于国企改革三年行动的决策部署，改革深化提升行动实施方案出台，43项任务有力有序推进，改革三年行动考核获评A级。“科改企业”“双百企业”连续获评“标杆”“优秀”，并扩围至12户。世界一流企业建设“四个专项行动”初见成效。中国特色现代企业制度持续完善，党组、党委“前置事项清单”实现动态优化。深化子企业董事会建设，投融资分类授权、子企业董事会运行工作指引等制度落地实施。三项制度改革持续推进，实施“管理人员能上能下、员工能进能出、收入能增能减”18条措施，经理层成员任期制和契约化管理、科技型企业股权和分红激励、事业单位科技成果转化奖励等全面推进，三项制度改革获评中央企业“一级”。

【重大项目】 2023年，航天科工围绕战略性新兴产业培育，设立航天数字、射频微系统等新公司，控股拓维电子，完成股权投资55.94亿元、融资41.91亿元。统筹实施提高上市公司发展质量专项行动和上市公司资本运作三年行动计划，上市公司差异化绩效评价机制更加健全。航天南湖首发上市募资17.85亿元，航天长峰再融资3.25亿元，航天江南适时减持航天电器募资2.61亿元。重点优质资产证券化工作持续夯实。清退企业15户，减亏0.89亿元；产权转让及资产处置24项，回笼资金13.3亿元，资产运营迈上新台阶。

【走向海外】 2023年，航天科工抢抓后疫情时代世界经济复苏的新机遇，围绕重点国家与地区，加大国际市场开拓力度，国际化经营卓有成效。4型军贸产品获批出口立项。重点引进项目如期履约。多个军贸产品对外演示、验收飞行试验取得圆满成功，军贸市场国际化经营重点项目取得突破性进展，军贸业务跨入加速发展新阶段。以“一带一路”沿线友好国家为主要方向，主动参与国际市场竞争，持续推动优势民品出口。多项优势民品出口额持续扩大。旋转导向系统出口俄罗斯合同额超过1.3亿元，创该产品新高。激光装备出口新签合同额比上年增长54.7%。气象装备实现白俄罗斯、斯里兰卡、哈萨克斯坦等新市场签约突破。安检设备与移动医院等援外项目顺利交付。

【重大创新】 2023年，航天科工持续推进高水平科技自立自强，创新体系进一步完善。着力汇聚国内优势资源，探索政企协同共谋共促发展新模式，全面形成科技创新合力，协同推动关键技术攻关和产品研发，战略科技力量不断壮大。雄安空天实验室正式落户雄安新区，航天科工实验室建设初见成效。5个全国重点实验室、6个国防科技重点实验室、7个国防科技工业创新中心获批立项，创历史新高。8项制造业重点产业链链主任务启动。深入推进高端仪器仪表、空天动力、激光等领域策源地建设，制定策源地行动计划台账，原创技术成果不断涌现。1家单位获评国务院国资委创建世界一流专精特新示范企业，光纤激光器技术入选中国科协“科创中国”先导技术榜单。新增11户国家级专精特新“小巨人”企业和7个国家绿色工厂。累计有效专利超过3.9万件。获得省部级奖50余项、特等奖1项、一等奖8项。第二届航天科工科技奖授权197个项目，有效激发科研人员创新动力与热情。

【党建工作】 2023年，航天科工以习近平新时代中国特色社会主义思想为指导，全面贯彻党的二十大和二十届二中全会精神，广大党员干部职工深刻领悟“两个确立”的决定性意义，增强“四个意识”、坚定“四个自信”、做到“两个维护”。一是维护党中央集中统一领导的制度机制不断完善。航天科工党组坚持把习近平总书记重要指示批示作为“政治要件”，不断深化“第一议题”制度，完善全链条闭环管理的工作机制。二是主题教育见行见效。聚焦“四个以学”全级次开展集中学习1224次、专题党课3621场；1927项整改整治问题全部销号；5300余项高质量发展举措、4000余项民生清单落地见效。经验做法4次被中央简报刊发，1 个案例入选中央整改整治案例选编。三是中央巡视整改持续推进。航天科工党组坚决履行巡视整改政治责任，制定涵盖 201 项措施的整改方案，纵深推进中央部署的 3 个专项治理工作和党组实施的 16 个专项整改任务，较真碰硬开展“整顿式”整改、“地毯式”整改。四是基层组织建设不断加强。党建“六大工程”深入实施，“五位一体”机制常态化运行。首次开展“书记领办”和直属党委调研交流。3 家新组建二级单位选举产生正式党委。群团工作获上级表彰数量居中央企业前列。五是思想文化建设凝聚人心，印发《大力传承弘扬航天精神的指导意见》，先进事迹巡讲、感动人物事迹分享等丰富多彩，1 人入选“感动中国”年度人物。六是队伍建设步伐加快。干部队伍结构持续优化，党组管理干部中 45 岁左右占比 33.5%。党委领导的院长负责制试点取得阶段成果。国防领域发展重大工程人才激励保障措施落实落地。七是正风肃纪反腐扎实推进。中央八项规定堤坝不断加固，反腐败高压态势持续保持，以案促改促治工作更加深入。纪检监察干部队伍教育整顿成效明显。印发航天科工党组巡视工作规划，完成对 3 家单位党委常规巡视和巡视整改专项检查。

【信息化与数字化建设】 2023 年，航天科工坚持“一个数字化协同平台、一张企业网、一朵航天云”和“数字化全覆盖、流程全打通、业务全在线”的总体要求。修订信息化项目管理办法等规章制度 3 项，建设上线战略管理、资产运营等覆盖全级次应用需求的集团级系统 24 个，遴选支持数字航天重点项目 30 个，组建航天数字公司，数字航天技术总体力量和全集团数字化公共服务能力进一步提升。深化设计工具统标统型，5 个重点领域软件选型由 257 款收敛至 191 款。树立装备数字化行业标杆，牵头制定《武器装备数字化建设标准规范体系框架 1.0》，雷达产品数字样机全生命周期贯通实践获得国防科技工业“春雷杯”工业软件大赛一等奖，重点装备在用户数字样机应用比测中获得第 1 名。制定生产线数智化建设要求，关键工序数控率提升至 69%，相关产品一次交检合格率提升至 99%以上，有效降低质量检测成本。司库体系建设在国务院国资委中央企业首轮验收评价中获评“优秀”，累计预警疑似串标围标等风险 2000 余项，拦截有债务和信用问题供应商准入 47 家，识别合同拆分、倒签、要素缺失等问题超过 15 万项，提示超额付款等疑点事项 3400 余项。集团级主数据在全级次单位系统中贯标应用，数据总量 194 万条，比上年增长 6.6%。统建“航天 MOA”并推广至全级次单位，设置上线用车、差旅、会客、订餐等近 30 个移动应用。完成基于龙芯、飞腾等新一代国产 CPU 的产品研发，13 款信创产品进入军方名录。自主攻关的“凌云”“蕴象”“天熠”等系列工业软件的适用性超过国外软件，9 款软件产品入选国防科工局军工工业软件目录，获批国防科技工业首批工业软件创新中心。

【履行社会责任】 2023 年，航天科工深入推进国家乡村振兴战略及“千万工程”决策部署，坚持“地方所需、航天所能”，全面履行推进乡村振兴政治责任。聚焦曲靖市富源县、昆明市东川区两个定点帮扶区县，投入 2600 万元助力定点帮扶区县发展，比上年增长 45.33%，解决 2300 余万元农产品销售问题，实施 23 个帮扶项目为当地经济社会发展和乡村振兴工作贡献航天力量。加快实施“科技兴农”“科技育农”“科技惠农”专项行动，持续打造“一村一品”特色产业，实现农业增效、农民增收。《航天技术化身森林卫士　防灾减灾守护绿水青山》成功入选国务院国资委中央企业助力乡村振兴优秀案例和示范项目，并纳入《中央企业助力乡村振兴蓝皮书(2022)》。举办首届乡村振兴专题培训班、航天·筑梦“春蕾计划”暑期成长研学等活动。在 2023 年度中央企业定点帮扶工作成效考核评价中获评等次“好”。

(撰稿人：袁晓健)

中国航空工业集团有限公司

【基本概况】 2023 年，中国航空工业集团有限公司(以下简称航空工业集团)坚决贯彻习近平总书记重要指示批示精神，坚定落实党中央、国务院、中央军委重大部署，扎实推动各项工作取得积极成效。科技创新实现明显提升，航空装备取得重大突破，民机产业开启发展新局，能力提升加快升级步伐，治理现代化收获阶段成效，“三新一高”形成体系布局，人才引领发挥显著效能，合规风控凸显保障作用，党的建设持续走深走实，全面完成年度考核目标，如期实现“十四五”规划年度目标，为新征程开好局起好步作出重要贡献。

【主要指标】

表1　2023年中国航空工业集团有限公司主要经济指标

项　目	2022年	2023年	比上年增长(%)
资产总额(亿元)	12796.18	13305.63	3.98
所有者权益(亿元)	4140.35	4431.54	7.03
营业收入(亿元)	5550.62	5896.80	6.24
利润总额(亿元)	231.75	257.50	11.11
净利润(亿元)	189.33	210.52	11.19
归属于母公司所有者的净利润(亿元)	102.78	116.39	13.24
技术开发投入(亿元)	486.71	564.54	15.99
利税总额(亿元)	448.35	442.09	−1.40
应交税金总额(亿元)	294.53	253.86	−13.81
全员劳动生产率[万元/(人·年)]	40.85	44.25	8.32
净资产收益率(%)	4.71	4.92	增加0.21个百分点
总资产报酬率(%)	2.32	2.57	增加0.25个百分点
国有资本保值增值率(%)	105.11	105.97	增加0.86个百分点

【改革发展】　2023年，航空工业集团加快建设世界一流企业，高质量编制发布集团党组关于着力推动高质量发展加快建设世界一流企业的决定和实施方案，形成新时代新征程高质量发展的政治宣言和行动指南。在国务院国资委对标世界一流价值创造行动实施方案和行动措施考核中位列央企第13名，中航光电、中航无人机、中航复材等3家单位成功入选国务院国资委创建世界一流专业领军示范企业名单。

国企改革三年行动高质量收官。在国务院国资委对2022年度中央企业改革三年行动考核中，航空工业集团再创佳绩，位列A级第5名，完成对32家二级单位改革三年行动任务考核，表彰10家改革先进单位和15名改革先进个人。深化国有资本投资公司改革试点，完成国有资本投资公司试点企业评估，推动在战略性新兴产业培育、布局结构调整等方面发挥投资公司作用，制定改革任务完成评估指标体系。

全面谋划国企改革深化提升行动。按照国务院国资委对央企改革深化提升行动的部署要求，航空工业集团研究制定国企改革深化提升行动实施方案，统筹加快建设世界一流企业、国企改革深化提升行动两项任务一体实施，形成改革工作组织推进机制。

深化“双百企业”“科改企业”专项改革。航空工业集团高质量通过国务院国资委专项考核，航空工业通飞、机载公司、航空工业成飞和中航光电获评“标杆”；中航国际、航空工业凯天和航空工业洪都获评“优秀”。组织8家“双百企业”“科改企业”制定2023—2025改革实施方案并组织实施。

稳慎、规范、有序推进混合所有制改革。航空工业集团完成混合所有制改革名单动态调整，8家企业纳入2023年名单；修订操作实务手册，指导并批复5家企业混合所有制改革方案，完成2家企业混合所有制改革主体工作；对23家企业进行全面效果评价。混合所有制改革工作获国务院国资委高度评价，考核位列第2名，航空工业江航等4家企业获评“优秀”。

创新完善薪酬顶层设计。修订航空工业集团工资总额实施办法，完善工资总额决定机制，重点加大对科技创新、主责主业、提质增效、高层次/高潜质人才的激励保障力度，全面落实创新激励系列政策；扎实做好工资总额管理，持续向主业单位、科技创新、核心骨干倾斜；有效推动薪酬激励落地。研究制定关于进一步理顺收入分配关系的指导意见和薪酬激励效果诊断评估指南，为所属单位科学开展薪酬设计、全面准确审视薪酬激励效果、及时优化薪酬策略系统提供方法论和工具箱，打通薪酬激励政策落地见效的“最后一公里”。

全面建设航空工业管理体系。航空工业集团深化推进航空工业运营管理体系建设，以评促建，对30家所属单位开展现场审查，加力加劲实施管理创新专业人才培养，严选优推开展管理创新成果评选和标杆交流。推进中国特色现代企业制度建设，组织开展年度工作总结考评，编制航空工业集团中国特色现代企业制度建设报告。

【重大项目】 2023年，航空工业集团多型航空武器装备批复立项，装备研制创新提速；生产交付任务圆满完成，高质量均衡生产再创佳绩；供应链管理体系逐步完善，供应保障能力持续增强；军品维修任务高效完成，服务保障能力全维提升，维修保障能力不断增强。

2023年，航空工业集团全年交付民机664架，集团党组出台关于民用航空产业高质量发展的决定，以七大专项为抓手，全业务、全流程、全要素实施三年行动。7型8架航空应急救援装备开展国内规模最大的综合演练。完成重点型号研制任务。AG600M具备实战灭火能力，AS700、AG100取得中国民航适航证，运12F取得欧洲适航证，AC313A完成高原试飞，AC332完成全状态首飞，翼龙无人机交付中国气象局，AR500列装山东海事局。

【走向海外】 2023年，航空工业集团全面实施航空军贸专项，印发专项行动方案，加快推进军贸产品体系化发展，扎实推进市场开拓，新产品获批出口量创历史新高。成功举办第三届"空中丝绸之路"国际航空合作论坛，成立航空产品贸易和航空基础设施专业委员会。在中法两国领导人共同见证下，签署空客天津第二条总装线项目协议。完成境外投资3.9亿元，推动境外企业的生产线技术改造。

【重大创新】 2023年，航空工业集团坚决贯彻落实国家创新驱动发展战略，坚持科技是第一生产力、人才是第一资源、创新是第一动力，持续落实集团党组关于践行集团战略加快构建新时代航空强国"领先创新力"的决定。召开年度科技创新大会，推进实施航空工业科技创新五大行动，发布航空工业科技创新力和工业制造能力评价排行榜，稳步提升科技创新能力指标。

圆满完成各项科技创新任务。一批跨代装备攻关等重大任务按节点完成，一批核心关键技术取得突破；航空科技国家战略力量不断强化，航空科技创新体系建设稳步推进，加强航空领域原创技术策源地建设，积极参与创新联合体建设，重大创新平台建设再上新台阶，国防领域首家国家级技术创新中心——国家高端航空装备技术创新中心揭牌并实质化建设。科技创新人才队伍不断优化壮大，科技体制机制改革成效显著。9项成果列入《中央企业科技创新成果推荐目录(2023版)》。

多措并举加快科技成果转化应用，推进科技成果转化融入区域经济，设立集团公司技术转移中心长三角、京津冀、成渝、东北分中心，持续推进"科技+金融"新模式走深走实，加大科技与金融结合力度，科技成果转化项目激励成效显著。

【党建工作】 2023年，航空工业集团公司建立党组抓党的建设、兴装强军和高质量发展的季度推进机制。思想政治引领进一步强化，学习宣传贯彻党的二十大精神实现轮训全覆盖，聚焦"学思想、强党性、重实践、建新功"总要求，高质量开展两批主题教育。严格落实"第一议题"制度并迭代贯彻落实工作机制。发布实施新时代航空工业高质量党建工程，构建"大党建"和党委(党组)"把方向、管大局、保落实"作用发挥新格局，获评2022年度国务院国资委党建考核A级。"党建+工程"专项试点深入实施。落实先进文化力建设79项计划，实施新时代廉洁文化建设"1951"工程，新闻传播力居军工央企前列。群团、离退休、总部党委等工作亮点纷呈。严肃认真接受中央巡视，较真碰硬开展内部巡视，"地毯式""整顿式"抓实巡视整改。从严正风肃纪反腐，严查金融、境外、信息化领域问题。全面从严治党不断向纵深推进，风清气正政治生态持续巩固。

【信息化与数字化建设】 2023年，航空工业集团评估调整《航空工业集团"十四五"数字航空规划》，积极开展"数字航空"建设。全集团推广应用电子邮件、金航网、密信通三大信息工具，加快推进全员全业务"入云进网"，提升航空工业骨干网带宽能力，搭建全产业链条信息高速通路。加强敏捷项目管理系统应用，上线航空科技信息港与科技创新港，发布科技创新App，打造知识共享与科技创新信息化新平台。加强应急演练，提升网络应用安全防护能力，确保重大活动期间网络安全；加强网络安全工作战略谋划和顶层设计，保障航空工业关键信息基础设施运行安全；扎实推进数据安全保护，降低网络安全风险。

【履行社会责任】 2023 年，航空工业集团发布《2022 年度航空工业集团社会责任报告》，制定社会责任优秀案例管理办法、示范基地认证办法，激发履行社会责任的积极性。做好援青、援疆、援赣等工作，支撑国务院国资委在青海等地召开的援扶会议。持续做好乡村振兴工作，形成航空工业帮扶品牌，乡村振兴考核评价位列第一等次。推动“爱心・航空”公益品牌落地落实，重点打造提升“蓝粉笔”“蓝天梦想”公益品牌知名度，积极向国务院国资委等上级机关报送推荐、分享交流。落实好 ESG 相关任务，组织开展全集团 ESG 工作培训研讨会，积极推荐 ESG 优秀案例。航空工业集团作为首家加入中央企业 ESG 联盟的军工央企，力争走在央企 ESG 建设的第一梯队，不断增强品牌影响力。

（撰稿人：穆　森）

中国船舶集团有限公司

【基本概况】 中国船舶集团有限公司（以下简称中国船舶）是按照党中央、国务院决策，由原中国船舶工业集团有限公司和原中国船舶重工集团有限公司于 2019 年 11 月联合重组成立的特大型国有企业，注册资本金 1100 亿元；2021 年 12 月，中国船舶总部从北京迁驻上海。中国船舶作为新中国船舶事业的奠基者和引领者，在党的坚强领导下，伴随国家经济管理体制改革和对外开放的不断深化，先后经历重工业部船舶工业局、一机部船舶工业管理局、一机部第九工业管理局、三机部第九工业管理总局、第六机械工业部、中国船舶工业总公司、中国船舶工业集团和中国船舶重工集团等阶段，发展成为全球最大造船企业。截至 2023 年底，中国船舶资产总额超过 1 万亿元，拥有二级成员单位 95 家、上市公司 12 家、科研机构 36 家和国家级创新平台 67 家，员工 20.6 万人；成员单位分布在全国 23 个省（自治区、直辖市），在全球 24 个国家和地区有驻外机构 80 家。

中国船舶是我国海军装备建设的主体力量、全球造船业发展的引领力量、建设海洋强国的支撑力量，随着国产首艘大型邮轮“爱达・魔都号”建成交付并开启商业运营，被誉为全球造船业皇冠上“三大明珠”的航空母舰、大型邮轮、大型液化天然气（LNG）船全部攻克，我国造船工业在国际上实现全面赶超。中国船舶集中我国海军武器装备及船舶海工领域最具竞争优势的资源和力量，承担以航母、潜艇、水面战斗舰艇等为代表的我国海军全部主战装备科研生产任务，相继交付辽宁舰航母、山东舰航母，承建的福建舰航母顺利下水命名，推动我国跨入“三航母”时代，研制交付一大批海军主战装备，为我国海军转型发展提供有力支撑；能够设计、建造符合全球船级社规范、满足国际通用技术标准和安全公约要求的各种船舶和海工装备，谱系覆盖散货船、油船、集装箱船、大型 LNG 船、大型豪华邮轮等各类船型，以及 30 万吨级 FPSO（浮式生产储卸装置）、3000 米水深半潜式钻井平台等各类海工装备；有效发挥装备制造优势，形成动力装备、机电装备、电子信息与智能装备、环境工程、新能源、新材料、医疗健康等新兴产业和金融、投资、贸易、物流等船海服务业产业方向，打造“海装风电”“风帆蓄电池”“双瑞钛材”等众多行业知名品牌。

【主要指标】 2023 年，中国船舶突出高质量发展首要任务，强化价值创造，坚持“三赢（事先算赢、事中控赢、事后真赢）”理念，经济效益再创历史新高。2023 年，实现利润总额比上年增长 6.69%，新接合同比上年增长 2.96%。新接订单、完工交船、手持订单全球市场份额分别为 20.2%、18.4%、18.5%，稳居世界第一。低速机国际市场份额由 30%提高到 39%，国内市场份额由 50%提高到 72%；低速机完工首次超过 1000 万马力。风电产业实现收入 300 亿元，环境工程产业新接合同连续 3 年迈上百亿元台阶。“专精特新”企业接单近 500 亿元、营业收入超过 400 亿元。船海服务业不断赋能实业发展，对稳增长发挥重要作用。

【改革发展】 2023 年，中国船舶坚持以改革的视角解决问题，持续推进资源整合、优化产业结构、提升产业高端化水平。深入推进中船科技实体化改革，风电产业整体注入上市公司，中船特气登陆科创板。突出价值创造、强化精益管理，深化总部机构改革，构建和完善“大军工”“大船海”运行机制，加强国际化经营，总部部门、处室分别压减26%、22%。三项制度改革持续深化，全员劳动生产率比上年提高7.7%，末等调整和不胜任退出相关制度基本实现全覆盖。

【重大项目】 2023年，中国船舶坚持以推进重大项目建设为牵引，夯实发展后劲。历经8年科研攻关、5年设计建造的国产首艘大型邮轮“爱达·魔都号”按期交付并计划于2024年1月1日开启商业运营。国产首艘大洋钻探船“梦想号”实现试航。自主设计建造的全球最大级别动力定位系统穿梭油轮“诺思先锋号”交付。研制成功全球首艘中型自主智能游艇“智艇1号”。

【走向海外】 2023年，中国船舶积极开拓国际军贸市场，自主研制的高端海洋防务装备远销亚洲、非洲、拉丁美洲等国家；践行“一带一路”倡议，多个项目在“一带一路”沿线国家落地生效，各类产品出口到五大洲150多个国家和地区，互惠互利、共谋发展。中国船舶集团建造出口的潜艇、护卫舰、船坞登陆舰等军贸产品进展顺利，船用LNG供气系统（FGSS）国际市场份额10%，高品质海绵钛首次批量出口、减摇水舱首次进入国际市场；中国船舶不断加大开放力度，利用参加国际展会、产品推介等方式，积极开展全方位的国际交流与合作，不断加强与三井、芬坎蒂尼、马士基、西门子、曼恩、瓦锡兰、麦基嘉等国外专业公司合资合作。

【重大创新】 2023年，中国船舶坚持把科技创新摆在高质量发展的核心位置，持续加大新产品开发力度，加快推进高水平科技自立自强。完工船按期交付率比上年提高11.9个百分点，系列主建船型关键周期比上年压缩10%～30%。加快船舶经营生产高端、绿色、智能转型，承接中高端船型占比83.6%，绿色船型占比42.5%。二氧化碳捕集系统样机获得国内首张原理认可证书并实现首单突破。LNG深冷再液化装置、低温增压泵完成研制，获得船级社认证。甲醇锅炉获得船级社认证。为“氢舟1号”研制的氢燃料电池动力系统交付。制定集团标准330项，发布国际标准18项。舾装标准在4个型号实施，舾装产品种类平均减少25%、部分设备减重30%。获得国防科技奖70项，其中国防科技进步特等奖1项，首次获得技术发明一等奖。专利申请17191件，比上年增长8.2%。

【党建工作】 2023年，中国船舶着力推进党建工作提质增效，党的政治优势组织优势更加彰显。高质量开展学习贯彻习近平新时代中国特色社会主义思想主题教育，以学铸魂、以学增智、以学正风、以学促干取得积极成效。积极开展舰船大项目党建，有力保障福建舰航母、“爱达·魔都号”等重大工程建设。提炼明确“忠诚、担当、创新、包容”的企业精神。干部人才队伍建设稳步推进，首次开展总部部门主任竞争性选拔，选优配强成员单位领导班子，干部队伍结构持续优化；成立卓越工程师学院，首次开展高级专家聘期考核，遴选第二批高级专家，2人被授予“国家卓越工程师”称号，1个团队获评“国家卓越工程师团队”，战略人才力量建设持续加强。党风廉政建设和反腐败工作深入推进。锲而不舍落实中央八项规定精神，建立完善长效机制。坚持“三不”一体推进。强化巡视整改监督和成果运用。

【信息化与数字化建设】 2023年，中国船舶持续加快推进信息化基础设施建设，加快数字化生产建设，加快智能船舶研发。所属成员单位广船国际有限公司推进重要资源调度与管控平台建设，实现生产用车申请100%线上化、场地网格100%数字化；全面应用安全智能管控平台，实现现场隐患发现、整改闭环，违章考核审批、违章隐患数据统计分析全流程信息化闭环与可视化管理，通过数字化赋能安全管理水平创新。

【履行社会责任】 2023年，中国船舶集团认真履行央企社会责任。持续扎实开展对云南省鹤庆县、勐腊县、丘北县的定点帮扶工作，向三县投入帮扶资金6023.06万元，引进帮扶资金1837.5万元，实施帮扶项目49个，购买农副产品6128.04万元，帮助销售农副产品4084.09万元，持续支持三县巩固拓展脱贫攻坚成果、加快推进乡村振兴。热心公益慈善，鼓励员工参加志愿者活动，关心关爱弱势群体，共建温暖和谐社区。

（撰稿人：郑礼建）

中国兵器工业集团有限公司

【基本概况】 2023年，中国兵器工业集团有限公司(以下简称兵器工业集团)坚持以习近平新时代中国特色社会主义思想为指导，全面贯彻落实习近平总书记重要指示批示精神，扎实开展主题教育，全面接受中央巡视和经济责任审计，坚持党的领导，加强党的建设，持续深化改革，大力推动发展，团结一心、攻坚克难、奋发有为，推动兵器工业集团高质量发展，连续20个年度获评中央企业经营业绩考核A级，获评中央企业改革深化提升行动重点任务考核A级企业。持续保持我国军贸行业排头兵地位，居《财富》“世界500强”第160位。

【主要指标】 2023年，兵器工业集团整体规模、效益稳中有进、持续向好，盈利基础更为扎实。实现营业收入5416.10亿元；利润总额252.07亿元；全员劳动生产率42.23万元/(人·年)，比上年增长2.18%；技术开发投入288.69亿元，比上年增长27.54%；归属于母公司所有者的净利润136.84亿元，比上年增长14.01%。

表1　2023年中国兵器工业集团有限公司主要经济指标

项　目	2022年	2023年	比上年增长(%)
资产总额(亿元)	5189.98	5584.16	7.60
所有者权益(亿元)	2143.19	2373.42	10.74
营业收入(亿元)	5395.33	5416.10	0.38
利润总额(亿元)	240.46	252.07	4.83
净利润(亿元)	189.35	200.34	5.80
归属于母公司所有者的净利润(亿元)	120.02	136.84	14.01
技术开发投入(亿元)	226.35	288.69	27.54
利税总额(亿元)	145.29	146.15	0.59
应交税金总额(亿元)	149.38	147.24	—1.43
全员劳动生产率[万元/(人·年)]	41.33	42.23	2.18
净资产收益率(%)	9.17	8.87	减少0.30个百分点
总资产报酬率(%)	5.18	5.30	增加0.12个百分点
国有资本保值增值率(%)	108.50	108.01	减少0.49个百分点

【改革发展】 2023年，兵器工业集团全面贯彻落实党中央、国务院关于国有企业改革的重大决策部署，牢牢把握改革正确方向，高质量开局起步改革深化提升行动。按照“把握方向、系统谋划、突出特色、狠抓落实”的原则扎实编制《实施方案》和工作台账，集团层面制定10个部分、41个方面、136项改革任务、240条改革举措，子集团层面细化6267项改革举措，做到上下一盘棋，精准描绘集团公司深化改革施工图。全面推动年度78项重点改革举措落实落地，5篇改革案例在国务院国资委改革简报刊发，居央企第4位、军工央企第1位，获国务院国资委表扬，获评中央企业改革深化提升行动重点任务考核A级企业。一是坚持全面贯彻落实“两个一以贯之”，持续规范完善中国特色现代企业制度。围绕“提升党的组织、党的工作两个覆盖质量”主题，推动子集团和直管单位及所属上市公司精准落实“两个清单”，指导推动混改企业、中外合资企业加强党的领导党的建设工作。二是层层压实、系统深化、优化完善集团公司及子企业董事会建设及运行机制，不断推动董事会规范建设上下贯通、运行效能上下看齐、外董履职上下对标，实现授权决策事项有效监督，健全“两级组织管理+三级报告”工作模式，优化“风险矩阵、分级分类、跟踪审计”机制，深化完善子企业董事会管理制度体系，试点开展股东观察员机制，深化延伸贯通董事会运行评价，实现连续评价、逐级覆盖。三是构建三项制度改

革制度体系，扎实开展经理层成员任期制与契约化管理，占比稳定维持在100%，完善工资效益联动机制，持续健全更加灵活高效的工资总额管理模式。不断强化市场化薪酬分配，健全科技创新激励保障长效机制，体系化推进实施兵器特色“3＋N”中长期激励，健全“利润＋个性化指标”复合挂钩机制，推动收入分配及薪酬增量向作出突出贡献的科研人才、核心骨干和一线关键岗位倾斜。规范完善市场化用工管理，全面推行规范化公开招聘，建立健全内部科技人才有序流动机制，切实推动员工能进能出，持续优化人员结构。打造兵器战略人才力量取得新突破，李春明、吕剑当选中国工程院院士，战略领军和高端人才“量”“质”显著提升。四是推动重点专项改革任务取得实效。“科改企业”“双百企业”充实扩围至10户，5户企业获评专项考核“标杆”和“优秀”。扎实开展世界一流专业领军示范企业创建行动，武重集团、北重集团北方股份2家单位入选国资委创建世界一流专业领军示范企业名单。持续推进困难企业治理，10户亏损企业扭亏为盈，4户企业完成退出。统筹推进“压减”工作，全面完成年度清理退出任务，退出低效能企业24户，法人户数总体上实现动态平衡，管理层级有效控制。

【重大项目】 2023年，兵器工业集团积极践行“交装备就是交战斗力”的使命方针，着眼于科技之变、战争之变、对手之变的新形势、新要求，紧前布局具有现代战争特色、符合未来战争规律的武器装备体系，全力推进火炸药与弹药产业安全发展，加快无人机新域新质装备布局，有序组织实施完成西安爱生技术集团有限公司、北京北航天宇长鹰无人机科技有限公司并购重组，加快推进新一代信息网络、人工智能、新能源、新材料等技术在武器装备中的应用，赋能装备跨越发展，一批“撒手锏”装备定型列装，高质量完成重点装备保供任务。坚持军民融合发展，一是大力发展新质生产力，传统产业加速转型升级，精细化工及原料工程项目正式开工建设，助力新时代东北全面振兴取得新突破。二是培育壮大战略性新兴产业，新能源电池用电子电路产品在国内首次实现2米尺寸电芯连接模组的生产制造，设立微纳制造产业基金加快推动力敏、磁敏传感器产业化，光电倍增管达到国内领先技术水平，在辐射探测、环保等领域实现批量应用。完成宝石级培育金刚石产能提升、突破大尺寸功能性金刚石材料CVD法核心工艺；开展百吨级PBO纤维纺丝工艺调试，形成稳定批产能力。承担国家发展改革委“长三角北斗车路协同创新应用工程”项目和“基于实时精密单点定位的多频点北斗高精度定位器件”项目，持续发挥北斗系统在社会治理和经济发展中的重要作用。落实国家“北斗走出去”战略，在阿尔及利亚、阿联酋、老挝、卢旺达、刚果（金）等国推广地图测绘、安全监测、车辆监管等北斗高精度服务。三是全面布局未来产业创新发展，联合七大央企11家单位组建脑机接口创新联合体，共同推动脑机接口产业高质量发展。围绕激光制造产业链，积极承担多项重点技术攻关，并取得良好进展。开展“人形机器人”科技重大专项攻关，聚焦人形机器人共性关键技术领域，为实现人形机器人产业化落地奠定基础。

【走向海外】 2023年，兵器工业集团充分发挥国际化经营优势，进一步融入“双循环”新发展格局，形成石油、矿产等战略资源保障和国际工程领域协同发展的民品国际化经营格局，石油业务经营规模稳步提升，全年生产油气当量945万吨；矿产业务保持平稳增长，重点矿山建设稳步推进，生产铜金属8.7万吨、钴金属1万吨，民爆业务持续推动产业全球布局，海外炸药产销量10万吨，电子电路业务加大国际大客户开拓推动国际产能布局。先后在亚洲、非洲、中东欧等地区特别是“一带一路”沿线国家，打造一批标志性项目，NORINCO品牌全球影响力不断提升，为国际产能及装备制造合作、保障国家战略资源安全作出积极贡献。

【重大创新】 2023年，兵器工业集团深入实施创新驱动发展战略，制定印发《集团公司创新驱动发展战略纲要》，以重大工程、重点专项和重点型号为牵引，以原创技术、关键核心技术和基础技术攻关为主线，完善科技创新体制机制。以重大科技任务为牵引，围绕基础研究、前沿技术研究和学科交叉研究等主要方向，积极布局国家实验室。构建开放式协同创新生态，加强科技创新激励机制探索，系统制定实施“科技创新30条”和“人才发展30条”，引导和保障科技人员潜心钻研、勇攀高峰，制订和实施不同专业人才培养计划，营造有利于人才脱颖而出的制度环境。

研发经费投入强度5.33%，科技创新研发投入显著提升。解决复杂铜钴矿体群绿色低碳开发重大技术难题，成功研制出我国首台高精度五轴立式铣车复合柔性加工中心，顺利交付国内首台具有完全自主知识产权的国产化重型矿车，磨料磨具国际标准ISO 24437《超硬磨料冲击韧性测定方法》成为超硬材料行业首个获得立项的国际标准。全年获得国防科学技术奖61项，其中特等奖1项、一等奖4项。知识产权体系建设逐步完善，全年申请专利7783件、授权专利5312件，18家企业入选国家知识产权示范企业和优势单位名单。5项管理创新成果获得全国企业管理现代化创新成果（国家级）二等奖，78项管理创新成果获得军工企业管理创新成果奖励，其中一等奖9项。

【党建工作】 2023年，兵器工业集团聚焦高质量党建引领保障高质量发展主题。坚持思想领航，全面学习贯彻习近平新时代中国特色社会主义思想和党的二十大精神取得丰硕成果，带动全集团形成理论大学习、能力大提升、作风大转变、工作大落实的生动局面。坚持政治引领，捍卫“两个维护”的机制和体系更加健全完善，健全“第一议题”制度实施办法，研究制定健全完善党的建设工作“七个体系”和全面推进基层党建提质增效“七抓”工程实施意见，推动党建工作体系化、规范化发展。坚持增强两个功能，党的组织体系进一步织密建强，规范基层组织管理，创新载体发挥党员先锋模范作用，在装备建设、党组巡视、安全督导等重点任务一线同步设立临时党组织，指导新组建新并购新成立单位落实“党建进章程”、规范设立党的组织，稳步推进党组织领导的院（所）长负责制试点工作。坚持守正创新，宣传思想文化工作汇聚传播更多正能量，各类媒体刊发集团公司相关新闻报道2万余篇，27部精品力作在上级评比中脱颖而出，持续彰显集团公司“大国重器”“顶梁柱”形象。首次设立强军报国杰出贡献奖，隆重表彰13个项目团队和10家作出突出贡献单位。2家单位入选2023年度科学家精神教育基地认定名单，2项成果分别获评全国企业文化优秀成果一等奖和中国政研会课题一类研究成果。4部作品在第五届“一带一路”百国印记短视频大赛中获奖。坚持党建带工建带团建，推动广大职工和团员青年立足基层一线、建功立业，印发班组建设指导意见，重点围绕聚焦基层一线抓落实安全生产专项行动，推动“五好班组”建设，广泛开展劳动竞赛、岗位练兵、“五小”创新、巾帼建功、“爱企业、献良策、做贡献”等主题活动。

2023年，兵器工业集团坚持“严”的基调、“严”的措施、“严”的氛围，做深做实政治监督，深化正风肃纪反腐，聚焦“国之大者”，做深做实政治监督，以有力监督保障习近平总书记关心关切和党中央决策部署的大事要事落实见效，明底线树新风，修订《党组贯彻落实中央八项规定及其实施细则精神的工作措施》，编制《落实中央八项规定精神图解》，推动纠治“四风”实践成果转化为制度规范，化风成俗、形成习惯。一体推进“三不腐”，持续深入推进反腐败斗争，坚持风腐同查同治、受贿行贿一起查，以零容忍态度惩贪治腐，深查彻查“靠企吃企”腐败问题，不断强化以案促治推动建章立制，倡导明廉修心、崇廉养德、持廉守正、敬廉律行的理念和风尚。深化政治巡视，加强巡视整改和成果应用，深入学习贯彻习近平总书记关于巡视工作重要论述，分两轮紧前对18家火炸药、弹箭单位开展巡视，深入查找深层次问题，巡视发现问题质量明显提升，全年发现“四个落实”方面问题159项、共性问题11项。从严从实狠抓巡视整改，党组加强领导，纪检监察组强化监督，压实整改责任，形成各司其职、齐抓共管，同题共答、齐抓共管的良好局面，通过整改解决一批制约改革发展的重点问题。

【信息化与数字化建设】 2023年，兵器工业集团深入论证实施数智工程战略，聚焦科研、生产一线，加快推进数字化转型、智能化升级，加速组织数字研发、数字制造、数字运营、数字基础设施和数据治理等领域的试点示范工作，深入推进重点项目数字化试点和智能工厂、智能车间、智能单元生产线示范建设，通过“人机协同、机器换人、黑灯工厂”专项，加速开展生产设备联网、制造执行系统等建设，加快实施制造数据采集与生产过程监控，网络化制造模式。建设内部供应链平台和外部供应链平台，全面部署云视频服务，试点应用即时通信云服务。全力打造基于MBSE的数字化协同研发平台，开展基于模型的正向研发模式转型升级，强化多学科联合仿真分析，构建跨层级、跨地域、跨单位、跨业务的数字化协同设计平台，全方位推进仿真验证、虚拟试验、数字化集成测试等数字化研制活动。1家单位成功入选国务院国资委数字化转型试点企业，1家单位案例获评全国企业数字化建设优秀案例，9家单位的优秀案例入选工业和信息化部智能制造试点示范名单中的智能制造优秀场景。多家单位的创新成果成功入选全国智慧企业建设创新案例。

【履行社会责任】 2023年，兵器工业集团高起点高站位谋划统筹做好定点帮扶、老区支援、地方帮扶工作。坚持不摘责任、不摘政策、不摘帮扶、不摘监管"四个不摘"要求，紧紧围绕"五大振兴"，健全机制、优化方式、拓展领域，扎实推进各项帮扶任务。牢牢把握"乡村振兴关键看产业"的要求，在产业帮扶领域多措并举持续发力，投入帮扶资金2200万元，引进帮扶资金462万元，推动消费帮扶1500余万元。因地制宜发展优势特色产业，实施红河县农业机械化生产示范项目等9项帮扶项目，与地方共同出资设立中兵兴国公司，助力兴国县拓展电子信息产业集群，提高工业领域竞争优势。全面完成定点帮扶工作10个重点指标，助力两个定点帮扶县经济社会发展取得显著成效。探索乡村发展新模式入选国务院国资委第一批中央企业助力乡村振兴优秀案例，获得黑龙江省甘南县爱心助教"突出贡献奖"。高质量发布年度社会责任报告，连续5年获得中国企业社会责任报告评级专家委员会评定"五星佳"最高评级，成为军工行业唯一获此殊荣的中央企业。

（撰稿人：李　琰）

中国兵器装备集团有限公司

【基本概况】 中国兵器装备集团有限公司（以下简称兵器装备集团）成立于1999年7月，由原兵器工业总公司改组而成，前身可以追溯到第五机械工业部、兵器工业部、国家机械工业委员会，是中央直接管理的国有重要骨干企业，是国防科技工业的核心力量，是国防建设和国民经济建设的战略企业，是我国最具活力的军民结合特大型军工集团之一，肩负"强军报国、强企富民"神圣使命，连续15年跻身"世界500强"。

经过多年改革发展，形成以军品为根本、以汽车为支柱、以战略性新兴产业为支撑的产业群。军品主要覆盖单兵班组装备、末端防御装备、机动压制装备、先进弹药、反恐处突等领域，广泛装备陆、海、空、火箭军和武警、公安等国家所有武装力量，发挥着重要的基础性和战略性作用。汽车形成整车、零部件、营销服务、汽车金融等全产业链布局，自主品牌国内领先，建立"六国十地"研发布局，研发实力保持行业第一。在光电信息、新材料、绿色低碳、高端装备制造等领域拥有多个"专精特新"冠军企业。

【主要指标】 截至2023年底，兵器装备集团资产总额4639.45亿元；所有者权益1702.11亿元；全年实现营业收入3170.8亿元，比上年增长8.54%；利润总额151.25亿元，比上年增长11.52%；净利润125.99亿元，比上年增长7.88%，利润总额、经济增加值分别完成国务院国资委考核目标的102.87%、110.42%，主要经营指标均完成国务院国资委年度目标。

表1　2023年中国兵器装备集团有限公司主要经济指标

项　目	2022年	2023年	比上年增长(%)
资产总额(亿元)	4112.98	4639.45	12.80
所有者权益(亿元)	1523.06	1702.11	11.76
营业收入(亿元)	2921.36	3170.80	8.54
利润总额(亿元)	135.62	151.25	11.52
净利润(亿元)	116.79	125.99	7.88
归属于母公司所有者的净利润(亿元)	68.25	80.48	17.92
研发投入(亿元)	165.35	183.53	10.99
利税总额(亿元)	314.23	331.94	5.64
应交税金总额(亿元)	203.79	207.66	1.90
全员劳动生产率[万元/(人·年)]	46.37	47.13	1.64

续表

项　目	2022 年	2023 年	比上年增长(%)
净资产收益率(%)	7.99	7.76	减少 0.23 个百分点
总资产报酬率(%)	3.75	3.77	增加 0.02 个百分点
国有资本保值增值率(%)	108.78	108.21	减少 0.57 个百分点

注:2023 年数据为年度财务决算实际值,同比数据为比 2022 年决算数。

【改革发展】 2023 年,兵器装备集团国企改革三年行动实现圆满收官,在 2022 年度中央企业改革三年行动考核中获评 A 级。扎实开展改革深化提升行动,高质高效编制集团公司改革深化提升行动实施方案,明确 155 项改革任务并细化为 304 项改革措施,年度各项改革任务扎实推进。

推动集团公司三项制度改革走深走实,在国务院国资委 2022 年度中央企业三项制度改革评估中蝉联最高评价一级 A 类。构建与经济规模、劳动效率挂钩联动的用工管理机制,健全以劳动效率为核心的人工成本动态监控机制,市场化用工排名并列央企第一,同口径全员劳动生产率排名军工央企第四。首次建立领导人员年薪手册报告机制,严格领导人员履职待遇和业务支出管理。加强薪酬分配指导,开展高收入自查、津补贴和福利自查整改。编制 2022 年职工薪酬分析报告,创新构建内部分配评价模型,推动企业优化内部分配关系。

【重大项目】 2023 年,兵器装备集团承担的国务院国资委"1025 专项"项目稳步推进,13 项攻关任务工作均达到里程碑目标,30 余项关键技术取得突破,有效支撑产品研制。产业化推广应用稳步推进,乘用车用"七合一"总成、电控悬架系统、冗余制动系统实现量产应用。重庆长安汽车股份有限公司渝北工厂置换升级建设项目具备"冲压、焊接、涂装、总装、软件封测、电池"六大整车工艺能力,形成 28 万辆新能源汽车年产能,建成国内先进的数字化低碳新能源整车工厂。

建设工业集团(云南)股份有限公司募集 10 亿元配套资金,开展上市公司更名,由云南西仪工业股份有限公司正式更名为建设工业集团(云南)股份有限公司,重大资产重组全面完成。召开股权划转暨管理融合大会,完成兵器装备集团与安徽省无偿划转形式整合安徽军工集团。

【走向海外】 2023 年,兵器装备集团国际化收入完成 358 亿元,比上年增长 38%。重庆长安汽车股份有限公司发布全球化战略,海外销量 35.9 万辆,比上年增长 45%,排名中国品牌第四。2023 年 10 月,兵器装备集团受邀参加第三届"一带一路"国际合作高峰论坛。高峰论坛期间,重庆长安汽车股份有限公司与泰国投资促进委员会(BOI)签署投资意向书,BOI 为重庆长安汽车股份有限公司颁发泰国生产基地项目投资优惠证书。规划在泰国投资 88 亿泰铢(约合人民币 18.6 亿元),建设现代化的新能源汽车生产基地,首期产能 10 万辆/年,在满足泰国市场需求的同时,覆盖澳大利亚、新西兰、英国和南非等全球市场。该项目作为兵器装备集团第一个海外整车产能布局项目,于 2023 年 11 月正式启动建设。

【重大创新】 2023 年,兵器装备集团持续推动"13481"体系建设。建立系统部署、过程管控及考核评价,形成集团层、企业层两级任务清单,召开年度工作部署会及推进例会,形成"13481"效能评价指标体系。召开科技委换届大会,全面重塑科技委,明确总体架构和主要职责。打造国家战略科技力量,瞬态冲击技术重点实验室等 3 个国家级创新平台获批,行业地位进一步巩固。重庆长安汽车股份有限公司国家企业技术中心创新能力排名全国第一,实现 7 届 14 年行业领先。重庆青山工业有限公司、保定天威保变电气股份有限公司获批国家级工业设计中心。全面融入中央企业未来产业体系,承担任务覆盖未来制造、未来信息、未来网络 3 个产业,牵头承担具体技术 17 项、重大工程 3 个、应用场景 7 个。全年研发投入 183.53 亿元,研发经费投入强度高于 5.79%。制定国际标准 1 项,在国际标准领域实现突破。获得省部级以上科技成果奖 20 余项,其中二等奖及以上 9 项。专利申请量 9249 件,其中发明专利占比 67%,整体专利质量连续两年获评国务院国资委 A 级。获得第十九届军工企业管理创新成果奖 67 项,其中一等奖 5

项。新增8家成员单位(含1家非控股单位)获评工业和信息化部专精特新"小巨人",3家成员单位通过复核,累计20家。

【党建工作】 2023年,兵器装备集团始终把政治建设摆在首位,高质量开展学习贯彻习近平新时代中国特色社会主义思想主题教育,健全完善工作体制机制,严格落实"第一议题"制度,严格执行重大事项请示报告制度,确保高质量发展不偏航。坚持党管干部原则,推动干部树立和践行正确政绩观,能上能下常态化,激励与约束相结合,解决好乱作为、不作为、不敢为问题。推动实施"加强年轻干部教育管理监督大提升专项行动",建立全覆盖谈心谈话制度,突出年轻领导干部特别是"一把手"岗位年轻干部的监督。创建"三带三学四落实"学思践悟机制,针对性解决主题教育合资企业外方"思想上不认可、保障上不支持、工作上不协调"等难题。创新党建融入中心工作,开展党建"百千万"行动,形成集团级"百名支部书记破百题"项目193个、"千名党员揭榜挂帅"项目1824个、"万名骨干创先争优"质量劳动竞赛项目1029个、核心技术难题攻克85项,军品、汽车一大批重点任务取得突破。创新开展思政工作数字化试点,以大数据、AI赋能职工思想动态管理。截至2023年底,5个集体、2名个人、1个家庭被授予"全国工人先锋号""全国青年文明号""全国五一巾帼标兵""全国优秀共青团员""全国最美家庭"等国家级荣誉称号和表彰,"搭建党建引领保障'人'型体系　推动军工央企高质量发展的实践研究"课题获得中央企业党建思想政治工作研究会一等奖,重庆长安汽车股份有限公司刘源入围2023年"大国工匠"年度人物提名。

保持反腐败斗争高压态势,深挖细查谋私贪腐问题,处置问题线索342件,立案54件,处理处分156人,给予党纪政务处分64人,采取留置措施6人。深入开展靠企吃企问题整治"回头看",紧盯供应商准入、招投标管理等关键环节,推进利用境外项目佣金中介费牟取私利、关联交易、违规交易、涉军购销等问题专项整治,坚决清理违规中间商、"三无"供应商,防范化解廉洁风险。发挥以案促改促治综合效应,组织2500人观看典型案件警示教育片,指导成员单位开展形式多样警示教育450场次,13万人次参加。开展作风建设专项检查,探索运用司库系统等数字化监督手段,全系统严肃查处违反中央八项规定精神问题10起,处理处分17人,其中党纪处分8人。重点纠治形式主义、官僚主义,坚持常抓不懈,推动统筹调研轻车简从、规范评比表彰、清理微信工作群等方面取得较好成效。开展基层"微腐败"问题整治专项检查,坚决清除群众身边"蝇贪蚁腐"。

【信息化与数字化建设】 2023年,兵器装备集团坚持一把手工程,设立集团CIO,集团—企业上下联动的组织机制基本形成。坚持月、季、年度例会机制,累计召开数字化转型工作推进专题会7次、CIO月度例会8次、年度工作推进会1次。强化专项考核,将数字化转型任务纳入成员单位年度考核指标。举办首届数字兵装场景大赛,展现具有兵装特色的数字化转型成果76个。智能制造能力再上新台阶。全力推进型号研制数字化模型建设,重点型号装备数字样机模型建设初具基础。打造数字技术场景标杆企业,4家单位成功入选国家部委数字技术试点示范。推动战略管控业务数字化智能化升级。全面完成国资监管年度建设任务,国资监管数字化专项验收评估取得"双优"。财务共享中心建设成效显著,3家试点成员单位财务共享中心基本实现区域共享。"两网一云"基础设施布局基本形成。开展内外网升级改造,涉密网完成整网接入方案制定,商密网完成40家单位SD-WAN专线接入,打通业务访问与数据传输通道。圆满完成国家网络攻防实战演习任务,完成重大活动期间网络安全保障。在营销领域探索数据应用与运营场景分析,长安汽车构建CA-EPMS(数据驱动的营销指标体系),客户全旅程指标自采率73%。

【履行社会责任】 2023年8月,兵器装备集团发布2022年度社会责任报告,并获得最高评级"五星佳",有力提升集团公司社会影响力,完善企业形象。搭建公益品牌金字塔,明确品牌定位与核心理念,完成品牌发布会策略方案,提升公益品牌在社会责任领域的引领意识,加注公信价值。

全面加强ESG工作,规范社会责任管理。督导成员单位将ESG理念深度融入企业治理,全力推进企业治理体系和治理能力现代化。强化资金管理,督促监督落实。选派3名中层干部分别到集团公司定点帮扶县云南省泸西县、砚山县任挂职副县长及第一书记，督导帮扶项目的全面落实。2023 年，向定点县投入帮扶资金 4500 万元。对定点县的教育、医疗和住房保障方面提供资金支持，范围覆盖产业帮扶、人才培训、乡村治理、美丽乡村建设等各方面。线上线下齐聚力，拉动消费帮扶。广泛引导广大干部职工参与"消费帮扶迎春""兴农周"等专项活动，上架商品 100 余种，覆盖用户数 21 万人，助力消费帮扶 2900 余万元。

（撰稿人：李晓静）

中国电子科技集团有限公司

【基本概况】 中国电子科技集团有限公司（以下简称中国电科），是经国务院批准，在原信息产业部直属 46 家电子类科研院所及 26 户企业基础上组建而成的由中央直接管理的国有重要骨干企业，是国务院授权的投资机构，2002 年 3 月 1 日正式挂牌运营。2015 年 2 月，中共中央、国务院决定，成立中国电科董事会。2017 年 12 月，中国电科完成公司制改制，更名为中国电子科技集团有限公司。2021 年 6 月，经国务院批准，中国普天信息产业集团有限公司整体并入中国电科。2023 年 11 月，经国务院批准，将国务院国资委持有的中国华录集团有限公司股权无偿划入中国电科，华录集团成为中国电科控股子公司。旗下企事业单位 719 家，包括 47 家国家级科研院所、19 家上市公司，拥有 45 个国家级重点实验室、研究中心和创新中心等，员工总数 23 万余人，研发人员占比近 60%，拥有中国工程院院士 12 人。

【主要指标】

表 1　2023 年中国电子科技集团有限公司主要经济指标

项　目	2022 年	2023 年	比上年增长（%）
资产总额（亿元）	5941.69	6587.03	10.86
所有者权益（亿元）	3011.49	3429.79	13.89
营业总收入（亿元）	3756.74	3970.30	5.68
利润总额（亿元）	321.88	310.19	-3.63
净利润（亿元）	290.75	282.65	-2.79
归属于母公司所有者的净利润（亿元）	179.30	181.44	1.19
研发经费投入（亿元）	568.76	603.70	6.14
应交税金总额（亿元）	127.44	156.60	22.88
全员劳动生产率[万元/（人·年）]	48.21	50.98	5.75
净资产收益率（%）	10.26	8.66	减少 1.60 个百分点
总资产报酬率（%）	5.92	5.14	减少 0.78 个百分点
国有资本保值增值率（%）	109.10	107.80	减少 1.30 个百分点

注：表中 2022 年数据不含华录集团，2023 年数据包含华录集团。

【改革发展】 2023 年 5 月 12 日，习近平总书记亲临中国电科产业基础研究院考察调研，勉励科技工作者再接再厉、勇攀科技高峰，不断攻克前沿技术，打造更多科技自立自强的大国重器。习近平总书记的重要讲话为中国电科更好服务强国强军事业指明前进方向、提供根本遵循、注入强大动力。4 月 13 日、9 月 20 日，审计署、中央第十四巡视组分别向集团公司通报经济责任审计和巡视反馈意见。通过中央巡视、经济责任审计的全方位"问诊把脉"，集团公司全面客观认清自身存在的问题，为中国电科抓好整改工作、推动事业发展明确努力方向。集团公司对标对表习近平总书记"5·12"重要讲话精神，对照中央巡视反馈问题整改要求，始终坚持政治引领、战略思维、问题导向、实践观点，凝心聚力、锐意改革，以提升政治能力和战略能力为重点，推进集团战略转型迈出实质性步伐。一是落实新一轮国企改革重大任务。以国企改革深化提升行动为契机，突出做强做专，统筹推进11个方面80余项改革任务，实现规定动作无漏项、自选动作有亮点。落实战略性重组任务，华录集团正式纳入集团管理体系，深化中国普天重组融合，原普天企业经营效益显著提升，历史遗留问题妥善处置。深入实施“科改行动”“双百行动”专项工程，持续深化市场化经营机制和科技创新体制机制改革，截至2023年底，入选“双百企业”5家、“科改企业”8家。集团公司获评改革三年行动重点任务考核A级，入选创建世界一流示范企业名单。二是着力完善治理主体权责体系。修订党组工作规则，抓实党组前置研究科学化规范化、党管武装责任体系建设等重点工作，切实发挥好党组“把方向、管大局、保落实”领导作用。推动集团公司治理体系、“三重一大”决策制度体系和董事会工作体系向下贯通，全面实现应建董事会子企业应建尽建和外部董事占多数，经理层成员任期制和契约化管理全覆盖。三是推动集团转型发展。明确提升战略能力、优化管控模式的改革转型总体思路，鲜明提出“一巩固三做强”(巩固发展尖端配套优势，做强体系、做强基础、做强以智能为代表的新域新质)整体业务布局，提升“六个能力”(政治能力、战略能力、总体能力、总部能力、软实力、承担国家重大任务能力)、推动“六个转变”(从国企思维向国家思维、从配套思维向配套与体系并重、从单打独斗向团结协作、从封闭发展向开放联合、从注重管理形式向注重管理本质、从免责思维向担当作为转变)，一系列改革措施紧锣密鼓、梯次铺开。突出战略引领、军工首责和科技自立自强，推进总部职能机构“大部制”改革。探索成员单位差异化管控，加强“统”的力度，强化投融资管控、财务管理等方面的战略导向，推动资源配置向战略“主航道”聚焦；完善“活”的机制，实施成员单位差异化管控试点，聚焦大尺寸硅材料、新能源、水下探测等战略急需，“一企一策”制定考核、授权及改革调整等方案。四是全面深化三项制度改革。持续推进管理人员能上能下、员工能进能出、收入能增能减。突出重实干、重实绩、重担当的选人用人导向，推动形成能者上、优者奖、庸者下、劣者汰的考核机制。突出贡献价值导向，持续推进薪酬分配市场化改革力度，推动收入分配持续向科技人才、核心骨干倾斜。深入实施战略科学家培养“青藜计划”，量身定制“一人一策”培养方案。2人获得首届国家卓越工程师奖、2个团队获得卓越工程师团队奖。智能院入选首批“国家引才引智示范基地”。

【重大项目】 2023年，中国电科坚决贯彻落实党中央、国务院、中央军委决策部署，聚焦主责主业，忠诚履行强国强军和高水平科技自立自强使命责任，为强军兴军、维护国家安全提供强有力支撑。一是扎实推进重大科研生产任务。加大体系化、智能化及新域新质布局建设力度，承担的国防发展重大工程任务总体进展良好，尖端配套能力巩固发展，联合作战体系支撑持续增强。全面推进重大装备研制保障任务，深化网信体系建设运用，加快新域新质武器装备向战斗力转化。空间行波管、全柔性太阳电池翼等多项高精尖成果支撑保障神舟十七号发射、神舟十六号返回等航天任务完胜收官近80次。高标准交付国产大飞机通信导航、机载信息等航电系统核心设备，在国家卫星互联网工程一代系统中承担近50%空间载荷总体任务。二是瞄准战略性新兴产业和未来产业提前布局。围绕国务院国资委“9+6”整体布局，紧前谋划开展7个战略性新兴产业和4个未来产业布局论证，承担近百项重点任务，任务数量及覆盖面均位居央企前列。着眼于国家重大战略急需，投资布局集成电路特色工艺线项目，超前布局高端AI芯片，北斗产业化覆盖生态、农业、安全等重点赛道。新增国家级专精特新“小巨人”企业25家，总数达到51家；新增国家级制造业单项冠军企业3家，总数达到5家。三是通过自主发展、股权投资、产业协同等方式推动全链条融合集群发展。加大集成电路及国产化操作系统领域投入，所属申泰科技、博微芯纪元、普华软件等企业增资扩股并引入战略投资者；美泰电子、国扬电子、国宇电子增资扩股，扩充MEMS传感器及汽车电子功率用芯片产能。莱斯信息登陆科创板，加快民用智慧信息系统业务发展。中瓷电子完成重大资产重组，整合氮化镓射频业务。海康机器人、晶亦精微等企业IPO进程取得阶段性成果。第三代半导体、高端装备、基础软件、智能科技等领域的话语权、控制力加速提升。

【走向海外】 2023年，中国电科服务国家政治外交大局，持续深化国际合作，海外业务稳步拓展，交流合作持续深化。军贸方面，在战略重点国家成体系输出中国电科装备和能力，深化双边合作关系。民贸方面，数字安防、数字政务、数字交通、智慧能源、智能卡等领域加速培育一批数字化转型标杆项目和惠民生"小而美"项目落地生根。智能物联网近3万种硬件和200多款软件产品应用遍及全世界，数字身份识别卡市场占有率全球第三、国内第一，服务于全球60多个国家和地区。服务共建国家和地区经济社会发展，柬埔寨暹粒吴哥国际新机场空管工程项目顺利交付，摩洛哥萨菲港船舶交通管理系统开通运行，土耳其光伏产业园项目三期工程移交，中泰北斗导航增强技术合作项目顺利签约，"加快空中丝绸之路建设"和"北斗走出去"战略践行取得标志性成果。积极参与SKA国际大科学工程，中频天线结构进入建设阶段后的首台天线在测试现场正式吊装，标志着中国为世界成功提供"天线解决方案"。

【重大创新】 2023年，中国电科发挥国家重大科技攻关工程和原创技术策源地牵引作用，从源头和底层突破一批"卡点""堵点"。集成电路"卡脖子"攻关取得成效，离子注入机实现28纳米以上工艺全覆盖，入选年度国资央企十大国之重器，100余台设备进驻国内主流产线；申威8A CPU完成流片和测试验证，性能达到国内一流水平；全自主正向亿门级FPGA完成典型装备应用验证，万亿次DSP完成正样研制；完成第一颗12英寸硅单晶拉制。卫星通信芯片、射频开关、滤波器等10余种产品为国产旗舰手机提供关键支撑。视频监控高性能非球面光学镜头实现对日本厂商替代。成功研发全球首个同时支持大规模脑仿真的人工智能学习框架，研发灵犀手、视幻觉重构技术等人机混合系统。研制国内第一代100比特超导量子测试仪，建设国内首条低温超导线缆工艺线，具备20比特超导量子计算机整机算力。汽车芯片批量导入东风、上汽、蔚来、比亚迪等车企供应链管理体系，多款碳化硅器件在新能源汽车上实现批量应用，已装车超过100万套。强化应用基础研究，稳妥有序推进国家、国防科技重点实验室优化重组，新增国家级创新平台4个，总数达到45个。国家第三代半导体技术创新中心有序运行，携手五省六市协同攻关，突破装备、材料、器件等28项关键核心技术，开放融合协同创新水平明显提升。

【党建工作】 2023年，中国电科贯彻落实习近平总书记关于国资央企重要批示精神和"5·12"重要讲话精神，与贯彻落实习近平总书记历次重要讲话和指示批示精神紧密结合、一体推进，以专题调度和政治监督为重点完善贯彻落实工作闭环，实现二级成员单位"回头看"全覆盖，相关经验做法入选国务院国资委新时代中央企业督促检查工作典型。推动主题教育走深走实，工作成效在主题教育两次总结大会上都得到表扬。以最严最实态度狠抓中央巡视整改和经济责任审计整改，坚持见真章、动真格、求实效，基于台账但不限于台账，开展"整顿式"整改、"地毯式"整改，232项中央巡视整改措施中，64项已完成，13项长期整改措施取得阶段性成果，经济责任审计反馈的45项问题中，36项已完成整改，高质量完成国务院国资委挂牌督办整改追责工作，"严"的氛围加快形成并持续巩固。深化基层党建经验做法、改进党建工作方式方法、系统提高党建工作质量，运用"四维四方"法开展多层次、立体化党建联建共建，相关经验做法获《人民日报》连续两年跟踪报道。组建916个"勇攀科技高峰"党员攻关队，圆满保障载人航天、C919首航、北斗导航、芯片制造等重大任务完成。压实管党治党政治责任，制定党组落实全面从严治党主体责任清单和班子成员"一人一表"，一体推进不敢腐、不能腐、不想腐，强化政治监督和日常监督。强化作风建设"红黄牌"制度执行，持续营造干事创业的良好氛围。

【信息化与数字化建设】 2023年，中国电科落实国防工业和武器装备数字化转型要求，依托重点型号的数字化研制、交付，加强数字化研制及协同信息化能力建设，积极推动科研生产数字化转型。14所推进雷达装备研制由数字化向软件化跨代，在研制的某目标指示雷达中实现装备能力的快速交付。10所建成军工电子领域首条整机级数智柔性自动化调试生产线，作为国防科工局军工产线标准化的领先实践进行推广。落实关键信息基础设施安全保护要求，加强关键信息基础设施技术防护。深化推进"数智电科"建设，有序推进合同管理、资产经营、项目管理、公文管理、境外安保等重点业务应用系统升级改造工作，强化对业务、财务、合同、信用等信息的监测力度，全面提升集团管控信息化水平。有序开展国产化替代工作，持续完善国产化系统、软件适配。强化常态化、体系化、实战化网络安全防护能力，依托自主研发的云防、磐石等安全产品，对全级次单位网站、主机开展安全防护，全年累计监测阻断网站类攻击1.2亿余次，阻断主机类攻击100万余次。

【履行社会责任】 2023年，中国电科充分发挥在数字产业、电子信息技术等方面的优势，按照“因地制宜、精准帮扶、造血为主、数字赋能”的工作方针，实施数字乡村“四新工程”，助力定点帮扶县全面提升乡村数字化能力。集团公司定点帮扶工作获得中央农村工作领导小组最高评价“好”，帮助叙永县探索柑橘产业融合发展新模式的特色做法收录于国务院国资委2023年《援扶工作专刊》。具有中国电科特点的“校企联合”帮扶支教、“智志双扶”托举梦想的教育帮扶，入选国务院国资委中央企业助力乡村振兴优秀案例。充分发挥创新主体作用、聚焦新兴产业领域的特色做法，被评选为科技创新“十佳优秀案例”，被收录于《中央企业社会责任蓝皮书(2023)》。

(撰稿人：蒋晓琳)

中国航空发动机集团有限公司

【基本概况】 中国航空发动机集团有限公司(以下简称中国航发)是中央直接管理的军工企业，2016年8月28日正式成立，注册资本500亿元。下辖27家直属企事业单位，有3家主板、2家科创板上市公司，在职员工7.02万人，拥有包括200余名国家级专家学者在内的一大批高素质、创新型科技人才，具有较强的科研生产能力以及较为完整的军民用航空发动机、燃气轮机研发制造体系与试验检测能力。

2023年，中国航发全面贯彻落实党的二十大和二十届二中全会精神，坚决贯彻习近平总书记对航空发动机事业的重要指示批示和给中国航发黎明发动机装配厂“李志强班”职工的重要回信精神，锚定目标、攻坚克难，科研生产呈加快发展的良好态势，改革创新、党的建设等各项工作取得积极进展，再次获评中央企业负责人经营业绩考核A级。

【主要指标】

表1 2023年中国航空发动机集团有限公司主要经济指标

项 目	2022年	2023年	比上年增长(%)
资产总额(亿元)	2106.6	2310.9	9.7
利润总额(亿元)	37.7	41.6	10.3
净利润(亿元)	31.5	35.4	12.3
利税总额(亿元)	62.9	79.0	25.6
应交税金总额(亿元)	25.2	37.4	48.5
净资产收益率(%)	2.7	2.7	与上年持平
总资产报酬率(%)	2.0	2.0	与上年持平

【改革发展】 2023年，中国航发深入贯彻党中央、国务院深化国企改革有关精神，全面落实国务院国资委部署要求，制定新一轮改革深化提升行动实施方案，加速推进改革任务落实，按计划完成改革举措67项，第一年即完成总台账任务的30%，改革三年行动获评国务院国资委总体考核A级。一体推进建设世界一流企业和价值创造、品牌引领等专项行动，初步构建集团品牌管理体系，1家单位入围创建世界一流专业领军示范企业名单，“双百行动”“科改行动”入选企业拓展至7家，所属“双百企业”中国航发商发获评国务院国资委2022年专项考核“优秀”。开展精准“压减”，全年压减法人企业2户、退出参股企业9户，累计压减129户，压减比例达到67.54%。

稳慎开展资本运作，持续优化资本结构，拓宽融资渠道，服务主业高质量发展。一是精益投融资管理。全年完成投资总额31.8亿元，外部融资总额96.42亿元。二是深耕资本运作项目。推动航材股份在上海证券交易所科创板首发上市，募集资金总额71.09亿元；有序推动中国航发动控所经营性资产企业化运营、中国航发商发增资引战、成都成发科能动力工程有限公司重组等项目。三是持续提高控股上市公司质量。新增1户科创板上市公司，控股上市公司增加至5户；召开首次集体业绩说明会，航发动力、航发控制再获信息披露A类评价。

坚持人才强企战略，持续深化三项制度改革。一是持续推进管理人员能上能下。修订直属单位领导班子和领导干部管理规定以及综合考核评价细则，持续推行经理层成员任期制和契约化管理，深化公开招聘、竞争上岗等选人用人机制改革，完善"调下"人员管理，有效激励管理人员担当作为。二是持续推进员工能进能出。深入实施"降用工总量、控人工成本"专项行动，严控直属单位在岗员工总量，通过非核心业务转移、外委外协、不胜任退出等方式，实现人员精简、分流。三是持续推进收入能增能减。进一步优化工资总额效益联动和效率调节机制，实施工资总额预算分类管理，差异化核定研究院所、生产企业、经营类企业工资总额预算指标，工资总额增量重点向业绩考核好、效益质量高、型号任务重、效率改善大的单位倾斜。深入开展科技型企业股权激励，进一步健全体现知识、技术等创新要素价值的收益分配机制。

【重大项目】 2023年，中国航发聚焦服务国家重大战略，加速推进研制重大项目，切实发挥安全支撑作用。军用航空发动机方面，多项重点型号研制取得突破性进展。民用航空发动机方面，长江系列大涵道比涡扇发动机和大功率涡桨发动机完成多项重要试验，研制工作取得重要进展；AES 100民用涡轴发动机完成主要适航符合性验证，适航取证进度加快；AEP 100中小功率涡桨发动机、AEF 100小推力涡扇发动机、AES 20小功率涡轴发动机开展整机验证；通航动力市场开拓取得积极进展。燃气轮机方面，军用燃气轮机多型产品长试取得阶段成果；民用"三轻一重"燃气轮机在岸基发电、机械驱动和海上平台推广应用，累计运行超过4万小时、发电5.8亿千瓦·时，"太行110"燃气轮机完成产品验证鉴定，"太行7"燃气轮机完成双燃料在线切换技术验证。

【走向海外】 2023年，中国航发以共建"一带一路"倡议提出十周年为契机，参加主办首届上海国际商用航空航天产业展览、第三届"空中丝路"国际航空合作论坛等活动，积极推动绿色航空、通航动力、智能制造等领域国际交流合作，以高水平开放合作助力中国航发高质量发展。

【重大创新】 2023年，中国航发持续抢占技术创新制高点，全面强化自主研发基础能力建设，积极打造航空动力创新链。扎实开展专项基础研究，第一批23个项目全部通过验收，第二批47个项目全面完成年度任务，第三批17个项目获批立项。持续加大自主研发投入，重点开展前沿先进技术布局、工艺能力提升以及成附件质量共性难点攻关。进一步扩大产学研合作规模、拓宽技术合作渠道，推进集团级联合技术中心（UTC）建设走深走实。全年获得国防科技奖22项；申报发明专利3397件，比上年增长6%。深入实施管理创新和管理提升，持续推进中国航发运营管理体系（AEOS）建设和应用，全年获得全国企业管理现代化创新成果（国家级）一等奖1项、二等奖3项，军工企业管理创新成果（省部级）58项。

【党建工作】 2023年，中国航发在"促进中心"上提水平，党建工作走深走实。一是坚持把牢主线强引领。将学习贯彻习近平新时代中国特色社会主义思想主题教育与贯彻党的二十大精神、习近平总书记重要指示批示精神深度融合、一体推进。以党组一号文印发贯彻党的二十大精神28条举措，推进贯彻落实习近平总书记重要指示批示精神241条年度计划，多形式、分层级、全覆盖学习宣传习近平总书记重要回信精神。二是坚持系统施策强基础。启动实施党建"铸心"深化提升行动，发布健全全面从严治党体系等"1+2+3"系列文件，举办首届党支部书记"铸心"论坛，提升党建工作体系化、规范化、精细化水平。三是坚持融入中心促发展。深入实施党建"铸心"工程，举办"学创新理论、解发展难题"专项行动成果展，组建838支"铸心"突击队奋力攻关，深化"党建+质量"专项行动，加强产业链供应链创新链"铸心"共建联建，开展"百团大战"高校邀请赛，党建优势充分转化为发展优势。《人民日报》、中央电视台《新闻联播》等中央主流媒体多次报道中国航发党建实践，全年获得全国五一劳动奖章等省部级以上荣誉76项。

在党风廉政建设和反腐败斗争方面持续发力，政治生态不断向上向好。巩固夯实"大监督"格局，推动纪检监察、巡视巡察、审计等监督高效贯通协同，始终聚焦贯彻习近平总书记重要指示批示精神、深化中央巡视整改等强化政治监督，围绕采购外协、科研经费使用等廉洁高风险领域开展专项监督，进一步完善对“一把手”和领导班子监督具体举措，不断强化对权力运行的监督制约。保持惩治腐败高压态势，全面完成中央巡视移交问题线索处置，准确规范运用“四种形态”批评、教育、帮助和处理违纪违法人员，严肃查处违反中央八项规定精神问题，通报典型案例，形成强大震慑。加强新时代廉洁文化建设，推进中国航发“廉洁守心、清风护航”廉洁文化理念深入人心。全力做好中央巡视迎检和服务保障工作，从严从实推进巡视整改，深入开展专项治理和专项整顿，扎实做好巡视“后半篇文章”；谋划新一轮内部巡视，制定2023—2027年巡视工作规划。

【信息化与数字化建设】 2023年，中国航发制定中国航发数字化转型全景图和工作举措，统筹各单位“一盘棋”开展数字化转型。全力打通生产现场数字化转型“最后一公里”，推进16条数字化产线建设，35个车间达到优秀级，生产效率大幅提高，相关做法在《国资工作交流》《科创动态》刊发。试点建设加快推进，中国航发研究院、航发动力获批国务院国资委数字化转型典型场景，中国航发黎明被列为央企数字化转型试点企业，中国航发东安首次获评工业和信息化部智能制造示范工厂。网络基础进一步夯实，初步建成首个军工集团涉密移动网。

【履行社会责任】 2023年，中国航发承接四川省甘孜藏族自治州炉霍县定点帮扶工作，成立中国航发乡村振兴工作领导小组和领导小组办公室，派出首批定点帮扶工作队开展工作。多措并举助力乡村振兴，各直属单位持续向湖南、贵州、陕西等地派出驻村干部17人，中国航发动研所驻村干部优秀事迹在《中央企业社会责任(援扶工作专刊)》上刊登。积极履行央企责任，通过央企消费帮扶行动、“工装援疆”行动等，在脱贫地区采购工业产品、农副产品4000余万元，从新疆纺织企业采购各类工装53.7万元。深入落实碳达峰碳中和战略，发布中国航发碳达峰行动方案，推动绿色低碳高质量发展。发布年度社会责任报告，获得中国企业社会责任报告评级专家委员会五星评级，企业社会责任发展指数位列军工行业三强。

（撰稿人：朱　浪）

中国融通资产管理集团有限公司

【基本概况】 2023年，中国融通资产管理集团有限公司(以下简称中国融通集团)以全面贯彻党的二十大精神为主线，坚决贯彻习近平总书记对公司重要指示批示精神，全面夯实建设发展基础，扎实推进经营提质增效，资产盘活利用初见成效，产业培育发展走出新路子，公司治理更加健全完善，三项制度改革取得突破，“一企一策”改革深入推进，创新活力持续释放，党的领导、党的建设全面加强，各项工作取得新成效新进步。

【主要指标】 2023年，中国融通集团坚定“两增两控三提高”目标，深入实施提质增效专项行动，全力稳经营、挖潜能、增效益。全年实现营业收入368.4亿元，比上年增长41%；利润总额75.0亿元，比上年增长64%；增加值176.0亿元，比上年增长48%；研发投入3.7亿元，比上年增长43%。

【改革发展】 2023年，中国融通集团把牢高质量发展主题，以提高核心竞争力、增强核心功能为重点，聚焦主责主业，高标准启动实施改革深化提升行动，明确核心业务、培育核心能力、增强核心功能，经营发展取得“质”的有效提升和“量”的合理增长。

深化改革迈出坚实步伐。中国融通集团董事会组建运行，董事会和外部董事在公司治理、战略引领、风险防控、推动重难点问题解决等方面发挥重要作用；深化子公司董事会建设，加强专职董事选配和日常管理，多数子公司实现董事会实体化运行且外部董事占多数，多数子公司实现董事长、党委书记“一肩挑”。深化三项制度改革，经营业绩与工资总额、领导班子薪酬实现刚性联动。推进“一企一策”改革，所属旅发公司“一体化”改革稳步推进。

资产管理和产业培育取得积极成效。围绕主责主业，主动融入国家和区域产业规划布局，加快长租公寓、仓储物流、自主种植养殖、资源回收利用、医疗健康等重点业态培育发展，推动重点项目开工开业；系统打造"融寓""融链""融养""融旅""融运"等融通特色产品、品牌产品。围绕培育战略性新兴产业，遴选退役装备物资循环利用、高端训练装备等6个方向，推进"六新产业"布局实施。创新推进资产盘活，实现资产价值和当期收益明显提升，新招租项目坪效较原合同有较大提升，600余个项目完成改造更新，投入运营。

多措并举夯实管理基础。开展"资产核查、业务清查、风险排查"，果断处置化解工程建设、粮食贸易、保密安全等重大风险隐患，有效堵塞经营漏洞。开展安全管理强化年和重大事故隐患排查整治专项行动，推进重大风险隐患整治。聚焦资产、运营和财务一本账，推进租赁业务数字化运营体系建设，司库管理平台系统完成全集团范围上线应用。

【党建工作】 2023年，中共中国融通集团党组围绕党建引领、大抓基层、赋能发展三个导向，聚焦开展主题教育、贯彻重要指示批示、实施"六大工程"（铸魂、强基、育人、凝心、融合、清风）三项任务，推动把党建政治优势转化为实现高质量发展胜势。

抓好政治建设和理论武装。认真落实"第一议题"制度，及时跟进学习习近平总书记最新重要讲话，制定学习贯彻习近平总书记对公司系列重要指示批示工作措施，组织子公司细化落实措施，加强监督检查和跟踪督办，确保重要指示批示贯穿式落地；组织3轮次覆盖集团871个基层党组织的巡回督查，举办专题读书班，深入抓好学习贯彻习近平新时代中国特色社会主义思想主题教育。

实施基层党建工程和人才队伍建设。组织5个片区党建"六大工程"现场观摩会，开展星级党支部创建，提升党支部标准化规范化建设水平；优化二、三级领导班子结构，分批次调整补充领导人员，首次开展集团总部处级岗位竞争上岗，选拔优秀年轻干部；设立集团级首席科学家和技能专家、科技和技能带头人等制度，为重点人才项目拨付专项资金，所属融通科研院获批国家级博士后科研工作站。

推进党风廉政建设和反腐败工作。以高度政治责任感，支持配合中央巡视和审计署经济责任审计工作，从严从快抓好巡视、审计和主题教育联动整改；修订落实中央八项规定精神25条措施，开展违反中央八项规定精神问题专项整治，深入整治重点领域典型问题；强化通报曝光和警示教育，制作播放警示教育片，着力打造"清风融通"。

【信息化与数字化建设】 2023年，中国融通集团以夯实能力建设和提升服务质效为着力点，推动信息化工作取得新进展。

加强系统建设和数据管理。完成人力、党建等系统建设和数据资源服务调度等项目立项工作，组织在线化能力和决策分析水平稳步提升；促进服务标准化、问题工单化、保障系统化，优化信息化建设用户体验；完善数据管理制度，完成中国融通集团元数据规范起草，推进统建信息系统数据归集。

强化项目管理和业务督导。制定信息化项目后评价管理办法，组织对16个项目开展后评价工作；协同资产可视化专项任务，完成资产管理系统适配性改造；聚焦板块主责主业，指导子公司升级租赁业务运管系统，提升信息系统服务支撑能力，加快数字化转型；开展全级次网络安全落实情况专项检查，完成财务、人力等信息系统等级保护备案和测评整改，强化安全保障。

【履行社会责任】 2023年，中国融通集团认真落实党中央、国务院决策部署，积极承担政治责任和社会责任，在援疆援藏、救灾救援等方面展现央企担当。

深化拓展援疆工作。"融链·丝路电商物流产业园"项目投资建设积极融入"一带一路"倡议和"大循环、双循环"总体战略，首期项目完成招租；为当地群众提供就业机会，向驻地部队退役官兵和家属提供就业支持；依托自身农业综合服务站向周边种植养殖农户提供农机作业、农资供应、农技指导、农品销售、农业保险等服务，助力乡村振兴。

扎实推进对口援藏工作。对援藏工作高度重视，专题研究部署，党组书记带队赴西藏自治区昌都市类乌齐县开展对口支援工作专题调研，启动中国融通集团"雪绒花"奖助学金项目；推进智力援藏项目，在北京举办西藏自治区昌都市类乌齐县中青年干部人才培训班，为类乌齐县提供人才支撑；举行西藏类乌齐县基层干部群众"三交"活动，组织类乌齐县基层一线民警、教师、村"两委"干部、老党员和农牧民代表等赴京活动，铸牢中华民族共同体意识；派驻援藏干部，安排援藏资金，积极开展消费帮扶。

投入地震救援行动。甘肃省临夏州积石山县地震发生后，第一时间组织医疗队、调配医药物资，赴地震灾区大河家镇进行医疗救援和服务。

（撰稿人：吉　军）

中国石油天然气集团有限公司

【基本概况】 中国石油天然气集团有限公司（以下简称中国石油）是国有重要骨干企业和全球主要的能源与化工产品生产商和供应商之一，是集国内外油气勘探开发和新能源、炼化销售和新材料、支持和服务、资本和金融等业务于一体的综合性国际能源公司，在全球 32 个国家和地区开展油气投资业务。2023 年在世界百强石油公司综合排名中居第 3 位，在《财富》杂志全球 500 家大公司排名中居第 5 位，蝉联“中国跨国公司 100 大及跨国指数”榜单榜首。

【主要指标】 面对经济下行压力大、矛盾风险挑战多、改革发展任务重等困难挑战，中国石油深入贯彻落实习近平新时代中国特色社会主义思想和党的二十大精神，完整准确全面贯彻新发展理念，攻坚克难、接续奋斗，各项工作成效显著，经营业绩再创历史新高，实现“质”的有效提升和“量”的合理增长，高质量发展迈上新台阶，世界一流企业建设展现新气象，为促进国民经济回升向好作出重要贡献。

表 1　2023 年中国石油天然气集团有限公司主要经济指标

项　目	2022 年	2023 年	比上年增长（%）
资产总额（亿元）	43951	44756	1.8
归属于母公司所有者权益（亿元）	21188	21974	3.7
营业总收入（亿元）	34000	31608	−7.0
利润总额（亿元）	2669	2880	7.9
净利润（亿元）	1804	1951	8.1
归属于母公司所有者的净利润（亿元）	1418	1508	6.3
实现税费（含境外）（亿元）	5305	5311	0.1
研发经费投入（亿元）	275.3	289.4	5.1

【改革发展】 2023 年，中国石油运行机制不断完善，董事会、管理层运作更加规范。油气新能源、炼化新材料事业部制改革全面启动实施，天然气销售体制改革调整到位，车用加气终端划转工作基本完成，海外业务体制机制改革纵深推进，昆仑制造落户雄安。市场化经营机制改革取得新突破。

【油气和新能源】 国内油气业务。强化高效勘探和效益开发，持续提升能源高效供给能力。取得 6 项重大新突破和 11 项重要新发现，落实 8 个亿吨级和 8 个千亿立方米规模储量区，新增探明石油地质储量 77386 万吨、天然气地质储量 7542 亿立方米；生产原油 10580 万吨，全国份额 50.6%；生产天然气 1529 亿立方米，全国份额 66.6%；油气产量当量 22764 万吨，比上年增产 674 万吨，创历史新高。

国际油气业务。积极推进海外能源生产供应基地建设，实现油气权益产量当量 10382 万吨，其中原油 7855.1 万吨、天然气 317.2 亿立方米，连续 5 年保持亿吨级产量水平。高质量参与“一带一路”共建，新签一批合作协议，海外资产质量进一步提升。西北、西南跨国油气管道输送原油 2267.7 万吨、天然气 488.6 亿立方米，加工原油 3686.9 万吨。

天然气销售。把保障人民群众温暖过冬作为重大政治任务和民生工程，加强上下游、国内外整体协同，积极应对低温雨雪冰冻灾害，供暖季、迎峰度夏天然气保供任务圆满完成，同时着力提升天然气营销质量。国内销售天然气 2299.1 亿立方米，比上年增长 5.6%，市场份额 61%，其中终端销量 542.2 亿立方米，增长 9.3%。

新能源。加速扩能提级，新获清洁电力指标、风光装机、年发绿电分别比上年增长2.6倍、3.1倍、3.4倍，建成新疆百万千瓦级光伏电站等一批重点项目，新能源开发利用能力达到1150万吨标准煤/年，比上年增长44%；利用二氧化碳159万吨，产油量49万吨。

【炼化销售和新材料】 炼油与化工。加速推进炼化转型升级，持续推进提产上量，高品质能源与化工产品供应能力不断提升。广东石化一次投产成功并投入商业运营，吉林石化、广西石化、独山子石化塔里木二期等重点乙烯工程稳步推进。国内加工原油19014.6万吨、生产成品油12321万吨，分别比上年增长15.3%、16.5%，均创历史最好水平；做大做强炼油特色产品，石油焦、润滑油基础油产量均实现两位数增长；生产乙烯800.1万吨、PX 353万吨；开发化工产品新牌号137个、产量122万吨，比上年增长45%。

新材料开发与应用。新材料提速工程取得显著成果，生产新材料产品137万吨，比上年增长60%，形成α一烯烃、ABS、丁腈橡胶、溶聚丁苯橡胶等一批“巨人”产品，茂金属聚烯烃、医用聚烯烃、PETG共聚酯、石油针状焦等产品国内领先。

销售。加强市场开发，着力提升销售质量和效益。国内销售成品油12361.9万吨，比上年增长18.6%，市场份额33.5%，比上年提高1.5个百分点。成功收购普天新能源公司，昆仑电网组建成立。建成加氢站10座、充换电站507座。坚持“店销+直销+线上+拓展业务”协同发展，实现非油收入368.3亿元。销售化工产品4051万吨，比上年增长8.4%。润滑油等炼油特色产品销量突破2000万吨。

国际贸易。持续完善贸易业务布局和网络建设，丰富进口原油篮子，优化进口气资源池和成品油、化工品出口，有序开展套期保值，保供降本增效成效卓著，完成贸易量5亿吨。

【支持和服务】 服务业务战略支持和市场竞争力持续增强。油田技术服务业务，完成二维地震采集作业18789千米，三维地震采集作业83335平方千米，钻井进尺2490万米，测井作业94205井次，录井9609口，井下作业112898井次，海上钻井进尺42.2万米。工程建设业务，中油工程承担国内外重点工程项目157项，获得国家优质工程金奖3项，在“全球十大油气工程承包商”中排名第四。装备制造业务，推动重大关键技术和装备攻关，推进向产业链中高端迈进，能源装备产品出口至全球90多个国家和地区。

【资本和金融】 资本金融业务产融结合不断深化。中油资本产融协同服务主业质量不断提升，处置一批风险项目。昆仑资本在服务公司战略转型方面取得新进展，完成8个协同性较强投资项目，组建1只主动管理型基金并对外投资，推动2个内部科技成果孵化转化。

【重大创新】 2023年，中国石油“五位一体”国家战略科技力量建设进展顺利，两个原创技术策源地建设深入实施，多资源协同陆相页岩油绿色开采全国重点实验室获批建设，“新型油气资源勘探开发”国家科技重大专项接续工作取得实质性进展，万米深地油气科探预探工程顺利实施，一批关键核心技术攻关取得新突破。旋转导向钻井系统实现国产化替代，首套聚烯烃弹性体（POE）试验装置建成投产，国内首家双端官能化溶聚丁苯橡胶实现量产。全球首创1.2万米自动化钻机入选中央企业十大国之重器。知识产权管理成果丰硕，申请中国专利9808件、国际专利（PCT）263件，牵头制（修）订并发布国际标准11项。在波士顿咨询（BCG）最新排名中，中国石油首次进入“全球最具创新力公司50强”。

【党建工作】 2023年，中国石油坚持把党的政治建设放在首位，强化党的创新理论武装，修订完善深入学习贯彻习近平总书记重要指示批示精神落实机制，抓实抓细“回头看”工作，推动总书记重要指示批示精神在中国石油落地生根。扎实组织开展学习贯彻习近平新时代中国特色社会主义思想主题教育，“四个以学”成效卓著，破解一批发展难题，办成一批民生实事，得到中央主题教育领导小组及指导组（巡回指导组）充分肯定。基层党建基础不断夯实，基层党组织政治功能和组织功能有效发挥。配合二十届中央第一轮巡视并抓好反馈问题整改落实，以巡促改、以巡促建、以巡促治取得初步成效。举办纪念铁人王进喜诞辰100周年系列活动和首届“感动石油人物”颁奖典礼，“我为祖国献石油”的精神图腾更加鲜明。一批单位、集体和个人获国家级荣誉奖励，3个单位获得全国五一劳动奖状，14 名个人获得全国五一劳动奖章，17 个集体获评全国工人先锋号，1 名个人和 1 个团队获得首届“国家工程师奖”。截至 2023 年底，中国石油基层党组织 30936 个，党员总数 478970 人，2023 年发展党员 8628 人。

【信息化与数字化建设】 2023 年，中国石油“数智中国石油”建设步伐加快，信息化补强工程深入实施，大集中 ERP 建设全面提速，云梦泽智慧平台建设正式启动，完成 956100 统一客服电话信息系统全承接，昆仑 ERP 入选第六届数字中国建设峰会国有企业十项数字技术成果，数智研究院组建成立。

【履行社会责任】 2023 年，中国石油积极落实国家战略，践行以人民为中心的发展思想，在京津冀洪涝、甘肃省临夏州积石山地震等抢险救援中全力救灾保供，充分发挥自身产业、消费、人才等优势助力乡村振兴，积极开展“加油宝贝”儿童健康保障、“旭航”助学等品牌公益项目，展现勇担当、负责任的央企形象，入选“中国 ESG 上市公司先锋 100”榜单。2023 年，投入乡村振兴和社会公益资金 6.59 亿元，实施帮扶目 1310 个，惠及 500 万人。

（撰稿人：任洁江）

中国石油化工集团有限公司

【基本概况】 中国石油化工集团有限公司（以下简称中国石化）前身是成立于 1983 年 7 月的中国石油化工总公司。1998 年 7 月，按照党中央关于实施石油石化行业战略性重组的部署，在原中国石油化工总公司基础上重组成立中国石油化工集团公司；2018 年 8 月，经公司制改制为中国石油化工集团有限公司。中国石化是特大型石油石化企业集团，注册资本 3265 亿元，董事长为法定代表人，总部设在北京。中国石化对其全资企业、控股企业、参股企业的有关国有资产行使资产受益、重大决策和选择管理者等出资者的权利，对国有资产依法进行经营、管理和监督，并相应承担保值增值责任。

中国石化主营业务范围包括：实业投资及投资管理；石油、天然气的勘探、开采、储运（含管道运输）、销售和综合利用；煤炭生产、销售、储存、运输；石油炼制；成品油储存、运输、批发和零售；石油化工、天然气化工、煤化工及其他化工产品的生产、销售、储存、运输；氢气、太阳能、风能、地热新能源产品的生产、销售、储存、运输；新能源汽车充换电业务及相关服务；石油石化工程的勘探、设计、咨询、施工、安装；石油石化设备检修、维修；机电设备研发、制造与销售；电力、蒸汽、水务和工业气体的生产销售；技术、电子商务及信息、替代能源产品的研究、开发、应用、咨询服务；自营和代理有关商品和技术的进出口；对外工程承包、招标采购、劳务输出；国际化仓储与物流业务等。

截至 2023 年底，中国石化是中国最大的成品油和石化产品供应商，是世界第一大炼油公司、第二大化工公司，加油站总数居世界第 2 位，在 2023 年《财富》“世界 500 强”中排名第 6 位。

【主要指标】 2023 年是充满艰辛与挑战的一年，世界经济复苏乏力，地缘政治波动加剧，国际油价震荡下行，化工市场需求不振，不稳定不确定难预料因素显著增多。面对错综复杂环境，中国石化坚持以习近平新时代中国特色社会主义思想为指导，深入学习贯彻党的二十大精神和习近平总书记视察胜利油田、九江石化重要指示精神，全面实施高质量发展行动，全方位优化生产经营组织，全力推进提质增效稳增长，还原政策性预算外因素后，公司全年实现营业收入 3.25 万亿元、利润总额 1170.69 亿元、净利润 966.29 亿元，圆满完成国务院国资委“一利五率”指标，经营业绩保持央企前列。

2023 年，中国石化精益求精抓运行，生产经营成果再创佳绩。积极破解资源接续矛盾，加大保矿权拓矿权力度，国内上游大力落实七年行动计划，塔里木盆地顺北新区带、鄂尔多斯盆地深层煤层气等勘探取得重大突破，“深地工程”、胜利济阳页岩油国家级示范区建设高效推进。境外上游净利润和现金流实现“两个百亿元”目标，一批低无效资产实现干净退出。炼油坚持动态统筹资源，完成超低库存下的经济保供任务，紧贴市场形势优化产业链运行，全年加工原油量创历史新高。化工坚持一体协同创效，“一企一策”测算边际效益、优化装置负荷，三大合成材料及精细化工高附加值产品比例持续提升。油品销售大力保市场拓市场，协同炼厂以销定产、以产促销，在激烈竞争中巩固市场份额。炼油销售、化工销售、催化剂、石油工程、炼化工程等业务均取得较好经营业绩。

【改革发展】 2023年，中国石化多管齐下抓改革，企业管理效能持续释放。巩固提升深化改革三年行动成效，接续启动改革深化提升行动，统筹优化总部机构和职能设置，大力实施战略性重组。完善“三基”工作组织和制度体系，基层管理标准化、规范化水平持续提升。中国石化被国务院国资委纳入创建世界一流示范企业名单，主要板块单位完全成本较预算和上年同期实现“双下降”；完成基本消除亏损子企业目标；完善常态化市值管理机制，有序实施集团公司增持和股份公司回购，9家控股上市公司首次实现ESG披露全覆盖，上市公司质量显著提升。强化风控内控管理，在国务院国资委内控体系有效性抽查中获评A级。强化法治合规建设，完成38家直属单位首席合规官配备。高效统筹开展审计监督，审计质量评估位居央企A档第一。深入开展安全管理强化年行动、打好污染防治攻坚战，HSE管理水平持续提升。

2023年，中国石化双向发力抓发展，转型升级步伐全面加快。大力改造提升传统产业，加强与资源大省(区)合作，采取有力措施保矿权拓矿权；持续完善天然气产供储销体系建设，文24储气库、山东LNG三期等重点工程建成投运；安庆石化炼油转化工结构调整、海南炼化乙烯、巴陵石化己内酰胺产业链搬迁升级等建成投产，天津南港乙烯机械竣工，镇海二期、仪征化纤PTA等加快建设，乙烯项目纳规数量创历年之最；全面实施充电网络发展三年行动计划，充换电站、充电终端数量稳步提升。加快发展战略性新兴产业，风能、太阳能、地热能、氢能获批纳入集团公司拟培育主业；新疆库车绿氢项目建成产氢，“西氢东送”项目纳入全国一张网，“源网荷储氢”一体化项目纳入国家第三批风光大基地，建成投运国内首条百万吨级二氧化碳长输管道；新增风光发电装机规模超过1000兆瓦，新增地热供暖能力超过1200万平方米，承办第七届世界地热大会受到各方赞誉。

【重大创新】 2023年，中国石化自立自强抓创新，科技创新活力不断迸发。主动融入国家科技创新体系，牵建4家、参建2家全国重点实验室，数量位居能源化工行业前列。高质量推进国家战略科技任务攻关，原创技术策源地建设取得阶段性成效。关键核心技术攻坚成果丰硕，特深井钻完井工程关键技术加速突破，全球单机功率最大的电动压裂装备研制成功，全球首套300万吨/年重油催化裂解装置顺利投产，高性能液体橡胶工业装置首次国产化，PVA光学膜首次实现商品化销售。完善新型科技攻关机制，“种子计划”“揭榜挂帅”“青年博士支持计划”“重点中试项目专项经费”等精准支持力度不断强化。扎实推进人工智能、“工业互联网+”等10余项国家试点示范项目，公司成为石化工业软件产业链链主。

【党建工作】 2023年，中国石化全面从严治党建新功，政治生态持续向好。认真学习贯彻习近平总书记关于党的建设的重要思想，以开展主题教育为抓手，坚持不懈用党的创新理论凝心铸魂，深入开展党的二十大精神轮训，党员干部政治判断力、政治领悟力、政治执行力不断增强。持续健全全面从严治党体系，不断完善混合所有制企业、境外机构党建工作方式方法，着力增强党组织政治功能和组织功能，连续3年在央企党建工作责任制考核中获评A档。紧扣事业发展需要选干部、配班子、聚人才，积极破解队伍接续难题，干部选拔任用工作总体评价为“好”的比例连年保持高水平，人才发展规划加快落地。坚持内增动力、外树形象，加强宣传思想文化工作，隆重简朴庆祝中国石化成立四十周年，在助力乡村振兴、抢险救灾等工作中模范履行社会责任，品牌建设能力连续3年位居央企第一。坚持以严的基调正风肃纪反腐，加大案件查办力度，深化“靠企吃企”专项整治，提升巡视巡察质效，驰而不息纠“四风”树新风，风清气正、干事创业的政治生态巩固发展。

【履行社会责任】 2023年，中国石化深入贯彻习近平生态文明思想，协同推进降碳、减污、扩绿、增长，坚定不移走生态优先、绿色发展之路，为美丽中国建设贡献石化力量。实施“绿色企业行动计划”，113家企业全部完成绿色企业创建，累计21家企业被工业和信息化部评为国家级绿色工厂。连续9年开展“能效提升”计划，全年节能86万吨标准煤。高标准打造国内首家“无废集团”，探索建立废塑料回收利用体系，积极助力我国循环经济发展。纵深推进长江、黄河流域企业生态保护，不断加大生态环境保护和绿化建设工作力度，绿色成为公司高质量发展的鲜明底色。坚持以人民为中心的发展思想，积极致力社会公益，接续助力乡村振兴、增进民生福祉，“党和人民好企业”形象更加深入人心。加快巩固“以消费带产业、以产业带振兴、以教育带发展”特色帮扶模式，在促进共同富裕上走在前作表率。全年投入无偿帮扶资金2.53亿元，完成消费帮扶21.98亿元。“情暖驿站”升级扩大至8个省（区）近百座加油站，累计服务超过5780万春运返乡人员，温暖所有回家路上的人。持续20年开展“中国石化光明号”健康快车，免费治愈白内障患者5.6万余人。打造“司机之家”4098座、“爱心驿站”6033座，为户外劳动者提供暖心服务。创建“至美有你　与光同行”青少年爱眼科普活动，关爱青少年健康成长。开展“至美有你”青少年及儿童成长资助计划，助力解决香港社会跨代差距。以点带面促进乡村教育优质均衡发展，开展“春蕾加油站”“石化助力老校长下乡”等活动。“微光计划”持续3年关注300万乡村教师，传递爱心力量。全力服务保障亚运会等国家重大活动，彰显央企担当。坚定不移助力共建“一带一路”高质量发展，积极推进勘探开发、炼化仓储、油品销售、工程服务、国际贸易等能源全产业链务实合作，为全球能源产业合作共赢注入强劲动能。

（撰稿人：单新东）

中国海洋石油集团有限公司

【基本概况】　2023年，中国海洋石油集团有限公司（以下简称中国海油）深入学习贯彻党的二十大精神和习近平总书记系列重要指示批示精神，认真落实中央经济工作会议和中央企业负责人会议部署要求，以扎实开展主题教育和接受中央巡视为契机，强根固魂、聚力前行，油气勘探开发、生产经营、改革创新、绿色发展、党的建设等工作取得较好成绩，为保障国家能源安全和国民经济稳增长作出新的积极贡献。一是油气勘探开发成果丰硕。全年国内获得商业和潜在商业发现20个，成功评价含油气构造23个，新增探明地质储量石油3.52亿吨、天然气1663亿立方米；在生产油田自然递减率降至9.8%以内，含水上升率控制在1.8%以内。实现原油产量9807.5万吨、天然气389亿立方米，油气总产量1.29亿吨，其中国内原油产量5544.9万吨，比上年增产341万吨，占全国总增量的78.8%；国内天然气产量278.8亿立方米，比上年增产25.9亿立方米。二是专业技术服务水平持续提升。“璇玑”系统实现规模化应用，一次入井成功率达到95%的世界一流水平。“新优快”钻完井和工程建设标准化扩大推广应用，国内海上作业效率大幅提高13%。流花圆筒FPSO和“海基二号”导管架主体结构完工。天津海洋工程装备制造基地建设项目、浙江LNG（液化天然气）接收站二期工程项目获得2022—2023年度国家优质工程奖。我国首艘全新智能FPSO“海洋石油123”顺利投产，我国第二座海上移动式自安装井口平台“海洋石油165”提前投用。“海洋石油302”LNG运输加注船下水，中长期FOB（船上交货）资源配套LNG运输船项目（一期）首船建造完工。三是炼化产业不断优化升级。全年加工原油3733万吨，生产成品油1593万吨、乙烯197万吨、沥青206万吨、润滑油53万吨、尿素202万吨、甲醇146.21万吨、磷复肥157万吨。惠州石化产品结构优化及质量升级项目全部投产，对二甲苯生产能力增加至250万吨/年，居全国前列。大榭石化340万吨/年歧化装置投产。公司首座“碳中和”综合能源站、独立充电站、换电站、超充站投运见效。全力做好化肥增产增销，积极开发增值高效肥料、打造种植示范田，圆满完成化肥保供稳价任务。四是天然气及发电业务稳定贡献清洁能源。持续扩大国内天然气产量占比，推动新气田规模建产。做强LNG贸易体系，增加LNG引进量，全力做好民生天然气保供工作。持续强化国产气与进口LNG资源协调联动，全年国内累计供应天然气超过680亿立方米，市场份额稳居全国第二，LNG进口量占全国进口量的44%，在冬季采暖和迎峰度夏等关键时刻发挥保供关键作用。全年天然气发电239亿千瓦·时。五是新能源产业培育稳妥有序。全年获取资源突破300万千瓦。“海油观澜号”成为我国首个水深过100米、离岸超过100千米的深远海浮式风电项目。福建8—2海上风电、天津南港海上光伏等项目取得阶段性进展。恩平15—1碳封存、乐东15—1气田CCS两个示范项目建成投产，填补我国海上CO_2封存技术装备空白。六是金融服务板块支撑公司稳健发展。践行产融结合"新模式"，以融促产能力不断提升。加快建设绿色金融体系，积极跟进优惠政策，下调绿色项目、国家战略储备项目的存续贷款利率，新增绿色信贷投放，打造绿色金融"新高地"。

【主要指标】 在布伦特油价比上年下降17%的市场环境下，中国海油全年实现营业收入10033.53亿元，再次突破1万亿元；利润总额2115.24亿元，连续两年突破2000亿元，净利润1555.13亿元，净资产收益率14.4%，上缴税费2000亿元；全员劳动生产率520.61万元/(人·年)，除投资行业外，在中央企业排名第一，各主要经营指标位居央企前列。截至2023年底，公司资产总额16029.82亿元，所有者权益11308.68亿元。连续19年获评国务院国资委中央企业负责人经营业绩考核A级。

表1 2023年中国海洋石油集团有限公司主要经济指标

项　目	2022年	2023年	比上年增长(%)
资产总额(亿元)	15134.19	16029.82	5.9
所有者权益(亿元)	10297.67	11308.68	9.8
营业收入(亿元)	11083.12	10033.53	—9.5
利润总额(亿元)	2313.90	2115.24	—8.6
净利润(亿元)	1702.94	1555.13	—8.7
归属于母公司所有者的净利润(亿元)	1141.81	1030.68	—9.7
利税总额(亿元)	2191.64	1999.47	—8.7
应交税金总额(亿元)	1736.26	1488.96	—14.2
全员劳动生产率[万元/(人·年)]	583.13	520.61	—10.7
净资产收益率(%)	18.08	14.40	减少3.68个百分点

续表

项　目	2022年	2023年	比上年增长(%)
总资产报酬率(%)	16.60	13.81	减少2.79个百分点
国有资本保值增值率(%)	120.28	114.01	减少6.27个百分点

【改革发展】 2023年，中国海油制定实施《中国海油布局发展战略性新兴产业工作方案》，在高端装备制造、新能源、新材料等领域取得突破性进展。深入推进"战略型、规范型、监督型、高效型、协同型"五型董事会建设，"战略型"董事会建设成为中央企业优秀示范，全面推行"两制一契""非优必转"和"两个合同"管理。根据国资央企新使命新定位和考核评价工作最新要求，完成"2+2"考核制度体系制(修)订。在国务院国资委改革专项考核评估中，"双百企业"中海油服、海油发展安技服公司获评"标杆"，"科改企业"海油工程深圳水下、海油发展天津院、常州院获评"优秀"。

【重大项目】 2023年，中国海油上游建设项目58个，建成完工27个，新增国内上游高峰产能1074万吨，提前完工324天，全年贡献产量477万吨油当量。全年完成钢结构加工量42.79万吨，比上年增长13.5%，海上施工投入船舶2.1万船天。国内中下游全年在建项目10个，完成考核里程碑47项，实现1705万安全人工时，油气储备能力建设稳步推进。

【走向海外】 2023年，中国海油海外新增权益经济可采储量近222百万桶油当量，油气权益产量298百万桶油当量，其中"一带一路"国家产量173百万桶，占比58%。专业服务板块全年海外营业收入168.3亿元、利润总额18.9亿元，分别比上年增长14%、379%。全年实现油品国际贸易量8259万吨，原油进口量超过3200万吨，其中从"一带一路"国家进口原油约2800万吨，占比88%。全年进口LNG 3074万吨，其中从"一带一路"国家进口LNG约1700万吨，占比55%。

【重大创新】 2023年，中国海油自研海洋拖缆地震勘探采集装备"海经"首次实现超深水作业，海底地震勘探节点采集装备"海脉"成功投用，国内首套500

米级深水国产化水下生产系统稳定产气超过1亿立方米。“增储上产七年行动计划”重大科技专项支撑新增探明储量原油2.7亿吨、天然气2456亿立方米。发布实施基础研究十年计划，获批4家国家自然科学基金试点依托单位；统筹布局推进原创技术策源地和未来产业发展，获批牵头央企未来空间产业深水油气勘探开发领域。全面推行“揭榜挂帅”“赛马”研发组织新模式。全年科研投入108.2亿元，获得省部级科技奖11项；“‘深海一号’超深水大气田开发工程关键技术与应用”项目、“渤海伸展—走滑复合断裂带深部油气勘探理论技术创新与重大发现”项目分别获得国家科技进步奖一等奖、二等奖；发布国家标准13项、行业标准10项，获得授权专利1657件。

【党建工作】 2023年，中国海油深入学习贯彻党的二十大精神，在全系统深入开展学习贯彻习近平新时代中国特色社会主义思想主题教育；创新构建“党建考核强党委、书记述职强书记、支部达标强支部、网格管理强党员”的“四强”党建方法体系；实施“党建融合深化年”专项行动，探索创新“党建＋”工作模式；开展“十佳”党建品牌、“党建优秀品牌”、“党建创新创优成果”评选展播；遴选一批具有代表性的“书记项目”；不断完善党建责任考核体系，实现全程上网上线；深化全面从严治党不动摇，大力推进专项整治不手软，不断强化境外廉洁风险防范。

【信息化与数字化建设】 2023年，中国海油海陆骨干链路带宽由25G提升至44G，公司北斗覆盖率100%。完成以“智能油田”“智能工程”“智能工厂”为代表的6个国务院国资委数字化转型示范后评价，以及经营、生产、科研和新能源领域4个央企·京企应用场景建设，并优选7家集团试点企业和21个新场景。秦皇岛32－6智能油田二期全面上线运行，“深海一号”建成世界可遥控生产的超深水平台，流花油田首次投用台风自控模式远程操控生产，公司海上平台无人化率15.7%。初步实现勘探开发数据集中统一管理，不断深化经营管理信息化应用，一体化推动财务资金、规划计划、物资供应链、审计四大领域大平台建设，海油商城累计交易额突破1.7万亿元。实现安全运营中心二期平台上线。

【履行社会责任】 2023年，中国海油投入帮扶资金超过1.78亿元，连续7年获得中央单位定点帮扶工作考核最高等级评价“好”，首次获得我国公益慈善领域政府最高奖——“中华慈善奖”，“中国海油暖心工程”获评中央企业助力乡村振兴示范项目。首个陆地集中式光伏发电项目——甘南合作市“牧光互补”项目并网发电，林业碳汇项目落地卓资。为甘肃省打赢抗旱减灾攻坚战和夏河县山洪灾害后重建作出突出贡献。捐建的全国首个县级达标科技馆——五指山市科技馆落成开馆，合作市科技馆相继落成。优化消费帮扶，帮销总金额突破1000万元。

（撰稿人：李　健）

国家石油天然气管网集团有限公司

【基本概况】 国家石油天然气管网集团有限公司（以下简称国家管网集团）是国有资本控股、投资主体多元化的有限责任公司，注册资本5000亿元，于2019年12月9日正式挂牌成立，主要从事油气干线管网及储气调峰等基础设施的投资建设和运营，负责干线管网互联互通和与社会管道联通，以及全国油气管网的运行调度，定期向社会公开剩余管输和储存能力，实现管网基础设施向用户公平开放，促进加快形成上游油气资源多主体多渠道供应、中间统一管网高效集输、下游销售市场充分竞争的“X＋1＋X”油气市场体系，提升我国油气能源供应保障能力，更好保障国家能源安全和经济安全。截至2023年底，国家管网集团运营管道10.43万千米（天然气管道5.7万千米、原油管道2.22万千米、成品油管道2.51万千米），管网覆盖全国30个省（自治区、直辖市）和香港特别行政区，拥有储气库8座、LNG接收站7座；资产总额9410亿元，资产负债率37.8%。

【主要指标】 2023年，国家管网集团全年实现主营业务收入1211亿元，比上年增长7.4%；净利润342.5亿元，比上年增长7.2%；税费216亿元、净资产收益率5.45%、全员劳动生产率314万元/（人·年），国务院国资委"一利五率"考核指标均超额完成。全年管输天然气2236.8亿立方米、原油26259.7万吨、成品油8274.9万吨，LNG加工量增至1757.4万吨，储气库注采气51.3亿立方米。

【油气能源保供】 2023年，国家管网集团建立健全市场化保供机制，持续完善全国天然气合同归集系统建设及应用，积极引导上下游供销气合同"应签尽签"，进一步保障首都用气安全，基本实现全国民生用气合同全覆盖，推动按合同供用气的负荷管理机制，创新推出存借气服务产品，供暖季天然气运行数据填报系统模块投入运营，实现天然气行业全流程动态监管。坚定不移全面提升管网冲峰能力，织密织牢天然气"全国一张网"，提升实际接气能力11.9亿米^3/日，面对供暖季极端低温天气持续时间长、强度高、气温波动式骤升骤降等情况，持续强化保供协调联动，全面加强与重点区域政府部门沟通对接，提前优化管网运行方式，充分发挥管网顶峰供应能力，供暖季期间天然气日用气量屡创历史新高、峰值突破10亿立方米，有力保障重点区域用气安全，冬季保供三战三捷的管网实绩入选中央企业社会责任蓝皮书"优秀案例"。着眼安全服务、高效服务，建成"1+6+1"油气调控体系、"3+7+18"维抢修队伍体系，驰援甘肃地震救灾，出台承包商"十项措施"，治理重大风险和较大隐患22项，老旧管道整治取得重要进展，压缩机组平均无故障运行时间超过1.2万小时，在保障国家能源安全和经济安全上发挥"顶梁柱"作用。

【改革发展】 2023年，国家管网集团坚决贯彻落实党中央关于实施国有企业改革深化提升行动的部署要求，围绕增强核心功能、提高核心竞争力，在国企改革三年行动以A级收官的基础上，全面启动、扎实开展改革深化提升行动。坚持以市场化方式引导和推进省级管网融入，创新性探索物理组网、商务组网、调度组网并进模式，实现广东、浙江、海南、福建、甘肃五地省网融入，多维度完善"全国一张网"。坚持高标准打造改革"排头兵"，西部管道公司等3家企业入围"双百行动"，徐州管道检验检测公司入围"科改行动"，引领示范带头作用进一步发挥。深入总结山东公司试点改革成效，推动管网全面深化市场化、专业化、区域化、共享化"四化"改革取得突破性进展，11家区域化、专业化公司组建筹备蹄疾步稳，现有地区公司优化调整有序推进，储能技术、储运技术公司率先成立，运营型管控日趋成熟，企业职能更加聚焦，发展动能更加强劲，改革成效不断显现。

【重大项目】 2023年，国家管网集团认真贯彻落实习近平总书记关于加快完善油气管网等重要指示批示精神，强化重要基础设施建设、畅通国内大循环，加速构建"全国一张网"。突出"按网布局"完成"十四五"发展规划中期评估和优化调整，出台投资项目分类管理规定，直面手续难度增大、遭遇台风洪涝等挑战，做实建管融合，投用数字化协同设计、供应链管理等平台，引入社会化承包商，克难攻坚推动建新网"质"与"量"双提升，国内凝点最高的长输原油管道魏荆新线一次投产成功，国家石油天然气基础设施重点工程锦郑管道、蒙西管道(一期)等顺利投产，西气东输四线天然气管道工程吐鲁番—中卫段全线主体线路焊接完工，川气东送二线、漳州LNG外输管道工程延伸段等能源大通道工程正式开工，一批储气库、LNG接收站项目加速推进，全年完成可行性研究项目72个，总里程5426.5千米、核准7693.6千米，累计焊接里程3391千米、建成具备投产条件管道3701千米、新建储气能力22.4亿立方米。

【重大创新】 2023年，国家管网集团坚决贯彻落实习近平总书记关于创新是第一动力的重要论述，以科技创新推动产业创新，发布技术图谱，加大关键核心技术攻关，成功申报国家重点研发计划项目3个，多物理场综合内检测器研制成功并在中俄东线应用验证，天然气管网离线仿真软件投入应用，2项成果列入能源领域首台(套)重大技术装备，首次发布国际标准，首次获得中国专利优秀奖，天然气气质分析仪实现国产化应用，关键设备国产率升至94%，近60项科技成果推广应用，科技成果转化创效超过3.2亿元。加速布局战略性新兴产业，完成国内首次二氧化碳管道全尺寸爆破、掺氢管道燃爆和多管材纯氢试验，现代管输技术支撑更加有力。加快数字化智能化转型，业务规则标准化程度94%，"工业互联网+安全生产"由试点变为示范，数据中台正式上线，生产数据直采率80%，"横向联通、纵向贯通"战略经营数据看板作用有效发挥，网络安全持续巩固，IT基础设施建设不断加强，少人化无人化智能站建设提速，公司位列央企数字化智能化考核第一档。加快绿色化转型步伐，实施甲烷排放管控行动，前瞻性布局集中式光伏发电项目，绿电发电突破 1900 万千瓦·时/年，玉门作业区成为首个"零碳工厂"，管网绿色名片更加亮丽。

【党建工作】 2023 年，国家管网集团坚决把高标准开展学习贯彻习近平新时代中国特色社会主义思想主题教育作为重大政治任务，聚焦学深悟透抓读书研讨，突出问题导向抓调查研究，坚持真刀真枪抓检视整改，在以学铸魂、以学增智、以学正风、以学促干上取得实实在在成效，广大党员干部员工对"两个确立"决定性意义的领悟更加深刻，"两个维护"更加坚决。诚恳接受中央巡视"政治体检"，同题共答找准改革发展病灶，巡视意见反馈后迅速部署推动问题整改，以真改实改的管网行动坚决落实政治责任。深入学习贯彻习近平总书记关于党的建设的重要思想和全国组织工作会议精神，全面加强党的领导和党的建设，突出"强基"大抓党建质量提升，部署开展支部共建、专业联建活动，择优选树模范共产党员和模范党支部，组建第一批党建指导工作组，管网红色堡垒进一步建强，党建质效连续两年位于央企前列。贯通全面从严治党"两个责任"，驰而不息正风肃纪反腐，一体推进"三不腐"，锲而不舍纠"四风"树新风，深入开展纪检监察干部队伍教育整顿，风清气正的政治生态持续巩固。召开宣传思想文化工作会议，强化意识形态工作，群团统战作用有效发挥，管网文章登上党刊，管网短视频广受好评，管网新闻频现央媒，"红色能源动脉"党建品牌不断擦亮，昂扬奋进新征程的动力更加澎湃。

（撰稿人：蒋若冰　牛立圆）

国家电网有限公司

【基本概况】 国家电网有限公司（以下简称国家电网公司）成立于 2002 年 12 月 29 日，是中央直接管理的国有独资公司，以投资建设运营电网为核心业务，是关系国家能源安全和国民经济命脉的特大型国有重点骨干企业。国家电网公司经营区域覆盖我国 26 个省（自治区、直辖市），供电范围占国土面积的 88%，供电人口超过 11 亿人。国家电网公司居 2023 年《财富》世界 500 强第 3 位，连续 19 年获评国务院国资委业绩考核 A 级，连续 11 年获标准普尔、穆迪、惠誉三大国际评级机构国家主权级信用评级，连续 8 年获得中国 500 最具价值品牌第 1 名，连续 6 年居全球公用事业品牌 50 强榜首。

电网安全。始终把保障电力安全可靠供应摆在突出重要位置，千方百计守牢电网安全生命线，打赢抢险救灾、电力保供等一系列重大战役，保持全球特大型电网安全稳定运行的最长纪录。

新能源发展。累计建成 35 项特高压输电工程，全力做好沙戈荒大型风光电基地和分布式光伏接入，新增风光新能源并网装机 2.2 亿千瓦，利用率保持 97%以上。

科技创新。制定出台加快推进高水平科技自立自强 21 项举措，统筹推进"一地一链"建设。新型电力系统技术创新联盟成员扩充至 62 家，创办《新型电力系统》科技期刊，出版研究著作《新型电力系统与新型能源体系》。新牵头立项国际标准 60 项、发布 21 项。成功研发世界首套完全可控换相技术换流阀，自主研制特高压换流变有载分接开关、复合外绝缘避雷器等工程样机和基于国产芯片的网络安全隔离装置。国家电网公司 6 个实验室纳入新的全国重点实验室序列，新增国家能源研发创新平台 1 个、赛马平台 6 个，与怀柔实验室、合肥实验室共建联合实验室。藏电外送和沙戈荒送出工程观测研究设施、国家级海上风电研究与试验检测基地开工建设。国家电网公司 4 人入选"长江学者"，2 人入选"万人计划"，南瑞继保特高压直流与柔性输电高端装备攻关团队获评国家卓越工程师团队。

业务布局。以做强做优做大为目标，以推动高质量发展为主题，以价值创造为抓手，转变发展方式、优化业务布局，不断增强价值创造能力和可持续发展能力。紧扣"55686"总体要求，应对形势错综复杂、负荷屡创新高、灾害多发频发等挑战，顶住压力、克服困难，着力保障电力供应、推动能源转型、防范化解风险，"一体四翼"协同联动，向全面建设具有中国特色国际领先的能源互联网企业迈出坚实步伐。

【主要指标】 截至2023年底，国家电网公司资产总额5.21万亿元，营业收入3.5万亿元，实现利润856.1亿元，资产负债率55.2%。全年发展总投入5912亿元。建成特高压工程35项，110(66)千伏及以上输电线路长度、变电(换流)容量分别较2012年增长70%、110%，跨省跨区输电能力2.6亿千瓦、提高1.8倍，并网装机容量20亿千瓦、提高1.3倍。完成售电量5.8万亿千瓦·时，比上年增长6.5%。

【改革发展】 2023年，国家电网公司抓好改革"关键一招"，深入推进国企改革三年行动"回头看"，在国务院国资委2022年度中央企业改革三年行动重点任务考核中获评A级。推进三项制度改革，连续两年获评国务院国资委中央企业三项制度改革评估一级。

落实国有企业改革深化提升行动部署，编制国家电网公司实施方案、工作台账及6个专项方案，扎实推进163项重点任务。国家电网公司董事会蝉联中央企业优秀董事会，子企业董事会行权履职能力进一步增强。深入开展对标世界一流企业价值创造行动，信产集团、智芯公司、智能科技入选国务院国资委专业领军示范企业。省管产业单位改革实现历史性重大突破，改制工作平稳有序，1300余家单位全部纳入国资监管体系，具有重大里程碑意义。第三周期输配电价政策平稳落地。多层次统一电力市场建设富有成效，市场化交易电量4.66万亿千瓦·时、比上年增长7.96%，绿电交易量超过610亿千瓦·时，绿证交易量超过2300万张。

落实电力改革要求。加快建设全国统一大市场是畅通国内大循环、推动构建新发展格局的必然要求，电力市场是全国统一大市场的重要组成。坚持市场化改革方向。落实党中央要求，按照"统一市场、两级运作"，推动完善多层次电力市场体系，发挥市场配置资源的决定性作用。健全电力市场功能。推动中长期市场连续运营、现货市场灵活调节，加快建设调频、备用等辅助服务市场，推动新能源、储能、虚拟电厂等参与市场，促进电力市场与碳排放权交易、用能权交易、绿证交易等市场融合发展。发挥价格机制作用。推动完善新型电力系统成本分摊机制和价格传导机制，准确反映各市场主体提供的容量价值、安全价值和绿色价值，促进公平承担能源转型成本，推动能源电力行业可持续发展。

【重大项目】 白鹤滩—浙江、驻马店—武汉、福州—厦门等6项特高压工程以及川藏铁路施工供电二期等一批重点工程建成投产，电网资源配置能力持续提升。开工青海哇让等10座、投产河南天池等7座抽蓄电站，规模创历史新高。国家电网公司着眼服务国家重大战略实施，补短板、强弱项、优结构，加快各级电网建设。川藏铁路二期供电工程建成投运，攀西电网优化工程等一批重点项目加快建设，农网巩固提升工程深入实施，现代智慧配电网加快构建。张北柔直、苏通GIL综合管廊等21项工程获得国家级优质工程奖。

推进配电网建设。2023年，国家电网公司建成35个国际一流城市配电网先行示范区，按照三种类型高质量推进城市配电网向能源互联网升级，服务新型电力系统建设和"双碳"目标落地。国家电网公司强化电力保供责任担当，精准精细实施企业错峰检修和空调负荷管理措施，深入开展居民"e起节电"活动，全力服务经济社会发展和民生用电需要。实施优化电力营商环境再提升行动，巩固提升"三零""三省"服务，积极推广供电服务"一件事一次办"，建立业扩"项目长"负责制，服务重大项目接电。深化"网上国网"运营，推广水电气信联合报装服务，在64个城市实现功能上线，让"数据跑路"代替"群众跑腿"，推广"扫码共享用电"服务，实现居民"刷脸办电"、企业"一证办电"，不断增强客户办电满意度、获得感。

积极服务乡村振兴，深入实施农网巩固提升工程，高标准建设农村电网，加快构建现代智慧配电网，不断提升农村地区供电水平。创建536个"村网共建"电力便民服务示范点，创建100个具有电网企业特色的示范村，完成消费帮扶7亿元，连续6年在中央单位定点帮扶考核中评价为"好"，以实际行动为服务国家乡村振兴战略作出积极贡献，更好满足人民美好生活需要。

【走向海外】 会员发展与服务。一是高质量发展会员。制作会员及联盟成员招募宣传册，加大会员发展成果宣介力度。依托2023全球能源互联网大会等高端会议平台，策划参观培训等活动，通过对接商务部、华北电力大学国际研修班，调研西安、成都等地储能、新材料领域机构等机会，先后发展世界可持续发展工商理事会、尼日利亚水力发电委员会、中国天楹等企业和机构成为合作组织会员。综合评估会员联络渠道、存续状态、会费缴纳等情况，开展会员评估会籍调整，持续优化存量会员结构。二是高质效服务会员。走访调研华能、中电建、东方电气等30多家会员，交流发展经验，持续深化合作。围绕能源电力热点话题，举办"新春话能源""盛夏谈热点""新技术·新力量"等主题活动，来自30多个国家的1600余人参加活动。编发会员发展年报、会员服务指南，累计推送GEI周报、行业动态等5大类资讯200多次，实现信息资讯服务全覆盖。向180多个会员征集绿色示范工程、先进创新技术案例100多项，形成全球能源电力绿色转型创新实践案例成果集。依托全球能源互联网资讯，配合推出三峡集团成立三十周年专刊。

全球合作网络。一是深化对接国际机构与机制。发挥"一带一路"互联互通（电力）工作组组长作用，召开工作组全体会议，牵头落实全年5大类12项重点工作；编制并向国家能源局报送工作组"一带一路"倡议十周年成就总结和案例集；参加第三届"一带一路"能源合作伙伴关系论坛并发言。参加第14届清洁能源部长级会议并举办倡议主题活动，得到科技部、国家能源局、中国驻巴西使馆、CEM秘书处等机构支持；举办区域及全球能源互联网倡议网络研讨会6期，共计200余人参会。与联合国工发组织、联合国西亚经社会、埃及电力和可再生能源部、阿根廷能源秘书处等8个机构签署合作协议，推动项目合作。二是优化联盟运作机制。完成四个专业联盟主席单位换届，举办主席授牌仪式。举办新一届主席单位工作交流会，指导专业联盟举办品牌特色活动。推出"GEI专业联盟焦点"成果分享，围绕能源转型主题，向会员和联盟成员分享领军专家观点10余期。邀请山东大学、中国西电集团等联盟成员专家为中非电力池、阿拉伯地区机构举办线上培训，加强能力建设。三是成立新型电力系统专委会。组建新型电力系统专委会，举办专委会成立暨第一次会议。专委会首批委员41人（国际委员26人、国内委员15人），其中来自国际组织10人、来自电力企业14人、来自高校科研机构17人，专业涵盖电力系统规划运行、新能源发电及并网、智能电网、电力调度、电力市场、直流输电、能源综合利用等领域，地域覆盖亚洲、欧洲、非洲、北美洲、中南美洲等10多个国家和地区。专委会设立综合规划、运行仿真、新型储能、柔性直流输电、虚拟电厂5个技术工作组，推动能源转型关键技术攻关和示范项目建设。

区域和国家委员会工作。截至2023年底，成立非洲、西亚—北非、欧洲、东欧—中亚、东南亚—南亚—大洋洲、中南美6个区域委员会和南非、阿联酋、葡萄牙、俄罗斯、印度尼西亚、阿根廷、墨西哥等20个国家委员会，另有肯尼亚、泰国等5个国家委员会具备成立条件。建立健全委员会运行机制，编制《区域和国家委员会建设运行规则》，推动已成立委员会利用本地化优势，切实发挥作用。会议活动方面，以委员会名义组织举办会议活动11场，开展理念传播、技术交流、探讨合作等工作。促进合作方面，利用自身联络资源，协助本部及区域办公室与有关机构开展沟通联络数10次，推动联合办会、合作协议签署等重要合作事项。理念传播方面，利用参加当地活动机会，宣介全球能源互联网、"能联全球"平台10余次；通过媒体报道、文章发表等方式，宣传全球能源互联网及相关成果20余次。调查研究方面，与本部、区域办公室、会员单位等开展联合研究4项，向本部分享所在地研究成果7次。

推进项目合作。以亚洲、非洲等区域能源互联网建设为重点，推动大型能源电力项目、"小而美"项目取得新进展。在亚洲，开展西藏阿里新型电力系统方案研究。梳理西藏阿里地区资源禀赋及电网发展现状，实地调研阿里能源资源条件及用电需求，编写新型电力系统阿里示范区建设方案，组织召开专家研讨会，为后续示范区建设奠定基础。策划重力储能示范项目。加强与中国天楹等企业合作，组织相关方赴西藏、陕西考察潜在项目选址条件，支撑各方开展项目方案研究，推动重力储能项目在西藏阿里、陕西榆林落地。开展印度尼西亚和新加坡联网项目研究。围绕新加坡能源绿色转型需求，分析印度尼西亚廖内群岛太阳能开发潜力及储能应用场景，研究海底电缆技术发展及应用案例，提出印度尼西亚廖内群岛光伏开发及送电新加坡方案。开展中国—中亚联网项目研究。梳理区域能源资源禀赋和电力发展现状，提出中国—中亚电力丝绸之路构想，首次提出以中—吉—乌(塔)输电工程作为中国—中亚电力丝绸之路起步项目，为后续项目推动奠定基础。在非洲，聚焦"小而美"项目，策划南非校园能源转型项目。围绕南非西开普大学绿色转型、提升供电可靠性等需求，提出校园微网示范项目解决方案。组织南非西开普大学团组赴上海电力大学、上海交通大学实地调研典型校园微网案例，开展技术交流活动。推动快速农村转型RRT项目。与世界粮食计划署南部非洲局建立联系，调研马达加斯加农村光储项目案例，围绕以清洁电力解决非洲偏远农村无电人口问题，加强与相关机构和专家沟通，研究标准化技术方案和项目合作开发模式，推动快速农村转型项目落地实施。

【重大创新】 2023年，国家电网公司贯彻落实党中央决策部署与习近平总书记关于科技创新的重要指示精神，深入分析研究国家电网公司科技工作现状和新型电力系统构建需求，不断深化对科技创新规律、电力发展规律的认识，加快推进高水平科技自立自强，增强关键核心技术攻关能力，以科技创新引领现代化产业体系建设，集中力量在特高压输电、柔性直流、大电网控制等领域取得一大批具有自主知识产权、世界领先的重大成果。获得国家科技进步奖3项，国家技术发明奖2项，中国电力科学技术奖63项，省(自治区、直辖市)科学技术奖励247项。

技术攻关工作。落实国家、国家电网公司发展战略，持续优化科研攻关顶层设计。根据《关于深化电力体制改革　加快构建新型电力系统的指导意见》，结合打造原创技术策源地、新型电力系统现代产业链要求，完成《国家电网公司"十四五"科技规划》《国家电网能源互联网技术研究框架》修编，优化完善"十四五"及中长期攻关布局，强化基础研究比例，加大研发专项投入。

实验研究体系建设。一是持续推进全国重点实验室建设。国家电网公司所属电网安全全国重点实验室等6个国家电网公司国家重点实验室顺利完成重组，并通过科技部评审，纳入新的全国重点实验室序列。印发加强所属全国重点实验室建设的指导意见，依据实验室的定位和建设标准加强实验能力建设，有序推进全国重点实验室实体化运作。二是不断加强国家能源研发创新平台建设。依托武汉南瑞建设的国家能源雷电灾害监测预警与安全防护重点实验室获国家能源局批复，成为国家能源局直接批复成立的6家"十四五"第一批国家能源研发创新平台之一，6个实验室纳入国家能源局批复的赛马平台。与合肥国家实验室签署战略合作协议，共建联合实验室，打造电力量子技术创新示范高地。三是着力推进国家电网公司实验研究体系优化。实验体系聚焦服务"十四五"科技规划和支撑新型电力系统构建，加强与国家电网公司科技攻关团队等创新协同，提升科技创新原动力。完成国家电网公司第二批实验室命名，实验室整体数量由优化调整前的124家减少至66家，四是全面加强科技研发专项资本性投入。布局实验条件建设项目380余项，总投入16亿元，完成观测研究体系基础设施建设一期项目等重点建设。

技术标准工作。2023年，国家电网公司紧密围绕建设具有中国特色国际领先的能源互联网企业战略目标和新型电力系统建设需求，加快技术标准工作体制机制创新，持续深化国家和公司两级技术标准创新基地建设，国内国际标准化工作取得新成效。牵头立项国际标准60项、发布21项；获批发布国家标准106项、行业标准223项、团体标准315项、企业标准189项。高质量完成国家电网公司第二批促进科研与技术标准互动发展试点，国家级雄安新区能源互联网标准化试点圆满收官。获得2023年电力创新奖(标准类)唯一大奖，国家电网公司连续第6届获此殊荣；国家电网公司自主项目"能源电力企业国际标准化管理创新与实践"获得电力创新奖(管理类)一等奖。

【党建工作】 2023年，国家电网公司党组认真贯彻《中国共产党国有企业基层组织工作条例(试行)》，以扩大"两个覆盖"为基础，以增强党组织政治功能和组织功能为目标，不断严密组织体系，持续深化党组织标准化规范化建设，推动各级党组织全面进步、全面过硬，切实把党组织体系建设效能转化为推动国家电网公司和电网高质量发展的强大动力。截至2023年12月31日，国家电网公司系统有党组织48630个。其中，党委2757个、党总支1680个、党支部44193个；

党员590791人。

坚持以习近平新时代中国特色社会主义思想为指导，将抓基层打基础作为长久之计和固本之策，深化开展基层党组织标准化规范化建设，组织编写《基层党委党建工作责任制指导手册》和党支部标准化建设系列丛书（包括五个分册），召开国家电网公司加强基层党组织建设工作推进会，印发《关于在主题教育中深化基层党组织标准化规范化建设的通知》，突出问题导向，强化分类指导，促进基层党建工作标准、质量、效果"三个提升"，推动党支部基础管理更加严格、活动开展更加有序、作用发挥更加充分，基层组织力和战斗力显著提升。

国家电网公司党组深入学习贯彻习近平新时代中国特色社会主义思想和党的二十大精神，贯彻落实中央统战工作会议精神和党中央关于统战工作各项决策部署，落实国务院国资委党委统战工作要求，为推动国家电网公司高质量发展凝聚人心、汇聚力量。

以习近平新时代中国特色社会主义思想为指导，在国家电网公司党组坚强领导下，牢记嘱托、感恩奋进，坚持党建带团建，高标准推进团员和青年主题教育，纵深推进青年精神素养提升工程，着力建机制、搭平台、设舞台，最大限度、最大范围调动广大青年积极性，各项工作取得新成效。国网江苏电力"电博士·动态防雷"青年团队首次获得中国青年五四奖章集体奖，5名团员青年和10个团组织获全国"两红两优"表彰，11名青年当选团的十九大代表，各类团青荣誉获得量居央企前列。

【履行社会责任】 2023年，国家电网公司连续18年发布社会责任报告，报告通过全球报告倡议组织（GRI）可持续发展标准实质性披露认证，并获"中国企业社会责任报告评级专家委员会"最高级"五星佳"级评价。第78届联合国大会期间在纽约联合国总部发布中央企业首份落实全球发展倡议贡献报告，联合国助理秘书长、全球契约组织总干事奥佳博对国家电网公司发布报告表示祝贺和高度赞赏；在《联合国气候变化框架公约》第二十八次缔约方大会（COP28）开幕之际发布中央企业首份能源绿色低碳转型行动报告。

服务国家重大战略。增强核心功能是中央企业担负新使命新任务的必然要求，国家战略所需即为企业发展所向。国家电网公司着力增强核心功能，体现国家意志、服务国家战略，更好实现政治属性、经济属性、社会属性的有机统一，切实担负起大国重器、强国基石的使命功能。统筹发展和安全，统筹保供和转型，带头做好能源保供稳价工作，多措并举提升电力供给保障能力，以电力安全保障维护国家安全。城网供电可靠率99.977%，比上年上升0.004个百分点；农网供电可靠率99.901%，比上年上升0.022个百分点；综合电压合格率99.861%，比上年上升0.002个百分点；特高压直流通道平均利用小时数4031小时，比上年上升45小时；用户平均停电时间7.77小时/户，比上年下降1.33小时/户。

服务区域发展。实施区域协调发展战略，是关乎我国经济发展全局的重要战略举措，是贯彻新发展理念、建设现代化经济体系的重要组成部分。国家电网公司在服务区域协调发展中加强电网建设、丰富服务内容，助力打通经济社会发展"经络"，推动构建新发展格局。服务京津冀协同发展，助力成渝地区双城经济圈建设，推进长三角一体化发展，推动黄河流域生态保护和高质量发展、东北全面振兴、中部地区崛起、长江经济带发展，推进西部大开发，建成张北—雄安1000千伏特高压交流工程、川渝1000千伏特高压交流工程、白鹤滩—江苏±800千伏特高压直流工程、国网甘肃刘家峡水电厂等一批重点工程。

服务乡村振兴。服务乡村可再生能源和电气化发展。以农业电气化服务农业现代化，加快电网延伸，提升电网容量，服务整县光伏试点。竣工投产农网巩固提升工程、城网更新改造工程11.8万项，惠及农村低压用户2.7亿户，支撑农村清洁能源消纳，累计转付光伏扶贫项目中央财政补贴资金92亿元。加强农村地区供电保障和优质服务。因地制宜做好重要农时农业生产供电服务保障，加强农田机井供电设施建设管护，构建"村网共建"电力便民服务体系，打造乡村供电服务与政务服务共建共治共享典型示范。536个电力便民服务点被评为"村网共建"电力便民服务示范点。

服务保障民生。确保地震灾区居民安置点用电需求，让每一顶帐篷都亮起灯、用上电。应对极端强降雨引发的洪涝灾害，紧急调配直升机等空天综合力量开展防汛救灾跨省应急支援。多措并举保夏粮、争分夺秒抢收小麦，无人机照亮麦子“保卫战”。应对雨雪冰冻天气，及时排查安全隐患，加强融雪除冰，全力保障电网安全运行和电力可靠供应。

服务高质量共建“一带一路”。国家电网公司落实人类命运共同体理念，坚持共商、共建、共享和互利共赢原则，突出服务大局、突出效益贡献、突出风险防范、突出规范运营，打造“一带一路”建设央企标杆，通过投资、建设、运营一体化，带动技术、标准、装备一体化“走出去”，服务高质量共建“一带一路”。在全球45个国家和地区开展国际业务，投资和参与运营10个国家和地区的13个能源网项目，累计工程承包和装备出口合同额超过500亿美元，国际业务利润15年实现稳步增长。国家电网公司获得阿曼第十届皇家商业奖“最佳商业奖”，巴基斯坦默拉直流获得“中巴经济走廊突出贡献奖”，巴西美丽山二期项目获得“巴西标杆管理活动”授予的巴西社会环境管理最佳实践奖，国家电网巴西苦咸水淡化公益项目获评第四届“全球减贫案例征集活动”最佳减贫案例。

优化营商环境。国家电网公司从企业实际需求出发，聚焦惠企利民，多措并举提升供电服务品质，千方百计降低企业用能成本，助力企业爬坡过坎、蓄势发展，不断激发市场主体活力，持续优化电力营商环境。打造业扩新模式推进投资延伸政策落地。打造超前主动的“服务链”，打造高效协同的“工程链”，打造合规灵活的“资金链”，延伸投资政策累计覆盖23个省、264个地市、1882个区县。深化供电服务“一件事一次办”。“过户＋改类”等6类供电业务实现“一次办”，公共事务推行“不动产＋电力”联动过户，“跨省通办”重大业扩项目、集团用户业务，112个地市推广“水电气讯”联办服务，26个省份实现“房产＋电力”线上联动过户。巩固提升“三零”“三省”服务。城乡“三零”服务常态执行，超前对接用户需求，实现就近就便接入，累计服务153万户小微企业零成本接电，节省用户投资497亿元。线上办电提效率、增便捷。完成“网上国网”App改版升级，持续扩大“刷脸办电”“一证办电”业务范围，95598智能客服在95598热线、“网上国网”App、95598网站、“网上国网95598”微信公众号等多渠道上线，数字化平台服务企业精准预测电量、降低用电成本，服务工商业用户直接参与电力市场交易，95598智能客服量超过2.6亿次、“电量精算师”应用累计为浙江市场化客户提供服务3.7万余次、直接参与市场交易工商业用户新增42万余户。

（撰稿人：杨　迪　张　君　周秋慧　邓慧都　赵　杨）

中国南方电网有限责任公司

【基本概况】 中国南方电网有限责任公司（以下简称南方电网公司）组建于2002年底，是中央管理的国有重要骨干企业，由国务院国资委履行出资人职责。南方电网公司负责投资、建设和经营管理南方区域电网，参与投资、建设和经营相关的跨区域输变电和联网工程，为广东、广西、云南、贵州、海南五省区和港澳地区提供电力供应服务保障。从事电力购销业务，负责电力交易与调度。从事国内外投融资业务。自主开展外贸流通经营、国际合作、对外工程承包和对外劳务合作等业务。南方电网公司是国内率先“走出去”的电网企业，是国务院授权的大湄公河次区域电力合作中方执行单位。

南方电网公司发轫于改革开放初期起步的“西电东送”。自1979年“西电东送”提出，历经“开发红水河，送电到广东”的决策和规划，两广联网、中央与地方联合办电创建南方电力联营公司等一系列改革，于1993年建成南方跨省区电网，实现粤、桂、滇、黔四省区联网。2000年，党中央、国务院决定全面启动“西电东送”，“西电东送”进入快车道，由此逐步形成南方电网公司。2009年，海南联网一回投运。至2023年末，南方区域西电东送形成“八交十一直”的500千伏及以上交直流大通道（500千伏天广交流四回，贵广交流四回；±800千伏楚穗特高压直流、普侨特高压直流、新东特高压直流、昆柳龙特高压直流，以及±500千伏天广直流、江城直流、禄高肇直流、兴安直流、牛从双回直流、金中直流），送电规模超过5800万千瓦。

截至2023年底，南方电网公司东西跨度近2000千米，覆盖南方五省区，并与中国香港、中国澳门地区以及越南、缅甸、老挝等周边国家电网相连，供电面积100万平方千米。全网110千伏及以上变电容量从2亿千伏·安增长到13.26亿千伏·安，线路长度从7.3万千米增长到27.8万千米，分别增长5.63倍、2.81倍。南方电网公司网内拥有水、煤、核、气、风力、太阳能、生物质能、抽水蓄能和新型储能等多种电源。全网统调装机容量4.44亿千瓦（其中，火电1.76亿千瓦、水电1.22亿千瓦、核电2080万千瓦、风电5067万千瓦、光伏5429万千瓦、其他1930.5万千瓦，分别占比39.7%、27.6%、4.7%、11.4%、12.2%、4.4%）。110千伏及以上变电容量13.26亿千伏·安，110千伏及以上输电线路总长度27.8万千米。供电人口2.72亿人，供电客户1.16亿户。截至2023年底，累计完成国际贸易电量707.12亿千瓦·时。2023年，南方电网公司统调最高负荷2.34亿千瓦，比上年增长5.1%。南方五省区全社会用电量15835.2亿千瓦·时，比上年增长7.4%，其中，非化石能源电量占比47.5%。

2023年，南方电网公司售电量13483亿千瓦·时。连续19年入围“世界500强”，排名跃升至第83名。连续17年在国务院国资委经营业绩考核中获评A级。员工总数近27.6万人。

【主要指标】 2023年，南方电网公司营业收入8411.09亿元，比上年增长10.00%；利润总额247.59亿元、净利润185.70亿元，分别比上年增长53.14%、53.99%，经营质量效益创历史新高；资产总额12281.98亿元，资产负债率60.70%。

表1　2023年中国南方电网有限责任公司主要经济指标

项　目	2022年	2023年	比上年增长(%)
资产总额(亿元)	11451.15	12281.98	7.26
所有者权益(亿元)	4413.25	4827.26	9.38
营业收入(亿元)	7646.58	8411.09	10.00
利润总额(亿元)	161.68	247.59	53.14
净利润(亿元)	120.59	185.70	53.99
归属于母公司所有者的净利润(亿元)	101.94	165.81	62.65
技术开发投入(亿元)	43.20	52.50	21.50
利税总额(亿元)	401.90	505.46	25.77
应交税金总额(亿元)	302.10	335.98	11.21
全员劳动生产率[万元/(人·年)]	72.81	78.84	8.28
净资产收益率(%)	2.80	4.01	增加1.21个百分点
总资产报酬率(%)	2.66	3.20	增加0.54个百分点
国有资本保值增值率(%)	102.98	103.13	增加0.15个百分点

注：“技术开发投入”数据为创新项目投入数据。

【改革发展】 2023年，南方电网公司适应性调整企业发展战略，系统布局实施国企改革深化提升行动。推进服务、科技、人才、数字、生态、标准、质量、品牌、文化等“九个强企”建设。持续深化战略转型，五大战略单元协同发展，“5＋2＋N”发展布局加快构建。制定实施公司战略地图，体系化推动战略落地。发布南方电网公司管理体系框架，构建企业架构蓝图。优化考核评价管理体系，实现战略、运营、考核相贯通。

2023年，南方电网公司制定改革深化提升行动实施方案（2023—2025年）及工作台账，全面部署推进新一轮改革。三项制度改革获国务院国资委最高等级评价。开展总部人事制度改革，全员新型经营责任制提质扩面，契约化管理推广至全员。“一企一策”推动所属企业中长期激励“应建尽建”。云南电网公司完成云南农垦电力股权收购。南方区域电力市场连续试运行超一周年，试点开展全国首次短周期结算试运行。跨省区备用市场开展结算试运行。绿电市场累计交易绿电125亿千瓦·时、交易绿证37万张。

2023年，南方电网公司以央企第一名成绩收官国企改革三年行动。南方电网公司作为央企唯一代表在全国国企改革深化提升行动动员部署会议上作典型发言。承办国务院国资委“科改行动”扩围深化现场推进会。“双百企业”“科改企业”专项考核获“9标杆、1优秀”、蝉联央企第一。三项制度改革评估首次获评“1级”。新增4家企业跻身“双百企业”“科改企业”，南网数研院、南网科研院、南网科技公司3家企业入选国务院国资委世界一流专业领军示范企业创建名单。持续深化大集体企业改革，广东电网公司率先完成厂办大集体企业公司制改制，基本完成平台公司股权多元化改革。深化产业链链长企业引领带动作用，落实产业链融通发展共链行动，牵头建设产业链创新联盟、央企创新联合体、电力行业人工智能联盟。

【重大项目】 2023年，南方电网公司按照落实区域协调发展“1+6+X”组织模式，实施“优东提西、强地带县”战略部署，统筹促进城乡区域协调发展，制定融入和服务新时代广东走在全国前列创造新的辉煌、新时代壮美广西建设、新时代云南高质量跨越式发展重点举措，形成“一省一策”抓国家重大发展战略落地的机制。印发融入和服务“两区一港”建设等年度重点工作计划137项并抓好落实，截至2023年底完成75项、取得阶段性进展33项、持续推进29项。发布南方电网公司新型电力系统发展报告。

2023年，南方电网公司完成固定资产投资1399亿元，创历史新高。全面建成广东目标网架工程，并被国务院国资委评为央企十大超级工程。广西实现220千伏电网县域全覆盖。开工建设海南500千伏环网。抽水蓄能在建规模再创新高。在广东梅州建成全球首个浸没式液冷储能站（70兆瓦/140兆瓦·时），在广东佛山建成南方区域最大的新型储能电站（300兆瓦/600兆瓦·时），储备项目容量超过100万千瓦。投运国内首个区域级虚拟电厂，接入五省区各类调节资源突破1000万千瓦，可调节能力260万千瓦。深圳上线电力充储放“一张网”。有序推进电动汽车充换电基础设施建设，累计建成充电桩近10万支，南方区域市场占有率排名第一，在全国率先实现供电服务区域内充电桩乡镇全覆盖。建成南沙、龙岗国家级5G+数字电网示范区，打造海南博鳌等一批新型电力系统标杆项目。

2023年，南方电网公司系统的乌东德电站送电广东广西特高压多端直流示范工程获得2002—2023年国家优质工程金奖。云贵互联通道工程和500千伏丹霞（梨市）变电站工程获得2002—2023年国家优质工程奖。清远抽水蓄能电站获得第十九届中国土木工程詹天佑奖。

【走向海外】 2023年，南方电网公司积极参与“一带一路”建设，深化湄澜地区电力合作。推动中老各方就老挝国家输电网项目（EDL-T）达成共识，并纳入新版中老命运共同体行动计划，举全网之力做好运营接管准备。老挝北部风光基地送电云南消纳取得积极进展。广西对越南供电重启恢复。中缅230千伏联网项目取得可研批复并完成合资公司注册，投运缅北邦康供电项目。推动成立澜湄区域电力技术标准促进会和中老技术标委会，以技术标准“软联通”支撑电力合作“硬联通”，全年澜湄跨境电量比上年增长约10%。

2023年，南方电网公司加大南美、中亚等地区国际拓展。稳步推进智利KILO换流站EPC项目建设。签署秘鲁配电网项目收购协议，积极应对反垄断审查，交割后将成为公司首个境外控股配电项目。签署乌兹别克斯坦风电投资项目股权收购协议和抽水蓄能项目合作备忘录，实现中亚区域市场突破。建成一批“小而美”民生工程。

【电力供应和安全生产】 2023年，南方电网公司深化巩固央地协同、政企协同、厂网协同、区域协同的保供格局，持续提升电力保供能力。有力应对十年最枯、四季连旱、煤炭产能受限等严峻考验。守住不发生拉闸限电底线，保供工作成效得到国家部委高度肯定。6月，国务院国资委在南方电网公司召开部分中央企业迎峰度夏能源电力保供专题会，贯彻落实党中央、国务院决策部署，督促指导中央企业带头做好迎峰度夏能源电力保供工作。政企联动加大一次能源供给和运力保障，实现贵州电煤供应大幅好转、云南火电近8年首次全容量开机。拓展区内外资源配置能力，黔电、云电送粤实现分电到厂。2023年，统调电厂存煤开机近年最好。

2023年，南方五省区用电营商环境加速迈向国际一流。第三方客户满意度86分，粤港澳大湾区供电可靠性达世界先进水平。广东电网广州供电局率先实现市政公用基础设施“六联办”，深圳供电局创新“六免”办电服务，云南电网以“双解放双促进”推进现代供电服务体系建设，广西电网探索共享储能电站运营新模式。云南电网正式接管农垦电力。

2023 年，南方电网公司深入推进本质安全型企业建设。高质量落实防范系统运行风险重点举措 32 项，确保大电网安全稳定运行。有力应对多轮台风、强降水、低温雨雪冰冻等自然灾害，高效打赢深圳“9·7”特大暴雨抢修复电攻坚战。完成各项重大保供电任务。2023 年首次实现电力生产安全“零事故、零死亡”，实现重大隐患动态清零。深化与应急管理部、南方五省（区）政府等战略合作，挂牌成立全国首个国家级电力应急研究中心。

【重大创新】 2023 年，南方电网公司持续推动科技体制改革，深入开展科改专题研究、科技创新管理体系试点，全面推进立项组织模式、委托管理机制、经费评估机制等改革。推进国务院国资委关键核心技术二期攻关任务 9 项，新增承担国务院国资委未来产业任务 11 项，新增承担国家重点研发计划项目 10 项，再创新高。一批关键核心技术装备实现自主可控。世界首台兆瓦级漂浮式波浪能发电装置“南鲲”号并网运行，建成全国首个电力充储放“一张网”、首个区域级源荷聚合平台、首个多技术路线锂电池储能站。“伏羲”芯片、“极目”微型传感器实现产业化应用。发布电力行业首个人工智能创新平台和首个自主可控大模型“大瓦特”、国内首个电力物联操作系统“电力鸿蒙”。特高压混合多端柔性直流输电系统创新成果获得中国电力技术发明奖一等奖，8 项成果获得中国专利银奖、优秀奖。换流变压器有载分接开关等 4 项重大技术装备入选第三批能源领域首台（套）重大技术装备名单，首台（套）成果“高压电缆绝缘材料及屏蔽材料”入选工业和信息化部、国务院国资委重点产品、工艺“一条龙”应用示范。

2023 年，南方电网公司积极参加中央企业创新联合体，牵头申报中央企业新型储能创新联合体，新增参与“重大装备基础零部件”和“核心电子元器件”两个创新联合体。成功获批数字电网技术装备现代产业链链长企业，牵头组建产业链创新联盟，获批成为国务院国资委“共链行动”首批 13 家中央企业之一。直流输电技术全国重点实验室纳入新序列，获批建设国家地方共建新型储能创新中心，组建成立新型电力系统（北京）研究院。直流输电技术全国重点实验室成功纳入新序列，新能源并网消纳重点实验室、电氢协同低碳技术研发中心、国家能源数字电网技术研发中心等 4 个创新平台入围国家能源局“十四五”第一批“赛马争先”创新平台。首个机械储能领域国际标准技术委员会秘书处落户南网。电网管理平台获得数字中国创新大赛一等奖。新增国家高层次人才计划专家 2 人、国家引才计划专家 13 人。

【管理现代化】 2023 年，南方电网公司全面实施管理体系升级工作，紧紧锚定“推动构建现代企业管理大厦，支撑世界一流企业建设”这一核心目标，加快推进公司管理现代化，培育强企竞争新优势，有力推动公司战略落地，支撑世界一流企业建设。

全面实施管理体系升级，以“一个框架”描绘管理体系升级蓝图。坚持系统思维，融合业界管理体系通用框架和“中国化、时代化、南网化”特色要求，提出以综合管理体系和牵引性、增值性、要素性及支持性四类 21 个管理子体系共同构成的公司管理体系框架 M—21S。以“四步运作”构建管理体系升级方法论。制定管理体系四步闭环运作路径，针对体系设计，研究提出“SMECOP”六步法，规范管理的共同语言，强调体系要素齐备。针对体系建设，科学实施“架构化、流程化、数字化”路径，打通管理与业务视角，支撑管理体系落地。针对体系运转，引入先进工具方法和数据模型，建立管理协同过程，实现体系间协同运转。针对体系治理，以卓越绩效管理为工具开展体系运作评价，以全面质量管理为抓手开展管理诊断，识别差距、开展变革，推动管理体系迭代提升。以“三个阶段”推动管理体系升级任务落实落细。分层分类制定三个阶段目标，压茬推进、务期必成。2023 年以“1＋10＋5”为目标试点先行，基本建成公司总部综合管理体系，率先建成管理子体系 10 个和分子公司特色管理子体系 5 个，部分领域管理体系和管理能力达到行业一流水平。

【信息化与数字化建设】 2023 年，南方电网公司数字电网规模化应用进入新阶段，物理电网数字化水平显著提升。数字输电方面，全面推广“天空地”立体化巡视模式，自主巡检 100 万千米，实现全覆盖。数字变电方面，新建工程全面推广数字变电站，存量有序改造，智能巡视站 2098 座（占 23%），远方操作站 4078 座（占 45%），巡视人工替代率超过 70%，倒闸操作时间缩短 80%至 10 分钟。数字配用电方面，统筹推进配网自动化、智能化，打造数字配电示范区 37 个，建成智能配电站（房）2.4 万座，中压停电主动感知准确率 92%。试点全栈国产化计量自动化系统 3.0，接入规模全国领先。数字调度方面，打造云边融合智能调度运行平台，实现新型厂站建模接入 900 个，建成国内规模最大现货市场出清系统，绿电交易成交量突破 100 亿千瓦·时。

2023 年，南方电网公司全力推进人工智能平台建设运营，牵头成立电力行业人工智能联盟，发布行业首个自主可控电力大模型“大瓦特”和首个人工智能创新平台。推进“3＋1＋X”数据中心建设，扩建棠下数据中心，推进贵安、惠蓄数据中心建设，南网云算力规模 1 万节点，基本建成“两地三中心”调度云。数据资产运营水平提升，全网数据资产管理水平达到 DCMM 4 级水平，总部及广东电网公司达到 DCMM 5 级水平，被中国电子信息行业联合会授予“十大数据治理名牌企业”。发布国内首个电力物联操作系统——电鸿。电网管理平台获得数字中国信创赛道一等奖、入选国务院国资委数字创新平台最佳实践。开展“小数叶”职工创新行动，充分激发基层员工“业技融合”创新活力。广东电网公司、深圳供电局满分获评国务院国资委数字化转型试点企业。深入推进 5G、北斗行业应用，在广州南沙、深圳龙岗建成国家级 5G＋数字电网示范区，全方位推进“北斗＋电力”在电力生产等八大业务场景应用，全网各电压等级变电站北斗授时覆盖率超过 70%。

【党建工作】 2023 年，南方电网公司党组始终把政治建设放在首位。深刻学习贯彻党的二十大精神，坚持用党的创新理论统一思想、统一意志、统一行动，制定实施关于深入学习贯彻党的二十大精神为中国式现代化作贡献的决定，明确重点举措 23 项。严格执行、健全落实“第一议题”制度，认真扎实学习习近平总书记重要讲话指示批示精神。全面提升党组（党委）理论学习中心组学习质量，推动各级中心组开展专题学习 1000 余次。抓好党内政治要件办理，扎实开展“回头看”。

2023 年，南方电网公司党组按照“学思想、强党性、重实践、建新功”总要求，于 4 月、9 月分两批开展学习贯彻习近平新时代中国特色社会主义思想主题教育。运用“千万工程”“浦江经验”，积极践行“四下基层”，确立 17 个方面的调研主题。各级领导班子成员下访调研，推动解决创新体系、区域电力市场等方面突出问题，由解剖一个问题带动解决一类问题，涌现出贵州黄泥塘等一批案例典范。

2023 年，南方电网公司党组坚持内容上全涵盖、对象上全覆盖、责任上全链条、制度上全贯通，研究完善与中国特色现代企业制度相衔接、与改革发展中心任务相适应的公司全面从严治党体系，细化目标、责任、组织、队伍、制度、方法等 6 个子体系，并将党的建设工作管理规定固化为制度。加快建设各级模范总部本部，发布南方电网公司总部作风公约。截至 2023 年底，南方电网公司系统有党员 11.4 万余人，占职工总数的 41.77%。

2023 年，南方电网公司党组接受中央巡视，开展巡视整改。南方电网公司党组始终把巡视作为推进全面从严治党、履行全面监督职责的重要抓手，全力支持配合中央巡视组工作，自觉主动接受中央巡视监督。全面落实中央巡视反馈意见，以彻底自我革命精神推进中央巡视整改，制定整改方案和“三个清单”，坚持“三个是否”标准评价整改成效，一以贯之做到“三个一点都不能”①，从严从实抓整改，一体推进 6 个领域专项治理整治，完成工程建设招标采购领域专项问题集中整改。开展党的二十大后南方电网公司党组首轮巡视，对 10 家单位开展常规巡视，对 9 个党组织开展工程建设招标采购领域专项巡视，深入查找“四个落实”和工程建设招标采购领域问题，切实发挥政治监督保障作用。统筹抓好纪检监察、巡视巡察、审计、主题教育等发现问题整改，带动重点领域深化改革、加强党的建设。

2023 年，南方电网公司党组发布政治监督具体化

① “三个一点都不能”：巡视整改是头等大事，一点都不能含糊；整改质量是关键，一点都不能掺水；按期交账是底线，一点都不能耽搁。

精准化重要事项清单，加强对“一把手”和领导班子监督。以钉钉子精神纠治“四风”，对顶风违纪行为零容忍，严肃查处违反中央八项规定精神案件，集中通报曝光典型案例。坚决整治群众身边的不正之风和腐败问题。开展乡村振兴领域不正之风和腐败问题专项整治，聚焦重点项目、重大资金、重要环节开展监督检查，督促整改资金管理不规范等问题。推动作风建设常态化长效化，制定实施锲而不舍落实中央八项规定精神深化纠治“四风”工作18项措施。

2023年，南方电网公司工会系统加强企业民主管理，在央企率先成立职工权益维护部。南方电网公司系统154个集体、147名职工获得省部级以上荣誉称号。云南怒江供电局、南网科研院被授予全国五一劳动奖状，肖鹏、王其林被授予全国五一劳动奖章。广东中山500千伏文山巡维中心、广西南宁青秀供电分局供电服务一班、贵州贵阳供电局输电管理所运检七班、海南琼海长坡供电所被授予全国工人先锋号。南方电网公司制定《青年发展规划（2023—2025年）》。召开南方电网公司第四次团代会，选举产生公司第四届团委。“伏羲”团队被授予中国青年“五四奖章”集体。印发《南方电网企业文化理念（2023年版）》，明确“成本　效率　质量　创新　增长　全员”的经营理念。南网“知行文化”获得全国企业文化优秀成果特等奖。

【履行社会责任】 2023年，南方电网公司大力推进绿色低碳发展。大力支持新能源发展，完成新能源开发潜力和消纳能力研究，建立健全新能源源网协商机制。实施支持和服务新能源加快发展重点举措，全力服务国家第一批大型风电光伏基地建设，推动新能源“应开尽开、应并尽并、能并快并”。清洁能源供给格局基本形成。全年新增新能源装机超过3000万千瓦，新能源装机比重24%，新能源累计装机容量突破1.2亿千瓦，非化石能源装机占比近60%，全网可再生能源发电利用率99.90%，再创新高。全年实现电能替代电量456亿千瓦·时。推广应用新能源管理信息系统，促进相关专业数据共享，线上申报新能源并网项目总容量约2.5亿千瓦。推进绿色低碳企业建设，实施生态强企建设三年行动计划（2023—2025年），推进近零碳示范区试点建设40个，在广东20个地市供电局试点开展绿色低碳示范单位评价工作，以点带面。深挖电网节能降损潜力，推动广西新电力40个县级企业全面实现线损同期管理。近5年来，线损率累计下降1.2个百分点，减少损耗电量420亿千瓦·时，产生经济效益超过250亿元。发布南方电网公司2022年绿色低碳发展年刊，绿色低碳案例入选《2022年中央企业绿色低碳实践案例集》。

2023年，南方电网公司制定帮扶产业规划编制指引、防返贫基金建设指引、产业帮扶典型示范项目汇编等系列文件，进一步巩固帮扶工作新格局。打造具有南网特色的省域帮扶平台，助力帮扶地区特色产业规模化、市场化发展。巩固拓展消费帮扶体系，建立稳定的“线上”“线下”销售渠道，销售额同比增长超过15%。提前建成“十四五”计划的360间南网知行书屋，惠及57县（市），近36万名学生直接受益。连续6年获得中央单位定点帮扶工作考核最高评价“好”，连续8年获得广东省扶贫济困红棉杯“金杯”。

2023年，南方电网公司入选2023中国企业社会责任发展指数“综合三十强”。南网能源公司“赋能企业可持续发展，助力打造绿色工厂”案例在中国企业社会责任高峰论坛发布。南方电网公司社会责任报告连续3年获得“五星佳”最高评级。

（撰稿人：陈　波　王　越）

中国华能集团有限公司

【基本概况】 中国华能集团有限公司（以下简称中国华能）创立于1985年，是经国务院批准成立的国有重要骨干企业，注册资本349亿元，主营业务包括电源开发、投资、建设、经营和管理，电力（热力）生产和销售，金融、煤炭、交通运输、新能源、环保相关产业及产品的开发、投资、建设、生产、销售，实业投资经营及管理。截至2023年底，中国华能拥有二级单位57家、三级企业480余家，上市公司5家（分别为华能国际、内蒙华电、新能泰山、华能水电、长城证券），员工12.4万人。率先在发电行业中进入“世界企业500强”，2023年排名第209位。累计18次获评年度经营业绩考核A级、6次获评中央企业负责人任期考核A级，在中央发电集团中次数最多。获评2022年度中央企业党建工作责任制考核A级、中央企业董事会等级“优秀”、中央企业改革三年行动重点任务考核A级。

2023年是全面贯彻落实党的二十大精神的开局之年，也是加快建设世界一流企业的关键之年。中国华能坚持以习近平新时代中国特色社会主义思想为指导，坚决贯彻习近平总书记重要指示批示精神，牢牢把握高质量发展主题，全力抓好主题教育和配合中央巡视、抓好巡视整改“两件大事”，全面落实全年工作“十六个字”总要求、“两个确保”总目标、“六个着力”重点任务①，团结奋进、勇毅前行。2023年7月15日，中共中央政治局常委、国务院副总理丁薛祥赴中国华能调研，对公司能源电力保供、生态环保等工作给予充分肯定。截至2023年底，中国华能可控装机容量超过2.43亿千瓦，低碳清洁能源装机占比47%。全年发电量历史性突破8300亿千瓦·时，比上年增长5%，其中新能源发电量首次突破千亿大关，达到1212亿千瓦·时，创历史新高，发电利用小时行业对标第一。煤炭产量再破1亿吨大关。供热面积10.3亿平方米，供热(汽)量5.1亿吉焦，比上年增长5.5%。圆满完成迎峰度夏(冬)、两节、全国两会等重要时段保障任务，华能保供工作得到上级主管部门和地方政府表扬表彰。

【主要指标】

表1　2023年中国华能集团有限公司主要经济指标

项　目	2022年	2023年	比上年增长(%)
资产总额(亿元)	14151.95	15608.47	10.29
所有者权益(亿元)	4117.67	4669.48	13.40
营业收入(亿元)	4245.48	4098.23	−3.47
利润总额(亿元)	227.21	421.10	85.34
净利润(亿元)	161.20	311.92	93.50
归属于母公司所有者的净利润(亿元)	75.70	115.54	52.63
技术开发投入(亿元)	130.03	127.44	−1.99
利税总额(亿元)	583.05	792.47	35.92
应交税金总额(亿元)	338.88	373.02	10.07
全员劳动生产率[万元/(人·年)]	111.56	136.60	22.45
净资产收益率(%)	4.14	7.10	增加2.96个百分点
总资产报酬率(%)	3.38	4.25	增加0.87个百分点
国有资本保值增值率(%)	106.60	116.45	增加9.85个百分点

【改革发展】 2023年，中国华能立足于新时代新征程国资央企新使命新定位，大力实施国企改革深化提升行动，围绕“产品卓越、品牌卓著、创新领先、治理现代”16字标准要求加快建设世界一流企业，积极打造现代新国企。截至2023年底，中国华能召开深化改革相关会议23次，党组会讨论改革相关议题64个。对改革三年行动以来形成的319项制度成果、209项工作成果、118项经验成果进行全面复盘，从抓好问题整改、夯实机制长效、固化改革成果3个方面细化工作部署。制定《改革深化提升行动实施方案》，编制9个改革领域、34项改革任务、106条具体举措。全年改革提升成效显著，实现1700多名经理层成员任期制和契约化管理全覆盖，健全管理人员退出机制，全年退出比例5%以上。员工公开招聘和全员绩效考核成效凸显，用工效率年均改善6%以上。完善薪酬激励政策，充分激发干部职工干事创业活力。中国华能

① “十六个字”总要求：服务大局，稳中求进，主动摸高，奋勇争先。“两个确保”总目标：确保实现“质”的有效提升和“量”的合理增长；确保在国务院国资委业绩考核中实现“保A争先”。“六个着力”重点任务：着力加快绿色发展、着力抓好提质增效、着力推进科技创新、着力深化内部改革、着力抓好安全保供、着力提升党建质量。

连续 2 年获评国务院国资委改革考核 A 级，被选树为国企改革"综合典型"，改革成果入选国务院国资委《引领示范：国企改革三年行动综合典型案例集》，获评中央企业"公司治理示范企业"，并在国务院国资委改革三年行动经验成果交流会上作典型发言。集团公司董事会获评中央企业董事会考核等级"优秀"。华能西安热工院是发电行业唯一连续 3 年获评"标杆"的"科改企业"且位居央企前列。

【重大项目】 2023 年，中国华能新能源发展创历史最好水平，新能源核准（备案）6222 万千瓦、开工突破 3000 万千瓦、投产突破 2100 万千瓦，累计装机容量突破 7200 万千瓦，比上年增长 42%，年内连续突破 6000 万千瓦、7000 万千瓦大关，实现"双跨越"。上都风电基地 200 万千瓦全容量并网。大力推进国家第一批以"沙戈荒"为重点的风光大基地项目建设，规划容量 964 万千瓦，投产并网近 900 万千瓦、规模同行业第一。海上风电累计核准、在建、投产规模超过 1200 万千瓦，稳居行业第一方阵。山东半岛北、海南临高海上风电项目开工。浙江苍南 2 号 30 万千瓦全容量投产、岱山 1 号首批机组并网。国家科技重大专项——石岛湾高温气冷堆核电站示范工程正式商业运行，标志着我国在第四代核电技术研发和应用领域达到世界领先水平。石岛湾压水堆一期工程获国务院核准，昌江二期工程顺利实现"两机组双扣盖"。澜沧江上游水风光一体化清洁能源基地全面启动建设。澜沧江云南段基地实施工作加快推进，漫湾 50.3 万千瓦水光一体化示范项目建成投产。雅江中游基地 JX 水电站大江截流，成功获取 90 万千瓦配套新能源资源。

【走向海外】 2023 年，中国华能始终秉持"建设一座电站，带动一方经济，保护一片环境，担起一份责任，造福一方百姓，共建一方和谐"的理念，积极参与"一带一路"建设，坚持以绿色低碳、战略新兴、技术创新为方向，致力于推进中国标准、技术、服务和装备一体化"走出去"，主动融入、兼容并蓄、合作共赢。截至 2023 年底，中国华能境外参与投资和管理项目容量 620 万千瓦，分布在澳大利亚、新加坡、英国、缅甸、柬埔寨和巴基斯坦 6 个国家，涉及煤电、天然气发电、生物质发电、水电和电池储能等电源类型，境外技术服务和技术出口超过 20 个国家和地区。2023 年，中国华能成功举办第二届中柬文化交流论坛，首次发布《中国在柬埔寨企业形象白皮书》，以高水平文化交流为构建新时代中柬命运共同体注入不竭人文内涵。中巴经济走廊首个投产的高效清洁燃煤发电站——华能萨希瓦尔电站获得巴基斯坦"走廊共同繁荣突出贡献奖"表彰。英国门迪项目入选《联合国全球契约十项原则在"一带一路"倡议下基础设施行业的应用》典型案例。

【重大创新】 2023 年，中国华能全国重点实验室、国家工程研究中心等国家级创新平台建设有序推进，牵头获批 4 项国家重点研发计划项目和 5 个国家能源局"赛马争先"创新平台，数量行业最多。大面积钙钛矿—晶硅叠层组件效率突破 24%。建成国际首个 135 兆瓦燃煤机组 COAP 技术验证工程。世界首个 150 万吨/年燃煤电厂 CCUS 全流程示范工程开工建设。国内首个 11 兆瓦国产化海上风机完成吊装，全球最大 18 兆瓦直驱海上风机下线。成功研制出首套安全可信 DCS 系统、国内首套全国产 TSI 系统、国内首个流域级大坝智能在线监控平台。国际首套 1300 标准立方米/小时碱性电解水制氢系统满负荷产氢。国内首套 66 万千瓦煤机蒸汽熔盐储热调峰示范项目成功投运。国内首次实现 650℃等级阀门高温合金的产业化制备。研发出全国产高性能磷酸酯抗燃油。5 项成果纳入中央企业科技创新成果推荐目录、3 项入选国家能源局第三批能源领域首台（套）重大技术装备。科技成果转化收入比上年增长 25%。授权专利 8815 件，其中发明专利授权 1982 件，比上年增长 65.17%；PCT 专利申请 299 件，比上年增长 10.33%；海外授权专利 715 件，比上年增长 158.12%；获得中国专利奖金奖 1 项，实现集团"零的突破"。发布国际标准 6 项、国家标准 16 项，获得省部级以上科技奖 68 项，处于行业领先地位。

【党建工作】 2023 年，中国华能坚持强根固魂抓党建，扎实开展主题教育，在"四个以学"上取得实实在在成效，两批主题教育分别获得中央第 52 指导组、中央第 23 巡回指导组评价等次"好"。高站位配合中央巡视、抓好巡视整改，集团党组坚持"三个摆进去"，全面落实整改责任，坚持系统思维抓整改，突出重点抓整改，强化监督促落实，推动巡视整改取得扎实成效。推动党建工作与中心工作深度融合，扎实开展

"党建引领提质年"专项行动，深化总部党支部和基层企业党组织结对共建，创建党员示范"区岗队组"1.1万余个，评选表彰优秀党员示范"区岗队组"80个，通报党建引领优秀案例71个，打造一批"党建引领+"的特色品牌。全面从严治党不断深化，突出对"一把手"和领导班子监督，成立党组审计委员会，将审计监督融入大监督体系，巡审结合、巡检联合开展内部巡视，持续纠"四风"树新风，深入开展"微腐败"和工程招投标领域专项整治，严查腐败案件，严肃违规经营投资责任追究，涵养新风正气。大力培养选拔优秀年轻干部，推进管理人员竞争性选拔，干部队伍年龄结构有效改善。"75后"党组管理干部占比较巡视前提高近15个百分点。成立院士专家工作站，国家工程硕博士培养改革专项试点工作得到中组部肯定，择优引进新能源、核电等高精尖缺人才300人，不断激发人才队伍活力。以党建工作带动群团工作不断取得新成效，成功承办全国网络安全职工职业技能竞赛。8个集体和25名个人分别获得全国和行业级技能竞赛团体和个人一等奖，均创新高。8个集体和个人获得全国五一劳动奖和全国工人先锋号。

【信息化与数字化建设】 2023年，中国华能按照集团公司"139"数字化转型总体框架，全力实施"数字华能""智慧华能"战略，加快推进数字化转型工作。加强数字化基础设施建设，构建自主可控计算和存储资源池华能企业云。开展数据治理工作，建设企业级数据湖。统一智慧能源管理平台投入试运行，统一安全生产管理平台实现火电企业全覆盖。智慧基建、碳排放数据监管平台加快推广。智慧火电2.0版在华能石洞口一厂成功投运。新能源智慧运维平台累计接入新能源7200万千瓦，为实现新能源专业化集约化管理提供华能数字化解决方案。研发出国内首套全国产化海上风电水下智能巡检机器人、世界首套取消驾驶室的无人电动卡车及配套系统。在砚北建成国家级智能化示范煤矿。司库系统全面上线。在行业率先完成集团级OA系统国产化替代。财务公司建成多层级票据池。着力推进面向网络售电的营销业务管理系统和覆盖集团级、省级的现货辅助决策系统，营销工作市场化水平显著提高。长城证券科创金融智慧生态平台"长城长缨"上线运行，助力构建产业金融新生态。

【履行社会责任】 2023年，中国华能积极履行企业社会责任，支持地方经济社会发展，累计对外捐赠2.2亿元。一是大力支持社会公益事业，发扬"一方有难、八方支援"精神，驰援甘肃抗旱援建应急机井投入2000万元，向临夏州积石山地区和青海地震灾区提供捐款2300万元、煤炭470吨、活动板房300间，向华北遭受水灾地区捐款710万元支持灾后重建。二是坚持开展帮扶援助，在定点帮扶和对口支援的陕西省横山区、新疆克州阿合奇县和青海省尖扎县投入无偿帮扶资金5831万元，引进无偿和有偿帮扶资金1310万元，实施栋梁工程、同舟工程，确保不发生一起因学因病因灾造成的致贫、返贫，实施祝福工程、赋能工程，打造"陕北横山""阿合奇天山沙棘""灵秀尖扎·百美村庄"等特色产业品牌，投资建设水电、光伏、风电等清洁能源项目。南疆沙棘产业帮扶案例入选《中央企业助力乡村振兴优秀案例》和第二批《中央单位助力巩固拓展脱贫攻坚成果和乡村振兴典型案例》。三是助力乡村振兴促进区域发展，累计投入8990万元，在澜沧江流域周边地区持续实施"百千万工程"，在西藏、青海、四川、云南藏族地区改善群众生产生活条件，在江西、陕西、甘肃、内蒙古等革命老区和民族地区实施帮扶项目，助力当地加快推进乡村产业、人才、文化、生态、组织全面振兴。四是规范社会责任(ESG)信息披露，在连续发布16本可持续发展报告的基础上，发布公司首本ESG报告，从对公司的重要性、对利益相关方的重要性两个维度确定年度社会责任核心议题。中国华能连续6年获评中央单位定点帮扶工作考核最优等级评价，连续多届获得民政部颁发的中国公益慈善领域最高政府奖项"中华慈善奖"，连续12年获得中国企业社会责任报告评级专家委员会"五星级"评价。

（撰稿人：王明坤）

中国大唐集团有限公司

【基本概况】 中国大唐集团有限公司(以下简称中国大唐)成立于2002年12月29日，是中央直接管理的国有特大型能源企业，注册资本金370亿元。主要业务覆盖电力、煤炭、煤化工、金融、环保、商贸物流和新兴产业等领域。截至2023年底，资产总额8686.43亿元，资产分布在全国31个省(自治区、直辖市)和香港特别行政区，以及缅甸、柬埔寨、老挝、印度尼西亚等10个国家和地区。所属企业包括5家上市公司、42家区域公司和专业公司，拥有三级单位354家，职工8.8万人。自2010年起，连续14年入围《财富》"世界500强"。

中国大唐是保障首都能源电力安全的"排头兵"，承担首都50%以上的电力供应重任，2023年向北京供电量约占首都全社会用电量的54%；是"三北"地区保障民生供热的"主力军"，担负着北方10个省份超过9亿平方米居民供暖重任；是我国电力工业发展红色基因的"承载者"，拥有一批在革命战争年代、新中国建设、改革开放时期投产的骨干发电企业；是我国能源电力科技进步、改革创新的"推动者"，拥有一批世界级、标志性、示范性的重大项目。截至2023年底，中国大唐发电装机容量1.8亿千瓦，其中清洁能源发电装机占46.24%。

【主要指标】 2023年，中国大唐主要经济效益指标均明显优于2022年同期，实现营业收入2567.38亿元，比上年增长1.49%；利润总额150.88亿元，比上年增长73.53%；净利润90.25亿元，比上年增长98.26%；归属于母公司所有者的净利润23.56亿元；期末资产负债率70.53%；净资产收益率3.68%；研发投入强度3.01%；发电设备等效可用系数92.7%；全员劳动生产率108.32万元/(人·年)，全部完成中央企业年度经营业绩各项考核指标要求。

表1　2023年中国大唐集团有限公司主要经济指标

项　目	2022年	2023年	比上年增长(%)
资产总额(亿元)	8494.49	8686.43	2.26
所有者权益(亿元)	2379.88	2560.31	7.58
营业收入(亿元)	2529.67	2567.38	1.49
利润总额(亿元)	86.95	150.88	73.53
净利润(亿元)	45.52	90.25	98.26
归属于母公司所有者的净利润(亿元)	−9.37	23.56	—
技术开发投入(亿元)	76.23	77.28	1.38
利税总额(亿元)	262.59	290.39	10.59
应交税金总额(亿元)	230.37	177.97	−22.75
全员劳动生产率[万元/(人·年)]	96.83	108.32	11.87
净资产收益率(%)	3.06	3.68	增加0.62个百分点
总资产报酬率(%)	3.36	3.53	增加0.17个百分点
国有资本保值增值率(%)	100	—	—

【改革发展】 2023年，中国大唐在国企改革三年行动高质量收官、2022年度重点任务获得考核A级的基础上，全面启动、深入推进新一轮改革深化提升行动。一是持续完善中国特色现代国有企业公司治理。加强董事会建设，积极打造战略型、规范型、监督型、效能型"四型"董事会。推进子企业常规类、风控类、合规类"三类"董事会建设，优化调整董事会及其专门委员会，提高决策效能。修订总部与二级企业权责界面清单，调整党组前置研究讨论事项和各治理主体决策事项清单，"一对一"指导139家二、三级子企业完成决策事项及党委前置研究讨论事项清单修订工作，进一步厘清边界、规范程序，推动党的领导融入公司治理制度化规范化。二是聚焦增强核心功能深化重点领域改革。调整优化总部职能机构，加快建设价值创造型"六强"总部。改革投资发展、工程建设、科技创新、数字智慧等体制机制，构建适应战略性新兴产业高质量高效益发展、未来产业高效率高标准培育的治理体系。加大新能源投资授权放权力度，二级企业立项、开工决策容量占比90%，投资决策容量占

比75%，审批效率提升近30%，项目评审周期由35天压减至18天，招标采购周期缩减至34.5天，达到行业先进水平。三是完善市场化选人用人工作机制。推动领导干部竞聘上岗、末位调整、不胜任退出等制度落地落实，加大年轻干部培养使用力度，打造高素质干部队伍。管理人员末等调整和不胜任退出比例6.9%，管理人员竞争上岗比例67%。

【重大项目】 2023年，中国大唐电源项目核准3079万千瓦、开工2012万千瓦、投产1415万千瓦。其中，新能源项目开工1361万千瓦、投产1141万千瓦，分别为历史最高年份的1.31倍、1.39倍。获得藏东南首个国家级清洁能源基地和"陕电入皖"基地开发权、广东国管海域300万千瓦海上风电预选指标，获批广西河池462万千瓦新能源基地，取得广东粤东300万千瓦海上风电预中选指标，湖南娄底、新疆石城子等多个百万千瓦新能源基地项目实现初步落地，投产云南锦屏西全国规模最大的高原山地百万千瓦绿色能源基地、内蒙古翁旗风场全国陆上单机容量最大的风电机组等一批标志性工程。西藏扎拉水电项目、山东郓城630℃国家电力示范项目、湖南株洲百万机组项目、宁夏中宁压缩空气储能项目、广东惠州燃机项目实现高质量开工，集团公司首个"绿电制氢"项目——唐山"光氢储＋氢能综合应用"一体化示范项目开工建设。

【走向海外】 2023年，中国大唐整合资源开拓海外市场，持续深耕东南亚，扩大对中亚、中东、中东欧能源市场的开拓，在共建"一带一路"国家开展境外投资、技术服务、国际贸易等业务，覆盖缅甸、柬埔寨、老挝、印度尼西亚等多个国家和地区，海外市场开拓蹄疾步稳。截至2023年底，境外资产总额254亿元，营业收入204亿元，利润总额4.41亿元。在役项目"一网两水四火"7个，"一网"即2012年建成、带电运营的柬埔寨主干网300公里电网项目，"两水"即2010年底建成投产的24万千瓦缅甸太平江水电站、2013年建成投产的12万千瓦柬埔寨斯登沃代水电站，"四火"即2020年收购成功的印度尼西亚金光所属的苏姆赛、肯达里、卡尔登等3个共计69万千瓦火电项目和2023年投产的印度尼西亚米拉务45万千瓦火电项目，总装机容量150万千瓦，并全部实现盈利。

国际贸易方面，进出口额180亿元，稳外资稳外贸工作取得良好成效。具有自主知识产权的中国大唐所属环境公司的脱硝催化剂等环保产品远销海外，"中国大唐制造"赢得国际市场广泛赞誉。

海外运营方面，持续在东南亚、南亚多个国家开展运维服务，承担非洲圣多美和普林西比民主共和国4期电力援助任务，出色完成国家赋予的庄严使命。

交流合作方面，中国大唐主要领导与柬埔寨王国首相、老挝国家人民革命党总书记等国家元首和国际组织高层会谈，持续深化新能源领域合作。与法国电力、通用电气、日立能源、蒂森克虏伯、西门子等企业开展务实合作，携手应对能源转型挑战。

【重大创新】 2023年，中国大唐持续做强做实科技创新体系，召开科技咨询委员会首次会议，成立工程硕博士培养中心，设立数字科技公司，与东方电气合资组建科技创新公司，与清华大学联合建立绿色与智慧能源技术联合研究院，推进产业链创新链资金链融合发展，科技创新体系不断健全完善，重大科研攻关项目取得历史性进展。

西藏扎拉世界首台(套)500兆瓦级高水头大容量冲击式水电机组主体工程开工，并实现工程截流，与东方电气、哈尔滨电气集团等方面合作的转轮中心体重大锻件全面通过验收。山东郓城世界首台630℃超超临界煤电机组全面开工，与中国宝武集团联合研发的G115钢等新材料实现工程应用。宁夏中宁世界首套100兆瓦级地下硐室压缩空气储能工程建设加快推进，攻克软岩地质条件下大规模地下储气库的技术难题。开工建设全国首个煤化工耦合绿电绿氢项目。积极布局未来产业，承担中央企业未来空间产业、信息产业、网络产业3项重点技术攻关及典型应用场景任务。

2023年，中国大唐新增授权专利866件，新增授权发明专利201件，发布国际标准1项，91项创新成果获得国家级、省部级表彰，3项科技创新成果入选国务院国资委《中央企业科技创新成果推荐目录(2022年版)》，新能源创新工作室联盟9个项目获得专利授权20余件。1部电力行业绿色低碳转型专著正式出版。

【党建工作】 2023年，中国大唐全面贯彻落实习近平总书记关于党的建设的重要思想和党的二十大精神，以全面加强党的领导和党的建设为重点，按照"一个统领、四个提升、五项机制"总体要求，全面推进党的建设和组织工作高质量发展。健全"两个维护"制度机制，学习贯彻习近平总书记重要指示批示精神"第一议题"抓学习、"第一责任"抓落实、"第一任务"抓督查、"第一指标"抓考核"四个第一"工作机制日臻完善，确保习近平总书记重要讲话、重要指示批示精神和党中央决策部署第一时间贯彻落实到位。接续开展两批学习贯彻习近平新时代中国特色社会主义思想主题教育，好评率分别达到100%和99.4%。高质量完成中央巡视支持配合工作，坚决抓好立行立改，深入推进中央巡视整改和专项治理，得到中央巡视组充分肯定。贯彻落实全国组织工作会议精神，召开组织工作会议暨基层党建工作会议，推进组织工作高质量发展。召开宣传思想文化工作会议，发布新时代"卓越"文化体系，以文化铸魂凝聚十万大唐人干事创业的力量。修订《落实全面从严治党主体责任实施办法》和"两个责任"清单，高质量完成党的二十大之后两轮党组内部巡视。深入推进幸福大唐建设，实施"六最"民生项目1500多个，建成职工服务中心或服务站1100多个，得到中华全国总工会充分肯定。推进大监督体系和廉洁文化建设，开展纪检监察干部队伍教育整顿，以"严"的基调一体推进"三不腐"。2023年，处理处置问题线索703件，立案88件，党纪政务处分86人。

【信息化与数字化建设】 2023年，中国大唐系统整合数字化、信息化资源，设立数字科技公司，协同推进数字产业化、产业数字化。数字大唐建设取得阶段性成果，在国资监管数智化提升专项行动阶段性验收评估中处于优秀行列。出台数字大唐建设方案，编制实施管理中枢、生产管理、经营管理与大唐云、数据湖、大唐盾"3+3"总体建设方案。重庆分公司获得全国首个电力生产行业工业互联网标识解析二级节点运营许可证；浙江分公司建设国内发电企业首个数据中台。宁夏分公司同心风场100台华创风机主控系统升级改造全面完成且运行良好，实现关键软硬件技术100%国产化。

【履行社会责任】 2023年，中国大唐切实履行社会责任，在能源保供、乡村振兴、防灾救灾、公益捐赠等方面发挥积极作用。

扎实完成能源保供任务。积极应对电煤供应紧张、水电来水严重偏枯、多轮极端天气冲击和自然灾害等严峻挑战，圆满完成去冬今春、迎峰度夏以及中国—中亚峰会、成都大运会、杭州亚运会、北京"一带一路"高峰论坛等重要时段及重大任务的保供任务。全年完成发电量5967亿千瓦·时、供热量31998万吉焦、煤炭产量2295万吨、天然气产量14.65亿立方米，分别比上年增长1.4%、3.57%、32.12%、13.21%。

全面做好乡村振兴工作。坚持扶持、扶志、扶智"三扶"并重，真心、真情、真金白银"三真"融合，统筹推进教育、产业、民生、就业、党建"五位一体"帮扶，做深做实"三扶三真，五位一体"大唐特色帮扶体系，全面助力乡村振兴。全年投入无偿帮扶资金9146万元，在定点帮扶的广西大化县、陕西澄城县投入无偿帮扶资金4120万元，有偿帮扶资金9.34亿元，帮助引进帮扶资金和招商引资6443万元，购买和帮助购买脱贫地区农产品5392万元，帮扶和消费帮扶资金创历史最高。选优派强挂职干部，派驻164名干部开展定点帮扶工作，28名派驻干部和15个派驻集体受到地方政府表彰。

积极投身公益慈善事业。坚持发展成果与社会共享，以实际行动回应社会期望。甘肃积石山地震发生后，向地震灾区捐赠2000万元及其他救援物资，用于支持灾区抗震救灾和灾后重建。大力开展志愿服务，围绕爱心助学、敬老助残、公益环保、重大赛事等，组织服务活动1200余场次，参与青年超过2万人。

（撰稿人：贾泽鹏）

中国华电集团有限公司

【基本概况】 中国华电集团有限公司（以下简称中国华电）是2002年底国家电力体制改革时组建的国有独资发电企业，是中央直管的国有重要骨干企业。主营业务为电力生产、热力生产和供应以及与电力相关的煤炭等一次能源开发及相关专业技术服务。有电力、热力、煤炭、科工、产融等产业板块。资产及业务分布在全国32个省(自治区、直辖市)以及俄罗斯、印度尼西亚、柬埔寨、越南等共建“一带一路”国家。中国华电下属直属单位50家,基层企业396家(管理口径),控股上市公司6家,职工9.3万人。截至2023年底,资产总额1.1万亿元,电力、热力板块发电装机规模2.14亿千瓦,其中清洁能源装机容量占比51.4%,年发电量6827亿千瓦·时;年供热量4.55亿吉焦,是国内最大的天然气发电运营商,是除三峡集团外在建在运规模最大的水电企业。煤炭板块保供产能6060万吨/年,拥有我国电力企业自主开发建设的第一座千万吨级特大型矿井等4个千万吨级煤矿,配套建设船舶运力34.7万载重吨、港口吞吐能力9250万吨。科工板块拥有国家级火力发电能效检测、分布式能源技术、燃气轮机监测诊断及运维服务技术、以火电与新能源为主的电力网络安全等多个科技创新平台,在国内率先研发成功覆盖煤电、燃机、水电、风电等电力全谱系“华电睿”系列国产自主可控工控产品,自主研制出高电流密度、大功率碱性制氢电解槽及兆瓦级PEM电解水制氢装置,有力促进能源电力固链补链强链。产融板块拥有8家机构,取得财务、信托、证券、保险经纪、保理、融资租赁等6种金融(或类金融)牌照。中国华电连续11年获评国务院国资委年度经营业绩考核A级企业,连续12年上榜《财富》“世界500强”,连续5年登上中国500最具价值品牌排行榜,连续9年获得联合国全球契约最佳实践奖,连续2年排名“中国能源企业低碳发展贡献力50强榜单”第一。

【主要指标】 2023年,中国华电坚持以习近平新时代中国特色社会主义思想为指导,深入学习贯彻党的二十大精神,坚决贯彻党中央、国务院决策部署,扎实开展主题教育,把高质量发展作为首要任务,聚焦能源安全保障和绿色低碳发展,创新奋进,奋勇争先,全面超额完成国务院国资委“一利五率”考核目标,经营、发展绩效创出历史新高,高质量发展取得新的重大进展,为国民经济发展作出积极贡献。全年实现营业收入3223.46亿元,比上年增长6.21%;利润总额332.82亿元,比上年增长60.01%;净利润256.87亿元,比上年增长83.48%;资产负债率69.3%,稳定在管控线以内;净资产收益率8.2%,比上年增加3.4个百分点;营业现金比率21.8%,比上年增加1.4个百分点;全员劳动生产率137.53万元/(人·年),比上年增加19.53万元/(人·年);研发经费投入强度3.07%,比上年增加0.07个百分点。完成发电量6827亿千瓦·时,比上年增长6.3%;供热量4.55亿吉焦,比上年增长3.3%;煤炭产量5379万吨,完成年度计划的103%;完成投资1337亿元,比上年增长17%;新增电力装机容量2433万千瓦,其中新能源1883万千瓦,增长127.7%。总装机规模2.14亿千瓦,清洁能源装机占比51.4%,比上年提高4.1个百分点,成为国内同类型企业中第二个占比超过50%的企业。

表1　2023年中国华电集团有限公司主要经济指标

项　目	2022年	2023年	比上年增长(%)
资产总额(亿元)	10272	10977.52	6.87
所有者权益(亿元)	3093	3370.36	8.97
营业收入(亿元)	3035	3223.46	6.21
利润总额(亿元)	208	332.82	60.01
净利润(亿元)	140	256.87	83.48
归属于母公司所有者的净利润(亿元)	69	135.18	95.91
技术开发投入(亿元)	91	98.60	8.35
利税总额(亿元)	475	570.10	20.02
应交税金总额(亿元)	334	306.51	−8.23
全员劳动生产率[万元/(人·年)]	118	137.53	16.55
净资产收益率(%)	4.8	8.2	增加3.4个百分点
总资产报酬率(%)	4.0	4.9	增加0.9个百分点
国有资本保值增值率(%)	104.5	106.5	增加2.0个百分点

【改革发展】 2023年，中国华电巩固深化改革三年行动成果，扎实推进新一轮国企改革深化提升行动。高质量制定改革实施方案和工作台账，构建组织领导、协同联动、跟踪督办、检查评估、宣贯推广“五项机制”，如期完成年度改革任务，公司治理模式经验做法纳入国务院国资委“董秘开讲”，多篇改革案例在国资央企推广，得到国务院国企改革重点任务专项督查组肯定。制定支持“科改企业”“双百企业”加大改革创新力度行动方案，“科改企业”“双百企业”扩围至7家。深化三项制度改革，健全以关键业绩指标和重点任务为核心的分类差异化考核机制，建立以登高、揭榜、即时奖励为主要内容的专项奖励机制。制定加快建设世界一流能源企业工作管理办法及争创一流、价值创造、管理提升标杆企业评价细则，价值创造行动方案在国务院国资委评价领先。所属南自维美德入选国家级专精特新“小巨人”企业、华电重工等入选国务院国资委“创建世界一流专业领军示范企业”。完善中国特色国有企业现代公司治理，动态优化“三重一大”事项决策权责清单，建立集团职代会制度。加强与同类可比国内外能源电力企业对标，分类构建并动态完善发电、非电以及境外发电企业对标体系。深入推进法治华电建设，法律风险防控和价值创造能力有效提升。

【重大项目】 2023年，中国华电坚持以可再生能源为发展主攻方向，大力推进西北沙戈荒、西南风光电、沿海海上风电、东中部集中式和分布式、东北“新能源+”等基地化、集群化开发建设。全年电力项目核准(备案)6807万千瓦、开工3311万千瓦、新增2433万千瓦，新增容量是2022年的2倍；其中新能源核准(备案)5467万千瓦、开工2500万千瓦、新增1883万千瓦，新增容量是2022年的2.3倍。全力推进风光电大基地开发，新疆、内蒙古基地新能源项目和甘肃基地配套煤电项目完成核准(备案)，新疆基地配套煤电开工建设，550万千瓦新能源项目纳入国家第三批大基地项目清单。国家第一批、第二批410万千瓦新疆沙戈荒风光火储新能源基地全部并网发电，世界单体最大的天津海晶100万千瓦“盐光互补”项目全容量并网发电，世界海拔最高的西藏才朋50兆瓦光伏发电项目并网发电。加大海上风电发展力度，福建区域取得长乐55万千瓦和国家海上风电检测中心30万千瓦开发权，广东区域取得阳江50万千瓦和粤东60万千瓦开发权，辽宁区域取得丹东200万千瓦开发权。科学有序推进水电开发，金上直流送出工程开工建设，昌波水电站取得核准。加快培育重大新兴产业，青海德令哈PEM电解水制氢、辽宁铁岭风电离网制氢、内蒙古包头达茂旗风光储制氢、山东莱城共享储能等一批项目建成投运。精品工程建设取得明显成效，西藏DG水电站获得国家优质工程金奖，广东增城燃机、云南梨园水电、越南沿海二期煤电项目获得国家优质工程奖。

【走向海外】 2023年，中国华电高质量服务共建“一带一路”，加强国际合作交流，全年国际业务实现收入240.2亿元，比上年增长21%。2023年，国际业务新增装机容量221万千瓦，创历年投产最高纪录。截至2023年底，中国华电境外资产817亿元，境外控股投资电站11个，装机规模503万千瓦，成为国内各大发电集团中在东盟最大的发电运营商、柬埔寨当地最大发电运营商、各大发电集团中在越南最大发电运营商。累计为东道国提供上万个就业岗位，有力带动当地经济发展，改善当地人生活。积极参加第三届“一带一路”国际合作高峰论坛、第六届中国国际进口博览会、第十一届中德经济技术合作论坛等多双边重大活动。成功主办第二十八届联合国气候变化大会(COP28)“中国角”边会活动。

【重大创新】 2023年，中国华电构建“宝塔型”科技创新体系，狠抓关键核心技术攻关，科技创新取得新进展。牵头承担国家重大攻关任务，国务院国资委“1025专项”二期、工业和信息化部“揭榜挂帅”等8个项目完成年度目标任务。国内首台全国产化F级50兆瓦重型燃机在广东清远投入运行，自主研制的E级燃机一级动叶在上海奉贤实现国内首次挂机，首台国产化自主可控三菱燃机控制系统在江苏戚墅堰成功投运。全年获得授权专利3200余件，授权发明专利数量比上年提高1倍，2件发明专利获得中国专利奖优秀奖。成功入选工业和信息化部、国务院国资委2023年度重点产品、工艺“一条龙”推进机构，7个项目、4个平台分别纳入国家能源局“十四五”科技创新规划项目库和首批“赛马”创新平台。强化创新平台支撑，推动与清华大学共建“水圈科学与水利工程”全国重点实验室华电分室，与东方电气公司联合成立“清洁高效透平动力装备”全国重点实验室华电分室，与中国电子、中国电科、中国移动等组建创新联合体。整合燃机修造、运维服务力量，组建燃机技术公司。深化央企联合攻关，17 项攻关任务如期完成年度目标，自主可控 DCS 系统实现整体性能迭代升级。低能耗兆瓦级质子交换膜电解水制氢装置获评 2023 年度能源行业十大科技创新成果。采用碳化硅功率模块的构网型储能变流器及控制技术，总体达到国际领先水平。基于物联网技术的风电机组智能控制系统和叶片缺陷 AI 识别定位系统，在甘肃黑崖子风电场上线运行。

【党建工作】 2023 年，中国华电坚持和加强党的全面领导，深入开展主题教育，深入实施“四力四推”党建工程，党的建设与生产经营进一步深度融合。牢牢把握主题教育“学思想、强党性、重实践、建新功”总要求，扎实推进主题教育走深走实、见行见效，高质量完成第一批主题教育，有力有序推进第二批主题教育。创新与中央指导组同题共答，总结提炼出“重走、重现、重温”“三重”模式学习贯彻党的创新理论典型案例，得到中央主题教育办和国务院国资委党委高度关注和肯定。严格执行“第一议题”制度，健全完善全过程闭环管理机制，确保习近平总书记重要指示批示精神在华电第一时间学习研究贯彻落实。坚决扛起中央巡视整改政治责任和国家审计整改主体责任，研究建立中央巡视整改“一方案三清单”，推进“地毯式”整改；扎实开展违反中央八项规定精神问题等专项治理，完成国家审计整改阶段性任务。深入推进“四力四推”党建工程见成效，18 个总部党支部、49 家直属单位党组织与 179 家系统内外单位深化党建联建共建，创设党组织书记领衔项目 1600 余个。扎实推进一流总部作风建设。加强各级领导班子建设和高素质人才队伍建设，选强配优领导班子，畅通人才职业发展通道。坚持党性党风党纪一起抓，一体推进“三不腐”。积极培育“创新奋进、奋勇争先”企业文化，公司案例获得全国企业文化优秀成果特等奖，公司系统 93 家单位（集体）、127 人次获得国家级、省部级、中央企业级荣誉。扎实推进品牌建设，公司首次进入“世界品牌 500 强”名单。广泛开展职工业务技能大赛和创新创效活动，开发投用“职工心声 e 家通平台”。

【信息化与数字化建设】 2023 年，中国华电成立集团数字化中心，优化数字化三级管控模式。3 处首批智能化示范矿井通过国家能源局验收，新能源智慧生产管理平台在 3 个区域上线试运行，入厂煤智能验收系统覆盖率超过 50%，金上拉哇、叶巴滩工程建成国内先进的智能化建造平台，司库体系全面投运并取得国务院国资委中期验收优秀评级。加快推进数据标准化工作，正式上线运行数据平台，实现 ERP、燃料等业务数据集成共享，打通“数据”壁垒，持续提高数据服务能力。完成统一数据报送平台试点实施，实现与市场营销系统数据互通验证。深度挖掘 5G、区块链等数字技术与业务融合创新应用场景，5 项创新应用分别获得国务院国资委“国企数字场景创新专业赛”二等奖、三等奖。

【履行社会责任】 2023 年，中国华电深入学习贯彻习近平总书记关于能源保供、安全生产重要指示批示精神，牢牢把握能源保障和安全这一须臾不可忽视的“国之大者”，展现“顶梁柱”责任担当。积极应对低温雨雪、高温干旱、台风洪涝等自然灾害，全力保发电、保供热、保安全、保稳定，圆满完成能源安全保障任务。加强组织领导，制定保供方案，成立工作专班，多次召开专题会议部署安排，推动保供工作高效有序开展。统筹抓好煤炭安全保供、设备稳定运行、电力稳发满发，开展燃煤机组可靠性提升、新能源设备可靠性和能效管理专项提升工作，电煤中长期合同覆盖率、自产动力煤内销率均创历史新高，发电量、供热量增幅居同类型企业前列，其中火电发电量比上年增长 7.6%，有效满足工业和民生需求，为保障国家能源安全作出积极贡献。坚持“两个至上”，强化“安全生产末梢”责任落实，加强现场安全督导，开展事故隐患排查治理，举一反三整改提升，安全环保局面总体平稳，为公司发展提供有力保障。强化资金保障，累计发行能源保供特别债 500 亿元。加快推动新能源项目环评水保手续办理，深入开展防沙治沙和生态修复关键技术研究，816 公顷煤矿塌陷区完成土地复垦和生态修复，金中梨园、鲁地拉水电站获评“国家水土保持示范工程”。持续推进火电超低排放、水污染防治改造，有序实施“三改联动”，节能降碳、灵活性、供热改造规模分别完成499万千瓦、1085万千瓦、704万千瓦。抓好碳排放管理提升，中国华电成为全国碳市场第二个履约期首个100%履约央企，连续两年位列“中国能源企业低碳发展贡献力50强榜单”第一。第一时间向甘肃、青海捐赠4200余万元资金和物资，为抗震救灾及灾后重建贡献力量。助力乡村振兴，全年投入1.6亿元无偿帮扶资金，选派115名挂职和驻村帮扶干部，在27个省（自治区、直辖市）的115个县（市）做好定点帮扶、对口支援、助力乡村振兴等工作，连续5年获评中央单位定点帮扶工作考核最优等次。

（撰稿人：王振华　刘　超　陈雪芹）

国家电力投资集团有限公司

【基本概况】 2023年，国家电力投资集团有限公司（以下简称国家电投）坚持以习近平新时代中国特色社会主义思想为指导，深入贯彻落实党的二十大精神，坚决落实“四个革命、一个合作”能源安全新战略，以加快建设新型能源体系为牵引，积极培育能源新质生产力，助力高质量发展走深走实，努力谱写建设世界一流清洁能源企业、支撑和服务中国式现代化的崭新篇章。

【主要指标】 2023年，国家电投实现国有资本保值增值。“一利五率”指标“一增一稳四提升”，全年完成利润总额406.56亿元、净利润330.66亿元、归属于母公司所有者的净利润114.39亿元，营业收入、利润、归属于母公司所有者的净利润均创历史最好水平，资产负债率68.73%，研发投入强度4.08%，全员劳动生产率135.35万元/（人·年）；营销工作成效显著，综合电价比上年增长1.3%，完成发电量6814亿千瓦·时，关键指标居行业前列；产金融合稳步提升，综合资金成本下降12%，资产证券化率提升4个百分点。

表1　2023年国家电力投资集团有限公司主要经济指标

项　目	2022年	2023年	比上年增长（%）
资产总额（亿元）	15818.0	17534.77	10.85
所有者权益（亿元）	4760.1	5504.19	15.63
营业收入（亿元）	3633.9	3857.10	6.14
利润总额（亿元）	274.3	406.56	48.22
净利润（亿元）	193.4	330.66	70.97
归属于母公司所有者的净利润（亿元）	50.0	114.39	128.78
技术开发投入（亿元）	134.9	157.28	16.59
应交税金总额（亿元）	318.1	338.12	6.29
全员劳动生产率［万元/（人·年）］	115.41	135.35	17.28
净资产收益率（%）	4.45	6.45	增加2.00个百分点
总资产报酬率（%）	3.85	4.11	增加0.26个百分点
国有资本保值增值率（%）	103.20	114.90	增加11.70个百分点

【改革发展】 2023年，国家电投国企改革持续深化。国企改革三年行动顺利收官，深化提升行动实现良好开局，国务院国资委考核成绩名列第三，三项制度改革评估结果连续两年为一级；董事会建设持续加强，连续两年获评“优秀”；供应链管理高效合规；安全生产不断强化，核电安全基础巩固夯实，质量环保管理持续提升，获得4项国家安全科技进步奖一等奖和15项国家级/国际级质量奖项；“效率决定用工、效率调整薪酬”管理机制顺利实施，业务外包规范管理工作稳步推进；监督防控成效突出，内审整改纠偏金额17亿元；重点领域风险防控持续加强，化解风险项目金额52亿元。

【重大项目】 2023年，国家电投服务“国之大者”核心功能不断增强。坚决当好科技创新“国家队”，高质量推进核电、重燃两个重大专项型号技术集智攻关，“国和一号”示范工程建设稳步推进，300兆瓦级F

级重型燃气轮机首台样机总装下线，核心关键零部件实现国产化并交付总装，两个现代产业链链长作用有效发挥。坚决贯彻落实习近平总书记“一定要将光伏产业做好”的重要指示精神，在大庆建设光伏储能实证实验平台，验证不同应用场景下光储关键设备以及发电系统的关键技术和性能，为国家制定产业政策、技术标准提供科学依据。积极推动传统产业升级与新兴产业布局，核能、水电等多个平台，纯氢燃机等多项成果分别入选国家能源局“十四五”首批国家能源创新平台和首台(套)重大技术装备；深入推进智改数转，建设“领航者”智慧光伏示范项目，建设实时在线测试分析及故障分析系统，相关技术达到国际领先水平。

2023年，国家电投绿色发展保持领先。建设世界一流企业走深走实，战略规划引领作用有效发挥，紧紧围绕“创造绿色价值”的企业使命，把清洁能源产业优势融入美丽中国、乡村振兴和生态文明建设等国家战略，积极探索能源绿色转型。截至2023年底，国家电投控股装机规模2.37亿千瓦，清洁能源装机1.66亿千瓦、占比69.89%，光伏装机、新能源装机、清洁能源装机规模持续位居全球第一，持续巩固清洁低碳发展优势。清洁能源大基地进展顺利；坚持将绿色发展理念融入水电、火电、新能源、矿山等多个领域，探索形成“光伏+种植”沙戈荒治理模式，在内蒙古磴口建设光伏治沙项目、在青海共和塔拉滩建设水光互补新能源基地，在山东海阳、乳山实现“暖核一号”核能双城供暖新模式，让所在地居民感受到“绿色”价值和“别样”温暖。

【走向海外】 截至2023年底，国家电投境外业务分布在47个国家和地区，其中共建“一带一路”国家38个，投资业务分布在20个国家和地区。境外资产1314亿元，境外权益装机容量1034万千瓦，其中煤电313.6万千瓦、水电234.3万千瓦、风电194.1万千瓦、光伏199万千瓦、气电61.8万千瓦，清洁能源占比69.7%；共建“一带一路”国家权益装机容量548.4万千瓦。境外在建电力装机容量261.3万千瓦。执行中的电力工程总承包项目9个，电站咨询设计、运维培训及其他服务项目合计30余项。境外代表机构主要分布在印度尼西亚、德国、阿联酋等16个国家和地区。

【重大创新】 2023年，国家电投科技创新持续加强。持续强化科技创新主体作用，积极践行“提升核心竞争力和增强核心功能”使命担当，全面完成国务院国资委、国家能源局专项攻关年度任务，连续3年获国务院国资委考核加分；获得中国专利金奖1项、主编国际标准2项；牵头核能、氢能等6项国家重点研发计划；核能、水电等6个平台、纯氢燃机等6项核心成果分别入选国家能源局“十四五”首批国家能源创新平台和首台(套)重大技术装备。发挥中央企业资源统筹作用，聚焦核能等领域，积极推动产学研深度融合和协同创新，建设“国和一号”产业链联盟等行业联盟和共性技术创新平台，强化产业链上下游组织和资源配置能力，推动取得系列标志性协同创新成果。优化企业创新体系，打造创新链、产业链、资金链、人才链深度融合的创新体系，完善科技创新考核激励和成果转化机制，强化研发投入保障机制，为实现高水平创新提供坚实保障。打造高水平创新平台，累计建成40余个国家和行业创新平台，建设的首个国家级光储实证实验平台取得系列成果，为行业技术进步和国家制定产业政策、技术标准提供支撑，建设的核能、氢能、储能等领域6个创新平台入选“十四五”首批国家能源创新平台。创制高水平专利和引领性标准，截至2023年底，累计主持制定各类标准1321项，累计获得专利授权13227件，覆盖当前行业发展的重点领域。

【党建工作】 2023年，国家电投党建引领作用更加突出。全面贯彻落实习近平总书记关于党的建设的重要思想，党组“把管保”领导作用发挥更加凸显。坚持抓党建从业务工作出发，抓业务从党建工作入手，党建融入中心工作创造价值的成效更加凸显，党建工作连续4年考核获评A级。结合主题教育下大力气加强党的基层组织建设，完成“建新功”目标2397个，涌现出一批优秀典型，比如沁阳电厂党委坚持“三聚焦”“四贴近”“三发力”，突出解决一批重点难点问题，外高桥电厂党委通过“三个打造”推动企业本质安全。全面从严治党不断巩固深化，聚焦企业核心关切开展各类监督；一流队伍建设扎实推进，产业工人队伍和专家人才工作体系不断完善，“新八级工”制度有效落地，干部选拔与专家选聘机制持续优化，选聘集团公司专家68人，评定领军工程师140人，培养新兴产业骨干6800余人；工会团青工作有效推进，宣传和品牌建设不断加强，办理落实职工诉求91件，国家电投获评全国模范职工之家。

【履行社会责任】 2023年，国家电投以大爱之心，呵护人民群众对美好生活的向往。坚决打赢能源保供攻坚战，为第六届进博会贡献50%绿电，保障杭州亚运会、成都大运会等能源供应，保定、湖州、兰考等综合智慧零碳电厂项目并网投运，圆满完成迎峰度夏、迎峰度冬等重大保电任务。以绿色电力帮扶、特色产业帮扶、教育帮扶、消费帮扶等形式，扎实开展定点帮扶和援助，连续3年获评中央企业帮扶成效考核评价最高等级"好"。推动用户侧智慧能源稳步发展，推动四川康定等7个县成功申报国家农村能源革命试点县；在四川美姑县，援建彝家新寨，开展黑山羊、红花椒产业帮扶，蹚出彝族群众致富路。

2023年，国家电投积极履行海外社会责任，讲好中国故事。坚持责任担当，推动当地经济社会发展。2023年，孟加拉国科克斯巴扎尔风电项目处于施工高峰期，为孟加拉国当地提供就业岗位1500余个，全容量投产后每年创造税收3000万美元，提供绿色电力超过1.45亿千瓦·时，可减少煤炭消耗4.46万吨、二氧化碳排放量10.92万吨，满足10万家庭用电需求。项目公司招聘16名本地员工负责风场运维及后勤，培养孟加拉国第一批风电产业人才，其中推荐2名优秀孟籍员工成功申报华北电力大学属地化人员硕士学历教育项目。打造"小而美"精品项目，积极助力实现民心相通。针对缅甸基础设施落后、经济发展缓慢、偏远地区村民无电供应的情况，云南国际会同缅甸电力部在克钦邦其培县耶觉村建设离网式光伏项目，成功打造缅甸首个无电村光伏示范项目，终结克钦邦其培县耶觉村的无电历史，生动体现中缅一家亲的"胞波"情谊。中电国际聚焦太平洋岛国基里巴斯淡水资源稀缺问题，创新性开发"光伏发电＋空气集水"的工作模式，在首都塔拉瓦Tungaru中心医院架设屋顶光伏，同时以电带水，以集装箱取水房的方式提供直饮水，供院内医护人员及病患饮用，有效解决当地民众急难愁盼的刚性需求，获得基里巴斯各部委、中国驻基里巴斯大使馆、医院及附近社区等的高度认可。稳定运行电力设施，帮助灾区居民渡过难关。土耳其胡努特鲁电厂项目是中土两国建交以来中企在土耳其投资金额最大的直接投资项目，电厂年发电量超过100亿千瓦·时，约占土耳其年发电量的4%。2023年2月6日，土耳其遭遇7.8级大地震，周边电厂因地震影响机组无法正常运转，胡努特鲁电厂因按9级地震烈度进行设计，在地震中经受住考验，两台机组持续稳定运行，保证地震灾区居民的电力供应，为当地政府实施灾后重建提供坚实基础，土耳其能源与自然资源部副部长阿卜杜拉·汤嘉专程致电表示感谢。

（撰稿人：姜力祺）

中国长江三峡集团有限公司

【基本概况】 2023年，中国长江三峡集团有限公司(以下简称中国三峡集团)以习近平新时代中国特色社会主义思想为指导，深入学习贯彻党的二十大精神和习近平总书记对集团公司重要讲话指示批示精神，认真落实党中央、国务院决策部署，统筹推进主题教育、巡视配合和整改、改革发展、党的建设各项工作，积极应对长江来水偏枯、市场竞争激烈、国际形势复杂严峻等挑战，生产经营形势保持总体稳定，主要效益和效率指标继续位居央企前列。

【主要指标】 2023年，中国三峡集团累计可控投产装机规模1.46亿千瓦，清洁能源装机容量占比94.97%；在建装机规模2808万千瓦，国内在建装机规模2684万千瓦；完成发电量4136亿千瓦·时，比上年增长7.8%；实现营业收入1522.89亿元，比上年增加60.3亿元，增长4.1%；利润总额569.98亿元，比上年增加59.44亿元；净利润438.5亿元，比上年增加12.9亿元；净资产收益率7.3%、营业现金比率44.2%，继续保持稳定；研发投入强度3.06%，比上年上升0.01个百分点；全员劳动生产率357.34万元/(人·年)，比上年增加49.18万元/(人·年)；资产负债率55.8%，较年初增加2.3个百分点，继续保持国家主权级信用评级。

表1　2023年中国长江三峡集团有限公司主要经济指标

项　目	2022年	2023年	比上年增长(%)
资产总额(亿元)	12690.28	13934.29	9.8
所有者权益(亿元)	5905.70	6160.03	4.3
营业收入(亿元)	1462.59	1522.89	4.1
利润总额(亿元)	510.54	569.98	11.6
净利润(亿元)	425.56	438.49	3.0
归属于母公司所有者的净利润(亿元)	245.62	232.17	−5.5
技术开发投入(亿元)	44.62	46.65	4.5
利税总额(亿元)	677.86	697.17	2.8
应交税金总额(亿元)	219.40	297.25	35.5
全员劳动生产率[万元/(人·年)]	308.16	357.34	16.0
净资产收益率(%)	7.40	7.27	减少0.13个百分点
总资产报酬率(%)	5.59	5.64	增加0.05个百分点
国有资本保值增值率(%)	107.05	107.03	减少0.02个百分点

【改革发展】　2023年，中国三峡集团改革三年行动考核再次获评A级。锚定“三个明显成效”目标，强化改革的组织领导、协调推进、跟踪督办等各项工作，全面压实改革责任，汇聚推进改革的强大动力，加大问题协调力度，集团公司改革三年行动高质量圆满收官，在改革三年行动2022年度重点任务考核中再次获评A级，排名位列央企前列；多篇改革典型经验入选国务院国资委案例汇编；在“双百行动”“科改行动”专项考核中，集团公司4户企业全部获评“标杆”，在2022年“三标杆一优秀”的基础上取得新突破，改革示范作用充分发挥。

改革深化提升行动高质量开局。认真贯彻落实党中央关于国企改革深化提升行动决策部署，高站位精心谋划，围绕提升核心竞争力和增强核心功能，聚焦发挥科技创新、产业控制、安全支撑作用谋划功能使命性改革，聚焦激发活力效率深化体制机制性改革，制定印发包含10个方面、102项任务、218条具体改革举措的《改革深化提升行动实施方案》和工作台账，绘就未来三年集团公司深化改革蓝图。深入推进基层改革创新，充实扩围“科改企业”“双百企业”，集团公司子企业入选国务院国资委“科改企业”“双百企业”合计7户，“一企一策”指导制定综合改革方案和工作台账，为改革深化提升行动奠定重要基础。

高质量完成世界一流企业建设顶层设计。印发《对标世界一流企业价值创造行动实施方案》《创建世界一流示范企业实施方案》《加快建设世界一流企业对标工作方案》，形成以《创建世界一流示范企业实施方案》管总，价值创造、示范创建、管理提升、品牌引领等4个专项行动梯次推进，一套对标一流体系贯穿的世界一流企业建设顶层框架。建立健全世界一流企业建设组织领导机制、跟踪督办机制，制定世界一流企业建设综合推进任务清单，推动世界一流企业建设任务落地见效。《创建世界一流示范企业实施方案》获国务院国资委A+级最高评价，长江电力和三峡能源入选国务院国资委世界一流专业领军示范企业。

高标准推进对标一流价值创造行动。建立健全企业综合对标、企业管理对标、重点业务对标、项目内部对标“点线面”相结合的全面对标一流体系，推动对标一流从企业综合实力、重点业务板块向企业管理领域、内部项目标杆延伸。在集团公司及10家子企业、14项企业管理领域、四大业务板块、400余个运营场站层面，深入开展企业综合对标、企业管理对标、重点业务对标、内部项目对标，形成21个专项对标报告，系统深入评估集团公司的竞争优势和短板不足，进一步找准对标一流价值创造的方向。建立对标一流提升长效机制，通过绩效考核、标准建设多措并举加强对标成果应用，有力推动对标提升落实见效。集团公司作为先进典型在“国企改革讲堂”交流对标一流价值创造经验，对标一流工作受到国务院国资委通报表扬。

业绩考核体系进一步优化。一是绩效考核制度体系更加优化。贯彻落实《中央企业负责人经营业绩考核办法》有关要求，结合集团公司组织机构调整变化及业务发展变化实际，及时修订完善《二级单位年度绩效考核办法》。围绕提高核心竞争力和增强核心功能，聚焦发挥科技创新、产业控制、安全支撑作用，“一业一策”分类考核、“一企一策”精准考核进一步深化落实。二是绩效考核作用发挥更加充分。绩效考核“跟踪督效＋考核评价”机制持续深化，高质量完成17个总部机构、55家二级单位考核目标确定、月度绩效分析及年度绩效考核工作，推动集团公司生产经营、改革发展各项重点工作落实落地，绩效考核“指挥棒”作用充分发挥。

【重大项目】 “十四五”以来，中国三峡集团深入贯彻落实习近平总书记历次重要指示批示精神，坚持稳字当头、稳中求进，有效应对长江来水特枯、能源保供形势严峻、新冠疫情多点散发等困难挑战，充分发挥“六大作用”，奋力实施“两翼”齐飞，推动规模实力快速增长、发展质量持续提升、核心能力不断增强，“十四五”规划执行取得积极进展。效益效率方面，2023年实现营业收入1523亿元、利润总额570亿元，资产负债率控制在56%左右稳健水平；规模体量方面，截至2023年底累计装机规模1.46亿千瓦，资产总额1.39万亿元。分业务板块来看，规划实施前三年，一是水电业务新增装机2156万千瓦，完成规划自建装机目标，全面建成世界最大清洁能源走廊，长江中上游流域联合调度格局基本形成，水电产业链升级成果丰硕，抽蓄业务有序推进。二是国内新能源业务并网装机规模超过5200万千瓦，陆上新能源开发成效显著，承担的国家首批大基地项目按期并网，库布其沙戈荒大基地项目先导工程一期成功并网，第三批大基地项目开发加快推进，海上风电装机规模位居国内第一，福建、广东、江苏等区域百万千瓦级海上风电基地初具规模，建成全球首个大功率海上风电样机试验项目、国内首个远距离柔性直流输电海上风电项目等一系列示范工程。三是共抓大保护业务向纵深精准推进，形成污水处理能力规模442万吨/日，运营管网长度2.1万千米，业务布局全面覆盖沿江11个省份，“城市智慧水管家”模式在试点城市落地见效、逐步推广，管网攻坚战实施方案和宜昌污水处理价格机制改革获得国家发展改革委认可，首个管网攻坚战项目在宜昌开工建设。四是国际业务发展稳健有力，有效应对新冠疫情、地缘冲突、利率汇率大幅波动等多重超预期因素影响，境外累计可控装机容量超过1100万千瓦，通过并购新进入西班牙、墨西哥、约旦、埃及等国别市场，巴基斯坦卡洛特水电站完成竣工验收，巴西帕尔梅拉风电和阿里努斯光伏项目开工建设，哥伦比亚首个绿地光伏项目主体工程开工。

【走向海外】 2023年，中国三峡集团积极探索国际化经营之路，取得一系列重要成果，为推动高质量共建“一带一路”贡献三峡力量。一是经营指标持续增长。国际业务新增发电并网装机容量20.6万千瓦，呈现投资业务占比不断提升、业务结构不断优化的良好态势。截至2023年底，境外可控装机容量超过1100万千瓦，装机规模、资产总额以及利润、净利润等指标在同行业中保持领先。二是项目开发取得新进展。中巴经济走廊首个水电站项目卡洛特水电站提前实现商业运营、完成竣工验收，秘鲁圣加旺Ⅲ水电站引水隧洞全线贯通，巴西Palmeira风电和Arinos光伏项目开工建设，埃及约旦Catalyst光伏项目、IFC股权回购完成交割。

中国三峡集团聚焦经济发达、投资环境良好的重点优势国家和地区开展国际业务投资，坚持投资并购与绿地开发“双轮驱动”，重点投向水电、风电、光伏等清洁能源领域，主要包括巴西Palmeira新能源项目、秘鲁圣加旺水电站项目、埃及约旦Catalyst光伏项目、秘鲁Arrow光伏项目、巴西Arinos光伏项目等。

中国三峡集团所属三峡国际能源投资集团有限公司拥有海外子企业和分支机构近40家，市场覆盖欧洲、美洲、亚洲和非洲。截至2023年底，可控投产装机容量1178万千瓦，2023年发电量429亿千瓦·时，获得惠誉、标普、穆迪评级结果分别为A+、A和A1，得到国际评级机构和国际资本市场的高度认可。

在会议论坛活动方面，中国三峡集团协办第18届世界水资源大会、2023亚太电协大会，先后参加2023年国际能源变革论坛、第11届中德经济技术合作论坛、第六届亚太能源监管论坛、第四届国际大坝安全研讨会、2023世界水电大会、2023全球能源互联网大会等交流活动。在行业组织协会方面，中国三峡集团是国际水电协会、国际水利与环境工程学会、全球能源互联网发展合作组织、电气与电子工程师协会标准协会、亚太电力协会、国际大坝委员会、国际能源署水电技术合作组、联合国全球契约组织、国际植物园保护联盟、生物多样性金融伙伴倡议等国际组织机构的成员单位。在经贸合作平台方面，中国三峡集团是商务部中德经济顾问委员会中方理事单位、中国国际商会副会长单位、中国国际投资促进会副会长单位、中欧企业联盟副会长单位。

【重大创新】 2023年，中国三峡集团深入实施创新驱动发展战略，加快培育和发展新质生产力，持续优化顶层设计、全力保障研发投入、狠抓科技平台建设、勇于创新示范应用，奋力打造国家战略科技力量，紧扣科技创新、产业控制、安全支撑三大作用，推动创新链产业链资金链人才链深度融合，科技创新工作不断取得新突破，科技创新实力得到系统性提升，企业核心竞争力显著增强。

科技创新平台提质增量。与怀柔国家实验室共建可再生能源研究院，并获批水风光多能互补等4个国家实验室重大专项。海岸和近海工程国家重点实验室完成共建重组协议签订。长江经济带生态环境国家工程研究中心完成筹建期中期评价。深远海海上风能开发利用工程技术研发中心、钙钛矿光伏技术重点实验室成功入选国家能源局"十四五"首批"赛马争先"创新平台名单。高坝大库运行安全湖北省重点实验室、三峡库区珍稀资源植物湖北省重点实验室、天津市太阳能高效利用重点实验室获批成立。

重大科技攻关成效显著。16兆瓦超大容量海上风电机组单日发电量38.72万千瓦·时刷新世界纪录，全球单机容量最大3.6兆瓦超高海拔风电机组并网发电。国内首艘500千瓦级氢燃料电池动力船"三峡氢舟1"号完成首航，国内首个内河码头型制加氢一体站"中国三峡绿电绿氢示范站"顺利投产，国内首个万吨级新能源制氢项目成功产氢。水电站工控系统成套装备实现国产化替代，80万千瓦水电机组控制系统实现"芯片级"自主可控。管网探测、污泥、水污染治理等领域的多项技术成果在长江大保护项目得到示范应用。

国家(省部)级科技攻关项目申报再获佳绩，科技攻关国家队能力进一步彰显。新增获批牵头国家级项目4项，其中"氢电耦合交直流混合智能微网示范工程"实现中国三峡集团氢能领域国家级攻关项目"零的突破"，获批首个中国三峡集团牵头承担的国家自然科学基金重点项目"长江流域大型水库碳汇的界面机制及调控：通量、过程与途径"，获批"十四五"国家重点研发计划项目"大型海上风电机组测试与性能提升""资源循环—能源自给型污水处理厂构建与沿江群链式应用"。

科技创新成果捷报频传。2023年，获得国家、省部及行业学会科学技术奖励55项，其中，中国三峡集团作为第一完成单位的"海上风电安全高效开发成套技术和装备及产业化"获得2023年度国家科学技术进步奖一等奖，"巨型水电工程建设智能管控关键技术"获得湖北省科学技术进步奖一等奖，"生态友好的水利水电工程调控关键技术与应用"获得湖北省技术发明奖一等奖。"16MW海上风力发电机组整机和主轴承重大部件"等6项成果入选国家能源局第三批能源领域首台(套)重大技术装备(项目)，占项目总数(58项)的11%，居能源央企首位。建立中国三峡集团首台(套)重大技术装备培育机制并完成首批31项成果入库。发布首版《中国三峡集团科技成果推广目录》，推荐深远海海上风电施工装备等3项成果申报国务院国资委中央企业科技创新成果推广目录(2023年)。

【党建工作】 2023年，中国三峡集团党组坚持以习近平新时代中国特色社会主义思想凝心铸魂，深刻领悟"两个确立"的决定性意义，坚决做到"两个维护"，统筹抓好主题教育、中央巡视整改、改革发展、党的建设等各项工作，高质量发展步伐更加坚实有力，党建工作全面提质增效。按照党中央部署，中国三峡集团党组牢牢把握主题教育总要求，在深化内化转化中筑牢政治忠诚，被中央指导组评价为"有深度、有载体、有真招、有成效"。深入学习贯彻习近平总书记关于党的建设的重要思想，贯彻落实全国组织工作会议精神，巩固全国国企党建会成果，印发高质量党建引领保障高质量发展指导意见，以党建统领全局、统一思想、凝聚力量、调配资源、促进发展。以凝神振气聚力唱响高质量发展主旋律，抓好宣传思想品牌文化工作，精心策划重大主题和典型宣传，系统推动"中国三峡"及子品牌建设，着力打造为"绿色生活赋能"品牌形象，入围“2023年中央企业品牌建设能力TOP30”，长江电力作为十大优秀企业品牌入选“中央企业品牌引领行动首批优秀成果”。以自我革命精神纵深推进党风廉政建设，坚持党性党风党纪一起抓，开展重点领域专项整治，擦亮巡视巡察利剑。

【信息化与数字化建设】 2023年，中国三峡集团自主可控替代工作扎实推进。综合办公系统替代任务全面完成，经营管理系统替代任务超额完成，6个案例入选国务院国资委自主可控典型案例，在中央企业中案例入选数量位列第一。稳步推进IT基础设施自主可控替代，打通全集团自主可控产品采购渠道，实现全集团年度新增IT终端采购100％自主可控。坚定不移推进水电关键核心技术自主引领，新能源场站自主可控替代试点有序开展，火电机组自主可控替代稳步推进。北斗规模应用成效显著。全局性谋划、整体性推进，科学制定“1＋2＋N”北斗高精度时空服务及应用体系战略目标。数字孪生三峡成功入选水利部数字孪生水利建设十大样板名单。

流域梯级调度实现智能化管理。推进流域运行管理工作智慧化，推动防洪、水资源利用、航运、生态保护、应急管理以及流域全河段、全要素、全过程的仿真模拟与智能决策，为梯级枢纽运行管理提供更科学的技术支撑。水电智能化生产成效显著提升。水电领域工业互联网平台在向家坝电站岁修中全面应用，有力支撑检修决策效率提升，并获得两化融合管理体系国家标准最高评定等级认定，获得中国工业互联网大赛领军组一等奖。新能源智慧电厂建设应用扎实推进。全力推进新能源集中监控系统，实现“无人值班、少人值守”。开展武威光晟光伏电站等3个智慧场站试点示范，实现智能巡检、智能安防与监控，使运维方式由“故障维修”逐步向“预测性维修”进行转化。环保业务数字化应用深入推广。打造长江大保护综合管理平台，实时接入125座投运厂站进出水水质及仪表房视频监控，入库管网4万千米。实现管道机器人推广应用，实现远程可视化监视，有效识别管道缺陷。工程建设管理数字化持续发挥效能。三峡工程管理系统（TGPMS）持续支撑集团工程建设规范有序管理。建设完成集团公司抽蓄电站建设管理统一平台并在抽蓄项目全面推广应用。

【履行社会责任】 2023年，中国三峡集团深入学习践行习近平总书记关于“三农”工作的重要论述，积极履行央企政治责任和社会责任，努力在履行社会责任方面发挥表率作用。严格落实“四个不摘”和“三个转向”要求，以产业振兴为重点协同推进“五大振兴”，向4个定点帮扶县投入帮扶资金38600万元，全面完成国务院国资委考核各项目标任务。不断加大援疆援藏援青帮扶力度，全年投入援扶资金13950万元，实施产业、教育、医疗、基础设施、素质能力提升等援扶项目，多层次、全方位助力民族融合和边疆繁荣稳定。高标准、高质量统筹做好库区移民帮扶后续工作，全年投入资金17951万元，助力建设宜居宜业和美库区。积极投身社会公益，第一时间向甘肃和青海分别捐赠1000万元支援地震灾区抗震救灾和灾后重建。持续深入实施“三峡助听行动”，捐赠800万元帮助80名听力障碍患者重获“新声”。持续在北京、武汉两地儿童医院附近开设“三峡爱心小家”，累计为673个大病困难家庭的1635名患儿提供住所帮助。全年实施履责项目291项，惠及全国102个县（市、区）。2023年，中国三峡集团先后获得第十二届“中华慈善奖”捐赠企业奖和慈善项目奖、第十八届人民企业社会责任奖、2023年责任犇牛奖等奖项，连续两年入选国务院国资委“央企责任管理·先锋30”指数。

（撰稿人：孟友瑞　赵阳灿　谭文武　沈之旸
张　清　胡雪辰　李成涛　黄晓天）

国家能源投资集团有限责任公司

【基本概况】 国家能源投资集团有限责任公司（以下简称国家能源集团）于2017年11月28日正式挂牌，是经党中央、国务院批准，由中国国电集团公司和神华集团有限责任公司联合重组成立的中央骨干能源企业，是国有资本投资公司改革、创建世界一流示范企业、国有企业公司治理示范的试点企业，2023年“世界500强”排名第76位。集团拥有煤炭、电力、运输、化工等全产业链业务，在煤炭绿色开发、煤电清洁高效、运输物流协同一体、现代煤化工高端多元、新能源创新发展等领域取得全球领先业绩。截至2023年底，集团员工总数31万人，资产总额2.1万亿元，煤炭产能6.65亿吨/年，发电总装机3.24亿千瓦，自营铁路2708千米，港口吞吐能力2.9亿吨/年，煤化工油化品产能2939万吨/年，其中煤制油品产能531万吨/年。拥有中国神华、龙源电力2家A＋H上市公司，国电电力、长源电力、英力特、龙源技术、西部创业5家A股上市公司，1000余家生产单位，12家科研院所，20家科技企业，产业分布在全国31个省(自治区、直辖市)以及10多个国家和地区。自重组成立以来，国家能源集团连续获评中央企业负责人经营业绩考核A级；获评2019—2021年任期中央企业负责人经营业绩考核A级；2019年、2020年、2021年、2022年中央企业党建责任制考核A级；2019—2021年任期科技创新突出贡献企业；2020年、2021年、2022年董事会考核"优秀"；国企改革三年行动圆满收官，考核获评A级。

【主要指标】 2023年，国家能源集团完成煤炭产量6.2亿吨、煤炭销量8.3亿吨、发电量1.2万亿千瓦·时、供热量5.3亿吉焦、铁路运量5.7亿吨、两港装船量2.6亿吨、航运量2.6亿吨、含主要中间品的化工品产量2923万吨，全面完成国务院国资委"一利五率"考核目标，多项生产经营指标再创历史最好水平。

表1 2023年国家能源投资集团有限责任公司主要经济指标

项　目	2022年	2023年	比上年增长(%)
资产总额(亿元)	19421.64	20930.22	7.77
所有者权益(亿元)	8077.79	8612.57	6.62
营业收入(亿元)	8178.65	7932.19	－3.01
利润总额(亿元)	1100.30	1192.31	8.36
净利润(亿元)	802.26	884.91	10.30
归属于母公司所有者的净利润(亿元)	383.37	448.76	17.06
技术开发投入(亿元)	112.46	109.18	－2.92
利税总额(亿元)	2411.29	2480.03	2.85
应交税金总额(亿元)	1310.99	1287.72	－1.78
全员劳动生产率[万元/(人·年)]	130.48	143.83	10.23
净资产收益率(%)	10.10	10.60	增加0.50个百分点
总资产报酬率(%)	7.06	7.04	减少0.02个百分点
国有资本保值增值率(%)	109.28	111.00	增加1.72个百分点

【改革发展】 2023年，国家能源集团制定改革深化提升行动实施方案并获评国务院国资委"标杆方案"，确定55个方面、95项具体任务、353项重点举措，新一轮改革全面发力。加快国有资本投资公司试点改革，建强"三强五优六型"总部，"总部＋产业平台/区域公司＋基层企业"三级管控架构不断完善。深化三项制度改革，落实经理层成员任期制和契约化管理、市场化用工、多元化激励等举措，获评国务院国资委三项制度改革"一级"。法人"压减"工作位列央企第一。

制定对标世界一流企业价值创造行动实施方案、创建世界一流示范企业巩固提升方案，深化"领先、创先、争先、培先、优化"行动，龙源节能入选国家级专精特新"小巨人"企业。推动子企业治理能力提升，着重加强股权管理，中国特色现代公司治理创新成果获得国家级一等奖。实施品牌引领行动，国家能源集团获评"品牌建设领跑者"和十大"中国ESG榜样"企业。

落实国务院国资委"一增一稳四提升"要求，实施价值创造行动，深化"四重一要"，优化"34567"KPI考评体系。深入落实财务"一集中、三加强"，央企首家开通人民银行"清分号"、首家实现税务"总对总"，上市公司总市值创近年来新高。坚决打好治亏"攻坚战"，亏损额、亏损面分别比上年下降80%、66%。

【重大项目】 2023年，国家能源集团做好保供煤矿手续办理，加快布局建设先进产能，全年获取煤炭资源20.4亿吨，创重组以来最好水平。新街矿区规划调整和矿权办理取得重大突破，新街一二井、塔然高勒等项目加快建设，岔哈泉、南湾、马儿庄一二井竞拍成功，鹰骏一矿取得核准，红沙泉二号煤矿开工。

全面完成国家发展改革委支撑性保障电源建设任务，湖南岳阳、新疆准东等950万千瓦清洁高效煤电机组高质量投产，拥有百万千瓦机组53台，约占全国的30%。深化煤电"三改联动"，新增供热能力3800兆瓦、提高调峰能力260万千瓦。成串成组加快水电项目开发，全力攻坚"瓶颈"制约，玛尔挡实现下闸蓄水，旭龙完成大江截流，双江口大坝填筑、金川厂房开挖等关键节点提前完成，水电在建规模1015万千瓦，位列全国第一。

坚持多元化、快速化、规模化、效益化、科学化发展新能源，2023年获取新能源开发指标5804万千瓦、开工3308万千瓦、投产2616万千瓦，新能源装机容量9623万千瓦，其中风电在建规模近1000万千瓦，在运装机容量突破6000万千瓦、保持世界第一，光伏装机容量超过3500万千瓦。宁夏腾格里一期100万千瓦光伏全容量投产，山东110万千瓦海上风电、青海共和100万千瓦光伏等一批重点工程全容量并网。

推动煤化工高端化、多元化、低碳化发展，聚焦延链补链强链，榆林循环经济煤炭综合利用项目核准变更申请上报审批，宁煤费托蜡项目一次投料试车成功，包头煤制烯烃升级示范、西来峰捣固焦项目开工建设，鄂尔多斯煤直接液化升级示范项目完成可研，准东40亿立方米煤制天然气项目前期工作加快推进，煤基航天煤油首次应用于火箭发射。

科学谋划运输产业布局，积极优化能源流向，拓展疆煤出区、西煤东运、北煤南下等新通道，大一体化供应格局持续完善，疆煤出区量突破1475万吨，比上年增长1.2倍。加强路港航能力建设，包神铁路发挥能源运输"桥头堡"作用，新朔、朔黄铁路跨区段开行两万吨重载列车，港口公司释放航道通航和泊位周转效能，航运公司自有船舶外贸运量比上年增长7.5倍。

【走向海外】 2023年，国家能源集团服务高质量共建"一带一路"，完善"大协同＋专业化"国际化发展体系，国际化经营评价排名央企第八。抓住机遇扩大进口，发挥资源补充和价格调节作用，进口煤完成2950万吨、同比增长20%。高位推动对蒙、对俄等项目合作，俄罗斯扎舒兰500万吨煤矿项目开工建设，印度尼西亚10万千瓦漂浮式光伏项目成功中标，境外新能源资源储备超过500万千瓦。积极参与世界经济论坛、博鳌亚洲论坛、亚太电协等多双边合作，国家能源集团国际影响力持续提升。

【重大创新】 2023年，国家能源集团强化企业科技创新主体地位，承担国家科研攻关任务数量超过130项，居央企前列，7项国务院国资委"1025专项"二期攻关进展顺利，4家国家能源创新平台入选国家能源局"赛马"序列，国家重点研发计划"十四五"第一批4个项目取得阶段性成果，第二批8个项目获批立项。边发展、边突破、边布局战略性新兴产业和未来产业，在泰州电厂投运亚洲最大50万吨煤电CCUS项目，在新疆化工投运区域最大30万吨煤化工CCUS项目，在宁夏宁东建设国内首个耦合化工和交通的氢能项目，在台山电厂完成全球首次600兆瓦燃煤机组掺氨燃烧试验，在浙江舟山、广东惠州电厂等完成国内首个发电工程国产BIM示范。2023年，国家能源集团申请发明专利2099件，比上年增长32.7%。

【党建工作】 2023年，国家能源集团扎实开展主题教育，完善理论学习、调查研究、整改整治、工作推进、建章立制"五张清单"，建立"1＋3"保障机制，从严从实加强巡回督导，全系统开展调研1.8万次，解决问题6451项。深入学习贯彻习近平总书记关于党的建设的重要思想，坚持"一个统领"，着力"三大建设"，全面实施"七大工程"，推进基层党建创新工程三年行动。开展基层党建交流观摩活动，发布党支部战斗力提升指引，推进基层党组织政治功能和组织功能"双提升"。

积极配合中央巡视，制定整改落实方案，聚焦问题突出的重点领域开展3项专项治理和6项专项整治，立行立改措施全部完成。建立全面从严治党"三级联动、三维落实"工作机制，一体推进"三不腐"，营造风清气正的良好政治生态。抓实"以案促改促建促治"，全年处置问题线索1488件、立案231件、处理处分785人。严格执行中央八项规定及其实施细则精神，持之以恒纠"四风"树新风，全年查处"四风"问题49件、处理处分81人。

全面加强干部情况大调研、大考察，完善干部选育管用机制，79家子分公司班子结构合理优化。深入实施优秀年轻干部工程，子分公司班子中"75后"、基层企业班子中"80后"均占1/4左右。实施"三支队伍"三年行动，健全人才工作体系，评选首席科学家、首席专家、国能工匠等各类集团级人才269人。

【信息化与数字化建设】 2023年，国家能源集团全方位推动产业智能升级，建成8处国家级智能化示范矿井并通过验收，实现300台无人矿卡常态化运行、平均效率达到人工作业的82%，18个采煤工作面在全国大赛中全部获得一等以上奖项。建成13个高级智能电站、17个5G＋工业互联网示范电站，火电iDCS在60台机组投运，新能源场站在15个省区实现100%远程控制。智慧化工第一阶段11个项目全面上线，朔黄铁路2万吨重载自动驾驶试验列车顺利运行，铁路装备首次实现行业内数据要素经济效益转化。加快建设国能"4e"平台，"国能e购"采购单数88万笔、成交金额超过4000亿元，"国能e商"交易总量10.7亿吨并实现全流程线上履约，"国能e电"建成电力交易规模上万亿千瓦·时的平台服务体系，"国能e链"入选工业和信息化部数字化产融合作解决方案。

【履行社会责任】 2023年，国家能源集团主动履行社会责任，把保障国家能源安全作为首要职责，有力应对高温暴雨寒潮天气及自然灾害影响，全面完成迎峰度夏度冬、大运会、亚运会等重要时段、重大活动、重点地区的保供任务。全面推进乡村振兴、累计投入资金3.05亿元，连续6年在中央单位定点帮扶成效考核中取得最高评价"好"，爱心行动项目救助"两病"患儿1786人。集团应急救援队勇担重特大事故社会救援任务，在内蒙古"2·22"事故等160余起社会救援中勇当中坚。

（撰稿人：熊　图）

中国电信集团有限公司

【基本概况】 中国电信集团有限公司（以下简称中国电信）是中央直接管理的国有特大型通信骨干企业，主要经营移动通信、光纤宽带和IPTV、固定电话、云计算、卫星通信、物联网、大数据、互联网接入及应用等综合信息服务。2023年，中国电信立足新发展阶段，完整、准确、全面贯彻新发展理念，主动服务和融入新发展格局，坚定履行建设网络强国和数字中国、维护网信安全的使命责任，全面深入实施云改数转战略，持续推进服务型、科技型、安全型企业建设，科技创新不断取得突破，战略新兴业务布局全面完成，数字信息基础设施持续升级，市场发展新动能快速成长，企业改革向纵深推进，治理能力和治理水平持续提升，高质量发展迈上新台阶。全集团服务各类用户14.08亿人，实现营业收入6227亿元，利润总额373.53亿元，利润总额和企业增加值再创历史新高。

中国电信企业改革发展成效获得广泛认可，连续11年获评中央企业负责人经营业绩考核A级，自2017年开展中央企业党建工作责任制考核以来连续6年获评A级，连续6年在中央单位定点扶贫成效考核中获评最高等次，获评2022年度中央企业改革三年行动重点任务A级，被授予任期"科技创新突出贡献企业"称号。

【主要指标】 2023年，中国电信生产经营各项目标任务全面完成，集团合并营业收入完成6227.00亿元，比上年增长6.20%；公司进一步优化资源配置，加大高增长业务资源投入，持续加大研发投入，"一利五率"主要指标保持在合理区间，全年利润总额完成373.53亿元，比上年增长10.07%，持续高于收入增幅，企业增加值不断提升；净资产收益率4.76%，比上年增加0.32个百分点；资产负债率44.88%，资本结构维持稳健；研发投入强度3.76%，比上年增加0.35个百分点；营业现金比率23.7%，比上年增加0.6个百分点；全员劳动生产率68.33万元/(人·年)，比上年增长14.01%。

表1　2023年中国电信集团有限公司主要经济指标

项　目	2022年	2023年	比上年增长（%）
资产总额（亿元）	10466.42	10782.75	3.02

续表

项　目	2022 年	2023 年	比上年增长(%)
所有者权益(亿元)	5796.37	5943.69	2.54
营业收入(亿元)	5863.48	6227.00	6.20
利润总额(亿元)	339.37	373.53	10.07
净利润(亿元)	254.06	279.38	9.97
归属于母公司所有者的净利润(亿元)	135.55	152.26	12.33
技术开发投入(亿元)	200.21	234.41	17.08
利税总额(亿元)	449.91	506.77	12.64
应交税金总额(亿元)	114.85	117.29	2.12
全员劳动生产率[万元/(人·年)]	59.93	68.33	14.01
净资产收益率(%)	4.44	4.76	增加 0.32 个百分点
总资产报酬率(%)	3.53	3.76	增加 0.23 个百分点
国有资本保值增值率(%)	104.70	104.30	减少 0.4 个百分点

【改革发展】 2023 年,中国电信全面深入实施云改数转战略,扎实推进落实国企改革深化提升行动各项工作,取得良好的经营成效。一是加快发展战略性新兴产业,服务现代化产业体系建设。完成云计算及算力、人工智能、大数据、安全、量子、数字平台、新一代信息通信等七大战略性新兴产业业务布局,推动重点战略性新兴产业业务实现规模突破,其中,天翼云收入达 1000 亿元,作为国家云的框架全面成型;量子密话密信用户规模超过 300 万人,建成全球最大的量子城域网;手机直连卫星新增用户超过 100 万人;打造数字安全生态协同防护体系,构建网络安全第一生态平台,抗 D 产品市场份额第一。二是完善科技创新体制机制,提升自主创新能力。成立数据要素等 3 个集团级技术创新中心,强化新兴领域应用技术研发。在全国范围内成立 7 家集团级科技创新示范基地,推动首台(套)、自研清单成果等落地推广。实施一揽子科技创新支持政策,从资源保障、考核激励、组织推进等方面出台 20 项支持政策,推动更高水平科技创新。加强科技人才队伍建设,深入实施人才强企工程,在人工智能、量子、云计算等重点领域引进战略级顶尖科学家 4 人和领军科技人才 130 人。三是加快数字化转型,深化企业组织流程改革。深化总部改革,聚焦战略性新兴产业业务发展、科技攻关、人才发展和网信安全等重点领域,制定并实施总部机构优化方案,进一步强化相关职能。强化专业公司改革,2023 年新组建人工智能公司、量子科技集团、视联网公司、无人科技公司和卫健、教育、金融、政务等行业公司,形成七大战略性新兴产业领域的全覆盖。持续推进主流程优化,加强云中台建设,建立属地化二次开发队伍和交付维护体系,省、市公司云中台的运作机制更加完善,加快推进战略性新兴产业业务融入主流程,推动产数业务规模发展。四是完善公司治理,深化市场化经营机制改革。完善《中国电信集团有限公司党组研究决策重大事项清单(2023 年版)》,进一步健全决策事项范围,细化具体标准。加强对子企业董监事培训和指导,提升相关人员履职能力,开展外部专兼职董事人才库建设,2023 年底外部董事队伍超过 900 人。推进落实新型经营责任制,坚持责权利对等、激励约束并重;用好上市公司股权激励、科技型企业股权及分红激励政策,积极探索虚拟股权激励等更多更灵活的激励方式,累计激励核心骨干超过 2 万人次。五是深入推进"世界一流"与"双百""科改"专项行动,激发重点企业改革创新活力。制定并推进《中国电信加快建设世界一流企业实施方案》《价值创造行动实施方案》《对标世界一流企业品牌引领行动实施方案》,持续深入开展世界一流企业对标管理提升行动,将管理创新及 QC 活动纳入管理提升行动,突出精益管理要求。全面推进"双百行动""科改行动"工作,"一企一策"指导"双百企业""科改企业"深化改革,推进数字生活公司成功入围国务院国资委"科改行动"企业名单,子企业队伍进一步壮大。六是全面推进人事、劳动和分配三项制度改革,充分激发活力动力。"干部能上能下"方面,任期制和契约化管理全面完成管理人员岗位聘任协议和 2023 年度经营责任书的签订;出台干部能上能下实施办法,明确干部"下"的 15 种情形;修订综合考评办法,强化对改革创新、高质量

发展的考核。“能进能出”方面，发布“1136”人才强企工程实施方案，提出5个方面23条重点举措，初步解决高端人才引进难的问题；实施高校毕业生“优才计划”，为企业未来发展储备高潜质人才；持续加大绩效考核结果应用，全面落实员工业绩考核机制和市场化退出机制。“薪酬能增能减”方面，持续完善工资总额决定机制，推动薪酬与业绩紧密挂钩；以战略任务验收标准和人力资源指标评价体系为抓手，引导各单位树立正确的分配导向，人才队伍活力明显增强。

【重大项目】 在云网建设方面，中国电信持续深化共建共享，推进“双千兆”提质增效，4G共享基站新增近百万站，共享率超过90%；5G基站累计超过120万站，5G分流比提升至50%，千兆光网覆盖3.9亿套住宅。算力基础设施布局基本成型，“2+3+7”训练中心初具规模，智能算力新增8.1 EFLOPS，数据中心新增机架5.5万架。基本实现东西向1/10/15ms、南北向1/5/20ms时延圈，建成国家一体化大数据中心节点间4.4T直达带宽，平均时延降至13ms以内。绿色低碳成效初显，4/5G基站AI节能率超过95%，绿电交易累计超过10亿千瓦·时，碳排放强度双位数下降。

在科研开发方面，中国电信积极制定科技创新相关支持政策，加大研发投入力度，2023年研发投入比上年增长16.5%，全年研发投入强度3.76%，集约研发投入较年初增长1倍。推进企业级创新平台建设，聚焦云计算及算力、人工智能、大数据、安全、量子、数字平台、新一代信息通信等七大战略性新兴产业领域，设置科技创新示范基地和技术创新中心。推进科创数字化转型，加强研发云建设，推进统一技术底座，应用人数、范围和深度是2022年的10倍；推动业财融合，清理近三年16000余个存量项目数据，初步实现从研发到产品到销售数据关联闭环；打造经分数字化看板，实现20余个科创关键指标自动取数分析。加强科技人才引进，云、AI、安全等重点领域近三年引进科技领军人才超过100人，重点能力型专业公司新引进科技人员超过2200人；大力推广人才特区机制，倾斜配置人才队伍建设专项资源，实行顶尖科技人才工资总额单列，推广股权激励、项目跟投等激励机制。

重大项目投资方面，围绕集团云改数转战略，聚焦重点战略性新兴产业领域，有序开展股权投资，在云计算及算力、人工智能、大数据、安全、量子、数字平台、新一代信息通信等领域加大资本生态布局，推进资本赋能。重大基金投资方面，稳健开展基金投资，全力推进自主基金设立，完成成都基金管理公司工商注册，基金层面完成100%意向募集；不断丰富战略性新兴产业领域生态基金布局，出资国调二期基金、集成电路二期基金、京国管基金等，完成中网投基金增资决策。

【走向海外】 2023年，中国电信积极拓展海外业务，助力“一带一路”建设。境外分支机构方面，截至2023年底，中国电信在境外64个国家和地区设立101个分支机构，对日本、德国和巴西的海外子公司进行增资；澳门公司成立横琴子公司，全力支持横琴深合区数字化建设。国际云网建设方面，2023年中国电信进一步加大境外国际海缆、应急资源储备、IDC、天翼云等投资布局，国际及港澳台地区骨干传输中继113.8T，其中“一带一路”方向51.1T，CTGNet全球排名从第280位上升到第102位。持续推进亚洲快链(ALC)海缆、亚洲直达(ADC)海缆等重点海缆项目建设，加快筹建亚欧方向、亚太内部新海缆项目；对部分关键路由，加强风险应对工作，启动相关资源储备立项。加快推进将军澳绿地自建数据中心和春坎角海缆登陆站建设，稳固香港亚太数据交换中心地位。深耕亚太市场，稳步推进日本、印度尼西亚机房建设，形成覆盖亚太核心区域的IDC资源圈，天翼云上线中国香港、新加坡、印度尼西亚、中国澳门、菲律宾5个节点。重点项目方面，菲律宾第三家运营商项目于2023年9月15日顺利通过第四次菲政府网络验收测试，各项网络指标均优于验收要求。截至2023年底，项目累计商用城市853个，全年收入完成110.7亿比索(约合人民币14.4亿元)，比上年增长52%；移动用户893万人，移动市场份额占7.2%。在菲律宾全境上线站点6936个，网络人口覆盖率80.8%，光缆租、购、建超过3.9万千米。

中国电信旗下中国通信服务股份有限公司在亚太、中东和非洲40多个国家(地区)积极承建通信基础设施建设等项目。2023年，持续做好乌干达、沙特等地数据传输、光缆等项目拓展；稳步推进数字马里项目、智慧布基纳法索、贝宁骨干网两优类等项目交付；积极拓展拉美新市场，统筹推进标志性工程和“小而美”民生项目，提升在拉美区域国家信息化领域的知名度。

【重大创新】 在技术创新方面，2023 年，中国电信积极打造国家战略科技力量，牵头云计算原创技术策源地、云网基础设施安全国家工程研究中心、移动支付产业链链长等国家级科技创新平台，全力突破战略性新兴产业和未来产业领域关键核心技术，承担 5 个方向 125 项任务，占总任务数近 10%。在云计算领域，发布天翼云智算平台，打造智算数据中心和“云骁”平台，构建云智一体的智算服务体系；全面支持国产化主流芯片架构和国产操作系统，提供一云多芯、一云多态的全系列自主研发云技术产品能力；自主打造的算力调度平台“息壤”，获评第六届数字中国建设峰会“十大硬核科技”和 2023 中国算力大会“算力中国·年度突破成果奖”；“天翼分布式云操作系统及其应用”项目获得 2023 年中国通信学会科学技术奖一等奖，全栈分布式云计算项目入围国家科技进步奖的评选。在人工智能领域，升级 AI 星河平台算法，发布百亿参数量的星辰视觉大模型，日均调用量 3.3 亿次；升级星辰语义大模型，参数量提升至千亿，发布星辰多模态大模型，推动星辰系列大模型开源和应用；推出“星辰 MaaS 生态服务平台”，为不同客户提供专属定制版、通用行业版和客户自训练版等 3 种大模型一站式服务。在量子信息领域，建成全球规模最大、用户最多、应用最全的合肥量子城域网，发布“天衍”量子计算云平台，自主研发量子安全服务平台、量子密信、量子安全 OTN 等产品，初步形成丰富的密码安全产品体系和可落实的多元关基密码改造方案，天翼量子密话在中国信通院安全能力测评中达到最高级别“卓越级”。在新一代信息通信领域，新型网络技术应用研发取得新进展，牵头统筹未来产业中“下一代光网络”方向，成功实现单波 400Gbit/s、传输距离 1050km 的实验，创造单模光纤实时光传输容量距离积的新世界纪录，在行业内首次提出“基于多模光模块的多代共存 50G-PON 系统演进方案”，牵头完成 ITU-T 国际标准；行业首创“基于工业 PON 的连接架构及确定性能力系统”，形成以工业 PON 自服务平台为核心、支持意图驱动的工业 PON 确定性能力，达到国际先进水平。自研 5G 全云化定制网，行业首发基于轻量化云网底座统一承载，自主创新突破 5G 核心网硬件、虚拟化、应用软件三层解耦网络；协同产业链突破 5G 多频协同组网、大带宽共享等难点技术，建成全球首张规模最大、主流频段网速最快 5G SA 共建共享网络，5G 共建共享技术联合申报并入围 5G 国家科技进步奖评选；5G 领域核心技术专利连续两年获得中国专利奖银奖。承担 6G 国家重点研发项目，重点布局近域蜂窝融合(P-RAN)、空天一体化等关键核心技术。在卫星领域，安排专项费用联合开展手机直连卫星芯片研发，“手机直连卫星”入选 2023 年国内十大科技新闻和中央企业十大超级工程。大数据领域上，在 hadoop 平台开源替代、隐私计算等方面取得技术攻关突破，在内外部项目已大量应用；获批移动支付现代产业链链长，牵头承接中央企业产业数据运营平台。

在管理创新方面，2023 年，中国电信把管理创新和质量管理(QC)小组活动纳入对标一流管理提升行动，完善相关管理办法，组织各级单位积极参与管理创新和质量管理(QC)小组活动，涌现一批获得中国质量协会、中国企业联合会、中国通信企业协会等单位表彰的优秀成果。2023 年，1 个成果被审定为第三十届全国企业管理现代化创新一等成果；32 个成果被评为信息通信行业企业管理现代化创新优秀成果；79 个 QC 小组被评为信息通信行业优秀质量管理小组；6 个 QC 小组被评为全国优秀质量管理小组；2 个小组获得国际质量管理小组会议(ICQCC)金奖、1 个小组获得 ICQCC 银奖；中国电信上海公司和青海公司两家企业获评中国质量协会“2023 年度实施卓越绩效先进组织”。

【党建工作】 2023 年，中国电信始终坚持把党的政治建设摆在首位，把做到“两个维护”作为最高政治原则和根本政治规矩。坚持用习近平新时代中国特色社会主义思想凝心铸魂，牢牢把握主题教育总要求，在以学铸魂、以学增智、以学正风、以学促干上下功夫见实效，推动党的创新理论更加入脑入心；《聚焦核心技术自主掌控　推进高水平科技自立自强》案例入选中央主题教育办整改整治案例选编。深入贯彻新时代党的组织路线，坚持党管干部党管人才，选优配强领导班子和领导人员，科技型干部和年轻干部队伍建设取得新成效；实施人才强企工程，高层次人才引进和培养取得新突破；聚焦增强党组织政治功能和组织功能，深入开展“党建翼联”活动，完善“党建＋”机制，推动党建工作与生产经营深度融合。扎实推进党风廉政建设和反腐败斗争，坚决贯彻中央八项规定及其实施细则精神，持续深化“三不腐”一体推进，重点整治“靠企吃企”“靠网吃网”等问题，不断巩固风清气正的政治生态。

【信息化与数字化建设】 2023 年，中国电信坚持以客户为中心，以云网自智建设为抓手，全面推动云网运营数字化转型，高效支撑企业高质量发展。一是实现新一代云网运营系统在七大能力中心 31 省公司全面上线应用；发布昆仑平台 CNOS 2.0，开放云网 NaaS 产品化能力 300 多项。二是编制和实施“1＋3＋2”云网运营自智数字化转型蓝图及方案，全面运用 AI 技术赋能综合监控与运维工作，实现全网自智水平总体达到 L3（单域自智、局部跨域）等级，云网事件自动处置率 75％，数据治理水平通过国家 DCMM 5 认证。三是推进全网一朵云承载各类应用云上运行，基于翼龙和天翼云统一技术底座，实现 IT 系统、业务平台 3000 多套集成一体化承载，272 个资源池统一纳管，提升技术自主掌控水平。四是发布信息通信领域首个网络大模型——“启明”网络大模型，构建网络大模型知识型底座，打造知识加工、知识图谱构建等管理工具，提供应急保障策略、工单稽核等生成能力，面向 31 省公司开放使用。五是持续提升 IT 系统集约和数字化转型水平，2023 年在线业务服务占比 55.4％，战略性新兴产业产品加载时长从 3 个月压缩到 1 个月，云专网/OTN 业务自动开通成功率在 90％以上，构建互联网化 SPU/SKU 新体系的数字化销售能力和线上线下一体化协同运营能力。

【履行社会责任】 2023 年，中国电信积极履行央企的社会责任，加快发展新质生产力，持续赋能经济社会高质量发展。一是提供高质量数字化产品服务，面向政务、教育、交通等垂直领域发布 12 个行业大模型，加快推动人工智能赋能新型工业化；强化智慧服务能力，打造卓著品牌，以品牌引领驱动服务能力提升。二是积极践行绿色发展理念，实施“1248”双碳行动计划，通过共建共享及各项节能举措减少温室气体排放超过 1300 万吨，单位电信业务总量温室气体排放量比上年下降 19.6％，使用“证电合一”绿电规模超过 11 亿千瓦·时，启动内部碳交易试点，以市场化机制挖掘降碳潜能。三是不断完善安全体系，健全网络和信息安全工作机制，持续完善云网边端一体化安全能力体系，建成业内首个运营商级托管式安全服务平台；全球首推智能手机直连卫星通信服务，在应急救援通信支撑中发挥兜底作用；完成京津冀防汛救灾、甘肃积石山地震通信保障，完成杭州亚运会、成都大运会、“一带一路”国际合作高峰论坛等重大活动通信保障。四是推动包容发展，保护员工权益，打造全方位员工关爱体系，持续健全制度保障，为员工打造专业发展通道，努力实现员工与企业共同成长；服务乡村振兴，有序推进定点帮扶、行业帮扶；推广适老关爱，为老年人提供更便捷、更贴心、更优质的信息通信服务和专属服务；热心社会公益，建成“爱心翼站”9 万家，倡导启动“爱心翼站公益联盟”，96 家“爱心翼站”获评中华全国总工会“最美工会户外劳动者服务站点”。

（撰稿人：董银玉）

中国联合网络通信集团有限公司

【基本概况】 2023 年，中国联合网络通信集团有限公司（以下简称中国联通）强化政治统领，党的领导和党的建设持续加强。坚决落实党中央决策部署，全面提升政治判断力、政治领悟力、政治执行力；扎实开展主题教育，以党的创新理论凝心铸魂；认真配合中央巡视，坚决推动问题整改；践行新时代党的组织路线，建强干部人才队伍和基层党组织；纵深推进全面从严治党，营造良好政治生态。强化能力建设，发展基础不断夯实。网络能力持续提升，产品能力持续增强，服务能力持续提高。强化规模价值，经营发展取得明显成效。联网通信业务稳盘功能持续加强，算网数智业务发展能力不断增强；重点市场深耕突破，融通价值加快提升。强化改革创新，转型升级提档加速。推进实施改革深化提升行动，大力推动科技创新，数字化转型纵深拓展。强化责任担当和风险意识，风险防范能力不断加强。服务国家重大战略，通信重保、乡村振兴和"一带一路"建设成效显著；网络与信息安全水平大幅提升；合规管理与内部监督水平不断提高，安全生产形势总体平稳。

【主要指标】 2023年，中国联通坚决落实党中央决策部署，认真践行央企使命任务，坚持稳中求进，高质量发展取得新成效。移动、宽带业务实现历史性好转，联网通信业务稳盘功能持续加强；联通云高速发展、数据服务保持领先，算网数智业务发展能力不断增强，经营发展保持良好上升势头。截至2023年底，资产总额7028.2亿元，比上年增长2.8%；所有者权益3746.5亿元，比上年增长3.8%；资产负债率46.7%，比上年减少0.5个百分点。2023年，实现营业收入3739.9亿元，比上年增长5.0%；利润总额213.9亿元，比上年增长15.7%；净利润172.2亿元，比上年增长17.9%。经营质量和运营效率稳步提升。

表1 2023年中国联合网络通信集团有限公司主要经济指标

项　目	2022年	2023年	比上年增长(%)
资产总额(亿元)	6834.9	7028.2	2.8
所有者权益(亿元)	3608.9	3746.5	3.8
营业收入(亿元)	3561.6	3739.9	5.0
利润总额(亿元)	184.9	213.9	15.7
净利润(亿元)	146.1	172.2	17.9
归属于母公司所有者的净利润(亿元)	65.6	80.8	23.1
研发经费投入(亿元)	143.7	151.2	5.2
利税总额(亿元)	228.6	263.7	15.4
应交税金总额(亿元)	78.1	95.6	22.4
全员劳动生产率[万元/(人·年)]	65.0	66.5	2.4
净资产收益率(%)	4.1	4.7	增加0.6个百分点
总资产报酬率(%)	3.0	3.4	增加0.4个百分点
国有资本保值增值率(%)	104.8	104.6	减少0.2个百分点

【改革发展】 2023年，中国联通扎实推进深层次改革，全面启动实施改革深化提升行动。深入贯彻党中央、国务院关于国有企业改革深化提升行动的决策部署，贯彻落实国务院国资委有关部署要求，系统谋划《中国联通改革深化提升行动实施方案(2023—2025年)》，明确新一轮改革的时间表、路线图、施工图。全面发力功能使命类和体制机制类改革任务，切实增强核心功能，提高核心竞争力，有效发挥科技创新、产业控制、安全支撑"三个作用"，进一步完善公司治理和市场化经营机制，在国务院国资委2023年度中央企业改革深化提升行动重点任务考核中获评A级企业；深化"双百行动""科改行动"专项改革，在市场化改革和科技创新方面发挥引领示范和辐射带动效应，在中央企业"科改行动""双百行动"2023年度专项考核中，集团公司获评整体成效突出的中央企业，"双百企业""科改企业"获评2家"标杆"、2家"优秀"。

纵深推进人才强企，有效激发企业活力动力。加强干部队伍建设前瞻性思考和系统性布局，干部梯队建设持续加强，任期制和契约化管理进一步提质扩面，干部能上能下通道进一步畅通，二级机构正副职"45岁左右"人员占比25.2%。积极调整优化人才结构，实施"新苗计划"，2023年累计招录约1万人，抓好工程硕博士联合培养，人才发展体制机制更加优化健全，科技创新领域人员占比40%，其中科技人才4万余人，青年科技人才2.8万人。持续优化人工成本资源配置机制，推动人力资源投入产出效率持续提升，靶向科技创新和"专精特新"能力打造精准投放资源。

持续优化内部分配结构，加大存量调整力度，2023年调整比例由12%提高至15%，推动人力资源投入产出持续提高。推动激发基层单元活力改革落地见效，加大量化考核分配力度，促进能多能少、鼓励勤劳致富。

【重大项目】 2023年，中国联通扎实推进高质量网络。全年固定资产投资745.2亿元，股权投资40.73亿元。党组前置研究、董事会决策重大项目（方案）12个，累计决策投资443亿元。投资聚焦网络强国数字中国建设主责主业，持续升级新型数字基础设施能力。一是完成5G中频共建4G中频共享一张网，建成900MHz低频打底网，实现乡镇及以上区域连续覆盖。二是宽带网络北方保持优势，北方城市覆盖率和行政村覆盖率均为99.6%；南方一、二类重点城市全部完成补短，城市住宅覆盖率90.7%。三是云网边一体化格局基本成型，IDC规模、骨干云池覆盖完成目标布局，IDC机架规模40.5万架，算力721PFLOPS。四是加快智算布局，推动首批智算节点建设。五是建成国家枢纽节点间高速传输通道，筑牢面向算力网络全光传输底座。

扎实推进高水平科技自立自强。规划布局年度攻关八大方向，投入研发经费10亿元。重点围绕网络技术、网信安全、大应用、数智技术、云计算、卡与终端、双碳与基础设施等关键领域开展核心攻关，均完成年度目标，产出系统平台类成果177个，技术方案类成果312个，申请国家发明专利390件，编制国际标准42项、国内标准85项，申请软件著作权137项，发表学术论文88篇。加大与中关村实验室、紫金山实验室、鹏城实验室等科研机构，清华大学、北京邮电大学等高等院校的合作力度，对接青年人才托举工程，加强青年科技人才培养使用，获批中国科协5人、北京市科协4人托举名额。

【走向海外】 2023年，中国联通扎实实施国际化发展行动计划。在全球设立36个分支机构，业务全面覆盖和支持"一带一路"沿线北、中、南线国家和地区，提升国际网络和产品服务能力。建设"新八纵八横"光缆主通道，增强国家骨干网络能力，加强"一带一路"重要节点通道建设，适度超前部署海陆缆战略资源，提升国际网络能力。尤其加强东盟、中欧、中亚、北亚地区布局，全球网络接入点数量124个，参建与租用国际海缆62条，设立"智·云数据中心"和联通云国际站，为客户全球化布局提供一体化服务，助力构建"双循环"新发展格局。抢抓"一带一路"发展机遇，创新发展国际物联网、车联网、算力网服务，聚焦名单客户，完善境内外一体化，提供优质体验、"专精特新"、自主可控、安全可信的产品服务以及端到端的综合数字化解决方案。获得"最佳亚洲运营商、最佳云创新运营商、年度最佳海缆供应商"等多项荣誉。

【重大创新】 2023年，中国联通持续加强关键核心技术攻关，打造出多项自主原创技术。在网络技术领域，牵头立项基于G.metro技术的国际标准ITU—T G.698.4，作为全球首个5G前传标准，填补5G承载网光接口定义的空白；攻关完成全球首款可商用5G RedCap模组、国内首套高国产化率毫米波室内分布式微基站、国内首款基于国产化ARM+SoC基站架构的5G室外一体化微站。在数智技术领域，攻关提出联通人工智能元景"1+1+M"大模型体系，研发1套基础大模型、1个大模型平台、打造面向网络、客服、反诈、政务等领域的10多个具备"职业技能"的行业大模型；攻关打造自主可控的联通云自研操作系统CULinux通过信创等保双认证；攻关完成国内领先的资治一政务大数据平台、格物泛在物联网平台、墨攻安全运营服务平台、"5G+北斗"时空服务平台等多项成果。

推进各级单位管理创新，积极评选输出优秀成果。落实国务院国资委对标世界一流管理提升行动、中央企业质量行动和全面质量管理工作要求，围绕集团公司战略规划体系深化落地，强化管理创新优秀成果的培育评选、落地应用和价值转化。获信息通信行业管理创新奖32项、国优质量管理小组5个、国优质量信得过班组10个，年度优秀成果数量和质量继续保持行业领先。"国有企业与民营企业协同发展研究"课题获得国务院国资委结题"优秀"评价，为众多国有企业与民营企业高效协同提供经验参考；北京市分公司的"通信企业'数改+人改'双轮驱动的高效运营管理"、集团公司数字化部的"通信企业集团以'三大转型'为重点的数字化转型管理"成果获得2023年度中国企业联合会颁布表彰的管理创新国优奖项。

【党建工作】 2023年，中国联通发挥高质量党建的政治优势，引领保障高质量发展。以习近平新时代中国特色社会主义思想为指导，深入学习宣传贯彻党的二十大精神，以扎实开展学习贯彻习近平新时代中国特色社会主义思想主题教育为主线，以党建"七抓"工程为抓手，始终坚持党的领导，不断加强党的建设，中央企业党建工作责任制考核连续4年获评A级；中央单位定点帮扶考核连续5年获评"好"；年度选人用人工作总体评价中"好"的评价占比95%。

纵深推进全面从严治党，营造良好政治生态。推进政治监督具体化常态化精准化，开展乡村振兴、跨境腐败等专项监督检查，推动责任层层落实到位，务实从严开展二十届中央第一轮巡视反馈意见整改，明确监督内容72项、具体任务163项。一体推进"三不腐"，组织全系统对878个案例开展以案促改，制定整改措施1.38万余条，警示教育39.2万余人次，挽回经济损失2920万余元。深入纠治"四风"问题，对典型案例通报曝光，持续开展警示教育。做实做细日常监督，加强二级单位"一把手"和班子成员监督，全系统约谈领导干部4.6万人次。

【信息化与数字化建设】 一是智慧大脑能力显著增强。坚持集约化、自主化，完善数字化能力体系，五大中台融通全域能力，数字化基座夯实技术内核能力，数据治理通过DCMM 5最高等级认证，蝉联"数据管理十大名牌企业"，数据管理能力进入国家第一梯队，流程治理获得企业流程治理成熟度产业标准四级认证。数智能力保持行业领先地位。二是智慧运营深化"四提一控一强"成效。以十大标志性成果牵引，与业务发展同频，业务IT协同打造智慧运营体系，实现全流程、全客户、全范围全覆盖。进一步提升五大App、五大运营平台、五大中台智慧运营效果，对内明显改善一线工作效能，对外显著增强数字化服务能力，助力公司高质量发展。三是数字化转型影响力不断提升。国资监管数智化提升专项行动位列央企第一，数字化转型管理创新模式获得国家优质工程奖、行业一等奖，树立央企数字化转型标杆。

【履行社会责任】 2023年，中国联通高质量开展社会责任管理工作，发布集团公司、A股公司、红筹公司三份可持续发展报告，完善包括17类、307项指标的ESG（环境、社会责任和公司治理）指标体系。参与中国特色企业社会责任研究，作为央企上市公司代表，参加上交所召开的上市公司ESG评价座谈会，参与构建具有中国特色的ESG信息披露规则、绩效评级和投资指引。广泛宣传社会责任形象，连续7年获得《机构投资者》"亚洲最受尊崇电信企业"第1名，获得"中证指数ESG评价"最高等级、"中国上市公司ESG"百强、"金责奖最佳公司治理责任奖"等奖项，2个案例入选央企社会责任蓝皮书。

（撰稿人：李　盈）

中国移动通信集团有限公司

【基本概况】 中国移动通信集团有限公司（以下简称中国移动）是按照国家电信体制改革总体部署，于2000年组建成立的中央企业。中国移动作为首批创建世界一流示范企业之一，着力做强做优做大国有资本和国有企业、做强做优做大数字经济，加快建设世界一流信息服务科技创新公司。在全球电信运营企业中，中国移动网络规模、客户规模、收入规模第一，创新能力、品牌价值、公司市值、盈利水平领先。连续19年获评中央企业负责人经营业绩考核A级，连续两年获评中央企业改革考核A级，连续两次获得国务院国资委科技创新突出贡献奖，连续23年入选《财富》"世界500强"，2023年居第62位。

【主要指标】 2023年，中国移动以习近平新时代中国特色社会主义思想为指导，全面学习贯彻党的二十大精神，勇担科技强国、网络强国、数字中国主力军，不断增强核心功能、提升核心竞争力，发挥科技创新、产业控制、安全支撑作用，创建世界一流信息服务科技创新公司迈出坚实步伐，营业收入突破1万亿元大关，利润总额再创新高，为推动经济回升向好、全面建设社会主义现代化国家开好局起好步作出积极贡献。

截至2023年底，中国移动总连接规模超过34亿户（家），其中移动客户、家宽客户、政企客户规模分别为9.86亿户、2.6亿户、2837万家，物联网卡客户数

13.2亿户。拓展5G网络客户4.6亿户。收入结构更加均衡稳健，数字化转型收入占主营业务收入比从2022年底的25.6%提升至29.4%。

表1　2023年中国移动通信集团有限公司主要经济指标

项　目	2022年	2023年	比上年增长(%)
资产总额(亿元)	22880	24015	5.0
所有者权益(亿元)	16441	17310	5.3
营业收入(亿元)	9390	10111	7.7
利润总额(亿元)	1757	1870	6.4
净利润(亿元)	1369	1478	8.0
归属于母公司所有者的净利润(亿元)	990	1080	9.1
技术开发投入(亿元)	339	368	8.6
利税总额(亿元)	2257	2403	6.4
应交税金总额(亿元)	500	532	6.5
全员劳动生产率[万元/(人·年)]	108	113	5.0
净资产收益率(%)	8.7	8.8	增加0.1个百分点
总资产报酬率(%)	8.0	8.1	增加0.1个百分点
国有资本保值增值率(%)	108.6	108.6	与上年持平

注：表中国有资本保值增值率为上报值，国务院国资委尚未最终批复。

【改革发展】 2023年，中国移动开展新一轮国企改革深化提升行动，激发高质量发展内生动力。一是加强重点改革突破。"一企一策"探索"双百行动""科改行动"市场化改革举措，云能力中心入选首批"世界一流专业领军示范企业"。制定所属子企业混合所有制改革操作指引，推动混合所有制改革更加规范有序。二是健全子公司治理体系。推动董事会制度向子企业延伸贯通，规范建设董事会的子企业数量增至37家，推动各级子企业董事会运行规范高效。三是优化组织运营架构。立足集团管总、区域主战、专业主建的"管战建"职责分工，深化市场组织体系改革，优化省专协同产品运营机构设置。推进人工智能领域专业化整合，成立"九天"人工智能研究院。四是完善网格经营机制。推动融合业务受理、倒三角全域支撑甩单、大屏进网格等重点能力落地，促进网格赋能减负、增收创效。

【重大项目】 建强新型信息基础设施。2023年，中国移动持续推进以5G、算力网络、能力中台为重点的新型信息基础设施建设，畅通经济社会信息"大动脉"。一是持续巩固5G和宽带网络领先优势。2023年新建5G基站66万站，累计开通5G基站194.3万站，5G网络覆盖广度和深度进一步提升。传输光缆2874万皮长公里，光纤到户覆盖6.4亿住户，其中千兆宽带覆盖3.9亿住户。二是构建规模和技术双领先的算力网络。数据中心能力布局覆盖国家"东数西算"全部枢纽节点，建设超大单体智算中心，截至2023年底，通用算力规模8EFLOPS(FP32)(每秒800亿亿次浮点运算)，智能算力规模10.1EFLOPS(FP16)(每秒1010亿亿次浮点运算)。打造全球领先、国内首条东数西算"大动脉"，创造400G全光网超长距离传输世界纪录。构建全国20毫秒、省内5毫秒左右、同城1毫秒的三级算力时延圈。三是锻造业界标杆级能力中台。累计汇聚封装人工智能、大数据等1130余项技术能力，年能力调用量超过5800亿次，对内支撑精准营销、精细服务、精益网运、精确管理，对外赋能政府、交通等领域数字化转型升级。

提升信息服务供给质量。2023年，中国移动创新构建"连接+算力+能力"新型信息服务体系，打造高质量信息服务供给。一是赋能美好数智生活。推广芒果卡、5G新通话、云手机、裸眼3D、移动看家等产品服务，打造"亚运元宇宙"智能观赛新体验，为亿万群众提供高质量信息服务供给，不断提高广大客户获得感。二是推动传统产业转型。累计打造5G行业商用案例超过3.3万个，建设5G智慧工厂、5G智慧医疗、5G智慧校园等项目，促进传统产业智能化、绿色化、融合化发展。大力发展移动云业务，面向细分行业打造超过100个移动云解决方案，稳居国内云服务商第一阵营。车联网提速拓展，高精度定位服务累计调用超过万亿次。三是助力提升社会治理效能。广泛参与各级数字政府建设，整体承建甘肃、黑龙江、沈阳、保定等省市级数字政府，累计为超过300个地市提供政务信息化解决方案。

强化品牌运营。2023年，中国移动构建"1＋4＋4"战略品牌体系，以"中国移动"企业品牌为中心，持续做强"全球通""动感地带""神州行""移动爱家"四大客户品牌，不断做优"咪咕""移动云""梧桐大数据""九天"四大产品品牌。"全球通"定位于高端品牌，面向中高端客户，满足客户全球化通信服务和数字生活需求。"动感地带"定位于智潮品牌，面向年轻客户，打造音乐、电竞、街舞等新潮活动和特色卡品。"神州行"定位于国民品牌，面向"银发族"提供适老服务，面向"骑士族"推出神州行骑士卡。"移动爱家"面向家庭客户，提供"千兆＋FTTR"高速连接、"家庭圈"通信体验以及"AI＋"产品服务。"咪咕"提供体育赛事、阅读、益智健康游戏等新质内容。"移动云"提供行业领先的云服务，具有安全智慧、算网一体、属地服务等品牌优势。"梧桐大数据"提供大数据解决方案服务，助力各行业数智化转型升级。"九天"推出多模态千亿级大模型，加速向万亿参数迈进，打造100余项人工智能应用标杆项目。

【重大创新】 2023年，中国移动突出创新在公司发展全局中的核心地位，成立公司科学技术委员会，聚焦国家重大战略需求和产业发展关键"瓶颈"，面向战略性新兴产业和未来产业发展，建设网信领域创新高地。一是扎实推进重大科技专项。高标准开展关键核心技术攻关，研制国内首款可重构5G射频收发芯片"破风8676"，突破业界首个网络智能化预训练基础大模型构建技术。推进5G创新联合体运转，联合25家中央企业，协同推进29个领域70项任务。建设原创技术策源地，持续引领5G演进和6G前沿技术攻关，R18国际标准立项数、6G创新成果数居全球运营商第一阵营。推动AI基础理论与技术架构研究取得突破。打造移动信息现代产业链链长，升级"十百千万"合作伙伴计划，牵引产业加速发展成熟。二是聚力攻坚人工智能、云和算力网络、6G、大数据、能力中台、安全等六大领域，实施"BASIC6"科创计划。打造具有运营商特色的"九天"人工智能平台，沉淀370余项AI能力，人工智能多项核心技术行业领先，打造"九天·众擎基座大模型"。坚持云核心技术自主可控，掌握云全栈产品知识产权。发布全国规模最大的算力并网平台，试商用国内首个算网大脑，主导推进"算力路由"取得突破性进展。在全球首次系统性提出6G网络架构，攻关关键技术10余项。构建新型数据流通基础设施——数联网，打造数字经济重要基础设施。构建中台能力全域全端标准化体系，实现科创成果开放共享、规模推广。系统锻造安全技术能力，丰富安全解决方案，打造云安全产品体系。

【支撑"双循环"】 2023年，中国移动畅通国内和国际两个市场，服务构建新发展格局。一是服务区域协调发展。强化京津冀数据中心协同发展，设立雄安空天地一体创新实验室、空天信息创新应用研究中心。加强长三角算力网络协同布局，推进双跨专线、超级SIM卡区域联合拓展。深化粤港澳大湾区5G网络精准覆盖，助推"数字湾区"高质量发展。二是支持高质量共建"一带一路"。国际传输总带宽145T，提供全球264个方向漫游服务，其中5G漫游覆盖75个方向，保持覆盖领先优势。深耕中资出海重点行业，推动5G、云网、DICT等优质产品"能出尽出"，为全球7000家企业客户提供跨境信息服务。

【党建工作】 2023年，中国移动坚定不移加强党的全面领导，以高质量党建引领保障高质量发展。一是深入开展学习贯彻习近平新时代中国特色社会主义思想主题教育。围绕"学思想、强党性、重实践、建新功"总要求，在全集团大兴调查研究，深入开展"稳增长、建新功"劳动竞赛，把主题教育成果转化为推动发展的成效。二是全力做好中央巡视配合和巡视反馈意见整改。成立巡视整改工作领导小组，对照中央巡视反馈意见，细化制定整改措施，深入开展专项治理、专项整治工作。三是深化党业融合。推进"党建和创"向重点项目拓展延伸，创新"领题破题、合力攻坚"主题实践活动，集中解决一批"急难险重新"问题。四是加强基层党组织建设。开展党建"共建提升行动"，组织修订基层党支部标准化工作手册，升级智慧党建系统，持续赋能组织、减负基层。五是纵深推进全面从严治党。健全主体责任闭环管理机制，完善各类监督贯通协调机制。

【履行社会责任】 2023年，中国移动坚持以人民为中心，扎实履行中央企业职责使命。一是推进信息利企惠民。2023年企业宽带平均单价比上年下降超过25.8%、互联网专线平均单价比上年下降超过35.1%，惠及企业超过420万家。二是筑牢网络安全屏障。圆满完成全国两会、成都大运会、杭州亚运会等重大活动的通信和网络安全保障任务，做好重大自然灾害应急保障。全力支撑打击治理电信网络诈骗，2023年拦截诈骗电话3亿次、诈骗短信2.7亿条，封堵涉诈网址192万条。三是推进数智乡村振兴计划。2023年无偿捐赠帮扶资金3.6亿元，消费帮扶金额5.9亿元。累计建设数字乡村达标村39万个，连续6年在中央单位定点帮扶考核中获最高等级评价，2023年位列央企第一。四是深入实施“C2三能——碳达峰碳中和行动计划”。2023年全集团能耗和碳排放强度均比上年下降13%，助力全社会减排降碳约3.1亿吨。

（撰稿人：薛　颖）

中国电子信息产业集团有限公司

【基本概况】 中国电子信息产业集团有限公司（以下简称中国电子）成立于1989年5月，是党领导下人民军事电子工业的开拓者，我国民族电子工业的摇篮，国家网信事业战略科技力量。2023年，中国电子深入学习贯彻习近平新时代中国特色社会主义思想和党的二十大精神，牢牢把握高质量发展的主题和聚焦“国之所需”、打造“国之重器”、服务“国之大者”的主线，统筹推进主题教育、巡视整改以及价值体系重塑、产业体系重构、管理体系重建。截至2023年底，中国电子拥有上市公司23家，成员企业663家，资产总额4336.0亿元，业务覆盖全球六大洲60多个国家，连续13年入选《财富》“世界500强”。

【主要指标】

表1 2023年中国电子信息产业集团有限公司主要经济指标

项　目	2022年	2023年	比上年增长（%）
资产总额（亿元）	4216.2	4336.0	2.7
所有者权益（亿元）	1579.1	1660.9	4.9
营业收入（亿元）	2712.7	2505.4	－7.6
利润总额（亿元）	31.0	67.8	118.4
净利润（亿元）	3.8	45.4	1102.5
归属于母公司所有者的净利润（亿元）	－33.7	1.9	—
技术开发投入（亿元）	128.1	135.5	5.8
利税总额（亿元）	112.8	147.8	31.0
应交税金总额（亿元）	81.8	80.0	－2.2
全员劳动生产率［万元/（人·年）］	24.27	29.99	23.6
净资产收益率（%）	0.27	2.81	增加2.54个百分点
总资产报酬率（%）	1.84	2.52	增加0.68个百分点
国有资本保值增值率（%）	107.88	104.24	减少3.64个百分点

【改革发展】 一是扎实推进改革深化提升行动。研究制定世界一流企业建设方案，首批21家企业开展世界一流企业创建工作。扎实推进“科改企业”“双百企业”改革专项工程，华大半导体有限公司、飞腾信息技术有限公司、麒麟软件有限公司3家企业在国务院国资委年度考核获评“优秀”，中电工业互联网有限公司等6家企业新纳入。获评中央企业改革三年行动重点任务考核A级。二是集团总部改革顺利推进。突出加强党的全面领导、履行强军首责、优化产业体系、狠抓技术创新、统筹战略合作、强化风控监督等重点，实施总部机构调整，集团总部顶层设计、体系谋划、组织实施重大项目等管控能力明显提升，价值型

能效型总部建设取得积极成效。三是推进“大市场+大合作”体系建设。一体谋划市场推广、品牌宣传与资源整合、人才培养等工作，“总部抓总、企业主战、协同贯通、市场科技人才工作一体推进”的“大市场+大合作”体系建设有力推进。四是干部人才队伍建设持续加强。在继续重用一批有担当、有经验、有能力、有实绩的年富力强优秀干部的同时，放开手脚、大胆选拔使用优秀年轻干部，一批“75后”和“80后”走上总部部门正职和二级单位主要领导的重要岗位。建立高层次人才选聘等相关制度，评聘首席科学家、科技领军专家、技能带头人32人。五是重点业务提质增效。完成“十四五”规划中期调整，明确“五大主业”和“六类支撑”业务布局，推动资源向主业聚焦。聚焦“国之所需”，扎实推进计算产业体系重构，与行业龙头企业共同打造“鹏腾生态”，携手产业界伙伴共同发展，开创通用算力新格局。电子元器件和集成电路国际交易中心正式运营，交易额突破500亿元，保链稳链取得积极成效。

【重大项目】 一是高质量完成重大专项。高水平实施重大专项工程，13个项目全部通过2023年度考核评估，6个项目实现样品样机，7个项目实现产业化。二是联合创新成效显著。与36家央企开展联合创新，累计完成108项攻关任务，有效提升能源、交通、金融等行业安全可靠水平。三是策源地建设有序推进。启动实施十大行动计划，与6所高校院所建立联合实验室，累计完成19项技术策源，嵌入式CPU芯片完成研发并应用推广，发布API安全卫士并形成安全解决方案。四是积极开辟新领域新赛道。承担集成电路等战略性新兴产业领域重大任务55项，以及算力网络等未来产业方向重大任务56项。

【重大创新】 一是加快技术创新体系建设。制定集团公司科技创新体系建设指导意见，聚焦计算产业、集成电路、网络安全、数据应用、高新电子五大主业发布包含23个领域、96个方向、290个类别的技术图谱和八大类别科技项目群。二是创新平台建设有新突破。创设数据空间技术与系统全国重点实验室，重点围绕数据要素领域关键技术与产品研发、标准研制和应用示范等开展研究。所属中国软件与技术服务有限公司等3家企业获批国家自然科学基金试点依托单位，中电智能科技有限公司等5家企业获批国家专精特新“小巨人”企业，形成以6个国家级科技创新平台为牵引、涵盖15个省级科技创新平台、14个企业研究院的三级科技创新平台体系。三是推出一批核心产品。推出服务器芯片S5000C以及银河麒麟高级服务器操作系统V10 SP3、存储电路和射频电路设计全流程EDA工具、新一代擎天V5服务器、新一代信创算力路由器、8英寸SiC外延片、高安全算力基础设施、“烽火”“雄关”新品打印机等一系列关键技术和产品。我国首个开源桌面操作系统“开放麒麟1.0”入选央企十大“国之重器”，麒麟操作系统被国家博物馆收藏。全年获得省部级科技进步奖一等奖10项，累计获得授权专利1.56万件，其中发明专利6526件。

【党建工作】 一是加强党的创新理论武装。深入学习贯彻习近平新时代中国特色社会主义思想和党的二十大精神，组织全系统958个基层党组织分两批开展主题教育，较好达到以学铸魂、以学增智、以学正风、以学促干的目标，进一步深刻领悟“两个确立”的决定性意义，切实增强“四个意识”、坚定“四个自信”、做到“两个维护”。二是较真碰硬推进问题整改。把巡视整改作为重大政治任务和高质量发展的重要机遇，对巡视反馈意见指出的具体问题逐一研究分析，统筹制定整改措施107项，并成立12个专项工作组较真碰硬开展专项整治，扎实推动巡视整改落实落地，取得阶段性成效。三是基层党组织建设更加坚强有力。中国长城科技集团股份有限公司等8家二级企业完成党委换届，新班子呈现新气象新活力。结合深入开展基层党组织提质增效攻坚行动，组织近三年新成立企业开展党组织建设自查，并在重点工程及时组建党组织，基层党组织政治功能和组织功能进一步增强，基层党建质量稳步提升。四是党风廉政建设和全面从严治党纵深推进。以零容忍的态度惩治腐败，加强对“一把手”和领导班子的监督，一体推进不敢腐、不能腐、不想腐。制作《滥权妄为必自毁》《贸易旋涡中的两面人生》警示教育片，用身边事教育身边人。加强内部巡视，制定实施集团公司党组五年巡视工作规划，对8家不同层级企业开展深度巡视。

【信息化与数字化建设】 在数字政府方面，数字广东网络建设有限公司积极深化数字政府2.0建设，形成涵盖161个场景的数字化政务解决方案，数字湖南有限公司、云南省大数据有限公司成功落地。在数字金融方面，中电金信数字科技集团有限公司“源启”金融级数字化底座，助力数十家大型企业全栈数字化转型升级。在数据产业发展方面，联合清华大学深化数据治理理论、制度及技术研究，创新定义“数据元件”，自主开发“数据金库”、数据要素加工交易中心、智能政务一体化平台等产品，与郑州、徐州、温州等5个城市开展数据安全与数据要素化工程试点和数据要素组网运行。在集团公司数字化转型方面，扎实推进运营监控中心、财务共享平台、人力资源共享平台、金融投资共享平台、供应链共享平台、客户共享平台“一中心五平台”建设，以数字化转型推动企业管理提升。

【履行社会责任】 2023年，中国电子圆满完成全国两会、杭州第十九届亚运会、成都第三十一届世界大运会等重大会议活动的服务保障工作。全年在定点帮扶县(市)直接投入无偿帮扶资金2850.7万元，引进帮扶资金6931.9万元，帮助脱贫人口转移就业2764人。落地“飞腾—双沙镇中心小学校国产信创教室”等希望工程项目，新建50余所“麒麟工坊”示范基地，搭建全国性产教融合实训基地网络。印发《中国电子信息产业集团有限公司碳达峰行动方案》，年度二氧化硫排放量比上年下降18.44%，氮氧化物排放量比上年下降15.95%，二氧化碳排放量比上年下降26.53%。

(撰稿人：叶　松)

中国第一汽车集团有限公司

【基本概况】 中国第一汽车集团有限公司(以下简称中国一汽)是国有特大型汽车企业集团。前身为第一汽车制造厂，是我国第一个五年计划时期建设的156个重点项目之一，毛泽东同志亲笔题写厂名。1953年奠基，1956年建成投产并制造出新中国第一辆卡车(解放牌)，1958年制造出新中国第一辆小轿车(东风牌)和第一辆高级轿车(红旗牌)。中国一汽的建成，开创新中国汽车工业的历史。

经过70年的发展，建立东北、华北、华东、华南、西南等五大生产基地，构建全球化研发布局，拥有红旗、解放、奔腾等自主品牌和大众(奥迪)、丰田等合资品牌，累计产销汽车超过5700万辆，销量规模位列中国汽车行业第一阵营。截至2023年底，员工总数12.0万人，资产总额超过6669亿元。

【主要指标】 2023年，中国一汽坚持“效益优先、创新引领、速度制胜、节省为要”的工作总思路，各项工作都取得积极进展。全年实现批发销量336.7万辆，比上年增长5.1%；零售销量337.3万辆，比上年增长8.8%；营业收入6249.4亿元，比上年增长6%。自主品牌销量71.4万辆，比上年增长26.1%；新能源汽车销量24万辆，比上年增长39.6%；海外出口9.2万辆，比上年增长157.5%。在中国500最具价值品牌中，中国一汽2023年品牌价值4291.57亿元，排名第9位，连续20年居汽车行业最具价值品牌榜首。在2023年《财富》“世界500强”排行中，以876.79亿美元的营业收入居榜单第131位。

【改革发展】 2023年，中国一汽制定实施国企改革深化提升行动方案，确定8个方面81项改革任务，持续激发高质量发展动力活力。常态推进“四能”改革，大研发、大制造、大营销、海外、动力总成等机构改革陆续实施，组织架构、体制机制、人力资源等对战略目标、战略转型的支撑力进一步提升；大力推行产品项目CEO制，明确责任、充分授权，强化激励约束，有效激发项目团队、骨干人才创新创造活力。开展2024—2026年三年任期改革，“一企一策”“一部一策”明确任期目标，强激励、严考核、硬约束，鼓励挑战高目标、撬动更好业绩，改革工作得到国务院国资委的充分肯定。

【重大项目】 2023年，中国一汽重点布局新能源整车、传统整车、新能源零部件、汽车金融等板块。其中，新能源整车板块实施项目86个、传统整车板块实施项目43个、新能源零部件板块实施项目47个、汽车金融板块实施项目3个。6月1日，一汽金融服务(南非)有限公司注册成立，南非乃至周边市场开拓再添新动能。7月16日，一汽中车电驱系统项目正式投产，形成10万套新能源汽车电机定转子交付能力。

12月27日，解放动力长春超级工厂正式投产，G动力域换代轻量化440桥下线。一汽弗迪动力电池一期项目全力冲刺，量产条件初步具备。

【走向海外】 2023年，中国一汽实现产品出口9.2万辆，比上年增长157.7%。红旗品牌出口1.28万辆，比上年增长151%。在中东成功导入红旗全新H5车型，实现上市即上量目标；欧洲瑞典、荷兰、丹麦、冰岛四国正式运营，实现北欧市场的全面布局；哈萨克斯坦、白俄罗斯两个组装基地顺利投产；全面建设海外备件仓，总体备件满足率提升至95.7%，中东等市场备件供货时效由45天优化为5天。商用车全年出口4.5万辆，比上年增长105%。聚焦基建、能源、矿产项目，紧盯央企大客户，紧抓海外市场需求增长机遇，制定产品、金融、服务组合营销策略；加快高端产品出海，J7产品获海外订单超过5000辆；海外销售、服务网络超过270家；南非金融公司顺利展业，成功完成首单融资；乌兹别克斯坦、墨西哥两国3个KD工厂顺利投产。奔腾品牌全年出口1.77万辆，比上年增长105%。新增哈萨克斯坦、菲律宾等8个市场，海外市场覆盖总数增长至38个；NAT、奔腾小马成功实现批量出口，新能源市场开拓初见成效。

【重大创新】 2023年，中国一汽聚焦新能源、智能网联等新兴技术领域，累计突破378项关键核心技术，整车级SOA飞刃智能架构、超高速电驱系统、高比功率燃料电池发动机、基于国产高性能SoC芯片的智驾平台技术、智能线控底盘技术等关键技术实现自主掌控，多项成果打破国外技术垄断并实现产品搭载应用，工业和信息化部"102"专项顺利通过项目验收。2023年，累计申请专利7589件，申请PCT专利230件，其中发明专利6487件，占比85%。牵头完成国际标准《往复式内燃机性能第6部分：超速保护》ISO—3046—6—2020）。获得省部级、行业级奖励28项，其中，"红旗智能网联平台关键核心技术及应用"获得吉林省科学技术奖科技进步奖一等奖，"红旗高舒适高安全冗余智能化底盘系统技术研究与应用"获得中国汽车工程学会科学技术奖科技进步奖 等奖。

【党建工作】 2023年，中国一汽扎实开展学习贯彻习近平新时代中国特色社会主义思想主题教育，坚定拥护"两个确立"、坚决做到"两个维护"。召开习近平总书记视察一汽三周年暨中国一汽成立七十周年大会，赓续精神血脉，传承文化基因。实施"先锋强基"工程，发布《党支部标准化规范化建设工作手册》，深入开展"再战100天 党员当先锋""拼抢四季度 打赢2023年"等党内立功竞赛，强化先锋党建数智化建设。全面落实"惠员工"战略，深入实施"幸福一汽人"行动计划，解决员工急难愁盼问题。强化政治监督，把落实党的二十大精神和党中央重大决策部署作为政治监督的重中之重，确保习近平总书记重要讲话重要指示批示精神和党中央重大决策部署不折不扣落到实处。强化日常监督，聚焦"关键少数"，加强"一把手"和领导班子监督，督促各级党员干部严以律己、严负其责、严管所辖。强化正风肃纪，锲而不舍落实中央八项规定及其实施细则精神，着重纠治形式主义、官僚主义，从严整治享乐主义、奢靡之风，持续释放和彰显"越往后越严"的鲜明信号。强化高压反腐，紧盯"靠企吃企"顽症痼疾，一体推进"三不腐"，治理腐败效能充分释放。2023年，连续第5年在中央纪委国家监委考核中评为"优秀"。

【信息化与数字化建设】 2023年，中国一汽锚定"双百"目标，大力实施"1164"数智化战法和"信创工程"推进计划，研发、制造、营销等领域数智化转型进步明显。

在研发领域，集成IPD（产品诞生）工作台与EA-MAP（企业资产架构）系统，实现产品诞生全过程横向拉通。构建产品全生命周期项目计划管理能力，实现项目管理效率与协同效率提升。建立任务中心，实现项目任务主动推送和状态实时监控。上线运行设计师工作台，实现14万项研发任务在线交付，106个产品项目、88个技术开发项目全面在线运行。

在制造领域，优化客户订单模式，提升销售预测能力，减少计划外资源匹配情况，实现订单交期缩短0.5天。建设预防维修任务自动生成及下发、高低储自动计算、备件自动补库、自动提采等能力中心，实现作业模式由人工转为自动。建立品牌、名称数据库和规则型号填写规范，从源头上标准化数据源，实现冗余备件库存金额降低1027万元。以基于作业的辅材定额迭代优化为核心，建设辅材选型统控、定额标准搭建、订货自动执行、消耗智能分析，实现辅材选型审准与实际消耗的全价值链闭环管理，降低辅材成本600万元以上。

在营销领域，持续推动营销工作台业务孪生，完成全部16条L3流程的设计与上线。总结营销数据工作九步法，治理指标97个、业务对象45个、数据模型128个，被财务、生产、质量等多部门调用，上线自助分析报告47个，全面实现报告线上化。持续提升自主化研发能力，实现营销全领域自主研发。

在企业运营领域，构建HR(人力)员工工作台，上线招募配置等9个业务模块和员工信息、员工能力、员工发展、员工绩效、员工薪酬激励等5个能力中心。完成国资国企在线监管平台建设。搭建新差旅平台，实现出差申请、资源预订、差旅报销和财务结算等一站式服务。构建成本标准模型，自动识别降本机会214个，降本超过300万元；统一集团总部财务核算平台；建立预算、合同、验收单、发票等结构化模型，应用智能审核规则，提升财务共享核算效率；建立集团大司库，实现集团资金及金融资源统筹管理。

【履行社会责任】 2023年，中国一汽在“创领人·车·社会美好未来”责任理念的指引下，紧密围绕企业基础责任、利益相关方责任和社会责任，不断强化责任管理，持续深化责任实践。2023年，中国一汽对外捐赠投入1.54亿元，落实做好定点帮扶、对口援藏工作任务，助力超过10万名脱贫群众稳定脱贫；开展红旗梦想自强班等公益项目，助力社会和谐发展；驰援京津冀吉黑抗洪救灾、积石山抗震救灾及灾后重建，与灾区人民共克时艰。中国一汽连续第6年获得中央单位定点帮扶工作成效考核最高评价“好”，被授予民政部第十二届“中华慈善奖”等荣誉。

（撰稿人：孟媛媛）

东风汽车集团有限公司

【基本概况】 东风汽车集团有限公司(以下简称东风公司)是以汽车制造、销售、服务和技术研发为主业的商业一类中央企业。主要业务涵盖全系列商用车和乘用车、汽车关键总成和零部件、汽车装备及汽车相关服务业务。截至2023年底，东风公司有从业人员12.1万人。

经中国机械工业联合会组织鉴定，东风公司“东风C系列高效汽油机关键技术研究及应用”项目整体技术达到国际先进水平，其中基于机油、冷却液流量和温度控制架构的智能热管理技术以及基于积碳模型的喷油器自清洁控制技术达到国际领先水平。2023年，“东风C系列高效汽油机关键技术研究及应用”获得2023年度中国内燃机学会科技进步奖一等奖。东风公司智能驾驶、新能源汽车、商用车动力等方面关键技术的8项科技成果获得中国汽车工程学会科学技术奖，其中1项成果获得科技进步奖一等奖、3项成果获得科技进步奖二等奖、4项成果获得科技进步奖三等奖。

【主要指标】 2023年，东风公司加快转型升级，完成新能源品牌、平台及产品战略布局，销售汽车242万辆。其中，新能源汽车销售52.4万辆，比上年增长4.3%，销量规模在三家汽车央企中排名第一，销量占比比上年提升4.4个百分点；商用车业务稳步回升，销售51万辆，比上年增长14%；海外市场快速增长，出口23.1万辆，比上年增长15.4%。

表1　2023年东风汽车集团有限公司主要经济指标

项　目	2022年	2023年	比上年增长(%)
资产总额(亿元)	4017.00	4124.95	2.69
所有者权益(亿元)	1896.25	1827.13	−3.64
营业总收入(亿元)	2393.96	2187.33	−8.60
利润总额(亿元)	141.28	−51.89	−136.70
净利润(亿元)	112.25	−63.48	−156.60
归属于母公司所有者的净利润(亿元)	81.51	−27.03	−133.16
技术开发收入(亿元)	112.22	96.08	−14.38
利税总额(亿元)	202.10	111.37	−44.89
应交税金总额(亿元)	180.90	166.73	−7.84

续表

项　目	2022 年	2023 年	比上年增长(%)
全员劳动率[万元/(人·年)]	62.59	38.39	−38.66
净资产收益率(%)	6.13	−3.41	减少 9.54 个百分点
总资产报酬率(%)	3.73	−1.04	减少 4.77 个百分点
国有资本保值增值率(%)	109.02	103.81	减少 5.21 个百分点

【改革发展】 2023 年，东风公司实施东风乘用车新能源"跃迁行动"。对东风自主乘用车事业进行重大管理体制调整。其核心是：东风公司总部直接运营东风自主乘用车事业，集团一体化管理"东风"品牌旗下的东风风神、东风 eπ、东风纳米等三大产品系列品牌，举全集团之力发展"东风"品牌。实现商企集中、制造集中和营销集中。东风公司成立乘用车销售有限公司和乘用车制造总部，统一负责三大产品系列品牌的营销、制造工作。

实施新车型项目管理体制机制优化，推动 PM(车型项目总监)制管理转型，匹配相对应的责权利。打破以前上级管下级的垂直化管理模式，强化横向支撑，实施矩阵式管理。PM 作为甲方，与作为乙方的项目副总监，作为乙方的零部件、金融等支持单位，作为乙方的公司人力资源部、战略规划与科技发展部、财务规划部、经营管理部等集团职能部门签对赌协议，拥有对乙方的考核权，真正实现调动公司所有相关资源。加大对赌力度。新车型项目管理，不仅管理新品上市，而且管理其全生命周期，包括小改款、大改款，对新车型全生命周期负责。

实施新能源"跃动工程"。成立研发总院，构建"1＋n"研发体系，聚焦新能源转型升级，深度整合集团研发体系及研发资源，全面提升研发效能。"1"即研发总院，在原技术中心的基础上，调整成立科技规划中心、先进材料与先行技术研究中心、软件工程研究中心、造型设计中心等 7 个中心。研发总院承担全集团乘用车的技术规划及研发工作，负责造型、架构、动力总成、智能软件、先进材料、验证等通用技术开发，并建立技术储备货架，实现从技术生产到落地的全环节管理与执行；并直接负责东风乘用车公司、猛士汽车科技公司的产品开发。"n"即各事业单元研发力量，在研发总院统一管理下，承担上装开发及适应性开发等任务。"1＋n"的研发体系，通过资源整合，推动体系、流程、标准、信息系统、工具等技术底层逻辑一体化，实现乘用车、商用车、零部件技术发展的统一规划、集中研发、资源共享。

【重大项目】 2023 年，东风公司强化中央企业科技攻关责任担当，国拨课题年度牵头申报数量再创新高。全年参与申报科技部自然科学基金 1 项、重点研发计划 3 项(牵头 3 项)；工业和信息化部专项 2 类(链主、高质量专项)8 项；获批工业和信息化部链主项目、高质量发展专项各 1 项；科技部国家重点研发计划"新能源汽车专项"2 项。截至 2023 年底，东风公司承担国家重大科技任务 50 项，其中国务院国资委"1025 专项"16 项(一期 12 项、二期 4 项)，科技部自然科学基金 4 项，国家重点研发计划 16 项，科技创新 2030 重大专项 1 项，国家发展改革委及工业和信息化部专项任务 5 项，湖北省科技计划 8 项。

【走向海外】 2023 年，东风公司出口汽车 23.1 万辆，销量目标达成率 101.6%。东风风神成功开拓南美、中东等市场，东风风神皓极、奕炫等车型广受好评，相关产品进入阿曼、阿联酋等国。东风岚图成功进入挪威、芬兰、丹麦等国市场。东风猛士首款产品猛士 917 开展海外适应性试验，并通过海湾目击认证试验。东风柳州汽车有限公司在德国慕尼黑车展首发亮相 4 款新能源车型，其纯电新能源产品首次大批量出口海外市场。11 月 3 日，东风柳汽中亚市场海外 KD(散件组装)工厂成立，首台 T5 产品在海外 KD(散件组装)工厂正式下线并顺利通过所有测试。东风商用车打造海外版东风天龙 GX、东风天龙 KL 等"明星商品"，在东南亚、中亚、非洲、美洲以及欧洲等区域市场取得突破性增长。2023 年，东风商用车海外销量超过 1.2 万辆，比上年增长 200%。

【重大创新】 2023 年 3 月 12 日，东风公司威孚分布式轮毂驱动乘用车示范运营项目全球首发仪式在江苏无锡举行，创造"5 项第一"：全球第一个轮毂电机乘用车公告、全球第一个轮毂电机乘用车示范运营项目、中国首个分布式驱动技术品牌商标注册(AnyDrive)、行业首创"前集中+后轮毂"三电机四驱构型、国内首个搭载轮毂电机的新能源汽车推广应用推荐车型。

东风零碳动力首代氢气发动机发布,行业率先达成45%热效率;攻克高速电机关键核心技术,转速突破25000转/分;完成BMS(Battery Management System,电池管理系统)/MCU(Motor Control Unit,电机控制单元/电机控制器)自主化开发,推动S架构车型全面搭载并推广到集团。全新开发的IVI 2.0座舱域控平台,获得China SAE(China Society of Automotive Engineers,中国汽车工程学会)2023智能座舱领先科技成果;通过系统模块化和标准化开发,实现智能驾驶模块开发周期平均缩减15%以上,最高实现降低成本30%以上。

申报并推进国务院国资委、工业和信息化部等科技攻关项目,6项成果入选中央企业科技创新成果产品手册;全年获得发明专利授权2816件,比上年增长15.88%。

【党建工作】 2023年,东风公司党委持续学习贯彻党的二十大精神和党的创新理论,东风公司《梦想与远征》获得中央企业党的二十大精神基层理论宣讲微视频优秀奖。单位立项课题30个,"发挥思想政治工作铸魂凝心聚力作用研究"入选央企政研会重点立项课题,课题成果在中央企业政研会、机械政研会、湖北省委党校分享经验。2项研究成果编入《新时代中央企业思想政治工作创新案例选编(2022)》,2项课题获评2021—2022年度机械行业政治思想文化工作建设特色案例、优秀案例。2023年,东风公司宣传思想工作经验做法2次在国务院国资委交流发言、3次在《宣传工作》简报刊登、12次在国务院国资委《中央企业海外宣传工作情况》简报刊发。

推进全面从严治党、加强党风廉政建设和反腐败工作。2023年,联合地方纪委监委对26名公职人员依法采取留置措施,严肃查处制约公司高质量发展的重点领域腐败问题。坚持作风与腐败同查同治,全年查处违反中央八项规定精神问题131人,处分63人,处理68人。推进中央巡视反馈问题整改,制定推动巡视整改再巩固、再提升方案,整改措施取得阶段性成效178项,形成制度性成果154项。

推进企业文化建设。2023年,直播开展第九届"最美东风人"评选,34部微纪录片展示东风人奋斗事迹,超过20万人次点赞转发。"培育研发人的家国情怀""开展员工精神家园建设"2个案例入选《中央企业思想政治工作创新案例选编》。

2023年,东风公司工会鼓励员工岗位成才,2人获评"全国技术能手"、1人获得全国第二届职业技能大赛优胜奖、2人获得湖北省第二届"鄂有绝活"技能大赛"最佳绝活奖";34项员工创新成果获得全国机械冶金建材行业职工技术创新成果奖;2项成果获评湖北省2023年全省职工百优"五小"成果。公司团委开展团员和青年主题教育,推进青年精神素养提升工程,全年获得省级以上个人或集体荣誉19项。

【信息化与数字化建设】 2023年,东风公司根据国务院国资委国有企业数字化转型要求,建成公司主数据中心,为20多家单位200多个项目提供上云服务,初步形成研发云、智能汽车云、金融云等7朵云的格局。3月,发布《东风数字平台管理办法》,按照"挑战320"目标完成东风云底座上线发布。全年建设并发布8类70余项服务,基本满足公司各二级单位应用上云需求;截至2023年底,34家下属单位入驻/使用东风云底座,总体上云率33%,比上年提高18个百分点。全年贯彻落实网络攻防实战演习、等保(按不同等级采集的网络保障安全措施)工作落实、网络安全意识宣传贯彻、应急预案演练风险处置及重保(重点保障)支持五项工作,侧重网络安全体系建设以及与二级单位的协同,达成公司无重大网络安全事件发生目标。

【履行社会责任】 2023年5月,东风公司助力新疆柯坪县开展"工厂化种植无土栽培牧草助力畜牧业现代化发展的探索与实践",入选国务院国资委社会责任局评出的"中央企业助力乡村振兴优秀案例"。8月,东风公司向新疆柯坪县捐赠1000万元专项资金,用于支持柯坪县乡村振兴产业发展,进一步增强群众民生福祉。10月,由东风公司、中国青年创业就业基金会、东风公益基金会联合主办,郑州日产、岚图汽车、东风风神、东风日产、东风本田协办的第六届"东风梦想车"圆满收官,大赛吸引海内外48所院校的优秀团队集结，创造出凝聚智慧与创想的作品183件。面对京津冀洪灾、甘肃地震两次重大自然灾害，东风公司携旗下东风商用车、东风本田、东风日产、岚图汽车、东风股份、郑州日产、东风柳汽、神龙公司捐赠款物4500万元。东风公司持续加大消费帮扶工作力度，先后参加国务院国资委组织的"央企消费帮扶迎春行动""央企消费帮扶兴农周""央企消费帮扶聚力行动"等专项活动，消费帮扶金额1.1亿余元(含帮助销售)。

2023年11月，由中国社会责任百人论坛、责任云研究院主办的第六届北京责任展暨《企业社会责任蓝皮书(2023)》(以下简称《蓝皮书》)发布会在北京召开。《蓝皮书》显示，东风公司社会责任发展指数综合评分88.4分，排名"国有企业100强指数"第5位、"中国企业300强指数"第7位。12月，民政部发布《2023年全国性社会组织评估等级公告》，东风公益基金会获评"4A级社会组织"。

(撰稿人：陈　茜)

中国一重集团有限公司

【基本概况】 中国一重集团有限公司(以下简称中国一重)前身为第一重型机器厂，是毛泽东同志提出建设，周恩来同志誉为"国宝"，习近平总书记称为"中国制造业第一重地"的"一五"期间156项重点工程项目之一，始建于1954年，是中央管理的涉及国家安全和国民经济命脉的国有重要骨干企业之一，是国家创新型企业、国家技术创新示范企业，拥有国家级企业技术中心、国家工程研究中心、国家能源重大装备材料研发中心。中国一重主要为我国钢铁、有色、电力、能源、汽车、矿山、石油、化工、交通运输等行业及国防军工提供重大成套技术装备、高新技术产品和服务，并开展相关的国际贸易。主要产品有核岛设备、重型容器、大型铸锻件、专项产品、冶金设备、重型锻压设备、矿山设备和工矿配件等。

作为新中国第一个重型机器厂，70年来，中国一重始终秉承"发展壮大民族装备工业，维护国家国防安全、科技安全、能源安全、产业安全和经济安全，代表国家参与全球竞争"的初心和使命，深耕实体经济，开发研制新产品435项，填补国内工业产品技术空白534项，提供重大装备近600万吨。创造数百项"第一"。通过国产化和替代进口累计为国家节省大量资金，不仅解决我国重大技术装备"有无"问题，打破关键核心技术"要不来、买不来、讨不来"的困境，而且实现从"跟跑"到"并跑""领跑"的转变。

近70年的发展历程中，中国一重始终坚守国家重大技术装备产业链"最上游"，围绕打造"第一重地"，肩负起为新中国工业化、现代化建设提供重大技术装备的历史重任，致力于打破国外技术垄断与技术封锁，把企业的技术、装备、制造及人才优势转化为国家竞争力和全球产业话语权，在重大技术装备领域"啃最硬的骨头"，为国家实施一系列重大工程建设提供关键成套设备和基础材料保障。

2023年，面对内外部形势严峻复杂、不确定性因素增多的情况，中国一重深入学习贯彻习近平总书记重要讲话重要指示批示精神，扎实开展学习贯彻习近平新时代中国特色社会主义思想主题教育，全力配合二十届中央第二轮巡视工作，努力克服多重不利因素带来的巨大冲击，持续深化改革，强化创新驱动，在保持战略定力中把握战略主动，在把握战略主动中推进各项工作，取得一些阶段性成绩。

【主要指标】

表1　　2023年中国一重集团有限公司主要经济指标

项　目	2022年	2023年	比上年增长(%)
资产总额(亿元)	576.66	546.81	−3.67
所有者权益(亿元)	211.74	171.73	−18.90
营业收入(亿元)	446.25	322.56	−27.72
利润总额(亿元)	16.47	−51.66	−413.66
净利润(亿元)	10.15	−47.36	−566.60
归属母公司所有者的净利润(亿元)	1.17	−27.71	−2468.38

续表

项　目	2022 年	2023 年	比上年增长（%）
技术研发投入（亿元）	9.93	7.14	－28.10
利税总额（亿元）	27.87	－42.53	－252.60
应交税金总额（亿元）	18.10	11.55	－36.19
全员劳动生产率［万元/（人·年）］	38.09	－8.68	－122.78
净资产收益率（%）	4.81	－24.87	减少 29.68 个百分点
总资产报酬率（%）	4.28	－8.11	减少 12.39 个百分点
国有资本保值增值率（%）	104.64	77.78	减少 26.86 个百分点

【改革发展】　一是发展战略更加清晰。聚焦深入贯彻落实国家重大战略，结合企业实际，形成中国一重《2023—2027 年发展战略规划》，明确未来一段时间"13691"发展战略。即坚持一个愿景，牢记"中国制造业第一重地"的使命担当，着力打造成为具有全球竞争力的世界一流产业集团；聚焦国之大者、围绕国家战略，在建设现代化产业体系、构建新发展格局中充分发挥科技创新、产业控制、安全支撑三个作用，持续放大企业战略功能价值；紧密围绕高端装备、专项产品、高端材料、工程与国际贸易、现代制造服务业、新能源开发与利用六大产业，积极布局战略性新兴产业及未来产业，构建"6＋1"产业布局；持续深入开展科技创新、改革提升、成本领先、质量提升、数智转型、价值创造、品牌引领、人才强企、党建保障等九大行动；在"质"的有效提升和"量"的合理增长的基础上，着力提升企业核心竞争力和增强核心功能，做强做优做大中国一重，牢牢守住不发生重大风险的底线。二是管理基础和措施更加扎实。聚焦经营管理重点及薄弱环节，强化顶层设计，制定发布中国一重 2023—2025 年改革深化提升行动、价值创造行动、质量提升行动、成本领先行动、数智转型行动、品牌引领行动等工作方案，相关工作任务更加明确。资金集中管理力度进一步强化，资金集中度和资金结算率均在 99%以上，财务效能得到提升。严肃财经纪律，严格规范收入确认和成本结转，企业资产得到进一步夯实。三是"两项攻坚战"取得阶段性成效。全年实现生效订单 492.3 亿元，其中装备制造业务生效订单 299.7 亿元，比上年增长 3.4%。全年累计清理各类陈欠应收账款 14.82 亿元、积压存货 3.59 亿元。"两金"总额较期初下降 15.86%。扎实推进降本提质，累计降低各类成本 9.75 亿元。有效降低工序不合格品率，产品质量损失比上年下降 14.22%。四是启动实施改革深化提升行动。集团公司成立公司治理部、市场部，组建专项产品领导小组及专项办公室。整合优化内部资源，调整大连工程技术与天津重工锻压装备研发职责，推动天津重工形成研产供销服核心功能，提升核心竞争力。优化"人才新政 47 条"，完善高层次人才分类目录，全年引进高校毕业生、技能岗位、在职人才等 464 人，比上年增长 17.2%。深入实施学历能力双提升行动，与哈尔滨工业大学、西北工业大学等开展同等学力申硕申博，与大连理工大学、哈尔滨工程大学等开展工程管理硕士联合培养。修订下发集团公司《科技奖励办法》，制定发布集团公司《关于强化科技创新的指导意见（创新发展 39 条）》。

【重大项目】　2023 年，中国一重重大投资项目取得积极进展，150T 电渣重熔炉项目完成局部热调试，常州新材料项目成功实现试生产，1.6 米垂直铸机项目、一重酒泉项目进入设备安装和调试阶段，铸锻钢产能提升项目投入使用，高炉项目合资公司注册成立，黑龙江省新能源集团有限公司正式成立，龙江 30 万千瓦风电项目竣工，全年获批风资源开发指标 270 万千瓦。签订 6 台"华龙一号"核反应堆压力容器，市场占有率提升至 86%。中标 3 套中广核主管道，市场占有率提升至 30%。高端冶金成套设备订货比上年增长 32.8%，热轧、中厚板轧机市场占有率均提升至 60%。电站产品订货比上年增长 21%，大型火电锻件市场占有率提升至 45%。成功中标 2400 毫米铝板热连轧等国产化首台（套）合同，签订智慧鑫峰再生铝合金高端智能化产业项目等工程总包合同，实现从提供设备到整线集成方案的新突破。扎实推进攻关促产，国家重大项目节点全部按期完成，3 台世界最大 3000 吨级浆态床锻焊加氢反应器全部完工交付。

【重大创新】　一是科技创新取得新成果。高质量提前完成“1025工程”二期项目全部攻关任务。1项国家专项、2项核电重大专项、1项黑龙江省“百千万”工程项目顺利验收。积极承担国务院国资委未来产业攻关项目、工业和信息化部产业基础再造和制造高质量专项项目、科技部国家重点研发计划等10项攻关任务。二是关键核心技术取得突破。成功研发“玲龙一号”反应堆核心模块，实现模块化小型堆技术创新领先和核电重大技术装备关键突破。首创“1+8”宽幅不锈钢热连轧生产线工艺配置，突破世界热轧不锈钢薄板薄宽规格极限。成功研制世界最大直径12米轻合金环轧机、世界最大500MW冲击式转轮全尺寸轮毂及水斗锻件、全球首台自主研发3500KJ液压打桩锤替打系统核心部件。三是创新发展成果持续汇集。“宽幅不锈钢薄带热连轧关键技术研发与成套装备研制”项目获得机械工业特等奖、中国“好设计”金奖。集团公司先后获得6项省部级科学技术奖，知识产权授权123件。股份公司入选国家级服务型制造示范企业名单。专项装备入选国务院国资委创建世界一流专业领军示范企业。四是科技创新激励机制扎实推进。修订下发集团公司《科技奖励办法》，设立科技成果奖、科技创新团队奖、卓越个人奖、菁英奖等，奖项设置及比例进一步优化提高。制定发布集团公司《关于强化科技创新的指导意见（创新发展39条）》，更大范围激发创新发展积极性。中国一重“重型高端复杂锻件制造技术变革性创新研究团队”获得首届“国家卓越工程师团队奖”。

【党建工作】 2023年，中国一重高质量开展主题教育，举办党的二十大精神专题培训班和主题教育读书班，累计组织集中学习693场次。扎实开展习近平总书记视察中国一重总部基地5周年和视察大连核电石化基地10周年系列活动。基层党建基础更加夯实，深入推进“党建+”融合模式，六类创新工作室完成基层创新课题326项，“百万一重杯”劳动竞赛攻克重难点项目553项，中央企业党建考核连续5年获评A级。宣传及群团工作成效显著，开设“创佳绩　建新功”等宣传专栏，主题教育成效登陆中央电视台《新闻联播》。集团公司34个集体和个人被授予“全国工人先锋号”“全国青年文明号”“全国五一劳动奖章”等称号。全面从严治党深化拓展，认真接受中央巡视“政治体检”，对反馈的7个方面问题进行立行立改。制定集团公司巡视巡察工作五年规划，完成对2家直属党组织和19家基层党组织巡视巡察工作。深入开展纪检监察干部队伍教育整顿，有序推进境外腐败专项治理和“两个专项治理”。严肃执纪问责，累计受理信访举报68件次，立案处分11人次，给予诫勉、组织处理30人次，有力发挥惩治震慑作用。积极为职工办实事，实施集中休年休假、拓宽休疗养范围、富区厂区环境改造等一批惠民举措落实落地，职工获得感、幸福感、安全感进一步提升。统战、信访、保密、离退休、社会服务、武装保卫等也发挥积极作用。

【信息化与数字化建设】 一是多措并举，培育数字化转型新动能。强化顶层设计，编制并印发《中国一重集团有限公司数字化转型2023—2025年行动方案》。强化制度建设，健全集团公司信息化和档案管理制度，编制并印发集团公司《信息化管理制度》《信息安全管理制度》《数据标准管理办法》《档案管理制度》。强化上下协同，发挥各单位数字转型办公室作用。强化技术攻关，开展“揭榜挂帅”技术攻关活动。开展装备制造业数据治理体系研究与建立、RPA机器人流程自动化技术研究与应用、GeneXus16开发应用、IPv6及国产化，以及数据仓库（DWS）、数据湖（MRS）研究5个创新课题的技术攻关，将技术攻关成果应用到具体项目中。强化体系建设，完成两化融合管理体系年度监督审核。强化氛围营造，开展各类信息化宣传活动。提高全民数字素养能力，增强全员网络安全意识。强化对外交流，积极开展业务交流并申报项目。集团公司获得全球商业创新大会“数智化领先企业”奖。炼钢厂被评为“黑龙江省数字化（智能）示范车间”。二是加快步伐，推进重点项目落地实施。推进集团公司司库系统建设，进一步提高司库系统环境的安全性。推进国资监管平台实施，完成境外应急指挥中心系统、三重一大决策和运行监管系统深化应用等五大系统建设。推进数据治理项目建设，开展数据治理工作，完成数据治理体系规划。推进大型铸锻件工艺技术及质量控制专家系统建设。推进设计工艺一体化（PLM）平台实施。推进营销信息化系统实施，持续优化CRM与OA审批流对接功能。推进资产管理系统建设。三是持续改进，推进业务系统优化升级。综合办公类系统优化，运营管控类系统优化，制造执行类系统优化。四是加强协同，推进二级单位数字化转型。建立健全信息化统一管控的制度规范；推进5G＋工业互联网平台建设，推进大型铸锻件工艺技术及质量控制智能专家系统（标段三）建设；以大数据为驱动，打造大型铸锻件数字化研发平台，全面推广数字化设计平台应用，引领行业创新发展；建设金融基础数据报送系统、投资管理信息化系统，推进贸易数字化供应链平台建设。五是加强防护，保证网络安全可靠运行。保障重保期间网络安全，加固网络安全技术防护措施，推进国产化替代工作，强化运行保障工作。六是提升管理，加强档案基础业务建设。公司数字档案馆建设项目进入测试数据阶段，项目总体以《数字档案馆建设指南》为参考，对标国家企业数字档案馆建设试点单位，采用先进的技术架构和技术手段，建立一个覆盖一重总部及各级单位，与业务系统全面集成，满足各级单位档案现代化管理，提供便捷利用服务，全公司一体化的档案管理平台（即中国一重数字档案馆系统），为生产、管理、经营提供有力的信息资源支撑。

【履行社会责任】 2023年，中国一重认真贯彻落实党中央、国务院及国务院国资委关于帮扶具体工作要求，将定点帮扶工作作为重要的政治任务进行部署落实，尽力而为、量力而行，按照“四不摘”要求，坚持“靶心不变，力度不减”，召开常委会，专题研究帮扶工作，有针对性地制定帮扶计划，集团公司董事长、党委书记徐鹏，董事、党委副书记隋炳利分别赴安徽泗县调研指导，各项工作取得显著成效。全年投入帮扶资金2580.61万元，其中无偿帮扶资金779.45万元、有偿帮扶资金1801.16万元，是2022年的225%，全面完成定点帮扶计划，脱贫攻坚成果持续巩固，乡村振兴持续推进。扶持龙头企业3个、农村合作社1个，帮助转移就业人员192人，打造乡村振兴示范村1个。培训乡村振兴带头人15人、专业技术人员81人、基层干部568人次。在中国一重的帮扶下，4位泗县村民做了人工耳蜗植入手术，彻底告别“无声世界”，走进幸福“有声世界”。

（撰稿人：李玉龙）

中国机械工业集团有限公司

【基本概况】 2023年，中国机械工业集团有限公司（以下简称国机集团）坚持以习近平新时代中国特色社会主义思想为指导，坚决贯彻落实习近平总书记重要指示批示精神，高标准推进主题教育，积极配合中央巡视工作，牢牢把握高质量发展首要任务，坚持“锻造国机所长，服务国家所需”，不断做强做优主责主业，全力防范化解重大风险，高质量完成集团“十四五”规划中期调整，全面启动新一轮改革深化提升行动，做到“两个维护”、服务“国之大者”的责任感使命感显著增强，增强核心功能、提升核心竞争力的紧迫感主动性明显提高，改革发展和党的建设各项工作取得新进展新成绩。

2023年，国机集团实现新签合同额4542.6亿元，合同成交额4209.8亿元。截至2023年底，国机集团累计实现进出口总额1212.7亿元，其中进口额663.1亿元、出口额549.6亿元。综合业绩方面，居2023年《财富》“世界500强”第279位、“中国500强”第82位；国际工程设计方面，居ENR“国际工程设计公司225强”第64位；国际工程承包方面，居ENR“全球250家最大国际承包商”第33位；在国务院国资委考核中，国机集团获评中央企业业绩考核A级企业。

【主要指标】

表1　2023年中国机械工业集团有限公司主要经济指标

项　目	2022年	2023年	比上年增长（%）
资产总额（万元）	3559.23	3254.21	－8.57
净资产（万元）	1170.85	1012.47	－13.53
营业总收入（万元）	3439.12	3290.58	－4.32
利润总额（万元）	34.88	72.86	108.90
技术开发投入（万元）	94.55	97.24	2.85

续表

项　目	2022年	2023年	比上年增长(%)
利税总额(万元)	146.37	182.95	24.99
EVA值(万元)	-14.23	32.39	—
全员劳动生产率[万元/(人·年)]	29.70	34.40	15.82
净资产收益率(%)	1.09	4.40	增长3.31个百分点
总资产报酬率(%)	1.83	2.84	增长1.01个百分点
国有资本保值增值率(%)	100.40	108.30(最终以国资委批复为准)	增长7.90个百分点

【改革发展】 国企改革三年行动高质量收官。2023年2月，国机集团召开集团改革三年行动总结大会。完成“双百企业”“科改企业”扩围调整，3家企业新纳入专项改革范围。2023年，国机集团审批实施的激励项目17项，激励总人数615人。发布《集团对下属五家重要子企业实施差异化授权管控方案》，对国机集团所属二级企业中的管理标杆企业、“双百企业”“科改企业”董事会在中长期发展决策、投资决策、资产处置决策3个方面，适度开展差异化授权，进一步深化现代企业公司治理。在国务院国资委关于国企改革三年行动的考核中，国机集团被评为A级；7家“双百企业”“科改企业”专项考核全部为“标杆”“优秀”。

统筹推进“十四五”“瘦身健体”专项。根据国机集团“十四五”“瘦身健体”工作方案，从优化机制、把控关键点、拓宽处置渠道、强化与下属企业国机资产协同等方面大力推进“瘦身健体”工作。完成“瘦身健体”企业名单动态调整，建立和完善“瘦身健体”考核机制。首次在北京产权交易所召开国机集团资产推介专场活动，并在北京、上海、广东、深圳等产权交易所开设“国机集团资产推介专栏”拓宽处置渠道。截至2023年底，国机集团法人户数压减至1000户以内。

深入推进改革深化提升行动。全面启动国机集团新一轮改革深化提升行动，聚焦提高企业核心竞争力，推进企业高质量发展，制定《国机集团改革深化提升行动实施方案(2023—2025年)》及工作台账。召开改革深化提升行动启动会议，对新一轮改革深化提升行动进行动员部署和系统培训。集团下属二级企业及“双百企业”“科改企业”结合改革深化提升的要求，制定改革深化提升方案及台账。

积极开展外部战略性重组，持续推进内部专业化整合。2023年，国机集团对昆明电器科学研究所实施重组，弥补国机集团在高原电工检测领域空缺；下属企业国机精工整合所属超硬材料业务资产，与河南省国资合作组建国机金刚石(河南)有限公司；整合内部特检业务资源，组建国机特种设备检验有限公司；完成中国海航、中机六院、中国自控等企业股权注入国机工程集团，完成CEMC内资股实缴注入国机工程集团，有效推进国机工程集团“实体化”运作。

完善管理体系，提高投资工作效率。优化投资管理制度体系，牵头制定并下发《投资项目申报文件规范指引(试行)》，确保项目信息完整准确，提升审查效率；制定并下发《中国机械工业集团有限公司参股管理办法》，收回二级企业参股投资决策权，强化参股投资决策统一管理；扩大对二级企业投资的授权，深化国有资本投资公司试点改革；优化投资信息管理系统，加强投中投后信息化监管。加强投资项目闭环管理，加强投中监控，2023年投资计划完成率提升至85.40%，比上年上升48个百分点；深化投后管理，选取5个境外项目开展投资后评价，并开展后评价典型案例汇编工作，分析总结投资经验。强化投资资源支撑，围绕核心制造主业，建立涵盖半导体装备、高端工业母机等关键领域的投资并购项目库，构建国机集团、并购主体和国机资本三方联动机制，以优化资源配置。严格落实专项整治工作，加强参股等专项工作开展力度，进一步规范流程，并建立长效机制。

【重大项目】 2023年，国机集团积极服务国家战略，以国之重器服务国家重大工程。国机重装自主研制的世界最大单机容量500兆瓦级高水头大容量冲击式水轮机超大型转轮中心体锻件实现交付，承担的汉钢3500毫米、陕钢3500毫米、首套宽幅高端冷轧1450毫米二十辊冷轧机组等项目投入使用。一系列重大装备成果为提升我国装备制造自主可控能力，保障产业链、供应链安全提供有力支撑。

持续提升农机装备制造水平，护航国家粮食安全。国机集团积极承担国家发展改革委、农业农村部多项农机关键技术攻关任务，推动解决陡坡拖拉机、收获机械等装备研发难题，农机装备研发能力不断提升。一批农机新产品逐步推向市场，自主研发生产的东方红MH904M、MH804M、MH704M丘陵山地拖拉机通过河南省农业机型技术推广总站的农业机械推广鉴定，填补国内丘陵山地专业型拖拉机产品的空白；LX1904－E、LX2004－M、LN2004 3款拖拉机在使用过程中不用添加尿素，降低操作难度和减少购机成本；采用欧盟标准自主研发生产的YTO－NMF554、YTO－NMF704C、YTO－NLY1154型拖拉机能满足非道路欧Ⅴ排放标准，技术和产品性能均达到国际领先水平；新一代东方红智能拖拉机2.0成功下线，该机具有智能掉头、自动耕深保持、一键提升＋翻转、定速巡航等多种功能，能解决农业劳动力短缺问题。中国农机院自主研制的番茄选择性采摘机器人、自走式蓝莓收获机，中国福马的油菜毯状苗联合移栽机等填补我国在相关机械化采收作业装备的空白。

持续培育国机特色优势装备产品，打造"专精特新"企业集群。中国二重联合申报的"800MN大型模锻压机"项目获得2023年中国"好设计"金奖。该项目通过技术创新，发明超大惯量活动横梁行程瞬态补偿与同步平衡技术，自创多缸并联驱动、主—被动混合同步平衡控制模型等多项关键技术，填补国内关键大型模锻件领域的技术空白，提高大型航空模锻件研制的国产化水平。国机重装华龙反应堆压力容器冷却剂泵泵壳、1000兆瓦级高标准大型水电铸锻件、航空级铝合金板材拉伸装备获得全国机械工业产品质量创新大赛金奖。中国福马下属林海集团的T－BOSS系列节能环保型多功能全地形车获得"合力杯"优秀奖。中国海航下属中海云科公司获评北京市"专精特新"中小企业；中国二重下属万航模锻获评四川省"专精特新"中小企业。

坚持以国内大循环为主体，积极开拓国内市场。进一步深化央地合作，与上海电气集团、中国医药集团、中交集团、中国船舶集团有限公司等央企签署战略合作协议，分别在风光储氢新能源领域、推进中医药产业化、关键装备和零部件制造、国际化经营、设计咨询与工程承包、会展服务等领域开展全方位深度合作，以建立更加稳固的战略合作伙伴关系。与重庆市、南京市、杭州市、苏州市、德阳市等地人民政府签署战略合作协议，实现携手共赢，优势互补，促进共同发展。

【走向海外】 2023年，国机集团强化顶层设计，统筹"双循环"市场布局，推动协同发展，在102个国家和地区设驻外机构345家，稳步推进国际化经营。2023年，国机集团完成境外直接投资1.68亿元，涉及项目11个，涉及电力生产、园区管理、商业服务业等领域，主要集中在亚洲、欧洲和北美洲。

积极践行共建"一带一路"倡议，中白工业园建设取得新发展。一是深入落实习近平总书记指示批示精神。中白工业园是由国机集团作为大股东参与开发建设的中白合作共建丝绸之路经济带的标志性工程。2023年3月1日，习近平主席与白俄罗斯总统卢卡申科在北京共同签署《中白关于新时代进一步发展两国全天候全面战略伙伴关系的联合声明》（以下简称《联合声明》），进一步强调建设好中白工业园和加强两国经贸合作的重要性。国机集团积极贯彻落实《联合声明》，推进中白工业园高质量发展。2023年新入园企业26家，创历史最好纪录，入园企业总数120家。园区机械制造和医药医疗器械两个产业群快速集聚，协议投资总额14.4亿美元。二是持续推进园区建设。截至2023年底，园区建成一期8.5平方千米的基础设施，累计铺设园区道路33.3千米，形成经营性土地515平方千米。建成标准厂房10栋共9万平方米，出租率97.91％；办公楼出租率84.72％；住宅楼（156套）出租率98.72％。园区开发公司与欧亚经济联盟最大的电商平台之一Wildberries签署园区土地采购合同（涉及土地27平方千米，为园区最大面积土地交易），计划打造白俄罗斯规模最大的智慧物流项目。三是扎实做好重点项目运营工作。国机集团与白俄罗斯工业部签署合作实施计划并稳步开展务实合作。延续扩大经贸领域合作态势，推动产能合作快速发展，抢抓白俄实施工业产品进口替代机遇，积极引领国内企业开拓欧亚经济联盟市场。中白工业园运营和发展风险防范工作组专家工作会在国机集团顺利召开。探索园区创新发展“丝路电商”新业态新模式，打造以白俄为主的俄语区国家间重要贸易产品的展示与商务合作平台，不断拓展电子商务、绿色生态、数字经济等领域的互利合作。白俄罗斯政府官方独家授权、开发公司与入园企业合作开设的“白俄罗斯国家馆”在中国多个平台顺利运营，2023年销售额3200万元，全平台粉丝数量超过240万人。2023年10月，新华社推出专题报道《从十个大项目看“一带一路”倡议十年硕果》，中白工业园入选代表“一带一路”硕果的十大项目。

深耕海外市场，推动境外工程承包高质量发展。2023年，国机集团深入推进国机工程集团实体化改革，聚焦主责主业，推动境外工程承包业务高质量发展。新签一批重点项目，中设集团签署土耳其综合铝厂项目总承办合同、菲律宾卡兰巴市垃圾发电项目，中工国际签署乌兹别克斯坦亚青会体育场馆项目商务合同、巴拿马观花体育场项目EPC总承包合同。多个在实施项目取得重大进展，中设集团阿根廷贝尔格拉诺货运铁路改造项目一期完工，伊拉克萨拉哈丁2×630兆瓦燃油气电站项目两台机组同时获得PAC证书，中工国际印度尼西亚杰那拉塔大坝建设项目顺利开工。截至2023年底，国机集团境外在实施项目173个，涵盖电力、基础设施、水务和工业等行业。

落实国家战略，积极开展援外业务。2023年，国机集团践行央企责任担当，积极落实国家对外援助战略，充分发挥自身国际化经营和业务多元化优势，深度参与国家援外工程，为推动构建人类命运共同体作出应有贡献。国机集团参建的援赞比亚利维·姆瓦纳瓦萨医院等3个项目被商务部授予“援外成套项目优良工程”。中国农机院筹办14期援外培训项目，其中线上培训6期、来华培训7期、境外培训1期。中机六院承担项目工程设计和全过程管理工作的援喀麦隆国民议会大楼项目获得喀麦隆国民议会议长高度评价，中国中元设计和实行项目管理的援巴布亚新几内亚西太平洋大学项目通过竣工验收并移交。

【重大创新】 2023年，国机集团党委深入贯彻落实习近平总书记关于加快科技创新的重要讲话和指示批示精神，认真学习领会党的二十大精神，围绕推进科技自立自强，打造国家战略科技力量，对科技创新全局工作进行系统谋划。在建设高水平国家级科研平台、培育原创技术策源地、推进创新联合体建设运行、大力开展核心技术攻关、打造国家战略科技力量等方面取得多项成绩，为服务国家高质量发展发挥重要作用。

科技成果及产品。2023年，国机集团新增省部级以上科技创新及服务平台41个；获批筹建国家通用机械基础件创新中心等国家级科研平台；攻克机械密封服役性能演化机理、精密机床主轴轴承、橡塑密封数字化设计制造、风电齿轮箱密封等多项“卡脖子”关键技术；自主研发满足黄土丘陵地区作业的国内首台山地专用型拖拉机——东方红MH804，研制出国内最大400千瓦级大型自走式青饲料收获机，其技术水平国内领先，填补国内空白。中国重型院主持完成的“航空万吨级铝合金板张力拉伸装备”获得国务院批准设立的我国工业领域最高奖项——中国工业大奖。集团有48个项目获得机械工业科学技术奖，其中，合肥通用院、北起院、中国电研、中国一拖、郑州三磨所分别牵头的5个科研项目获得机械工业科技进步奖科学技术奖一等奖；中机试验参与的1个科研项目获得机械工业科学技术奖技术发明一等奖。《建筑振动荷载标准》《健康医院建筑评价标准》获得中国工程建设标准化协会标准科技创新奖一等奖，国机研究院获得卓越贡献奖。2023年，评选出中国机械工业集团科学技术奖奖励项目31项，其中一等奖4项、二等奖10项、三等奖17项，奖励个人245人。

专利、标准情况。2023年，国机集团申请专利2823件，其中发明专利1262件；获得授权专利2190件，其中发明专利878件。

科技成果转化。2023年，国机集团11项成果被纳入《中央企业科技创新成果推荐目录(2022年版)》。二重装备申报的“整锻转子中心体”等技术装备被纳入国家能源局《第三批能源领域首台(套)重大技术装备(项目)名单》。

标准、质量和资质管理工作。推动成立国际电工委员会医用低温存储设备项目委员会(IEC/PC130)并获批成为该委员会秘书处单位，成为我国承担的第12

个IEC技术委员会秘书处。中国电研牵头制定的1项国际标准发布实施。全年获得省部级以上质量荣誉67项。组织评定15项工程建设部级工法。19名专家纳入中国工程建设标准化协会标准审查专家库，4名专家入选中国建筑业协会鲁班奖评审专家库。105项高级别工程建设资质获得住房城乡建设部核准延续通过，包括4家工程设计综甲资质单位、4家工程监理综甲资质单位、2家工程勘察综甲资质单位、1家施工总承包特级资质单位及一批甲级、一级资质获得批复。

【党建工作】 2023年，国机集团党委坚持以习近平新时代中国特色社会主义思想为指导，深入贯彻落实习近平总书记重要批示精神，坚持党的全面领导，深入开展学习贯彻习近平新时代中国特色社会主义思想主题教育，牢牢把握新时代新征程集团的新使命新定位，“锻造国机所长、服务国家所需”，把握“三个总”、用好“两个途径”、发挥“三个作用”取得明确成效。

有效发挥党委把方向、管大局、保落实作用。不折不扣贯彻落实习近平总书记重要指示批示精神，健全完善“第一议题”“3＋3”制度体系，形成传达学习、研究部署、贯彻落实、跟踪督办、报告反馈、考核评估的工作闭环。加快完善中国特色现代企业制度建设，认真落实两个“一以贯之”重大原则，全面推进党的建设融入公司治理。完善“三重一大”决策机制，进一步厘清集团党委和董事会、经理层等其他各治理主体的功能定位、职责权限和工作方式，“一企一策”动态优化党委前置研究讨论重大经营管理事项清单，推动制度优势更好转化为治理效能。分类指导下属企业修订制度清单，引导企业更好聚焦主责主业，锻长板、补短板，更好服务国家重大战略。

紧扣主题主线，推进主题教育有力有效。按照“五个更加注重”“三个实实在在”重要要求，统筹衔接两批主题教育，主题教育得到中央指导组最高等级评价“好”。谋划部署扎实有序，落实中央部署要求，结合集团和企业实际，建立主题教育领导小组双周例会、指导组督导组周例会、领导小组办公室日调度机制，将各项工作安排到月、细化到周；推动落实结合实际，将主题教育与中心工作紧密融合，实践中形成“党课、联学、讲堂、研讨”四位一体的研学体系、“计划、指导、评估、反馈”四位一体的督导体系、“一课题一方案一专班一清单”的调查研究体系和前后衔接、上下联动的整改整治体系，扎实推进主题教育走深走实；服务发展取得实效，一批影响集团高质量发展的重点难点问题得以突破，干部履职能力明显提升，企业凝聚力向心力不断增强，两批主题教育910个问题清单和192个专项整治问题全部推进完成，解决问题1915个，建章立制898个，完成民生项目582个，开展党员志愿服务1184次，累计服务群众86110人。

融入中心工作，基层党组织和党员作用更加凸显。深入落实习近平总书记关于党的建设的重要思想，牢固树立大抓基层的鲜明导向，组织动员广大基层党组织和党员在建设世界一流企业新征程中发挥战斗堡垒作用和先锋模范作用。责任落实进一步强化，统筹集团党建工作总体布局，持续优化全级次企业党组织书记述职评议和党建考核评价体系，组织全级次混合所有制企业党建排查梳理和专项整改，开展“百千工程”，推进百个基层党支部示范选树培育、千个基层党支部规范提升，为推动企业党建优势向发展优势、竞争优势转化奠定坚实基础。融合提升进一步深化，坚持党建工作与生产经营深度融合，坚持“一企一工程”，深化基层党支部“党建＋”品牌创建，有效利用“岗区队”建设，聚焦主责主业，突出“融合提升”，形成《聚焦主责主业　增强核心功能　国机集团“贯彻落实党的二十大精神　做强做精主责主业”案例》《融合·提升·赋能　示范支部品牌创建活动案例》，支部战斗堡垒作用、党员先锋旗帜作用进一步凸显。

【信息化与数字化建设】 2023年，国机集团信息化与数字化工作顶层设计不断强化。强化网信工作顶层设计，印发《中国机械工业集团有限公司“十四五”网络安全和信息化建设规划》；规范集团信息化建设，印发《中国机械工业集团有限公司网络安全管理暂行办法》；强化组织保障，成立数字化转型及信息化建设领导小组，设立数字化转型办公室，注册成立国机数字科技有限公司，布局数据经济新赛道。

网络信息安全能力持续提升。统筹推进网络安全等级保护及网信安全通报工作，组织开展国机集团2023年网络攻防实战演习，完成2023年全国两会和杭州亚运会重保；加强人才队伍建设，提升自主可控能力，举办国机集团网络安全和信息化工作培训会暨网络安全万人培训中央企业专项培训国机集团专班（二期）。

信息化建设成效显著。落实“十四五”网信规划，全面开展“一中心三平台”建设，2023年4月集团通过国务院国资委组织的国资监管数字化智能化第一阶段验收检查，获评“良好”；积极落实“农机云”和“机械装备行业云”建设工作部署，积极培育落地场景，打造新型工业化产业集群，全力服务国家战略；集团涉密信息系统通过国家保密局验收，正式上线运行，集团涉密文件传输效率大幅度提升；集团协同办公平台OA、国机通、统一邮件等系统正式上线运行，全面协同、安全可控的大办公能力显著增强。

数字化转型亮点突出。集团各级企业积极落实“数字国机”工作部署，积极开展数字化转型工作，6个项目入选全国首届“国企数字场景创新专业赛”应用场景获奖名单；中国联合“智能工厂数字孪生系统融合技术”获得中国国际数字经济博览会工业互联网全国应用创新大赛一等奖；国机智能“iMOM智能制造运营管理系统助力国资央企高端装备智能制造转型升级”成果入选中央企业数字协同创新平台35项最佳实践成果。

【履行社会责任】 2023年，国机集团创新编制社会责任报告，讲好责任故事。编制发布《国机集团2022社会责任报告》（中英文版），生动体现国机集团发挥中央企业示范引领作用、践行责任使命、树立良好社会形象的责任行动，并获评“金蜜蜂2023优秀企业社会责任报告·长青奖三星级”。案例《以“授人以渔”理念，推动“一带一路”高质量建设》入选国务院国资委《中央企业海外社会责任蓝皮书》（2023）。

探索帮扶模式，高站位推动定点帮扶工作。2023年，国机集团深入贯彻落实习近平总书记关于“三农”工作的重要论述和指示批示精神，按照国务院国资委《2023年中央企业助力乡村振兴工作要点》要求，帮扶工作思路从脱贫攻坚阶段的“扶智力、扶志气、扶产业、扶民生”转为乡村振兴阶段的“规划引领、产业带动、农机赋能、人才支撑”，积极探索乡村振兴的国机帮扶模式；严格落实“四个不摘”要求，持续加大帮扶力度，在4个定点帮扶县（区）投入无偿帮扶资金3851.5万元，比上年增加150万元；引进各类帮扶资金2.9亿多元，比上年增长超过70%，引进企业实际投资金额比上年增长177%；培训乡村振兴带头人比上年增长111%，深入基层调研人次比上年增长34%，帮助转移就业人数比上年增长76%，集团内部招用脱贫劳动力数量比上年增长363%，建立帮扶车间数量比上年增长22%，打造乡村振兴示范点数量比上年增长33%。国机集团在2023年中央单位定点帮扶工作成效考核中获评最高等次“好”。

（撰稿人：陈　明）

哈尔滨电气集团有限公司

【基本概况】 2023年，哈尔滨电气集团有限公司（以下简称哈电集团）认真学习贯彻习近平总书记重要讲话重要指示精神和党的二十大精神，全面贯彻党中央各项决策部署，锚定建设世界一流装备制造企业的发展目标，坚定高端化、智能化、绿色化的发展方向，坚持设备制造商、系统集成商、运维服务商“三商”发展定位，构建新型电力系统、绿色低碳的驱动系统、清洁高效的工业系统“三个系统”产业布局，实施“三步走”的工作安排，聚焦装备制造主责主业，立足发挥专业特长优势，团结奋斗，攻坚克难，锐意进取，推进企业走上高质量发展快车道，为以中国式现代化全面推进中华民族伟大复兴作出积极贡献。

【主要指标】 2023年，哈电集团实现营业收入343.19亿元，比上年增长19.61%；利润总额10.92亿元，优于年度目标3.92亿元；净利润8.38亿元，优于年度目标4.38亿元；营业收入利润率3.35%，优于年度目标1.23个百分点。正式合同签约额506亿元，其中新型电力装备正式合同签约额262亿元，比上年增长50.4%；驱动装备正式合同签约额63亿元，比上年增长14.9%；工业装备正式合同签约额47亿元，比上年增长10%；工程承包与贸易正式合同签约额79亿元，比上年增长36.1%；现代制造服务正式合同签约额55亿元，比上年增长6.8%。

表 1 2023 年哈尔滨电气集团有限公司主要经济指标

项 目	2022 年	2023 年	比上年增长（%）
资产总额（亿元）	718.40	827.39	15.17
所有者权益（亿元）	204.54	231.22	13.05
营业收入（亿元）	286.92	343.19	19.61
利润总额（亿元）	6.01	10.92	81.89
净利润（亿元）	4.61	8.38	81.96
归属于母公司所有者的净利润（亿元）	1.84	4.50	144.58
技术开发投入（亿元）	15.94	18.58	16.57
利税总额（亿元）	20.09	25.11	24.95
应交税金总额（亿元）	15.36	15.88	3.37
全员劳动生产率［万元/（人·年）］	38.26	45.80	19.71
净资产收益率（%）	2.35	3.85	增加 1.50 个百分点
总资产报酬率（%）	1.08	1.57	增加 0.49 个百分点
国有资本保值增值率（%）	101.87	102.49	增加 0.62 个百分点

【改革发展】 2023 年，哈电集团认真贯彻落实党中央关于国有企业改革深化提升行动决策部署，坚持把改革深化提升行动作为推进管理提升、加快高质量发展的总抓手，制定实施方案和工作总台账，确定 11 个项目、127 项任务和 353 项工作举措。巩固提升国企改革三年行动成果，4 家“双百企业”“科改企业”获评“1 标杆 3 优秀”，哈尔滨电机厂有限责任公司、哈尔滨电气集团佳木斯电机股份有限公司、哈电集团哈尔滨电站阀门有限公司入选创建世界一流专业领军示范企业，全员劳动生产率 45.8 万元/（人·年）、比上年提高 19.71%。坚持市场化改革方向，全面推行经理层成员任期制和契约化管理，管理人员竞争上岗比例 77%，比上年提高 32 个百分点，市场化用工比例 100%，建立“一挂钩、一联动、一调节”工资总额决定机制，有力提振干事创业精气神。

【重大项目】 2023 年，哈电集团坚持以重大项目服务国家战略，获得世界单机容量最大的扎拉 500MW 巨型冲击式水电机组项目，“大型气流床煤气化全热回收技术及关键设备”“新型高效灵活燃煤发电机组”“国和一号屏蔽电机主泵”3 个项目获批国家能源局第三批能源领域首台（套）重大技术装备项目。紧扣国务院国资委“两增一控三提高”要求，扎实推进提质增效专项行动，实现规模效益“双增长”，超额完成国务院国资委考核目标。优化市场营销体系，加大市场开发力度，正式合同签约额 506 亿元，比上年增长 32.6%，大型水电主机综合市场占有率保持领先，核电汽轮发电机组市场开发取得较大突破，大容量高参数煤电机组订单比上年大幅增长，电动机产业订单比上年实现较大幅度提升。树牢安全发展理念，加强重大风险管控，健全完善法律、合规、风险、内控“四位一体”风险管理体系，认真落实全国重大事故隐患专项排查整治 2023 行动，安全生产投入比上年提高 26%，全年未发生重伤及以上安全生产事故，企业安全水平不断提升。

【走向海外】 2023 年，哈电集团深度融入共建“一带一路”高质量发展大格局，广泛布局全球市场，哈尔滨电气国际工程有限公司实现正式合同签约额 81.37 亿元，比上年增长 22.64%。明确优结构、增利润、稳规模的发展导向，在“一带一路”倡议提出十周年之际，正式生效执行中亚地区规模最大的联合循环项目，不断提升国际大型联合循环项目市场的综合竞争力和品牌知名度。积极推动现代服务业同先进制造业深度融合，持续拓展运维服务产业，承揽希尔达利亚电站、纳沃伊电站阀门备件和压力管道备件供货项目，签署巴基斯坦 Lucky 电站运维项目，传统市场本土化运作水平不断提升，服务板块签约额连续 3 年突破 10 亿元。签订公司历史上首个储能项目，新能源产业迎来创新发展。主动对接国际高标准市场规则体系，在国际市场继续唱响哈电强音，相继获得 2023 年度国际安全奖、亚洲电力大奖、中国国际服务贸易交易会业态创新示范案例奖、中国企业国际形象建设优秀案例，充分展现共建“一带一路”主力军先锋军风采。

【重大创新】 2023 年，哈电集团党委出台关于数字化转型“揭榜挂帅”项目专项实施细则等制度安排，进一步完善科技创新体系建设，深度参与怀柔国家实验室建设，2个全国重点实验室通过重组，与清华大学、哈尔滨工业大学等43家单位组建7个创新联合体，牵头的“500MW级冲击式水轮机转轮高强韧制造技术及装备”等3个项目获批国家重点研发计划，“发电行业数字孪生关键技术研究与应用”等4个平台获批国家能源局“赛马争先”创新平台。狠抓关键核心技术攻关，研发投入强度5.4%，获得省部级科技奖项33项，制(修)订国家及行业标准25项，承担重型燃气轮机和储能装备2项重大技术装备攻关工程，“400MW 700米级高稳定性抽水蓄能机组关键技术及应用”等多项技术达到国际领先水平，助力白鹤滩水电站获得2023年度菲迪克卓越工程项目奖，参建的国家科技重大专项“全球首座第四代核电站华能石岛湾高温气冷堆核电站示范工程”正式投入商业运行，“国和一号屏蔽电机主泵”等3个项目获批国家能源局能源领域首台(套)重大技术装备项目。

【党建工作】 2023年，哈电集团党委持续加强党的建设，引领保障作用持续增强，坚持以党的政治建设为统领，持续加强思想政治工作，扎实开展学习贯彻习近平新时代中国特色社会主义思想主题教育，紧扣“学思想、强党性、重实践、建新功”总要求，以1个总体方案及4个专项方案一体推进、一体落实，主题教育测评总体评价为“好”的比例100%。坚持把理论学习贯穿始终，以公司领导班子为期10天的读书班和5次深化学习为示范，推动干部领读学、集中研讨学、上下联动学，进一步提升政治理论水平和治企兴企本领。坚持政治标准、业绩导向、廉洁红线、公开选拔、竞争上岗，2022年度干部选拔任用工作总体评价为“好”的比例90.5%，比上年提高19.8个百分点。深化人才强企战略，出台“人才强企15条”等新举措。推进党组织全面进步全面过硬，聚焦“三级书记抓质量”，推进党建工作与中心工作深度融合，通过“党建+”等载体攻关500余项，质量损失率0.23%，比上年降低18.1%。健全全面从严治党体系，深入贯彻《党委(党组)落实全面从严治党主体责任规定》，推动党委主体责任、书记第一责任人责任、班子成员“一岗双责”一体落实。坚持“严”的基调正风肃纪反腐，持之以恒纠治“四风”，开展违反中央八项规定精神问题和金融板块业务风险问题专项整治，坚持“三不腐”一体推进，营造风清气正的政治生态。

【信息化与数字化建设】 2023年，哈电集团坚持利用数字赋能先进制造、优化管控能力为着力点，推动生产数字化、装备智能化和管理信息化建设取得实效，开展数字化“揭榜挂帅”项目33个，建成数字化车间1个、数字化产线2条、数字化单元5个，数字孪生专项通过验收，4个场景入选工业和信息化部智能制造优秀示范场景，数字产业收入比上年提高112%。建成国内首个高压电机数字化装配车间、行业首条高温合金螺栓车削加工数字化产线；所属企业佳电股份“电机制造数字化工厂”成功入选工业和信息化部2023年新一代信息技术与制造业融合发展示范“数字领航”企业、动装公司“线圈制造数字化车间”获评黑龙江省数字化(智能)示范车间、阀门公司获评2023年度黑龙江省中小企业数字化示范标杆企业。哈电集团国企改革在线督办应用获评国务院国资委2023年度智能监管业务模型创新活动优秀应用。高质量完成工业和信息化部数字孪生专项全部建设内容，顺利通过工业和信息化部验收。“发电行业数字孪生关键技术研究与应用创新平台”成功入选国家能源局“十四五”第一批“赛马争先”创新平台名单。

【履行社会责任】 2023年，哈电集团继续贯彻落实“四个不摘”总体要求，巩固拓展脱贫攻坚成果，以实际行动助力帮扶事业取得新进展。坚持高位推动，强化组织领导，组织召开4次定点帮扶专题工作会议，深入开展实地考察调研。开展文山挂职干部的轮换工作，举办助力人才振兴培训班4班次，其中培训乡村基层干部367人次、专业技术人才117人次、农村致富带头人75人次。加大帮扶力度，投入无偿帮扶资金1200万元，发挥优势助力五大振兴。持续开展“文品入哈”活动，完成文山地区特色农产品购买额1340万元，帮助销售24万元。积极完成国务院国资委“央企消费帮扶兴农周”活动，活动共计采购文山市及其他地区农产品133万元。有效巩固脱贫成果，严守不发生规模性返贫底线。

(撰稿人：王智鑫)

中国东方电气集团有限公司

【基本概况】 2023年，中国东方电气集团有限公司（以下简称东方电气集团）坚持以习近平新时代中国特色社会主义思想为指导，认真贯彻落实党中央、国务院决策部署以及国务院国资委工作要求，重创新、提质效、促转型，不断推动"领先战略"落实落地，加快建设具有核心竞争力的世界一流装备制造集团。聚焦主业，质效同行。大力发展布局战略性新兴产业和未来产业，"六电六业"发展势头持续向好，主要经营指标达到历史最好，在中央企业负责人经营业绩考核中获评A级，高质量发展迈上新台阶。创新驱动，成果丰硕。持续强化研发投入，着力建设创新平台，有序推进国务院国资委核心技术攻关工程等重大项目，加快原创技术策源地和现代产业链链长建设，着重打造绿色示范车间及示范工厂，科技创新和数字化转型成果丰硕。深化改革，破局立势。改革深化提升行动实现良好开局，改革效能及效益指标均达到历史最高水平，多项改革案例在国务院国资委进行交流，中国特色现代公司治理体系持续完善。

【主要指标】 2023年，东方电气集团实现营业总收入665.07亿元，比上年增加71.75亿元，增长12.09%；利润总额36.84亿元，比上年增加3.80亿元，增长11.48%。发展势头持续向好，营业收入和利润总额连续4年保持两位数增长。

表1　2023年中国东方电气集团有限公司主要经济指标

项　目	2022年	2023年	比上年增长(%)
资产总额(亿元)	1303.52	1388.95	6.55
所有者权益(亿元)	450.28	476.01	5.71
营业总收入(亿元)	593.32	665.07	12.09
利润总额(亿元)	33.04	36.84	11.48
净利润(亿元)	29.71	32.65	9.91
归属于母公司所有者的净利润(亿元)	17.26	19.77	14.52
研发费用投入(亿元)	33.08	37.03	11.93
利税总额(亿元)	52.48	55.49	5.74
应交税费总额(亿元)	23.48	24.07	2.51
全员劳动生产率[万元/(人·年)]	59.95	60.83	1.47
净资产收益率(%)	7.11	7.05	减少0.06个百分点
总资产报酬率(%)	3.06	3.03	减少0.03个百分点
国有资本保值增值率(%)	108.40	109.40	增加1.00个百分点

【改革发展】 改革深化提升行动方面，研究制定《改革深化提升行动实施方案》，明确40项改革任务、125项改革举措、365项改革目标，建立"1+10"改革工作推进机制，从源头为改革推进提供制度保障，2023年改革任务完成率100%。东方电气集团在中央企业"科改行动""双百行动"2023年度专项考核受到表彰的34家中央企业中位列第9名，所属4家"科改企业""双百企业"获评"3标杆1优秀"。

人事、分配、薪酬改革方面，以推进深化三项制度改革攻坚和全面落实"人才领先"战略为重点，统筹做好人力资源管理各项工作。领导班子建设守正创新，建立领导人员胜任力标准，开展领导人员"画像"和二级企业班子运行评价，形成领导人员多岗位锻炼、常态化交流任职工作机制，系统推进"领航、领才、起航"梯队培养工程。人才引育体系有力夯实，引进高层次人才145人，新增培养集团级以上专家人才168人，1人入选首届"国家工程师奖"，1人入选国家"万人计划"，1人入选大国工匠年度人物。人才激励机制系统优化，坚持以效益、业绩决定企业工资、职工薪酬，实现工资总额与效益同步增长；围绕科技创新、战略性新兴产业、高层次人才开展单列薪酬定向激励，新增实施中长期激励12项，累计覆盖人数占比提升3.8个百分点。

【重大项目】 重大项目方面，自主研制的国内首台F级50兆瓦重型燃气轮机实现商业运行，国内首台单机容量最大150兆瓦级冲击式水电机组转轮并网发电，世界首台单机容量最大功率500兆瓦冲击式水电机组转轮中心体锻件全面通过验收，全球首个陆上核电商用模块化小堆关键设备接连发运。氢能燃料电池系统获国内首个企业标准"领跑者"称号，为国内最大绿电制氢储氢发电商用项目提供设备，建成全球首个光电转换、绿电生氢、制储加用为一体的氢能科技示范园。在埃及本土制造的首套油气钻机下线，中国首台超静音智能钻机在乌干达开钻。新材料产业银粉进入产业转化期，获得泰国乌汶叻综合智慧能源总承包项目。

重大科研开发方面，全新一代18兆瓦直驱海上风电机组下线，为深远海风电开发奠定坚实基础。建成全球最大化学链燃烧兆瓦级中试示范装置，第三代碳捕集装备核心部套国产化研制达到国际领先水平。提供主设备及四大换热器设计的第四代钠冷快堆通过"168"测试，具备商运条件，达到国际先进水平。全球首次海上风电无淡化海水原位制氢海上中试获得成功，颠覆性技术突破获得社会高度关注。具有完全自主知识产权、全球最长126米风电叶片顺利下线。3000HP人工岛快速移运丛式井钻机创造世界最长油气井的新纪录。

【走向海外】 2023年，东方电气集团强化对全集团国际业务统筹协调和支持赋能，组建国际业务平台，加强"走出去"战略引领。新签生效伊拉克祖拜尔燃机项目合同、塔吉克斯坦水电项目合同、乌兹别克斯坦大型光伏项目合同、泰国水面漂浮光伏项目合同等。高质量共建"一带一路"项目，越南大漠水电项目、厄瓜多尔芦苇桥风电项目、印度尼西亚柯林齐TG9项目、尼泊尔上山润水电项目并网发电，阿塞拜疆光伏项目分批次并网发电，印度尼西亚柯林齐PB5项目完成锅炉水压试验，坦桑尼亚朱利诺水电项目首台机组转子吊装完成，"一带一路"项目按期平稳推进。

2023年，东方电气集团国际业务实现营业收入108亿元，比上年增长69%；新生效合同126亿元，比上年增长39%，国际业务形势总体稳中向好。ENR"全球最大250家国际承包商"排名第74位，较2022年上升27位。

【重大创新】 重大技术创新方面，全年研发经费投入37.03亿元，投入强度5.57%。获得省级和全国性行业组织科技奖项44项，其中参与的"海上风电安全高效开发成套技术和装备及产业化"项目获得2023年度国家科学技术进步奖一等奖，"白鹤滩百万千瓦水轮发电机组关键技术和应用"获得2023年度电力创新大奖，"10MW级海上风力发电机组关键技术与应用"等7个项目获得省部级科技进步奖一等奖。新增承担国务院国资委焕新行动任务2项、启航行动重点技术任务8项。国家能源局能源领域首台(套)重大技术装备项目增至9项。全新一代18兆瓦海上直驱风电机组入选"2023年度央企十大国之重器"，5项产品入选中央企业科技创新成果产品手册，4项科技成果入围"科创中国"榜单。

重要管理创新方面，优化集团科技创新研发体系，重组成立集团公司科技委员会，成立长三角研究院，与浙江大学、四川大学共建联合创新研究院，打造"1+N+X"的科技创新组织体系。建立科研统筹专项资金，推动科研资金向应用基础、共性技术、前沿科学、战略性新兴产业、"卡脖子""老大难"等五大方向聚焦。结合东方电气集团大型离散装备研制特点，构建"一全四精两融合"精益管理体系，推行精益"强基、提升、树标"专项行动，以精益管理推动基层变革，改变管理模式和行为习惯，新培育264名精益带级人才并选树一批精益管理典范标杆。

【党建工作】 2023年，东方电气集团扎实开展学习贯彻习近平新时代中国特色社会主义思想主题教育，以"东方心"党建品牌为引领，以"1131N"党建工作体系为支撑，以党建"三年攀高计划""跨越而行年"为牵引，党的建设再上新台阶，2022年度在国务院国资委党建工作考核中获评A级。"两个维护"的制度机制更加完善，完成"第一议题""纵到底、横到边"全覆盖学习贯彻体系建设。全力配合二十届中央第二轮巡视。以"五真五实"高质量开展主题教育，集团层面46个整改整治项目解难题、促发展，党组挂牌14个办实事项目解民忧、暖人心，获中央指导组充分肯定和广大干部职工高度评价。全年完成30个政研课题，一批高质量课题获得中国政研会优秀研究成果奖、全国企业文化优秀成果一等奖等。对310个党支部动态开展达标验收。选树“东方心”党建与生产经营十大融合项目和融合模范，发布“四级五步五法”工作导则，党组13个挂牌项目和401个创先争优项目圆满收官。

【信息化与数字化建设】 2023年，东方电气集团高质量推进智能制造转型，累计建成20个数字化车间，8个数字化车间提升至A级，全集团80%的核心制造车间完成数字化改造；总装数字化车间高温部套焊材用量节约80%；联箱数字化车间通过工序自动化、多工位集成化及生产管控数字化升级，一线单班用工人数减少70%，人均产出效率是传统制造的5倍。具有自主知识产权的“东智同创Co-Plat工业互联网平台”成为四川首批、行业首批国家级“双跨”平台；1家子企业入选2023年工业和信息化部智能工厂揭榜单位和新一代信息技术与制造业融合发展试点示范；3家子企业的4个场景入选工业和信息化部智能制造优秀场景。

经营管理数字化水平持续提升，集团化管理有效性和穿透力持续增强。采购管理、合同、财务共享等系统持续优化，电子商城在主要所属企业实现上线推广。国资监管数字化智能化提升专项行动以“优秀”通过国务院国资委第一阶段验收。“一站式”决策支持管理系统入选国务院国企改革三年行动专项典型经验汇编。司库管理系统完成二阶段上线，顺利通过国务院国资委司库项目中期验收。

【履行社会责任】 2023年，东方电气集团贯彻新发展理念，助力实现“双碳”目标，成立碳达峰碳中和研究中心，全力服务构建新型能源体系，为经济社会可持续发展贡献东方力量。持续巩固拓展脱贫攻坚成果，有力有效推进乡村振兴，对口定点帮扶四川昭觉县和山西吉县，结合能源装备产业优势和帮扶县资源禀赋，培育多个特色产业，稳步推进重点项目建设，全年投入无偿帮扶资金2218.37万元，连续4年获评中央单位定点帮扶成效考核最优等次“好”。坚持以人为本，以人才强企“五项工程”为主线，抓好人才梯队建设。入选“2023中国企业社会责任发展指数机械设备制造业三强”，获得“责任犇牛奖·责任品牌奖”。

（撰稿人：李　媛）

鞍钢集团有限公司

【基本概况】 鞍钢集团有限公司（以下简称鞍钢集团）是中央直接管理的国有大型企业，是新中国第一个恢复建设的大型钢铁联合企业和最早建成的钢铁生产基地，为国家经济建设和钢铁事业的发展作出巨大贡献，被誉为“共和国钢铁工业的长子”“新中国钢铁工业的摇篮”。

鞍钢集团是“世界500强”企业，在中国东北、西南、东南、华南等地有十大生产基地，具备5300万吨铁、6400万吨钢、4.6万吨钒制品和50万吨钛产品生产能力。是中国最具资源优势的钢铁企业，有效掌控位于中国辽宁、四川和澳大利亚卡拉拉的丰富铁矿和钒、钛资源，年产铁精矿5000万吨；是世界最大的产钒企业，中国最大的钛原料生产基地。工业服务事业涵盖工程技术、化学科技、节能环保、信息技术、金融贸易和现代服务业等领域。

截至2023年底，鞍钢集团有在职员工149765人，在岗员工124636人。主体生产设备中烧结机23台、焦炉44座、高炉28座、转炉46座、连铸机44台、板材轧机48套、棒线材轧机13套、管材轧机6套、型材轧机8套。拥有热轧板、冷轧板、镀锌板、彩涂板、冷轧硅钢、重轨、无缝钢管、型材、建材、特钢（不锈钢）等完整的产品系列。

2023年，鞍钢集团取得“五个新亮点”：一是在中央企业党建工作责任制考核评价中连续3年获评A级；二是完成凌钢49%股权工商登记变更和党组织关系划转，正式参股凌钢；三是西昌钢钒成为四川省首家完成全流程超低排放改造的钢铁企业；四是铁精矿产量再创历史最好水平；五是全年钢材出口同比大幅增长，实现跑赢自身、跑赢大盘。

【主要指标】 2023年，鞍钢集团主要产品铁精矿、生铁、粗钢和钢材分别完成5328.36万吨、

5272.09万吨、5588.94万吨和5237.56万吨，分别比上年增长1.29%、-1.59%、0.43%和0.17%。第一季度粗钢产量1492.58万吨，创造季度粗钢产量历史最好水平，顺利完成粗钢增长5%开门红任务。

2023年，鞍钢集团各钢铁基地加强生产操作、深入挖潜降本，主要技经指标同比有所提升。其中，生铁原料矿石消耗1714.84千克/吨，降低0.51%；炼钢生铁消耗1050.62千克/吨，降低0.46%；燃料比549.09千克/吨，增长1.41%；综合成材率94.86%，增加0.04个百分点。

2023年，钢材市场价格持续下降，鞍钢集团工业总产值和工业增加值受此影响同比下降，其中，工业总产值2645.59亿元，下降8.37%；工业增加值525.03亿元，下降20.35%。

表1 2023年鞍钢集团有限公司主要经济指标

项　目	2022年	2023年	比上年增长(%)
现价工业总产值(亿元)	2887.36	2645.59	-8.37
工业增加值(亿元)	659.21	525.03	-20.35

注：表中财务数据来自决算初稿，未经国务院国资委复审，如有变动，应及时调整。

表2 2023年鞍钢集团有限公司主要生产指标

项　目	2022年	2023年	比上年增长(%)
主要产品产量(万吨)			
铁矿石	5260.58	5328.36	1.29
烧结矿	7862.24	7414.17	-5.70
球团矿	1462.00	1452.60	-0.64
焦炭	1803.57	1662.82	-7.80
生铁	5357.24	5272.09	-1.59
粗钢	5564.90	5588.94	0.43
钢材	5228.47	5237.56	0.17
分品种钢材产量(万吨)			
铁道用钢材	197.34	176.25	-10.69
大型型钢	2.25	2.06	-8.52
棒材	76.64	86.18	12.45
钢筋	217.53	95.07	-56.30
线材(盘条)	434.62	438.25	0.84
特厚板	90.32	93.75	3.80
厚钢板	241.18	195.86	-18.79
中板	228.30	212.79	-6.80
热轧薄板	3.04	1.29	-57.56
冷轧薄板	76.93	70.39	-8.50
中厚宽钢带	1524.90	1637.75	7.40
热轧薄宽钢带	508.45	590.76	16.19
冷轧薄宽钢带	1045.17	1026.61	-1.78
镀层板(带)	424.23	418.48	-1.36
涂层板(带)	24.21	32.40	33.82
电工钢板(带)	130.28	137.33	5.41
无缝钢管	2.56	21.95	757.51
其他钢材	0.52	0.38	-27.35

注：表中财务数据来自决算初稿，未经国务院国资委复审，如有变动，应及时调整。

【改革发展】 2023年，鞍钢集团扎实推进建设世界一流企业"四个专项行动"，牵头建立冶金行业世界一流评价指标体系，连续获评中央企业改革三年行动重点任务考核A级。第10次上榜《财富》"世界500强"，居第283位，居"世界品牌500强"第306位，提升29位。

改革发展活力持续释放。完善鞍钢集团治理主体决策事项清单，新设董事会监督委员会，落实董事会监督职责，批次推进子企业落实董事会职权。打造朝阳钢铁市场化改革迭代升级3.0版。鞍钢矿业公司、工程技术公司、积微物联获评优秀“双百企业”，朝阳钢铁、本钢浦项、德邻陆港、化学科技新增入选“双百企业”。专业化整合深入推进，攀钢集团实施普钢产业一体化管控，完成鞍本低温液体资源营销业务整合，废钢产业专业化整合平台正式成立。

三项制度改革持续推进。管理人员竞争上岗率82.41%、退出占比10.61%；员工市场化退出率2.1%，钢铁主业实物年化劳动生产率比上年提升13.02%；建立“强制分布”考核评价机制，合理拉开收入差距。

精益化管理水平持续提升。规范采购供应链管理制度体系，集中协同采购降本10亿元。建立集团成本管控制度体系，统一计量单位及方式等八大类50项差异事项。“两金”规模较2022年末压降1.34%。获得国家级管理现代化创新成果5项，其中，一等奖2项、二等奖3项，创历史最好水平。

风险防控能力持续加强。法律合规智慧管控信息平台上线运行，重大决策、规章制度、经济合同三项合法合规性审核机制实现全覆盖。坚持问题导向，深入实施“一件一案”“日统计、日报告”两项硬措施，推动“四统一”落实，全力破解相关方安全管理难题。

【重大项目】 2023年，鞍钢集团积极主动服务国家战略，抢抓新一轮东北振兴、推进新型工业化带来的历史机遇，聚焦提高核心竞争力和增强核心功能“两个途径”，发挥企业自身优势，落实鞍钢集团“双核+第三极”战略，咬定“7531”规划目标，制定2023年度投资方向清单，确定钢铁产业兼并重组、铁矿石保障、钢铁基地升级、提质增效、环保低排、节能减碳、数字鞍钢、产业发展等重点投资方向，科学编制投资计划，加大对战略类、发展类项目的投入力度。2023年鞍钢集团累计完成固定资产投资212.61亿元，比上年增长20.49%。

重点项目情况。一是深入推进鞍凌重组，做强做优做大钢铁产业迈出坚实步伐。积极落实“焕新行动”，推进钢铁产品结构优化升级，重点实施鞍钢股份新建新能源汽车用电工钢、鞍钢股份冷轧厂3号镀锌线Al-Si涂层改造、鞍钢股份鲅鱼圈流化床氢气炼铁中试线、板材特钢电炉升级改造等项目。二是加快推动“基石计划”“三个一批”项目。截至2023年底，西鞍山铁矿项目工程采矿部分全部开工建设，眼矿西矿段自然崩落法开采、东烧厂难选矿技术升级、齐选厂选矿工艺改造等陆续建成调试或进入工程收尾阶段。三是加大在新材料产业等战略性新兴产业方面的投资，“第三极”培育初见成效。西昌钢钒钢钛共线可逆式轧机等项目建成投产，高端钛及钛合金用海绵钛扩能项目、6万吨熔盐氯化法钛白工程等重点项目顺利建成。四是数字鞍钢建设成效显著。全年完成14条产线数智化改造，重点推进鞍钢股份管理与信息化提升一体化经营及制造管理系统、鞍本重组信息化系统一体化建设、关宝山智慧工厂建设等项目。五是绿色鞍钢底色更加清晰，低碳发展步伐更加坚实。主要污染物排放量实现大幅降低，重点实施北营焦化二/三区焦炉大型化改造、北营炼铁总厂料场环保改造、攀钢钒3号和4号焦炉节能环保改造工程、鲅鱼圈原料场环保升级改造等项目。

【走向海外】 2023年，鞍钢集团推进国际化经营提档升级，构建“一带两圆三区域”的发展布局。钢铁方面，重点推进泰国钢加中心项目，评估项目风险、测算投资收益、规范项目立项审批；贸易方面，优化海外布局，拓展南美等新兴区域，筹备组织“鞍钢越南日”活动，宣传推广鞍钢集团中厚板、汽车钢、家电板、钒钛、重轨等特色产品，洽谈合作意向，擦亮鞍钢品牌；资源方面，跟踪1116个项目进展，并围绕行业“绿色低碳”发展，开展产业链上下游布局研究。

截至2023年底，鞍钢集团境外企业29家，分布于亚洲、欧洲、美洲和大洋洲的13个国家和地区，重点投资地域为澳大利亚西澳地区；主营业务涉及国际贸易、矿产资源开发、钢材深加工及投资服务等领域。鞍钢集团境外重点项目为卡拉拉项目，2023年生产铁精矿729万吨。

2023年，鞍钢集团进口铁矿石到港量2607万吨，进口煤炭到港量113万吨；实现钢材出口467万吨，比上年增长41.6%，实现跑赢自身、跑赢大盘。

【重大创新】 2023年，鞍钢集团聚焦科技创新重点攻坚工作，持续增加科技创新活力、合力和实力，不断塑造发展新动能新优势，推进原创技术策源地建设，获得国务院国资委肯定。研发经费投入强度稳步提升，达到3.88%，完成国务院国资委考核指标。

产品技术核心竞争力不断提升。液化二氧化碳运输船液货舱用P690QL2钢实现全球首发，应用于大船集团全球首制7500立方米液化二氧化碳运输船；核电钢板应用于中核集团位于中国最北端核电站——辽宁徐大堡核电站1号机组核岛工程安全壳；核电用钢应用于“华龙一号”3号机组核岛内部设备，核反应堆压力容器的支承用钢15MnNi全部由鞍钢集团独家供货；研发的燃机用叶片钢应用于东方电气国内首台F级50兆瓦重型燃气轮机；研发的川藏铁路用钢轨在成都局宝成线及内六线、青藏铁路上道试铺；开发的厚度33毫米的X80管线钢用于“西气东输”四线工程活动断裂带穿越区；开发的管线钢应用于中国东部能源通道国家管网黑龙江黑河至上海天然气管道工程，为我国东部地区能源保障和高质量发展注入强劲钢铁动力；成功开发出超低温服役环境用新型高强不锈钢，产品应用于我国重大低温工程；开发出国内宽幅最大的0.1毫米厚度“手撕钛”产品；独家中标“华锦阿美联合石化项目钢筋框架集采项目”，华锦阿美联合石化项目（精细化工及原料工程项目）是由华锦集团、沙特阿美石化和盘锦鑫诚实业共同出资建设的综合石化基地，是共建“一带一路”机制下中沙两国能源合作的样板项目。

知识产权保护持续加强。2023年，鞍钢集团累计获得专利授权1772件，其中发明专利842件，发明专利产业化率50%以上；完成PCT国际专利申请52件，优先布局美国、日本、欧洲等国家（地区）；万名员工有效专利数首次突破1000件大关，达到1023件；完成专利密集型产品备案16件。实现产值24.3亿元。

国际标准化影响力不断提升。鞍钢两名标准化专家获得ISO卓越贡献奖。主导修订《结构钢第5部分：耐大气腐蚀结构钢交货技术条件》（ISO 630－5）国际标准正式发布，主导立项3项国际标准。举办“IEC国际标准与企业高质量发展”讲座，拓展国际标准化领域。

重大科技奖项培育取得新突破。获得2023年冶金科学技术奖16项，其中“第三代超大输量低温高压管线用钢”项目由鞍钢集团牵头获得特等奖1项，实现历史性突破；获得辽宁省科学技术奖19项，获得四川省科学技术奖6项。

【资本运营】 2023年，鞍钢集团立足“双核”发展战略，抓住2023年铁矿石价格上涨时机，采用股东增资的形式，成功引入中银资产等5家投资人45亿元权益资金，这是继2022年成功引入67.1亿元后，资本运作再结硕果，累计引入112.1亿元，超额完成引战100亿元总目标，鞍钢矿业提速上市步伐，持续做强做优做大资源产业，开启建设世界一流企业新征程。

实施钒钛股份增发，打造鞍钢集团“第三极”排头兵。为充分发挥上市公司直接融资功能，落实鞍钢集团把钒钛产业打造成“第三极”排头兵战略部署，鞍钢集团推进实施钒钛股份增发项目。与监管部门紧密沟通，于2023年4月27日取得中国证监会同意注册的批复文件，成为全面注册制后深交所主板首批再融资项目，也是鞍钢集团16年来首次增发。项目于2023年6月26日足额募集资金22.8亿元，诺德基金、高盛等22家国内外投资机构积极参与认购，表明股东及投资者对鞍钢钒钛产业发展的高度认可和发展前景的强烈看好。

【非钢产业】 鞍钢集团非钢产业主要由重点发展的新材料、节能环保、清洁能源、现代供应链、产业金融、信息技术六大领域和贸易、工程建设及运维、城市服务等11个产业组成。

截至2023年底，鞍钢集团多元产业累计实现营业收入1100亿元以上，贡献利润超过70亿元。在新材料领域，钒钛产业入选国务院国资委创建世界一流专精特新示范企业名单并被评为A+级，引领钒钛资源综合利用和战略金属材料产业高质量发展；初步形成钛金属资源、高端钛板材、高端钛特材、高端钛零部件四大产业基地。化学科技牵头推进辽宁区域碳材产业一体化发展，集聚资源，全年实现营业收入41.2亿元。微细铝粉国内领先，全年实现营业收入2.27亿元，形成具有完全自主知识产权的全系列铝粉产品，广泛应用于金属颜料、化工、新能源、新材料以及专项等行业。在节能环保领域，打造鞍钢绿金废钢产业发展平台，依托5个核心基地、23个资源节点的成熟产废、用废体系，快速推进资源节点延伸，实现辽宁区域核心企业全覆盖。鞍钢绿源科技持续打造“鞍钢牌”矿渣微粉，与住房城乡建设部科技中心签订合作协议，共同制定冶金渣在绿色建材领域应用标准。在现代供应链领域，打造东北、西南双基地布局，产业利润率达到行业平均水平，助力钢铁产业降本取得实效。在新能源领域，以股权为纽带，打造鞍峡绿电产业发展平台，布局储备绿电资源，截至2023年底，鞍钢集团全口径绿电装机容量突破250兆瓦。在储能产业领域，发挥自有钒产业资源，不断推进科技研发，打造35000立方米钒电解液产线，成为钒电解液龙头企业。在氢能应用产业领域，推进能源科技鞍本一体化协同发展，并建成东北区域唯一的钢铁企业加氢站。探索氢冶金技术路线，通过工业和信息化部遴选。在信息技术产业领域，2023年鞍钢信息产业累计实现收入15.2亿元，其中工业软件领域实现收入11.3亿元，信息化产业水平不断提升。

【党建工作】 2023年，鞍钢集团党委深入学习贯彻习近平总书记关于党的建设的重要思想，巩固深化全国国企党建会精神落实成果，扛起管党治党政治责任。一是基层党组织功能切实增强。试点推行“1+1”联动提级述职评议新模式，进一步压实党建责任。开展“学习贯彻二十大、建功鞍钢创一流”主题实践活动，推动基层党建与生产经营深度融合。开展“学习身边榜样”活动，创建辽宁省党支部标准化建设示范点5个，命名鞍钢集团党支部工作示范基地9个、“样板”党支部52个。二是干部队伍建设不断强化。贯彻新时代好干部标准，增强直管领导班子整体功能，大力推动鞍攀本凌多区域干部交流，6名“80后”优秀年轻干部走上直管领导岗位，形成较为合理的专业结构和年龄梯次。严格落实能上能下机制，调整不适宜担任现职干部136人，其中直管干部2人。鞍钢党委连续两年选人用人总体评价为“好”的比例100%，从严管理监督干部情况评价为“好”的比例100%。三是人才强企工程深入实施。制定实施“人才飞地”引才政策、“伯乐引才奖励计划”，引进成熟人才143人，其中博士6人。实施“英才计划”“工匠计划”，领军人才获国家荣誉或人才称号占比68%；培养“双高”“双师”人才1030人。

2023年，鞍钢集团党委坚持以习近平新时代中国特色社会主义思想为指导，全面学习贯彻党的二十大、二十届二中全会和中央纪委二次全会精神，一体推进主题教育、教育整顿，以彻底的自我革命精神，持之以恒、纵深推进反腐败斗争，汇聚起建设世界一流钢铁企业的强大力量。紧紧围绕习近平总书记“2·26”重要批示，赋予国资央企新定位新使命，构建“12345”政治监督模式，跟进推动“基石计划”“超低排放”等监督项目32项，专项监督803项，发现并推动整改问题1252个，确保党中央决策部署在鞍钢落地见效。坚决纠治形式主义、官僚主义突出问题，深入整治享乐主义、奢靡之风，严查违反中央八项规定精神问题117件。开展“清廉矿业”“反舞弊反贿赂反欺诈”专项整治，深化“清廉工程”专项整治，累计挽回经济损失7273.6万元。召开党风廉政建设和反腐败工作会议暨警示教育大会、“8·16”党风廉政警示教育大会、“靠钢吃钢”专项整治警示教育大会，拍摄并组织观看《矿贪之覆》《工程之蠹》警示教育片，开展廉政教育活动3600场次。2023年，鞍钢党风廉政建设取得“四个明显成效”：一是反腐败再上新台阶。查办案件、处分人数分别同比提高22%、25%，深化“室企地”协作办案，实践跨地域交叉办案，联合留置20人，创历史新高。二是治理效能实现新提升。条块结合整治工程建设、矿产资源等领域，助推重点子企业摆脱亏损、提质增效。三是廉洁文化焕发新风貌。守正创新推行“1+1+3+N”廉政教育模式，鞍钢党风廉政教育展览馆成为享誉周边的样板阵地。中央纪委官媒及内网刊发鞍钢纪检监察工作信息42篇，比上年增长180%。四是政治生态呈现新气象。职工群众对鞍钢全面从严治党满意度96.8%，比上年提升1.2个百分点。

2023年，鞍钢集团坚持以习近平新时代中国特色社会主义思想为指导，全面贯彻党的二十大精神，深入学习贯彻习近平文化思想，为新鞍钢高质量发展、加快建设世界一流企业提供思想保障、精神动力和文化条件。持续深化学习党的二十大精神，组织各级领导人员到基层宣讲2000多场次，刊发理论文章、经验成果等450多篇，推进各项决策部署落实落地。强化政治思想引领，组织党委理论学习中心组学习10次、开展研讨交流57人次，筑牢“两个确立”“两个维护”思想根基。鞍钢集团首次在《求是》杂志发表文章《在建设现代化产业体系中挺起钢铁脊梁》。打造特色企业文化，传承红色基因，发布新时代“鞍钢宪法”新内涵释义，首次发布鞍钢主题歌曲《百炼成钢》。深入学习贯彻习近平总书记给郭明义爱心团队回信精神，开展“雷锋精神在鞍钢孕育成长”“十个一”主题活动，开展志愿奉献活动300余次，1.5万余名志愿者参与其中。加大典型培育选树，鞍钢集团海工钢科研团队获得辽宁“时代楷模”称号。加强全民国防教育，承办辽宁省国有企业全民国防教育工作现场会。强化舆论宣传引导，把牢意识形态主动权，各类媒体累计刊发涉及鞍钢报道41863条次，其中省级及以上媒体刊发15741条次，比上年增长15%。新媒体指数连续两个月进入中国企业500强新媒体指数榜前10名。

【信息化与数字化建设】 2023年，鞍钢集团聚焦“坚持产业数字化升级、坚持加速发展数字产业、坚持深挖数据价值”三条路径，持续推进数字鞍钢建设，国务院国资委对鞍钢集团落实国资监管数字化智能化专项提升行动进展给予“优秀”评价。

产业数字化水平进一步提升。钢铁产业一体化平台成功在本钢上线运行，热轧热装率提高12%、在制品库存降幅21%、吨钢修理费平均降低17%、设备综合效率提升4%，赋能作用明显。全年完成14条产线数智化改造，累计完成55条，鞍钢股份冷轧1号、3号镀锌线及关宝山选矿建成黑灯工厂。53项成果入选创新示范，其中国家部委级28项。

数字产业化稳步发展。积极研发自主可控的软件平台产品及解决方案，智慧能源管控平台软件产品获得国务院国资委首届国企数字创新场景一等奖，“羽嘉”工业互联网平台入选工业和信息化部“双跨”平台名单。在2023年“网鼎杯”网络安全大赛中，鞍钢代表队获得历史性好成绩。

数据价值化工作全面启动。制定《鞍钢集团大数据体系建设规划方案》，建立数据管理制度体系，建成集团公司大数据平台，形成集团一体化全量数据资源目录，围绕财务、设备、质量、能源等业务领域，深入开展价值挖掘工作。

【履行社会责任】 2023年，鞍钢集团坚持不忘初心、牢记使命，坚决扛牢扛实央企政治责任，积极履行社会责任。2023年，对外捐赠资金5762万元，持续为全面推动乡村振兴和社会公益事业稳步发展贡献鞍钢力量。一是全力推动乡村振兴。2023年，投入无偿帮扶资金4368万元，比上年增长1.5%；消费帮扶资金8184万元，比上年增长11.1%；引进外部资金5896万元（含招商引资）；派驻干部64人；培训各类人员3109人次，比上年增长10.3%；定向采购盘州煤炭46.5亿元。助力帮扶地区巩固拓展脱贫攻坚成果，持续提升内生发展动能。盘州刺梨帮扶项目入选《2023中国企业社会责任故事荟》，并在第六届中国国际进口博览会上发布，《全产业链赋能盘州刺梨产业》入选《中央企业助力乡村振兴蓝皮书（2022）》优秀案例。定点帮扶成效连续4年被中央农村工作领导小组评价为最高等级“好”。二是持续在其他公益慈善事业领域发力。全年投入1394万元用于开展鞍钢原附属企业大病、困难职工救助，子公司所在地区公安烈士、英模、特困公安民警等特定对象的帮扶救助，退役军人大病救助、生活困难帮扶及其他帮扶等，助力特殊群体走出困境，传递社会爱心。

2023年，鞍钢集团积极践行习近平生态文明思想，切实推进绿色鞍钢建设，生态环境保护取得显著成效。推动主要绿色低碳指标持续向好。2023年，在实现环境污染事件为零的目标基础上，鞍钢集团万元产值综合能耗、万元产值用新水量（可比价，2020年基期）同比降低0.51%、2.83%；二氧化硫、氮氧化物、COD排放量分别同比降低6.85%、8.73%、8.25%。一是推动污染防治攻坚向纵深发展。全面推进超低排放改造，截至2023年底，鞍钢集团累计完成超低排放改造项目570余项，投入改造资金160多亿元。西昌钢钒成为四川省首家完成全流程超低排放改造公示的钢铁企业，鲅鱼圈基地清洁运输、无组织完成超低排放改造公示。二是扎实稳妥推进碳达峰碳中和。推动极致能效工程，以西昌钢钒、鲅鱼圈等7家“双碳最佳实践能效标杆示范厂”培育为抓手，推动系统能效提升。实施重点节能降碳项目，本钢北营80兆瓦高温超高压机组建成投运，攀钢钒、鞍山钢铁本部、鲅鱼圈、朝阳5套高效发电机组开工建设。建设绿电项目，朝阳基地一期5.4兆瓦光伏项目、鞍钢矿业黑牛庄27兆瓦光伏项目、广州联众29兆瓦光伏项目建成投运。三是持续提升绿色鞍钢品牌形象。矿山生态修复成果显著，累计完成修复4000余万平方米，复垦率93.2%，大孤山铁矿生态修复成果两会期间获得外交部点赞；鞍山钢铁、本钢集团、攀钢集团、鲅鱼圈钢铁分公司获评2023年"钢铁绿色发展标杆企业";朝阳钢铁、西昌钢钒获评钢协2023年"全国冶金绿化先进单位";成功发布EPD报告13份。

(撰稿人:于安妮)

中国宝武钢铁集团有限公司

【基本概况】 中国宝武钢铁集团有限公司(以下简称中国宝武)的前身为始建于1978年12月的上海宝山钢铁总厂,后经历宝山钢铁(集团)公司、上海宝钢集团公司、宝钢集团有限公司等不同发展阶段,于2016年12月与武汉钢铁(集团)公司实施联合重组后揭牌成立,是中央直接管理的国有重要骨干企业,经营国务院授权范围内的国有资产,开展有关国有资本投资、运营业务。2019年后,相继重组马钢(集团)控股有限公司(简称马钢集团)、重庆钢铁股份有限公司、太原钢铁(集团)有限公司、新余钢铁集团有限公司、中国中钢集团有限公司,托管重庆钢铁(集团)有限责任公司、昆明钢铁控股有限公司;2023年12月,战略投资山东钢铁集团有限公司。中国宝武注册资本527.91亿元,资产规模1.36万亿元,2020年被国务院国资委纳入中央企业创建世界一流示范企业;2022年获批成为国有资本投资公司,启动新型低碳冶金现代产业链链长建设工作。总部设在中国(上海)自由贸易试验区世博大道1859号。截至2023年底,中国宝武在册员工257912人,在岗员工221494人(不含托管企业)。

2023年,中国宝武经受住复杂的外部环境和严峻的行业形势的重大考验,整体经营业绩保持行业最优。研发经费投入强度3.7%,专利申请6419件,其中发明专利4772件。二氧化硫、氮氧化物、化学需氧量排放总量分别为20948吨、51056吨、1440吨,分别比上年下降13%、10%、15%;吨钢综合能耗554千克标准煤,比上年下降6千克标准煤;万元产值(营业收入)能耗0.92吨标准煤,比上年下降6%;万元产值(营业收入)二氧化碳排放比上年下降6%。在2022年度中央企业负责人经营业绩考核中连续7年获评A级。品牌影响力和美誉度进一步提升,居《财富》"世界500强"第44位,全球钢铁业第1位,连续两年跻身前50强。入选"2022年度中央企业品牌建设能力TOP 30"。国际三大评级机构标准普尔、穆迪、惠誉继续给予中国宝武全球综合性钢铁企业最高信用评级。

【主要指标】 2023年,中国宝武完成工业总产值(现行价格)8494.46亿元,工业销售产值8406.66亿元,资产总额13625.22亿元,营业收入11129.72亿元,利润总额316.20亿元,上缴税费397.55亿元,净资产收益率4.16%;铁产量11747.37万吨,钢产量13076.95万吨,商品坯材产量13444.49万吨,商品坯材销量13375.70万吨,出口钢材813.13万吨。

表1 2023年中国宝武钢铁集团有限公司主要经济指标

项 目	2022年	2023年	比上年增长(%)
资产总额(亿元)	12398.41	13625.22	9.89
所有者权益(亿元)	5849.70	5782.39	−1.15
营业收入(亿元)	10877.07	11129.72	2.32
利润总额(亿元)	301.56	316.20	4.86
净利润(亿元)	258.70	237.91	−8.04
归属于母公司所有者的净利润(亿元)	167.69	176.54	5.28
技术开发投入(亿元)	330.69	401.99	21.56
利税总额(亿元)	608.20	641.52	5.48
应交税金总额(亿元)	376.98	393.00	4.25
净资产收益率(%)	4.47	4.16	减少0.31个百分点
总资产报酬率(%)	3.26	3.17	减少0.09个百分点
国有资本保值增值率(%)	102.95	103.90	增加0.95个百分点

【改革发展】 一是开展新一轮国企改革深化提升行动,构建新型经营责任制,着重强化净资产收益率指标,引导子公司高度关注高质量发展内涵。推进

混合所有制改革，宝武碳业科技股份有限公司通过深圳证券交易所上市审核委员会审议，欧冶工业品股份有限公司、宝武集团马钢轨交材料科技有限公司分别引入外部投资者资金8亿元、7.86亿元。压减、退出全资控股子企业87户，清理一批低战略价值、低经济价值的子企业；压减、退出长期不分红等参股企业36户，回笼资金29.6亿元。二是推进新型低碳冶金现代产业链链长建设。中国宝武勇担保供稳链责任，资源安全保障水平稳步提升。其中，铁精矿产能规模进一步提升，国内铁精矿产量3738.80万吨，比上年增产9.24%；境内外铁矿石总产量6748万吨，国内排名第一；境外资源布局实现突破，几内亚西芒杜铁矿项目北部区块矿山开工建设，利比里亚邦矿150万吨/年干式磨选项目等在建；建成再生钢铁原料循环加工网络，年经营废钢规模超过5000万吨。通过营造开放型产业生态，推动产业链上下游企业融通发展。依托富氢碳循环氧气高炉、百万吨级氢基竖炉和零碳综合示范工厂建设，带动国内装备制造、零部件生产、工程建设和自动化服务等领域168家中小企业参与，推动中国低碳冶金工艺技术和装备水平迈上新台阶；通过发布需求对接清单、行业产业种类规则和环境产品声明等，推动超过1万家企业参与和享用产业互联网平台服务。三是布局战略性新兴产业。围绕工业软件、新材料、人工智能、新能源等布局战略性新兴产业，培育发展新动能，承担国务院国资委央企产业焕新行动任务中五大类24项具体任务。在两个未来产业三个领域方向，承担相关重点技术、典型场景、重大工程攻关任务。建设战略性新兴产业专业化平台。金属再生资源平台公司欧冶链金再生资源有限公司的国内市场占有率超过26%；第三方钢铁产业互联网平台公司欧冶云商股份有限公司，通过构建"平台+生态、技术+场景、线上+线下"的钢铁共享服务生态圈，有效促进钢铁产业链提质增效和数字化转型；轻量化解决方案供应商宝武镁业科技股份有限公司，重点布局镁基材料，推进全镁产业链建设，镁合金全球市场占有率超过30%，居世界第1位。

【重大项目】 2023年3月24日，宝钢股份无取向硅钢产品结构优化项目全线投产。4月28日，宁波宝新不锈钢有限公司年产6万吨高品质不锈钢光亮板项目轧机机组热负荷试车，并轧制出第一卷不锈钢光亮板；5月30日，光亮机组热负荷试车，项目产线全线贯通。5月13日，宝武资源有限公司(以下简称宝武资源)马迹山港矿石加工中心投产，这是全球首家采用强力混匀技术的矿石精混加工基地。5月18日，宝钢股份黄石涂镀板项目全面投产，标志着宝钢股份黄石涂镀板有限公司全面完成"退城入园"任务，进入绿色低碳高质量发展新阶段。5月19日，宝钢股份条钢产品结构优化改造工程开工建设，该项目拟新建一条年产量60万吨"线材+大盘卷"复合生产线，主要生产冷镦钢、轴承钢和弹簧钢等高附加值产品。5月20日，宝武资源马钢矿业张庄矿"超级铁精矿"生产线进入试生产阶段。6月6日，八钢公司2500立方米富氢碳循环氧气高炉商业化示范项目启动主体工程改造，9月28日点火投运。6月6日，马钢集团新特钢工程一期项目投产，该项目分两期建设，总投资92亿元，设计年产钢320万吨、钢坯315万吨。6月29日，宝钢股份武汉钢铁有限公司(以下简称武钢有限)新能源无取向硅钢结构优化工程开工建设，该项目投产后，每年可为440万辆新能源汽车提供高等级用材。8月9日，宝钢股份冷轧厂C411—宝特赛·宝钢新能源车低碳外板机组开工建设。8月18日，宝钢股份精密小口径焊管生产线投产。11月1日，宝武特冶(马鞍山)高金科技有限公司举行投产仪式，达产后可形成年产14.63万吨钢锭的生产规模。12月1日，武钢有限高端取向硅钢绿色制造结构优化工程开工建设，标志着中华人民共和国成立后建设的第一座冷轧硅钢厂(武钢一米七轧机)全面升级。12月20日，宝武资源马钢矿业罗河矿罗河铁矿一期500万吨/年扩能工程建设项目竣工。该工程于2020年12月开工建设，总投资9.74亿元，在原有采选设计300万吨/年规模基础上将产能规模提升至500万吨/年。12月23日，宝钢湛江钢铁有限公司百万吨级氢基竖炉项目点火投产；安徽宝镁轻合金有限公司年产30万吨高性能镁基轻合金及深加工配套项目镁生产线热负荷试车。

【走向海外】 2023年，中国宝武海外钢铁基地项目取得历史性突破，宝钢股份与沙特阿拉伯国家石油公司、沙特公共投资基金签约，共同在沙特阿拉伯建设全球首家绿色低碳全流程厚板工厂。钢铁产品有效拓展海外市场，全年出口钢材813.13万吨，比上年提高47.76%。境外资源布局实现突破，矿产资源掌控能力提升。其中，几内亚西芒杜铁矿项目取得实质性进展，北部区块项目开工建设；6月16日，与澳大利亚矿产资源有限公司（MRL）、韩国浦项制铁控股公司（POSCO）、美国金属煤炭公司（AMCI）共同开发的澳大利亚阿什伯顿铁矿项目进入矿山全面建设阶段，设计年产能3000万吨铁矿石；6月22日，与力拓集团合资建设的澳大利亚西坡项目开工建设，设计年产能为2500万吨铁矿石；12月24日，利比里亚宝米（Bomi）铁矿项目建成投产。

【重大创新】 2023年，中国宝武一批关键配套材料和核心技术攻克“卡脖子”难题，保障国家重点领域用材安全。其中，完成核电安注箱关键设备用全球最宽最重18MND5钢板交付，确保中国核电更安全更先进；实现燃气轮机燃烧室用隔热材料国产化制备和供应，支撑中国重型燃气轮机产业链的完整性和安全性；国产高速车轮在“复兴号”实现整列装用。一批首台（套）产品技术彰显领先优势。其中，新型钴基变形高温合金实现首轮试制，签订全球首个60万千瓦高温气冷堆项目换热组件合同，首台商业化核电高温气冷堆用高温合金材料实现首批次交付，核级镍基合金焊材首次实现国产化应用。一批传统钢铁材料实现升级。其中，高性能取向硅钢研发制造与应用项目获得工业领域最高奖——“中国工业大奖”；高强度高弯曲高耐蚀钢DP1310GA实现全球首发，填补汽车用超高强钢同类产品空白；2100兆帕级汽车悬架弹簧用钢替代进口。一批新产品新技术实现成果转化。其中，完成数字孪生集成平台研发；高性能碳化硅功能产品突破国外专利技术壁垒；大型竖罐蓄热脉冲冶炼技术成功用于安徽宝镁轻合金有限公司年产30万吨高性能镁基轻合金及深加工配套项目，产出全球单罐最大结晶镁锭；自主研发宽幅铝合金工具钢轧辊，破解中国铝业轧制企业在该类产品领域长期依赖进口的“卡脖子”难题。

【信息化与数字化建设】 2023年，中国宝武着力构建工业大脑，在高炉闭环控制、热轧“1+N”核心技术、高效柔性化生产排程、数字化产品研发等方面形成一批核心技术突破和应用，实现超大规模、超级复杂场景下的智能运营和智慧决策。工业互联网平台“宝联登”连续4年入选工业和信息化部“双跨平台”；全球首套智慧高炉运行平台建成投运，实现宝钢股份14座高炉炉况指数化诊断、运行智能化控制，开启数字高炉新时代。加快跨产业互通融合、跨空间互通融合、跨人机界面互通融合，提升数字化协同效率，在采购、交易、物流、设备运维、轧辊服务等方面形成数据驱动生态化服务能力示范。

【履行社会责任】 2023年，中国宝武对外捐赠2.18亿元。其中，7月13日，举办2022年“宝武杯”全国杰出中小学中青年教师表彰会，向云南省普洱市捐赠2023年帮扶资金4670万元。9月，在第二届“央企消费帮扶兴农周”活动中，消费帮扶采购总金额突破3900万元。11月18日，举行2023年度宝钢教育奖颁奖仪式，498名学生、271名教师分别获得2023年度宝钢教育奖。12月18日，甘肃省临夏州积石山县发生6.2级地震后，向灾区捐款2000万元。全年向定点帮扶的云南省宁洱县等7个县直接投入帮扶资金1.48亿元。2023年，中国宝武被民政部授予第12届“中华慈善奖”捐赠企业称号，连续9次获此荣誉；中央农村工作领导小组通报2022年度中央单位定点帮扶工作成效考核结果，中国宝武连续5年获最高等次评价“好”；在中央广播电视总台首届“中国ESG（环境、社会责任、公司治理）榜样”年度盛典上，中国宝武获评十大“中国ESG榜样”企业；武钢集团武汉武钢绿色城市技术发展有限公司海绵公司获得全国第11届“母亲河奖”绿色贡献奖。

（撰稿人：张文良）

中国矿产资源集团有限公司

【基本概况】 中国矿产资源集团有限公司（以下简称中国矿产）是经国务院批准组建的国有独资公司和国家授权投资机构，是中央直接管理的国有重点骨干企业，2022年7月19日在河北雄安新区注册成立，注册资本200亿元。中国矿产主要任务是统筹发展与安全，用好国内国际两个市场、两种资源，增强重要矿产资源供应保障能力，打造世界一流矿产资源综合服务企业。

【改革发展】 2023年，中国矿产制定发布首部战略规划，确立"保障资源安全、促进和谐发展"的企业使命和"资源服务主力军、产业进化新平台、和谐生态贡献者"的发展定位，明确以铁矿石代理采购、储运基地建设、大数据平台建设为当前工作重点，延伸矿产资源供应链综合服务，逐步向其他重要矿产资源领域拓展的业务发展格局。

扎实推进理念文化、员工队伍、创新战略、运行机制、实践行动、监督保障"六个一流"建设，制定集团《加快建设世界一流企业实施方案》，以及《对标世界一流企业价值创造行动实施方案》《改革深化提升行动实施方案（2023—2025年）》，系统推进世界一流矿产资源综合服务企业建设。

加快建立健全基础管理体系。建立完善集团制度流程，做好董事会建设准备工作，明确集团总部机构设置和岗位职责，探索合规高效的子企业管控模式。开展集团战略目标分解，建立经营绩效考核机制。完善社会与行业经营贡献指标，牵引激励价值创造迈上新起点。建立全面预算管理体系，制定实施司库体系建设方案。建立健全干部人才工作体制机制，加强对干部员工的选育管用，建立科学合理的薪酬福利保障体系。成立集团党风廉政建设和反腐败工作协调小组，构建完善党统一领导、全面覆盖、权威高效的监督体系，在审计署指导下，探索举一反三、提级检视的审计整改新模式，扎实推动集团法治建设，完善合规管理和风险管理体系，推动集团各类监督的贯通协同。

【重大项目】 2023年，中国矿产加快推进与铁矿石供应链重点企业合作，促进互利共赢、可持续发展。高质量组织宁波舟山大宗商品储运基地建设，超额完成全年投资计划，为"稳增长"作出积极贡献。稳步推进矿产资源基础数据公共服务平台建设，培育发展新质生产力。

【走向海外】 2023年，中国矿产与国际重点矿企建立战略协作关系。在第六届上海进博会上成功举办以"聚源共享·惠利天下"为主题的矿产资源供应链可持续生态开发者大会，共商共建安全、高效、共赢、可持续的产业链、供应链。

【党建工作】 2023年，中国矿产坚持以习近平新时代中国特色社会主义思想为指导，认真贯彻落实习近平总书记重要批示指示精神和党的二十大决策部署，坚持加强党的全面领导与完善公司治理相统一，扎实开展学习贯彻习近平新时代中国特色社会主义思想主题教育，积极配合做好中央巡视工作，聚焦职责使命和中心任务，秉持"初始即严、初始即一流"理念，建立健全全面从严治党体系，全面落实管党治党责任，增强各级党组织政治功能和组织功能，加强党风廉政建设和反腐败工作，打造忠诚、干净、担当干部员工队伍，为集团初创时期建设发展提供坚强有力保障。

【信息化与数字化建设】 2023年，中国矿产制定集团《数智化项目管理办法》《主数据管理办法》等制度文件，编制集团数智化发展专项规划，构建数智化专业管理体系。初步建成集团专属云，推动主要应用"上云"。

【履行社会责任】 2023年，中国矿产加强安全环保制度与能力体系建设。严格落实安全生产"一岗双责""三管三必须"要求，在集团及所属子公司层面分别成立安委会、环委会，健全完善"集团—子公司—项目部"三级管控体系，落实全员安全生产责任制。与子公司签署安全环保质量责任状，指导督促子公司签订业主、施工单位、监理单位三方安全履职承诺书，明晰三方安全管理权责界面。全面落实安全风险分级管控和隐患排查治理双重预防机制，常态化开展隐患排查治理工作，制定有效防范措施。印发集团《2023年全员安全教育培训计划》，分层分类开展安全教育培训，全年未发生重大安全生产责任事故。

【智库建设】 2023年，中国矿产加快培育打造智库品牌，组建中国矿产资源研究院，紧紧围绕矿产资源领域重大问题开展调查研究，积极为行业企业提供服务，当选国务院国资委央企智库联盟副理事长单位。

（撰稿人：吴地委　王晓晨）

中国铝业集团有限公司

【基本概况】 中国铝业集团有限公司（以下简称中铝集团）成立于2001年，于2017年12月16日由中国铝业公司改制更名为现名。中铝集团是全球最大的有色金属企业，产业链涉及20余种有色金属元素，铝、铜、铅锌产业以及镓、锗等关键金属材料产销规模位于行业前列。经过多年发展，形成矿山勘探开采、有色金属冶炼、高端材料制造、工程技术、资产经营、产业金融、新型环保、智能科技、海外开发的发展格局，业务遍布全球20多个国家和地区，旗下拥有中国铝业、中铝国际、银星能源、云南铜业、云铝股份、驰宏锌锗等6家上市公司。

中铝集团总部设在北京。截至2023年底，集团注册资本255亿元，资产总额6165.71亿元，从业员工约13万人，全级次企业397户，拥有6家境内外上市公司，连续16年入选《财富》“世界500强”，2023年排名第166位。

2023年，集团党组坚持以习近平新时代中国特色社会主义思想为指导，深入贯彻落实习近平总书记“2·26”重要批示精神和对中铝作出的重要批示精神，扎实开展主题教育，积极配合中央巡视，聚焦科技创新、矿产资源、高端先进材料、绿色低碳低成本数智化“四个特强”推动高质量发展，加快建设世界一流优秀有色金属集团取得新成效。

【主要指标】 2023年，中铝集团实现营业收入4502.07亿元，比上年减少12.50%；利润总额240.17亿元，比上年减少15.34%；净利润193.53亿元，比上年减少18.87%。营业收入利润率5.36%，比上年增加0.34个百分点；研发经费投入124.26亿元，比上年减少11.16%，研发经费投入强度(剔除贸易)3.34%，比上年减少0.16个百分点；全员劳动生产率61.94万元/(人·年)，比上年减少2.98万元/(人·年)；资产负债率61.83%，较年初减少2.02个百分点。

表1　　2023年中国铝业集团有限公司主要经济指标

项　目	2022年	2023年	比上年增长(%)
资产总额(亿元)	6251.23	6165.71	—1.37
所有者权益(亿元)	2259.98	2353.52	4.14
营业收入(亿元)	5145.35	4502.07	—12.50
利润总额(亿元)	283.70	240.17	—15.34
净利润(亿元)	238.54	193.53	—18.87
归属于母公司所有者的净利润(亿元)	114.16	62.05	—45.65
技术开发投入(亿元)	139.88	124.26	—11.16
利税总额(亿元)	438.89	360.83	—17.79
应交税金总额(亿元)	190.98	173.59	—9.11
全员劳动生产率[万元/(人·年)]	64.92	61.94	—4.59
净资产收益率(%)(不含少数股东)	5.66	10.84	增加5.18个百分点
总资产报酬率(%)	6.22	5.43	减少0.79个百分点
国有资本保值增值率(%)	视同完成	143.45	—

注：2022年数据按2023年审计报告调整后的年初数和上年同期数填列。

【改革发展】 2023年，中铝集团强化顶层设计建设一流企业。构建“1+3+2”规划体系和“4+4+N+重点专项”年度执行体系①。

加强治理体系和治理能力现代化建设。优化调整总部部门职责职能，系统推进经营单元改革，全面加大授放权力度，项目投资、资本运作、科技研发、干部管理等核心业务授权体系得到全面优化。精简重构集团制度体系，修订集团公司章程、“三重一大”决策事项等决策制度，形成以公司章程为核心的“1+N”公司治理制度体系。

① “1+3+2”规划体系，即1个总体规划——“十四五”发展规划纲要，3个重要规划——科技发展规划、产品发展规划、A品专项规划，2个3～5年专项工作计划——双碳、数智化行动计划；“4+4+N+重点专项”年度执行体系，即制定“规划、年度生产经营白皮书、全面预算管理、绩效分配体系”四大基本文件，“年度投资计划、年度科研项目计划、年度数智化项目计划和安全环保年度计划”四大专项计划，建立形成N个重点计划安排和重点专项的“战略规划年度执行体系”。

实施专业化整合优化资本结构。完成中铝资本和中铝开投、中铝财务公司和资金管理中心重组整合，建成业财高度融合、数字化程度高的司库管理体系，得到财政部和国务院国资委充分肯定。实现重大并购项目收官，彻底解决中国铜业重组云南冶金和金鼎锌业的历史问题。

深化三项制度改革激发内生动力。全面推行经理层成员任期制和契约化管理改革，纳入改革范围的337户企业1021名经理层成员100%签订契约。推行科技型企业分红激励，兑现2022年度激励939万元，涉及9户企业11个项目348人。

【重大项目】 2023年，中铝集团强化国家战略性矿产资源安全保障。西藏金龙铜矿完成7年未能解决的矿权过户工作，列入西藏自治区2024年度重点项目。积极参与国家新一轮找矿突破战略行动，2023年新增国内铜金属资源量418万吨、铅锌金属资源量79万吨，勘查增储资源总量创8年来最高水平；新增铝土矿资源量2100万吨。红泥坡铜矿、毛坪铅锌矿等项目建设有序推进。

提升国防军工重要金属材料保障能力。国家重大工程用合金材料突破"卡脖子"问题，具有自主知识产权的国内首台(套)大吨位铝锂合金生产线进入试运行阶段，重型运载火箭用第三代超轻质铝锂合金通过航天用户鉴定。航空航天铝合金材料关键技术取得新突破，16种关键材料通过商飞适航鉴定，民机铝材可供率从年初的36.3%提升到48.3%，民机铝材订货量超过历史总和。A品销量比上年提升15.96%，圆满完成神舟十六号和十七号载人飞船、C919大飞机等重大工程的材料保供任务。"1025专项"工程一期10项产品实现装机应用，二期10项13个新产品攻关完成年度任务。加快发展战略性新兴产业，承担焕新启航专项行动任务21项。

推进绿色低碳低成本和数智化转型。加快推进铝冶炼降碳技术攻关应用，铝电解12300成套技术实现节电400千瓦·时/吨以上，赤泥综合利用率达到全球同行业领先水平。积极布局再生循环产业，实施中铝瑞闽再生扁锭项目、滇中有色再生铜资源循环利用基地项目、西南铝再生铝项目。加大绿色能源有效投资力度，宁东光伏项目并网发电，云铝股份分布式光伏投产，达茂旗源网荷储项目加速推进，集团电解铝清洁能源消纳比例45%。

【走向海外】 2023年，中铝集团加大海外资源获取力度，西芒杜铁矿项目获批国家战略项目。稳妥推进海外重大资源项目运营，中铝几内亚公司铝土矿产量和回运量再创历史新高。中铝秘鲁特罗莫克铜矿连续4年没有停产、减产。为加快提升战略性矿产资源保障能力和全球资源配置能力，成立海外发展部，组建中铝(雄安)矿业有限责任公司，构建从统筹管理到具体实施的统一平台。

【重大创新】 2023年，中铝集团科技顶层设计更加完善。成立科技深化改革工作组，实施科技创新体系优化专项改革，建设"四大创新平台"①，重塑"四大专业研究院"。聚焦科研四大底层逻辑(提升科研项目、科研团队、科研机制、科研条件质量)，构建科技、产品、专项一体贯通、相互支撑的创新发展体系，深化"1+8"激励机制运行，形成年度研发投入计划+年度项目签约的常态化运作模式。

关键核心技术取得突破。加快新型材料研发应用，新能源汽车用铝材产量比上年增长52.5%，成为宝马、蔚来、理想等汽车企业重要供应商，与中国一汽、东风集团等中央企业成立联合实验室开展轻量化新材料研制。5N高纯铝、6N和7N高纯镓进入产业化阶段，高纯氮化铝完成百吨级示范建设，5N高纯镉、高纯锌全线生产运行，为芯片和集成电路、半导体、新能源发展所需材料安全自主供给保驾护航。

科技创新影响力不断提升。获批中央企业高端有色金属材料创新联合体，牵头组建的国防先进铝合金技术创新中心成为集团第二个国家级重要创新平台。加快有色金属原创技术策源地和现代产业链链长建设，立项实施174项原创技术研发任务，"铝工业重大共性关键节能技术与装备""赤泥低成本绿色利用关键技术"获批工业和信息化部产业重大专项。

【党建工作】 2023年，中铝集团坚持和加强党的

① 四大创新平台：以专业研究院为核心的自主创新平台，以制造基地为主体的现场支撑、保障和成果转化平台，与科研院所、高校共建中长期创新合作平台，与下游重要客户共建应用技术合作平台。

全面领导。优化贯彻落实习近平总书记重要指示批示精神"全链条"机制，召开学习贯彻习近平总书记重要批示精神5周年工作推进会和"牢记习近平总书记嘱托，加快世界一流优秀有色金属集团建设"学习交流会。围绕"学思想、强党性、重实践、建新功"总要求，高质量开展学习贯彻习近平新时代中国特色社会主义思想主题教育，一体推进理论学习深化、调研成果转化、问题整改强化，在以学铸魂、以学增智、以学正风、以学促干上下功夫见实效。

聚力打造干部人才三支队伍。加强技能人才队伍建设，优化完善"五级技师"制度。加强科技人才队伍建设，构建首席科学家＋首席专家＋五级研究员（工程师）的科技人才技术职务体系。加强干部队伍建设，开展全级次优秀年轻干部调研，建立优秀年轻干部梯队，"一人一表"专项培养。二级正干部50岁以下占比从2022年底的12％提高至30％，其中45岁左右占比由6％提高至18％。

坚持大抓基层的鲜明导向。召开党建工作领导小组会、境外党建工作推进会、党建考核结果反馈会，以党建责任落实推动党建工作落地。深入推进"六化"党支部创建达标，举办新任职党组织书记培训班，举一反三推进中央巡视自查问题、党建责任制考核和民主生活会检视问题整改，基层党建工作更加规范。做精"两带两创"活动，各级党组织开展"两带两创"项目5700余个。

坚持全面从严管党治企。积极配合中央巡视，坚决做到即知即改、边巡边改、立行立改，有力促进各项工作高质量发展。开展"清风行动"，加大"靠企吃企"惩治力度，严肃查办涉嫌严重违纪违法案件。持续深入整治"四风"，组织召开集团优秀总部建设暨总部作风建设交流座谈会，深化拓展整治形式主义为基层减负工作，形成常态化长效化制度机制，把"严"的基调、"严"的措施、"严"的氛围长期坚持下去。

【信息化与数字化建设】 2023年，中铝集团加快推进数字化转型顶层设计，编制未来三年数字化行动计划，数字化制度体系框架成功创建，智慧管理、智慧经营、智能产线、有色生态四大业务领域启动建设，"绿星链通"产业生态平台成功上线，财务"两翼"建成并投运，数字化底座不断夯实，广西华昇、云铝文山等智能工厂标杆建设持续深化。

【履行社会责任】 2023年，中铝集团社会责任发展指数连续多年进入中国企业300强社会责任发展指数20强，居有色金属行业第1位，入选国务院国资委"央企责任管理·先锋30指数"，入围中国首批10家ESG示范企业。集团所属4家上市公司入选"央企ESG·先锋100指数"榜单。组织开展帮扶地区消费兴农活动，累计采购帮扶地区农副产品3000余万元。集团从2002年起定点帮扶湖北省阳新县，并于2019年顺利使其脱贫"摘帽"，2023年连续4年跻身县域经济中部百强，实现"四年四进位"，得到国务院国资委和湖北省委、省政府的充分肯定。按照中央要求，自2023年9月起，中铝集团定点帮扶地区调整为甘肃省靖远县。2023年12月，甘肃省6.2级地震导致甘肃、青海两省受灾，集团24小时内分别向两省捐赠1000万元、500万元援助资金，支持抗震救灾和灾后重建工作。中铝几内亚获得2023年联合国可持续发展契约奖，秘鲁矿业获得2023年秘鲁矿业大会秘鲁卓越采矿奖。

（撰稿人：韩　露）

中国远洋海运集团有限公司

【基本概况】 中国远洋海运集团有限公司（以下简称中远海运）总部设在上海，是中央直接管理的特大型国有企业。集团以建设世界一流航运科技企业为愿景，聚焦主责主业、服务国家战略，锚定"数字智能和绿色低碳"两大赛道，突出"科技创新形成发展新动能、深化改革激发内生新动力、党建融合发挥独特优势"三个着力点，抓好"全球数字化供应链、绿色低碳智能船舶研制、船用新能源、智能航运产业链"四大战略性新兴产业，资产总额接近1.1万亿元，员工总数13万人，其中船员近5万人，主营业务包括航运港口物流核心业务、航运装备制造业务、航运产融结合业务、航运服务业务、航运科技业务、其他航运业务，在境外设有十大区域公司，拥有境内外11家控股上市公司。

截至2023年底，中远海运远洋航线覆盖全球140余个国家和地区的600余个港口，运营各类船舶1417艘，合计运力11658万载重吨，排名世界第一。其中，集装箱船队规模居世界第四；干散货船队、油气船队、特种船队规模均居世界第一。集装箱码头总吞吐量居世界第一。船舶代理、船舶建造和修理改装、海工制造、集装箱制造业务居世界前列。

中远海运自2016年成立以来，连续8年被国务院国资委评为考核A级企业。2023年，中远海运集团入选国务院国资委"2022年中央企业品牌建设能力TOP 30"排行榜，连续两年登上《财富》中国ESG影响力榜，获得2023海贸(Seatrade)国际海事奖"企业社会责任奖"，上榜联合国贸发会议"全球非金融类跨国公司100强榜单"，获评新华社"2023外国人喜爱的中国品牌"；入选《人民日报》2023中国品牌论坛"中国品牌建设案例"、2023媒体融合发展论坛"品牌海外融合传播案例"。

【主要指标】

表1　2023年中国远洋海运集团有限公司主要经济指标

项　目	2022年	2023年	比上年增长(%)
资产总额(亿元)	11145.79	10756.32	－3.49
所有者权益(亿元)	5102.21	5209.55	2.10
营业总收入(亿元)	6268.10	3817.80	－39.09
利润总额(亿元)	1724.67	590.67	－65.75
净利润(亿元)	1269.49	489.58	－61.43
归属于母公司所有者的净利润(亿元)	418.51	253.75	－39.37
技术开发投入(亿元)	64.64	70.80	9.52
利税总额(亿元)	1824.74	437.22	－76.04
应交税金总额(亿元)	325.42	115.31	－64.57
全员劳动生产率[万元/(人·年)]	190.65	106.00	－44.40
净资产收益率(%)	27.40	9.50	减少17.90个百分点
总资产报酬率(%)	17.50	6.61	减少10.89个百分点
国有资本保值增值率(%)	121.25	110.56	减少10.69个百分点

注：2023年数据来自决算报表。

【改革发展】　2023年，中远海运深入贯彻落实国有企业改革深化提升行动方案。聚焦航运及相关主责主业，以"坚持高质量发展，建设世界一流航运科技企业"为愿景，锚定数字智能和绿色低碳两个赛道，突出三个着力点，大力发展四大战略性新兴产业，提高科技创新水平，同时持续优化产业布局和全球布局，积极推进高水平通道建设，强化国家重要战略物资运输能力，通过推动各项改革任务落实落地，在增强服务国家战略功能上取得明显成效，在真正按市场化机制运营上取得明显成效，在加快建设世界一流企业和培育"专精特新"企业上取得明显成效。改革深化提升行动启动以来，集团对产业布局、组织架构、体制机制、业务流程进行优化再造，重点推进"加快科技创新，大力发展战略性新兴产业；服务战略，优化产业布局；专业化转型发展，提升资源配置效率；加强党的领导，构建现代公司治理体系"新四大类共12项改革任务。

创建世界一流示范企业行动。2023年3月，中远海运被国务院国资委纳入创建世界一流示范企业名单。以《中国远洋海运加快建设世界一流企业实施方案》为总纲领，编制形成集团创建世界一流示范企业行动工作方案，上报国务院国资委备案。方案明确集团创建世界一流示范企业的总体目标，并对集装箱运输、散货运输、油气运输、特种运输、物流供应链、港口运营、装备制造等主要业务板块提出具体发展目标和任务举措。参加国务院国资委创建世界一流示范企业第五组第一期交流活动。

创建世界一流专业领军示范企业行动。世界一流专业领军示范企业更侧重在专注领域培育体现自身发展特色的核心竞争力，是企业提升局部竞争力的重要抓手，2023年2月，中远海运所属中远关西入选国务院国资委世界一流专业领军示范企业。

国企改革专项工程。中远海运有5家所属企业纳入改革专项工程，其中“科改企业”1家、“双百企业”4家。2023年4月，国务院国资委公布对“科改企业”“双百企业”的评估结果，集团所属“科改企业”上海船研所/中远海运科技，“双百企业”中远海运集运和宁波中远海运物流均获评“优秀”。做好“科改企业”“双百企业”充实扩围申报工作，2023年5月所属中远海运散运和海南海峡股份被增选为“双百企业”。

推进完善中国特色现代企业制度建设。推动党的领导融入公司治理各环节，持续加强制度体系建设，相继修订完善《中国远洋海运集团有限公司合规管理办法》《中国远洋海运集团有限公司重大经营风险及重大经营风险事件报告管理规定》《中国远洋海运集团有限公司内部控制和风险管理办法》等“四梁八柱”制度体系，助力集团制度体系更加完善，推动管理提升做实做深，有效保障集团战略落地。全面加强董事会建设，依法落实董事会职权，按照“管控上移、经营前移、一企一策”的原则，加快直属公司董事会建设和加大授权力度，逐步构建起上下贯通、有机衔接的董事会建设制度体系。通过内部转任、外部引进等方式，不断拓宽外部董事来源渠道，持续优化打造集团高素质专业化外部董事队伍。集团下属公司董事会应建尽建和外部董事占多数完成率均为100%，董事会运作顺畅有序。

深化混合所有制改革。根据混合所有制企业日常管理情况，以及公司实际需求，坚持“有收有放、授权匹配”原则，研究持续完善集团直属混合所有制企业的董事会授权清单工作方案。按照非穿透式口径统计，截至2023年底，所属各层级控股或实际控制企业中混合所有制企业67户，其中非国有资本持股比例超过1/3的36户。根据国务院国资委通报，集团所属混合所有制改革企业上海泛亚航运有限公司、宁波中远海运物流有限公司评价结果为“优秀”。

推动内部专业化重组。完成件杂货船队整合。将件杂货船队整合作为重点改革任务之一，明确以中远海运特运作为集团件杂货船队平台，整合厦门中远海运件杂货业务及船队。2023年第一季度，件杂货船队整合完成。完成修箱板块整合。推动中远海运集运收购远洋大亚所持青岛鑫三利10%股权，收购完成后，青岛鑫三利成为中远海运集运的全资子公司，完成集运鑫三利修箱板块整合，有利于进一步打造全球数字化供应链平台。完成航运保险经纪板块专业化整合。按照国务院国资委推进金融业务优化工作要求，中远海运国际（香港）收购中远海运发展（香港）有限公司持有的海宁保险经纪100%股权，实现集团境外保险经纪业务的统一运营、统一管理的目标，促进集团保险经纪服务质量的提升。

加强顶层设计，科学构建综合考核体系。修订实施《集团综合考核评价管理办法》，将党建工作考核与经营业绩考核同步实施，考核结果综合运用。2023年，首次对集团总部部门、中心实施“双考核”，提升管党治党能力。坚持目标引领企业发展，推动实现高质量发展。围绕国务院国资委和集团战略考核目标，结合集团各级企业实际情况确定年度经营目标任务和工作重点，建立内容全面、可分解、可量化、可执行的目标管理体系，将工作目标层层分解落实到各级子企业，确保目标分解到户、责任落实到位。引导各级企业从目标出发，倒排资源配置、时间分配、战略战术和方法手段，推动举措落实，确保各项目标的顺利达成。坚持差异化分类考核，引导企业固强补弱促提升，实行“一企一策”、分类考核，差异化设置业绩考核指标及权重。

聚焦市场化机制运营，解决干部人事体制机制问题。抓好三项制度改革的“牛鼻子”，组织开展直属单位任期制和契约化工作情况年度考核。全面落实任期制契约化管理要求，跟踪推进经理层考核、薪酬兑现等工作。扎实推进全面市场化用工。进一步完善公开招聘制度，建立公开、平等、竞争、择优的市场化招聘机制，落实“凡进必考”。完善以合同管理为核心、以岗位管理为基础的市场化用工制度，强化劳动合同对实现员工能进能出的重要作用。灵活运用各类中长期激励工具。突出能力业绩导向，强化市场化薪酬分配机制，进一步提升中长期激励广度和力度，持续激发干部职工干事创业热情与活力。推进海峡股份股权激励方案落地实施，指导集团下属2家科技型企业根据效益情况和考核结果，兑现分红激励，进一步激发科技人员工作积极性。

【重大项目】 2023年，中远海运顺应绿色、低碳、智能航运业发展新趋势，建设绿色甲醇产业链。贯彻落实习近平总书记致2021北外滩国际海运论坛贺信的重要指示精神，认真践行新发展理念，构建新发展格局。以船用绿色甲醇为切入点，打通包括生产制造、储运、加注、绿色认证等船用新能源产业链所有关键环节，积极构建符合国内外绿色认证标准、运转稳定畅通、具有可持续发展能力的绿色甲醇全产业链，全力推动国内首批绿色甲醇生产项目落实落地。同时，以打造绿色甲醇产业链为切入点，前瞻性布局其他航运绿色燃料的研究和应用，与产业链相关合作方不断深化合作关系、拓宽合作领域，树立绿色产业合作的典范。

落实国家粮食及能矿资源保障项目。中国远洋海运积极服务国家战略，全面提升全球产业链供应链服务能力，优化和提升粮食、能源、矿产等关系国民经济命脉的战略物资运输通道资源建设。一是集团2023年新开发中石油国事、中石化维吉、新奥LNG等3个LNG运输项目，投资新造8艘LNG船，通过掌握海运段保障国家能源运输安全。二是复制中铝集团几内亚铝土矿“驳运＋海运”供应链合作项目经验，拓展国家电投、顺达矿业等运输项目，依托未来几内亚至中国长期稳定的矿石海运需求，投资建造2艘33万吨级甲醇双燃料散货船。三是集团为进一步巩固市场份额，保持行业领先水平，投资新造6艘油轮，通过有节奏地新造符合行业发展规律、满足市场和客户需求的绿色低碳船舶，不断提升能源产业链供应链韧性和安全水平。

中远海运港口参股德国汉堡港CTT码头项目。为积极响应“一带一路”倡议，提升全球化供应链服务体系保障能力，深化与海外产业链上游合作伙伴的资本合作，中远海运港口收购德国汉堡港CTT码头24.99%股权。汉堡港拥有优越的地理位置，作为欧洲对华贸易的最重要枢纽之一，后方集疏运设施完善，是中欧班列重要的欧洲节点，有利于进一步发挥与中国远洋海运旗下船队的协同效应。CTT码头占地60万平方米，岸线长1250米，拥有4个泊位，年处理能力200万TEU。

中远海运欧洲收购TRASGO公司项目。为落实中国远洋海运全球数字化供应链发展战略，加快推动物流基础资源投资，补齐集团在意大利区域仓储、运输、关务、增值服务等方面的资源短板，提升集团在欧洲地区的供应链服务能力，中远海运欧洲通过中远考斯里奇有限公司收购TRASGO S. r. l. 公司100%股权。TRASGO公司成立于意大利，提供包括运输、仓储、海关业务、货物装卸、展会物流和安装等综合供应链物流服务，拥有和控制仓库14个，约27万平方米(其中自有仓库3个，约3.6万平方米)，以及100余辆拖车、拖挂和200台搬运机械。

中远海运港口收购厦门海沧项目。为落实中国远洋海运产业链经营规划，打造世界一流的全球综合物流供应链服务商，强化临港物流园建设，中远海运港口依托厦门远海码头，加强在厦门地区的投资布局和业务生态建设，收购厦门海沧保税港区投资建设管理有限公司56%股权，从而获得位于厦门远海码头后方多处物流基础资源，共同发展港口供应链物流及相关业务，合计获得土地约53.22万平方米、地上建筑面积约28.37万平方米、堆场面积约16.73万平方米。

因地制宜发展新质生产力，推进智能制造。根据有关工作要求，集团作为制造业重点产业链(船舶与海洋工程)链主企业，联合产业链上下游相关企业、科研院校开展船舶总装建造数字化提升攻关工程，加快发展新质生产力，交付“绿色智能32.5万吨大型矿砂船”标志性产品，建造效率到2025年提升不低于20%，到2027年提升不低于30%，推动航运装备制造产业高质量发展。成立集团领导小组、工作小组和专业组，编制重大工程实施方案报工业和信息化部，保障重大工程落地实施，推进智能制造。集团4家企业入选工业和信息化部智能制造示范工厂和优秀场景，中远海运重工大连川崎获评智能制造示范工厂，南京船配“智能在线检测”、青岛中远海运连云港流体“产品远程运维”、中远海运发展寰宇启东箱厂“工艺数字化设计”场景获评智能制造优秀场景。

发挥科技引领作用，融入国家科研体系。2023年，集团及所属公司牵头承担和参加国家重大科技项目66项，其中牵头在研科技部国家重点研发计划“北极航道通信导航保障关键技术研究与系统研发”项目，牵头在研工业和信息化部高技术船舶科研计划“优选型极地环保运输船”“LNG船舶液货与机电模拟演练系统研制”“绿色智能船舶排放监测与管控技术研究”“绿色智能船舶协同研发平台技术研究”等4个项目。“优选型极地环保运输船”项目完成一型扩大窗口期的优选型极地环保多用途船研制和实船建造，并于2023年11月交付并投入北欧航线运营，提升极地航行保障能力。

【走向海外】 2023年，中远海运累计在共建“一带一路”国家（地区）完成投资超过800亿元。集团投资经营的比雷埃夫斯港成为共建“一带一路”示范标杆，2023年完成吞吐量510万标准箱，创历史新高；中欧陆海快线自经营以来累计完成运输箱量70万标准箱，打通中欧贸易的第三条新通道；阿布扎比哈里发二期码头2023年完成吞吐量135万标准箱，排名跃居波斯湾前四；秘鲁钱凯是集团在拉丁美洲的第一个共建“一带一路”项目，也是中拉之间的陆海新通道；集团2023年完成汉堡港CTT码头和埃及苏科纳码头的股权投资。集团为共建“一带一路”作出的贡献得到高度肯定，比雷埃夫斯港、中欧陆海快线和意大利瓦多码头3个项目被纳入国务院2023年发布的《共建“一带一路”：构建人类命运共同体的重大实践》白皮书。

保障国家战略物资运输安全，2023年双品牌集装箱船队在“一带一路”沿线完成运输1475万TEU、散货运输18506万吨、油轮运输9700万吨、LNG运输2657万吨、特种货运输2110万计费吨，货量保持稳定增长。

【重大创新】 2023年，中远海运大力发展战略性新兴产业，培育发展新动能。立足服务国家战略，结合集团主责主业，围绕数字智能和绿色低碳两条路径，聚焦全球数字化供应链、船用新能源、绿色低碳智能船舶研制和智能航运四大方向和领域，推进集团战略性新兴产业发展。完成《集团布局发展战略性新兴产业工作方案》并报送国务院国资委，成立集团战略性新兴产业发展领导小组和工作小组，统筹推进各项工作。

推进全球数字化供应链体系建设。集团构建以集装箱运输为核心、覆盖全球的“航运、物流、港口”三位一体的全球供应链体系，形成为客户提供一站式物流解决方案的能力。2023年1月29日，首个数字化供应链组合产品“泰鸿”推出，为客户提供中国大陆地区拖车、报关、海运服务的预打包组合服务。2023年，累计发布“泰”系列、“恒”系列、“鸿运来”进口系列标杆组合产品20个，实现订舱量逾3万TEU。

全力推进绿色甲醇产业链建设。为保障未来集团新能源船队的绿色甲醇燃料需求，加快推动绿色甲醇产业链建设，2023年集团加快推进绿色甲醇产业链建设，推进包括筛选关键项目、测算采购需求、探索合作形式、评估重点技术、拟定实施方案、形成储运加注方案等多方面工作，力争达成明确对绿色甲醇产业链建设相关的关键项目合作建议和行动方案、明确全程物流解决方案以及明确未来集团船用绿色甲醇的采购需求的3项重要目标。2023年9月，集团与国家电投、上港集团、中国中检签署《关于开展绿色甲醇产业链建设合作备忘录》，标志着国内首个涵盖生产、运输、加注、认证等各个环节的船用绿色甲醇全产业链项目进入实际建设阶段。

深化科技体制改革，激发企业创新活力。一是持续深化科技体制改革，下发《“深化科技体制改革，打造科技制造事业群”改革方案》。在集团科技与数字化战略领导委员会领导下，推进中远海运重工和上海船研所深度融合，充分发挥船研所科研平台与重工设计、建造的“产学研用”深度协同作用，打造“前沿技术—智能绿色船海产品设计—详细设计—生产设计—制造（服务）”高效集成的研发到产业化路径，实现1＋1＞2。二是为鼓励企业加大科技成果转移转化，集团研究制定“专精特新”后补助资金实施细则，组织开展奖励性后补助资金申报，第一批16家企业获后补助奖励2060万元，进一步激发企业创新活力。

完善创新生态体系，打造产学研合作科创平台。上海船研所水路交通控制全国重点实验室获科技部认定并正式运行，打造水路交通科技自立自强、保障国家安全的战略科技力量。严新平院士工作站连续3年获浦东科协绩效评估“优秀”。中远海运与上海海事大学组建国际海事绿色低碳发展政策工作室，开展提案研究工作，推进在国际海事规则制定中提出“中国方案”，发出“中国声音”，助力我国航运业从单纯履约向立约与履约并重转变，切实维护国家利益。

加大研发投入力度，提升科技创新能力。2023年，中远海运研发经费比上年增长9.53%，有效专利2195件，其中有效发明专利535件，分别比上年增长10.19%、24.71%；申请专利890件，其中发明专利申请545件；获授权专利410件，其中发明专利132件，分别增长21.65%、91.30%。PCT等国际专利申请7件。2023年，中远海运获得省部级科技奖励6项、一级行业协会奖励15项。新增国家级专精特新"小巨人"企业2家、省级"专精特新"中小企业13家。

推广GSBN区块链平台产品，拓展生态合作。扩大GSBN平台生态，截至2023年底会员27家，无纸化放货箱量新增70余万TEU，累计204万TEU，国内主要港口稳定使用，并新增墨西哥两个港口业务。在全球推广区块链提单，截至2023年底签发8万余票，并推广到集运、散运、特运、能源等下属单位。推进航运单证与贸易金融的结合，与中国银行等金融机构签订电子提单使用协议，与上化院合作推出危险品鉴定证书上链产品。完成《区块链电子提单数据交互及业务流程》《基于区块链的港航集装箱信息交换平台及接口技术要求》2项行业标准编制。

打造物联网智能冷箱，提升服务能力。为冷藏集装箱加装物联网设备IBOX-BPR，该设备具备智能自检、信息采集、远程升级等功能，2023年新增冷箱物联网设备安装量1.8万台，累计覆盖率58%。开展与华为合作推动干箱物联网设备实船测试及船用设备、码头设备的安装测试工作，干箱设备测试情况比较稳定。进一步优化MY REEFER服务平台，统一网站用户和App用户登录，优化AI功能，更便捷服务客户。

复制5G智慧港口成果，推进5G新基建项目。厦门远海、武汉阳逻、泉州、阿布扎比等码头无人驾驶持续商业化运营，截至2023年底无人集卡累计作业量15.7万TEU，持续扩大无人集卡运行区域。推进发展改革委5G新基建项目收尾工作，完成所有实施工作，达到各项任务指标，组织各内外部参建单位完成子项目审计，并于2023年10月完成项目验收，上报国家发展改革委。

推进AI项目建设，拓展应用场景。组织开展AI计算中心基础设施建设，上半年组织9家主流AI厂商参与POC测试，综合考虑芯片、算法框架、AI平台、大模型等方面的需求，制定"以软硬件基础设施自主可控为基础，集研发、训练、推理和服务为一体的智能计算中心"的构建方案，并完成MVP环境搭建。组织海科、集运、散运等下属单位，共同开展智能航运、智能港口、智能集装箱、智能船舶DMC数据中心、智能航运数据开放平台等5个示范子工程，40余个AI应用场景的建设。与中国移动、中国石化等7家央企共同组建央企人工智能协同创新平台，促进中央企业间AI技术与应用交流，提升AI在集团的应用并助力国内AI产业发展。

【党建工作】 2023年，中远海运突出政治建设，拥护"两个确立"旗帜鲜明。党组把学习贯彻落实习近平总书记对国资央企、本行业本企业重要指示批示精神和党中央决策部署作为最大政治责任、最大发展机遇、检验"两个维护"最重要标尺，坚持"第一议题"制度，强化理论武装，组织政治理论学习22次，举办学习贯彻党的二十大精神专题轮训班18期，分5个专场召开深入贯彻落实党的二十大精神工作研讨会。制定《关于深化落实党组(党委)第一议题制度的意见》《关于贯彻落实习近平总书记重要指示批示精神和党中央决策部署实施办法》，开发督查信息系统，编印《思想领航》(2023年版)，完善学习习近平总书记重要指示批示工作机制。集团连续5年获评国务院国资委党建责任制考核A级企业。

突出思想引领，主题教育全面深入推进。组织专题读书班、研讨班、轮训班，开展理论中心组学习、专题党课、基层"三会一课"等，持续深入学习习近平新时代中国特色社会主义思想，党组成员带头，围绕贯彻落实习近平总书记对本行业本企业重要指示批示精神，聚焦通道建设、全球数字化产业链、重大科技项目、全面从严治党等7个制约集团高质量发展的重点主题大兴调查研究。坚持为民导向，开展"我为群众办实事"实践活动，推动五大类231项实事落地见效。

突出政治责任，全力配合中央巡视工作。把配合中央巡视作为重要政治任务，全力配合中央巡视组工作。落实中央巡视组移交7项立行立改问题工作要求，认真办理中央第十巡视组移交信访件和问题线索。在全系统开展违反中央八项规定精神问题立行立改专项治理，严肃查处违反中央八项规定精神问题；召开违反中央八项规定精神突出问题警示教育大会，点名道姓通报典型案例；推动以案促改、以案促治，在全集团范围内开展以完善制度建设、强化制度执行为重点的专项财务检查。

突出党建领航，党建融合发展做实做细。推动党建工作考核与经营业绩考核、薪酬分配直接挂钩，实现考核结果硬兑现。组织开展集团2023年度党建工作责任制考核评价工作。丰富"党建+"项目和党员承诺践诺等工作载体，以"支部链"推动"业务链""创新链"。举办8期基层党组织书记暨党务干部示范班和培训班、学习贯彻党的二十大精神船员党员示范培训班。创新公休船员党员教育培训方式，开展公休船员党支部与海嫂站"红蓝共建"活动。

突出守正创新，宣传思想文化展现活力。2023年，中远海运集团围绕改革发展、稳链促增长、绿色低碳发展、数智化转型、履行社会责任等，积极策划主题外宣。全年累计发布新闻宣传稿件794篇，在集团官微、视频号、海外社交平台等自有媒体刊发新闻及宣传稿件3703余篇。组织中央及省市媒体采访78次，境内外媒体刊发集团各类宣传稿件2484篇。在集团微信视频号发布视频124个，并积极向外部媒体推送。中远海运集团统筹策划一系列重大主题对外宣传，包括策划"高举伟大旗帜·奋进壮阔航程"大采访大宣传等活动，大力宣传集团坚持科技领航，推进科技体制改革、科创体系建设、数智技术应用、绿色低碳转型取得的阶段性成就。聚焦集团保障汽车出口运输，策划媒体调研行活动，参与媒体相继刊发报道20余篇，转载超过200篇次，中央电视台先后报道新闻6次；借助"一带一路"倡议提出十周年契机，与境内外媒体合作开展相关主题宣传，刊发集团"一带一路"建设成效专题报道70余篇，转载量超过2900篇次，《人民日报》2次刊发专文报道比港；策划集团服务西部陆海新通道建设主题宣传，组织凤凰卫视记者现场采访集团新通道沿线业务发展情况，展现集团积极履行央企使命的形象；与国务院国资委宣传局、新闻中心组织"走进新国企·改革赋能新发展"大型融媒体宣传报道活动，组织记者深入船舶一线，集中报道集团改革发展新成效和数字化供应链建设生动实践。集团宣传思想工作经验分别在中宣部企业思想政治工作创新经验交流座谈会、交通运输部党的二十大精神宣贯研讨班上交流。宣传思想工作进一步聚焦基层视角、客户视角、船员视角，推动内容创新、形式创新、传播渠道创新。围绕船员日常、航运科普、业务推介、节庆假日、新闻热点等类别策划制作宣传视频，创作"我与中远海运""声自海外来"等专题专栏视频，开通运营集团抖音账号，持续推进外宣工作喜闻乐见。

突出政治监督，持续深化全面从严治党。集团纪检监察组坚决扛起管党治党监督责任，聚焦"两个维护"根本任务，强化政治监督，扎实做好对贯彻落实习近平总书记关于本行业本企业的重要指示批示精神和党中央决策部署情况的监督，全力支持配合二十届中央巡视工作，认真做好巡视整改立行立改监督。突出"一把手"监督，抓好关键少数，对集团新任职领导干部开展集体廉洁谈话。加强境外企业和外派干部监督，制定落实《外派干部派前政治谈话和廉政谈话制度》。加大办案力度，严肃查处腐败问题，全系统处置问题线索866件，比上年增长149.6%；立案165人，比上年增长83.3%；处分105人，比上年增长41.9%。初步建成纪检监察数字化监督平台并开始试运行，运用信息化手段提升主动发现问题能力。开展违规公款吃喝专项监督检查，严查违规吃喝，重拳纠治"四风"，纠树并举促进作风建设常态长效。进一步健全大监督格局，推动各类监督贯通协同、共同发力，一体推进"三不腐"。统筹抓好主题教育和教育整顿，筑牢对党绝对忠诚的思想自觉、政治自觉、行动自觉。

突出纽带作用，引领群团工作凝心聚力。深入学习宣传贯彻党的二十大和工会十八大精神，组织开展"中国梦·劳动美——凝心铸魂跟党走、团结奋斗新征程"全国交通建设产业百名劳模工匠走进中远海运巡回主题宣讲。大力弘扬劳模精神、劳动精神和工匠精神，开展以创新创效为主题的劳动竞赛活动1369次，职工技术比武137次。举办2023年江苏省海洋运输行业职业技能竞赛暨第六届"中远海运杯"职工技能竞赛；评选表彰12项优秀职工劳动竞赛成果；在第六届中国海员技能大比武活动中，选派的2支队伍取得连续3届包揽海船企业组团体总分冠军、亚军的好成绩。广泛开展"两节"送温暖、夏季送清凉、困难职工子女助学等员工关心关爱活动，举办集团第三届职工羽毛球、乒乓球赛。

【信息化与数字化建设】 2023年，中远海运完善数字化转型体制机制。优化各下属单位的数字化考核评价指标体系，加大考核力度，形成"一企一策"差异化评价体系。推动数字化改革落地。中远海科为赋能集团数字化转型进行改革，实现组织机构到位、人员到位和业务整合到位。发挥集团数字化转型办公室作用，大力开展数字化能力的培训，针对业务发展需要，围绕建设全球数字化供应链目标，专门开展数字化供应链培训专班，全年累计完成20场次。

建设数字化供应链。推进境外资源平台、运营平台建设，完成欧洲、北美、东南亚设立供应链运营平台方案，推进西亚、大洋洲等运营平台方案制定。推进制定境外客服及交付流程，梳理跨境电商等行业供应链交付流程及供应链业务地服职责和标准化交付流程，编制业务流程变更管理办法，成立数字化供应链财务专项工作小组，推进财务结算、核算顶层设计和系统迭代。

大数据赋能港口智能化。完成数据盘点。梳理港口系统接入数据中台，形成主数据标准、数据标准清单、港口公司码头生产标准作业项目和生产指标数据统计规范及港口公司收费项目类型数据标准管理规范等，形成港口公司对数据的主动管控能力。完成港口数据中台一期试运行上线，形成标准可靠的数据底座，并持续进行数据治理，完善数据标准，提升数据质量；对内可以提升公司对数据的分析能力和管控能力，提升数字化供应链服务能力。

跨境电商行业解决方案建设。统筹推进集团跨境电商物流供应链建设。利用资源禀赋，发挥传统海运优势。按照市场情况，完成跨境电商产品的初步规划。重构业务流程，创新数字化跨境电商供应链解决方案，完成依据跨境电商供应链业务总体特点的相关系统建设的总体逻辑、FBA物流操作、海外仓以及结算流程等的基本功能和特点的整体梳理，以及相关环节的系统上线。坚持合规管理，制定并发布《跨境电商物流供应链风险防控方案》。

推动汽车供应链平台建设。制定数据标准、运营流程管理规范，强化各系统对接。通过打通供应链各节点数据，搭建三个中心两个平台的功能架构。平台连接全球60多个港口、搭建157条航线的汽车贸易通道，覆盖燃油车及新能源车，可为乘用车、商用车、工程车辆等多种车型提供拖车等310种数字化供应链产品组合，截至2023年底累计签约车辆52万辆。

持续推进集团重点统建系统建设。开展司库系统建设，完成境内外单位上线使用，实现与SAP财务核算、久其报表、费控报销、税务管理、投资、协同办公等系统对接。深化数字化协同办公平台建设，不断扩展功能，增加任务督办、办公会管理等相关功能模块。持续优化人事、投资、船舶管理、陆岸安全管理、品牌传播与公关管理、纪检监察、绩效考核和督办、费控报销、国资监管等相关系统。

基础设施方面。坚持以"十四五"数字化转型规划为引领，稳步推动云计算平台的构建与完善，顺利完成集团中心云专有云池生产环境的扩容，有效增强云底座的各项能力。全面启动"三年上云"专项行动，进一步推动技术组件的统一集中，筑牢安全防护的基线。围绕建云上云工作，积极推动一批机房的收敛工作，逐步建立完善的云运营运维体系。进一步提升网络性能，启动新一代广域网网络架构升级改造项目，完成年度IPv6的规模部署和应用。

网络和信息化安全。认真贯彻国家部署，严格贯彻网络安全党委党组责任制，按照"三化六防"理念，锚定"全年不发生较大及以上网络安全事件""提升主动防护能力"的年度目标，逐级压实责任，结合算力收敛和演习准备工作，以"人防、技防、协防"相结合，逐步集约化、标准化管理，按照"安全左移"的基本思路，主动防御能力明显提升。圆满完成全国两会、博鳌亚洲论坛等10余次重大活动期间的集团网络安保工作。

【履行社会责任】 2023年，中远海运履行境外社会责任，增进本地民心相通。集团秉承"共商、共建、共享"的合作原则和"高标准、惠民生、可持续"的合作目标，将自身全球化经营与社会责任有机结合，统筹兼顾员工、合作伙伴及社区等各相关方利益，在实现经济效益的同时，积极推动企业社会价值的最大化。

比雷埃夫斯港项目对希腊当地的直接经济贡献累计18亿欧元，为当地直接创造工作岗位3000余个，间接创造岗位1万余个，被誉为中希合作的典范。集团在境外拥有1.8万名员工队伍，其中外派员工仅500人，属地化率97%。

加强境外品牌建设，促进支持民间交往。集团积极推动境外民间交流互鉴，讲述好中国远洋海运故事、传播好中国声音，中远海运（比雷埃夫斯）创新利用融媒体媒介、创新传播路径走进当地民众生活；向希腊历史最悠久的体育协会之一比雷埃夫斯划船俱乐部提供捐助，支持其参加第90届泛希腊划船锦标赛；向比雷埃夫斯市成人智障者服务中心提供资金捐助，支持其建立成人智障者庇护所，改善当地弱势群体生活质量；多次组织企业开放日活动，热情接待包括比利时、瑞典、塞浦路斯、美国及希腊比雷埃夫斯市、雅典市、萨拉米拉市等当地10余所高校学生来企考察交流，充分促进青年一代文化交流，加深对中国远洋海运集团和中国文化的了解。

抓好节能减排推动绿色发展。集团积极响应航运业绿色发展节能减排政策，编制完成《集团碳达峰行动方案》，着力构建绿色航运新生态。积极打造绿色工厂，其中扬州中远海运重工被工业和信息化部评为“绿色工厂”。南通中远海运川崎、启东中远海运海工被江苏省评为“绿色发展领军企业”。舟山中远海运重工先后被评为“舟山市绿色修船企业”“舟山市绿色修船示范企业”“中国修船行业绿色修船示范企业”。推动靠港船舶使用岸电，发布《集团港口和船舶岸电管理规定》，积极参加交通运输部水运局《示范推进国际航线集装箱船舶和邮轮靠港使用岸电行动》，集团集装箱双品牌、海南洋浦码头、厦门远海码头、天津TCT码头等5家公司被列为示范单位，完成渤海湾省际客滚船岸电改造，实现常态化靠港使用岸电。2023年，集团船岸企业使用岸电累计减少二氧化碳排放超过5万吨。推进船队绿色低碳转型发展，持续推动甲醇双燃料动力24kTEU集装箱船设备选型和船舶设计，推进16kTEU在建箱船甲醇动力升级项目，完成甲醇双燃料动力阿芙拉油轮、32.5万吨甲醇双燃料动力矿砂船的技术选型、合同签署，组织开展甲醇双燃料动力21万吨散货船研发，电池动力全球首制700TEU江海直达集装箱船投入运营，并获评国务院国资委“2023年度央企十大国之重器”。2023年，集团新造船订单中新能源动力船舶占比70%。

扎实做好对口支援和定点帮扶。2023年，实施对外捐赠1.4亿元，其中，定点帮扶、对口支援和乡村振兴1.12亿元，涉及湖南省安化县和沅陵县、云南省永德县、西藏自治区昌都市洛隆县，各下属单位自主参与乡村振兴捐赠1260万元，下属单位参与境内公益慈善309万元，集团境外企业参与境外公益慈善折合人民币1269万元。2023年，中远海运在定点帮扶和对口支援4个县投入帮扶资金9400万元，包括按计划向永德县拨付帮扶资金2200万元、向安化县拨付帮扶资金2200万元、向沅陵县拨付帮扶资金2200万元、向洛隆县拨付援藏资金2000万元。落实中央精神，1月紧急向定点帮扶和对口支援4个县追加疫情防治资金400万元，7月向洛隆县追加400万元用于地震灾区民居重建。盘活结余资金292.7万元，实施帮扶项目75个。截至2023年底，完成66项，其余9项跨年实施。其中，巩固脱贫成果投入3370万元，实施项目24个；产业振兴投入2013万元，实施项目9个；人才振兴投入2165万元，实施项目20个；文化振兴投入516万元，实施项目7个；生态振兴投入1128万元，实施项目11个。在组织振兴方面，集团与帮扶地区14个基层党组织开展结对共建和联学活动，加强交流协作，强化基层组织建设，发挥战斗堡垒作用。对照集团2023年定点帮扶和对口支援工作要点，无偿投入帮扶资金9400万元，完成109.3%；帮助引进资金864万元，完成491.9%；培训基层干部1403人次，完成519.6%；培训技术人员400人次，完成142.9%；购买当地农产品1005.3万元，完成139.6%；帮助销售农产品865.3万元，完成1018%；购买和帮助销售其他脱贫县产品229.4万元；实施助学2027人次，完成168.9%。集团在6月公布的2023年度中央单位定点帮扶工作成效考核评价为“好”，位于中央单位第一梯队。

全力做好“鲁蓬远渔028”轮救援工作。2023年5月16日凌晨3时许，蓬莱京鲁渔业有限公司所属中国籍远洋渔船“鲁蓬远渔028”在印度洋中部海域倾覆，船上39人失联。事故发生后，中共中央总书记、国家主席、中央军委主席习近平作出重要指示。收到交通运输部海上搜救中心指令后，中远海运立即部署，第一时间启动应急搜救预案，成立工作小组，指示正在印度洋中部海域执行航行任务的“远福海”轮、“铭德”轮赶赴渔船失联海域，全力开展搜救工作。

积极参与土耳其地震救援工作。2023年2月6日凌晨，土耳其卡赫拉曼马拉什发生强烈地震，造成重大人员伤亡和财产损失。中远海运以实际行动践行“同舟共济”的企业精神，展现国际化企业的责任担当。在得知地震发生的讯息后，集团领导高度重视，第一时间向受灾地区的相关公司员工表示慰问。中远海运欧洲公司统筹内部资源，指导所属土耳其公司第一时间成立应急行动组，帮助受灾较重的伊斯肯德伦和梅尔辛两家分公司员工共渡难关，妥善安排当地进出口业务，积极组织其他地区员工捐赠保暖衣物、婴儿用品、妇女用品等，并及时转运至土耳其相关政府部门，受到当地社会一致好评。中远海运集运土耳其公司被当地授予“参与‘2·6’土耳其世纪大地震突出社会公益奖”。

国内首单航运业ESG挂钩银团贷款落户中远海运集团。2023年9月8日，中远海运集团下属中远海运能源与中国银行上海市分行、中远海运财务达成的ESG挂钩银团贷款协议正式签约。这是我国航运业首单以ESG指标挂钩的银团贷款，此次ESG挂钩贷款是中远海运集团促进航运业绿色低碳转型发展、推动企业ESG治理的重要举措。

（撰稿人：翟　宇）

中国航空集团有限公司

【基本概况】 2023年，中国航空集团有限公司（以下简称中航集团）以习近平新时代中国特色社会主义思想为指导，全面贯彻党的二十大精神，坚决贯彻落实党中央、国务院决策部署，坚持稳中求进工作总基调，安全态势保持平稳，效益实现扭亏为盈。

全面践行总体国家安全观，坚决落实《安全生产法》和国务院安委会“十五条硬措施”。按照民航局安全督导检查要求开展整改整治。开展“机闹”“三超”专项整治，加强发动机等关键环节技术状态管控，优化提级防空停管理机制。恢复B737MAX运行，实现ARJ21在天府机场顺利投运，有序推进C919飞机引进准备。推进安全从业人员作风建设长效机制建设。圆满完成党和国家领导人专包机重要任务。

深入实施提质增效，聚焦“一利五率”一增一稳四提升的任务目标，经营效益大幅改善。坚持“四个最大化”原则和“长投短调”机制，全力扩大有效投入。持续升级国航快线品质。全力推动国际航线复航增班。积极维护市场秩序，主动稳定市场价格。加快营销模式创新和数字化转型，开通国铁官网直营店。深化客货联动。全过程管控大项成本，强化成本费用预算外节支。强化资金统筹管控。司库体系覆盖全级次用户。

主动服务“国之大者”，完善区域发展规划，深化与重庆、内蒙古、广东等地战略合作。加快建设首都机场世界级枢纽。完成具有独立知识产权的Ka卫星通信系统加改装方案，推动北斗系统民航应用和系统升级。积极参与民航碳市场规则制定，发布“碳达峰”行动实施方案。推进中央企业“美美与共”和海外主题宣传项目。深入参与国际合作，获得3个星盟委员会席位。积极参与第六届中国国际进口博览会、首届CATA航空大会。

将建设世界一流企业作为“一号工程”，统筹开展创建示范、管理提升、价值创造、品牌引领“1+4”专项行动。价值创造方案获评国资央企系统优秀方案。开展评价指标体系研究，明确民航业世界一流企业的全景图像。品牌价值持续提升。协同化发展取得新成效，客运核心资源统一配置取得实质性突破。法人层级和户数压减工作央企专项考核排名第一。加快国货航上市和货运业务数字化转型。

坚持以人民为中心的发展思想，不断改进和提升航空服务品质。优化“客票退改签”规则，行业首发“无理由退票权益”等举措4项。加快投运品牌休息室，分批上线“凤舞云端”客舱新视觉产品。精简整合机上餐谱结构。优化机上网络资源配置。推进“国航系”关键服务标准一致性。在行业内率先明确投诉处置四项原则。规范服务风险管理和特殊事件处置流程。建设机上餐饮预订管理系统功能，获得工业和信息化部“适老化无障碍服务”认证。

【主要指标】

表1　　2023年中国航空集团有限公司主要经济指标

项　目	2022年	2023年	比上年增长(%)
资产总额(亿元)	3268.01	3624.33	10.90
所有者权益(亿元)	615.19	733.46	19.22
营业收入(亿元)	652.22	1518.74	132.86
利润总额(亿元)	−429.86	1.51	—
净利润(亿元)	−433.79	−3.25	—
归属于母公司所有者的净利润(亿元)	−194.18	1.28	—
技术开发投入(亿元)	2.52	4.83	91.82
利税总额(亿元)	−374.53	71.08	—
应交税金总额(亿元)	52.11	70.48	35.26
全员劳动生产率(万元/人·年)	10.34	54.95	431.35
净资产收益率(%)	−57.33	−0.48	增加56.85个百分点
总资产报酬率(%)	−11.15	2.08	增加13.23个百分点
国有资本保值增值率(%)	73.41	101.61	增加28.20个百分点

注：因执行企业会计准则解释16号，2022年相关财务数据进行追溯调整。

【改革发展】　2023年，中航集团按照国务院国资委“现有机构不撤、工作不断、力度不减”的工作要求，巩固完善国企改革三年行动工作成果，科学谋划集团改革深化提升行动，以提高核心竞争力和增强核心功能为重点，制定《中航集团改革深化提升行动实施方案(2023—2025年)》《中航集团改革深化提升行动工作台账(2023—2025年)》，推动新一轮改革迅速进入实操阶段。完成改革深化提升行动2023年度139条改革举措，占三年任务总量的38%，为改革深化提升行动开好局、起好步。

【重大项目】　2023年4月，中航集团完成山航股份H股要约收购和对山航集团的增资，实现山航控股并表，机队规模跃居亚洲第一、世界第四。5月，董事会通过中航云平台项目。5月，国航股份飞训基地二期项目竣工验收并投入使用。8月，国航股份与罗尔斯—罗伊斯共同组建的北京航空发动机维修有限公司举行奠基仪式。9月，呼和浩特新机场国航基地项目开工建设。

【走向海外】　2023年，中航集团有国际航线97条、地区航线12条；通航国家及地区39个；通航城市188个，其中国际55个、地区3个。通过与星空联盟成员的合作，将服务进一步拓展到186个国家(地区)的近1200个目的地。

【重大创新】　北京飞机维修工程有限公司和中国民航大学合作研发的“民用飞机航电系统维修测试关键技术及装备”“民航发动机燃烧室维修关键技术及应用”分别获得中国航空运输协会民航科学技术奖一等奖、二等奖。“A320机型基于QAR数据的轨迹及能量管理模型——进近与着陆场景应用”项目获评“全国企业数字化应用十大典型场景”，并入选《2023全国企业数字化应用场景与解决方案》。山航集团下属山东翔宇航空技术服务有限责任公司2023年获得工业和信息化部国家级专精特新“小巨人”企业认证。

【党建工作】　2023年，中航集团认真抓好学习贯彻习近平新时代中国特色社会主义思想主题教育和配合中央巡视重大政治任务。扎实开展两批次主题教育，获评最高等级“好”。高标准做好中央巡视动员部署、联络对接、信访维稳、服务保障工作，深入剖析问题不足，得到中央巡视组充分肯定。

不断深化“第一议题”制度，制定集团贯彻落实习近平总书记“2·26”重要批示、习近平文化思想等实施意见和方案，确保总书记最新重要讲话和指示批示、党中央重大决策部署全面落实到位。

不断夯实党建基础工作。印发贯彻落实习近平总书记关于党的建设的重要思想方案。深入开展基层党建提质增效“七抓”行动，做好调研成果运用“后半篇文章”。强化舆情管理嵌入生产运行。开展“青春先行军·奋进新征程”主题教育实践活动。大力弘扬劳模工匠精神，深化产业工人队伍建设改革。

加强干部队伍统筹，选优配强关键岗位。大力开展管理人员竞争上岗，畅通能上通道。制度、考核、结果应用协同发力，加大能下力度。干部人才队伍的专业、能力、年龄结构进一步优化。

压紧压实管党治党政治责任，做深做实政治监督。坚持标本兼治、系统施治，一体推进“三不腐”。深化落实中央八项规定精神，持续纠治形式主义、官僚主义。推动“大监督”机制有效运行。推动新一届集团内部巡视，对4家单位党委开展常规巡视。

【信息化与数字化建设】 2023年，中航集团制定集团数字化建设顶层设计规划。坚持以安全运行为底线、以旅客服务为中心、以管理协同为基础，深化数字化业务平台建设，持续推动业务全流程打通，深化各领域COE机制，全面支撑公司数字化转型。强化集团网络安全一体化治理，强化治理能力、防护能力和实战能力。推进中航云平台建设，构建“双核枢纽驱动、四极组群立本、多点中心支撑”的资源网络。持续构建企业级数据底座，提高数据价值交付能力。成立软件开发中心，为打造自主开发团队提供组织保障。

【履行社会责任】 2023年，中航集团顺利保障成都大运会、杭州亚运会、“一带一路”高峰论坛、抗震救灾、境外撤侨等重大运输任务。扎实做好乡村振兴，巩固拓展脱贫攻坚成果，连续6年在中央单位扶贫工作考核评价中获评最高等次“好”。推进“国航长江生态保护基金”“携手国航　追鲟长江”生态公益保护项目。持续推出“净享飞行低碳行”旅客碳抵消产品。举办“‘碳’索未来　净享蓝天”和“零碳新程，星航同行”绿色主题航班活动，实现国内首次宽体机国产可持续航空燃料商业飞行。“中航集团碳排放监测分析平台”获得第十九届交通企业管理现代化创新成果一等奖。

（撰稿人：何玉梅）

中国东方航空集团有限公司

【基本概况】 中国东方航空集团有限公司（以下简称中国东航）总部位于上海，是中国三大国有骨干航空运输集团之一，前身可追溯到1957年1月原民航上海管理处成立的第一支飞行中队。截至2023年底，中国东航总资产3831.61亿元，员工10万余人，经营业务涵盖航空客运、航空物流、航空金融、航空地产、航空食品、融资租赁、进出口贸易、航空传媒、实业发展、产业投资等航空高相关产业。在建立现代航空综合服务集成体系的基础上，全力打造全服务航空、创新经济型航空、航空物流三大主业，着力打造东航技术、东航食品、东航科创、东航资本、东航资产等五大航空相关产业板块，是首家实现航空客运和航空物流两项核心主业“双上市”的国有大型航空运输集团。

作为中国东航航空客运核心主业的中国东方航空股份有限公司（以下简称东航股份）于1997年在上海、香港挂牌上市，运营飞机近800架，是全球最年轻的机队之一。东航股份构建以上海和北京为主的“两市四场”双核心枢纽网络和西安、昆明等区域枢纽，借助天合联盟，航线网络通达全球184个国家和地区的1088个目的地，业务范围实现中国省会城市及千万级以上机场全覆盖。“东方万里行”常旅客可享受联盟多家航空公司的会员权益及全球超过750间机场贵宾室，每年能为1.5亿人次提供航空出行服务。作为国产大飞机全球首家用户，东航股份成功实现C919商业运营。

作为中国东航航空物流核心主业的东方航空物流股份有限公司（以下简称东航物流）是全国首批、民航首家混合所有制改革试点企业，于2021年6月在上海证券交易所主板上市。截至2023年底，东航物流全货机规模16架，依托东航股份的客机腹舱以及自有全货机资源，东航物流有效构建国际跨境运输的时效安全优势，在稳定供应链、畅通产业链中发挥重要保障作用。

中国东航致力于加快建设世界一流企业，在运营品质、服务体验、社会责任等领域都获得荣誉。2023年，入围“BrandZ最具价值中国品牌100强”、《财富》“中国500强”，获得中国国际进口博览局“中国国际进口博览会突出贡献奖”、中国乡村发展基金会“上市公司乡村振兴最佳实践案例(东航帮扶沧源蜜蜂产业)”等多个奖项。

【主要指标】 2023年，中国东航全面贯彻落实党中央、国务院的一系列重大部署安排，坚持科学发展，统筹推进各项工作，在安全生产、经营管理、改革发展等各方面取得较好的成绩。2023年，中国东航实现营业收入1376.41亿元，比上年增长108.64%；利润总额3.14亿元。东航股份完成运输总周转量185.2亿吨千米、旅客运输量1.2亿人次，分别比上年增长130.8%、170.0%；安全飞行228.2万小时、起落95.4万架次，分别比上年增长111.81%、114.00%。

表1　2023年中国东方航空集团有限公司主要经济指标

项　目	2022年	2023年	比上年增长(%)
资产总额(亿元)	3729.50	3831.61	2.74
所有者权益(亿元)	972.39	949.07	-2.40
营业收入(亿元)	659.72	1376.41	108.64
利润总额(亿元)	-319.64	3.14	—
净利润(亿元)	-334.36	-24.80	—
归属于母公司所有者的净利润(亿元)	-172.16	4.48	—
利税总额(亿元)	-267.75	63.87	—
应交税金总额(亿元)	66.37	111.56	68.09
全员劳动生产率[万元/(人·年)]	19.46	65.13	234.69
净资产收益率(%)	-32.22	-2.58	增加29.64个百分点
总资产报酬率(%)	-6.85	1.97	增加8.82个百分点
国有资本保值增值率(%)	86.50	100.44	增加13.94个百分点

【改革发展】 2023年，中国东航围绕加快建设世界一流，启动实施国企改革深化提升行动，下决心推动关键领域改革。一是加快产业结构优化。中国东航年初召开高质量发展研讨班，决定把“3+5”产业布局调整作为推动高质量发展的有力突破口。按照“深入调研、认真研究、形成方案、党组决定”总体要求，坚持开门搞改革，广泛开展调研征求意见建议，反复研讨、充分论证，集思广益形成细化方案和明确的路线图、时间表。各板块(业务)方案均依法依规履行决策程序，“3+5”产业布局完成阶段性目标，取得实质性突破。二是改革提升走深走实。围绕新一轮国企改革深化提升行动要求，中国东航结合自身实际，制定改革目标、框架与具体任务，形成10个方面、46项改革任务、189条改革举措。东航设备公司和空地互联公司顺利入围国务院国资委2023年“双百企业”“科改企业”扩围名单。优化飞行、运控、机务等条线管控，机务系统减少车间一级管理层级，运控系统推进运行指挥业务模式优化。三是科创体系持续完善。强化科创工作顶层设计，出台科技创新“十四五”专项发展规划。发布重点领域鼓励清单、年度重点工作任务清单，完善科创项目管理制度。东航科创板块加快推进建设，完成10批次科创项目立项评审，开展4批次科创项目结项评审。与中国移动牵头的5G创新联合体落地。四是创新应用取得成果。飞机放行监控系统等多个项目获得专利授权，数字孪生机务维修等多个创新应用获得奖项，研发中心获得“科改企业”“优秀”评级。扎实推进八大核心软件系统自主可控建设，“地服透明机坪”“登机口工作站”“飞机牵引避撞”等多个项目试点推进。

【运营管理】 2023年，中国东航坚持稳中求进工作总基调，坚持“稳安全、稳经营、稳队伍、促发展”，以坚定的政治站位、强烈的责任意识、有力的使命担当，顶压前行、克难奋进，办成一系列大事难事要事。

生产运行有序恢复，安全保持总体平稳。坚决贯彻落实习近平总书记对民航安全工作的重要指示批示精神，坚决把确保“两个绝对安全”落到实处。一是安全形势总体平稳。三年疫情防控转段之后，航班量快速有序恢复。总体上确保飞行安全，各领域安全态势整体平稳。二是安全体系统筹推进。落实安全管理强化年行动，完成安全六大领域体系建设 19 项重点任务，对照 56 项清单自查自纠。优化生产组织模式，运行决策和航班调配能力不断提高。从“做计划、调结构、定标准、把关口”着手，逐步提升飞行训练质量。安保系统顺利完成国际航空安保审计。三是风险管控持续加强。扎实开展重大安全隐患专项排查整治行动，从源头上化解风险，重点防范快速恢复、初始运行、临时调整、技能生疏等方面风险，抓小抓早做好风险提示、专项管理。坚持常态化监督检查机制，对重点单位针对性专项督导；完成 260 个外站代理单位的安全评估。四是大机队运行初见成效。统筹标准化运行和集约化资源配置，开发可视化平台，实现监控运行全局、预警重要风险、协同派遣决策，坚决防止超能力、超标准运行，构建有机协调“运力环、飞机环、机组环”。

市场经营回升向好，效益实现扭亏为盈。坚持稳增长，有力落实国务院国资委“一增一稳四提升”要求，主动服务扩大内需战略，抓住行业复苏良好态势，中国东航全年利润总额比上年大幅扭亏增盈。一是紧盯市场抓恢复。全年国内、国际座公里投放量分别恢复至 2019 年的 116.4%、43.8%；国内、国际旅客运输量分别恢复至 2019 年的 97.5%、38.8%。完成运输总周转量、旅客运输量、货邮运输量分别比上年增长 104.6%、172%、26.4%，分别恢复至 2019 年的 90.5%、88.8%、98.3%。二是紧盯指标抓效益。发挥客货营销服务联动平台功能，促进营销和服务、运行联动，强化客货联动。第三季度创单季盈利历史新高，第四季度天天盯、日日盘，冲刺攻坚。推进航线网络优化，做强中转，坚持“主稳辅抢”策略不偏移，加强“长投短调”。稳步恢复联盟合作，推动国际航班有力恢复。加快销售理念转变，推动积极营销行动，加大力度获取高端客户资源。三是协同作战抓提升。东航投资、东航租赁、东航金控、东航产投、东航物流等利润贡献突出，各直属子企业为中国东航整体扭亏为盈发挥重要作用。四是精细管理抓项目。完成 327 项提质增效项目，累计增效 20.1 亿元。业财融合的价值创造作用进一步显现，航班延误补偿费、行李赔偿费分别比 2019 年下降 46.7%、44.5%。精准分析 56 个海外站点和 153 个国内站点的变动成本，起降费项目成效明显。

品牌建设不断加强，运行品质有效提升。以开展 2023 年“民航服务助力行业恢复年”主题活动为抓手，不断加强服务质量管理体系，服务风险、服务信息、质量监测等方面管理成效明显。一是服务运行指标向好。结合《服务手册》梳理 32 个出行节点、100 多个视角，升级公司服务全景图。投诉率指标在行业内排名较好，值机与登机服务、行李服务、空中服务、特殊旅客服务类指标表现较优。按照“保首班、抢过站，争资源、多协调”理念，不断改善航班正常管理，全年正常率 87.4%。二是品牌体系持续完善。深度挖掘“四精”（精准、精致、精细、精彩）服务内涵，形成十一大服务项目、24 项具体任务。三是服务产品迭代出新。持续优化“一步到位”“隔夜中转”等特色产品，新推“C919 优享”、“新有所享”、盲盒“随机飞”等产品。首家实现 3000 米以下开放使用空中 Wi-Fi。推动旅客通行便利化，虹桥机场截载时间率先缩短到 35 分钟，浦东枢纽国际转国际最短中转衔接时间（MCT）缩短到 85 分钟。完善苏州城市航站楼服务功能，推动高铁站设置旅客空铁换乘转运中心，空铁联运产品覆盖 46 个城市，实现航空段与 1209 个火车段的双向联运。四是运行效率不断提升。以公司周生产讲评会为抓手，及时剖析整改，有力提升决策效率。建立以气象为驱动会商机制，前移决策关口，提前应对大面积延误，最大限度降低天气对航班运行影响。

治理效能持续优化，精细管理扎实推进。牢牢把握“两个一以贯之”，推动制度优势转化为治理效能，公司治理结构不断完善，内部控制、风险管理、合规管理持续增强。一是治理效能持续提升。充分发挥好董事会职能，持续提升公司治理水平，系统修订《公司章程》《股东大会议事规则》等 10 项制度，适时启动董事会换届，连续 10 年获得上海证券交易所信息披露 A 级评价。持续完善审计整改长效机制，修订制度流程 200 余项，以改促治避免或挽回损失近 6 亿元。二是风险防控体系持续完善。紧扣重大风险评估管控，建立风险指标库，强化及时预警，全面排查整治、防范化解金融、境外经营等重点领域风险。集团增持东航股份 A+H 股，东航股份成功发行永续债，资产负债率下降近 6 个百分点。三是优化考核激发活力。建立“双跑赢、双挂钩”的考核兑现机制，锚定年度经营目标，配套出台旺季、年末效益冲刺等激励方案，探索中长期激励，更好发挥考核激励作用。四是科学制定投资计划。根据中长期发展需求和“过紧日子”要求，坚持区别对待、有保有压、有增有减，大幅压减投资规模，从严从紧优化批次资金安排方案。推进运力储备，动态调整飞机交付方案。五是法治央企持续加强。坚持依法治企合规经营，完善合规管理体系，规范管理制度，开展合同逾期签署情况专项检查、涉外法律合规风险防范专项工作。

【党建工作】 2023 年，中国东航深入学习贯彻党的二十大精神，高质量党建引领保障高质量发展的成效进一步彰显。一是思想政治引领不断强化。坚持以习近平总书记重要指示批示精神为引领，严格落实“第一议题”制度，细化落实举措，狠抓跟踪问效，完善闭环管理。二是党建工作责任不断压实。成立公司党建工作领导小组，进一步完善党建工作领导机制。推进党建工作责任制考核评价与党支部目标管理相互衔接，与经营业绩考核有效联动，进一步激发强党建促业务的内生动力。三是干部人才队伍建设不断加强。强化任期制和契约化考核刚性兑现，推动“能上能下”实施细则落地。加强对干部日常管理监督，直属单位选人用人工作好评率、从严管理监督干部情况好评率持续向好。统筹谋划制定干部人事政策和选拔任用方案。积极推进高层次人才引进，再次入选国家人才项目，推进技能人才企业自主评价新机制落地。四是基层党建不断深化。深入推进中央企业基层党建“七抓”工程落实落地。建立完善“双覆盖、一对一、全过程”境外党建工作机制。3 家基层单位党组织获评上海市“党支部建设示范点”。开展党建融入旅客服务链机制研究，构建地服网格党建“四融入”工作模式。五是全面从严治党向纵深发展。坚决落实全面从严治党政治责任，加强“一把手”和领导班子监督，严格党员教育管理。深入开展违反中央八项规定精神问题等专项治理，健全长效机制；保持高压态势，严肃查处违纪违法案件，深化警示教育，推动以案促改、源头治理，坚持不敢腐、不能腐、不想腐一体推进。六是群团工作扎实开展。持续深化“幸福东航”建设，统筹解决员工急难愁盼问题，推动“保障性租赁房”“免优票出行优化”等 10 件实事落地见效，各单位实事工程有效开展。

【履行社会责任】 2023 年，中国东航以高度的社会责任感，践行“绿色飞行，科技环保”的生态发展理念，用心用情助力乡村振兴，持续提升员工幸福感。一是践行环保理念，坚持低碳减碳。编制碳达峰行动方案，落实市场化减排机制，推进能源环保体系建设；持续推进场内车辆电动化及飞机辅助动力装置(APU)替代设备“应用尽用”，全年完成 53 种机供品的塑料材质变更或替换；推进可持续航空燃料(SAF)的部署与应用，在 20 多架空客飞机上加注 SAF 混合燃油进行交付飞行；积极参加天合联盟“可持续飞行挑战赛”，实现 SAF 燃油首次用于东航股份商业运行航班。二是履行央企责任，助力乡村振兴。中国东航坚决履行央企社会责任，坚持不懈开展好定点帮扶工作，连续 5 年在中央单位定点帮扶考核评价中获得最高等级评价。充分利用航空产业优势，运营涉及定点帮扶对象的航班超过 3500 班，运输旅客超过 32 万人次，通过航线带动当地 GDP 超过 5.7 亿元；帮扶案例“东航那杯茶”入选《中央企业助力乡村振兴蓝皮书(2022)》示范项目，助力沧源蜜蜂产业帮扶项目获评中国上市公司协会颁发的乡村振兴优秀案例。三是做实员工关爱，建设幸福东航。稳步推进“我为群众办实事”，推动“职工保障性租赁住房项目”“员工健康呵护项目”等 10 件实事落地见效；关心关爱一线工作岗位，启动户外劳动者暖心驿站改建改造计划，234 家暖心驿站完成建档；切实关爱女性职工，开展普法宣传、身心健康讲座、主题阅读、幸福东航家庭日等活动。

(撰稿人：石义刚)

中国南方航空集团有限公司

【基本概况】 中国南方航空集团有限公司前身为中国南方航空公司，成立于 1991 年 2 月。1993 年 1 月，更名为中国南方航空(集团)公司。1995 年 3 月，更名为南航(集团)公司，成立中国南方航空股份有限公司。1997年7月，中国南方航空股份有限公司在中国香港、美国同时上市。2002年10月，联合中国北方航空公司及中国新疆航空公司，组建新的中国南方航空集团公司。2003年7月，中国南方航空股份有限公司在上海证券交易所上市。2017年10月，中国南方航空集团公司由全民所有制公司改制为国有独资公司，更名为中国南方航空集团有限公司（以下简称南航集团）。2019年7月，南航集团完成股权多元化改革，成为多元股东的央企集团。

2023年，南航集团坚持以习近平新时代中国特色社会主义思想为指导，攻坚克难、开拓进取，全力打赢七场硬仗，各项工作取得新的进展和成效。安全态势总体平稳。落实习近平总书记关于民航安全的重要指示批示精神，深化安全七大体系建设，有效应对航班快速恢复带来的风险，全年安全运输飞行284.2万小时，累计安全飞行超过3000万小时，获得“飞行安全钻石三星奖”，安全水平继续在中国民航业保持领先地位。经营效益回升向好。全力抓好生产经营和成本管控，打好效益攻坚战。服务经济社会发展，全面恢复国内航班，积极复航国际航线，全年运输总周转量、旅客运输量、货邮运输量分别为297.9亿吨千米、1.42亿人次、158.5万吨，在三大航中盈利最高。推进机队、市场、人力资源、产业、资产负债五大结构调整优化和“补短板、提质量、创一流”专项行动，着力提高运行效率，开展精益管控成本专项活动，积极打造南航生态圈，经营取得较好业绩。运行品质稳步提高。南航深化大运行建设，提升总部管总能力和精细化管理水平，全年飞机日利用率8.93小时，比行业平均水平高0.83小时，保持三大航最高；航班正常率88.82%，比行业平均水平高1.02个百分点，连续8年排名三大航第一。出勤故障率0.083%，全机队放行可靠度99.92%，各机型均位居世界前列。精细化开展节油工作，吨千米油耗0.273千克，在三大航中最优。圆满完成两会、杭州亚运会等重要保障任务，得到上级充分肯定。服务品牌持续提升。推动人性化、数字化、精细化、个性化、便捷化“五化”服务落地，完善服务质量管理体系，优化客服全链条业务流程和架构，实施餐食质量提升计划，南航获得市场质量信用AAA等级企业称号，获得世界品牌实验室发布的“航空公司五星钻石奖”，连续6年获得CAPSE年度“最佳航空公司奖”，国务院国资委品牌建设排名跃升至第12名。

【主要指标】

表1　2023年中国南方航空集团有限公司主要经济指标

项　目	2022年	2023年	比上年增长（%）
资产总额（亿元）	3363.19	3393.69	0.91
所有者权益（亿元）	784.87	790.74	0.75
营业收入（亿元）	885.13	1618.75	82.88
利润总额（亿元）	−298.97	5.06	—
净利润（亿元）	−324.48	−13.97	—
归属于母公司所有者的净利润（亿元）	−201.81	−14.07	—
技术开发投入（亿元）	8.95	12.87	43.80
利税总额（亿元）	−277.41	41.62	—
应交税金总额（亿元）	59.86	67.72	13.13
全员劳动生产率（万元/人·年）	22.39	58.12	159.58
净资产收益率（%）	−36.55	−1.77	增加34.78个百分点
总资产报酬率（%）	−6.90	1.99	增加8.89个百分点
国有资本保值增值率（%）	81.2（批复数）	129.63（申报数）	—

【改革发展】　重大战略加快落地。完善南航高质量发展总体思路，明确新形势下六大行动，北京枢纽建设、提升大湾区市场控制力、数字化转型等重大战略取得积极进展，发展动能不断激发。股份公司大兴机场中转占比提升至11.8%，打造每日8班以上高频航线7条，华东、西南班次占比分别由转场前的3.4%、17.5%提升至11.6%、21.5%。提升大湾区市场控制力，广深珠2023年冬春换季新增时刻份额分别为62.5%、32.7%、32.1%，广深珠惠国内市场份额

为37%，开展大湾区会员一体化运营，统筹大湾区国际渠道政策。初步建立生态圈平台运营模式，持续完善供应链建设，实现生态圈利润23.3亿元，比上年提升128%。优化客户经营体系顶层设计，开展客户精细化运营，推广试点覆盖28家单位。五大结构调整优化成效显著，签署7架A330－200出售协议，宽体机净减2架，人机比（含厦航）由121.7改善至118.9，广州、北京枢纽国内市场份额分别同比提升1.0个、0.7个百分点。

重点改革深入推进。在国企改革三年行动考核中获评A级，居三大航首位，物流公司、通航公司两家“双百企业”均获评“标杆”。明确集团改革示范工程13个。强化任期制和契约化管理考核、分配、退出各环节的有效衔接，在“能下、能出、能减”上健全配套机制，员工市场化退出率1.42%，2021年以来，末等调整、不胜任退出中层及以上管理人员539人，退出比例累计18.4%。持续优化市场化核算体系，成立业绩考核与市场化核算工作委员会，建立乘务员安全员薪酬总额管理机制。“战区制”管理模式在机务、营销、物流、航食、航服等一体化管理业务领域落地，组建站坪分公司、共享服务中心。机务“四化”改革取得阶段性成果，技术分公司在保证充足可靠运力的基础上，第三方业务收入5.08亿元，比上年增长28%。“双百企业”上市工作稳步推进，通航公司深圳证券交易所主板IPO申请被正式受理，物流公司分拆上市被上交所正式受理。董事会建设成效显著，集团董事会评价得分首次超过90分，股份董事会获得中国上市公司协会“董事会最佳实践”奖，构建子企业董事会分级分类模型，“一企一策”差异化授放权清单实现突破。建立二级单位项目管理成熟度评价体系，加强集团项目管理平台建设，实现价值增量13.09亿元。采购管理在央企对标评估中保持三大航领先，加快推动采购管理向供应链管理转型，发布《品类管理办法（试行）》《库内采购实施与管理细则》。扎实开展对标世界一流企业价值创造行动，5项核心指标达标率100%。推进“补提创”专项行动，一体推动解决集团层面十大短板和二级单位189项短板，在深化南厦川战略合作等方面取得明显成效。

发展基础不断夯实。修订南航高质量发展总体思路，明确新形势下六大行动，评估调整“十四五”发展规划。与新疆、辽宁等地方政府，中国邮政集团、深圳证券交易所、中国—东盟博览会、国铁集团等签署战略合作协议。完成珠三角枢纽（广州新）机场预可研、大连新机场可研编制以及哈尔滨、沈阳、长春、武汉、南宁等机场南航基地总规修编。深圳机场基地规划指标获政府批准，完成佛山基地设立。广州老机场项目规划调整方案、土地储备实施方案获得批准。乌鲁木齐模拟机训练馆、郑州航空港区综合保障基地、贵州新配餐楼等项目相继完工。制定战略性新兴产业发展方案。增资川航、厦航、南货航、CGS，合资新设唐翼科技。200亿元护航项目通过董事会和股东大会审议。超额完成国务院国资委央企“压减”工作，法人户数净减3家。完成运营盘活项目219项，第三方租售收入7.4亿元，是2022年的3.9倍，瑕疵资产确权面积69.6万平方米，占集团瑕疵资产总面积的38%。有序推进大行政、大健康、大后勤建设。对20个“卡脖子”难题开展联合攻关。推进合规业务中台建设，优化手册管理平台及合规风险管理系统，编制知识产权中长期规划。

【重大创新】 2023年，南航集团新增国家授权专利115件，累计有效专利547件，当年新增授权专利数占总量的21%，其中新增发明专利52件，占比45%；获得国际发明专利授权4件。优化科技信息项目管理机制，加快项目管理平台建设，IT、科技创新项目分别立项229个、59个。加快推动南航重大科技攻关，基于航空业的应用场景，聚焦南航六大创新方向，高质量凝练科技攻关课题，围绕数字技术、先进制造、绿色低碳分3批发布课题榜单16个，在公司范围内遴选优秀创新团队揭榜，进一步推动公司高水平科技自立自强。2023年南航全资子公司珠海翔翼航空技术有限公司获得国家专精特新“小巨人”认证，自研的A320neo全动飞行模拟机顺利通过中国民用航空局D级鉴定。科技奖项方面，“超写实高等级视景系统关键技术及应用”获得中国航空学会科技进步奖一等奖，是该届评奖中唯一获奖的航空公司；获得中国交通运输协会科学技术奖一等奖项目1个、二等奖项目4个，中国航空运输协会民航科学技术奖一等奖2项、二等奖2项、三等奖1项，均为参赛航空公司中的最好成绩。

【党建工作】 2023年，南航集团以学习贯彻党的二十大精神和高质量开展主题教育为主线，推动党建“六性”制度化、规范化、具体化，连续6年在中央企业党建责任制考核中获评A级。

主题教育成效显著。落实主题教育总要求，统筹推进理论学习、调查研究、推动发展、检视整改和建章立制，组建5个巡回指导组和1个巡回督导组进行全覆盖督导，集团党组以上率下，举办超过10天的党组读书班，累计组织读书班852期、讲授专题党课超过2558人次，有力推动党的创新理论下基层、进班组、上蓝天。常态化开展“四下基层”，党组成员采用“四不两直”方式领题调研，开展安全、服务领域专项整治，建立为员工办实事清单和为旅客货主服务提升项目清单。中央指导组测评反馈，所有受访者对集团主题教育的总体评价为“好”。

党建基础进一步夯实。持续提升理论学习质量，深入学习贯彻党的二十大精神，开展理论宣讲超过3800场，实现管理层以上干部轮训全覆盖、全体党员线上培训全覆盖。召开集团直属(股份)党委第二次党代会，完善“一企一策一评”党建考评，制定增强基层党组织政治功能和组织功能的重点措施、网格化管理指导意见，稳步推进三级机构超大党总支调整，开展发展党员工作自查整改、制度政策宣传贯彻培训，推动向下贯穿。

选人用人更加科学规范。印发推动干部能上能下实施办法，集团层面实现管理人员末等调整和不胜任退出制度全覆盖。优化干部队伍调研盘点和经常性分析研判工作制度机制，完成53家单位调研，推动挂职锻炼培养常态化，印发干部教育培训工作规定，加大干部政治能力和专业能力培训力度。推进优秀年轻干部培养选用常态化，进一步完善优秀年轻干部库工作机制，推动实施干部队伍结构优化三年行动，举办干部三班5期。制定高层次人才引进管理办法，组建人才“两库”，选拔3名领军人才、50名拔尖人才，提高人才工作在党建考核中的比重。

正风肃纪反腐持续深入。全力支持配合新一轮中央巡视，坚持即知即改、立行立改。推动政治监督具体化、精准化、常态化，加强对学习宣传贯彻党的二十大精神情况的监督，紧紧围绕中央重大决策部署贯彻落实情况和航空安全加强监督检查，组织开展重点基本建设项目专项监督。持之以恒落实中央八项规定及其实施细则精神，制定落实力戒形式主义官僚主义为基层减负工作措施，针对培训学员管理开展督查式调研，推动清理规范议事协调机构、改进会风文风。一体推进不敢腐、不能腐、不想腐，严肃查处严重违纪违法案件，开展境外腐败专项治理，各级纪检监察机构立案67件，给予党纪政务处分和公司处分58人次。开展落实中央巡视整改工作“回头看”，制定出台《南航集团党组巡视工作规划(2023—2027年)》，开展两轮对8家单位党委的常规巡视、1轮对4家单位党委的巡视整改专项督查。持续推进审计署审计发现问题的整改，精准开展采购领域审计监督，对4个重点基建项目实施驻场审计与定期全面审计，加强审计与纪检监察、巡视监督的协同。制定组织人事部门干部监督工作规定，修订领导干部因私出国(境)管理办法，加强干部全方位管理和经常性监督。

宣传群团作用有效发挥。压实意识形态工作责任制，加强正面宣传，在中央重点媒体平台刊发稿件2300余篇，全年全网总曝光量超过190亿人次。优化新时代“阳光南航”文化体系，打造新时代南航安全文化。推进谈心谈话制度化规范化，避免层层加码。开展贯彻落实党的二十大精神群众教育活动，推进青年精神素养提升工程和团员青年主题教育，组织“安康杯”竞赛和9项职业技能竞赛等活动。投用“员工心声”平台，实施提升职工生活品质试点行动，组织空勤人员运动健康提升活动，南航集团获评“全国民航民主管理先进单位”。

【信息化与数字化建设】 2023年，南航集团数字化转型稳步推进。推动IT研发生态制度建设，决策体系数字化取得突破性进展，强化数据治理，实现航班调配自动化，市场化核算数据中台推送率和活跃会员可触达率大幅提升，数字化场景建设在首届国企数字场景创新专业赛中获三大航最好成绩。“慧眼识道——南方航空5G智慧民航解决方案”获得第六届“绽放杯”5G应用征集大赛标杆赛银奖，是该赛事举办以来民航最好成绩。

安全防护持续加强。初步建成网络安全七大体系；建设网络安全管理和运营平台，在国家网络安全攻防演习中的成绩持续提升，连续两年演习成绩获评“优异”。

研发生态平稳起步。“四个统一”管控落实落地，研发生态平台初步建成。完成研发生态的规划编制和顶层设计，制定建设和运营的制度与流程，并在营销、机务等领域试点接入生态合作伙伴。

新一代IT架构基本建成。完善中台体制机制建设，24个业务中台建设全面涵盖安全、运行、服务、营销等重点业务领域，形成共享能力1249个，共享接口调用量比上年提升220%；加快推广数据中台，活跃用户数比上年增长212%。资源云化率超过68%的预期目标。完成灾备机房一期建设，实现电子客票、签派运行管理、载重平衡等应用系统的灾备部署。

科技创新取得实效。积极打造科技创新生态圈，新增外部专家14人，与百度、深圳大数据研究院等签署科技合作协议，开展联合攻关。新获授权发明专利7件、软件著作权6项，挂牌成立南航信息管理创新工作室，完成国内首个基于信创平台的大型航空公司飞行计划系统，支持南航所有机型覆盖超过80%的航班量。完成基于信创平台的航班计划系统，实现汉莎系统的完全替代。

【履行社会责任】 2023年，南航集团以习近平新时代中国特色社会主义思想为指导，贯彻落实党的二十大精神，统筹抓好安全生产经营、改革发展党建各项工作，全面履行中央企业的经济责任、政治责任、社会责任，有力践行人民航空为人民的责任担当。加快推进绿色发展。服务国家“双碳”目标，制定《南航集团碳达峰行动方案》，推进全流程数字化节油，推广电子货运单，推行按需就餐服务，上线“绿色飞行—旅客碳抵消服务”。全年“绿色飞行”按需用餐参与旅客累计超过486.35万人次。2023年，南航累计节油17.51万吨，减碳55.16万吨，获评《中国民航》天选航旅榜单“年度可持续贡献品牌”。积极助力乡村振兴，打造航空帮扶特色模式，与新疆维吾尔自治区和田地区签署共建框架协议，开展组织帮扶、产业帮扶、人才帮扶、教育帮扶、消费帮扶，打造“新疆和田乡村振兴号”彩绘飞机，全方位建设“空中帮扶之路”。2023年，南航在定点帮扶县投入帮扶资金7469.87万元，培训各类人才3061人，招商引资带动总投资额18.28亿元，实现28家企业及项目在定点县落地投产，新增就业岗位超过1200个。

（撰稿人：张海峰　何　立）

中国中化控股有限责任公司

【基本概况】 中国中化控股有限责任公司（以下简称中国中化）由中国中化集团有限公司与中国化工集团有限公司联合重组而成，于2021年5月8日正式揭牌成立，为国务院国资委监管的国有重要骨干企业，员工21万人。

中国中化业务范围覆盖生命科学、材料科学、石油化工、环境科学、橡胶轮胎、机械装备、城市运营、产业金融等八大领域，居2023年《财富》“世界500强”第38位，化学品行业榜单第1位。旗下拥有扬农化工（600486.SH）、安道麦（000553.SZ）、安迪苏（600299.SH）、中化国际（600500.SH）、鲁西化工（000830.SZ）、昊华科技（600378.SH）、埃肯（ELK.OL）、倍耐力（PIRC.MI）、中国金茂（00817.HK）等16家境内外上市公司，在全球超过150个国家和地区拥有生产基地和研发设施，以及完善的营销网络体系。

【主要指标】 2023年，中国中化累计实现营业总收入10140.30亿元，比上年报出数下降13.28%；利润总额－75.83亿元，比上年报出数下降122.65%；净利润－160.93亿元，比上年报出数下降172.79%；营业收入利润率－0.78%，比上年报出数下降3.39个百分点。

【改革发展】 2023年，中国中化立足实际、面向未来，结合国家战略需要和行业发展趋势，系统谋划长远发展，改革发展各项任务稳步推进。

“十四五”规划。中国中化修订“十四五”发展规划，全面贯彻落实党的二十大提出的新目标新部署新要求。聚焦国之大者，围绕国之所需，明确助力农业高质量发展和助推化工新材料补短板两大产业使命的关键目标；聚焦新质生产力，围绕现代化产业体系，规划布局战略性新兴产业，聚焦打造“10+9”条重点产业链，积极推动传统产业转型升级。

国企改革三年行动。高质量完成国企改革三年行动收官，在2022年中央企业改革三年行动考核结果中，连续两年获评A级；在“双百企业”“科改企业”2022年度考核结果中，7家下属企业中5家获评“标杆”、2家获评“优秀”；启动部署公司新一轮改革深化提升行动，形成“产业控制、科技创新、安全支撑、专业整合、筑基解困、治理提升、激发活力、党的领导”等八大方面110项任务的改革实施方案和工作台账。

混合所有制改革。以“两化”业务整合融合促进混合所有制改革。积极推进中化蓝天重组注入昊华科技；灵活运用基础设施公募REITs权益类资本产品改善资本结构，发行首批消费类基础设施公募REITs项目，打造商业类资产上市平台；有序引导生命科学、城市运营等板块在项目层面以并购、合资等方式引入非公资本合作，荃银高科收购河北新纪元67.90%股权，与民营资本合资开展玉米种子的研发和推广。

人才队伍建设。深入落实新时代党的组织路线和全国组织工作会议、组织部长会议精神，坚持党管干部党管人才原则，紧密聚焦公司改革发展中心任务，做好选贤任能、强基固本、育才聚才等各项工作。建设高素质专业化干部队伍，做深做实政治素质考察，把好选人用人政治关；进一步明确专业化干部标准，将重要生产、科研型基层企业领导岗位纳入选人用人视野，持续扩充年轻后备人才库。实施“国际化人才专项行动”，向境外企业派出21人。加强高水平人才吸引集聚，以实施“人才兴企计划”为抓手，开展科技人才培养工程，围绕高层次人才引进开展“凤凰计划”，扎实开展科研硕博士“战略型招聘”，夯实科技人才梯队。组织完成首批12名中国中化技能大师(W5职级)评聘工作，打破高技能人才职业发展“天花板”。

【重大项目】 2023年，中国中化坚持战略引领、技术创新、协同增效的投资导向，严把投资质量关，努力将有限资源配置到重点战略领域，全年完成投资420亿元，投资计划完成率89%。投资发展成效显著，泉州基地丙烯腈、EVA、高性能炭黑等产业升级项目加快推进，固体蛋氨酸、聚醚多元醇等重大协同项目顺利开展；连云港基地全球首套双氧水法环氧氯丙烷、环氧树脂、苯酚丙酮、双酚A、PDH、PO等碳三产业链系列装置顺利投产，促进剂等项目有序推进；聊城基地有机硅、己内酰胺一尼龙6、双氧水、丙酸等产业项目按计划推进。扬农北方基地、星火有机硅、自贡有机氟、对位芳纶、聚碳酸酯、PVDF、电解液、电子气体、高性能航空轮胎、高性能复合材料等项目加快建设。中国中化雄安总部大厦项目高质高效推进施工建设。

【走向海外】 2023年，中国中化批准境外投资项目4个，总投资7.05亿元，主要分布在生命科学、材料科学、橡胶轮胎领域补强性投资。2023年，实施中的境外投资项目33个，完成投资58.8亿元，主要是先正达、埃肯、安迪苏和境外油气勘探等再投资。对境外投资建立专门管理制度，制定《中国中化境外投资监督管理办法》《中国中化境外投资项目负面清单》《中国中化内部控制标准》，增强境外投资决策的科学性和投资管理的有效性，防范境外投资风险，保证境外投资效益。

2023年，中国中化连续6年参加中国国际进口博览会，坚定支持对外开放，维护多边贸易体制，促进国内、国际两个市场融合互动。在进博会期间与来自阿根廷、巴西、智利、埃塞俄比亚、法国、哈萨克斯坦、沙特阿拉伯、坦桑尼亚、泰国、美国、日本等国家和地区的30余家客户签订合作协议，采购总额超过135亿美元，创历史新高。通过与全球能源化工及农产品企业加强合作，有效拓宽国内相关行业上游资源获取渠道，实现进口渠道多元化，助力我国产业链供应链稳定。公司旗下海外企业与国内客户签订多笔供货协议，销售总额超过18亿美元，创历史新高。

【重大创新】 2023年，中国中化深入贯彻国家创新驱动发展战略，截至2023年底，专利3.1万件，其中发明专利2.2万件，所属黎明院的“一种低有机物释放型聚氨酯高回弹泡沫”获得第二十四届中国专利优秀奖；主动融入国家科技创新体系，由国家发展改革委、科技部、农业农村部等管理的国家级科技创新平台35个；旗下先正达集团自主研发的新型高效eCas12a基因编辑核心工具酶及相关技术元件可实现单碱基/多碱基编辑、基因倒位/删除/插入、染色体大片段操作等多种功能，达到国际并跑水平；与中国科学院遗传发育所等国内科研单位合作，全球首次发现可大幅提高盐碱地作物产量的耐碱主效基因 AT1；玉米和水稻两大作物研发规模及国审新品种数量全国第一，全年 130 个作物新品种通过国家审定；曙光院突破航空轮胎关键材料核心技术，研制的基于全国产材料、具有完全自主知识产权的国产化民用航空轮胎，装备 B737—800 飞机通过民航规定的全部测试科目试飞成功，取得国内颁布新规后的首个 STC 证书，标志着国产航空轮胎整体技术水平的重大突破。

【党建工作】 2023 年，中国中化深入开展学习贯彻习近平新时代中国特色社会主义思想主题教育。各级党组织和广大党员牢牢把握“学思想、强党性、重实践、建新功”总要求，将理论学习、调查研究、推动发展、检视整改、建章立制等贯通起来，有机融合、一体推进，推动主题教育不断走深走实。系统谋划加强党的建设。中国中化党组印发 2023 年 1 号文件《中国中化以高质量党建引领保障高质量发展的实施意见》，围绕企业中心任务扎实开展“攻坚克难　党旗飘扬”活动；建设以新时代中国中化“精气神”为核心内容的企业文化；开展员工思想动态问卷调查和“融 · 化心语”走基层系列活动；夯实党建带工建带团建，加强产业工人队伍建设，推进青年精神素养提升工程。在国务院国资委年度党建工作考核（2022 年）中获评 A 级。全力配合二十届中央巡视并深入推进巡视整改。2023 年 4 月 7 日至 6 月 25 日，中央第八巡视组对中国中化党组开展常规巡视。党中央将中国中化党组作为二十届中央第一轮巡视对象，这是“两化”重组以来新公司接受的第一次全面“政治体检”，充分体现党中央对中国中化的重视与关心。收到中央巡视意见反馈后，中国中化党组高度重视，第一时间组织研究制定中央巡视整改监督方案和清单，针对巡视指出的四大类 6 个方面 45 个具体问题，研究制定 260 项整改举措，切实将推进中央巡视整改作为强化政治建设、实现公司高质量发展的重要抓手。持续抓好党风廉政建设和反腐败工作。印发《2023 年度党风廉政建设和反腐败工作要点》，围绕“靠企吃企”腐败问题易发多发领域开展专项整治。印发《中国中化关于对领导干部插手干预重大事项进行记录的规定》，进一步强化对领导干部正确行使权力的监督。

【信息化与数字化建设】 2023 年，中国中化深入推动产业数字化转型，完成“工业互联网＋危化安全生产”试点建设，建立安全生产风险“一张图”，全面覆盖境内 500 余家生产经营企业，双重预防、智能巡检、非常规作业、重大危险源、人员定位、视频监控等重点 HSE 数字化系统实现危化生产企业全覆盖；持续实施“智能工厂＋智慧 HSE”专项提升行动，三级及以上企业智能工厂占比近 60%，比上年增长 1.5 倍；化工行业服务平台“化工行业云”入选中央企业行业领域公有云项目，于 4 月在第六届数字中国建设峰会上正式发布；公司 10 项智能制造成果获评国家五部委首次联合主办的 2023 年度智能制造优秀场景，入选数量位列央企前三。

【履行社会责任】 2023 年，中国中化定点帮扶内蒙古自治区赤峰市阿鲁科尔沁旗、林西县，甘肃省武威市古浪县，河北省石家庄市平山县，对口支援西藏自治区日喀则市岗巴县和青海省海西州大柴旦行政区。中国中化深入学习贯彻习近平总书记关于“三农”工作的重要论述，充分发挥产业、科技、人才优势，扎实践行以民生帮扶和产业帮扶双轮驱动，以智志双扶、消费帮扶、党建引领、聚力协同为重要支撑的“2＋4”特色帮扶模式，主要帮扶指标较上年实现增长，有力推动受援地区巩固拓展脱贫攻坚成果上台阶、乡村全面振兴见实效。中国中化连续 6 年在中央单位定点帮扶工作考核中获评“好”，并获得第十二届“中华慈善奖”。

（撰稿人：陈大晟）

中粮集团有限公司

【基本概况】 2023 年，中粮集团有限公司（以下简称中粮集团）坚持以习近平新时代中国特色社会主义思想为指导，全面贯彻党的二十大精神，坚定拥护“两个确立”、坚决做到“两个维护”，深入学习贯彻习近平总书记关于国有企业改革发展和党的建设重要论述重要指示批示精神，坚决贯彻落实党中央、国务院决策部署和国务院国资委工作要求，紧紧围绕“市场化、国际化、防风险、高质量”工作主线，以“十四五"规划为指引，以国企改革深化提升行动、世界一流企业建设专项行动等重大改革任务为统揽，坚定聚焦主责主业，坚持市场化改革方向，充分发挥改革"关键一招"作用，在重点领域和关键环节取得突破性进展。

中粮集团连续两年获评国务院国资委改革重点任务考核A级企业，考核名次大幅提升至第9位，经营业绩保持历史高位，以良好的改革成效助力企业高质量发展，加快建设具有全球竞争力的世界一流大粮商，为全面推进中国式现代化贡献"中粮力量"。

【主要指标】 2023年，中粮集团抢抓机遇、迎难而上、踔厉奋发，努力推动集团实现更高质量、更有效率、更具竞争力的发展。

企业盈利能力分析。2023年，世界经济复苏乏力，全球金融市场动荡不宁，国际形势的复杂性、严峻性、不确定性上升；国内经济回升向好，但波浪式发展、曲折式前进的特点明显；中粮集团四大业务板块所处行业形势虽均有所好转，但总体幅度不大，业绩普遍承压。面对这一形势，中粮集团聚焦经济建设这一中心工作和高质量发展这一首要任务，狠抓经营、强化管理，勇于进取、全力冲刺，全年实现营业收入6921亿元、利润总额212亿元、净利润138亿元、净资产收益率5.91%。

企业资产状况分析。中粮集团资产质量持续提升，资产总额7307亿元，比上年增加351亿元。资产结构方面，"两金"管控持续强化，完成收入降、"两金"降的国务院国资委考核目标。

企业债务风险及偿债能力分析。截至2023年底，中粮集团整体资产负债率为2010年以来最低水平。集团债务风险可控在控，资本结构稳健合理，偿债能力进一步提升。

表1 2023年中粮集团有限公司主要经济指标

项　目	2022年	2023年	比上年增长(%)
资产总额(亿元)	6956	7307	5.1
所有者权益(亿元)	2156	2531	17.4
营业收入(亿元)	7414	6921	-6.7
利润总额(亿元)	229	212	-3.1
净利润(亿元)	162	138	-14.8
归属于母公司所有者的净利润(亿元)	119	90	-24.4
技术开发投入(亿元)	9.0	8.4	-6.7
利税总额(亿元)	375	532	41.9
应交税金总额(亿元)	212.5	393.6	85.2
全员劳动生产率[万元/(人·年)]	61.07	75.38	23.4
净资产收益率(%)	7.75	5.91	减少1.84个百分点
总资产报酬率(%)	4.20	3.97	减少0.23个百分点
国有资本保值增值率(%)	114.7	112.8	减少1.9个百分点

【改革发展】 2023年是新一轮国企改革的开局之年，中粮集团坚持把改革深化提升行动作为巩固三年行动成果，乘势而上推进更深层次的改革、推动更高质量的发展、加快建设世界一流企业的总抓手，汇聚推动改革的强大合力。结合集团"十四五"规划、世界一流大粮商建设方案以及中央巡视整改落实方案，制定集团改革实施方案和工作台账，推动各项改革任务落实落地；认真研究部署改革深化提升行动考核工作，坚持以考促干、以考促建、以考促优，进一步激发各级改革动力。

中粮集团坚决贯彻落实党中央、国务院决策部署，高质量推进"创建示范、价值创造、管理提升、品牌引领"四大专项行动，一流大粮商建设迈出坚实步伐。中粮集团价值创造行动方案2023年5月被国务院国资委评为5家优秀方案之一；中粮科工2023年2月入选创建世界一流专业领军示范企业，工作方案被国务院国资委评为A+。

为在落实改革深化提升行动中发挥示范引领作用，中粮集团扎实推进"双百行动""科改行动"。2022

年"双百企业""科改企业"专项考核获得1家"标杆"、1家"优秀"、1家"良好"的好成绩，遴选推荐中粮会展和崇左糖业成功入围"双百企业""科改企业"，研究制定集团支持鼓励"双百企业""科改企业"进一步加大改革创新力度的工作方案，"一企一策"制定授权放权事项清单，以差异化精准化政策支持打造更多改革创新样板和"尖兵"。

中粮集团扎实践行新时代党的组织路线，紧紧围绕"市场化、国际化、防风险、高质量"工作主线，持续加强干部队伍建设统筹谋划，选优配强各级领导班子，重点聚焦"一把手"等关键岗位，配齐配强各单位主要负责人，有力提升领导班子把方向、谋全局能力。着力打造人才集聚优势，持续引进海外高层次人才，为高层次科技人才提供"一人一策"配套支持政策，建立"统一调度、上下贯通"的国际化人才储备使用体系。推进薪酬激励机制改革，坚持"两看两对标"（看岗位、看能力，对标市场、对标业绩）的薪酬确定机制，以岗位价值和实际贡献为基础，持续优化薪酬管理规则，扎实推进一岗一薪、易岗易薪。加大浮动收入占比，严格考核、刚性兑现，收入差距合理拉开。有效激发广大干部员工干事创业的内生动力，为加快推动集团高质量发展提供坚强组织保证。

【重大项目】 在国内仓储物流业务方面，中粮集团于2023年6月成功竞得江苏靖江码头项目。面粉业务，宝应、鹏泰、潍坊、漯河、安阳、合肥等6个重点项目建成投产，同步推进渭南、重庆、德州、靖江、呼图壁等5个项目建设。油脂业务，积极推进东北、西南和沿陇海线布局落地，进一步完善在主销区和物流节点的供应链布局。食糖业务，积极推进炼糖项目建设，集团炼糖产能持续巩固龙头地位。肉食业务，坚定推进"'十四五'千万头生猪"产业链战略。纺织业务，深入研究面料印染业务"走出去"战略，积极开展海外调研，加快论证在东南亚国家投资布局的可行性。

坚持资产运营与资本运作"双轮驱动"，在资产与资本双向赋能中服务主业高质量发展。在做强做优做大主业的同时，加强相关产业投资研究，助力集团开展产业投资，发力新业务布局。

在对外投资与经营方面，稳步推进巴西桑托斯项目，促进巴西大豆供应链建设。

积极整合内外部优势创新资源，构建起以产业应用技术为基座，关键核心技术为支柱、战略前瞻技术为引领的创新"金字塔"。截至2023年底，中粮集团牵头"十四五"国家重点研发计划项目5项、重大专项1项，进一步拓展应急救生食品创制、特色油料精深加工、大宗油料绿色加工及高值化利用等相关领域的关键技术研究和产业应用示范。

【走向海外】 一是持续提升国际化经营管理能力。全力以赴强内功、促协同、清"两非"、优税筹、防风险，强化大宗商品国内外、上下游、各品种的统筹研判，形成国内外一体化运营的业务模式。二是进一步完善全球战略布局。经过多年努力，中粮集团每年农产品的全链条组织能力进一步巩固。三是加强全球粮食供应链建设。加强巴西大豆供应链建设，积极扩大巴西产地大豆采购规模；首次散船进口巴西玉米、首次从南非进口饲料玉米、首次进口加拿大杜伦小麦；以农产品进口多元化为牵引，加强对中亚、非洲等地区大豆及油脂油料资源利用；加强国际海运和国内干线物流统筹管理，探索创新与国内外运输企业的运力合作模式，培养出一支全球领先的国际散粮运输团队。四是多措并举防范化解重大风险。加强各国农粮政策研判，密切关注国际经贸环境变化，及时共享商情信息，动态调整风控指标及交易策略，将风险控制在可承受范围内。五是持续推动低碳农业和当地社区建设。中粮国际积极探索开展海外ESG工作，连续3年在全球跨国粮商评级中排名居首。持续强化海外企业驻地社区服务，坚持投资海外企业驻地的社区教育和能力建设，助力民众生活质量提升，不断厚植企业海外发展根基。

【重大创新】 2023年，中粮集团积极围绕产业链部署创新链，围绕创新链布局产业链，围绕创新链、产业链完善资金链、人才链，通过一系列创新举措有效支撑高质量发展。

努力打造"科技创新核心引领，传统战新两端发力"的"一体双翼"工作格局，加快形成农粮产业新质生产力。2023年，中粮集团研发的用于疫苗关键辅料的注射级蔗糖，获得该领域国内首个发明专利授权；牵头的"科技创新2030生物育种重大项目"，在种猪、种牛个性化育种芯片等"卡脖子"领域填补多项国内空白;首次开发的阿洛酮糖酶制剂通过国家卫生健康委安全评审,列入食品加工助剂目录。

通过立足实际强化布局、瞄准前沿注重研发以及着眼未来谋划跨越来聚力发展战略性新兴产业,促进农粮主业发展。2023年,中粮集团成功建设运营非粮生物质能技术国家重点实验室,实现全国重点实验室"零的突破"。

以高端化做加法,助推产品焕新跃升;以智能化做乘法,驱动业务提质增效;以绿色化做减法,重塑企业生产等方式,推动"三化"转型,让传统产业"新"起来。截至2023年底,中粮集团淘汰落后机电设备1.07万台。坚持精准降碳,通过科学盘查评估,明确定位粮食生产加工高耗能环节,靶向攻关节粮减损、低温储粮等绿色低碳技术;建立降碳诊断机制,为碳排放大户企业定制化提供诊断方案;打造绿色标杆,组织重点企业试点建设碳排放在线监测系统,开展绿色低碳技术示范应用,打造绿色工厂103家、零碳工厂4家。

完善保障机制,让创新生态"优"起来。一是通过搭建"集团公司—专业化公司—工厂利润点"三级研发创新组织架构,强化顶层设计。二是统筹"两对关系",即"刚性"考核与"柔性"引导并济,加大科技成果奖励力度;"近处"着眼当下,紧扣核心主业转型升级搞研发,"远方"立足长远,打造合成生物、菌种资源等战略前瞻技术。三是深化"两个融合",做好人才工作。内部融合突出一线培养历练,选派研发骨干到经营单位挂职,安排新入职科研人员赴基层实习,搭建多通道发展路径;外部融合突出合作引才聚才,通过加强与人才服务机构合作、业内推荐等方式,靶向遴选、"一人一方案"定向引进高层次科技人才。

加强科技创新体系建设,推动创新要素加速集聚。积极发挥科技创新领导小组统筹协调、督导落实作用,形成集团科技创新领导小组常态化会商机制;推进集团科研管理系统上线和推广,加强研发项目全生命周期信息化、规范化管理;推进集团实验物资集采专项工作,大幅降低实验物资采购成本;持续推进科研骨干到产业一线挂职,形成"产研销"协同创新团队,有效促进产研双方目标同向、信息同步、行动同频;入围工程硕博士培养改革专项试点,启动首批招生,拓展校企合作新局面;发布《中粮集团科技人才专业技术通道建设管理办法》《中粮集团"十—百—千"科技人才培养工程实施方案(2023—2025年)》,拓宽科技人才成长空间。

【党建工作】 2023年,中粮集团党组扎实开展学习贯彻习近平新时代中国特色社会主义思想主题教育,持续深化落实全国国有企业党的建设工作会议精神,全力配合二十届中央第一轮巡视工作,不断强化全面从严治党主体责任,以高质量党建引领保障高质量发展,为圆满完成年度各项任务提供坚强政治保证。持续加强理论学习,筑牢政治忠诚、夯实理想信念、动真碰硬整改,把学习成效转化为推动企业发展的强大动力。着力增强党组织政治功能和组织功能,构建起以"七个聚焦"为抓手的党建工作格局,打造"有形化、有效化"党建品牌,在深化"党建项目制""党员积分制""产业链供应链上下游党建共建"等举措上持续发力,进一步推动党建工作与中心任务紧密融合,基层党建质量全面提升。

持续深化党风廉政建设和反腐败工作力度,各项工作取得成效,集团政治生态持续向好。把抓实中央巡视整改监督作为强化政治监督的有效抓手。一是建立整改监督、巡视移交线索处置和自身整改三方案、三台账,细化制定监督措施和自身整改举措。二是持续深入推进反腐败斗争。突出关键少数和重点对象查办案件,紧盯所属单位"一把手"职务犯罪案件,坚决清除系统性风险隐患。三是以钉钉子精神和零容忍态度,持续纠治"四风"。四是统筹推进主题教育和纪检监察干部队伍教育整顿,锻造纪检监察铁军。五是全面深化党的纪律建设,一体推进党性党风党纪教育。

【信息化与数字化建设】 2023年,中粮集团稳步推进《中粮集团"十四五"信息化发展规划》,按期完成"十四五"第一阶段建设任务。以人力系统、司库系统、财务共享平台、"中粮E采"采购系统等为代表的职能管控体系不断建强,以商情研判分析平台(MART)等为代表的一批业务运营重点项目陆续上线推广,树立蒙牛宁夏工厂等一批智能制造标杆案例,"中粮E云"平台实现私有云公有云统 纳管和信创改造,数据治理及管理大数据体系建设等一批谋长远项目开局良好,"走进华为"等一系列特色数字化培训赋能明显。集团信息化逐步由"夯基础、补短板、有序搭建信息化框架”向“立长远、强功能，一体化智慧运营全面上台阶”格局转变，初步实现信息化组织架构从“0”到“1”的提升，信息化业务覆盖由“局部突破”到“全面开花”的提升，信息化能力由“稳步走”到“小步跑”的提升。2023 年 4 月，国务院国资委检查组对集团国资监管数字化智能化提升专项行动第一阶段实施情况进行验收，集团综合评审结果为“优秀”，较 2018 年同类检查有明显提升；中粮信科获评“北京市高新技术企业”。

【履行社会责任】 2023 年，中粮集团坚定聚焦农粮核心主业，抢抓机遇、积极作为，向建设具有全球竞争力的世界一流大粮商迈出坚实步伐。一是筑牢安全屏障。全面落实食品安全主体责任，持续完善全员、全过程、全要素的食品安全管理体系，米面油等产品政府抽检合格率持续 100%。持续健全完善安全生产风险防控体系，开展安全管理强化年行动，推进安全生产“四化并进”建设，坚决筑牢安全生产屏障，连续多年未发生生态环保污染事件。二是深耕品牌建设。持续加大品牌投入，为消费者提供优质产品和服务。三是践行绿色低碳理念。深入贯彻习近平生态文明思想，积极稳妥推进碳达峰碳中和，助力应对全球气候变化。加强全球生态环境保护，深入开展国际环保合作，践行绿色环保公益，助力构建地球生命共同体。四是积极服务大局。持续深化乡村振兴“中粮模式”，助力受援地区农产品销售、农民增收和产业发展，连续 5 年获评中央单位帮扶工作成效考评最高等次“好”。全力抓好应急保供、重大活动保供等任务，全年针对暴雨、地震等突发灾害组织应急保供，积极投身公益慈善事业，在节粮爱粮、关爱弱残、教育助学等领域持续投入，以实际行动回馈社会。

（撰稿人：姚新宇）

中国五矿集团有限公司

【基本概况】 2023 年，中国五矿集团有限公司（以下简称中国五矿）深入学习贯彻习近平总书记重要指示批示精神，认真落实党中央、国务院各项决策部署，以建设具有全球竞争力的世界一流金属矿产企业集团为目标，笃定高质量发展航道，聚焦主责主业，担当作为，以实现营业收入 9346 亿元的优异业绩，为推动国民经济回升向好注入五矿强劲动力，也为贯彻党的二十大精神开好局起好步。截至 2023 年底，中国五矿拥有成建制的研究设计机构 14 家，国家重点实验室等各类国家级科技研发平台 46 个，科技活动人员 3 万人，累计有效专利 5.6 万件，主编/参编国际国家标准 1900 余项，综合科技实力位居央企前列。2023 年，中国五矿居《财富》“世界 500 强”第 65 位。

【主要指标】

表 1　2023 年中国五矿集团有限公司主要经济指标

项　目	2022 年	2023 年	比上年增长（%）
资产总额（亿元）	10563	11329	7
所有者权益（亿元）	2627	2836	8
营业收入（亿元）	8983	9346	4
利润总额（亿元）	269	280	4
净利润（亿元）	173	188	9
净资产收益率（%）	6.7	6.9	增加 0.2 个百分点
总资产报酬率（%）	3.9	3.4	减少 0.5 个百分点
国有资本保值增值率（%）	112.5	114.7	增加 2.2 个百分点

【改革发展】 2023 年，中国五矿在全面总结国企改革三年行动的基础上，与时俱进、重点发力，深化推进改革创新，进一步增强高质量发展后劲。一是优化结构，持续完善管控体系。明确打造以治理体系为牵引的战略管控型总部，不断强化把关、指导、服务功能，落实“总部机关化”专项治理，持续优化推进总部功能定位、机构改革，进行机构设置优化和调整，数量精简至 10 个。持续监控法人增减变化情况，明确管理 4 级、股权 5 级，压减法人指标，全面完成“压减”工

作考核任务。积极推进子企业股权调整工作，优化股权架构，提升股权5级以内企业比例，企业管理体系不断优化。二是深度梳理，持续深化改革试点。制定改革深化提升行动实施方案和工作台账，确定1项首要任务和8项重点任务，分解细化为36项子任务、107项改革举措。全面梳理国有资本投资公司改革试点短板弱项，确定优化布局结构、加强资本运作、落实授权放权等重点深化领域，细化形成深化试点工作台账；梳理战略性新兴产业的相关业务、企业、资产，确保底数清、情况明、数据准；发挥国有资本市场化专业平台作用，实施重大战略性投资，签署股份购买协议，实施金融业务专业化整合。三是建强机制，突出制度选人用人。深入实施“人才强企行动计划”，不断完善人力资源基础治理体系，持续优化干部选育管用工作，全方位培养引进用好人才。系统谋划干部人才工作，出台科技人才发展激励措施及配套政策，完善工程硕博士全链条培养机制。截至2023年底，新增1名中国工程院院士，2人入选国家高层次海外引才计划，科技领军人才队伍建设结出硕果，人才发展体制机制改革不断取得新突破，全面打造金属矿业“人才高地”。四是加强指导，持续加大专项工程改革力度。持续深化“科改行动”“双百行动”。2023年所属10家“科改企业”“双百企业”获得国务院国资委年度考核中央企业第19名，其中3家企业获评“标杆”、7家企业获评“优秀”。成功推荐3家增补扩围入选“双百企业”。13家企业制定新一轮综合改革方案和7户子企业入选专精特新“小巨人”企业，推荐子企业申报世界一流行业领军企业和世界一流专精特新企业。

【重大项目】 2023年，中国五矿在资质建设上取得近10年最好成绩，位居建筑类央企前列。截至2023年底，中国五矿施工特级资质47项、设计综合甲级5项、勘察综合甲级3项、监理综甲企业8家，新签工程合同额1.4万亿元，比上年增长5.5%。其市场竞争力得到快速提升，重点省份影响力和市场占有率稳步上涨。建成投产中国古动物馆、宝山再生能源利用中心、淄博市城市快速路网等一批地标性建筑、生态环保、交通市政项目。五矿盐湖11矿层卤水开采项目提前建成投产。勘查公司600万吨绿色智能石墨矿建成投产。长远锂科正极材料二期项目实现投产，超高镍多晶前驱体实现百吨级生产。华北铝业电池箔一期项目建成投产。长沙矿冶院电池回收服务平台锂汇通形成拆解、产品集成、破碎分选产业布局，众多项目走上绿色生态可持续发展道路。相继中标北京轨道交通22号线片区综合开发、沈阳和平湾产城融合、武汉长江新区综合开发、雄安国贸中心等一批百亿级国计民生重大项目。先后获得中国建筑工程鲁班奖16项、中国土木工程詹天佑奖4项、国家优质工程奖31项，获奖数量达到历史最好水平。

【走向海外】 2023年，中国五矿齐心协力，以矿产资源合作和钢铁冶金工程建设作为共建“一带一路”的重要抓手，助力共建国家和地区的经济社会发展，为“一带一路”倡议十周年交上一份满意的答卷。一是依托勘查、设计、施工、运营、流通、深加工等全产业链优势，积极进行矿产资源合作，将资源优势转化为经济、社会优势。中国五矿所属秘鲁邦巴斯铜矿是践行“一带一路”倡议“中秘产能合作”的旗舰项目，自2016年7月正式投产以来，在面对当地复杂政策和人文环境条件下，矿石处理量、选矿回收率等关键指标不断提升，截至2023年底，累计生产铜精矿含铜270.97万吨。中国五矿所属山达克铜金矿位于巴基斯坦西北部俾路支省查盖地区，矿石资源量4.13亿吨，在2022年启动275万吨选矿厂扩规模标志性工程后，于2023年4月25日举行第二十二次点火开炉仪式，标志着山达克铜金矿再次开启稳产高产新篇章。二是凭借在钢铁冶金全流程、全产业链领域技术和资质优势，扩大国际钢铁冶金工程产能合作，聚焦高端化、智能化、绿色化发展目标。越南和发榕桔钢铁厂工程项目采用世界级水平总体规划设计方案，推动千万吨级钢铁系统设计和全产业链输出，对促进越南中高端制造业与建筑业蓬勃发展、实现越南钢铁行业进步崛起，具有里程碑式意义；马来西亚东钢集团270万吨综合性钢厂工程由所属中冶集团承建，在方寸之地，把一座70万吨产能的老旧钢厂整体升级打造成具有270万吨产能的现代化一流钢厂，打通马来西亚钢铁行业全产业链，有效助推当地钢铁产业转型升级发展。三是充分发挥全产业链协同优势，不断扩大提升海外基建业务领域。2023年，中国五矿积极服务共建国家公路、机场等交通项目，承建和独立建设一大批重大民生工程，如斯里兰卡三条高速公路，柬埔寨新金边国际机场、太子幸福广场，巴布亚新几内亚高地公路，科威特大学城，越南河内生活垃圾焚烧发电厂等。

中国五矿在加强与共建"一带一路"国家和地区经贸合作往来的同时，将贸易延伸到文化领域，设立中国一智利企业家委员会，助推中欧班列（西安）集结中心建设，打造"综合性现代智慧物流园"，积极传播中国文化，履行社会责任，努力加强与当地民众的沟通互信，为双方长期的贸易合作伙伴关系奠定坚实的基础，对于树立负责任的大国形象起到积极作用。

【重大创新】 2023 年，中国五矿持续强化技术攻关、打造原创技术策源地，着力推动科技与产业融合互促，以科技创新引领产业全面振兴。一是强化创新体系机制保障。落实科技智库创建、项目机制创新、科创人才培优、科技金融体系优化、科技资源共享、成果转化赋能、评价体系构建、学科体系优化、数字化平台搭建"九大实施方案"，向 4 家国家重点实验室增加研发经费，部署科技专项、科创基金、青年基金、"揭榜挂帅"项目 31 项。长沙矿冶院国家认定企业技术中心获批设立，国家战略性稀有矿产资源高效开发技术创新中心建设方案通过科技部专家论证。二是主动服务国家战略需求。独立承担"钪基""晶质石墨"等 4 项、积极参与"高端分析仪器""碳纤维复合材料"等 8 项"1025 专项"攻关任务。深海矿产资源高效开发、深地矿产资源高效开发、战略金属材料及应用、新能源及前沿材料、绿色低碳钢铁冶金、产业数字化等首批六大原创技术策源地纳入国务院国资委重点建设内容，获批各类国家科技项目 23 项，获得国拨经费近 4 亿元。三是推进科技创新成果转化。铁矿钼矿高效综合回收，钢厂转炉烟气余热回收等技术开发应用达到国际领先水平，氮化硅、晶质石墨等重大专项创新领域攻克我国关键材料"卡脖子"技术难题。19 项科技成果推荐至国务院国资委、工业和信息化部推广目录。全年新增发明专利 2400 件，比上年增长 21%，牵头发布国际标准 3 项，科技成果转化收入 429 亿元，科技创新成为良性发展的强劲动力。

【党建工作】 2023 年，中国五矿始终坚持以习近平新时代中国特色社会主义思想为指引，全面贯彻落实习近平总书记重要指示批示和党中央决策部署，加强党的领导，深化党内教育，加强组织和干部人才队伍建设，深入推进全面从严治党、党风廉政建设和反腐败斗争。完整准确抓实主题教育，坚决扛起政治责任，牢牢把握"学思想、强党性、重实践、建新功"总要求，围绕学思用贯通、知信行统一根本任务，在四个"以学"方面取得实实在在的成效；加强党建考评机制，完善细化党建责任任务书，夯实各级党组织主体责任，保证党的活动抓实有效；将"党旗飘扬、党徽闪光"行动再升级，充分发挥"四个一批"在促进企业经营等方面的组织体系功能和党员队伍作用；实施"人才强企行动计划"，制定任务清单，持续优化干部选育管用工作，全方位培养引进用好人才，加强干部人才工作系统谋划和科技人才发展激励措施，人才发展体制机制改革不断取得新突破，金属矿业"人才高地"越来越坚实；严格落实中央八项规定及其实施细则精神，驰而不息纠治"四风"，一体推进"三不腐"，扎实开展"靠企吃企"专项整治。全力配合中央巡视，以此为契机推动解决一批重大问题，持续健全"大监督"机制，做实内部巡视巡察，基本实现二、三级企业全覆盖，进一步巩固企业内部风清气正的良好氛围。

【信息化与数字化建设】 2023 年，中国五矿充分发挥数字化引领作用，数字化建设工作取得积极成效，其中 26 个案例入选数字化相关案例和试点企业申报工作，在国资监管数字化智能化提升专项行动验收评估工作中，在矿业地勘类央企小组中名列小组第一，达到优秀水平。以《打造最强"数字大脑"，赋能企业治理能力现代化》为题的数字化场景，获得首届国企数字场景创新专业赛一等奖。在黑色、有色金属资源矿产的采掘、冶炼加工上，坚持走绿色、可持续发展之路。五矿国际 MMG 智慧矿山建设完成全球骨干网络的高层架构设计和规划，拉斯邦巴斯使用车队管理系统和数字化轮胎系统。安徽开发矿业智慧矿山实现遥控驾驶、自动驾驶、远程遥控放矿、远程工况监测等功能。龙江石墨智慧矿山完成龙江石墨矿山工业环网及模块化机房与私有化云平台建设。聚力发展智慧工厂建设，开展所属中冶恩菲智慧工厂建设、洛阳中硅高科智慧工厂一期建设，构建新厂区的数字化和智能信息化平台。中钨高新金洲公司建成 3 个精密微型刀具智能制造生产线。株洲钻石公司完成高精度刀具生产线建设，将数字化、物联网引进生产链全流程中，实现精益、高效的生产加工。赋能全产业链协同转型，中国恩菲工程技术有限公司研发覆盖整个矿山运输作业面的无人驾驶电机车运输系统技术，构建运输系统全数字化集群控制平台，实现矿山有轨运输环节的全数字化管理。中国十七冶以物联网技术打造施工企业安全管理应用，促进公司从信息化到数字化智能化转型，深度开发运用智慧工地安全管理系统的隐患排查治理、风险分级管控、危大工程监管、数字教育、安全日志等功能提升安全管理效率，运用高清视频监控系统实时远程监控项目安全动态，集成联动企业数字化管控中心安全管理驾驶舱的智能统计分析和预测预警，为安全管理决策提供支撑。

【履行社会责任】 2023 年，中国五矿坚决贯彻习近平总书记重要指示精神，积极履行社会责任，积极开展慈善捐赠。面对甘肃省临夏州积石山县发生 6.2 级地震，造成甘肃、青海两省重大人员伤亡和财产损失，部分水、电、交通、通信等基础设施受损，中国五矿立即组织召开抗震救灾专题会议，统筹调动内部企业，部署物资捐赠、紧急救援等工作，捐赠资金及物资价值 1800 余万元，用于支持灾区抗震救灾和灾后重建等工作。其中向甘肃捐赠 500 万元、青海捐赠 700 万元；向青海捐赠价值 600 余万元的装配式活动板房 300 套，以实际行动践行“人民至上、生命至上”的理念，切实承担起央企履行社会责任的使命担当，为保障人民群众生命财产安全贡献力量。积极履行社会责任，响应国务院国资委号召，向北京市东城区捐赠 30 万元助力疫情防控工作。

中国五矿认真贯彻习近平总书记关于“三农”工作的重要论述，坚决扛实“四个不摘”责任，按照“精准、特色、长效”三大原则，持续推进对 6 个定点扶贫县和 1 个对口支援县的帮扶工作。2023 年，中国五矿党组书记、董事长深入湖南省花垣县开展调研，分管领导开展定点帮扶全覆盖调研。先后 7 次召开党组会、董事会等专题会研究帮扶工作，调动全部 16 家直管企业开展结对帮扶活动，组织召开挂职干部专题视频会 7 次，完成 10 名挂职干部轮换工作。全年中国五矿投入无偿帮扶资金 5644.2 万元，有偿帮扶资金 1.4 亿元；引入无偿帮扶资金 1063.5 万元，有偿帮扶资金 1.9 亿元；消费帮扶金额 4960.5 万元；培训干部人才 6548 人次；组织全系统购买全部脱贫地区农产品 3258.9 万元，帮助销售 1701.6 万元。产业帮扶、金融帮扶、教育帮扶等项目获评农业农村部农影中心“文化振兴十佳典型案例”、国务院国资委发布的 2023 年《中央企业助力乡村振兴蓝皮书》年度示范项目和年度优秀人才振兴案例。

（撰稿人：赵　岩）

中国通用技术(集团)控股有限责任公司

【基本概况】 中国通用技术（集团）控股有限责任公司（以下简称集团）是中央直接管理的国有重要骨干企业，成立于 1998 年，是在 6 家原外经贸部直属企业（中国技术进出口总公司、中国机械进出口公司、中国仪器进出口公司、中国海外经济合作总公司、中国医药保健品进出口总公司、中国国际广告公司）基础上组建的国有独资公司，拥有沈阳机床、环球医疗、中国医药、中纺标 4 家上市公司。2018 年 12 月，获批成为国有资本投资公司试点企业。集团坚持以习近平新时代中国特色社会主义思想为指导，聚焦先进制造与技术服务、医药医疗健康、贸易与工程服务三大主业，锚定成为制造强国战略主支撑、健康中国战略“生力军”和“一带一路”建设“主力军”，大力推进战略布局和实业化转型，优化资源配置，强化创新驱动，集团产业发展实现历史性突破，成为央企在机床装备、医疗健康两个领域的领军企业，实现从“传统商贸业务为主”向“实体经济为主”、从“引进技术”向“自主创新”、从“传统老国企”向“现代新国企”的跨越发展，服务国家战略和人民美好生活的能力显著增强。在中央企业经营业绩考核中 12 年获评 A 级，7 次入围《财富》“世界 500 强”。

2023 年，在以习近平同志为核心的党中央坚强领导下，集团深入学习贯彻习近平总书记重要讲话和重要指示批示精神，坚持以习近平总书记"2·26"重要批示精神为统领，深入开展学习贯彻习近平新时代中国特色社会主义思想主题教育，全力配合二十届中央巡视，坚决落实党中央、国务院决策部署和国务院国资委工作要求，坚定履行中央企业的政治责任、经济责任、社会责任，各项工作取得新成绩，高质量发展迈出新步伐，做强做优做大实现新进步。

【主要指标】 2023年，集团实现营业收入2048.43亿元，首次跃上2000亿元台阶，比上年增长11.93%；利润总额69.26亿元，比上年增长16.25%。全面完成国务院国资委"一利五率"考核目标，净资产收益率5.41%，比上年增加0.31个百分点；研发经费投入强度1.2%，研发经费投入24.53亿元，比上年增长9.70%；全员劳动生产率32.73万元/(人·年)，比上年增加0.54万元/(人·年)；营业现金比率0.7%，与上年相比转正且增加1.4个百分点；资产负债率68.65%，剔除投资并购等因素影响控制在68.0%范围内。

表1　2023年中国通用技术(集团)控股有限责任公司主要经济指标

项　目	2022年	2023年	比上年增长(%)
资产总额(亿元)	2775.24	3009.75	8.45
所有者权益(亿元)	892.03	943.68	5.79
营业收入(亿元)	1830.17	2048.43	11.93
利润总额(亿元)	59.58	69.26	16.25
净利润(亿元)	43.26	49.63	14.72
归属于母公司所有者的净利润(亿元)	20.22	21.95	8.56
研发经费投入(亿元)	22.36	24.53	9.70
利税总额(亿元)	111.46	116.64	4.65
全员劳动生产率[万元/(人·年)]	32.19	32.73	1.68
净资产收益率(%)	5.10	5.41	增加0.31个百分点
总资产报酬率(%)	3.55	3.87	增加0.32个百分点
国有资本保值增值率(%)	102.3	103.6	增加1.3个百分点

续表

注：相关指标为集团年度财务决算数据；2022年国有资本保值增值率为国务院国资委批复数；2023年国有资本保值增值率为决算申报数，暂未获得国务院国资委相关批复。

【改革发展】 2023年是改革深化提升行动开局之年，集团以增强核心功能、提高核心竞争力为重点扎实推进新一轮改革行动，全面完成2023年度42项重点改革举措和105项细化标准任务，实现高质量开局起步。一是提升各层级公司治理水平。党的领导作用得到加强，修订集团"三重一大"决策实施办法，系统内65家公司党委均制定重大事项决策权责清单(含党委前置研究清单)，50家医院党委均制定党委"三重一大"事项决策权责清单，党委领导下的院长负责制有序有效推进。制定二级公司董事会规范运行操作指引。进一步落实董事会职权，"一企一策"优化调整授权清单，进一步强化精准授权和再授权，加快推动产业子集团机构、职能、制度、功能"四个到位"。二是资本赋能作用持续提升。积极利用资本市场服务主业发展，推进昆机重整、医疗器械一体化经营等重大资本运作项目；围绕集团产业布局，积极猎取高端机床、生物制药、新型医疗等领域优质标的，生命健康基金、金砖科创基金设立取得积极进展，资本运作能力显著提升。三是推动市场化经营机制创新走深走实。持续提升集团经理层成员任期制和契约化管理工作质量，完成2023年度和下一任期契约化管理企业户数和人数100%全覆盖。强化刚性考核兑现，突出鼓励增量贡献，对2022年度超额完成利润目标的6家二级企业领导班子和核心团队进行奖励。持续推行管理人员竞争上岗，2023年管理人员末等调整和不胜任退出制度在集团总部、各产业子集团、直属二级公司实现全覆盖。各级经营管理人员"谋经营、抓落实、强管理"的动力活力显著增强。

【主业发展】 机床装备业务。工业母机创新发展能力不断提升，行业地位进一步巩固。一是重点领域保障能力明显提升。与八大重点领域、21家重点用户单位共同推进复杂零部件加工装备的关键核心技术攻关和研发工作，2023年服务关键领域实现营业收入比上年增长41%；向重点领域用户企业累计交付71台(套)高端主机装备及6条自动生产线，近3年累计交付162台(套)高端主机装备及12条自动生产线。二是科技创新体系不断完善。由机床工程研究总院、7家地方研究院、8家企业技术中心构成的三级研发体系初步构建，1600人的科研团队配备到位；产学研用协同创新取得突破，与西安交通大学建立联合研究院、与南京航空航天大学共建联合实验室，参与4家中央企业创新联合体并开展合作研究项目5个；组织国内18所重点高校和科研院所开展深入技术交流，编制"2035技术规划"。三是产业链建设不断增强。联合外部企业推进第二批产业链子链建设。成功举办"共链行动"，与9家相关企业签署供需协同责任书和产业链合作协议。积极扶持国内优质供应商，通过订单牵引和股权投资等方式，带动1200余家产业链上游企业发展。四是机床制造高端化智能化绿色化水平不断提升。投入20亿元推进实施两期技术改造项目，其中一期技术改造全面完成，更新260台关键设备和检测仪器，建设12条自动化生产线及4个精益制造单元，二期技改项目全面启动实施，大幅提升高端产品制造能力、生产效率和质量水平。大连机床获得辽宁省"智能工厂"称号，齐二机床、哈量公司入选工业和信息化部等五部委联合公布的2023年度智能制造优秀场景，沈阳机床获评"国家级"绿色工厂和国家级五轴机床标准验证单位，沈机股份3款产品获评省级"绿色设计产品"。

新材料业务。持续加大新产品开发力度，阻燃莱赛尔纤维项目取得重大技术突破，万吨级生产线一次开车成功；莱赛尔纤维产能达到10万吨/年，产销量实现大幅增长，单位生产成本下降10%；特纤业务合成纤维产量比上年增长33%，新产品收入占比66%。2023年实现科技成果转化收入4.3亿元。新增3家"专精特新"企业，总数11家。

医药医疗器械业务。医药产业品种建设不断加强，实业化转型基础不断夯实。中国医药成为工业和信息化部重点产业链链主企业和国务院国资委未来产业主责企业，行业地位得到提升。品种建设取得积极进展，2023年获批品种18个，其中一致性评价11个、新产品开发5个、原料药2个；重点产品销售突破15亿元，8款产品中标国采，11个药械产品销售额超过1亿元。商业模式创新不断推进，SPD项目数量累计16个，新中标北京朝阳医院、北京大学第一医院SPD项目。积极响应医疗器械国产化，推进国产产品销售及品种增加，雄安宣武医院等6条IVD流水线完成安装。绿色生产体系建设取得新成效，继2022年天方药业获评"国家级"绿色工厂后，2023年三洋药业获评"国家级"绿色工厂。

医疗康养业务。一是医疗服务能力明显提升。2023年，新增承接中国电建、中国铁建、宝武太钢医疗机构，医疗机构数量从343家增至403家，分布于全国27个省市，开放床位5.2万张，三级医院由29家增至31家，最大央企办医主体的行业地位进一步巩固。学科建设方面，成立第一批6个集团级专科疾病全国医学中心和5个集团级专科联盟，推动建设集团医学学科"高峰"；新增省级及以上重点(建设)专科24个，总量71个；集团累计有内蒙古包钢医院呼吸与危重症医学科、陕西三二〇一医院骨科、吉林市化工医院肿瘤中心等3个国家级临床重点(建设)专科；积极推进专科医院建设，建设妇儿、康复、精神、职业卫生、肾病等专科医院13家。运营管理方面，继续深入开展"向长庚医院学管理"活动，71家二级及以上医院成立独立的运营管理部门；组织10家医院开展示范医院建设、评选出二级标杆医院5家，充分发挥引领示范作用；推动三级医院参加公立医院国考，6家医疗机构在2022年度国家三级公立医院绩效考核非年报组中获评A级。区域协同方面，建设5个区域医院联盟，发挥旗舰医院辐射带动作用，有力促进区域医疗服务水平整体提升。2023年，医疗业务门急诊超过3000万人次，比上年增长17%；出院超过140万人次，比上年增长22%，床位使用率稳步提升，平均住院日优于全国公立医院均值；实现营业收入330亿元，比上年增长13%，实现结余比上年增长30%。二是健康管理业务布局全面拉开。组建健康管理公司，加快推动健康体检、健康管理标准化、规模化、连锁化发展。推进"健康企业"建设，服务央企客户55家。推进医疗资源下沉，创新建设"小通诊所"518家，遍布全国28个省市，服务覆盖超过1000万人。2023年，健康管理业务服务416万人次，比上年增长14%。三是养老产业布局持续推进。积极参与培疗机构改革，接收党政机关、央企等培训疗养机构56家，为旅居养老业务有力拓展开辟空间。截至2023年底，统筹运营管理各类养老机构及医养结合项目40个，运营床位约6000张。

贸易与工程服务业务。一是贸易业务供应链产业链服务链融合发展取得新进展。全面构建"人车屋"全生态业务布局，实现全国31个省份、近1000个重点市县的渠道网络覆盖。深化与华为"同路人"战略合作伙伴关系，手机分销业务强化优质资源获取能力，营业收入比上年增长22%；智能网联车新赛道完成布局，全年智选车销量在7000台以上，同比大幅提升。二是国内工程服务业务转型取得突破。新兴公司中标北京大学人民医院雄安院区、荣乌高速沧州段改扩建等多个标志性重大工程，积极培育设计功能，加快向医疗健康、物业管理等新领域转型，中标"中原国际医学科学城"设计业务，承担贵阳三〇〇等医院物业服务项目，实现三甲医院物业服务新突破，医疗康养物业服务面积16万平方米。

【走向海外】 2023年，集团积极服务国内国际双循环和"一带一路"建设，深度参与国际产能合作，加快推进海外重点区域重点领域业务布局，国际工程业务新签合同128亿元，比上年增长65%。在新能源赛道布局发展积厚成势，新签约塞尔维亚150兆瓦黑峰风电投建营项目，成功开发多个国内投建营类储能项目，国际国内新能源装机容量超过1吉瓦。海外运营项目再创佳绩，在孟加拉国自营电站项目年内发电70多亿千瓦·时，占当地年发电量的10%；哈萨克斯坦ALLUR公司汽车销售量8.8万台，在当地市场占有率47%。国际绿色供应链业务新签合同50亿元，比上年增长34%，光伏组件出口、新能源汽车出口和海外组装业务增长迅速。所属机床公司积极拓展海外市场，2023年新签海外订单8亿元，比上年增长68%；所属中国医药在拉美等传统重点市场实现集成项目滚动开发，新签合同额超过1亿美元。

【重大创新】 2023年，集团认真贯彻落实习近平总书记关于推进科技自立自强和实施创新驱动发展战略的重要指示精神，认真落实习近平总书记视察沈阳机床"8·30"讲话精神，以强烈紧迫感和强有力举措狠抓科技创新，取得积极成效。一是关键核心技术攻关取得重要突破。"1025专项"二期、工业和信息化部高质量发展专项等重大项目全部达到里程碑节点目标。"铣削版本五坐标加工中心"等攻关产品应用于重点用户，实现国产化替代；建成全球首台（套）年产10万吨高品质原液着色聚酯原位法连续聚合产业化示范线。2023年，集团获得省部级以上科技奖励35项，12项成果入选《中央企业科技创新成果推荐目录（2023年版）》；获得授权发明专利143件，制（修）订国际标准2项，国家和行业标准72项；发表SCI论文257篇。二是科技创新体系建设迈出实质步伐。推动科技创新体系实现全覆盖，医药、媒体融合、绿色矿山、数字建造领域集团级技术创新中心获批建设，部署集团重大专项21项，集团呼吸疾病临床医学研究中心通过专家评审；在规划制定、项目立项、成果评价、奖励评审等方面积极发挥专家委、科技委智库作用，形成常态化、规范化专业咨询、决策支持工作模式。三是科技创新主体地位显著增强。积极融入国家科技攻关体系，2023年新获批国家项目13项，在研国家级项目28项；成为工业和信息化部重点产业链链主企业、国务院国资委焕新行动和未来产业责任企业。积极发挥"出题人"作用，2023年与18所高校和科研院所开展对接，凝练提交28项国家自然科学基金联合基金2024年指南建议。四是科技创新保障加力提速。工业母机、新材料领域研发投入强度显著增强，分别达到13.49%、7.46%。首次直接拨付科研经费，用于支持制约化纤装备高端化智能化的"卡脖子"技术攻关等集团科技重大专项。国家级和集团级科技创新平台、项目、专项任务等人员工资单列3.57亿元，比上年增长26%。

【党建工作】 2023年，集团党组把开展主题教育作为贯穿全年的重大政治任务，以接受二十届中央巡视为契机，坚持不懈用习近平新时代中国特色社会主义思想凝心铸魂，做到"两个维护"更加坚定自觉，"为民服务"意识更加积极主动，党建引领聚合力、同频共振促发展的成效更加显著。一是学思践悟习近平新时代中国特色社会主义思想更加坚定自觉。牢牢把握"学思想、强党性、重实践、建新功"的总要求，深化落实"第一议题""中心组学习""首要议题"制度，以

"五学联动"抓实理论学习、以"五单闭环"推动整改任务落实，高质高效推进主题教育，在以学铸魂、以学增智、以学正风、以学促干方面取得实实在在的成效，在推动高质量发展、服务基层、服务员工、服务人民群众等方面取得明显成效。推动高质量发展方面，针对机床板块创新发展能力，推动三级研发体系初步构建，重要功能部件攻关成果的转化应用取得突破；针对医疗健康产业一体化发展，统筹谋划为学科建设、医院管理、区域联盟等 9 个方面赋能，推进完成 36 项工作任务，推动医疗健康业务一体化高质量发展。为民服务方面，第二批主题教育期间，广大医疗机构深入开展"通用健康行"活动，派出医疗队伍 1625 支、医务人员 10774 人次，服务群众 23.8 万人次，"通用健康'真的行'"的好形象在人民群众中广泛传播。两批主题教育均得到中央指导组的高度评价和基层群众的好评认可。二是干部人才队伍更加优化。首次召开集团组织工作会议，系统总结和谋划部署集团组织工作。全面科学开展干部综合考评、二级班子盘点和年轻干部"三合一"专项调研，强化结果运用、优化相关班子配备，更新形成"通用 300"年轻干部库。制定优秀年轻干部发现培养选拔工作的实施意见和三级医院院长队伍建设指导意见，推动干部选拔培养使用机制更加完善。柔性引进 5 名院士，制定集团 2023—2025 年高层次科技人才引进计划，全方位搭建起"1＋2＋N"科技人才政策体系，构建科技人才管理"通航体系"，11 名专家人才被授予集团首批"远航计划"领军专家，科技人才队伍建设取得新突破。三是基层党组织战斗堡垒作用更加彰显。组织实施"七抓"工程，对全系统党工团组织进行摸底排查，规范设置党组织 2186 个、工会组织 384 个、团组织 512 个，上下贯通、执行有力的组织体系更加健全。出台关于加强集团所属医院党建工作的实施办法，持续打造五星党支部、"党建＋"工程两个品牌工程，9 个案例入选"国企党建品牌建设优秀案例"，党建工作影响力持续扩大。修订党建考核办法、制定工会考核制度，党工团一体化、全链条考核评价体系基本形成。四是宣传思想文化凝心聚力作用更加突出。首次召开集团宣传思想文化工作会议，围绕党的二十大精神、学习贯彻习近平新时代中国特色社会主义思想主题教育及"一带一路"十周年等年度重大主题和集团改革发展成果亮点，推出"开门红　稳增长""致敬开国劳模"等一批特色宣传活动，并在中央主流媒体加大宣传力度，推出一批既有流量又有口碑的精品力作。"一体两翼"推进"青马工程""青年精神素养提升工程"，举办庆祝护士节、医师节等一批主题活动，弘扬职业精神，提高青年员工思想政治素质。建成集综合展厅、荣誉室、文化长廊、职工书屋等于一体的文化阵地，举办一系列文体活动，职工群众的获得感、幸福感极大增强，干事创业精气神更加高昂。五是全面从严治党引领保障作用更加坚强有力。以高度的政治责任感全力配合二十届中央巡视，主动接受全面"政治体检"，对照中央要求，深入检视问题、查找差距不足。高质量开展集团内部巡视，出台党组巡视工作五年规划，党的二十大后首轮对两家医疗公司开展巡视。坚持一体推进"三不腐"，集团党组召开全系统警示教育大会，党组成员带头赴分管单位开展警示教育，深化"靠企吃企"专项整治，启动违反中央八项规定精神问题专项治理，统筹开展医药领域腐败问题集中整治，全年对违规经营投资问题追责问责 60 人次，对涉嫌职务犯罪的 21 人采取留置措施，确保严管严治震慑常在。在集团总部开展"下基层、接地气、树新风"第二轮作风建设年专项行动，各部门深入基层调研，帮助解决问题 50 余项，以作风建设新成效为基层服务、为改革发展赋能。

【信息化与数字化建设】 2023 年，集团机床板块依托增强现实（AR）等数字化软、硬件应用技术，搭建智慧园区、智慧工厂和数控系统试验场景，在沈阳机床、齐二机床等企业建成一批数字化车间、智能化产线，打造集团机床产业发展新动能新优势。医药医疗健康板块制定集团大健康产业数字化发展总体规划，组建健康大数据公司，加快推进医疗健康数据汇集及运营，建设统一互联网健康应用平台，拓展智能健康管理等数据应用新模式，探索数字产业化，释放数据资产价值；建立医药一体化商贸运营平台，提升运营效率和风控能力。贸易板块持续提升供应链、产业链、服务链数字化平台能力，赋能"人车屋"等新业态新模式，"贸易行业数字化供应链大数据平台"入选工业和信息化部 2023 年大数据产业发展示范名单。智慧空间业务着眼战略性新兴产业和未来产业发展，与新疆大学、中山大学组建联合实验室，加快提升结合具体应用场景的数智化赋能能力。“智慧通用”管理应用平台功能不断丰富完善，形成充分融入集团战略发展需要的数字化闭环管控体系，提高管理效率，减轻基层负担。

【履行社会责任】 2023 年，集团认真贯彻党中央、国务院决策部署，结合自身产业发展优势，积极履行社会责任、彰显央企担当。一是全力推动乡村振兴，助力帮扶县经济社会发展。积极推动医疗帮扶，实施“通用健康行”活动，组织集团所属医疗机构赴定点帮扶的武川、商都两县开展“通用健康行”活动，为人民群众提供高品质医疗健康服务。深化中药材产业帮扶，将内蒙古通用中药公司注册资本金增至 3000 万元，投入 1170 万元建设厂房和升级生产线。全面拓展教育帮扶，支持商都县再建一所九年一贯制学校，实现学前教育、小学教育、中学教育帮扶全覆盖。开展“百个党支部帮扶百名留守学生”主题活动，关心关爱留守学生身心健康。大力开展消费帮扶，通过举办“通用帮扶礼包”“农产品进食堂”等系列活动，加大对两县特色农副产品采购。2023 年，集团向内蒙古自治区武川县、商都县投入帮扶资金 3035 万元、引进帮扶资金 2050 万元、培训乡村振兴人才 1056 人次、采购和帮销农产品 3499 万元，在乡村振兴走深走实上取得显著成效，为推动两县经济社会发展作出积极贡献。二是积极承担央企责任，全力守护人民生命健康。充分发挥医药医疗健康主业优势，全力承担各地抗洪抢险、抗震救灾等重大突发事件医疗保障任务，通过多个渠道调配药品和医疗物资，全力配合灾区医疗救助及应急抢险救援工作。加大中央企业境外项目医疗保障力度，全年派出 56 人次为中外员工和当地群众提供高质量医疗健康服务，为共建人类卫生健康共同体贡献央企力量。

（撰稿人：白　旭）

中国建筑集团有限公司

【基本概况】 中国建筑集团有限公司（以下简称中建集团）正式组建于 1982 年，是中央直接管理的国有重要骨干企业，是我国专业化经营历史最久、市场化经营最早、一体化程度最高、全球规模最大的投资建设集团之一，也是国务院国资委确定的创建世界一流示范企业。拥有上市公司 8 家，二级机构 40 余家，员工 38 万人，经营足迹遍布国内各省、自治区、直辖市以及全球 100 多个国家和地区，业务涵盖房屋建筑、基础设施、地产开发、勘察设计、创新业务五大板块，2023 年居《财富》“世界 500 强”第 13 位、“中国企业 500 强”第 4 位、ENR“全球承包商 250 强”第 1 位，连续 9 年保持行业最高信用评级，第 18 次获评国务院国资委年度经营业绩考核 A 级。

【主要指标】 2023 年，中建集团坚持以习近平新时代中国特色社会主义思想为指导，深入学习贯彻党的二十大精神，全力落实党中央、国务院决策部署，切实加强党的领导和党的建设，全力抓好生产经营，持续深化改革创新，高质量发展取得新进展新成效。2023 年，中建集团新签合同额 4.33 万亿元、比上年增长 10.8%，完成营业收入 2.27 万亿元、比上年增长 10.2%，实现利润总额 933.2 亿元、净利润 737.9 亿元。

表 1 2023 年中国建筑集团有限公司主要经济指标

项　目	2022 年	2023 年	比上年增长(%)
资产总额(亿元)	26640.4	29111.2	9.3
所有者权益(亿元)	6804.0	7310.2	7.4
营业收入(亿元)	20576.1	22684.0	10.2
利润总额(亿元)	889.1	933.2	5.0
净利润(亿元)	692.2	737.9	6.6
归属于母公司所有者的净利润(亿元)	284.8	309.0	8.7
技术开发投入(亿元)	499.96	463.22	-7.3
利税总额(亿元)	1467.1	1509.6	2.9
应交税金总额(亿元)	881.6	815.6	-7.5
全员劳动生产率[万元/(人·年)]	60.8	62.5	2.8
归属于母公司所有者权益(亿元)	2142.1	2393.3	11.7
净资产收益率(%)	10.5	10.5	与上年持平

续表

项　目	2022 年	2023 年	比上年增长(%)
总资产报酬率(%)	4.2	4.1	减少 0.1 个百分点
国有资本保值增值率(%)	115.2	114.5	减少 0.7 个百分点

【改革发展】 2023 年,中建集团全面部署推进国企改革深化提升行动,加大中建科创、中建数科两家科技型企业资源投入力度,与高校、科研机构联合共建绿色建筑全国重点实验室、土壤养分管理与污染修复国家工程研究中心。国企改革三年行动成果进一步巩固,针对"科改企业""双百企业"出台专门的支持性政策文件,"一企一策"明确改革方向,建立差异化、科学化、精准化管控模式、运营机制、考核机制,中建三局绿色产业投资公司、中建科技集团有限公司、中建海峡建设发展有限公司、中建生态环境集团有限公司、中建一局集团第二建筑有限公司获评等级"标杆",中建科工集团有限公司、中建八局第一建设有限公司获评等级"优秀"。ESG 管理体系加快建设,构建 ESG 治理机制,将 ESG 融入"一六六"战略路径,推动 ESG 与经营管理相融合。股份公司获评 2023 年上市公司 ESG 最佳实践案例、中国 ESG 卓越实践,多家子企业编制 ESG 报告,中建六局实施的文莱淡布隆大桥项目入选"一带一路"ESG 行动典型案例。"六个专项行动"深入推进,统筹年度重点任务,一体推进创新驱动、低效无效资产清理、提升履约水平、信息化建设、现金流管理提升、狠抓安全生产,集团总部梳理短板弱项问题 32 个,带动子企业梳理问题 906 个,整改措施基本完成,切实破解一批难点痛点问题。

【重大项目】 2023 年,中建集团坚决贯彻国家重大战略,准确把握我国城市发展进入城市更新时期的需求,主动研究布局城市更新、城市运营新市场,加快专业人才队伍培养,牵头推进中央企业在京老旧小区改造工作,融入全国数十个城市成功实施一批重要项目。首次召开项目管理大会暨项目经理大会,加强项目经理队伍建设,切实担当"五个更强的责任",深入推进"法人管项目"体制建设,持续夯实基础管理。川藏铁路、228 项目、213 项目等重大工程有序推进,高标准高质量交付 31 个雄安新区项目,投资建设运营的郭家沱长江大桥全线通车,乌梁素海流域山水林田湖草沙生态修复工程东区通过初验收,中国锦屏地下实验室投入科学运行。

【走向海外】 2023 年,中建集团深入落实"一带一路"高质量发展的要求,ENR"全球国际承包商"排名上升至第 6 位,以色列地铁西线盾构提前 1 个月贯通,胡杰康公路项目、美国公司纽约长岛铁路项目竣工,服务构建新发展格局能力不断增强。拨付海外发展专项资金等 33 亿元,为境外机构提供授信担保 66 亿元,给予 5 家海外机构收益收缴优惠政策。首次实施市场分类管理,建立授权市场动态调整机制。境外财资中心正式运行,迪拜法律中心设立工作全面启动,欧洲集采平台完成第一阶段搭建任务。各子企业全面承接集团政策制度,制定一系列细化举措,加快海外战略、市场、履约等职能建设,聚焦授权市场加大资源投入力度,海外业务实现新发展。全年集团境外新签 50 个合同额超过 1 亿美元的项目,包含匈牙利捷昌驱动工厂项目、南部沙漠项目、新加坡忠邦综合发展项目、迪拜岛屿商业开发项目等。

【重大创新】 2023 年,中建集团承担的"1025 专项"成果产品加速迭代升级,加入的央企 5G 和碳纤维联合创新任务示范应用进一步扩大,承担两项国家重点研发计划项目。完善科创平台建设,参建住房城乡建设部低碳建筑工程技术创新中心等 6 个首批创新中心,成立集团第二批科创平台,与外部单位联合共建 6 个联合创新研究院,推动产学研联合攻关。建立香港首个院士专家工作站,举办首届青年设计师大赛,新增 23 名高端人才。全面推进碳达峰"个十百千万"工程,发布碳达峰碳中和先进科技成果 117 项,碳排放监管平台在 600 余个项目试点推广,"零海拔屋"实现多场景应用,充换电系列产品总签约合同额超过 2 亿元,农村污水运营规模位列行业前十,中建环能入选全国污泥处理领域领先企业。

【党建工作】 2023 年,中建集团扎实开展学习贯彻习近平新时代中国特色社会主义思想主题教育,一体推进理论学习、调查研究、推动发展、检视整改,着力解决影响战略落地的梗阻问题、制约高质量发展的短板问题。坚持大抓基层,深化"建证"党建品牌创建,子企业打造“基业同心”等党建品牌、“红色物业”等党建模式，有效推动广大干部员工团结一心、形成合力。持续加强干部的教育培养，中建党校举办培训班超过100期、培训近33万人次。以党建带工建、带团建，组织集团“青马工程”示范班，深化“建证未来”青年精神素养提升工程，举办全国行业职业技能竞赛、“一带一路”海外建设项目全国引领性劳动和技能竞赛，激发广大员工干事创业的热情。严格落实中央八项规定及其实施细则精神，深入整治“靠企吃企”，倡导“崇德善建　尚廉筑基”廉洁文化理念，风清气正的良好氛围持续巩固。优化信访工作机制，顺利完成两会、配合中央巡视等重要时期的信访应急保障工作。

【信息化与数字化建设】　2023年，中建集团“中建136工程”总体进展过半，“中建北斗”系列产品在国内外项目试点应用，中建三局智能公司入选国家级专精特新“小巨人”企业，中建电商获评中央企业电商平台数智化创新领先企业，中建电子智慧运维平台在冬奥村、西南国家应急指挥中心等项目建设中成功应用，中国建筑国际应用模块化集成建筑产品，成功打造北京西城区桦皮厂老旧小区“原拆原建”项目。

【履行社会责任】　2023年，中建集团投入1.6亿元实施帮扶项目100余个，累计投入1.2万人次参与抗洪救灾任务150多项，在甘肃、青海地震灾区累计交付厢式板房1800余间、完成房屋鉴定6250余户，接续开展全国留守儿童关爱保护“百场宣讲进工地”活动。坚持回报股东和投资者，完成分红106亿元。提供应届毕业生就业岗位近3万个，为20多万家民营企业和200余万名农民工创造上万亿元收入。

（撰稿人：张晨旭）

中国储备粮管理集团有限公司

【基本概况】　中国储备粮管理集团有限公司（以下简称中储粮集团公司）是涉及国家粮食安全和国民经济命脉的国有大型重要骨干企业，主要负责中央政府粮棉油储备经营管理，执行国家粮食调控任务。经过23年的发展，中储粮集团公司成为全国最大的农产品储备企业集团，充分发挥储备保障粮食安全“压舱石”、服务宏观调控“主力军”和保供稳链“顶梁柱”作用。2023年，中储粮集团公司坚持以习近平新时代中国特色社会主义思想为指导，深入贯彻党的二十大精神，认真贯彻落实中央主题教育统一部署，以服务保障粮食安全的新担当新作为彰显新思想的真理价值和实践伟力，坚定拥护“两个确立”、坚决做到“两个维护”更加自觉主动；认真贯彻落实习近平总书记重要指示批示精神，持续深化粮食购销领域腐败问题专项整治，着力建立健全长效机制，在国家粮食安全保障体系中的地位和作用更加稳固凸显；认真贯彻落实中央巡视整改要求，以对党绝对忠诚的态度推进真改实改、彻底整改，在自我革命锻造中更加坚强有力；认真贯彻落实党中央重大决策部署，加快推进储备保障能力建设，高效服务粮食调控任务，企业核心功能和核心竞争力不断提升，集团公司“二次创业”迈出重要步伐，高质量发展服务保障粮食安全能力进一步提升，为经济社会稳定发展作出新贡献。

【主要指标】

表1　2023年中国储备粮管理集团有限公司主要经济指标

项　目	2022年	2023年	比上年增长（%）
资产总额（亿元）	11767.17	11950.58	1.56
所有者权益（亿元）	1161.03	1211.11	4.31
营业收入（亿元）	2159.72	1819.91	−15.73
利润总额（剔除一次性储备业务）（亿元）	36.8	39.20	6.52
净利润（剔除一次性储备业务）（亿元）	24.13	29.95	24.12
归属于母公司所有者的净利润（剔除一次性储备业务）（亿元）	24.01	30.30	26.20
技术开发投入（亿元）	0.84	1.03	22.62

续表

项　目	2022 年	2023 年	比上年增长（%）
利税总额（剔除一次性储备业务）（亿元）	44.42	44.20	－0.50
应交税金总额（亿元）	20.5	14.69	－28.34
全员劳动生产率（剔除一次性储备业务）［万元/（人·年）］	44.21	46.34	4.82
净资产收益率（剔除一次性储备业务）（%）	2.11	2.46	增加 0.35 个百分点
总资产报酬率（剔除一次性储备业务）（%）	1.46	1.32	减少 0.14 个百分点
国有资产保值增值率（剔除一次性储备业务）（%）	102.15	102.65	增加 0.50 个百分点

【改革发展】 2023 年，中储粮集团公司储备安全保障和宏观调控能力显著提升。认真落实中央关于增加战略储备和建立调节储备的决策部署，通过国内收购、国际采购等有效措施，落实中央政府储备增储任务。持续加强仓储精益化管理水平，国家有关部门年度业务考核结果显示，中央储备粮账实相符，质量达标率 96.8%、宜存率 99.2%，继续保持较高水平。针对 2022 年国产大豆增产农民“卖难”问题，全力克服时间紧、任务重、仓容缺等实际困难，及时启动国产调节储备收储工作，促进价格止跌回稳，有力维护市场稳定。

改革发展持续深化。牢牢把握新一轮国企改革目标方向，改革三年行动高质量收官获评 A 级，国企改革深化提升行动深入开展，扎实做好改革调研，认真制订改革方案，及时动员部署落实，推动各项改革把任务落实落地。以“双百行动”“科改行动”为牵引，统筹推进价值创造、专业领军示范企业创建、管理提升、品牌引领行动，加大重点难点问题协调解决力度，持续提升世界一流企业建设质效。持续深化三项制度改革，直属库“三定”改革全面实施，管理人员退出比例 10%、竞争上岗比例 93%。认真配合国家有关部门制定粮食储备和购销领域监管体制机制改革方案，推动进一步明晰企业发展定位。推动集团公司内部管理体制机制改革完善，加快形成权责明确、治理现代、管控有力、运营高效的垂直管理体系。

【重大项目】 2023 年，中储粮集团公司按照“建设一批、购置一批、股权合作一批”的原则，加快推进三年建仓规划，2021 年和 2022 年 187 个项目完成率 98%以上、建成仓容 1645 万吨，2023 年 94 个项目、1211 万吨仓容全部开工建设，提前谋划 2024 年建设项目 150 个、2000 万吨仓容，在沿江沿海港口码头和重要产业园区形成粮食生态共同体 44 个，储备产业吸附效应和辐射带动效应进一步提升，与“大国粮仓”任务相匹配的仓储设施保障能力进一步增强。

【走向海外】 2023 年，中储粮集团公司统筹用好“两个市场、两种资源”，高效执行有关部门下达的专项进口任务，完善进口联合采购机制，主动参与“一带一路”建设，积极参加第六届中国国际进口博览会，与路易达孚等 8 家公司签约采购，认真落实进口粮食储备轮换及增储工作，有效服务国家对外贸易战略，切实保障粮食产业链供应链安全稳定。

【重大创新】 2023 年，中储粮集团公司完善科技创新制度体系和平台体系，健全以“科改企业”为龙头、32 家科技示范基地、示范库参与的科技创新体系，研发经费投入比上年增长 15%。支持和指导成都储藏院强化核心技术攻关，自主研发的智能扦检设备、粮食气膜仓等新产品新技术填补国内技术空白，科技创新水平实现新提升。开展粮食行业首次仓储基础设施设计创新大赛，推动一批新仓型、新材料、新工艺得到转化应用。健全科技成果转化运用机制，转化率保持在 60%以上，中央储备粮科技储粮覆盖率稳定保持在 98%以上，综合储存损耗率持续控制在 1%以内，持续打造科技储粮、绿色储粮品牌。

【党建工作】 2023 年，中储粮集团公司坚持不懈用习近平新时代中国特色社会主义思想凝心铸魂。按照党中央统一部署，把高质量开展好主题教育作为重要政治任务，作为贯彻落实党的二十大精神的重大举措，全系统各级党组织和党员干部开展集中学习研讨近 3900 次，举办读书班、培训班 5700 期，高标准建设“习近平经济思想现场教学点”。党组成员带头、各级党员干部大兴调查研究，用好“四下基层”工作方法，开展调研4750余次，检视并整改问题2600余个，5090项“我为群众办实事”民生实事全部完成。中央主题教育官网、新华社、《人民日报》、“学习强国”等报道宣传公司系统主题教育60次，两批主题教育总体评价“好”的占比分别为99.04%、98.63%。

高质量党建引领保障企业高质量发展作用充分彰显。坚持把加强政治建设摆在首位，党组切实履行管党治党政治责任，制定全面从严治党主体责任清单，建立“两个责任”贯通协调机制。坚决贯彻落实习近平总书记重要指示批示精神和党中央决策部署，认真落实“第一议题”制度，切实发挥党组把方向、管大局、保落实作用。认真配合中央巡视，抓好中央巡视整改，巡视发现问题如期整改完毕。大力实施基层党建提质增效“七抓工程”，创建“一优四强”红旗党支部200多个，“两个品牌”建设成果入选年度“国企党建品牌建设优秀案例”，在中央企业党建工作责任制考核评价中获评A级。

全面从严治党、全面从严治企向纵深推进。坚持持续深化粮食购销领域腐败问题专项整治，大力铲除腐败滋生的土壤和条件。深入开展“靠粮吃粮”“靠企吃企”问题清查，推动纪检监察组从严从实开展纪检监察干部队伍教育整顿，4000余名专兼职纪检监察干部自觉接受革命性锻造。精准运用“四种形态”批评教育帮助和处理党员干部，全系统新发现并查处的涉粮腐败和作风问题同比显著下降。严肃整治各类形式主义、官僚主义，继续在全系统严格执行“禁烟”“禁酒”令，对违反中央八项规定及其实施细则精神问题严厉查处。一体推进“三不腐”，召开3次全系统警示教育大会，开展“以案为鉴警示教育月”活动，举办全系统勤廉楷模先进事迹报告会。围绕粮棉油收储和购销政策落实等重点工作和关键环节开展经常性监督，推进政治监督具体化、精准化、常态化。持续深化政治巡视，以巡促改、以巡促建、以巡促治的实效进一步增强，风清气正的干事创业氛围得到巩固发展。

【信息化与数字化建设】 2023年，中储粮集团公司持续加强数字化建设，着力打造“智慧中储粮”。着力推动“一卡通”收购系统和“惠三农”综合服务平台优化升级和推广应用，“一卡通”系统出入库业务超过70万笔，为农服务水平进一步提升。加强数字化转型战略性布局，优化智能出入库、数字仓储、实时粮情、AI预警等系统集成，“技防技控”信息化建设项目实现直属库全覆盖，分库推广实施工作启动；库外监管平台上线运行，5000余家非直属企业储粮库点数据有效联通，强化网络、数据等安全保障体系建设，促进数字化储粮监管效能整体提升。

【履行社会责任】 2023年，中储粮集团公司助力推动巩固拓展脱贫攻坚成果与乡村振兴有效衔接，2023年在3个定点帮扶县投入无偿帮扶资金7216万元，建设帮扶项目21个，持续打造产业帮扶、人才帮扶、教育帮扶、项目帮扶、消费帮扶“五张名片”，集团公司连续4年获得中央单位定点帮扶工作成效考核最高等次评价“好”。积极推广“储粮技术进万家”活动，组织志愿者深入田间地头、村头巷尾，面向种粮农民聚焦储粮技术开展宣传、培训和技术服务，累计组织宣传培训3万余次，服务种粮农民150万余人。面对河南地区受“烂场雨”影响小麦收获的严峻形势，组织460名业务骨干、成立115个储粮技术服务小组和党员先锋队，深入一线帮助受灾农户抢收晾晒、安全储存，同时，开放115个库点约80万平方米的晾晒场地，并免费提供装卸、食宿等服务，坚决助力打赢夏粮抢收攻坚战。

（撰稿人：郭　晨）

中国南水北调集团有限公司

【基本概况】 中国南水北调集团有限公司（以下简称中国南水北调）于2020年10月23日在北京成立，注册资本1500亿元，是关系国家水资源安全和国民经济命脉的大型国有重点骨干企业。2022年12月31日，正式列入国务院国资委监管央企序列，接受水利部业务指导和行业管理。截至2023年底，南水北调东、中线一期工程累计调水超过680亿立方米，直接受益人口超过1.76亿人，发挥巨大的社会、经济、生态效益。

“三个安全”保障能力持续提升。习近平总书记

2023年5月在陕西省委听取工作汇报时指出，“强化南水北调中线工程水源地保护，确保一泓清水永续北上”，7月在四川省考察时强调“汉江及其支流是南水北调中线工程的主要水源汇集区和供给地，保护好这一区域的湿地资源责任重大、意义深远”。中国南水北调从维护生命线的政治高度坚决确保南水北调工程安全、供水安全、水质安全，经受住通水以来最严峻的防汛大战大考。在水利部、国务院国资委、应急管理部等部委指导下，成功应对海河“23·7”流域性特大洪水，创造大型调水工程应急抢修恢复建设的奇迹，充分彰显国资央企“顶梁柱”“压舱石”的使命担当。

综合效益进一步发挥，社会影响更加广泛。牢固树立以人民为中心的发展思想，统筹受水区用水需求和水源区来水条件，充分挖掘已建工程效益，尽可能多调水、调好水，实现经济效益与社会效益、生态效益相统一。攻坚克难超额全面完成调水任务，2022—2023调水年度，中线一期工程累计调水74.1亿立方米，完成年度计划的112.2%；东线一期工程向山东调水8.5亿立方米，完成年度计划的100%；东线北延应急供水工程首次实施冬季冰期输水，调水2.77亿立方米，完成年度计划的102%。首次将江苏、安徽增供水量纳入年度水量调度计划，全面反映工程整体性效益。

南水北调后续工程规划建设取得新进展，深度参与《南水北调工程总体规划》修编。引江补汉工程积极有序实现全面开工，圆满完成全年建设任务。积极参与国家水网构建，国家水网领军企业品牌地位有力彰显，跟进参与国家骨干水网项目取得突破性进展，市场化参与地方水网项目加速落地，水网投建营一体化能力进一步增强。

高质量绘就改革蓝图，中国南水北调党组将实施国企改革深化提升行动作为重大政治任务。一是强化高位谋划。在及时总结巩固深化国企改革三年行动成果的同时，前瞻部署改革深化提升行动重点任务，在党组理论学习中心组和半年工作会第一时间学习传达并研究落实中央工作方案。二是强化高位赋能。2023年初，改革责任部门制定新一轮改革专项规划，中国南水北调班子成员分别带队积极主动向国务院国资委改革办、政策法规局、规划发展局、企业改革局、考核分配局等相关业务局逐一汇报沟通，谋划实施好改革深化提升行动。三是强化高位推动。组织召开深改组会议2次，深改办会议2次，总经理专题研究1次，多次组织开展改革系列专题培训，参加培训的干部职工超过5000人次。

在及时总结巩固深化国企改革三年行动成果基础上，乘势而上深化企业改革，高标准制定改革深化提升行动实施方案，包括九大领域、34项任务、120条改革举措。突出服务国家战略，围绕加快建设国家水网主骨架大动脉、加快提升现代水产业链控制力等内容分类细化实化改革任务举措。突出南水北调特色，创新谋划推动水价形成机制、水费收缴机制、水权交易等务实管用的改革举措。突出系统谋划推进，全面融入国资监管体系，系统梳理存在差距、需要深化的领域，逐条对照任务要求，兼顾“应改”和“能改”逐项落实，建立健全上下一体、协同联动、整体推进的改革工作机制。

高起点部署改革任务，中国南水北调党组两次专门听取并审议改革深化提升行动实施方案编制进展和推进情况，中央第十一巡视组组长列席党组会听取改革专题汇报，要求与中央文件总体实施方案、国务院国资委工作要求做好上下贯通、有效衔接。半年工作会报告以“深化改革提升　推进提质增效　全面加快企业高质量发展步伐”为题，邀请主题教育中央第五十指导组、审计署企业审计八局参加，邀请国家发展改革委、国务院国资委相关专家就改革重点任务作主题教育讲座，统筹推动改革深化提升行动融入主题教育走心走深走实。

【主要指标】　截至2023年底，中国南水北调资产总额1652.32亿元，负债总额355.34亿元，所有者权益1296.98亿元，扣除客观因素影响，2023年中国南水北调实现国有资本保值增值。全年实现营业收入91.24亿元，比上年增加4.00亿元，增长4.59%，完成年度预算90.22亿元的101.13%。其中，供水业务实现收入80.09亿元，毛利率10.57%，营业收入占比87.78%；水务业务实现收入5.51亿元，毛利率11.98%，营业收入占比6.04%；生态环保业务实现收入0.87亿元，毛利率10.60%，营业收入占比0.96%。

供水业务收入略有下降，但各涉水主业板块收入逐步显现，实现较大幅度增长。2023 年，发生营业总成本 100.68 亿元，比上年增加 5.24 亿元，增长 5.49%，完成年度预算 115.26 亿元的 88.09%。利润总额－11.63 亿元，比上年增亏 4.16 亿元，较年度预算数－24.89 亿元减亏 13.26 亿元。净利润－11.96 亿元，比上年增亏 4.45 亿元，较年度预算数－24.99 亿元减亏 13.03 亿元。年末资产负债率 21.50%，比上年增加 0.80 个百分点，较年度预算 26.40%降低 4.90 个百分点。净资产收益率－0.89%，比上年增加 0.07 个百分点，较年度预算－1.81%增加 0.92 个百分点。研发投入强度 0.91%，比上年减少 0.34 个百分点，较年度预算 1.83%减少 0.92 个百分点。营业现金比率 28.50%，比上年减少 13.40 个百分点，较年度预算 22.84%增加 5.66 个百分点。全员劳动生产率 91.67 万元/(人・年)，比上年减少 22.29 万元/(人・年)，较年度预算 79.65 万元/(人・年)增加 12.02 万元/(人・年)。与年度预算目标相比，除研发投入强度以外，其他"一利五率"指标超额完成预算目标，2023 年中国南水北调"一利五率"指标总体向好。

表 1　2023 年中国南水北调集团有限公司主要经济指标

项　目	2022 年	2023 年	比上年增长(%)
资产总额(亿元)	1749.79	1652.32	－5.57
所有者权益(亿元)	1402.61	1296.98	－7.53
营业收入(亿元)	87.24	91.24	4.59
利润总额(亿元)	－7.47	－11.63	—
净利润(亿元)	－7.51	－11.96	—
归属于母公司所有者的净利润(亿元)	－7.52	－11.97	—
技术开发投入(亿元)	1.09	0.82	－24.77
利税总额(亿元)	0.74	－6.75	－1012.16
应交税金总额(亿元)	8.21	4.88	－40.56
全员劳动生产率[万元/(人・年)]	113.96	91.67	－19.57

续表

项　目	2022 年	2023 年	比上年增长(%)
净资产收益率(%)	－1.0	－0.9	增加 0.1 个百分点
总资产报酬率(%)	－0.1	－0.2	减少 0.1 个百分点
国有资本保值增值率(%)	100.2	100.2	与上年持平

【改革发展】 2023 年，中国南水北调巩固拓展三年行动成果，乘势而上推进深化提升行动，凸显南水北调特色，聚焦"小切口"，撬动改革由"形似"向"形神兼备"跃升。

在完善中国特色国有企业现代公司治理上取得突破。深入落实"两个一以贯之"，推动"党建进章程"制度化规范化，把党的领导融入公司治理。修订"三重一大"决策制度，制定重大事项决策权责清单，精准界定各治理主体权责边界，进一步规范决策行为。推行治理主体决策"清单化"，提升经营决策效率。

在推进三项制度改革更深层次破冰破局上取得突破。出台《中国南水北调集团有限公司党组推进领导干部能上能下实施细则》(南水北调党〔2023〕72 号)、《进一步推进市场化用工的指导意见》(南水北调人事〔2023〕132 号)等一系列制度，在有效破解"三能"问题上进行有益探索，推动集团公司在全面建立市场化经营机制方面迈出坚实步伐。

在增强核心功能和服务国家战略上取得突破。全面夯实"三个安全"基础，推行安全生产标准化建设，完善全员安全生产责任清单体系，成功应对海河"23・7"流域性特大洪水。有效发挥东、中线一期工程综合效益，在极端困难条件下超额完成调水任务。

在提高企业精益管理能力上取得突破。探索科学精益的成本管控方法，推进中线公司成本实验室试点工作，深入开展中线公司降本工作，维修养护费比上年减少 1.5 亿元，制造费用比上年减少 0.21 亿元。

在科技创新体系和平台建设上取得突破。牵头承担多项国家重点研发计划项目和国有资本经营预算重点项目。全面推进标准修订工作，实现"行团企"三类标准齐头并进。积极参与国家水网建设行标制定，主编和参编的4项行标经水利部审查后向行业内外征求意见；提交的行标立项建议纳入水利部《水利行业技术标准体系表》。在编团体标准7项，东线公司主编的2项团体标准通过审查待发布，编制发布首批南水北调企标。组织开展现行业标准、企业标准优化提升，中线公司修订整合标准49项，推动21项科技成果转化为标准，东线公司制定发布标准3项，标准化工作有力有效。全面加强科技成果管理和科技创新权益保护，获得国家科技进步奖二等奖1项，18项成果获得大禹水利科学技术奖等省部级奖励。

在企业文化和品牌建设上取得突破。加强企业文化建设，建立文化铸魂、文化融合、文化赋能三项工程任务清单，厚植南水北调文化根脉。制定品牌引领行动实施方案，策划品牌故事，组织中国品牌日等活动，加强品牌宣传，获评中央企业品牌建设典型案例。成功举办国家水网及南水北调高质量发展论坛，向全世界展示中国南水北调品牌。获得第十一届母亲河奖"绿色贡献奖"。

在建立产权清晰的现代企业制度上取得突破。加快推进产权管理从"水利部体系"向"国资委体系"的转轨，组织实施产权登记专项工作，并完成各级次54户公司产权登记，登记率100%，顺利取得国有产权登记证。

在提升经营业绩考核体系科学性和适用性上取得突破。中国南水北调集团划转至国务院国资委后，迅速转变思路，加快融入中央企业经营业绩考核体系，2023年12月13日修订《中国南水北调集团有限公司所属企业经营业绩考核管理办法》（南水北调企管〔2023〕199号），印发配套实施方案，按照国务院国资委要求，强化分类考核、突出差异化考核、优化计分规则，实施"一企一策"考核。根据中国南水北调实际，考核分类在保留建设运营类、市场经营类、服务保障类原有三类企业基础上，细化完善不同类型企业的考核导向和考核目标。考核指标强化服务国家战略、质量效益、市场开发、服务保障、风险管控、科技创新等导向。完善加减分项和考核流程，优化特殊事项清单管理、容错纠错等机制，切实发挥经营业绩考核"指挥棒"作用，有力促进中国南水北调高质量发展。

在队伍建设上取得新突破。一是加大选人用人市场化程度，研究出台《关于进一步推进市场化用工的指导意见》（南水北调人事〔2023〕132号），积极构建依法合规、灵活高效的用工管理机制，推动实现员工能进能出。开展春季、秋季300余人的公开招聘工作，完成51人的选调工作，并引进高层次专业化人才3人，持续充实总部和新组建子公司人才队伍。二是研究制定《中国南水北调集团有限公司党组推进领导干部能上能下实施细则》（南水北调党〔2023〕72号），着力疏通干部"能上不能下"堵点，切实解决领导人员"能下"问题。扎实推进干部选育管用工作，全年办理71名党组管理干部、74名处级干部的选拔任用工作，累计调整二级单位领导班子50人次，配备40岁及以下二级单位正职2人，选派4名干部参与援疆和定点帮扶工作，推荐5名干部到国务院国资委及地方挂职，组织完成48名干部轮岗交流工作。持续加大年轻干部使用力度，开展优秀年轻干部调研，建立各层级优秀年轻干部人才库，确定231人入选优秀年轻干部人才库，涵养干部人才队伍"蓄水池"。三是加强专业化董监事队伍建设，明确子公司董事会规模、人选来源、管理方式等问题，初步建立起子公司外部董事人才库。四是通过分层次、多元化的教育培训，不断加强人才培养，全年选派集团领导人员参加中央调训37人次，组织106名集团领导干部参加央企高管研修班轮训。集团公司总部全年组织举办各类培训班79个，培训人员近2万人次。

在考核与薪酬管理上取得新突破。一是持续加强考核与薪酬管理，不断提升集团公司考核和薪酬工作水平。2023年，首次开展集团公司总部部门综合考核工作，运用线上测评方式，实现考核结果与负面事项刚性挂钩，并将考核结果在干部选拔任用、薪酬兑现等方面进行应用。二是进一步健全完善市场化考核分配机制，有效提升考核分配激励效能。制定印发《关于进一步完善收入分配机制规范薪酬管理工作的通知》（南水北调人事〔2023〕139号），指导二级单位建立健全"业绩升、薪酬升，业绩降、薪酬降"的收入分配制度体系，着力破除平均主义和"高水平大锅饭"。

【重大项目】

1. 重大项目。

《南水北调工程总体规划》修编。2023年3月3—

5日，中国南水北调修编工作专班参加水利部组织召开的《南水北调工程总体规划》修编集中修改讨论会。2023年，中国南水北调集团向水利部系统反馈5轮65条意见。

东线二期工程。2023年3月26—27日，中国南水北调参加水利部水利水电规划设计总院召开的南水北调东线二期工程山东境内输水干线布局方案论证技术讨论会议；5月中下旬至6月初，中国南水北调赴东线工程沿线北京、天津、河北、山东4个省市和2个流域机构调研座谈，并编写加快推进南水北调东线后续工程高质量发展调研报告。10月7日，中国南水北调印发《加快推进南水北调东线后续工程规划建设的工作方案》(南水北调战略〔2023〕156号)。

引江补汉工程。2023年9月12日，国家发展改革委出具引江补汉工程初步设计核概文件并送水利部。9月22日，水利部印发引江补汉工程初步设计报告行政许可决定文件。

中线沿线调蓄工程。2023年7月31日，南水北调工程专家委员会组织开展南水北调中线调蓄工程体系规划研究报告技术咨询。8月7日，中国南水北调向水利部报送《关于中线调蓄工程体系规划研究成果的报告》(南水北调战略〔2023〕183号)。

拒马河交叉建筑物防护应急抢险加固工程。2023年9月26日、10月27日，水利部南水北调司主持召开南水北调中线工程北拒马河暗渠防护工程工作协调会。10月11日，水利部南水北调司赴北拒马河暗涵现场调研工程抢险修复情况。11月22日，中国南水北调会同水利部水利水电规划设计总院召开北拒马河暗渠防护工程总体方案初步成果咨询会。12月29日，中国南水北调向水利部报送《中国南水北调集团有限公司关于审批南水北调中线干线工程拒马河交叉建筑物防护加固工程设计报告的请示》(南水北调战略〔2023〕224号)。

西线工程。2023年，中国南水北调全力推进南水北调西线工程前期工作，全过程参与西线工程11项重大专题研究以及多方案比选论证；积极赴青海、宁夏、内蒙古、甘肃、陕西、山西、四川等7个省份开展西线工程调研，主动参与全国政协、国务院参事室、水利部科技委及水利学会等多部委调研，并参与起草调研报告；商有关单位研究制定加快推进西线上线调水工程可研工作方案。

各市场化子公司坚持聚焦南水北调工程和国家水网建设，紧紧围绕工程沿线或周边水务、新能源、文旅等资源开发，积极落地涉水相关项目，推动相关产业与调水工程和水网建设融合发展，全面提升综合效益。中国南水北调集团水网水务投资有限公司重点围绕"两手发力"治水思路，探索灌区现代化发展新模式，中标全国第一批深化农业水价综合改革推进现代化灌区建设试点之一的辽阳灌区现代化试点特许经营项目、淠史杭灌区(金安区)现代化建设试点先导区何山片项目；中国南水北调集团新能源投资有限公司积极探索实践"水能融合"模式，着眼南水北调和国家水网工程沿线资源，推进清洁能源开发，实现自身绿色调水，激发水能融合综合效益，并网中线惠南庄泵站、东线邳州泵站等光伏项目；中国南水北调集团生态环保有限公司积极通过水环境治理提升中线水量消纳和干渠供水水质安全保障能力，促进"三个安全"与业务充分融合，中标焦作市马村"云台·天河"生态环境导向开发(EOD)、引江补汉工程输水总干线水土保持与环境保护监测服务等项目。

2. 对外投资与经营。

2023年，中国南水北调集团实际投资计划总额148.38亿元，完成投资98.79亿元，投资计划完成率66.58%。

国家中长期发展规划明确的重大工程。2023年，中国南水北调集团涉及国家中长期发展规划明确的重大工程有4个。一是引江补汉工程。工程总投资551.58亿元，2023年完成投资29.86亿元，重点开展工程初步设计报批，施工准备工程、施工供电工程及主体工程的招标采购和工程建设等工作，各项工程建设未发生安全事故，未发现质量隐患。二是浙江开化水库项目。项目总投资45.54亿元，2023年完成投资10亿元，水库坝体填筑至258.5米设计高程，完成填筑229万立方米；溢洪道完成混凝土浇筑6.2万立方米，输水隧洞主洞累计掘进21.4千米，输水埋管累计安装完成6.1千米。三是重庆云阳抽水蓄能电站项目。项目总投资85.56亿元，为新能源公司收购的第一个抽蓄电站，2023年完成投资6.77亿元。四是吉林和龙抽水蓄能电站项目。项目总投资122.74亿元，2023年完成投资2.06亿元，完成预可研报告。

相关部门下达的国家重点项目。2023年，中国南水北调集团涉及相关部门下达的国家重点项目有5个。一是防洪加固项目。项目总投资19.25亿元，2023年完成投资2.63亿元，开工建设的26个子项目全部完工，完成合同完工验收。二是安全专项项目。项目总投资18.06亿元，2023年完成投资3.76亿元，17个子项中的14个全部完成，其余实施中。三是北拒马河暗渠中支抢险修复项目。项目总投资1.34亿元，2023年全部完成。四是东线信息化设备产业备份应用示范工程。工程总投资2.99亿元，2023年完成投资691万元，完成编制邱屯枢纽视频多源融合建设方案、PLC设备自主知识产权替代方案和泵站机组健康监测及故障诊断系统研发适配方案等工作。五是数字孪生南水北调东线北延工程。工程总投资0.42亿元，2023年完成投资0.31亿元，项目完成建设，并开展水量调度、工程运行等系统试运行。

3. 并购重组。

围绕投建营构建全链条技术服务体系，着力提升技术服务能力，中国南水北调集团水网水务投资有限公司完成北京京水建设集团有限公司并购；围绕加快涉水产业发展，积极推进优质涉水资产并购，中国南水北调集团新能源投资有限公司完成陕西延安甘谷驿谐文、黄龙韬光和柳林厚德3个风电场，以及重庆云阳建全抽水蓄能电站项目并购。

【重大创新】 2023年，中国南水北调坚持重点推进关键技术攻关，着力提升集团核心竞争力。将创新力作为企业核心竞争力的最关键要素，面向南水北调和国家水网规划建设运营主战场，全面加强重大科研攻关，推动实施"南水北调中线总干渠输水调度数字孪生仿真预演技术及应用研究"等重大项目。牵头申报的国家重点研发计划"跨流域人工调水系统低营养水体中藻类暴发机制与预防技术"研究项目通过评审，实现集团公司总部作为牵头单位获批国家重点研发计划项目"零的突破"。

中国南水北调不断夯实管理基础，基本形成系统完备、科学规范、运行高效的基础管理体系，管理制度、管理流程更加完善，管理方法、管理手段更加有效。一是抓好制度建设和管理标准化，不断强化精益运营和精益管理。加强关键共性基础管理制度建设，健全管理标准化体系，系统梳理实践中存在的堵点漏洞，破解基层管理中存在的体系不健全、制度不完备、流程不畅通、机制不完善等管理难题。统筹实施"管理实验室"、价值创造等专项行动，建立健全各层级成本管控机制，着力提升企业效率。二是聚焦工程建设和科技管理创新。围绕管理创新示范任务目标，在引江补汉出口段工程设立"试验田"，同步组建工程管理创新示范攻关小组和科技创新管理示范攻关小组，通过实践检验创新成果。实行公司全面组织、建管部分段负责、监理单位控制、设计单位保障、施工单位保证相结合的工程建设现场管理体系，组织各参建单位成立工程质量管理委员会，各方共建质量安全保障体系。三是积极探索市场化激励。在三项制度改革试点单位率先建立以考核为指挥棒、以奖优罚劣为导向的市场化激励约束体系。实行管理人员聘任、员工进出与业绩考核刚性挂钩，对业绩靠前且符合条件的员工优先提拔使用，对考核末位的员工进行诫勉谈话和岗位调整。在试点单位推行经理层成员任期制契约化管理和"揭榜挂帅"，强化"收入靠贡献、业绩论英雄"的理念。

【党建工作】 2023年，中国南水北调学习宣传贯彻党的二十大精神。组建青年讲师团，聚焦学习宣传贯彻党的二十大精神开展宣讲78场。组织为期5天的党组学习贯彻党的二十大精神暨主题教育专题培训班，全集团副处级以上领导干部375人参加。集团直属党委组织开展学习贯彻党的二十大精神暨主题教育征文活动，收到18个党组织选送作品95篇，评选出一等奖3个、二等奖5个、三等奖10个以及优秀组织奖3个。集团党组成员集体赴西柏坡开展"牢记'三个事关'、重走赶考之路"主题党日活动，身体力行带动各级全面学习宣传贯彻落实党的二十大精神。

开展学习贯彻习近平新时代中国特色社会主义思想主题教育。2023年4月14日、9月13日，分别召开中国南水北调主题教育动员部署会、主题教育第一批总结暨第二批部署会，印发《深入开展学习贯彻习近平新时代中国特色社会主义思想主题教育实施方案》(南水北调党〔2023〕24号)、《中国南水北调集团有限公司第二批学习贯彻习近平新时代中国特色社会主义思想主题教育工作方案》(南水北调党〔2023〕58号),认真学习贯彻习近平总书记重要讲话精神和党中央部署要求,引导各级党组织和全体党员干部切实以学铸魂、以学增智、以学正风、以学促干,奋力加快南水北调和国家水网高质量发展,为中国式现代化提供强有力的水资源支撑和水安全战略保障。集团党组举办3期7天专题读书班,原原本本、逐字逐句研读中央指定书目,深刻领悟"两个确立"的决定性意义,深刻感悟习近平新时代中国特色社会主义思想的世界观和方法论,切实用以武装头脑、指导实践。

加强和改进思想政治工作。集团党组理论学习中心组聚焦学懂弄通做实习近平新时代中国特色社会主义思想开展专题学习研讨13次、巡听旁听10次,不断提升各级理论武装质效。集团党组召开思想政治和意识形态工作专题会3次,修订完善意识形态工作责任制实施细则,压紧压实各级主体责任。印发《中共中国南水北调集团有限公司直属委员会关于进一步规范党员干部网络行为的通知》(南水北调直属党〔2023〕15号)。

举办基层党组织书记和入党积极分子、发展对象培训班。举办2023年国有企业基层党组织书记网络培训班和2023年入党积极分子、发展对象培训班,推动基层党组织书记能力与党员教育培训管理质量有效提升。

制定印发主题党日工作指引。印发《中共中国南水北调集团有限公司直属委员会关于开展主题党日活动的工作指引》(南水北调直属党〔2023〕84号)。

健全党建领导小组工作机制。印发《中国南水北调集团有限公司党组党的建设工作领导小组工作规则》(南水北调党〔2023〕78号)。

完善落实党建工作考核责任制。2023年12月19日,制(修)订《中国南水北调集团有限公司党建工作考核评价办法》(南水北调党〔2023〕82号)、《中国南水北调集团有限公司各级党组织书记抓党建工作述职评议考核办法》(南水北调党〔2023〕83号),突出党建业务"双融"成效考核,推动管党治党责任与治企兴企责任协同联动。

加强企业文化和精神文明建设。印发《中国南水北调集团有限公司企业文化建设专项规划(2023—2025)》(南水北调党群〔2023〕26号)、《关于进一步提升党员干部职工思想道德素养的若干措施》(南水北调党〔2023〕66号)。2023年11月,《我——南水北调中线工程九位基层党员的故事》获得第四届中央企业社会主义核心价值观主题微电影(微视频)优秀奖。开展南水北调国家水网工程建设全国引领性劳动和技能竞赛。

纵深推进党风廉政建设和反腐败工作。召开2023年党风廉政建设和反腐败工作会议;两次召开党组和纪检监察组2023年度全面从严治党专题会商会议,两次召开党组全面从严治党2023年专题会议;两次召开警示教育大会,深入学习贯彻习近平总书记关于党的自我革命战略思想和全面从严治党重要论述,持续巩固深化主题教育和警示教育成果,营造风清气正的良好环境,并通报典型违纪违法案件,用身边事教育身边人,推进集团公司全面从严治党向纵深发展。组织集团公司部分干部职工赴司法部燕城监狱开展廉政警示教育,推动集团公司全面从严治党工作走深走实,一体推进"三不腐"向纵深发展。

【信息化与数字化建设】 2023年,中国南水北调信息化和数字化建设工作重点围绕数字化转型、数字孪生南水北调、网络安全、自主可控等方面推进,完成集团公司数字化转型顶层设计,启动集团总部信息系统建设;完成数字孪生南水北调先行先试建设任务;扎实开展网络安全体系建设,提升网络安全管理和保障水平;编制印发集团公司自主可控工作方案和实施方案,积极稳妥推进自主可控工作。一是根据国务院国资委关于数字化转型及国资监管数字化智能化有关要求,积极推动落实数字化转型工作。2023年1月18日,印发《中国南水北调集团有限公司数字化转型专项规划(2023—2025年)》(南水北调科技〔2023〕13号)。7月,完成中国南水北调总部信息系统初步设计及投资可行性分析报告审批事宜。10月,全面启动集团总部信息系统建设工作。12月,初步完成集团总部信息化基础设施资源平台建设,基本完成第一批急用业务子系统原型开发。二是根据水利部关于数字孪生流域建设先行先试工作有关要求,积极推进完成数字孪生南水北调先行先试建设。2023年6月25日,召开水利部小浪底数字孪生建设现场会落实会暨数字孪生南水北调建设月度协调会，时任中国南水北调党组副书记、总经理汪安南出席并讲话，孙志禹副总经理主持会议。在中国南水北调统筹推动下，数字孪生南水北调5项先行先试建设任务取得显著成效。12月，顺利通过水利部组织的数字孪生流域建设先行先试验收评估，数字孪生南水北调中线1.0入选数字孪生水利建设十大样板，数字孪生引江补汉获评数字孪生水利建设典型案例。三是扎实开展网络安全体系建设，提升网络安全管理水平和保障能力。强化网络安全保障，开展网络安全合规风险评估，全力保障网信基础设施和应用系统安全稳定运行，全年未发生较大以上网络安全事件。参加公安部组织的国家级网络实战攻防演习，取得“优异”的最高等次成绩。组建水利行业第一支攻击队，在行业实战攻防演练中获得佳绩。2023年8月10日，召开网络安全和信息化领导小组会议，学习贯彻习近平总书记关于网信工作的重要指示精神，审议有关事项。10月14日，印发《中国南水北调集团有限公司网络安全事件应急预案》（南水北调科技〔2023〕163号）。四是积极稳妥推进自主可控工作。成立集团公司自主可控工作领导小组，编制印发集团公司自主可控工作方案。编制集团公司自主可控工作总体规划及实施方案，全面推进落实自主可控工作实施，根据全面替换、应替尽替、能替尽替等要求，积极稳妥推进综合办公、经营管理、生产运营等信息系统分阶段有序替换改造，提升自主可控应用水平。

【巡视工作】 2023年，中国南水北调完成配合中央巡视工作各项任务。根据中央统一部署，中央第十一巡视组自2023年10月16日至12月29日对中国南水北调党组开展常规巡视。中国南水北调党组高度重视，认真学习习近平总书记关于巡视工作的重要论述、习近平总书记在听取二十届中央第一轮巡视情况的综合报告时的重要讲话精神、二十届中央第二轮巡视动员部署会精神，深刻领会中央巡视的重要政治意义，层层传达巡视动员会精神，切实提高政治站位，将接受、配合中央巡视当作集团公司重大政治任务，制定《配合中央巡视工作方案》，成立联络组、工作组，组织召开党组会1次、专题会4次，部署安排配合巡视工作。中国南水北调上下齐心协力、全力以赴，顺利完成配合中央巡视工作。

高质效完成两轮内部巡视。制定中国南水北调党组巡视工作规划（2023—2027年）、2023年巡视工作总体方案和两轮巡视工作方案，科学谋划部署五年和年度巡视工作。对中国南水北调集团江汉水网建设开发有限公司党委开展常规巡视，切实推进南水北调后续工程首个开工项目高质量建设。对中国南水北调新成立子公司所属基层单位开展专项巡视，切实防范基层单位风险隐患。

【履行社会责任】 2023年，中国南水北调坚决守住“三个安全”底线。南水北调中线一期工程年度累计调水74.1亿立方米，完成年度计划的112.2%；东线一期工程向山东调水8.5亿立方米，完成年度计划的100%；东线北延应急供水工程首次实施冬季冰期输水，调水2.77亿立方米，完成年度计划的102%。在海河“23·7”流域性特大洪水抗洪抢险中，中国南水北调党组连续发出通知倡议，党组领导带头下沉一线指挥，引领各级党组织发挥战斗堡垒和先锋模范作用，全面彻底打赢抗洪抢险救灾攻坚战，受到党中央、国务院领导肯定，收到北京市感谢信和水利部表扬信，中国南水北调“大清河倒虹吸应急抢险”青年突击队获得共青团中央通报表扬。

认真履行央企社会责任。强化企地联动、联建共建，组织开展“传承雷锋精神、弘扬时代新风”“巾帼展风采、廉洁伴我行”“绿动南水北调”春季义务植树等活动。依托南水北调中线工程陶岔渠首、穿黄工程等爱国主义教育、水情教育和研学实践基地，在世界水日、中国水周及中国品牌日期间，举办“共筑水网工程　共享好水好生活”等工程开放日活动100余场、受众25万人次。组织参加“央企兴农帮扶周”活动，引导干部职工购买扶贫产品34.95万元。践行碳达峰碳中和绿色低碳发展战略，南水北调东线新能源（北京）有限公司获得第十一届母亲河奖“绿色贡献奖”。快速响应青海抗震救灾，第一时间赶赴重灾区民和县中川乡等地区，出色完成抗震抢险关键时期水利工程风险排查任务，在积极践行社会责任中擦亮中国南水北调品牌。

切实保障干部职工权益。坚持以人为本，关爱职工身心健康，秉持勤俭办企原则，举办首届“水网杯”职工运动会、篮球比赛、乒乓球比赛、“南水展翰墨·匠心绘山河”职工书画摄影展、“水润玉河西”南水北调2024新春音乐会等职工群众喜闻乐见的文体活动，持续增强全集团凝聚力向心力。采取多种形式开展职工年节福利慰问，不断提高职工获得感、幸福感、安全感，营造南水北调大家庭温馨氛围。

（撰稿人：王乃卉）

国家开发投资集团有限公司

【基本概况】 国家开发投资集团有限公司（以下简称国投集团）成立于1995年，是中央直接管理的国有重要骨干企业，2022年6月正式转为国有资本投资公司。

2023年是全面贯彻党的二十大精神的开局之年，国投集团坚持以习近平新时代中国特色社会主义思想为指导，坚决贯彻党中央、国务院决策部署，坚持稳中求进工作总基调，聚焦高质量发展首要任务，扎实推动改革发展和党的建设各项工作。2023年，国投集团始终坚持服务国家战略，以推动结构优化、构筑美好生活、促进科技创新、引领产业升级为己任，不断提高核心竞争力、增强核心功能，构建能源产业、数字/科技、民生健康、产业金融四大业务板块，努力在重要行业和关键领域发挥国有资本的引领和带动作用，连续19年获评国务院国资委经营业绩考核A级，连续6个任期获评业绩优秀企业。

【主要指标】

表1　2023年国家开发投资集团有限公司主要经济指标

项　目	2022年	2023年	比上年增长(%)
资产总额(亿元)	7958.21	8385.34	5.37
所有者权益(亿元)	2592.59	2706.79	4.40
营业收入(亿元)	2114.42	2125.68	0.53
利润总额(亿元)	230.37	252.10	9.43
净资产收益率(%)	7.66	7.91	增加0.25个百分点

【改革发展】 2023年，国投集团在国企改革三年行动考核中获评A级，所属“双百企业”“科改企业”全部获评“标杆”；启动实施国企改革深化提升行动，制定加快建设世界一流企业系列行动实施方案，明确改革工作施工图；落实国投管控优化方案，强化战略和财务管控，调整优化总部机构和职能，“一企一策”实施差异化管理，国投集团管控有效增强；优化“三重一大”决策机制，完善公司治理主体权责清单，健全中国特色现代企业制度；强化战略引领、业绩导向，系统优化考核分配体系，做到强制分布考核，刚性考核、刚性兑现。国投人力、钛金科技入选“双百企业”“科改企业”，国投智能、波林股份、北京同益中入选世界一流专业领军示范企业。

【重大项目】 2023年，国投雅砻江公司投产新能源项目装机容量119.2万千瓦，其中全球最大的水光互补电站、雅砻江两河口水电站水光互补一期项目——柯拉光伏电站建成投产；四川省装机规模最大的新能源项目——扎拉山光伏电站正式开工建设；国家首批大型风电光伏基地项目——腊巴山风电项目正式投产发电；雅砻江流域水风光一体化清洁能源基地规划正式印发，装机规模约7800万千瓦。国投智能承接国家反诈中心项目；发布国内首个公共安全行业大模型“天擎”；成立国投云网公司，助力央国企数字化转型高质量发展；在国务院国资委“科改企业”专项考核中获评“标杆”。中国电子院加快业务转型，控股收购大唐融合通信，大唐融合平台入选国家级工业互联网“双跨”平台名单。国投健康新承接33家培疗机构改革项目，重庆沙坪坝、北京红莲幸福家养老项目投入运营。国投人力建强数字化生态体系，提升高端人才和智力服务水平；推动“国聘行动”全面升级，2023年累计开展超过300场就业指导直播，满足青年群体多层次就业需求。国投创益打造基金投资产业生态，完善乡村振兴＋ESG体系。

【走向海外】 2023年，国投集团积极参与高质量共建"一带一路"，主动融入新发展格局，深耕"一带一路"沿线国家，以绿色、民生、数字、科技为主题，投资一批"小而美"惠民生境外项目。截至2023年底，国投集团境外资产总额410亿元，全年实现境外营业收入119亿元。

2023年，国投电力泰国农垦垃圾发电项目获得泰国绿色环境管理优秀奖，利用先进技术将生活垃圾转化为绿色能源，成为泰国清洁能源利用的旗帜和标杆。国投矿业投资的约旦阿拉伯钾肥公司钾肥产销再创历史新高，为保障国家粮食安全贡献央企力量。在中国—中亚峰会期间，亚普股份亚普乌兹别克斯坦项目被纳入中乌推动优先投资合作项目谅解备忘录。国投智能完成埃塞俄比亚、乌干达等5国取证实验室援建，与香港警务处建立联合研发、技术交流和培训等合作机制。国投贸易在2023年第六届进口博览会上签订10.57亿美元的采购意向协议。国投集团参加香港第八届"一带一路"高峰论坛、举办第二届中约友好对话会，举行"美猴王系列"丛书阿文版新书发布暨中约文化交流会，面向约旦及广大阿拉伯地区国家讲好中国故事和国投故事，助力中约关系深化发展。

【重大创新】 2023年，国投集团深入学习贯彻习近平总书记关于科技创新的重要论述和指示批示精神，全面落实党中央、国务院关于国资央企科技创新工作的决策部署，全年研发投入比上年增长23.8%。2023年，国投系基金投资支持"卡脖子"关键技术项目38个，支持"专精特新"企业37个，国家级"小巨人"企业26个。

中国锦屏地下实验室二期极深地下极低辐射本底前沿物理实验设施正式投入科学运行；完善推广"国投—松山湖实验室"模式，与深圳先进院、中物院、崖州湾国家实验室深化产学研合作；全职引进高层次人才14人、柔性引进31人，强化科技创新高端人才支撑；优化"十四五"信息化和数字化规划，成立"国投云网"，上线"数字国投"App，实现全集团同一平台协同办公，数字国投建设提档升速；国投智能、国投生物、国投罗钾、鑫垚股份等单位承接的8个国家级科技项目稳步推进。

【党建工作】 加强党的全面领导。国投集团各级党组织坚持不懈用习近平新时代中国特色社会主义思想凝心铸魂，全面系统准确把握党的二十大作出的重大战略部署，坚决贯彻落实习近平总书记"2·26"重要批示精神，引导广大党员干部深刻领悟"两个确立"的决定性意义，增强"四个意识"、坚定"四个自信"、做到"两个维护"。

扎实开展主题教育。国投集团各级党组织牢牢把握"学思想、强党性、重实践、建新功"总要求，举办专题读书班133期，组织中心组集体学习和专题研讨1400余次，讲授专题党课600余场；聚焦战略目标和主责主业，科学确定调研选题649个，深入基层开展调研1821次；全面检视5个方面672个问题，上下联动、压茬推进整改整治工作，推动主题教育走深走实、见行见效。

深化党建与业务融合。国投集团各级党组织坚持以"改革发展党员先行"工程为抓手，不断探索创新，紧紧围绕先行工程"一保两抓三促进"年度任务，推动基层党组织广泛设立党员岗、区、队1695个，带领广大党员干部在重点项目、重大任务中扛指标、挑重担；大力实施基层党建"七抓"工程，强化问题整改、查缺补漏，不断提升基层党组织政治功能和组织功能。

纵深推进全面从严治党。国投集团各级党组织坚决贯彻全面从严治党战略部署，落实国投集团党组巡视巡察五年规划，持续推进巡视巡察上下联动、纪巡审贯通协调；制定全面从严治党年度重点任务清单，逐级签订党建和党风廉政建设责任书，促进党建责任制考评与经营业绩考核有效联动；深化"三不腐"一体推进，开展纪检监察干部教育整顿，举办第12个"廉洁国投"宣传月活动，持续营造风清气正氛围。

【信息化与数字化建设】 2023年，国投集团全面落实党中央、国务院关于国资央企数字化转型工作部署，加快推进数字国投建设。2023年，国投集团成立"数字国投"建设推进领导小组，召开数字化转型工作推进会，优化《集团"十四五"信息化和数字化规划》，产业数字化转型专项工程正式启动。全年数字化投入16.2亿元，比上年增长10%，创历史新高。

国投集团积极推进数字化转型，赋能管理提升和业务发展。成立“国投云网”，加快布局企业数字化产业新业态；“数字国投”App成功上线，司库系统第一阶段建设完成，集团管理数字化建设全速展开。国投智能升级发布基于华为昇腾处理器打造的国内首个公共安全大模型一体化装备——“天擎”公共安全大模型信创一体机；雅砻江公司大坝数字化管控方案分别获得中国大坝工程学会科技进步特等奖和中国电力数字化工程大赛特等奖；国投健康入选工业和信息化部、民政部和国家卫生健康委联合评审的《智慧健康养老产品及服务推广目录（2022年版）》中“智慧养老院”类目。山东特检的“数据驱动的溴系化学品全流程智能调控技术研究及应用”获得2022年度中国自动化学会科技进步奖二等奖。

【履行社会责任】 2023年，国投集团深入贯彻习近平总书记关于乡村振兴工作的重要论述，高质量完成对贵州省罗甸县、平塘县和甘肃省宁县、合水县4个定点帮扶县的全年各项帮扶工作，加大对口支援帮扶力度，统筹开展援疆援藏援青工作，创新思路举措，着力打造产业基金、慈善信托、“关爱她”公益项目、健康养老、数字科技“五张名片”，助力乡村振兴。国投集团连续7年获得中央单位定点帮扶工作考核评价“好”。

2023年，国投集团践行ESG理念，发布《2022年可持续发展报告》，获得2023金蜜蜂企业社会责任·中国榜“影响力·领袖型企业”称号、中国企业社会责任报告评级专家委员会“五星佳级”领先评价，国投社会责任发展指数位列国企前十并获得“2023责任企业奖”，督促、指导国投境内8家上市公司实现ESG报告/社会责任报告编制发布全覆盖。国投案例《探索健康养老产业新模式 服务民生彰显责任担当》入选2023中国企业ESG优秀案例。

（撰稿人：李青林）

招商局集团有限公司

【基本概况】 2023年，招商局集团有限公司（以下简称招商局集团）坚持以习近平新时代中国特色社会主义思想为指导，全面深入贯彻落实党的二十大和习近平总书记对招商局创立150周年作出的重要指示精神，深刻领悟“两个确立”的决定性意义，增强“四个意识”、坚定“四个自信”、做到“两个维护”，以“第三次创业”践行厚望嘱托，着力打造“两条曲线”，加快建设世界一流企业，努力在中国式现代化建设中再创佳绩。2023年，招商局集团牢牢把握推进中国式现代化，聚焦高质量发展这一首要任务，完整、准确、全面贯彻新发展理念，不断加强党的领导，深化改革创新，提升核心竞争力，推动业务结构更合理、经营效益更高、风险更可控、发展韧性更强。忠诚向党的底色越发纯正。坚定不移加强政治建设，全面贯彻落实习近平总书记重要指示批示和党的二十大精神，深入开展两批主题教育。全力配合二十届中央第二轮巡视，以对党绝对忠诚自觉接受巡视监督，始终做到同频共振、同题共答、同向发力。改革创新的底气越发充足。用好改革关键一招，国企改革三年行动圆满交卷，乘势再启新三年深化提升行动，全力增强核心功能、提升核心竞争力。搭建以科技创新引领传统产业转型升级和战略性新兴产业布局的“四梁八柱”，加快推进现代化产业体系建设和高水平科技自立自强。服务大局的底蕴越发深厚。有效保障供应链安全稳定和国家重点战略物资运输畅通。服务区域协调发展战略和区域重大战略，以重大项目落地带动央地互促共进。坚定践行金融工作的政治性、人民性，持续为经济社会发展提供高质量金融服务。以“言商言政”良好成效全力服务香港由治及兴，大力实施“精耕东南亚、细耕中东和拉美”战略，高质量服务共建“一带一路”倡议，引领高质量发展迈上新台阶。

【主要指标】 2023年，招商局集团经营效益稳中向好，实现营业收入9243.8亿元；利润总额2268.7亿元，比上年增长3.5%；净利润1911.3亿元，比上年增长6.4%。截至2023年底，资产总额134669.9亿元，比上年增长8.2%；净利润等主要指标再创历史新高。全年净资产收益率10.3%，总资产报酬率1.8%，全员劳动生产率142.8万元/（人·年），应交税金总额946.1亿元，既实现国有资本的保值增值，也创造较好的社会效益。

表1　2023年招商局集团有限公司主要经济指标

项　目	2022年	2023年	比上年增长(%)
资产总额(亿元)	124504.1	134669.9	8.2
所有者权益(亿元)	17679.7	19278.5	9.0
营业收入(亿元)	9564.9	9243.8	−3.4
利润总额(亿元)	2192.7	2268.7	3.5
净利润(亿元)	1796.6	1911.3	6.4
归属于母公司所有者的净利润(亿元)	569.5	581.3	2.1
技术开发投入(亿元)	186.9	183.7	−1.7
利税总额(亿元)	2739.1	2857.4	4.3
应交税金总额(亿元)	942.5	946.1	0.4
全员劳动生产率[万元/(人·年)]	141.2	142.8	1.1
净资产收益率(%)	10.5	10.3	减少0.2个百分点
总资产报酬率(%)	1.9	1.8	减少0.1个百分点
国有资本保值增值率(%)	114.1	113.1	减少1.0个百分点

注:全员劳动生产率、国有资本保值增值率按国务院国资委考核指标计算。

【改革发展】 2023年,招商局集团入选国务院国资委创建世界一流示范企业,国企改革三年行动考核再获评A级。全面开启新一轮国企改革深化提升行动,董事会建设和公司治理实践入选国务院国资委优秀案例。深入推动综改示范工程,招商证券获评"双百行动"专项改革考核"标杆",招商港口、招商海通获评"优秀"。香港海通混合所有制改革取得实质进展。招商路检入选创建世界一流专业领军示范企业。深化司库体系建设,启动实施海外共享,积极压成本、降负债,融资成本有效下降。

【重大项目】 2023年,招商局集团主动因应宏观环境变化,坚持从战略性新兴产业和传统产业"新旧两端发力",加快推动增长方式"由量向质"、业务结构"由重入轻"战略转型。一方面,推动"新芽成大树"。加快打造"马利克曲线",制定加快新兴产业发展的指导意见和三年行动方案,设立招商局创新科技集团,实施原创技术策源、科技赋能传统、战略性新兴产业倍增等三大工程和九大行动,承担国务院国资委焕新行动、启航行动等专项任务,探索将绿色甲醇作为产业发展小切口并纳入规划。招商检测建设华东测试基地,获批筹建国家新能源汽车质检中心,建成新能源汽车极端环境与火灾安全实验室,发布填补行业空白的中国电动汽车火灾安全指数。招商健康提升天津药研院CXO板块市场化水平和竞争力,完成对明度智云增持投决,承担未来健康产业专项任务。招商投资战略入股凯赛生物重大平台型项目,协同布局江苏华友、英飞源等成长性项目,绿色能源产业生态效果初步显现。招商创投双GP基金投决项目11个。另一方面,促"老树发新枝"。大力推动传统产业高端化、智能化、绿色化转型升级,向"微笑曲线"两端延伸。招商工业大型LNG首制船正式开工,向高端制造迈进。辽宁港口推进绿色转型,光伏装机容量位居行业前列。招商轮船发布"船奇碳智"平台,推出首个航运大模型"ShippingGPT"。中国长航持续推进"气化长江",LNG动力货运船舶投入运营。招商公路一体推进招路通3.0建设与改扩建工程,形成国内首条跨省市零碳绿色与车路协同先导示范路建设规划。招商蛇口落实"三个转变",非开发业务收入比上年增加2.7个百分点,物业管理和会展运营等轻资产业务快速发展。招商太平湾加快建设新能源产业园,落地开工海上风电、格罗夫氢能专用车等项目。漳州开发区引进储能装备、海上风电装备、光伏等重大绿色科技项目,区内新增国家级专精特新"小巨人"企业1家。

【走向境外】 2023年,招商局集团积极参与"一带一路"建设,深入实施"深耕香港、精耕东南亚"境外发展战略,推动存量项目高质量运营。完成招商永隆保险和招商局保险、博时国际和招商资管(香港)整合,并购优品360,入股EV POWER,推动招商货柜业务转型和香港友联绿色修船能力提升,整合中国外运在港机构资源。成功举办第三届世界航商大会。抢抓东南亚市场机遇,业务板块协同出海、重点项目布局成势。港航物流协同打造集装箱全程供应链产品，加大泛东南亚地区航运运力投放。招商港口收购印尼 NPH 51%股权项目签约，实现东南亚主控码头零的突破。中国外运建成投产老挝万象箱管仓储中心一期，开工建设泰国物流中心二期，中老泰国际班列产品初具雏形，全网运营优势显现。招商海通设立新加坡公司，引入东南亚食品品牌 4 个，大米采购额比上年增长 31%。制定实施“细耕中东”“细耕拉美”方案，聚焦重点落子连线。研究推进招商银行迪拜分行设立，迪拜南城物流中心项目签约，中东汽车出口前置仓完成出口汽车数量、金额比上年翻番。巴西 TCP 运营净利润突破 1 亿美元新高。统筹打造标志性工程和“小而美”项目。中白工业园克服乌克兰危机、西方制裁等影响，迎难而上、精准招商，入园企业逆势增长至 120 家，创历史新高，园区活力大幅增强，成为习近平总书记指示要求的“中白合作的标志性项目”。斯里兰卡科伦坡港南亚商贸物流中心项目签约。吉布提项目经营质效持续改善。集团高质量服务共建“一带一路”成效得到中央高度肯定，受邀参加第三届“一带一路”国际合作高峰论坛，并作为唯一央企代表在企业家大会上发言，“C Blue 优才计划”在“民心相通”专题论坛压轴展演。

【重大创新】 2023 年，招商局集团不断加大科研投入，持续加快自主创新能力建设，建立健全科技创新体系，有效激发创新活力。召开集团创新大会暨“第三次创业”研讨会，成立首席科学家委员会，建立健全“1+N”科技创新制度体系，创新研发投入比上年增长 13.8%。在香港成立先进技术研究院，布局微纳米新型手术机器人等产业前沿技术，二氧化碳绿色转化与生物制造项目进入小试放大阶段。成功重组两个全国重点实验室，两个“1025 专项”攻关项目完成年度考核，新获评省部级及以上科技专项项目 21 项、科技奖励 31 项，举办第五届“招商杯”创意创新创业大赛，科技创新生态日趋活跃。

【党建工作】 2023 年，招商局集团旗帜鲜明讲政治，组织开展学习贯彻党的二十大精神等系列轮训，覆盖副处级以上干部 1.1 万余人次。坚决扛起主题教育政治责任，一体推进理论学习、调查研究、推动发展、检视整改、建章立制，不断激发思想建设效能。2023 年集团以学促干、服务高质量发展成效获上级肯定，在中央召开的相关座谈会上作交流发言，中央电视台《新闻联播》、新华社等作专题报道。大力强化政治建设，坚定贯彻落实习近平总书记重要指示批示精神和党中央决策部署，以钉钉子精神推动习近平总书记厚望嘱托在招商局落地生根、转化为生动实践。认真落实“第一议题”制度，2023 年集团党委会累计传达学习专题 106 个，开展党委中心组学习 15 次，围绕 46 个专题进行深入研讨。围绕贯彻落实习近平总书记对招商局创立 150 周年重要指示精神，集团党委成立领导小组和 3 个专项工作组，从加强党的领导、深化改革创新、提升核心竞争力 3 个方面分别制定专项方案，细化具体举措 109 项，一季度一检视，分片区开展调研督导，把工作一项一项往前推、一件一件抓到底，有关做法得到上级党委肯定。抓牢制度建设，集团建立五大类 60 多项党建制度，加强清单化管理、分类化指导，在为基层赋能减负上做积极探索和努力；积极推动落实两个 1%要求，党建工作经费得到充分保障，党建工作力量得到加强。积极配合二十届中央第二轮巡视，高效推动立行立改，集团新一轮巡视全覆盖扎实起步。持之以恒加强党风廉政建设和反腐败工作，一体推进“三不腐”，深入推进对“一把手”和领导班子的监督，立案查处违纪违法案件 544 件，给予党纪政务处分 732 人，查处违反中央八项规定精神案件 23 起。总体看，集团党建工作实现整体性、实质性加强和提升，朝着“一流党建、一流企业”目标迈出坚实步伐。

【信息化与数字化建设】 2023 年，招商局集团基本实现数字化规划阶段性目标，各项数字化指标显著提升，数字化能力进入综合央企前列，数字化招商局初步建成。招商港口 ePort3.0 实现国内主控码头全覆盖，新一代 CTOS 系统新功能陆续落地，智慧管理平台获得中国港口协会科技进步奖特等奖。

【履行社会责任】 2023 年，招商局集团坚定履行企业社会责任，高度重视可持续发展工作。全面部署 ESG 建设，率先建立 ESG 指标体系，坚决扛起社会责任。“灾急送”第一时间将急需物资运达甘肃省临夏州积石山地震灾区。联合举办“共享收获、同助振兴”消费帮扶聚力行动，推动产业、金融、民生帮扶，全方位促进乡村振兴。连续7年支持举办香港乐龄科技博览会，开展香港青少年音乐夏令营、研学交流等一系列活动。在"一带一路"沿线国家积极实施"招商丝路爱心村"等公益项目。招商局C系列公益品牌项目次第开花、硕果累累。

（撰稿人：田蓓蓓）

华润（集团）有限公司

【基本概况】 2023年，华润（集团）有限公司（以下简称华润集团）坚持以习近平新时代中国特色社会主义思想为指导，坚决贯彻落实党中央、国务院决策部署和国务院国资委各项要求，坚定不移稳中求进、转型创新，扎实开展各项工作，较好地完成国务院国资委下达的业绩经营目标，在国务院国资委中央企业经营业绩考核中获评A级，居2023年《财富》"世界500强"第74位。

【主要指标】

表1　2023年华润（集团）有限公司主要经济指标

项　目	2022年	2023年	比上年增长（%）
资产总额（亿元）	22873.7	26051.3	13.9
所有者权益（亿元）	7174.8	7981.4	11.2
营业收入（亿元）	8183.5	8931.8	9.1
利润总额（亿元）	836.2	881.4	5.4
净利润（亿元）	641.4	621.5	−3.1
归属母公司所有者的净利润（亿元）	313.6	268.8	−14.3
技术开发投入（亿元）	64.1	75.5	17.8
利税总额（亿元）	1321.8	1386.4	4.9
应交税金总额（亿元）	671.5	794.6	18.3
全员劳动生产率[万元/（人·年）]	56.2	58.7	4.4
净资产收益率（%）	9.5	8.2	减少1.3个百分点
总资产报酬率（%）	4.4	4.1	减少0.3个百分点
国有资本保值增值率（%）	112.2	109.4	减少2.8个百分点

【改革发展】 2023年，华润集团深化体制机制改革。成立华润集团改革深化提升行动领导小组，高站位高标准谋划实施改革深化提升行动，全面承接中央改革方案重点任务，着力解决高质量发展中的重点难点问题，不断增强核心功能，提高核心竞争力。公司治理方面，修订《华润集团子企业董事会规范运作管理规定》，发布《华润集团公司治理白皮书》，持续提升公司治理规范性有效性。董事会建设方面，按季度召开业务单元董事会建设推进会暨外部董事沟通会，完成业务单元董事会及外部董事年度履职评价，根据评价结果兑现外部董事薪酬激励。经理层管理方面，制定《华润集团推进干部能上能下管理办法》，加强任期制契约化管理工作，扩大中长期激励范围。

推动主业高质量发展。大消费板块，华润万家加速门店业态升级，扩大中高端超市规模。华润啤酒保持国内第一的市场份额，占比31.9%，次高档及以上啤酒占比22%。华润怡宝饮用纯净水市场份额占比32.7%，是中国饮用纯净水第一品牌。华润五丰供港活猪市场份额占比49%，占香港活猪屠宰量市场份额78%，活牛、活羊屠宰量市场份额占比100%。综合能源板块，华润电力风电、光伏及水电发电项目权益装机容量占比37.8%。华润燃气年燃气总销量约388亿立方米、客户数5778万户。城市建设运营板块，华润置地销售业绩居行业第4位，商管业务保持行业综合实力第1位。华润建材科技旗下田阳水泥获评全球建材行业首座"灯塔工厂"。华润隆地在港总体物业管理面积超过1000万平方米，居香港行业第4位。大健康板块，华润医药经营规模居行业第3位，华润医药商业经营规模居行业第3位，拥有"999""东阿阿胶""双鹤""江中""博雅生物""紫竹""昆药集团"等驰名品牌。华润健康规模实力居央企医疗健康集团第一梯队。产业金融板块，成立华润集团金融事业部，统筹管理金融业务。科技及新兴产业板块，华润创业成为央企助力香港国际创科中心建设的重要力量。华润微电子加快推进“卡脖子”关键技术研发。华润化材国内市场占有率及海外出口占比实现双提升。华润环保持续推进内蒙环投重组融合。华润数科工业互联网连续两年入选工业和信息化部“双跨”平台。华润现代服务牵头成立深港知识产权运营联盟，建立华润集团境外招采服务平台。

【重大项目】 2023 年，华润集团完成投资 2135.4 亿元。其中，固定资产投资 1653.7 亿元、股权投资 481.7 亿元。战略性新兴产业投资 417.2 亿元，占总投资额的 19.5%。

聚焦主责主业。重点投资并购优质项目、储备优质资产、扩大新增产能等。华润置地获取项目 68 个，一、二线城市投资占比 92.8%。华润燃气控股重庆燃气，收购昆明煤气 51%股权。华润医药收购华润江中 9.21%股权。华润医药商业收购立方药业 51%股权、科伦医贸 51%股权、复大医药 75%股权。华润双鹤收购天安药业 89.68%股权。华润健康推进航天科技 4 家医院投后整合。

发展战略性新兴产业。重点投向集成电路、生物医药、新能源等领域。华润微电子推进深圳 12 英寸晶圆项目建设，完成重庆 12 英寸晶圆制造生产线及先进功率封测基地通线工作，完成无锡迪思高端掩模厂房装修及设备调试。华润博雅生物完成血液制品智能工厂项目土地购置及深化设计方案制定工作。华润电力完成新疆三塘湖 100 万千瓦风电项目并网发电、浙江苍南 40 万千瓦海上风电项目并网发电，在“疆电入渝”输电侧、“沙戈荒”大基地、海上风电等大型项目上取得突破。

【区域发展】 落实国家区域发展战略。粤港澳大湾区，华润微电子深圳 12 英寸生产线项目主体顺利封顶。京津冀区域，华润医药商业不断强化首都核心功能保障。华润置地雄安绿色建筑展示中心项目投入运营。长三角区域，华润有巢公寓社区上海马桥项目得到习近平总书记充分肯定。合肥燃气成功落地、温州海上风电项目并网发电、蚌埠啤酒现代化基地投产。成渝区域，四川凉山州中医药全产业链和新能源发电项目、三九西昌中医药厂动工建设。东北区域，盛京能源重整项目落地，鞍山燃气改制完成，沈阳燃气混改稳妥推进。西北区域，新疆新能源开发取得突破。香港业务不断拓展。华润五丰供港活畜市场占有率达五年新高，华润置地长沙湾项目进入建设期，华润物流完成粉岭货仓收购，华润集团在港经济影响力持续增强。

【重大创新】 2023 年，华润集团研发投入 75.5 亿元，推动原创技术策源地建设。完成 5 个主要技术方向 25 个攻关项目立项。华润微电子承担的“智能网联汽车用高可靠声学器件及 MEMS 麦克风”项目成功获批工业和信息化部 2023 年度重点产品、工艺“一条龙”应用示范工程。华润微电子承担关键核心攻关任务，在单片智能功率 IC 等部分领域取得阶段性重要突破，填补国内空白。全年新增国家级项目或课题 12 项，省部级科技项目 16 项；获得省级科技进步奖一等奖 2 项、二等奖 3 项。勇当中药现代产业链链长。华润三九与云南省政府、文山壮族苗族自治州成立“三七”产业链专班，组建云南省“三七”产业创新联合体，建立“三七”高质量发展示范区和种植、加工、交易等环节的实体性机构，聚合产业资源，合力打造世界“三七之都”。建设重大科技创新平台。华润江中、华润三九联合江西中医药大学成功获批“中药经典名方现代中药创制全国重点实验室”；新增省部级及以上科研平台 6 个；新增工业和信息化部专精特新“小巨人”企业 1 家、国务院国资委创建世界一流专精特新示范企业 1 家。

【党建工作】 2023 年，华润集团不断加强党的领导。全面落实“两个一以贯之”，修订《华润集团党委会议事规则》《华润集团子企业在完善公司治理中加强党的领导的实施办法》，推进党的领导和公司治理有机融合。不断深化“第一议题”制度，完善贯彻落实工作机制。积极推进组织重塑，建立符合国有资本投资公司定位的组织管控模式。切实加强党的建设。深入开展主题教育，抓好两批主题教育前后衔接、上下联动。开展基层党建“七抓”工程，深化整治基层党建薄弱环节。修订完善华润集团党建考核制度，推进党建与业务有效融合。成立华润党校。坚持党管人才、党管干部。继续选优配强二级单位领导班子，外部选聘华润金融、银行、信托等重要岗位负责人。完成华润集团直管干部调配106人次，其中提拔、进一步使用49人，外部引进13人，10人退出直管序列。全面从严治党常抓不懈。持续完善“大监督”工作机制，进一步深化靠企吃企问题专项整治，加强境外腐败治理，严肃查办一批典型案件。以高度的政治责任感和使命感，接受中央巡视，稳步推动新一轮集团内部巡视全覆盖。

【信息化与数字化建设】 2023年，华润集团数字化转型深入推进。华润集团数字化应用取得积极成效，主要项目包括华润置地小润选房、润材平台，华润建材科技电商平台，华润医药商业润药商城，全年数字化创新业务营业收入1432亿元，降低成本33亿元，节约工时约2.7万人/年。推动财务管理数智化转型升级，有效提升华润集团资金管控能力，在国务院国资委司库体系建设中期验收中获评“优秀”。“智慧华润”成效显现，华润医药利用AI算法推动单个项目研发工时显著下降，华润置地强化全渠道线上化运营变革，华润医药商业支持区域物流一体化管理，华润银行全栈信创云投产运营。

【履行社会责任】 2023年，华润集团助力全面推进乡村振兴，主动履行央企社会责任。积极参与甘肃省临夏州积石山地震救灾工作，以实际行动践行“以人民为中心”的发展理念。完成广昌、海原挂职干部和驻村第一书记的压茬交接，组织开展第3期援扶县干部培训班，举办华润集团乡村振兴成果展。推进轮值镇长挂职乡镇一级政府，完成万象生活“红色管家”全覆盖。阿尔山和沂蒙希望小镇完成规划设计方案，南江华润希望小镇顺利竣工。华润集团连续7年获评社会责任发展指数第1名。

（撰稿人：周文涛）

中国旅游集团有限公司［香港中旅(集团)有限公司］

【基本概况】 2023年，中国旅游集团有限公司［香港中旅(集团)有限公司］(以下简称集团)以习近平新时代中国特色社会主义思想为指导，坚决落实习近平总书记重要指示批示精神和党中央重大决策部署，践行“诚信经营、优质服务”理念，牢牢把握高质量发展首要任务，抢抓机遇、顶压前行、努力奋斗，各项工作取得积极进展。

【主要指标】 2023年，集团实现营业收入938.85亿元、利润总额68.33亿元、净利润48.35亿元；截至2023年底，资产总额2041.94亿元。全年平均在岗职工约4万人。

表1　2023年中国旅游集团有限公司［香港中旅(集团)有限公司］主要经济指标

项　目	2022年	2023年	比上年增长(%)
资产总额(亿元)	2145.85	2041.94	−4.84
所有者权益(亿元)	743.06	777.96	4.70
营业收入(亿元)	732.17	938.85	28.23
利润总额(亿元)	52.52	68.33	30.10
净利润(亿元)	35.93	48.35	34.57
归属于母公司所有者的净利润(亿元)	5.12	7.8	52.34
技术开发投入(亿元)	3.89	3.44	−11.57
应交税金总额(亿元)	87.59	79.69	−9.02
全员劳动生产率[万元/(人·年)]	50.38	50.45	0.13
净资产收益率(%)	5.48	6.36	增加0.88个百分点
总资产报酬率(%)	3.64	4.50	增加0.86个百分点
国有资本保值增值率(%)	125.08	102.80	减少22.28个百分点

【改革发展】 2023年，集团在2022年国企改革三年行动获得国务院国资委A级最高评价的基础上，主动谋划开展“回头看”，衔接推动国企改革深化提升行动。落实国务院国资委部署，牵头组建央企邮轮运营平台公司，迈出民族邮轮专业化发展的第一步。全面落实“两个一以贯之”，坚持在完善公司治理中加强党的领导，修订集团公司章程，印发《集团独立法人企

业党支部(党总支)集体研究把关企业重大事项工作指引(试行)》,明确集团与二级公司之间的管控边界,分层分类推动设党委的子企业修订党委前置研究讨论重大经营管理事项清单,集中统一管理子企业董事会建设相关职能,推动集团向治理型、服务型总部转型。推动人员契约化、市场化管理,2023 年管理人员竞争上岗比例、管理人员退出比例、员工退出比例分别为 75.21%、5.73%、3.22%。

【重大项目】 2023 年,集团践行文旅深度融合发展,贯彻落实党的二十大精神,出台《深化文旅融合,推进旅游业高质量发展实施方案》。组织"百万青年看祖国"活动和圆明园国宝兽首文物展;策划驻华外交官"发现中国之美"四季主题线路。打造离岛免税购物节及年终盛典等活动 30 余场,"世界最大单体免税店"——海口国际免税城项目获得中国建设工程鲁班奖。湘湖越界项目开业,引进多家知名品牌,构建酒店+餐饮+文化的微度假综合体,实践文旅商融合发展模式。承办新疆"帕米尔之声"国际民族音乐节,打造"音乐节+剧场演出"新模式;与东方演艺集团合作,在安吉打造"只此青绿"舞台艺术 IP,文旅融合能力得到进一步提升。

集团深入实施"立足香港、深耕海南、拓展内地、做精海外"的发展战略,落实国家重大决策部署,服务和融入新发展格局。在立足香港方面,面对罕见的回乡证办证高峰,急市民之所急,积极协调公安部延长回乡证有效期,并通过补充设备和人手、延长工作时间、增设办证网点等举措,大幅提升集团办证能力,全年累计办理回乡证、台胞证超过 200 万件,创历史新高。落地"港车北上"业务,完成君悦居项目收购,并购博朗康乐文化,进一步拓展民生服务和文创业务领域。在深耕海南方面,三亚国际免税城 C 区顺利开业,成为全球首家专业经营香化品类的独栋旅游零售广场。海棠湾馥棠公馆项目展示中心开放,客户反馈较好;在万宁日月湾打造的中国首个冲浪主题度假项目,如期开工。在拓展内地方面,获取 5A 级旅游景区千岛湖、大理洱海生态廊道等 5 个投资运营类项目,以及云南景迈山、烟台海洋之星等 7 个轻资产运营项目,为进一步掌控核心旅游资源、打造一流旅游目的地奠定坚实基础。

【走向海外】 在做精海外方面,集团中标/续约 9 个国家 18 家签证中心,运营 55 个签证中心。通过 KG 酒店首进非洲,签约摩洛哥度假酒店;签约的 9 家泰国酒店中,5 家开业,运营良好。KG 酒店全年盈利 9079 万元,成为中旅酒店重要利润来源。

【重大创新】 2023 年,集团坚持提升业务创新能力,中旅国际落实习近平总书记对中越跨境旅游合作的要求,着力打造世界级"跨国瀑布生态度假区",推动中越德天瀑布跨境旅游合作区成功试运营;德天景区全年接待游客近 200 万人次,营业收入和接待人次分别达到 2019 年的 269% 和 128%,创历史佳绩。中旅免税开展以供应链为主的全面管理咨询项目,系统性优化业务流程和管理机制;获评国务院国资委世界一流专精特新示范企业。中旅酒店全面启动维景国际、维景、睿景、旅居的品牌重塑工作,着手统一品牌标准、构建发展模型。

【党建工作】 一是深入开展学习贯彻习近平新时代中国特色社会主义思想主题教育。集团各级党组织牢牢把握"学思想、强党性、重实践、建新功"总要求,一体推进各项重点措施落实落细,两批主题教育均取得实际成效。各级企业班子举办专题读书班 54 期,开展课题调研 349 个,查摆整改整治问题 295 个,销号率超过 95%。解决香港市民急难愁盼的回乡证办理难题,入选《中央主题教育整改整治典型案例》。二是着力提升基层党建和群团工作质量。对标落实中央企业基层党建提质增效"七抓"工程,编制《基层组织建设标准化规范化工作手册》,持续开展"两个覆盖"提升行动,四级企业党组织覆盖率比上年提升 9 个百分点,达到 73%,党员占比再次提高 1 个百分点,达到 13%。集团工会和团委牵头组织举办集团第一届青年人才暨"青马工程"培训班、第一届职工运动会、第一届职工技能竞赛、第二届"悦享青春 邂逅浪漫"青年职工联谊等活动,员工获得感、归属感、幸福感持续提升。三是进一步加强干部人才队伍建设。坚持党管干部原则,扩大选人用人视野,市场化引进集团管理干部 5 人,其中 2 人任二级公司总经理;新提拔和引进干部 13 人,平均年龄 44 岁;在中组部测评中,集团干部选拔任用总体评价、管理监督"好"率分别为 90.5%、98.4%,分别较上次巡视前提升 10.9 个、20.6 个百分点。坚持党管人才原则,加强人才库动态管理，构建香港地区人才库；开展集团总部和下属企业员工双向挂职锻炼，组织集团“揭榜挂帅”，5家榜单企业成功选聘3名负责人；持续推进职称自主评审和技能等级认定工作，文化和旅游部在集团设立旅行服务技能人才提升基地。四是自觉接受中央巡视监督，推动全面从严治党向纵深推进。集团党委把接受中央巡视监督作为一项重大政治任务，成立接受中央巡视工作领导小组和工作联络组，全力支持并保障接受巡视工作，深入查摆“四个落实”方面存在的差距和不足，同步落实“立行立改”工作要求。以接受中央巡视为契机，推动全面从严治党、党风廉政建设和反腐败工作。严明政治纪律和政治规矩，持续强化政治监督，做实做细日常监督。加大对“一把手”和领导班子监督力度，有针对性约谈二、三级公司“一把手”及班子成员31人次。坚决查处违纪违法问题，给予8人纪律处分，其中集团党委管理干部4人；会同地方监委对涉嫌严重违纪违法的二、三级公司班子成员3人采取留置措施。落实中央八项规定精神，持续纠“四风”树新风。研究制定《集团党委巡视工作规划（2023—2027年）》，组织开展党的二十大后首轮对中旅投资党委和财务公司党支部的常规巡视，扎实开展十九届中央巡视整改“回头看”工作。

【信息化与数字化建设】 2023年，集团落实习近平总书记提出的央企发挥科技创新作用的重要指示精神，召开科技创新大会，发布《集团党委关于科技创新推动集团高质量发展的指导意见》，推动打造科技创新实体平台，整合芒果网和中旅旅行研发团队，成立中旅数智科技有限公司，初期主要承接内部信息化建设和科技创新类应用项目，并逐步向市场化旅游科技型企业转变。中旅免税全面打通中免和日上的会员体系，会员数量3190万人，改变原来会员分散管理的局面。通过整体会员体系的AI分析、智能化商品推荐等技术精准促销，实现更多商品精准推送，中免海南线上电商平台增收3.1%。中旅旅行创新线上云店新渠道，利用B端客户扩展C端业务，半年来为中国银行会员提供旅行服务21万次，销售额超过1亿元。中旅酒店海口睿景酒店打造全场景全流程的智慧化体验，实现无人接触的智能入住。

集团在“国资监管数字化智能化提升专项行动”中获评“优秀”，“中旅通”平台入选2023全国企业数字化转型十佳案例，中旅国际获得2023年世界元宇宙生态大会中国天鸽奖，中旅免税获得首届国企数字场景创新专业赛二等奖。

【履行社会责任】 一是圆满完成国家重大会议和活动保障任务。联合承办第三届全球消费创新暨免税与旅游零售大会，为“消费提振年”传递行业信心。圆满完成全国两会代表委员在京的有关交通服务保障任务。杭州维景国际大酒店、博鳌国宾馆、南宁荔园维景国际大酒店分别为杭州亚运会、博鳌亚洲论坛、东盟峰会提供官方接待服务，获得组委会和国际友人的广泛肯定。二是推动巩固拓展脱贫攻坚成果同乡村振兴有效衔接。严格落实“四个不摘”要求，持之以恒做好“两省五县”定点帮扶工作，连续6年获中央单位定点帮扶工作成效考核最高评价等次。依托定点帮扶县的自然资源禀赋，因地制宜打造“美丽乡村”文旅产业示范项目，典型做法获得国务院国资委通报表扬。三是全力防范化解重大风险。稳妥化解房地产风险。“一城一策”实施房地产去库存，推动集团总体存货占流动资产的比重较年初下降9个百分点，“两金”增幅低于营业收入增幅39个百分点。有效防范金融风险。加强金融市场风险应对，优化调整融资和债务结构，缓解汇率、利率波动影响，在美元持续加息的背景下，全集团财务费用比上年减少6亿元。加强金融业务风险管理，财务公司提升流动性风险系统管控能力，监管排名上升至地区前五；香港安信设置全面审慎的风险管控体系，有效应对资金成本上升和行业政策调整的双重不利影响。严守安全生产底线。深入开展“安全管理强化年行动”，加大重大事故隐患排查整治力度，将境外安全纳入统一管控范围，有效推进安全标准化建设，全年未发生较大及以上生产安全责任事故。

（撰稿人：马国亮　蓝天一）

中国商用飞机有限责任公司

【基本概况】 中国商用飞机有限责任公司（以下简称中国商飞公司）是实施国家大型飞机重大专项中

大型客机项目的主体，也是统筹干线飞机和支线飞机发展、实现我国民用飞机产业化的主要载体，主要从事民用飞机及相关产品的科研、生产、试验试飞，民用飞机销售及服务、租赁和运营等相关业务。

中国商飞公司于2008年5月11日成立，总部设在上海。中国商飞公司由国务院国资委、上海国盛(集团)有限公司、中国航空工业集团有限公司、中国铝业集团有限公司、中国宝武钢铁集团有限公司和中国中化股份有限公司出资组建。2018年底，新增股东单位中国建材集团有限公司、中国电子科技集团有限公司、中国国新控股有限责任公司。

中国商飞公司使命是"让中国的大飞机翱翔蓝天"，愿景是"为客户提供更加安全、经济、舒适、环保的民用飞机"。中国商飞下辖设计研发中心、总装制造中心、客户服务中心、北京研究中心、民用飞机试飞中心、基础能力中心、营销中心、新闻中心、商飞学苑以及四川公司、美国有限公司、民用飞机试飞中心东营基地、商飞资本有限公司、商飞集团财务有限责任公司等成员单位，在美国洛杉矶、法国巴黎分别设美国办事处、欧洲办事处等办事机构。中国商飞参股中俄国际商用飞机有限责任公司、成都航空有限公司和浦银金融租赁股份有限公司。截至2023年底，中国商飞公司从业人员18677人。

2023年是国产大飞机从研制阶段全面转向产业化发展新阶段的一年。中国商飞公司全体干部职工深入学习贯彻习近平总书记关于大飞机事业重要指示批示精神，牢记"大飞机事业一定要办好"的殷切嘱托，团结拼搏、砥砺奋进，收获"两个历史性首航"等重大成果。C919在全球首家客户中国东航实现商业首航，首批3架航线运营平稳开局。ARJ21在海外首家客户印度尼西亚翎亚航空实现海外首航，累计交付国内外客户122架，通航城市140余座，载客突破1000万人次；首批2架货机交付客户，医疗机完成取证，系列化发展取得重要突破。C929立项研制，稳步推进初步设计。2023年，ARJ21和C919先后赴云南、新疆和香港演示飞行，大飞机的足迹更为坚实和宽广。截至2023年底，ARJ21－700飞机累计订单775架，全年交付ARJ21－700飞机24架；C919飞机累计订单1061架，交付C919飞机3架。

【改革发展】 优化经营体系。2023年，中国商飞公司聚焦"一利五率"，建立模拟经济增加值考核机制，发布令号管理规则，全面开展场景化降本增效核算。强化单机和运营成本管控，建立完善公司产品目标价格体系，制定投资审减率考核指标。

持续优化质量体系。修订《质量手册》，设计保证体系修订升级版手册和22份相关文件。生产质量保证体系改进首件检验等体系文件。持续适航体系发布服务通告(SB)300份。

严格安全管理。落实中央企业安全管理强化年部署和要求，建设"1＋3＋N"应急指挥中心，全年未发生公司责任原因的交付运营飞机事故和征候，较大以上生产、消防安全责任事故，公司直接责任的试飞事故、征候以及由于试飞不安全事件导致的飞机停场。

加强人才队伍建设。深化万人精兵、千人骨干、百人计划，举办第六届COMAC国际科技创新周，成立"大飞机产教融合联盟"。

加强风险合规管理。建立运行风险管理"三函"机制，推进35个内控模块的外规内化，定期开展内控检查评价，推动创新管理和知识产权管理融合，取得《创新与知识产权管理能力》四级评价证书。

深化合作交流。签署一批战略合作协议，组织多场重大活动接待，公司高层实现疫情三年来首次出访，"走出去、请进来"效果显现。"1＋N"产业联盟逐步铺开，大飞机"朋友圈"不断壮大。

【重大项目】 2023年，中国商飞公司坚决贯彻落实党中央、国务院关于进一步扩大有效投资的有关要求，落实国务院国资委2023年投资工作要求，聚焦"促进主责主业高质量发展、提升产业链供应链韧性和安全水平、培育壮大新产业新业态新动能"三大投资领域，抓紧推动实施一批、系统谋划一批、提前研究储备一批，加强计划管控、做好任务跟踪和投资预算管理，较好地完成年度各项工作任务。

提前启动新型号研保建设。上飞院C929系统综合试验厂房开工，上飞院C929试验条件二期、上飞公司C929复合材料二期等2个提前启动项目完成公司决策及机关备案。

全速推进批生产能力建设。上飞公司完成C919

批产一期200台设备合同签订、中心主体结构完工；客服公司完成第7台ARJ21模拟机到货安装、C919批产一期项目立项、客户服务训练基地二期开工。

加快部署创新型能力建设。完成上飞公司复材实验能力、北研中心绿色飞机中试基地项目立项；完成5G新基建项目一阶段建设任务，顺利转入二阶段。

【重大创新】

1. 科技创新。

打造原创技术策源地。成立3个联合工程中心，与北京航空航天大学、南京航空航天大学等成立大飞机研究院，举办上海院士专家峰会暨大飞机创新谷生态大会。

打造绿色商飞。建立民机全生命周期碳排放评估数据库，完成ARJ21飞机典型部件LCA碳足迹分析。开展能源双控管理，举办绿色商飞日、绿色发展论坛，持续推进公司绿色品牌建设。

探索前沿技术。成立商飞时代，新能源、新一代信息技术、新材料、绿色低碳四大工程全面推进。成立商飞智能，积极探索，打造工业元宇宙平台，纳入上海市"五个中心"建设规划。

2. 管理创新。

加强COMAC管理。运用IT工具形成全量过程模型，发布制度文件提升三项行动方案，业务连续性体系运行覆盖4家单位。公司董事会在国务院国资委考核中获评"优秀"。

持续深化改革。确定"12345"总体思路和"4+4"改革总体框架，全面启动公司改革深化提升行动，世界一流企业建设工作获上级肯定。

推进价值创造行动。推进对标世界一流价值创造行动，设立高质量发展推进办公室，设计七大类问题管控表单、优化平台，发布大飞机创新试验区高质量发展指导意见。

【党建工作】 2023年，中国商飞公司深入贯彻落实习近平总书记关于大飞机事业重要指示批示精神，在中央第45指导组的有力指导下，认真贯彻落实"学思想、强党性、重实践、建新功"总要求，加强组织领导，明确工作安排，编发应知应会手册，建立"四会三提示一问答"工作机制，扎实深入开展主题教育，举办读书班、中心组学习，组织党员领导干部通读精读《习近平著作选读》等指定书目，紧密结合习近平总书记关于国资国企重要讲话和指示批示精神开展研讨交流，讲好专题党课。

开展学习党的二十大精神集中轮训，实现1206名8级及以上干部全覆盖，开展宣传宣讲，带动公司全体党员深化学习，以新时代十年伟大变革中大飞机的发展壮大为见证实证，更加深刻领悟"两个确立"的决定性意义，坚定做到"两个维护"，把推进中国式现代化作为最大的政治，自觉扛起大飞机作为"国之大者"的使命责任。

深入学习贯彻习近平总书记关于大飞机事业重要指示批示精神，在习近平总书记视察公司九周年、接见C919项目团队代表一周年之际分别开展专题学习研讨，连续9年开展公司"主题学习月"活动，通过"策划—执行—检查—完善/处理"(PDCA)机制分解落实各项工作措施，持续推动习近平总书记重要指示批示精神落地生根、开花结果。

中国商飞公司党委进一步提高政治站位，强化理论武装，坚持以习近平新时代中国特色社会主义思想为指导，全面贯彻落实党的二十大精神，自觉把思想和行动统一到习近平总书记重要指示批示精神和党中央重大决策部署上来，统一到二十届中央巡视工作部署要求上来，从坚定拥护"两个确立"、坚决做到"两个维护"的政治高度，自觉接受政治监督。在中央第十巡视组指导下，公司党委聚焦"四个落实"，切实强化责任担当，加强组织领导，以最坚决的态度、最优良的作风、最严明的纪律，全面配合中央巡视工作开展。

【信息化与数字化建设】 推进数字化转型。2023年，中国商飞公司明确八大过程数字化目标，国资监管数字化智能化行动通过阶段验收。发布供应商需求管理系统，开发一本计划管理系统。司库管理系统圆满通过国务院国资委验收。

建设5G工业园区。累计开发5G+赋能场景450余项，获评全国5G+工业互联网试点示范单位，获得世界互联网大会领先成果奖。

【履行社会责任】 2023年，中国商飞公司全面完成4个方面18项帮扶工作任务，其中直接投入帮扶资金1215.7万元，比上年增长1.7%；直接采购脱贫地区农副特产品2040.87万元，比上年增长24.05%；帮销脱贫地区农副特产品1512.58万元，比上年增长27.8%；引进企业在西吉县落地，完成招商引资60万元；引进无偿捐赠48.2万元、有偿帮扶资金36.72万元；扶持龙头企业，新增援建帮扶车间，持续助推西吉县巩固拓展脱贫攻坚成果同乡村振兴有效衔接。

（撰稿人：黄　健）

中国节能环保集团有限公司

【基本概况】 2023年，中国节能环保集团有限公司（以下简称中国节能）坚持以习近平新时代中国特色社会主义思想为指导，全面学习宣传贯彻党的二十大和二十届二中全会精神，聚焦"一利五率"和"一增一稳四提升"总体目标，紧紧围绕"能力提升年"工作部署，顶压前行、勠力攻坚，聚力强党建、抓队伍、拓市场、谋创新、促改革、精管理、防风险，各项重点工作取得积极进展。

【主要指标】 2023年，中国节能主业规模进一步提升，固废日处理能力10.6万吨，稳居行业第一阵营；绿色电力装机容量2095.1万千瓦，比上年增长19.7%；制水、污水日处理能力1441.9万吨，比上年增长4.9%，持续为减污降碳贡献节能力量。

【改革发展】 2023年，中国节能深入开展国企改革深化提升行动，形成创新务实的改革方案和台账，制定《集团公司改革深化提升行动考核办法》，将考核结果与各二级子公司负责人经营业绩考核、领导干部综合考评挂钩，全面压实各单位责任。推动"双百行动""科改行动"走深走实，所属中国环保获评标杆"双百企业"，太阳能镇江公司成功入选"科改企业"及工业和信息化部2023年新一代信息技术与制造业融合发展示范名单。深化数字化智能化绿色化转型升级，实施管理信息化和数字化提升工程，在国资监管数字化智能化专项行动验收评估工作中被评定为优秀单位。持续推进世界一流企业建设，深入实施管理提升行动和价值创造行动，所属九目化学被评为加快建设世界一流企业"专业领军示范企业"。

【走向海外】 2023年，中国节能国际化经营取得重要突破。集团公司与丹麦丹佛斯公司签署战略合作协议；所属中节能铁汉成立中东分公司并中标近年来集团在境外取得的最大工程项目——麦格云溪项目；所属中国地质联合中国地质调查局中标全球最大商业地质调查项目——沙特阿拉伯地盾精细地质填图项目，承接的联合国发展署绿色基金援助项目科摩罗昂岛四区供水项目竣工验收；所属江西公司中标中国应对气候变化南南合作物资援助项目，将为受援国提供5000套户用光伏发电系统及全套安装维护服务。

【重大创新】 2023年，中国节能持续巩固上一年"科技创新年"活动成果，优化组建集团公司专家委员会，设立节能、清洁供能、国土综合整治与生态修复、水污染防治等4个专业委员会，成立中节能绿色新材料研究院等5家集团级专业研究院，持续加大核心技术攻关力度。新设立中节能科创投资公司，集聚科创资本，加速推动节能环保健康领域创新成果转化。积极布局战略性新兴产业，在央企产业焕新行动中承担集成电路、工业软件、新能源3个领域22项任务。鼓励有条件的子公司积极打造原创技术"策源地"。2023年，中国节能新增省部级以上研发平台8个，高新企业12家，新增授权专利476件，其中发明专利201件，新增各类标准44项；牵头及参与获批科技部国家重点研发计划项目2项；牵头承担省部级科研项目10项；获得省部级科研奖项5项。

【党建工作】 2023年，中国节能党委深入开展学习贯彻习近平新时代中国特色社会主义思想主题教育，牢牢把握"学思想、强党性、重实践、建新功"总要求，举办理论学习读书班2期；集团领导班子成员牵头课题14个，下沉80家单位实地调研；两批主题教育期间，开展调研450次，查找问题、推动整改、建章立制，集团上下紧扣"快"字抓部署，聚焦"深"字抓学习，突出"真"字抓调研，立足"严"字抓整改，围绕"实"字抓发展，为高质量发展注入活力、增添动力、汇聚合力。全面强化基层党建，深入推进"七抓"工程，深化"三基"建设，组织开展"两优一先"表彰。集团13个先进集体（个人）获得中央企业团工委表彰。纵深推进全面从严治党，组织召开集团党风廉政建设和反腐败工作会议，扎实开展党的二十大以来首轮巡视巡察，对8家二级单位党组织开展两轮巡视，16家二级公司党委累计对53家基层党组织开展常规巡察，始终做到利剑高悬、震慑常在。

【履行社会责任】 作为生态文明建设主力军，中国节能始终持续深耕主责主业，不断塑强节能环保全产业链优势和生态环境治理综合解决方案定制化能力，深入把握"地方所需"和"中国节能所能"，按照系统治理思路和"一城一策""一域一策"原则，积极服务区域绿色发展。2023年，中国节能协助地方政府谋划的青海湟水河流域、首都西部生态屏障区两个生态修复项目成功入选国家第三批山水林田湖草沙一体化保护和修复工程项目清单；承建的全国海拔最高、规模最大、建设工期最短的装配式污水处理厂——青海西宁湟乐污水处理厂建成通水，有效改善黄河一级支流湟水河流域的生态环境；开展的"乌鲁木齐—昌吉—石河子"区域大气环境整治行动，有效助力新疆破解大气污染治理难题。

2023年，中国节能充分发挥长江经济带污染治理主体平台作用，积极承办国务院国资委中央企业助力长江经济带高质量发展座谈会，与沿江省市保持高频次对接，协助地方政府谋划7个系统治理项目。截至2023年底，中国节能累计在长江经济带投资超过650亿元。

大力推动区域生态环境整体性保护和系统性修复的同时，中国节能积极开展"双碳"实践，承办第二届中国气候投融资国际研讨会，首批发布中央企业集团公司层面ESG报告，牵头研究编制《央企控股上市公司ESG信息披露指引》，上线国内首个互联网碳资产管理与核证平台，牵头起草国内首个项目层级生态产品价值核算标准，探索形成"双碳方案编制＋定制化服务""生态环境修复治理＋清洁能源""产业园区绿色低碳发展＋全生命周期服务""大数据＋环境精准治理""山水林田湖草沙一体化保护和综合治理"等5项重点综合解决方案场景图谱，助力地方和行业企业"双碳"目标落实落地。

（撰稿人：张好萌）

中国国际工程咨询有限公司

【基本概况】 中国国际工程咨询有限公司（以下简称中咨公司）自1982年成立以来，始终致力于服务党中央、国务院科学决策，已发展成为中央批准的国家高端智库和引领行业发展的综合性工程咨询机构，有20余个专业部门及所属企业，拥有全部21项工程咨询甲级资信，业务领域覆盖国民经济、社会发展以及国防建设的主要行业，涵盖政策研究、规划咨询、项目评估、工程管理、后评价和管理咨询等类型，形成贯穿国民经济各领域、投资建设全过程的"6＋1"业务链条，构建咨询评估理论方法体系，培养一支高素质的综合型人才队伍。截至2023年底，中咨公司累计完成各类咨询任务8万余项，涉及投资规模超过125万亿元。

2023年是全面贯彻落实党的二十大精神的开局之年，是实施"十四五"规划承前启后的关键之年，也是公司"再发展"起步之年。公司党委坚持以习近平新时代中国特色社会主义思想为指导，深入学习贯彻习近平总书记关于国有企业改革发展和党的建设重要论述，立足新发展阶段，贯彻新发展理念，围绕国家战略需要加强重大问题研究，做好重大项目评估论证，扎实有序开展主题教育，系统塑造推动公司高质量发展的"五五战略"，聚焦建设国家高端智库和世界一流咨询机构的战略目标，全面推动改革深化提升行动高质量开局起步，智库研究成果再创佳绩，核心功能及核心竞争力显著提升，在党的建设、业务创新、治理体系、人才队伍建设、激励约束机制、风险管控等方面取得显著成效，为在新征程上实现公司高质量发展奠定坚实基础。

【主要指标】 根据经中介机构审计的2023年度财务决算，中咨公司全面超额完成国务院国资委下达的各项考核指标。2023年，实现利润总额3.08亿元，经济增加值22739.20万元，中央政府任务完成率76.67%，营业现金比率14.53%，全员劳动生产率32.99万元/（人·年），并报送多篇决策咨询成果，生产经营实现"量"的合理增长和"质"的有效提升，公司高质量发展迈上新台阶。

表 1　2023 年中国国际工程咨询有限公司主要经济指标

项　目	2022 年	2023 年	比上年增长(%)
资产总额(亿元)	43.46	59.08	35.94
所有者权益(亿元)	26.72	31.92	19.46
营业收入(亿元)	24	27.9	16.25
利润总额(亿元)	2.9	3.08	6.21
净利润(亿元)	2.25	2.58	14.67
归属于母公司所有者的净利润(亿元)	1.87	2.02	8.02
技术开发投入(亿元)	0.85	1.35	58.82
利税总额(亿元)	5.32	5.34	0.38
应交税金总额(亿元)	2.22	2.15	-3.15
全员劳动生产率[万元/(人·年)]	31.65	32.99	4.23
净资产收益率(%)	8.81	8.81	与上年持平
总资产报酬率(%)	7.02	6.09	减少 0.93 个百分点
国有资本保值增值率(%)	108.9	108.87	减少 0.03 个百分点

【改革发展】 一是智库建设取得佳绩。中咨公司高端智库建设取得显著成效，服务中央科学决策能力进一步提升。2023 年上报多篇政策研究成果，多次获得中央领导重要批示，承接多项国家高端智库重点课题，智库工作成效得到上级单位高度肯定。召开第三届专家学术委员会换届大会，新一届专家学术委员会会聚省部级老领导、院士等 35 位特邀委员以及各领域专家 308 人，设立专业委员会 11 个，有效推动公司咨询评估和智库建设工作。二是服务国家战略作出新贡献。2023 年，中咨公司承担国家重大咨询任务约 2000 项，其中中央政府任务约 1300 项，为推动国家重大战略高质量实施发挥积极作用。服务国家重大战略规划评估工作。承担国家"十四五"规划 102 项重大工程、长江经济带发展规划纲要、粤港澳大湾区发展规划纲要等重大评估任务；第一时间全程参与京津冀特大暴雨洪涝灾害、积石山地震灾害恢复重建工作。高质量服务国家重大工程建设。开展三峡水运新通道、雅江水电工程、黄河古贤水利枢纽、川气东送二线、中俄远东管道、广东太平岭核电站、浙江金七门核电站等重大工程的咨询评估工作。高水平支撑现代化产业体系建设和科技自立自强。开展先进制造业和现代服务业、重大科技基础设施、集成电路、人工智能、基础软件、工业母机、新能源汽车、量子通信、东数西算、北斗应用、生物技术与信息技术融合应用等领域的咨询论证工作。大力践行绿色发展理念。完成新安江—千岛湖流域生态保护补偿咨询、污染治理和节能减碳专项评估，参与有关绿色转型、碳达峰试点等多份国家级文件起草工作，编制多个地方碳达峰实施方案，参加 20 多项国家标准的制定工作。三是全力服务国资央企展现新担当。2023 年，中咨公司接受国务院国资委委托咨询任务 114 项，开展中央企业战略性新兴产业及未来产业布局研究，组织力量对各中央企业关键核心技术攻关任务提供全过程咨询服务，牵头组织对中央企业创新联合体总体建设方案和第二批原创技术策源地方案开展评估论证，完成国企改革三年行动总结评估，开展中央企业"十四五"规划中期评估，为更好发挥中央企业科技创新、产业控制、安全支撑作用提供多方位咨询服务，为国资监管和央企高质量发展提供有力支撑。四是助力"一带一路"行稳致远。围绕高水平对外开放，以标志性工程和"小而美"民生项目为重点，承接援冈比亚能源电力提升项目、援巴巴多斯国家体育场重建、老挝 100 万吨/年钾肥项目、乌兹别克斯坦夏青会现代体育场馆建设项目、越南得乐风电全过程咨询、印度尼西亚镍铁投融资全过程咨询等重大咨询项目。发挥咨询优势，主动谋划重大项目，全程参与的中印尼、中菲"两国双园"项目成功落地，对于加强双边经贸往来、盘活优势资源、完善相关产业链供应链具有重要意义。五是企业治理能力明显提升。在完善公司治理中加强党的领导，开展党委前置清单动态优化调整，并同步指导所属企业开展党委前置清单自查，分层分类指导所属企业结合实际持续健全党组织前置研究机制。强化

集团各级董事会规范建设，建立董事会和经理层联合研讨公司重大战略有效机制，组织外部董事提前介入重大项目、重大改革，充分发挥外部董事高端顾问、管理外脑作用，更好发挥董事会“定战略、作决策、防风险”作用。全面落实子企业董事会应建尽建、外部董事占多数等工作要求，子企业董事会建设评价体系和工作机制逐步完善，董事会制度管控体系、决策运行体系更加成熟。六是健全市场化经营机制。持续开展三项制度改革，构建全员新型经营责任制，修订《公司综合绩效考核评价办法》，形成横向联通、纵向贯通的考核评价体系。加强二级企业经理层成员任期制和契约化管理，强化中长期激励，深化收入分配机制建设，强化战略导向和业绩贡献，不断提升全员劳动生产率。推动完善高端智库建设激励机制，进一步拓展智库奖励标准和范围。优化干部队伍年龄结构、专业结构，做好干部统筹和储备，健全培养选拔优秀年轻干部常态化工作机制，统筹推进各级干部梯次配备。进一步加大人才引进力度，结合智库建设、新兴业务发展需要，有针对性地引进公司急需的高端人才。建立卓越工程师培养平台，与北京航空航天大学、天津大学、哈尔滨工程大学等“双一流”高校合作启动工程硕博士联合培养。七是“双百行动”取得显著成效。中咨公司扎实推进“双百企业”改革工作，分类指导和推动两家“双百企业”实施综合性改革。结合改革深化提升行动新要求，持续完善改革组织推进机制，研究出台“双百九条”，建立优先通道、拓展容错空间、加大宣传力度，充分激发“双百企业”改革创新的主动性积极性，加快培育具有咨询行业特色的改革“尖兵”。中咨海外公司持续推动市场化经营机制改革，优化组织架构，健全治理体系；立足研究型企业特色，发挥全过程咨询优势，系统谋划整体解决方案，咨询设计融合互动发展格局基本形成。中咨管理公司突出服务国家战略职责使命，承担以川藏铁路、中老铁路、西昆高铁、通甬高铁、雄安高铁站等为代表的一批国家重点工程建设项目监理任务，在助建“国之重器”中彰显央企担当。在国务院国资委“双百行动”2023年度专项考核中，公司获评改革专项行动整体成效突出单位，中咨海外公司连续3年获评“标杆”，中咨管理公司获评“优秀”。

【重大项目】 2023年，中咨公司承担的较为重大的项目有：国家先进制造业和现代服务业专项评估、污染治理和节能减碳专项2023年中央预算内投资评估、新材料关键技术攻关评估、清洁低碳氢能创新应用工程评估；中央企业战略性新兴产业及未来产业布局研究、中央企业“十四五”规划实施中期评估、中央企业原创技术策源地支撑服务、第三批中央企业创新联合体总体方案评估；深圳城市轨道交通第五期建设规划评估、成都市城市轨道交通第五期建设规划（2024—2029年）评审、黄河古贤水利枢纽工程可研评估、大连新机场工程可研评估、川气东送二线天然气管道工程项目申请报告评估、澜沧江上游如美水电站项目申请报告评估、宁夏—湖南正负800千伏特高压直流输电工程项目申请报告评估；肥西县潭冲河家园地块全过程工程咨询、重庆南岸区城市更新项目一期工程全过程工程咨询、新建重庆至昆明高速铁路施工监理、新建西安至重庆高速铁路的安康至重庆段连接线工程监理等。

【重大创新】 一是着力建设世界一流水平的咨询标准体系。主动加强对咨询理论方法、业务体系建设的“内功修炼”，围绕咨询工作标准化体系开展顶层设计，研究制定覆盖公司“6＋1”业务全链条的《公司咨询工作标准化体系建设框架方案》以及相关制度办法，成立领导小组和专业委员会，搭建标准化工作“四梁八柱”；加强工程咨询理论方法研究，聚焦高端智库及咨询领域关键核心技术及理论方法研究攻关，以业务标准化为牵引，促进提升咨询行业整体水平。2023年编写出版《投资项目可行性研究报告编写指南》以及5本咨询专业指南系列丛书，并首次发布6项企业标准，为我国工程咨询行业发展提供参考。二是全面深化数字化技术在工程咨询行业的应用。编制实施《公司数字化发展三年行动计划方案》，系统谋划数字化发展路径，完善制度体系，夯实发展基础。持续提升数字化技术管理能力，搭建自主可控的泛构件化技术支撑平台，升级信息保障条件，强化信息安全保护，确保网络安全。积极探索咨询行业量化分析工具，建设智慧咨询平台和知识中心，大力推动咨询业务数字化转型。利用人工智能、大数据技术及各类模型工具，扩大数字化咨询应用场景，打造具有中咨特色的

"数智咨询"新模式,持续赋能咨询业务高质量发展。三是持续推进咨询服务模式和业态创新。主动创新重大咨询任务组织模式,建立"矩阵模式、专班推进"的项目管理机制,强化统筹协调、把控关键环节,合力高效开展工作。结合实际完善重大项目收入利润核算机制,引导资源要素向一线倾斜。持续加强重大规划、重大工程、重大项目咨询任务的全过程质量管理,以完善质量管理制度体系为抓手,健全分级分类评审机制,优化质量管控流程,落实岗位质量责任,确保以高质量咨询成果更好服务国家重大战略。规划咨询、投融资咨询和管理咨询等新兴业务稳步增长,全过程咨询和涉及新动能、新产业的咨询项目增长加快,ESG、REITs、PPP等新机制研究逐步深入,咨询业务新模式不断涌现。

【党建工作】 一是坚持以党的政治建设为统领。中咨公司党委坚决把党的政治建设摆在首位,着力推动以高质量党建引领高质量发展。系统推进学习贯彻习近平新时代中国特色社会主义思想主题教育,党委班子带头讲授专题党课17次,各基层党组织开展学习研讨、党课宣讲100余次;成立9个集团级和若干个行业级调研组,开展专项调研200余次,形成调研报告100余篇,有关南平山区农业现代化调研报告获得各方面好评。不折不扣落实"第一议题"制度,公司党委开展学习40次,理论学习中心组集中学习研讨8次,学习习近平总书记重要讲话和重要指示批示精神125篇,36个基层党组织开展"第一议题"学习近500次。二是持续推动党建工作走深走实。研究制定《公司党委关于加强党建工作与生产经营深度融合的指导意见》,切实把坚持党的领导、加强党的建设融入公司改革发展各方面、各环节,以高质量党建引领保障高质量发展。加强基层党组织规范化建设,持续调整优化党组织设置,不断提升基层党的组织体系建设整体效能。牢牢把握意识形态主动权,从细微处讲好中咨故事,在国有企业品牌建设典型案例和优秀品牌故事等活动中取得佳绩,有力彰显国资央企的品牌形象和价值主张。三是全面从严治党纵深推进。坚持"严"的主基调不动摇,突出政治监督、做实日常监督,扎实推进党风廉政和反腐败工作走深走实。公司纪委聚焦重大咨询任务、国企改革深化提升行动、专项整治等重点工作,加强全过程监督,牢牢守住政治底线。深入开展纪检干部队伍教育整顿,切实抓好纪检干部队伍建设,推进大监督体系建设,深化纪检监察体制改革。持之以恒纠正"四风",持续巩固中央八项规定精神堤坝,以身边人身边事为镜鉴,加强警示教育,持续推进反腐败斗争。充分发挥巡视监督作用,及时开展回访式、机动式巡视,通过发现问题、整改问题,实现督促整改、推动发展的工作目标。研究制定《公司党委巡视工作规划(2023—2027年)》,明确巡视工作全覆盖的时间表和路线图。

【信息化与数字化建设】 一是扎实推进"数字化发展三年行动计划"。加强顶层设计,结合实际编制《公司数字化发展三年行动计划方案》。启动数字化发展建章立制工作,健全完善覆盖需求收集、方案确定、招标采购、集成建设、验收交付、运行维护、网络安全、数据管理等全过程管理制度体系,在梳理采集国标源文件的基础上,完成信息化标准体系框架设计工作,探索建立咨询行业数字化相关标准。二是探索创新业务域应用设计,有序开展管理域系统建设。汇集各方面专家共同研究开发符合我国国情、适用广泛、具有完全自主知识产权的国产咨询行业量化分析工具。完成智慧咨询平台和知识中心建设项目建设,打造具有中咨特色的数据服务能力。全面梳理各类资料数据,充分挖掘数据资源的增值利用价值,提升数据赋能业务发展的能力水平。持续在国资监管、人力资源、财务管理、办公系统、所属企业信息化建设等方面强化业务协同和资源保障,在集团范围内初步实现人力、财务、办公、国资监管等系统的贯通应用。三是构筑网络安全运维体系。为更好适应外部环境带来的变化,2023年公司先后完成边界安全设备部署、邮件网关替换、态势感知设备部署、网络准入策略实施、模拟攻击测试、信息资产梳理、敏感信息筛查等工作,成功阻断各类网络攻击,有效提升公司网络安全防护水平,健全公司网络安全体系。

【履行社会责任】 一是健全社会责任管理体系。紧扣经济、社会和环境三重责任的和谐发展理念,将社会责任融入公司战略、治理结构和日常运营管理等工作中,完善社会责任管理机制,形成独具特色的管理体系,促进企业管理不断优化。以编制《公司

2021—2022年社会责任报告》为契机，提出企业责任观："以智报国、用心为民"，即在国家经济社会发展战略的制定和实施中贡献智慧，在国家投资决策中提供有力支撑，以优质高效的咨询成果助力社会民生事业，争做工程咨询行业的优秀企业公民。二是助力生态文明建设。坚持以新发展理念为指引，聚焦循环经济、绿色发展、生态修复、气候应对等领域进行咨询论证，深入开展重大生态保护和修复工程咨询以及循环经济、生态文明、资源综合利用研究等专项工作，探索构建市场导向的绿色技术创新体系，助力建立健全绿色低碳、循环发展的经济体系，立足资源全面节约和循环利用开展政策研究并提出意见建议，为实现"碳达峰碳中和"行动目标、推动可持续发展贡献力量。三是扎实开展定点帮扶工作。立足智库型企业实际，持续构建长效帮扶机制，结合安徽省利辛县发展实际，探索出以"智"帮扶新路径，打造"研究咨询""专家下乡""项目论证"帮扶品牌，帮助当地干部群众提升发展能力，全力支持利辛县乡村振兴各项工作。2023年，投入和引进帮扶资金1600余万元，采购帮销农副产品270万余元，培训基层干部、乡村振兴带头人等2300余人次，积极开展"央企消费帮扶迎春""央企消费帮扶兴农周"等系列活动，全面完成国家乡村振兴局和国务院国资委下达的年度定点帮扶任务。

（撰稿人：赵　坤）

中国诚通控股集团有限公司

【基本概况】 2023年，中国诚通控股集团有限公司（以下简称中国诚通）坚持以习近平新时代中国特色社会主义思想为指导，深入学习贯彻习近平总书记重要讲话、重要指示批示精神和党的二十大精神，坚决贯彻落实党中央、国务院决策部署，按照国务院国资委工作要求，牢记使命责任，努力拼搏奋进，深化构建基金投资、股权管理、资产管理、金融服务和战略性新兴产业培育的"4+1"国有资本运营格局，统筹推进党的建设和改革发展各项重点工作取得新进展新成效，为国有经济布局优化和结构调整作出积极贡献，在服务国资央企改革发展大局中彰显独特价值，展现国有资本运营公司的责任担当。

【主要指标】 面对2023年复杂严峻的内外部环境，中国诚通合并实现营业收入531.25亿元，利润总额45.76亿元；合并累计净利润35.96亿元，归属于母公司所有者的净利润5.68亿元。截至2023年底，集团合并口径资产总额5784.96亿元，较年初增加312.85亿元，增长5.72%。所有者权益2609.52亿元，同比增加149.87亿元，增长6.09%。

表1　2023年中国诚通控股集团有限公司主要经济指标

项　目	2022年	2023年	比上年增长(%)
资产总额(亿元)	5472.11	5784.96	5.72
所有者权益(亿元)	2459.65	2609.52	6.09
营业收入(亿元)	519.96	531.25	2.17
利润总额(亿元)	124.09	45.76	−63.12
净利润(亿元)	101.59	35.96	−64.60
归属于母公司所有者的净利润(亿元)	49.84	5.68	−88.60
技术开发投入(亿元)	8.07	8.11	0.50
利税总额(亿元)	176.12	86.58	−50.84
应交税金总额(亿元)	35.33	36.85	4.30
全员劳动生产率[万元/(人·年)]	153.01	78.64	−48.60
净资产收益率(%)	4.69	1.42	减少3.27个百分点
总资产报酬率(%)	4.22	2.36	减少1.86个百分点
国有资本保值增值率(%)	94.70	100.09	增加5.39个百分点

注：1. 2022年相关项目数据根据会计差错更正和会计政策变更等实际情况进行会计重述；

2. 2022年国有资本保值增值率，按国资决算批复为94.70%；

3. 2023年集团上报国有资本保值增值率为100.09%，最终以国资决算批复为准。

【改革发展】 2023年，中国诚通牢牢把握国有资本运营公司改革发展方向，全面增强改革的思想自觉和行动自觉，从完善体制机制和夯实管理基础两个维度，持续深化改革创新，注重加强改革系统集成、协同高效。

坚持顶层设计、系统施策与纵深推进相结合，不断完善体制机制，努力实现改革更实、机制更活、效能更高。一是改革行动接续推进。健全领导小组引领、班子成员包保、改革办综合协调、各部门协同推动、上下贯通联动的高效工作机制，推动董事会建设、"双百行动"、"科改行动"等多项改革在国务院国资委考核中名列前茅。集团再次获评国企改革三年行动考核A级。高质量研究制定国企改革深化提升行动实施方案，细化8个方面86项改革任务，全面落实新一轮国企改革要求。二是战略规划调整优化。深入评估总结"十四五"规划实施情况，准确把握运营公司面临的新形势、新任务和新要求，明确战略导向和基本思路，调整优化集团使命定位、任务目标和重点举措，强化战略牵引作用。三是价值创造行动见行见效。全面对标国内外一流企业，制定实施方案和工作清单，明确重点任务68项。聚焦净资产收益率核心指标，引导所出资企业开展对标提升，主动补短板、强弱项，激发价值创造内生动力。四是市场化经营机制逐步完善。优化经营业绩考核指标，规范企业负责人薪酬管理，严格刚性落地兑现。经理层成员全面实行任期制和契约化管理，推动末等调整和不胜任退出相关制度在二、三级所出资企业覆盖面持续提高。同步加强工资总额管控，实现工资效益同向联动。

持续夯实管理基础，着力优化管理体系，提高管理水平，促进核心竞争力更快提升。一是总部建设有力推进。开展"资本运营能力提升年"活动，形成一批典型做法和经验，一些制约集团高质量发展的问题逐步得到解决。总部组织结构和职责分工更加明确，研究与管控能力稳步增强，协同沟通机制进一步完善。集团新办公大楼正式启用，办公环境、整体形象得到提升。二是投融资管理不断完善。从严从实审核投资计划，做好重大投资项目的论证、研究、跟踪、问效。坚持战略性新兴产业与传统产业两端发力，全年完成固定资产及股权投资219亿元，计划执行率比上年提高超过20个百分点。推进投资后评价工作落实，强化成果应用，增强运营评估的时效性、精准性。大力拓展融资渠道，集团整体授信规模4100亿元，比上年增加1000亿元；总部全年融资近600亿元，平均融资成本3.22%。探索发行长期限债券，促进存量债务结构优化。三是运营效能稳步提高。细化稳增长措施，强化督导问效，努力拓市增收，推动降本增效。完善"月度调度、季度分析、年度总结"机制，提升全周期运营分析水平。加强市场形势研判，及时调整应对策略，提高运营管控效能。对标世界一流管理提升行动顺利收官转段，集团经验做法入选国务院国资委典型案例。四是数字化转型加快推进。明确"数字诚通"发展目标以及总体架构规划，制定三年行动方案。进一步加强数字化在风险防范、资本运营、境外资产管理等方面的应用。组建诚通数字科技公司，加快重点项目建设，提高资本运营数字化管控能力。

【重大项目】 2023年，中国诚通坚持把服务国家战略作为重大使命，有效发挥国资央企高质量发展"改革工具箱"和前瞻性战略性新兴产业"孵化器"作用，加快布局并推动有关重点项目落地见效。一是基金投资引领作用更加突出。国调二期协同发展基金正式成立，国家级基金规模新增315亿元。截至2023年底，中国诚通管理的基金总规模6500亿元，实缴规模2819亿元，累计完成投资项目314个，交割金额2130亿元，92%以上投向国资央企相关领域，69%布局战略性新兴产业。累计完全或部分退出项目109个、回收金额814亿元(含分红)。国调基金加大战略性新兴产业及关系国家安全和国民经济命脉的重要行业布局，投资参与华润微电子、华虹半导体、长江电力等重点项目。混改基金以国有企业股权多元化和混合所有制改革为切入点，积极支持企业科技创新，投资参与哈玻院、广钢气体、质子汽车、绿水新航等重点项目。诚通工银基金积极发挥去杠杆、降负债功能作用，支持国资央企优化资本结构。二是股权管理协同赋能不断加强。夯实股东事务管理基础，充分发挥积极股东作用，参与集团直投央企股东会、董事会决策，助力优化公司治理结构与机制，强化信息共享和产业协同，推进国家战略扎实落地、各类风险有效防控、投资回报有序落实。诚旸投资发挥股权运作平台作用，创新运作模式，完善管理机制，推动中证诚通国企数字经济指数发布，持续丰富 ETF 产品，支持央企上市公司高质量发展。三是资产管理成效进一步显现。紧紧把握"深化供给侧结构性改革"主线，不断提升功能、拓宽渠道，以市场化方式盘活国有资产存量，助力国家相关改革和央企聚焦主责主业。中国康养完成 97 家机构实质性接收，燕山院完成改造并投入运营，成为全国示范；在安徽、宁夏及秦皇岛等地一揽子康养项目落地实施；智慧健康养老产业优化升级。国家发展改革委确定集团为盘活存量资产扩大有效投资支撑机构。诚通建投探索新业务发展模式，协助国务院国资委建立央企存量土地数据信息系统；诚通国合支持央企专业化整合和"两非""两资"剥离；诚通资产稳步拓展市场化业务，中新房风险处置稳妥推进；诚通东方积极解决遗留问题；中节能融合环保资产经营项目全面完成；国海海工如期完成阶段性任务；中石化国勘、北京化诚新等专项工作稳步取得新成效。四是金融服务能力日益增强。诚通证券监管分类评级跃升 4 级，达到 A 类 A 级，推动央企信用债指数基金发行设立，助力改善央企信用债流动性；融通基金创新开发诚通央企 ESG、央企红利和科技创新等指数，助力央企价值创造；诚通保理科技金融能力不断提升，累计向央企提供保理服务 530.74 亿元；诚通财务全年直接降低集团成员企业财务成本 1.57 亿元；诚通香港融资租赁业务和诚通保险经纪相关业务稳步开展；诚通产融初步具备服务功能，实现与 30 家央企功能对接和子企业试用。五是战略性新兴产业培育加速推进。充分发挥资本运营优势，加快力神电池产业布局，滁州一期建成投产，无锡、天津等项目相继投建，总投资超过 100 亿元，设计总规模超过 30 吉瓦·时；积极承担央企产业焕新行动重点任务，建设锂离子电池原创技术策源地；实施动力电池、消费电池分拆及专业化整合。中国纸业沿产业链创新链培育一批战略性新兴产业项目，高端文化纸提质升级项目、电子级双氧水项目正式投建。诚通人力、中商集团、诚通国贸进一步稳存量拓增量挖潜量，提高经营质效。

【走向海外】 2023 年，中国诚通高站位推进国际化建设，进一步发挥资本运营特色优势，增强境外平台核心功能，推动所出资企业提高优质要素全球化配置能力，提升国际竞争力，积极参与高质量共建"一带一路"。诚通国际发挥在俄最大经贸平台和总商会会长单位作用，有力服务国家外交大局。圆满完成习近平主席 2023 年 3 月对俄国事访问期间使馆交办的相关服务保障任务，并于 2023 年 6 月以总商会名义联合俄方智库共同成立全球首家境外习近平新时代中国特色社会主义思想学习研究中心，促进中俄民心相通，推动构建人类命运共同体。推进格林伍德二期项目建设，将打造成中国汽车机电装备展销中心，为新时代中俄经贸合作注入新动力。积极推进中俄新陆路粮食走廊项目。2023 年 6 月，首批粮食走廊俄罗斯大豆运抵满洲里口岸。诚通香港投资 3000 万美元与国家电投发起专项投资组合，并购越南风电光伏新能源项目，推动"一带一路"绿色发展。集团战略性新兴板块企业持续拓展海外市场，做优精品国际贸易，实现进出口总额 34.9 亿美元，比上年增长 18.2%。诚通国贸聚焦国内稀缺资源，积极开拓进口渠道，成为首家从老挝进口铝土矿、从所罗门群岛进口镍矿的国内企业，有力服务重要资源保供。力神电池全年出口新能源电池 2.5 亿美元，比上年增长 2.6 倍，培育外贸新动能。中国纸业加快推进岳阳林纸 45 万吨文化纸项目国外进口产线建成投产，围绕自身发展扩大海外市场销售。积极响应和服务对外开放战略，集团主要领导带队参加香港第八届"一带一路"高峰论坛和第三届"一带一路"国际合作高峰论坛企业家大会，在企业家大会现场签约 22.74 亿美元。集团积极参加中国—南非企业贸易对接会，与南非合作伙伴签订 2.5 亿美元的铬矿、锰矿采购协议，为配合高访取得丰硕经贸成果作出积极贡献。参加第六届进博会，现场签约 18.5 亿美元。

【重大创新】 截至 2023 年底，中国诚通累计拥有专利 1913 件，其中发明专利 481 件、高价值发明专利 219 件；PCT 专利累计申请 11 件。全年申请专利 565 件，其中申请发明专利 242 件；获得专利授权 344 件，其中发明专利授权 93 件。集团累计主持或参与制定标准 129 个，其中国家标准 50 个、行业标准 29 个；主持或参与制定标准 39 个，其中国家标准 14 个、行业标准 6 个。全年获得省部级奖项 1 项。集团拥有高新技术企业 19 家，建设研发机构 18 个，其中国家级企业技术中心3个、国家(工程)技术研究中心1个。

2023年,所出资企业力神电池牵头1项、参与3项国家重点研发计划,其中国家重点研发计划“固废资源化”项目顺利通过绩效评价验收,研究成果能够加强镍、钴、锂等关键矿产资源供给保障,提高我国新能源汽车产业链韧性和供应链安全水平,有助于健全绿色低碳循环发展经济体系,具有良好的经济和社会价值。力神电池加强关键核心技术研发,探索下一代动力电池技术,完成360Wh/kg半固态电池体系设计定型及140Wh/kg钠离子电池体系定型,360Wh/kg半固态电池项目入选2023年《中央企业科技创新成果推荐目录》;提升现有体系动力电池综合性能,46系列大圆柱电池260Wh/kg和280Wh/kg高能量密度产品设计冻结;325Wh/kg软包动力高比能电池应用于峰飞无人机项目并被中央电视台《新闻联播》报道。中国纸业立足林浆纸产业基础,着力打造高端绿色浆纸核心竞争力。绿色多功能高档簿本纸完成关键技术研究及产业化;高档象牙白胶版印刷纸获得湖南专利奖三等奖;高强纸袋纸性能指标媲美进口产品并实现产业化,获得“环保纸产业创新奖”铜奖;研发生物基多糖油田封堵剂,促进油田开采方式绿色转型;漂白硫酸盐针叶木浆“泰格骏颂”于2023年8月正式成为上海期货交易所期货交割品牌,是国内第一个国产浆注册品牌,也是纸浆期货14个可交割品牌中唯一的国产品牌。

【党建工作】 2023年,中国诚通党委深入学习贯彻习近平新时代中国特色社会主义思想,党的领导和党的建设全面加强,高质量党建的引领保障作用更加凸显,在国务院国资委党委党建工作责任制考核中连续6年获评A级。一是践行“两个维护”更加坚决。制定《“第一议题”制度实施办法》,推动“第一议题”学习规范化长效化。强化党委中心组学习引领,连续14年组织重温习近平总书记对集团的重要指示批示精神。持续开展习近平新时代中国特色社会主义思想和党的二十大精神轮训,增强拥护“两个确立”、践行“两个维护”的政治自觉、思想自觉和行动自觉。坚决落实习近平总书记对解决北京市西长安街街道人民群众急难愁盼问题的重要批示精神,中商灵境小区综合整治工作取得明显成效。二是主题教育扎实开展。抓好第一批、第二批主题教育衔接联动,一体推进理论学习、调查研究、推动发展、检视整改、建章立制等工作。各级党组织累计检视整改突出问题409项。先后组织908人对第一批和第二批主题教育进行评估测评,评价为“好”和“较好”的占比99.56%。三是“三融一化”持续深化。修订《党委前置研究讨论实施细则》,动态调整“三重一大”决策事项及党委前置研究事项清单。抓好以“组织、书记、党员、活动、制度、培训、保障”为重点的基层党建工作,完成党建课题研究和工作创新27项,获得中央企业党建政研会一、二等奖和优秀组织奖各1项。深化“诚通党建云”数字化平台运用,推动基层党建规范化标准化。加强统战群团和定点帮扶工作,3人分别当选全国团代会、全国妇代会和央企归侨侨眷大会代表,定点帮扶工作连续3年获评A级。四是宣传工作成效明显。精心组织党的二十大精神主题宣传和主题教育、国企改革深化提升行动等专题宣传。严格落实意识形态工作责任制,扎实推进“清朗”网络专项行动,强化网络阵地管理。深入开展品牌引领行动,相关案例入选国务院国资委“优秀品牌案例”。集团选送的一部作品在全国主题传播活动中获奖,多部作品入选中央企业优秀故事以及社会主义核心价值观主题优秀微电影。集团《社会责任报告》首次获评“五星+”。五是从严治党更加深入。严格落实党委主体责任、纪委监督责任,扎实开展第11个“反腐倡廉宣传教育月”活动。组织开展重大投资项目建设廉洁风险防控督导检查等8个专项整治。扎实开展纪检干部队伍教育整顿,提升纪检干部队伍整体素质。集团纪委委员联系基层企业制度和党风廉政监督员工作机制获得驻委纪检监察组肯定。研究制定集团党委巡视工作五年规划,对4家所出资企业党组织开展常规巡视。持续加大违规挂靠专项巡视整改工作力度,上一轮巡视整改任务均按期完成。全面推进违反中央八项规定精神问题专项治理,直面突出问题,锁定目标任务,有力有效抓好专项治理问题立行立改、全面整改。

【信息化与数字化建设】 2023年,中国诚通认真贯彻落实党中央、国务院关于数字经济的决策部署和国有企业数字化转型工作要求,在集团数字化转型领导小组的统筹领导下,全面推进集团数字化、智能化转型升级，进一步强化顶层设计，科学制定数字化转型五年规划与三年行动方案，明确“数字诚通”总体目标和“3523”数字化转型总体架构，组建诚通数字科技公司，加强数字化人才队伍建设，申报成为国务院国资委首批数字化转型试点企业。重点推进集团统一门户系统、司库系统、审计管理系统、境外业务监管等数字化系统建设，加快建设横向到边、纵向到底的集团统一数据中台，推动实现集团内系统间数据互联互通，提升集团数据资产价值，赋能集团业务管理创新。夯实基础设施建设，推进集团新址智能化楼宇的系统建设、诚通云（三期）信创云建设。筑牢网络安全基石，持续推进网络安全加固和安全可靠项目，建立集团终端“总控中心”，提升集团网络安全防护水平。2023年集团在国务院国资委国资监管数字化智能化提升第一阶段专项行动中获评“优秀”。

【履行社会责任】 2023年，中国诚通坚决落实定点扶贫责任，超额完成扶贫任务，助力河南省宜阳县发展。投入帮扶资金1210万元，比上年增长5%。组织培训县乡村基层干部和技术人员7545人，完成消费帮扶210.56万元，帮助销售农产品2716.02万元。全年实施和完成帮扶项目21个，深入助力宜阳县实施乡村振兴取得阶段性成效。2023年5月，集团“教育帮扶案例”获评《中央企业助力乡村振兴蓝皮书》优秀案例；集团2023年定点帮扶工作案例被《巩固脱贫攻坚成果同乡村振兴有效衔接年鉴（2023）》编纂收录。在国务院国资委公布的2023年中央单位定点帮扶工作成效考核评价情况中，中国诚通再次获评最高等次“好”，这是开展中央单位定点帮扶考核以来，中国诚通连续4年获考核评价最高等次。

【其他情况】 2023年，中国诚通统筹发展和安全，织密“安全网”，夯实“防火墙”，持续筑牢运营公司安全发展底线，确保企业稳健发展。一是强化法治诚通建设。召开集团法治工作会，制发工作要点和领导干部应知应会清单，切实发挥“关键少数”作用，持续提升依法合规经营管理水平。举办年度法治合规网络竞赛，推动法治文化深入人心。二是健全全面风险管理体系。完善风险管理组织架构，强化“三道防线”功能，风险防控要求嵌入投资并购、改革重组等关键业务流程。制定印发集团《合规管理办法》，组织开展合规管理有效性评价，形成工作闭环。结合集团业务布局和合规风险防控重点，汇编高风险合规案例39个。三是深化专项问题整治。强化贸易业务备案管理，压减低效无效贸易主体和贸易品种。加大力度整治虚假贸易，依规依纪对融资性贸易开展追责问责。持续优化产权登记与资产评估管理，夯实全级次企业名单。强化表外企业管理监督。统筹根治挂靠经营，全面完成26个挂靠问题整改和清理。推进防范打击假冒国企专项整治，完成系统内38户假冒国企清理退出。保障农民工工资支付，健全清欠长效机制，清理拖欠企业账款。扎实开展金融板块业务风险问题专项治理，结合实际对财务公司、私募基金等8个领域全面加强管控。四是加大审计监督力度。对重点业务领域、重点企业开展经济责任、财务收支等审计，落实内控评价三年规划，实现全级次企业监督评价全覆盖，提出审计建议21个。强化内外部审计发现问题整改督导和审计结果运用，开展违规经营专项整治。积极配合审计署开展经济责任审计工作，及时反馈说明有关情况。五是提升安全维稳工作水平。深入开展全国重大事故隐患专项排查整治2023行动及中央企业安全管理强化年、长江黄河流域生态环境保护专项整治等工作，开展重点企业和项目检查评估，持续提升安全环保管理质效。加强值班值守，切实做好信访维稳工作。集团全年未发生重大风险事件。

（撰稿人：丁若沙）

中国中煤能源集团有限公司

【基本概况】 中国中煤能源集团有限公司（以下简称中国中煤）是国务院国资委监管的国有重点骨干企业，主营业务包括煤炭开发利用及贸易，电力、热力生产供应，煤基新材料及相关化学品开发利用，相关装备制造及工程技术服务，是我国唯一的煤炭全产业链央企，肩负着保障国家能源安全的重要使命。截至2023年底，中国中煤职工总数12.3万人，生产及在建煤矿70余座，煤炭产能超过3亿吨，煤化工权益产能

1000万吨，在运在建电力装机规模超过5000万千瓦。拥有全级次560余户子(分)企业，中煤能源(A+H)、上海能源、新集能源3家上市公司，5家科研院所、7个国家级实验室或中心，产业分布在全国27个省(自治区、直辖市)以及10余个国家和地区。

2023年，中国中煤始终牢记“国之大者”，深入贯彻能源安全新战略，全力抓好煤炭、电力、化肥增产保供，全年完成商品煤销量3.4亿吨、发电量848亿千瓦·时、煤化工产品产量652万吨，被授予“全国煤炭保供先进单位”称号，切实发挥能源“压舱石”“稳定器”作用，为实现经济稳定增长和人民群众美好生活向往注入不竭动力。始终牢记坚定不移做强做优做大国有资本和国有企业总目标，全年实现利润总额452.7亿元，连续8年保持增长；净资产收益率15.9%，在中央企业排名上升至第1位；研发经费投入强度、全员劳动生产率、营业现金比率与上年相比均有提高，资产负债率降至56.3%，实现“一利”稳定增长、“五率”持续优化目标，企业核心竞争力不断提高，核心功能不断增强，连续4年获评国务院国资委经营业绩考核A级，连续4年上榜《财富》“世界500强”，改革三年行动考核、党建考核、提高控股上市公司质量中期督导评价结果均获评A级。

【主要指标】

表1　2023年中国中煤能源集团有限公司主要经济指标

项　目	2022年	2023年	比上年增长(%)
资产总额(亿元)	4915.0	5252.0	6.9
所有者权益(亿元)	2002.4	2315.9	15.7
营业收入(亿元)	2818.5	2503.5	－11.2
利润总额(亿元)	446.9	452.7	1.3
净利润(亿元)	329.1	343.8	4.5
归属于母公司所有者的净利润(亿元)	129.6	152.5	17.7
技术开发投入(亿元)	68.5	67.8	－1.0
利税总额(亿元)	731.8	719.4	－1.7
应交税金总额(亿元)	402.6	375.6	－6.7
全员劳动生产率[万元/(人·年)]	78.1	83.8	7.3
净资产收益率(%)	17.5	15.9	减少1.6个百分点
总资产报酬率(%)	10.9	10.0	减少0.9个百分点
国有资本保值增值率(%)	118.1	116.6	减少1.5个百分点

【改革发展】　2023年，中国中煤深入贯彻国企改革部署，坚持功能使命性改革与体制机制性改革并重，推动改革深化提升行动取得良好开局。一是深化区域化专业化改革，提高产业控制能力。积极融入国家区域发展战略，组建江苏、东北、广西、西部等区域公司，开展煤电、新能源及战略性新兴产业投资，增量转型发展的产业布局和空间格局基本建成。实施平朔、大屯矿区改革，整合区域内部资源，压减管理层级链条，区域能源保供和矿区本质安全能力明显增强，老矿区焕发出新生机。锚定专业化发展，组建电力新能源事业部和绿能公司，深化销售板块改革，优化招采管理体制，板块专业化管理水平和整体运营效能持续提升。二是深化“三能”改革，激发活力动力。发挥考核“指挥棒”作用，实施所属企业负责人目标薪酬管理和中长期激励计划，全面推行管理人员竞争上岗、末等调整和不胜任退出，2023年管理人员调整和退出比例8.97%。坚持减人不减资，引导企业控制用工、员工合理流动，推动薪酬分配向贡献突出、地区偏远、战略性新兴产业倾斜，2023年员工市场化退出率2.5%，拉动人均工资合理增长，职工队伍愈加精干。三是深化总部机关改革，优化管控格局。深化集团总部改革，取消内设处室，推行项目负责制，赋予部门绩效二次分配权，2023年同层级绩效奖励最高相差4.2倍，市场化理念深入人心。贯通推进二级企业总部改革，分别压减机构数量、人员编制、中层职数28%、

49%、21%，“小总部、大产业”管控格局基本建成。四是深化专项改革，持续“瘦身健体”。坚决出清低效无效资产，全年压减法人16户，退出21户参股股权，实现资产处置收入64亿元。

【重大项目】 2023年，中国中煤统筹“保障能源安全”和“绿色低碳转型”两大任务，围绕“炭链”和“碳链”，推动煤与煤电、煤电与新能源“两个联营”发展，成功构建对冲煤炭市场周期性波动和对冲未来碳排放约束趋紧的“两个对冲”机制，转型发展取得重大成效。一是不断做大煤炭主业。紧跟国家增产保供政策，先后取得6座生产煤矿产能核增批复和3座新建煤矿项目核准批复，新增先进产能合计3670万吨/年。积极申报国家煤炭储备基地项目，可新增静态储煤能力超过100万吨，煤炭综合保供能力不断增强，以煤为基的基本盘更加稳固。二是建设中煤特色新型能源体系。坚持煤电实质联营，在晋陕蒙新资源端和沿海沿江市场端布局建设17座合计装机2760万千瓦大容量、高参数先进煤电机组，配套建设风电、光伏等新能源近300万千瓦，储备新能源项目指标超过2000万千瓦，初步构建以具备深度调峰能力的煤电机组为支撑、以可再生能源为发电主体的多能互补新型电力系统，在保障电力安全基础上，有效提升新能源供应规模和消费比重，逐步破解能源“不可能三角”。三是推动产业绿色低碳转型。坚持产业链融通发展，启动“煤网、电网、热网、水网、其他公辅工程网”多网集合运行的图克示范园区项目，打造“煤—电—化—新”多能融合和清洁转化基地，构建致密产业链、价值链。推动“绿能＋化工”联营，开工建设10万吨/年液态阳光(二氧化碳加绿氢制甲醇，每年将捕集消纳二氧化碳15万吨)项目，打造“产炭不排碳”“无煤化工”能源产业升级示范，形成中煤“双碳”方案。建设15万吨/年煤基环保炭材料项目一期工程，煤化工高端化多元化发展迈出新步伐。

【走向海外】 2023年，中国中煤主动融入国家“双循环”新发展格局，坚定实施“走出去”战略，发挥煤炭进出口、工程建设、煤机制造等能源综合服务产业优势，稳健拓展国际化业务，截至2023年底境外企业资产总额24亿元，境外业务营业收入超过9亿元。工程建设业务持续向南非、土耳其、印度等“一带一路”沿线国家拓展，业务范围由矿山工程施工逐步向生产运维、技术服务及其他基本建设领域延伸。煤机成套设备远销美国、俄罗斯、澳大利亚、印度等国家，境外营业收入近6亿元。参加国家共建“一带一路”十周年等活动，积极宣传推广绿色发展理念和“双碳”行动成果，当好中国故事讲解员，以中央企业形象展示国家形象。

【重大创新】 2023年，中国中煤深入实施创新驱动发展战略，围绕产业链部署创新链，构建以需求为导向的科技创新体系和成果转化机制，形成“小内脑＋大外脑”创新体系和“撒出去—收回来”创新路径，2023年获得省部级科技进步奖5项、有效发明专利83件，编修国家和行业标准63项。一是重塑产学研用创新链条。成立中煤科协、深圳研究院，作为“出题人”将制约行业发展的问题“撒出去”，集聚国家自然科学基金等优势科研力量攻关，面向社会发布2批“揭榜挂帅”科技项目榜单，榜单总金额2940万元，创新成果均以产业化方式“收回来”，科技投入产出效率大幅提高。二是核心技术攻关取得新突破。实施煤矸石和瓦斯综合利用、冲击地压防治、采掘智能化、煤基新材料等重大科技专项，在破解“卡脖子”难题、引领产业发展方面取得重大成效。其中，智能化开采煤岩界面识别雷达系统通过科技部综合绩效评价，大宁煤矿低浓度瓦斯高效利用项目入选国家能源局示范项目，液态阳光项目列入国务院国资委战略性新兴产业生物产业类项目，钠离子电池负极材料硬炭完成百公斤级、吨级制备及性能测评，综合性能指标优异。16个项目入选国家能源局“十四五”能源领域科技创新规划依托项目库、11个项目入选国家矿山安监局第一批矿山安全攻关项目。三是智能化建设卓有成效。坚持“少人则安、无人则安”理念，累计建成智能化煤矿25处、智能化采煤工作面131个、智能化选煤厂9处，6座煤矿入选国家首批智能化示范煤矿，2座煤矿获得全国采煤工作面智能创新大赛特等奖。

【党建工作】 2023年，中国中煤持续加强党的政治建设，集团党委召开中心组专题学习5次、“第一议题”学习习近平总书记重要讲话和重要指示批示精神421项，各级党组织深入开展学习贯彻习近平新时代中国特色社会主义思想主题教育，举办读书班313

个、讲授专题党课2543场、开展专题研讨1239次，解决制约企业改革发展和职工群众急难愁盼问题1534项，以实际行动拥护“两个确立”、做到“两个维护”。坚持加强党的领导，重新修订“三则”及4个决策清单，完善党委前置研究讨论事项清单，推动党的领导和公司治理有机统一。深入实施基层党建“七抓”工程，开展“四强五好六有”基层示范（品牌）党支部建设，推进基层党组织全面过硬，实现党建工作与生产经营深度融合。坚定不移推进全面从严治党，实施“廉洁教育、严肃查处、完善制度”反腐倡廉全周期管理，“惩治防”一体推进“三不腐”。

【信息化与数字化建设】 2023年，中国中煤深化企业数字化转型，建设生产运营智能管控平台项目，提升产业协同及资源配置能力，赋能产业创新、管理变革。开展数字化转型试点示范，2家所属企业入选国务院国资委首批“国有企业数字化转型试点企业”名单。推进工业互联网建设，西北公司常态智能化生产率超过85%，取消固定岗位196个，陕西公司入选工业和信息化部2023年度智能制造示范工厂揭榜单位名单。建成司库管理系统，实现全集团账户资金在线实时监管。实施互联网出入口收敛项目，压减互联网暴露面，网络安全防护能力和水平显著提升。

【履行社会责任】 2023年，中国中煤秉承“提供优质能源、引领行业发展、创造美好生活”的企业使命，不讲条件、全力以赴增产保供稳价，足额签约履约煤炭中长期合同，严格执行国家煤炭价格政策，全年向社会让利280亿元，为保障国家能源安全、降低全社会用能成本作出重要贡献，获得国家部委、地方政府、重点用户、新闻媒体广泛赞誉。践行绿色发展理念，坚持煤炭安全绿色开采和清洁高效利用，推动减污降碳协同增效，全年未发生突发环境事件，多座煤矿入选全国绿色矿山名录，陕西公司获评“国家级绿色示范工厂”，张煤机公司获评“中国绿色铸造示范企业”。深化巩固拓展脱贫攻坚成果同乡村振兴有效衔接，2023年对口42个帮扶点，实施各类帮扶项目100余个，投入帮扶资金4424万元，引进帮扶资金1465万元，采购和帮助销售脱贫地区农副产品4400余万元，惠及脱贫群众10万余人。积极参与社会公益事业，2023年向社会捐赠资金近6400万元，获得“中国红十字博爱奖章”，积极参与矿山救援、地方救灾，为保证人民生命财产安全作出积极贡献。

（撰稿人：蔡洪检）

中国煤炭科工集团有限公司

【基本概况】 中国煤炭科工集团有限公司（以下简称中国煤炭科工）是国务院国有资产监督管理委员会监管的中央企业，是我国煤炭工业科技创新的国家队和“排头兵”，拥有涵盖煤炭行业全专业领域的科技创新体系，致力于煤炭安全绿色智能开发和清洁高效低碳利用，肩负着引领煤炭科技进步的光荣使命。2023年，中国煤炭科工党委坚持以习近平新时代中国特色社会主义思想为指导，深入贯彻党的二十大精神，以“引领煤炭科技、推动行业进步”为己任，坚定不移深化创新驱动，加快实现煤炭高水平科技自立自强，核心功能不断增强、核心竞争力显著提升，实力规模跃上新台阶。

【主要指标】 2023年，中国煤炭科工实现营业收入366.8亿元，比上年增长8.7%；利润总额40.1亿元，比上年增长28.9%；净资产收益率10.40%，比上年增加1.56个百分点；营业现金比率14.3%，比上年增加0.6个百分点；研发经费投入强度8%，比上年增长0.2个百分点；全员劳动生产率54.7万元/（人·年），比上年增长21.7%。截至2023年底，资产总额641.6亿元，比上年增长21.3%；所有者权益347.6亿元，比上年增长15.8%；资产负债率45.8%。

表1　2023年中国煤炭科工集团有限公司主要经济指标

项　目	2022年	2023年	比上年增长（%）
资产总额（亿元）	528.9	641.6	21.3
所有者权益（亿元）	300.3	347.6	15.8
营业收入（亿元）	337.3	366.8	8.7

续表

项　目	2022 年	2023 年	比上年增长(%)
利润总额(亿元)	31.1	40.1	28.9
净利润(亿元)	25.7	33.7	31.1
归属于母公司所有者的净利润(亿元)	12.9	18.1	40.3
技术开发投入(亿元)	26.3	29.5	12.2
利税总额(亿元)	57.9	67.3	16.2
应交税金总额(亿元)	26.8	27.2	1.5
全员劳动生产率[万元/(人·年)]	44.96	54.7	21.7
净资产收益率(%)	8.84	10.40	增加 1.56 个百分点
总资产报酬率(%)	6.01	6.90	增加 0.89 个百分点
国有资本保值增值率(%)	108.76	112.80	增加 4.04 个百分点

【改革发展】 2023 年，中国煤炭科工扎实开展国有企业改革深化提升行动。一是改革深化提升行动推进实施有力有序。高标准编制行动方案，明确 5 个方面 21 条重点改革任务 71 项改革举措，年度任务全面完成。二是科技创新、产业控制、安全支撑作用有效发挥。强化科技创新顶层设计，推动知识产权资本化试点，首批实施知识产权资本化项目 35 个。加快战略性新兴产业发展，出台《布局发展战略性新兴产业工作方案》《加快产业优化转型发展指导意见》，战略性新兴产业收入占比 46.9%；西安煤科透明地质科技有限公司入选国务院国资委首批启航企业；新培育 3 个单项冠军企业/产品（累计 10 个），新增“专精特新”企业 9 户（累计 33 户，占比超过 30%）、“小巨人”企业 5 户（累计 12 户）。三是提升体制机制性改革。新批复股权激励、岗位分红等激励方案 24 项，累计批复激励计划 96 项，科研人员占比近 80%。探索创新激励方式，首次实施项目跟投，试点数量居央企前列；首次引入科改基金实施混改，探索以知识产权作价投资。四是改革深化提升取得新成效。新增 3 户企业入选“科改行动”，示范企业总数 10 户，在国务院国资委年度专项考核中获评“优秀”4 户、“良好”4 户、“合格”2 户。10 户示范企业营业收入、利润分别比上年增长 21%、35%。所属天玛智控入选国务院国资委“创建世界一流专业领军示范企业”，煤炭机械行业唯一创建单位，在上海证券交易所科创板成功挂牌上市。

【重大项目】 一是加快布局应用基础研究。获批“复杂条件煤矿巷道快速智能掘进关键技术与装备”“煤矿超高与超长工作面高效综采关键技术及装备”“煤炭采掘过程监测传感器及采煤作业安全预警应用”重点研发计划项目 3 项；申报国家自然科学基金项目 29 项，其中杰青项目 1 项。二是关键核心技术攻关力度持续增强。加快布局未来领域技术攻关，梳理 100 项重点产品线规划，推进深地科学、工业软件、新能源等领域技术攻关。三是国家级研发平台建设再上新台阶。获批“煤炭智能开采与岩层控制”与“煤矿灾害防控”2 家全国重点实验室，新认定 1 家国家认定企业技术中心。

【走向海外】 一是国际化经营工作迈向新阶段。举办中俄能源商务论坛圆桌会议—煤炭分论坛，俄罗斯落叶松矿项目列入第三届“一带一路”高峰论坛企业家大会见签项目。二是积极推进国际科研合作项目。与新南威尔士大学、澳联邦科学院等高校及研究机构持续深化合作。三是开展国际标准与认证工作。推进中国安标国际化进程，与俄罗斯、德国、英国、澳大利亚、波兰、印度、芬兰、加拿大等国的 8 家检验认证机构建立矿山装备出口国际认证工作机制，帮助国内 30 多家矿用产品制造商取得 IECEx/ATEX 证书 4500 余张。

【重大创新】 2023 年，中国煤炭科工申请专利 2846 件，授权专利 1872 件，其中发明专利 1055 件；获得中国专利银奖 1 项，首次晋级中央企业专利排序 A 档。103 项成果获得中国煤炭工业协会科学技术奖，特等奖、一等奖占行业总数的 43%，比上年增长 30%。应用基础研究方面，“数字岩石力学大型基础工业软件平台”建成国内外首个数字岩石力学平台，攻克冲击地压定量防控、工程规律差异化挖掘等难题。煤矿智能化开采方面，研制“大型矿井综合掘进机器人”国产化自主产品并达到小批量应用的成熟度。研发一体化“沉浸式”远程开采操控平台，建成“地面规划割煤、装备自动执行、面内无人作业”的无人化开采新模式示范工程。煤炭清洁利用方面，“煤气水内循环减量化技术”开发常压固定床气化共性关键技术，真正实现气化煤气水近零排放。“电站煤粉锅炉灵活深度调峰无助燃点火及稳燃技术”实现煤粉分级点火，大幅提升主燃烧器的点火和稳燃性能。

【党建工作】 一是坚决做到“两个维护”。坚决用习近平总书记关于国有企业改革发展和党的建设重要论述统领企业全部工作，专门制定习近平总书记重要批示精神工作方案，与时俱进将习近平总书记对本行业、本领域的6个方面25条重要指示批示梳理更新为7个方面26条。二是加强党对人才工作的全面领导。健全年轻干部选拔机制，推动后备干部调研及“双百人才库”建设工作，新提拔干部45周岁及以下占比85.7%，20名“85后”干部进入集团党委管理干部序列。三是牢牢把握意识形态工作领导权。4部作品分别获得“国企好新闻”奖，6部作品获评中央企业优秀故事，2部作品获得中央企业社会主义核心价值观短视频微电影征集活动优秀奖；1部作品获得“视觉新国企·强国新图景”主题传播活动优秀视频奖。四是加强对统战群团工作的领导。69个集体和个人分别获评“全国五一巾帼标兵”“全国巾帼文明岗”和行业工会“身边的大国工匠”“煤炭行业技能大师”“煤炭行业技能大师工作室”等荣誉。1人评选为中国妇女十三大代表。五是持续深化党风廉政建设和反腐败工作。坚决落实“两个责任”，认真践行“四种形态”，准确把握“三个区分开来”，加大监督执纪问责力度，有效发挥警示震慑作用。

【信息化与数字化建设】 一是新型数字基础设施建设初见成效。数据中心正式投入使用，信息云正式投入运营，搭建以私有云平台为主、子企业数据中心和公有云互为补充的混合云架构体系。二是系统推进数字化转型，加快“五转”“五化”落实落地。重点培育45项数字化转型典型场景，1家子企业入选国家级服务型制造类企业；20项“两化”融合项目入选中国煤炭工业协会“两化”融合优秀项目，其中4项被列为重点推荐项目。三是加快生产过程数字化，提升智能制造水平。持续推进智能制造工作，完成智能单元、产线、车间、工厂建设项目24个。

【履行社会责任】 一是扎实开展定点帮扶工作。累计投入帮扶资金969.8万元，帮助引进帮扶资金610.8万元，培训各类人才1608人，购买和帮助销售脱贫地区农产品794万元。《323产业链迭代　打造武乡小米区域新名片》案例获评“中央企业助力乡村振兴优秀案例”。二是积极开展志愿服务。开展“生态文明黄河岸　水润矿区展新颜”“关爱留守儿童　温情陪伴成长”“环保回收　捐赠书籍”等志愿服务活动。三是持续加大招聘力度。招录大中专毕业生466人，比上年增长17.9%。稳步推动退役军人接收工作，提供岗位58个，占集团年度进人数量总人数的6.8%，接收退役士兵5人。积极落实残疾人就业工作，提供岗位49个，录用残疾人10人，位列央企前三。四是积极履行能源节约与生态环境保护社会责任。能源消费总量5.48万吨标准煤，比上年减少9.94%。工业总产值(可比价)上升24.07%，万元产值综合能耗(可比价)0.0265吨标准煤，比上年下降21.37%；增加值(可比价)上升26.44%，万元增加值综合能耗(可比价)0.0665吨标准煤，比上年下降28.80%。污染物排放方面，二氧化硫排放量4.95吨，比上年上升3.68%；氮氧化物排放量66.79吨，比上年下降8.38%；氨氮排放量0.96吨，比上年上升15.93%；挥发性有机物排放量21.01吨，比上年下降7.55%。

(撰稿人：姚雪亮)

中国机械科学研究总院集团有限公司

【基本概况】 2023年，中国机械科学研究总院集团有限公司(以下简称集团)坚持以习近平新时代中国特色社会主义思想为指导，坚决贯彻党中央、国务院决策部署，落实国务院国资委工作要求，深入践行公益类科技型央企责任担当，全面发力工业母机与工业软件，全面塑造“增信赋能”党建品牌，抓创新、谋战新、稳经营，积极落实新一轮深化改革重大部署，扎实开展审计问题整改，高质量推动主题教育走深走实，在奋力实现高水平科技自立自强的新征程中信心更足、步子更稳、势头更好。

科技创新再添硕果。南北2个科技创新基地建成启用，新获得中国专利金奖1项、省部级科技成果奖49项（一等奖7项）、授权专利476件；一批标志性硬成果有力支撑新材料、新能源、大飞机、空天、深海等战略性新兴产业与未来产业创新发展。

改革示范再获突破。机科股份、中机认检、北自科技3家改革试点企业成功上市，“十四五”资本证券化目标提前完成。新增“科改企业”2家、国家级专精特新“小巨人”企业4家，改革试点示范成效显著。

两端发力协同推进。牵头组建国家工业母机创新研究院，成立中机数科工业软件专业化公司，设立中机一院雄安分公司；稳步推进郑州、武汉、沈阳等一批高端装备制造产业园建设；战略性新兴产业及未来产业布局、传统产业升级齐头并进。

增信赋能成效显著。主题教育扎实开展，集团第十次党代会胜利召开，研究生院正式成立，乡村振兴定点帮扶考核首获最高等次“好”，中央企业党建责任制考核再次获评A级，一大批民生实事工程以实际成效交出为民宗旨满意答卷。

【主要指标】

表1　2023年中国机械科学研究总院集团有限公司主要经济指标

项　目	2022年	2023年	比上年增长（%）
资产总额（亿元）	197.60	237.45	20.2
所有者权益（亿元）	91.25	110.92	21.5
营业收入（亿元）	97.55	110.59	13.3
利润总额（亿元）	6.71	7.83	15.8
净利润（亿元）	6.02	6.94	14.7
归属母公司所有者的净利润（亿元）	4.64	5.48	17.1
技术开发投入（亿元）	13.05	14.69	12.57
利税总额（亿元）	6.71	8.59	15.6
应交税金总额（亿元）	3.89	3.98	2.31
全员劳动生产率[万元/（人·年）]	40.10	43.40	8.23
净资产收益率（%）	7.3	6.9	减少0.4个百分点
总资产报酬率（%）	3.7	3.7	与上年持平
国有资本保值增值率（%）	108.4	106.8	减少1.6个百分点

【改革发展】　改革示范成效持续显现。全面开展国有企业改革深化提升行动，2家企业扩围“科改企业”，形成10家“混改”“双百”“科改”试点示范新梯队，试点企业主要经济指标占集团比重70%以上；加快推进改革成果转化，3家子企业实现IPO上市，持续打造一批细分领域排名前列“专精特新”企业和“小而美”上市公司；加快建设世界一流创新型企业，全面对标世界一流和行业领先，强化科技投入产出硬核表达，1家企业入选创建世界一流专精特新示范企业。

改革机制持续深化。深化科技创新改革，以国家级创新机构为载体，持续建设“一院两制”科技创新体系，遴选高水平学科带头人、创新团队和专职科研人员，有力支撑集团高水平共性技术研发能力。持续完善中国特色现代企业制度，完善董事会授权决策、决议督办机制，深化子企业董事会建设及成效评价，加大投资授权力度，企业活力动能持续释放。

科技人才高地建设进一步加强。深入落实创新人才激励机制，强化创新机构负责人专责，夯实优秀科技人才队伍培养机制，聘请8名院士担任集团首席科学家，引进专家30次，推选2名院士候选人、首席科学家，获评国家卓越工程师团队1个、杰出工程师2人。成立中国机械总院研究生院，深入推进中组部工程硕博士改革专项实施，与清华大学等8所高校联合培养工程硕博士，招生规模增长134%。

【重大项目】 统筹安全与发展，发展质量持续提升。全面加强安全环保、网信、外事等各领域“大安全”统筹管理，持续健全6项“大合规”运行机制，扎实开展产权、投资、违规承揽工程项目专项整改，清单化落实54项审计署审计发现问题整改，完成率96.3%，合规经营风险防线持续筑牢；针对“一利五率”、“两金”、亏损子企业等重点经营要素，强化经济运行管控；持续“瘦身健体”，资产运营质量持续改善。

着力创新主业，“三个作用”持续发挥。新承担国家科研项目189项，自主开发30余型首台(套)高端工业母机，高质量推进央企攻坚工程等攻关任务，真空成形、极限成形、复合成形、超精密加工等一批原创性引领性技术实现国际性突破，真空悬浮熔炼、惯性摩擦焊、超深水打桩锤、氢能源动力电池装备、智能网联汽车ESC检测设备等一批自主创新的标志性硬成果，形成支撑战略性新兴产业及未来产业创新发展的成果驱动新动能。

“高水平科研成果”有力支撑国家重大项目。新获中国专利金奖1项、省部级科技成果奖49项、授权专利476件，为工业母机、集成电路、新能源汽车等战略性新兴产业规模发展提供基础材料、工艺装备、系统部件等根基支撑，多项成果实现进口替代，有力保障产业链供应链安全。

【重大创新】 体系化创新平台建设实现新突破。牵头创建国家工业母机创新研究院，国家工业母机战略科技力量打造迈出实质步伐；以怀柔科技创新基地为核心的创新体系初步建成，10个国家级创新机构体系化布局，为打造国家级平台集群奠定坚实基础；清单化布局的国家级企业技术中心、省部级创新平台等一组创新平台梯次覆盖国家1/3以上省域，加快形成网络化和系统化创新布局。

品牌化行业服务影响力持续提升。持续塑造标准、检测、智库等一组行业服务品牌，新获批国家标准验证点，成立焊接标委会水下切割分会，承担国家新材料测试平台建设；新增在研标准430项，其中国际标准25项。以中机研标准院为核心的标准化品牌机构不断壮大，年服务全球企业数千家；以中机认检为核心的测试品牌机构，成功登陆深交所，年服务全球企业数万家。

专业化产业发展步伐加快。专精特新“小巨人”队伍壮大至12家，“专精特新”产业集群逐步成型；成立中机数科工业软件专业化公司，设立中机一院雄安分公司，稳步推进江苏、青岛、海西、宁波、云南、山西6家企业加快落实高精密数控机床、大功率电机等工业母机产业部署，加快郑州、武汉、沈阳、常州、德州等一批高端装备制造产业园建设，战略性新兴产业及未来产业、传统产业“两端发力”齐头并进。

【党建工作】 全面塑造“增信赋能”党建品牌。构建“1234”党建品牌建设工作机制，推动全级次党组织创建“增信赋能”党建品牌全覆盖。开展基层党建“七抓”工程，积极组建“党员创新工作室”“党员攻关小组”“青年突击队”，打造一大批党员示范岗、党员突击队和党员责任区，推动“增信赋能”党建品牌优势延伸到科技创新第一线最前沿，深度挖掘打造融合示范特色案例38个，多平台推广，推动基层党组织融合示范作用持续发挥。

精准持续发力，推动全面从严治党向纵深发展。深化党风廉政建设责任制，持续构建“主责部门盯整改、集团纪委盯结果”的工作机制；强化政治监督，把落实党中央重大决策部署作为监督重点，紧密结合集团科技创新、工程专项、乡村振兴、人才建设等关键环节和重点单位进行监督。组织开展两轮常规巡视，对上一轮巡视重点问题开展“回头看”，以巡促改、以巡促建、以巡促治成效不断增强。

【信息化与数字化建设】 网络安全与信息化工作能力和水平持续提升。完成集团“十四五”网络安全与信息化规划优化调整和中期战略质询；深化司库、投资、合规、督办等管理信息化建设，强化网络安全态势感知、集团网站群、虚拟内网等网络基础设施建设，顺利完成国资监管信息化数字化智能提升第一阶段验收评估，一体推进集团管控能力和数智化管理水平再上台阶。

深化信息技术应用，推动重点领域数字化转型．组建工业App与工业互联网专业化队伍，加快MES、制造业ERP的云化、模块化、组件化，推动关键工艺设备上网、智能制造项目、绿色制造项目网络化运行。成立中机数科信息技术有限公司，全面发力工业软件，研发形成“用于制造过程规划的智能优化算法推荐方法"等新技术 10 项，产出锻造 CAE 软件等重点数字产品 5 种。联合各中央企业和高校院所开展智能制造装备、数字化车间、智能工厂等联合技术攻关，支撑行业智能转型。

【履行社会责任】 聚焦"两个更好"，乡村振兴工作迈上新台阶。紧扣"三个转变"，围绕"五大振兴"，组织召开乡村振兴工作推进会 5 次、座谈 11 次，集团领导 5 次到新县调研，合力推动乡村振兴 23 项任务落实；直接投入帮扶资金 1052 万元，引进帮扶资金 7157 万元；选派挂职副县长 1 人、驻村第一书记 1 人；集团在中央单位定点帮扶工作成效考核中，首次获得最高等次"好"。

坚持以人民为中心，民生实事工作落地见效。坚持"我为群众办实事"常态化开展，清单化推动年度民生实事工程计划，投入近 7200 万元，有序开展 16 大类 172 项民生实事工程项目，推动电梯加装、节能改造等重点民生工程落地见效，集团多地办公、家属区环境和住房条件得到改善，职工子女入学得以解决，员工医疗保障得到提升，民生工程成果切实惠及广大职工群众。

（撰稿人：戴黎黎）

中国钢研科技集团有限公司

【基本概况】 中国钢研科技集团有限公司（以下简称中国钢研）是我国最大的金属新材料及冶金工艺综合性研究机构和产业化转化基地。拥有 2 家研究院、4 家上市公司、31 个国家级创新平台。70 多年来，中国钢研承担金属新材料、国家钢铁行业重大关键与共性技术研制开发任务，并广泛应用于国民经济和国防军工各领域。

2023 年，中国钢研全面贯彻党的二十大精神及习近平总书记"2·26"重要批示精神，坚持"战略引领、夯实基础、重点突破"工作指导方针，推进内部协同，持续开展关键核心技术攻关，着力强化原始创新和前沿技术布局，积极推进传统产业转型升级，培育壮大战略性新兴产业，布局未来产业。全面实施国企改革深化提升行动，为接续奋进"十四五"、全面建成一流科技集团积蓄力量。

【主要指标】

表 1 2023 年中国钢研科技集团有限公司主要经济指标

项 目	2022 年	2023 年	比上年增长（%）
资产总额（亿元）	279.18	293.88	5.27
所有者权益（亿元）	152.79	167.73	9.78
营业收入（亿元）	138.51	155.3	12.12
利润总额（亿元）	9.54	10.41	9.12
净利润（亿元）	7.34	9.9	34.88
归属于母公司所有者的净利润（亿元）	2.39	4.11	71.97
技术开发投入（亿元）	15.24	17.51	14.9
利税总额（亿元）	15.1	16.07	6.42
应交税金总额（亿元）	8.32	6.78	—18.51
全员劳动生产率[万元/（人·年）]	36.91	38.96	5.55
净资产收益率（%）	5.13	6.18	增加 1.05 个百分点
总资产报酬率（%）	3.9	3.8	减少 0.1 个百分点
国有资本保值增值率（%）	114.58	106	减少 8.58 个百分点

【改革发展】 一是管理体系改革进一步深化。进一步完善"三重一大"决策机制，着力在公司治理中加强党的领导，加快健全各治理主体各司其职、各负其责、协调运转、有效制衡的治理机制。推进子企业落实董事会职权。围绕"一个钢研、一个目标"，多维度、多模式拉通内部资源，形成新的"开发＋产品＋交付＋运维"体系。提升品牌管理能力，取得技术研究、材料测试、材料处理、金属材料等重点业务类别商标证书 32 件。二是三项制度改革走深走实。建立管理人员全生命周期管理链条，全层级管理人员任期制契约化率 34%，所属企业经理层任期制和契约化管理

100%。建立薪酬水平与经济效益同向联动、绩效考核结果与员工薪酬分配、职级升降同频共振的考核分配机制。深入开展全员培训。加大单列工资支持力度，提高关键核心骨干人员激励力度。所属钢研总院、钢研高纳等开展组织机构改革调整，推进竞争上岗，进一步提升组织能力和管理效能。三是数字化转型见行见效。组织完成集团公司材料体系平台一期建设，初步构建材料、标准、供应商等数据库。所属安泰科技启动智能制造场景建设 32 项，“智能制造四率”指标持续提升，某应用系统入选工业和信息化部“2023 年度智能制造优秀场景”。全力推进“钢铁流程高效运营人工智能服务平台”项目，在国内特大型钢厂得到应用。获得第三届智能制造创新大赛钢铁行业赛道一等奖和最具投资价值奖，获批工业和信息化部“智能制造系统解决方案揭榜挂帅”3 个项目。所属数字化中心大力推广 CISRI-DLab 平台应用，注册人数 2200 人，年度计算和数据任务量超过 4 万次。发布首个面向全行业的 Material-DLab 多尺度材料计算平台，入选国务院国资委 20 款年度工业软件。以“钢研智云”为基础，初步形成具有钢研特色的智能化研发、标准验证以及低碳咨询的数字化研发支撑能力。四是细分领域竞争力不断提升。聚焦核心业务，强化对标管理。高温合金等核心业务在市场占有率、产品交付周期等关键指标上均有明显提升，在区域布局、产业规模、产品结构、产能释放等方面都有明显成效。进一步推进上市公司高质量发展，科技+资本融合赋能取得实效。所属钢研昊普等 4 家企业获得国家级专精特新“小巨人”企业认定，安泰超硬入选国务院国资委创建世界一流专精特新示范企业，安泰天龙（北京）入选国家级绿色工厂。五是管理能力水平持续提升。统筹推进加快建设世界一流企业建设等专项行动。持续推进精益管理工作，发布实施《中国钢研精益管理工具应用指导手册》和《评价体系》；各单位开展精益管理提升项目 33 项，2 个项目获得国务院国资委和中国质量协会 QC 成果二等奖。所属单位开展存货管理成熟度评价体系，实施精益管理改进措施 478 项，降低成本。

【重大项目】 2023 年，中国钢研深入开展“十四五”中期战略评估与调整，加快战略性新兴产业和未来产业布局。主责承担新材料、工业软件、人工智能、新能源 4 个方向战略性新兴产业焕新行动任务；聚焦可控核聚变等领域，主责和参与 6 项未来产业技术研发与工程建设任务；承担仪器仪表产业 3 个标志性产品链链主。聚焦产业优化、结构调整，有序稳妥推进涿州航空航天产业园项目。

【走向海外】 2023 年，中国钢研承担的印度尼西亚某半连轧带钢生产线三电控制系统工程项目自动化系统集成，是自动化技术迈向“一带一路”沿线国家的标志性工程；承建的肯尼亚冷轧厂酸洗和彩涂线项目，提高了集团公司在国际冷轧下游产品线行业的影响力；开拓乌兹别克斯坦等中亚地区冶金工艺项目。组织参加各类国际科研和前沿论坛，提升影响力。对两家境外企业加强境外财务审计监管，加强境外企业安全风险防范和应急等管理。

【重大创新】 一是科技创新体系重构持续深化。围绕四大技术方向，深化四大任务布局，统筹推进实施 9 个方面行动计划。组织开展材料领域全国重点实验室优化重组工作。推进冶金智能制造系统全国重点实验室和高端金属材料创新联合体升级版建设。完成智能制造行业标准试验验证公共服务平台项目验收，评级为“优秀”。中国产业基础能力发展战略研究院正式揭牌，钢研国际新材料创新中心（深圳）注册成立，稀土新材料技术创新中心成立运行。陈篪特殊钢研究中心、数字化特冶中心、氢冶金中心等集团共性技术和专业领域研究平台建设顺利实施。二是关键核心技术攻关取得新突破。统筹实施 64 项二期攻关任务，突破一批共性关键技术，支撑我国重大工程、重点型号及高端装备自主可控。具有自主知识产权的国内首台（套）超大型 RD1850 热等静压装备竣工投产，达到国内领先、国际先进；突破超高强度钢超大规格锻坯高纯净均质化制备技术，填补国内有关领域研究及应用空白，达到国际领先水平；纯氢多稳态竖炉投入运行，成为全球首条达到工业生产应用能力、可实现全过程零碳排放的示范工程；自主开发的 S32750 双相不锈钢管，在亚洲最大的海上石油生产平台上安装应用；某关键热端部件，在全球推力最大的液体火箭发动机中实现应用；国内首款低电压高分辨扫描电镜成功交付，产品进入自主化量产阶段；突破超高精度纳米级金属膜制备技术，达到国际先进水平。三是科技创新成果和项目迈上新台阶。获得省部级以上科技奖励41项；授权专利385件，其中发明专利264件、国际专利10件；参与修订国际标准1项，牵头制（修）订国家、行业标准、团体标准24项；登记软件著作权85项。积极争取各类项目133项，体现集团公司实力和优势。

【党建工作】 一是思想政治引领不断强化。不断深化"第一议题"制度，深入开展主题思想教育，牢牢把握"学思想、强党性、重实践、建新功"总要求，一体推进理论学习、调查研究、推动发展、检视整改等重点措施。组织开展党员干部轮训工作。集团领导班子分赴17家基层单位开展专题调研，形成调研报告9份，得到中央主题教育第38指导组的充分肯定。二是党建工作质量进一步提高。坚持党管干部党管人才原则，完善干部胜任力模型并落地应用，重构科研人才创新能力图谱。搭建工程硕博士培养体系，获批2024年招生58人，遴选出33名工程硕博导师。实施基层党建提质增效"七抓"工程，深化青年精神素养提升工程。优化党建工作考核评价机制，持续推进党建与业务深度融合。开展全员技术创新活动，党建带团建带工建取得实效。加强统战工作，推广李卫工作室成功经验。三是推进党风廉政建设和反腐败工作。贯彻全面从严治党战略方针，加强对"一把手"和领导班子监督，推动监督融入科技攻关全生命周期。持续深化落实中央八项规定精神专项治理工作，坚决纠治"四风"。全面加强纪律建设，紧盯关键领域、重点环节，推动靠企吃企专项整治走深走实。狠抓监督执纪问责，持续巩固风清气正的政治生态。对所属钢研总院党委开展常规巡视，对所属钢研昊普开展巡视整改评估工作。持续深化内部审计"常态化经济体检"监督功能，助力集团公司可持续高质量发展。

【信息化与数字化建设】 一是数字化赋能运营管控。启动建设司库、科研管理、合同管理等集团统建系统建设工作，实现全级次纵向到底的穿透贯通。启动人力资源和档案系统等建设。组织完成材料体系平台一期建设，初步构建材料、标准、供应商等数据库，持续推动数据治理工作。二是实现研发过程数字化。建设完成具备管理千级设备及实时分析处理百万级数据能力的轻量级工业互联网平台。建设完成"材料数据工厂"基础硬件系统与软件的部署与测试。完成"钢研智云"平台运维与迭代升级，实现为"某钢铁集团流程运行优化与智能化提升"项目的协同研发提供平台支撑。三是加快数字产业化应用。完成钢铁全流程模拟仿真与优化工业件平台研发，实现此类软件的国产自主可控；推进面向装备制造业的材料与标准体系数字化研究建设；推动成立国家材料大数据联盟；推进钢研碳云平台的升级建设。智能制造标准试验验证公共服务平台为五大钢铁集团提供标准服务。开发的能源管理中心系统软件达到国际先进水平，在30多家钢铁企业推广应用，取得显著节能效果。

【履行社会责任】 2023年，中国钢研持续加大扶贫力度，直接投入帮扶资金（无偿）272万元，引进帮扶资金（无偿）8.3万元，实施帮扶项目7个，购买和帮助销售农产品260万元，培训乡村基层干部等各类人才160人次。助力山阳县教育优质均衡发展，覆盖全县所有学生，约7万人。

加强安全生产责任和安全教育与培训。严格落实双重预防机制，重新梳理集团重点关注安全风险管控清单38项，升级管控措施。集团总部层面推动完成事故隐患整治62项。在基层实施并完成安全技防提升项目54项，推动重点企业重点管控区域在线监控全覆盖。

（撰稿人：盛小隆）

中国化学工程集团有限公司

【基本概况】 中国化学工程集团有限公司（以下简称公司）是国务院国资委监管的大型中央企业集团，是我国化工领域资质最齐全、功能最完备、业务链最完整、知识技术密集的国际工程公司，是石油和化学工业工程领域的国家队，在油气服务领域稳居全球第一。

公司前身是成立于1953年的重工业部化学工业管理局，为解决全国人民"吃饭穿衣"问题应运而生，建设"一五"期间苏联援建的全部14个化工项目，承建国家引进的13套大化肥、4套大化纤等关乎国计民生的重大工程。承建我国90%化工项目、70%石油化工项目、30%炼油项目，在国内外建设7万多套化工装置，为新中国构建独立完整化学工业体系、促进经济社会发展、增进"一带一路"沿线国家人民福祉作出重要贡献。

公司拥有工程设计综合甲级资质、工程勘察综合类甲级资质，石油化工、公路、建筑工程施工总承包特级资质，以及市政、桥梁、隧道等施工总承包一级资质和专业资质，业务覆盖化工、石化、炼油、建筑、市政、电力、公路、水利、机电等行业领域。能够为客户提供化工厂和化工园区规划、咨询、设计、投资、建造、运营、检维修全生命周期服务，承建一批公路、房建、市政、环保等重大项目，获得中国建设工程鲁班奖43项、国家优质工程奖124项。在安徽、山东、江苏等地建成一批绿色、低碳、数字化、智慧化的化工园区，是我国工业工程领域综合解决方案服务商。

公司坚持"科技是第一生产力"和绿色低碳发展理念，全力推进高水平科技自立自强，是国家首批"创新型企业"，是新一代煤(能源)化工产业技术创新战略联盟理事长单位，是中国现代化工产业知识产权运营中心。拥有国家级企业技术中心13个、国家能源研发中心1个、高新技术企业23家、博士后工作站7个。在北京成立科学技术研究总院，在上海、天津、武汉、西安、合肥等地设立智能装备、新材料及催化剂、清洁能源、碳中和、环保等一批专业研究院，设立日本筑波、北京房山等实验室，成立天津滨海、山东淄博等中试基地。拥有1200人的"科学家＋工程师"科研队伍，突破己二腈、冷氢化法多晶硅、POE弹性体、高端环保催化剂等一批"卡脖子"关键核心技术，获得国家授权专利5000余件，主编或参编国家和行业标准500余项，获得中国专利金奖2项、银奖3项以及国家、省部级科学技术奖400余项。全面推进"科技研发＋技术转让＋特色实业"一体化发展，在上海建成全球首套常温常压有机液体储氢加注一体化示范装置，在山东、福建、新疆、重庆建成化工新材料生产研发基地，是我国高端化学品和先进材料供应商。

公司是最早实施"走出去"战略的中国企业，业务遍布全球80多个国家和地区，设立130多个海外机构，具有全球资源配置能力和超大项目组织实施能力。在境外实施全球单系列产能最大的180万吨/年甲醇项目，全球石化领域单个合同额最大的280万吨/年乙烯和300万吨/年聚乙烯的化工综合体项目，全球最大的尼日利亚丹格特3500万吨/年炼油石化项目，全球最大的土耳其10亿米^3/年地下天然气储库项目，全球最大的土耳其卡赞250万吨/年天然碱项目，哈萨克斯坦最大的IPCI 50万吨/年聚丙烯项目，印度尼西亚芝拉扎1000兆瓦超临界电站项目等诸多具有全球影响力的重大工程，带动中国技术、中国标准和中国装备"走出去"，是高质量共建"一带一路"的"排头兵"。

公司坚持以习近平新时代中国特色社会主义思想为指导，秉承"让世界更炫彩、让生活更美好"的发展理念，实施"两商"战略，加快建设研发、投资、建造、运营一体化的世界一流工程公司，为全面建设社会主义现代化国家、全面推进中华民族伟大复兴贡献力量。

【主要指标】 2023年，公司经营业绩稳步增长，实现历史最好水平。截至2023年底，公司资产总额2674.41亿元，比上年增长13.93%。全年实现营业收入2009.36亿元，比上年增长14.06%；利润总额82.59亿元，比上年增长1.52%；净资产收益率8.92%；国有资本保值增值率109.47%，完成国有资产的保值增值目标。

表1　2023年中国化学工程集团有限公司主要经济指标

项　目	2022年	2023年	比上年增长(%)
资产总额(亿元)	2347.44	2674.41	13.93
所有者权益(亿元)	755.09	830.84	10.03
营业收入(亿元)	1761.71	2009.36	14.06
利润总额(亿元)	81.35	82.59	1.52
净利润(亿元)	68.68	70.70	2.94
归属于母公司所有者的净利润(亿元)	28.85	30.58	6.00

续表

项　目	2022年	2023年	比上年增长(%)
技术开发投入(亿元)	58.16	71.16	22.35
利税总额(亿元)	114.22	117.45	2.83
应交税金总额(亿元)	48.01	48.01	与上年持平
全员劳动生产率[万元/(人·年)]	44.13	44.62	1.11
净资产收益率(%)	9.61	8.92	减少0.69个百分点
总资产报酬率(%)	3.91	3.52	减少0.39个百分点
国有资本保值增值率(%)	114.65	109.47	减少5.18个百分点

【改革发展】 2023年,公司持续巩固改革成果,连续两年在国务院国资委改革三年行动专项考核中获评A级。一是改革深化提升行动启动实施。制定实施方案,配套出台引进高层次人才、三级公司生产经营一体化、细化量化科学化考核、科技创新、董事会建设等5个工作方案,年度重点事项全部完成。二是建设世界一流企业行动蹄疾步稳。制定《加快建设世界一流企业实施方案》,年度重点任务完成率100%。持续开展"对标先进争创一流"活动,所属天辰公司入选国务院国资委创建世界一流专业领军示范企业。三是市场化经营机制不断深化。坚持"一部门一策""一人一策",完成集团和二、三级总部360度考核全覆盖。修订所属企业经营业绩考核办法,全面完成指标测算和模型推演,为全面实施"一企一策"考核做好准备。持续深化"四能"机制,同一企业经理层成员收入差距最高5.3倍。四是专项改革积极稳妥推进。大力实施"科改行动"和"双百行动",所属天辰公司获评"标杆",所属华陆、土木、重机公司获评"优秀"。11户"两非"企业剥离全部完成。清退低效参股股权11项,收回投资5969万元。深入开展亏损企业治理,亏损面、亏损额分别比上年降低27.9%、12.1%。

【重大项目】 2023年,公司新签合同额4200亿元,比上年增长4.5%。其中,境内新签合同额3000亿元,占比71.4%;境外新签合同额1200亿元,占比28.6%。

执行中的境内重大工程项目有:山东烟台裕龙岛项目(合同额191亿元)、巴斯夫项目(合同额98.99亿元)、中国丝路科创谷项目(合同额79.79亿元)、泉港HPPO项目(合同额27.99亿元)、西藏扎布耶盐湖绿色综合开发利用万吨电池级碳酸锂项目(合同额21.24亿元)、临沂至滕州高速公路工程项目(合同额20.96亿元)。

执行中的境外重大工程项目有:俄罗斯波罗的海GCC项目(合同额1668.80亿元)、安哥拉炼油项目(合同额419.31亿元)、俄罗斯NFP日产5400吨天然气制甲醇项目(合同额99.57亿元)、印度塔奇尔化肥项目(合同额71亿元)、印度尼西亚金祥新能源焦炭项目(合同额27.88亿元)。

【走向海外】 一是海外市场开发实现新突破。2023年,公司积极践行"一带一路"倡议,坚定落实"一体两翼"战略,明确"海外优先",全年海外新签合同额1295亿元。其中,化工领域新签合同额993亿元,占比77%;油气领域新签合同额221亿元,占比17%;基础设施及新能源等领域新签合同额91亿元,占比7%。二是海外高端经营成果丰硕。公司领导积极开展高端经营活动,开展高端对接,洽谈合作意向、推进项目开发;邀请多国驻华使节及20余家国际重点客户出席集团公司产业链融合发展推进会,宣传企业品牌,共商合作机遇,签订合作协议。参加第三届"一带一路"国际合作高峰论坛及企业家大会、中国—中亚五国峰会企业家大会及哈萨克斯坦、乌兹别克斯坦总统圆桌会议等,推动项目签约、共同研究国际工程形势与机遇,宣传公司品牌。三是国际品牌影响力有效提升。ENR 2023年承包商排名榜单再获佳绩,居"全球承包商250强"第16位,创历史新高。ENR 2023年设计公司排名榜单中,"国际设计公司225强"排名第27位,"全球设计公司150强"排名第18位,两项排名均创历史新高。持续位居全球油气服务承包商榜首。

【重大创新】 2023年,公司深化对科技创新极端重要性的认识,切实担当企业创新主体作用。一是开放式创新平台不断完善。组建中国化学科协,特聘5位院士和行业知名专家。获国家知识产权局批准，建设中国现代化工产业知识产权运营中心。山东淄博中试基地建成，天津南港中试基地启动建设。二是创新体制机制不断优化。制定《科技成果转化激励实施细则》等制度，全年实施科技成果转化激励14项、金额1714.6万元。三是重点研发项目加速推进。“1025专项”攻关任务稳步实施，阻燃尼龙、尼龙6T、尼龙46进入中试建设阶段，垃圾气化项目中试装置完成三次投料试车。四是科技创新成果不断涌现。积极参与标准制定，牵头编制化工园区《竞争力评价导则》《智慧化评价导则》，发布国标6项、团标11项。焦炉煤气补碳制乙二醇工艺、多晶硅生产技术获得第24届中国专利奖银奖。5项技术入选工业和信息化部、水利部等部委推广应用目录和优秀场景。

【党建工作】 2023年，公司坚持以高质量党建引领保障高质量发展。一是政治建设更加有力。坚持把习近平总书记重要指示批示作为“政治要件”，认真贯彻落实习近平总书记“2·26”重要批示精神，制定《提高核心竞争力和增强核心功能工作方案》。深化落实“首要议题”“第一议题”等制度，学习贯彻习近平总书记重要讲话和指示批示56项，细化分解落实115条具体举措。二是主题教育走深走实。牢牢把握“学思想、强党性、重实践、建新功”总要求，一体推进理论学习、调查研究、推动发展、检视整改，引导广大党员干部忠诚拥护“两个确立”、坚决做到“两个维护”。聚焦企业改革发展和群众急难愁盼问题开展调研，形成报告1796份，检视整改问题2434个。三是党建文化持续提升。“七抓”工程全面铺开，细化落实7个方面27项任务。深入开展品牌引领行动，在中央级媒体发稿数量比上年增长30%，入选“2023中国品牌500强”。持续深化“青马工程”、青年素养提升工程，组建青年突击队助力项目建设事项受到团中央通报表扬。四是巡视利剑作用持续发挥。把配合国务院国资委党委巡视作为重要政治任务，对巡视期间指出的问题立行立改；扎实做好巡视“后半篇文章”，制定整改措施，建立问题清单、任务清单、责任清单。五是全面从严治党纵深推进。坚持“三不腐”一体推进，深化正风肃纪反腐。深入开展违反中央八项规定精神等问题专项治理，推动整治成果不断转化为治理效能。六是践行使命彰显担当。接续推进定点帮扶县乡村振兴，连续两年获评中央单位定点帮扶最高等次评价“好”。积极践行ESG理念，入选中国ESG上市公司先锋100榜单、中央企业社会价值先锋50指数。所属企业火速驰援甘肃积石山地震、土耳其抗震救灾，助力杭州办成“史上最成功的亚运会、亚残运会”，充分展现央企担当。

【履行社会责任】 2023年，公司深入贯彻习近平生态文明思想，坚持“绿水青山就是金山银山”理念，严格遵守《中华人民共和国环境保护法》《中华人民共和国节约能源法》及其他相关法律法规，持续完善环境管理体系，建设环境应急机制，开展环保宣传贯彻教育，营造节能环保良好氛围。2023年，公司环保总投入2.02亿元，未发生较大及以上突发环境污染事件，未发生较大及以上环保违法违规事件。

公司深入践行绿色生产，推进能源资源节约和污染排放治理，打造资源节约型、环境友好型企业，为实现人与自然和谐共生作出应有贡献。公司持续加强能源管理，提升能源使用效率，加强水资源使用管理，优先使用国家和行业推荐的节能、高效、环保施工设备和机具，科学组织施工，减少机具数量，降低能源消耗，推进绿色生产。公司立足新时代、贯彻新理念、融入新格局，主动服务国家生态环保战略，将“两山”理论转化为企业发展使命，聚焦水环境流域综合治理、环保绿色新材料等重点领域开展研究，以工业环保和工业节能为重点，在流域水环境综合治理和海绵城市建设等环保领域全面发力。

公司在服务乡村振兴、参与社区共建等方面主动作为，立足定点帮扶县所需、中国化学工程所能，全面推进乡村振兴，全力参与志愿服务、抢险救灾、援疆援藏援青等工作，彰显央企责任担当。坚持做好、做优甘肃省庆阳市华池县和环县定点帮扶工作，按照“四个不摘”要求，以“五大振兴”为重点，全力帮助定点帮扶县推进乡村振兴。2023年，中国化学工程在中央单位定点帮扶考核评价中连续获评最高等次评价“好”，连续3年被甘肃省评为定点帮扶先进集体，庆阳市委、市政府专门发感谢信；中央电视台四套《国家记忆》栏目播出中国化学挂职干部、“时代楷模”邱军同志的感人故事，受到社会广泛关注；优秀经验做法入选首本《中央企业乡村振兴蓝皮书》；两名挂职干部获评“甘肃省乡村振兴先进个人”。

（撰稿人：朱　军）

中国盐业集团有限公司

【基本概况】 2023年，中国盐业集团有限公司（以下简称公司）坚持以习近平新时代中国特色社会主义思想为指导，坚决贯彻落实党中央、国务院决策部署和国务院国资委党委工作要求，以主题教育为契机和动力，进一步明晰改革发展定位，围绕主责主业增强核心功能、提高核心竞争力，加大战略性新兴产业布局力度，坚定实施一系列打基础、保安全、促改革、创价值、提效益、强党建举措，推动各板块发展更加协同高效，传统产业基本盘不断稳固，新兴产业增长极持续发力，各领域的供应保障能力不断提升，科技创新、产业控制、安全支撑作用更好发挥，服务国家重大战略作用有力彰显，全面完成年度经营业绩目标，在建设世界一流企业新征程上迈出坚实步伐。

【主要指标】

表1　2023年中国盐业集团有限公司主要经济指标

项　目	2022年	2023年	比上年增长(%)
资产总额(亿元)	559.30	549.48	－1.76
所有者权益(亿元)	223.92	235.26	5.06
营业收入(亿元)	377.25	330.80	－12.31
利润总额(亿元)	37.01	27.15	－26.64
净利润(亿元)	26.20	19.55	－25.38
归属于母公司所有者的净利润(亿元)	8.19	4.91	－40.05
技术开发投入(亿元)	10.73	9.17	－14.54
利税总额(亿元)	59.71	49.01	－17.92
应交税金总额(亿元)	34.22	27.29	－20.25
全员劳动生产率[万元/(人·年)]	50.13	46.64	－6.96
净资产收益率(%)	12.79	8.52	减少4.27个百分点
总资产报酬率(%)	8.42	6.17	减少2.25个百分点
国有资本保值增值率(%)	112.67	106.26	减少6.41个百分点

【改革发展】 2023年，公司高标准、高站位编制改革深化提升行动实施方案，与建设世界一流企业专项任务和落实“十四五”规划有机结合，重点围绕科技创新、产业控制、安全支撑方面制定改革措施49条，推动改革向更宽领域、更深层次、更高水平迈进。动态调整应建董事会企业范围，按照“示范型”和“合规型”对47户应建董事会企业分类指导、分类考核。持续推动劳动、人事、分配三项制度改革，深化所属企业经理层成员任期制和契约化管理改革，突出薪酬兑现的“强激励”和退出机制的“硬约束”。完善中长期激励机制，制定科技型企业收益分红、岗位分红和项目跟投机制的系列操作指引，指导中盐常州化工股份有限公司、中盐安徽红四方肥业股份有限公司、中盐榆林盐化有限公司等企业结合实际制定中长期激励方案，充分调动技术、管理人员的积极性和创造性。一体推进“四个专项行动”，建立健全对标管理提升行动长效工作机制，全面开展价值创造行动，扎实推进专业领军示范企业创建工作，积极落实品牌引领行动，加快建设世界一流国家盐业公司和优秀盐化工企业。

【重大项目】 2023年，公司坚持全局思维系统思维，积极稳妥扩大有效投资，不断提高集团运营管理水平，重大项目有力有序推进。中国盐业股份有限公司有效破解矿业权出让收益缴纳、业财规范化等难点问题，IPO工作有序推进，在北京证监局办理辅导备案登记。中盐内蒙古化工股份有限公司以增资扩股方式收购安徽天辰化工有限公司100%股权，成为国内规模最大、产品种类最多的糊树脂生产企业，有效发挥两大化工基地东西协同效应。中盐青海昆仑碱业有限公司和青海发投碱业有限公司坚决落实环保责任，加大资金投入，加快节能降耗技术升级改造。中盐安徽红四方肥业股份有限公司适应全面实行注册制的要求，上市申请顺利通过上海证券交易所审核。盐穴板块科学规划盐穴资源，积极构建盐穴“多能并储”格局，在中盐榆林盐化有限公司、中盐长江盐化有限公司发展新的盐穴储能项目，为技术的规模化运用积累可复制、可推广的经验。

【重大创新】 2023 年，公司加强资源整合和组织结构优化，完成中央研究院的组建，成立科技创新部，推动形成新的科技创新体系，为全面强化科技创新工作提供组织保障。2023 年度技术开发投入 9.17 亿元，组织实施一批全局性、战略性科研项目，中盐金坛盐化有限责任公司“制碱用精制液体盐联产精制盐和无水硝的新制备工艺”获评一等专利成果；中盐工程技术研究院有限公司“高效环保缓蚀复配融雪剂”和中盐勘察设计院有限公司“定向井与潜没电泵联合采盐的方法”获得专利成果奖项；中盐盐穴综合利用股份有限公司在盐穴储氢、液流电池等方面的技术研发取得积极进展。加强企业主导的产学研深度融合，与清华大学、大连理工大学、中国科学院理化技术研究所等 20 多家机构联合设立研究中心或开展项目合作，构建覆盖全业务领域的科技创新主阵地。

【党建工作】 2023 年，公司牢牢把握学习贯彻习近平新时代中国特色社会主义思想主题教育总要求、具体目标和根本任务，构建“一盘棋”统筹、“一把手”垂范、“一条线”贯穿工作机制。集团各级党组织认真落实“第一议题”制度，形成传达学习、研究部署、落实推动、跟踪督办、总结评估的工作闭环。扎实有序开展调查研究，着力解决发展中的“瓶颈”问题和群众反映强烈的突出问题。将党建“七抓”工程融入生产经营各环节，高标准推进基层党组织规范化建设，梳理形成全级次企业特色党建品牌 77 个。紧扣党的二十大精神做好思想理论宣传，深化思想政治、新闻宣传工作和企业文化建设。坚持党管人才原则，积极引进事业发展所需的各类专业紧缺和技能类人才，打通人员流动、进出的新通道。制定中盐企业领导人员免责事项清单，健全正向激励和容错纠错机制，鼓励领导人员敢闯敢试敢为人先，激发干部员工干事创业激情。驰而不息正风肃纪，围绕贯彻落实中央八项规定精神和整治“四风”、巡视审计整改等开展专项治理监督，对 8 家所属企业党组织开展常规巡视，持续强化巡视成果综合运用，推动全面从严治党不断向纵深发展。

【信息化与数字化建设】 2023 年，公司坚持以《中盐集团网络安全和信息化规划（2021—2025）》为指引，加强数字中盐建设，健全完善网信管理机制，推进数字化转型与业务场景深度融合。中盐安徽红四方股份有限公司“精细化工安全风险数字化实时监测与应急管控”，中盐内蒙古化工股份有限公司“金属钠电解槽自动化作业”“聚合工序全自动化运行”入选工业和信息化部智能制造优秀场景。集团司库系统如期上线运行，与已有的 ERP 管理信息系统实现数据互联互通，推动业务工作与财务管理有机融合。建成北京、合肥两个互联网出口，完成互联网出口收敛工作，持续提升中盐企业网络信息安全水平。

【履行社会责任】 2023 年，公司坚决履行食盐保供兜底责任，针对 2023 年 8 月下旬部分省区食盐市场异常波动，第一时间做出准确预判，第一时间启动应急响应，第一时间发布公告声明，不讲条件、不计成本，保障各地重点渠道市场“价格不涨、质量不降、供应不断”，在最短时间内平息抢购风波。深入落实“健康中国”行动，传播“减盐不减咸　低钠更健康”用盐理念，推动我国食盐消费向健康低钠转变，更好满足人民群众美好生活需要。持续开展对陕西省宜川县、定边县的定点帮扶工作，2023 年累计直接投入和引进帮扶资金 2100 余万元，全力支持当地重点产业、重点项目和县域经济发展。科学有序落实能耗“双控”向碳排放“双控”转变要求，加大节能减排技术改造力度，主要化工产品能耗、水耗指标保持行业领先。持续优化绿色产能资源配置，盐穴“多能并储”关键技术联合攻关取得突破性进展，以盐穴压缩空气储能电站为代表的技术应用日趋成熟，为地方电网提供 6 万千瓦调峰能力，在助力当地迎峰度夏电力保供中发挥积极作用。

（撰稿人：陈　翔）

中国建材集团有限公司

【基本概况】 2023 年，中国建材集团有限公司（以下简称中国建材集团）以习近平新时代中国特色社会主义思想为指导，深入贯彻党的二十大精神，坚决落实党中央、国务院重大决策部署，在国务院国资委的正确领导下，围绕基础建材和战略性新兴产业“两端”发力，增强核心功能、提高核心竞争力，不断发挥科技创新、产业控制和安全支撑作用，高质量发展迈出坚实步伐，在服务国家重大战略、建设现代化产业体系、助力新型工业化建设中取得新进展新成效。获评 2022 年度中央企业负责人经营业绩考核 A 级、2022 年党建责任制考核“优秀”。

【主要指标】 2023 年，中国建材集团实现利润总额 168.64 亿元、比上年下降 36.55%，资产负债率 66.59%、比上年减少 0.03 个百分点，净资产收益率 5.69%、比上年减少 4.23 个百分点，研发投入强度 3.75%、比上年减少 0.17 个百分点，营业现金比率 10.02%、比上年增加 0.12 个百分点，全员劳动生产率 38.20 万元/(人・年)、比上年减少 4.82 万元/(人・年)。

表 1　2023 年中国建材集团有限公司主要经济指标

项　目	2022 年	2023 年	比上年增长(%)
资产总额(亿元)	7029.62	7050.95	0.30
所有者权益(亿元)	2346.73	2355.46	0.37
营业收入(亿元)	3801.58	3475.11	-8.59
利润总额(亿元)	265.80	168.64	-36.55
净利润(亿元)	221.10	133.78	-39.49
归属于母公司所有者的净利润(亿元)	42.32	14.03	-66.85
研发经费投入(亿元)	149.04	130.14	-12.68

续表

项　目	2022 年	2023 年	比上年增长(%)
利税总额(亿元)	271.72	210.41	-22.56
应交税金总额(亿元)	242.59	190.03	-21.67
全员劳动生产率[万元/(人・年)]	43.02	38.20	-11.20
净资产收益率(%)	9.92	5.69	减少 4.23 个百分点
总资产报酬率(%)	5.60	3.85	减少 1.75 个百分点
国有资本保值增值率(%)	114.20	104.18	减少 10.02 个百分点

【改革发展】 2023 年，中国建材集团深入推进国有企业深化改革提升行动，发展活力效率进一步增强。一是党的领导融入公司治理取得新成效。坚持在完善公司治理中加强党的领导，修订集团“三会”权责清单，开展子企业“三会”权责清单专项检查，进一步明确权责边界、厘清决策事项、规范决策程序。建立子企业董事会建设协作交流机制，深化子企业董事会评价，推动董事会建设向子企业延伸拓展。二是市场化经营机制改革实现新突破。进一步加强精准考核和刚性兑现，更大力度推动管理人员竞争上岗、末等调整和不胜任退出，二、三级企业覆盖面 72.7%，全级次末等调整和不胜任退出比例 6.5%。中长期激励扩面提质，2023 年新增 10 家企业实施中长期激励，激励骨干员工超过 3600 人。三是改革深化提升行动高质量开局。改革三年行动圆满收官，集团连续两年获评 A 级。高质量高起点实施改革深化提升行动，累计提出 1865 项落实举措。扎实开展世界一流“双示范”创建行动和对标一流管理提升行动，集团入选创建世界一流示范企业，2 家成员企业入选创建世界一流专业领军示范企业。新增“双百企业”2 家、“科改企业”1 家。

【重大项目】 2023 年，中国建材集团以市场化方式加快推进战略性重组和专业化整合，进一步优化产业布局。一是基础建材业务，完成祁连山水泥与中交集团重组，树立首个央企市场化重组上市典范；推进宁夏建材吸并中国建材集团信息，打造集团数字化服务平台。二是新材料业务，完成风电叶片业务整合，打造全球第一、行业领先的风电业务平台；完成涂料业务重组整合，高质量并购民族涂料品牌嘉宝莉，打造战略性新兴产业新增长极。三是工程技术服务业务，完成装备制造业务整合，成立工程装备集团和研究总院，构建高端装备研发智造平台。

【转型升级】 2023 年，中国建材集团优化资源配置，加快推进新旧动能转换，加快发展新质生产力。一是战略性新兴产业和未来产业布局力度空前。围绕“9＋6”任务，制定战略性新兴产业和未来产业工作方案，在战略性新兴产业布局四大领域、16 项任务、30 项标志性成果，在未来产业布局五大领域、6 项重点技术。建成全球最大的 2.5 万吨高性能碳纤维基地，新开工建设 3 万吨碳纤维基地，完成 62 亿平方米以上锂电池隔膜产能布局，建成年产能 100 万片柔性折叠玻璃生产线，新投产风电叶片产能 3.14 吉瓦。二是基础建材优化升级蹄疾步稳。完成 19 条熟料线、29 条粉磨线升级改造，石灰石供给率比上年增加 3.2 个百分点，熟料标煤耗比上年下降 2.9%；全面深化“水泥＋”战略，持续优化提升商混业务，骨料产量比上年增加 3000 万吨。三是数字化转型步伐加快。开启数字化转型元年，明晰“1254”数字化转型蓝图，构建流程治理、数据治理、数字化治理三大体系，全面推进集团“一张网”“一朵云”建设，以变革思维推进数字化转型。推进实施 9 个速赢项目，加快“产业大脑＋未来工厂”建设，建成投运集团统一大数据中心，发布水泥智能工厂 2.0 标准，打造装备制造数字加工共享平台，12 家企业入选 2023 年度工业和信息化部智能制造试点名单、12 家企业入选 2023 年建材工业智能制造数字转型典型案例。四是绿色化转型有序推进。集团综合能源消费总量比上年下降 3.9%，氮氧化物、二氧化硫、粉尘排放分别比上年下降 11.1%、4.3%、21.1%，单位熟料、水泥碳排放强度分别比上年下降 0.8%、2.1%。实施央企间最大规模碳交易、采购中林集团 1000 万吨碳汇减排量，新型低碳水泥熟料一次烧成技术实现碳减排 25%，建成国内水泥行业最大的二氧化碳捕集项目，建设全球首个玻纤“零碳”智能制造基地，下线全球最长百米级可回收复材风电叶片，“光伏＋”工厂增至 55 家。

【走向海外】 2023 年，中国建材集团加快国际化布局，推动共建“一带一路”高质量发展行稳致远。一是明确“海外再造”战略。制定国际化发展十年行动计划，依托基础建材和新材料两大系统解决方案，通过绿地投资与并购投资、轻资产投资和重资产投资、独立出海与多方合作、先建市场与后建工厂四大战略路径，力争用 10 年左右时间在海外“再造一个中国建材”。二是加快布局增量项目。2 个海外水泥项目均突破亿元净利润，石膏板海外销量、收入、净利润比上年倍增，海外玻纤产能提升 40%，在巴西下线首支风电叶片。三是巩固提升存量优势。新签海外合同额比上年增长 54%，海外仓、建材超市收入、利润分别比上年增长 28%、98%。在第三届“一带一路”国际合作高峰论坛工商活动上，现场签约 2.85 亿美元国际项目合同。

【重大创新】 2023 年，中国建材集团强化科技创新自立自强，非金属材料“国家队”作用进一步彰显。一是全力打造原创技术策源地。新承担 7 项“1025 专项”工程二期攻关任务，新获批 6 项“十四五”国家重点研发计划，完成集团“揭榜挂帅”项目一期评估和二期启动，制(修)订国际标准 4 项，累计有效专利 2.5 万件，其中有效发明专利近 7000 件、国际专利 850 件，2022 年专利数量居央企第 18 位，科技创新连续 10 年获国务院国资委考核加分。二是突破一批原创性“卡脖子”技术。实现 T 700 级以上高性能碳纤维成套技术自主可控，T 1100 级碳纤维中试成功，研制成功 CR 929 国产大飞机 8×4 米机身壁板，碳纤维复材涡扇叶片助力国产航发 CJ－1000A 首飞成功，攻克新型低碳水泥熟料一次烧成制备技术，较普通硅酸盐熟料碳排放降低 25%，特种水泥助力川藏铁路、“华龙一号”核电机组、页岩气开发等国家战略工程，成功研制我国首个高放废液玻璃陶瓷固化配方和高性能熔铸耐火材料，研制出全球陆上最长 12 兆瓦“沙戈荒”风电叶片，多项新材料应用于航空航天等“国之重器”。三是科技创新体系更加完善。打造“1＋17”国家企业技术中心创新体系，完成 3 个国家重点实验室重组方案，获批玻璃基功能材料技术创新中心，建成复合材料行业中心、“双碳”公共服务平台，先进无机非金属材料行业中心获得授牌。布局建设"中国—埃及"高性能纤维联合实验室等海外创新平台。

【党建工作】 2023 年,中国建材集团强化政治引领,党的领导、党的建设进一步加强。一是扎实开展习近平新时代中国特色社会主义思想主题教育。深入贯彻落实习近平总书记重要讲话和指示批示精神,持续深化"第一议题"制度。强化两批主题教育衔接联动,一体推进理论学习、专题轮训、调查研究、检视整改,经验做法 40 次登上人民网等媒体。二是党的建设和干部人才工作持续加强。深化"三基"建设、实施"七抓"工程,组织党建经营融合案例评选。建立首席专家制度,引进海外高层次人才 2 人,与清华大学、武汉理工大学开展高层次人才和工程硕博士联合培养,分层分类建立年轻干部人才库,2 名科技骨干入选"大国工匠"培养计划,3 人获评"全国技术能手"。三是全面从严治党向纵深推进。持续强化政治监督,压紧压实关键少数监督,做实做细日常监督,严肃查办违规违纪问题,完善大监督闭环体系。扎实开展纪检干部队伍教育整顿,强化教育纯洁思想,清理整顿纯洁组织。

【履行社会责任】 2023 年,中国建材集团获得 2023 年度中国 ESG 卓越实践 30 强和社会责任管理"犇牛奖",社会责任发展指数居"中国企业 300 强"第 10 位,"国有企业 TOP10"第 8 位。积极开展捐资捐赠,设立"善学"书屋,开展"善学"夏令营等多种形式公益活动。2023 年,投入帮扶资金 8810.20 万元,实施帮扶项目 33 个,培训基层干部、致富带头人、各类技术人员 454 人,购买和帮助销售农产品 2591.38 万元。帮扶成效连续 4 年在中央单位考核中获得最高等次评价。

(撰稿人:张振东)

中国有色矿业集团有限公司

【基本概况】 中国有色矿业集团有限公司(以下简称中国有色集团)成立于 1983 年,是国务院国资委管理的大型中央企业,主业为有色金属矿产资源开发、有色金属新材料研发生产、建筑工程、相关贸易及服务,是我国有色金属工业最早实施"走出去"战略、国际化经营成果最丰硕的企业之一。习近平总书记曾先后对中国有色集团作出三次重要指示批示,勉励中国有色集团深入实施"走出去"战略,进一步做强做优,为保障国家战略资源安全作出新贡献。

2023 年,中国有色集团坚持以习近平新时代中国特色社会主义思想为指导,全面落实党的二十大精神,深入贯彻习近平总书记对集团公司三次重要指示批示和"2·26"重要批示精神,坚决落实党中央、国务院重大决策部署,认真落实国务院国资委"一增一稳四提升"具体要求,创新实施"六个增效",有效应对铜钴镍锌价格降幅较大、国别政治风险急剧上升等不利影响,继续保持稳中奋进、进中向好、好中突破的良好态势。

【主要指标】 2023 年,中国有色集团实现营业收入 1286.72 亿元,比上年减少 7.76%;利润总额 81.88 亿元,比上年增加 5.60 亿元,增长 7.34%;净利润 54.74 亿元,比上年增加 2.87 亿元,增长 5.53%;归属于母公司所有者的净利润 26.02 亿元,比上年增加 2.35 亿元,增长 9.93%;净资产收益率 14.11%,比上年增加 0.32 个百分点,全年利润总额、净利润、归属于母公司所有者的净利润实现协同增长;营业现金比率 5.96%,比上年提升 4.18 个百分点;研发经费投入强度(剔除贸易收入)2.69%,比上年提升 0.17 个百分点;全员劳动生产率 49.36 万元/(人·年),比上年增加 0.32 万元/(人·年);资产负债率 66.43%,比上年减少 0.01 个百分点。2023 年,中国有色集团累计实现经济增加值 37.80 亿元,国有资本权益增加值 24.52 亿元,国有资本保值增值能力水平持续提升,高质量发展的产业基础进一步夯实、资产结构进一步优化、经营积累优势进一步提升。

表 1　2023 年中国有色矿业集团有限公司主要经济指标

项　目	2022 年	2023 年	比上年增长(%)
资产总额(亿元)	1153.73	1156.31	0.22

续表

项　目	2022 年	2023 年	比上年增长（%）
所有者权益（亿元）	387.18	388.13	0.25
营业收入（亿元）	1394.97	1286.72	−7.76
利润总额（亿元）	76.28	81.88	7.34
净利润（亿元）	51.87	54.74	5.53
归属母公司所有者的净利润（亿元）	23.67	26.02	9.93
技术开发投入（亿元）	23.04	28.24	22.57
利税总额（亿元）	129.26	131.50	1.73
应交利税总额（亿元）	129.26	131.50	1.73
全员劳动生产率［万元/（人·年）］	49.04	49.36	0.65
净资产收益率（%）	13.79	14.11	增加 0.32 个百分点
总资产报酬率（%）	8.13	8.51	增加 0.38 个百分点
国有资本权益增加值（亿元）	32.48	24.52	−24.51

注：集团公司国有资本权益为负数，无法计算保值增值率，此处以国有资本权益增加值替代。

【改革发展】　国企改革深化提升方面。中国有色集团强化顶层设计，制定《改革深化提升行动实施方案（2023—2025 年）》，围绕“发展新质生产力，构建新型生产关系”，在科技自立自强、发展战略性新兴产业及未来产业、落实国家重大战略、传统产业转型升级、布局优化调整等关键领域方面制定改革举措 209 项，2023 年任务完成率 100%。

混合所有制改革方面。中色东方所属金航钛业成功引入 4 家战略投资人，吸引外部投资 1.45 亿元，公司治理体系进一步完善。中色正锐、中色天津新材混合所有制改革项目成功引入战略投资者，实现公司混合所有制改革，公司治理体系进一步完善，为开展员工持股奠定坚实基础。

结构优化调整方面。持续推进压缩压减和清理退出，中色大冶、中色股份、中色桂林院、中色东方、中色平桂、中色十五冶等企业退出 21 户参控股企业，圆满完成两年时间退出 60 户的目标；各级亏损子企业户数比上年降低 20.7%，亏损额比上年减少 21.5%。中色十五冶与中色发展、中色十五冶与中色大冶资产实现内部重组整合，集团内部资源不断向主业集中，进一步优化产业结构。

改革专项行动方面。2023 年“科改行动”“双百行动”专项行动考核中，中色股份、中色东方、中色大冶均获评“优秀”。

中长期激励方面。2023 年，集团公司在更大更广范围推广运用“三个不低于”等各类中长期激励工具，实施中长期激励的各级次的企业，累计实现利润总额 17 亿元，比上年增长 157%。

三项制度改革方面。开展出资企业三项制度改革评估，督导企业聚焦重点任务指标，提升改革实效。全级次 100 户子企业经理层完成任期制和契约化签约，完成 2022 年度薪酬刚性兑现。截至 2023 年底，员工市场化公开招聘率 100%，管理人员末等调整和不胜任退出保持在 7.54%左右，2020—2023 年员工市场化退出率逐年提升，员工队伍活力进一步激发。

【重大项目】　2023 年，中国有色集团牢牢把握“做保障国家战略资源安全和有色金属新材料安全两个主力军”战略定位，提升核心竞争力，积极扩大有效投资，新增投资项目合计 12.03 亿元。一是加快战略性新兴产业培育发展，积极布局高技术含量、高附加值产品领域，决策报备中色正锐 FPC 用高挠曲压延铜箔项目；二是着眼传统产业固本升级，持续扩大既有项目产能和技术升级，推进卢阿拉巴铜冶炼 1000 吨/天渣浮选、穆利亚希湿法厂技术改造等项目。

中国有色集团紧盯服务国家重点领域，承担国务院国资委战略性新兴产业任务 5 项，成功牵头未来产业任务 1 项，参与未来产业任务 6 项，成为牵头未来产业任务的 22 家央企之一。牵头国务院国资委部署的未来制造—前沿材料（超导材料）领域产业发展培育任务，不断加强超导材料、稀有金属钽铌铍材料等领域的自主创新和协同创新；积极落实国家关于央企科技自立自强的要求，获批国家项目 10 项，自主立项科技计划项目 55 项创历史新高；企业重点项目研发取得突破性进展，“超高纯 Ta、Re 关键制备技术研究”

“液体火箭姿控发动机推力室制造技术”“赞比亚卢安夏矿田铜钴矿成矿规律及找矿突破”等核心技术成果打破我国关键材料、找矿技术的对外依赖，有效提升相关领域核心竞争力。

【走向海外】 2023年，中国有色集团海外业务遍布40多个国家和地区，涉及40多个有色金属品种，拥有境外重有色金属资源量2000多万吨，是我国“走出去”开发铜资源时间最长、产业链最完备、项目数量最多的企业之一，在赞比亚、刚果（金）、蒙古国、缅甸等国家和地区建成并经营着一批标志性矿业开发项目，包括我国境外第一座铜矿山、第一座火法炼铜厂、第一座湿法炼铜厂、非洲第一座数字化矿山等，投资运营着我国在非洲设立的第一个境外合作区。集团在哈萨克斯坦、伊朗、越南、印度尼西亚、白俄罗斯、安哥拉、赞比亚、刚果（金）等“一带一路”沿线国家承建合同金额超过1300亿元的项目，多个项目获得东道国政府杰出工程奖和境外鲁班奖，其中，所属出资企业中色股份连续多年入选ENR“全球最大250家国际承包商”名单。中国有色集团有色金属贸易额累计超过500亿美元，是我国最大的粗铜进口商，进口总量占全国进口量的1/3，贸易网络遍布40多个国家和地区。2023年，中国有色集团排名“中国100大跨国公司”第40位，跨国指数排名中央企业第1位。

【重大创新】 一是持续推动研发平台建设。中国有色集团持续加强研发平台建设，出台专项政策全方面为高水平创新平台的发展提供保障，持续投入专项支持资金用于集团公司全国重点实验室、创新研究院、高级别科研机构的建设及运行；全国重点实验室建设工作取得突破性进展，研究课题被纳入科技部全国重点实验室重组指南，为后续重组奠定基础；正式确立中国有色集团创新研究院（国际研发中心）“6＋1＋1”布局，一体推进超导材料、高性能铜合金材料、高纯金属材料、资源高效利用等6个研究所建设，建立完善中南部非洲海外实验室和支撑海外企业高水平研发的分析检测中心。二是持续提升科技创新影响力。2023年，中国有色集团大力实施科技创新引领战略，在国内国际两个市场均取得较好成绩。获得中国有色金属工业科技一等奖3项、二等奖1项、三等奖1项。作为主席单位和秘书处机构组织国际标准化组织微束分析技术委员会年度会议，来自英国、德国、日本、乌干达等国50余名代表及专家参加会议；首次作为主办单位主办中俄新材料大会，进一步拓展国际高新技术合作的交流空间。举办第四届铍产业技术发展与应用研讨会，以及中国人造金刚石理论与技术发展60周年庆典暨第15届中国金刚石相关材料及应用学术研讨会，发挥特色优势，推动科技创新策源地的形成。1家出资企业入选国务院国资委世界一流专精特新示范企业名单，2家获评国务院国资委“科改企业”，1家入选工业和信息化部第八批制造业单项冠军企业，1家获评辽宁省“专精特新”中小企业。

【党建工作】 2023年，中国有色集团以深化落实习近平总书记三次重要指示批示精神和最新重要讲话精神为主线，统筹安排全系统海内外595个基层党组织、9500多名党员分两批开展主题教育。围绕资源增储等7个主题研学，结合习近平总书记“2·26”重要批示精神，对习近平总书记三次重要指示批示精神内涵进行丰富拓展。落实“四下基层”，集团公司领导班子聚焦战略实施等9个关键领域课题调研，实现出资企业调研“全覆盖”，形成解决问题、促进工作的办法举措158项，推动集团层面检视的18个问题、5个专项整治全部销号，建立主题教育长效机制。主题教育做法效果得到国务院国资委督导组9次点名肯定，典型做法在中央主题教育官网、国务院国资委网站等媒体刊登15次。结合主题教育在全系统持续开展“大学习大融合大提升”行动，进一步整合海外党建工作力量，将原有赞比亚、刚果（金）两个党工委合并成立为中南部非洲党工委，开展海外党建工作调研，明晰海外党工委职能定位，完善海外企业党建与生产经营深度融合机制。成立集团党校，打造学习研究实践习近平新时代中国特色社会主义思想的前沿阵地和广大党员干部强化党性教育、加快成长成才的重要平台。集团公司党委书记、董事长奚正平撰写的《牢记殷殷嘱托，当好“两个主力军”》理论文章在国务院国资委《感悟思想伟力》一书中发表。

中国有色集团纪委在驻国务院国资委纪检监察组和集团党委的坚强领导下，坚定不移贯彻党中央全面从严治党决策部署，持续深化正风肃纪反腐，一体推进党的主题教育和纪检干部队伍教育整顿，切实把对“两个确立”的坚定拥护转化为“两个维护”的自觉行动，以高度的政治自觉把自我革命引向深入。紧盯“走出去”强化境外监督，强化对科技创新监督，对安全生产事故、“空转”贸易问题严肃追责问责。持续推动中央环保督察整改，集团纪委监督整改的做法在《中国纪检监察报》头版刊登。制定《中国有色矿业集团有限公司党委关于构建“大监督”工作机制的意见（试行）》，强化党委统一领导、全面覆盖、构建集团“大监督”工作格局。深化中南部非洲纪检监察体制改革，纪工委进一步做实做专、境外企业纪委做深做细，推动党风廉政建设和反腐败工作不断深入。强化对“关键少数”监督，持续加大靠企吃企案件查办力度，严肃查处领导人员吃拿“回扣”、默许亲属与公司发生业务往来等腐败案件，深入开展基层“微腐败”和群众身边不正之风专项整治，推动全面从严治党“最后一公里”不断向基层拓展延伸。坚持党性党风党纪一起抓，锲而不舍落实中央八项规定精神。持续以案促改、以案示警，开展党纪宣讲，不断涵养纪律严明、清正廉洁的新风正气。通过持续正风肃纪反腐，集团层面风清气正的政治生态持续巩固发展，出资企业政治生态也在不断净化向好，为集团高质量发展提供坚强保障。集团纪委2023年度履职情况被驻国务院国资委纪检监察组考评为“优秀”。

【信息化与数字化建设】 2023年，中国有色集团强化规划引领，立足长远推进数字化转型，推动集团公司数智化系统升级。持续深化和推进国资国企在线监管系统建设，开展司库、审计、投资等系统建设，加强相关领域信息化管控。开展矿山智能化建设暨“科技兴安环促进绿色高质量发展三年行动”，推动企业“机械化换人、自动化减人和智能化无人”。信息化工作在央企国资监管数字化智能化提升专项行动验收评估中获评“优秀”；成功申报“中央企业云计算创新联合体”；自主可控云改造入选“央国企上云用云典型案例”；组织中色阳新弘盛、中色正元两家企业成功入选工业和信息化部智能制造示范工厂揭榜单位。

【履行社会责任】 2023年，中国有色集团积极履行社会责任，认真践行央企责任，全年捐赠3779.82万元，以实际行动展现集团公司的良好社会形象。发布《2022年度可持续发展报告》，获得优秀企业社会责任报告长青奖，报告首次纳入ESG内容，并发布中、英、法三个版本，同时在刚果（金）主流媒体刚通社发布海外版报告。持续强化社会责任管理，组织开展履责课题调查及优秀履责案例选编。积极推进“百企千村”活动，全年捐赠544万元，在项目所在地实施一批改善基础设施条件、惠及社区民生的公益项目，践行企业社会责任，提升海外品牌形象。卢阿拉巴铜冶炼《事耀民生　业润社会》入选中国在非企业履行社会责任经典案例，谦比希湿法《友谊之花开放谦比希　中国有色助力当地教育发展》入选“中央企业落实全球发展倡议”专题案例和《中央企业海外社会责任蓝皮书（2023）》收录的优秀履责案例。

2023年，帮扶和采购总投入1480万元，在完成定点帮扶各项年度任务的基础上，定点帮扶量化指标全部“清零”，主要指标实现“五个超20%增长”，即投入资金增长超20%、引进资金增长超40%、招商引资增长超50%、消费帮扶资金增长超41%、培训人才数量增长超49%；主要工作取得“五个新的突破”，即创新成立葫芦丝文化旅游产业发展基金、创新制定葫芦丝文化旅游产业发展三年行动计划、首次组织全系统劳模工匠在梁河疗养、梁河县巩固脱贫成果后评估结果首次获评云南省最高等次“好”、挂钩村平易村首次获得乡村振兴示范村等4项省级奖项，为梁河县全面推进乡村振兴贡献中国有色力量。集团公司定点帮扶工作的做法和经验在《经济日报》、《中国乡村振兴政策与实践》、国务院国资委援扶专刊等媒体刊登。

（撰稿人：张格格）

中国稀土集团有限公司

【基本概况】 2023年既是中国稀土集团有限公司（以下简称中国稀土集团）深入实施“十四五”规划、开启建设世界一流企业的起步之年，也是深入落实组建方案、加快整合融合、推进更高质量发展的重要一年。2023年，中国稀土集团深入学习贯彻习近平新时代中国特色社会主义思想和党的二十大精神，坚决贯彻落实习近平总书记重要指示批示精神，认真落实党中央、国务院重大决策部署，按照国务院国资委工作要求，坚持“发展、改革、调整、创新、管理、党建”总体工作布局，在经济恢复性增长、市场持续下行的影响和挑战下，各项工作取得新突破，高质量发展实现新成效，保持稳中有进、进中向好的良好发展态势，为全面建设世界一流企业积蓄强大势能、奠定坚实基础。

【主要指标】 2023 年，中国稀土集团坚定不移落实稳增长部署要求，统筹规模与质量、速度与效益，在稀土行业指数比年初下降 33%的不利形势下，扎实推进提质增效，全力拓市开源、降本节支，效益效率、运行质量、资产质量保持稳定增长，指标完成总体符合稀土产业发展趋势，跑赢大势、优于同行，实现“质”的有效提升和“量”的合理增长。

表 1　　2023 年中国稀土集团有限公司主要经济指标

项　目	2022 年	2023 年	比上年增长(%)
资产总额(亿元)	239.65	362.62	51.31
所有者权益(亿元)	108.27	169.99	57.01
营业收入(亿元)	244.20	304.5	24.69
利润总额(亿元)	11.78	15.03	27.59
净利润(亿元)	8.51	10.55	23.97
归属于母公司所有者的净利润(亿元)	3.33	5.66	69.97
技术开发投入(亿元)	4.37	6.63	51.72
利税总额(亿元)	24.29	35	44.09
应交税金总额(亿元)	15.91	19.97	25.52
全员劳动生产率[万元/(人·年)]	93.30	90.2	−3.32
净资产收益率(%)	8.81	7.59	减少 1.22 个百分点
总资产报酬率(%)	6.36	5.94	减少 0.42 个百分点
国有资本保值增值率(%)	108.58	109.26	增加 0.68 个百分点

【改革发展】 2023 年，中国稀土集团加快实施创新驱动发展战略，全面落实中央全面深化改革委员会会议精神，深入实施新一轮国企改革深化提升行动。一是现代企业治理不断完善。落实股权多元化董事会职权，服务保障外部董事参与集团重大决策能力明显提升。制定各治理主体议事规则，完善重大决策体系及清单，明确 22 个业务领域、191 个具体决策事项，优化决策主体行权用权、发挥作用路径和方式。健全制度体系，现行制度 160 余项。实施重要子企业外部董事驻企业工作制度，建立专职外部董事人才库，入库 23 人。二是内部融合不断深化。专业化整合重点任务基本完成，明确各区域公司主责主业、职能定位，理顺区域公司与直属机构代管企业权责边界，扎实推进所属企业“三定”工作。三是三项制度改革不断深入。制定《深化三项制度改革实施方案（2023—2025 年）》，配套出台评估考核制度。大力推行竞争性选拔，任期制和契约化管理覆盖面 100%，提拔使用干部 34 人；实施“稀金”“英镧”“星石”三大人才计划，建立首批 170 名优秀年轻干部队伍，公开招聘应届毕业生 68 人，5 名工程硕士入企实践培养，挂职交流 15 人。推动薪酬分配与劳动力市场基本适应、与经济效益和人工效能挂钩，市场化薪酬制度体系不断完善。四是世界一流建设加快推进。编制《对标世界一流企业价值创造行动实施方案》《创建世界一流专业领军示范企业》，获国务院国资委评级“第一档”。价值创造、专业领军示范企业等专项行动方案获得国务院国资委 A 级评价。2023 年新增创建世界一流专精特新示范企业 1 户、国家级专精特新“小巨人”企业 1 户、省级“专精特新”中小企业 4 户、“科改企业”2 户。

【重大项目】 2023 年，中国稀土集团聚焦重点产业、重点领域快投尽投，加快“十四五”重点项目落地，全年完成投资 31 亿元。一是提前两年完成稀土资源整合任务。坚决落实国务院批准的组建成立方案，落实“着重加快整合、突出应整必整、实现真正整合、确保整出效果”的工作原则，2023 年完成广东、福建两省稀土资源和产业整合，并与云南省人民政府签订协议推进深入合作。至此，江西、广西、湖南、江苏、广东、福建、云南 7 个省(自治区)中重稀土产业以及山东、四川 2 个省轻稀土产业全部整合，4 年任务两年完成。

二是“新希望四期”项目成功落地。完成深交所审、证监会注册批复，向特定对象发行股票并上市，募集资金20.97亿元，实现快发满发，成功引入国家级基金、公募基金、证券公司、私募基金及产业投资者等成为积极股东，在稀土行业和资本市场引起广泛关注和热烈反响。2023年，中国稀土集团资源科技股份有限公司获得深交所信息披露考评最高等级A级。三是有研稀土股权合作重点突破。签署《股权转让协议》，完成国务院国资委评估备案并同意双方以非公开协议转让方式开展股权合作，加快推进反垄断审查。四是现代化产业体系加快完善。做强上游，完成江西8个矿山整合取证，分两批注销26个枯竭矿山矿权，完成稀土行业首个矿业权注销。做精中游，持续优化冶炼分离产能及工艺水平，建设集约化产业发展基地。做深下游，应用于激光材料重要前驱体的低杂质5N高纯氧化钕生产线达标达产，定制级碳酸钡产品填补了国内碳酸钡行业物理性质控制技术的空白，超细稀土氧化物实现从无到有。主动承担链长责任，加快推进链长专项基金、科创基金建设。加快布局战略性新兴产业和未来产业，成立工作专班，编制行动方案，推进战略性新兴产业6个项目、未来产业7项任务、1项应用场景、2项重大工程落实。五是稳产保供彰显担当。全方位构建资源安全保障体系，全年中重稀土矿开采指标完成率超过80%，稀土矿、分离产品、金属及功能材料产量分别比上年增长33.55%、21.4%、5.84%。完成国储任务，全年交付量占国家战略储备总量的80%以上。配合开展新一轮找矿突破战略行动，新设6个、启动3个中重稀土矿权勘探，中重稀土资源储量增加40%以上。

【走向海外】 2023年，中国稀土集团加快“走出去”步伐，不断创新海外资源开发合作模式，推动国家发布优化出口技术管控政策，初步形成对当前不确定供应区域的替代供给方案。与老挝能矿部签署战略合作协议，纳入两党两国元首见证“一带一路”示范合作项目，启动老挝项目第三车间建设，缅甸稀土资源开发合作更加深入，海外稀土矿产品全部运回国内。进一步深化与马来西亚、越南稀土合作开发，提前谋划勘查靶区，实施资源勘查，增加境外稀土资源储备和开采能力，初步构建我国利用海外中重稀土资源供给安全新通道。

【重大创新】 2023年，中国稀土集团充分发挥科技创新主体作用，在关键核心技术突破、科技创新体系构建、国家科技创新力量重塑等方面勇挑大梁。一是科技创新体系机制持续完善。加快推进“十四五”科技创新规划及纲要落地，聚焦“三个主战”“三个关键”“三个环节”，实施“五个一”工程，推动科技创新立梁架柱和系统集成。召开首届科技创新大会，发布科技创新和中长期激励政策，实施“揭榜挂帅”项目7项。积极参与并加快推进稀土原创技术策源地建设，推动高端稀土新材料技术攻关和成果快速转化，联合共建国家稀土技术创新中心取得重大进展，国家稀土重点实验室积极推进。二是科技创新贡献持续提升。全年新立科技项目60项，其中国家级项目4项，获批财政资金支持2.1亿元。申请专利142件，发布国家标准3项、行业标准1项，牵头、参与起草国家、行业标准8项，获得省部级科技奖励3项，新增科研平台12个，其中国家级平台1个。国家稀土产业基金加快推进，争取工业和信息化部国家专项支持资金1.78亿元。组建中国稀土集团研究院，建立科创部总成总设、研究院科技攻关、事业部成果落地的创新机制及以需求为导向的“研—产—销”一体化分工体系。三是科技成果转化持续涌现。重点攻关的高效可控浸取与生态修复重建一体化工程技术，稀土浸出率94%、生态修复率91%；自主研发的镁盐稀土富集物及酸溶渣处置工艺，酸溶中和渣稀土含量从5%降至0.5%；创新稀土母液处理技术及成套装备，首次在离子型稀土矿山消除母液增量导致的重大环保隐患；高效萃取分离工艺首次提出废水中有毒物硼酸的处置方案。

【党建工作】 2023年，中国稀土集团深入贯彻落实新时代党的建设总要求，坚持党的领导引领企业改革发展各领域各环节，推动党建与生产经营深度融合。一是深化政治建企。坚持将习近平总书记重要指示批示精神、党中央决策部署与改革发展紧密结合、系统谋划、一体推进，常态化纵深推进习近平总书记重要指示批示贯彻落实，健全完善贯彻落实习近平总书记重要指示批示传达学习、研究部署、贯彻落实、跟踪督办、报告反馈闭环工作机制，责任上全链条、措施上全覆盖、考核上全贯通。强化理论武装，高质量开展学习贯彻习近平新时代中国特色社会主义思想主题教育、党的二十大精神学习宣讲等活动，推动理论学习向生产前沿、基层一线覆盖延伸，打造党建强企和生产经营融合示范项目。推动党建总体要求进章程，全级次实现“应入尽入”，落实“双向进入、交叉任职”，规范并落实党委前置研究决策清单及程序，持续完善党的全面领导机制。二是强化“三基”建设。实施基层党建“七抓”工程，动态调整党组织设置，配齐配强班子，基层党组织应建尽建、应换尽换、应补尽补，实现党的组织全覆盖，消灭党员空白班组。健全完善党建工作制度体系、责任体系，以党员责任区、党员示范区、青年突击队等载体推进党建工作与生产经营深度融合，推进党员队伍“双培养一输送”，打造全面进步全面过硬的战斗堡垒。三是锻造人才队伍。大力实施“新时代人才强企”战略，制定科技人才创新发展激励政策，在首届科技创新大会上发布，初步建立科技人才创新发展保障体系。开展首次技术序列专业评审工作，组织参加国务院国资委高级职称评审，1 人获评正高级工程师、5 人获评高级职称。大力推荐优秀人才参与优秀表彰活动，11 人获得省市级以上荣誉表彰。四是净化政治生态。一体推进“三不”机制建设，实施中央八项规定精神“负面清单”，落实严肃纪律改进作风“六条要求”，开展“靠企吃企”等专项整治。聚焦政治责任担当、经济责任落实，高标准、高质量开展专项巡视，实现骨干企业、重点领域全覆盖。

【信息化与数字化建设】 2023 年，中国稀土集团持续加快信息化数字化建设步伐，编制完成信息化规划，确立“数智稀土 163”蓝图。信息化一期项目顺利启动，21 个子项目开始建设。司库信息系统一期全面上线并推广应用，实现全级次资金业务信息动态归集和穿透监测。加快推进人力资源、投资、法审、党建等系统建设，主要业务信息化数字化水平显著提高。中国稀土行业云项目成功入选国务院国资委第一批行业云平台建设清单，2023 年完成公有云云底座建设。参与工业和信息化部战略性矿产资源产业基础数据公共服务平台中稀土矿子平台建设。加快推进矿山生产智能检测、智能控制、智能调度一体化生产数字化管理，数字矿山、智慧工厂建设提速升级。

【履行社会责任】 2023 年，中国稀土集团聚焦人民至上，主动服务区域发展战略，统筹规划赣州、凉山、永州等革命老区、少数民族区域重要骨干企业投资，布局建设稀土产业园区，为驻地创造超过 300 亿元工业产值，实现共建共享、共赢发展。服务苏区振兴发展，赣南稀土矿山全面复产，赣州友力技改提质扩能项目开工建设；积极参与“中国稀金谷”建设，成立稀金谷产业促进中心，万吨级中重稀土现代化冶炼分离示范工厂项目启动建设；2023 年在赣企业营业收入比上年增长 57%。推进四川、湖南稀土产业链延伸，所属企业成为驻地工业企业纳税大户。成立乡村振兴工作领导小组，选派帮扶人员深入四川省道孚县开展定点帮扶调研，参加第二届“央企消费帮扶兴农周”活动，彰显责任担当。

（撰稿人：毕京平）

中国有研科技集团有限公司

【基本概况】 中国有研科技集团有限公司（以下简称中国有研）是原北京有色金属研究总院，成立于 1952 年，是国务院国资委直管的中央企业，是中国有色金属行业综合实力雄厚的研究开发和高新技术产业培育机构。资产总额 173 亿元，拥有包括 2 名两院院士在内的员工 5400 余人。在有色金属新材料开发应用、选矿冶金、分析测试等领域，拥有包括有研新材（SH600206）、有研粉材（SH688456）、有研硅（SH688432）、有研复材、有研新能源、国合通测等高新技术产业公司，有研工研院、有研资环院、国联研究院和有研广东院等平台创新实体，有研鼎盛、有科出版、有研兴友等投资、科技期刊出版和创新基地运营服务公司在内的成员单位 50 余家，在北京、河北、山西、山东、上海、安徽、江西、四川、重庆、广东、福建等地区，以及英国、加拿大、泰国等国家建立研究开发、科技服务和高新技术产业基地。主营业务领域包括有色金属微电子—光电子材料、有色金属新能源材料与器件、稀有—稀土金属特种功能材料、有色金属结构材料—复合材料、有色金属粉体材料、有色—稀有—稀土金属选矿冶金技术、环保与二次资源回收利用技术、特种制备加工与装备技术、有色金属分析检测评价、科技期刊出版、风险投资、研究生培养等。

中国有研是国家有色金属行业技术开发基地、国家"大众创业、万众创新"示范基地、国家级国际联合研究中心、国家引才引智示范基地，拥有国家重点实验室、国家工程技术研究中心、国家工程研究中心、国家制造业创新中心、国家分析检测中心、国家认定企业技术中心等国家科技创新平台20余个；拥有材料科学与工程、冶金工程2个一级学科博士学位授予点和6个二级学科博士、硕士学位授予点。累计承担国家科技项目6000余项，获得国家级和省部级科技成果奖励1100余项，授权专利近3400件，制定国家和行业标准800余项，向行业内外输出转移成果超过1300项次；先后支援建设10多个稀有金属、半导体材料等领域的大中型企业和科研院所，为"两弹一星"、"神舟飞船"、"高新工程"、核潜艇、国产大飞机、集成电路、载人航天、探月计划、新能源汽车、高速轨道交通等国家重大工程提供一大批新材料、新技术、新工艺和新装备；为中国有色金属工业体系的建立、发展提供强有力的支撑，为国家重大科技攻关、重大工程建设和国防军工保障作出重要贡献。

【主要指标】 2023年，中国有研实现营业收入153.3亿元，完成预算值的78.2%；利润总额5.8亿元，完成预算值的104.5%；资产总额173.0亿元，比上年增长14.6%，全员劳动生产率42.5万元/(人·年)。

表1　2023年中国有研科技集团有限公司主要经济指标

项　目	2022年	2023年	比上年增长(%)
资产总额(亿元)	150.9	173.0	14.6
所有者权益(亿元)	110.4	119.4	8.2
营业收入(亿元)	195.6	153.3	−21.6
利润总额(亿元)	5.0	5.8	16.0
净利润(亿元)	4.3	5.1	18.6
归属于母公司所有者的净利润(亿元)	1.7	3.0	76.5
技术开发投入(亿元)	9.4	8.7	−7.4
利税总额(亿元)	7.7	8.6	11.7
应交税金总额(亿元)	3.4	3.5	2.9
全员劳动生产率[万元/(人·年)]	40.3	42.5	5.5
净资产收益率(%)	4.0	4.5	增加0.5个百分点
总资产报酬率(%)	4.0	4.0	与上年持平
国有资本保值增值率(%)	107.8	104.7	减少3.1个百分点

【改革发展】 2023年，中国有研坚持以习近平新时代中国特色社会主义思想为指导，认真贯彻落实党中央、国务院关于国企改革深化提升行动的决策部署，在系统总结国企改革三年行动成效的基础上，狠抓功能使命性改革任务，深化体制机制类改革任务，以"一张台账看改革"的方式统筹推进各项改革举措，加强组织领导，落实目标责任，强化过程监管，改革发展各项工作取得明显成效。

中国有研全面深化改革领导小组负责集团改革深化提升工作的顶层设计和组织领导，全面深化改革领导小组办公室(规划发展部)牵头组织各职能部门和子企业，共同研究集团新一轮改革重点任务，编制集团改革方案和工作台账，细化改革具体举措和目标，分解年度工作计划，系统推进改革各项任务落地落实。中国有研改革深化提升行动工作台账(2023—2025年)中改革任务29项，改革举措79项，截至2023年底完成重点举措11项。

中国有研着力推进功能使命性改革任务，增强核心功能，提升核心竞争力，发挥好中央企业"科技创新、产业控制、安全支撑"三个作用。一是完善国有企业科技创新机制，加快推进高水平科技自立自强。成立战略专项领导和工作机构，统筹推进“1—2—3—4”、战略性新兴产业、未来产业、原创技术策源地、链主等战略专项任务89项，依照“技术＋市场”双线管理，把控节点目标。各战略专项任务均按计划进度推进，突破28纳米～14纳米制程硅单晶抛光片、14纳米～7纳米制程溅射靶材技术，完成500毫米大尺寸锗单晶样品研制，12英寸高纯钽靶、5G高端滤波器用铝钪靶材、特种荧光粉达到验收条件。发布《技术秘密管理办法》，健全专有技术管理体系，确定1家产业公司为专有技术认定试点单位。加强产学研深度融合，建成“科技成果池”和“供需资源池”，实现成果与需求对接，2023年实现科技成果第二场景应用4项。二是优化国有经济布局结构，加快建设现代化产业体系，发展新质生产力。承担国务院国资委战略性新兴产业焕新行动项目25项，未来产业启航行动项目15项，成立富锂锰基下一代正极材料产业公司，立项实施先进膜材料产业化项目。集团战略性新兴产业收入占比从2022年的46.6%提升至2023年的53.8%。三是强化军工领域保障，支撑国家战略安全，加强军工新材料领域的体系化能力建设，强化国防军工领域布局，2023年获批各类军工项目27项。2023年3月依托雁栖湖创新中心发起成立特种有色金属材料创新联盟，吸纳产业上下游30余家核心成员，并引入4家具有军工背景的战略投资基金。组建有色金属材料制备加工国家重点实验室江铜分部、智能传感功能材料国家重点实验室广东分实验室。

在提升公司治理水平方面，一是完善集团董事会授权体系，发布董事会授权决策方案。二是加强子企业董事会建设，动态优化董事会“应建”范围，考虑子企业的股权变动情况和子企业业务变化情况，将1家子企业调入“应建”范围，将2家子企业调出“应建”范围，并完成相应公司董事会的组建和注销工作。中国有研董事会应建企业14家，建设董事会企业14家。三是差异化落实子企业董事会职权。根据子企业的管理层级、股权结构、业务特点等合理制定落权范围，集团10家子企业落实5项职权，1家子企业落实3项职权，3家子企业落实2项职权。四是全面实施子企业董事会、董事考核评价。2023年贯穿全级次“应建”子企业开展董事会和董事评价工作，强化评价结果运用，以考核评价“指挥棒”引导董事会发挥定战略、作决策、防风险作用。五是加强外部董事管理，2023年两次优化更新董事人员库，全年向二级和重要三级公司派出董事27人次，进一步支撑和完善公司治理结构，并逐步完善派驻专职外部董事管理机制及其行权履职支撑保障体系。

在强化市场化用工方面，各级子企业领导班子成员全面签订2023年度岗位绩效合约，并严格兑现考核。集团将契约化管理逐步扩展至各级子企业管理人员，截至2023年底，集团总部及二、三级子企业参照经理层成员任期制和契约化方式落实管理职责的管理人员占全部管理人员比例57%。在集团总部及各级子企业加快推行竞聘上岗、管理人员末等调整和不胜任退出制度，2023年，集团总部及17家子企业实施末等调整和不胜任退出制度，覆盖面68%。

中国有研以国企改革深化提升行动为总纲，统筹推进建设世界一流企业、提高上市公司运行质量、改革专项工程等改革专项任务。开展对标世界一流企业价值创造行动，集团层面以转制院所“一利五率”先进指标为对标对象，各子企业以行业龙头企业为对标对象，开展对标分析，对标结果运用于集团及各公司的“十四五”滚动规划编制，指导企业高质量发展。深入推进品牌引领行动，成立中国有研品牌建设领导小组，强化品牌顶层设计、系统整合品牌资源，建立品牌工作台账，在2023年公布的中央企业品牌建设工作对标增幅名单中排名第一。2023年，集团新增“科改企业”“双百企业”3家。针对“科改企业”“双百企业”，中国有研实施“一企一策”点对点辅导，收集反馈改革相关问题16条，经集团领导、各职能部门研究，解决或部分解决问题12项。

【重大项目】 2023年，中国有研聚焦战略性新兴产业发展，制定三年滚动规划，优化调整“十四五”战略规划目标，研究出台《加快发展战略性新兴产业工作方案》《培育发展未来产业实施方案》，加快战略性新兴产业与未来产业布局。加大战略性新兴产业布局力度。在集成电路关键材料领域，在山东德州建成集成电路关键材料产业基地，具备年产120万片12英寸硅片和3.4万块高纯金属溅射靶材的能力。在新能源材料领域，成立集团第一家产业化公司，布局富锂锰基动力电池关键材料生产基地；积极谋划氢能、钠离子电池产业化事宜。在光电信息与特种功能材料领域，依托荣成基地，布局年产3000吨烧结钕铁硼生产线；建成有研泰国粉体材料产业基地，新增有色金属粉体材料产能8000吨。在新材料测试评价领域，在重庆建设分析测试西南中心。2023年，4家公司入选国家级"专精特新"企业名单。

【走向海外】 2023年，中国有研有境外投资项目1项，所属公司有研粉材在泰国春武里建立全资子公司。公司主要建设电解铜粉、雾化铜粉、铜合金粉、锡粉生产基地，计划投资总额9706.92万元，完成投资8552万元。该项目作为有研粉材IPO募投项目，建设资金得到充分保障。该项目建设取得实质性进展，完成设备进场及安装调试。

【重大创新】 一是持续承担战略有色金属科技攻关任务，为国家重大工程和国防军工提供关键材料保障。承担多项关键核心技术攻关任务，全力解决"卡脖子"关键技术难题。其中面向先进制程的12英寸高纯钴靶和阳极产品填补国内空白，获评2023年中关村论坛20项重大科技成果之一。二是打造高能级科技创新平台，积极锻造国家战略科技力量。围绕集成电路、稀土等重要创新领域构建一批创新枢纽型、功能集成化、边界开放型的科技创新平台；建立"集团总部—平台负责人—依托支撑单位"三级管理体系，强化创新平台年度考核评价，促进提升平台建设质量。三是面向行业发展，以重大共性技术创新推动有色金属行业高质量发展。加大稀土资源绿色开采与分离提纯共性关键技术的推广应用，引领稀土行业绿色革命和创新发展，新一代稀土绿色高效冶炼分离新技术在北方稀土实施推广，将助力北方稀土建成世界规模第一、技术最先进的稀土绿色冶炼分离工厂。自主原创发明新一代高镁低密度铝合金，改变长期跟随国外铝合金牌号标准的研发路径，超越国内外现有铝合金材料体系，工业化试制产品通过航天飞行器零部件制造验证，并与中国商飞和中国中车开展产品应用对接。

【党建工作】 2023年，中国有研党委坚持以习近平新时代中国特色社会主义思想为指导，深入学习贯彻党的二十大和二十届二中全会精神，深刻领悟"两个确立"的决定性意义，坚决做到"两个维护"，以高质量党建引领保障高质量发展，各项工作取得显著成效。

扎实开展学习贯彻习近平新时代中国特色社会主义思想主题教育，在以学铸魂、以学增智、以学正风、以学促干上取得明显成效。中国有研党委牢牢把握"学思想、强党性、重实践、建新功"总要求，扛牢政治责任，加强统筹谋划，高质量完成主题教育各项任务。集团党委在中央党校举办党的二十大精神培训班暨主题教育专题读书班，班子成员深入基层讲授专题党课、开展交流研讨，推动理论学习不断深化内化转化。各级党组织坚持调研开路、实干破局，深入一线调研290余次，推动解决专利成果转化等关键核心问题。集团党委构建"1＋3＋3"管理机制，从严从实推动主题教育问题整改和专项整治工作，累计整改问题117个、制定整改措施252项，推动主题教育取得实效。中央主题教育官网、国务院国资委网站34次刊发集团特色做法。770名党员干部群众对主题教育的总体评价，全部为"好"。

加强顶层设计，破解"两张皮"问题，党建业务融合成效不断彰显。集团党委探索建立"1＋360＋N"有研特色党建工作体系，打造"思想领航、赋能向新"党建品牌，分层分类指导所属三种类型公司党组织党建工作，分类定责，分类施策。连续3年均以项目制验收形式开展"我为群众办实事"活动，2023年评选的6个金牌实事项目取得显著成效。基层单位探索成立临时党组织，推进"卡脖子"关键核心技术攻关，有关做法得到国务院国资委充分肯定。

持续加强"三基"建设，基层党建规范化、精细化、体系化水平不断提升。持续完善党建制度体系，推动28家基层企业党组织建立健全"第一议题"机制，实现全覆盖。举办基层党组织书记和党务工作者培训班，开展党员干部轮训，持续强化"基本功"。牵头举办转制院所企业基层党建工作交流座谈会，共同探讨提升转制院所党建工作水平的"良方妙计"。

筑牢思想根基，持续正面宣传，"有研精神"不断深入人心。举办集团第十八次政研会，为集团高质量发展提供智力支撑。持续开展正面宣传，《学习时报》

《科技日报》《人民政协报》刊发多篇中国有研理论文章和典型案例，2 个作品入选中央企业微视频优秀作品。组织“有研故事”系列展播，高质量做好“全国两会代表”“中国妇女十三大代表”“央企楷模”主题宣传，推进“有研精神”深入人心。

加强新时代党建带工建团建，高质量发展的奋进力量不断凝聚。组建张艳岭技能大师工作室，参加“中铜杯”行业班组长竞赛创历史最好成绩，产改相关经验做法获《工人日报》专题报道。举办集团第二十届职工运动会和主题文艺会演，凝聚奋进新征程的强大力量。面向广大团员和青年开展主题教育，与兄弟单位联合举办团干培训暨青马工程培训班，组织开展青年读书交流会，持续巩固青年精神素养提升工程成果。

【信息化与数字化建设】 2023 年，中国有研按照“十四五”期间“信息化水平系统提升，数字化转型重点突破”目标，加速推进集团数字化工作，取得一定成效。一是加强数字化顶层规划，更新集团数字化三年规划，设计中国有研未来三年数字化建设蓝图及实施路径。二是持续推进经营管理数字化工作，完成集团司库系统、人力资源、科研管理建设，初步形成集团核心业务统一管控数字平台。三是持续推进中国有研数据应用工作，建立集团数据分析平台与管理驾驶舱，涵盖财务、人力、科技创新三板块，数据赋能集团管理水平提升。四是所属企业开展生产智能化改造和敏捷服务体系建设，将数字化智能化与研发设计、生产运营、经营管理、用户服务进行深度融合，提高全要素生产率。有研增材加快发展数字化产业，布局建设增材制造数字化产业中心；有研重冶推进绿色制造、自动化制造产品迭代升级；有研亿金持续推动靶材自动化改造和智慧仓库建设；有研医疗打造第三代数字化矫治系统产品，建设数字化生产线。

【履行社会责任】 2023 年，中国有研持续加大力度助力定点帮扶县贵州省思南县乡村振兴，典型经验入选《中央企业助力乡村振兴蓝皮书(2023)》特色项目。集团支持思南县的 4 项资金投入创历史新高，持续组织第七批研究生支教团赴思南支教，定点帮扶村获评“省级甲级乡村旅游村寨”，集团主要负责人谈乡村振兴专题文章在国务院国资委《援扶工作专刊》刊载。挂职干部 1 人获评“贵州省乡村振兴优秀驻村第一书记”，1 人获得省级通报表彰，2 名挂职干部均获得思南县人民政府三等功。

（撰稿人：赵　晨）

矿冶科技集团有限公司

【基本概况】 2023 年，矿冶科技集团有限公司(以下简称矿冶集团)在习近平新时代中国特色社会主义思想的指引下，在国务院国资委的正确领导下，以改革引领思想破冰，以创新驱动发展布局，各项工作取得积极进展。矿冶集团坚持以习近平总书记“2・26”重要批示精神统领工作全局，认真学习领会，坚决贯彻落实，做到“两个维护”，服务“国之大者”的使命感显著增强，强化科技创新的工作力度明显加大，面向未来加快战略性新兴产业布局的主动性不断提升，迈上新征程锐意进取、奋发有为的精气神持续高涨，矿冶集团高质量发展稳步推进，核心竞争力再上新台阶。2023 年，矿冶集团全面完成国务院国资委年度考核任务，22 家二级经营单位继续保持全面盈利。

【主要指标】 2023 年，矿冶集团实现营业收入 187.28 亿元，利润总额 27.17 亿元、比上年增长 4.9%，净利润 23.23 亿元、比上年增长 1.3%，利润总额与净利润同步增长，再创历史最好水平。

表 1　2023 年矿冶科技集团有限公司主要经济指标

项　目	2022 年	2023 年	比上年增长(%)
资产总额(亿元)	289.17	260.41	-9.9
所有者权益(亿元)	158.76	181.68	14.4
营业收入(亿元)	241.37	187.28	-22.4
利润总额(亿元)	25.92	27.17	4.9
净利润(亿元)	22.91	23.23	1.3

续表

项　目	2022年	2023年	比上年增长（%）
归属于母公司所有者的净利润（亿元）	5.93	6.94	17.0
技术开发投入（亿元）	21.05	16.35	−22.3
利税总额（亿元）	26.75	27.94	4.6
应交税金总额（亿元）	6.18	7.16	15.9
全员劳动生产率［万元/（人·年）］	95.91	97.70	1.9
净资产收益率（%）	15.74	13.60	减少2.1个百分点
总资产报酬率（%）	10.51	9.90	减少0.61个百分点
国有资本保值增值率（%）	110.92	110.74	减少0.18个百分点

【改革发展】 改革三年行动开展以来，矿冶集团全面组织实施并实现高质量圆满收官，改革三年行动在国务院国资委考核中获评A级。2023年，在巩固深化改革三年行动已有成果基础上，趁势而上开启新一轮改革，为矿冶集团高质量发展增效赋能。一是更高起点、更高质量启动实施国有企业改革深化提升行动。召开矿冶集团改革深化提升行动动员会，全面启动新一轮改革。制定矿冶集团改革深化提升行动实施方案和台账，完善改革组织推进机制，全力推进各项任务有序实施。二是更大范围、更高标准打造国企改革"排头兵"。积极扩围深化"双百企业""科改企业"，北矿化学新增纳入"科改企业"名单，北矿新材由"双百企业"转为"科改企业"。在国务院国资委年度专项考核评估中，1家子企业被评为"优秀"，北矿科技、北矿新材和北矿检测均被评为"良好"。三是更大力度、更实举措健全市场化经营机制。将任期制和契约化工作进一步向以研究所为主体的非独立法人单位延伸，实现经营单位领导干部全覆盖；以修订《员工综合考核评价管理办法》为抓手，进一步优化职能部门和中层干部考核方案；用好任期制和契约化考核结果，严格刚性兑现，经理层薪酬差距平均约1.5倍；矿冶集团三项制度改革在国务院国资委专项评估中获得一级的优异成绩。建立子企业董事会督导考核体系，高质量完成应建尽建的14家子企业董事会督导考核工作，子企业董事会建设和运行质量进一步提升。四是更加全面、更加系统加快世界一流企业建设。围绕产品卓越、品牌卓著、创新领先和治理现代化要求，进一步加强与同行业国际先进企业的全面对标，一体推进"四个专项行动"。在专业领军示范企业创建行动中，当升科技和北矿检测被纳入世界一流专精特新示范企业名单。

【重大项目】 2023年，矿冶集团完成冶金所与工程公司工程业务整合，矿冶集团工程板块系统性和协同性显著提升，为增强核心竞争力和行业影响力奠定坚实基础。所属企业当升科技加快建设和释放锂电正极材料产能，投资成立当升蜀道（攀枝花）新材料有限公司，顺利推进产业基地首期项目，建成投产锂电正极材料生产基地四期工程。

【走向海外】 2023年，矿冶集团积极拓展国际科技合作，对外开放合作水平持续提升。应邀参加首届"一带一路"科技交流大会，中—南矿产资源可持续开发利用"一带一路"联合实验室作为全国遴选的5个联合实验室代表之一，现场介绍矿冶集团"一带一路"科技成果，与中外与会来宾分享成果、交流经验；积极参与第三届"一带一路"国际合作高峰论坛，两个项目在"一带一路"企业家大会上签约，矿冶集团国际科技影响力显著提升。积极参加第六届进博会，采购金额同比翻两番，创历史新高。持续推进"一带一路"矿冶科技伙伴计划，与赞比亚和乌兹别克斯坦新签署共建联合实验室协议，矿冶集团国际伙伴关系网络不断拓展。成功获批两项高端外国专家项目，为矿冶集团创新发展提供强大智力支撑。2023年，矿冶集团涉外技术服务类合同总额比上年增长60.1%。

【重大创新】 2023年，矿冶集团围绕服务国家战略，重点领域科研攻关再结硕果。立足国家所需、两链所困和产业所趋，集聚优势资源力量开展技术攻关。积极参与国务院国资委未来空间深部、深海矿产资源勘探开发领域技术攻关与产业应用，未来产业竞争新优势加速培育，为加快形成新质生产力奠定坚实基础。努力攻克关键核心技术，重点项目通过国家相关部门年度评估考核，相关经验做法受邀在专项会议上做典型经验交流，矿冶集团服务国家战略方向更明，责任更实。

加强科技成果凝练，高质量创新成果加速产出。全年获得各类科技奖励62项，15个项目顺利通过科技成果评价，其中14项成果获评国际领先水平。获批授权专利322件，比上年增长20%，其中国际专利授权10件，创历史新高，首次获得中国专利银奖，专利质量显著提升。7项成果入选《中央企业科技创新成果推荐目录》(2023版)，6项创新成果入选科技部"国家绿色低碳先进技术"、中国科协"科创中国"绿色低碳领域先导技术等技术榜单。

深化创新机制改革，创新成果转化进程加快。坚持应用导向，针对面向未来10年应用基础研究类项目、促进科技成果转化培育孵化类项目、保障科研基础条件和提升创新能力平台建设类项目，分别启动先导计划、启航计划和强基计划，逐步建立健全以成果为导向、更加注重基础研究、更加科学合理的创新体系。

推进高水平创新平台建设，发挥协同创新整体效能。与江铜集团合作组建矿冶过程智能优化制造全国重点实验室江铜分部，探索出一条全国重点实验室与行业企业紧密结合的全新发展道路。矿冶集团研发中心科技展厅完成改造升级，并成功入选中国科协科学家精神教育基地。

【党建工作】 2023年，矿冶集团全面加强党的领导凝聚发展合力。深入开展主题教育，一体推进理论学习、调查研究、推动发展和检视整改等重点措施，把业务工作难点作为党建工作重点，积极推动问题整改取得扎实成效。扎实推进产业工人队伍建设改革工作，产业工人主力军作用充分发挥。全面加强党风廉政建设和反腐败工作，深入开展纪检干部队伍教育整顿，系统科学制定五年巡视工作规划，持续从严正风肃纪反腐，为矿冶集团高质量发展保驾护航。

持续建强干部人才队伍增强发展战斗力。持续加强优秀年轻干部选拔，全年新提拔任用45岁以下中层干部占新提拔总数的78%以上，干部队伍结构不断优化。持续加大干部交流力度，把优秀干部放在吃劲岗位、关键岗位锻炼和交流培养11人次。高质量开展党员干部全覆盖轮训班，着力培育新时代治企兴企的行家里手。制定矿冶集团《科技人才培养体系建设实施方案(2023—2025年)》，形成以"矿冶菁英"计划为核心的23条科技人才培养措施，着力培养更多战略科学家、一流科技领军人才和创新团队。获批省部级及以上人才计划/荣誉8人次，招收含工程硕博士在内的研究生28人，矿冶领域科技创新人才高地加速形成。

【信息化与数字化建设】 2023年，矿冶集团建成监管系统5个，在线监管水平不断提高。建成主数据系统，组织、人员和项目等7类基础数据实现互联互通；统一项目管理系统全面上线，科研、产业和工程等各模块流程与功能贯通共享，集团信息化水平和管理效能有效提升。当升科技生产制造执行管理系统初步建成，入选工业和信息化部《2023年5G工厂名录》，是锂电正极材料相关行业"解决方案最全，精细化程度最高"的业财一体化标杆项目。

【履行社会责任】 2023年，矿冶集团主动公开社会责任信息，发布矿冶集团企业社会责任报告，树立健康阳光央企形象。扎实有力助力乡村振兴，有序开展消费帮扶，定点帮扶年度任务高质量完成。积极响应国家矿山安全监察局号召，选派专家赴新疆和山西等地开展矿山安全生产专项督导帮扶，消除一批重大安全隐患，解决一批影响安全生产的共性和复杂性问题。牢牢树立"国家利益至上"的核心价值观，加强精益质量管理，保质保量完成全年特品保供任务。稳妥推动"双碳"工作落地见效，万元产值综合能耗较基准年比上年下降42.3%，万元产值二氧化碳排放比上年下降41.2%。

(撰稿人：朱亦珺)

中国国际技术智力合作集团有限公司

【基本概况】 2023年，中国国际技术智力合作集团有限公司(以下简称中智集团)面对周期性和结构性矛盾叠加、行业监管政策变化、市场竞争不断加剧等多重影响，在国务院国资委党委的坚强领导下，深入贯彻落实习近平总书记系列重要指示批示精神，牢牢把握高质量发展首要任务，聚力稳增长、奋力促改革、全力强管理、强力控风险、着力抓党建，以攻坚克难的饱满精神状态推动集团高质量发展迈出坚实步伐。将加快建设世界一流企业作为谋划推动集团生产经营和改革发展工作的重要目标，进一步优化顶层设计，完善创建方案。对标一流开展集团"十四五"规划中期评估和战略盘点、滚动修订"十四五"规划，围绕"产品卓越、品牌卓著、创新领先、治理现代"系统推进，企业核心竞争力不断提升。2023年，中智集团居"中国企业500强"第170位、"中国服务业企业500强"第59位，连续18年领航中国人力资源服务业。

【主要指标】 2023年，中智集团认真落实国务院国资委"一增一稳四提升"要求，把提质增效的重心放在价值创造能力提升上，既坚定不移做大，更意志坚定做强做优，推动生产经营保持稳中有进。资产总额、营业收入、利润总额、净利润分别比上年增长7.91%、18.44%、2.99%、3.98%。

表1　2023年中国国际技术智力合作集团有限公司主要经济指标

项　目	2022年	2023年	比上年增长(%)
资产总额(亿元)	201.88	217.84	7.91
所有者权益(亿元)	86.10	94.97	10.30
营业收入(亿元)	219.85	260.39	18.44
利润总额(亿元)	12.73	13.11	2.99
净利润(亿元)	10.05	10.45	3.98
归属于母公司所有者的净利润(亿元)	8.99	9.28	3.23
技术开发投入(亿元)	2.61	2.40	-8.05
利税总额(亿元)	41.78	45.92	9.91
应交税金总额(亿元)	32.95	36.98	12.23
全员劳动生产率[万元/(人·年)]	105.63	109.87	4.01
净资产收益率(%)	12.31	11.54	减少0.77个百分点
总资产报酬率(%)	6.61	6.47	减少0.14个百分点
国有资本保值增值率(%)	112.38	111.27	减少1.11个百分点

【改革发展】 2023年，中智集团扎实开展新一轮改革深化提升行动，加强顶层设计，以系统思维分解改革目标、编制改革任务举措，制定形成覆盖九大领域、42项任务、90条举措的整体改革方案。加强改革学习宣贯和组织推进，层层压实责任，取得阶段性成效。中智集团深化改革成效课题获得2023中国企业改革发展优秀成果一等奖。实现任期制和契约化管理在高质量、规范化基础上的全覆盖。持续深化三项制度改革，修订二级成员单位经营业绩考核办法，全面构建新型经营责任制。针对各板块业务类型、规模体量、发展阶段等实际，"一企一策"开展差异化考核，确保"指挥棒"方向更加精准。持续优化全员绩效考核体系，将指标层层分解到个人，全员绩效考核连续保持100%；坚持工资总额与经营绩效强挂钩，员工收入与绩效考核强挂钩。集团连续两年获得中央企业三项制度改革评估一级(A类)。积极推进产业整合工作，充分发挥资本运作对产业控制的撬动作用，加快推进投资并购，全年完成固定资产投资、受让股权、新设全资公司、增资等各类投资项目。

【重大项目】 2023年，中智集团将资本运作作为解决长远问题的必然选择，切实发挥有效投资关键作用，聚焦产业链强基补短，加快布局落地一批强牵引、利长远的项目。同时按照"投好更要管好"的要求，加强融合协同、强化整体合力，推动将资本投资更好转化为实际效益，塑造覆盖更全、质量更优的人力资源服务生态化体系，助推集团增强行业控制力、提升产业引领力。

【走向海外】 2023年，中智集团进一步提升国际化服务能力，增强服务"一带一路"倡议的功能。持续加大国际化经营力度，积极提供境外人力资源服务。不断拓展海外布局，在新加坡设立国际商事服务公司，中标孟加拉国签证中心签证代办项目，为超过50万人次提供签证服务。与多个“一带一路”沿线国家建立职教合作关系，发挥桥梁纽带作用，为多所中国职业院校提供“走出去”服务，促进国际合作交流。加强境外业务监管，对境外企业开展风险排查。

【重大创新】 2023年，中智集团强化创新体系建设，充分发挥创新领导小组统筹协调作用，深入研究创新奖励机制、创新投资方向等创新发展问题，创新工作顶层设计更加完善。落实发展战略性新兴产业部署要求，制定工作方案，明确六大专项计划，大力培育新产业新赛道，着力打造新质生产力，人力资源全生命周期服务能力不断提升。强化创新平台作用，举办第五届“青创赛”，评选出数字化转型、专业外包等多个优质项目，创新资源集聚效应持续显现。强化产品服务深度。创新开发IT、金融服务、轨道安装等垂直细分领域外包赛道。拓展产品服务广度。积极推进产业学院合作模式落地，有效培育职教领域发展动能。研发推广“智能客服机器人”日常服务场景，响应客户需求的时效不断提高。全面升级“中智e享”一站式自助服务平台，交付效率不断提升。迭代升级“赏鉴宝”灵工平台，实现更大范围场景应用。开发“中智课道”在线培训平台，服务范围不断拓展。

【党建工作】 2023年，中智集团深入开展主题教育，推动党建与生产经营深度融合，一批主题教育调研成果转化为企业改革发展经营管理具体举措。党员干部拥护“两个确立”、做到“两个维护”的意识更加牢固，攻坚克难、干事创业的精气神更加饱满，奋发有为、争创一流的信心更加坚定。基层党组织深入实施“七抓”工程，打造出“智多星”攻坚团队、“智联攻坚队”等特色典型，与客户党组织开展党建共建，实现党建与业务“双促进”。全面从严治党持续走深走实，聚焦办公用房购置装修等重点领域开展精准监督，深化靠企吃企等专项整治，对2家三级单位党组织开展巡视并推动发现问题整改。深入开展统战、群团、妇女工作，召开党外人士座谈会汲取各方智慧，强化企业民主管理，实施工会“五心”工程，联合四家央企举办“青马工程”，开展妇女十三大宣讲和巾帼系列表彰，队伍凝聚力、战斗力、向心力不断提升。

【信息化与数字化建设】 2023年，中智集团人力资源行业公有云“智人云”建设加速，入选国企央企改革典型案例，为打造行业数字化底座，提升产业控链、管链、育链、强链能力奠定坚实基础。强化数字化战略实施，完成“十四五”数字化转型中期评估及规划的滚动修订，明确“数据治理体系、平台治理体系”两步走，数据治理先行的工作思路，顶层设计的完整性、系统性和科学性进一步提升。建立“四问一图一路”战略解码工作机制，以“七场硬仗”为抓手，推动集团数字化转型步伐明显加快。积极响应数字中国战略，全面启动大数据体系建设，AI赋能实现提前布局。数据管控平台建设深入推进，移动办公平台建设全面启动，数字化管理效率不断提升。业财管一体化加快推进，业务系统与管理系统深度链接，实现业务流与发票流、资金流、账务流相一致。立项数字素养行业团体标准，建立网络数据安全评估模型，制定上云能力成熟度评估标准，数字化标准建设更加规范。

【履行社会责任】 2023年，中智集团积极承办国务院国资委、人力资源社会保障部、教育部、团中央等部委组织开展的系列招聘活动，通过招聘能力提升带动中智集团服务就业取得新成效，全年直接推动就业择业超过200万人次。承接举办“央企育才促振兴”专题培训，覆盖近40个帮扶县、200个乡镇，促进乡村振兴人力资本提升，培训效果得到积极评价。持续强化咨询团队建设、不断深化研究领域深度广度，中智高端智库品牌进一步擦亮。围绕国资国企改革、对标世界一流、制造业转型升级、战略性新兴产业和未来产业发展等重点方向，为地方政府和各级国资监管部门、央国企提供多项管理咨询服务。

（撰稿人：薛俊武）

中国建筑科学研究院有限公司

【基本概况】 2023年是贯彻党的二十大精神的开局之年，是实施“十四五”规划承上启下的关键一年。在国务院国资委的领导和关怀下，在审计署企业审计八局的指导和监督下，中国建筑科学研究院有限公司（以下简称中国建研院）全体干部职工深入学习习近平新时代中国特色社会主义思想，全面贯彻党的二十大和二十届二中全会精神，学习领会习近平总书记对国资央企的指示批示精神，认真落实党中央、国务院的决策部署，凝心聚力、开拓进取、守正创新、笃行不怠，打造原创技术策源地，推动高水平科技自立自强，扎实开展改革深化提升行动，加快发展战略性新兴产业，加快建设世界一流企业。在全体员工的共同努力下，圆满完成全年各项目标任务，持续推动公司高质量发展。

【主要指标】 2023年，中国建研院新签合同额94.10亿元，比上年增长24.63%。实现营业收入69.14亿元，比上年减少7.07%；利润总额4.21亿元，比上年减少8.13%；净利润3.73亿元，比上年减少5.17%；归属于母公司所有者的净利润3.01亿元，比上年减少11.08%。实现经济增加值（EVA）5.00亿元，科技收入14.29亿元，研发经费投入强度5.94%。

表1　2023年中国建筑科学研究院有限公司主要经济指标

项　目	2022年	2023年	比上年增长（%）
资产总额（亿元）	73.38	71.77	－2.19
所有者权益（亿元）	37.28	40.28	8.05
营业收入（亿元）	74.39	69.14	－7.07
利润总额（亿元）	4.59	4.21	－8.13
净利润（亿元）	3.93	3.73	－5.17
归属于母公司所有者的净利润（亿元）	3.39	3.01	－11.08
研发经费投入（亿元）	4.26	4.11	－3.54
利税总额（亿元）	7.53	6.58	－12.58
应交税金总额（亿元）	4.18	3.36	－19.50
全员劳动生产率[万元/（人·年）]	31.57	31.72	0.47
净资产收益率（%）	11.14	9.62	减少1.52个百分点
总资产报酬率（%）	6.41	5.84	减少0.57个百分点
国有资本保值增值率（%）	112.53	109.32	减少3.21个百分点

注：利税总额＝税金及附加＋应交增值税＋利润总额；全员劳动生产率＝劳动生产总值÷全年平均从业人员人数；表中"比上年增长"采用万元为单位的数据计算所得。

【改革发展】 2023年，中国建研院开展改革深化提升行动。贯彻落实国务院国资委部署要求，深入开展以"1个总目标、10项重点任务、100项重点举措"为牵引的各项改革工作。聚焦战略安全、产业引领、民生服务等方向，做好顶层布局和培育孵化，持续提高核心竞争力，人民网、学习强国等平台对公司改革做法进行专题报道。下属单位北京建机院在2022年度"双百企业"专项考核中获评"优秀"，环能科技入选国务院国资委首批创建世界一流专业领军示范企业名单，建研防火获得北京市"创新型"和"专精特新"中小企业称号，天津分院全面推进"科改企业"改革工作。

加强管理制度建设。不断推动改革成效制度化，制（修）订公司党委会议"第一议题"、董事会规范运行、司库体系等相关制度，以及公司所属单位领导班子和领导人员综合考核评价办法、首台（套）采购绿色通道、落实网络安全保护重点措施等制度文件。

健全市场化经营机制。深入推进三项制度改革，深化提升经理层成员任期制和契约化管理工作，管理人员参照任期制契约化方式落实管理职责人数占比64%。新聘任管理人员竞争上岗人数占比80%，实施末等调整和不胜任退出的子企业户数占比72%，管理人员退出人数占比8.7%。制定提质增效奖励办法，加大超额奖励力度，激发领导人员干事创业热情。

加强干部人才队伍建设。推进实施"领航工程"，开展中层干部治企能力培训，培养优秀企业领导人员，累计培训286人次。加强各类人才选拔培养，"百人计划"新入选19人、"廿人计划"新入选22人，工程硕博士联合培养累计招生61人，获批5名享受国务院政府特殊津贴专家，优化公司科技人才结构。

健全合规监管体系。组织开展内审工作质量评估，扎实完成二级单位审计监督全覆盖任务目标，整合公司内部各种监督力量，建立大监督格局。严抓内控体系建设，制定公司法律纠纷案件管理办法，指导二级单位进一步加强案件管理。

落实安全生产责任制。深入开展安全管理强化年行动和重大事故隐患专项排查整治2023行动，组织“安全生产月”系列活动，开展安全生产专题讲座和消防疏散演练，加强安全风险隐患排查与整治。

【重大项目】 2023年，中国建研院积极落实数字化发展战略。面向建筑领域数字化转型重大需求，开展自主可控BIM技术的研发与示范应用，搭建基于BIMBase底座的协同设计、智能制造、智慧运维、项目管理、智慧消防与应急、生物安全实验室、检测监测等各领域子平台，形成统一的“作战室”大平台。申报的BIMBase数字工程云成功入选国务院国资委第一批中央企业行业领域公有云项目清单。公司扎实开展司库体系建设和财务信息化升级，强化集团资金集约管理和动态监控，推动加快业财融合进程，提升资金运营效率与风险防控能力。

积极服务国家区域发展战略。承接上海浦东国际机场四期扩建西货运区6号地块智能货站工程等重点项目，承担天津国家会展中心二期项目，积极推进“构力双碳云”融入余村建设，共同启动安吉县“零碳共富村计划”，开展深圳北站枢纽近零碳试点全过程咨询服务等项目，深度参与《海南省绿色建筑发展条例》立法工作，为天津市北辰区朝阳路综合能源站供热运维提供技术服务，承担黑龙江省体育场馆应急排查项目。助力东北全面振兴、京津冀协同发展、长三角一体化发展，粤港澳大湾区、海南自贸港等国家区域发展战略。

持续深化央企央地合作。与中国物流集团、上海建工集团、广东省建科院等国企开展战略合作，大力推进在服务绿色发展、数字化转型等方面的创新与合作。加强与石家庄市政府、江西省住房和城乡建设厅、广州市住房和城乡建设局等地的战略协作，在城市更新、低碳环保、清洁取暖等方面加大合作力度。与中广核等央企联合开发核岛液压顶升平桥和楼面起重机等设备，与江西省住房和城乡建设厅共同举办建设工程消防行业促进大会，推进消防体制改革在江西落地见效。

助力国家重点项目建设。积极推动2025年日本大阪世博会中国馆建设。承担建设全过程工程咨询服务，积极响应展馆主题，通过低碳创新技术、装配式、模块化等综合措施，打造“建筑即展品，展品即精品”示范工程，致力于将大阪世博会中国馆打造成向世界展现中华文明的名片。

成功举办公司70周年系列活动。在公司成立70周年之际，举办以“智者创物七十载，砥砺奋进新征程”为主题的系列学术活动和文体活动。同期组织召开第三届中国建筑科学大会，聚焦建筑科学未来发展方向，围绕“双碳”、城市更新、数字化转型等领域引领行业技术发展，20余位院士、大师，近1000名专家学者现场参会，近50万人次视频参会。大会盛况被新华网、环球网、凤凰网、中国经济网、人民视频、央视频等媒体转载报道。

【走向海外】 2023年，中国建研院积极服务“一带一路”建设。推进“借船出海”和产品出口“两条腿”走路的国际化战略，增强东南亚、中东和非洲等市场的品牌影响力，《混凝土质量控制标准》等代表性标准在柬埔寨金港高速等“一带一路”国家项目开展应用，助力中国标准“走出去”。中标埃及阿拉曼新城擦窗机供货和安装工程，合同额3500万元。为肯尼亚蒙内铁路、内马铁路等重点工程项目提供高性能混凝土系列技术支持。积极拓展海外市场，中标吉尔吉斯斯坦首都比什凯克地标建筑项目。强化横向合作，共同服务“一带一路”中老磨憨—磨丁自贸区建设。

【重大创新】 2023年，中国建研院强化核心技术攻关。加大力度开展工业软件BIM几何引擎基础研究和技术底座平台建设，提升非线性几何建模技术水平，打破底层技术壁垒。研制完成PKPM—CAE土木工程通用仿真求解器，突破长期被国外产品垄断的局面。发布国内首个面向基础设施领域的BIM平台，支持国家电网、中国中铁、中交集团等单位研发行业专业软件，开展工程应用示范。

持续推进创新能力建设。承担13项“十四五”国家重点研发计划项目，开展“面向碳中和的低碳城市建设关键技术应用示范”等基础技术研发，为我国城乡建设领域低碳、零碳转型发展提供多尺度、系统性的关键科学方法和技术支撑。在研科研课题376项,在编标准462项。取得授权专利132件,其中发明专利69件;发表论文318篇,其中SCI 47篇、EI 26篇;获得软件著作权180项。评选出公司科技进步奖23项、优秀工程奖39项。立项《建筑结构可靠性设计统一标准》《居住建筑节能检测标准》等55项国家标准、行业标准制(修)订项目。稳步推进《民用建筑供暖通风与空气调节通用规范》《科技馆项目规范》等全文强制性标准编制,做好《绿色建筑评价标准》等核心引领性标准的制(修)订,牵头开展好房子、零碳建筑系列团体标准编写。新立项国际标准2项,发布国际标准2项。获批首批住建部科技创新平台质量评定工程技术创新中心。对国家重点实验室、国家建筑工程技术研究中心、建筑行业生产力促进中心等平台进行优化调整。《绿色建筑评价标准》获得2022年度中国标准创新贡献奖一等奖,"健康建筑和社区营造理论与关键技术及规模化应用""近零能耗建筑技术体系研究及规模化应用"项目获得华夏建设科学技术奖一等奖,联合完成的中信大厦和济宁市文化中心项目获得中国土木工程詹天佑奖。获得2023年度中国工程建设标准化协会标准科技创新奖项目奖7项、人才奖13项、卓越贡献奖1项。

加强国际合作交流。积极参加首届推动中新建设发展部长对话活动,与新加坡建屋发展局、建设局等深入开展国际合作交流。参加《联合国气候变化框架公约》第28次缔约方大会,并在"中国角"论坛作专题报告。开展第九届建设21国际联盟中国平台工作,组织ISO/TC 195年会,联合组织ISO/TC 71年会,协办中国—东盟标准国际化论坛,积极参与ISO、IEA/SHC、IRCC等工作会议。

【党建工作】 2023年,中国建研院坚持党的全面领导。围绕坚决做到"两个维护"、贯彻落实习近平总书记重要讲话和重要指示批示精神、推进党的领导融入公司治理等,优化完善"第一议题"、党委前置研究讨论重大经营管理事项清单等具体制度。2023年,公司党委集体学习习近平总书记重要讲话和重要指示批示精神70余项,研究制定贯彻落实具体措施100余条。召开党委会30余次,研究部署党的建设重大事项,研究决定重要干部任免,研究讨论重大经营管理事项,切实发挥领导作用。

扎实开展主题教育。根据党中央统一部署和国务院国资委党委有关要求,分两批开展学习贯彻习近平新时代中国特色社会主义思想主题教育。两批主题教育期间,各级领导班子累计举办读书班387期、开展专题研讨452次,全部深入调研,推动解决问题,在以学铸魂、以学增智、以学正风、以学促干方面取得实实在在成效。公司主题教育得到国务院国资委党委及督导组肯定,13项经验素材被国务院国资委采编,11篇经验文章获中央主题教育官网、央视网、人民网、党建网和国务院国资委官网等媒体刊载。

发挥基层党组织的战斗堡垒作用。实施基层党建提质增效"七抓"工程,高质量完成中组部和国务院国资委党委委托的基层党建研究课题,开展年度党建重点任务专项督导、书记抓基层党建工作述职评议与党建责任制考核及整改、第二批公司基层示范党支部评选等工作,挖掘宣传15个围绕生产抓党建的典型案例,多措并举促进基层党建工作质效提升。

加强公司宣传思想文化工作。深入学习贯彻习近平文化思想,严格落实意识形态工作责任制,持续强化正面宣传,开展党员干部职工思想道德素养提升、"服务社会　央企担当"主题宣传、精神文明单位创建等系列活动,编纂《中国建研院的七十年》,更新发布公司宣传片,讲好企业改革发展故事。报送行业相关政策建议与信息,中办采用2篇、国务院国资委采用9篇,充分发挥专家行业智库作用。

加强群团统战工作。组织职工学习宣传贯彻党的二十大精神和工会十八大、妇女十三大、团十九大精神,开展党外知识分子献良策活动,召开党外代表人士座谈会,举办院庆职工运动季系列活动,搭建职工技能提升平台和健康服务平台,做好职工慰问帮扶和职工体检,开展团员和青年主题教育,实施青马工程和青年精神素养提升工程,开展青年论坛和青年志愿服务活动。

巩固深化政治巡视。开展国务院国资委党委巡视反馈整改情况自查与巩固深化提升行动,健全完善整改长效机制。制定《公司党委巡视工作规划(2023—2027年)》,推动新一轮巡视工作向深拓展、向专发力、向下延伸。对4家所属二级党组织开展常规巡视，推进政治监督具体化、精准化、常态化。突出加强对领导班子的巡视监督，形成"一把手"专题材料多份。针对巡视发现的共性和深层次问题，加强归纳分析，增强以巡促改、以巡促建、以巡促治实效。

全面从严治党体系建设。召开党风廉政建设工作会议，专题部署年度重点任务，签订党风廉政建设责任书。深化整治靠企吃企，召开警示教育大会，推进以案促改。开展违反中央八项规定精神问题专项治理，聚焦"九个紧盯"进行自查自纠，纠"四风"树新风常态长效。压实管党治党责任，落实"一把手"谈话制度，完成对14家二级单位党组织书记谈话全覆盖。扎实开展纪检监察干部队伍教育整顿，提高队伍建设水平。

【信息化与数字化建设】 2023年，中国建研院强化网络安全和信息化建设。启动公司信息化数字化规划项目，推进人事、科研、采购、国资监管、监管数据平台等系统建设，提升信息化管理水平。加强网络安全工作制度体系建设，组织参与公安部的网络安全攻防演练，构建一体化的网络安全综合防御体系，不断提升网络安全整体防护能力。

积极落实数字化发展战略。面向建筑领域数字化转型重大需求，开展自主可控BIM技术的研发与示范应用，搭建基于BIMBase底座的协同设计、智能制造、智慧运维、项目管理、智慧消防与应急、生物安全实验室、检测监测等各领域子平台，形成统一的"作战室"大平台。BIMBase数字工程云成功入选国务院国资委第一批中央企业行业领域公有云项目清单。扎实开展司库体系建设和财务信息化升级，强化集团资金集约管理和动态监控，推动加快业财融合进程，提升资金运营效率与风险防控能力。

【履行社会责任】 2023年，中国建研院积极落实双碳战略。扎实推进"城镇低碳碳中和设计方法和技术集成研究与示范"专项研究，开展双碳系列丛书和《零碳建筑技术标准》《居住建筑节能改造设计标准》等标准的编制，加强成果凝练总结，推动成果在青岛国际资源配置中心、中海金融中心零碳建筑等项目中示范应用。承接海南博鳌零碳示范区建筑绿色化改造全过程技术咨询项目，支持住房城乡建设部、海南省共同打造全国标志性项目和国际零碳绿色发展新标杆。承担全国碳达峰碳中和计量委员会建筑碳计量分技术委员会秘书处工作，服务建筑碳计量、碳排放技术研发、标准编制和数据共享。

积极履行社会责任。甘肃省临夏州积石山6.2级地震发生后，第一时间选派专家作为住房城乡建设部抗震救灾专家组组长、成员赶赴现场，冒着余震不断的风险，积极开展抗震救灾和应急评估指导工作。落实习近平主席在二十国集团领导人峰会关于维护全球产业链供应链稳定的中国倡议，中国贸促会举办首届中国国际供应链促进博览会，牵头组织健康人居生活板块，集中展示建筑产业链各环节先进技术、产品、品牌，服务产业链供应链开放合作。以产业帮扶为引领，助力偏关县"五大振兴"取得新成效，积极参加国务院国资委组织的第二届"央企消费帮扶兴农周"活动。年度投入无偿帮扶资金550万元，购买帮扶产品200万元。严格按照选优配强的原则选派新一届挂职干部和驻村第一书记，开展业务培训，提升帮扶干部的工作能力和水平。

（撰稿人：张　晓　黄　娇）

中国中车集团有限公司

【基本概况】 2023年，中国中车集团有限公司（以下简称中国中车）贯彻落实习近平总书记"2·26"重要批示精神和党的二十大精神，把握高质量发展这条主线，围绕党中央、国务院国资委关于加快建设世界一流企业的重大决策和"十四五"发展战略要求，优化工作推进机制，加快布局发展战略性新兴产业，加快形成轨道交通装备与新能源装备双赛道、双集群格局，全力为全球提供精良轨道交通装备、绿色低碳能源装备和优质服务。深化对标世界一流管理提升行动，以数字化转型为牵引，以对标提升为抓手，着力提高精益管理水平和企业价值创造能力，确保国有资本保值和增值。研究制定改革深化三年提升行动实施方案，稳妥推进重组整合和改制上市工作，优化公司治理，确保在新一轮国企改革中走在前、当先锋、作表率。

【主要指标】 2023年，中国中车合理制定并实施年度经营计划，推动公司发展目标与国民经济增长相匹配，全面完成国务院国资委下达的经营业绩考核指标，实现利润总额166.11亿元、经济增加值126.4亿元，研发经费投入强度6.59%，全员劳动生产率43.63万元/(人·年)。在国务院国资委发布的2022年度中央企业负责人经营业绩考核结果中，中国中车经营业绩考核连续12年被评为A级。

表1　2023年中国中车集团有限公司主要经济指标

项　目	2022年	2023年	比上年增长(%)
资产总额(亿元)	5119.35	5437.04	6.21
所有者权益(亿元)	2010.02	2108.41	4.89
营业收入(亿元)	2333.98	2443.73	4.70
利润总额(亿元)	161.97	166.11	2.56
净利润(亿元)	141.43	143.89	1.74
归属于母公司所有者的净利润(亿元)	60.70	60.99	0.48
技术开发投入(亿元)	159.26	160.93	1.05
利税总额(亿元)	182.11	185.76	2.00
应交税金总额(亿元)	136.66	130.27	-4.70
全员劳动生产率[万元/(人·年)]	41.92	43.63	4.08
净资产收益率(%)	7.23	6.99	减少0.24个百分点
总资产报酬率(%)	3.68	3.64	减少0.04个百分点
国有资本保值增值率(%)	106.68	106.38	减少0.30个百分点

【改革发展】 2023年，中国中车抓好改革三年行动收官工作，在中央企业改革三年行动重点任务考核中，以第7名的成绩蝉联A级评价，居委管企业第1位，改革典型经验入选国企改革三年行动经验成果。14家“双百企业”“科改企业”在2022年专项考核中取得5家“标杆”、9家“优秀”的成绩，5家企业新增入围“双百企业”“科改企业”，改革专项工程企业数量在中央企业中最多。持续开展交通强国建设试点工作，完成2项试点任务验收。稳妥推进长期股权投资和股权管理项目审批工作，完成长期股权投资项目90项，批准新设企业30户。

加强干部人事制度改革，刚性落实契约化管理机制。深化市场化经营机制改革，加大员工市场化退出力度。加强董事会建设，动态实现“外部董事百人库”。中车落实董事会职权、经理层成员任期制和契约化管理、市场化用工等3项关键指标在改革三年行动年度考核中分别排名央企第5位、第6位和第1位。改革薪酬分配，制定实施企业负责人2023年年薪预算、清算方案，坚持工效联动、目标引领、分类管理、管理前置，将年薪事后核算调整为事前预算，对不同企业设置差异化激励标准，在正常核定年薪的基础上，根据企业实现利润目标档位，加大双向激励力度，兼顾效率和公平，进一步理顺企业间负责人薪酬。加强收入分配管理，对非制造类企业高度市场化的职能管理岗位，下达工资增长调控线，对企业工资总额增幅和人均工资增幅实行双轨制管控。加强劳动用工与薪酬管理，启动实施劳效三年提升专项行动，建立健全企业负责人双向激励、科技人才精准激励和核心人才中长期激励多维度人才维系激励体系，提升骨干人才价值创造动力活力。

【重大项目】 2023年，中国中车贯彻落实国务院国资委“两非”剥离工作部署，优化业务结构，推动各级企业聚焦主责主业，实现高质量发展。督导推进沈阳物流公司、青岛中车时代新材(原青岛华轩水务)、北车海工等子企业尽早完成全面剥离任务目标；稳妥推进金融租赁专业化整合，截至2023年底完成金融租赁业务与五矿的重组。持续推动业务重组，两个“四方”重组于12月底完成工商变更登记；推动中车制动深度整合融合；完成中车科技园公司与两个“二七”公司重组；调研中车信息公司重组江苏数字，完成重组建议方案。建立重大专项工作统筹推进机制，全面推进“9+1”重大项目落地实施。加快建设原创技术策源地，优化原创培育十年专项布局，完成17项技术突破、10项攻关任务；承担战略性新兴产业“焕新行动”7个产业29项任务和未来产业“启航行动”4个产业12项任务；稳步推进交通强国建设试点工作和“十四五”国家重点研发计划。重点产品和关键技术研发取得系列新成果：时速350千米雅万高铁动车组入选年度中央企业十大超级工程；复兴号亚运智能动车组圆满服务第19届杭州亚运会；新型城际市域智能列车2.0版正式发布；国内首套高温超导电动悬浮全要素试验系统首次悬浮运行；全球首辆氢能源智轨电车在马来西亚开启试跑；全球最大功率20兆瓦半直驱永磁风力发电机成功下线；CR450动车组创造单列时速453千米、相对交会时速891千米的世界纪录；600千米超长续航的全球首列氢能源市域列车成功发布；自主研制的国内首列商用悬挂式单轨列车“武汉光子号”投入运营；完成上海高速磁悬浮磁极研制、批量控制器和传感器集成测试，在世界首列设计时速600千米高速磁浮交通系统上实现装车运用；搭建时速80千米、120千米A型、B型系列化中国标准地铁列车平台，产品广泛应用于城市轨道交通领域；高速列车转向架用轴承、高速列车用IGBT项目完成关键核心技术攻关，具备国产化替代能力；突破400千米/时高速受电弓弓网动力学、低阻力低噪声设计、主动控制设计等关键核心技术；完成采用独创TSV工艺的振动能量采集芯片工艺方案设计及工艺加工的MEMS振动能量采集芯片研制；攻克高压SIC芯片及模块的关键工艺技术；自主研制的碳化硅永磁牵引系统在城轨领域实现批量化应用；研制的“海风1号”110米级超大型风电叶片产品关键技术攻关取得重大突破。

【走向海外】 2023年，中国中车加快推进“一带一路”重大政府间合作项目。匈塞铁路项目获得突破，签署塞尔维亚高速动车组车辆采购商务合同；稳步推进中泰高铁、越南南北高铁、马新高铁等项目。持续稳固轨道交通既有市场。成功签约阿联酋23列客运内燃动车组项目、新加坡330辆跨岛线地铁项目、阿根廷50列内燃动车组项目等重大重点项目。加速布局三极多点业务。中车“智造”新能源轻轨列车首次出口阿根廷，全球首列氢能源智轨亮相马来西亚。加快商业模式创新。首个海外“系统＋”项目墨西哥城地铁1号线整体现代化改造项目实现开通运营，墨西哥数轨展示车在蒙特雷新莱昂州建成200周年庆典开幕活动中亮相，瓜达拉哈拉轻轨4号线DLS项目入选中央广播电视总台《“一带一路”ESG行动报告》。参加第11届中德经济技术合作论坛、中德企业家圆桌会、中法企业交流会、澳门第14届国际基础设施投资与建设高峰论坛等重要商务活动；承办交通高峰论坛“数字化、智能化背景下的轨道交通系统解决方案创新”平行论坛；策划“坐着火车看世界”活动，与近10个国家开展商务交流。中国中车国际业务新签订单584亿元，实现营业收入286.34亿元。

【重大创新】 2023年，中国中车加强技术创新，狠抓原创技术培育、重大项目技术攻关、重大产品研制等重点任务，“先进轨道交通”“85专项”“GCT”“1025专项”一期等重点专项全面收官。狠抓创新能力提升，获得中国铁道学会科学技术奖41项，其中特等奖3项、一等奖9项；获得第24届中国专利奖金奖1项、银奖1项、优秀奖4项；授予“2023年度中国中车科学技术奖”307项，其中特等奖6项、一等奖45项。主持或参与制(修)订国际标准13项(其中主持5项)、国家标准104项(其中主持20项)、行业标准20项(其中主持14项)，发布中车企业技术标准76项。全球唯一可开展160米叶片全尺寸结构试验的检测实验室正式投入使用。

加强管理创新，组织开展中国中车管理创新成果申报及评审，审定中国中车第八届管理创新成果63项，评出特等奖成果1项、一等奖成果12项、二等奖成果23项、三等奖成果27项；组织申报第30届全国企业管理现代化创新成果，获得一等奖成果1项、二等奖成果4项。

【党建工作】 2023年，中国中车党委着力完善中国特色现代国有企业治理体系，按照习近平总书记“两个一以贯之”的要求，全面落实全国国企党建工作会议精神，推动党建要求“进章程”、前置程序“进规则”，全面推动党的领导融入公司治理，细化党组织在公司治理各环节的权责和工作方式，落实党委在企业重大决策事项中的决定权、把关权、监督权。着力完善加强党的全面领导的工作体系，健全完善“第一议题”“第一专题”制度，累计召开党委常委会会议40次，召开党委中心组学习会15次，深入学习贯彻落实习近平总书记最新重要讲话重要指示批示精神，特别是“2·26”重要批示精神。把握“学思想、强党性、重实践、建新功”总要求，一体谋划理论学习、调查研究、推动发展和检视整改工作，分两个批次组织开展学习贯彻习近平新时代中国特色社会主义思想主题教育，中国中车党委主题教育典型经验多次在中央主题教育简报和国务院国资委主题教育简报刊发。持续加强“三基”建设，深入实施“七抓”工程，系统提升基层党建工作质量。开展党建“引领突破年”专项行动，全面实施新时代高铁先锋“九个一”工程，系统优化升级党建“金名片”新突破实施路径。规范基层党组织换届，7家一级企业和6家重点二级企业党委完成换届选举工作。持续开展年度党建工作责任制考核，推动管党治党责任向基层延伸。深入推进“六位一体”文化传承工程，加大品牌传播力度，中国中车品牌价值蝉联中国机械制造业榜首。加强意识形态管理，健全重大舆情和突发事件处置引导工作机制。深化纪律作风建设，召开干部警示教育大会2次，开展百名纪检干部讲纪律工作，督促指导子企业纪委深入基层讲纪律党课600多场。聚焦关键领域、重点环节，开展员工经商办企业排查治理、改制企业与本企业业务往来专项治理、境内外佣金专项整治等专项监督。制定实施新一轮巡视工作规划，组织开展两轮覆盖8家子企业的“常规＋专项＋专题”巡视。深化巡视带巡察工作，对8家一级子企业、10家二级子企业开展上下联动巡察。加强党对群团工作的领导，召开中国中车工会第一次代表大会，系统谋划打造“新五型工会”升级版；组织团员青年深入学习贯彻落实团十九大精神，系统推进青年精神素养提升工程。在国务院国资委党委2022年度党建工作责任制考核中，中国中车党委连续6年被评为A级，在中央企业中居第3位。

【信息化与数字化建设】 2023年，中国中车成立数字化转型研究院，建立数字化转型发展智库，开展行业数字共性技术联合攻关，年度数字化转型重点任务完成率100%。1家企业入选国有企业数字化转型试点企业名单，6家企业获评工业和信息化部智能制造示范工厂，2家企业获评国家级专精特新“小巨人”企业，2个项目获批工业和信息化部智能制造系统解决方案揭榜挂帅项目，2个项目获评工业互联网试点示范项目，3个项目获评新一代信息技术与制造业融合发展试点示范项目，3个项目获评工业和信息化部新一代信息技术典型产品、应用和服务案例，1个项目获评工业和信息化部增材制造典型应用场景；在智能制造试点示范行动中，6个项目入选智能工厂、1个项目入选智能场景。完成中车大数据中心一期建设任务，依托青岛大数据中心，健全中车工业互联网体系。加快推进智能制造，2个项目获批工业和信息化部产业基础再造和制造业高质量发展专项；3个产业基础再造和制造业高质量发展专项项目获国家财政后补助资金2348万元。统筹开展信息化建设项目，建成的国资监管大数据平台，顺利通过国务院国资委国资监管数字化智能化提升专项行动第一阶段验收并获评“优秀”；司库体系建设在国务院国资委中期验收评价中获评“优秀”。深入开展“两化”融合体系贯标，“两化”融合发展指数91.25，继续保持央企先进水平。

【履行社会责任】 2023年，中国中车认真履行社会责任，深入贯彻新发展新理念，落实《关于推进中央企业高质量发展做好碳达峰碳中和工作的指导意见》要求，成立中车资产管理有限公司，致力碳资产、碳交易。聚焦“双碳”目标，推进绿色制造体系建设，36家企业入选国家绿色工厂名单，新增3家累计7家企业入选国家绿色供应链管理企业名单，1家企业获评国家工业产品绿色设计示范企业，1家企业入选国家工业绿色微电网典型应用场景与案例，1个产品获评国家级“绿色设计产品”，12个案例获评中国企业联合会绿色低碳发展优秀实践案例。

牢记央企责任，强化使命担当，全力推进广西壮族自治区靖西市、那坡县和甘肃省麦积区、甘谷县等定点扶贫工作。召开中车定点帮扶工作会议，层层压实工作责任。深化完善立体式帮扶模式，全年直接投入帮扶资金1971万元，引进帮扶资金2110万元，招商引资1500万元；实施帮扶项目12个，扶持企业2个、合作社4个，帮助脱贫人口转移就业192人；购买和帮助销售农产品3977万元；培训基层干部和乡村振兴带头人1908人次；组织第三期“走出大山看高铁”游学活动，投入资金建设“中车书屋”，满足人民群众的精神和文化需求。承担国务院国资委定点帮扶的河北省魏县、平乡县和广西壮族自治区百色市等产业扶持任务。

（撰稿人：高　徽）

中国铁路通信信号集团有限公司

【基本概况】 中国铁路通信信号集团有限公司（以下简称中国通号）是国务院国资委直接监管的大型中央企业，是以轨道交通控制技术为特色的高科技产业集团、全球领先的轨道交通控制系统提供商。中国通号拥有投融资、设计研发、系统集成、装备制造、工程服务、运营维护完整产业链，是中国轨道交通控制系统设备制式、技术标准及产品标准的归口单位。中国通号2015年成功登陆香港联合交易所，2019年作为首个中央企业和A＋H股公司登陆上交所科创板。

中国通号是保障国家轨道交通安全运营的核心企业，是我国高铁列控系统技术民族产业的代表者，是我国高铁最核心技术引领全球铁路行业进步的佼佼者。中国通号世界领先的列控技术为我国15万千米铁路、超过4万千米高铁提供安全保障，建立完善6万多个高铁测试案例，超过国外跨国企业的总和，是我国高铁建设运营的突出优势和世界轨道交通行业的宝贵财富。中国通号成功研发时速200千米和350千米高铁自动驾驶技术，标志着我国高铁列车运行控制系统技术走在世界前列。

中国通号坚持引进消化吸收再创新的技术路径，加快自主创新，实现我国高铁、地铁全套列车控制系统技术的完全自主化和产品的100％国产化，完成高铁列控系统（CTCS－3级）、高铁自动驾驶系统（CTCS－3＋ATO）、地铁列控系统（CBTC）、城际铁路列控系统（CTCS－2＋ATO）、中低速磁悬浮控制系统、货运编组站综合自动化系统、铁路综合智能运维系统、综合运输调度指挥系统等轨道交通核心自主技术的重大突破，将轨道交通核心技术牢牢掌握在自己手里，从根本上保障国家铁路建设和运输安全，为落实“一带一路”倡议和高铁“走出去”提供核心技术支撑。先后参与北京、上海、广州、深圳、天津、南京、武汉等40多个城市的140余条地铁项目，市场占有率在65％以上。作为中国高铁“走出去”联盟的重要一员，广泛参与印度尼西亚雅万高铁、匈塞铁路、中老铁路等10多个国家和地区的铁路项目并取得积极进展，向世界展示“中国高铁”靓丽的国家名片。

2023年是全面贯彻落实党的二十大精神的开局之年，是实施“十四五”战略规划的关键之年，也是三年新冠疫情防控转段后经济恢复发展的一年。中国通号坚持以习近平总书记“2·26”重要批示精神为统领，坚决贯彻落实党中央、国务院重大决策部署，紧紧围绕高质量发展这个中心，聚焦自身功能定位，强化服务国家战略职责使命，埋头苦干、顶压前行。截至2023年底，中国通号由1家二级控股公司、4家二级全资企业组成。集团公司控股的中国铁路通信信号股份有限公司（以下简称股份公司）由13家全资子公司、7家控股子公司组成。全集团在岗职工总数19299人，其中经营管理人才6776人、专业技术人才8726人、技能人才3797人。

【主要指标】 2023年，面对国内外错综复杂的经济形势和瞬息万变的市场环境，中国通号坚决贯彻落实党中央、国务院重大决策部署，锚定“一利五率”任务目标，加快推动企业高质量发展，经济效益保持平稳健康发展。一是加强形势研判，全力以赴开展提质增效；二是服务国家重大战略，有序推进重点项目建设；三是加快核心技术攻关，加速推动科技自立自强；四是坚定实施改革深化提升行动，持续提升治理现代化水平。2023年末国有资本权益总额3794969.76万元，扣除客观因素后国有资本权益总额3823269.81万元，实现国有资本保值增值率106.68％，处于同行业良好水平，完成国有资本保值增值目标。国有资本客观增减原因为：国家、国有单位直接或追加投资4378.00万元，上交国有资本收益32678.05万元。2023年，中国通号实现营业收入373.03亿元，比上年下降7.70％；利润总额50.13亿元，比上年增长0.40％；归属于母公司所有者的净利润23.85亿元，比上年下降1.49％。

表 1　2023 年中国铁路通信信号集团有限公司主要经济指标

项　目	2022 年	2023 年	比上年增长（%）
资产总额（亿元）	1258.29	1292.84	2.75
所有者权益（亿元）	564.04	591.69	4.90
营业收入（亿元）	404.13	373.03	−7.70
利润总额（亿元）	49.93	50.13	0.40
净利润（亿元）	43.01	42.75	−0.60
归属于母公司所有者的净利润（亿元）	24.21	23.85	−1.49
技术开发投入（亿元）	21.27	20.47	−3.76
利税总额（亿元）	74.45	75.59	1.53
应交税金总额（亿元）	24.52	25.46	3.83
全员劳动生产率［万元/（人·年）］	60.49	62.84	3.88
净资产收益率（%）	7.82	7.40	减少 0.42 个百分点
总资产报酬率（%）	4.19	3.99	减少 0.20 个百分点
国有资本保值增值率（%）	107.25	106.68	减少 0.57 个百分点

【改革发展】 2023 年，中国通号坚定实施国企改革深化提升行动。推动改革三年行动圆满收官，在国务院国资委 2022 年度中央企业改革三年行动重点任务考核中获评 A 级。扎实推动实施新一轮改革深化提升行动，提出未来三年改革的任务书、时间表、路线图。在产业转型方面，加速轨道交通智能化转型进程，加快发展智慧交通，推动控制技术优势向其他领域拓展，积极布局低空经济、"人工智能+"等战略性新兴产业，推动传统制造高端化、智能化、绿色化发展。在科技创新方面，加速关键核心技术攻关，推动"YQGJGC"一期任务成果上道试用；主动承担国家重大科技任务，开展适用于川藏铁路、面向 CR450 科技创新工程、支持区域"四网融合"的谱系化列控系统装备研制；加强轨道交通 5G 无线通信系统、轨道交通云计算、基础设施云平台等平台技术和系统技术研究。在安全保障方面，全面参与国家铁路重点项目建设，稳妥保障全路平均每天开行的 7000 多列动车组、2.6 万列客货运列车安全运行，同时强化供应链管理，加强战略库存储备。在经营机制方面，构建新型经营责任制，推动任期制契约化管理 2.0 提质扩面，推动管理人员竞争上岗、末等调整和不胜任退出常态化制度化，推动薪酬分配和绩效考核差异化精准化，推动中长期激励破冰开局。在专项行动方面，统筹开展建设世界一流企业行动，有序推进价值创造行动、专业领军示范企业创建行动、管理提升行动、品牌引领行动；深化改革专项工程，新增"科改企业"1 家、"双百企业"1 家，在 2022 年专项考核中，5 家试点企业全部获得"良好"以上评价，2 家企业获评"优秀"。

持续提升公司治理现代化水平。坚持在完善公司治理中加强党的领导，动态完善党委前置事项清单，确保党委开展实质性前置研究；推动各级子企业董事会规范运作，18 家企业设立董事会专门委员会，全面落实董事会职权，在国务院国资委 2022 年度中央企业董事会评价中获评 A 级，在科创板 499 家信息披露工作评价中获评 A 级。稳步提升现代化财务水平，深入实施业财一体化工程，加快建设财务共享中心和统一数据平台，完善司库管理体系。坚定提升依法合规经营水平，健全合规管理体系，完善违规经营投资责任追究制度，深入开展民企违规挂靠、控股不控权、参股企业管理、假冒国企央企等专项行动，完成审计署审计整改工作，坚决守住不发生重大风险的底线。

【重大项目】 2023 年，中国通号毫不动摇支撑服务国家重大战略，公司积极落实国家交通强国战略、区域协同发展战略，推动广汕高铁、贵广高铁、贵南高铁、精阿铁路、汕汕铁路等 23 个重点项目实现顺利开通交付，稳步推进杭温一期、梅龙铁路、宣绩铁路、渝昆引入昆明枢纽等多个重点项目施工建设，全年参与建设铁路（含涉铁工程）大中型项目 349 个，累计开通里程 3406 千米，获得中国土木工程詹天佑奖特别奖 1 项、中国建筑工程鲁班奖 4 项、国家优质工程奖 5 项、省部级优质工程奖 40 余项，铁路建设项目施工企业信用评价再入 A 级。在全国两会、春节、劳动节、国庆节等重要会议和重点节假日期间，制定工程系统安全保障方案，按日安排专人24小时电话值班，督促检查各项目部节假日期间施工生产、进度管控、质量管控、安全管控、隐患排查、应急保障等工作，确保2023年重要会议召开和重点节假日期间施工生产安全稳定。铁路市场全面发力，中国通号抢抓市场回暖、业绩分立、强弱电分开招标有利契机，分类施策铁路市场经营工作。在高铁弱电系统集成领域，统筹所属两大工程局做好项目跟踪工作，重点项目逐一制定策划书，股份领导亲抓亲管，协同机制有效运转，全年相继承揽雄忻、西成、渝黔、襄荆、西十、雄商、衢丽等重点项目，全国高铁弱电集成项目开标16个，中标11个，市场占有率61%，再达历史高位水平。中国通号抢抓更新改造增量市场先机，承揽贵广(南宁局管段)提质改造、津潍"三电"迁改、津秦视频补强、格库扩能改造等重点项目，持续夯实铁路更新改造业务；承揽新建郑州南站NZSG-05标段、甘钟铁路电气化改造等重点项目，进一步推动强电业务发展。全年高速铁路、普速铁路市场开发齐头并进，更新改造市场超前布局，合同额稳步增长。城轨市场持续领跑，在城市轨道交通信号系统集成领域，竞争对手进一步增多，竞争态势更加严峻，所属卡斯柯、城交公司仍稳居控制系统行业前列，相继承揽宁波、天津、深圳、长春、合肥、上海、苏州、武汉等城市的项目10余个，稳固行业领先地位。在此基础上，相继承揽西安市地铁8号线、10号线一期、15号线一期工程专用通信、公安通信系统集成采购项目1标段、上海轨道交通市域线机场联络线工程通信信号系统施工、徐州市城市轨道交通6号线一期工程弱电系统安装工程施工01标、郑州市轨道交通8号线一期工程弱电系统安装、西安市地铁10号线一期工程车站设备安装、津滨轻轨9号线信号系统更新改造等重点项目，稳健支撑城轨领域新签合同额增长。

【走向海外】 2023年，中国通号以实际行动践行高质量共建"一带一路"，全力保障匈塞铁路贝旧段、旧诺段安全运营，推动印度尼西亚雅万高铁高质量开通运营，保障孟加拉国帕德玛大桥铁路连接线、墨西哥城地铁1号线改造等项目顺利开通，有序推进匈塞铁路诺苏段、泰国复线改造等境外重点项目建设。海外市场经营再创佳绩，依托设计研发、设备制造及工程服务"三位一体"的全产业链独特优势，自主承揽能力进一步提升，深耕属地化经营和落实以干促揽的成效显现，在第三届"一带一路"国际合作高峰论坛上顺利完成马拉维班古拉—恩卡亚改造项目签约仪式，相继承揽马来西亚、墨西哥、尼日利亚和埃及等地项目订单，稳固逐年增长的良好态势。

【重大创新】 2023年，中国通号全力以赴推动科技高水平自立自强。加速关键核心技术攻关，"央企攻坚工程"一期任务成果实现上道试用；主动承担国家重大科技任务，开展适用于川藏铁路、面向CR450科技创新工程、支持区域"四网融合"的谱系化列控系统装备研制；加强轨道交通5G无线通信系统、轨道交通云计算、基础设施云平台等平台技术和系统技术研究。

关键核心技术攻关成果丰硕。"YQGJGC"一期任务圆满收官，100%基于国产芯片和操作系统的高铁列控系统关键基础装备全面进入现场试验阶段，计算机联锁、车载ATP在环形道通过专家组的测试及评审，各项攻关成果在极端情况下具备直接替代在役装备的替代能力。"YQGJGC"二期任务提前达成主要攻关目标，完成基于国产芯片平台和操作系统的城市轨道交通信号系统全套装备研发，完成现场试验和交叉替代验证，并通过中国城市轨道交通协会组织的现场试验专家评审。基础前瞻性研究取得阶段性突破，开展基于北斗的高安全高精度定位技术研究，牵头承担国家重点研发计划"面向群组列车运行控制的高安全高精度定位技术及应用示范"项目。积极参与川藏铁路、CR450科技创新工程，承担相应的国家重点研发计划课题和国铁集团课题，形成川藏铁路通信信号系统总体技术方案和面向CR450高速动车组的列控系统总体技术方案。攻克弓网离线放电技术难题，建成国内首个系统级1∶1高铁电磁环境模拟系统，为弓网离线效应试验及防护技术验证提供重要大型试验平台支撑。科技成果转化速度不断加快，全套自主化CTCS-3级列控系统在印度尼西亚雅万高质量开通运行，实现中国高铁列控标准、技术及核心装备"走出去"。新型列控系统在和若铁路完成成套装备现场试用考核，投入试运营。基于高可靠车车通信的高效能启骥TACS，完成上海地铁3号线、4号线动态测试，获得高速动车授权。基于北斗定位的列车自主运行控制系统在地方货运平煤铁路实现开通运营，列车追踪间隔缩短至 4 分钟，运输效率有效提高。铁路 400MHz 列车数字无线调度通信系统在上海局皖赣线和武汉局新港铁路完成现场试验，在呼和局集二线完成试用考核，获得西伯库伦至策克口岸跨境铁路项目商业合同。全域感知系统在济南起步区、大理苍山洱海一体化和菏泽全域感知项目中部署应用，打造视频监控系统在智慧城市业务领域的典型示范。

全球化标准建设能力逐步增强。组织推动 6 项国家标准、36 项行业标准列入国家铁路局 2024—2026 标准立项计划。所属企业研究设计院集团加入国际铁路联盟（UIC），成为 UIC 成员，拓宽标准国际化渠道。主编 4 项国际标准编制进展顺利，年度发布参编国际标准 3 项，发布主编国家标准 2 项、行业标准 8 项。知识产权建设保持良好势头，新增申请发明专利 1281 件，其中海外专利 174 件；授权发明专利 667 件，发明专利拥有量比上年增长 43.66％。新增批复国家知识产权示范企业 1 家、优势企业 1 家，2 件专利获得中国专利奖银奖，并获得国际电工委员会 2023 年“IEC 1906 奖”。科技创新平台建设稳步推进，轨道交通产业技术基础公共服务平台成功入选工业和信息化部产业技术基础公共服务平台名录。2 个国家铁路行业工程研究中心获得国家铁路局授牌。加入国铁集团铁路科技创新联盟。科技领军和后备人才队伍不断壮大，新增 2 人入选科技部科技创新领军人才计划、8 人入选茅以升铁道工程师、1 人入选中国铁道学会推荐“最美铁道科技工作者”，2 人分别入选詹天佑秦驰道专项奖贡献奖、青年奖，不断促进优秀人才队伍的壮大和成长。工业智能制造转型升级不断深化，完成电子装联无铅制程数字化产线和环保气体智能供电装备产线建设与投产，新增国家级专精特新“小巨人”企业 1 家、省级“专精特新”企业 5 家，3 个智能制造场景获评工业和信息化部智能制造优秀场景。稳步推进科技改革激发创新活力，深化推进“揭榜挂帅”，印发《中国铁路通信信号股份有限公司揭榜挂帅制科研项目管理办法》《关于发布股份公司 2023 年第一批“揭榜挂帅”课题榜单的通知》等文件，设立“川藏铁路通信信号系统技术方案的研究”等揭榜挂帅制项目。所属企业发布揭榜挂帅相关管理办法，累计开展揭榜挂帅项目 37 个。持续优化科技创新组织架构，研究设计院集团整合创新力量，发布《关于成立系统技术研究院与组建工作室的通知》，成立首批创新工作室 9 个。

【党建工作】 2023 年，中国通号以党的政治建设为统领，深入组织开展习近平新时代中国特色社会主义思想主题教育，锚定高质量发展首要任务，全面贯彻落实党的二十大精神，实施党建“七抓”工程，抓党建、强党建，坚持以高质量党建引领保障中国通号高质量发展。截至 2023 年底，集团公司党委管理党委 40 个、党总支 24 个、党支部 397 个，党员 8222 人，其中在职党员 8175 人、离退休职工党员 47 人。一是开展习近平新时代中国特色社会主义思想主题教育。牢牢把握“学思想、强党性、重实践、建新功”总要求，以“十大课题研究”和党建“七抓”工程为载体抓手，制定主题教育“1＋1＋7”顶层方案，印发第一批工作方案、第二批实施方案，分解任务措施，建立推进计划，指导推动 15 家二级企业、70 家三级企业主题教育走深走实，围绕高质量发展任务，破解企业发展难题 426 个，解决职工群众急难愁盼问题 141 个。主题教育工作得到国务院国资委党委第十一巡回指导组、第八巡回督导组充分肯定。二是坚持用党的创新理论武装头脑、教育党员。2023 年，中国通号党委常委会“第一议题”学习 14 次，党委理论学习中心组学习研讨 18 次，跟进学习习近平总书记关于发展国有经济、交通强国建设、主题教育和党的建设的重要指示批示精神 60 余篇，健全《学习习近平总书记重要指示批示台账》，跟踪督办重大事项 35 项，保障党中央重大决策在中国通号落地见效。把“十大课题研究”作为贯彻落实党的二十大精神的有力抓手，领导班子成员带头从科技创新、数字通号、市场经营、安全管理、产业供给、提质增效、风险防控、人才强企、监督体系、党建引领 10 个方面领题、破题、解题，高站位、高标准、高水平推进企业高质量发展。三是全面压紧压实党建工作责任制。印发 2023 年党建工作要点，细化 61 项重点任务，压茬开展党组织书记抓党建述职评议，完成对 15 家二级企业党建责任制考核评价，压紧压实全面从严治党责任。实施党建提质增效“七抓”工程，开展“七抓”工程实操培训，邀请中央党校专家和党务专家进行专题辅导，以项目攻坚为抓手，广泛开展“立足岗位作贡献”“学习身边榜样”等主题实践活动，通过组建“党员攻坚突击队”、树立“党员质量标兵”、打造“党员流动红旗岗”等活动载体，示范引领广大党员攻坚克难、推动发展。四是牢固树立大抓基层的鲜明导向。制定《中国通号高质量党建巩固提升行动实施方案》，细分65项巩固提升措施，组织开展三级企业党组织换届工作专项自查自纠，清查整治党务工作“回头看”，突出解决党建责任制考核、巡视发现的问题。指导11家二级企业党组织完成换届选举工作，高质量发展新党员253人，举办基层党支部书记示范培训班，对全系统350余名党支部书记和党务干部集中轮训，有序组织全系统8000余名党员开展网络培训，切实加强党员队伍建设。开展“两优一先”和年度“两先”评选表彰，评比表彰先进党委3个、先进基层党组织46个、优秀共产党员93人、优秀党务工作者34人，先进集体38个、先进工作者69人，激励广大党员自觉学先进、争先进、当先进。五是认真抓好宣传思想政治工作。开展“清朗”网络专项行动，对官网、官微等100余个宣传舆论阵地信息进行梳理排查，对于不当网络行为开展重点整治，跟进规范干部职工网络行为，把牢宣传舆论关口，中国通号官微全年发布新闻280余篇，网站刊发新闻300余篇，编发通号报12期。第一财经《聚焦全面注册制》展示中国通号“激活力引活水”改革路，北京电视台《京津冀大格局》录制“来中国通号带您体验驾驶京张高铁”，《雅万高铁首个G网电话成功拨通》被新华网等媒体转载，中国通号17次亮相《中央企业海外宣传工作情况》，积极讲好中国通号故事，提升企业品牌形象。2023年，中国通号2名女职工当选中国妇女十三大代表，党的二十大代表柯晓宾当选中华全国妇女联合会第十三届常务委员，中国通号ESG报告居第六届中国企业论坛“央企ESG·先锋100指数”第6位、运输设备制造行业第1位。六是持续推动党建和党风廉政建设责任压实走深。落实全面从严治党责任，紧盯重点领域、关键环节和重要岗位，严肃查处违纪违法行为，深化靠企吃企、境外腐败问题专项整治。全面落实谈话制度，常态化、分类分层与监督对象开展同志式谈心谈话，各级党委书记、纪委书记同下级“一把手”分别谈话252人次、199人次。召开党风廉政建设和反腐败协调小组会议2次。组织各级纪检机构开展专项监督检查925次，规范出具党风廉政评价意见1655人次，组织624名领导干部和关键岗位人员申报经商办企业情况，实现“申报+核实”全覆盖。深化重点岗位廉洁风险防控，组织梳理岗位廉洁风险点312个，研究制定防控措施379项。开展“清风润通号　廉心向未来”廉洁微视频大赛，微信公众号阅读量4.4万人次、投票7.5万人次，评选并通报表彰优秀作品10个。组织党章党规党纪知识竞赛，参与员工1.7万人次，党员参与率87%。七是有形有效推进巡视巡察全覆盖。坚守政治巡视定位，组织召开全系统巡视工作会议，研究制定《中国通号党委巡视工作规划（2023—2027年）》，部署五年巡视全覆盖任务。将改革提升行动、“一利五率”等新任务新部署新要求纳入巡视监督范围，重点加强对“一把手”和关键少数的靶向监督。首次采取板块联动方式，对通号工程局集团、上海工程局集团、通号电气化局、通号建设等4家工程板块企业党委集中开展常规巡视，强化立行立改、边巡边改，巡视利剑作用充分彰显。坚持上下联动，扎实开展巡视巡察专项自查自纠和整改工作，针对性开展巡视巡察业务培训，建立巡视巡察在线监督管理平台，持续加强全级次巡视巡察规范化、精细化、体系化建设。做深做实巡视整改和成果运用，召开全系统持续深化巡视整改工作部署会，全面检视国务院国资委巡视反馈整改落实情况，推动巡视整改同贯彻落实党的二十大精神、“十四五”战略规划、国家审计整改一体发力，做到巡视监督、整改、质效有机衔接。推动建立巡视整改评估指标体系，组织全系统逐项对照检查，深入自查自纠，层层压紧压实巡视整改责任，不断深化整改成果运用。

【信息化与数字化建设】 2023年，中国通号深入贯彻落实习近平总书记关于网络强国战略和发展数字经济的重要论述，推动数字化智能化赋能企业高质量发展。一是推进信息化建设项目实施。2023年，信息化建设项目51个，其中续建项目20个、新建项目31个。制定集团公司信息化三年提升方案，制定推进数字通号建设研究工作筹备方案，7个子课题开展研究工作。加强数字基础设施建设，开展安可云建设的可行性调研和规划，优化信息基础设施资源配置。深入推进IPv6规模部署和应用推广工作，加强IPv6环境下网络安全保障能力。推进统一互联网和国资国企网络信息安全监管平台建设工作。强化集团全面管控，加强信息系统横向集成和协同联动，开展财务共享中心及业财一体化建设工作。二是加强网络安全工作。组织完成“HW2023”网络攻防实战演习，针对发现的问题及时完成整改。完成2023年度网络安全自查工作，完成全国两会期间中央企业网站、新闻媒体和网络安全值守工作。组织网络安全与信息化交流、培训与宣传活动。接收和传达国家网络与信息安全信息通报中心的各种网络安全与信息安全情况通报，制定相应的方案。

【履行社会责任】 2023年，中国通号致力于以实际行动回馈社会，坚定不移加大帮扶力度，巩固拓展脱贫攻坚成果；时刻绷紧防灾减灾责任弦，主动投身抢险救灾工作；持续深化青年志愿服务行动，开展丰富多彩的志愿活动，助力社会和谐稳定发展，彰显央企责任担当。一是持续加强定点结对帮扶。2023年，中国通号无偿投入550万元，引进社会无偿帮扶资金45.5万元、有偿帮扶资金3.97万元，助力河南省社旗县巩固脱贫攻坚成果。自主研发“通号惠帮扶”消费电商平台，全年直接购买贫困地区农产品202余万元，帮助社旗县销售农产品2100余万元，消费帮扶排名央企第8位，再次刷新中国通号消费帮扶纪录。产业振兴方面，帮助社旗县建成朱集镇张磊养鸡专业合作社、朱集镇三粉加工等4个产业项目。科技振兴方面，建成中国通号央企帮扶消费展示馆及京东电商云平台，支持社旗县7个产业科技项目完成技术研发和科技助农服务。人才振兴方面，实施乡村干部人才教育培训工程、乡土人才培育工程、科技创新人才教育培训工程“三大工程”，为社旗县专题培训乡村基层干部431人、乡村振兴带头人166人、专业技术人才220人，多措并举为乡村振兴提供人才保障。文化振兴方面，积极修缮著名散文作家周同斌故里周庄村、彰新寨中原野战军高级干部会议旧址、苗店唐北地下交通站、二野后方总医院太和蔚文中学旧址为重点文物场所，提升红色文化、农耕文化、民俗文化农业观光和乡村旅游品质。生态振兴方面，开展移民村和石桥村小学绿化提升工程、桥头镇姚营村道路和文化广场美化工程，改造治理朱集镇殷河村坑塘2座、袁老庄村内公共厕所3座，推进和美乡村建设。组织振兴方面，组织在豫企业通号电气化局所属6个基层党支部与社旗县李店镇下郭村、晋庄镇晋庄村、陌陂镇街北村、下洼镇姜王庄村、潘河街道双庄村、朱集镇袁老庄村6个村党支部开展党建结对共建帮扶，促进农村基层治理能力提升。二是积极参与应急抢险救灾救援。坚决贯彻党中央、国务院抗震救灾的决策部署，积极响应地方政府应急抢险救援的号召，组建多支应急救援抢险队参与北京水灾，云南、重庆火灾救援行动，参加多条铁路线路、城市地铁的紧急抢修和故障维护工作，做好节假日和国家重大活动安全保障工作，充分彰显央企担当。三是深入开展“学雷锋”志愿活动。成立杭州亚运会、上海进博会中国通号志愿服务团，为参赛队员和游客提供轨道交通引导服务，多形式组织开展“学雷锋”志愿活动，青年深入社区为孤寡老人整理内务，开展“爱心义剪”活动，进行“控烟宣传”，走进希望学校送上爱心文体用品，与小学生一起户外活动，讲好雷锋故事主题课，弘扬和传承雷锋精神。

（撰稿人：袁　圆）

中国铁路工程集团有限公司

【基本概况】 中国铁路工程集团有限公司是集勘察设计、施工安装、工业制造、房地产开发、资源利用、金融投资和其他新兴业务于一体的特大型企业集团，总部设在北京。前身是1950年3月原铁道部成立的工程总局和设计局及1952年9月成立的基建总局，后经分合，于1958年3月合并为基本建设总局。1979年5月，基本建设总局对外称中国铁路工程总公司。1989年7月，原铁道部撤销基本建设总局，正式组建中国铁路工程总公司。2000年9月，经国务院批准，原铁道部与中国铁路工程总公司实行政企分开，中国铁路工程总公司整体移交中央企业工委管理。2003年国务院国资委成立后，中国铁路工程总公司隶属国务院国资委管理。2006年11月，国务院国资委在中国铁路工程总公司总部开展董事会试点。2007年9月12日，中国铁路工程总公司独家发起设立中国中铁股份有限公司(以下简称中国中铁),并于2007年12月3日和12月7日,分别在上海证券交易所和香港联合交易所挂牌上市。作为中国中铁的控股股东,中国铁路工程总公司于2017年12月28日完成公司制改制,工商变更登记为中国铁路工程集团有限公司。

中国中铁是中国铁路工程集团有限公司经营业务的运营主体,拥有46家子、分公司,主要分布在中国除台湾省以外的各省(自治区、直辖市),并在90多个国家和地区设有办事处、代表处和项目部等境外机构。主要有中铁一局等19家工程建造企业,中铁二院等8家设计咨询科研企业,中铁工业1家装备制造企业,中铁投资等7家资产经营企业,以及中铁国际等11家国际业务、金融物贸、特色地产、资源利用、信息化公司。中铁国资资产管理有限公司负责管理中国铁路工程集团有限公司有关学校、医院、主辅分离资产等未进入上市范围的机构和资产,集团公司党校为中国铁路工程集团有限公司直属单位。

中国中铁具有住房城乡建设部批准的铁路工程施工总承包特级资质、公路工程施工总承包特级资质、市政公用工程施工总承包一级资质以及桥梁工程、隧道工程、公路路面工程、公路路基工程专业承包一级资质,同时拥有工程设计公路行业甲级资质。作为全球最大建筑工程承包商之一,自2006年起,公司连续18年进入"世界500强",居《财富》"世界500强"第39位,《财富》"中国上市公司500强"第4位;居《工程新闻纪录》(ENR)"最大250家全球承包商"第2位;连续10年在国务院国资委经营业绩考核评价中获评A级;首次跻身"中央企业品牌建设能力TOP30排行榜",获评"全国企业文化最佳实践企业"。

中国中铁业务范围涵盖基本建设各个领域,能够提供建筑业"纵向一体化"的一揽子交钥匙服务。先后参与建设的铁路占中国铁路总里程的2/3以上;建成电气化铁路占中国电气化铁路的90%;参与建设的高速公路约占中国高速公路总里程的1/8;建设中国3/5的城市轨道工程。

作为科技部、国务院国资委和中华全国总工会授予的全国首批"创新型企业",中国中铁拥有高速铁路建造技术国家工程研究中心、隧道掘进机及智能运维全国重点实验室、桥梁智能与绿色建造全国重点实验室3个国家实验室及10个博士后工作站,1个国家地方联合研究中心(数字轨道交通技术研究与应用国家地方联合工程研究中心),52个省部级研发中心(实验室),19个国家认定的技术中心和138个省部认定的技术中心,并参股建设川藏铁路国家技术创新中心。截至2023年底,中国中铁获得国家科学技术奖127项,其中特等奖5项、一等奖16项;公司承建的项目累计获得国家优质工程奖590项、中国建筑工程鲁班奖253项、中国土木工程詹天佑奖200项、国家级优秀工程勘察设计奖154项、国家级优秀工程咨询成果奖110项、国际工程咨询(FIDIC)和工程设计大奖35项,在2023年ENR全球150家最大设计企业和225家最大国际设计企业排名中公司分别居第16位和119位。获得中国专利奖42项,其中金奖2项、银奖3项。获得省部级(含国家认可的社会力量设奖)科学技术奖5258项;国家级工法166项,省部级工法6998项;通过省部级科技鉴定的科技成果2848项;拥有有效专利授权38676件,其中发明专利9279件、海外专利666件。

截至2023年底,全公司在册员工301034人,其中管理人才157847人、各类专业技术人才221411人(含在管理岗位的143781人)、技能人才65557人。高级及以上职称46765人(含正高级4084人),其中高级工程师39339人(含正高级工程师3536人)、高级经济师3612人、高级会计师2588人、中级职称75375人。中国工程院院士2人、全国工程勘察设计大师9人、百千万人才工程国家级人选12人、享受国务院政府特殊津贴专家125人,全国杰出专业技术人才2人、中国中铁高级专家9人、中国中铁专家32人。

【主要指标】 2023年,中国铁路工程集团有限公司实现营业总收入12640.89亿元,比上年增长9.47%。其中,基础设施建设业务实现营业收入10875.85亿元,增长10.58%;设计咨询业务实现营业收入182.56亿元,下降1.94%;装备制造业务营业收入273.77亿元,增长5.95%;特色地产业务实现营业收入509.14亿元,下降4.76;其他业务方面实现营业收入合计799.57亿元,增长9.04%。全年在境外地区实现收入622.56亿元,比上年增长6.54%。公司实现利润总额460.20亿元，比上年增长8.36%；净利润375.76亿元，比上年增长7.92%。年末资产总额18370.37亿元，比上年增长13.35%；负债总额13699.21亿元，比上年增长15.08%；所有者权益4671.16亿元，比上年增长8.57%，其中归属于母公司股东权益1492.75亿元，比上年增长13.74%。年末资产负债率74.57%，较2022年末的73.45%上升1.12个百分点。2023年12月31日，中国中铁A股、H股总市值1299.63亿元。

表1　2023年中国铁路工程集团有限公司主要经济指标

项　目	2022年	2023年	比上年增长(%)
资产总额(亿元)	16206.53	18370.37	13.35
所有者权益(亿元)	4302.45	4671.16	8.57
负债总额(亿元)	11904.08	13699.21	15.08
营业总收入(亿元)	11547.76	12640.89	9.47
利润总额(亿元)	424.70	460.20	8.36
净利润(亿元)	348.17	375.76	7.92
归属于母公司所有者的净利润(亿元)	136.85	152.38	11.35
技术开发投入(亿元)	282.61	305.56	8.12
经济增加值(亿元)	248.42	298.28	20.07
已交税金总额(亿元)	338.05	362.73	7.30
全员劳动生产率[万元/(人·年)]	48.80	49.94	2.34
研发经费投入强度(%)	2.45	2.42	减少0.03个百分点
营业收入利润率(%)	3.72	3.66	减少0.06个百分点
净资产收益率(%)	8.72	8.37	减少0.35个百分点
总资产报酬率(%)	3.47	3.34	减少0.13个百分点
国有资本保值增值率(%)	111.48	112.20	增加0.72个百分点
资产负债率(%)	73.45	74.57	增加1.12个百分点

【改革发展】 深入践行"三个转变"重要指示精神，坚定不移向创新要动力、向改革要活力。以提高核心竞争力和增强核心功能为重点，启动改革深化提升行动，细化明确484项具体改革举措。全面构建世界一流企业建设"4+2"任务体系，高质量完成"十四五"规划中期评估和修编，启动价值创造、专业领军、品牌提升等专项行动。所属中铁一局、中铁建工四公司、中铁交通3家单位新入围"双百企业"名单，高铁电气、安徽数智研究院2家单位新入围"科改企业"名单，中铁大桥局、中铁电气化局、中铁装备3家单位入选国务院国资委世界一流专业领军示范企业名单。深化三项制度改革，按期推进中长期激励，开展科技型企业岗位分红，严格经理层成员任期制和契约化管理，全年管理人员退出比例和员工市场化退出率分别为7.1%和3.2%。持续优化生产力布局，累计在"富油区块"新设法人单位87户，其中战略性搬迁三级公司8户，压减非主业、无收入无人员等法人单位25户。上线司库信息系统，财务集约化试点成效凸显。

【重大项目】 2023年，推动重点项目优质高效履约，高质量建成京雄高速、深中通道、西察高速、贵南高铁、广汕高铁、福厦高铁、沪宁沿江高铁、大连地铁5号线等一大批重点项目；"一带一路"标志性工程孟加拉国帕德玛大桥铁路连接线首通段开通运行，柬埔寨暹粒吴哥国际机场顺利通航，匈塞铁路匈牙利段全面进入铺轨施工阶段；甬舟铁路、沪渝蓉高铁、成渝中线铁路、滇中引水、广州地铁13号线二期等重难点工程加快建设。

【走向海外】 2023年，中国中铁积极参与"一带一路"建设、基础设施互联互通、国际产能和装备制造合作，全力推动中国铁路"走出去"。2023年，公司国际业务新签合同额 284.16 亿美元，比上年增加 8.25 亿美元，增长 2.99％。公司助力高质量共建"一带一路"，联合外交部开展驻华使节"步入中国中铁"活动，积极参与"一带一路"国际合作高峰论坛等重大经贸合作活动，其间，习近平主席与印度尼西亚总统佐科共同为雅万高铁正式开通运营揭幕，孟加拉国帕德玛大桥铁路连接线首通段等一批海外重点工程建成投用。

【重大创新】 科技创新实现突破。央企攻坚工程二期 7 项任务顺利推进，4 项"卡脖子"关键核心技术攻关取得阶段性突破，在研的 35 项"十四五"国家重点研发计划项目进展顺利。坚持自主创新与开放合作相结合，获得中施企协科技奖特等奖 1 项、一等奖 13 项，4 项成果入选中国建筑业协会 2023 年度行业十大技术创新名单；深圳滨海大道（总部基地段）交通综合改造工程、"TBM＋土压＋泥水"三模盾构分别获得国际隧道协会年度工程奖、产品/设备创新奖；新增授权专利 7824 件，其中发明授权 2290 件，获得省（部）级工法 1031 件；参编国际标准、国家标准、行业标准 37 项。创新平台扩容优化，新增国家级技术中心 1 家、国家知识产权示范和优势企业 8 家、省部级及以上创新平台 5 家，通过科技部优化整合国家级实验室 3 家。加速向工业化、数字化、绿色化转型升级，国内首台悬臂智慧造桥机、首台氢能源地铁施工作业车、最大纵轴悬臂掘进机等一大批代表行业先进生产力的工装设备应用现场，17 项场景创新案例在首届中央企业数字场景创新专业大赛中获奖，中铁工业所属 3 家单位获评国家级绿色工厂。

【党建工作】 深学细悟笃行习近平新时代中国特色社会主义思想，全面学习贯彻党的二十大精神，坚持把习近平总书记重要指示批示作为"政治要件"，落实落细"第一议题"制度，完善全过程全级次全覆盖的贯彻落实机制，切实把党中央决策部署转化为推动企业高质量发展的具体行动。压茬推进两批主题教育走深走实，牢牢把握"学思想、强党性、重实践、建新功"总要求，坚持理论学习、调查研究、推动发展、检视整改一体推进，做到教育与实践两手抓、两促进，有效解决一批制约企业发展和职工群众反映强烈的突出问题。成功召开公司第五次党代会，选举产生新一届两委班子，科学谋划企业发展战略和"七位一体"开路先锋党建工作体系。推进基层党建提质增效"七抓七强七提升"工程，全面实施党建工作责任制考核，党组织政治功能和组织功能持续增强。深入开展"理想信念情怀　爱党爱国爱企"、"党旗飘扬川藏线"、第二届"开路先锋"企业文化节、重点工程劳动竞赛等活动，大力弘扬新时代中国中铁主人翁精神，充分激发广大干部职工奋进新征程、建功新时代的奋斗热情。

【信息化与数字化建设】 推进信息贯通和数智升级两大工程，各类应用系统实现横向贯通、纵向到底，广域网、局域网、数据中心、云平台等信息化数字化基础设施得以进一步夯实。全面推广工程项目管理系统、中国中铁营销管理系统等统建系统，加强集团管控。工程项目综合管理系统支撑新开工 5000 余个项目，以工程量清单为主线，融合成本、物资、机械设备和劳务等业务模块，将工程项目的工料机量价等内容全面纳入项目系统管理范围，实现量价核算自动化、精细化、透明化，降低工程施工成本，加大项目成本管控力度。

【履行社会责任】 优化 ESG 披露，研究制定《高标准履行社会责任（ESG）指导意见》。连续 15 年发布 ESG 报告暨社会责任报告。《致力成为 ESG 国际准则的"践行者"》等案例获得中国上市公司协会 ESG 最佳实践奖、中国企业改革与发展研究会"中国企业 ESG 优秀案例"奖。中国中铁入选"央企 ESG · 先锋 100 指数"，3 个案例分别入选央企社会责任蓝皮书、ESG 蓝皮书、海外社会责任蓝皮书。

中国中铁在自身发展的同时高度重视回馈社会，积极主动承担社会责任，服务保障成都大运会、杭州亚运会、第三届"一带一路"国际合作高峰论坛等盛会大会，展现中国中铁良好形象。稳步推进乡村振兴、援藏援疆等工作，全年投入各类帮扶资金超过 1 亿元，定点帮扶考核连续获得最高等次。累计 1.4 万余人次投身京津冀和东北地区抗洪抢险和灾后重建工作；所属各单位向险而行、挺膺担当，打通甘肃省临夏州积石山地震 282 千米救援通道，高效完成 1113 套临时安置房和 2 所小学临时教室建设，诠释央企责任担当。

（撰稿人：王　琳）

中国铁道建筑集团有限公司

【基本概况】 中国铁建股份有限公司(以下简称中国铁建)的前身是中国人民解放军铁道兵,由中国铁道建筑总公司(改制更名为中国铁道建筑集团有限公司)独家发起设立,于2007年11月5日在北京成立,为国务院国资委管理的特大型建筑企业。在70多年的发展历程中,经历4个重大历史节点:一是1948年7月,组建铁道纵队,后改称铁道兵,隶属中央军委;二是1984年1月,铁道兵整体改工成立铁道部工程指挥部,后改称中国铁道建筑总公司,隶属于铁道部;三是2000年9月,与铁道部脱钩,划归中央企业工委管理,后隶属国务院国资委管理;四是2008年3月,分别在上海和香港上市。

截至2023年底,中国铁建拥有直管二级单位41户,三级法人企业534户(不含项目公司),四级法人企业168户(不含项目公司);除本级整体上市外,控股2家上市公司(铁建重工、铁建装备)。公司员工总数267587人,其中管理人才42252人、专业技术人才184688人、技能人才40647人;拥有工程院院士1人、国家勘察设计大师10人、"百千万人才工程"国家级人选11人、享受国务院政府特殊津贴的专家281人。公司业务涵盖工程承包、规划设计咨询、投资运营、房地产开发、工业制造、物资物流、绿色环保、产业金融及其他新兴产业,具有科研、规划、勘察、设计、施工、监理、运营、维护和投融资完整的行业产业链,具备为业主提供一站式综合服务的能力,经营范围遍及国内各省(自治区、直辖市)和海外144个国家和地区。

自2006年以来,中国铁建连续18年入选《财富》"世界500强",2023年居《财富》"世界500强"第43位、"中国企业500强"第12位;在ENR"最大250家全球承包商"中排名第3位,ENR"最大250家国际承包商中"排名第9位。获评国务院国资委年度经营业绩考核A级。

【主要指标】 2023年,中国铁建实现营业收入11379.94亿元,比上年增长3.80%;利润总额388.28亿元,比上年增长2.65%;上缴税金337.28亿元,利税总额725.56亿元,比上年增长6.71%;净利润323.29亿元,比上年增长1.68%;基本每股收益1.73元,比上年减少0.03元,下降1.7%。截至2023年底,中国铁建资产总额16630.20亿元,较年初增长9.13%;负债总额12458.99亿元,较年初增长9.48%;所有者权益4171.20亿元,较年初增长8.06%;归属于上市公司股东权益3098.38亿元,归属于上市公司股东的每股净资产18.44元,资产负债率74.92%;机械动力设备144736台(套),设备原值813.28亿元、净值295.70亿元。2023年12月31日,中国铁建A股及H股总市值971.52亿元。其中,A股2023年末收盘价7.61元,较年初降低1.55%,市值875.39亿元;H股年末收盘价4.63港元,比年初降低0.86%,市值折合人民币96.13亿元。

表1　2023年中国铁建股份有限公司主要经济指标

项　目	2022年	2023年	比上年增长(%)
资产总额(亿元)	15239.51	16630.20	9.13
所有者权益(亿元)	3860.16	4171.20	8.06
营业收入(亿元)	10963.13	11379.94	3.80
利润总额(亿元)	378.24	388.28	2.65
净利润(亿元)	317.94	323.29	1.68
归属于母公司的净利润(亿元)	266.81	260.97	-2.19
技术开发投入(亿元)	250.04	267.25	6.88
利税总额(亿元)	679.93	725.56	6.71
应缴税金总额(亿元)	301.69	334.01	10.71
加权平均净资产收益率(%)	11.07	9.80	减少1.27个百分点
总资产报酬率(%)	3.06	2.90	减少0.16个百分点
总公司国有资本保值增值率(%)	109.30	109.70	增加0.40个百分点

【改革发展】 2023年，中国铁建坚持改革聚力、创新驱动，顺应行业发展趋势，加快市场化经营机制变革，不断激发高质量发展的活力与动力。国企改革三年行动高质量收官，紧跟党中央、国务院决策部署和国务院国资委工作安排，部署开展新一轮改革深化提升行动。建设世界一流企业"四个专项行动"按照既定时间表、路线图和考核要求有序推进。明确"总部集团做生态、二级公司做产业、三级公司做专业"的发展定位，引导各级各单位结合自身产业定位，各尽其责、各展所长，相互依存、和谐共生；制定"8＋N"产业类别及细分业务领域的划分规则，指导各产业集团有选择性地培育与主业相关联、与资源相匹配的"四涉""两新"业务，缓解同质化发展倾向。坚持"铁建一盘棋"，持续理顺内部经营关系，合理平衡各方利益诉求，健全完善内部信用评价与仲裁机制，努力营造公平公正、互利互信的内部产业合作生态。坚持聚焦主责主业，统筹推进强链、补链、延链、锻链，提升产业链韧性和竞争力，持续推动产业结构调整和转型升级发展。明确区域、经营、投资、资产、产业等8个方面36项布局优化与结构调整重点任务，推动资源要素向优势领域、战略性新兴产业、"头部"企业和"链长"企业倾斜。持续巩固铁路、公路、城轨、房建、市政五大传统业务优势，鼓励在细分领域做专做精做透；全年新增特级资质5项，特级资质总数超过100项，在建筑央企排名第一。持续健全完善"两新"重点业务和重点扶持单位"两个清单"，制定碳达峰行动方案，明确各产业绿色低碳发展的时间表、路线图，塑造增长新动能；大力发展战略性新兴产业和未来产业，成立专项工作小组，建立健全工作机制，给予顶格支持，加快培育新质生产力。

【重大项目】 2023年，中国铁建围绕国家区域协调发展战略和高质量共建"一带一路"，建成一大批重点工程。全系统境内在建、合同金额大于5000万元的项目5618项，其中铁路工程620项、公路工程751项、市政工程1103项、城市轨道交通工程620项、水利水电工程242项、房建工程2030项、其他工程252项。全年获得中国建设工程鲁班奖11项，国家优质工程奖56项（其中国家优质工程金奖7项），在中央企业QC小组成果发表赛中获得建筑央企唯一的一等奖。

中国铁建承建或参建的多条铁路、地铁、公路线路建成通车，多个市政及水利项目完工，多条长大隧道贯通，多座特大桥合龙，重难点工程相继取得突破。参建的贵南高铁、福厦高铁、昌景黄高铁、郑州地铁12号线、内江至大足高速公路、江西鄱余高速公路、引汉济渭秦岭输水隧洞、俄罗斯莫喀高速公路等一大批境内外重点工程开通运营；川藏铁路、西昆高铁、成绵苍巴高速公路、舟山跨海大桥、澳门澳氹四桥、阿联酋铁路二期等境内外重难点在建项目顺利推进。加强高端经营统筹，落实"大市场、大客户、大项目"经营策略，成功中标上海澄江路TOD开发、阿尔及利亚西部矿业铁路等标志性项目。

【走向海外】 2023年，面对世界百年变局加速演进、地缘政治风险不断加剧的复杂严峻局面，中国铁建始终坚持党的集中统一领导，积极服务国家总体外交大局，科学统筹发展与安全，全力推进海外高质量发展。2023年先后受邀参加第三届中非经贸博览会、全球可持续交通高峰论坛、第三届"一带一路"国际合作高峰论坛等重大活动，在国际舞台展示铁建形象、发出铁建声音。大力实施"海外优先"战略，积极参与"一带一路"建设和国际产能合作，融入"双循环"新发展格局。培育新形势下参与国际竞争与合作的新优势，不断优化"3＋5＋N"海外经营发展体系和管理架构，发挥各方优势，带动各板块协同出海，形成发展合力。强化商业模式和产业模式创新，不断提升海外经营质量和效率。做强做优做大海外业务，实现海外高质量可持续发展。在巩固海外铁路、公路、城市轨道交通、市政、房建等传统业务优势的基础上，不断向港口、电力、机场、能源、矿产、水工、水务、环保等新型业务领域拓展；积极推进海外规划设计咨询、投资运营、产业园区和房地产开发、工业制造、物资物流、绿色环保、城市运营等多元化经营。全年海外新签合同额3568866万美元，海外完成营业额1101547万美元。

【重大创新】 2023年，中国铁建围绕推动高水平科技自立自强，持续健全完善科技创新决策、投入、转化与考核评价制度，让管理机制更活、创新动力更足；全面加强关键核心技术攻关，央企攻坚工程取得重大成果，盾构机主轴承全系列产品实现全过程自主可控，高端大功率液压凿岩机实现量产；积极承担国家重大科研项目，牵头未来产业深地领域地下空间利用方向研发任务，牵头国家重点研发计划5项，编制北斗规模应用专项实施方案，联合主导发布ISO、IEC国际标准5项，国际标准制定话语权进一步提升；获批组建极端环境岩土和隧道工程智能建养全国重点实验室，创新平台建设取得重大进展；全年新增授权专利6831件，其中发明专利2008件，比上年增长65%，获中国专利银奖1项、优秀奖7项，获奖等级和数量均居建筑央企首位；新获14项中国土木工程詹天佑奖，获奖数量为历年之最。

【党建工作】 2023年，中国铁建党委始终以政治建设为统领，持续加强党的全面领导和党的建设，获评国务院国资委党建考核A级。

坚持把学习宣传贯彻党的二十大精神和习近平新时代中国特色社会主义思想摆在首位。抓理论学习，各级领导班子累计开展读书班5867天，专题研讨2136次。基层党组织累计开展“三会一课”14050余场、主题党日5780余次，专家辅导讲座750场，现场研学3251次。各级领导班子结合实际工作，到所在党支部、分管领域部门和联系点，讲专题党课6910次，9128名党支部书记在本支部讲授专题党课；抓调查研究，公司党委集体研究提出党建引领、科技自强、工程公司建设等11个重点调研课题。开展深层次、多维度调研，察实情、谋实策，先后调研6816人次，累计发现问题13472个，制定整改措施17432项。积极解决调研发现问题8236个。抓改革发展，把主题教育成果转化为推动公司高质量发展的强大动力。累计列入民生清单1840项，出台措施2825条，解决一批职工群众急难愁盼问题；抓检视整改，制定整改措施12010条，明确专项整治方案1830个，先后建立健全理论学习长效机制380个，调查研究长效机制285个，推动高质量发展长效机制1621个，密切联系群众长效机制316个，防止形式主义和官僚主义长效机制145个。抓反腐倡廉，举办廉洁主题演讲1000余场次，参观警示教育基地1650余场次，征集廉洁书画3000余件、廉洁从业家书5000余份。

强化品牌文化推广与宣传工作，加强融媒体建设，讲好“铁建故事”、传播“铁建声音”，中国铁建在2023年度中央企业新媒体指数榜单中排名第13位，海外社交账号首次进入中央企业海外传播力综合指数前十。推进“青年英才暨青马工程”培训，联合开展青年创新创效活动；积极开展劳模先进选树和职工劳动、技能竞赛，推进提升职工生活品质行动，加强困难职工家庭帮扶与建家建线投入，持续提升职工获得感和认同感。

【信息化与数字化建设】 2023年，中国铁建贯彻落实国务院国资委关于加快推进国有企业数字化转型专项工作部署和国资监管信息化建设有关要求，紧密结合公司“1236”数字化转型思路，从自身发展出发，将数字化转型上升至企业战略高度，同时探索加强数字化与绿色化、工业化等的有效融合，通过前瞻性、体系化、分阶段递进的数字化转型研究，编制形成《中国铁建数字化转型战略及行动方案》，深入探索公司在“8＋N”产业板块、企业集中管控和数字畅通工程领域的数字化转型战略目标、落地方案及行动计划；加快推动贵阳云数据中心、平遥灾备中心和北京管控中心建设，贵阳云数据中心2023年5月通过政府相关部门竣工验收和备案，10月取得CQC数据中心A级认证和4A级绿色数据中心认证；平遥灾备中心2023年10月具备正式运行条件；持续加强网络安全保障，顺利完成全国两会、第三届“一带一路”高峰论坛等重大活动期间的网络安全保障工作；获评国家版权局“2022年度全国版权示范单位(软件正版化)”。

【履行社会责任】 2023年，中国铁建积极投身援疆援藏援青，接续推进乡村振兴，大力参与京津冀、东北、华南等地抗汛救灾。全年全系统在12个省份承担24个乡村振兴定点帮扶任务，派驻挂职干部和驻村第一书记48人，直接投入帮扶资金5256.36万元，引进帮扶资金7070万元，引进帮扶项目16个，扶持农村合作社和帮助建立车间17个，招用脱贫人口和帮助脱贫人口转移就业681人，培训乡村基层干部、乡村振兴带头人和专业技术人才等1385人，助力巩固“两不愁三保障”成果投入近900万元，打造乡村振兴示范点11个。大力开展消费帮扶，全年通过定向采购直接帮扶当地规模以上企业13户、特色农产品等60余款，所属各单位累计直接购买脱贫地区农产品2628.4万元，比上年增长15.4%。2023年，公司乡村振兴工作获中央单位定点帮扶工作成效考核等次评价“好”。

(撰稿人：樊美麟)

中国交通建设集团有限公司

【基本概况】 中国交通建设集团有限公司(以下简称中交集团)是集国有资本投资公司试点、国有企业党建联系点、交通强国建设试点"三个试点"于一体的中央企业。中交集团在2023年《财富》"世界500强"中排名第63位。连续18年获评国务院国资委经营业绩考核A级,是建筑行业中唯一获得"18连A"的中央企业。

中交集团主要从事交通基础设施的投资建设运营、装备制造、房地产及城市综合开发等,为客户提供投资融资、咨询规划、设计建造、管理运营一揽子解决方案和综合一体化服务,是中国第一家成功实现境外整体上市的特大型国有基建企业,业务足迹遍及全球157个国家和地区,员工数量超过21万人。经过长期发展,中交集团成为世界最大的港口设计及建设公司、世界最大的公路与桥梁设计建设公司、世界最大的疏浚公司、世界最大的集装箱起重机制造公司、世界最大的海上石油钻井平台设计公司,亚洲最大的国际工程承包公司,中国最大的设计公司、中国最大的高速公路投资商,拥有中国最大的民用船队。

【主要指标】 2023年,中交集团牢牢把握高质量发展首要任务,坚持稳中求进的工作总基调,在实现"质"的有效提升和"量"的合理增长上勇挑大梁,在统筹高质量发展与高水平安全方面奋勇担当,发展支撑力、财务管控力、业财协同力和风险化解力持续增强,圆满完成国务院国资委各项考核任务。

表1　2023年中国交通建设集团有限公司主要经济指标

项　目	2022年	2023年	比上年增长(%)
资产总额(亿元)	23751.84	25655.19	8.01
所有者权益(亿元)	5986.94	6343.36	5.95
营业收入(亿元)	9301.12	9675.24	4.02
利润总额(亿元)	435.14	436.94	0.41
净利润(亿元)	327.59	345.52	5.47
归属于母公司所有者的净利润(亿元)	84.41	118.38	40.24
技术开发投入(亿元)	258.56	299.95	16.01
利税总额(亿元)	743.97	765.04	2.83
应交税金总额(亿元)	382.46	383.58	0.29
全员劳动生产率[万元/(人·年)]	64.23	67.08	4.44
净资产收益率(%)	5.65	5.60	减少0.05个百分点
总资产报酬率(%)	3.06	2.95	减少0.11个百分点
国有资本保值增值率(%)	109.84	109.66	减少0.18个百分点

【改革发展】 国企改革深化提升行动开展以来,中交集团深入学习习近平总书记"2·26"重要批示精神,坚决贯彻落实党中央、国务院决策部署,按照国务院国资委的工作要求,将改革作为解决企业高质量发展中问题的关键一招,精准高效落实各项改革任务。一是改革推进有新突破。中交集团连续两年获评国务院国资委改革三年行动专项考核A级,2021年排名中央企业第25位,2022年排名中央企业第13位。纳入考核的"双百企业""科改企业"取得8家"标杆"、1家"优秀"的优异成绩,总体排名中央企业第2位。二是服务国家战略有新突破。坚定践行交通强国战略,平陆运河、舟山国储基地等新时代国家工程顺利开工,新疆乌尉公路、川藏铁路、深中通道等重点项目创造多个"世界之最"。坚定践行高质量共建"一带一路"倡议,克罗地亚佩列沙茨大桥顺利通车,柬埔寨金巴高速公路项目、波哥大地铁开工建设,马东铁路排除困难全线开工。三是产业控制作用有新突破。制定

《ZHGH现代产业链建设实施方案》，构建“1+4+7+20”链长建设工作体系，组建ZHGH产业高质量发展联盟，培育孵化“专精特新”企业14家，在国务院国资委链长建设特刊上发表链长建设工作成效专题报道。制定《中交集团战略性新兴产业发展总体工作方案》，引领子企业加快产业结构调整和优化升级，抢占未来产业发展制高点，作为唯一建筑类央企代表参加国务院国资委战略性新兴产业调研。四是专业化整合有新突破。加快水利水电领域资源布局，通过中央企业间专业化整合重组中国水利电力对外有限公司，快速补充水利和清洁能源建设优质品牌、业绩、人才和海外发展资源。通过与重庆市央地合作，共同组建中交长江建设发展集团有限公司，补齐水利水电设计短板。聚焦发展战略性新兴产业，并购新加坡UES水务工程公司，获取国际先进水务工程设计、施工能力，进入发达国家水务工程、运营市场。围绕“三新”业务，通过并购鑫泰保险，整合获取中交集团首个保险经纪牌照。整合所属公规院等6家设计院，组建中交设计咨询集团股份有限公司，成为国内最大的设计类上市公司。率先实施子企业主营业务管控，海上风电、光伏科技等一批战略性新兴产业加快布局，中交物业、长江建设、中交内蒙古、中交管道等一批子公司陆续组建。五是公司治理机制有新突破。以《“三重一大”事项决策权责清单》为基本依据，修订《党委会议事目录清单》《董事会议事清单》《董事会对总经理授权清单》《总经理办公会议事目录清单》，实现事项清单化、清单表格化，“多单一表”议事决策形式得到国务院国资委高度评价。制定《高质量深化提升子企业董事会建设工作方案》《落实子企业董事会重点职权“工作到位”标准》，健全“企情问询”、决议跟踪、所属企业董事协作组、常态化观察等工作机制，打造涵盖子企业董事会建设运行全过程和外部董事履职服务全流程的信息平台。六是市场化机制有新突破。“四能”改革成效逐渐显现，全员劳动生产率、人工成本利润率稳居建筑央企第一梯队，在国务院国资委三项制度改革评估中排名中央企业第1位。参照经理层成员的管理方式，落实各级总部部门负责人、基层项目或项目公司班子经营管理责任，实现二、三级公司中层和基层项目班子100%签订目标责任状。修订《推进领导人员能上能下实施细则》，对岗位失职、违纪违规、业绩不合格、考核不胜任等领导人员，严格进行免职、降职、降级处理，年度管理人员不胜任退出比例不低于5%。工资总额联动“一利五率”的同时，升级中长期激励“1+8”制度体系，围绕科技型世界一流企业建设目标，确保中长期激励应做尽做、能做尽做。截至2023年底，所属20余家科技型企业、1000余名科技关键人才实施分红计划。七是管控模式有新突破。制定《中交集团所属产业子集团总体管控方案》，明确中交集团对产业子集团按照二级企业管理，以实施战略管控为主，重点发挥战略引领者和执行监管者职能，逐步从“管资产”向“管资本”转变。出台《三级公司全面深化改革高质量发展指导意见》等制度文件，组织开展重要三级公司、“TOP20”三级工程公司、专业领航企业、“头部”三级企业评定工作。重点三级公司业务布局从“各自为战”到“握指成拳”，区域布局从无序分散到重要战略区域全覆盖。八是提质增效有新突破。实施“一企一策”“一项目一策”，穿透式狠抓防亏治亏，公司总体法人亏损额比上年下降19.3%，法人亏损面比上年减少10.7个百分点，超额完成国务院国资委减亏目标。强化“压减”专项工作，2023年压减常设法人38户，压降资产35.7亿元，压降负债27.4亿元，盘活资产8.3亿元。

【重大项目】 2023年，中交集团坚持稳中求进工作总基调，紧扣“高质量发展深化年”主线，顶住压力、统筹发力、凝心聚力，克服多重困难挑战，实现稳中有进、稳中向好。一是新疆乌尉公路包PPP项目。作为“一带一路”工程、“交通强国”试点工程和交通运输部“平安百年品质工程”首批创建示范项目，项目建设取得突破性进展并以高质量发展助疆、兴疆。乌尉线库尔勒南互通至尉犁段提前两年建成通车，国内最深高速公路竖井顺利掘进，世界在建最长高速公路隧道施工进展符合节点预期，以基建实力刷新交通工程领域的“中国跨度”，践行中央企业“大国重器”的历史使命。二是深中通道项目。全线顺利贯通，实现项目的高质量优质履约。三是大连湾海底隧道项目。正式建成通车，有效破解大连“C”字形空间结构形成的交通瓶颈，为大连新增一条纵贯南北、连接东部核心区、金普新区的快速通道，使“海角”变通途，对于缓解交通压力、优化城市生态功能、推动大连湾两岸一体化建设具有重要意义。四是平陆运河项目。先导工程全面提前完工并通过交工验收，主体工程全面开工建设。项目包揽企石、SN3、SN12三大标志性枢纽工程，实现船闸、航道、碍航建筑物项目集群落地，是新中国成立以来建设的第一条江海连通的大运河，也是交通强国标志性工程。五是G219线温泉至霍尔果斯公路项目。新疆交通运输发展规划中跨越天山的西侧南北疆通道，项目对落实自治区党委关于“疆内环起来、进出疆快起来”的交通建设战略目标，推动区域经济持续发展具有重要意义。六是宁波舟山基地项目。马迹山基地提前完成钢圆筒合龙，梅山基地先后完成海堤出水及合龙等重要节点目标，工程对于促进国内国际双循环的新发展格局，推动构建安全、高效、共赢、可持续的产业链供应链体系，补足战略性矿产资源产业体系短板具有重要现实意义和长远战略意义。七是重庆藻渡水库项目。以防洪、供水、灌溉为主，兼顾发电效益。工程对完善重庆市水利基础设施、带动产业转型发展、改善当地生态环境及促进渝南黔北经济社会可持续发展具有重要作用。八是城市综合开发和新能源项目。雄安中交未来科创城、天津海河柳林“设计之都”等标志性项目建设有序推进，对推动雄安新区集中承载北京非首都功能疏解、加快天津市中心城区建设具有重要的示范意义。65个光伏项目立项，加深新能源业务和传统业务的融合，为中交集团传统业务带来新的亮点。九是轨道交通项目通车运营。作为福建省首条全自动运行地铁线路的福州地铁4号线试运行载客、青岛地铁13号线实现全线贯通运营、深圳地铁8号线二期工程在同期建设项目中率先通车、天津地铁11号线一期工程东段按期完成天津市2023年度“十大民心工程”部署的运营任务，充分彰显中交集团轨道交通业务建设实力和社会责任担当。

【走向海外】 2023年是共建“一带一路”倡议十周年，中交集团坚持高质量发展不动摇，在制度建设年、高质量发展落实年的基础上持续推进高质量发展深化年，取得显著成效，居“全球最大250家国际承包商”第3位，连续17年居ENR“全球最大国际承包商”中国企业第1位。一是积极践行国家战略和倡议。肯尼亚蒙内铁路持续安全运营2560天，累计运输货物超过3000万吨，运输旅客超过1200万人，平均上座率超过91%；中马两国共建“一带一路”最大经贸合作项目——马东铁项目轨道工程和“两国双园”框架下的国家级产能合作园区马中关丹国际物流园项目正式启动；孟加拉国“国父隧道”卡纳普里河底隧道正式通车；柬埔寨首条高速公路金港高速实现安全运营一周年；“一带一路”在拉美地区的标志性项目秘鲁钱凯港项目1号码头泊位主体结构施工提前完成；中法第三方市场合作示范项目尼日利亚莱基港正式开港运营；墨西哥国家战略项目墨西哥玛雅铁路一标段实现全线贯通。二是持续深化“公司国际化”改革。加快从“业务国际化”向“公司国际化”转型升维，制定《“公司国际化”深化改革实施方案（2023—2025年）》，优化调整海外经营主体结构和海外管理结构，夯实二级公司推优扶强主体责任，推动海外三级公司高质量发展。三是坚持高端营销牵引。2023年，中交集团领导先后会见菲律宾、马来西亚等25位国家元首；开展高级别双边会见近百场；精心组织111位驻华使节和国际组织代表参加“驻华使节步入中交”活动，得到国家部委表扬；高质量参与第三届“一带一路”国际合作高峰论坛、全球可持续交通高峰论坛、香港“一带一路”高峰论坛、中国—东盟博览会、中国—阿拉伯国家博览会等国际多双边活动12场，全方位展示中交集团综合实力。四是抓实抓细运营质效。组织开展14次远程综合巡查，稳步推进海外40个重点在建项目高质量履约；在莫桑比克开展第一批芝麻贸易，成为国务院国资委牵头的央企海外第一单；乌干达快速路等7个项目获得国家优质工程奖；肯尼亚拉姆港1～3号泊位项目、克罗地亚佩列莎茨跨海大桥项目获评ENR 2023年全球优秀项目奖，中交集团是此次获奖的唯一中国企业。五是稳步推进科技创新。深入对接建筑智慧国际联盟（bSI）、世界水运基础设施协会（PIANC）等国际组织，与新加坡南洋理工大学、塞尔维亚贝尔格莱德大学等国际知名高校设立联合研发中心；牵头编制国际标准4项、参编7项，编译并发布4项交通行业标准外文版；秘鲁钱凯港项目自主研发的智能移动打桩平台，提前3个月完成沉桩任务；马东铁项目自主研制的双护盾孪生盾构机，国产化率超过98%，累计掘进突破5000米大关。在72个国别开展北斗应用，在5个国别开展财务云深化应用。六是不断强化风险防控。针对尼日尔、加蓬政变，以及新一轮巴以冲突、菲律宾舆情等事件，及时采取有效措施降低安全风险；深入开展境外YJ专项工作；按期解除亚行制裁，持续完善合规内控体系。七是始终坚持党建引领。扎实推进《公司境外国别党工委组织设置与运行模式》研究，完成尼日利亚等5个国别党工委试点运行评估；举办共建“一带一路”十周年发布会，发布十大工程、十大最美建设者和十大优秀案例；制定进一步加强国际传播能力建设工作方案，先后13次在国际传播高端论坛做经验交流；编制中交集团“一带一路”ESG暨可持续发展报告；获得“2023年中国企业国际形象建设十大优秀案例”“2023年品牌海外融合传播案例”“2023年公共关系优秀案例”等荣誉。

【重大创新】 2023年，中交集团坚持创新在企业发展全局的核心地位，坚定不移走创新驱动高质量发展道路，按照“统筹布局、重点突破、自主创新、引领发展”的基本方针，持续完善科技创新体系，进一步提升中交集团创新能力和科技管理能力，助力加速实现高水平科技自立自强。一是关键核心技术攻关取得新突破。深度融入国家攻关体系，承担“进藏通道应急抢通关键技术及装备”等国家科技项目和课题46项，为历年数量最多。扎实推进央企攻坚工程，在超大直径液压油缸、重型驱动桥等方面取得多项里程碑成果。自主研制的“首创号”在天山胜利隧道成功掘进施工300米，刷新超大直径盾构机竖向掘进的世界纪录。创新联合体成果“泥沙输送管道用高耐磨易成型钢材研发”工程化验证取得成功，填补国内外空白。“疏浚施工管理和控制软件”成果在“新海鲛”号成功应用，实现全面国产化替代。二是重大科技成果取得新成绩。发布“十四五”第二批30项重大科技成果。《交运行李处理系统》获得中国专利银奖，全年获得省部级科技奖74项、社会力量科技奖380项。申请发明专利3537件，授权发明专利1710件；拥有发明专利总量6298件，较“十三五”末翻一番。发布重大科技成果30项。发布国产化交通BIM平台基座及公路、水运等行业软件产品10余款，打造产业数字化典型业务场景60个、试点项目14个。成为首家实现全集团业财一体化的建筑央企，建成建筑行业首个大规模海外网，信息化系统覆盖率81%，数字化转型成熟度达到领域级水平、跻身央企前列。围绕中交集团主责主业，建立由17项标准构成的绿色低碳企业标准体系，3个国际项目入选国家绿色“一带一路”案例，打造行业绿色低碳品牌初显成效。三是创新能力建设取得新进展。林鸣院士工作室正式组建。顾明获评“国家卓越工程师”，胡家顺、潘伟、顾勇被授予“全国水运工程勘察设计建造大师”称号，5人入选中国科协第九届青托工程。极端环境绿色长寿道路工程全国重点实验室和长大桥梁安全长寿与健康运维全国重点实验室通过科技部优化重组。公路长大桥建设国家工程中心获中交集团首个国家级“科学家精神教育基地”。疏浚工程装备、桥梁智能建造两个领域获批成为第一批国家标准验证点，土木工程增材建造等4个集团级研发中心获得认定。四是科技体制改革和制度建设步入新阶段。深化科研项目管理改革，中交集团首个“揭榜挂帅”项目桥梁智能建造的11项成果获评国际领先水平，4项成果先期进入成果转化阶段。第二个揭榜项目——海上风电正式启动。激励政策落地释放创新活力，对4个国家级创新平台、2家“科改企业”、9个核心技术团队实施工资总额激励，单列工资总额近5亿元，比上年增长28%，科研人员人均工资增长超过8%。4家企业下属单位启动超额利润分享，16家企业实施科技型企业岗位分红和项目收益分红激励，激励核心骨干600余人，人均年分红近4万元。国家级和集团级创新平台骨干人员纳入中交集团首批股权激励范围。实施“国际标准制（修）订能力提升行动”，新增ISO注册专家6人。牵头主编的水运基础设施IFC国际标准正式颁布为ISO 16739标准。牵头组建国际建筑智慧联盟“海洋工程专项工作组”，IEC国际标准立项实现“零的突破”。

【党建工作】 2023年，中交集团党委围绕以高质量党建引领保障高质量发展这一主题主线，坚决落实国务院国资委党委工作要求，以政治建设统领党的建设各项工作，抓好“第一议题”制度落实和党委中心组理论学习。坚决当好贯彻落实习近平总书记重要指示批示精神的第一方阵，加快打造新时代国企党建示范窗口。坚决压实党建工作责任，健全党建工作责任制体系，坚持抓基层打基础，深入开展基层党建提质增效"七抓"工程，着力提升基层党组织政治功能和组织功能，持续增强基层党组织体系建设整体效能，夯实高质量发展根基。一是主题教育开展走深走实。中交集团扎实开展学习贯彻习近平新时代中国特色社会主义思想主题教育。坚持"以学铸魂"，跟进梳理《习近平总书记对本企业本行业本领域重要讲话和指示批示学习汇编》830余项，教育引导全体干部员工筑牢信仰之基、补足精神之钙、把稳思想之舵；围绕再学习、再领会、再落实总书记视察中交集团项目、见证中交集团签约时的重要讲话和指示批示精神，制定提升方案，举办专题党课，启动专项行动，建立长效机制，全力将重大工程项目打造成为示范点。坚持"以学增智"，落实落细"第一议题"制度，全年开展党委理论学习中心组学习22次、专家讲座3场、实地研学2次，举办7天专题读书班，在学思想中进一步完善工作思路、发展战略、重点任务和工作举措，相关情况在主题教育官网和国务院国资委官网刊登。中交集团领导多项学习成果在《人民日报》《学习时报》等主流报刊发表。中交集团获评"全国政研会工作优秀单位"，连续两年获得中央企业党建政研会优秀课题研究成果一等奖。坚持"以学正风"，两级班子成员带头学习推广"四下基层"机制，累计前往基层调研4300多次，推动解决重点事项近5000个。开展"五型"总部建设专项提升行动，各级总部运行效率、服务意识、管理水平不断提升。印发《职工关心关爱指导意见》，打造服务职工优质示范项目，全心全意为职工群众办实事、解难题。坚持"以学促干"，锚定高质量"两保一争"战略目标，贯彻"123456"总体发展思路，坚决落实"四做""六化"部署要求，全力推动完成年度生产经营管理各项目标任务。二是公司治理效能显著增强。中交集团坚持"两个一以贯之"不动摇，督促指导不同层级、不同类型法人单位贯彻落实《在完善公司治理中加强党的领导的实施意见》，结合实际健全完善推进党的领导融入公司治理制度体系，继续抓好党建入章、"一肩挑"、前置研究等重点工作，确保党组织作用发挥组织化、制度化、具体化。根据国务院国资委"多单一表"要求，动态调整党委会、董事会、经理层议事规则和议事清单，进一步明确党委在决策、执行、监督各环节的法定地位、权责界限和工作方式，更好推动党的领导与公司治理在决策、干部、组织、思想、监督、责任上实现"六个有机统一"。聚焦"科学、理性、高效"目标，规范推进两级董事会建设，进一步完善外部董事调查研究、沟通汇报以及"企情问询"等工作机制，围绕高质量建设子企业董事会建章立制，打造涵盖子企业董事会建设运行全过程和外部董事履职服务全流程的信息平台，常态化观察子企业董事会运行情况，始终做到"胸中有数"。三是基层党建质效不断提升。中交集团坚持规范引领，组织召开项目党组织建设现场推进会、项目党组织建设和监督工作推进会等系列会议，制定印发《基层党建提质增效"七抓"工程工作方案》，指导6家单位依法依规换届选举，深化开展境外国别、混合所有制企业以及财务共享中心党组织设置与运行模式研究，统筹推动基层党组织建设规范化专项整顿、境内党工委设置专项整治、组织建设制度专项检查以及党务工作突出问题清查整治"回头看"，持续提升基层党建工作规范化科学化制度化水平。增强融合实效，巩固拓展"党建工作与中心工作深度融合载体机制建设"调研成果，完成第二批基层党建标杆创建中期考核，组织统战系统深入开展"学习贯彻二十大　团结奋进新征程"主题教育实践活动，试点推进青年"百千万工程"，纵深推动"巾帼建新功　奋斗新征程"科技创新巾帼行动，不断提升"六比六创·三型一流杯"夺标劳动竞赛价值创造力，广泛举办中交精神专题宣讲活动，教育引导全体干部员工传承企业精神、凝聚奋进力量，全年17个先进集体和个人获得全国五一劳动奖项，16个青年集体获得全国五四红旗团委等国家级表彰。注重总结提炼，编发《联系点党建专报》5期、《基层党建典型案例合辑》2期，其中大项目党建经验做法被中央内刊《党建要报》全文刊登，23个基层党建案例入选中施企协工程建设企业党建工作最佳案例和优秀案例。四是企业清风正气更加充盈。坚持政治监督"三维工作法"，制定印发《加强政治监督工作指引》和政治监督重点事项清单，探索建立巡视整改监督机制，扎实推进政治监督具体化、精准化、常态化。围绕"抓两头"精准发力，一头抓各级"一把手"和领导班子，常态化开展党委书记、纪委书记同下级“一把手”谈心谈话，全面落实二、三级单位纪委书记同项目领导班子廉政谈话机制；一头抓基层项目，贯穿各层级选取610个项目同步创建廉洁示范工程，不断推动项目监督走深走实。全集团推广应用黑名单管理系统，持续推进廉洁风险防控体系向基层项目穿透延伸，出台“四位一体”境外廉洁合规体系建设指导意见，依托监督委员会构建巡视审计等发现问题综合整改机制，大监督体系运转更加有力。紧盯工程建设等重点领域严肃查处腐败案件，坚持个案查处与系统整治相结合，以零容忍态度深化跨境腐败治理、启动采购交易领域突出问题专项治理，督促涉案单位深化以案促改、以案促治，完善制度机制，堵塞管理漏洞。连续9年开展党风廉政宣教月活动，各层级举办廉洁道德讲堂1100余场、讲授勤廉党课2500余次，召开3次全集团警示教育大会，公开通报典型案例28起，以正面引导、反面警示着力营造风清气正的干事创业环境。五是品牌文化宣传构筑高地。中交集团聚焦提升企业品牌形象影响力竞争力引领力，成立品牌建设领导小组，印发品牌管理提升三年行动方案，中交集团跃居中央企业品牌建设能力榜单第14位，获评“大国品牌2023年度文化品牌”，“中国交建”品牌入选“世界品牌500强”，并获得中国品牌节华谱奖；全年多次受邀参加重大展览展示活动，中交集团多个展览得到国家领导人关注；全级次开展品牌视觉标准化检查督导，大力评选表彰品牌工程、品牌团队、品牌员工、最美职工，4部作品入选国务院国资委公布的“2022年度100个国有企业品牌建设典型案例和100个优秀品牌故事名单”，1人获评交通运输部“2022年感动交通十大年度人物”、3人获评“最美港航人”。坚持党管媒体，推出习近平总书记“中交足迹”报道6期，开辟主题教育专栏，多篇稿件被中央、国务院国资委主题教育官网刊登；策划开展系列主题传播活动，10余次登上互联网热榜，参与中央电视台、新华社、《人民日报》等中央主流媒体15部纪录片录制，广西平陆运河、新疆天山胜利隧道以及佩列沙茨大桥等“了不起的工程”走红网络，深中通道海底隧道合龙获得全网刷屏；深度参与第三届“一带一路”国际合作高峰论坛，中联部发来感谢信，成功举办百国驻华使节“步入中交”、共建“一带一路”十周年发布会等大型活动，受到世界多国政要、媒体关注与认可，全年在世界各地累计举办30余场主题开放日活动，总传播量超过21亿次，多次获得华春莹等中国“外交天团”点赞，中交集团多次作为唯一企业代表在国际传播相关峰会、论坛作主旨发言，“一带一路”建设经验文章和典型案例先后3次被《人民日报》刊登，并在中宣部、中国外文局、国务院国资委等中央单位或国家部委举办的各类优秀案例征集中累计获得16项奖项，全方位多维度展现中交高质量共建“一带一路”十年成效。

【信息化与数字化建设】 2023年，中交集团积极贯彻落实国务院国资委推进数字化转型的各项要求，以数字化转型为战略支撑，以“数智中交”顶层设计思路为指引，积极探索数字化技术与传统业务的深度融合，不断优化业务流程、完善架构设计、提高运营效率，通过管理数字化、产业数字化和数字化产业三条主线协同推进，实现驱动中交集团高质量发展。一是持续完善数字化转型管理体系建设。修编《中交集团“十四五”数字化发展规划》，滚动优化数字化发展布局、重点任务；编写形成《中交集团数字化转型诊断评估报告》，中交集团初步迈入领域级成熟度水平（CL3）；开展《数字化项目管理办法》等制度的修订及《数字化架构管理办法》的制定，发布《生产经营业务数据标准》《人员主数据标准》等数据标准；编制公路、水运、机场等核心业务板块BIM交付标准25项，进一步完善数字化管理体系。二是经营管理数字化持续深化。实现“业、财、资、税、融”一体化财务云业财协同，报表手工编制工作量减少80%，服务效能提升40%，项目管理系统实现包含中国交建品牌全覆盖在内的6个专业246个项目上线工作，项目公司投资管理系统完成12个业务域的功能建设，合同审批一体化系统全面推广应用，装备资源管理系统实现中交集团750多艘船舶和6.7万余台（套）机械设备的业财连通，人力、党建、战略、档案、科数等统建系统持续优化提升，统建系统业务覆盖率提升至81%，国资监管数字化智能化提升专项行动第一阶段实施情况验收评估名列前茅并作为优秀中央企业代表在国务院国资委会议上交流发言。三是持续激活数据要素潜能。

积累数据入湖10亿余条，支撑企业运营监控、11个统建系统、11家二级单位数据共享，中交集团整体达到DCMM稳健级管理水平；项目主数据质量通过率从35%提升至91.83%，管理组织主数据质量通过率从41.4%提升至88.99%，拉通核算组织与行政组织16869条，多组织整合率72%；合同在库数据近140万条，质量通过率提升至99.4%，数据治理模式实现从“集中运动式”向“流程常态化”转变；大数据平台AI等相关功能上线试运行，累计集成26套统建系统和38套自建系统，上线数据共享目录，推动数据在全集团内的贯通应用。四是全面推进产业数字化走深走实。产业数字化试点项目增至14个，实现全集团3188名数字化人员入库，汇聚60个优质产业数字化典型业务场景形成示范效应；完善BIM中心、分中心的协同机制，完成分中心年度考核，并增选7家BIM分中心，发布10余款国产化BIM设计基座及公路、水运、机场行业专业产品，围绕重点施工局、骨干设计院、行业重大项目开展平台应用，累计推广项目317个；承担工业和信息化部201、国务院国资委“1025专项”、科技部2.1等多项国家课题，参与国务院国资委工业软件“焕新行动”，积极申报工业软件创新联合体，对接交通运输部公路局推进智慧公路相关工作，积极寻求政策支持，将中交集团产业数字化成果推向行业。五是数字基础设施和网络安全建设成效显著。完善“交建云”框架，对公、私有云统筹纳管，推动62个统建系统和33家二级单位自建系统上云；全面建成“全球一张网”，整合国内互联网出口700余个，覆盖全球90多个国家和地区，建设全球网络及业务监控系统；持续完善“3+N+M”数据中心架构，完成异地数据中心选址、厦门数据中心扩容；全面推动国产替代工作，建设国产化疏浚作业控制系统，实现国内疏浚领域的首次突破，推进国产CAD软件在设计单位“单轨”运行，实现建筑央企首次突破；构建一体化网络安全防护平台，建成IT资产管理系统、多源异构威胁情报系统及邮件安全防护体系。

【履行社会责任】 2023年，中交集团主动承担社会责任，坚持“责任驱动，品牌带动”的行动理念，开展“中交助梦”全球责任行动，在定点帮扶、增进民生福祉、打造责任品牌等领域作出积极贡献。一是扎实推进定点帮扶。2023年，中交集团以助力全面乡村振兴为目标，以增强脱贫地区和脱贫群众内生发展动力为着力点，聚焦五大振兴打好“中交助梦”组合拳，全年落实帮扶资金3.11亿元，优选并实施帮扶项目200个，有效促进帮扶地区发展和群众增收，为5个县（市）持续巩固拓展脱贫攻坚成果、推进全面乡村振兴提供有力支持。聚焦产业就业，举办建筑产业园产业帮扶签约活动，完成项目招标58个，提供合同额4.43亿元；重点在第一书记所在村采取“村集体+致富带头人+村民”的模式发展村集体建筑公司，全年带动2400余名脱贫群众增加劳务收入4500余万元，打造7个村集体经济“百万村”；怒江建筑产业园入驻企业362家，贡献建筑业产值112.9亿元，上缴税金1.1亿元。中交集团连续7年赞助怒江皮划艇公开赛，建设运营中交伊拉米拉大酒店，推动当地农特、文旅产业提档升级。聚焦教育人才，全年投入8685万元开展教育人才帮扶，援建中交兰华新时代希望学校、福贡上帕中学综合楼等，持续改善教学设施；发放“中交奖学奖教金”200余万元，开展“中交助梦·天天向上”活动10余次，帮助边疆的孩子们开阔眼界；突出打造“四个千百”，全年培训乡村振兴“头雁”1416人次、医护人员1535人次、人民教师3500人次、建筑技术骨干1100人次，助力113个小集体经济企业、219个教育设施、235个健康保健室、102个党建阵地有效运行，不断增强脱贫群众的获得感幸福感。聚焦文化振兴，支持怒江州举办“减贫治理国际论坛”，总结并与全世界分享中交怒江减贫典型经验；助力打造乡村振兴示范点7个，持续支持北甸村史馆、秋那桶怒族文化街建设，帮助建设边境小康村、文化广场、民族特色美丽庭院等民族文化站点，增强乡村文化软实力；设立“中交助梦·同心梦圆”铸牢中华民族共同体意识示范工作室6个，开展“专家讲座到边疆”活动2次，推动民族交往交流交融。聚焦和美乡村，投入560万元支持北甸村灌溉管网和高标准农田建设，从根本上解决北甸村1.27平方千米农田灌溉用水困难问题；自扁王基村现代化边境幸福村建设完成并通过国家卫生乡镇省级评审；支持独龙江乡巴坡村美丽庭院、美丽村道、美丽江堤建设，将娜洛底片区打造成边境和美乡村示范点，持续打造秋那桶村，助其获评“国家森林乡村”

"省级绿美村庄"等。聚焦组织建设，深入开展支部共建，42个结对支部开展各有特色的"五个一"党建共建活动，有的支部邀请宣讲团深入结对村宣讲党的二十大精神，把宣传触角延伸到田间地头、院坝火塘，推动党的创新理论深入人心，有效提升脱贫村的组织力战斗力。二是助力增进民生福祉。中交集团把支持社区发展、支持公益慈善、抢险救灾、开展志愿服务作为重要履责领域，全力以赴惠民生、纾民困、解民忧，使广大人民群众的获得感、幸福感、安全感更加充实、更有保障、更可持续。致力公益慈善，积极投身慈善事业，全年捐赠总额2.89亿元，以"中交助梦"责任品牌为依托，广泛开展爱心助学、关爱儿童、济弱帮困等社会公益活动，积极践行全球公民责任，参与属地社区共建，加强助学兴才，为非洲培养一批"带不走"的交通人才。驰援抢险救灾，在京津冀暴雨洪涝、甘肃地震等重大灾害面前扛起责任、全力抢险，在面对甘肃省临夏州积石山县6.2级突发地震时，第一时间组建队伍、调遣机械设备和救援物资奔赴救灾一线，并向灾区捐赠1000万元，得到党中央、国务院及国务院国资委等有关部委和地方省委、省政府的点名表扬；面对苏丹局势突变，积极配合有关部门不遗余力支援使馆撤离同胞，不惜一切代价保护同胞生命安全，获得社会各界高度认可。开展志愿服务，中交集团积极鼓励引导广大干部员工积极参加便民服务、高考服务、爱心献血等志愿服务，建成1974个"健康驿站""爱心驿站""职工服务点"，"蓝马甲"志愿服务品牌成为中交集团履行社会责任的靓丽名片。三是全面打造责任品牌。创新打造"中交助梦"责任品牌，新疆特色纺织服装业基地案例和巴布亚新几内亚公路升级改造项目案例获评第四届全球减贫最佳案例，中交集团定点帮扶工作连续五年获中央农村工作领导小组最高等次评价"好"，先后获得第十一届、十二届"中华慈善奖"。连续17年编发社会责任报告，连续4年发布ESG报告，做到上市公司信息披露全覆盖，入选"央企责任管理·先锋30指数""央企ESG·先锋100指数"，成功入选"中国ESG上市公司先锋100"榜单，居建筑业首位，获得万得(Wind)ESG A级评级，企业责任品牌形象和社会美誉度进一步提升。

（撰稿人：宋　莹）

中国信息通信科技集团有限公司

【基本概况】 中国信息通信科技集团有限公司(以下简称集团)由武汉邮电科学研究院有限公司和电信科学技术研究院有限公司于2018年7月20日联合重组而成。2023年，面对复杂严峻的内外部形势，集团坚持稳中求进总基调，统筹施策、顶压前行，向进发力、以进固稳、以进促强，不断增强核心功能、提高核心竞争力，有效发挥科技创新、产业控制、安全支撑"三个作用"。

【主要指标】 2023年，集团规模指标稳步增长，实现营业收入540.84亿元，比上年增长2.32%，质量效益持续优化，利润总额超过国务院国资委考核目标；资产负债率创历史新低；营业现金比率创近几年最好水平；研发投入强度继续保持高位；全员劳动生产率有新提升。

表1　2023年中国信息通信科技集团有限公司主要经济指标

项　目	2022年	2023年	比上年增长(%)
资产总额(亿元)	1207.53	1284.61	6.38
所有者权益(亿元)	555.82	605.63	8.96
营业收入(亿元)	528.56	540.84	2.32
利润总额(亿元)	23.77	20.41	−14.14
净利润(亿元)	21.04	18.40	−12.55
归属于母公司所有者的利润(亿元)	14.76	11.35	−23.10
技术开发投入(亿元)	76.12	83.83	10.13
利税总额(亿元)	47.09	41.01	−12.91

续表

项　目	2022年	2023年	比上年增长（%）
应交税金总额（亿元）	27.04	22.63	－16.31
全员劳动生产率［万元/（人·年）］	36.94	40.56	9.80
净资产收益率（%）	3.79	3.17	减少0.62个百分点
总资产报酬率（%）	2.71	2.42	减少0.29个百分点
国有资本保值增值率（%）	119.72	107.19	减少12.53个百分点

【改革发展】 2023年，集团成立改革深化提升行动工作专班，深入学习研究国务院国资委系列文件精神，紧扣提高核心竞争力和增强核心功能，结合集团发展实际，系统编制并不断完善改革深化提升行动实施方案和工作台账，工作任务及改革措施分别细化扩充至127条、338项。将改革深化提升行动与对标世界一流企业价值创造、提质增效专项、提高控股上市公司质量行动、“双百行动”“科改行动”专项工程、品牌引领行动统筹谋划、协同推进，以深化提升行动为牵引，力求“形实效”的有机统一，推动管理水平和运行质量不断提升。

集团三项制度改革持续深化，选人用人育人工作深入推进。集团对下属各公司实施更具针对性的经营业绩考核，牵引企业负责人发挥个人独特贡献；全面优化总部职能部门负责人绩效考核方式，牵引职能部门更加关注集团整体绩效结果。不断提升干部评价的科学性与合理性，全面实施基于“业绩考核”“能力评价”两个维度的综合考核评价体系。更大范围、更大力度在全集团推行管理人员竞争上岗，包括总部和二级企业3批19个副职岗位进行公开竞聘选拔。组织完成集团160名直管干部集中培训学习及集团总部基石计划培训班，提升干部员工干事创业和履职尽责能力。集团总部职能部门主任/副主任全部签订契约责任书，二、三级子企业管理人员任期制和契约化工作全面铺开，市场化用工央企排名跃升前列。

【重大项目】 2023年，集团完成长江通信与迪爱斯资产重组事项，进一步优化集团智能化应用板块布局。完成对烽火创投外部股东股权收购并完成工商变更，启动烽火创投增资及信科资本设立事宜。2023年，全集团新增投资17个项目，通过定向增发、引入战略投资者等方式从外部融资超过18亿元，积极探索发行中长期债券，成功首发10亿元科创债，发行15亿元中期票据，发行多期超短期融资券合计75亿元，持续压降融资成本、优化融资结构。

集团重点配套工程项目稳步推进。北京信息安全科研楼办理竣工验收审批，5G承载应用及数字经济研发生产基地项目一期正式开工，高端光电子器件产业园项目一期所有建筑全部结构封顶，移动通信设备研发和制造基地项目一期办理建设工程规划许可证、施工许可证，华东总部基地一期项目全部结构封顶，物联网与智慧应用产业园整体建成。

【走向海外】 2023年，集团在海外形成200万芯千米光缆产能，推进在泰国及匈牙利新建光缆工厂项目，产能规划约600万芯千米；在马来西亚新设立光电子器件子公司，专注于生产高端光电模块和组件制造，达到接单投产状态。集团全力稳住重点客户基本盘，合同贡献额超过5000万美元的海外办事处/子公司6个，菲律宾子公司合同贡献额再次超过5亿美元，欧洲市场FTTH总包业务持续突破，拉美市场业务黏性及市场份额逐年提升。集团高度重视新产品新业务海外拓展，持续扩大印度尼西亚电信和智利主要电信运营商业务覆盖，合同落地额均超过1000万美元；无线一体化小站、基站天线及无源器件产品在巴西、泰国、中东等市场实现多点突破；无线光模块在爱立信、诺基亚印度市场5G建设需求中市场占有率第一；智慧应急业务中标尼日利亚、塞尔维亚、沙特等地区项目。

【重大创新】 2023年，集团承担的国家科技攻关项目核心关键技术取得系列重大突破，完成传输容量4.1Pbit/s、净速率3.61Pbit/s单模19芯光纤传输系统实验；国内首次实现16Tbit/s 10000千米单模光纤传输系统实验；基于自研硅基相干收发芯片实现单波1Tb/s信号10千米传输，总容量24Tb/s；研制出国际首个1.4Tbit/s硅光集成芯片。

针对“卡脖子”问题强化重点突破系列攻关取得积极成效，承担的央企攻坚工程二期8项任务中，2项完成、2 项进度提前、4 项按期推进，其中 3 项任务取得重要阶段性进展突破。110GHz 电光强度调制器首次实现国产化，解决国产宽带光电测试仪表和光通信系统中高端调制器“卡脖子”问题，打破国外长期垄断。

科技创新实力获社会各界广泛认可，“星地融合移动通信技术标准研究及验证”“超 3Pbit/s 单模 19 芯光纤传输系统实验”“小型化高效能 5G 融合天线技术”3 个项目入围中国通信学会 2022 年信息通信领域重大科技进展，再次成为全国入围成果最多的单位；“400G 硅光收发芯片”成果入选 2022 年度国有企业十大数字技术成果，15 项科技创新成果入选中央企业科技创新成果产品手册。

【党建工作】 一是坚定不移狠抓政治建设。2023 年，集团党委组织中心组学习 8 次，“第一议题”学习 13 次，专题读书班 2 次。集团党委高标准高质量开展学习贯彻习近平新时代中国特色社会主义思想主题教育，党委委员带头深入基层精准“破题”，讲授党的二十大专题党课和主题教育专题党课。二是大力推进基层党建提质增效“七抓”工程。抓组织，深化“一支部一品牌”创建；抓书记，完善“书记抓、抓书记”党建责任体系；抓党员，开展“两优一先”评选；抓活动，规范落实党的组织生活制度；抓制度，以《基层党组织工作指导手册》为指导；抓培训，组织基层党建提质增效实操班暨基层党务工作者培训班；抓保障，加强经费保障和阵地建设。三是深入推进宣传思想文化工作。全年完成主题宣传 37 次，推出典型团队和典型人物报道 29 次。与时俱进优化升级集团使命愿景和企业精神；出台《通讯员管理办法》；成功举办贯彻落实习近平总书记视察中国信科集团重要指示五周年科技创新大会、“7·20”五周年文化成果会演，全方位展示信科人干事创业、奋发图强的良好风貌。四是着力推进全面从严治党和反腐败工作。强化政治监督，扎实开展专项监督 10 项；做实日常监督，建立健全集团政治生态分析研判机制；完善“五制十管”制度体系；深入推进集团纪检干部队伍教育整顿工作；组织实施两轮常规巡视；开展对内部巡视整改情况的监督审核；扎实推动巡视整改常态化长效化。

【信息化与数字化建设】 2023 年，集团数字化重点项目建设全面推进，集团人力资源数据化系统建设一期规划功能基本实现，初步具备上线要求；财务报表平台完成搭建并部署上线，具备决算、预算填报功能；科技管理系统建设实现重点模块上线试运行，并进行功能优化；综合监督平台建设实现系统上线应用，并进行功能优化完善。集团数字化转型 81 项重点任务中，完成重点任务 78 项，在国务院国资委发布的中央企业国资监管数字化智能化提升专项行动第一阶段验收评估结果中，集团达到“优秀”水平。

【履行社会责任】 2023 年，集团强化重点领域保障，深度参与国家新型基础设施网络建设，全年参与 14 条国家骨干通信网建设，提供光通信系统设备 2 万余端、终端超过 2000 万端、光缆近 2000 万芯千米、基站 2.85 万站、服务器超 3.4 万台。集团始终将定点帮扶工作责任扛在肩上，2023 年，累计完成直接投入帮扶资金超过 720 万元，比上年增长 158%；引进帮扶资金 422 万元；培训基层干部 114 人次；培训专业技术人员 318 人次，培训乡村振兴带头人 62 人次；购买和帮助销售贫困地区农产品 320 万元。集团产业帮扶做法被国务院国资委社会责任局作为典型案例收录于中央企业社会责任援扶工作专刊。

（撰稿人：张楚良）

中国农业发展集团有限公司

【基本概况】 2023 年，中国农业发展集团有限公司（以下简称中国农发集团）坚持以习近平新时代中国特色社会主义思想为指导，深入贯彻习近平总书记关于国有企业的重要批示精神和关于“三农”工作的重要论述，坚决落实党中央、国务院决策部署，按照国务院国资委的工作要求，牢牢把握高质量发展主题，坚持稳中求进工作总基调，全面落实“138”总体工作思路，顶压前行、克难奋进，各项工作取得显著成绩，集团高质量发展迈出坚实步伐。

【主要指标】 2023 年，中国农发集团实现营业收入 542.00 亿元，比上年增长 12.18%；利润总额 13.85 亿元，比上年增长 13.71%；净利润 10.61 亿元，比上年增长 25.56%，超额完成预算指标任务。

表1　2023年中国农业发展集团有限公司主要经济指标

项　目	2022年	2023年	比上年增长(%)
资产总额(亿元)	414.18	449.69	8.57
所有者权益(亿元)	188.12	201.12	6.91
营业收入(亿元)	483.14	542.00	12.18
利润总额(亿元)	12.18	13.85	13.71
净利润(亿元)	8.45	10.61	25.56
归属于母公司所有者的净利润(亿元)	2.9	3.84	32.41
技术开发投入(亿元)	5.68	5.72	0.70
利税总额(亿元)	15.92	18.55	16.52
应交税金总额(亿元)	9.05	9.72	7.40
全员劳动生产率[万元/(人·年)]	25.48	28.68	12.56
净资产收益率(%)	4.70	5.45	增加0.75个百分点
总资产报酬率(%)	3.83	3.86	增加0.03个百分点
国有资本保值增值率(%)	106.67	101.91	减少4.76个百分点

【改革发展】 2023年，中国农发集团深入学习贯彻习近平总书记关于国有企业改革发展和党的建设的重要论述，全面落实国务院国资委国企改革工作部署，聚焦主责主业，不断优化结构和业务布局，深化市场化机制改革，改革成果不断显现。

坚持“机构不撤、工作不断、力度不减”，持续推进改革工作落实落地。组织交叉检查、互评互鉴，开展整体考核、综合评估，3家“双百企业”改革工作获评“良好”，相关改革文章入选国企改革三年行动简报，获得2023年中国企业改革与发展优秀成果一等奖，改革三年行动圆满收官。全面部署改革深化提升行动，编制《集团改革深化提升行动实施方案》和工作台账，制定任务近100项，对应举措200余条。编制《集团136战略性新兴产业提升行动纲要》，锚定重点产业精准发力、抢位发展，切实增强核心功能，提高核心竞争力。持续完善中国特色现代企业制度，修订“三会”决策事项清单，建立动态完善机制。深化子企业董事会建设，科学界定、动态更新“应建清单”，逐步扩大落实子企业董事会职权范围。持续深化三项制度改革，开展三项制度改革考核评估，大力培养管理高手、市场能手、成本杀手等“三手”人才，加大专项奖励力度，不断完善薪酬结构，员工薪酬水平稳步提升。

各板块企业发扬“三不、四千、五不讲”精神，积极跑市场、跑客户、跑订单，市场化经营理念成为自觉行动。一是板块公司业务规模进一步扩大。广建公司按照“双轮驱动”总体思路，港口业务和新农村建设业务同步发力。中牧上海粮油优化物流竞价模式，实现粮油业务收入和利润双增长。中垦上海公司利润总额创历史新高。渔业企业鱿鱼项目利润比上年增长超过4倍。二是核心产品市场占有率不断提升。农发种业小麦种子市场占有率由4.8%提升至8.4%，行业地位进一步提升，玉米种子行业排名进入头部，化肥收入和净利润创历史新高。乡企公司在市场总额下降、竞争对手增多的不利情况下，扎实工作，苦干实干，2023年中标金额比上年增长40%。中水渔业磷虾捕捞量显著增加，国内市场占有率60%。中牧股份克服行业整体下滑困难，强化集团客户开发，核心产品市场份额稳中有升。

以提质增效专项行动为抓手，狠抓资产质量和盈利能力提升，持续推进企业经济效益增长。一是成本管控取得成效。2023年集团成本费用总额619.4亿元，占收入比重98.8%，符合年度成本管控预期。二是治亏压减超额完成。截至2023年底，集团亏损企业减少11户，减少亏损金额3.2亿元，超额完成国务院国资委下达的亏损户数和亏损额“双降10%”的年度治亏任务。减少法人企业9家，压减高负债子企业13户，压降比例22%，超额完成压降10%的年度目标。三是“两金”管控成效明显。坚持“应收应付一起管”，“两金”(含合同资产)比上年增长1.2%，低于营业收入增长21.6个百分点；应付账款和应付票据比上年下降1.0%，低于营业成本增长25.3个百分点。

【重大项目】 2023年，中国农发集团把谋划推进重点项目作为实现企业高质量发展的首要抓手。一手抓战略布局。坚持深入贯彻国家要求，围绕农业产业链关键环节统筹谋划，紧扣集团主责主业，在海洋渔业养殖、畜禽养殖、农业社会化服务、高端农机装备等领域深耕厚植，紧密谋划，为构建集团规模发展的四梁八柱完成大量基础工作。一手抓重点项目落地。种业板块持续加大黄淮海区域投资力度，分别在河南、安徽等地新设、重组公司，拓展专用品种粮订单业务，农发种业订单农业示范推广面积超过2.6亿平方米，促进农民增收超过1.2亿元。渔业板块在完成重大资产重组的基础上，以深圳国家远洋渔业基地建设为契机，紧紧围绕现代海洋牧场建设任务，接续推进项目落地，先后组建深蓝食品、金枪鱼交易中心、和美渔业等企业。畜牧板块以大型项目为牵引，成功重组中新食品、成都中牧、食迅网及多个粮食仓储项目。农业社会化服务板块聚焦土地托管、高标准农田建设等领域开展项目建设，中国农垦相继成立4家平台公司，在山西、云南、安徽、湖南、山东等地布局，实现土地托管面积超过400万平方米。广建公司开拓乡村振兴市场，沈阳辽中、河池罗城、来宾金秀等一批高标准农田项目开工建设。

【重大创新】 一是平台建设持续加强。新增省级资质研发平台6个，中牧股份与中国药科大学的联合共建实验室挂牌运行。巨明公司中国工程院陈学庚院士工作站、海外高层次人才工作站和智能高端农机装备研究院“两站一院”揭牌成立。淄柴公司成立煤矿瓦斯综合利用研究基地和小功率双燃料船用发动机工程研究中心。农发种业国家级科创平台国家小麦技术创新中心建设方案获科技部肯定。二是人才引育不断提升。采用“双聘”方式引进科研人才11人。3家博士后流动工作站引进3名博士后。鲁卫技能大师工作室、舟渔海上劳模创新工作室、胜利生物朱传峰创新工作室、东方马都郭永新创新工作室等一批创新工作室成立，鲁卫入选央企“大国工匠”。三是创新成果不断涌现。2023年，集团获得授权专利150件，其中发明专利35件。受理专利235件，其中发明专利51件。新增植物新品种权证书36个，品种审定40个，新兽药证书8个，省级成果奖励26项。淄柴公司“燃料发动机技术发明”首获国际专利美国授权，并实现产业化应用。中牧股份申报的非洲猪瘟病毒抗体检测试剂盒产品获批三类新兽药，非洲猪瘟亚单位疫苗获应急评审受理，牛结节疫苗首家进入市场。

【党建工作】 2023年，中国农发集团党委始终把坚持党的领导落到实处，持续深化党的建设，铸牢集团改革发展的“根”和“魂”，以高质量党建引领保障企业高质量发展。抓牢政治建设。集团党委会“第一议题”学习12次，党委理论学习中心组学习研讨9次，及时系统学习习近平总书记重要讲话和重要指示批示精神。全面落实意识形态工作责任制，建立健全相关制度，全年没有发生重大负面舆情。抓活干部队伍。坚持市场化改革主方向，落实“三精”管理，公开竞聘占提拔干部的78%，大力使用年轻干部，深化青年精神素养提升工程，制定企业领导人员管理规定，顺利通过人社部监督检查，拓宽专兼职董事来源，积极争取到船员工资单列的政策支持。抓好基层党建。推动落实基层党建提质增效“七抓”工程，召开党组织书记述职会议，开展党建责任制考核，实施“两优一先”表彰，修订完善党建制度，组织召开年度、专题民主生活会和组织生活会。广泛开展劳动技能竞赛，召开中央企业信访工作第三协作区会议，集团3个单位被选树为全国群团系统先进典型。抓实从严治党。认真履行全面从严治党“两个责任”，积极落实日常监督谈话“全覆盖”机制。扎实做好纪检干部队伍教育整顿，开展穿透式“党风廉政教育进行时”，深化纠治“四风”，严肃查处违反中央八项规定精神问题。深入开展粮食购销领域腐败等专项整治，一些复杂疑难案件取得新突破、新成效；扎实开展违规经商办企业整治“回头看”。高质量开局二十届新一轮巡视，制定巡视工作五年规划，完成6家企业的巡视，强化巡视整改和成果运用，完善巡视巡察工作格局。集团一体推进“三不腐”工作经验做法被国务院国资委刊发。

【履行社会责任】 2023年，中国农发集团生态文明建设取得积极成效。深入贯彻落实习近平总书记“把新时代的山丹马场建设得更好，做绿水青山就是金山银山的实践者和排头兵”的重要指示要求，打造“种植＋畜牧＋加工＋旅游”绿色产业链，实现“绿水青山”向“金山银山”的转变。山丹马场生态环境质量持续向好，以实际行动和扎实成效践行新发展理念。

持续推进帮扶工作。2023 年，集团向安徽萧县直接投入无偿帮扶资金 940 万元、有偿帮扶资金 138 万元，引进无偿帮扶资金 10 万元、有偿帮扶资金 100 万元；培训乡村基层干部 195 人、乡村振兴带头人 715 人、专业技术人才 385 人；购买脱贫地区农产品 48 万元，帮助销售脱贫地区农产品 43 万元。集团为萧县捐赠优质种子 295 万元，其中捐赠玉米种子 3 万多千克，种植约 2.4 万亩（16 平方千米），每亩平均增产 12%，每亩平均增收约 200 元，总增收约 500 万元；捐赠小麦种子 22 万多千克，种植面积约 1.5 万亩（10 平方千米），预计 2024 年每亩增产 10%以上，增收 300 多万元；集团捐赠价值 480 万元农机 36 台，为村集体带来直接收益 200 多万元，提升全县农机装备水平和农业机械化水平，助推农业规模化发展。集团积极参加央企合力支持乡村振兴专项行动，全年帮助萧县推广销售农产品 2000 多万元，购买萧县和其他贫困地区农产品，累计购买和帮助销售 91 万元。

（撰稿人：李　尧）

中国林业集团有限公司

【基本概况】 2023 年，中国林业集团有限公司（以下简称中林集团）坚持以习近平新时代中国特色社会主义思想为指导，深入贯彻党的二十大和中央经济工作会议精神，认真落实党中央、国务院以及国务院国资委决策部署，准确把握新时代新征程国资央企新使命新定位，聚焦国之大者、围绕国之所需，锚定国储林、林草碳汇、生态修复等朝阳产业，以"打造具有全球竞争力的世界一流林草生态集团"为目标愿景，以提高核心竞争力和增强核心功能为重点，全力打造风清气正、实干担当的中林新生态，系统建设价值驱动、持续创新的林业国家队。

【主要指标】 2023 年，中林集团把握新发展阶段的新要求，聚焦主业实业，压降贸易收入，全年实现营业收入 1295.56 亿元，比上年下降 755.01 亿元；实现利润总额－14.95 亿元，比上年下降 25.17 亿元。

表 1　2023 年中国林业集团有限公司主要经济指标

项　目	2022 年	2023 年	比上年增长（%）
资产总额（亿元）	2101.34	2254.88	7
所有者权益（亿元）	717.15	696.67	－3
营业收入（亿元）	2050.57	1295.56	－37
利润总额（亿元）	10.22	－14.95	－246
净利润（亿元）	5.07	－18.86	－472
归属母公司所有者的净利润（亿元）	－0.95	－19.48	—
技术开发投入（亿元）	0.93	0.79	－15
利税总额（亿元）	18.45	－8.72	－147
应交税金总额（亿元）	13.25	9.36	－29
全员劳动生产率[万元/（人・年）]	49.76	13.79	－72.29
净资产收益率（%）	0.78	－2.67	减少 3.45 个百分点
总资产报酬率（%）	2.59	1.50	减少 1.09 个百分点
国有资本保值增值率（%）	100.99	88.35	减少 12.64 个百分点

注：表中所列 2023 年度数据为快报数据。

【改革发展】 2023 年，中林集团深入落实首要任务方面，坚持以高质量党建引领企业改革脱困。牢牢把握"学思想、强党性、重实践、建新功"总要求，162 名领导干部围绕 12 个调研方向深入企业一线开展调查研究，形成调研报告 162 篇，累计发现问题 461 项，53 项基层建言献策被采纳。开展两批学习贯彻习近平新时代中国特色社会主义思想主题教育，累计检视问题 364 项、制定整改举措 500 余条，48 项久推不动、关键任务纳入专项整治，27 项问题上下协同联动整改。《旗帜》杂志刊登集团党委署名文章《中林集团：把主题教育成果转化为助推美丽中国建设的生动实践》。加快完善中国特色现代企业制度，中林集团总部修订印发《贯彻落实“三重一大”决策制度实施办法》《党委工作规范》《党委前置研究讨论重大经营管理事项清单》《总经理办公会议事规则》，启动《重大事项决策权责清单》制定和董事会授权工作，包括决策事项175个，其中“三重一大”事项149个；党委前置研究事项85个，董事会授权董事长决策事项15个，授权总经理决策事项15个。推动市场化经营机制全面走深走实提高活力效率，紧抓三项制度改革、经理层成员任期制和契约化管理、中长期激励3条主线。不断健全完善考核不胜任退出机制，实现当年度管理人员退出31人，员工市场化退出73人，“干部能上能下、员工能进能出”初现成效；逐步建构科学化差异化分配机制，浮动收入占比、收入差距倍数等关键因子改善率均不低于5%。科学审定改革范围、系统修订改革文书、集中研讨改革路径等举措，精细化框定48家纳入改革范围内企业，152名经理层成员完成签订契约化协议，经理层任期制契约化覆盖率100%。国企改革深化提升行动方面，把实施改革深化提升行动作为重要政治任务，把“持续深化改革”作为7项重点任务之一写入集团托管方案，坚持高点谋划、高位推动。系统修订新一轮改革实施方案和台账，制定改革措施158项，完成14项。抓好改革试点建设，在“双百企业”千发集团试点实施超额利润分享，“专精特新”企业示范行动方案获国务院国资委专项评估A+评级。调整优化产业布局，推动传统板块专业化整合，积极布局新业务，编制生物种业、生物制造、生态碳汇重点领域规划。

【重大项目】 2023年，中林集团聚焦主责主业，重点开展国家储备林项目续建，推进林业产业高水平科技自立自强和实现高质量发展。一是全年完成投资39.85亿元，开展重庆、广西、广东、福建等地的国家储备林项目建设。二是探索国家储备林可持续发展商业模式，谋划储备林基地建设与第一、二、三产业融合发展，全年完成国储林收储8.63亿平方米，境内外管控林地面积78.68亿平方米，累计蓄积量8345.15万立方米。三是积极响应国家关于发展战略性新兴产业和未来产业的系列部署和工作安排，逐步形成林草种苗、科学扩绿、碳资产管理及竹木资源高价值转化利用等业务单元。

【走向海外】 截至2023年底，中林集团所属境外企业20户，其中，新西兰和俄罗斯企业各4户，新加坡和美国企业各2户，加拿大、缅甸、英属开曼群岛和维京群岛企业各1户。打造形成“海外森林资源基地+木材深加工+林产品贸易+金融服务”的“四位一体”全产业链国际经营格局。其中，海外森林资源基地型企业位于新西兰北岛，林地总面积3.73亿平方米，树种为新西兰辐射松；木材深加工企业位于俄罗斯基洛夫州，拥有采伐权林地7.33亿平方米，配套建有板材加工厂，年产能8万立方米。

【重大创新】 2023年，中林集团围绕科技管理体系建设、科技创新平台搭建和推动产学研合作等方面开展科技创新工作。一是建立科技管理制度体系。二是共建科技创新平台。协同兄弟央企和高校成功申报我国“双碳”领域首个国家技术创新中心——国家建筑绿色低碳技术创新中心。三是参与林业碳汇方法学《温室气体自愿减排项目方法学造林碳汇(CCER－14－001－V01)》等国家、行业和团体标准方法学和标准体系建设。四是开展林木种苗培育、森林火灾及病虫害防治等方向的科技攻关，全年开展81项。五是推动科技成果产业化落地，积极推动科技创新成果示范试点应用，研发新型竹基复合材料海上浮式光伏平台“集林一号”，并完成下水测试；承建的木结构建筑——云桂作为亚运村服务中心亮相杭州亚运会，并入选联合国“亚太城市可持续发展目标优秀项目库”。

【党建工作】 2023年，中林集团持续巩固深化“第一议题”制度落实，对标“四项标准”建立“6+1”工作闭环管理机制和学习台账，全年累计组织“第一议题”学习39次。全面梳理盘点全系统各层级企业党组织建设情况，完成应建尽建范围的66家企业“两个覆盖”双百目标。以高度的政治站位推动审计整改见行见效，以坚决态度全面停止一切虚假贸易，打好清欠挽损攻坚战，以更加强有力的手段持续推进正风肃纪反腐，集团政治生态由“乱”转“治”并不断优化。坚决压实“两个责任”，持续加大反腐力度，警示震慑效应持续增强。持续抓深抓实内部巡视巡察，政治监督利剑作用有效发挥。坚定不移纠治“四风”，整体作风形象得到提升，从严管党治党态势逐步形成。

【信息化与数字化建设】 2023年，中林集团以信息化建设为基础、以推动产业数字化转型为目标，稳妥有序地开展相关工作。在基础设施建设方面，完成重点设备的升级和更新上线，扩展基于超融合架构的私有云平台建设，优化网络拓扑。在物理安全、网络安全、主机安全、应用安全、数据安全等方面进行安全加固，修复系统存在的安全漏洞，实现集团公司及所属二级公司门户网站群IPv4与IPv6双栈运行。阶段性建设司库管理系统，完成国资监管平台数据梳理工作及监督追责、合规管理、节能减排、境外应急4个应用模块的上线使用。推进国储林工程配套应用系统建设，通过专用林业调查App和无人机、雷达等技术手段探索林木生长高效监测和资源更新，通过业务过程的有“数”可依，助力林业精细化经营和价值链延伸。

【履行社会责任】 2023年，中林集团召开定点帮扶（乡村振兴）专题会议9次，向湖南通道县提供无偿帮扶资金1030万元，主要用于产业帮扶、人才培训、党组织建设、乡村文化振兴、国家储备林项目、油茶项目建设和林下经济产业发展。对通道县60名困难群众进行困难救助和慰问28.1万元（含物资）；帮扶所里村改造危桥，新建便民道路，向村集体和困难群众支持资金60余万元、水泥120吨。全年开展其他捐赠工作5项，捐助38万元。

（撰稿人：米星雨）

中国医药集团有限公司

【基本概况】 2023年是全面贯彻党的二十大精神的开局之年，也是三年新冠疫情防控转段后经济恢复发展的一年。中国医药集团有限公司（以下简称国药集团）在以习近平同志为核心的党中央坚强领导下，切实增强政治责任感和使命感，坚决贯彻党中央、国务院决策部署，认真落实国务院国资委工作要求，扎实推进集团“十四五”总体发展战略，全体国药职工迎难而上，苦干实干，高质量、高标准、高水平、高效率完成各项改革发展和党建重任，在全面贯彻党的二十大精神的开局之年，交出一份厚重的成绩单。

【主要指标】

表1　2023年中国医药集团有限公司主要经济指标

项　目	2022年	2023年	比上年增长(%)
资产总额(亿元)	5631.82	5880.01	4.41
所有者权益(亿元)	2477.55	2651.10	7.00
营业收入(亿元)	6328.22	6801.18	7.47
利润总额(亿元)	261.00	286.34	9.71
净利润(亿元)	206.36	230.63	11.76
归属于母公司所有者的净利润(亿元)	74.05	81.37	9.89
技术开发投入(亿元)	69.64	72.01	3.40
利税总额(亿元)	402.20	429.51	6.79
应交税金总额(亿元)	215.74	210.40	-2.48
全员劳动生产率[万元/(人·年)]	39.25	40.96	4.36
净资产收益率(%)	8.11	8.99	增加0.88个百分点
总资产报酬率(%)	5.30	5.55	增加0.25个百分点
国有资本保值增值率(%)	104.80	105.56	增加0.76个百分点

【改革发展】 2023年，国药集团在国企改革三年行动圆满收官、连续两年获评中央企业改革三年行动考核A级的基础上，迅速投身新一轮改革深化提升行动，统筹推动改革走深走实。一是对标一流，“四个专项行动”发挥标杆引领作用。国药天坛入选国务院国资委创建世界一流专业领军示范企业名单；国药国际入选商务部2023年内外贸一体化经营“领跑者”百家企业名单。二是纵深推进，做实子企业董事会取得明显成效。逐级推动子公司董事会应建尽建、配齐建强，940户纳入董事会应建尽建范围的子公司全部建立董事会。分层分类差异化在843户企业开展落实董事会

职权工作。国药控股、中药控股、国药太极率先在所属465户企业中开展董事会评价，以评促改推动各级企业董事会运行规范有效。三是持续提升，全面构建新型经营责任制。持续巩固三年行动成果，2023年度子公司经理层成员任期制与契约化实现签订率100%。开展国药国际高管人员公开竞聘，成功选聘高管4人，通过公开竞聘选聘二、三级子公司管理人员445人。四是打造“尖兵”，积极推进“双百行动”“科改行动”。国药集团“双百企业”“科改企业”大胆探索、勇于开拓，在国务院国资委公布的中央企业所属“双百行动”“科改行动”专项考核结果中，“科改企业”国药中生获评“标杆”，“双百企业”国药控股获评“优秀”，“双百企业”国药投资连续两年获评“优秀”，“科改企业”益诺思科创板上市即将注册发行。

【重大项目】 2023年，国药集团坚持战略性新兴产业和传统产业两端发力，调整存量结构，优化增量投向，产业体系现代化水平稳步提升。一是战略性新兴产业发展蹄疾步稳。国药中生重组卫光生物，为打造具有全球竞争力的血液制品企业奠定坚实基础。国药器械与GE医疗中国正式签署合资协议，共建高端医疗设备合资公司；国药新光建成2条4K超高清内窥镜现代化生产线，自主研发的4K超高清内窥镜系统获批上市。二是传统优势产业转型力度空前。国药控股全面开展跨省枢纽、省级物流中心、地市级物流中心和中转站的系统性建设，全国新增仓库面积15万平方米，“国家药网”点强网通优势更加显著。三是民生保障产业扎实推进。国药国际在持续探索中逐步形成“医康养护游学”一体化综合性医养康养产业集群，实现全国20个省份33个市74个项目布局，占地面积2333.33万平方米、建筑面积185万平方米、规划床位2.6万张。

【走向海外】 2023年，国药集团积极开展国际化合作。国药中生在巴基斯坦、阿联酋、摩洛哥、沙特等7国同步推进半成品产能合作项目；bOPV疫苗对巴基斯坦出口、乙脑疫苗对印度尼西亚出口较往年大幅提升。国药国际积极开展海外注册认证，取得海外注册证书522个，其中集团自有工业产品277个，水痘疫苗等在斯里兰卡、尼日利亚新获5项正式注册，承接的中圭首项医疗卫生基础设施合作项目——圭亚那六所地区医院项目正式开工，续写中圭友好佳话。

【重大创新】 2023年，国药集团坚持“四个面向”，加大科技创新力度，充分发挥企业创新主体作用，积极布局新赛道、培育新优势，不断壮大国家战略科技力量。一是科技创新硕果加快产出。新增药品注册证书和兽药证书18个，获得一致性评价补充申请批准证书29个，通过关联审评的化学原料药2个，获得临床试验许可通知书34个、医疗器械注册证书15个，备案证书14个。国药中生第四代静丙、重组因子Ⅷ、四价流感疫苗获批上市。二是创新平台建设取得重大突破。获批组建2家全国重点实验室、6条医药工业重点产业链链主企业、未来健康产业2个领域的启航行动牵头单位、2家国家企业技术中心。至此，集团打造国家级战略性科技创新平台42个。三是产学研融合创新成效显著。国药集团与清华大学、华东理工大学、华中科技大学、中国药科大学等知名高校合作项目相继落地，国药医工总院与复旦大学合作达成专利许可协议，创造校企合作的新纪录。集团与复旦大学、同济大学、哈尔滨工业大学新签署战略合作框架协议，在人才培养、技术攻关、产品研发、产业孵化等领域深化合作，打造“全方位、深层次、多形式”的校企合作典范。

【党建工作】 2023年，国药集团党委以学习贯彻习近平新时代中国特色社会主义思想主题教育为重点，全力抓好政治引领、思想凝聚、组织动员，推动党的建设持续深化，以高质量党建引领保障高质量发展。一是全方位贯彻落实主题教育各项任务。集团两批主题教育涉及单位1528家，覆盖党组织2147个、党员27000余人。坚持做实调查研究，各级领导班子成员参加调研7475人次，深入剖析正反面典型案例1826个，提出对策措施3929条。坚持抓好整改整治，重点聚焦巡视、审计发现的突出问题，通过整改整治挂图作战、真抓实改，及时将务实管用、利于长远的整改整治措施固化为制度，形成制度性文件280余个。二是多角度健全完善党建工作责任制体系。持续推进巡视反馈党建方面问题整改落实，截至2023年底，644户未建立党组织企业中，整改落实573户；418户领导班子无党员企业中，整改落实275户。深入实施基层党建“七抓工程”，推动基层党组织“应建尽建”

"应换尽换",集团系统新组建党组织 71 家,总数 2223 家,完成 609 个党组织换届工作;各级党组织新发展党员 1270 人,全集团党员 30846 人。三是高强度推动反腐倡廉工作。集团党委和纪委坚持以越来越严基调推动全面从严治党体系不断完善,进一步强化全面从严治党主体责任和监督责任。集团一体推进"三不腐"建设,2023 年集团各级纪检机构按照"四种形态"累计处理 258 人次,坚持点名道姓通报系统内典型案例 20 起,书面通报典型案例 2 起。紧盯控股不控权、违反财经纪律等审计发现重点问题,严肃进行彻底整治和责任追究工作。四是多维度强化人才队伍建设。加强系统内专家人才选拔管理,新增 518 名科技人才进入四类科技人才库。工程硕博士联合培养工程进展顺利,受邀成为北京化工大学、华东理工大学、同济大学的卓越工程师学院理事单位。在生物医药和高端医疗设备重点领域与北京大学、同济大学等开展联合培养工程,完成 2022—2024 级工程硕博士招生工作,招收工程硕博士 107 人。五是大力度推进企业文化传承。集团文化品牌节在重庆正式开幕,将文化品牌建设作为打造企业核心竞争力的关键要素。"大美国药"企业文化图片创作展顺利开启,全面立体展示集团改革发展成就,书写集团文化品牌建设的新时代答卷。

【信息化与数字化建设】 2023 年,国药集团数字化转型亮点频出。国药控股 B2B 电商平台获得展示和销售医疗器械许可证。国药国际加速推进国药大集与第三方电商平台联通,汇聚集团各子公司 300 多个生命健康品牌、2000 多个 SKU。国药医疗推动所属医疗机构实现数智化升级,利用互联网医院及智能服务增加流量黏性,在湖北省、山西省及内蒙古自治区新增互联网医院牌照 4 张,年度线上服务超过 35 万人次。国药励展继续坚持聚焦"以用户为中心"的数字化战略思维,加快推进数字化建设,数字资产稳健增长,全年实现数字化收入超过 2050 万元,比上年增长 10%。中药控股自主研发的数字国医馆全面上线,数字化转型实现从"0"到"1"的突破。国药太极推进商业运营一体化系统改造,加速向"数字化赋能平台"转型,提供全产业链数据支撑及解决方案。国药工程在工业和信息化部 2023 年度智能制造系统解决方案揭榜挂帅项目中脱颖而出,成功入选医药行业数字孪生工厂解决方案揭榜单位。

【履行社会责任】 2023 年,国药集团积极履行企业社会责任。甘肃省临夏州积石山地震灾情发生后,国药集团医药物资应急供应保障体系迅速启动,所属企业积极支援抗震一线,全力保障灾区人民用药需求。集团主动融入国家乡村振兴战略,助力乡村振兴事业,以实际行动落实央企责任与担当。集团对青海治多、吉林靖宇两县投入无偿帮扶资金 1201 万元、有偿帮扶资金 809.11 万元,引进无偿帮扶投入 96.95 万元、有偿帮扶投入 84.42 万元,采购脱贫地区农产品 2966.35 万元。集团在中央企业总部层面率先发布首份 ESG 报告,彰显卓越的 ESG 治理能力和影响力,荣登"中国企业 300 强责任管理指数"榜百强、"央企责任管理先锋 30"指数榜。

(撰稿人:王英伟)

中国保利集团有限公司

【基本概况】 2023 年,面对复杂严峻的国内外经济形势和行业发展挑战,中国保利集团有限公司(以下简称保利集团)坚决贯彻党中央、国务院重大决策部署,认真落实国务院国资委各项工作要求,牢牢把握高质量发展主题,坚持稳中求进工作总基调,围绕年度既定经营目标,深入谋划、积极作为、顶压前行、克难奋进,整体保持稳健发展态势。截至 2023 年底,保利集团营业收入在中央企业排名第 24 位,利润总额在中央企业排名第 24 位。

【主要指标】 截至 2023 年底,保利集团资产总额 18039.80 亿元;2023 年营业收入 5238.53 亿元,利润总额 301.30 亿元。

【改革发展】 2023 年,保利集团牢牢把握高质量发展主题,按照充分发挥"三个作用"有关要求,深入实施国有企业改革深化提升行动,先后 12 次、连续 9 年获评中央企业负责人经营业绩考核 A 级,坚定履行好新时代新征程国资央企的使命担当。一是世界一流企业建设提质加速。2023 年,保利集团以"深化改革、强化创新、领创价值、建设一流"为主线,体系化推进加快建设世界一流企业、价值创造、对标提升、品牌引领、“专精特新”、专业领军示范等各类改革专项工作。“双百行动”“科改行动”扩围深化。造纸院、重工院成功入选2023年“科改企业”扩围名单，12户“双百企业”“科改企业”在国务院国资委考核中获评“两标杆、五优秀”；保利“双百”“科改”模式在央企间推广，相关经验做法刊登国务院国资委《国企改革简报》，并在国务院国资委推进会议上作交流分享，充分发挥改革尖兵示范引领作用。二是现代公司治理持续完善。组织子企业动态优化党委前置事项清单，强化外部董事履职保障支撑，健全外部董事评价机制，持续提升治理体系质量效能。三是市场化经营机制扩围深化。任期制和契约化管理扩围至集团总部二级部门负责人及二、三级企业部门负责人，持续强化契约目标的科学性、挑战性和考核刚性兑现的精准性。积极开展股权激励、科技型企业分红激励、项目跟投等多种形式中长期激励。

【走向海外】 2023年，保利集团响应“一带一路”倡议，积极稳妥推进贸易、地产、工程、轻工等优势业务国际化经营，稳步提升国际化经营规模和水平，业务遍布全球110多个国家和地区，实现由“一”到“多”的扩展，从“小”到“大”的发展，和由“量”到“质”的提升。一是由“一”到“多”，国际业务多元发展。保利集团发挥渠道优势，加快贸易、地产、文化、民爆、轻工、工艺、通信等优势业务国际化步伐，多点开花、整体联动，国际业务遍布全球110多个国家和地区。二是从“小”到“大”，规模效益显著提高。截至2023年底，保利集团纯境外总资产近400亿元，纯境外营业收入超过170亿元。三是由“量”到“质”，运营水平持续提升。保利集团积极稳妥推进国际化经营，扎实稳步提升国际化运营水平，贴合海外市场实际，打造海外客户需求的产品、工程和项目，受到国外客户的高度评价。

【重大创新】 2023年，保利集团坚决聚焦国之所需、强化使命担当，不断增强核心功能、提升核心竞争力，以科技创新为引领，加快发展新质生产力。一是持续强化科技创新引领作用。持续完善科技创新体制机制，正式成立科学技术委员会和科技专家库。举办科技创新专题保利大讲堂，提升员工科技创新意识。加速突破关键核心技术，开展2023年“关键核心技术攻关及科技创新专项基金”申报，对集团7项关键核心技术攻关重点项目发放超过1000万元的支持经费。二是积极发挥产业引领和融通带动使命。制定《保利集团布局发展战略性新兴产业工作方案》，确立新一代信息技术、新材料、生物技术、智能制造四条“战新主线”以及相关的战略目标、实施路径、配套举措。承担国务院国资委“9＋6”战略性新兴产业及未来产业任务44项，涉及6G、算力网络、下一代光网络、合成生物等多个国家重点关注的领域。三是推动成果转化，产出一批高质量科技成果。2023年，保利集团新增科技型企业22家，累计达到88家；发布标准385条，其中国际标准6条，“十四五”期间累计发布标准达到864条；新增授权专利和软件著作权1519件(项)，累计授权专利和软件著作权8348件(项)。6项成果入选国务院国资委《中央企业科技创新成果推荐目录》，开发出超级电容器纸、高效高值表面活性剂等产品，解决产业链“卡脖子”问题；突破6G通感一体化、6G太赫兹通信、下一代空分复用光纤等多项前沿技术，布局未来科技赛道；电子雷管柔性化智能装配生产线落地试用，以数字化技术赋能民爆产业技术升级。

【党建工作】 2023年，保利集团充分发挥党委“把方向、管大局、保落实”领导作用，以落地落细“精益党建”体系为抓手，将党的领导融入公司治理各个环节，助推高质量党建引领保障企业高质量发展。一是以凝心铸魂为根本，高质量加强理论武装。聚焦知信行统一，指导全级次深入开展学习贯彻习近平新时代中国特色社会主义思想主题教育，各级领导干部发挥领学促学示范作用，引导党员干部沉浸式读原著、学原文、悟原理，补足精神之钙。认真梳理习近平总书记重要指示批示精神，立足自身实际，建立健全“第一议题”十步进阶工作法，实现管理闭环，推动学习成果高质量转化，确保改革发展正确方向。二是以推动发展为目标，激发党业融合新动能。持续深化基层党组织和“三支队伍”建设，探索构建“一企一策、科学量化、动态联动、交叉印证”的差异化党建考核体系，巩固拓展“堡垒指数”“先锋指数”试点，依托智慧党建系统，开展经常性督导、过程性跟踪、穿透性管理，推动党组织更好落实集团战略，补齐管理短板，创建基层示范。总结保利实践形成的政研课题，获得中央企业政研会优秀课题一等奖。三是以凝聚合力为基础,群团统战共创新业绩。深入开展党建带团建促工建,扎实推进团员和青年主题教育,升级"青马工程"培养模式,持续推进"队号手岗赛"培育创建,深化岗位建功。成立首个党外人士建言献策平台"李金霞"工作室,举办统战联建共建活动,畅通建言献策渠道,搭建沟通交流平台。不断丰富群团工会活动,营造团结奋进氛围。四是以品牌创建为抓手,不断彰显保利良好形象。围绕"品牌引领行动"纵深推进品牌工作,将品牌建设融入顶层战略、融汇业务协同、融合全面管理,形成"保利品格—保利品行—保利品牌"品牌文化框架"一盘棋"。以"品牌卓著"为导向,围绕"品牌引领行动"总纲,搭建"保利品格—保利品行—保利品牌"品牌文化体系,塑造"7·15""超级符号"品牌热点,首次出品五星级社会责任报告,实现ESG全覆盖,社会责任、乡村振兴案例屡获国务院国资委"优秀案例""典型案例"称号。

【信息化与数字化建设】 2023年是"十四五"规划的重要过渡与深化之年,标志着信息化建设与数字化转型迈入纵深推进的关键阶段。保利集团持续强化信息化的顶层规划与战略部署,全面协调并加速推进各业务管理领域的信息化系统构建。一是加强集团信息化顶层设计。保利集团遵循"集约高效、统一协调"的原则,打造全集团数字化"一盘棋"格局,印发《中国保利集团有限公司信息化建设和数字化转型滚动规划(2023—2025年)》,确保数字化战略稳健落地。二是完善基础设施建设。全场景数据中心投入运营,并不断优化壹云等平台,实现一云多芯、多云管理等先进功能,提升技术支撑能力。三是深化信息化布局。通过提升系统自主研发比例,构建全级次统一的身份认证体系,无缝对接OA协同平台与各应用系统的底层服务,对于司库、党建等系统实现生产经营系统的深度穿透式查询,提升管理效率。四是构建集团大数据体系。加强数据治理,实现数据资源融合汇聚,打破信息孤岛,深化业财融合,为公司决策提供实时、全面的数据支撑。五是加快数字化转型。积极布局数字化转型创新业务,拥抱前沿技术,充分运用5G、AI技术、大数据、物联网等技术,推动业务创新与升级,为实体业务赋能。

【履行社会责任】 2023年,保利集团坚持把做好定点帮扶工作作为深刻领悟"两个确立"、增强"四个意识"、坚定"四个自信"、做到"两个维护"的重要举措,抓统筹、强聚焦,推动帮扶工作提品质、上台阶、促发展,连续5年在中央单位定点帮扶工作成效考核评价中获评等次"好",重点品牌项目屡获殊荣,"保利星火班"案例入选中央企业乡村振兴蓝皮书;"保利星火启航"案例入选中央企业社会责任蓝皮书;"文化保利·润泽乡村"案例入选国有企业品牌建设典型案例等,社会各界广泛认可保利帮扶成绩。2023年,保利集团向河曲、五台、喀喇沁旗、鲁甸、巧家、忻城、宁蒗7个定点帮扶县直接投入帮扶资金(含无偿、有偿)5057.86万元,引进帮扶资金(含无偿、有偿)769.48万元,招商引资5664万元,培训各类人员6616人次,帮助采销帮扶地区农特产品2276.04万元。

(撰稿人:欧天奕)

中国建设科技有限公司

【基本概况】 2023年是全面贯彻党的二十大精神的开局之年,是三年新冠疫情防控转段后经济恢复发展的一年。中国建设科技有限公司(以下简称中国建科)坚持以习近平新时代中国特色社会主义思想为指导,以习近平总书记"2·26"重要批示精神为统领,坚决贯彻党中央、国务院重大部署,坚决落实国务院国资委各项工作要求,牢牢把握高质量发展主题主线,顶压前行、克难奋进,交出一份稳中有进、进中有为的答卷。大阪世博会中国馆、博鳌亚洲论坛二期等重大项目设计方案,获得习近平总书记的肯定。李兴钢成功当选中国工程院院士,是央企14名新增选两院院士之一。崔愷院士、李兴钢院士入选新一届国家科技咨询委员会专家库。出征中国第40次南极科考,服务我国第5个南极考察站——罗斯海新站的现场建设。牵头国家建筑绿色低碳技术创新中心建设,取得一系列重要标志性成果,集团控股的实体化公司北京国家建筑绿色低碳技术创新中心有限公司完成工商注册,集团国家字头所属企业达到6家。

【主要指标】 2023年,中国建科新签合同额

159.81亿元，利润总额7.53亿元，实际到账收入100.10亿元，营业收入91.73亿元，研发经费投入强度、科技收入均超额完成国务院国资委考核指标，重大行业共性技术研究项目均按照进度完成推进。

表1　　2023年中国建设科技有限公司主要经济指标

项　目	2022年	2023年	比上年增长(%)
资产总额(亿元)	170.03	184.50	8.51
所有者权益(亿元)	89.10	103.50	16.16
营业收入(亿元)	97.62	91.73	−6.03
利润总额(亿元)	6.92	7.53	8.82
净利润(亿元)	5.26	6.11	16.16
归属于母公司所有者的净利润(亿元)	4.53	4.73	4.42
技术开发投入(亿元)	7.07	6.83	−3.39
利税总额(亿元)	12.93	12.43	−3.87
应交税金总额(亿元)	7.57	6.86	−9.38
全员劳动生产率[万元/(人·年)]	41.52	40.34	−2.84
净资产收益率(%)	6.15	6.35	增加0.2个百分点
总资产报酬率(%)	4.15	4.57	增加0.42个百分点
国有资本保值增值率(%)	108.71	110.53	增加1.82个百分点

【改革发展】 2023年，中国建科狠抓经营开拓导向突出，企业发展的根基更实。一是落实顶层设计，集团经营能力得到进一步提升。全面落实集团《关于进一步加强经营工作的指导意见》，将经营体系建设任务“一企一策”纳入8家所属企业经营业绩考核。二是完善区域中心建设，强化区域支撑。进一步明确区域中心定位，健全完善区域中心管理、考核、激励制度，理顺运行机制。

中国建科加快传统主业与创新业务两端发力，企业发展的核心竞争力更强。一是推动传统主业能力模式双突破。积极探索前期以资金申报、投融资咨询介入项目的模式，全年承担新开行、亚投行等8个贷款项目申报，策划的项目合同额近20亿元。以规划引领、多专业协同的“城市生命体健康管理”模式日趋成熟，助力哈密入选住房城乡建设部第二批城市更新试点，并带动集团全链条业务发展。二是举全集团之力推进创新业务发展。全面落实集团《进一步扶持创新企业发展的指导意见》，给予4家创新企业研发投入加回1800余万元；批准2家资产负债率、“两金”压控、营业现金比率、经营性现金流4项指标免于考核，所在的2家所属企业同步予以剔除。

中国建科强化世界一流企业建设，企业发展的效能更高。一是高标准高起点实施改革深化提升行动。巩固国企改革三年行动成果，制定改革深化提升行动实施方案，提出74项改革任务138条举措，超前完成13项任务16条举措。完善现代企业制度体系，优化党委前置审议和决定事项清单，指导子企业规范设置、运行董事会并进行试评价，选优配强外部董事，不断深化三项制度改革、落实“三能”机制。持续优化分类分企考核，获评国务院国资委2023年度中央企业考核分配工作先进单位。二是进一步推进集团一体化管理。开展常年法律顾问和内控风险管理评估评价专业咨询机构服务的集中采购，极大提升集团法务一体化管理水平。围绕资质或资源获取，推动相关子企业间股权转移，充分发挥集团资源一体化效能。三是大力加强品牌建设。落实国务院国资委品牌引领行动要求，制定并落实《品牌引领行动实施方案》。发布品牌标识4.0，规范联合Logo贯通至分公司及三级子企业。四是防范化解重要风险点。制定《集团境外企业管理工作手册》，形成业务管理规范41项，建立长效工作机制52个，进一步强化境外企业管理。五是持续强化安全生产管理。坚持从零开始，向零奋斗，全面开展中央企业安全管理强化年行动，落实工作任务101项。加强双重预防机制建设，组织开展风险辨识工作和隐患排查治理，辨识各类风险隐患2万余项，更新《集团风险管控清单》。

【重大项目】 2023年，中国建科服务“国之大者”积极有力，企业发展的功能更强。一是服务国家重点工程。成功中标首都南中轴线标志性建筑国家自然博物馆新馆；承接青海医疗 EPC 项目，是落实党和国家关于均衡区域医疗资源重大决策的重要工程；在雄安设立控股公司，更好服务雄安新区高标准规划、高质量建设。二是服务历史文化遗产保护。编制完成北京历史文化保护传承体系规划，高度凝练出北京历史文化核心价值之于中华文明的重要地位。正式向联合国申报西夏陵申遗项目；中蒙俄"万里茶道"跨国申遗项目取得突破性进展，为中俄两国首脑重申"世纪动脉"的重要意义提供有力支撑。三是服务促投资稳经济。承接天津港保税区城市更新设计项目，是天津市盘活存量资产、扩大有效投资的首个百亿级城市更新项目。四是服务兴边富民、稳边固边。完成国家重大专项任务西藏阿里地区札达县抵边搬迁安置点配套基础设施规划设计项目；承接西藏、新疆多个市、县清洁能源取暖 EPC 项目，改善边境地区生产生活条件。五是服务行业供给侧改革。受自然资源部委托编制的超大特大城市"平急两用"规划建设报告，获得批示并作为后续工作主要技术服务单位。服务住房城乡建设部"好房子"建设重点工作，完成住房城乡建设部委托的课题 6 项，形成研究报告 8 部、技术标准 10 项、指导意见 2 个；为中勘协举办全国"好房子"设计大赛提供核心支撑。

【走向海外】 2023 年，中国建科践行标准国际化战略，ISO/TC341 供热管网技术委员会正式运转实现良好开局；成功组建 ISO/TC59/SC20 韧性建筑分技术委员会，抢占国际前沿领域。积极推进国际化市场拓展，承接援外项目 8 项，其中援巴哈马体育场项目是我国援外的首个设计牵头的 EPC 项目。服务我国海外科考工作，参与我国第 5 个南极考察站——罗斯海新站的现场建设。

【重大创新】 2023 年，中国建科做强科技创新坚定有效，企业发展的动力更优。一是国家建筑绿色低碳技术创新中心建设取得一系列重要标志性成果。制定"1368"总体战略，编制三年发展规划，设计发布标识 Logo。成功获得国家重点研发计划项目 1 项、北京市科委重大研究课题 1 项，在碳排数据及标准体系、木结构、建筑电气化等方向布局一批重大科技攻关项目，与 4 家国家及省部级重点实验室、5 家检验检测机构开展战略合作，与住房城乡建设部标定司共同主办世界城市日国际论坛，精彩亮相 COP28 联合国气候变化大会。二是关键核心技术攻关取得重大成果。中城院（北京）环境科技股份有限公司关键核心技术攻关任务圆满收官，形成一套整体解决方案，成功研发技术装备 6 套，申报国家发明专利 38 件，成果在 5 家揭榜团队中位列第一梯队。中设数字技术有限公司关键核心技术攻关二期取得阶段性重大成果，多项指标优于任务要求；"马良"软件入选工业和信息化部、国务院国资委 2023 年度重点产品、工艺"一条龙"应用示范名单；9 个应用项目获得中勘协创新杯 BIM 大赛"自主图形平台类 BIM 应用"奖，包括唯一一个特等奖。三是推动科技创新规划落实落地。成功申报"十四五"国家重点研发计划项目 3 项、课题 15 项、子课题 12 项；承担 5 项地方科技研发项目。成功获批住房城乡建设部生态与园林工程技术创新中心、住房城乡建设部适老建筑与环境重点实验室、广东省智慧建筑与数字孪生工程技术研究中心。编制发布四大绿色设计导则，在全集团范围内纳入质量管理体系评审内容，分专业开展培训实现全覆盖，做实全域业务绿色低碳发展。四是加强业务的"硬"科技支撑。完成燃气管网掺氢技术研究及示范项目 2 项，开展中欧碳足迹标准互通研究，发布建筑去碳化手册，打造全国首个光储直柔近零能耗立体车库，强化绿色低碳领域的技术优势。自主研发的智能液位计、生活污水测定设备、精细格栅设备、高水位排水管道拓扑结构探查设备等实现工程应用，管道污泥组分分离设备形成第一代样机，加速构建核心竞争力。承担老旧小区改造科研任务，形成老旧房屋检测鉴定、老旧墙体一体化加固、结构抗震加固及安全改造、设备管线更换等系列创新成果。在全国"好房子"设计大赛中获得一等奖 3 项、二等奖 2 项，领跑"好房子"新赛道。在城市健康管理、综合管廊运行风险感知、轻钢防护设备智能制造、城乡规划数字化转型等方向布局重点研发项目 8 项，支撑业务拓展。五是深入实施技术标准战略。发布 ISO 国际标准 4 项、立项 1 项，发布国家标准 4 项、立项 20 项，发布行业标准 4 项、立项 22 项。获 CECS 标准科技创新项目奖 25 项，其中一等奖 3 项；1 人获评"标准大师"，14 人获得标准科技创新人才奖。中国建筑标准设计研究院有限公司牵头、中国主导的首部建筑制图领域国际标准成功发布，并同步为欧洲标准；牵头编制的ISO建筑领域首部应对突发公共卫生事件的国际技术报告成功出版，为中国标准国际化作出积极贡献。六是科技获奖成果丰硕，获得华夏建设科技一等及以上奖6项；其中崔愷院士领衔的"地域气候适应型绿色公共建筑设计新方法、关键技术及应用"项目获得特等奖。青棠湾公租房项目、津沽污水/再生水/污泥循环经济示范项目获得中国土木工程詹天佑奖。

【党建工作】 2023年，中国建科进一步加强党的领导党的建设，企业发展的根魂更牢。一是持续强化政治建设。全年组织"第一议题"学习10次、学习议题44项，围绕主责主业制定落实措施19项，形成顺畅贯通的闭环体系。二是扎实开展主题教育。完成理论学习、专题党课、调查研究、整改整治等11个方面工作，两批主题教育好评率均在90%以上，获得中央第18巡回指导组、国务院国资委主题教育第十巡回指导组、第七巡回督导组充分肯定，在国务院国资委党委"牢记习近平总书记嘱托　勇当强国兴企时代先锋"座谈会上作专题发言。三是不断夯实基层基础。各级党组织聚焦重点目标任务，以深入实施党建工作提质增效"七抓"工程和党建业务深度融合"六大行动"为抓手，发挥"星火"党支部示范带动作用，党组织政治功能和组织功能持续增强。四是全面加强干部人才建设。完善"选育管用"体系，不断加强干部教育、管理与监督，选派干部到地方挂职锻炼，受到普遍好评。五是深入推进全面从严治党。突出抓好政治监督，构建"大监督"格局，开展纪检干部队伍教育整顿，推进专项整治，完成所属企业党组织常规和专项巡视全覆盖，持续正风肃纪反腐，清廉建科建设成效显著。集团连续两年获评中央企业党建工作责任制考核评价A级。

【信息化与数字化建设】 2023年，中国建科推动数字化转型蹄疾步稳，企业发展的潜力更大。一是业务数字化赋能主业发展。"八仙"平台、"马良"软件均具备上线条件，钢结构和模块化建筑专项EPC数字化生产线"七星"完成重要功能模块交付。加速打造"建设科技云"成为国内首个面向建设行业全产业链的公有云，奠定集团作为行业数字化转型引领者的基础。应用"马良"软件获得中勘协BIM应用大赛唯一一个自主图形平台特等奖。进一步明确二、三维协同的业务数字化实施路径，编制完成二维及二、三维协同设计标准和交付标准；建筑、市政、规划三大板块完成数字化培训6372人，相关所属企业25个生产团队完成"八仙"平台上线前最小业务单元测试；完成9类建筑全专业设计说明模版编制及常见设计问题库建设。二是数字化业务打造新质生产力。智慧水务形成软硬件成套产品体系；承接牡丹江四网排查及GIS项目，为实现数字政府"全省管网一张图"打下基础；智能管网业务实现测绘、检测、诊断、非开挖修复和评估全链条贯通，累计服务排水管网8000多千米，覆盖地级以上城市20多个。"建科智慧运维平台"二期进入试运行阶段，接入应用场景数据7个，自主研发的感知系统硬件形成样机并完成测试，平台系统整体达到国内领先水平。应用数字化技术向提升知识服务能力的新定位迈进，数字出版平台实现期刊出版的质效提升及数据资产沉淀，全媒体传播平台应用大数据分析和AI技术，找到传统主业的焕新方向。三是管理数字化打通现代化管理"高速路"。全面建成管理数字化平台，49个系统贯通10家所属企业，基本建成横向到边、纵向到底的一体化数字管理体系。完善信息化制度体系，初步完成运维管理系统搭建，取得数据管理能力成熟度(DCMM)三级认证。

（撰稿人：付　睿）

中国冶金地质总局

【基本概况】 2023年，中国冶金地质总局（以下简称总局）坚持以习近平总书记重要批示精神为统领，坚决贯彻落实党中央、国务院重大部署和国务院国资委工作安排，牢牢把握高质量发展主题，坚持稳中求进工作总基调，顶压前行、克难奋进，各项工作取得积极进展，为新征程开好局起好步作出积极贡献。

【主要指标】 2023年，总局实现营业收入（含财政拨款）122.22亿元，比上年减少12.47%；利润总额

7.74 亿元，比上年增长 6.91%；年末资产总额 291.37 亿元，较年初增长 0.34%；国有资本保值增值率 107.4%，完成年度考核目标值。全面完成国务院国资委下达的各项考核指标。

表 1 2023 年中国冶金地质总局主要经济指标

项 目	2022 年	2023 年	比上年增长（%）
资产总额（亿元）	290.38	291.37	0.34
所有者权益（亿元）	105.21	111.59	6.06
营业收入（亿元）	139.64	122.22	−12.47
利润总额（亿元）	7.24	7.74	6.91
净利润（亿元）	5.40	5.93	9.81
归属于母公司所有者的净利润（亿元）	5.18	6.14	18.53
技术开发投入（亿元）	4.32	3.86	−10.65
应交税金总额（亿元）	7.35	5.15	−29.93
全员劳动生产率[万元/（人·年）]	25.83	26.86	3.99
净资产收益率（%）	5.47	5.47	与上年持平
总资产报酬率（%）	3.08	3.00	减少 0.08 个百分点
国有资本保值增值率（%）	106.7	107.4	增加 0.7 个百分点

【改革发展】 2023 年，总局国有企业改革深化提升行动启动实施，各项改革持续深化。部署改革深化提升行动，制定《改革深化提升行动方案》，明确部署 63 条改革任务，强化政策研究和顶层设计，兼顾功能类和制度机制类改革，构建更加高效协同、联动穿透的改革工作机制。实施“十四五”规划中期评估，研判新形势、新政策、新任务，调整发展规划的指导思想、发展目标，补充完善找矿突破、改革创新、产业规划、区域布局等重点任务，优化保障措施，为做好“十四五”后半程工作提供指引。推动体制、机制变革，坚持“两个一以贯之”，结合冶金地质实际，推进中国特色现代企业制度建设走深走实，在深化改革中加强党的领导、完善治理机制、明晰治理主体、健全决策机制、完善运行机制。局院公司制改革继续深化，“小事业、大企业”的管理体制和运行机制进一步健全；企业法人治理体系不断完善，各级子企业董事会落实分类管理，董事会评价体系建设进一步落实。工程建设业务全面推行项目责任承包，激发高质量发展源头动力、活力、防风险能力。推进改革专项行动，“双百企业”考评获评“良好”，正元冶达环境公司入围“科改企业”。深入开展一流企业建设四个专项行动，以优化选标对标为牵引促进管理提升价值创造，黑旋风股份进入专业领军示范行动。

【重大项目】 2023 年，总局勇担“新一轮找矿突破战略行动主力军”重任，围绕“增强核心功能、提升核心竞争力、资源保供稳链”制定 3 个方面 10 项举措，取得明显成效，有效提升战略性矿产资源安全保障能力。铁矿新增资源量 7.68 亿吨；锰矿新增资源量 1500 万吨，带动广西地区新增碳酸锰矿资源量 3400 万吨；铬矿预测潜在资源量 81 万吨。哈巴河基地累计探获资源量 38 吨，2023 年基地新增金资源量 6924 千克；新疆伊宁县塔乌尔别克矿区新增金金属量 7031.19 千克；新疆和静县擦汗乌苏萨拉铁铜矿勘查，深部见厚 17.1 米的富铁矿，潜在铁矿资源 1149 万吨。哈巴河金矿基地搭建哈巴河金矿基地地质大数据管理与应用软件平台，初步圈定 3 处找矿靶区。

【走向海外】 2023 年，总局认真研判国内外形势，贯彻落实“走出去”战略，推进“一带一路”建设，推动国际合作业务创新，务实开展国际交流，开展多层次交流会谈，组团参加第 91 届加拿大国际矿业大会（PDAC 大会）和第 25 届中国国际矿业大会，开展交流、建立联系，跟踪考察潜在项目和各类技术装备和服务，建立海外高层次人才储备。对标世界一流，与力拓集团力拓勘探、SRK 矿业咨询公司举行会谈，互学先进经验，交流国际标准规范在项目实施中的具体应用经验以及国际勘查咨询行业的运作模式。以蒙古国中华总商会会长单位身份组织多场交流，保持紧密沟通，为赴蒙投资的中资企业分享经验，编制蒙古国矿业投资指南。开展一系列境外勘查技术服务，主要涉及地质勘查、测量工程、岩土工程勘察等方面。

【重大创新】 2023 年，总局深入贯彻落实习近平总书记科技创新重要指示批示精神，坚持创新驱动发展战略，发挥科技创新主体地位，助力引领支撑产业发展。总局组织科技创新技术骨干研讨培训班，印发《关于加强科技创新激励及保障机制建设的实施意见》《中国冶金地质总局支持控股公司科研项目经费的管理办法(试行)》；支持610万元推进7个总局2023年度科研项目研究，推进"重要金属矿产资源勘查原创技术策源地"打造，制定培育发展未来展业实施方案，牵头负责深部资源精准勘查技术与装备中富铁矿和铝矿相关技术研发，推动前沿颠覆性技术布局及关键核心技术研究。"华北地区本溪组首次发现古风化壳沉积金红石型钛矿"项目获得中国地质学会2022年度全国十大地质科技重要进展；获批数字化转型试点企业1家，获得首届国企数字场景创新专业赛二等奖1项；组织参加全国"互联网+"大赛，入选命题13个，获得北京赛区二等奖1项；获得第六届中央企业QC小组成果发表赛一等奖、二等奖各1项，获评全国优秀质量管理小组1项。总局全系统新增授权专利129件，其中发明专利37件，获得第三届湖北省高价值专利大赛银奖1项。

【党建工作】 2023年，总局深入学习贯彻党的二十大和二十届二中全会精神，全面落实习近平总书记重要指示批示精神和党中央决策部署，全面加强党的领导、党的建设，以高质量党建引领推动高质量发展，取得积极成效。完善学习贯彻习近平总书记重要指示批示工作机制，认真落实请示报告制度，完善并认真落实党委前置研究事项清单。不断加强理论武装，坚持党委会"第一议题"制度。夯实党建基层基础，举行第三次党代会完成党委换届，推动各级党组织应换尽换，持续开展党组织书记述职、党建责任制考核等工作，制定实施党建与中心工作融合意见，深入开展基层党建提质增效"七抓"工程，推动党的组织、队伍、制度、活动、保障全面加强。着力建强干部人才队伍，严格落实选人用人标准，拓宽选人视野渠道，推进能上能下和末位淘汰制度落实。持续深化党风廉政建设和反腐败工作。压实意识形态工作责任，开展舆情常态化监测和信息发布常态化巡检，规范党员道德行为。认真落实全面从严治党主体责任，深化整治专项问题，强化政治监督，严肃查处违规违纪违法问题，开展党的二十大后第一轮巡视工作，深化巡视等各项整改。加强对统战群团工作的领导，建立党外代表人士工作室，开展一线职工休疗养，深入推进青年素养提升工程。

【信息化与数字化建设】 2023年，总局党委深入学习贯彻习近平总书记关于网信强国的重要思想，聚焦网信工作使命任务和"十个坚持"重要原则，认真贯彻落实党中央、国务院国资委党委关于网信工作的决策部署。制定印发年度工作要点，以"夯实基础，发挥作用，确保安全"为总体思路，深入推动重点项目/任务取得积极进展，加快推进信息化与业务深度融合，筑牢网络数据安全屏障，切实发挥信息化、数智化驱动引领作用，为总局高质量发展提供网信支撑。

【履行社会责任】 2023年，总局党委始终坚持以习近平新时代中国特色社会主义思想为指导，全面贯彻落实党的二十大精神，深入贯彻落实习近平总书记关于"三农"工作的重要论述和重要指示批示精神，按照国务院国资委党委定点帮扶和乡村振兴工作部署，认真履行帮扶责任，做强做优定点帮扶和乡村振兴工作，进一步提高政治站位，在全面建成小康社会基础上，充分发挥总局资源优势，着力健全防止返贫监测和帮扶机制，持续助力定点帮扶县和对口帮扶地区做好乡村发展、乡村建设、乡村治理重点工作，加快推进产业、人才、文化、生态、组织等全面振兴。2023年，总局向定点帮扶县直接投入帮扶资金1200万元，完成特色帮扶项目21个。引进帮扶资金70.01万元。培训基层干部650人次，培训乡村振兴带头人和技术人员1182人次。

(撰稿人：朱奕璇)

中国煤炭地质总局

【基本概况】 2023年，中国煤炭地质总局(以下简称总局)党委坚决贯彻落实党中央决策部署，深入开展学习贯彻习近平新时代中国特色社会主义思想主题教育，凝心聚力强主业，千方百计防风险，始终保持战略定力不动摇，坚持深化改革，大力推动创新，全面提升管理，经济运行质量明显改善，发展的经济基本盘得到有效夯实。

【主要指标】 2023年，总局实现营业收入208.30亿元，比上年下降25.12%；利润总额5.39亿元，比上年增长3.06%；全员劳动生产率28.27万元/(人·年)，国有资本保值增值率101.8%，净资产收益率2.4%，主要经营指标基本实现预期。

表1 2023年中国煤炭地质总局主要经济指标

项　目	2022年	2023年	比上年增长(%)
资产总额(亿元)	428.57	405.38	−5.41
所有者权益(亿元)	149.66	143.24	−4.29
营业收入(亿元)	278.18	208.30	−25.12
利润总额(亿元)	5.23	5.39	3.06
净利润(亿元)	4.40	3.45	−21.59
归属于母公司所有者的净利润(亿元)	4.28	3.68	−14.02
技术开发投入(亿元)	8.35	8.31	−0.48
利税总额(亿元)	14.14	11.99	−15.21
应交税金总额(亿元)	11.79	9.66	−18.07
全员劳动生产率[万元/(人·年)]	28.43	28.27	−0.56
净资产收益率(%)	3.12	2.40	减少0.72个百分点
总资产报酬率(%)	1.96	1.80	减少0.16个百分点
国有资本保值增值率(%)	103.30	101.80	减少1.50个百分点

【地质找矿】 2023年，总局承担各类地质项目11476项，提交地质类报告4133份。提交煤炭资源量42.6亿吨，新增1.15亿吨；提交磷矿资源量13.8亿吨，新增9609.5万吨；新增萤石205.76万吨、锌矿239.96万吨、铁矿216.91万吨，有力保障国家矿产资源安全。承揽的“西大滩煤炭勘探项目”预计可提交煤炭资源量超过2亿吨，新增近2000万吨。

【主业建设】 2023年，总局坚定“地质报国”初心，明确保障国家能源矿产资源安全和为矿山企业提供全生命周期地质服务的主责使命，着力强化“大地质”体系下的4个核心细分领域建设。核心业务建设初见成效，全年主业板块实现收入在经营收入中占比比上年提高4.1个百分点；实现利润比上年增长22.8%；毛利率比上年提高1.6个百分点。全年主业投资占比100%，装备投资比上年提高3.8个百分点。区域化、专业化发展特征逐步显现，区域公司融入地方更加精准高效，专业公司特色优势更加突出，资源集中度显著提高，集聚效应逐步增强。所属水文局集团围绕矿山需求高效矿井水防治技术服务，着力建设专业领军示范企业；煤航集团加大地理信息大数据应用，服务于地质灾害监测预警和煤矿火区监测，着力提升安全支撑力；大地特勘救援队强化装备建设，着力提升应急救援保障能力。

【改革发展】 2023年，总局改革深化提升行动深入推进。针对性制定改革任务50项，细化举措229项，完成98项，超过序时进度。公司治理体系持续完善，结合实际对应建董事会子企业进行调整，均已实现应建尽建和配齐建强，所属子企业全部实现党建工作要求进章程。对总部机构进行优化调整，提升总部管控力和专业技术合力。经理层成员任期制和契约化管理全面推行，各层级签约率100%，并严格落实刚性兑现和退出管理。月度效益薪酬联动考核机制进一步强化，总部带头将月度绩效工资发放与利润总额完成进度挂钩。建设世界一流企业和对标世界一流管理提升、价值创造、示范引领、品牌提升四个专项行动扎实推进，整体任务完成率超过40%。

精益化管理成效显现。制度体系进一步完善，制定《规章制度管理办法》，对现行规章制度进行全面梳理，形成年度“立改废”计划，加强制度的宣传贯彻指导，确保执行到位。合规管理全面推进，组织开展、参与合规专题培训10余次，累计覆盖5000余人次，有效提升合规意识。紧抓重点领域强化合规审查与有效性评价，不断提高审计监督效能，促进依法合规经营。司库体系建设加快实施，建成应付账款、收付款合同和外部数据应用等14项功能模块。强化银行账户管控，非受限资金集中度稳定在95%以上。扎实开展项目管理提升专项行动，加强项目的事前、事中、事后综合监管评价，建立任务清单和项目准入负面清单，强化项目风险审查和成本精细管理，对重点项目进行日常监测。招标集采管理进一步加强，全年公开采购率82.44%，集中采购率66.62%，累计节约采购预算资金5.20亿元。

专项整治行动取得阶段性成效。“压减”和减亏治亏工作完成预期目标，全年完成法人企业压减31户，亏损子企业比上年减少3户。“两金”压控、资产负债率管控及高负债子企业户数压降均取得较好成效，“两金”余额较年初下降，无分歧欠款全部清零；资产负债率较年初下降0.3个百分点；高负债子企业户数完成较年初压降10%的目标。重大风险事项管控持续优化。法律纠纷案件管控取得成效，避免和挽回经济损失9亿余元。完善违规追责体系建设，组织开展违规经营投资专项问题线索责任追究。开展境外佣金、财务决算批复问题、违规经营挂靠，以及违反中央八项规定精神问题和金融业务专项整治。

【重大项目】 2023年，总局深耕地质环境与生态建设市场，承揽福建省重点建设项目吴田山废弃矿山综合治理工程勘察设计施工运营一体化项目，项目的实施将有效消除原开采区域遗留的地灾隐患，改善绿色生态环境，是提升国土空间利用价值的有力措施。实施的“龙岩市永定区历史遗留废弃矿山生态修复示范工程设计施工总承包”项目获得当地政府和群众的一致认可，入选生态修复典型案例，对项目的报道《矿山复绿　绿草生金(美丽中国)》被《人民日报》、人民网等各大媒体登载。承揽的连云港市海州区云台山风景名胜区废弃矿山生态修复工程EPC项目对14处废弃矿山开展土石方工程、绿化工程、防护工程、养护工程等作业，取得良好效果。实施顾北煤矿北—1煤下采区底板灰岩水害地面区域探查治理工程，项目完成后将解放煤炭资源储量1200万吨。

【重大创新】 2023年，总局新获专利授权1060件，其中发明专利授权168件，比上年增长64.7%。新获批国务院国资委央企战略性新兴产业技术攻关任务5项，承担的“1025专项”任务如期完成序时进度。新获批国家级科研项目4项，5项成果纳入国务院国资委、自然资源部、工业和信息化部等部委创新成果目录，30项成果获得省部级科技奖励，其中青海木里矿区生态治理成果获得青海省科学技术一等奖。牵头编制完成国家标准《煤层气资源勘查技术规范》。2人入选自然资源部新一轮找矿突破战略行动全国指导组专家，5人获评煤炭、地质等行业优秀科技人才，12人获评行业青年科技人才。“煤与煤系气地质技术团队”“战略化工矿产成矿理论及找矿团队”等3支队伍入选自然资源部和中国煤炭工业协会优秀科技创新团队。

【党建工作】 2023年，总局深入学习贯彻党的二十大精神，全面开展学习贯彻习近平新时代中国特色社会主义思想主题教育，高质量、高标准践行“学思想、强党性、重实践、建新功”总要求，一体推进理论学习、调查研究、推动发展、检视整改等各项重点措施。践行“四下基层”工作方法，采用“四不两直”方式加强一线调研，着力解决生产经营难题，解决员工急难愁盼问题，特别是久拖未决的中化湖南院基地家属区危房搬迁问题的有效化解，得到国务院国资委党委巡回督导组和广大干部员工的高度评价。开展两级总部党员干部队伍作风提升行动，建设讲政治、守纪律、敢担当、有效率的总部党员干部队伍。持续深化落实全国国有企业党的建设工作会议精神落实成果，制定《持续深入贯彻落实全国国有企业党的建设工作会议精神实施方案》，明确分工，压实责任，强化落实。坚持“四同步、四对接”，持续加强基层党组织建设，打造坚强战斗堡垒。坚定不移全面从严治党，制定完善监督监管类制度54项，大监督网络进一步织密织牢。持续深化总局纪检机制改革，推动二级企业纪委书记交流任职。全年对8家企业开展常规巡视，抓好整改落实，巡视利剑作用得到充分发挥。

【信息化与数字化建设】 2023年，总局把信息化投入预算作为重要的专项投入预算单独列示，由主要领导审定。深入落实国务院国资委关于监管信息化建设工作部署，在信息化建设过程中优先考虑国资监管类系统建设，建成合规管理报送系统、违规追责报送系统、节能减排和安全生产报送系统、境外安全保障应急指挥系统，初步具备自动化和智能化监管的能力。加强网络信息安全能力建设，开展信息系统数据异地备份与信息系统等级保护测评，加快三级单位互联网出入口收敛及接入安全监管平台，进一步减少互联网暴露面。加强大数据体系建设，煤航大数据中心私有云超算和公有云行业智慧化应用支撑服务能力大幅提升，煤炭地质大数据云平台被评为“国资央企数据共享技术体系和工作机制试点建设项目”。

【履行社会责任】 2023年，总局主动融入乡村振兴，全年开展产业帮扶9项，投入、引进、帮销资金1300余万元，在中央企业年度定点帮扶工作成效考核评价中获评等次“较好”。夯实安全生产管理基础，修订完善安全生产管理制度，强化各级岗位安全责任制落实，开展安全管理强化年行动、重大事故隐患专项排查整治行动和安全生产百日活动，全年开展安全生产检查5703次，安全生产形势整体保持稳定。发挥专业技术优势，保障人民群众生命财产安全，所属国家矿山应急救援大地特勘队参加涿州市洪灾抢险排涝工作，累计排水量22.86万立方米。

（撰稿人：刘银海）

新兴际华集团有限公司

【基本概况】 新兴际华集团有限公司（以下简称集团公司）经党中央、国务院、中央军委批准，于2000年由解放军原总后勤部和武警部队78家企事业单位重组而成，现为国务院国资委监管的中央企业，是集资产管理、资本运营和生产经营于一体的大型国有独资中央企业，全球最大的球墨铸铁管研发生产企业，全球最大的军需装备研发及生产制造企业，全军及武警部队军需物资装备核心供应商，也是全球最大的职业装和鞋靴研发生产企业。

集团公司始终践行“保军、应急、为民”三大使命，伴随人民军队的发展壮大而成长，形成冶金铸造、轻工服装、机械装备、应急、医药五大业务板块，具有专业要素齐备、技术力量雄厚、创新资源丰富、制造能力强大的优势。在南水北调、西气东输等多项国家工程，军队换装、阅兵保障等历次专项任务，抗震救灾、抗洪抢险等历次灾害救援中发挥突出作用。2023年，集团公司旗下两个主品牌“新兴铸管”“际华”连续9年入围“亚洲品牌500强”，两个单位的品牌价值均稳步提升。集团公司所属成员企业200余家，遍布全国30个省（自治区、直辖市），拥有新兴铸管（000778.SZ）、际华集团（601718.SH）、海南海药（000566.SZ）3家上市公司。

2023年，集团公司高举中国特色社会主义伟大旗帜，坚持以习近平新时代中国特色社会主义思想为指导，全面贯彻党的二十大精神，完整、准确、全面贯彻新发展理念，坚持和加强党的全面领导，积极服务国家重大战略，以推动高质量发展为主题，以“三中心”为抓手，以“三转型”为主攻点，以改革深化和科技创新为主路径，做到科技立企、人才强企，努力把新兴际华建设成为军队一体化军需物资装备保障的核心供应商，国家安全应急物资装备现代化建设的领军企业，引领全球铸管研发制造及其管网综合服务的领航企业，全球有影响力的药品和高端医疗器械制造商，在建设现代化产业体系、构建新发展格局中发挥科技创新、产业控制、安全支撑作用。

【主要指标】

表1　2023年新兴际华集团有限公司主要经济指标

项　目	2022年	2023年	比上年增长（%）
资产总额（亿元）	1299.69	1311.80	0.93
所有者权益（亿元）	483.01	500.46	3.61
营业收入（亿元）	1045.47	821.23	−21.45
利润总额（亿元）	19.38	20.11	3.77
净利润（亿元）	13.95	14.83	6.31
归属于母公司所有者的净利润（亿元）	3.20	7.19	124.69
技术开发投入（亿元）	21.11	21.27	0.76
利税总额（亿元）	58.52	50.41	−13.86
应交税金总额（亿元）	15.56	12.27	−21.14
全员劳动生产率[万元/（人·年）]	31.30	33.05	5.59

续表

项　目	2022 年	2023 年	比上年增长（%）
净资产收益率(%)	2.94	3.02	增加 0.08 个百分点
总资产报酬率(%)	3.01	2.84	减少 0.17 个百分点
国有资本保值增值率(%)	101.42	105.48	增加 4.06 个百分点

【改革发展】 2023 年，集团公司深入贯彻落实党中央、国务院关于实施国企改革深化提升行动重大决策部署，牢牢把握“保军、应急、为民”职责使命，以提高核心竞争力和增强核心功能为重点，高质量高起点启动实施改革深化提升行动，为加快建设世界一流企业提供强大动能。加大提升专业化运营能力。持续抓二级公司经营中心改革落实到位，际华股份深入推进“三统一”，重塑企业形态，成立主业板块公司，皮鞋、纺织印染板块改革方案全面开始实施。新兴重工、资产经营公司作为集团资产处置盘活专业化平台，服务集团资产处置盘活能力进一步增强，2023 年，集团公司被国家发展改革委确定为“盘活存量资产扩大有效投资的支撑机构”。深化三项制度改革。进一步做实市场化经营机制，印发集团公司巩固深化三项制度改革成果、加快构建新型经营责任制的指导意见。进一步优化考核体系，加大分类考核力度，出台“一企一策”考核标准。深入推进世界一流专业领军示范企业创建。铸管股份、际华股份 2 家单位入选创建世界一流专精特新示范企业名单。进一步提升上市公司质量。在培育新的产业和产品方面加强与上市平台、产业有效联动，铸管股份、际华股份、海南海药完成年度 ESG 专项报告披露，集团公司获得首届“ESG 金牛卓越贡献奖”。

【重大项目】 2023 年，集团公司积极落实国务院国资委扩大有效投资的部署，年度累计完成投资 44.35 亿元。黄石新兴绿色智能制造项目通过搬迁建设以特喷、顶管等产品为主导的生产基地。项目于 2023 年第二季度全部建成投产并实现达产目标。项目自动化、智能化水平行业领先，产品质量和生产效率大幅提升，全球规格最大的 DN3000 球墨铸铁管顺利下线，进一步增强集团公司行业领导者地位。该项目主要工序基本实现自动化，人均劳效大幅提升。球管壁厚控制和检测水平提升，为推进铸管轻量化提供设备支撑。项目年均可减少颗粒物排放 139 吨、SO_2 排放 540 吨、NOx 排放 1030 吨。采用环冷余热回收技术、热风烧结技术等多项节能新技术，提升能源利用效率，年节能约 3 万吨标准煤。主要设备信息自动采集反馈，车间实现监控全覆盖和集中控制，提高产品质量稳定性和一致性。

【走向海外】 2023 年 10 月，在第三届“一带一路”国际合作高峰论坛举办之际，铸管股份与埃及苏伊士运河经济区管理总局、埃及泰达特区开发公司三方共同签订《埃及 25 万吨球墨铸铁管项目投资合作框架协议》。埃及 25 万吨球墨铸铁管项目是集团公司践行“一带一路”倡议、发挥自身优势、实现铸管产能“走出去”的关键一步，是提升国际化经营水平的重要抓手。项目以中东、北非及周边区域为目标市场，建成投产后，在提升铸管产品国际竞争力和盈利能力的同时，将大幅提升埃及铸管行业的发展水平、促进当地就业和改善民生福祉，为中埃双方在经贸领域的深化合作、高质量共建“一带一路”注入新的活力。2023 年，铸管股份印度尼西亚 MSP 公司完成镍铁产量 28 万吨，创投产以来最高纪录。全年实现销售收入 4.07 亿美元，完成利润总额 0.6 亿美元，经营业绩逐年提升，创造良好效益，企业核心竞争力日益增强。积极履行社会责任，获得印度尼西亚 2023 年度最佳纳税人奖，为项目所在地的经济发展作出贡献。2023 年，新印度钢铁有限公司指标收入约 5.5 亿元，利润 1.05 亿元，全年产销两旺，比上年提高 22%，为近年来最好指标，精益化管理稳步推进，经营业绩持续向好。集团公司秉承“坚持对外开放、实现互利共赢”的理念，发挥技术、产业和人才优势，积极融入“双循环”新发展格局，深度参与“一带一路”建设和国际化合作。2023 年 11 月，集团公司所属企业在第六届进博会举行集中签约仪式，与来自蒙古国、泰国等 8 个国家和地区的 12 家外商签订协议，涵盖有色金属、农副产品等 15 个品类。订单金额总计 18.64 亿美元，创历史新高。

【重大创新】 2023 年，集团公司大力推动“科 15

条”落地实施，大胆探索，塑造有利于创新的文化氛围，打造“能给尽给”的科技创新政策特区。

高质量科技成果涌现。空地协同系留无人机消防救援成套装备、非开挖修复用球墨铸铁管工艺两项产品入选国务院国资委《中央企业科技创新成果产品手册（2023年）》。自主研发的大载荷系留无人机、堰塞湖智能勘测预警装备、云梯多功能消防车等产品性能指标达到国际先进水平；火情火点智能监控预警系统有效解决厂区车间早期火灾发现难、发现慢、处置不及时等痛点问题。自主研发的尼龙66粗旦丝面料实现由卡脖子原料至成品面料的国产化全产业链贯通，聚酰亚胺絮凝胶夹克、保暖单兵帐篷、新一代单兵单警防护甲、防刺防切割面料等产品突破核心关键技术。全球首支DN3000超大口径球墨铸铁管在黄石正式投产下线，非开挖管道修复技术在郑州成功应用，环保型非铅系列易切削钢和耐腐蚀钢铁产品技术攻关取得突破。研制技术水平国际领先的纺竹涤抗菌纱线，成功烧制出规格300毫米×300毫米高性能防弹碳化硼陶瓷板。医药板块获得2个仿制药品种生产批文、7个品种一致性评价批件，Ⅰ型人工耳蜗植入体获得上海市高新技术成果转化项目认证。

着力布局前瞻未来产业。类脑计算，研制智能扫描、侦检、决策的智能安全应急装备，解决百米以上超高层建筑火灾、大型储油储罐基地重大火灾、极寒深海等特殊场景应急救援无适用装备的世界性难题。未来健康，搭建生物仿生合成技术平台、环肽合成技术平台及多肽偶联技术平台，开展抗耐药菌感染的β—内酰胺酶抑制剂开发。未来能源，参加新型储能技术创新联合体，承担“低成本可靠新型环保全钒液流电池开发”攻关任务。

建设高质量科技创新平台。成功获批“安全应急装备原创技术策源地”。科技公司积极申报大型石油储罐灭火技术与装备等领域的应急管理部重点实验室。新兴铸管与国家数据中心等顶尖机构合作，搭建集耐蚀数据积累、智慧管网建设、产品研发应用于一体的智慧铸管——耐蚀钢铁材料数据中心。际华3515获批国家级工业设计中心，成立皮革皮鞋研究院。医药控股与中国药科大学成立创新药物发现联合实验室，面向仿制药合成工艺、靶向小分子临床候选化合物、多肽及多肽偶联技术和药物研发。加快应急产业链链长建设，承办2023安全应急产业大会共链行动论坛，发布以“14936”为核心的《智能安全应急装备产业发展三年行动计划》，不断扩大集团在应急装备产业的行业影响力和号召力，擦亮新兴际华应急产业金字招牌，进一步奠定集团公司应急现代产业链链长和联盟盟主地位。

【党建工作】 2023年，集团公司党委以习近平新时代中国特色社会主义思想为指导，全面学习贯彻党的二十大精神以及习近平总书记关于国有企业改革发展和党的建设重要论述，认真落实党中央、国务院各项决策部署和国务院国资委工作要求，扎实开展学习贯彻习近平新时代中国特色社会主义思想主题教育和深化“三我”活动，完整、准确、全面贯彻新发展理念，加快构建新发展格局，集中力量抓深化改革落地、抓质量效益提升、抓科技创新体系、抓战略性新兴产业布局、抓党建引领，集团公司“531”产业布局更加明确，科技成果不断显现，发展韧性不断增强，践行“保军、应急、为民”使命担当，有力推动“十四五”规划落实。

深入总结党的十九大期间集团内部巡视工作实践经验，科学谋划未来五年巡视巡察工作。制定印发《关于进一步加强巡视巡察整改和成果运用工作的责任清单》，全面压实整改责任；持续加大督导检查力度，推进重点难点问题整改取得实效，扎实做好“后半篇文章”。

【信息化与数字化建设】 2023年，集团公司全面贯彻党中央、国务院数字中国决策部署，积极落实国有企业数字化转型行动计划，通过以一体化运营管理信息平台为主线的企业数字化建设，建立健全数字化工作组织机制，形成“1＋N＋8＋1”数字化应用架构，加快融合贯通和共享应用，提升企业数字化、网络化、智能化水平。集团一体化运营管理信息平台一期上线运行，二期启动建设，重点业务实现数字化管控，建成经营分析和决策支持系统，支撑司库系统建设应用，有力提升重点业务合规管理水平和数据决策能力。产业板块生产经营数字化建设有序推进，铸管股份“多基地协同、数字化管控”项目运行稳定、成效显著，“工业互联网平台建设及多专业场景应用”项目入选工业和信息化部2023年新一代信息技术与制造业融合发展示范；际华股份实现产、供、销、财横向协同，启动服装板块智能制造试点产线建设，际华3513公司的人机协同制造——智能冷粘制鞋柔性生产线入选工业和信息化部2023年度智能制造优秀场景；医药控股、应急产业加快构建生产经营数字化规划设计，湖北三六一一应急装备有限公司技改项目一期钣金柔性制造中心项目建成投用；资产经营公司深化经营管理一体化建设，入选国有企业数字化转型首批试点企业；际华投资通过数字化建设提升专业化资产运营能力；财务公司启动司库二期和核心业务系统三期建设，科技公司搭建产品研发全生命周期管理平台。集团各级统筹推进数字化建设，逐步实现经营管理与生产制造全链条数字化贯通，为打造世界一流企业奠定数字化基础。

【履行社会责任】 2023年，集团公司落实乡村振兴局、国务院国资委印发的《2023年中央企业定点帮扶工作要点》，积极参加国务院国资委社会责任局"兴农周""农产品展销"等各项活动，较高质量完成定点帮扶10项指标；聚焦民族团结，连续10年为上户沟种羊场小学捐资助学，累计资助144名贫困学生；在涿州市抗洪抢险期间，新兴际华队先后完成"270分钟救援31人""13小时排空大石桥农贸市场内涝""涿州累计排涝量相当于1/8个西湖"等壮举；在"应急使命2023"演习任务中，承担8支国家专业队的综合保障任务，完成2个主要演习科目的参演任务，受到国家安全生产应急救援中心及地方政府的一致认可；坚持开展"让生命听见声音"品牌公益助残活动，投入440万元为44名听力失聪障碍人员进行人工耳蜗植入手术，投入30万元帮助安定区100名手术患者进行后期康复训练。

（撰稿人：董晓明　郭新丽）

中国民航信息集团有限公司

【基本概况】 2023年，中国民航信息集团有限公司（以下简称中国航信）坚持以习近平新时代中国特色社会主义思想为指导，深入学习贯彻习近平总书记重要指示批示精神，全面落实党的二十大精神，认真落实国务院国资委工作要求，聚焦增强核心功能，提高核心竞争力，切实发挥在构建民航发展新格局中的科技创新、产业控制、安全支撑作用，统筹推进公司改革深化提升行动和建设世界一流企业系列行动。按照国务院国资委的工作部署，中国航信结合实际，研究制定包含64项任务、93项措施的《中国航信改革深化提升行动实施方案及工作台账》。公司全面动员部署新一轮改革，一方面，聚焦履行新时代中央企业新使命，大力推进功能性改革，加快推进核心系统的"去主机化""云化"进程，积极为民航旅客便捷出行提供服务保障，不断夯实关键信息基础设施建设；另一方面，巩固深化国企改革三年行动成果，围绕深化治理机制改革、用人机制改革和激励机制改革，持续提升公司治理效能，完善市场化经营机制，激发企业发展动力活力。

【主要指标】 截至2023年底，中国航信资产总额300.28亿元，比上年增长8.83%；资产负债率20.80%。所有者权益237.83亿元，比上年增长6.59%，其中归属于母公司所有者权益88.15亿元，比上年增长7.45%。

2023年，中国航信营业收入70.44亿元，比上年增长33.89%；随着航空运输行业持续复苏，中国航信生产经营稳步向好。旅客服务系统处理主机航空公司订座旅客量6.09亿人次，比上年增长147.6%，恢复至2019年的92%；外航订座航段量约1084万段，比上年增长247.7%；外航离港总旅客量超过559.8万人次，比上年增长855.3%；结算系统处理量10.4亿张，比上年增长79.0%，电子支付业务实现交易额1341.2亿元，比上年增长150.8%；航空货运单量1228.1万单，比上年增长23.3%；"航旅纵横"激活用户数1.8亿人，比上年增长28.6%。

2023年，中国航信实现利润总额16.44亿元，比上年增长106.05%；净利润14.62亿元，其中归属于母公司所有者的净利润4.26亿元。随着民航业的逐渐复苏，中国航信各项盈利回报指标比上年大幅增长。

表 1　2023 年中国民航信息集团有限公司主要经济指标

项　目	2022 年	2023 年	比上年增长(%)
资产总额(亿元)	275.91	300.28	8.83
所有者权益(亿元)	223.13	237.83	6.59
营业收入(亿元)	52.61	70.44	33.89
利润总额(亿元)	7.98	16.44	106.05
净利润(亿元)	7.16	14.62	104.15
归属于母公司所有者的净利润(亿元)	2.20	4.26	93.93
技术开发投入(亿元)	10.71	14.80	38.14
利税总额(亿元)	11.13	20.42	83.44
应交税金总额(亿元)	6.30	7.04	11.70
全员劳动生产率[万元/(人·年)]	57.14	73.92	29.36
净资产收益率(%)	3.25	6.34	增加 3.09 个百分点
总资产报酬率(%)	2.95	5.71	增加 2.76 个百分点
国有资本保值增值率(%)	102.8	104.54	增加 1.74 个百分点

注:表中"比上年增长"采用元为单位的数据计算所得。

【改革发展】　2023 年,中国航信研究制定包含 21 项措施的《中国航信支持试点企业加大改革创新力度的指导意见》和 12 条措施的《中国航信关于进一步支持鼓励所属"双百""科改"企业加大改革创新力度的通知》,大力支持和推动"双百企业""科改企业"开展专项改革。按照改革深化提升行动的统一要求,组织"双百企业"和"科改企业"进一步细化和分解 2023—2025 年改革重点任务,制定工作台账。在推动经理层成员任期制和契约化管理提质扩面方面,进一步强化契约目标的战略性、科学性和挑战性,明确考核结果的分布规则,加强前置审核把关,实现个性化的目标考核、薪酬和退出岗位的刚性兑现。探索实施任期制和契约化管理的分层分类扩大,以区分不同管理层次,最大限度地激发管理人员的活力。实行工资总额分类预算管理,根据所属单位功能定位,分类设置工资增长的挂钩联动指标,效益增、工资涨,效益降、工资降。强化按业绩贡献决定薪酬的分配导向,严格按照契约约定刚性兑现实行任期制和契约化管理的企业经理层成员绩效年薪和任期激励,合理拉开薪酬差距。规范实施中长期激励,建立公司"内部+外部"中长期激励方案综合评审机制,内部由相关职能部门参与,外部引入第三方专业咨询机构,有效提升激励方案的科学性和规范性。

【重大项目】　2023 年,中国航信不断夯实旅客服务系统服务能力,加快推进重点项目建设,积极助力智慧民航高质量发展,并努力提升跨行业赋能影响力。打造的机场 One ID 生物识别服务平台在全国 30 余家大中型机场投产,初步实现一张脸走遍机场的美好愿景。民航中转旅客服务平台成功发布并获民航局正式授牌,成为行业级平台,累计落地投产机场 230 余家,对于推进中转便利化工作规范化、标准化、创新"干支通,全网联"的服务模式具有重大意义。航空公司全域运营管理系统(ATOMS)完成核心能力建设,成功投产山航、深航并完成 15 个重点场站的投产实施,实现地面航班保障的智慧化全流程管理。作为财政部、国家税务总局、民航局等九部委指定的电子凭证开具分发平台,实现电子行程单开具、入账、抵扣的全流程无纸化,完成开具全国首张中性客票电子行程单。落实外交部领事系统一体化项目建设工作,通过"上云用数赋智"提升领事业务管理质效,在外交部苏丹撤侨事件中发挥关键作用,获得外交部领事司高度评价。大力拓展区块链和数字人民币业务,完成国家区块链创新应用试点任务,搭建民航区块链服务平台"航旅链",推出全国首个民航数据出境合规产品"申报通",推广并服务航司客户 10 余家。

【走向海外】　2023 年,中国航信积极实施海外业务的整合和统一管理,增强海外业务的协作和协同效应,将分布式海外服务转化为集成式国际化运营,提高公司核心业务的国际竞争优势,实现海外业务的一体化管理和集中化支持,统筹海外产品和服务体系建设,提高海外支持能力和水平。首次参与香港特别行政区政府外包项目的建设并成功中标,标志着公司境外市场的业务拓展取得显著进展,也是在境外市场标的金额最高、规模最大、协议周期最长的境外信息化项目。柬埔寨暹粒吴哥国际机场成为航信机场离港共用平台系统在海外的首个服务对象，也是中资企业在海外首次以BOT模式承建的国际机场项目。此次系统投产在国际市场实现“零的突破”，不仅展示中国航信在机场业务领域的先进实力，也标志着中国航信海外机场业务迈入崭新的发展阶段。

【重大创新】 2023年，中国航信加快关键核心技术攻关，全面提升科技创新能力。“去主机化”“云化”重点项目相继建成，突破一批关键核心技术，有效提升核心系统自主可控水平。开放化离港系统建设、预订票证去主机能力建设等国务院国资委部署的“1025专项”工程重点攻关任务按计划推进，科技部重点研发计划268项目、民航联合基金项目按计划完成阶段目标，工业和信息化部大数据示范工程项目建成并通过评估，入选工业和信息化部2023年物联网赋能行业发展典型案例1项。

【党建工作】 2023年，中国航信党委坚持贯彻落实党委常委会“第一议题”制度，及时跟进学习习近平总书记重要讲话和指示批示138项，对学习贯彻落实习近平总书记重要指示批示情况进行全面“回头看”专项工作，全年梳理形成贯彻落实工作台账39项，均已推进落实。围绕学习贯彻党的二十大精神，深入开展集中轮训工作，分批组织学习贯彻党的二十大精神干部集中轮训暨全面从严治党专题培训班4期和央企高管研修班中国航信分课堂2期，全集团建立党员教育信息化平台59个，210名基层党组织书记参加学习培训的平均时长超过56学时，培训人数3272人次。积极推动党建“七抓”工程落实落地，全年指导7个基层单位做好党组织设立、改建和委员补选工作；229名基层党组织书记参加学习培训的平均时长超过60学时，达标率100%；开展“三个一”党建品牌培育工作和“两优一先”评选表彰，选树先进典型；结合主题教育开展党建工作制度梳理，修改完善制度近100项；组织开展“三懂三会三过硬”基层党组织书记培训，举办“三定四力”党务工作人员培训班5期，累计近2000人次参训。深入开展学习贯彻习近平新时代中国特色社会主义思想主题教育，制定“1+N”主题教育实施方案，建立四级责任主体联动工作体系，分两批统筹推进理论学习、调查研究、推动发展、检视整改、整章建制等重点措施，组织开展“公司发展大家谈”系列论坛，以推动高质量发展的新成效检验主题教育成果；编发主题教育简报27期，积极通过多渠道报送公司主题教育相关素材，其中，被国务院国资委简报采用素材3次，6篇报道被国务院国资委官网刊载，5篇报道被中央主题教育官网转载；通过多次座谈、发放调查问卷等方式了解收集各级单位群众反映的急难愁盼问题，形成“我为群众办实事”清单，涉及改革发展、客户服务、技术创新和员工切身利益等106项问题。组织开展两次主题教育开展情况满意度测评，第一批主题教育群众测评满意度优秀率98%，第二批主题教育群众测评满意度优秀率100%。

中国航信党委切实履行主体责任，深入推进党风廉政建设和反腐败工作。制定《政治监督具体化精准化常态化专项检查任务清单暨工作台账》《中国航信关键信息基础设施旅客数据安全管理细则》等多项制度，形成工作规范化常态化。持续纠治“四风”，编写制作警示教育手册，教育引导广大党员干部夯实思想之基。深化“靠企吃企”专项整治，开展领导干部家属从业年度核查工作，对公司党委管理的22名领导干部及所涉及的64家企业逐一甄别认定。修订监督委员会工作制度，进一步明确各成员单位履行政策指导、信息共享等6项职责和定期会商、定期报告等4项工作机制。组织专职纪检干部开展学习贯彻中央纪委二次全会精神专题研讨班、网络培训班、学习贯彻党的二十大精神暨全面从严治党集中轮训等，累计参训180余人次，全年人均培训时长120余学时，提高纪检干部履职能力。

【信息化与数字化建设】 2023年，中国航信全面建成100%符合自主可控要求的办公私有云，完成全部综合办公系统的自主可控改造迁移至信创云环境，实现自主可控替代应用在央企范围内的领先。积极推进无纸化办公，非密文件均实现线上审批流转，提高文件流转效率。在OA系统中新增督办模块，用信息化手段监督上级来文和公司决策事项的办理执行情况，公司治理方面形成闭环。建成合规管理信息系统，对所有报批事项发表合规审核意见，促进合规体系建设。建成司库系统并在公司全覆盖，实现对公司资金流动信息的动态归集和穿透监测，提高资金使用效率。建成业务管理平台，实现对总部、分支机构44家单位年度财务目标、重点任务的线上管理，有效提高公司决策质量。建成办公数据仓库，推进完善数据治理，补齐办公领域大数据体系短板，为辅助公司科学决策提供数据支撑。打通公有云和私有云，实现混合云资源的统一调度和分配、服务的统一监控和管理、数据的统一存储和分析，建立稳态和敏态两大专有资源池，对外提供计算、安全、监控、备份恢复等服务55类，进一步提升公司的云服务能力。

【履行社会责任】 2023年，中国航信坚定走绿色、低碳、负责任的发展之路，推动可持续发展理念融入日常管理运营之中，在社会责任、乡村振兴、低碳发展等各项工作取得新的更大成效。

中国航信用心用力保障社会民生，大力支持服务乡村振兴，坚决做好重大活动保障，以实干诠释责任担当。2023年，中国航信以身作则勇赴应急抢险救灾一线，开展甘肃省临夏州震后援助工作；为神池县研发"零距离"数字乡村治理服务平台，全面提升当地教育、医疗、电商、乡村治理等领域的数字化水平；全年开展帮扶项目13个，直接投入帮扶资金1877.31万元，惠及人口13213人，推动乡村振兴工作持续取得新提升；圆满完成全国两会、中亚峰会、成都大运会、杭州亚运会、"一带一路"峰会等一系列重大保障任务，连续17年保持安全形势稳定。中国航信坚决贯彻国家碳达峰碳中和重大战略决策，将绿色低碳理念融入企业发展，数据中心节能项目入围北京市先进低碳技术试点项目，获得中国节能协会科技创新奖二等奖；为国内外航空公司、机场、销售代理、旅行社、民航组织等不同客户提供各种信息化产品和解决方案，通过数字化、云服务等方式减少资源消耗，助力经济社会低碳转型。

（撰稿人：黄懿明）

中国航空油料集团有限公司

【基本概况】 中国航空油料集团有限公司（以下简称中国航油）成立于2002年10月，是以原中国航空油料总公司为基础组建的国有大型航空运输服务保障企业，是国务院授权的投资机构和国家控股公司试点企业，是国际航空运输协会、国际航煤联合检查集团、英国石油协会、美国石油协会等国际组织成员。中国航油是集航空油品采购、运输、储存、检测、销售、加注为一体的航油供应商，肩负着竭诚服务全球民航用户，保障航油供应安全的重要职责，是党和国家最可信赖的骨干力量。

经过30多年的不懈努力，中国航油构建遍布全国的航油保障体系，控股、参股海内外企业20多家，基本构建起遍布全国的航油、成品油销售网络和完备的油品物流配送体系，在全球290多个机场为580多家航空客户提供航油供应服务，在20多个省级行政单位为民航及社会车辆提供汽柴油及石化产品的批发、零售、仓储及配送服务，在长三角、珠三角、环渤海和西南地区布局建设大型航空煤油及石化产品物流储运基地，为保障国家航油供应安全奠定坚实基础。2023年，中国航油连续12年跻身"世界500强"，首次登上"世界品牌500强"榜单，连续4年获评国务院国资委党建考核A级和董事会考核A级。

【主要指标】 2023年，中国航油资产总额759.46亿元，比上年增长5.15%，所有者权益472.56亿元，比上年增长0.43%。完成油品销量4885万吨，其中销售航油3038万吨，销售收入2335亿元；实现利润总额30.32亿元，净资产收益率5.1%，资产负债率39%，全员劳动生产率73.26万元/（人·年），技术开发投入3.07亿元。

表1　2023年中国航空油料集团有限公司主要经济指标

项　目	2022年	2023年	比上年增长（%）
资产总额（亿元）	722.25	759.46	5.15
所有者权益（亿元）	470.55	472.56	0.43
营业收入（亿元）	2129.00	2335.03	9.68
利润总额（亿元）	63.52	30.32	-52.27
净利润（亿元）	47.43	24.12	-49.15

续表

项　目	2022 年	2023 年	比上年增长（%）
归属母公司所有者净利润（亿元）	27.62	6.99	－74.69
技术开发投入（亿元）	1.56	3.07	96.79
应交税金总额（亿元）	27.30	28.37	3.92
全员劳动生产率［万元/（人·年）］	91.84	73.26	－20.23
净资产收益率（%）	10.4	5.1	减少 5.3 个百分点
总资产报酬率（%）	9.4	4.4	减少 5.0 个百分点
国有资本保值增值率（%）	110.4	102.3	减少 8.1 个百分点

【企业改革】 2023 年，中国航油国企改革三年行动圆满收官，三项制度改革更大范围落地见效，"压减""两非"连续 3 年考评满分，"双百行动""科改行动"获评"优秀"。出台深化提升行动实施方案（2023—2025），持续深化任期制和契约化改革，管理人员退出率由 2.44%提升至 6.82%，员工市场化退出率由 0.64%提升至 2.11%，企业内生动力显著增强。制定发布人才工作纲要（2023—2025），完善集团公司人才发展顶层设计。修订集团公司章程、"三重一大"民主决策实施办法、总经理工作制度等系列，公司重大决策机制更加完善。多点发力持续深化董事会建设，专职外部董事和子企业现职管理人员双向交流实现突破。强化控参股子企业管控，参股企业投资回报超过 3 倍，获得国务院国资委充分肯定。两篇新一轮改革工作亮点在国务院国资委专题刊发，改革典型经验获得中国企业改革发展优秀成果奖。高站位推进世界一流企业建设 4 个专项行动，价值创造行动被国务院国资委点名表扬，创建示范领军企业专项行动实施方案获评国务院国资委考核 A＋级。

【重大项目】 2023 年，中国航油坚持突出主业、聚焦实业、发展壮大战略性新兴产业，确立以航油服务为基础支撑，以可持续航空燃料、新能源汽车充电储能、新能源民航特种车辆整车制造、现代航空物流为主攻方向的战略性新兴产业发展思路。持续加强基础设施投资建设，深圳机场油库扩建工程和金虹管道建成投运，西南战略储运基地主体工程通过交工验收，胶东机场航油管线保护工程等项目稳步推进，进一步夯实航油供应保障基础。国内供油机场数 251 个，市场占有率 97.3%，航油供应市场主体地位保持稳固。积极落实"做实通航"战略，探索建立航汽供应商业模式，供油通用机场 435 个、供油覆盖率 96.7%。积极拓展"一带一路"航油市场，柬埔寨暹粒机场供油工程建成投运，金边新机场供油项目主体结构完工，增强产业链供应链的韧性。

【重大创新】 2023 年，中国航油高端装备安全可靠进程稳步推进，机坪地井阀门和栓井井体通过验收、实现高端装备国产化，5G 加油车开启系统联调测试，国内最大容量 65000L 大型罐式加油车进入落地应用阶段。成功举办首届科技成果推广应用现场办公会，全面展示中国航油科技进步最新成果。首次牵头制定并发布民航工控安全行业标准，民航安全能力建设项目通过民航局验收。工程建设公司通过北京市"创新型""专精特新"中小企业认定，承飞公司获得"上海市设计创新中心"称号。在科研创新领域，中国航油获得国家密码科学技术奖、北京市科技进步奖、民航科技进步一等奖、第二届民航科教创新成果展最佳组织奖，以及 5G 创新"弘毅奖""善为奖""成城奖"。

【信息化与数字化建设】 2023 年，中国航油深入贯彻落实党中央数字经济发展和国务院国资委数字化转型工作战略部署，积极推动数字技术与生产经营深度融合。"智慧航油"与 35 家航空公司实现业务对接，智慧通航系统实现 3.0 版本创新升级。华东公司通航自助加油系统入选 2023 年民航大事记，载入民航发展史册。在首届国企数字场景创新专业赛中，中国航油获得一等奖 1 项、二等奖 3 项。大数据平台研究成果入选民航局智慧民航数据治理典型案例。高质量完成国资监管数字化智能化提升专项行动验收评估，被国务院国资委评为"优秀"。

【党群工作】 2023 年，中国航油聚焦高质量发展高标准开展主题教育，修订完善"第一议题"制度，推动习近平总书记重要指示批示精神第一时间在公司贯彻落实。制定发布党建工作纲要（2023—2025），深化落实"特色、创新、精品"党建新思路，涌现"七彩党建""红创"等党建新品牌，推动"三个一"党建新布局取得新突破。修订企业文化建设纲要，打造"航油远行"文化展厅，紧紧围绕中心强化正面宣传，多项品牌成果入选央企社会主义核心价值观微电影百部作品，并获得"党建强企优秀案例"特等奖。做优"新航线"统战工作室，打造建言献策新模式。坚持党建带工建、党建强团建，强化全国总工会百家企业职工队伍建设改革专项行动，成功举办民航油料化验员技能大赛。组织参加第四届全国民航职工羽毛球比赛，取得男子单打冠军并闯入团体 16 强的历史最好成绩；成功举办 2023 年中国航油篮球赛，进一步调动干部职工的激情和干劲。深化"青马工作室"建设，搭建思想、作风、技能三育人基地，得到团中央充分肯定。聚焦"关键少数"、重点领域，强化政治监督，做实做细日常监督，以政治巡视和党风廉政建设推动全面从严治党向纵深发展，维护风清气正、干事创业的良好氛围。

【履行社会责任】 2023 年，中国航油保障各类航班 499 万架次、比上年增长 86%，加油 3470 万吨、比上年增长 90%。圆满完成专机、重要包机和中国—中亚峰会、成都大运会、杭州亚运会、"一带一路"国际合作高峰论坛等重大保障任务，并为中国政府紧急援助瓦努阿图救灾物资提供海外包机加油支持，获得商务部赞誉。定点帮扶工作连续两年获得中央企业考核评价最高评级，福建分公司无偿献血获得中国政府慈善最高奖——"中华慈善奖"。

【绿色发展】 2023 年，中国航油与空客公司签署可持续航空燃料(SAF)推广应用战略合作备忘录，实现 SAF 的常态化供应保障，新加坡公司开展首单海外 SAF 业务。设立新能源事业部，成功承办首届 CATA 航空大会绿色分论坛，参与筹办首届民航绿色发展论坛暨设施设备展，严格节能减排数据统计，推进新能源事业加快发展。多次专题研究推进 SAF 开发应用工作，形成以争取价格政策支持为切入点、以 SAF 原创技术策源地建设为抓手的一揽子方案，得到民航局的认可，为集团公司推进 SAF 研发及商业应用创造良好条件。持续关注交易认证体系建设，与 20 余家 SAF 产业链相关方交流研讨应用路径，参与 SAF 国家标准和行业标准的制定，科技部重大专项"纤维素类生物质催化制备生物航油技术研究与示范"结题验收。推广应用绿色建材和绿色建造方式，装配式建筑累计面积 8.8 万平方米，11 个项目应用光伏发电系统，1 个项目利用地热能源，浙江丁桥卸油站"光储充"新能源综合服务站主体工程建设完工，绿色低碳效能进步显著。

（撰稿人：唐照寓）

中国航空器材集团有限公司

【基本概况】 中国航空器材集团有限公司(以下简称中国航材)是国务院国资委管理的中央企业，是专门从事飞机采购及航空器材保障业务的综合服务提供商。依托长期积累的航材保障网络、行业洞察力与品牌影响力，与行业主管部门和地方政府保持紧密联系，在航空业界与国内各航空公司，国际知名的飞机制造厂商、发动机制造厂商、航材供应商等保持着长期的密切合作。中国航材以"成为全球一流的民航服务提供商"为愿景，主要业务涵盖航空器整机保障服务、航空器材保障服务、技术装备及机场业务保障服务、通航发展服务等民航专业领域。

【主要指标】 2023 年，中国航材顺利实现"一增一稳四提升"，整体发展稳中向好、发展质量更优更实。全年累计实现利润总额 34344 万元，完成全年预算的 150.1%；研发经费投入 4838 万元，研发经费投入强度 1.31%，居商贸类央企第一；全员劳动生产率 98.7 万元/(人·年)，比上年增长 6.9%；年化净资产收益率 3.6%，比上年增长 1.5 个百分点。

【改革发展】 2023 年，中国航材改革三年行动顺利收官。以提高国企核心竞争力和增强核心功能为重点，新一轮国企改革深化提升行动接续实施。一是"双百行动""科改行动"专项工程切实发挥示范作用。2023 年 1 月，根据国务院国资委专项考核结果，集团所属 4 家试点企业获评 3 家"优秀"、1 家"良好"，"科改企业"中航材导航技术(北京)有限公司成功入选国务院国资委首批创建世界一流专业领军示范企业名单，中国民航技术装备有限责任公司获批国务院国资委对标世界一流创建标杆企业，有效发挥专项工程从“试验田”到“排头兵”的示范作用。二是新一轮国有企业改革深化提升行动全面推进。中国航材牢牢把握新一轮中央企业改革深化提升行动的正确方向，紧盯该轮改革行动重点关注的发挥好“三个作用”，围绕一批发挥核心功能、增强核心竞争力的重大项目提出调整优化产业布局结构的任务举措，针对三年行动考核结果中存在不足的任务，抓紧补短板强弱项，锚定制度长效化、健全管控体系等任务攻坚克难，突出抓好8个方面29项改革重点任务、48项改革举措、101条具体工作完成目标。三是建设世界一流企业价值创造行动有序开展。根据国务院国资委对标世界一流企业价值创造行动工作部署要求，中国航材认真研究制定行动方案和任务清单，以改革发展重点项目和重点举措为抓手，聚焦效益效率核心指标、创新驱动发展、国家战略落实、治理效能提升、可持续发展、共建共享、体系能力建设7个方面，提升产品服务质量和效益效率，切实增强竞争力、创新力、控制力、影响力和抗风险能力，加快向世界一流民航综合服务商的目标迈进。四是中国特色现代企业制度更加成熟定型。公司治理形成“1＋3＋N”制度体系，即以公司章程为基础，党委会、董事会、总经理办公会议事规则为依托，《重大事项权责清单》等配套制度相互支撑的制度体系。党的领导融入决策、执行、监督等公司治理各环节，以党委会为核心，董事会和经理层各司其职，“重大事项决策清单”完善健全，各治理主体职责边界清晰、运转规范、协同高效，强化各治理主体不缺位、不越位，不相互替代、不各自为政的高清晰度、强透明度的治理格局。

【重大项目】 2023年，中国航材在建设世界一流民航保障服务提供商的新征程上，认真学习、深入研讨习近平总书记关于国资央企批示精神，深刻领悟在新发展格局下肩负的职责使命，围绕增强核心功能，提高核心竞争力，不断提升服务国家重大战略能力。一是签署新的飞机批量采购框架协议。2023年4月6日，在习近平主席与法国总统马克龙的共同见证下，中国航材与空客公司在北京签署空客飞机的批量采购协议，在新发展格局下切实服务国家外交外贸。二是共商共建国产民机保障。中国航材充分发挥丰富的欧美民机保障经验和储备能力优势，以航材共享平台公司为载体面向行业提供ARJ21消耗件保障服务。与中国商飞、中航、南航、东航形成优势互补的国产民机保障生态圈，积极向C919市场延伸，获得Honeywell C919 APU的独家代理权。以发动机备件共享保障为起点，逐步扩大保障品类和机队规模，助力国产民机顺畅运行。三是稳步推动航材供应链保供工作。面对全球民航产业链不确定性，中国航材积极开展航材供应相关课题研究，大量调研与走访国内多家航司。中国航空器材有限责任公司作为保供的实施主体单位，积极加大工作力度，与国际主要发动机制造商、短舱制造商签署备件集中采购协议，与主要OEM厂商开展消耗件集采，展现保链稳链的责任担当。

【重大创新】 2023年，中国航材坚定从商贸服务型向科技服务型转型的战略定力，紧抓智慧民航建设战略机遇期，提升科技创新能力，积聚质量变革效率变革动力变革，不断增强核心竞争力。一是空地互联项目取得积极成效，首架加改装飞机于2023年底完成验证飞行，打通机上数据资源、卫星资源和电信网络的自主可控链路，在技术层面实现应用试点预期目标，并建立市场化的商业服务模式，为数字化转型提供重要战略契机。二是基于鸿蒙系统的电子飞行包(EFB)实现操作系统的国产化替代，自主开发AIM系统运行更稳定、更高效，全球航图、国产导航数据库研发进展顺利。三是积极布局机场内运行子系统的互联互通产品研发，夯实智慧廊桥、助航灯光单灯监控、泊位引导等设施设备制造基础，完善智慧机场整体解决方案。四是推动机务IT技术创新，实现从航司机务维修系统到“e—航材”平台再到航材供应商系统的双向贯通，融入航司机务维修信息化、业财一体化建设，加快航材保障的数字化进程。

【党建工作】 2023年，中国航材党委坚决贯彻党中央和国务院国资委党委的部署和要求，把深入开展学习贯彻习近平新时代中国特色社会主义思想主题教育作为工作主线，以高质量党建工作引领保障集团高质量发展。中国航材党委坚持用习近平新时代中国特色社会主义思想武装头脑，持续发挥统揽全局、领航发展的核心领导作用，带领全体职工建功立业，全心全意谋发展，聚精会神抓转型，为中国航材高质量发展提供强有力的政治保证。一是全面加强政治建设。把学习贯彻落实好习近平总书记重要讲话和重要指示批示精神作为集团党委的首要政治责任和政治任务，对照新时代新征程国资央企“三个总”“两个途径”“三个作用”新使命新任务，构建集团党委抓谋划、职能部门抓协调、承接企业抓落实的工作机制。进一步厘清党委和其他治理主体的权责边界，实现党的领导与公司治理的有机统一。二是推动主题教育见行见效。以“航材大讲堂”为载体，邀请专家教授为全体党员干部解读习近平经济思想。在全集团开展主题教育知识竞赛，组织党员干部赴延安、红旗渠等地开展主题党日，传承红色基因，锤炼党性修养。聚焦“向科技服务型企业转型”关键问题，将年度重点工作任务与调查研究紧密结合，切实把主题教育成效转化为指导实践、推动发展的具体举措。把检视整改作为推进主题教育成果转化的重要抓手，聚焦“五个紧盯”，增强检视整改实效。紧紧围绕集团转型发展面临的新形势、新机遇、新挑战，紧盯难点、堵点问题，全力推动集团经营实现“质”的有效提升和“量”的合理增长。三是强化干部人才队伍建设。树立重实干、重实绩、重担当的用人和考核导向，扎实做好领导班子和领导人员年度综合考核评价工作。制定出台科技人才队伍建设工作方案，完成集团工程系列初、中、高级专业技术职务任职资格评审工作。加强与民航管干院、中国大连高级经理学院等机构深入广泛合作，推进干部人才梯次培养。开展职业技能提升网络培训、航材大讲堂系列培训，不断完善培训体系制度。开展“违规获取境外身份”专项整治工作，“旋转门”“逃逸式辞职”等一系列专项整治工作。开展中国航材“十四五”时期优秀年轻干部调研，动态调整优秀年轻干部人才库。打通总部专业职能序列晋升通道，实现员工双通道晋升。加强外部董事队伍建设，拓宽外部董事来源渠道。四是实施基层党建“七抓”工程。坚持不懈抓组织，开展“先进基层党组织”“示范党支部”评选活动。坚持不懈抓书记，强化基层党组织书记责任意识、担当意识，将基层党建工作考核测评结果与绩效考核挂钩。坚持不懈抓党员，把政治标准放在首位，注重从高知识群体、生产一线、青年骨干中发展党员，通过党员承诺践诺、党员先锋履责、党员示范岗等方式，发挥党员先锋模范作用。坚持不懈抓活动，通过与主管部门、兄弟企业、主要客户的协调联动，达到党建和业务工作同频共振、同向发力的良好效果。坚持不懈抓制度，加强新闻宣传和舆论制度保障，全面梳理纪检工作现行制度。坚持不懈抓培训，组织党员领导干部集中学习习近平新时代中国特色社会主义思想，开展党支部书记和党务工作者培训，组织入党积极分子、发展对象专题培训班，抓好源头教育。坚持不懈抓保障，配齐配强党务工作者，启动集团党建信息化平台应用，进一步推动党建工作系统化、规范化、制度化、精准化。五是推动全面从严治党不断深入。推动专项治理工作走深走实，持续深化靠企吃企问题治理，坚决杜绝虚假贸易行为，加大跨境腐败治理力度，及时部署推进，动态更新《问题线索台账》，加快推进问题整改。深化巡视整改和成果运用，制定印发《集团公司党委巡视工作规划（2023—2027年）》，推动有形覆盖和有效覆盖相统一，不断构建巡视巡察上下联动机制。

【信息化与数字化建设】 2023年，中国航材提出数字化工作提升行动方案，明确数字化工作在“十四五”末的目标和重点任务；完善开展数据管理相关工作，建立并发布组织机构、人员信息、任职信息、外协单位、外协人员5项主数据模型，供集团各成员单位使用；深化落实信息系统建设工作，开展主数据平台、国资监管系统、人力资源系统、协同经营办公平台、财务数智化项目、移动办公和身份认证平台的建设工作。

【履行社会责任】 2023年，中国航材切实履行社会责任，紧紧围绕产业、人才、文化、生态、组织“五大振兴”创新拓展帮扶举措。立足地域禀赋，因地制宜定点帮扶陕西省白水县实施特色产业发展，直接投入帮扶资金580万元，比上年增长5.45%，促进白水县在产业兴旺、生态宜居、乡风文明、治理有效、生活富裕等方面取得新成效。

中国航材结合定点县乡村振兴发展的整体规划，持续完善帮扶工作机制，形成一系列具有航材特色的典型经验做法，获得地方政府及广大干部群众好评。一是推动优势产业发展。新建第六批白水苹果定点帮扶示范园，扩大航天育种项目种植面积，带动更多村集体经济组织参与种植，为贫困群众提供更多就业岗位和工资收入。二是支持定点县人才培训。加大对本地农民实用技术的培训力度，畅通智力、技术、管理下乡通道，培育一批懂经营、会管理的新型职业农民。三是开展法律援助服务。创新助力文化振兴举措，聘请专业机构，有针对性地为白水县提供专项法律知识培训及法律咨询等援助服务，提升当地干部群众法律意识，引导当地群众依法理性维护自身合法权益，进一步促进乡村和谐稳定。四是加大教育帮扶力度。支持当地更多困难学校改善办学条件，开展品牌公益活动，带领更多当地留守儿童走出山沟增长知识和见识。五是预防返贫风险。继续依托县民政部门对因病、因灾、因突发事故陷入临时困境的困难家庭实施救助。六是推进乡村振兴示范点建设。开展古槐村水坝提升改造项目，增加水坝储水量，提升人畜饮水及农田灌溉质量，助力当地农业产业发展与群众增收。

（撰稿人：孔小可）

中国电力建设集团有限公司

【基本概况】 中国电力建设集团有限公司（以下简称中国电建）是经国务院批准，于2011年9月在原中国水利水电建设集团公司、中国水电工程顾问集团公司和国家电网公司、中国南方电网有限责任公司所属14个省（自治区、直辖市）勘测设计、施工、装备修造企业基础上重组而成跨国经营的综合性特大型中央企业。

中国电建注册资本金319亿元，员工18万人，业务和机构遍及全球130多个国家和地区，是全球清洁低碳能源、水资源与环境建设的引领者，全球基础设施互联互通的骨干力量，服务共建"一带一路"倡议的龙头企业，在工程领域为全球客户提供投融资、规划设计、施工承包、装备制造、管理运营全产业链一体化集成服务、"一揽子"整体解决方案。根据国家有关部委安排，承担相关领域战略规划、政策研究、标准制定等工作。多年来为世界各国、全球客户交付一系列代表行业领先水平、令世人瞩目的精品工程。

2023年，中国电建居《财富》"世界500强"第105位；ENR"全球工程设计公司150强"第1位，连续4年位列榜首；分别居ENR"全球承包商250强""国际承包商250强"第6位、第8位。拥有中国工程院院士1人、全国工程勘察设计大师5人；国家级研发机构10个、省部级研发平台118个、院士工作站9个、博士后工作站11个；获得国家科学技术奖112项、省部级科技进步奖3561项，授权专利35375件，其中发明专利4868件；285个项目获得国家级优质工程奖项，其中国家优质工程金奖63个、中国建设工程鲁班奖66个、国家优质工程奖156个。

【主要指标】

表1　2023年中国电力建设集团有限公司主要经济指标

项　目	2022年	2023年	比上年增长（%）
资产总额（亿元）	12950.72	14101.11	8.88
所有者权益（亿元）	3154.14	3309.53	4.93
营业总收入（亿元）	6660.82	6869.33	3.13
利润总额（亿元）	200.21	206.33	3.06
净利润（亿元）	149.86	161.49	7.76
归属于母公司所有者的净利润（亿元）	41.76	54.93	31.54
技术开发投入（亿元）	227.28	245.98	8.23
利税总额（亿元）	341.35	360.30	5.55
应交税金总额（亿元）	209.97	212.90	1.40
全员劳动生产率［万元/（人·年）］	50.33	53.56	6.42
净资产收益率（%）	4.97	5.00	增加0.03个百分点
总资产报酬率（%）	2.88	2.83	减少0.05个百分点
国有资本保值增值率（%）	108.98	107.33	减少1.65个百分点

【改革发展】 2023年，中国电建改革发展取得新进展。经济运行平稳有序，全年完成新签合同额

12688亿元、营业收入6869.33亿元，分别比上年增长12.63%、3.13%；实现利润总额206.33亿元；净资产收益率5.00%，营业现金比率3.02%，全员劳动生产率53.56万元/(人·年)，研发投入强度3.67%，资产负债率76.62%，公司"一利五率"指标总体保持稳定。订单质量稳步提升，出台获取高质量订单、战略性订单指导意见，推行"拉通算账"商业模式，全年新签高质量订单额5183亿元，占比40.85%。海外经营恢复明显，"三个优先"逐步落地、"六个转变"持续深化，全年完成海外新签合同额2378亿元、营业收入966亿元，分别比上年增长8.88%、5.22%，基本恢复至疫前水平。项目履约成果丰硕，扎实推动国内外项目高质量履约，全年获得国家优质工程金奖9项、国家优质工程奖22项、中国建设工程鲁班奖4项。战略引领成效显著。产业结构调整加速，全年"水"业务新签合同1634亿元，占比12.88%；"能"业务新签合同6893亿元，比上年增长31.14%，占比54.33%；"城"业务新签合同3601亿元，比上年减少2.23%，占比28.38%；"数"业务新签合同101亿元。总的来看，公司"水"业务保持平稳，"能"业务快速发展、贡献率超过50%，"城"业务占比稳步下降，纯"数"业务发展迅速、新签合同首次超过100亿元。商业模式创新成效突出，全年以"新商业模式"推动"投资＋总承包"项目46个，出资147.5亿元，拉动总承包额1031.45亿元。海外业务结构持续调整，海外"水、能、城、矿"协调发展，海外投资稳慎推进。管理提升有力有效。项目管理不断加强，召开项目管理年会以及砂石矿山、抽水蓄能、新能源等项目管理专题会，扎实推进高质量履约。海外管控不断优化，坚持"少交的学费都是利润"，完成23个典型项目复盘总结，避免重蹈覆辙。初步建立海外索赔支持体系，加速海外索赔支持中心落地，推动重大项目索赔取得成效。改革深化提升行动稳步开展，在深入总结国企改革三年行动成效经验的基础上，制定发布公司改革深化提升行动实施方案及工作台账，推动全面落地，严格闭环管理。重大核心技术攻关取得新突破，获批主持水环境、海上风电、新型储能等领域国家重点研发计划2项、国家自然科学基金项目5项，牵头第二批5项"1025专项"攻关实现重大突破。数字化转型进入新阶段，发布《中国电建大数据体系实施方案》，加快提升全集团数据利用能力。科技人才队伍建设取得新成效，入选国家卓越工程团队1个、国家级科技人才8人、中央企业优秀青年科技人才1人，获评"大国工匠"1人、"全国技术能手"5人。"三资"管理稳步提升。资金管理持续加强，推进本外币资金一体化司库管理体系建设，对全级次银行账户进行统一管控，全年资金集中度保持在80%以上。资产经营稳步推进，大力盘活存量资产，全年完成资产经营685亿元。投资资产经营取得突破。提质增效扎实开展。欠款回收有力推进，出台公司《2023年各类欠款催收行动方案》《清理拖欠企业账款专项行动实施方案》。全年回收以工程款为主的各类逾期应收账款148.2亿元。"两金"压降深入推进，完善"两金"压降考核机制，出台公司《"两金"压降专项考核办法(2023版)》，构建子企业"两金"专项业务管理模块，动态监测"两金"波动。投资过程管控取得实效，全面强化投资控制，持续推进降本增效。通过优化投资方案、调整投资策略、降低融资成本等多种方式，不同程度压降投资概算、控制建设成本、提升投资收益。风险防控不断强化。持续深化依法合规经营，制定发布合规管理风险识别、岗位职责和流程管控"三张清单"，建立全岗位、全流程合规管理机制。有效化解重大风险，公司通过法律等手段维权，避免或挽回经济损失逾30亿元。全力筑牢安全生产防线，积极防范化解安全环保风险隐患，全年未发生重大及以上事故灾害，未发生突发环境事件以及重大不良影响安全环保事件，减污降碳指标全面完成。

【重大项目】 2023年6月25日，中国电建设计采购施工总承包的全球最大海拔最高的水光互补电站、雅砻江两河口水电站水光互补一期项目——柯拉光伏电站投产发电，首次将水光互补运行提升到百万千瓦级别。7月7日，中国电建建设的全国最大新能源配套电化学储能电站——三峡能源安徽阜阳南部风光储基地项目储能系统首期项目实现全容量并网。10月10日，中国电建承建的李家峡水电站正式投产发电，标志着世界最大双排机布置的李家峡水电站实现200万千瓦全容量投产。11月25日，中国电建投建的最大单体光储项目——新疆阜康市60万千瓦光伏＋60万千瓦时储能项目全容量并网发电。11月29日，中国电建承建的"十四五"时期国家第一批开工建设的大型风电光伏基地项目之一、全国单体规模最大的光伏治沙项目——蒙西基地库布其200万千瓦光伏治沙项目成功并网。12月6日,中国电建总承包的我国首个"核光储多能联合"互补滩涂光伏发电项目——中核三门滩涂光伏实现首批光伏发电单元并网发电。12月8日,中国电建研发并投建的国内首座75米水深海上自升式勘测试验平台——"华东院308"举行交付仪式。

【走向海外】 2023年,中国电建国际业务新签、营业收入、净利润分别为2378.41亿元、966.00亿元、12.48亿元,在集团占比分别为18.74%、14.13%、8.84%。公司在境外139个国家或地区执行项目合同3704份,合同总金额9835.19亿元;境外中外员工122345人。2023年,公司在ENR"全球工程设计商150强"和ENR"全球承包商250强"排名中,分别居第1位和第6位;在"国际工程设计商225强"和"国际工程承包商250强"中分别居第17位和第8位。

【重大创新】 75米自升式海上深水地质勘测平台。平台桩腿长度100米,极限作业水深80米,航行速度6.5千牛,桩腿最快升降速度可达1.6米/秒,均超国内外同类产品,为国际领先水平。

水电工程设计施工一体化数字关键技术与系统。首创IFC信息标准模型数据转换技术,填补数字工程技术标准空白,提升EPC大型常规水电与抽水蓄能工程的数字化、智能化建造水平。

双护盾TBM隧道安全高效建造关键技术。项目破解双护盾TBM在全封闭施工环境下地质信息采集技术的重大难题,创建基于片状岩渣含量及贯推比的双护盾TBM卡机临灾预警方法。

Slim-SO™海上升压组块产品。自主研发Slim-SO™新一代海上升压站系列产品,填补多项国内空白,为海上风电平价时代"降本"提供"利器"。

"厚淤泥、强台风、大涌浪"浙江海域海上风电新型大直径单桩—桶复合基础研发与应用。自主研发"海上风电新型大直径单桩—桶复合基础"首次成功转化实施,该技术填补国内外技术发明空白。

长距离引调水工程智慧建设管理信息系统。将BIM、GIS、大数据及物联网为核心的数字孪生技术深度融合到重大水利工程建设管理中,全面提升工程建设管理和运行维护的智能化水平。

可移动式管桁结构桅杆式起重机。1000吨级管桁结构桅杆式是公司自主研制的智能化大吨位桅杆式起重机,其应用技术填补国内多项技术空白,综合性能达到国际先进水平。

【党建工作】 一是政治建设有力有为,坚持把习近平总书记重要指示批示贯彻落实工作作为践行"两个维护"最直接、最重要、最具体的检验,健全完善"第一议题"、综合评估等工作机制,召开学习贯彻习近平总书记致白鹤滩水电站首批机组投产发电贺信两周年座谈会,公司党委入选国务院国资委学习贯彻习近平总书记考察或作出重要指示批示的重大项目重大工程"示范点"。二是主题教育见行见效,牢牢把握"学思想、强党性、重实践、建新功"总要求,一体推进理论学习、调查研究、推动发展、检视整改等重点工作,公司相关经验做法在中央及国务院国资委主题教育简报刊发11次。公司在《人民日报》《求是》等党报党刊发表多篇理论文章,首次获评"全国政研会工作优秀单位"。三是党建基础逐步夯实,全面落实"七抓"工程,深入实施"双引双建"对标年行动,表彰"五个一批"党建品牌110个,"双引双建"课题成果获得5项省部级一等奖。四是队伍活力有效激发,张春生、王仁坤及水电四局大型水轮发电机组安装与调试团队获得党中央、国务院颁发的首届"国家卓越工程师""国家卓越工程师团队"奖,获奖总数居央企前列;突出重实干、重实绩、重担当的用人导向,调整任用干部214人次;落实海外业务"干部选聘"优先,提升海外区域总部领导班子职级。

【信息化与数字化建设】 2023年,中国电建整体布局"数字电建",全面数字化转型意识、理念、动力、活力明显增强。坚持战略引领、系统宣传贯彻,用"数字电建"战略理念指引数字化工作的各方面,在数字化科技创新、品牌塑造中寻求新的突破。一是全员数字素养明显提升,协同组织召开公司首届科技与数字化大会,正式揭牌"中央建筑企业数字化转型协同创新平台",发布新能源和抽蓄行业数字化建设成果,部署年度工作。全年利用干部培训、多方交流等机会宣贯"数字电建"战略和"十四五"数字化规划,累计组织培训20多场，覆盖2000余人次。二是数字化制度体系健全完善，建立“11—23—22”的三级数字化制度体系，组织制(修)订并正式印发《公司数字化管理规定》等11个集团级数字化管理办法，有效覆盖全部数字化管理领域。三是全面数字化转型新模式初步形成，构建“电建数字化产品库”，开展集团级业务数字化技术产品选优评级，第一批集团级优秀抽蓄技术产品优选入库；建立数字化“揭榜挂帅”制度，初步完成“海上风电、轨道交通、高速公路、智慧城市、智慧生态”五项指导方案。四是公司数字化影响力大幅提升，公司全面数字化转型案例成功入选国务院国资委首期《科创动态——国企数字化转型专刊》。五是数字化生态主导优势逐步显现，配合国务院国资委组织运营中央建筑企业数字化转型协同创新平台，编制完成《BIM重大成果示范应用情况报告》《中央建筑企业数字化转型行动方案》。六是数字化协同创新机制更加成熟，组织策划工程企业数字经济发展方案，布局新一代信息技术战略性新兴产业，提升数字化业务核心竞争力。

【履行社会责任】 2023年，中国电建深入贯彻落实党中央、国务院决策部署，始终坚守央企使命，创造价值、回馈社会。在台风“杜苏芮”引发的洪涝和地质灾害中，全力开展抢险救援，投入北京门头沟区永定河、清水河河道清理攻坚战，以央企担当全面支援灾后恢复重建工作，收到国家防汛抗旱总指挥部办公室发来的感谢信；在低温雨雪冰冻灾害中，不惧严寒、以雪为令，组织志愿者并调集大型机械除雪破冰，保供保畅通；在甘肃省临夏州积石山地震后，派出机械设备、专家和救援物资，第一时间逆行挺进震中；在冬夏两季能源保供中，积极开展各项保供电、保安全专项行动。连续11年发布社会责任报告，并连续6年获评“五星级”；高质量助力云南省剑川县、新疆维吾尔自治区民丰县和对口支援的西藏自治区芒康县巩固拓展脱贫攻坚成果，获评“2023年上市公司乡村振兴优秀实践案例”，连续5年获得国家主管部门考核评价“好”。

2023年，中国电建入选国务院国资委“央企责任管理·先锋30指数”“央企ESG·先锋100指数”；获得中国社科院“2023中国企业300强社会责任发展指数”第20名、“2023重点行业社会责任发展指数”建筑行业三强；居央视总台2023“中国ESG上市公司先锋100”榜单第78名；获评国务院国资委《2023中央企业社会责任蓝皮书》“主业履责篇”优秀案例、《中央企业海外社会责任蓝皮书(2023)》优秀案例；在资本市场获得“上市公司金牛奖”“责任犇牛奖”“主板上市公司价值百强”“中国上市公司百强奖”等奖项10余项。

(撰稿人：郁颂东)

中国能源建设集团有限公司

【基本概况】 2023年，中国能源建设集团有限公司(以下简称公司)坚持以习近平新时代中国特色社会主义思想为指导，坚决落实国务院国资委部署要求，大力践行《若干意见》、“1466”和新能源、新基建、新产业“三新”能建战略，准确把握大局大势，有效驾驭复杂变势，全面发挥独特优势，全力稳固安全态势，在尽力消化长期积累潜亏、解决较大历史遗留问题、付出巨大改革成本的基础上，交出一份全新的精彩答卷，顶层牵引力、综合实力、转型升级动能、改革创新活力、科学管理效力、高质量党建水平实现显著提升，总体呈现新动能加速集聚、新优势不断放大、新活力持续迸发、新品牌影响力迅速提升的良好趋势。

【主要指标】 2023年，公司完成新签合同额12837.3亿元，比上年增长22.4%；实现营业收入4085.29亿元，比上年增长10.64%；利润总额150.32亿元，比上年增长6.21%；净利润121.84亿元，比上年增长12.61%。

表1　2023年中国能源建设集团有限公司主要经济指标

项　目	2022年	2023年	比上年增长(%)
资产总额(亿元)	6798.98	8012.91	17.85
所有者权益(亿元)	1736.47	1964.52	13.13
营业收入(亿元)	3692.29	4085.29	10.64
利润总额(亿元)	141.52	150.32	6.21

续表

项　目	2022 年	2023 年	比上年增长(%)
净利润(亿元)	108.20	121.84	12.61
归属于母公司所有者的净利润(亿元)	36.69	42.48	15.78
技术开发投入(亿元)	124.11	145.91	17.57
利税总额(亿元)	256.14	272.94	6.56
应交税金总额(亿元)	90.24	86.37	-4.29
全员劳动生产率[万元/(人·年)]	46.28	48.06	3.85
净资产收益率(%)	6.56	6.58	增加 0.02 个百分点
总资产报酬率(%)	3.25	2.85	减少 0.40 个百分点
国有资本保值增值率(%)	109.42	110.63	增加 1.21 个百分点

【改革发展】 2023 年，公司科学编制改革深化提升行动、建设世界一流企业、对标世界一流价值创造行动“三大实施方案”，累计实施具体改革举措 160 项；创新资本运作与专业化整合模式，易普力公司在深交所主板挂牌上市，成为中国民爆综合实力最强与规模最大的专业化上市公司；纵深推进“3+2”中长期激励机制，任期制和契约化考核覆盖面 100%，全年任期制刚性退出 28 人，85 名班子成员未达到契约目标绩效薪酬零兑现，清理不在岗员工 1500 余人；新增“双百企业”“科改企业”5 家，改革尖兵持续扩围提质。

【重大项目】 一是践行国家重大战略。公司承建的白鹤滩水电站入选“全球十大工程成就”，设计建设的全球首个百万千瓦级水光互补项目雅砻江光伏电站、国内装机规模最大的百万机组甘肃常乐电厂投产投运，全国规模最大的风光储一体化示范项目乌兰察布绿色电站成功并网，能源保供与安全支撑作用全面凸显。二是厚植绿色低碳鲜明底色。公司新能源签约比上年增长 26.3%，占比超过 30%。新获风光开发指标超过 2000 万千瓦，累计 5023 万千瓦，控股新能源装机容量 951.1 万千瓦。获得新型储能、氢能项目 50 余个，总装机规模超过 550 万千瓦。广西崇左等新能源大基地项目、湖北应城压缩空气储能项目、吉林松原氢能产业园项目取得重大进展，安徽绩溪高空风能项目成功发电。三是打造共享融合标杆典范，投资建设的山东枣菏高速交能融合示范项目成功投运，国家八大算力节点之一甘肃庆阳“东数西算”源网荷储一体化智慧零碳大数据中心园区项目打通“算力网+能源网”通道，能建大厦二期零碳智慧园区入选国家科技示范工程，无锡洗砚湖生态科技城等一批百亿级产能融合示范项目落地实施，产业链、供应链、价值链、创新链“四链”深度交融效应持续放大。2023 年获得国家优质工程奖 26 项、省部级质量奖 1209 项。

【走向海外】 2023 年，公司深度参与第三届“一带一路”高峰论坛，紧跟大国外交务实高效开展转化、细化、深化工作，第一时间策划“能建中亚—中东行”，签约希腊天然气电站、乌兹别克斯坦储能、沙特阿拉伯光伏等一批重大项目，签约额超过 2674 亿元；承建的全球最大单体光伏电站阿联酋阿布扎比项目、中亚最大燃气联合循环电站乌兹别克斯坦锡尔河项目等成功投产。2023 年，中国能建国际业务经营业绩再创新高，增幅位居同类央企前列，全年完成签约 2807 亿元，营业收入 543 亿元，利润总额 33 亿元，投资 42 亿元，均超额完成年度指标。公司在 ENR“2023 年全球最大的 250 强承包商”中排名第 17 位、在“国际工程设计公司 225 强”中排名第 20 位。

【重大创新】 2023 年，公司深入实施科技创新“头号工程”，全年研发投入 130 亿元，投入强度 3.21%。大力推动关键核心技术攻关和新技术产业化应用，“新型高空风力发电关键技术及装备”获批国家重点研发计划并实现重大原创性技术突破，300MW 级压缩空气储能系统等关键核心技术装备上榜国家能源局首台(套)名录，1500 标准立方米碱性电解水制氢装备研制成功，新型储能原创技术策源地打造、未来地下空间重大技术研究取得重大进展，海洋能源、氢能、新型电力电子装备等 6 家研发平台完成组建，新型电力系统规划设计技术研发中心入选国家能源局首批创新平台，创新成果比上年增长近 3 倍，新质生产力培育跑出加速度。

【党建工作】 2023 年，公司坚定不移加强党的全面领导与建设，党建、纪委、巡视巡察工作再次获得国务院国资委考核A级评价。一是政治建设不断强化。将旗帜鲜明讲政治、顾大局贯穿治企兴业全过程，深入落实好“第一议题”制度，全年公司党委集中学习“第一议题”15次103项，坚决做习近平新时代中国特色社会主义思想的坚定信仰者、忠实践行者。高质量开展主题教育，充分运用“百名纪检干部下项目蹲点”经验大兴调查研究，相关经验做法在党中央、国务院国资委主题教育简报交流33次，得到中央主题教育第三十八指导组和国务院国资委党委高度评价。二是干部队伍建设成效突出。系统开展领导班子执行力、合力、战斗力“三力”建设，深入实施“人才能建”工程，大力培育企业家创新家“两家”队伍。全年调整党委管理干部245人次，举办3期企业家人才和4期年轻干部高级研修班等七大类重点培训项目，全集团开展各类培训2.6万余次，员工参训108万余人次。三是党建融合走深走实。抓实抓细项目、混合所有制改革企业、困难企业等特色领域党建。深入推进卓越文化体系建设，高水平讲好能建故事，企业新媒体指数排名稳居央企“第一梯队”并在建筑板块排名第一。纵深推进劳模工程、青马工程、青年精神素养提升工程“三大工程”，公司获得全国五一劳动奖章2人、全国工人先锋号1项、全国五四红旗团委1项、全国青年安全生产示范岗1项、省级五一先进集体和个人荣誉15项、中央企业五四先进集体和个人荣誉19项，葛洲坝机电公司白鹤滩水电站发电机组安装团队获评“央企楷模”。四是全面从严治党持续深化。高标准配合做好国务院国资委党委巡视工作，高质量制定针对性整改措施208项，完成两轮6家电建企业常规巡视；系统开展违反中央八项规定精神问题专项治理，不断健全“大监督”体系，全面实施项目监察员制度，严肃监督执纪问责，保持反腐高压态势，风清气正的政治生态持续巩固。

【信息化与数字化建设】 2023年，公司全面夯实数字智慧发展底座，完成信息化规划“十四五”中期评估，保证数字化工作与企业战略的一致性；修订《数字化转型考核实施细则》等制度，进一步规范数字化管理工作；组建集团级数字运维团队，专职保障集团统建系统运维；举办公司首届数字化人才培训班，储备内部数字化人才。2023年，公司业财一体化、项目管理一体化、供应链管理一体化、共享平台“四大数字化平台”总体建成，董事会管理、数字人资等18个专业管理系统上线运营，数字电厂、智慧工地等领域系列数智新产品研发应用，全国电力规划实施监测预警平台、全国新型储能大数据平台、海上风电大数据平台等功能不断深化，管理数字化、产业数字化、数字产业化、数据价值化“四化”水平不断跃升。

【履行社会责任】 一是大力推进乡村振兴。2023年，公司乡村振兴定点帮扶工作连续3年获得中央农村工作领导小组最高等次评价“好”。所属葛洲坝水泥公司“葛泥优选”助农直播平台和西北院陕西镇巴县智能化、集约化小蚕共育体系等案例入选中国电力企业联合会2023年度电力企业社会责任优秀案例。二是积极融入国家应急救援体系。2023年，公司参与各类社会应急抢险40次，出动人力2.3万余人次、装备8000余台(套)次，转移安置7600余人。尤其是2023年8月，京津冀百年罕见特大暴雨发生后，公司迅速组织力量完成14.1千米主河道、27千米中小河道清理，以及近20000米护坡修复，获得国务院国资委、北京市政府的高度评价。

（撰稿人：黄春桥）

中国安能建设集团有限公司

【基本概况】 中国安能建设集团有限公司（以下简称中国安能）是根据党中央跨军地改革战略部署，于2018年9月由武警水电部队整体转隶组建的中央企业，主要担负国家重点工程建设和重大自然灾害工程救援任务。中国安能是国家防总成员单位，是应急管理部自然灾害工程应急救援中心，也是中央企业应急救援体系综合平台所在单位，是唯一一家以自然灾害应急救援和工程建设为主责主业的中央企业。

截至2023年底，中国安能下辖8家二级全资子公司、24家三级分子公司，主要分布在北京、上海、南宁、南昌、成都、广州、唐山、合肥、海口、常州、厦门、武汉、重庆等地。设华东、华南、云南、新疆4个区域总部。职工总数6692人，在职职工6692人，其中，管理人员1602人，占23.9%；中级职称以上专业技术人员701人，占10.5%。

2023年，中国安能坚持以习近平新时代中国特色社会主义思想为指导，认真贯彻落实习近平总书记重要批示精神，按照国务院国资委决策部署，以提质增效稳增长为牵引，统筹推进生产经营、应急救援、改革发展和党的建设各项工作落实，加压奋进、攻坚克难，公司高质量发展保持向上向好态势。

【主要指标】 2023年，中国安能新签合同额341.52亿元，完成年计划的85.2%，比上年增长3.7%；营业收入183.51亿元，净利润8.33亿元，经营性净现金7.69亿元。截至2023年底，资产总额294.14亿元，其中货币资金84.94亿元；负债总额181.97亿元，无外部借款，资产负债率61.9%。

表1　2023年中国安能建设集团有限公司主要经济指标

项　目	2022年	2023年	比上年增长(%)
资产总额(亿元)	246.47	294.14	19.34
所有者权益(亿元)	96.28	112.17	16.50
营业收入(亿元)	139.48	183.51	31.57
利润总额(亿元)	6.89	9.77	41.80
净利润(亿元)	5.48	8.33	52.01
归属于母公司所有者的净利润(亿元)	5.48	8.33	52.01
技术开发投入(亿元)	4.49	4.97	10.69
利税总额(亿元)	9.99	12.00	20.12
应交税金总额(亿元)	3.10	3.67	18.39
全员劳动生产率[万元/(人·年)]	47.46	47.03	-0.91
净资产收益率(%)	6.0	7.8	增加1.8个百分点
总资产报酬率(%)	3.2	3.6	增加0.4个百分点
国有资本保值增值率(%)	106.7	108.3	增加1.6个百分点

【改革发展】 2023年，中国安能深入贯彻落实党中央、国务院和国务院国资委关于深化改革各项决策部署，以国企改革深化提升行动为牵引，大力推动重点改革任务落实，引领企业高质量发展。一是顶层设计不断加强。国企改革三年行动高质收官，被国务院国资委考核评为A级。精心谋划和开展国企改革深化提升行动，制定行动方案和任务清单，组织专题动员部署，实现高点展开、高效推进。协调完成功能界定和主责主业调整，正式发布集团"十四五"规划及15个子分规划。扎实开展加快建设世界一流企业、对标世界一流价值创造行动，制定的"两个实施方案"评审排名靠前。二是重点领域加快推进。印发重点领域改革指导意见，健全完善主业管理、并购参股等制度，升级授权和监管"两个清单"，新组建武汉应急公司、西藏分公司。出台深化收入分配机制改革8个方面22条措施，修订工资总额管理、薪酬管理、经营业绩考核3个办法，制定"1+N"科技管理制度，推动经理层成员任期制和契约化管理做实做细，实现子企业负责人绩效倍差1.42倍、班子副职绩效差1.75倍，末等调整和不胜任退出的占3.68%。为5700余名员工缴纳补记年金、企业年金近5.3亿元，不断激发干事创业热情和内部动力活力。三是现代企业制度持续完善。完成新一轮集团总部部门职责、岗位职责修订。印发年度规章制度"废改立"工作计划，以公司《章程》为根本，对表领先央企，全级次修订完善党的建设、公司治理、三项制度改革、风险内控、纪检巡视等规章制度833项，推进512项新立、218项修订、103项废止工作，梳理管理流程127项，编印《集团公司管理手册》《集团总部管理业务流程手册》，现代企业规章制度体系不断健全。四是子企业董事会建设全面规范。严格落实董事会应建尽建要求，纳入应建范围的6户子企业全部建立董事会，并按要求配齐配好外部董事，完善下发《落实子企业董事会职权事项清单》，实现"一企一策"差异化落实子企业董事会职权。采

取“专兼聘”相结合方式，建立外部董事人才库，制定子企业外部董事管理、考评和履职的“2办法1指南”，形成选聘、考核、退出与追责等全过程的制度体系，有力提升董事会建设质量，子企业董事会实现有序运转。

【重大项目】 2023年，中国安能施工生产延续快速增长势头，全集团施工项目289个，比上年增加107个；完成产值202.78亿元，比上年增加48.83亿元；82个项目如期完工，比上年增加31个；在建和完工项目单元工程验收合格率保持100%、优良率94%；29个度汛项目如期达到形象面貌要求，实现安全稳定。一是项目管理体系持续完善。制定、修订《工程项目管理策划管理办法》《进度计划管理办法》《质量管理办法》《工程施工项目分包管理暂行办法》等制度7项，项目管理更加规范。二是履约管控效果更加明显。聚焦在建工程项目的全过程履约管控，强化动态监管、专项督导、技术帮扶和安全度汛，全面落实日报、月报制度，运用巡查、联合检查机制，加大排查检查力度，并及时与业主、监理方沟通，掌握重点履约问题，开展帮扶指导，年度各项目履约目标整体受控。三是质量提升工作更加有效。印发《2023年质量提升工作计划》，组织开展施工领域质量自查整治专项行动和“质量月”及质量QC小组活动，其中，金川水电站溢洪道边坡预裂爆破质量控制小组、文蓄登峰QC小组分别获得中央企业QC成果发表赛二等奖、三等奖，梨园、引江济汉工程获得2022—2023年度国家优质工程奖，南水北调潮河段工程获得大禹奖。四是技术保障能力不断增强。重点对大型、新型项目进行技术策划和施工组织设计审查指导帮扶，组织专家队伍对桐城、石台、松阳3个抽蓄主体工程实施性施工组织设计进行审查，提出219条优化意见和45条设计变更意见。对技术较复杂的金川溢洪道等工程项目开展督导，进一步优化完善方案。

【重大创新】 2023年，中国安能坚持“科技强企、创新引领”方针，聚焦抢险战场、工程现场、未来市场，持续加大科研投入，加强关键核心技术攻关，科技创新能力持续提升。一是科技创新提速提质。激活企业科技创新能力，技术开发经费累计投入4.97亿元，比上年增长10.69%。出台《“十四五”科技规划》《科学技术进步管理规定》《科技研发项目管理办法》等规章制度，形成“1+N”科技管理制度。组织科技创新评审鉴定，审定23项立项科研课题，28项技术成果作为年度集团公司工法予以发布，其中17项优秀技术成果获批水利行业工法。推进科技成果申报和转化，获得省部级科技奖项19项、各类工程奖项17项，获批行业工法18项、国家专利170件，发布主(参)编标准6项，其中“极端环境下雪崩主动防控与应急监测预警技术研究”被西藏列为“卡脖子”研发重大专项。持续开展技术创新“三四五”活动，取得300项成果，产生良好的经济和社会效益。二是科技助力抢险救援。中国安能在参与处置年度重大自然灾害抢险救援任务中，娴熟运用各类先进战法，高效排除险情。京津冀抗洪抢险采用“机械化双向立堵”战法和“松软路面快速硬化”技术，提前完成白沟河决口封堵任务；G234国道抢通中创新采用“蛙跳推进、多点作业、抢挖保通、加固除险”战法，24小时内率先打通通往王平镇的“生命线”。积极推广使用抢险砂石智控打包机、机械化桥、打桩船、动力舟桥、水下无人船、三维扫描仪等高精尖抢险装备，确保各项任务圆满高效完成。三是科技赋能工程建设。持续开展重大工程实施性施组审查和重难点技术问题帮扶等活动，系统解决在建工程重难点技术问题，助力工程项目增长28.6%、完成产值提高32.4%。建成HN地下水封洞库工程智慧洞库管理信息系统，创新采用喷纳米粗纤维混凝土，研发移动式灌浆台车和钻爆作业台车，提升水封洞库建设的科技含量和行业品牌影响力。JX水电站导流隧洞工程，通过优化技术方案和施工组织，创造单月浇筑11仓的施工纪录，开创在极端复杂条件下用14个月完成1705米大断面导流洞从开工到过流的“安能速度”。

【党建工作】 2023年，中国安能深入学习宣传贯彻党的二十大精神，以学习贯彻习近平新时代中国特色社会主义思想主题教育为工作主线，以高质量党建引领保障高质量发展为主题，围绕应急救援和生产经营主责主业全面加强党的建设，坚持高质量、深融合、重实效、抓落实，为实现“一基两翼、三新四成”战略目标提供坚强思想保障和组织保证。一是政治能力更加过硬。严格落实“第一议题”，及时传达学习习近平总书记重要指示批示、重要讲话精神，印发《习近平总书记重要指示批示汇编》，确保习近平总书记重要批示精神落实落地。健全完善党委制度机制，修订"三重一大"制度清单，完善党建工作责任制实施办法及考核评价办法，督导各级落实管党治党政治责任，有效促进科学决策、高效决策。深入开展主题教育，组织覆盖三级企业班子成员的理论培训，开设主题教育专栏，及时推出反映教育动态、基层鲜活做法的宣传报道，国务院国资委工作简报先后8次摘转有关做法。二是党建基础更加厚实。用好"融合八法"，"党建+中心"双融双促的工作格局持续完善、效力彰显，党建考核连续4年获评A级。聚焦主题教育，加强基层党建，部署开展基层党建"七抓"工程，严肃党内政治生活，指导各级开好民主生活会、组织生活会，组织开展民主评议党员、谈心谈话等活动。坚持党建带团建，成功召开集团第一次团代会、职代会、工代会，深入推进青年精神素养提升工程，巩固深化"青马工程"成果，带领团员青年展现新作为，建功新时代。武汉分公司青年突击队被评为第21届"一星级全国青年文明号"。三是政治生态更加清明。聚焦集团党委提质增效、合规经营、巡视审计整改等重点任务，印发《2023年度党风廉政建设和反腐败工作要点》，形成53项目标任务清单，每月开展项目化监督检查，定期召开纪委会议和协调小组会议部署推动，确保党委中心任务落地实施。狠抓中央八项规定精神贯彻落实，紧盯重要节日和重点时段，印发工作提示3份，制发廉洁微视频5个，转发中央纪委典型案件通报6次，督导各级通报典型案例4起，重申纪律禁令，严明纪律要求，有效防范"四风"问题反弹。高标准完成对2家子企业党委的常规巡视，组织开展违规违法获取工程项目问题专项整治，取得阶段性成效。

【信息化与数字化建设】 2023年，中国安能深入推进信息化和数字化建设，并取得积极成效。一是数字化管控体系不断优化。以加强数字化建设提升管理效率，以打造"智慧总部和敏捷企业"为数字化愿景目标，在现有"三重一大"决策运行、人力资源、财务共享、工程管理、集中采购五大信息化管理系统的基础上，依托数据中台打通各系统数据壁垒，实现全业务链、全级次、全周期、全要素的数字化管理，有效提升管理的穿透性、时效性。并通过数据集成、分析、挖掘，为决策层提供实时、准确、全面的信息支持，提高决策效率和精准度。二是信息化建设水平显著提升。出台《信息化建设实施细则》《人力资源系统使用管理办法》《集中采购管理系统使用管理办法》等规章制度，信息化制度体系持续健全。扎实推进数据中台建设和数据目录梳理工作，实现监管数据的横向交互和集中汇聚。加快研发集团合同管理系统，试点开展部署应用，实现信息系统自研自建零的突破。三是网络安全防护能力持续巩固。积极推进等保测评工作，完成"综合办公平台"信息系统安全等级保护三级备案，"集团官网"信息系统安全等级保护二级备案，并获得相应证书。大力推进IPv6规模部署和应用，完成软件正版化自查工作，建立操作系统、办公、杀毒和工业设计正版软件使用情况台账，全集团企业软件正版化率100%。

【履行社会责任】 2023年，中国安能不断强化社会责任管理，认真践行央企社会责任，在应急救援、援疆援藏、节能减碳等方面作出积极贡献。一是参与抢险救援彰显新担当。全年动用应急力量5.45万人次、装备3.08万台次，参与联训联演51次，前置备勤16次，出色完成内蒙古阿拉善新井煤矿塌方救援、京津冀抗洪抢险和甘肃积石山县地震救援等重大应急救援行动50起。在京津冀抗洪抢险中，半个月转战7个区县，接连打赢12场硬仗，在关键时刻发挥"国家队""专业队"作用，得到各方高度赞誉，并作为参加河北保定抗洪抢险的唯一央企队伍代表受到习近平总书记的亲切接见。收到感谢信11封、锦旗8面，唐山救援基地京津冀抢险突击队获评"央企楷模"，3个集体、41名个人受到应急管理部记功表彰。二是援疆援藏工作取得新成效。围绕参与重大基础设施建设、服务稳就业稳增长，全力助推新疆、西藏地区高质量发展。承建新疆地区项目5个、西藏地区项目2个，完成承建项目合同额46228万元，有效促进当地经济增长。招收新疆、西藏籍和当地院校大学生21人，吸纳当地劳动力2000余人，累计提供3660人次劳务用工需求。西藏珠拉营地项目部积极为当地农业生产、就业指导提供帮助，组织人员为村委募捐疫情防控资金2000余元、无偿帮助当地村民修建灌溉水渠200余米，免费为当地村民开展施工技能培训，提供就业岗位20余个，当地村民收入累计增加25余万元。西藏林芝墨脱项目部完成产值6056万元，直接或间接促进本地农牧民增收1361.21万元。三是践行“双碳”目标迈上新台阶。牢固树立绿色发展理念，全面落实企业环保治理主体责任，编制碳达峰行动方案，印发任务清单，有效完善节能环保管理体系，形成节能环保工作长效机制。能源消耗总量7.83万吨标准煤，比上年增长44.23%。其中，电力12772.62万千瓦·时，柴油36110.23吨，汽油5998.44吨，天然气90.91万标准立方米。万元营业收入综合能耗0.0426吨标准煤，比上年下降2.3%；二氧化碳排放量20.8万吨，万元营业收入二氧化碳排放量0.1132吨，比上年下降2.8%。

（撰稿人：谭　锐）

中国黄金集团有限公司

【基本概况】 中国黄金集团有限公司（以下简称中国黄金）是我国黄金行业唯一一家中央企业，是中国黄金协会会长单位，世界黄金协会中国首家董事会成员单位，组建于2003年，前身为国家黄金管理局、中国黄金总公司、武警黄金指挥部。

2023年，中国黄金坚持以习近平新时代中国特色社会主义思想为指导，深入开展学习贯彻习近平新时代中国特色社会主义思想主题教育，坚决贯彻落实党中央、国务院重大决策部署，落实国务院国资委党委工作要求，坚持稳中求进工作总基调，牢牢把握高质量发展主题，在凝心聚力、克难奋进中迈出踔疾步稳的坚实步伐、取得来之不易的宝贵成绩、书写改革发展的生动实践。

【主要指标】 一是经济效益稳中有进。2023年，中国黄金累计实现利润总额40.37亿元，净利润28.13亿元，归属于母公司所有者的净利润2.91亿元。二是主要产品产量总体平稳。全年生产矿产金29.01吨、矿山铜11.1万吨、冶炼金42.25吨、电解铜41万吨。三是经济运行质量稳中向好。合并资产负债率56.84%，较年初降低1.12个百分点。全员劳动生产率42.72万元/（人·年），较上年同期增加1.35万元/（人·年）。研发经费投入强度2.63%，比上年增加0.03个百分点；研发经费投入33.36亿元，比上年增加2.86亿元。四是发展质量持续提升。全口径资金集中度85.91%，日均资金集中规模169.8亿元。高负债子企业比上年下降5户。合并融资担保余额比上年降低22.8亿元。完成8户企业“两非”剥离。累计减少法人20户。集团整体资产证券化率83.19%，4家上市公司总市值809.88亿元。

表1　　2023年中国黄金集团有限公司主要经济指标

项　目	2022年	2023年	比上年增长（%）
资产总额（亿元）	1132.25	1094.25	−3.36
所有者权益（亿元）	476.04	485.35	1.96
营业收入（亿元）	1171.41	1253.90	7.04
利润总额（亿元）	44.88	40.37	−10.05
净利润（亿元）	34.01	28.13	−17.29
归属于母公司所有者的净利润（亿元）	6.44	2.91	−54.81
技术开发投入（亿元）	30.50	33.14	8.66
利税总额（亿元）	83.95	85.22	1.51
应交税金总额（亿元）	7.42	5.41	−27.09
全员劳动生产率[万元/（人·年）]	41.37	42.72	3.27
净资产收益率（%）	7.25	5.85	减少1.40个百分点
总资产报酬率（%）	5.46	4.93	减少0.53个百分点
国有资本保值增值率（%）	100.2	—	—

【改革发展】 一是全面启动改革深化提升行动。制定实施方案，形成64条改革任务、119项改革措施，通过绘就“一张图”、制定“一本账”、建立“一张网”，全

面推动各项举措落实落地。二是深化功能平台企业改革。辽宁区域企业通过整合资源、优化管控机制，累计实现利润总额1.44亿元，亏损户数比上年下降50%，亏损额比上年下降81%。中金贸易顺利完成年度目标任务，实现利润1.08亿元。中金地质地勘平台作用凸显，累计探获金金属量12.1吨、铜8.6万吨、钼17.64万吨。三是完善中国特色现代公司治理制度体系。以修订完善"三重一大"制度体系为抓手，加快落实党委前置研究重大经营事项清单分层分类动态优化。聚焦企业分类，进行差异化授权。首次对所属二级公司按照矿业型、主业服务型、销售型子公司进行分类，并实施差异化授权。聚焦核心关键业务堵点，精准化放权。抓住金铜价格高位运行有利契机，加大在子企业退出处置、股权以及矿业权对外转让三个方面的放权力度。集团总部及26户直管二级公司全部完成修订，全层级完成率80%。四是深化公司治理机制改革。建立"一企一策"经营业绩考核运行机制，并根据经营难度、贡献度等进行年薪结果调节。健全子企业董事会运行评价体系，高质量完成66户子企业的董事会运行情况评价。开展提高控股上市公司质量专项行动，中金黄金完成莱州中金、内蒙古金陶等优质资产收购，中金辐照获深交所信息披露考核评级为A。大力实施品牌引领行动，中国黄金入选人民日报社2023中国品牌论坛优秀案例；中金珠宝排名全球百大奢侈品公司第13位。五是扭亏控亏取得新突破。全年亏损户数累计减少24户，亏损面由34%下降至23%，亏损额下降26.22个百分点，完成子企业亏损面和亏损额"双降低10个百分点"的目标任务。

【重大项目】 2023年，中国黄金实现投资45.5亿元，全部为主业投资。其中，固定资产投资完成30.9亿元、股权(产权)投资完成14.6亿元。一是重点项目建设取得积极进展。山东纱岭项目完成世界最重、主体最高的主井井架安装工程，打通尾矿库用地关键堵点，为项目顺利投产奠定基础。中原矿业夜长坪项目全面开工，通过会战高效完成外围探矿。二是资源保障根基进一步夯实。深入融入新一轮找矿突破战略行动，完成"中国黄金融入国家找矿战略一张图"，将22家矿山企业纳入"重点勘查区"和"重要矿山深部"。不断加大增储上产，河南金源、苏尼特金曦、辽宁排山楼等企业完成矿业权整合。夹皮沟、江西金山、陕西太白等企业外围和深部探矿有序推进。大东沟金矿项目历时4年，成功签署股权转让协议，资源获取取得重大突破，进一步强化中国黄金在东北重点金成矿带的布局。

【走向海外】 2023年，中国黄金认真落实"一带一路"倡议，在全球范围内合理获取和开发优质黄金及有色矿产资源，坚持绿色开发，加强创新驱动，实现高质量发展。截至2023年底，中国黄金在境外企业26户，广泛分布在北美洲、亚洲、非洲等地。其中，中金香港境外子企业23家，"一带一路"沿线国家和地区子企业7户。在加拿大多伦多及中国香港主板两地上市的中金国际积极创新市值管理，加强市场维护，2023年股价和市值均处于历史最好时期，股价最高至47.5港元/股，市值首次突破180亿港元；连续3年实现分红，3年累计实现股东分红2.95亿美元。

2023年，海外矿山克服重重困难，顺利完成年度生产目标。非洲刚果(布)索瑞米铜铅锌矿克服多重不利因素，强化生产管理，年产铜9038吨、锌1.33万吨。吉尔吉斯库鲁捷盖列特铜金矿井下采矿方法转变工作正式启动，南矿体露天开采项目通过批准，公司经营稳中向好。布丘克金矿建设顺利实现吉国政府复工审批，首次在外围探矿权实现重大找矿突破，矿山整体经济效益获得大幅提升。俄罗斯西一克鲁奇公司在俄乌冲突的不利环境下，坚持不懈，取得俄罗斯当局关于项目资源储量备案报告的批复，积极推进可研优化选矿试验、可行性研究报告及项目审批手续等事宜。2023年，中国黄金积极稳妥推进海外资源并购，完成26个海外金铜矿山项目桌面尽职调查，密切跟踪推进重点项目4个，现场考察中亚多个金铜矿项目。

【重大创新】 2023年，中国黄金深入贯彻落实习近平总书记关于科技创新的重要论述和重要指示批示精神，召开贯彻落实习近平总书记重要批示精神座谈会、科技大会暨技术交流论坛，进一步营造创新发展的良好氛围。一是科技创新机制改革再深化。深度融入国家攻关体系，主动服务国家战略需求，作为课题负责单位新获批承担国家科技项目课题1项、参与编制申报指南项目1项、承担国务院国资委创新联合体项目1项、"1025专项"项目1项，新申报承担未来产业项目5项。二是产学研深度融合开花结果。中组部工程硕博培养改革试点申请工作实现突破，成为2023年获批新增试点企业中唯一一家委管企业。与东北大学共建科技创新中心、中国黄金行业智库，打造产学研用相结合的创新联合体。东北大学黄金学院顺利揭牌，首批与东大联合培养56名硕博研究生；与中南大学联合成立卓越工程师学院，打造集团专业人才培养新平台。三是关键核心技术攻关成果丰硕。内蒙古矿业铜钼资源高效回收、西藏华泰龙本底酸性水达标治理、内蒙古太平堆浸提金工艺优化等技术难题相继攻克。长春黄金研究院主起草的国际标准项目ISO 5724《超高纯度金的测定 ICP-MS差分法》正式出版，有效提升中国在国际标准制定中的话语权。自主研发的超高温火试金自动化系统，率先实现火试金检测行业的智能化、数字化转型，建立我国在国际贵金属检测分析装备领域的先发优势。

【党建工作】 2023年，中国黄金全面加强党的领导、党的建设，在扎实推进新一轮国企改革深化提升行动中不断深化党的建设与生产经营相融合，将党建优势转化为发展优势，以高质量党建引领保障高质量发展。一是第一时间深入贯彻落实习近平总书记最新发表的重要讲话精神和党中央大政方针政策要求。全面落实"第一议题"制度，制定印发《中国黄金党委会议"第一议题"制度实施办法（试行）》，抓好"第一议题"制度贯彻落实，全年累计学习"第一议题"43项。二是始终坚持服务生产经营不偏离。全面贯彻落实习近平总书记系列重要讲话和重要指示批示精神，扎实推动党的二十大精神在中国黄金一贯到底，坚持以抓党建工作为统领，促进党建和生产经营、改革发展各项工作相互融合。三是扎实开展主题教育。一体推进理论学习、调查研究、推动发展、检视整改等重点措施。在全集团大兴调查研究之风，梳理形成问题清单220余项，指导制定具体措施430多项；领导班子领题调研，赴基层调研60余次，梳理调研发现问题，形成台账，专人推动解决。四是正风肃纪反腐持续从严。压实全面从严治党主体责任，紧盯"关键少数"强化日常监督，健全违反中央八项规定精神查办机制，全年处置问题线索65件，立案7件，给予党政纪处分5人。对8家企业开展常规巡视，二十届新一轮巡视实现良好开局。五是着力培养高素质干部人才队伍。先后在中央党校本部举办3期党的二十大精神培训班暨主题教育专题研讨班，推动"关键少数"发挥关键作用；大力推动"金蕾、金石、金英、金智"人才计划，累计入库1642人，有效扩大年轻干部储备池。六是积极凝聚职工干事创业合力。围绕改革发展战略目标和生产经营中心任务，广泛开展劳动技能竞赛，深化劳模和工匠人才创新工作室建设。辽宁排山楼坑口放矿班、华泰龙雪莲智慧化中控女子班、苏尼特金曦健康安全环保部分别获评省级"工人先锋号"，河南中原冶炼厂熔炼分厂底吹炉乙班被命名为"第21届全国青年文明号"，并被认定为"一星级全国青年文明号"。

【信息化与数字化建设】 2023年，中国黄金始终坚持"减人、增安、提效、绿色"的发展理念，聚焦顶层设计，以"一企一策"为原则，全力推进矿山智能化建设。2023年，中国黄金露天矿山全部建立雷达边坡在线位移监测预警系统，并与华为、中联重科在智能化矿山建设、小型定制、装备研发等方面开展深度合作。内蒙古矿业作为有色金属矿露天开采的代表，以矿山智能化建设为载体，通过自主创新，实现从采矿到选矿等多个环节智能化控制，形成立体化办公、信息共享、市场分析、成本管控的深度融合。西藏华泰龙作为高寒地区多金属矿开采的代表，陆续完成基于5G技术的远程操控系统，逐步实现危险区域的无人或远程操控。湖北三鑫作为黄金矿山井下开采的代表，通过三维管控平台建设，完成对安全、环保、生产管理等各类系统的整合，实现矿山作业的仿真模拟以及生产阶段的监督管理。

【履行社会责任】 一是认真落实定点帮扶任务。做好对河南新蔡、贵州贞丰的定点帮扶工作，全年投入帮扶资金2000余万元，用于支持两县特色产业和各类帮扶项目。帮助招商引资7926万元，引进资金1830.7万元。直接采购两县农副产品381万元，帮助销售农特产品432万元。面向两县党员干部、致富带头人、基层工作人员和技术人员开展政治理论学习和业务培训17期，培训7779人次。中国黄金在国务院国资委2023年定点帮扶考核评价中获评“好”；中国黄金党建工作党支部（集团帮扶办）获评贵州省乡村振兴驻村帮扶工作先进集体。二是加大援疆援藏援青工作力度。发挥属地企业促增长、稳就业作用，打造中央企业助力共富样板。以华泰龙公司为依托，引领当地群众共同致富，创新开展“甲玛模式”，与墨竹工卡县甲玛经济合作社合作，组织甲玛乡1202户4950余名群众入股甲玛工贸运输公司，承担矿山运输、绿化环保、劳务承包等业务，累计创收8.2亿元，分红14次、2809万元。华泰龙公司“甲玛模式”多次受到各级党委政府表彰，帮扶事迹多次被中央和地方媒体报道，公司被授予“2022年西藏自治区民族团结进步模范集体”称号。

（撰稿人：毛佳文）

中国广核集团有限公司

【基本概况】 2023年，中国广核集团有限公司（以下简称中国广核集团）坚持以习近平总书记重要指示批示精神为统领，坚决落实党中央、国务院决策部署，坚持高质量发展，扎实推进主题教育，深入践行“严慎细实”工作作风，严守核安全，深化改革创新，全面完成各项目标任务。规模体量进入超大型央企行列，在运在建装机规模突破1亿千瓦，资产总额突破1万亿元，综合效益稳居央企前列。在2023年公布的上一年度考核中，中国广核集团经营业绩、党建工作、改革三年行动、董事会工作、纪检工作、巡视巡察、乡村振兴等均获评A级或“优秀”，各项工作获得国务院国资委高度认可。

截至2023年底，中国广核集团总资产超过1万亿元，比上年增长10%；在运装机规模约8700万千瓦，比上年增长12%。通过提质增效、引入权益融资等手段加强资产负债率控制，为我国经济发展作出积极贡献。

【主要指标】 2023年，中国广核集团实现营业总收入1498.49亿元、利润总额284.12亿元、净利润220.58亿元，分别比上年增长9.39%、5.63%、5.97%，较好地完成年度预算目标。国有资本保值增值率107.22%，较好地实现国有资本保值增值。

表1　2023年中国广核集团有限公司主要经济指标

项　目	2022年	2023年	比上年增长(%)
资产总额(亿元)	9126.58	10008.54	9.66
所有者权益(亿元)	2897.65	3074.68	6.11
营业总收入(亿元)	1369.80	1498.49	9.39
利润总额(亿元)	268.98	284.12	5.63
净利润(亿元)	208.15	220.58	5.97
归属于母公司所有者的净利润(亿元)	97.38	95.36	-2.07
研发经费投入(亿元)	51.64	56.70	9.80
利税总额(亿元)	362.64	391.33	7.91
应交税金总额(亿元)	161.66	176.90	9.43
全员劳动生产率[万元/(人·年)]	186.85	193.29	3.45
净资产收益率(%)	7.29	7.39	增加0.10个百分点
总资产报酬率(%)	4.80	4.62	减少0.18个百分点
国有资本保值增值率(%)	106.36	107.22	增加0.86个百分点

【核安全管理提升】 2023年，中国广核集团深入学习贯彻党的二十大精神和习近平总书记关于安全生产、质量强国、生态环保的重要论述和指示批示精神，深入开展习近平新时代中国特色社会主义思想主题教育，坚决落实党中央、国务院决策部署以及中国广核集团公司党委工作要求，围绕把握好“三个总”、用好“两个途径”、发挥好“三个作用”的国资央企新功能新定位，深入践行“严慎细实”工作作风，统筹发展与安全，压实“四个责任”，狠抓“三个着力”，不断完善

和提升安质环管控体系、治理能力和技术水平，截至2023年第三季度，中国广核集团接报的安质环异常事故事件数量同比下降31.6%，管控范围内未发生触碰“两个杜绝、六个零”安质环管控目标的事故事件，安全质量环保态势总体平稳受控、持续向好。

中国广核集团在运核电机组核安全性能指标总体良好，群厂上网电量超计划完成，大修安全质量及工期基本实现创优目标。管控范围内未界定重伤及以上责任事故事件，异常事故事件数量及轻伤事故次数连续3年呈两位数下降，实现历史最好水平。2023年度未界定重大质量事件，质量偏差数量和影响程度同比有所下降，生态环境保护与辐射安全绩效总体平稳，放射性液态、气态流出物低于年排放限值，能效及非放环境指标多数优于上年同期水平，全年未发生环保行政处罚事件。

【改革发展】 国企改革深化提升行动方面。2023年，中国广核集团将国企改革深化提升行动作为重要的政治责任和政治任务，经过上下共同努力，反复研讨凝练，形成中广核改革深化提升行动实施方案，并与“十四五”规划中调方案、战略性新兴产业发展方案紧密联系、有机结合。“十四五”规划中调方案根据最新形势要求，进一步提高发展目标，优化发展路径。战略性新兴产业方案聚焦增强核心功能和提高核心竞争力，明确核能领先、核燃料安全保障、新能源倍增、数字化跃升、核技术突破、环保强基和未来启航等七大产业发展计划，出台顶格支持政策。改革深化提升行动方案坚持目标导向、问题导向，部署八大领域160项任务，重在为落实规划目标和发展战略性新兴产业提供体制机制保障。各成员公司对集团方案进行相应承接，制定各自的改革行动方案和改革举措，部署改革任务1800余条。

国企改革“双百行动”“科改行动”方面。中国广核集团坚持上下协同、同向发力，通过考核引领、专家指导、方案诊断、会议推进、政策支持等多措并举，形成一套务实管用的“双百行动”“科改行动”推进体系，“双百行动”“科改行动”试点取得新成效。8家试点企业在2023年国务院国资委公布的考核评价中获评3家“标杆”、5家“优秀”。中广核研究院立足科研业务特点，构建多途径发展、多维度评价的岗位体系，健全项目制奖金分配机制，有力激发科研人员动力活力。苏州院打造有序敏捷的前中后台协同组织，功能上互相耦合，业务上互相协作，以机构扁平化促进管理集约化，进一步提高组织效率。中广核广利核公司创新“800米赛马”、“总师”积分制等8类分配机制，各类管理和技术人员的积极性得到充分激发。中广核设计公司等实施科技型企业岗位分红，中广核核技术公司实施上市公司股权激励，实现个人与企业发展利益共享、风险共担。

产权管理方面。2023年，中国广核集团落实国有企业土地盘活利用相关政策，强化集团土地基本信息监控，研究制定全集团范围存量闲置土地盘活利用方案，首次建立集团存量土地基本信息监控台账，汇总土地产权信息1146项，持续完善土地资产长效管理机制。中国广核集团完成挂靠经营清理、假冒国企专项整治工作，形成总结报告向国务院国资委报送。推进产权管理信息系统建设，实现产权数据稽核比对、挂靠经营风险预警等功能。推动各公司将党委作为第一责任人，将专项整治与长效机制建设、职能管理优化一体推进，强化专项整治完成情况考核。中国广核集团坚持聚焦实效，推动法人层级压减工作，最长法人层级压减至10级。同时创新管控机制，进一步优化境内新能源法人管控方案，实施新增法人单列考核，更好助力产业发展。

选人用人方面。坚持党管干部、党管人才原则，深化干部人才队伍建设，企业活力效率明显提升。各级领导班子建优配强。通过公开选拔、民主推荐、岗位交流等多种方式，2023年选聘二级成员公司“董书法”、总经理近20人，提拔、交流其他班子成员近50人，实现谈心谈话、督促提醒全覆盖，领导班子结构更加合理。队伍能力素质加快提升。连续3年开展集团公司党委管理干部公开选拔，总部处长、成员公司管理岗位公开竞聘比例超过50%。优化干部考察体系，全年持续开展干部调研、考核、考察，个别访谈逾2000人次。充分发挥中广核党校党性教育主阵地作用，累计参训约1.06万人次。建立全集团高潜人才库，遴选各类高潜管理人才。强化岗位练兵，大力培养优秀科研人才、技术人才和技能人才。全年培养核电站操纵员、高级操纵员约200人，高级职称及以上人员500余人。全年招录高校毕业生约3600人，其中“985”“211”高校毕业生约60%，创近年新高。

收入与分配方面。中国广核集团积极贯彻落实国务院国资委“1+2”考核激励政策要求，系统推进集团科技创新各项激励保障举措，实施工资总额倾斜、骨干薪酬倾斜、职业发展倾斜。基础研究方面，对集团重点基础研究单位中广核研究院有限公司继续实行工资总额整体单列管理，并给予不低于集团整体工资总额增幅的资源保障；依托集团重组后的全国重点实验室、省部级研发平台的标准、品牌和功能，落实应用基础研究分级支持机制，2023年对集团核电安全技术与装备全国重点实验室、核电材料服役安全研究所等单位给予工资总额支持；对接集团首席专家、领军专家等岗位设置，优化基础科研人员职业发展路径，确保科研人员岗位成长和晋升空间最大。科技人才薪酬方面，实行内外部双对标。对内，与集团内同层级技术人员对标，给予75分位的薪酬水平；对外，集团“高精尖缺”人才“一事一议、一人一议”，其薪酬水平可对标市场75分位值以上，顶尖领军人才薪酬水平对标国际市场水平。在科技攻关方面，中国广核集团设立战略专项激励以及科技攻关激励金，集团层面单列管理，对在战略性新兴产业发展以及科技攻关方面取得重大成绩的单位和个人给予激励。有序推动核能产业以及数字科技产业股权激励，将更多骨干科技人才纳入中长期激励范围。在成果转化方面，制定集团科技成果转化改进提升方案，完善科技成果定价机制，明确收益核算原则，在有条件的公司试点建立专职化科技成果转化团队，并在成熟项目试点科技成果作价入股。

考核方面。2023年，中国广核集团贯彻落实国务院国资委最新考核调整要求，切实发挥集团在建设现代产业体系、构建新发展格局中的科技创新、产业控制、安全支撑作用，研究制定考核改进方案，着重加强“一企一策”差异化考核、安质环过程管理、战略性新兴产业发展及科技创新加分牵引、科研投入与勘探费用加回等方面的内容。在刚性考核基础上完善柔性考核，通过深化成员公司“一企一策”考核，优化加减分项，大幅增加战略性新兴产业发展及科技创新的加分情形、设置特殊事项清单、研发投入加回等措施，引导成员公司进一步强化内在价值、长远价值导向。推动各成员公司把资源聚焦到提高核心竞争力、增强核心功能上来，进一步树立正确的业绩观。

【重大项目】 重大项目进展方面。核电工程建设总体顺利。2023年3月25日，华龙一号示范项目首台机组（防城港3号机组）高质量商运，从装料到商运零非计划停机停堆，实现零人员伤害、零重要设备损害、零人因调试失误“四个零”目标，首堆试验全部合格、各项参数完全符合设计要求，充分证明中国广核集团自主研发和正向设计、系统和设备成套以及建安施工和调试的质量，也说明各种理论分析模型、一二回路热工水力、安全分析和FSAR事故分析是有效且可信的。

在确保安全质量的前提下，华龙一号批量化建设实现阶段性创优，太平岭核电站1号机组从FCD到冷试实现48个月的创优工期，三澳核电站2号机组实现FCD到穹顶吊装20.9个月的最优工期，陆丰核电站5号机核岛周边厂房土建平衡推进，“一台比一台好”的态势逐源形成。

非核项目建设取得积极进展。境内新能源全年投运1000万千瓦，总装机容量超过4500万千瓦。南疆大基地首期200万千瓦项目、兴安盟二期200万千瓦项目建成投产，粤港澳大湾区首个百万千瓦级海上风电项目投产并网，首个“光热+”项目德令哈100万千瓦光热一体化项目等开工建设；境外新能源韩国大山二期燃气发电项目按期开工；核技术“两个突破”示范项目年内投运，15个示范项目年内移交；环保产业开展金风环保等多个水务项目并购工作，夯实供排水业务基本盘。

对外投资与经营方面。2023年，中国广核集团坚持以习近平总书记重要指示批示精神为统领，坚决落实党中央、国务院决策部署，坚持高质量发展，扎实推进主题教育，深入践行“严慎细实”工作作风，严守核安全，深化改革创新，全面完成各项目标任务。

2023年，中国广核集团持续聚焦主责主业，加快战略性新兴产业布局发展，持续打造核能、核燃料、新能源、非动力核技术应用、数字化、科技型环保以及产业金融“6+1”产业，有序推进重大投资项目开发建设，持续以高质量投资促进高质量发展。全年完成投资915亿元，投资计划执行率87%，投资额比上年增加128.6亿元，创近年最高。其中，固定资产投资完成843亿元，股权投资完成72.0亿元。主业投资907.4亿元，占比99.2%；非主业投资7.6亿元，占比0.8%，低于国务院国资委核准的非主业投资比例5%，非主业投资主要投向科技型环保、产业金融等战略性新兴产业。按投资区域划分，境内完成投资868.3亿元，比上年增长19%，主要为核电、新能源等项目建设期和运营期投入；境外完成投资46.6亿元，比上年减少14%。

【走向海外】 2023年1月，韩国大山二期55.7万千瓦气电项目环评报告获得韩国产业部正式批复。4月6日，中国广核集团与法国电力集团签订《关于核能领域设计与采购、运维、研发合作协议的签署声明》。芬兰当地时间4月16日，中国广核集团参与调试启动全过程的首个国际核电项目——欧洲最大核电机组芬兰奥尔基洛托(Olkiluoto)核电站3号机组结束试运行，开始正常发电。6月22日，中国广核集团董事长杨长利与法国原子能和替代能源委员会(CEA)主席弗朗索瓦·雅克的授权代表共同签署《CGN-CEA核研究与技术领域合作协议修正案》。8月16日，中国广核集团下属公司能源国际与老挝政府在万象签署中广核老挝北部互联互通清洁能源基地项目开发谅解备忘录，正式明确全部土地红线。9月16—17日，在广西南宁举办的第20届中国—东盟博览会上，中国广核集团下属公司能源国际与老挝政府签署老挝北部互联互通清洁能源基地项目一期工程项目开发协议(PDA)。10月17日，第三届“一带一路”国际合作高峰论坛企业家大会在北京召开，中国广核集团董事长杨长利参加大会，并见证《中广核与老挝能源矿产部就老挝北部清洁能源基地项目进一步深化合作备忘录》签署。

核电领域。2023年，中国广核集团持续深化国际交流，先后参加中国—东盟博览会、中国—阿拉伯国家博览会、法国世界核工展等国际大型展会，充分展示我国核能发展成就和技术实力，推介“华龙一号”和小堆核电技术。不断加强国际合作，与法国电力公司(EDF)新签全球合作伙伴协议(GPA)，与俄罗斯国家原子能公司(Rosatom)建立集团间合作总协调人机制并定期会晤，探讨深化合作空间。积极培育市场机会，密切跟踪东南亚、中东欧等区域潜在市场，与泰国、印度尼西亚等国家政府部门、驻华使领馆保持密切沟通，积极跟踪非洲、中亚、西亚、南美等潜在核电市场，寻求和开发国际新市场。“金砖国家”南非峰会期间，中国广核集团作为唯一的核电企业应邀与其他7家中国企业一起与南非总统府电力部签署联合合作备忘录，中国广核集团将根据南非方面建议，为南非Koeberg核电站大修、改造和延寿等提供相关支持。中国广核集团积极参与英国HPC项目工程设计、设备供货、技术支持等合同承揽，国际热核聚变项目(ITER)设备供货，为芬兰OL3项目和法国FA3项目提供人力和技术支持等，受到合作伙伴高度认可，合作范围持续扩大。

核燃料领域。2023年，斯科公司举行《斯科公司2022年可持续发展报告》发布会；参加纳米比亚矿业展；在《中国日报》《中国能源报》等媒体展示斯科公司高质量共建“一带一路”倡议良好举措，联合新华社举办“世界地球日”主题直播活动，彰显企业价值与社会责任担当；以“绿色矿业，共享繁荣”为主题举办斯科公司矿建十周年纪念活动；举办斯科公司家属开放日、老年人开放日等活动，持续强化与本地公众沟通；开展中外学生同上一堂课、第六届湖山马拉松、斯科公司运动会、中方子女本地学校开放课等活动，组织斯科公司本地员工参与集团第七届运动会、“鹭越重洋”骨干人员培养班，深入开展跨文化交流，为推动构建人类命运共同体贡献力量。向纳米比亚总理府救灾基金捐赠20万纳米比亚元，帮助纳米比亚北部因洪涝灾害受灾人员重建家园；向纳米比亚慈善基金会捐赠450万纳米比亚元，向湖山铀矿项目所在地小学捐赠5万纳米比亚元，持续开展办公用品、卫生用品、营地账户、食品等各类捐赠活动，塑造有温度的国际企业形象。全年开展媒体公关、交流、座谈等活动6次，有效提升公司与媒体的关系。在纳米比亚本地媒体平台策划专题报道12次。社交媒体方面，斯科公司的宣传阵地包括脸谱、Youtube、Linkedin、抖音等账号，粉丝总数超过7万人，账号平均每月更新11次，阅读总量117万人次。2023年，中国广核集团持续加强与哈萨克斯坦国家原子能工业公司(以下简称哈原工)的业务合作,并通过中哈合资组件厂项目组织开展多次面对面交流活动。5月底,中国广核集团组织并邀请哈原工首席核燃料循环官一行来华参加2023年第一批哈组件交付仪式,中哈双方代表签署2023年首批燃料组件交付证书。10月,中国广核集团邀请中国国家原子能机构、生态环境部华南核与辐射安全监督站、哈萨克斯坦萨姆鲁克—卡泽纳国家基金、哈原工、中哈合资组件厂等单位在阳江核电基地参加哈组件交付仪式。

【重大创新】 技术创新方面。2023年,中国广核集团申请专利2383件,获得授权专利1415件,获得中国专利金奖1项、中国专利优秀奖5项,获得省部级、全国性行业协会科技奖80余项。其中,“一种堆芯三维功率分布的在线测量方法”获得中国专利金奖,“大型核反应堆燃料组件高效安全运维机器人关键技术研究及应用”获得广东省科技进步一等奖、深圳市科技进步奖一等奖,“大型压水堆核电站先进乏燃料干法贮存系统型号装备研制和应用”获得核能行业协会科技奖一等奖,“华龙一号GDA项目的技术创新与实践”“主泵自主维修关键技术的研发与应用”获得中国能源研究会能源创新奖一等奖。

聚焦法治数字化转型。根据国务院国资委关于全面提升中央企业法律合规信息化管理能力的相关工作部署,中国广核集团开发并运行覆盖各成员公司的信息系统。系统作为全集团法律合规管理工作的统一平台,首次上线法律服务、案件管理、律师管理、法律顾问、合规管理、法治宣传、综合事务等功能模块7个,涵盖集团法律合规业务和职能管理各项工作事项,进一步推进集团法律合规工作向更加规范化、信息化、智能化方向发展。在系统运行过程中,结合集团业务发展和管理需求,系统中新增开发履约监控预警模块,将“资本市场公开承诺”“关联交易额度”“股权回购承诺”“公司业绩承诺”“保函及合同到期续签”“许可到期提醒”“保全续期”等经营活动中易忽视、难跟踪、影响大的风险纳入实时监控,填补管理空白。按照有案必有改、有改必验证的原则,持续升级系统,实现法律纠纷案件、合规风险事件全链条闭环管理,强化原因分析、落实改进行动、杜绝类案重发。

科技研发方面。2023年,中国广核集团面向国家重大需求,积极申报和建设先进核电原创技术策源地,重点聚焦铅铋快堆、海上小型压水堆领域“基础性、紧迫性、前沿性、颠覆性”技术攻关,形成11个领域行动计划台账,扎实推动各项工作,取得积极进展。积极承担链主责任,加快关键核心技术攻关,累计开展自主攻关项目100项,完成研发84项,按计划逐步推动实施落地应用,其中55项已实现应用。高质量完成国家发展改革委专项攻关任务78项,助力核电国产化率提升至95%以上。

国家科研项目方面。各类项目整体进展顺利,其中,核能开发科研项目“新型高性能辐射屏蔽材料及辐照改性橡胶的研发及应用”项目顺利通过国家原子能机构组织的验收,评价结果为“优秀”。国家重点研发计划“核安全与先进核能技术”重点专项“放射性废物减容与减害技术研究”项目顺利通过高技术研究发展中心主持的项目综合绩效评价会;“电子束辐照技术处理煤化工废水”等研究项目获得国家原子能机构正式立项。国家重点研发计划项目2023年度“智能传感器”重点专项“快响应自给能中子敏感元件及复合传感器”正式获批。

【党建工作】 2023年,中国广核集团贯彻落实党的二十大精神,高质量开展主题教育,激发基层党建活力,纵深推进全面从严治党,中央企业年度党建责任制考核再获A级,迈入央企党建工作第一梯队。紧扣“学思想、强党性、重实践、建新功”总要求,高质量推进第一、第二批主题教育。充分发挥引领作用,集团公司党委举办专题读书班2期,组织党委理论学习中心组学习8次,班子成员讲授专题党课9场、调研单位28家,针对检视问题制定整改措施614项,推动闭环整改。各成员公司党组织持续推动走深走实,累计举办专题读书班405期,党员干部讲授专题党课786场、开展调查研究1598次,针对535项检视问题制定整改措施1072项,为全年任务攻坚提供坚强保障。注重经验提炼,形成“五学联动”理论学习模式,“沿着总书记的足迹”特色教学方法、先进典型引路、青年干部带头等一系列特色实践,获得上级部门肯定。宁德公司获评中央企业主题教育示范点。两批主题教育扎实推进,始终坚持高标准、高质量,切实解决突出问题,员工群众代表对集团主题教育总体评价为“好”。

深入实施中央企业基层党建提质增效“七抓”工程，全面落实集团高质量党建行动纲要，对境内23家二级成员公司开展党建管理成熟度评价。强化集团总部党建工作，探索建立集团总部党支部与基层单位党建联系点13个。“多形式、分层次、全覆盖”开展党的二十大轮训工作。各单位坚持党建引领，紧扣中心工作，设立党员示范岗539个、党员攻坚队1812支，党员先锋模范作用进一步彰显。完成集团工会联合会、团委换届选举。加强意识形态工作，在党报党刊发表署名文章3篇，央视《新闻联播》报道8次。稳妥化解相关舆情风险，助力项目平稳推进。全力打造卓越品牌，面向世界讲好中广核故事。集团品牌建设排名国务院国资委中央企业品牌建设能力榜单第20位，创历史最佳。

【信息化与数字化建设】 2023年是中国广核集团全面贯彻落实党的二十大精神的开局之年，也是中国广核集团数字化转型的深化建设之年。中国广核集团高度重视，深入贯彻习近平总书记关于网络强国和数字中国的重要指示精神，积极落实国务院国资委关于加快推进国有企业数字化转型的工作要求，并根据集团数字经济研讨会等系列工作会议的部署，从治理数字化、产业数字化、数字产业化、配套基础建设等方面开展工作，推动集团及各产业的数字化转型升级。

顶层设计持续强化，数字化转型体系更加完善。一是坚持战略引领。积极推进“十四五”数字化及网络安全专项规划的中期调整，进一步明晰中国广核集团数字化转型的方向和路径。统筹各产业及业务部门开展充分研讨，形成数字核电、财资数字化转型蓝图与规划等顶层规划文件，发挥对业务数字化转型升级的牵引作用。二是加强总体布局。中国广核集团将数字化转型摆到工作全局中更加突出的位置，充分发挥集团网络安全和信息化委员会在数字化转型推进工作中的指导作用，通过强化“各产业公司承担本单位数字化转型及数据治理的主体责任、各公司党委书记作为本公司数字化转型的第一负责人”要求，切实让“一把手”在各单位数字化转型工作中发挥领导和推动作用。

聚焦经营生产，数字化赋能业务效果进一步凸显。在经营管控领域，一是加快推进数据治理。2023年以“问题为导向、指标价值为驱动”开展集团职能领域关键指标的数据治理，梳理超过5500个基础项、270个代码项，识别关键指标203个，明细台账56个，实现11个职能领域的指标数据资产入平台，有效激发数据价值，初步实现集团经营监管指标“通到顶、看到底”。二是推动流程再造工作。按照“战略管控型、价值创造型、发展赋能型”的集团总部功能定位，将转职能、转方式和流程再造工作有机结合，整理8000余条实例、归集16000余份历史数据标单，完成25个优化后的流程上线，取消71个低效或无效流程的审批环节，通过系统性的流程再造，全面巩固落实现代企业制度建设和组织机构改革成果。三是打造智能化人才画像模型。在国务院国资委主办的智能监管业务模型创新大赛中，中国广核集团智能化人才画像模型项目获得最高等级“卓越应用奖”，被国务院国资委认定为具有向各级国资监管机构、国有企业广泛推广应用的价值。项目通过“基础数据＋智能分析算法＋数据可视化”的方式，为决策者提供全面、准确、实时的人才画像，从而持续优化干部和操纵员队伍的建设、发展和管理工作。四是完成红鹭党建二期升级改造。该系统集党员服务、党务管理、数据统计、党员考核于一体，完成系统全功能的重制优化，并在全集团范围内推广使用，实现集团党务工作的全面数字化。五是上线新版集团智能协同办公系统，实现公文管理（含移动端）、信息报送、电子印章三大功能，通过对文件办理效率、文件办理质量、办公效能提升、人力成本节约、文件数据安全提升、自主可控六大方面的优化，系统性能总体提升50%，工作效率提升25%。

加快配套基础建设，数字化转型保障更加有力。一是出台重要政策制度。修订《集团网络安全和信息化管理制度》《集团信息化项目管理端到端流程》等制度25份，进一步发挥“出政策、立规矩、定标准”的引领作用，更好地指导全集团数字化转型工作的开展。二是建立数字化科研机制。进一步加强数字化与科技研发的融合，充分利用集团已有的科研政策及实践经验，聚焦业务场景的实际需要及前瞻性规划，通过科技研究与研发解决实际问题，为业务赋能，推动各产业能力建设与转型升级。三是在能源行业率先建立数字化转型水平评价体系，构建具有集团特色的数字化转型水平衡量和持续改进体系，覆盖“6＋1”产业（核能、核燃料、新能源、非动力核技术、数字化、科技型环保、产业金融），形成10套评价指标模型，包含五大域、22项二级指标、37项三级指标、117项采集指标。2023年，完成对集团25家成员公司的试测评，客观总结和分析各单位的数字化转型水平、存在问题及改进方向，形成闭环循环提升模式。四是发布数字化项目后评价管理办法，聚焦项目投资、运行指标及应用成效等维度，按照“三年全覆盖”的要求，组织完成首批各成员公司78个数字化建设项目的后评价工作，其中后评价优秀38项、良好33项、及格7项，进一步助力形成集团数字化项目投资管理的长效机制。五是统筹推进全集团数字化集采，通过统筹各单位在数字化领域的采购需求，有效降低各公司的采购成本，提高日常采购效率。2023年完成新签集采合同22项，年度新签合同额18.76亿元，单年度降本金额4950.41万元。六是加强数字化人才保障。发布《集团全员数字素养与技能提升方案（2023年—2025年）》，明确近三年内集团数字化转型领域培训工作的总体要求、主要目标、培养内容和对象、职责分工及资源保障。2023年通过组织大讲座、线上培训或脱产培训、技能比武等形式多样的活动，帮助各层级员工了解数字化转型概念、数据治理基本理论、新技术应用前景等知识，为各业务领域的数字化转型相关人员匹配必要的知识和技能储备。全年组织活动超过45场，总计参与44929人次。

持续夯实网络和数据安全保障体系。一是圆满完成重大敏感时期集团网络安全保障，未发生三级及以上事件。参加公安部组织的关键信息基础设施专项检查行动，集团在16家能源央国企中排名第4位，大亚湾公司、防城港公司、红沿河公司取得优异成绩。完成公安部组织的全国网络攻防实战演习，成绩为优异。二是发布《集团数据安全管理办法》《集团网络安全考评管理标准》《集团网络安全审查流程》《集团数据出境安全评估申报流程》，组织数据出境安全评估申报工作，推动建立网络安全人员持证上岗机制，并完成培训3期，49人获得证书，系统化提升集团网络安全管理机制体系。三是完成3家示范电厂工控网络安全态势感知平台建设，发布《核电厂工控网络安全技术防护指南》，进一步提高集团关键信息基础设施保护能力。完成阳江核电和台山核电网络安全监督检查，发现网络安全良好实践和问题隐患，跟踪整改情况，形成问题风险管理闭环，完善核电网络安全管理体系有效性。

【履行社会责任】 在守护核安全方面，2023年，中国广核集团27台在运核电机组保持安全稳定运行，群厂77.5%的WANO指标进入世界先进水平，15台机组综合指数达到满分，CPR机组平均能力因子92.3%，保持世界先进水平。截至2023年12月31日，岭澳核电站1号机组实现连续安全稳定运行6277天，刷新全球同类机组的世界纪录；韩国栗村气电厂、孟加拉国HPL电厂实现安全运行无事故纪录超过6000天，韩国大山电厂实现安全运行无事故纪录超过5000天，成为当地厂站安全管理水平优秀代表。

在助力“双碳”方面，2023年，中国广核集团总上网电量约3338.27亿千瓦·时，比上年增长7.5%，等效减少标准煤消耗9880万吨，减排二氧化碳2.66亿吨，相当于种植森林7190平方千米，为应对气候变化、推动绿色低碳发展贡献力量。

在生物多样性保护方面，中国广核集团秉持人类命运共同体理念，创新提出“共生、互生、再生”生态核电理念，探索出一条独具特色的“避免—减少—减缓—补偿”阶梯形生物多样性保护实践路径，确保项目与周边自然环境和谐发展。“避免”即“科学规划，避免影响”。在生产运营全生命周期贯彻“避免”优先原则，将对生物多样性产生的负面扰动降至最低。尤其是涉及生物多样性保护重点区域的项目，坚持严格识别、严守红线、科学避让，尽可能避免对施工区域生物栖息地和物种多样性的影响。“减少”即“全面保护，减少扰动”。在生产运营中坚持开展生态环境和生物多样性监测，不断完善放射性废弃物管理，采取针对性措施保护陆地和海洋物种。“减缓”即“生产清洁能源，减缓气候变化”。应对气候变化，发展企业优势，通过发展清洁能源助力能源结构向清洁、低碳转型。同时采取创新管理方式，降低运营过程能源消耗，提升能源使用效率，减缓气候变化对生物多样性的潜在风险。“补偿”即“生态补偿，提升丰度”。在项目建设和运营过程中，通过人工修复、技术修复、植被补偿和动物补偿等措施，对生态环境进行主动的修复和补偿，确保当地的生物多样性水平不降低，甚至实现生物多样性丰度的提升。

在透明沟通方面，中国广核集团始终秉持"安邻、友邻、睦邻"的理念，面向公众建立起诚信、透明、畅通的双向沟通机制，持续开展形式丰富且卓有成效的科普活动，在项目建设运营中积极关切与回应社区利益，塑造正向社会影响力。2023年8月7日，中国广核集团开展以"绿色发展　核你同行"为主题的清洁能源科普系列活动，重磅发布核能科普企校共建品牌"核铸未来"，在多个在运核电基地同步开展精彩纷呈、趣味丛生的特色研学活动，与主流媒体联袂打造优质公开课，增进公众对清洁能源的认知，发挥清洁能源主力军的示范引领作用。

在乡村振兴方面，中国广核集团以特色产业助力农民增收致富，在广西百色建成并运营我国首个农产品原产地电子束保鲜示范中心；助力湖北省阳新县吴东城村盘活荒地60余万平方米，苎麻稻虾喜迎丰收，年产值突破1000万元，村集体年收入26万元；广西乐业风电项目为乐业县63个自然村11万人口分红915万元。

在社区发展方面，中国广核集团致力于实现项目发展与周边社区的有机良性融合，通过完善基础设施、捐资助学等方式，切实发挥经济社会带动作用，助力激活社区发展生机活力。防城港核电推动驻村书记实施村集体经济桑果园产业道路1.4千米硬化及设施完善项目，盘活长期撂荒土地；针对当地公共配套缺失、村集体设备损坏等情况，及时安排并投入无偿帮扶资金400万元。惠州核电设立375万惠核发展基金，有力提升周边宣教文卫事业发展，助力黄埠中学教学成绩从2015年全县第15名提升至2023年全县第1名。红沿河核电向瓦房店市慈善总会捐赠55万元，用于支持红沿河镇开展大病救助、边缘困难家庭救助、红沿河镇幼儿园校区维护及教学用品购置、驼山乡平山村党建活动室维护等。

在员工关爱方面，中国广核集团秉持"温暖党建"理念，以员工实际需求为导向，开展多样化员工关怀，帮助员工解决工作与生活难题，组织形式丰富的企业文化活动，积极促进跨文化管理与融合，营造和谐温馨的氛围，增强员工归属感与幸福感。中广核苏州院利用自有场地举办全托式暑期子女照看班，开设手工、传统文化等课程，开展生日会、美食节等活动，做到不仅"托"得起，更要"管"得好，切实解决员工暑期带娃难题。地处青海、新疆、西藏等高海拔地区的新能源项目，普遍存在氧气稀薄、年平均气温低等情况。中广核新能源公司以海晏风电场为试点，在场站生活园区因地制宜开展园林规划，种植耐高海拔、高寒地区花卉及果树，并在生活宿舍及工作区配置制氧机、改造生活区水供暖设备，有效改善生活区含氧量低、空气湿度低的问题。

（撰稿人：陈鸿辉）

华侨城集团有限公司

【基本概况】 华侨城集团有限公司（以下简称华侨城集团）成立于1985年11月11日，是国务院国资委直接管理的中央企业，总部设在深圳，形成以文化、旅游、房地产、电子科技为主业的发展格局，是首批国家级文化产业示范园区（基地）、"中国旅游集团20强"、"中国房企品牌20强"，业务布局覆盖全国百余座城市以及全球多个国家和地区，在境内外拥有华侨城A、深康佳、云南旅游、华侨城（亚洲）4家上市公司。

2023年，华侨城集团认真学习贯彻习近平新时代中国特色社会主义思想，在国务院国资委的坚强领导下，坚持稳中求进工作总基调，贯彻"抓机遇、谋发展、防风险"总体策略，深化拓展精益管理，加速推进专业化整合，突出抓好企业质量效益提升，企业可持续高质量发展实现较好成效。

【主要指标】

表1　　2023年华侨城集团有限公司主要经济指标

项　目	2022年	2023年	比上年增长（%）
资产总额（亿元）	5824.49	5515.92	－5.30

续表

项　目	2022 年	2023 年	比上年增长(%)
所有者权益(亿元)	1515.53	1267.85	-16.34
营业收入(亿元)	1134.76	804.79	-29.08
利润总额(亿元)	-205.40	-113.92	—
净利润(亿元)	-232.03	-143.01	—
归属于母公司所有者的净利润(亿元)	-126.22	-66.35	—
技术开发投入(亿元)	7.39	5.60	-24.22
利税总额(亿元)	-88.29	-29.83	—
应交税金总额(亿元)	143.79	106.16	-26.17
全员劳动生产率[万元/(人·年)]	4.97	22.58	354.33
净资产收益率(%)	-13.4	-10.3	增加 3.1 个百分点
总资产报酬率(%)	-1.9	-0.5	增加 1.4 个百分点
国有资本保值增值率(%)	62.5	68.3	增加 5.8 个百分点

【改革发展】 2023 年,华侨城集团以提高企业核心竞争力和增强核心功能为重点,围绕加快建设世界一流企业的目标,聚焦"三个明显成效",制定并推动改革深化提升行动走深走实,走出成效。一是持续推进布局优化和结构调整。全面推进专业化整合,构建发展新格局。截至 2023 年底,在运营且正常推进的文旅商服项目 130 个,移交内部专业公司管理项目 70 个。通过落实专业化整合,旅游业务板块年度累计接待游客 1.37 亿人次,实现收入 92 亿元,比 2019 年上升 44%。二是健全市场化经营机制。优化组织管控体系。压减纵向管理层级,统筹开展城市公司建设,整合地产板块公司数量,同时推动部分二级企业与所在地城市公司上下整合复用。健全市场化选人用人机制。推行竞争上岗、揭榜竞聘,公开平等、竞争择优选聘管理干部。完善市场化劳动用工机制。贯彻"精兵"思想,推进员工市场化退出,人员冗余得到一定改善。实施市场化薪酬分配机制。2023 年因时因势推进薪酬体系重构,按照"价值导向、接轨市场"总体要求,分业态、分层级差异化调整集团各层级薪酬水平。三是深入推进精益管理。开展精益管理专项提升行动,提出精益管理举措 203 项,促进责任链条压紧压实,形成工作合力。四是不断提升公司治理水平。推进法人内部治理,持续完善"三重一大"决策机制,动态调整董事会授权决策清单,厘清法人内部各治理主体权责边界。完善法人层级治理,制定华侨城集团/华侨城股份对二级企业审批与备案管理事项清单,实现所属二级企业权责清单全覆盖。五是推动数字智能化转型升级。完成房地产业务管控全面线上化,实现地产 ERP 销售、成本、计划系统操盘项目全覆盖;推进智慧收银、业财融合,提升业务在线化、智慧化水平。

【重大项目】 2023 年,华侨城集团推动供给侧改革,面向市场推陈出新。适时推出一系列涵盖文化、商业、酒店、住宅等多业态产品。在东莞松山湖,按照"一体两翼三功能"房地产业务新发展模式,综合推进松湖原岸社区、欢乐海岸、松山湖大剧院、酒店等项目开发,松湖原岸项目开盘入市即红盘,登顶东莞市 2023 年新房首开销售榜单 TOP1。在顺德,联合顺控城投投资 60 亿元打造欢乐海岸 PLUS 二期项目,建成后拟与顺峰山公园、寻味顺德小镇等文化旅游资源进行整合,全方位促进佛山文旅消费释放新活力。在深圳前海,获得前海石公园桂湾段项目代建和代运营权,旨在以前海石公园为核心,串联起欢乐港湾等多个成熟项目,着力构建世界级环湾都市文旅休闲带。华侨城酒店公司发布自有品牌"嘉途",深圳海景嘉途酒店作为"嘉途"品牌商务旗舰店,完成改造,焕新升级,为旅客打造更丰富的酒旅产品和服务。

【走向海外】 2023 年,华侨城集团坚持制造强国建设,加速中国智造出口。华侨城集团旗下康佳集团积极开拓海外市场,2023 年康佳外销依托第 133 届广交会,充分展现康佳产品在 8K、AI、Mini LED 等方面的科技创新实力,在"一带一路"沿线国家取得大量订单。截至 2023 年底,康佳消费电子业务与"一带一路"沿线的 28 个国家建立贸易往来,并持续拓展西亚、东盟和独联体等地区客户。

积极落实文化“走出去”战略，增强国家文化软实力。华侨城集团旗下云南公司在《吴哥的微笑》演艺项目基础上，在柬埔寨打造中柬文化创意园项目。2023年，项目公司推进各类“一带一路”文化交流活动，努力提升影响力，一是完成由中新社在金边和暹粒主办的中柬建交65周年庆典活动演出；二是项目公司代表柬埔寨参加2023年南博会文化艺术节开幕式、云南省委宣传部主办的六国艺术节等文化交流活动；三是在2023中国—东盟旅游投资研讨会分享《吴哥的微笑》和中柬文化创意园项目的绿色投资经验。中柬文化创意园项目连续6年(2019—2024年)获得商务部等五部委评选的“国家文化出口重点项目”。

【重大创新】 2023年，华侨城集团大力开展科技创新工作，培育科技核心竞争力。2023年，康佳集团下属重庆康佳光电研究院入选国务院国资委“科改企业”，取得特殊芯片弱化结构、混合式巨量转移、巨量修补等原创技术创新，以及PDMS关键材料，1530、0306芯片，Micro LED智能手表，P0.68-P1.5 Mini LED直显等领先创新成果20余项，处于行业先进水平。在白电领域方面，两件发明专利“冰箱用判断食物量的控制方法”“一种新型制冷装置和控制方法”通过河南省科技厅的三级审核，最终获评“河南省科技成果”。

华侨城集团旗下文旅科技公司参与科技部国家重点研发计划课题“超大型游乐设施与客运索道高空无人智能检测技术及装备”，负责超大型游乐设施与客运索道高空无人智能检测技术及装备，解决超大型游乐设施与客运索道高空不易达区域的检测难题，研究建立危险源辨识方法，研究无人检测技术，开发高空无人检测模块和高空无人智能检测搭载平台等，着力提高超大型游乐设施与客运索道的安全保障水平。

【党建工作】 2023年，华侨城集团党委深入学习贯彻习近平新时代中国特色社会主义思想，制定实施《党建工作三年规划(2023—2025)》，厚植“精益党建”理念，全面提升党建工作规范化、精细化、体系化水平。高质量开展两批主题教育，打造“1456”学习模式，把主题教育成效转化成改革发展稳定的务实成果。开展“一领域一方案”党建引领专项行动，结合文化、旅游、房地产、电子科技等不同领域业态制定实施4个专项方案，有效组织和动员广大党员干部在年度重点任务中带头攻坚克难、发挥作用。落实基层党建“七抓”工程，一体推进组织、书记、党员、活动、制度、培训、保障建设，切实提升基层党建规范化水平。加强新时代宣传思想文化工作，聚焦党建引领、主业经营、精益管理、国企改革等主题策划推出40余个宣传专题；开展系列先进典型选树传播，广泛凝心聚力促发展。持续提升党风廉政和反腐败工作效能，探索实施大监督体系“轮值”机制，精准有效运用好监督执纪“四种形态”，持续加大信访案件等查处力度；召开警示教育大会，广泛开展年轻干部纪律教育，推动各级党组织开展党章党规党纪教育学习；谋划新一轮五年规划和全年巡视工作任务，开展深化整改专检专巡工作，系统梳理五年来巡视、审计、党建考核、主题教育等反馈的各类问题，进一步夯实整改“后半篇文章”。

【信息化与数字化建设】 2023年，华侨城集团以“业务需求引领、商业模式创新、精益高效落地”为牵引，以“价值创造”为目标，不断推动数字技术与生产经营深度融合，稳步推进“数字华侨城”建设。一是管理信息化驱动企业高效治理。把国资监管与企业治理信息化深度融合，基本实现横向到边、纵向到底、全面协同。二是产业数字化促进业务提质增效。紧紧围绕集团四大主业，持续迭代升级关键应用，为经营能力提升提供数字赋能。三是数字产业化助推新模式加快涌现。数字员工“乔伊”、数字IP“爆笑两姐妹”等一批新技术新应用落地，智能化迈上新台阶。四是数字化新基建筑牢转型根基。持续推进“上云入湖保安全”，激活数据要素价值，为数字化转型保驾护航。2023年，公司旗下深圳华侨城文化旅游科技集团有限公司成功入选国务院国资委国有企业数字化转型试点企业，新花橙智慧文旅运营平台获得国务院国资委国企数字化创新专业赛三等奖，云选商城企业采购系统获得国务院国资委智能监管业务模型创新活动优秀应用奖。

【履行社会责任】 2023年，华侨城集团积极践行央企社会责任，在乡村振兴、急难救助、社会公益等方面贡献华侨城力量。2023年，华侨城集团向贵州省天柱县、三穗县投入无偿帮扶资金1886.52万元。探索实践"精益帮扶"新思路，以产业帮扶为引领，抓好建设宜居宜业和美乡村主线，在两个县打造"颇洞美村"和"天柱美村"美丽乡村标杆示范项目。拓展实施"华侨城美育帮扶计划"品牌，整合各类文化艺术资源，实施文化助教、美村美育、自然教育、非遗文化、山海之约"五项计划"，助力乡村教育查缺补漏、强基赋能。组织青年志愿者开展"小红花"支教志愿服务；在天柱县凤城街道石坪村落地第7间中国自然教室；开展美育知识讲座、艺术创作、深山音乐会及艺术成果展演等活动；援建三穗县寨头村幼儿音体活动室、图书阅览室等，助力乡村素质教育提升；以"山海之约"行动，实施一对一帮扶项目，圆山区孩子求学之梦。2023年，华侨城集团志愿服务队全年开展志愿服务4000余人次。华侨城集团旗下华侨城环京区域公司积极响应习近平总书记关于防汛救灾工作的重要指示精神，快速出动，驰援河北涿州防汛救灾；华侨城北方公司、欢乐谷公司助力内蒙古科右中旗打造中国首个草原亲子主题乐园"枫趣童年"。

（撰稿人：罗云和）

南光（集团）有限公司（中国南光集团有限公司）

【基本概况】 南光（集团）有限公司（中国南光集团有限公司）（以下简称南光集团）是唯一一家总部设在澳门的国务院国资委直属中央企业，前身南光贸易公司成立于1949年8月，是澳门最早的中资机构。1985年8月，南光（集团）有限公司正式成立。70多年来，南光集团始终坚持"用最好的回报社会"的企业宗旨，积极履行国家赋予的光荣职责，努力完成不同时期的历史使命，为全国解放、国家建设和改革开放、澳门回归祖国、发展内地与澳门的经贸关系、推动国家对外经贸事业发展、凝聚壮大爱国爱澳力量、促进澳门经济社会繁荣稳定、推进澳门"一国两制"成功实践行稳致远等作出重要贡献，多次得到上级领导和澳门特区政府、澳门社会各界的充分肯定。2019年12月，习近平主席在澳门接见中央驻澳机构和主要中资机构负责人时对南光集团做出指示批示，这既是对南光根植澳门、服务澳门所做贡献的最大肯定，也是对今后立足澳门言商言政的殷殷嘱托。南光集团主营业务包括原油及成品油和日用消费品贸易、酒店旅游、地产经营开发、综合物流服务四大类核心业务。

2023年，南光集团认真学习贯彻习近平总书记"2·26"重要批示精神，在国务院国资委的坚强领导下，进一步提高站位，明确集团核心功能和主责主业，全面加强战略研究和规划实施，扎实推进企业经营管理和改革发展各项工作，取得一系列重要突破，为企业高质量发展奠定扎实基础。

【主要指标】

表1　2023年南光（集团）有限公司（中国南光集团有限公司）主要经济指标

项　目	2022年	2023年	比上年增长（%）
资产总额（亿元）	288.90	285.23	－1.27
所有者权益（亿元）	207.91	215.43	3.62
营业收入（亿元）	84.98	81.73	－3.82
利润总额（亿元）	13.43	10.36	－22.86
净利润（亿元）	11.10	8.87	－20.09
归属于母公司所有者的净利润（亿元）	9.51	8.02	－15.67
利税总额（亿元）	18.64	13.07	－29.88
应交税金总额（亿元）	10.36	4.54	－56.18
全员劳动生产率［万元/（人·年）］	71.42	62.54	－12.43
净资产收益率（%）	5.68	4.20	减少1.48个百分点

续表

项　目	2022 年	2023 年	比上年增长（%）
总资产报酬率(%)	4.93	3.75	减少 1.18 个百分点
国有资本保值增值率(%)	111.12	105.19	减少 5.93 个百分点

【改革发展】　2023 年，南光集团扎实推动改革深化提升，体制机制变革实现新突破。一是新一轮深化改革扎实起步。加强改革顶层设计，制定实施《南光集团改革深化提升行动实施方案（2023—2025 年）》，以提高企业核心竞争力和增强核心功能为重点，全面推进新一轮深化改革工作，统筹推进产业结构调整和转型升级，立足澳门发挥集团在国家建设现代化产业体系、构建新发展格局中的科技创新、产业控制、安全支撑作用。二是集团股权结构和股权关系理顺实现重要突破。南光集团 4 家央企股东股权无偿划转至中国南光集团，南光集团自有股调整至中国南光集团，南光集团与中国南光集团的股权关系得到理顺，有利于更好统筹发挥两个平台优势，促进企业发展。三是中国特色现代企业制度不断完善。进一步优化各治理主体权责事项“多单一表”，针对 179 项职权完善授权和履责机制，科学划清各治理主体职责权限和授权管理事项。集团各二级公司结合自身实践和实际，进一步完善决策制度，修订完善董事会运行机制，提高公司治理规范化水平和治理效能。四是市场化经营机制改革持续深化。三项制度改革不断推进，定期开展改革评估，加强指标跟踪监测，务求实效，获国务院国资委评估Ⅰ级。全面深化经理层任期制和契约化管理，强化制度机制刚性约束，推动落实末等调整和不胜任退出机制。在二级公司部分经理层成员推行揭榜挂帅、竞争上岗，各级经理级管理人员和三级子企业经理层成员新选拔任用全部以竞争性方式产生。积极探索推行对职能管理人员的任期制和契约化管理，干部管理落实“能下”机制，效率、效益、效能与激励挂钩机制，进一步强化市场化营销体系和队伍建设，开展岗位职级及薪酬体系改革，不断激发企业发展内生动力，均取得实实在在成效。

南光集团抢抓经济恢复机遇，经营发展取得新成效。一是抓实抓细稳经营。加强经营运行分析，有力应对不利影响，以“一利五率”“一增一稳四提升”目标为引领，优化调整经营业绩考核指标体系，加强经营计划和预算管理，建立《南光经营要情》周报机制，强化经营调度。全面梳理关键业务监测指标，367 项指标接入数据中台，实现自动采集、每日更新和统计分析，为日常经营决策提供有力支撑。二是把握机遇拓市场。各二级公司把握三年新冠疫情防控转段后经济恢复发展的重要机遇，积极作为，拓展市场。南光集团坚持深耕澳门本销市场，加强国际油价走势研判，合理安排购销存，开拓氹仔客运码头油库营运业务，稳步推进天然气管网建设和市场推广，汽油、天然气销售创历史新高；抢抓市场复苏机遇，丰富和创新营销手段，加快经营布点和业务拓展，旅游、酒店、餐饮、客运、零售、证件、洗衣等业务均实现较好业绩；积极应对行业形势变化，合理控制投资开发节奏，加快市场化营销体系建设，加大品牌推广力度，千方百计推进销售去化，取得积极成效，保持稳健发展并跑赢行业大势；稳定传统澳门民生贸易和仓储物流业务，加强港珠澳三地供应链服务能力建设和业务拓展，发挥中国澳门、广州、中国香港、北京、葡萄牙贸易平台优势，加大贸易拓展力度，取得新的重要进展；持续提高市场化专业化国际化水平，成功举办“三展”“高品会”等品牌项目，加强内地和海外市场拓展，积极探索文化、体育项目投资，积累经验；全力抢抓入澳游客大幅增加契机，持续优化运力配置和经营调度，完善便民引客措施，超额完成年度经营目标任务。三是过紧日子控成本。深入实施提质增效专项行动，严格落实全面预算管理，坚持“无预算不支出”，大力推进精细化成本管理全覆盖，推动带息负债平均成本下降 0.29%，可归集资金集中度 98.10%。强化“两金”压降，抓住市场利率上升时机开展稳健理财，资金使用效率效益进一步提升。高负债子企业减少 2 户，全面完成年度目标。加大亏损企业治理力度，亏损企业减少 7 户，比上年下降 41.18%。

【重大项目】　2023 年，南光集团以改革创新和高质量发展为主线，坚决落实好国务院国资委各项年度工作部署，扎实推进企业经营管理和改革发展各项工作，全力推动各业务板块发展。一是高标准设计和建设横琴综合物流中心项目。南光(横琴)物流中心项目是横琴深合区继"澳门新街坊"后又一重大民生项目，也是经两地联合评审确定的17个优先推荐落地项目之一和横琴深合区成立后的首块供地项目。为提升澳门民生供应保障和服务能力，澳门物流业技术水平、规模效应和整体实力奠定坚实基础。助力澳门及横琴深合区跨境电商、智慧物流等新业态新模式发展，协同构建跨境电商综合服务生态圈。二是澳门大学连接横琴口岸通道桥项目顺利竣工，正式移交澳门特区政府。该项目被列为澳门特区政府"二五"规划重点项目之一，也是横琴粤澳深度合作区建设总体方案规划重点项目之一。该项目的建成为琴澳一体基础设施互联互通增加新动能，提升服务水平和通行能力，加速澳门经济圈与横琴粤澳深度合作区的融合发展，为澳门深度融入粤港澳大湾区、实现陆路运输快速衔接提供强大支撑，也成为琴澳经济社会发展高效便捷的大通道，对促进琴澳一体化高质量发展具有重要意义。

【履行社会责任】 2023年，南光集团坚持立足澳门、深耕澳门，不断提升对澳门繁荣稳定的影响力。一是全面打造南光历史文化馆这一境外红色教育基地，在积极传承和弘扬南光优秀历史传统和企业文化的同时以南光历史文化馆为平台加深与爱国爱澳社团以及澳门社会各界的联系，持续提升集团社会影响力。二是支持澳门特区政府举办宣传澳门各项活动，推动爱国爱澳、国家安全教育，支持政府举办国家安全展、支持澳门社会各界举办的庆国庆文艺表演，支持政府及爱国爱澳社团举办爱国爱澳主题活动，并积极参与澳门社会重要活动，立足助力澳门特色"一国两制"成功实践不断向前发展，更好发挥驻澳央企的战略支撑作用。三是支持澳门教育事业，继续实施"南光教育奖学金"项目，向澳门大学、澳门科技大学、澳门理工学院、澳门镜湖护理学院、澳门旅游学院、澳门濠江中学、澳门劳工子弟学校等7所教育机构捐赠奖学金；积极参与澳门公益慈善事业，向"澳门同善堂""澳门日报读者公益基金会"等慈善机构捐赠善款，资助社会扶弱济困慈善项目。2023年实际对外捐赠总额1219.5万港元、170万澳门元。

南光集团以习近平新时代中国特色社会主义思想为指导，深入学习贯彻党的二十大精神，继续做好对云南省禄劝县和甘肃省临夏县的对口帮扶工作，全年投入帮扶资金1150万港元重点帮扶12个项目。12月18日，甘肃省临夏州积石山县地震发生后，南光集团第一时间联系临夏县政府和派驻当地帮扶干部，采购清真食品和棉衣棉被等急需物资加急送到当地，按照政府安排对地震地区进行抗震救灾行动。坚持把落实国家乡村振兴战略与服务澳门特色"一国两制"伟大事业紧密结合，持续向澳门各界积极宣传乡村振兴战略，积极动员澳门力量参与国家乡村振兴各类工作，尤其支持帮扶县教育发展事业，营造人心向党的良好氛围。

（撰稿人：尹诗岚）

中国电气装备集团有限公司

【基本概况】 2023年，中国电气装备集团有限公司(以下简称中国电气装备)坚持以习近平新时代中国特色社会主义思想为指导，落实党中央、国务院决策部署，改革发展成果受到国家发展改革委、国务院国资委等部委肯定。配合完成国务院国企改革督查，督查组评价中国电气装备是"重组新设央企的改革典范"。国务院国资委党委书记、主任张玉卓评价中国电气装备"很好地体现了央企速度、加速度，显示了良好的发展态势"。中国电气装备创建世界一流企业、董事会，国资监管信息化建设等工作获评"优秀"，在中央企业负责人会议上作经验交流，企业改革发展迈上新台阶。

【主要指标】 2023年，中国电气装备实现稳中有进、稳中向好，完成新签合同额1734.3亿元，比上年增长49.7%；营业收入1000.8亿元，比上年增长27.72%；利润总额50.2亿元，比上年增长50.75%；净利润46.5亿元，比上年增长62.02%；经营活动净现金流71.7亿元，比上年增长93.3%；净资产收益率6.8%，比上年增长2.7个百分点；研发投入强度3.78%，比上年增长0.02个百分点；全员劳动生产率60.94万元/(人·年)，比上年增长18.22%。主网产业特高压直流市场占有率39%、交流市场占有率

51%。配网产业综合毛利率20.39%，比上年提升1.84个百分点。新兴产业全年新签合同额比上年增长91.76%。

表1　2023年中国电气装备集团有限公司主要经济指标

项　目	2022年	2023年	比上年增长(%)
资产总额(亿元)	1419.0	1561.5	10.04
所有者权益(亿元)	649.6	709.1	9.16
营业收入(亿元)	783.6	1000.8	27.72
利润总额(亿元)	33.3	50.2	50.75
净利润(亿元)	28.7	46.5	62.02
归属于母公司所有者的净利润(亿元)	15.3	23.9	56.21
技术开发投入(亿元)	31.1	37.9	21.86
利税总额(亿元)	69.7	93.6	34.29
应交税金总额(亿元)	41.5	44.8	7.95
全员劳动生产率[万元/(人·年)]	51.55	60.94	18.22
净资产收益率(%)	4.1	6.8	增加2.7个百分点
总资产报酬率(%)	2.6	3.6	增加1.0个百分点
国有资本保值增值率(%)	103.46	106.25	增加2.79个百分点

【改革发展】 2023年，中国电气装备完成国际公司组建，释放国际业务发展新动能。加快推动储能公司设立，打造央企储能产业头部品牌。完成财务公司提级，集约运作上市公司资金52亿元。完成3家上市公司提级，新增西高院、宏盛华源2家上市公司。推进产业基金落地。11家企业入选国家级专精特新"小巨人"企业，3家企业入选制造业"单项冠军"企业，13家企业入选"双百企业""科改企业"。强化供应链协同，集中采购率93%，全年采购节资17.7亿元。强化资金协同，资金归集率97.9%，带息负债规模压降38亿元。强化技术协同，推行产品平台化、标准化，全年实现科技降本5.8亿元。强化产能协同，全年开展协同项目196个，实现产值5.6亿元。开展全流程降本增效，智慧电气产品毛利率比上年提升1个百分点以上，全口径应收账款周转率、存货周转率分别提升0.1次、1.04次。审计署发现问题94项立行立改问题全部按期完成。合同结案率比上年提升24%，执行回款到账6.3亿元。狠抓亏损企业治理和突出问题整改，亏损企业比上年减少2户、减亏6.75亿元，亏损面压降到4%以内；积极处置非经营性或低效无效资产，合计盘活资金10.2亿元。

【重大项目】 2023年，中国电气装备在郑州设立中原区域总部，与河南省、郑州市签署合作协议，达成项目合作意向20条。加大上海产业投资力度，在平台公司选址、人才引进和国家重点实验室建设等方面，取得上海政策支持。与陕西省合作打造输变电装备智能制造示范基地、智慧能源示范基地，促进西安城市更新改造。与山东省合作推进半岛海上风光资源开发，建设威海海缆生产基地。加快天津、重庆、福州、厦门等地产业升级，持续扩大产能，增强发展后劲。成功获批输变电装备技术全国重点实验室，启动上海科研基地建设。输配电装备原创技术策源地成功纳入国务院国资委第二批计划。与天津大学共建配网联合研究院。搭建电弧、电磁、高端装备多物理场仿真等基础研究实验检测平台。获批输变电装备领域首个"国家标准验证点"。承担新型电力系统高端输变电装备支链长。获批"10兆瓦级磁悬浮飞轮储能关键技术"等6个国家重点科研项目。成立新型储能集成技术与装备联合创新中心，开展储能系统解决方案、高端整机、3S融合、数字化储能仿真云平台等关键产品研制。成功发行科创债12亿元，低于同期市场水平28个基点。

【走向海外】 2023年，中国电气装备聚焦输配电全产业链优势，持续巩固东南亚、北非市场，加快培育南美、中东、欧洲等市场；新设泰国、沙特、西班牙等5个海外机构。电能表、环网柜等产品不断向新领域延伸覆盖；光伏、储能等新兴业务加快拓展，深度参与海外清洁能源项目建设。国际业务全年新签合同额135.4亿元，比上年增长26.7%，持续推进海外布局优化和核心装备“走出去”。

【重大创新】 2023年，中国电气装备突出重大装备创新规律，建成“三维三层”研发创新体系，形成“基础技术研究＋核心技术攻关＋智能制造＋市场验证”的闭环创新机制，支撑重大装备不断迭代。全年研发投入37.9亿元，比上年增长21.86％。完成20亿元国有资本经营预算申报。获得省部级及以上科技奖励103项，新增授权发明专利528件。“1025专项”二期任务取得突破进展，“特高压国产芯片交流成套保护”系列装备全部实现挂网运行；330千伏、800千伏绝缘拉杆实现批量应用，1100千伏绝缘拉杆通过型式试验。成功研制世界首台具有换相失败抑制能力的新型换流阀，国内首台190千安发电机断路器、直接出线750千伏变压器等高端装备。8类产品入选国家首台（套）重大技术装备。制（修）订国际标准13项，79类产品技术水平达到国际领先。推进研发资源共享、技术路线和设计标准统一，完成220千伏变压器、126千伏GIS、10千伏配电变压器等11项产品技术平台化，设计源头平均降本10％以上。成功研制高导电高强度铸造铝合金材料、20千瓦充电模块等产品。通过结构优化、降低冗余等方式，实现变压器油箱轻量化突破，技术推广效益显著。开展综合能源规划与仿真分析系统研发，形成园区、微电网等典型绿色零碳场景集成解决方案。掌握充换电核心技术，补齐换电机器人、电池箱产品短板，为扩大市场打牢基础。

【党建工作】 2023年，中国电气装备坚持以主题教育统领改革发展和党的建设，建立贯彻落实习近平总书记重要指示批示工作机制。紧紧围绕“双碳”目标、新型电力系统建设等重点任务，扎实开展调查研究，领导班子形成“1＋8”调研成果，各级干部开展调研865次。扎实推进两批主题教育问题检视整改，1575项问题全部整改落实。胜利召开中国电气装备第一次党代会、工代会、团代会，为高质量发展提供坚强组织保障。将企业间干部交流作为融合融入的重要抓手，所属企业班子成员交流任职超过50％。建成“511”优秀年轻干部储备库，党委管理45岁及以下干部占比超过40％，一大批年轻干部走向成熟。加大专家人才培养力度，新增国务院特贴专家3人、省部级人才66人。深化校企合作、实施“飞地引才”，累计引进各类人才1342人，硕博士及重点院校占比均在60％以上。实施青年人才托举，35岁以下科技人员参与重大科技项目占比超过40％，40岁以下科技人员占比64％。深化“井”字形大监督工作格局，统筹推进40项监督重点任务。持续加强“一把手”监督，上下贯通、逐级开展谈话2971人次，推动解决问题522项。提升治理腐败效能，全系统处置问题线索126件，处分处理140人次，挽回直接经济损失580多万元。强化廉洁风险全景图应用，识别风险隐患532项，制定防控措施686项，切实发挥警示作用。开展外委外配专项治理，发现问题195项，节资降本2.75亿元，建章立制44项，外委抽检不合格数量降幅超过50％。推进“两金”管控专项监督，促进制度制（修）订124项，推动呆滞库存压降0.61亿元，追回呆账坏账0.69亿元。开展废旧物资专项治理“回头看”，实现增收0.58亿元。贯彻“向深拓展、向专发力、向下延伸”巡视工作要求，开展提级巡视、科技创新专项巡视。所属企业综合运用常规巡、专项巡及“回头看”等方式对33家企业党组织开展内部巡察。

【信息化与数字化建设】 2023年，中国电气装备加强数字化转型顶层设计，建设企业中台数智底座。初步建成运营监控系统，入选国资央企数据共享技术体系试点建设项目。构建以PLM系统为核心的研发设计管理平台，开展三维可视化装配工艺试点应用。安全可靠应用和网络安全协同推进，“国产化嵌入式软硬件平台”入选第一批中央企业深化安全可靠应用替代工作典型案例。铁塔企业智能制造执行系统、配电物联网高级应用App解决方案分别获评工业和信息化部工业软件优秀产品、工业互联网优秀解决方案。积极推动智能化自动化改造，全年完成自动化改造投入31亿元。强化“机器代人”，推进智能制造项目33个，实施精益生产项目27个，提升电力装备生产效率。高标准开展西安智慧产业园区建设，打造数字化智能化工厂标杆企业。主要产品产能较成立之初平均增长63％，储能设备产能增长2倍。制定集团公司智能制造标准体系，支撑智能工厂设计、建设、运行与评价。2家企业入选国家级智能制造示范工厂揭榜单位、10家企业入选国家级智能制造优秀场景。

【履行社会责任】 2023年，中国电气装备高质量完成白鹤滩—浙江、福州—厦门等国家重大工程建设，全力做好杭州亚运会、上海进博会等重大活动保电，以及台风“杜苏芮”、甘肃积石山地震等抢险保电任务。实施“强创新、提质效、建一流”年度党建品牌，组建“岗区队”1840余个，强化“党建+”工程，组织广大党员奋战保供保电、技术攻关、质量管理、生产履约主战场。加强信息报送，深化品牌宣传，在央企新媒体指数榜排名上升24位。持续打造“四青”青年建功品牌，在急难险重任务中发挥青年作用。履行央企政治责任，全面完成定点帮扶各项任务。扎实推动解决民营企业违规持有国有企业股权等历史遗留问题，坚决维护国有资产权益。累计受理信访举报57件，发现问题线索122件，反馈相关问题1398个，追责问责101人次，促进历史遗留账款回收5.36亿元。

（撰稿人：张智昊）

中国物流集团有限公司

【基本概况】 中国物流集团有限公司（以下简称中国物流）是国务院国资委深入贯彻落实习近平总书记关于“加快构建现代流通体系”“培育壮大具有国际竞争力的现代物流企业”重要讲话和重要指示精神，于2021年12月6日经国务院批准，在北京正式组建成立的股权多元化国有全资中央企业。中国物流注册资本300亿元。经营网点遍布国内30个省（自治区、直辖市）及海外五大洲，国际班列纵横亚欧大陆，在国际物流市场具有较强竞争优势。旗下拥有中国铁物（000927.SZ）、中储股份（600787.SH）、华贸物流（603128.SH）和国统股份（002205.SZ）4家境内上市公司。截至2023年底，中国物流拥有土地面积2377.94万平方米，其中仓储基地（物流园区）300个，占地面积1813.39万平方米；境内期货交割网点35个，涵盖34个品种，总库容301.59万吨；铁路专用线117条，总长度253.51千米；码头泊位25个，码头岸线2220米；整合社会公路运力302万辆；自有铁路机车12辆，铁路车辆209辆；互联网交易平台11个。

中国物流以“服务现代流通、保障国计民生”为使命，致力于促进有效降低全社会物流成本，成为构建高效顺畅流通体系的战略力量，在提升产业链供应链韧性和安全水平方面发挥重要作用。主要有五大业务集群，主业为综合物流服务、供应链集成服务、国际物流服务、物流设施综合服务，拟培育主业为物流包装装备服务。主营业务涵盖仓储、运输、配送、包装、多式联运、国际货代、期货交割、跨境电商、国际贸易、物流设计、供应链管理、加工制造、科技研发、电子商务等各种综合物流服务业态。

2023年，中国物流始终以习近平新时代中国特色社会主义思想为指导，深入贯彻落实习近平总书记系列重要指示批示精神，以及在中央财经委员会第四次会议上的重要讲话精神，积极把握物流调结构、促改革带来的重大机遇，进一步聚焦主责主业，加快建设世界一流综合性现代物流企业集团，在推动建设国家现代化产业体系和现代流通体系、促进经济社会提质降本增效中作出“综合物流国家队”的贡献。

【主要指标】

表1　2023年中国物流集团有限公司主要经济指标

项　目	2022年	2023年	比上年增长（%）
资产总额（亿元）	1114.88	1066.24	-4.36
所有者权益（亿元）	475.06	506.68	6.66
营业收入（亿元）	1896.10	1510.60	-20.33
利润总额（亿元）	60.57	34.16	-43.60
净利润（亿元）	46.89	24.46	-47.84
归属于母公司所有者的净利润（亿元）	24.98	12.38	-50.44
技术开发投入（亿元）	2.54	3.06	20.47
利税总额（亿元）	105.22	78.56	-25.34
应交税金总额（亿元）	58.33	54.10	-7.25
全员劳动生产率[万元/（人·年）]	69.27	62.20	-10.21

续表

项　目	2022 年	2023 年	比上年增长(%)
净资产收益率(%)	10.67	4.98	减少 5.69 个百分点
总资产报酬率(%)	6.12	3.84	减少 2.28 个百分点
国有资本保值增值率(%)	107.97	103.04	减少 4.93 个百分点

【改革发展】 2023 年，中国物流坚持高目标引领改革深化提升，改革三年行动实现 A 级收官，在此基础上，乘势实施“革故向新”“守正创新”“活企鼎新”专项行动，“三位一体”推动改革深化提升行动。同步深化“双百行动”“科改行动”，在国务院国资委“双百企业”“科改企业”2023 年考核中获得 1 家“标杆”、6 家“优秀”的良好成绩。全面落实专业化整合实施方案，推进内部整合事项 41 项。同步开展央企物流业务整合模式和集团仓储设施投资运营管理架构研究，积极推进与有关中央企业物流资产的市场化整合工作。

高起点统筹世界一流企业建设。中储智运入选全国首批 200 家创建世界一流专业领军示范企业名单，实施方案获得国务院国资委第一等级 A+评价。价值创造方面，开发集团价值地图和对标指标体系，实施方案评估在 98 家央企中排名第 28 位，相关经验在《国企改革动态》刊载。管理提升方面，不断强化采购与供应链管理，持续深化对标世界一流管理提升行动。品牌引领方面，形成文化和品牌建设方案，构建多媒体覆盖、多平台互动的传播矩阵。

坚持精准发力，强化正向激励，合理设置薪酬结构和水平，建立以市场价值为导向的多元化激励约束机制。企业负责人薪酬由年度薪酬、奖励薪酬和任期薪酬构成，明晰激励机制和考核体系。规范所属企业高级管理人员薪酬发放工作，统筹规范福利待遇，制定和细化涉及处分企业负责人的薪酬扣减规则。

【重大项目】 2023 年，中国物流积极应对复杂形势和整合过渡阶段，遵循投资谨慎原则开展投资布局，全年完成投资总额 61.3 亿元。组建研究院、资本公司、物流数科、中资智慧物流、国际速递、全仓登和海外公司等，着力打造产业链条完整、综合实力强的现代物流企业。持续优化投资布局，铁物股份物资储备基地、中储智运 3 个区域子公司、华贸物流 6 个海外公司、中物酒仓、中储钢超组建等项目高效实施。

中国物流围绕战略性新兴产业和未来产业布局，积极制定“人工智能+”物流领域应用实施方案，基于“多模态通用大模型+物流行业智能应用”模式，主动承担构建物流行业大模型，推动大模型使用任务。牵头申报的“智慧物流云”以及与中国电子联合申报的“危化品监管服务云”项目成功入选国务院国资委第一批 40 个中央企业行业领域公有云项目，在物流领域为产业链上下游建设自主可控的行业公有云，加快构建物流科技生态。

【走向海外】 2023 年，中国物流高度重视国际化发展，始终坚持夯基础、强管理、促提升、防风险的鲜明导向，稳步推动国际业务条线各项重点工作。聚焦国际物流业务发展和国际物流网络布局两大核心，研究制定国际业务战略发展规划和国际业务全球布局规划，全面擘画国际业务发展新蓝图。为充分凝聚境外业务发展合力、理顺境外业务管控体系，2023 年 9 月海外平台公司正式落户新加坡，华贸物流完成加拿大、南非、法国等海外公司的设立，全球网点进一步完善，国际化服务能力不断提升，“专业公司+平台公司+区域公司”的业务管理架构初步形成。成立国际速递公司，进军国际速递业务领域，陆续开通郑州至马尼拉、曼谷、南通、达卡等地的国内包机业务，有效拓宽国际业务的广度。大力开展国际业务合规体系建设工作，编制印发涉外合规知识手册，不断加强风险防控，自主研发的“中央企业境外安全综合管理平台”，获得国务院国资委智能监管业务模型创新活动优秀应用奖。

【重大创新】 2023 年，中国物流大力实施创新驱动发展战略，坚持自主创新，加强集成创新、应用创新。所属中储恒科获批河南省智慧称重物联网系统工程技术研究中心，新研发的平板模块式动态称重系统在河南、广西、浙江、湖南等省份安装，逐渐成为公路超限治理的主流设备。所属中储恒科聚焦固体颗粒物料称量、充填、制袋、封口等环节，开展一体化全自动定量包装机项目，完成样机组装及程序调试，实现全自动制袋和多头组合秤部分的全流程运行。所属装备公司与中国中车集团联合设计研发的我国首台纯电动新型能源机车正式交付，机车创新应用钛酸锂电池和自动快充机器人，相对传统内燃机车能耗成本节省80%、维保费用降低90%，人员配置减少50%。所属诚通包装开展电池防爆箱防爆性、阻燃性、控温性研究，完成样箱预制和经热扩散试验验证，箱体抗爆炸性能良好，申请发明专利2件，牵头制定团体标准1项。所属轨道集团深耕钢轨打磨技术，开展焊轨基地个性化钢轨廓形预打磨技术研究，完成18磨头钢轨预打磨设备研制，全国首创性地将钢轨打磨向焊轨基地前端渗透，实现与焊轨厂生产任务同步的钢轨个性化预打磨服务，开拓铁路运维服务的新领域。

【党建工作】 2023年，中国物流党委在国务院国资委党委坚强领导下，以习近平总书记重要批示精神为统领，健全完善"第一议题"制度，常态化开展"政治对标"特色主题活动，构建完善以"一单多表"为核心的"三重一大"决策体系，有力保证总书记重要指示批示精神落实落地、见行见效。扎实开展学习贯彻习近平新时代中国特色社会主义思想主题教育，聚焦破解整合重组企业独有难题，将综合物流主业转型"大学习、大调研、大讨论、大实践"融入主题教育全过程，用好专题读书班、理论学习中心组学习、"三会一课"等学习载体，创新"1＋9＋N"调研体系，打造115家"三个一批"试点企业，切实达到"四个以学"的目标。深入落实国务院国资委党委"七抓工程"要求，以25项重点工作、43项重点任务创新开展"基层党建提质跃升"专项行动，推动党组织全面进步、全面过硬。坚持明责履责考责问责闭环管理，细化全面从严治党责任清单，常态化召开直管公司"两委"书记例会、重点工作推进会，建立集团党建工作人员与直管公司"一对一"定点服务联系机制，标准化、精细化开展直管公司党委年度党建责任制考核，推动各级党委管党治党责任意识得到系统性提升。始终保持严的基调，一体推进"三不腐"体系建设，构建风清气正的良好政治生态。

【信息化与数字化建设】 2023年，中国物流充分发挥数字化驱动引领作用，以"产业数字化、数字产业化"为主线，通过数字化转型、智能化升级，赋能物流产业链供应链安全稳定。加强数字化顶层设计和体系建设，聚焦智慧物流、数字科技领域，设立物流数科公司，推进集团数字化队伍专业化整合。加强数字化管控，ERP和财务共享建设顺利推进，完成试点及6个批次372家单位业财上线，人力模块境内全覆盖，实现财务、人力、供应链管理等集团统一管理，与智慧法务、司库、OA、智运、SO56、华贸BMS、CROSS等22个系统有效联通。完成OA系统推广，司库系统高质量收官，智慧法务系统完成试点和3个批次推广，智慧党建、采购供应链、境外应急中心等国资监管重点系统启动建设，在国务院国资委组织的"国资监管数字化智能化提升专项行动"第一阶段验收评估中获评"优秀"。积极推进生产经营数字化转型升级，在网络货运、智能仓储、供应链集成、包装设计、危化品应急物流等领域，上线多个运营管理平台，并不断优化升级，利用数字化技术，提供智慧方案，节约成本，提高仓库的运营效能，有力促进产业链供应链资源开放、整合与共享。

【履行社会责任】 2023年，中国物流履行社会责任案例《聚焦主责主业、绿色低碳发展，为构建现代流通体系贡献力量》入选2023年度《中央企业社会责任蓝皮书》。推动完善4家上市公司ESG工作体系和机制建设，推进4家所属上市公司ESG专项报告披露"全覆盖"。积极对接国家重大区域发展战略，先后与重庆市、云南省、辽宁省、新疆生产建设兵团、青岛市等地人民政府签署战略合作协议，共同推动物流通道枢纽建设，务实开展相关项目合作。2023年日均组织物资运输130余万吨，发送货物超过4.9亿吨。

2023年，对外捐赠额1645万元。深入推进乡村振兴工作，投入无偿帮扶资金1500万元，引进帮扶资金810万元，培训乡村基层干部442人次，培训乡村振兴带头人482人次，购买、帮销农产品2635万元，全面推进定点帮扶项目31个，帮助实现转移就业1800余人。扎实做好援疆、援藏、援青工作，根据国务院国资委社会责任局日常工作要求，做好援疆、援藏、援青统筹谋划，以实际行动展现央企责任担当。

中国物流牢固树立绿色发展理念，统筹开展屋顶光伏建设，完成中储股份临沂公司屋顶光伏发电项目建设(装机容量 5.9 兆瓦),稳妥有序推进碳达峰行动。

(撰稿人:袁　芳)

中国国新控股有限责任公司

【基本概况】 中国国新控股有限责任公司(以下简称中国国新)成立于 2010 年 12 月 22 日,是国务院国资委监管的中央企业之一,2016 年初被国务院国有企业改革领导小组确定为国有资本运营公司试点,2022 年 12 月正式由试点转入持续深化改革阶段。2019—2022 年连续获评年度中央企业负责人经营业绩考核 A 级。

改革试点以来,中国国新按照党中央、国务院决策部署,围绕国务院国资委工作要求,聚焦运营公司功能定位,深刻把握运营规律,不断完善运营模式,探索打造"7+3+1"业务格局。基金投资板块以中国国有资本风险投资基金为核心,设立运营包括国新国同基金、央企运营基金、科创基金、双百基金、国改科技基金、综合改革试验基金群、国新建源基金、国新中鑫基金、国新高层次人才基金等在内的国新基金系,着力支持中央企业深化改革、创新发展和优化布局,培育孵化前瞻性战略性产业;金融服务板块拥有商业保理、融资租赁、财务公司、保险经纪、金服公司、大公国际等金融、类金融机构,通过向中央企业提供创新金融产品和服务,助力中央企业深化供给侧结构性改革、防范化解重大风险,增强资本流动性和提高回报;资产管理板块聚焦盘活存量国有资产,深入探索不良资产接收处置与运营管理,支持中央企业加快"两非""两资"剥离处置工作、聚焦主责主业;股权运作板块服务央企上市公司价值管理,通过稳妥开展持有上市公司股份的专业化运作,促进国有资本合理流动、保值增值;境外投资板块围绕服务共建"一带一路",大力推动中国企业境外优质项目落地,支持企业"走出去";直接投资板块以服务深化国资国企改革为导向,积极参与有关中央企业战略性重组、专业化整合和股权多元化改革等;证券业务板块拥有证券、公募基金和期货等重要业务资质,利用遍布全国的机构网络,助力中央企业更好对接资本市场,服务实体产业发展。探索打造数字化、咨询、文化教育等新的业务板块。搭建央企专职外部董事服务保障平台,2023 年底服务专职外部董事 40 余人、分别在 80 余家中央企业任职。推动划入的中国华星集团有限公司(原中国华星集团公司)、中国文化产业发展集团有限公司(原中国印刷集团公司)两户原中央企业结构调整,实现转型发展。

2023 年,中国国新坚持以习近平新时代中国特色社会主义思想为指导,深入学习贯彻党的二十大精神,按照党中央、国务院决策部署,根据国务院国资委工作要求,坚持稳中求进工作总基调,围绕"十四五"时期"1345"战略目标,克服资本市场震荡下行等困难挑战,进一步夯实高质量发展基础,经营绩效总体平稳。截至 2023 年底,资产总额 9069.93 亿元,全年实现利润总额 202.29 亿元,净利润 178.02 亿元,归属于母公司所有者的净利润 111.54 亿元。

【主要指标】

表 1　2023 年中国国新控股有限责任公司主要经济指标

项　目	2022 年	2023 年	比上年增长(%)
资产总额(亿元)	8589.44	9069.93	5.59
所有者权益(亿元)	3394.76	3614.49	6.47
营业总收入(亿元)	74.15	95.91	29.35
利润总额(亿元)	266.92	202.29	−24.21
净利润(亿元)	239.26	178.02	−25.60
归属于母公司所有者的净利润(亿元)	152.52	111.54	−26.87
技术开发投入(亿元)	1.70	1.79	5.29
利税总额(亿元)	34.10	24.68	−27.62
应交税金总额(亿元)	29.43	20.59	−30.04
全员劳动生产率[万元/(人·年)]	963.54	578.52	−39.96

续表

项　目	2022 年	2023 年	比上年增长(%)
净资产收益率(%)	7.95	5.50	减少 2.45 个百分点
总资产报酬率(%)	5.19	4.10	减少 1.09 个百分点
国有资本保值增值率(%)	106.42	105.94	减少 0.48 个百分点

【改革发展】 2023 年，中国国新将国有企业改革深化提升行动与改革三年行动相衔接，统筹推进功能使命类改革任务与体制机制类改革任务，持续以改革强动力、激活力。在 2022 年度中央企业改革三年行动重点任务考核中再获 A 级，所属 3 户“双百企业”获评 2022 年专项考核 2 家“标杆”、1 家“优秀”。一是把准改革首要任务。健全各级党组织学习贯彻习近平总书记重要指示精神的“第一议题”制度，将深入学习贯彻习近平总书记关于国有企业改革发展和党的建设的重要论述作为首要任务，认真贯彻落实党中央关于深化国有企业改革、改组组建两类公司的部署要求。二是加强顶层设计。研究制定公司改革深化提升行动实施方案及工作台账，明确 7 章 34 项改革任务 121 条具体举措，总结提出增强培育孵化、布局优化、价值管理、流转畅通、资源整合 5 个核心功能，提高资源配置、投后管理、风险防控、投资研究、科技驱动、品牌引领 6 个核心能力，对未来三年运营公司业务布局、业务方向、业务模式等作出进一步的优化和完善。三是推动公司人才队伍改革。建立公司专职外部董事队伍，首批 4 名专职外部董事上岗履职，实现公司专兼职外部董事统筹配备。起草科技产业人才队伍建设工作方案，加大科技产业人才引进力度，推动大公国际、国新基金管理公司博士后科研工作站获人力资源社会保障部批准，为科技创新人才的引进和培养提供有力抓手。开展公司首次优秀年轻干部调研。深入 18 家企业开展调研，编写《2023 年度年轻干部队伍建设专题调研报告》，初步形成 194 人的优秀年轻干部备选名单。组织开展管理提升专项行动。结合公司党委开展调查问卷查找发现的问题，帮助所出资企业建章立制、解决问题，切实加强组工干部队伍建设，提升全系统组织人事工作管理水平。

【重大项目】 2023 年，中国国新牢牢把握增强国有资本流动性和保值增值的功能定位，在服务国家战略中创造价值，在服务国资央企中开拓市场，积极助力国资央企发挥科技创新、产业控制、安全支撑作用。

基金投资。通过募资和领投撬动外部资本近 7 倍，金额超过 2100 亿元；全年新增投资国资央企项目 37 个，金额近 60 亿元，累计投资国资央企项目超过 220 个、金额超过 1200 亿元，占总投资金额超过 90%，持续加大高端装备智造、新材料、生物医疗、新一代信息技术、新能源等战略性新兴产业投资力度，为国资央企创新发展注入源源“活水”。

金融服务。瞄准央企战略性新兴产业、国家重大建设项目，构建巩固商业保理、融资租赁、保险产权经纪 3 项主营业务千亿级的新发展格局，累计投放保理、租赁融资款近 4200 亿元，转移央企财产风险超过 2700 亿元，各类业务持续保持零逾期、零不良、零违规、零投诉，综合运用各类金融工具支持央企实体经济发展，推动党中央、国务院“三去一降一补”、供给侧结构性改革等重大决策部署在中央企业更好落地。

资产管理。经国务院国资委批准，设立国有企业存量资产优化升级专项基金，主要投向存量规模较大、增长潜力较好的国有企业基础设施、闲置土地等资产。高质量完成“两非”接收处置年度任务，截至 2023 年底，累计完成“两非”出清 120 户，户数出清率 85%，助力央企回现超过 42 亿元。积极拓展中央企业专业化整合业务，国能基金 2023 年新增资金投放近 20 亿元，落地中核新能源项目，助力产业央企环保水务板块专业化整合。大连国新资产完成首单业务收购处置。

股权运作。截至 2023 年底，划入股份已运作部分科技创新类中央企业上市公司整体投资占比超过 56%，战略性新兴产业投资占比超过 61%，对国务院国资委“9+6”领域投资占比超过 57%，投资覆盖全部“9+6”领域。做深做实积极股东项目投资，促进中央企业上市公司完善治理和产业发展。持续开发中证国新“1+N”系列央企指数，助力央企上市公司价值实现。顺利完成央企股东回报、央企科技引领、央企现代能源 3 条指数的产品化工作，累计发行 ETF 产品 9

只，首发规模合计168亿元，成为2023年以来全市场最大规模的系列指数ETF基金。

直接投资。专注以市场化专业化直接投资服务国资央企改革发展，积极围绕战略性新兴产业、现代化产业体系、传统产业升级改造和战略性资源能源控制等重点领域投资布局。2023年，重点发力新能源、生物技术、集成电路等领域，完成决策88.42亿元，新增出资29.83亿元。截至2023年底，直投板块管理股权38项，账面价值近2200亿元，累计现金出资超过1300亿元，其中围绕"9＋6"产业出资超过340亿元，为26家央企集团的改革发展工作提供国有资本运营服务支撑。

证券业务。成功并购重组原华融证券并更名为国新证券，进一步丰富助力央企对接资本市场、服务实体产业发展的功能手段。出台关于支持国新证券高质量发展的指导意见，成立战略协同委员会，部署开展合规体系建设试点，大力推动精神、战略、组织、业务、管理"五个重塑"，加快推动其融入国有资本运营事业。加快推动证券板块"二次创业"，取得业务评级提升，2023年实现营业收入近14亿元、利润总额近5亿元。

【走向海外】 2023年，中国国新依托境外投资平台，积极支持合作伙伴国际化发展，参与高质量共建"一带一路"、助力国际产能合作，大力投资有助于保障国家能源资源安全、提升重要产业链供应链韧性、推动制造业高端化和智能化、支持清洁能源绿色发展等跨境项目。截至2023年底，累计投资项目超过100个，其中"一带一路"投资金额占比约80%。

【重大创新】 在国务院国资委统筹部署下，全力布局发展战略性新兴产业是中国国新作为国有资本运营公司支持国资央企科技创新、产业控制和安全支撑的重要着力点。2023年，中国国新研究制定《中国国新布局发展战略性新兴产业实施方案（2023—2025年）》及工作台账，对未来3年布局发展战略性新兴产业作出顶层设计和制度性安排。截至2023年底，国新基金投资原创技术策源地项目78个，金额348亿元，覆盖近80%的原创技术策源地央企；国新基金投资现代产业链龙头企业项目38个，金额129亿元，覆盖近60%产业链龙头央企。截至2023年底，公司全系统累计投资战略性新兴产业金额2750亿元，实现战略性新兴产业九大领域投资全覆盖，切实以更大力度支持重大科技创新和发展新兴产业，以更大力度支持建设现代化产业体系和国家战略安全等重点领域布局，助力央企加快形成新质生产力、发展新动能。

【党建工作】 2023年，中国国新党委按照党中央、国务院决策部署，认真落实国务院国资委工作要求，坚定不移加强党的全面领导，毫不动摇坚持严的基调，在持续深化改革中把握好正确政治方向，以高质量党建引领高质量发展，连续3年获评中央企业党建工作责任制考核A级。一是扎牢紧跟核心、听党指挥的思想根基，拥护"两个确立"做到"两个维护"的政治自觉明显增强。全面深入扎实开展学习贯彻习近平新时代中国特色社会主义思想主题教育，制定"第一议题"制度实施办法，建立工作台账，跟踪督办落实情况，确保习近平总书记指向到哪里，中国国新就坚决跟进到哪里。牢记功能使命，围绕助力产业央企更好发挥科技创新、产业控制和安全支撑作用，坚决服务国家战略、履行社会责任。二是构筑成熟定型的现代企业治理制度体系，党领导国有资本运营公司的治理效能明显增强。抓实各级党委党建入章、"一肩挑"、"双向进入、交叉任职"、前置研究等重点工作，从法定地位、领导体制、运行机制上构建党委发挥领导作用的顶层框架，推动实现党的领导与公司治理有机统一。三是锻造围绕中心、服务大局的高素质干部队伍，国有资本运营公司"铁军"队伍规模结构和作用发挥明显增强。坚持把政治标准放在首位，树立选人用人正确导向，优中选优配强正职，精准科学选配副职，开展领导班子综合分析研判，全年对17家企业领导班子存在的问题提出改进措施，建立专职外部董事队伍。立足后继有人大力发现培养选拔优秀年轻干部。四是夯实严密高效基层组织基础，党组织政治功能和组织功能明显增强。树立大抓基层鲜明导向，以严密组织体系建设为关键，以党组织书记、党务干部、党员三支队伍能力素质提升为重点，以组织党校教育培训和开展党建工作责任制考核为抓手，以国有资本运营公司特色党建工作模式探索为切入口，夯实基层基础，切实提高党组织凝聚力、战斗力，发挥党员先锋模范作用。五是坚持"严"的基调，正风肃纪反腐力度明显增强。研究制定公司党委巡视工作规划(2023—2027年),组织开展新一轮巡视工作,推动所出资企业开展巡察工作。对照二十届中央第一轮巡视专项检查发现问题,开展内部巡视专项自查自纠,不断提升巡视工作规范化水平。深入开展违反中央八项规定精神问题专项治理,推动中央八项规定精神在中国国新落实落细。

【信息化与数字化建设】 2023年,中国国新数字化统筹管理体系全面加强,数字国新"139XE"工程中九大管控平台全面建成。积极打造核心业务系统,核心业务数字化赋能水平进一步提升。突出科技创新,数字化基础设施服务能力日臻增强。积极拥抱新一代数字化技术创新应用,构建适应运营公司业务特点和发展需求的"专有云""科技中台""数据中台"等新型IT架构模式,建成敏捷高效可复用的新一代数字技术基础设施,形成集团级数字技术赋能平台。严守底线思维,网络安全数据安全堤坝全面筑牢。2023年,中国国新在国务院国资委国资监管数字化智能化提升专项行动第一阶段验收评估中获评"优秀",居央企前列。

【中央企业专职外部董事服务保障】 2023年,中国国新深入学习领会习近平总书记重要批示精神,贯彻落实公司党委、专董党委决策部署,努力开创专职外部董事服务保障工作新局面。一是保障专董党委高效运行。持续深化构建"三位一体"党建工作格局,做好党员管理、干部管理、履职管理各项具体工作。不断压实工作小组职责,一体推进党建党务、履职支撑、服务保障工作平稳开展。二是完善服务保障工作机制。印发《中国国新关于进一步加强中央企业专职外部董事服务保障工作实施方案》,建立专职外部董事服务保障工作季度沟通会商机制、月度调度机制,印发《新任中央企业专职外部董事学习保障方案(试行)》,修订《中央企业专职外部董事服务手册》。三是用心用情开展支撑服务。2023年累计服务保障52位专职外部董事在95户中央企业138个外部董事岗位履职。推动优化细化因公出国(境)审批管理工作,在信息平台建立专门模块推送履职支撑信息、通报工作动态,分类编印制度汇编,梳理中央政策、国资要求,开展履职提示、案例分享。

【履行社会责任】 2023年,中国国新累计向利川市投入帮扶资金884万余元,引入无偿帮扶资金50万元,年内75人次赴利川市开展现场调研考察,有序参加国务院国资委"兴农周""聚力行动"等消费帮扶活动,全年采购帮扶产品约162万元,推动利川市乡村振兴工作走深走实。一是助力产业振兴。捐赠100万元支持利川特色农副产品展示中心日常运营和诸天村人才工作站基础设施建设。所属国新保理通过金融服务支持当地黄连产业发展。协调被投企业硅基智能助推利川数字人直播带货。跟进公司入股的利川风电项目以分红收益反哺帮扶。二是助力人才振兴。做好驻村第一书记轮换以及互派干部挂职锻炼工作。捐赠170万元支持利川开展培训和教育信息化设备升级。所属国新文化积极参与由国务院国资委社会责任局牵头组织的"央企育才促振兴行动"项目。三是助力文化振兴。所属文化发展出版社积极承担国务院国资委社会责任局相关课题成果出版任务。捐赠26万元支持诸天村改善村庄面貌、完善农村生活设施。积极参与第二届央企消费帮扶兴农周、央企消费帮扶聚力行动等活动。四是助力生态振兴。捐赠497.2万元用于村民天然气入户补贴医疗、补齐民生基础工程短板弱项、诸天村建设水厂、国新健康医疗系统建设等基础项目,不断筑牢"两不愁三保障"基础。五是助力组织振兴。驻利川乡村振兴工作队临时党支部发挥积极作用,所属国新财务公司、国新证券湖北分公司与诸天村开展党支部联学联建活动,捐赠66万元支持诸天村党员群众服务中心建设、民宿旅游产业发展和大棚种植示范基地建立。

(撰稿人:周书亚)

中国检验认证(集团)有限公司

【基本概况】 中国检验认证(集团)有限公司(以下简称中国中检)是中央企业中唯一以"检验、检测、认证、标准、计量"等综合质量服务为主业的第三方检验检测机构，前身是1980年经国务院批准成立的中国进出口商品检验总公司，是当前我国综合实力最强、品牌影响最大、网络覆盖最广的国际化综合性质量服务机构。中国中检全系统境内外职工2万余人，拥有CCIC、CQC、CAERI三大品牌，设检验公司、中国质量认证中心、测试公司三大业务平台和上市企业中国汽研，设有六大海外区域公司，是检验检测认证(TIC)行业的国家队、服务质量强国的主力军。中国中检服务范围涵盖国民经济各行各业和国计民生方方面面，持有国际、国家、地方等各类资质1000余项，拥有国家级平台16个，省部级平台20个，各类专业级实验室500多家，业务范围覆盖境外41个国家和地区，为10万余家国内外客户提供一揽子综合质量服务，是TIC理事会董事局A类成员，在IEC、ISO、IQNET、IFORM等16个国际标准化和合格评定组织中承担重要职责，近50位专家担任重要职务，累计制(修)订国际、国家或行业等各类标准2000余项。

2023年，中国中检坚持以习近平新时代中国特色社会主义思想为指导，坚决贯彻落实习近平总书记关于国有企业改革发展和党的建设重要论述，坚持以习近平总书记"2·26"重要批示精神为统领，坚持"稳中求进、以改促进"工作总基调，按照"四个始终坚持""统筹六个关系"工作部署，凝心聚力、攻坚克难，各项工作取得积极成效。

【主要指标】 2023年，中国中检经营业绩稳步提升，获评2022年度中央企业绩效评价"优秀"，全面完成国务院国资委考核目标，为加快建设世界一流检验检测认证企业提供坚强保障。

表1　2023年中国检验认证(集团)有限公司主要经济指标

项　目	2022年	2023年	比上年增长(%)
资产总额(亿元)	366.20	381.62	4.21
所有者权益(亿元)	297.87	313.30	5.18
营业收入(亿元)	145.24	156.38	7.67
利润总额(亿元)	32.82	35.20	7.26
净利润(亿元)	28.12	30.35	7.94
归属于母公司所有者的净利润(亿元)	18.97	23.06	21.58
技术开发投入(亿元)	6.99	7.09	1.36
利税总额(亿元)	38.60	41.98	8.77
应交税金总额(亿元)	10.69	11.48	7.33
全员劳动生产率[万元/(人·年)]	44.23	46.50	5.13
净资产收益率(%)	10.77	9.93	减少0.84个百分点
总资产报酬率(%)	10.55	9.47	减少1.08个百分点
国有资本保值增值率(%)	111.38	109.15	减少2.23个百分点

注：表中"比上年增长"采用元为单位的数据计算所得。

【改革发展】 2023年，中国中检坚持把改革作为推动市场化转型和破解发展难题的"金钥匙"。通过巩固深化国企改革三年行动成果，聚焦问题短板，靶向攻坚"6+2"年度改革重点任务，高质量启动实施国企改革深化提升行动，推动发展机制进一步理顺、效能进一步提高。

混合所有制改革情况。中国中检严格遵循混合所有制改革相关制度文件，通过新设、收购等方式与民企协同发展，完成1项混合所有制改革项目决策(中国汽研建设国家市场监管技术创新中心)，旨在抢抓新能源汽车发展的战略机遇，助力国家新能源汽车市场监管科技创新，打造在数字监管、质量安全领域的核心技术竞争；完成1项混合所有制项目落地[认证中心收购沈阳电气传动研究所(有限公司)70%股份]，旨在布局工业电器检测领域，助力防爆电器、低压电器等产品线业务建设，实现检测认证一体化服务。

改革深化提升行动情况。一是第一时间对改革深化提升行动进行工作部署，组建工作专班细化分解改革任务。制定8个方面33项任务的改革方案，及时向国务院国资委改革办汇报并根据反馈意见完成修订，确定122条举措、282项完成标准的改革台账，截至2023年底，工作台账中改革举措完成24项。二是持续加强党的领导融入公司治理各环节，理顺治理主体权责边界，优化“三重一大”决策事项清单，细化决策事项，从93项扩展为153项。提高董事会运行质量，坚持科学决策、民主决策、依法决策，全年召开定期董事会4次、临时董事会2次，审议通过决策事项32项，听取专题汇报8项。三是不断深化三项制度改革，对下属企业业绩责任书逐家审核、反馈，确保指标可量化、可考核，累计反馈3轮、提出修改意见357条，完成任期制和契约化协议全级次签订工作，覆盖各级子企业287户和经理层成员598人。

对标世界一流管理提升行动、创建世界一流专业领军示范企业、“科改行动”、“双百行动”情况。中国中检对标提升行动在国务院国资委改革三年行动专项考核中排名第55位，完成8个对标领域39项提升任务；“数字中检”业务管理模型获评国务院国资委央企标杆项目，在国资监管数字化专项评估中获评“优秀”，在央企排名前20位；“标杆”企业辽宁公司带领东北区域营业收入突破3亿元，利润总额突破4500万元，经营业绩再创新高。中国汽研在国务院国资委创建世界一流专业领军示范企业实施方案评估中获评A+等级、在2023年国务院国资委“科改行动”专项考核中获评“标杆”。中检公信在2023年国务院国资委“科改行动”专项考核中获评“良好”。

产权管理工作。中国中检进一步完善产权管理制度体系，印发《中国中检关于规范所属企业清算注销操作流程的通知》，明确企业清算注销操作流程，确保合法合规；印发《中国中检投资事项授权清单（2023年版）》，实施投资及产权管理差异化授权，提升决策效率。截至2023年底，产权登记完整率由2022年底的77.4%提升至94.6%；严格落实资产评估制度要求，完成资产评估项目公示及备案21项；坚决执行国有资产交易有关规定，批复对外产权转让行为3项、非公开协议转让行为5项、增资扩股行为1项，涉及的对外产权转让及增资扩股行为均在北京产权交易所公开进行；着力推动区域化改革，将所持23家二级地方公司股权无偿划转至对应区域总部公司。成功摘牌33家二级地方公司、11家三级地方公司海关股权，为后续改革奠定基础；高效完成专业化整合，整体划转中国汽研，当前市值较整合前市值增长超过70%，整合工作得到资本市场高度认可。

人事建设。三项制度改革动真碰硬，任期制契约化管理实施以来，中国中检党委以发展为主线，坚持业绩导向，建立包括领导人员任期制和契约化管理实施细则、下属企业经理层成员任期制与契约化管理指导意见等一系列制度，建章立制、推进落实，从第一阶段对标追赶，推进到第二阶段创先争优。特别2023年首次将总部部门和二级单位中层纳入管理，各级经理层成员及其他班子成员590人、中层管理258人完成签约，实现任期制契约化管理全覆盖。员工公开招聘比例、全员绩效考核覆盖率全部100%。管理人员竞争上岗率46.3%，管理人员退出比例从改革前的2.41%提高至5.6%，员工市场化退出率从改革前的1.18%提高至2.82%。

考核方面。高质量完成国资委业绩考核目标，利润总额完成目标的100.28%；经济增加值完成目标的113.46%；全员劳动生产率完成目标的106.17%；研发投入强度4.53%，超出目标0.52个百分点；服务央企央地营业收入24.07亿元，占主营业务总收入的15.39%，完成目标的152.98%。推进内部考核改革，根据国务院国资委“1+2”业绩考核要求，结合各部室职能线管理需求，修订完善直管企业负责人经营业绩考核办法、年度实施方案及指标库等。结合研发活动现状，拟定适用研发投入加回政策的直管企业清单和重大攻关项目清单，以及与之配套的加回比例等政策，严格执行国务院国资委对于研发投入加回利润相关政策。高质量完成党建考核，中国中检党委全力以赴做好迎接国务院国资委党委的党建工作责任制考核，以迎接考核为契机，提升基层党建工作能力和水平。成立迎考工作领导小组及办公室，做到部署到位、培训到位、组织到位、督导到位。第一时间召集各党建部门召开动员部署会，对标对表国务院国资委党委党建工作责任制考核的23项要点，逐一分工落实，统筹推进。对各二级单位迎接考核工作进行全面部署，召开全系统培训会议，统一思想、统一认识，同时深入现场指导各基层党组织迎接审核。工作专班组织协调各单位各部门对2022年党建工作进行全面梳理、总结，形成电子档案426份和纸质文件808份，并对考核材料逐一审核把关。工作专班制作2022年度党建工作宣传展板，展示汇报创新成果，突出中国中检抓党建促发展的特色做法和亮点，得到国务院国资委考核组的高度认可，2项特色做法被考核组采纳。

薪酬管理。中国中检严格遵循相关政策规定，以中国中检薪酬管理制度体系为基础，扎实有序开展薪酬管理各项工作。一是按照《中国检验认证集团工资总额管理办法》《中国检验认证集团工资总额管理办法实施细则》等相关规定，按照效益导向原则、分级管控原则和分类管理原则对下属企业的工资总额实施预算核准管理，并在经国务院国资委核定的整体工资总额预算框架内，根据发展需要，合理调控系统内各公司收入水平。二是根据《中国检验认证（集团）有限公司所属国内二级企业负责人薪酬管理暂行办法》《中国检验认证（集团）有限公司所属国内二级企业负责人薪酬管理暂行办法实施细则》《中检集团系统企业负责人履职待遇、业务支出管理办法》等规定，按照市场对标原则、激励与约束并重原则和分级分类管理原则，对国内子企业主要负责人的薪酬水平和福利待遇进行分级管控，不断强化监督管理。

重大决策。2023年是国企改革深化提升行动的开局之年，中国中检党委不断完善中国特色现代企业制度，加强公司治理，全力推进董事会建设向子企业拓展延伸，进一步将制度优势转化为治理效能。充分发挥党委"把方向、管大局、保落实"领导作用，将党的领导融入公司治理各环节，中国中检党委聚焦"四个是否"对重大经营管理事项把关到位，全年召开党委会议22次，组织中心组学习7次，积极推进"三个集中"，确保党的政策方针在集团得到贯彻落实；厘清各治理主体权责边界，落实股东大会、董事会职权，2023年6月顺利召开中国中检首次股东大会，吸收两位通用技术集团股权董事，组建完成新一届董事会。优化集团"三重一大"重大经营管理事项决策清单，结合工作实际，修订董事会向经理层授权方案，加强董事会授权管理，形成定期汇报机制，全年听取董事会授权落实情况6次。

对外投资并购。中国中检坚决落实国务院国资委"一业一企、一企一业"要求，加强投资并购管理，主责主业更加突出聚焦。投资项目严格按照《中国检验认证集团投资管理办法》及相关制度执行，履行可行性论证、尽职调查、审批等程序。为进一步加大投资授权力度，实施差异化授权，切实增强各直管单位投资活力，印发《中国中检投资事项授权清单（2023年版）》；为加强集团公司股权并购和资本运营管理，规范中介机构选聘，保障中介机构服务质量，就《中国中检股权并购和资本运营中介机构管理办法》征求意见；为推动集团投资并购工作，防范投资风险，厘清投资责任，进一步明晰集团投资中心职能及工作机制。全年对外并购项目1个，即认证中心收购沈阳电气传动研究所70%股份，为主业范围控股投资。

【重大项目】 2023年，中国汽研有力推进测试研发能力提升项目，建设构建新能源汽车EMC、智能网联汽车功能安全、预期功能安全和网络安全试验室，以满足国内外新标准法规更新以及企业开发性试验要求，进而完善新能源汽车检测服务能力，该项目计划总投资44859万元，其中2023年投资16626万元；有序推进华东总部基地建设项目（苏州），该项目重点布局新能源汽车、智能网联汽车整车及零部件测试研发能力，计划投资23.8亿元，累计投资37564万元，其中2023年投资21049万元。认证中心加强投资并购管理，收购沈阳电气传动研究所70%股份，项目总金额5950万元，2023年支付首期款2975万元及工商变更。该项目加强认证中心在防爆电气检测领域的技术竞争能力和市场份额，有助于迅速有效切入该领域并对防爆产品认证提供技术支撑。

【走向海外】 "走出去"战略实施情况。截至2023年底，中国中检在41个国家和地区设有71家各级次境外机构，境外员工2000余人，分为美洲、欧洲、东南亚、日韩、非洲等6个区域进行区域化管理，凭借网络覆盖优势，有力推进"走出去"战略。一是积极推动海外业务市场化转型，建立大宗业务海外中心，试点探索境外业务整体化运营，构建海外重点业务的发展能力。二是统筹国内、国外两个市场整合资源，服务央企境外业务开拓，新加坡公司与中国石化联合成立油品实验室，刚果（金）公司积极推进与在刚央企的矿产品检验业务合作，加拿大公司承接中海油北美设备检验总包，非洲公司、南美公司与中外运、中远海运相关单位签署战略合作协议。三是深化“认证进海外”工程，组织多轮认证进海外研讨会，研究措施促进海外网络优势与认证中心优势资源有机结合。认证中心大力推进国际化发展，建立完善覆盖日韩、欧洲、东南亚、美洲、中亚等区域的全球海外网络并大力开拓海外市场，认证中心 CB 证书发证量在全球近 100 家国家认证机构（NCB）中的排名跃升至第 5 位，形成机动车零部件的多地区一站式的认证检测服务能力，积极申请海外绿色低碳资质，实现海外专业化与本地化融合发展。四是中国汽研与多家境外机构合作设立中国汽车海外中心，合力开拓海外汽车新市场。

海外投资。中国中检坚持完善海外网络布局，践行“一带一路”倡议，推动国家战略落地，在境外新增投资 1 个主页投资项目，即新加坡公司 CCIC 澳大利亚矿产检验检测有限公司矿产实验室项目，有效加强海外检测能力建设。

【重大创新】 2023 年，中国中检高度重视参与标准制定研发、推动自身能力建设。全年主持和参与制定国家或行业技术标准 116 个（国家标准 98 个、行业标准 18 个）、国际标准 5 个、团体标准 143 个，为新兴产业技术的规范发展和质量服务提供标准基础。累计拥有专利总量 1885 件，其中发明专利 402 件、实用新型专利拥有量 1375 件、海外专利拥有量 6 件。2023 年，申请专利量 474 件，其中发明专利授权量 99 件、实用新型专利 254 件。研发新装备新系统 19 台（套）。新获批承担 ISO/PC343 可持续领域国内技术对口单位，中国汽研新获批国家标准验证点（智能网联汽车），成为提高智能网联汽车标准科学性、合理性及适用性的标准验证机构，扎实推进能力建设；加大科研项目产出，新获得国家级教学成果奖 1 项，省部级科学技术进步奖 2 项。在低碳和绿色发展领域，新承担碳汇核算和绿色创新体系研究等 2 项国际课题，在新能源领域，牵头在研氢能技术“1025 专项”攻关，在生态环境、交通运输、医学健康、食品检测等领域，新承担和参与省部级课题 18 项；积极开展原创技术策源地建设，推进“双碳背景下典型城市和工业园区碳排放的监测模拟与清单联合评估”与“基于北斗三号系统的车载紧急呼叫测试技术”研发项目。聚焦提升技术创新能力，中检科（上海）、上海中认尚科、北京中认环宇、中检西部等 18 家企业获得省市政府“专精特新”中小企业资质。

中国中检积极推动科研创新成果、探索高质量发展路径。承担国家重大攻关专项任务和国家重点研发计划等国家级项目，分别是国家重大攻关“1025 专项”任务“氢气流量控制阀组研究”，国家重点研发计划项目“车用燃料电池堆及空压机的材料与部件耐久性测试技术及装备研究”“高密度大容量气氢车载储供系统设计及关键部件研制”“智能汽车开发验证技术及装备”“重点领域水足迹量化、评价和认证关键技术研究”“面向中小微企业的综合质量服务技术研发与应用”“辅助驾驶汽车安全技术检验查验关键技术研究及示范应用”“绿色生物可降解产品认证方法与评价技术研究”。

【党建工作】 党的建设。2023 年，中国中检党委以习近平新时代中国特色社会主义思想为指导，深入学习贯彻党的二十大精神，全面落实习近平总书记关于国有企业改革发展和党的建设的重要论述，以政治建设为统领，筑牢“两个维护”的政治根基；以高质量开展主题教育为主线，坚持强“根”铸“魂”，切实把教育成果转化为破难题、促发展的“金钥匙”；以大抓基层为鲜明导向，持续锻长补短，不断增强各级党组织政治功能和组织功能；以“严”的基调强化正风肃纪反腐，一体推进“三不腐”；坚持党建引领，凝聚干部职工建功新时代的磅礴力量，以高质量党建引领保障高质量发展，为加快建设世界一流企业提供坚强政治和组织保证。一是高标准开展主题教育。在国务院国资委党委正确领导和第五巡回指导组的悉心指导下，坚持理论学习、调查研究、检视整改、推动发展一体推进，党员领导干部精神面貌焕然一新，理论水平和政治能力显著提升、务实之风人民立场更加稳固、动真碰硬改革攻坚更加有力、实干担当促进发展更见成效。理论武装持续深入，全年举办各层级读书班 170 期、中心组学习 32 次、理论学习专题研讨 261 次，各级领导干部讲专题党课 679 人次。调查研究直奔问题，开展 14210 名员工参与的“万人问卷”大调查，各级领导班子深入基层单位 112 个、客户 312 个，访谈 5333 人次，形成调研报告 126 份、调研成果转化清单 101 份。检视整改立竿见影，主题教育期间，检视问题 454

个、制定整改措施916项、为群众办实事清单115项。推动发展凸显成效，组织基层党组织开展立足岗位做贡献活动107次，设立各层级党员示范岗338个、党员突击队105个，树立先进典型64个。配合中央督导组“四不两直”检查1次，国务院国资委领导现场调研1次，国务院国资委督导组现场督导8次，主题教育的做法和成效被充分肯定。二是“三基”建设取得新提升。将中央企业基层党建“七抓”工程与中国中检党委党建引领工程深度融合、一体推进，制定党建引领工程第二阶段53个标杆任务。抓组织，完成12个党组织换届（补选）工作，开展党支部分类评级，创建命名集团示范党支部11个，选树先进基层党组织27个。抓书记，一级抓一级，一级带一级，实现对251名党支部书记培训全覆盖、对30名党委书记述职评议全覆盖。抓党员，全系统发展党员190人，比上年增长60%。表彰80名优秀共产党员、46名优秀党务工作者。抓活动，广泛开展“党课开讲啦”“我为中检创效益”等活动，入选《人民日报》党建引领企业高质量发展创新成果3个，立项中央企业党建和思想政治工作课题2个。抓制度，修订党建考核办法，制定混合所有制企业党建工作指引，制度体系更加完善。抓培训，设立首批4个党员实训基地，全面完成2019—2023年党员教育培训规划任务。抓保障，全面检查基层党建工作经费情况和计提情况，确保党建工作经费和人员“两个1%”落实到位。三是统战群团齐发力。建立党员领导干部联系党外代表人士工作机制，所推荐1名无党派人士当选为全国青联委员。坚持党建带群建，1个集体获评“全国巾帼文明岗”，1人获评“全国五一巾帼标兵”，新增全国职工书屋示范点1个，获评全国教科文卫体系统示范性劳模和职工创新工作室、全国教科文卫体系统模范职工之家和职工小家各1个。1个青年集体获评二星级全国青年文明号，3个团组织、6名个人受到中央企业团工委表彰。

反腐倡廉。中国中检始终坚持以党的政治建设为统领，全面从严治党向纵深推进。围绕落实习近平总书记重要指示批示和党的二十大战略部署强化政治监督，严明政治纪律、政治规矩。围绕改革发展做细做实专项监督、日常监督，强化对“一把手”和领导班子的监督。有效运用党委、纪委专题会商、交换意见、约谈提醒等工作机制，促进主体责任和监督责任贯通协同。深入研判党风廉政建设和反腐败工作形势，研讨部署全面从严治党重点任务，深入开展违反中央八项规定精神问题、境外腐败治理等专项工作。扎实开展纪检干部队伍教育整顿工作，全面加强纪检干部队伍建设和能力提升，持之以恒正风肃纪反腐，以身边人身边事为鉴开展警示教育，通报违规违纪典型案例，以案为鉴、以案促改，一体推进不敢腐、不能腐、不想腐。全力推进“大监督”机制建设，持续完善监督问题线索共享机制，深化巡视监督和成果运用，推动形成常态长效监督合力。

【信息化与数字化建设】 2023年，中国中检以“重应用、求实效、保安全、促发展”为指导，高质量推进信息化与数字化建设，截至2023年底建成涵盖49个系统、支撑经营管理一体化与用户敏捷服务的中检信息平台。赋能实验室资源共享，打造检测资源共享平台，实现146家实验室检测项目、服务、能力信息共享。进一步强化数据应用，建设数据驾驶舱，从分布、趋势、异常3个方面实时展示合同、委托单、分包、客户等指标数据200项。持续提升产品线定制化支撑能力，完成特检线安全生产检测检验领域的信息系统定制开发。强化职能线管理，重点围绕综合办公一体化、财务司库体系建设、党建高效管理等，以信息化驱动集团职能管理的统一管控。加快推进企业专网组网与互联网出入口收敛工作，形成集团全球“一张网”。参加国务院国资委年度网络安全攻防演习，防御1447万次攻击，发布各类信息安全预警情报179项，集团总部和企业专网内零失陷。在国务院国资委信息化专项评价中获评“优秀”。

【履行社会责任】 2023年，中国中检坚持高标准履行社会责任，主动扛起定点帮扶新疆维吾尔自治区麦盖提县政治任务，服务乡村振兴事业。坚决扛起央企使命责任，发挥检验、检测、认证、标准、计量等主业优势，积极服务新疆、西藏等产业提升质量管理水平，助力产业高质量发展。认真践行习近平生态文明思想，履行节约能源与生态环境保护主体责任，深入实施碳达峰行动方案，创新服务经济社会绿色发展。

开展定点帮扶情况。一是主动扛起定点帮扶新疆麦盖提县政治任务。经过前期沟通交流，中国中检主动担当、积极作为，2023 年 8 月 30 日，农业农村部、中央组织部、国务院国资委等八部委印发《关于调整优化中央单位定点帮扶结对关系的通知》（农乡振发〔2023〕3 号），确定中国中检与新疆麦盖提县结对帮扶关系。中国中检党委高度重视，党委书记许增德作出批示，部署推动，集团党委召开专题会议研究，集团党委副书记高和生带队前往国务院国资委社会责任局汇报并听取工作要求。第一时间邀请新疆麦盖提县领导到集团总部，并与中国证监会就做好工作交接进行对接和多次交流，确保定点帮扶工作平稳过渡，工作不断。成立集团定点帮扶工作定点领导小组，先后派专家赴麦盖提县开展调研、交流 10 余次，在全系统遴选 2 名优秀干部赴麦盖提县挂职副县长和驻村第一书记，紧紧围绕发挥中国中检特色优势，瞄准实实在在解决一批群众可感可及的实际问题，召开多次专家论证会，积极稳妥严谨抓好开局起步。二是因地制宜助力重庆酉阳县乡村振兴。作为重庆市委办公厅帮扶集团成员单位，中国汽研自 2021 年以来定点帮扶重庆市酉阳县。公司党委领导高度重视，深入开展考察调研，确保帮扶工作精准有效。2023 年，公司投入帮扶资金 80 万元、捐赠环卫车等产品价值 76.99 万元、消费帮扶农产品 136.35 万元，助力酉阳美丽乡村建设和产业振兴。完成驻村书记选派轮换，接续推进乡村振兴工作，指导茶店村产业发展，充分利用林下资源，重点发展林下生态养殖，大力发展电商产业，建设“云”上茶店，实现农户创收增收；公司各党支部与茶店村困难学生家庭建立联系结对帮扶，捐赠助学金 15.48 万元，在生活与学习上给予困难学生帮助，并向茶店村委会“汽研书屋”捐赠少年儿童图书，开启爱心文化共建项目。

开展援疆援藏工作情况。一是为新疆产业高质量发展提供专业化认证服务供给。中国中检为促进新疆高质量发展、助力产业转型升级和生态文明建设，根据新疆产业特点和企业现状，发挥中国中检的技术服务优势和质量管理优势，聚焦区域特色产业培育壮大、支柱产业转型升级的需求，围绕区域品牌、质量提升和可持续发展等，积极助力“国内大循环为主体、国内国际双循环相互促进的新发展格局”，开展差异化、个性化、定制化、国际化的质量认证服务供给，包括国际认证、国推自愿性认证、CQC 自愿性认证、新疆区域品牌认证、技术服务等，颁发质量管理体系认证证书 486 张，环境管理体系认证证书 237 张，职业健康安全管理体系认证证书 226 张，HACCP 体系认证证书 125 张，食品安全管理体系认证证书 57 张，中国有机产品认证证书 18 张，中国良好农业规范认证证书 7 张，乳制品 GMP 认证证书 3 张，“新疆品质”产品认证证书 6 张，BRCGS《食品安全》认证证书 19 张，FSSC 22000 认证证书 6 张，全球良好农业规范（GLOBALG. A. P.）认证证书 4 张，创建有机产品认证示范区 2 个，提升新疆企业的质量管理水平，促进“名特优”产品的国内国际贸易，满足消费者对高品质产品的追求。二是助力西藏产业高质量发展，为高原百姓舌尖安全保驾护航。铸牢中检西藏公司发展根基，近 3 年来，集团总部、西北区域、兄弟公司委派援藏人才 11 人，以“传、帮、带”的形式，带动西藏职工干部。通过开展进社区、进孤儿院、进企业等活动，支持检验检测行业，助力乡村振兴，向广大群众普及食品安全知识，增强食品安全检验检测工作的透明度和公信力，很好地提高食品快检“普法进社区，快检为民生”社会认知度。参与实验室选址建设，利用中检智安（河南）公司在其水利工程质量检测五甲资质的优势，合作开展本地西藏自治区那曲市梅帕塘水库工程监理平行检测项目。带领组建“双碳”业务团队，开展绿色建材生产骨干企业培育及申报工作，助力藏区高原经济社会绿色发展。

开展节约能源与生态环境保护工作情况。中国中检深入学习贯彻习近平生态文明思想，认真履行节约能源与生态环境保护主体责任，落实《中央企业节约能源与生态环境保护监督管理办法》以及国务院国资委关于推进中央企业做好碳达峰碳中和工作的部署要求，坚定不移贯彻新发展理念，坚持绿色低碳发展，坚持节约优先、保护优先，坚持依法合规，坚持层层压实责任，积极做好自身节约能源与生态环境保护工作。一是高标准完成全年节能降碳指标。公司全年未发生环境污染事件和未受到任何形式的行政处罚；能源消费总量 1.90 万吨标准煤，比上年下降 2.1%；二氧化碳排放量 6.85 万吨，比上年下降 4.7%；万元营业收入能耗（可比价）完成值 12.8 千克标准煤，比上年下降8.6%；万元营业收入二氧化碳排放（可比价）完成值49.9千克二氧化碳当量，比上年下降11.1%，全面完成各项控制目标。二是建立健全工作体系和工作机制。推动各基层单位完善内部管理制度和机制体系建设；推进建立节约能源与环境保护信息管理系统，利用信息化平台，推进信息技术与节能环保工作深度融合，及时维护和动态更新相关数据；应用节能新工艺和新装备，实施一系列优化升级改造；积极推动各重点单位加强能源管理，形成能源消耗管理台账，确保年度控制目标；推进修订采购制度，积极推广使用新能源汽车，同时积极鼓励员工绿色出行，优先选用新能源或清洁能源车辆，减少大排量车辆的使用；积极推进可再生能源项目布局和合作。三是密切跟踪绿色、低碳领域新动向，创新服务新业态。切实分析双碳计量、检测、认证及标准体系设计、国家碳达峰政策体系实施、能耗双控向碳双控等方向的技术进展，加强研究和技术储备；拓展绿色建筑质量服务推广，同时高度重视绿色低碳人才队伍建设；持续为国家双碳主管部门提供技术支撑，推进绿色低碳领域开放合作。

落实节能减排政策情况。中国中检积极响应国家碳达峰碳中和战略目标，着眼国家“双碳”政策进展与业务发展方向科学布局，发挥“双碳”领域技术引领作用。承担完成国家发展改革委委托的产品碳足迹管理体系指导意见起草与发布，是国家层面首个针对全生命周期的专项政策文件；承担完成生态环境部委托的“中国自愿减排项目（CCER）机制重启顶层设计和技术支撑”“全国碳市场扩容MRV体系构建”2项课题，为全国碳市场建设和自愿减排交易市场建设贡献中检力量；合作承担国务院国资委委托的“中央企业绿色低碳指标评价体系构建”和“中央企业绿色低碳供应链评价指标体系构建”研究，为中央企业碳达峰行动方案实施、绿色低碳发展及绿色低碳供应链指标体系量化和评价奠定坚实的基础；牵头商务部委托的“光伏产品出口碳足迹标准编制”1项，填补国内空白，对中国光伏产品出口和突破欧美等发达国家绿色低碳贸易壁垒意义深远；牵头科技部重点研发计划课题“面向中小微企业综合质量服务模式和标准研究”并正式通过科技部高新技术司组织的验收，成果获得全国服务业科技创新一等奖；举办碳边境调节机制（CBAM）说明及研讨会，有效支撑国资委社会责任局CBAM专项培训工作；多次牵头、合作举办“双碳”领域全国性论坛，包括第二届双碳高峰论坛、博鳌碳中和论坛、上海碳金融论坛等，受众超过20万人次；深入参与“一带一路”绿色发展国际联盟并成为中方合作伙伴，为丰富中国中检“双碳”业务领域和提升品牌提供保障。

（撰稿人：丁浩东）

中国汽车技术研究中心有限公司

【基本概况】 中国汽车技术研究中心有限公司（以下简称中汽中心）是国务院国资委直属中央企业，成立于1985年，是在国内外汽车行业具有广泛影响力的综合性科技企业集团。自成立以来，中汽中心始终坚守推动中国汽车工业科技进步的初心和“独立、公正、第三方”的行业定位，积淀厚重的技术实力，构建起以行业智库服务、汽车产品检测认证、共性及前瞻性技术研发为核心，覆盖汽车全产业链和全生命周期的技术服务能力。业务涵盖检测试验、工程技术研发服务、数字化、工程设计、咨询服务、认证业务和战略新兴业务等十大领域，为中国汽车产业发展提供强有力支撑。2023年，中汽中心坚持以习近平新时代中国特色社会主义思想为指导，深入学习贯彻习近平总书记“2·26”批示精神，全面贯彻落实党中央和国务院国资委党委各项决策部署，完整、准确、全面贯彻新发展理念，牢牢把握高质量发展主题，坚持稳中求进工作总基调，有效发挥央企功能、加快构建新发展格局，全面深化改革、加强科技攻坚、着力提质增效，充分发挥党建工作优势，以高质量党建引领保障高质量发展，推动公司改革发展各项工作取得良好工作成效，实现营业收入、利润总额稳定增长，经济效益再创历史新高。截至2023年底，中汽中心下设直属机构、全资及控股子公司51家，员工总数近5000人。

【主要指标】 2023年，中汽中心实现营业收入75.3亿元，比上年增长10.25%；利润总额23.1亿元，比上年增长8.45%；净利润19.9亿元，比上年增长6.99%。资产负债率22.7%，净资产收益率13.2%，研发经费投入强度11.62%，全员劳动生产率135.4万元/(人·年)，营业现金比率22.98%，经营质量持续向好。

表1 2023年中国汽车技术研究中心有限公司主要经济指标

项　目	2022年	2023年	比上年增长(%)
资产总额(亿元)	191.2	207.2	8.37
所有者权益(亿元)	142.2	159.9	12.45
营业收入(亿元)	68.3	75.3	10.25
利润总额(亿元)	21.3	23.1	8.45
净利润(亿元)	18.6	19.9	6.99
归母净利润(亿元)	17.1	18.2	6.43
技术开发投入(亿元)	7.93	8.75	10.34
利税总额(亿元)	26.6	28.9	8.65
应交税金总额(亿元)	5.3	5.8	9.43
全员劳动生产率[万元/(人·年)]	133.7	135.4	1.27
净资产收益率(%)	14.6	13.2	减少1.4个百分点
总资产报酬率(%)	12.5	11.9	减少0.6个百分点
国有资本保值增值率(%)	116.6	114.9	减少1.7个百分点

【改革发展】 一是加强深化改革顶层设计。编制《中汽中心改革深化提升行动方案》，统筹兼顾"功能使命类改革任务"与"体制机制类改革任务"，绘制中汽中心"改革图谱"。加快建设世界一流，着力深化价值创造，高质量编制公司价值创造行动方案，获国务院国资委最高分评价；科学制定品牌引领行动实施方案，公司品牌影响力进一步提升。二是加快完善中国特色现代企业制度。坚持在完善公司治理中加强党的领导，开展公司首版"三重一大"权责清单运行质量评估，有效提升权责清单科学性和准确性。加强董事会制度体系建设和规范运行，首次成立战略与投资委员会等5个专委会，明确工作机制，支撑董事会及专委会规范运行；动态调整子企业应建清单，首次开展子企业董事会和董事评价工作。三是持续巩固三项制度改革成效。全面实施任期制和契约化管理，实现下属单位及所辖管领导干部2022—2024年任期管理全覆盖；健全领导班子和领导人员综合考核评价指标体系，突出以绩定薪，推动各级子企业经理层成员薪酬考核结果刚性兑现，其中增幅和降幅超过20%的8人，占比10.66%。构建更加完善高效人岗匹配机制，首次完成16家二级单位员工职级常态化调整。四是加大重点子企业改革先行先试支持力度。下属中汽数据以入选"科改企业"为契机，加快突破发展，取得良好工作成效，在"科改企业"年度考核中获评"优秀"；下属天津检验中心将"科改""专业领军"两个"示范行动"相结合，加强创新驱动，"专业领军"实施方案获评A+等级。下属工程院新入选"科改企业"，聚焦制约转型升级和高质量发展的重难点问题，深化锻长板补短板。五是健全运行高效的集团运营管控体系。开展投资项目"即时评价+全生命周期跟踪"，加强重点项目监督，提升投资管理效能。推动司库体系建设，融通基础数据，提升资金管理效率；深化业财融合，重点推动业财数据贯通，不断提升价值创造能力。六是强化监管有力的安全合规管理体系。推动风险内控合规一体化建设，首次开展合规内控一体化评价，科学提升风险内控体系建设水平。发挥审计监督作用，围绕重点领域、关键环节开展经济责任审计、管理审计，严格开展违规经营投资责任追究，强化审计"震慑作用"。牢牢守住安全底线，依法构建安全风险分级管控和隐患偏差双重机制，落实安全生产主体责任。

【重大项目】 一是加快推动"十四五"发展规划落地。研究编制"1+19+6"的体系化2023—2025年三年滚动规划，系统构建"5年发展规划—3年滚动规划—年度工作计划”的战略规划管控体系，有力推动战略规划落地实施。首次开展各类各级战略规划年度中期执行跟踪，确保发展目标、重点任务、重大项目有效达成。启动“十四五”规划中期审视评价，研判问题和面临形势，保障“十四五”规划高质量推进。二是“一个总部＋四个分中心”网络化区域布局加快定型。华南分中心加快成熟运行，有力支撑地方汽车产业发展和助推区域汽车企业技术进步；华中分中心正式揭牌成立，华东分中心等加快特色专业性能力建设；组建分中心秘书处团队，进一步强化分中心运营协调功能。加强北京、上海、深圳等产业战略高地资源布局，持续提升智能网联、绿色低碳等战新领域服务能力。三是“六纵四横三平台”体系化事业布局协同发展。面向政府，加快推进产业第一智库建设，支撑相关部委发布汽车产业政策 17 项，获评中央企业智库联盟 2021—2023 年度“十佳理事单位”。建设国家技术标准创新基地，支撑国家部委发布国家车联网产业标准体系建设指南，引领构建全球智能网联汽车标准体系；高水平履行汽车标准归口管理职能，获批发布标准 138 项，新上报拟制定标准 113 项、拟修订标准 141 项。面向行业，成立中汽碳数字公司，锻造汽车双碳领域独有核心竞争力；建成天津市汽车系统与部件质量基础设施“一站式”综合服务中心，打造新能源汽车电安全技术验证新产品服务品牌，筹建国家机动车产品质量检验检测中心（浙江），工程技术服务板块保持国内领先地位，全年营业收入增长 11.7％；面向公众，发布中国汽车绿色评价规程（C-GCAP），引导汽车绿色消费，有效提升汽车产品绿色性能；组建汽车测评国际技术专家委员会、举办国际峰会，持续提升测评品牌影响力。四是加快推进战略性新兴产业发展。发布实施《战略性、前瞻性重点投资方向清单（2023 年版）》，修订《投资管理办法》，在投资方向、差异化考核方面为战略性前瞻投资项目提供支持。2023 年，中汽中心战略性新兴业务完成投资 14.27 亿元，占全年投资总额的 56.72％；战略性新兴业务营业收入 39.52 亿元，占全年营业收入的 52.5％，比上年提高 3 个百分点。

【走向海外】 一是引领汽车产业“走出去”能力持续增强。成立东南亚代表处，以泰国曼谷为新发展格局的战略支点，同时辐射马来西亚和印度尼西亚，设立属地办公室，有力支撑我国汽车在东盟区域发展。牵头成立“中国汽车企业国际化发展创新联盟”，搭建国际合作交流平台，共同解决汽车企业“走出去”关键难题。获评“技术性贸易措施评议中心（汽车）”及“国际标准服务站”资质，有力支撑汽车企业突破技贸壁垒，为我国汽车产业国际化发展提供蓬勃动力。二是参与国际标准法规协调成效显著。作为官方唯一授权机构参与国际汽车标准法规协调，全年牵头发布国际法规 1 项、国际标准 3 项，立项国际标准 5 项，牵头组织或参加国际标准法规会议 309 次，国际标准法规协调工作持续深化。加快中国汽车标准国际化中心（日内瓦）（CASIC）建设，制定国际化中心发展战略，举办首届“CASIC 论坛”，国际影响力进一步提升。三是创建国际合作机制取得新突破。支撑工业和信息化部编制《中国—东盟先进汽车技术标准法规合作伙伴关系》并纳入《东亚合作领导人系列会议合作倡议清单》，在第 26 次中国—东盟（10＋1）领导人会议上正式公布。发布“中国—东盟汽车标准化合作机制”，正式上升为中国—东盟官方合作机制，启动“东盟—中国绿色车辆合作倡议”项目，持续深化合作。四是助推汽车产业加快国际化发展。参与哈萨克斯坦智能网联汽车项目建设，并先后与泰国、马来西亚、印度尼西亚、乌兹别克斯坦等国家行业机构签署战略合作谅解备忘录，进一步提升与“一带一路”沿线重点国家在汽车标准政策法规领域的“软联通”。

【重大创新】 一是发挥汽车行业“国家队”作用，以科技创新引领汽车产业创新。承担的 8 项“1025 专项”工程二期攻关任务全部按期达成预设目标，技术成果实现部分工程应用，获得国务院国资委积极评价。聚焦国务院国资委“9＋6”战略性新兴产业总体部署，发挥技术领域优势，牵头承担汽车芯片标准检测认证、工业软件等 4 项重点任务。全面推进国务院国资委创新联合体建设，联合兄弟央企协同优势资源攻关，在“卡脖子”技术突破上贡献积极力量。二是聚焦自身高质量发展，以科技创新塑造核心竞争力。加速中央研究院二期建设，进一步强化实体运行，提升科技创新效能；统筹出台“重大科研项目攻关保障激励政策”等一揽子支持政策、配套制度，充分激发科研人员创新创造活力。聚焦关键核心技术领域，集聚优势资源攻关3项新立科技重大专项，推动首批4项科技重大专项加快推进成果的批量产业化和行业规模应用。

【党建工作】 一是扎实推进主题教育。高标准开展学习贯彻习近平新时代中国特色社会主义思想主题教育，推动“学思践悟”开创新局面，全面突破252项制约事业发展的堵点，集中解决115项职工群众急难愁盼的实事要事，公司高质量发展动力得到进一步增强。二是深层次提升党建实效。深入开展“七抓”工程，不断加强基层党支部“三基”建设。建设智慧党建平台，推进党组织规范化建设；开展特色党务工作培训，覆盖900余人次；推进党建品牌创效，进一步深化党员先锋队试点工作成果，搭建党建与经营双融双促指标体系，有效激发党建品牌矩阵“乘数效应”。三是加强宣传思想文化工作。坚持“内聚人心、外塑形象”文化宣传内核，建设企业文化展廊，发布《中汽中心志》，镌刻发展印记、传承企业文化；完善“五位一体”传播矩阵，一级央媒持续发声，海外宣传实现突破，企业传播力、引导力、影响力和公信力不断提升。四是深入推进全面从严治党。开展专项集中整治，组织采购领域联合监督检查，深入排查各类风险隐患100余项，推动制度体系不断健全。召开警示教育澄清大会，首次公开对不实举报予以澄清正名，对受处理处分人员积极改进予以正面认可，坚定为担当者担当、为负责者负责。正式启动新一轮巡视工作，全年开展2轮常规巡视，覆盖6家直属党组织，进一步强化政治监督。坚持执纪必严、违纪必究，给予党员干部纪律处分若干人次，持续释放“越往后越严”的鲜明信号。

【信息化与数字化建设】 一是加快“数字央企”建设。统筹改革深化提升行动五大类数字化改革任务，制定13项数字化改革工作举措；编制《数字化与信息化三年滚动规划》，系统构建中汽中心数字化转型方案；修订《数字化与信息化管理办法》，提升数字化与信息化工作标准化规范化水平；组织开展网络安全攻防演练，提升网络安全防护水平。二是重点推进专项工作建设。研究编制《数字化转型行动方案》，明确数字化转型工作体系，督导运营管理、采购、业财信一体化、数字化营销等重点建设工作如期推进、按期达标。探索大数据平台建设，创新设立首席数据官机制，提出“一核三力”大数据体系构建指引和“三阶三步十二式”实施路线。开展国资监管数字化平台架构2.0升级改造，完成13项国资监管数字化应用建设和能力，在国务院国资委专项考核中获评“优秀”。三是担当央企责任，大力推进中央汽车企业数字化转型。在国务院国资委指导下，承担中央汽车企业数字化转型协同创新平台秘书处职责，积极发挥基础保障、先锋带头和组织协调作用，扩展成员单位至50余家，赋能汽车产业数字化转型，获得国务院国资委高度肯定。

【履行社会责任】 一是精准帮扶助力乡村振兴。坚定履行帮扶责任，落实《扶持经济薄弱村发展工作三年规划》，2023年支援宝坻区李家庄和佟家庄村扶贫工作10万元，推动村庄基础设施建设水平提升，助力乡村振兴。二是持续开展安全出行公益活动。主办“联合国道路安全十年行动”宁夏回族自治区公益行，历时7天走过1000千米，广泛普及道路安全交通知识，惠及学生1万余人。连续两年支持公安部交通管理局发起的“开学第一课”活动，利用实验室主动安全试验视频短片直观演示，科普安全带、气囊重要性，为中国家庭安全出行“系上安全带”。三是开展汽车安全技术推广提升活动。开展27款主流车型安全、绿色、智能测试评价，公开发布测评结果，为中国消费者选择高品质汽车提供权威信息参考，推动我国汽车安全技术和产品质量提升。主办“安行中国”巡展活动，携手整车、零部件及儿童座椅行业公益品牌，在全国多座城市开展公益技术科普活动，助力构建和谐汽车社会。

（撰稿人：周　佳）

中国铁塔股份有限公司

【基本概况】 中国铁塔股份有限公司（以下简称中国铁塔）是通信基础设施建设运营的“国家队”和

5G新基建的"主力军",主要从事通信铁塔等基站配套设施和高铁地铁公网覆盖、大型室内分布系统的建设、维护和运营;同时依托独特资源面向社会提供信息化应用和智能换电备电等能源应用服务,逐步形成以运营商业务为主体、铁塔智联业务和新能源业务为"两翼"的"一体两翼"发展格局。中国铁塔自2014年7月成立以来,就担负着深化资源共享,助力"网络强国""数字中国"战略落地的使命,探索形成"共享竞合、集约高效"的"铁塔模式";从100亿元资本金起步发展成总资产超过3200亿元的大型骨干企业;2018年8月在香港特别行政区上市,融资75亿美元,成为历年来最大的非金融国企香港IPO;入选2019年《财富》"全球未来50强"。中国铁塔全面贯彻党中央决策部署,始终牢记"国之大者",充分发挥集约建设、资源共享的优势,大幅加快网络建设速度,累计承建通信铁塔站址建设项目超过400万个,相比行业过去30多年的建设总量增长1.5倍;共享水平由14.3%大幅提升至85%,相当于少建铁塔112万座,节省行业投资超过2016亿元,承建5G基站234.7万个,助力我国建成全球规模最大、质量最好的高速移动宽带网络。

【主要指标】

表1　2023年中国铁塔股份有限公司主要经济指标

项　目	2022年	2023年	比上年增长(%)
资产总额(亿元)	3055.60	3260.07	6.7
所有者权益(亿元)	1935.91	1976.94	2.1
营业收入(亿元)	921.70	940.09	2.0
利润总额(亿元)	115.28	128.32	11.31
净利润(亿元)	87.87	97.50	11.0
归属于母公司所有者的净利润(亿元)	87.87	97.50	11.0
技术开发投入(亿元)	1.65	2.28	38.2
利税总额(亿元)	120.19	135.54	12.8
应交税金总额(亿元)	41.75	43.95	5.3
全员劳动生产率[万元(人·年)]	293.50	296.11	0.9
净资产收益率(%)	4.59	4.98	增加0.39个百分点
总资产报酬率(%)	4.68	5.10	增加0.42个百分点
国有资本保值增值率(%)	94.52	102.10	增加7.58个百分点

【改革发展】 一是坚持量质并重,经营发展保持稳健。中国铁塔始终把高质量发展作为首要任务,全面落实国务院国资委"一利五率"目标和提质增效要求,2023年实现营业收入940.09亿元,比上年增长2.0%。全年累计实现净利润97.50亿元,比上年增长11.0%,全员劳动生产率296.11万元/(人·年),研发投入比上年增长38.2%。坚持稳中求进、协同共赢,积极主动与3家电信运营商沟通对接,推动新一轮商务定价协议高质量落地,为未来更长时期的业务发展奠定基础,进一步释放共享红利,提升公司产品竞争力,有力推动行业的整体发展。二是深化国企改革,全面落实中央和上级党委要求。围绕提高核心竞争力、增强核心功能,全面推进改革深化提升行动,研究制定《中国铁塔改革深化提升行动实施方案(2023—2025年)》和工作台账,确定具体举措28条99项,形成改革"一张蓝图",工作"一本台账"。加强体制机制创新,优化调整组织架构以适应生产力发展需要,强化合作伙伴管理,打造良好的内外部生态;深化"规划、预算、资源配置、考核"四位一体管理机制,健全资源配置、考核分配机制,持续激发动力活力;完善客户服务体系,扎实推进服务型企业建设。研究制定战略性新兴产业和未来产业工作方案,申报核定公司主责主业,推动智联公司入选首批创建世界一流专业领军示范企业,持续深化能源公司"双百行动"综合改革。三是坚持高效治理,全面强化董事会建设及作用。持续完善"1+N"公司治理制度体系,组织修订子企业

董事会评价、外派董事监事管理等多项制度文件。以“规范决策、科学决策、高效决策”为目标，不断提升董事会决策能力，实现董事会高效合规运作。通过专题会议、外部董事务虚会议等形式，进一步加强外部董事对于公司生产经营情况的了解；积极开展外部董事调研活动，调研主题涉及5G发展、一体两翼业务、科技创新等多个方面。四是持续抓好审计整改和巡视整改，全面提升合规运营水平。坚持“机构不撤、工作不断、力度不减”，持续推动落实国务院国资委党委巡视整改，根据公司发展实际，动态补充、更新整改举措和整改台账，党委定期召开巡视整改工作领导小组会议，听取整改情况汇报并督促工作推进。截至2023年底，针对巡视反馈的47个问题，整改措施由最初集中整改阶段提出的136条增加到189条，整改完成率93.1%。持续抓好“两个审计”整改，财务收支审计立行立改和分阶段整改问题全部整改完成，经营稽核问题整改完成2023年年度目标；努力把“问题点”变成“管理提升点”，推动修订完善制度98个，优化流程33个，优化系统功能37个。

【重大项目】 一是全力服务支撑网络强国战略落地，高效支撑5G规模建设。中国铁塔勇担5G新基建、新一代移动通信产业基础设施及数字基础设施建设的国家队、主力军职责，协同行业统筹推动工业和信息化部、国务院国资委等14个部门《关于进一步深化电信基础设施共建共享　促进“双千兆”网络高质量发展的实施意见》以及工业和信息化部、住房城乡建设部《建筑物移动通信基础设施工程技术标准》落地，2023年承建5G基站建设项目58.6万个，比上年增长9.5%；建设室分楼宇覆盖面积36.3亿平方米，比上年增长3.0%；新增高铁地铁隧道公网覆盖3461千米。二是全力服务支撑数字中国战略落地，不断做好智联业务。中国铁塔立足通信铁塔点多面广的资源禀赋和专业化运营优势，将21.7万个“通信塔”变为“数字塔”，广泛应用在林草、环保、水利、地震、应急、农业、交通、国土等重要领域，为国计民生行业注智赋能。在应急领域，2023年汛期组织12个省68个地市对接本地防汛部门，累计提供3.5万路视频支撑防汛调度，有效助力国家应急部门夏季防汛工作；在地震领域，全国除天津外30个省(自治区、直辖市)全部对外提供地震预警信息服务，做到对地震及周边余震信息的及时、准确、完整监测报送和提前预警。三是全力服务支撑“双碳”目标落地，做大做强能源业务。一方面，大力推进绿色低碳发展和节能减排，2023年编制印发《中国铁塔碳达峰行动计划》《中国铁塔“十四五”节约能源与生态环境保护规划》，明确公司绿色低碳发展的工作目标和主要思路，提出绿色发展战略路线，深入推进机房节能，探索新能源技术应用，试点绿电采购，筑牢绿色发展基础。另一方面，全力加快智慧能源社会化业务拓展，依托超210万站址资源和能源设施，聚焦新能源出行、电力保障服务、综合能源服务，向社会提供充电、换电、备保电、梯次电池利用等新能源服务，在全国300多个城市部署6.7万个智能化的轻型电动车换电站，每天为115万名外卖骑手、快递小哥提供换电服务超过200万次，累计换电超过14亿次，相当于减少碳排放300余万吨。在企业园区、居民小区部署低速电动车充电端口超过178万个，使用铁塔充电服务的群众近1500万人。四是服务支撑质量强国战略落地，持续提升质量管理水平。开展“全面提升工程质量、持续提升运维质量”两个专项行动，牢固树立质量第一的意识，提高质量管理水平。成立质量管理与服务监督部，作为公司全面质量管理的归口部门，以“客户服务100%满意、产品质量100%合格、工程质量100%达标”为目标，聚焦“工程质量、产品质量、服务质量”三条主线、立足“质量标准、质量保证、质量监督”三个方向，初步建立“全方位、全过程、全员参与”的“三横三纵”矩阵式质量管理模式。编制质量管理办法等指导性文件，推动质量管理工作走深走实；组织完成品牌引领行动实施方案，全面推进公司品牌体系建设，努力打造以质量、品牌与服务为核心的新能力优势。

【走向海外】 2023年，中国铁塔与老挝政府联合出资设立的东南亚铁塔有限责任公司坚持“聚焦塔类业务发展，提高共享、精准投资”，站址规模持续扩大，共享率持续提升，经营指标有所改善；围绕万象、琅南塔磨丁特区及老中铁路沿线“两端一线”项目，发挥核心牵引作用，以中老跨境协同、赛色塔、磨丁等区域“工程+维护”的一体化服务为有效抓手，进一步确立市场地位，逐步形成以运营商业务为主，信息化业务、综合能源为辅的业务布局，持续提升市场影响力。

【重大创新】 2023年，中国铁塔紧跟国家战略，培育科技力量，统筹谋划推进新一代移动通信等战略性新兴产业和算力网络、6G等未来网络创新攻关工作，获批参与未来产业“算力网络、6G、卫星互联网”等三大领域研发任务，牵头负责“异构异网算力边缘系统”子系统研发。以“能力水平、任务项目、资源配置、成果转化”4份清单为抓手，确保创新体系贯穿落地，全年研发投入增幅超过38%，申请发明专利增幅超过47%，授权发明专利增幅超过200%，统筹推进硬件产品、软件及算法、标准及专利等科技成果推广389项。

【党建工作】 2023年，中国铁塔深化“五三四四”机制。坚持把学习贯彻习近平总书记及重要指示批示精神和党中央决策部署作为做好一切工作的源头活水和逻辑起点，持续深化“五三四四”机制，即突出传达学习、研究部署、贯彻落实、跟踪督办、报告反馈“五”个关键环节，突出学习有计划、贯彻有方案、落实有评价“三有”，通过全链条机制保障、全方位强化学习、全覆盖贯彻落实、全过程督促推动“四全”，实现组织推动规范化、学习研讨系统化、贯彻落实清单化、督导推动立体化“四化”，确保公司改革发展融入党和国家事业大局。高标准抓好主题教育。在以学铸魂、以学增智、以学正风、以学促干上下功夫，把实的要求贯穿全过程，推动主题教育取得实效；组织开展“落实二十大、铁塔在行动”主题活动，推动各级组织凝心铸魂、建功立业。深入推进党风廉政建设和反腐败工作。严格履行管党治企政治责任，强化政治监督，加强对“一把手”和领导班子的监督，确保党中央决策部署在公司一贯到底；着力提升大监督质效，落实监督委员会“监督的再监督”职责，推动各专业部门开展业务监督检查，及时发现和化解经营风险和廉洁风险；坚持一体推进“三不腐”，加大监督执纪力度，坚决查处各类“靠企吃企”和违反中央八项规定精神的行为，毫不松懈纠治“四风”，构建以案促改、以案促教长效机制，推动形成新风正气。

【信息化与数字化建设】 2023年，中国铁塔持续推动数字化企业建设，智能运维、一码到底等工作持续深化，应用规模不断扩大，功能不断拓展，运行效果良好。智能运维试点深化，公司200多万铁塔站址，点多面广、高度分散，如何实现站址准确高效运维是公司发展的重要课题。2023年，中国铁塔在前期工作的基础上，在全国15个省级分公司16万铁塔站址上深化智能运维试点，按照“能自动不人工、能远程不现场”的原则，实现自动派单、自动巡检、智能排障等九大功能，改变过去的“人海战术”，在代维巡检、出入站、资源管理等流程中前置智能化判断，实现精准派单，无效上站减少23%；现场巡检工作量下降48%，资产盘点效率提升85%；维护质量整体提升，站址平均退服时长下降70%。“一码到底”在增量资产全面应用，将采购、仓储、建设、资源、资产管理的物资编码统一，设备出厂时分配唯一编码，贯穿从采购到资产形成、资产运营、资产报废的全生命周期，在31个省（自治区、直辖市）392个地市实现增量资产全面应用，赋码贴签物资240万件，100%覆盖“一体两翼”125个资产类型；基础管理更加扎实，收货、出入库、完工、验收确认、资产隐患维修、调拨、工程利旧扫码率100%，全物资、全项目、全流程、全业务账实一致率100%；资产管理效率效益有效提升，物资发货至收货、入库至出库、领用至安装、项目完工至验收，转资至关闭环节时长明显降低。

【履行社会责任】 2023年，中国铁塔扎实履行央企社会责任。一是高质量完成各项重大通信服务保障工作，组织精干力量，进行周密部署，圆满完成杭州亚运会、成都大运会、全国两会、中亚五国峰会、“一带一路”国际合作高峰论坛、上海进博会等20余次重大活动的服务保障任务，实现零断站、零投诉、零事故。二是在自然灾害、突发事件中冲锋在前，紧密协同各基础电信运营企业保障“通信生命线”，有序应对多轮强降雨和台风天气的应急通信保障工作，较好地完成2023年京津冀极端强降雨、甘肃省临夏州积石山县地震等重特大自然灾害的应急通信保障工作，累计投入包括合作伙伴在内的保障人员64.1万人次、保障车辆32.4万辆次、发电机组55.4万台次。三是发挥国资央企优势助力乡村振兴，持续完善边远地区通信基础设施建设，不断缩小“数字鸿沟”；总部和各级分支机构在全国21个省（自治区、直辖市）、97个县（村）承担帮扶工作，通过派驻帮扶干部、助推产业发展、兴建基础设施、购买帮销农副产品等多种形式全面助力乡村振兴，全年投入帮扶资金 7557.7 万元。四是积极落实绿色低碳要求，通过加大共享、基站侧节能减排以及新能源业务应用等，落实减碳责任。

（撰稿人：冯金玺）

中国绿发投资集团有限公司

【基本概况】 中国绿发投资集团有限公司（以下简称中国绿发）是根据党中央深化国资国企改革总体工作部署，经国务院国资委批准，以鲁能集团为主体，于 2020 年 12 月整建制重组成立的股权多元化中央企业。中国绿发接受国务院国资委直接监管，注册资本金 450 亿元。截至 2023 年底，投资企业 175 家，控股上市公司天津中绿电，资产总额 2447.23 亿元、净资产 993 亿元。

根据国务院国资委核定的主责主业，中国绿发以绿色发展为主题，以绿色能源、幸福产业、低碳城市、战略性新兴产业为发展方向，致力打造以战略性新兴产业为主导的现代新国企、建设世界一流绿色产业投资集团。其中，绿色能源布局全国 12 个资源富集省份，在运在建及待建总装机规模 2306 万千瓦，涵盖陆地风电、海上风电、光伏发电、光热发电、储能等，率先建成投运的青海海西州多能互补国家示范工程入选庆祝新中国成立 70 周年成就展，江苏东台海上风电场获得国家优质工程奖。幸福产业重点发展高端酒店、文旅、商业、康养等，建设运营丽思卡尔顿、四季等国际品牌酒店 40 家、大型商业综合体 10 家，在长白山、九寨沟、千岛湖等地开发运营华美胜地项目 5 个，与高力国际合作打造世界一流高端商办物业管理平台，与日本美邸合作落位开发运营国际高端康养项目。低碳城市拥有 30 年开发经验，覆盖全国 27 个城市，是全国首家 100％绿色建筑认证企业，成功打造济南领秀城、北京格拉斯小镇、重庆星城、海南三亚湾新城和文昌山海天等区域标志性项目；与清华大学等获批共建“双碳”领域首个国家建筑绿色低碳技术研究中心。战略性新兴产业现阶段重点聚焦构建新型电力系统，与上海交通大学、中国科学院等合作推进自同步电压源友好并网、液化空气储能、锂离子电容器、熔盐储热储能等前沿技术研发及示范项目建设。其中，自同步电压源友好并网技术列入国家能源局首台（套）重大技术装备（项目），青海液化空气储能示范项目入选国家能源局新型储能试点示范项目，锂离子电容器入选“十四五”能源领域科技创新规划重点攻关示范项目。

【主要指标】 2023 年，中国绿发聚焦主责主业稳增长，全力提升经营质效。紧紧围绕“一利五率”指标体系及“一增一稳四提升”目标要求，高标准高规格部署推动提质增效专项行动，全年实现营业收入 364.62 亿元，比上年增长 28.8％，利润总额 20.28 亿元，全员劳动生产率 130.26 万元/（人・年），技术开发投入 2.50 亿元。2023 年底，资产总额 2447.23 亿元，所有者权益 992.77 亿元，资产负债率 59.43％，国有资本保值增值率 100.40％，主营业务盈利水平持续提升，进一步推动高质量发展。

表 1　2023 年中国绿发投资集团有限公司主要经济指标

项　目	2022 年	2023 年	比上年增长（％）
资产总额（亿元）	2183.26	2447.23	12.09
所有者权益（亿元）	993.54	992.77	－0.08
营业收入（亿元）	283.18	364.62	28.8
利润总额（亿元）	50.23	20.28	－59.6
净利润（亿元）	32.00	5.94	－81.44
技术开发投入（亿元）	0.46	2.50	443.48
利税总额（亿元）	71.24	102.75	44.23
应交税金总额（亿元）	56.62	67.95	20.01
全员劳动生产率［万元/（人・年）］	131.98	130.26	－1.30
净资产收益率（％）	3.26	0.60	减少 2.66 个百分点
总资产报酬率（％）	3.40	0.88	减少 2.52 个百分点

续表

项 目	2022 年	2023 年	比上年增长(%)
国有资本保值增值率(%)	103.35	100.40	减少 2.95 个百分点

【改革发展】 2023 年，中国绿发结合集团“十四五”发展规划，进一步推进区域管理平台建设，通过产权整合，推动形成布局合理、优势互补的区域发展格局。优化法人层级与户数管理，成功将公司法人层级由 6 级压缩至 5 级，通过吸收合并、清算注销压减法人单位 9 户，超额完成上报国务院国资委的 2023 年清理法人单位不少于 7 户的工作计划。

中国绿发全面完成国企改革三年行动各项任务，获评中央企业改革三年行动重点任务考核 A 级。全面落实党中央关于新一轮国企改革深化提升行动部署，组织召开改革深化提升行动动员部署会、改革专题战略研讨会，建立由各部门、平台公司、重点子企业等组成的跨部门工作协调机制，选派精兵强将担任改革专员，分类分层压茬推进，逐人逐岗压实责任。制定印发中国绿发改革深化提升行动实施方案及工作台账，将改革任务与建设世界一流企业、“十四五”规划中期调整、提质增效等工作深度融合，明确目标要求、责任主体、路径方法、完成时限，形成涵盖 9 大类、40 项重点任务、447 项具体举措的改革“施工图”，截至 2023 年底，完成改革任务 148 项。组织各子企业对照实施方案及工作台账，结合实际制定 42 份工作台账，形成 6000 余项落实举措，实现集团改革发展“一本账”。所属中绿中科公司、中绿电公司成功入选“科改企业”“双百企业”，制定印发“科改行动”“双百行动”实施方案，充分发挥示范引领和突破带动作用。强化宣传推广，开设“推进改革深化提升　加快建设世界一流企业”宣传专栏，发布宣传推文近 100 篇，展示中国绿发在改革发展、服务国家战略等方面成果，营造良好改革氛围。

中国绿发劳动、人事、分配三项制度改革取得积极成效。机构压减“求实”。及时调整、重组或撤销无落地项目及低效能机构，对标参照行业先进，完成绿色能源、低碳城市、商业酒店等传统产业单位机构缩编。干部能下“动真”。常态化开展竞聘上岗，形成公平竞争、选贤任能、才尽其用的良性机制。及时发现识别和调整不适宜担任现职干部。员工能出“亮剑”。持续完善以合同管理为核心、以岗位管理为基础的市场化用工制度，强力推动低绩效员工退出。收入能减“碰硬”。考核分配工作与国务院国资委要求全面对接，突出效益贡献导向，既坚持业绩考核与薪酬紧密挂钩的基本原则不动摇，又不简单搞一刀切，7 家单位主要负责人上年度薪酬兑现降幅超过 20%。

【重大项目】 2023 年 4 月，中国绿发在上海联合产权交易所以股权转让的方式，成功获取乔家路 A 片区项目公司上海新乔东企业发展有限公司 90%股权及其相关债权、世博 F02-01 地块项目公司上海新淞原企业发展有限公司 100%股权及其相关债权。同月，收购金塔可胜太阳能发电有限公司 100%股权，获取甘肃金塔多能互补项目，实现绿色能源项目拓展布局。

2023 年 5 月，中国绿发与新疆维吾尔自治区人民政府签署战略合作协议，围绕绿色能源、文旅融合、科技创新等领域开展全方位合作，项目一期投资方案拟在新疆乌鲁木齐、伊犁、库尔勒等地 1300 万千瓦新能源开发项目，配套 13 个酒店、商业办公项目，通过架构新能源与文旅产业协同发展的合作模式，以产业协同、优势互补，推动产业整体落地，整体合作战略的落地，是中国绿发贯彻党的治疆方略，落实中央企业产业兴疆援疆工作要求，助力新疆经济社会高质量发展，形成央地合作、共赢发展新局面的重要举措。同月，与中国科学院电工研究所货币出资组建合资公司，开展高性能锂离子电容器研发生产推广。

2023 年 6 月，中国绿发与上海交通大学组建上海中绿新能源科技有限公司，结合新型电力系统安全稳定面临严峻挑战的需求，全面布局自同步电压源友好并网技术。同月，完成对浙江可胜技术股份有限公司增资，战略投资熔盐储能技术企业，抢抓新型储能的重大机遇。

2023 年 10 月，中国绿发完成战略投资安徽华晟新能源科技公司，积极抢抓异质结钙钛矿叠层高效太阳能电池技术的重大机遇。推动上市公司再融资，有效发挥上市公司功能，完成深交所和证监会多轮反馈问题答复，顺利取得中国证监会 50 亿元发行批复。深化资本创新，高效推进济南领秀城购物中心公募

REITs申报，规范完成资产重组，全力打造中国绿发商业资本运作平台。

中国绿发从服务"双碳"目标与满足人民日益增长的美好生活需要出发，开创多产业协同联动、合作共赢新模式。通过绿色能源＋文旅产业集群引入、绿色能源＋电网公司协同合作、绿色能源＋先进技术研发示范、实施优质项目并购等方式，在2023年内累计获取建设指标1550万千瓦、在建1659万千瓦，实现从百万级到千万级的历史性跨越。截至2023年底，积极承担国家和省部级重点科技项目，融入国家科技创新体系，成功申报国家和省部级重点科技项目6项。负责承担"支撑灵活性提升的数字化风电/光伏变流器关键技术与装置研制"等国家重点研发计划的科技项目子课题4项；"基于双馈风电机组采用自同步电压源控制体现同步机特性的百兆瓦级风力发电系统"入选国家能源领域首台（套）重大技术装备；"阜康10MW级锂离子电容器储能项目"入选国家能源局"十四五"能源领域科技创新规划重点攻关任务示范项目。积极协同中国建科等单位推进国家建筑绿色低碳技术创新中心建设，作为第二大股东组建北京国家建筑绿色低碳技术创新中心有限公司。

中国绿发培育幸福产业以提高核心竞争力和增强核心功能为重点，聚焦新时代酒店产品、文旅度假、高端商办物业、健康养老、现代商业等方面，积极推动一流体系建设，扎实开展提质增效，打造标杆示范项目，积极推动建设世界一流幸福产业。创新打造新时代酒店产品。从先进文化、绿色化、智能化、资产证券化等方面，全面赋能酒店产品升级，形成新时代超一流酒店产品导则，实现国内首家丽思卡尔顿隐世酒店精彩面世，三亚雅诗阁及大连、北京、文昌3家智选假日酒店开业，酒店运营规模、经营业绩再上新台阶，收入比上年增长64%，税息折旧及摊销前利润比上年增长超过10倍，打造产品卓越、品牌卓著的酒店行业标杆。着力建设华美胜地文旅度假国潮品牌。组建华美胜地俱乐部公司，构建形成华美胜地产品、品牌和运营服务标准体系，千岛湖、长白山、九寨沟项目成功验收挂牌。成立新疆华美胜地旅游有限公司，一期9个高端项目成功落地，引入丽思卡尔顿、万丽、洲际、英迪格等国际一流酒店品牌，打造布局新疆全域的国际旅游度假区，助力新疆旅游产业高质量转型升级。发展高端商办物业服务。加强上海绿高合资公司运营管理，建立一流高端商办物业管理体系和运营服务标准体系，完成温州机场等11个区域重点项目市场化拓展，实现全资管业务布局，致力于打造高端商办物业细分领域领跑企业。推动传统物业强基转型，大力拓展产业园、科技园、艺术馆等业态。培育健康养老业务。与日本美邸合资成立中绿美邸公司，编制形成中绿美邸健康养老运营服务标准体系和品控体系，推进济南、苏州、宜宾等项目落位。焕新升级现代商业自有品牌。对标国际标准，组织推进新疆乌鲁木齐商业综合体项目落位及策划规划；推动济南领秀城贵和购物中心公募REITs发行，强化商业资产管理能力；与东城区政府就前门东区城市更新项目达成合作一致，布局城市更新赛道。

【重大创新】 管理创新。在战略性新兴产业投资管理方面，为提高战略性新兴产业投资的精准度，更加客观、公允地开展投前研判，在可研管理方面，创新方式，委托中咨公司等第三方，独立开展战略性新兴产业可研编制，同时邀请行业专家开展现场评估论证。

技术创新。中国绿发站在行业发展未来和担当国之重任角度，开展前沿技术研究，实现科技公司孵化和科研成果落地。自同步电压源友好并网技术入选国家能源领域首台（套）重大技术装备（项目），并在甘肃干河口南北风电场完成示范应用，一举在构网型新能源并网技术研究与应用方面实现行业领先，为新能源大规模、高比例接入夯实根基。锂离子电容器储能项目入选"十四五"能源领域科技创新规划，液化空气储能项目入选国家能源局新型储能示范项目公示名单，并于7月1日实现开工建设，在新型储能产业链关键环节实现重要突破。9月，中国绿发就自同步电压源友好并网技术与上海交大揭牌成立上海中绿新能源科技有限公司和绿色能源联合研究中心。10月，作为解决新能源高比例并网安全运行"卡脖子"难题的颠覆性技术，"基于双馈风电机组采用自同步电压源控制体现同步机特性的百兆瓦级风力发电系统"入选国家能源领域首台（套）重大技术装备。11月，完成甘肃干河口南北风电场全场32台风机自同步电压源控制技术改造、并网运行，并启动现场测试工作。12月，正式成立北京中绿中科锂电容科技有限公司，推进锂离子电容器和高品质石墨烯技术产业化。

【党建工作】 2023年，中国绿发坚持红色引领，着力推动党建高质量发展。思想政治引领不断强化。全面、系统、整体地把坚持党中央集中统一领导落实到位，推动党的建设持续深化，在中央企业党建工作责任制考核评价中首次获评A级。深入开展学习贯彻习近平新时代中国特色社会主义思想主题教育，一体推进落实理论学习、调查研究、推动发展、检视整改，累计整改224项、完成率96.5%。公司党委班子率先垂范，着力在重实践、建新功上下功夫，带动各级领导班子扎实推进示范性工作任务，有效推动一批重难点问题解决。以全面推进产业兴疆为契机，创造性地发挥基层党组织战斗堡垒作用和党员先锋模范作用，公开竞聘组建“建设美丽新疆先锋队”9支，168名优秀骨干员工扎根艰苦岗位一线，展现出良好精神风貌和专业素养。党建质量持续提高。开展党建工作“提质创效年”主题行动，深入推进基层党建“七抓”工程，着力提升规范化、精细化、体系化水平。创新举办“青马工程”央企联合培训班。公司2022年度“一报告两评议”总体满意度99.3%、居委管企业前列。精神文明建设不断加强。制定实施学习贯彻习近平文化思想工作方案。推出员工关心关爱计划和20项办实事举措，精心举办劳动技能竞赛、文体活动，建设一流幸福家园。深入开展职工技术创新，获得电力企业班组创新创效特级项目1项、QC小组成果特等奖3项。加大先模选树力度，7个集体、4名个人获得国家级荣誉表彰。正风肃纪反腐持续从严。制定实施巡视工作五年规划，高质量完成9家单位党组织常规巡视。精准有效开展监督护航促发展专项行动，与工程建设同步实施新疆产业协同项目廉洁工程。开展违反中央八项规定精神和金融板块业务风险问题专项治理工作。高质量推进纪检干部队伍教育整顿工作。“干净绿发”廉洁文化提升工程取得良好成效。公司纪检工作在委管企业纪委考核中获评“优秀”，巡视巡察工作连续两年获评A档。

【信息化与数字化建设】 2023年，中国绿发数字化智能化建设取得积极成效。7月，国务院国资委数字化智能化提升专项行动第一阶段验收取得综合验评等级优秀，名列小组第一；济南领秀智慧科学城IPv6技术创新和融合应用试点，成功入选国资委优秀典型案例。12月，智能监管业务模型创新“揭榜挂帅”活动成功揭榜“基于数字水印技术的电子文档安全管理应用”场景研发；以长白山和九寨沟项目为试点，完成华美胜地对客服务数字化系统建设并上线。

【履行社会责任】 2023年，中国绿发持续深化社会责任管理和实践，为人民创造美好生活。开展ESG管理体系建设，完善制度、管理和实践机制，提升上市公司ESG治理能力。发布集团第二部年度社会责任报告，开展第三届社会责任周活动、央企消费帮扶兴农周活动、2023年全国低碳日和全国节能宣传周活动、安全生产月活动，推动社会责任融入实践。全年员工培训投入2626.88万元，人均年培训时长51学时；发布建设生物多样性保护领跑企业规划纲要，编制发布《生物多样性领跑企业评价技术导则》，在绿色能源、幸福产业、低碳城市3个产业先行开展生物多样性保护试点建设，推动全企业、全业态、全场景生物多样性保护。向甘肃、青海地震灾区分别捐赠1000万元，全力支持受灾群众生活安置及灾后重建等工作。开展第四届青苗暖冬公益项目，资助8个所属单位所在地14个学校的学生782人。全年开展志愿者活动190次，活动时长1864小时。“青心”志愿者服务团队圆满完成杭州亚运会服务保障工作，收获来自各国各界的感谢信与留言231封。

（撰稿人：宋孟楠）

2024

CHINA'S STATE-OWNED ASSETS SUPERVISION AND ADMINISTRATION YEARBOOK

中 国 国 有 资 产 监 督 管 理 年 鉴

国有资产统计资料

第五篇

2023年国资系统监管企业户数、从业人数、国有资本总量综合分析表

项　目	户　数(户)	年末从业人员人数(万人)	年末国有资本总量(亿元)
国资系统监管合并	261670	3268.0	826023.2
国资系统监管合计	261670	3267.1	1879832.3
一、按企业规模分类			
(一)大型	9546	1831.0	441722.1
(二)中型	38058	837.7	464281.2
(三)小型	82629	518.2	576771.5
(四)微型	131437	80.2	397057.6
二、按组织形式分类			
(一)公司制企业	255705	3171.8	1842985.1
其中:国有独资企业	15036	157.3	467854.9
(二)非公司制企业	5965	95.4	36847.2
三、按盈利或亏损分类			
(一)盈利	170927	2575.8	1498045.0
(二)亏损	90743	691.4	381787.4
四、按监管关系分类			
(一)国务院国资委监管企业	61134	1319.9	177320.1
(二)地方国资委监管企业	200536	1948.1	648703.1
五、按经济带分类			
(一)东部沿海地区	133439	1594.1	1066030.6
(二)中部内陆地区	47715	761.4	313305.5
(三)西部边远地区	67692	829.4	407676.0
六、按产业作用分类			
(一)基础性行业	69772	1495.7	670139.5
(二)一般生产加工行业	35193	761.8	196376.2
(三)商贸服务及其他行业	156705	1009.6	1013316.6

注:①本表数据汇编范围为国务院国资委监管的中央企业和全国37个省(自治区、直辖市、计划单列市、新疆生产建设兵团)国资委系统监管的国有及国有控股企业;

②本资料中按照综合及行业划分的分析数据基于单户企业报表数据直接进行汇总(不含合并抵消)。

2023年国资系统监管企业户数、从业人数、国有资本总量行业分析表

项　目	户　数(户)	年末从业人员人数(万人)	年末国有资本总量(亿元)
国资系统监管合并	261670	3268.0	826023.2
国资系统监管合计	261670	3267.1	1879832.3
一、农林牧渔业	7454	59.5	26513.0
其中:农业	3880	26.6	20215.8
林业	916	18.6	1996.5
二、工业	57354	1365.9	433216.1
其中:煤炭工业	2047	196.7	30290.2
石油和石化工业	819	113.1	82872.4
冶金工业	2465	117.4	35816.5
建材工业	4425	46.3	13678.9
化学工业	3154	85.9	18536.9
森林工业	107	0.8	142.5
食品工业	1796	25.7	3176.1
烟草工业	10	0.1	11.9
纺织工业	361	8.3	649.3
医药工业	1004	25.0	5161.0
机械工业	7474	242.3	39382.9
其中:汽车工业	1402	92.3	17452.2
电子工业	1902	79.6	13339.8
电力工业	17911	198.3	129197.8
市政公用工业	9157	86.1	28771.9
其他工业	3295	64.1	11262.1
三、建筑业	23980	383.0	161833.8
四、交通运输业	11728	319.4	179575.6
其中:铁路运输业	451	7.3	14088.3
道路运输业	6744	220.1	115442.8
水上运输业	2185	27.1	21098.0
航空运输业	742	52.1	13187.7
五、仓储业	5133	25.4	12896.0

续表

项　目	户　数(户)	年末从业人员人数(万人)	年末国有资本总量(亿元)
六、商贸业	26925	161.2	52441.0
七、房地产业	36425	150.3	217249.4
八、信息传输、软件和信息技术服务业	6743	157.5	63108.1
其中:电信业	701	109.4	54967.4
九、社会服务业	57362	371.6	604512.2
十、教育文化广播业	4821	19.2	5238.3
十一、科学研究和技术服务业	15571	142.0	26757.9
十二、金融业	5416	79.1	89924.9
十三、其他	2758	32.9	6566.0

2023年国资系统监管企业户数、从业人数、国有资本总量地区分析表

项　目	户　数(户)	年末从业人员人数(万人)	年末国有资本总量(亿元)
国资系统监管合并	261670	3268.0	826023.2
一、国务院国资委监管企业	61134	1319.9	177320.1
二、地方国资委监管企业	200536	1948.1	648703.1
北京市	11380	135.9	19444.5
天津市	3809	22.9	14685.5
河北省	4100	60.1	10158.2
山西省	5222	111.8	7107.9
内蒙古自治区	1749	26.8	8948.0
辽宁省	3844	40.2	9611.0
其中:大连市	984	8.6	3339.8
吉林省	1805	18.4	6449.2
黑龙江省	2809	42.0	7699.3
上海市	14135	150.3	39662.1
江苏省	10490	90.2	64463.3
浙江省	17201	110.5	63288.3
其中:宁波市	1913	12.9	9839.6

续表

项　目	户　数(户)	年末从业人员人数(万人)	年末国有资本总量(亿元)
安徽省	5715	74.9	31744.4
福建省	8535	61.4	15014.6
其中:厦门市	3807	21.3	3858.2
江西省	5867	43.3	27736.0
山东省	18790	158.3	45487.3
其中:青岛市	3804	21.8	9428.7
河南省	2769	47.2	7486.3
湖北省	6545	48.5	29874.0
湖南省	3376	40.5	25781.2
广东省	20113	204.0	44292.1
其中:深圳市	2761	61.9	12942.8
广西壮族自治区	4403	35.4	13307.9
海南省	1832	14.2	3943.5
重庆市	4142	47.6	27673.9
四川省	11015	90.0	44044.6
贵州省	3183	31.7	15065.0
云南省	7346	43.9	18548.0
西藏自治区	1165	5.1	1687.7
陕西省	7101	85.0	16185.4
甘肃省	4072	40.7	9895.9
青海省	1259	8.7	3771.4
宁夏回族自治区	896	7.1	2564.9
新疆维吾尔自治区	3965	35.6	11264.5
新疆生产建设兵团	1903	15.9	1817.2

2023 年国资系统监管企业资产负债综合分析表

项　目	资产总计(亿元)	负债合计(亿元)	所有者权益(净资产)(亿元)	资产负债率(%)
国资系统监管合并	3324735.1	2216273.7	1108461.5	66.7
国资系统监管合计	5183830.0	3162440.0	2021390.1	61.0

续表

项目	资产总计(亿元)	负债合计(亿元)	所有者权益(净资产)(亿元)	资产负债率(%)
一、按企业规模分类				
(一)大型	1481381.6	971924.5	509457.2	65.6
(二)中型	1400014.8	899290.9	500723.8	64.2
(三)小型	1360427.2	765243.1	595184.1	56.3
(四)微型	942006.4	525981.5	416024.9	55.8
二、按组织形式分类				
(一)公司制企业	5116754.6	3132953.3	1983801.3	61.2
其中:国有独资企业	957023.3	479768.6	477254.6	50.1
(二)非公司制企业	67075.4	29486.6	37588.7	44.0
三、按盈利或亏损分类				
(一)盈利	3985222.0	2359363.2	1625858.7	59.2
(二)亏损	1198608.0	803076.7	395531.3	67.0
四、按监管关系分类				
(一)国务院国资委监管企业	861182.2	556484.8	304697.3	64.6
(二)地方国资委监管企业	2463553.0	1659788.8	803764.2	67.4
五、按经济带分类				
(一)东部沿海地区	3014442.1	1848578.0	1165864.2	61.3
(二)中部内陆地区	827516.0	498449.2	329066.7	60.2
(三)西部边远地区	1092584.4	669052.3	423532.1	61.2
六、按产业作用分类				
(一)基础性行业	1629691.2	904931.2	724760.0	55.5
(二)一般生产加工行业	547927.4	325744.1	222183.4	59.5
(三)商贸服务及其他行业	3006211.4	1931764.7	1074446.6	64.3

2023 年国资系统监管企业资产负债行业分析表

项目	资产总计(亿元)	负债合计(亿元)	所有者权益(净资产)(亿元)	资产负债率(%)
国资系统监管合并	3324735.1	2216273.7	1108461.5	66.7
国资系统监管合计	5183830.0	3162440.0	2021390.1	61.0

续表

项　目	资产总计（亿元）	负债合计（亿元）	所有者权益（净资产）（亿元）	资产负债率（%）
一、农林牧渔业	50674.1	23692.0	26982.2	46.8
其中：农业	35528.6	15139.3	20389.3	42.6
林业	4208.8	2203.3	2005.5	52.3
二、工业	1054393.4	561582.2	492811.2	53.3
其中：煤炭工业	95248.4	60007.9	35240.5	63.0
石油和石化工业	143149.8	55276.2	87873.7	38.6
冶金工业	95692.8	52427.3	43265.5	54.8
建材工业	35829.4	19515.4	16314.0	54.5
化学工业	54797.4	32246.5	22550.8	58.8
森林工业	434.2	258.6	175.6	59.6
食品工业	7520.1	3707.5	3812.7	49.3
烟草工业	41.2	29.4	11.9	71.2
纺织工业	1872.1	1110.4	761.7	59.3
医药工业	11222.2	4206.9	7015.3	37.5
机械工业	114079.6	64109.8	49969.9	56.2
其中：汽车工业	45889.1	23593.5	22295.6	51.4
电子工业	35405.6	18320.2	17085.4	51.7
电力工业	311011.8	168484.4	142527.3	54.2
市政公用工业	75247.7	44309.9	30937.7	58.9
其他工业	24749.9	11233.0	13516.9	45.4
三、建筑业	538651.0	367069.5	171581.5	68.1
四、交通运输业	412061.6	224595.2	187466.4	54.5
其中：铁路运输业	24891.8	10723.2	14168.6	43.1
道路运输业	284505.5	165692.7	118812.8	58.2
水上运输业	42892.8	19218.9	23673.9	44.8
航空运输业	32764.9	18312.0	14452.8	55.9
五、仓储业	37549.8	23964.1	13585.7	63.8
六、商贸业	186029.9	128207.6	57822.3	68.9
七、房地产业	722208.5	491927.8	230280.7	68.1
八、信息传输、软件和信息技术服务业	110007.9	43740.2	66267.7	39.8
其中：电信业	90448.6	33400.0	57048.5	36.9

续表

项　目	资产总计（亿元）	负债合计（亿元）	所有者权益(净资产)（亿元）	资产负债率（%）
九、社会服务业	1283507.8	665604.9	617902.9	51.9
十、教育文化广播业	11937.5	6592.5	5345.0	55.2
十一、科学研究和技术服务业	59455.4	31797.6	27657.9	53.5
十二、金融业	700406.4	583651.2	116755.2	83.3
十三、其他	16946.7	10015.2	6931.4	59.1

2023年国资系统监管企业资产负债地区分析表

项　目	资产总计（亿元）	负债合计（亿元）	所有者权益（净资产）（亿元）	资产负债率（%）
国资系统监管合并	3324735.1	2216273.7	1108461.5	66.7
一、国务院国资委监管企业	861182.2	556484.8	304697.3	64.6
二、地方国资委监管企业	2463553.0	1659788.8	803764.2	67.4
北京市	90723.2	59521.3	31201.9	65.6
天津市	85146.1	67544.0	17602.1	79.3
河北省	38528.7	25691.6	12837.1	66.7
山西省	42002.5	30046.7	11955.8	71.5
内蒙古自治区	21779.2	11908.6	9870.5	54.7
辽宁省	22530.5	12333.1	10197.4	54.7
其中：大连市	7155.6	3589.7	3566.0	50.2
吉林省	19422.3	12238.1	7184.2	63.0
黑龙江省	18166.9	9983.2	8183.7	55.0
上海市	289432.8	228880.3	60552.5	79.1
江苏省	219148.5	143811.1	75337.3	65.6
浙江省	224176.6	152075.2	72101.4	67.8
其中：宁波市	30734.3	20067.3	10666.9	65.3
安徽省	92023.4	54487.4	37536.0	59.2

续表

项　目	资产总计（亿元）	负债合计（亿元）	所有者权益（净资产）（亿元）	资产负债率（%）
福建省	70381.3	48092.9	22288.4	68.3
其中：厦门市	23973.3	16377.2	7596.1	68.3
江西省	79699.2	48596.0	31103.3	61.0
山东省	179211.1	119101.0	60110.1	66.5
其中：青岛市	35110.0	23837.6	11272.4	67.9
河南省	30245.2	19962.1	10283.1	66.0
湖北省	94934.1	60594.4	34339.7	63.8
湖南省	70182.1	41976.9	28205.2	59.8
广东省	177211.8	114126.9	63084.9	64.4
其中：深圳市	55273.3	34480.0	20793.3	62.4
广西壮族自治区	53937.6	37554.3	16383.3	69.6
海南省	9934.9	5540.2	4394.7	55.8
重庆市	91996.4	61157.0	30839.4	66.5
四川省	167759.0	115686.1	52072.9	69.0
贵州省	43964.1	26685.0	17279.1	60.7
云南省	70105.9	47118.2	22987.7	67.2
西藏自治区	5299.6	3455.2	1844.4	65.2
陕西省	69219.2	47596.9	21622.3	68.8
甘肃省	29776.3	18970.1	10806.1	63.7
青海省	10053.4	5883.0	4170.3	58.5
宁夏回族自治区	9482.7	6372.5	3110.3	67.2
新疆维吾尔自治区	29727.1	17834.7	11892.4	60.0
新疆生产建设兵团	7351.1	4964.6	2386.5	67.5

2023 年国资系统监管工业企业户数、从业人数、国有资本总量地区分析表

项　目	户　数(户)	年末从业人员人数(万人)	年末国有资本总量(亿元)
工业企业合计	57354	1365.9	433216.1
一、国务院国资委监管企业	23959	658.5	296053.9
二、地方国资委监管企业	33395	707.4	137162.2

续表

项　目	户　数(户)	年末从业人员人数(万人)	年末国有资本总量(亿元)
北京市	2759	48.2	14164.8
天津市	615	5.6	1942.9
河北省	828	30.9	4322.3
山西省	1724	80.3	8666.8
内蒙古自治区	367	11.5	3352.2
辽宁省	712	16.6	1431.1
其中:大连市	158	2.8	358.3
吉林省	327	7.6	681.8
黑龙江省	445	14.7	1118.1
上海市	1785	38.9	8895.8
江苏省	1236	23.1	5104.5
浙江省	1922	17.4	7179.6
其中:宁波市	156	1.6	553.1
安徽省	1029	37.3	6227.2
福建省	921	17.4	3708.1
其中:厦门市	193	4.0	528.3
江西省	907	11.5	2892.4
山东省	3165	77.2	12005.3
其中:青岛市	586	9.1	1351.8
河南省	717	28.6	3273.3
湖北省	714	10.6	2046.7
湖南省	590	15.1	3026.6
广东省	3700	57.0	11062.6
其中:深圳市	541	13.6	3034.1
广西壮族自治区	757	13.5	2154.0
海南省	174	1.2	382.9
重庆市	626	8.5	2853.9
四川省	1560	27.7	5527.9
贵州省	564	16.5	3687.2

续表

项　目	户　数(户)	年末从业人员人数(万人)	年末国有资本总量(亿元)
云南省	1312	12.4	2980.9
西藏自治区	172	0.7	331.7
陕西省	1585	40.7	9908.9
甘肃省	821	17.2	3852.2
青海省	213	4.2	770.1
宁夏回族自治区	117	0.9	186.3
新疆维吾尔自治区	636	8.6	2317.7
新疆生产建设兵团	395	5.8	1106.7

2023 年国资系统监管工业企业资产负债地区分析表

项　目	资产总计(亿元)	负债合计(亿元)	所有者权益(净资产)(亿元)	资产负债率(%)
工业企业合计	1054393.4	561582.2	492811.2	53.3
一、国务院国资委监管企业	647060.5	318888.9	328171.6	49.3
二、地方国资委监管企业	407332.9	242693.3	164639.6	59.6
北京市	38619.0	21083.3	17535.8	54.6
天津市	5495.0	3268.5	2226.4	59.5
河北省	16304.1	11272.4	5031.8	69.1
山西省	38185.8	28177.3	10008.5	73.8
内蒙古自治区	8173.6	4361.6	3812.0	53.4
辽宁省	4394.8	2820.6	1574.2	64.2
其中:大连市	1223.6	816.2	407.4	66.7
吉林省	2421.3	1535.5	885.7	63.4
黑龙江省	3337.8	2092.7	1245.1	62.7
上海市	24654.7	13825.6	10829.1	56.1
江苏省	15370.9	9267.3	6103.6	60.3
浙江省	17359.7	9173.7	8186.0	52.8
其中:宁波市	1500.3	873.7	626.6	58.2

续表

项　目	资产总计（亿元）	负债合计（亿元）	所有者权益(净资产)（亿元）	资产负债率（%）
安徽省	16576.7	8300.1	8276.6	50.1
福建省	9661.0	5357.8	4303.2	55.5
其中:厦门市	1650.2	1058.1	592.1	64.1
江西省	8093.0	4580.8	3512.2	56.6
山东省	45579.7	28817.9	16761.8	63.2
其中:青岛市	4423.2	2632.5	1790.6	59.5
河南省	12457.0	8782.7	3674.3	70.5
湖北省	5439.0	3127.1	2311.9	57.5
湖南省	8150.0	4422.5	3727.5	54.3
广东省	30300.6	16680.3	13620.3	55.0
其中:深圳市	7743.6	4116.9	3626.7	53.2
广西壮族自治区	6673.6	4206.1	2467.6	63.0
海南省	649.3	261.2	388.2	40.2
重庆市	6176.8	3119.7	3057.1	50.5
四川省	14629.6	8312.1	6317.5	56.8
贵州省	8884.7	4434.4	4450.3	49.9
云南省	9110.1	5788.7	3321.4	63.5
西藏自治区	733.1	399.3	333.7	54.5
陕西省	28595.5	17293.1	11302.4	60.5
甘肃省	9645.1	5387.1	4258.0	55.9
青海省	2540.2	1605.2	935.0	63.2
宁夏回族自治区	602.1	398.9	203.2	66.2
新疆维吾尔自治区	5523.5	2832.1	2691.4	51.3
新疆生产建设兵团	2995.4	1707.5	1287.9	57.0

2023年国资系统监管商业企业户数、从业人数、国有资本总量地区分析表

项　目	户　数(户)	年末从业人员人数(万人)	年末国有资本总量(亿元)
商业企业合计	26925	161.2	52441.0
一、国务院国资委监管企业	5632	72.4	29024.6

续表

项　目	户　数(户)	年末从业人员人数(万人)	年末国有资本总量(亿元)
二、地方国资委监管企业	21293	88.8	23416.4
北京市	1384	8.5	1575.2
天津市	468	0.9	254.7
河北省	473	2.8	409.1
山西省	871	3.8	1384.6
内蒙古自治区	122	0.3	123.9
辽宁省	286	0.6	58.6
其中:大连市	73	0.1	12.9
吉林省	182	1.1	208.9
黑龙江省	298	0.6	31.9
上海市	2067	12.8	2248.9
江苏省	1001	3.4	1059.2
浙江省	1944	6.1	2290.4
其中:宁波市	168	0.3	206.9
安徽省	532	2.8	579.2
福建省	1556	4.3	1717.3
其中:厦门市	955	3.2	1143.8
江西省	501	1.6	474.8
山东省	1687	6.2	1580.9
其中:青岛市	335	0.9	207.5
河南省	239	0.7	250.5
湖北省	386	4.8	464.0
湖南省	217	1.1	350.1
广东省	1766	7.0	1535.2
其中:深圳市	138	0.7	253.1
广西壮族自治区	593	1.5	841.2
海南省	146	2.5	91.7
重庆市	418	2.0	422.6
四川省	1093	3.8	1974.6

续表

项　目	户　数(户)	年末从业人员人数(万人)	年末国有资本总量(亿元)
贵州省	456	1.5	1464.4
云南省	558	1.2	518.9
西藏自治区	138	0.3	39.5
陕西省	713	4.0	715.3
甘肃省	375	0.9	155.3
青海省	115	0.2	59.2
宁夏回族自治区	44	0.1	5.2
新疆维吾尔自治区	442	1.0	285.7
新疆生产建设兵团	222	0.7	245.4

2023 年国资系统监管商业企业资产负债地区分析表

项　目	资产总计(亿元)	负债合计(亿元)	所有者权益(净资产)(亿元)	资产负债率(%)
商业企业合计	186029.9	128207.6	57822.3	68.9
一、国务院国资委监管企业	87793.4	56466.0	31327.4	64.3
二、地方国资委监管企业	98236.5	71741.6	26494.9	73.0
北京市	4848.4	2983.0	1865.4	61.5
天津市	1487.8	1219.6	268.2	82.0
河北省	2122.5	1671.4	451.1	78.7
山西省	6387.7	4917.2	1470.4	77.0
内蒙古自治区	336.7	208.9	127.8	62.0
辽宁省	308.8	244.1	64.8	79.0
其中:大连市	44.1	30.2	13.9	68.4
吉林省	1065.8	703.1	362.6	66.0
黑龙江省	456.9	414.2	42.7	90.7
上海市	9768.6	7118.1	2650.5	72.9

续表

项　目	资产总计（亿元）	负债合计（亿元）	所有者权益（净资产）（亿元）	资产负债率（%）
江苏省	6686.0	5501.4	1184.5	82.3
浙江省	9263.2	6729.6	2533.6	72.6
其中：宁波市	899.6	688.2	211.4	76.5
安徽省	2086.5	1436.1	650.3	68.8
福建省	8513.5	6161.7	2351.8	72.4
其中：厦门市	6601.3	4853.9	1747.5	73.5
江西省	2336.0	1829.9	506.1	78.3
山东省	9443.4	7734.6	1708.7	81.9
其中：青岛市	1684.1	1447.9	236.1	86.0
河南省	858.3	577.7	280.7	67.3
湖北省	1854.5	1290.7	563.8	69.6
湖南省	1180.6	795.7	384.8	67.4
广东省	5614.6	3990.3	1624.3	71.1
其中：深圳市	616.9	327.8	289.1	53.1
广西壮族自治区	2801.6	1948.5	853.0	69.6
海南省	358.7	263.3	95.4	73.4
重庆市	1717.8	1244.2	473.5	72.4
四川省	6459.7	4246.4	2213.3	65.7
贵州省	3305.9	1817.7	1488.2	55.0
云南省	2225.6	1591.4	634.2	71.5
西藏自治区	85.3	44.4	40.9	52.1
陕西省	3271.7	2438.4	833.3	74.5
甘肃省	923.4	761.6	161.8	82.5
青海省	180.7	120.6	60.1	66.7
宁夏回族自治区	23.0	17.7	5.2	77.2
新疆维吾尔自治区	1137.4	838.2	299.2	73.7
新疆生产建设兵团	1126.2	881.8	244.4	78.3

2023 年北京市监管企业主要指标表

项　目	户　数（户）	年末国有资本总量（万元）	资产总额（万元）	人均利润（元/人）	人均税费（元/人）
合　并	11380	194444904.5	907231672.1	57320.7	111176.9
合　计	11380	577873633.4	1570998119.1	108486.4	110759.5
一、农林牧渔业	187	3624171.4	11662355.7	141444.8	29197.7
其中：农业	52	150578.4	628907.9	−26276.9	29650.0
林业	9	37075.4	186605.6	12615.8	6647.0
畜牧业	75	2399162.3	9100333.5	46182.1	6714.6
渔业	3	36572.6	52518.5	35594.5	12304.1
二、工业	2759	141648060.8	386190155.6	190929.1	159418.3
其中：煤炭工业	33	2573410.1	7903881.0	677369.3	367987.1
石油和石化工业	4	44655.7	232604.2	138583.1	11828.5
冶金工业	50	19360672.0	62935017.5	73595.6	82139.4
建材工业	216	7067839.1	18361253.4	−10820.1	94184.5
化学工业	66	1019479.5	3003220.9	−355033.8	77963.3
森林工业	1	74315.6	94218.7	30089.6	9510199.5
食品工业	109	1542642.7	4615605.8	7653.2	30410.5
烟草工业					
纺织工业	22	277305.2	643853.8	3837.5	52032.2
医药工业	38	1738542.1	4077445.8	373216.0	150014.4
机械工业	328	18880194.1	58771682.9	475872.0	364887.8
电子工业	124	34899736.7	82623333.4	24505.4	93923.4
电力工业	638	23995564.9	68162454.8	1286571.4	349276.0
市政公用工业	960	26267092.8	64421351.8	177958.4	85322.8
其他工业	170	3906610.1	10344231.7	−8354.8	144435.8
三、建筑业	428	10568388.7	55408954.0	72173.0	85683.5
四、交通运输业	179	40090227.5	93908564.7	13223.6	15147.0
其中：铁路运输业	6	131795.1	501189.9	−1034984.2	132304.2
道路运输业	160	39854582.2	93001925.9	12470.4	14877.4
水上运输业	1	58078.4	109017.1	2215.8	34721.4
航空运输业	1	12514.2	48025.8	−219808.6	320.6

续表

项　目	户　数 （户）	年末国有资本总量 （万元）	资产总额 （万元）	人均利润 （元/人）	人均税费 （元/人）
五、仓储业	95	545399.4	2121799.5	－75631.6	64757.7
六、商贸业	1384	15751883.4	48484179.4	136632.9	98777.0
七、房地产业	2305	120409092.3	439059979.4	－191403.4	374543.8
八、信息传输、软件和信息技术服务业	219	4046118.1	7944602.6	－4156.6	55038.6
其中：电信业	5	107838.0	215271.7	－179072.8	96204.0
九、社会服务业	2773	216410271.2	437396875.0	133232.2	39748.7
十、教育文化广播业	332	3040215.2	4656313.4	－3948.1	17846.0
十一、科学研究和技术服务业	516	8009126.1	21235957.3	98755.8	54330.1
十二、金融业	100	12888143.5	55567774.7	561114.2	242851.4
十三、其他	103	842535.9	7360607.8	－154993.2	31552.8

注：人均利润＝利润总额/本年平均从业人员人数；人均税费＝已交税费总额/本年平均从业人员人数。

2023 年天津市监管企业主要指标表

项　目	户　数 （户）	年末国有资本总量 （万元）	资产总额 （万元）	人均利润 （元/人）	人均税费 （元/人）
合　并	3809	146855012.2	851461331.1	74947.2	135293.8
合　计	3809	312170468.6	1145354940.1	147147.0	135293.8
一、农林牧渔业	104	2067945.9	6199401.8	－129331.7	8964.9
其中：农业	56	1580435.5	3997247.4	－155313.1	19655.7
林业	9	132396.3	980496.2	－566919.3	275.4
畜牧业	25	329318.6	954871.7	－119387.4	3157.3
渔业	6	5010.7	28912.8	99058.6	30774.4
二、工业	615	19429139.7	54949764.4	150677.1	79050.1
其中：煤炭工业	1	－846.5	997.2	－22595.0	0.0
石油和石化工业					
冶金工业	10	310854.2	849268.8	－2779514.5	24533.1

续表

项　目	户　数（户）	年末国有资本总量（万元）	资产总额（万元）	人均利润（元/人）	人均税费（元/人）
建材工业	17	55915.3	483174.8	—130043.4	92708.4
化学工业	55	5421140.1	14070012.2	17366.7	40710.8
森林工业					
食品工业	40	260679.5	869534.4	5656.4	35923.8
烟草工业					
纺织工业	10	17264.7	118667.1	78467.0	18631.1
医药工业	7	349444.0	689157.3	237953.3	137495.9
机械工业	75	483007.5	1604792.7	67591.6	57204.0
电子工业	20	315117.2	1307129.9	110145.2	47074.8
电力工业	177	3196677.6	10953030.4	1423136.9	263955.8
市政公用工业	165	4831770.3	18476945.5	99365.0	92245.5
其他工业	38	4188115.7	5527054.2	55269.1	51472.8
三、建筑业	353	19751472.8	71471667.4	49434.8	87259.1
四、交通运输业	173	40407987.8	91178991.0	88451.9	32891.8
其中：铁路运输业	3	21237.6	66371.7	1137850.3	855360.6
道路运输业	118	34440955.2	73899009.0	41601.3	23810.0
水上运输业	21	4452517.2	14881191.9	494270.1	126046.2
航空运输业	2	1578.0	2067.1	—303720.3	20776.0
五、仓储业	110	3033091.1	7100722.1	230314.7	93573.0
六、商贸业	467	2546649.1	14877756.0	—9208.7	236438.4
七、房地产业	740	43877812.3	168173182.0	—30745.4	247006.6
八、信息传输、软件和信息技术服务业	75	675937.9	2273869.8	2941.7	101203.5
其中：电信业					
九、社会服务业	805	158412774.9	376997860.7	154879.7	131859.4
十、教育文化广播业	53	434759.7	1206307.9	—220554.2	20140.3
十一、科学研究和技术服务业	210	2584199.8	5420390.2	38926.8	45268.6
十二、金融业	64	19135336.5	344717899.9	468851.8	347511.6
十三、其他	40	—186639.0	787126.7	1114.7	15995.8

2023年河北省监管企业主要指标表

项　目	户　数 （户）	年末国有资本总量 （万元）	资产总额 （万元）	人均利润 （元/人）	人均税费 （元/人）
合　并	4100	101581720.7	385287201.1	44945.4	75983.7
合　计	4100	223203361.1	627013945.0	89774.3	79142.7
一、农林牧渔业	62	195416.1	938006.6	47160.2	112166.6
其中：农业	39	123441.8	507822.1	－21102.8	10165.1
林业	13	40496.7	131539.9	115081.2	136843.4
畜牧业	3	2597.3	23284.5	－32571.8	7336.3
渔业	1	738.4	2710.4	14035.3	3053.9
二、工业	828	43223080.4	163041107.2	92445.4	91092.7
其中：煤炭工业	105	12160734.8	50101959.6	135368.3	116814.9
石油和石化工业	3	98561.0	112657.6	44633.2	166104.0
冶金工业	59	16225299.1	59728108.2	82365.6	86165.5
建材工业	57	429622.1	3099668.1	－124298.7	62636.6
化学工业	42	1988968.4	4910662.6	71549.7	67370.3
森林工业					
食品工业	12	13567.8	64457.4	－29449.1	11645.6
烟草工业					
纺织工业	16	49536.9	1202335.4	－56028.5	20061.3
医药工业	22	757773.7	3610130.3	55351.3	53968.1
机械工业	92	3250534.8	12748524.5	－42309.3	30409.7
电子工业	4	40889.1	75734.5	－16590.9	20109.6
电力工业	151	3317606.5	10417559.9	599818.2	249697.1
市政公用工业	216	4522406.4	15736208.4	81732.1	64715.3
其他工业	49	367579.9	1233100.7	71634.1	139216.8
三、建筑业	419	21308765.4	61183891.0	72004.8	84047.1
四、交通运输业	324	45290293.8	123482468.4	73632.2	37108.1
其中：铁路运输业	18	1158387.4	3487214.7	－102271.5	41538.0
道路运输业	230	38037554.9	108630371.2	73038.9	27046.2
水上运输业	34	5134617.8	9677530.1	212249.1	154301.6
航空运输业	10	401606.7	833652.6	－127348.7	16764.3

续表

项　目	户　数(户)	年末国有资本总量(万元)	资产总额(万元)	人均利润(元/人)	人均税费(元/人)
五、仓储业	130	6442996.2	15021905.3	253412.2	104114.8
六、商贸业	473	4091325.9	21225111.8	—56975.6	70296.9
七、房地产业	328	11583420.7	43302837.1	110303.2	246304.0
八、信息传输、软件和信息技术服务业	132	709829.0	2157796.2	35595.8	41500.2
其中:电信业					
九、社会服务业	885	82912915.7	173659500.2	140448.9	71463.1
十、教育文化广播业	48	336029.0	739672.3	1243.5	6738.9
十一、科学研究和技术服务业	354	2353294.9	4923194.1	24429.7	28517.4
十二、金融业	58	4143116.1	15096975.2	657485.0	326173.5
十三、其他	59	612877.7	2241479.4	—15320.8	4539.9

2023 年山西省监管企业主要指标表

项　目	户　数(户)	年末国有资本总量(万元)	资产总额(万元)	人均利润(元/人)	人均税费(元/人)
合　并	5222	71078903.9	420025189.7	87946.3	141017.2
合　计	5222	234926262.0	762201142.2	155522.7	141200.4
一、农林牧渔业	113	1350691.7	2336212.8	—35434.8	10801.1
其中:农业	76	1297045.1	2151232.5	—40487.6	11978.9
林业	7	9406.4	13237.9	—51019.7	7969.5
畜牧业	12	27918.9	85882.2	—28675.4	5402.7
渔业	1	729.8	976.9	9278.2	19488.2
二、工业	1723	86665373.7	381849360.0	148257.1	168742.1
其中:煤炭工业	560	63475702.6	268453330.1	193095.8	197695.7
石油和石化工业	21	1974170.8	4363731.2	495325.0	105278.5
冶金工业	38	1080750.1	4618338.6	62585.0	44789.4
建材工业	70	163029.6	2041906.9	15240.5	37409.6

续表

项　目	户　数（户）	年末国有资本总量（万元）	资产总额（万元）	人均利润（元/人）	人均税费（元/人）
化学工业	161	2878785.7	31226384.3	−94312.3	37453.8
森林工业	2	−2144.6	4940.0	80571.3	39171.0
食品工业	37	−14430.1	181474.0	−13608.1	4353.8
烟草工业					
纺织工业	7	14488.2	141727.0	−9278.5	7896.2
医药工业	15	99182.2	496438.3	−11152.9	55741.6
机械工业	252	4457236.0	18777226.2	−37560.8	35060.7
电子工业	8	50067.8	190705.1	7336.3	39541.8
电力工业	225	4397829.4	24353148.2	−32990.0	150073.4
市政公用工业	256	5529869.3	20942320.6	−41101.6	46395.9
其他工业	71	2560836.8	6057689.6	778600.7	524597.2
三、建筑业	385	16276945.3	57425108.8	81731.7	55346.8
四、交通运输业	324	20773678.8	68010375.2	3888.0	39371.5
其中：铁路运输业	36	1335053.2	3589189.2	47051.4	54170.6
道路运输业	248	18514140.4	62008580.3	1472.6	32278.2
水上运输业	1	−32634.2	89224.9	−403755.0	122960.4
航空运输业	19	862435.8	1771276.0	−10981.1	32531.7
五、仓储业	86	457237.7	2019093.7	−53786.9	24715.6
六、商贸业	871	13846117.1	63876665.5	591278.9	200293.0
七、房地产业	405	4463196.8	27064358.7	94275.1	100536.3
八、信息传输、软件和信息技术服务业	98	1269624.3	2554080.3	84336.4	53042.7
其中：电信业	2	4531.0	18007.7	5582.3	10759.5
九、社会服务业	812	82330485.5	134471564.6	219922.7	25844.5
十、教育文化广播业	44	123788.1	566378.0	25124.8	18032.2
十一、科学研究和技术服务业	273	1117876.1	3062695.1	59845.0	26179.8
十二、金融业	56	5002987.0	17477494.8	4892846.9	1210051.7
十三、其他	32	1248260.1	1487754.8	−126920.1	16358.6

2023 年内蒙古自治区监管企业主要指标表

项　目	户　数 (户)	年末国有资本总量 (万元)	资产总额 (万元)	人均利润 (元/人)	人均税费 (元/人)
合　并	1749	89479617.6	217791640.8	65246.7	83842.2
合　计	1749	141031147.4	291362480.3	71831.0	84140.7
一、农林牧渔业	131	6412361.5	9384109.6	24967.6	2673.7
其中：农业	48	4294548.6	5356172.2	65331.2	2983.6
林业	32	1559040.6	2647319.4	11106.2	2317.6
畜牧业	13	77292.3	237667.6	－469371.8	15586.4
渔业	2	1183.4	14895.6	2317.4	1742.7
二、工业	364	32706744.7	80636131.4	88126.6	153535.9
其中：煤炭工业	24	1126936.0	1794515.4	487920.3	815128.0
石油和石化工业	3	1839.7	7342.7	－358161.7	6046.6
冶金工业	47	12049940.6	32685380.1	91179.1	222242.9
建材工业	15	397729.5	1688116.9	－60162.4	72022.5
化学工业	6	90362.1	261684.3	117104.4	95067.7
森林工业	2	－5450.0	17762.7	－3431995.2	0.0
食品工业	11	－61525.0	65117.6	－133224.4	15364.8
烟草工业					
纺织工业	1	353.0	972.8	－77248.1	1302.1
医药工业					
机械工业	14	52005.4	143857.3	－31892.9	77672.0
电子工业	2	89814.9	133343.9	1876255.6	100144.9
电力工业	93	10808725.5	27336371.1	71374.2	105656.4
市政公用工业	117	6220986.7	13896685.6	2773.5	86171.4
其他工业	29	1935026.2	2604981.0	2193336.5	629385.6
三、建筑业	153	15873091.3	30302844.9	76309.7	64937.5
四、交通运输业	116	18201138.6	44082058.1	65382.1	31741.9
其中：铁路运输业	8	2865627.8	3188708.8	322679.4	130261.5
道路运输业	70	14495717.9	39332542.1	56630.7	23587.2
水上运输业	2	－1249.9	338.7	－15887.1	1889.9
航空运输业	23	526846.2	843905.9	－375128.5	41242.2

续表

项　目	户　数 (户)	年末国有资本总量 (万元)	资产总额 (万元)	人均利润 (元/人)	人均税费 (元/人)
五、仓储业	38	242729.2	1404575.4	－21605.1	23867.2
六、商贸业	122	1239179.0	3366741.9	94327.3	181068.8
七、房地产业	82	4198224.7	14197669.3	1886.8	51077.1
八、信息传输、软件和信息技术服务业	35	323391.9	967216.6	401921.3	44869.8
其中:电信业	1	9191.1	14883.1	38451.2	25975.4
九、社会服务业	473	55642701.0	95433456.8	87605.2	38427.5
十、教育文化广播业	49	2710351.6	3514360.7	－111680.2	11025.4
十一、科学研究和技术服务业	150	1219311.9	2792255.2	76031.9	42344.3
十二、金融业	20	1794226.2	4789440.2	2035652.8	626025.2
十三、其他	16	467695.8	491620.1	33201.1	26673.0

2023 年辽宁省监管企业主要指标表

项　目	户　数 (户)	年末国有资本总量 (万元)	资产总额 (万元)	人均利润 (元/人)	人均税费 (元/人)
合　并	3844	96109923.6	225305195.5	－5159.3	38383.9
合　计	3844	179073516.3	338806721.6	3650.8	38380.9
一、农林牧渔业	107	2055922.7	4071446.9	－11007.0	5106.9
其中:农业	73	1875708.9	3312013.0	709.3	3978.5
林业	5	17082.5	52922.5	－146711.5	10064.9
畜牧业	3	1453.5	2381.1	－33711.9	727.5
渔业	16	88516.0	167731.4	103610.9	35686.5
二、工业	714	14314879.7	43962775.9	12056.6	54239.5
其中:煤炭工业	39	5850418.5	12247758.7	69187.1	85122.8
石油和石化工业	8	－168917.5	236294.4	－809442.1	96026.6
冶金工业	58	393326.1	3292810.2	－59134.1	31547.8
建材工业	49	35320.6	296171.9	－11797.3	25193.7

续表

项　目	户　数（户）	年末国有资本总量（万元）	资产总额（万元）	人均利润（元/人）	人均税费（元/人）
化学工业	35	150667.0	555612.0	62355.9	31775.3
森林工业					
食品工业	28	19245.5	107392.3	1730.6	26349.6
烟草工业					
纺织工业	2	−43503.2	2762.2	−131508.4	15120.6
医药工业	3	75234.5	116138.1	−431268.5	61792.2
机械工业	174	1817382.0	7471836.5	27654.9	49944.0
电子工业	11	47510.4	96563.9	−34522.9	44096.2
电力工业	67	548706.8	3596742.5	−68953.9	45718.4
市政公用工业	169	4937816.7	14216846.4	−57268.3	19045.9
其他工业	71	651672.4	1725847.0	−48167.1	44458.7
三、建筑业	377	14318761.6	32184123.4	21211.4	36548.9
四、交通运输业	159	10039709.9	22528756.6	−51789.5	8222.5
其中：铁路运输业	2	8886.1	10233.4	23290.6	21455.5
道路运输业	119	6718040.4	18059073.6	−70298.3	3127.4
水上运输业	14	308181.0	747494.8	255393.8	84730.7
航空运输业	12	2908157.3	3472007.3	−29806.9	13963.3
五、仓储业	111	554922.6	2195699.7	24295.1	39396.5
六、商贸业	287	585846.1	3088227.9	52274.1	61761.7
七、房地产业	402	19220416.4	41248544.7	−123576.6	71098.2
八、信息传输、软件和信息技术服务业	58	97326.0	319014.0	−52784.6	19265.4
其中：电信业	1	376.7	435.3	83462.1	21436.8
九、社会服务业	1063	111367230.3	178184777.0	26416.0	30256.6
十、教育文化广播业	92	602994.5	1154655.0	23803.2	18134.5
十一、科学研究和技术服务业	376	3718433.3	5467440.0	46424.4	30609.7
十二、金融业	51	1748175.9	3681768.7	288097.8	170907.4
十三、其他	47	448897.4	719491.7	−35356.0	5930.6

2023年大连市监管企业主要指标表

项　目	户　数 (户)	年末国有资本总量 (万元)	资产总额 (万元)	人均利润 (元/人)	人均税费 (元/人)
合　并	984	33398325.5	71556404.5	—43032.0	35947.2
合　计	984	63034440.9	113515492.1	—32800.7	35934.1
一、农林牧渔业	29	90948.2	195102.2	24813.3	9842.9
其中:农业	21	45731.6	114122.7	43489.2	6136.4
林业	2	6210.3	6210.3	—29906.6	1076.0
畜牧业	1	0.0	0.0	—68711.2	11858.6
渔业	5	39006.3	74769.2	—192662.9	53801.3
二、工业	158	3582961.1	12235917.7	18540.0	53874.3
其中:煤炭工业					
石油和石化工业	1	1695.8	1699.1	—206128.2	1815.4
冶金工业	2	124602.0	231246.2	75683.4	71102.2
建材工业	5	4215.2	20877.8	287005.3	130818.6
化学工业	9	46668.8	143894.2	181217.3	70696.5
森林工业					
食品工业	9	9369.3	49491.0	17656.2	23110.8
烟草工业					
纺织工业	1	—30091.9	904.0	—218022.4	30241.2
医药工业					
机械工业	61	1482155.8	6324127.0	47733.2	67684.8
电子工业	4	929.2	5625.2	—1365488.5	644311.2
电力工业	10	25935.4	905813.3	—5927.2	13815.3
市政公用工业	46	1457423.1	3755631.2	—93623.2	29618.6
其他工业	10	460058.4	796608.8	20585.4	37530.3
三、建筑业	77	6030139.2	11882971.6	22755.2	39102.5
四、交通运输业	43	4301566.1	6915645.2	—118316.0	5929.9
其中:铁路运输业					
道路运输业	30	1785686.8	4108852.4	—148745.6	3388.8
水上运输业	6	71925.7	84222.0	28674.4	26052.8
航空运输业	5	2359554.1	2503084.4	—5357.1	10275.6

续表

项　目	户　数（户）	年末国有资本总量（万元）	资产总额（万元）	人均利润（元/人）	人均税费（元/人）
五、仓储业	21	44049.8	169304.9	11361.8	67177.8
六、商贸业	72	125340.3	437879.3	−14469.7	23787.9
七、房地产业	116	8255341.1	20112282.1	−412001.2	223204.3
八、信息传输、软件和信息技术服务业	19	45809.0	167974.2	36956.3	25625.4
其中：电信业	1	376.7	435.3	83462.1	21436.8
九、社会服务业	322	37775159.4	57249208.9	10596.2	21270.6
十、教育文化广播业	35	231374.8	507956.1	31707.7	27444.0
十一、科学研究和技术服务业	60	2297297.7	2927109.0	75467.4	43030.9
十二、金融业	10	137326.0	369463.9	223490.8	213194.4
十三、其他	22	117128.1	344677.0	−35865.1	4342.7

2023 年吉林省监管企业主要指标表

项　目	户　数（户）	年末国有资本总量（万元）	资产总额（万元）	人均利润（元/人）	人均税费（元/人）
合　并	1805	64492112.9	194223290.4	14234.6	37868.3
合　计	1805	104272438.2	265407488.6	38644.0	37874.2
一、农林牧渔业	106	1434009.8	4302713.8	−11169.8	1986.5
其中：农业	56	676782.7	1600710.0	−200662.2	19316.8
林业	22	736740.5	1763265.6	6604.5	998.1
畜牧业	7	−12133.8	620632.8	−412839.8	5582.3
渔业	3	4362.3	5183.7	−84453.5	0.0
二、工业	327	6818023.4	24212948.1	77089.1	44450.2
其中：煤炭工业	23	1285766.9	4970735.5	−34169.5	28568.7
石油和石化工业	6	26797.6	131724.6	1074.2	14666.2
冶金工业	2	−2930.0	7847.3	16016.0	35421.1
建材工业	15	111913.8	340710.4	106322.4	154717.4

续表

项　目	户　数 （户）	年末国有资本总量 （万元）	资产总额 （万元）	人均利润 （元/人）	人均税费 （元/人）
化学工业	26	501875.2	3230420.1	－65308.5	22666.8
森林工业	5	9790.0	58154.7	1894.6	4478.0
食品工业	12	20502.2	227895.6	－163954.0	3854.2
烟草工业					
纺织工业	1	1860.0	3669.9	－73688.5	0.0
医药工业	18	1394164.9	2378931.2	900410.7	155410.8
机械工业	71	1367796.3	5513944.9	107759.2	51600.5
电子工业	3	52627.1	125237.1	3384629.9	77232.1
电力工业	43	222466.8	1858249.9	－90350.9	44387.6
市政公用工业	95	1799721.7	5295906.4	－40625.1	24706.4
其他工业	7	25670.9	69520.4	－79156.7	14759.7
三、建筑业	184	8684110.8	26267209.0	－98760.4	51550.8
四、交通运输业	53	17132758.9	46915341.3	－80702.4	16418.8
其中：铁路运输业	2	－33815.1	57783.8	10487.3	21879.8
道路运输业	47	16982974.4	46582903.4	－81042.5	16166.4
水上运输业					
航空运输业					
五、仓储业	76	510265.9	2346316.3	－77527.5	16243.6
六、商贸业	182	2088636.7	10657865.0	179039.9	63733.2
七、房地产业	146	2428348.5	14855412.7	－72337.3	87400.2
八、信息传输、软件和信息技术服务业	41	314842.3	830118.6	100774.6	75552.9
其中：电信业					
九、社会服务业	464	58890431.6	119920006.9	139581.2	42625.2
十、教育文化广播业	25	35169.9	243312.0	－20568.2	4792.8
十一、科学研究和技术服务业	116	1558408.8	6019318.7	56409.7	35253.6
十二、金融业	64	4288433.5	8299712.1	46202.5	72070.8
十三、其他	21	88998.0	537214.1	－303542.1	23114.0

2023 年黑龙江省监管企业主要指标表

项　目	户　数（户）	年末国有资本总量（万元）	资产总额（万元）	人均利润（元/人）	人均税费（元/人）
合　并	2809	76992603.0	181668830.6	10488.6	30829.7
合　计	2809	107592074.4	235798876.7	17562.2	30826.8
一、农林牧渔业	315	3740146.3	7179952.9	5197.4	1488.2
其中：农业	102	297244.1	929264.2	20847.1	1370.2
林业	107	2359275.7	4555246.5	2841.8	1396.1
畜牧业	16	3179.7	19315.6	—5397.5	496.9
渔业	9	582521.6	657480.6	—33239.7	7674.6
二、工业	445	11180719.8	33378397.6	8575.9	40610.0
其中：煤炭工业	30	4636197.0	12953394.7	20489.0	41443.3
石油和石化工业	2	6676.9	34823.5	147460.9	113647.4
冶金工业					
建材工业	42	173943.9	646289.6	122492.3	74249.0
化学工业	31	59628.2	812381.0	—18252.2	274126.7
森林工业	13	—12077.5	126884.7	—29582.5	2769.6
食品工业	23	60632.2	230068.8	—114919.5	10148.8
烟草工业					
纺织工业	1	9167.8	11870.8	14881.4	53757.8
医药工业	8	789874.5	2257144.1	43814.8	64618.1
机械工业	78	57186.9	1397896.4	40835.3	32634.0
电子工业	9	49105.9	172714.3	3167.4	15272.9
电力工业	51	469841.8	2008092.1	1033.0	56952.5
市政公用工业	89	4669127.7	11998166.9	—57776.3	16718.1
其他工业	68	211414.4	728670.8	41778.6	40535.1
三、建筑业	310	11188742.5	32859876.3	75673.5	90705.2
四、交通运输业	154	14552183.6	35276012.0	—3796.3	11708.0
其中：铁路运输业	11	218986.1	526401.8	—10099.0	7495.4
道路运输业	104	13838910.7	33241824.4	9891.6	11769.9
水上运输业	24	92190.6	187910.5	21858.1	26661.6
航空运输业	6	389711.1	1213090.6	—66523.2	10787.2

续表

项　目	户　数（户）	年末国有资本总量（万元）	资产总额（万元）	人均利润（元/人）	人均税费（元/人）
五、仓储业	231	805026.5	2070697.1	−12895.4	17502.3
六、商贸业	296	298617.0	4547216.5	95748.0	87299.9
七、房地产业	217	17609703.3	38521701.3	86333.4	66963.5
八、信息传输、软件和信息技术服务业	51	179195.7	628283.1	77211.6	24519.5
其中：电信业	1	91.2	123.0	1005.1	1164.4
九、社会服务业	516	46151413.7	75327920.4	18300.7	45288.2
十、教育文化广播业	48	−2802.8	163715.1	−22690.2	9180.1
十一、科学研究和技术服务业	169	496895.8	1538674.7	64860.5	30396.9
十二、金融业	34	1337141.8	4132626.4	157841.7	45443.9
十三、其他	23	55091.3	173803.3	−17860.3	2283.1

2023 年上海市监管企业主要指标表

项　目	户　数（户）	年末国有资本总量（万元）	资产总额（万元）	人均利润（元/人）	人均税费（元/人）
合　并	14135	396620603.5	2894328332.3	171841.8	147031.0
合　计	14135	940359992.0	3869982827.6	252889.7	147731.1
一、农林牧渔业	184	2384003.4	5420626.8	13637.3	18607.8
其中：农业	78	802656.2	1464241.3	123209.0	40967.1
林业	14	381472.9	640132.3	−43228.9	22192.9
畜牧业	51	624265.6	1840532.2	−198249.8	2871.3
渔业	24	546728.6	1186341.2	267553.1	8754.9
二、工业	1785	88957790.0	246547475.4	106622.0	80843.9
其中：煤炭工业	4	65506.4	804701.4	1376082.3	0.0
石油和石化工业	4	284778.4	458048.8	2717333.7	1091100.4
冶金工业	7	−48624.1	306442.2	763373.2	2079.6
建材工业	181	1612900.1	8847814.5	137869.7	165461.9

续表

项　目	户　数（户）	年末国有资本总量（万元）	资产总额（万元）	人均利润（元/人）	人均税费（元/人）
化学工业	102	4775586.4	9338985.3	203807.6	94647.2
森林工业	1	2619.8	14795.6	54249.9	88705.7
食品工业	128	2872142.2	7141103.6	126101.0	43459.0
烟草工业	3	70363.9	335156.0	768678.6	0.0
纺织工业	21	133701.9	418508.4	101068.8	46058.9
医药工业	90	6162241.5	12794907.3	225625.6	110691.4
机械工业	582	41667766.1	127869198.5	113825.7	78252.7
电子工业	32	8173256.1	19063174.2	—427957.3	69800.0
电力工业	236	5170371.4	19121699.8	410637.1	378450.2
市政公用工业	236	16091693.7	34861986.7	135288.1	112672.1
其他工业	158	1923486.2	5170953.0	93100.3	43816.0
三、建筑业	910	30659405.3	149040472.9	45308.6	42610.7
四、交通运输业	473	100587324.2	146926759.1	109753.9	41471.3
其中：铁路运输业	2	26019.3	79993.8	781804.9	394581.3
道路运输业	278	75985741.1	99259551.7	—46435.7	17384.1
水上运输业	72	10638939.7	20997575.0	1098901.2	169240.0
航空运输业	14	9999875.7	17650202.7	122536.2	87365.1
五、仓储业	161	2081308.4	4863594.8	324330.9	107252.1
六、商贸业	2066	22488767.0	97685153.4	181924.9	171567.5
七、房地产业	3830	200729720.1	694503094.4	463095.3	665748.7
八、信息传输、软件和信息技术服务业	205	2826441.5	7395297.8	—142488.0	50153.3
其中：电信业	3	7866.8	26923.8	502970.9	357212.8
九、社会服务业	3381	332086453.1	586312641.7	511975.7	114708.9
十、教育文化广播业	132	304575.5	831056.0	—530630.6	31595.1
十一、科学研究和技术服务业	561	9857183.2	22705133.7	113240.5	45038.6
十二、金融业	298	144089391.6	1899805997.7	724180.3	321903.1
十三、其他	149	3307628.8	7945524.0	28096.0	46228.4

2023 年江苏省监管企业主要指标表

项　目	户　数（户）	年末国有资本总量（万元）	资产总额（万元）	人均利润（元/人）	人均税费（元/人）
合　并	10490	644633483.2	2191484637.9	158269.7	121813.3
合　计	10490	1010018890.3	2892356724.5	201951.4	121470.4
一、农林牧渔业	357	11029565.6	30512235.3	67296.7	22388.6
其中：农业	199	8218397.1	21557479.8	66945.5	20884.9
林业	42	614653.7	2501584.2	－13334.8	41669.5
畜牧业	19	123069.8	361109.0	－79543.4	1734.8
渔业	35	647016.5	1707735.9	90955.8	14092.3
二、工业	1236	51045149.8	153708992.2	192441.0	141305.6
其中：煤炭工业	17	4049175.7	7407824.9	317348.5	144230.2
石油和石化工业	4	－54146.9	307084.9	－158578.5	20376.9
冶金工业	25	121688.6	1269765.6	26537.0	41879.3
建材工业	49	637689.6	2636166.9	70448.1	103475.7
化学工业	52	2334105.8	5085013.2	－55745.3	47948.8
森林工业	2	173397.6	801694.0	－679239.0	46883.6
食品工业	71	765767.1	2697276.0	64045.9	122558.0
烟草工业	1	412.8	610.7	13428.4	27204.3
纺织工业	44	1215216.8	2591783.9	43815.5	19017.1
医药工业	17	504481.4	1724259.2	120163.2	101717.1
机械工业	215	13814862.8	42188850.6	141197.2	57251.8
电子工业	27	751320.7	2635941.6	－8627.6	36200.4
电力工业	242	6056031.4	18824490.2	326882.3	186701.8
市政公用工业	320	14093250.3	46718833.3	90684.2	77906.0
其他工业	150	6581896.2	18819397.4	441786.0	362004.6
三、建筑业	1072	119377026.7	425787025.9	88558.0	159195.4
四、交通运输业	593	119521165.1	265405959.8	91763.8	35657.9
其中：铁路运输业	28	29654709.8	48340183.6	1252034.1	223444.1
道路运输业	307	77070279.0	187143406.4	97779.1	35220.0
水上运输业	122	3495720.9	7919598.2	220922.1	69500.7
航空运输业	46	3668047.9	6735926.0	－100077.9	9209.0

续表

项　目	户　数（户）	年末国有资本总量（万元）	资产总额（万元）	人均利润（元/人）	人均税费（元/人）
五、仓储业	207	9887331.0	20682374.4	117305.3	50370.6
六、商贸业	1001	10592258.4	66859722.6	184831.4	182349.6
七、房地产业	1458	133699290.7	472231790.5	166844.0	371683.7
八、信息传输、软件和信息技术服务业	196	1088303.2	3948572.6	26724.2	48334.5
其中：电信业					
九、社会服务业	3162	489086256.1	1185762664.1	262089.0	92161.9
十、教育文化广播业	178	4194342.0	14326573.4	—59533.3	24828.7
十一、科学研究和技术服务业	455	8500921.1	22263237.4	100055.1	48501.0
十二、金融业	399	45199371.5	211609341.5	1133995.6	357052.1
十三、其他	176	6797909.2	19258234.9	1293.8	17790.1

2023 年浙江省监管企业主要指标表

项　目	户　数（户）	年末国有资本总量（万元）	资产总额（万元）	人均利润（元/人）	人均税费（元/人）
合　并	17201	632882925.8	2241766236.3	92020.8	83584.7
合　计	17201	1217595520.1	3271546192.6	140042.7	83492.7
一、农林牧渔业	429	9939644.0	26938243.6	—37869.1	35683.7
其中：农业	215	4897165.9	14016979.9	2420.5	22696.8
林业	54	1208771.0	3482578.5	—273362.6	93941.7
畜牧业	22	74752.6	292126.6	—76227.5	11109.5
渔业	20	560112.9	1468957.9	—74482.3	9577.4
二、工业	1922	71795773.8	173597009.9	189773.3	89694.7
其中：煤炭工业	2	268158.5	294461.3	258468.4	16090.0
石油和石化工业					
冶金工业	32	3210399.8	5570676.4	70146.2	40724.3
建材工业	182	5414208.2	12800517.6	218359.2	199563.7

续表

项　目	户　数 （户）	年末国有资本总量 （万元）	资产总额 （万元）	人均利润 （元/人）	人均税费 （元/人）
化学工业	140	5232409.3	11810752.7	239921.1	100116.0
森林工业	5	161095.4	631235.4	－331152.6	63255.4
食品工业	92	460276.5	1451077.2	31577.2	36192.2
烟草工业					
纺织工业	6	57429.9	168644.0	12489.9	20072.1
医药工业	49	2395838.8	6110577.1	87376.4	77873.4
机械工业	227	6410512.8	22557075.1	202563.5	70159.7
电子工业	24	919473.6	2358768.0	－526452.8	56780.5
电力工业	436	20121874.9	40909643.8	602313.3	181575.2
市政公用工业	556	22995242.8	60192782.4	108921.9	77410.4
其他工业	171	4148853.4	8740798.9	51686.0	52681.4
三、建筑业	1002	70443989.5	220472793.9	120231.7	135824.7
四、交通运输业	848	104562225.6	242912049.8	51613.2	34247.7
其中：铁路运输业	31	14235120.3	24375021.1	－493005.8	24844.0
道路运输业	537	72088716.3	186312565.1	44782.5	30398.9
水上运输业	197	14841038.3	22355241.8	320560.0	62365.7
航空运输业	35	2721358.1	8498671.7	－171903.2	23318.5
五、仓储业	215	3365832.6	11142789.6	－53515.2	52989.9
六、商贸业	1944	22903833.5	92631977.5	394050.1	234960.4
七、房地产业	2051	162817852.2	522696332.9	138095.1	264442.6
八、信息传输、软件和信息技术服务业	385	3352357.7	7936601.6	79328.4	37329.4
其中：电信业					
九、社会服务业	6590	722610211.1	1652775867.4	97573.7	38019.1
十、教育文化广播业	493	7756212.5	15821731.8	－12188.4	15830.6
十一、科学研究和技术服务业	891	12426127.3	28180571.8	72422.1	48756.1
十二、金融业	169	20976242.6	265375328.6	916171.0	394404.4
十三、其他	262	4645217.7	11064894.1	－100829.3	14961.5

2023 年宁波市监管企业主要指标表

项　目	户　数（户）	年末国有资本总量（万元）	资产总额（万元）	人均利润（元/人）	人均税费（元/人）
合　并	1913	98395745.7	307342905.9	38427.6	67708.3
合　计	1913	157817148.9	403555145.1	88174.7	67725.1
一、农林牧渔业	46	2523525.1	4955953.8	－324650.9	38170.3
其中：农业	19	780434.3	1719872.8	－68119.4	38444.1
林业	2	－17043.7	111028.3	－9612008.6	158344.9
畜牧业	1	793.0	24055.9	0.0	0.0
渔业	3	167168.5	402788.7	－891453.2	53680.7
二、工业	156	5530683.1	15002754.4	98878.5	74436.6
其中：煤炭工业					
石油和石化工业					
冶金工业					
建材工业	29	501950.4	1326785.2	169753.7	189274.6
化学工业	3	27951.0	594397.1	31039.7	62325.5
森林工业					
食品工业	6	18274.6	303139.7	－7430.4	12718.6
烟草工业					
纺织工业	1	2860.9	9241.2	63464.1	13652.3
医药工业	1	72397.2	103177.4	－3606989.6	521530.1
机械工业	11	113225.2	963334.2	48194.6	28120.0
电子工业	2	5117.6	5243.6	15883.0	238425.2
电力工业	19	193593.5	600945.2	19109.2	82717.2
市政公用工业	67	4100057.5	10153642.4	207323.3	100547.3
其他工业	17	495255.1	942848.4	－32208.4	22030.7
三、建筑业	139	9538898.8	32945842.5	94370.0	102838.5
四、交通运输业	52	8684912.4	25289052.8	50420.7	32800.9
其中：铁路运输业	1	24145.9	91246.8	－61883.4	1608.1
道路运输业	40	8608200.1	24566967.3	52994.4	32871.9
水上运输业	8	28191.0	170691.2	－35532.7	25759.2
航空运输业	1	－4734.7	379139.1	－4061032.8	0.0

续表

项　目	户　数（户）	年末国有资本总量（万元）	资产总额（万元）	人均利润（元/人）	人均税费（元/人）
五、仓储业	17	241284.3	792688.6	15627.6	31971.2
六、商贸业	168	2069168.9	8996309.7	200441.8	153990.3
七、房地产业	310	24289915.7	89407905.1	122934.6	390134.0
八、信息传输、软件和信息技术服务业	41	419110.0	978986.4	37825.7	25859.0
其中：电信业					
九、社会服务业	740	100112959.3	215897105.0	102633.7	31723.8
十、教育文化广播业	101	1214599.7	2515904.9	−47932.9	25113.2
十一、科学研究和技术服务业	98	1389823.1	3496814.4	128380.3	53507.0
十二、金融业	20	1355710.6	1899899.2	1933166.9	285512.1
十三、其他	25	446557.7	1375928.3	−510645.8	11295.1

2023 年安徽省监管企业主要指标表

项　目	户　数（户）	年末国有资本总量（万元）	资产总额（万元）	人均利润（元/人）	人均税费（元/人）
合　并	5715	317444434.3	920233556.7	142671.3	113068.8
合　计	5715	521769224.3	1221217286.1	213305.4	115423.9
一、农林牧渔业	185	7262575.6	14798716.7	6361.4	2899.6
其中：农业	108	4321342.8	8291394.6	7669.9	2539.9
林业	31	967121.6	1705962.7	198290.7	21652.5
畜牧业	7	17044.3	46306.0	−146283.6	587.3
渔业	10	839866.9	1061543.3	181252.3	24786.4
二、工业	1029	62271543.9	165766509.7	248217.6	125414.2
其中：煤炭工业	40	14956435.7	39606388.0	219906.4	140337.7
石油和石化工业	4	55870.0	90631.0	−99826.4	67538.5
冶金工业	33	3136587.5	12651692.9	453697.0	275756.4
建材工业	268	15544880.0	39872147.5	557459.9	185823.2

续表

项　目	户　数 （户）	年末国有资本总量 （万元）	资产总额 （万元）	人均利润 （元/人）	人均税费 （元/人）
化学工业	69	2021436.6	5401828.8	13276.5	57289.6
森林工业	2	4387.4	15681.0	—1046189.4	1030.9
食品工业	24	22095.6	193920.8	—20500.7	23613.5
烟草工业					
纺织工业	8	228952.4	762886.4	30989.2	18556.2
医药工业	2	—561.9	1534.7	—154040.7	9144.5
机械工业	97	6277815.2	23198279.0	254593.0	83453.1
电子工业	13	3151442.5	9708060.9	40851.7	19745.9
电力工业	259	9953226.9	19702704.3	534073.9	208311.6
市政公用工业	133	3823173.9	8817093.1	2497.5	42753.0
其他工业	77	3095802.0	5743661.3	103179.5	120403.4
三、建筑业	676	33232705.2	104421468.1	29501.1	100476.5
四、交通运输业	300	39420860.0	86089000.4	140071.1	65605.2
其中：铁路运输业	13	523475.4	1186369.7	54173.7	39065.8
道路运输业	192	31757403.1	74767996.0	148826.3	70758.5
水上运输业	69	4894080.0	6786253.6	61767.1	40854.9
航空运输业	17	1554116.8	2120179.5	435.8	16898.6
五、仓储业	152	849722.7	2307946.3	11816.3	28459.0
六、商贸业	532	5791589.5	20864631.0	264034.4	251468.4
七、房地产业	616	33940879.8	101578113.9	150585.8	263379.1
八、信息传输、软件和信息技术服务业	57	354812.6	1132574.7	23463.0	117376.7
其中：电信业					
九、社会服务业	1415	300746777.9	623569606.3	327747.0	95691.7
十、教育文化广播业	77	981556.3	1954208.0	—41183.5	5603.7
十一、科学研究和技术服务业	323	3999564.6	9303366.7	123004.0	45815.6
十二、金融业	312	24678592.7	74417284.4	759430.3	240999.4
十三、其他	41	8238043.6	15013859.7	304439.2	42026.8

2023 年福建省监管企业主要指标表

项　目	户　数 （户）	年末国有资本总量 （万元）	资产总额 （万元）	人均利润 （元/人）	人均税费 （元/人）
合　并	8535	150146282.2	703813122.5	92394.6	180649.2
合　计	8535	405507917.0	1126248537.4	141046.5	181553.7
一、农林牧渔业	127	1330931.2	2488457.9	−24922.3	33767.1
其中：农业	40	490971.2	718617.9	−77287.8	23892.0
林业	21	87915.9	231244.5	−19315.9	59560.5
畜牧业	13	30573.3	119579.1	62379.9	1813.6
渔业	8	14133.8	40182.7	240449.6	282380.9
二、工业	920	37078485.6	96607489.7	−15384.4	82721.7
其中：煤炭工业	18	932383.5	1462428.7	−21405.6	48041.2
石油和石化工业					
冶金工业	77	7140996.1	20196000.1	25362.7	128195.7
建材工业	84	1164535.4	3417840.9	−98347.7	114194.5
化学工业	48	4591699.6	13396214.1	−218807.7	161400.6
森林工业	11	167538.6	308628.0	−103281.8	89263.6
食品工业	51	1167721.4	2878682.6	−36724.4	72698.5
烟草工业					
纺织工业	8	97437.2	160966.6	−16652.4	20231.7
医药工业	20	896851.0	1785559.4	993557.6	353481.2
机械工业	130	2251734.5	6865859.6	−13658.2	25754.7
电子工业	91	5036256.2	17394736.4	−337641.6	31034.9
电力工业	107	5074448.0	10288710.7	1889957.7	294055.3
市政公用工业	185	6715993.9	13932545.2	63835.5	51593.0
其他工业	90	1840890.2	4519317.4	62285.4	40435.8
三、建筑业	496	43760014.1	103261640.2	102094.8	75219.3
四、交通运输业	566	51630877.4	115078394.8	82641.6	18399.4
其中：铁路运输业	14	1064030.7	2116254.7	−134139.6	51180.8
道路运输业	324	43981124.2	99501511.8	56660.7	5626.4
水上运输业	121	4630000.1	9517347.2	278593.5	53272.7
航空运输业	19	1407179.1	2506671.9	98266.1	33913.8

续表

项　目	户　数（户）	年末国有资本总量（万元）	资产总额（万元）	人均利润（元/人）	人均税费（元/人）
五、仓储业	172	5837893.8	11791378.3	188985.6	53675.5
六、商贸业	1556	17172913.4	85135147.5	269278.7	1002543.6
七、房地产业	1845	110682245.3	317416044.3	457899.9	497377.4
八、信息传输、软件和信息技术服务业	264	2070399.5	4941153.0	－18814.4	40155.3
其中：电信业					
九、社会服务业	1854	119996115.1	252608758.5	292118.1	106262.8
十、教育文化广播业	134	427316.5	998838.4	－8576.2	10206.4
十一、科学研究和技术服务业	375	4094805.2	7993921.6	44138.7	42016.4
十二、金融业	167	10774849.7	126311200.7	199777.7	256248.4
十三、其他	59	651070.2	1616112.6	－6736.1	4221.6

2023年厦门市监管企业主要指标表

项　目	户　数（户）	年末国有资本总量（万元）	资产总额（万元）	人均利润（元/人）	人均税费（元/人）
合　并	3807	38582181.6	239733197.6	152149.6	381981.8
合　计	3807	135531319.9	439405612.1	216528.5	385127.6
一、农林牧渔业	34	102449.4	315123.0	5852.1	18308.5
其中：农业	8	27947.0	53824.3	－223038.6	26069.5
林业	4	10215.4	32741.4	－558652.6	9.2
畜牧业	7	25404.6	108253.1	78897.5	1595.7
渔业	3	11044.3	34657.0	2392628.5	1045203.6
二、工业	193	5282818.2	16501864.1	－65943.3	127382.9
其中：煤炭工业					
石油和石化工业					
冶金工业	19	1209420.4	6571074.8	－132320.0	229835.6
建材工业	24	335157.2	1463703.3	－75803.4	125385.2

续表

项　目	户　数 （户）	年末国有资本总量 （万元）	资产总额 （万元）	人均利润 （元/人）	人均税费 （元/人）
化学工业	12	372416.1	835745.0	-52815.0	9738.0
森林工业	2	617.3	4558.7	0.0	0.0
食品工业	23	591019.2	2012255.0	-48856.3	80257.6
烟草工业					
纺织工业	6	9632.4	46226.9	131695.9	36124.2
医药工业	3	50456.3	161902.5	-72394.4	11390.1
机械工业	42	438055.2	953305.6	-11559.5	34320.9
电子工业	6	94317.8	223663.5	-765536.2	24763.8
电力工业	13	66093.4	136624.6	-82462.6	5968.1
市政公用工业	21	2079465.8	3550755.0	145616.8	63273.5
其他工业	22	36167.0	542048.9	176275.8	81231.8
三、建筑业	90	3955871.0	11534346.8	70694.0	70572.1
四、交通运输业	165	9827921.5	22395242.6	52328.1	20978.6
其中：铁路运输业	11	314481.2	1279512.2	-146710.9	49937.5
道路运输业	41	7710696.3	17505946.9	17450.1	-4911.2
水上运输业	52	315354.1	856533.3	201353.0	17657.9
航空运输业	12	1145732.1	1918156.6	144865.5	40488.4
五、仓储业	54	311547.6	728057.5	124711.4	69292.8
六、商贸业	955	11438450.4	66013469.1	329609.9	1270130.3
七、房地产业	1288	67087569.7	218024984.3	508262.5	568757.0
八、信息传输、软件和信息技术服务业	81	522302.3	1654928.9	49467.8	52136.4
其中：电信业					
九、社会服务业	711	33570720.0	92949913.2	270986.5	197171.7
十、教育文化广播业	45	203147.1	415306.4	-5658.0	11738.5
十一、科学研究和技术服务业	100	615910.8	2325270.7	33335.1	55223.8
十二、金融业	71	2564023.8	6344168.6	1448353.8	294071.1
十三、其他	20	48588.3	202936.8	-45554.8	10883.9

2023 年江西省监管企业主要指标表

项　目	户　数（户）	年末国有资本总量（万元）	资产总额（万元）	人均利润（元/人）	人均税费（元/人）
合　并	5867	277359936.6	796992242.6	75025.4	85635.3
合　计	5867	414022623.5	1033197563.5	103137.1	86071.7
一、农林牧渔业	330	14595054.5	24794575.4	56001.2	28754.1
其中：农业	239	10841006.7	18504555.4	68163.7	36725.2
林业	50	3572738.1	4749092.4	40528.7	11840.9
畜牧业	6	—1243.5	16134.1	—81104.1	0.0
渔业	15	68116.0	286834.0	2399.4	3969.2
二、工业	907	28924269.3	80929857.0	158789.8	117266.5
其中：煤炭工业	28	2282131.5	6473206.0	18509.5	15135.1
石油和石化工业	1	0.0	0.0	0.0	0.0
冶金工业	110	9479415.0	29374642.1	270744.4	232149.9
建材工业	135	4188440.5	7954312.8	195794.0	176648.1
化学工业	47	753503.4	2379492.4	—7689.9	57343.5
森林工业	2	25429.1	176912.5	—188531.6	51000.0
食品工业	17	344924.1	743984.8	—126375.9	10635.7
烟草工业					
纺织工业	7	313292.4	444374.0	16107.7	43453.4
医药工业	6	20510.3	110284.1	—11631.9	39794.1
机械工业	79	1721896.5	5350309.9	—23405.6	48045.3
电子工业	13	117940.4	393996.6	157130.4	34030.6
电力工业	138	1939283.5	6607814.2	540296.8	134930.1
市政公用工业	198	6159917.0	15901603.3	211283.8	54996.4
其他工业	126	1577585.5	5018924.3	151197.2	93004.7
三、建筑业	792	94313738.2	245254105.7	41711.8	42609.0
四、交通运输业	261	31478294.3	77985085.7	79021.0	50110.6
其中：铁路运输业	8	2281231.8	4718686.6	—1101636.0	54204.9
道路运输业	212	25823284.1	67125195.7	80769.0	49997.3
水上运输业	26	1911921.5	3547748.7	120402.7	45731.0
航空运输业	9	257431.7	996800.3	292299.3	107803.8

续表

项　目	户　数（户）	年末国有资本总量（万元）	资产总额（万元）	人均利润（元/人）	人均税费（元/人）
五、仓储业	119	638374.2	2438755.2	13619.3	14620.6
六、商贸业	501	4748491.6	23359757.6	177430.6	154612.6
七、房地产业	594	62871664.7	162395565.3	108051.1	203535.7
八、信息传输、软件和信息技术服务业	173	1911969.7	3253821.0	157715.0	50047.8
其中：电信业	2	112.5	6829.0	−3429.0	0.0
九、社会服务业	1481	145371045.7	298205268.0	49756.8	69701.6
十、教育文化广播业	215	4822358.3	12428565.3	254398.2	62060.9
十一、科学研究和技术服务业	268	9177757.2	15665332.4	105605.7	41406.0
十二、金融业	154	13473287.2	82147413.1	466093.9	362906.4
十三、其他	72	1696318.5	4339461.8	−69003.9	15762.0

2023 年山东省监管企业主要指标表

项　目	户　数（户）	年末国有资本总量（万元）	资产总额（万元）	人均利润（元/人）	人均税费（元/人）
合　并	18790	454873056.1	1792111200.0	83244.2	115433.3
合　计	18790	871325818.2	2612908333.8	167047.4	115754.3
一、农林牧渔业	507	5346157.0	17085238.8	−140134.6	25087.8
其中：农业	313	4440724.2	12989475.7	−59906.4	27243.0
林业	17	57040.9	334988.9	−64037.7	7127.8
畜牧业	19	29647.9	293530.8	−528117.1	848.1
渔业	57	316539.4	906731.9	−109264.3	10976.1
二、工业	3165	120052939.9	455796924.4	224426.9	121946.3
其中：煤炭工业	204	36822407.7	121456023.1	425588.7	252903.7
石油和石化工业	21	1519430.3	3124675.9	33002.5	46558.1
冶金工业	209	10358264.5	69739633.7	237913.3	96539.3
建材工业	240	2047107.4	8418398.1	99956.3	131564.6

续表

项　目	户　数 （户）	年末国有资本总量 （万元）	资产总额 （万元）	人均利润 （元/人）	人均税费 （元/人）
化学工业	223	16731005.7	58739292.9	363004.2	112373.5
森林工业	10	71678.6	167360.7	—153758.6	52327.2
食品工业	91	747898.7	2500388.0	67502.2	52260.7
烟草工业	1	—0.3	0.0	0.0	0.0
纺织工业	24	296929.6	892922.6	9780.8	14457.2
医药工业	52	1118565.5	4042479.7	140327.0	65389.6
机械工业	516	17296893.0	76775642.1	126894.2	49499.4
电子工业	135	1937837.8	10770965.9	148780.1	44664.1
电力工业	410	6618829.7	21525726.3	95158.1	93674.3
市政公用工业	692	18358569.2	59267220.5	—32494.9	54874.0
其他工业	337	6127522.4	18376194.8	187662.6	180021.3
三、建筑业	2156	101263439.1	344676714.8	97967.4	113664.3
四、交通运输业	838	93775143.5	252520104.8	90178.9	40610.4
其中：铁路运输业	33	12220187.4	23041274.0	—73943.7	61988.7
道路运输业	503	54368662.2	171255777.1	59837.2	29160.0
水上运输业	144	14825519.0	31187412.5	332914.9	71275.7
航空运输业	49	7174870.3	13590716.6	—372615.4	21017.4
五、仓储业	290	4643167.1	11013613.6	252432.5	109060.9
六、商贸业	1687	15809066.8	94433802.8	171761.5	276481.5
七、房地产业	2102	108085469.4	374379823.5	71343.7	296331.4
八、信息传输、软件和信息技术服务业	864	5566808.6	17717407.8	148526.4	55304.9
其中：电信业	2	189.3	790.4	137677.0	74366.5
九、社会服务业	4775	367685447.3	841995727.5	88304.3	82722.4
十、教育文化广播业	413	3143132.9	7560705.2	3796.8	11317.7
十一、科学研究和技术服务业	1243	10180782.5	28636239.1	114839.0	43106.4
十二、金融业	536	31272199.0	156970807.2	743487.1	325581.8
十三、其他	214	4502065.0	10121224.4	—7702.9	9143.0

2023年青岛市监管企业主要指标表

项　目	户　数（户）	年末国有资本总量（万元）	资产总额（万元）	人均利润（元/人）	人均税费（元/人）
合　并	3804	94287046.3	351099935.0	20469.8	103020.3
合　计	3804	193432465.0	533370015.2	75176.5	102523.9
一、农林牧渔业	68	1047945.2	4677219.2	—635476.2	22624.7
其中：农业	46	878452.0	3861455.7	—558221.0	33380.2
林业	2	1234.7	25177.7	—61812.2	12266.5
畜牧业	2	2393.5	9967.6	—22530.3	679.7
渔业	12	133659.7	360023.6	—879498.6	15375.8
二、工业	586	13517693.9	44231610.8	84922.7	109731.1
其中：煤炭工业	2	840.4	1489.6	—422037.9	19625.9
石油和石化工业	5	461617.2	864415.6	—11935.0	18172.0
冶金工业	7	11112.8	94782.0	—308841.3	165799.5
建材工业	23	104678.4	632836.5	365902.3	201357.2
化学工业	60	4346361.0	12715549.4	96926.8	58880.6
森林工业	2	5355.9	55379.6	149029.4	142487.0
食品工业	15	113437.7	541277.0	21928.5	36957.6
烟草工业	1	—0.3	0.0	0.0	0.0
纺织工业					
医药工业	2	3390.2	26137.6	—35943.5	4637.5
机械工业	88	868604.9	5417187.4	49978.6	47317.7
电子工业	18	83227.3	238814.0	—12260.1	118977.2
电力工业	101	1064913.6	3277471.4	1085327.1	1126554.1
市政公用工业	128	2935504.7	11704921.9	—141656.1	34421.0
其他工业	134	3518650.0	8661348.7	184596.3	196962.6
三、建筑业	351	20251513.5	67641234.6	—75886.7	124632.5
四、交通运输业	134	15495383.0	42786073.7	—72087.1	8497.0
其中：铁路运输业	2	3451.7	107368.3	—2233238.5	9757.4
道路运输业	103	13969457.6	36010684.7	12444.4	4527.2
水上运输业	9	—4318.5	50466.0	3882.2	21226.5
航空运输业	15	1511238.3	6469980.5	—593408.4	23148.6

续表

项　目	户　数（户）	年末国有资本总量（万元）	资产总额（万元）	人均利润（元/人）	人均税费（元/人）
五、仓储业	31	311654.8	663913.6	76183.0	126326.5
六、商贸业	335	2075301.5	16840659.4	102873.0	196002.3
七、房地产业	653	36642610.8	113363094.6	369058.3	540089.6
八、信息传输、软件和信息技术服务业	86	588939.4	1659530.3	632036.9	175918.6
其中：电信业					
九、社会服务业	1159	95284670.4	217606422.3	176698.1	82777.5
十、教育文化广播业	90	1032521.5	2125265.8	－57484.4	16574.3
十一、科学研究和技术服务业	188	1425708.5	4348657.3	－12254.7	42967.6
十二、金融业	90	5134798.0	15640251.4	1894653.5	640912.1
十三、其他	33	623724.5	1786082.1	－186924.2	43255.0

2023 年河南省监管企业主要指标表

项　目	户　数（户）	年末国有资本总量（万元）	资产总额（万元）	人均利润（元/人）	人均税费（元/人）
合　并	2769	74863360.3	302451998.8	76371.5	72835.0
合　计	2769	179747544.7	479451128.2	110395.6	69467.2
一、农林牧渔业	69	1667443.5	2542451.5	1439.5	3143.5
其中：农业	45	1423741.4	1962541.9	21096.0	2741.1
林业	3	140094.0	430384.0	－139751.6	35.1
畜牧业	12	31173.4	61528.6	－27577.9	5199.9
渔业					
二、工业	720	33548347.0	125667376.4	60294.8	74893.7
其中：煤炭工业	235	17553809.2	80621214.2	78749.9	76855.7
石油和石化工业	2	26589.0	741569.8	－806734.9	1454719.8
冶金工业	48	3998069.5	10863555.5	－21298.2	85997.8
建材工业	50	1484111.0	3073718.9	37364.3	81729.9

续表

项　目	户　数 (户)	年末国有资本总量 (万元)	资产总额 (万元)	人均利润 (元/人)	人均税费 (元/人)
化学工业	60	3271003.6	9595202.1	2431.3	52308.3
森林工业	2	3661.7	4707.1	18620.6	19981.4
食品工业	15	37730.6	144544.5	261812.4	14398.1
烟草工业					
纺织工业	1	111442.2	265993.1	586.7	37106.5
医药工业	3	9974.5	13977.1	36260.3	179310.8
机械工业	65	2048016.8	5162605.5	10922.9	37452.8
电子工业	8	297004.8	641500.5	62387.6	84242.8
电力工业	101	686548.9	3911138.8	-27943.4	74195.6
市政公用工业	81	3967851.1	9800384.3	132631.9	60461.2
其他工业	49	52534.3	827265.1	44685.2	108559.2
三、建筑业	229	12910183.2	37883561.4	-1886.9	73176.8
四、交通运输业	119	38989886.6	114154086.5	45869.8	48196.5
其中:铁路运输业	16	4669642.0	8184063.6	-995713.5	39431.5
道路运输业	60	30722205.4	97972000.4	89092.1	50558.4
水上运输业	8	18872.5	24814.8	-92890.2	740.7
航空运输业	12	3258173.0	7224837.6	-38824.5	29936.3
五、仓储业	39	203378.4	757948.5	28710.4	20590.8
六、商贸业	240	2505365.8	8583806.7	200802.0	143066.4
七、房地产业	275	10914000.4	28495622.5	147794.8	140772.1
八、信息传输、软件和信息技术服务业	78	901224.5	1710757.4	23579.6	35054.3
其中:电信业	1	104.0	104.5	-99446.4	0.0
九、社会服务业	616	70223410.1	144291497.6	641241.9	58946.7
十、教育文化广播业	56	1020184.5	2236358.4	20298.3	67694.7
十一、科学研究和技术服务业	235	2543979.9	4694227.3	59577.7	23829.9
十二、金融业	51	3975966.3	7436608.6	4033889.0	1097776.9
十三、其他	42	344174.5	996825.3	-33249.5	5728.9

2023 年湖北省监管企业主要指标表

项目	户数(户)	年末国有资本总量(万元)	资产总额(万元)	人均利润(元/人)	人均税费(元/人)
合并	6545	298739737.0	949340703.9	124333.5	113697.2
合计	6545	505768107.9	1325108036.4	169256.1	111708.5
一、农林牧渔业	249	8957237.5	15301887.2	35879.8	32976.9
其中:农业	109	5789643.1	9143283.8	67399.9	23885.1
林业	28	152264.3	505651.2	117949.0	120859.0
畜牧业	32	179390.8	716090.8	-138343.1	18582.6
渔业	33	902942.5	1162896.1	-7338.6	4848.7
二、工业	714	20466968.2	54390108.1	206743.5	87226.4
其中:煤炭工业	20	452084.8	1296313.8	3499529.7	1539291.6
石油和石化工业	3	44014.6	166971.7	173568.8	100022.0
冶金工业	8	-91495.9	484423.1	-9070.7	32064.6
建材工业	76	2369992.0	4919467.0	364746.4	290514.8
化学工业	95	6063390.4	16347525.7	377684.6	106166.3
森林工业	3	157425.5	421132.5	417551.2	59150.9
食品工业	70	1076977.4	3744456.2	133282.4	44570.0
烟草工业	1	2199.9	5168.2	6932.8	57562.7
纺织工业	21	200367.0	794594.8	36173.3	50009.4
医药工业	9	55734.7	385012.2	-63980.9	29157.6
机械工业	56	571648.5	1741500.2	80952.9	34058.8
电子工业	39	1239037.9	2466534.3	122294.4	66047.1
电力工业	59	1660399.2	3597282.4	208755.3	106716.3
市政公用工业	142	4393614.4	13174443.3	-39688.9	23680.7
其他工业	112	2271578.0	4845282.7	133354.2	92383.1
三、建筑业	831	84246495.9	227272879.4	242055.7	162896.9
四、交通运输业	342	31619618.8	86190360.4	-12759.3	22390.8
其中:铁路运输业	21	6085018.6	14334824.3	-623057.0	32767.7
道路运输业	224	21844227.2	64240460.2	18974.7	21435.9
水上运输业	47	453679.7	1234966.9	14002.8	26380.0
航空运输业	18	2473118.9	4169345.3	-191930.7	25813.3

续表

项　目	户　数（户）	年末国有资本总量（万元）	资产总额（万元）	人均利润（元/人）	人均税费（元/人）
五、仓储业	207	2138034.8	6659959.3	26608.0	37540.7
六、商贸业	386	4639628.9	18545023.6	53546.0	57129.1
七、房地产业	1186	60702611.5	210967847.6	342248.1	467868.8
八、信息传输、软件和信息技术服务业	128	777322.7	1945752.9	83426.8	50708.0
其中：电信业					
九、社会服务业	1670	259270662.6	582184037.3	351255.0	144722.1
十、教育文化广播业	137	998325.2	2950922.2	480884.7	16575.2
十一、科学研究和技术服务业	341	4152153.1	10211057.3	76002.5	44046.9
十二、金融业	248	24965495.2	101110281.2	301207.5	281137.7
十三、其他	106	2833553.3	7377920.1	103405.0	27660.6

2023 年湖南省监管企业主要指标表

项　目	户　数（户）	年末国有资本总量（万元）	资产总额（万元）	人均利润（元/人）	人均税费（元/人）
合　并	3376	257811764.9	701820836.0	111964.5	104517.1
合　计	3376	392201088.0	948231304.4	156511.3	108456.5
一、农林牧渔业	119	4156924.0	8963808.1	－218195.4	33384.9
其中：农业	58	1607710.1	3659479.9	－532170.9	159873.9
林业	6	15562.3	59022.8	－5085.3	1288.2
畜牧业	33	394728.0	1721143.7	－162161.9	4160.5
渔业	6	10877.5	34829.8	－67587.2	2071.0
二、工业	590	30266409.7	81500410.9	171861.3	101933.4
其中：煤炭工业	20	922842.0	1835196.4	58543.6	39398.4
石油和石化工业	2	81723.8	538623.2	81485.2	154567.1
冶金工业	68	13366322.7	25214376.9	415609.7	168436.7
建材工业	31	246761.5	954163.0	－24778.1	89971.3

续表

项 目	户 数（户）	年末国有资本总量（万元）	资产总额（万元）	人均利润（元/人）	人均税费（元/人）
化学工业	23	1316101.7	2286752.1	501179.7	80330.5
森林工业	1	—217.2	8982.9	—37726.3	24690.7
食品工业	35	150945.6	419450.3	—10618.6	31191.0
烟草工业					
纺织工业	8	14206.3	150212.9	—127265.7	24451.1
医药工业	11	330975.0	721126.5	—54104.2	96598.1
机械工业	99	7490079.2	31829096.7	105175.4	109158.0
电子工业	21	271771.0	562028.9	—74457.7	64256.8
电力工业	98	1860498.6	5721126.8	158881.8	105212.1
市政公用工业	115	3469571.2	9305750.6	16529.2	36448.2
其他工业	58	744828.1	1953523.8	7948.6	77052.5
三、建筑业	385	75117407.6	196439950.7	146770.6	148973.8
四、交通运输业	162	34004657.9	99331365.9	32824.7	37328.2
其中：铁路运输业	5	75061.7	209379.5	11036.9	16553.4
道路运输业	106	29379871.6	91263514.0	42671.6	38585.0
水上运输业	25	1889103.6	2257123.5	65877.6	64515.9
航空运输业	10	2506149.9	4917254.9	—39313.5	23203.7
五、仓储业	81	887924.4	2992176.0	58675.8	44092.3
六、商贸业	217	3501076.1	11805805.6	579882.0	94793.4
七、房地产业	622	70307749.4	184513820.0	230629.0	272592.7
八、信息传输、软件和信息技术服务业	71	582334.4	2064807.9	203979.7	94870.7
其中：电信业					
九、社会服务业	766	159260177.7	323207578.5	271679.2	133366.7
十、教育文化广播业	82	1080358.9	4355489.7	—57766.1	220217.8
十一、科学研究和技术服务业	140	2654484.2	4745891.4	62776.0	39838.9
十二、金融业	104	8908916.6	23695530.7	1324361.5	320153.7
十三、其他	37	1472667.3	4614668.8	—747050.4	41831.7

2023年广东省监管企业主要指标表

项　目	户　数（户）	年末国有资本总量（万元）	资产总额（万元）	人均利润（元/人）	人均税费（元/人）
合　并	20113	442920610.2	1772118225.2	95653.2	126391.2
合　计	20113	1043035831.8	2712927741.2	184567.7	124612.7
一、农林牧渔业	362	2554386.4	7517127.6	—94823.2	33270.9
其中：农业	170	1485540.2	3864513.4	50640.0	80655.4
林业	22	73377.0	351577.5	—158315.6	22817.8
畜牧业	75	557049.8	2189843.7	—222306.9	7408.5
渔业	32	48604.5	219608.5	340660.5	15031.0
二、工业	3700	110625903.4	303005809.5	162150.4	122204.9
其中：煤炭工业	7	—1207384.2	69843.6	—31905.1	6630.3
石油和石化工业	4	71139.0	167012.4	993546.3	556031.5
冶金工业	135	5707580.0	18814140.2	187374.0	75479.6
建材工业	172	1327316.9	7401138.0	46667.3	73635.6
化学工业	188	2981866.3	8539100.2	114213.8	56061.6
森林工业	4	10747.5	11227.0	—96165.9	66663.1
食品工业	172	2376530.4	6645696.9	128351.0	39652.7
烟草工业					
纺织工业	29	269262.3	800702.9	16243.7	34350.9
医药工业	61	2604152.5	6313662.3	210156.7	83843.3
机械工业	464	18898463.3	66631742.7	133756.7	177136.1
电子工业	139	9160098.1	22762588.0	143692.5	74450.9
电力工业	1336	35726127.8	88664951.8	495652.4	219006.4
市政公用工业	713	27367647.8	62872171.5	141150.2	68435.1
其他工业	276	5332355.9	13311832.0	115711.9	93535.1
三、建筑业	1158	44540190.1	129153533.7	94174.8	113931.2
四、交通运输业	869	198871856.2	417864994.4	88038.6	49010.6
其中：铁路运输业	25	24790530.3	44352788.7	—1288205.4	47824.0
道路运输业	523	150977546.9	333250963.8	81439.3	46153.2
水上运输业	221	11880867.0	21388853.6	512948.3	99914.6
航空运输业	39	10502534.5	17608977.6	67237.1	29317.7

续表

项　目	户　数（户）	年末国有资本总量（万元）	资产总额（万元）	人均利润（元/人）	人均税费（元/人）
五、仓储业	395	7972422.8	16654581.0	196254.9	82985.4
六、商贸业	1768	15372749.0	56167758.7	64867.9	149378.0
七、房地产业	4153	194975344.5	677678611.2	278027.3	364928.8
八、信息传输、软件和信息技术服务业	416	5079785.6	13845075.4	67399.3	28366.4
其中：电信业	1	44031.1	87353.1	3814.2	2032.6
九、社会服务业	5205	389310890.4	797456492.1	246776.1	44488.1
十、教育文化广播业	356	2215023.8	3497352.3	20197.8	21983.7
十一、科学研究和技术服务业	1090	9898049.6	24473411.5	66544.5	37694.1
十二、金融业	507	60601881.0	263391466.8	638703.3	217507.0
十三、其他	134	1017349.1	2221527.0	280005.5	16683.0

2023 年深圳市监管企业主要指标表

项　目	户　数（户）	年末国有资本总量（万元）	资产总额（万元）	人均利润（元/人）	人均税费（元/人）
合　并	2761	129428312.8	552733306.1	133104.7	172379.5
合　计	2761	258040329.4	732662107.7	220701.3	171449.0
一、农林牧渔业	32	144700.4	310492.6	155961.9	54572.2
其中：农业	17	74849.9	171202.7	237434.4	40057.2
林业					
畜牧业					
渔业					
二、工业	541	30341178.7	77436183.8	165179.2	97303.2
其中：煤炭工业					
石油和石化工业					
冶金工业	1	29535.8	43587.5	38624121.6	28374573.6
建材工业	12	34932.9	256728.1	-8143.7	36530.4

续表

项　目	户　数 （户）	年末国有资本总量 （万元）	资产总额 （万元）	人均利润 （元/人）	人均税费 （元/人）
化学工业	22	737533.1	1586818.1	59444.0	37901.9
森林工业					
食品工业	11	78000.6	218496.0	83253.8	65516.3
烟草工业					
纺织工业	1	−1214.5	1656.0	−175745.6	1510.3
医药工业	1	146769.1	287677.9	265643.5	78892.2
机械工业	34	3619425.0	18334097.6	45808.4	72867.4
电子工业	15	7071521.6	14892327.6	264486.4	120119.5
电力工业	258	11694346.3	26587320.2	685391.4	276169.4
市政公用工业	171	6809760.9	14849659.5	203024.1	86522.9
其他工业	15	120567.8	377815.3	−80916.2	22987.7
三、建筑业	91	2599019.4	10613244.5	118286.9	213838.7
四、交通运输业	115	46846858.7	99385133.5	150543.4	71751.4
其中：铁路运输业	7	2335882.4	3173131.1	3703.5	200549.2
道路运输业	70	36301474.1	82596734.5	63041.4	74662.8
水上运输业	20	4403442.3	6615120.5	7589973.0	273416.8
航空运输业	10	3787458.5	6950679.1	81016.1	17796.1
五、仓储业	120	4549323.0	8017586.7	659698.0	258136.5
六、商贸业	140	2551129.8	6190216.1	194655.0	162269.4
七、房地产业	681	65337211.1	276988518.2	230796.8	339388.0
八、信息传输、软件和信息技术服务业	90	2772403.7	8672289.5	150045.0	47223.2
其中：电信业					
九、社会服务业	638	75954814.1	164165892.5	264087.6	55392.2
十、教育文化广播业	51	394942.1	497904.1	71569.7	53745.7
十一、科学研究和技术服务业	135	2343581.9	4660143.3	60421.5	44946.0
十二、金融业	97	23859627.9	75000840.0	480543.6	195550.8
十三、其他	30	345538.6	723663.1	1352506.0	29793.9

2023 年广西壮族自治区监管企业主要指标表

项　目	户　数（户）	年末国有资本总量（万元）	资产总额（万元）	人均利润（元/人）	人均税费（元/人）
合　并	4403	133079406.6	539376078.8	38164.5	92645.7
合　计	4403	293247426.9	815779688.8	85844.8	93333.7
一、农林牧渔业	270	10521249.8	18018941.0	110767.3	22667.0
其中：农业	184	9082431.3	14163747.6	140826.4	27185.7
林业	27	620946.0	2145815.7	333669.5	17411.9
畜牧业	30	765532.9	1486294.8	41065.7	12171.0
渔业	5	1119.8	7672.7	1742.4	1128.6
二、工业	757	21540069.4	66736465.9	2308.5	60142.0
其中：煤炭工业	17	－179194.8	505907.5	－208959.6	99826.6
石油和石化工业	6	－13797.1	480582.5	－80735.0	66546.1
冶金工业	68	6992599.8	21138126.0	－78926.3	62040.6
建材工业	83	1047474.1	2488444.1	7181.6	72067.9
化学工业	38	175711.1	1311343.6	6763.8	47508.2
森林工业	10	111488.2	367264.8	－166174.2	10273.6
食品工业	67	513866.6	2746962.1	53284.8	120907.2
烟草工业					
纺织工业	7	43110.9	128440.7	－7605.3	8181.2
医药工业	12	488292.6	783745.6	117966.1	110271.0
机械工业	113	2406804.6	9441256.3	26676.6	40102.9
电子工业	8	97626.9	494506.5	13929.0	22026.2
电力工业	129	5522777.6	14808332.1	231825.8	91012.8
市政公用工业	98	2943957.0	8468664.0	3416.7	37453.5
其他工业	101	1389351.8	3572890.0	－29500.2	57148.3
三、建筑业	288	46063405.7	118634799.0	198700.4	104998.6
四、交通运输业	282	26724592.6	78160715.4	－64319.1	34873.6
其中：铁路运输业	4	49450.9	113320.9	486317.2	411804.7
道路运输业	177	23346674.6	69525965.9	－62976.9	36032.4
水上运输业	62	916554.0	2622515.0	－4353.2	31291.2
航空运输业	20	2198950.9	5231011.7	－129337.7	24899.4

续表

项　目	户　数（户）	年末国有资本总量（万元）	资产总额（万元）	人均利润（元/人）	人均税费（元/人）
五、仓储业	104	6106785.1	15252136.8	89663.6	73048.7
六、商贸业	593	8411847.6	28015561.8	227489.8	370742.6
七、房地产业	498	21272941.2	74568875.3	9721.2	236145.9
八、信息传输、软件和信息技术服务业	77	609360.4	1991684.2	−64805.8	17696.3
其中：电信业					
九、社会服务业	1081	125500548.3	267647186.4	183909.0	70316.8
十、教育文化广播业	80	817763.0	2382619.5	37199.9	25446.4
十一、科学研究和技术服务业	161	885800.0	1877469.9	76052.2	36145.9
十二、金融业	171	24508842.9	141616785.0	552812.9	274844.0
十三、其他	41	284220.8	876448.7	2396.4	14028.0

2023 年海南省监管企业主要指标表

项　目	户　数（户）	年末国有资本总量（万元）	资产总额（万元）	人均利润（元/人）	人均税费（元/人）
合　并	1832	39435249.3	99348980.1	31603.6	59081.6
合　计	1832	78303507.8	157668887.0	46458.7	59092.8
一、农林牧渔业	299	28147729.2	34619689.4	35319.5	18415.6
其中：农业	214	27596979.3	33442120.1	47858.5	19323.5
林业	12	95527.4	127577.4	−27636.8	2365.2
畜牧业	31	175095.8	437135.3	−214952.0	4091.7
渔业	7	31804.2	53601.1	5427.3	57703.7
二、工业	174	3829289.1	6493414.8	59506.5	32647.4
其中：煤炭工业	1	974.7	6044.6	−7779.8	5954.0
石油和石化工业	1	1935.1	11132.9	441592.7	321633.5
冶金工业	3	686156.3	760531.9	2716613.3	514926.3
建材工业	18	112091.7	364944.8	7022.0	45130.1

续表

项　目	户　数（户）	年末国有资本总量（万元）	资产总额（万元）	人均利润（元/人）	人均税费（元/人）
化学工业	17	72443.0	258520.0	17780.5	47752.0
森林工业	1	—8544.0	4233.4	—216518.5	3291.4
食品工业	11	8948.7	20566.3	3918.6	4819.2
烟草工业					
纺织工业	1	2311.8	4971.9	—23696.9	1365.2
医药工业	1	1111.3	3922.5	30633.3	117910.9
机械工业	5	14498.5	31333.6	82748.2	84947.1
电子工业	5	26979.4	45400.7	37534.1	259906.9
电力工业	25	374573.2	742649.8	57943.1	24548.1
市政公用工业	50	1055244.8	2253156.8	17549.7	18944.3
其他工业	35	1480564.8	1986005.5	118137.3	34563.5
三、建筑业	187	4464500.0	16638208.2	55710.6	122184.8
四、交通运输业	105	6064244.4	13324378.9	21239.8	16604.3
其中：铁路运输业					
道路运输业	65	1635391.6	2979382.6	12486.9	16163.5
水上运输业	7	—20042.9	27689.2	—31853.7	10640.5
航空运输业	28	4415805.1	10261315.7	36785.5	16907.6
五、仓储业	43	187373.2	624376.7	—94616.8	34555.6
六、商贸业	146	916904.1	3586922.7	—28599.1	20938.8
七、房地产业	315	20854144.6	52900991.7	212777.1	272519.5
八、信息传输、软件和信息技术服务业	43	226158.3	460895.2	10691.2	22755.9
其中：电信业					
九、社会服务业	348	11366675.5	22381277.9	5412.7	37115.4
十、教育文化广播业	35	226584.0	409182.9	—26707.0	13159.9
十一、科学研究和技术服务业	83	280145.2	1453553.8	66344.1	42580.2
十二、金融业	32	986544.1	2561159.4	2073371.7	824900.7
十三、其他	22	753216.0	2214835.5	13240.6	11372.1

2023 年重庆市监管企业主要指标表

项　目	户　数（户）	年末国有资本总量（万元）	资产总额（万元）	人均利润（元/人）	人均税费（元/人）
合　并	4142	276739438.3	919963827.1	107432.3	78771.6
合　计	4142	470980608.5	1203484989.7	143437.4	79284.7
一、农林牧渔业	154	6758936.5	12488955.7	－134895.7	69422.0
其中：农业	74	3742479.5	6923362.7	245348.5	116855.6
林业	27	1138210.3	2032124.6	－437413.8	63761.4
畜牧业	17	266286.6	593659.7	－22502.4	11177.0
渔业	9	253397.6	638123.7	100977.4	24943.0
二、工业	626	28538840.8	61768057.7	67563.8	72728.1
其中：煤炭工业	1	7580.4	15483.8	12252.5	523425.4
石油和石化工业					
冶金工业	39	899615.6	4017887.2	60263.5	86592.2
建材工业	30	857911.2	1588502.5	－109511.5	93268.1
化学工业	52	2208786.9	6694284.9	47294.3	75653.6
森林工业	2	15717.3	21578.9	－31843.3	73789.8
食品工业	24	871852.5	1931687.3	175079.2	71380.2
烟草工业	4	45553.4	71273.9	40475.1	45353.7
纺织工业	6	27755.5	85398.1	80521.3	27164.3
医药工业	9	92284.3	328413.7	39399.6	40591.2
机械工业	105	7808151.2	14308543.1	－7940.7	47637.2
电子工业	9	166991.2	491193.8	25203.6	36246.2
电力工业	107	3735756.1	8559874.5	292833.6	98274.2
市政公用工业	204	10661694.6	21967487.3	83793.2	93122.0
其他工业	34	1139190.4	1686448.7	38843.8	79209.3
三、建筑业	530	121747030.3	275394320.6	284415.3	189591.0
四、交通运输业	315	58344302.8	101336473.3	31460.3	20023.3
其中：铁路运输业	7	5747571.3	7523339.8	－796047.7	46555.4
道路运输业	204	47178373.9	82580860.4	33102.8	16872.2
水上运输业	46	2333346.1	4632264.0	104323.9	33981.1
航空运输业	15	2448809.3	5284125.3	－163123.2	31203.6

续表

项　目	户　数（户）	年末国有资本总量（万元）	资产总额（万元）	人均利润（元/人）	人均税费（元/人）
五、仓储业	79	2386853.4	5428244.2	18829.7	58554.2
六、商贸业	418	4225995.6	17177608.9	—44426.6	117757.1
七、房地产业	355	55753021.8	122654633.8	398886.6	271875.9
八、信息传输、软件和信息技术服务业	87	726543.0	2039996.3	67530.3	40905.9
其中：电信业					
九、社会服务业	1046	159876456.8	308129251.2	133540.4	33931.0
十、教育文化广播业	98	3466356.1	6588508.1	49993.1	25320.9
十一、科学研究和技术服务业	209	2722556.3	7874341.3	74677.1	33390.6
十二、金融业	161	19577658.6	270633585.6	788786.9	323892.3
十三、其他	64	6856056.4	11971013.1	—9386.5	112191.9

2023年四川省监管企业主要指标表

项　目	户　数（户）	年末国有资本总量（万元）	资产总额（万元）	人均利润（元/人）	人均税费（元/人）
合　并	11015	440445690.3	1677590460.4	168152.8	158054.8
合　计	11015	842701426.9	2345182850.0	269541.8	157148.4
一、农林牧渔业	376	17374459.3	31288385.3	—27793.7	59473.8
其中：农业	224	9957403.3	20424078.0	11670.6	89961.9
林业	65	2145339.4	3311510.0	—2167.6	7060.2
畜牧业	37	182277.4	595243.9	—156849.0	8230.8
渔业	5	277481.0	299963.5	—90320.7	4541.8
二、工业	1560	55278558.5	146296020.4	114665.2	137004.1
其中：煤炭工业	42	672625.8	4443823.6	9936.2	43063.7
石油和石化工业	5	101678.0	109674.8	—192894.5	34880.6
冶金工业	60	1285643.1	3206324.2	75064.0	79062.0
建材工业	195	7162894.7	15097189.1	39695.3	134968.8

续表

项　目	户　数（户）	年末国有资本总量（万元）	资产总额（万元）	人均利润（元/人）	人均税费（元/人）
化学工业	109	3922482.1	11676225.3	58107.1	75862.9
森林工业	12	413070.7	920714.7	161034.1	68048.2
食品工业	56	222034.1	582001.2	—42358.9	40422.2
烟草工业					
纺织工业	29	1451980.9	4363972.5	28958.7	15610.7
医药工业	30	721251.5	1875956.5	119456.9	78752.8
机械工业	147	3262821.0	13743732.8	55167.2	42262.0
电子工业	83	1108535.1	8581380.5	—36736.4	29546.1
电力工业	258	17575981.4	41235263.3	576804.7	126338.7
市政公用工业	373	12043839.5	27826393.6	149433.7	69958.2
其他工业	161	5333720.5	12633368.3	235640.0	661404.2
三、建筑业	1074	79926178.8	251074408.5	314557.2	159419.1
四、交通运输业	549	119074033.4	287333232.3	51854.6	40446.1
其中：铁路运输业	25	7105193.4	14984128.8	—514289.1	42800.1
道路运输业	422	101522490.0	242550178.7	113433.9	42905.5
水上运输业	31	2405511.1	6018888.4	—190629.4	332289.1
航空运输业	37	7050966.2	21707353.2	—62646.5	25565.1
五、仓储业	208	5961273.7	10853314.7	99801.2	40480.9
六、商贸业	1093	19746082.3	64597353.6	1786730.4	722215.9
七、房地产业	1247	80202797.6	258600904.9	201445.1	444801.6
八、信息传输、软件和信息技术服务业	332	2999820.3	7924075.7	41008.2	82367.9
其中：电信业					
九、社会服务业	3170	418198032.6	946395694.6	322056.3	90736.3
十、教育文化广播业	374	5807770.2	11378691.5	36464.7	26206.2
十一、科学研究和技术服务业	518	4028783.1	8652227.4	—14491.8	43205.0
十二、金融业	361	32689466.3	316839922.3	960660.4	450507.5
十三、其他	153	1414170.8	3948618.8	—98633.8	34604.2

2023 年贵州省监管企业主要指标表

项　目	户　数（户）	年末国有资本总量（万元）	资产总额（万元）	人均利润（元/人）	人均税费（元/人）
合　并	3183	150649904.3	439641094.5	410038.5	313097.8
合　计	3183	237880651.6	586586796.2	700010.3	313097.8
一、农林牧渔业	221	2703906.3	7262082.2	43347.1	28546.3
其中：农业	91	1161907.5	2854160.3	25697.0	41787.9
林业	59	715745.1	2400232.1	—46877.7	3820.8
畜牧业	23	86192.6	355870.9	—3486.9	8336.2
渔业	20	119858.3	192125.7	—80978.2	1412.9
二、工业	564	36871588.4	88846642.4	782050.9	337790.4
其中：煤炭工业	38	3571777.5	11210500.2	26616.6	62071.4
石油和石化工业	9	367910.2	655537.6	117838.3	113865.9
冶金工业	19	514320.4	1695908.6	—84032.7	34107.6
建材工业	29	650795.0	981295.1	—17315.9	66786.6
化学工业	47	4017329.9	14745970.7	188920.0	121793.9
森林工业	2	2824.7	29753.8	—130882.3	39051.5
食品工业	31	216278.4	1024275.0	133731.2	69222.3
烟草工业					
纺织工业	2	1653.7	7342.6	—20854.1	28882.1
医药工业	7	8644.0	20639.5	1669.2	6668.0
机械工业	38	991975.4	2328151.1	31854.6	29548.2
电子工业	1	—431.8	6826.0	0.0	0.0
电力工业	67	1790761.1	7593052.8	111433.6	126741.4
市政公用工业	207	4412898.0	12878400.3	1642.6	28290.4
其他工业	67	20324851.9	35668989.2	2589284.7	1009664.9
三、建筑业	329	39163415.1	116629848.7	25377.3	68203.2
四、交通运输业	222	33598163.7	89382480.4	—24272.2	43753.4
其中：铁路运输业	10	5150362.1	8682572.8	501035.9	268490.7
道路运输业	159	25175189.8	73916746.0	—15860.8	42861.5
水上运输业	8	256399.9	565447.7	—42600.4	6457.4
航空运输业	33	2615863.7	5177819.5	—128836.7	27812.6

续表

项　目	户　数（户）	年末国有资本总量（万元）	资产总额（万元）	人均利润（元/人）	人均税费（元/人）
五、仓储业	50	1103461.1	3119316.3	34473.5	100094.5
六、商贸业	456	14643859.6	33059322.4	5961886.2	2368679.4
七、房地产业	270	8710696.5	31503284.2	—2787.9	234274.5
八、信息传输、软件和信息技术服务业	61	550387.7	1548485.1	555201.5	221400.7
其中：电信业	1	2170.3	6965.8	13333.1	24702.4
九、社会服务业	771	94791227.8	192972638.4	172930.4	72193.1
十、教育文化广播业	62	611083.5	1178136.8	—31744.9	13521.1
十一、科学研究和技术服务业	100	1063641.5	1461327.3	16689.0	25664.1
十二、金融业	44	3446736.9	18002634.3	1372869.2	603159.6
十三、其他	33	622483.5	1620597.8	—30908.1	3848.7

2023年云南省监管企业主要指标表

项　目	户　数（户）	年末国有资本总量（万元）	资产总额（万元）	人均利润（元/人）	人均税费（元/人）
合　并	7346	185480296.7	701058846.0	—21655.0	74754.8
合　计	7346	375536126.1	1000709848.0	12542.8	74646.5
一、农林牧渔业	377	8811758.5	16504480.8	—32321.6	11081.0
其中：农业	187	6296414.8	10579499.5	—25389.3	6295.0
林业	102	2055324.4	4127997.1	22969.7	19000.5
畜牧业	14	51209.5	116299.8	—311689.4	9981.3
渔业					
二、工业	1312	29808650.2	91100552.7	79077.7	91357.4
其中：煤炭工业	69	2941914.7	9700354.2	134151.0	107683.0
石油和石化工业	2	20271.6	166585.6	—264838.7	637.3
冶金工业	96	5271853.4	21546047.7	58630.2	127890.5
建材工业	140	2011432.1	7398451.1	38324.1	82956.0

续表

项　目	户　数（户）	年末国有资本总量（万元）	资产总额（万元）	人均利润（元/人）	人均税费（元/人）
化学工业	64	5013591.2	12548974.1	312837.6	129097.4
森林工业	4	7398.2	28576.8	—64697.7	14321.9
食品工业	52	380726.8	1388627.4	—83157.0	38343.1
烟草工业					
纺织工业					
医药工业	9	121382.5	326797.6	21762.7	33935.1
机械工业	89	1894259.0	6117539.0	—148072.6	48042.6
电子工业	19	155448.4	259498.2	69648.5	36779.9
电力工业	124	3390164.8	7791334.3	246799.4	157702.7
市政公用工业	521	7422810.4	21371893.9	—42103.0	33454.2
其他工业	123	1177397.1	2455872.6	36333.7	47279.7
三、建筑业	596	31325853.5	103644146.9	241734.6	129945.9
四、交通运输业	284	57317465.9	150602785.2	—14572.4	33088.3
其中：铁路运输业	12	396351.2	806909.0	123340.4	71478.5
道路运输业	226	43854022.1	131779309.5	5407.4	36663.9
水上运输业	7	6691.3	49633.3	343891.9	295347.7
航空运输业	20	13005021.1	17724920.2	—102107.3	14480.2
五、仓储业	145	1260247.5	5547789.5	—367611.3	35343.4
六、商贸业	558	5188864.7	22255567.4	263235.0	186398.5
七、房地产业	626	17430963.4	69029557.2	—537957.8	108987.6
八、信息传输、软件和信息技术服务业	112	720820.5	2302152.8	13180.5	33092.3
其中：电信业					
九、社会服务业	2575	210159753.3	471364572.6	—81228.7	52625.9
十、教育文化广播业	207	1097543.7	2226988.0	—4979.4	6272.2
十一、科学研究和技术服务业	377	1995717.8	7390755.1	7310.0	30805.7
十二、金融业	102	9626802.6	54396682.8	510645.5	343256.7
十三、其他	75	791684.6	4343816.8	—58960.3	4144.1

2023 年西藏自治区监管企业主要指标表

项　目	户　数 (户)	年末国有资本总量 (万元)	资产总额 (万元)	人均利润 (元/人)	人均税费 (元/人)
合　并	1165	16876894.0	52996350.4	74005.0	68223.8
合　计	1165	23732289.4	66969962.1	85948.6	68072.1
一、农林牧渔业	91	813918.6	2329335.3	4845.4	8512.8
其中:农业	39	438287.0	930449.4	—29077.2	8614.3
林业	15	73482.3	418178.6	193449.2	6233.9
畜牧业	25	121632.5	252529.6	—43964.4	3509.3
渔业					
二、工业	172	3316729.4	7330754.7	232832.9	82469.3
其中:煤炭工业					
石油和石化工业					
冶金工业	2	41010.7	61082.6	189498.1	134052.5
建材工业	49	1373449.4	2489220.2	77280.1	113313.0
化学工业	1	1018.3	2162.8	78996.5	167347.8
森林工业	0	0.0	0.0	0.0	0.0
食品工业	20	42424.2	164450.2	—54633.2	37891.1
烟草工业					
纺织工业	4	4772.9	33672.6	—157923.0	5988.0
医药工业	6	98259.5	120517.1	74700.6	60238.7
机械工业	1	9553.5	15999.8	99134.7	19472.0
电子工业	1	0.0	0.0	0.0	0.0
电力工业	26	382965.6	1886288.5	14504.5	251151.0
市政公用工业	26	114811.6	866351.3	61142.0	21275.9
其他工业	36	1248463.7	1691009.7	711546.1	55719.7
三、建筑业	141	2004900.5	8713252.1	—53309.7	78294.8
四、交通运输业	68	191389.1	2642023.0	29288.8	69075.6
其中:铁路运输业					
道路运输业	62	68497.1	527303.6	775.4	25355.0
水上运输业					
航空运输业	5	122932.6	2023665.1	50168.1	101090.5

续表

项　目	户　数 （户）	年末国有资本总量 （万元）	资产总额 （万元）	人均利润 （元/人）	人均税费 （元/人）
五、仓储业	39	54275.4	137416.7	－144394.6	14423.7
六、商贸业	138	395424.1	853255.4	81414.2	57317.7
七、房地产业	108	4117709.8	12987796.7	214287.7	186807.2
八、信息传输、软件和信息技术服务业	19	135218.8	222577.5	273096.6	65505.1
其中：电信业	1	947.9	989.6	229538.8	15993.5
九、社会服务业	270	6139537.2	18922441.8	－794.9	21116.4
十、教育文化广播业	28	263228.9	806385.4	－190338.8	24376.0
十一、科学研究和技术服务业	56	206182.5	358772.9	38165.0	48594.8
十二、金融业	18	6024752.6	11568034.5	1885642.3	569438.7
十三、其他	17	69022.6	97916.2	－178362.7	10559.7

2023年陕西省监管企业主要指标表

项　目	户　数 （户）	年末国有资本总量 （万元）	资产总额 （万元）	人均利润 （元/人）	人均税费 （元/人）
合　并	7101	161854413.4	692192156.1	130024.1	172343.1
合　计	7101	373444851.8	1083817442.2	256877.1	171858.1
一、农林牧渔业	208	2477485.9	6015793.9	－23417.9	16749.6
其中：农业	126	1670298.2	3973518.8	－32236.6	15305.0
林业	24	346388.3	534881.1	64120.3	18698.0
畜牧业	13	63951.6	207255.6	－20142.4	2127.8
渔业	4	788.5	2115.8	－72793.4	6940.3
二、工业	1585	99089058.0	285954990.9	417484.2	277127.6
其中：煤炭工业	118	36288793.6	103443540.4	1638751.4	626640.0
石油和石化工业	63	18081563.0	49986680.0	170852.7	481035.0
冶金工业	118	7466819.6	28278045.8	107382.4	91778.7
建材工业	111	2876240.6	8923185.8	58554.1	65124.3

续表

项　目	户　数（户）	年末国有资本总量（万元）	资产总额（万元）	人均利润（元/人）	人均税费（元/人）
化学工业	129	13628353.1	31452082.6	—86706.8	147911.1
森林工业	2	1029.9	10313.2	—21894.7	10536.9
食品工业	46	236056.6	700705.4	—26286.8	33488.8
烟草工业					
纺织工业	21	663218.8	1539921.7	—30066.0	7980.1
医药工业	23	453998.3	2559064.4	167912.4	134221.9
机械工业	252	5499744.1	16642275.1	38157.9	45609.0
电子工业	73	698122.6	2491666.4	32193.6	30027.4
电力工业	197	5672026.3	17177950.8	362213.4	217124.9
市政公用工业	341	5916983.8	17335143.8	—50815.1	38966.6
其他工业	91	1606107.8	5414415.4	97160.1	142230.3
三、建筑业	823	48055016.5	181004534.2	125741.4	116986.0
四、交通运输业	211	46731311.0	117384053.3	—1818.4	19565.9
其中：铁路运输业	31	4601241.4	8311386.2	—50665.8	130511.6
道路运输业	140	36607588.9	96807106.4	17828.0	12670.3
水上运输业	2	570.2	4836.4	551421.4	2453074.5
航空运输业	28	4356827.3	7926384.5	—114522.8	11673.3
五、仓储业	118	1477302.0	3747748.9	15014.9	22599.8
六、商贸业	713	7152544.8	32716510.9	300416.6	129393.5
七、房地产业	939	45804746.7	173657804.6	122626.6	165833.0
八、信息传输、软件和信息技术服务业	127	619636.0	2129763.8	—81958.7	33960.3
其中：电信业					
九、社会服务业	1462	99571504.8	214185275.2	167093.7	40917.0
十、教育文化广播业	184	1202124.1	3467056.7	20073.7	30917.9
十一、科学研究和技术服务业	434	4447078.7	11525735.4	30309.1	38564.4
十二、金融业	177	15764728.3	47427345.9	283083.2	147069.8
十三、其他	120	1052315.0	4600828.4	—73046.6	4937.3

2023 年甘肃省监管企业主要指标表

项目	户数（户）	年末国有资本总量（万元）	资产总额（万元）	人均利润（元/人）	人均税费（元/人）
合并	4072	98959447.4	297762796.4	36490.2	59680.8
合计	4072	162359063.9	417992373.4	83098.0	68709.1
一、农林牧渔业	277	3236724.4	8885998.9	-12234.3	4855.9
其中：农业	169	2398688.2	6328448.7	6942.4	3999.6
林业	23	181930.8	259657.1	-4175.7	21739.9
畜牧业	37	175957.4	699382.9	-198918.7	5686.5
渔业					
二、工业	821	38521699.3	96451393.7	189763.9	108015.5
其中：煤炭工业	46	5973576.6	10822733.4	107101.4	81962.1
石油和石化工业	6	37320.9	222780.5	-282586.3	215793.0
冶金工业	95	19383523.1	47393713.2	446468.0	184466.0
建材工业	110	1278297.6	3044190.6	-180755.0	51772.2
化学工业	53	936046.2	3025728.6	-131228.8	41596.5
森林工业	1	29.8	36.5	0.0	0.0
食品工业	23	200491.1	540248.2	-36183.2	39708.5
烟草工业					
纺织工业	3	112489.1	168127.7	913.7	21918.9
医药工业	21	416497.9	1404857.5	73904.9	109436.6
机械工业	119	2639855.6	9020308.6	2863.3	32107.0
电子工业	2	3982.2	9259.7	-23332.1	13480.7
电力工业	100	3318055.7	9016976.0	207784.7	113943.2
市政公用工业	169	3172308.4	9110744.0	-70543.6	21431.3
其他工业	73	1049224.9	2671689.2	12711.5	52461.7
三、建筑业	573	24250969.3	71717487.5	62318.6	51442.0
四、交通运输业	181	25174808.9	77992187.0	-48655.5	21562.7
其中：铁路运输业	6	2452138.6	3201666.2	-332382.1	34635.6
道路运输业	146	21768816.3	70239865.9	-35055.0	21436.7
水上运输业	5	11360.7	32461.9	8763.5	14108.2
航空运输业	17	921465.3	4402315.0	-4957.9	16942.3

续表

项　目	户　数 (户)	年末国有资本总量 (万元)	资产总额 (万元)	人均利润 (元/人)	人均税费 (元/人)
五、仓储业	107	1872593.2	3510793.4	1831.4	19017.9
六、商贸业	375	1553323.3	9233950.9	−95426.3	120835.5
七、房地产业	322	16593573.5	50567940.0	−31592.9	80239.5
八、信息传输、软件和信息技术服务业	60	167566.2	691404.2	−283693.0	33333.6
其中:电信业	1	66.5	30997.2	−152243.4	19.6
九、社会服务业	863	39826542.9	76132806.6	−46038.0	18596.1
十、教育文化广播业	119	1068935.8	2492483.4	−42640.9	8409.9
十一、科学研究和技术服务业	289	1762493.2	3395670.1	56934.0	30977.4
十二、金融业	62	7765853.7	15586294.7	1083812.7	524431.2
十三、其他	23	563980.3	1333962.8	−45266.4	1415.3

2023 年青海省监管企业主要指标表

项　目	户　数 (户)	年末国有资本总量 (万元)	资产总额 (万元)	人均利润 (元/人)	人均税费 (元/人)
合　并	1259	37714138.6	100533554.3	112860.8	110122.7
合　计	1259	52566824.5	126254817.1	185020.9	110122.7
一、农林牧渔业	84	972141.2	1588981.9	12052.1	7077.2
其中:农业	42	717363.6	1071223.2	11729.6	7021.6
林业	16	17102.9	193296.8	−90461.1	3608.1
畜牧业	15	192720.0	229114.1	106611.2	173.0
渔业					
二、工业	213	7700973.9	25401518.9	430124.2	182265.2
其中:煤炭工业	12	3497728.1	4385306.0	92413.6	120735.2
石油和石化工业					
冶金工业	34	958416.7	10917277.6	487060.8	248712.0
建材工业	15	48502.8	229345.7	−38990.0	40083.9

续表

项 目	户 数（户）	年末国有资本总量（万元）	资产总额（万元）	人均利润（元/人）	人均税费（元/人）
化学工业	27	2394940.4	7310675.8	1136631.1	414135.8
森林工业					
食品工业	15	44045.0	89321.9	−245075.1	6837.7
烟草工业					
纺织工业					
医药工业	1	2520.9	2557.3	279232.4	51645.5
机械工业	3	−30788.0	62169.3	85233.1	62579.1
电子工业					
电力工业	23	318326.7	777470.4	51437.7	58305.5
市政公用工业	48	422264.8	1292772.1	−63088.3	14659.8
其他工业	35	45016.6	334622.9	90053.0	11212.9
三、建筑业	92	3354647.3	10827635.0	68006.5	106998.3
四、交通运输业	78	18921510.5	35411453.0	−76715.4	21418.5
其中：铁路运输业	4	−1607.9	385307.7	−17254703.1	31033.0
道路运输业	70	18922324.7	35024567.3	−35422.2	21390.5
水上运输业					
航空运输业	1	39.3	50.3	0.0	0.0
五、仓储业	28	256486.6	594833.7	23975.0	15462.6
六、商贸业	115	592088.7	1807306.4	147327.3	78495.4
七、房地产业	107	1994294.7	10646022.0	−309651.7	62921.7
八、信息传输、软件和信息技术服务业	17	43938.7	86298.4	70379.6	47342.3
其中：电信业					
九、社会服务业	307	16826003.4	36077138.2	−78528.7	34131.0
十、教育文化广播业	52	119557.0	226638.9	−25827.8	8149.4
十一、科学研究和技术服务业	97	315523.1	809673.6	95459.7	49348.5
十二、金融业	56	1448110.0	2750370.9	665634.4	362682.5
十三、其他	13	21549.3	26946.3	−52477.7	13605.2

2023 年宁夏回族自治区监管企业主要指标表

项　目	户　数（户）	年末国有资本总量（万元）	资产总额（万元）	人均利润（元/人）	人均税费（元/人）
合　并	896	25649032.4	94827192.4	52230.8	53135.1
合　计	896	40796463.3	113069582.5	75897.7	53135.1
一、农林牧渔业	97	2726980.5	4887753.3	－18830.6	4409.2
其中：农业	60	2410154.3	3382520.4	11998.0	4005.9
林业	11	47756.4	96788.1	－8264.1	10756.8
畜牧业	13	182793.0	1229593.0	－94171.4	2377.5
渔业	4	6897.7	14519.5	－20143.3	9752.0
二、工业	117	1863387.8	6021168.2	34572.7	71682.2
其中：煤炭工业	3	22438.6	42605.9	495482.3	65999.1
石油和石化工业	1	14205.4	15181.5	690950.6	324437.6
冶金工业					
建材工业	4	18623.8	62230.8	123524.1	327463.2
化学工业	4	10764.5	80339.8	59230.3	41964.4
森林工业					
食品工业	6	9001.5	26017.0	－178907.8	8193.8
烟草工业					
纺织工业	1	15296.3	61259.0	－1144390.0	0.0
医药工业					
机械工业	4	9383.4	14010.7	21836.5	69954.2
电子工业	1	690.4	4881.6	0.0	0.0
电力工业	7	148884.7	858063.5	92472.7	115536.3
市政公用工业	71	1553040.9	4695779.8	31092.9	67823.1
其他工业	15	61058.3	160798.6	－5473.1	37951.1
三、建筑业	72	852025.9	2744187.6	62722.5	82479.1
四、交通运输业	58	9088709.8	16415600.2	55591.8	29228.5
其中：铁路运输业	6	4418490.8	5811818.6	136248.4	86609.9
道路运输业	39	4622621.9	10536827.6	42399.9	19428.4
水上运输业	2	8369.5	9820.1	7942.0	17637.7
航空运输业	6	16584.8	25969.2	－667567.2	21380.2

续表

项　目	户　数 （户）	年末国有资本总量 （万元）	资产总额 （万元）	人均利润 （元/人）	人均税费 （元/人）
五、仓储业	22	123971.9	355710.2	—44892.4	2349.2
六、商贸业	44	52115.1	229511.6	—12318.3	26009.6
七、房地产业	52	1729129.1	4767858.7	229556.2	208527.3
八、信息传输、软件和信息技术服务业	25	95163.5	226198.4	—447167.8	35587.6
其中：电信业					
九、社会服务业	245	20814397.7	31375408.5	84893.0	26978.4
十、教育文化广播业	24	63052.6	193154.8	—99405.4	7413.1
十一、科学研究和技术服务业	68	207454.2	945823.6	26806.4	21151.1
十二、金融业	63	3113143.6	44750426.2	278150.2	146322.2
十三、其他	9	66931.7	156781.1	—29527.5	18292.5

2023 年新疆维吾尔自治区监管企业主要指标表

项　目	户　数 （户）	年末国有资本总量 （万元）	资产总额 （万元）	人均利润 （元/人）	人均税费 （元/人）
合　并	3965	112644583.2	297271457.9	22888.3	58981.4
合　计	3965	167858475.5	377085020.1	49131.7	59390.6
一、农林牧渔业	335	13328050.1	20859504.8	55661.6	15393.2
其中：农业	144	9658759.2	12412708.9	25220.4	9853.7
林业	23	221649.9	448415.8	—37206.2	1297.0
畜牧业	77	1919062.1	2633476.6	6142.2	2594.1
渔业	4	826.4	16939.9	—58389.3	14258.9
二、工业	636	23176541.0	55235266.5	41530.7	78809.9
其中：煤炭工业	17	2504909.4	5457108.6	864415.0	555202.2
石油和石化工业	19	526139.3	847019.4	127660.6	81826.1
冶金工业	56	2427157.8	7139019.3	206554.8	137635.3
建材工业	49	176873.5	624406.8	—81849.6	81148.2

续表

项　目	户　数（户）	年末国有资本总量（万元）	资产总额（万元）	人均利润（元/人）	人均税费（元/人）
化学工业	50	6507000.1	18770166.1	－60542.0	61465.0
森林工业					
食品工业	39	272565.7	729247.0	－54262.3	34219.5
烟草工业					
纺织工业	12	422534.9	1618810.3	15664.0	14940.0
医药工业	13	636733.5	1517450.2	－11852.0	84618.3
机械工业	14	114675.4	331432.3	13797.1	31436.4
电子工业	2	15550.2	24529.4	－2739.2	148943.1
电力工业	79	2987786.3	5886247.7	614958.5	413897.5
市政公用工业	218	6145840.7	11153812.3	－3309.5	35606.2
其他工业	68	438774.0	1136017.1	85805.5	50931.0
三、建筑业	341	10787365.7	30426661.0	81895.7	89084.7
四、交通运输业	217	13221885.1	28036550.7	26276.6	22953.3
其中：铁路运输业	6	12344.8	23399.3	255190.9	205254.4
道路运输业	181	11419570.4	25287594.3	37075.9	23380.5
水上运输业	1	－35.5	13958.0	458.2	10427.5
航空运输业	12	1646443.2	2455842.2	－33934.8	10263.2
五、仓储业	97	484119.5	2180432.4	－31853.1	29056.7
六、商贸业	442	2856933.8	11373524.9	80822.5	154028.3
七、房地产业	295	12658421.1	35853745.5	－5776.6	105514.0
八、信息传输、软件和信息技术服务业	78	277407.2	673768.1	10035.2	37315.6
其中：电信业					
九、社会服务业	1079	83971388.2	155427307.3	41908.5	39708.2
十、教育文化广播业	89	379601.4	781600.9	89482.1	25025.0
十一、科学研究和技术服务业	216	2030050.3	3859583.4	66810.8	42124.0
十二、金融业	90	4043752.2	31134884.8	518621.1	225294.2
十三、其他	50	642960.0	1242189.6	－3262.1	19502.9

2023 年新疆生产建设兵团监管企业主要指标表

项　目	户　数（户）	年末国有资本总量（万元）	资产总额（万元）	人均利润（元/人）	人均税费（元/人）
合　并	1903	18171910.3	73511469.7	29092.2	56902.0
合　计	1903	34454094.3	107350775.5	53975.3	60182.6
一、农林牧渔业	286	2264711.6	9112750.3	－133631.6	11225.2
其中：农业	88	1212955.6	3645308.0	－109380.1	23045.0
林业	4	59719.8	176510.4	－12241.0	4077.8
畜牧业	79	604234.8	3010288.0	－233845.4	2375.9
渔业	1	－1.1	3.9	0.0	0.0
二、工业	395	11066770.8	29954491.9	82424.8	82220.3
其中：煤炭工业	15	471473.2	1430548.1	132919.2	107973.5
石油和石化工业	3	11033.4	41341.8	488720.9	995661.6
冶金工业	2	40072.0	46365.4	144963.9	74800.2
建材工业	76	1714725.1	3131634.8	263542.4	133414.4
化学工业	49	3705671.9	9470314.0	4852.5	82062.2
森林工业					
食品工业	94	727632.3	2855016.9	104681.3	52346.2
烟草工业					
纺织工业	8	41009.7	171270.9	－10978.9	16422.7
医药工业	11	515457.1	1515247.3	756538.3	96910.7
机械工业	5	9104.3	187474.2	－25787.8	128815.5
电子工业	2	131386.0	681148.4	25555.3	20961.0
电力工业	53	2712072.7	7889036.1	44922.0	94170.9
市政公用工业	46	708845.4	1718225.2	25633.1	14341.4
其他工业	31	278287.8	816868.9	117734.2	188107.6
三、建筑业	202	3152785.9	17864992.5	24651.8	33193.1
四、交通运输业	71	1092306.2	2251699.7	91504.9	50871.1
其中：铁路运输业	8	234422.1	540352.0	－27991.0	27344.3
道路运输业	51	230126.2	884379.2	112958.9	55774.0
水上运输业					
航空运输业	4	86633.6	254616.9	－57438.7	8087.3

续表

项　目	户　数 （户）	年末国有资本总量 （万元）	资产总额 （万元）	人均利润 （元/人）	人均税费 （元/人）
五、仓储业	21	191996.9	912403.6	－28008.8	76663.0
六、商贸业	222	2454213.0	11262193.4	198409.1	178797.5
七、房地产业	106	957122.7	3930928.4	8685.3	120791.6
八、信息传输、软件和信息技术服务业	21	25251.3	92040.7	106793.7	47252.9
其中：电信业					
九、社会服务业	448	12296272.5	29509316.2	145984.6	67175.7
十、教育文化广播业	10	－6393.8	87574.3	－2576.1	1769.0
十一、科学研究和技术服务业	64	285012.6	1032836.6	64939.4	33998.9
十二、金融业	49	640495.2	1261509.6	562740.5	165129.5
十三、其他	8	33549.3	78038.2	38950.9	15733.0

2024

CHINA' S STATE-OWNED ASSETS SUPERVISION AND ADMINISTRATION YEARBOOK

中 国 国 有 资 产 监 督 管 理 年 鉴

国有资产监督管理政策法规选编

第六篇

中央企业法律纠纷案件管理办法

（2023 年 6 月 12 日　国务院国有资产监督管理委员会令第 43 号公布　自 2023 年 8 月 1 日起施行）

第一章　总　则

第一条　为深入贯彻习近平法治思想，落实全面依法治国战略部署，深化法治央企建设，加强中央企业法律纠纷案件管理，依法保障企业合法权益，切实维护国有资产安全，根据《中华人民共和国企业国有资产法》《企业国有资产监督管理暂行条例》等法律法规，结合中央企业实际，制定本办法。

第二条　本办法适用于国务院国有资产监督管理委员会（以下简称国务院国资委）根据国务院授权履行出资人职责的中央企业。

第三条　本办法所称法律纠纷案件是指中央企业及其所属单位在经营管理过程中发生的境内外诉讼、仲裁等（以下简称案件）。

第四条　中央企业应当持续加强案件管理，明确责任主体，完善管理制度，健全工作机制，积极主动维权，切实防止国有资产损失。建立健全以案促管机制，及时发现案件反映的管理问题，堵塞管理漏洞，提升管理水平，切实保障提质增效、稳健发展。

第五条　国务院国资委负责指导中央企业案件管理工作，建立健全法律、监督、追责等部门协同工作机制，加强对案件处理、备案等情况的监督检查，强化对重大案件的指导协调和督办。

第二章　组织职责

第六条　中央企业主要负责人切实履行法治建设第一责任人职责，加强对案件管理工作的领导，定期听取报告，强化机构、人员、经费等保障。

第七条　中央企业总法律顾问牵头案件管理工作，研究解决重点难点问题，领导法务管理部门完善工作机制，指导所属单位加强案件管理。

第八条　中央企业法务管理部门负责拟订案件管理制度，组织开展案件应对，对案件反映的管理问题提出完善建议，选聘和管理法律服务中介机构，推动案件管理信息化建设等工作。

第九条　中央企业业务和职能部门应当及时与法务管理部门沟通可能引发案件的有关情况，配合开展证据收集、案情分析、法律论证、案件执行等工作，针对案件反映的管理问题完善相关制度，改进工作机制，推动以案促管。

第十条　中央企业应当建立案件管理人才选拔培养机制，鼓励法务人员参与或者直接代理案件，持续提升案件管理工作水平。

第三章　管理机制

第十一条　中央企业应当结合实际健全案件管理相关制度，明确责任主体、职责范围、管控措施、监督问责等内容。

第十二条　中央企业应当定期开展法律纠纷风险排查，建立重大风险预警机制，分类制定防控策略，完善应对预案，有效防范案件风险。

第十三条　中央企业发生案件应当及时采取措施，全面调查了解案情，做好法律分析、证据收集等工作，规范参加庭审活动，加强舆情监测处置。

第十四条　中央企业应当结合国际化经营实际，建立健全涉外案件管理机制，加大涉外案件处理力度，切实维护境外国有资产安全。

第十五条　中央企业应当通过诉讼、仲裁、调解、和解等多元化纠纷解决机制妥善处理案件。同一中央企业所属单位之间发生法律纠纷，可以通过内部调解等方式解决。

第十六条　中央企业应当建立案件预警机制，针对典型性和普遍性案件深入分析发案原因、潜在后果等，及时进行预警提示，切实采取防控措施。

第十七条　中央企业应当加强历史遗留案件处理，研究制定处置方案，动态跟踪进展情况，积极采取有力措施，推动案件加快解决。

第十八条　中央企业应当对处理完毕的案件及时进行总结分析，梳理案件管理经验，查找经营管理薄弱环节，通过法律意见书、建议函等形式，指导有关部门或者所属单位完善管理制度，堵塞管理漏洞。

第十九条　中央企业应当将案件管理情况作为法治建设重要内容，纳入对所属单位的考核评价。

第二十条　中央企业应当建立上下贯通、全面覆盖、实时监测的案件管理信息系统，及时掌握案件情况，健全管理指标体系，加强数据统计分析，增强案件管理的针对性和有效性。

第二十一条　中央企业应当每年对案件情况进行汇总统计和研究分析，并于2月底前向国务院国资委报送上一年度案件综合分析报告。

第四章　重大案件管理

第二十二条　中央企业应当建立重大案件管理制度，结合自身实际明确重大案件标准，完善案件应对机制，加大处理力度，推动妥善解决。

第二十三条　中央企业发生以下重大案件，应当自立案、受理或者收到应诉通知书等材料之日起10个工作日内报国务院国资委备案：

（一）涉案金额达到5000万元人民币或者等值外币以上；

（二）涉案金额达到中央企业上一年度经审计净利润绝对值10%以上，且金额超过2000万元人民币或者等值外币；

（三）可能产生较大影响的群体性案件或者系列案件；

（四）涉及单位犯罪的刑事案件；

（五）其他涉及中央企业重大权益或者具有重大影响的案件。

第二十四条　中央企业重大案件报备应当包括以下内容：

（一）当事人、案由、涉案金额、主要事实等基本案情；

（二）争议焦点、结果预判等法律分析意见；

（三）采取的措施；

（四）下一步工作安排。

第二十五条　中央企业报备的重大案件处理完毕、取得生效法律文书后，应当在10个工作日内向国务院国资委书面报告。

第二十六条　中央企业应当将所属单位发生的、符合本办法第二十三条情形的重大案件当事人、涉案金额、工作进展等信息进行汇总，按月报国务院国资委备案。

第二十七条　中央企业应当建立重大案件督办机制，加强专业指导和监督检查，督促所属单位落实主体责任，妥善处理案件，依法维护权益。

第二十八条　中央企业之间发生重大案件，鼓励通过协商解决；协商不成的，可以报国务院国资委指导协调。

第五章　中介机构管理

第二十九条　中央企业应当完善法律服务中介机构管理制度，科学确定选聘方式，明确选聘条件、流程等，确保依法合规、公平公正。

第三十条　中央企业在案件处理过程中应当发挥主导作用，加强对法律服务中介机构的指导监督，有效整合内外部资源，及时掌握进展情况，切实强化对重大事项的审核把关，严格落实保密管理各项要求。

第三十一条　中央企业应当建立法律服务中介机构评价机制，根据专业能力、服务质量、工作效果、资信状况等进行动态管理，对不能胜任的及时调整。

第三十二条　中央企业应当严格按照有关规定，规范使用风险代理，明确审批权限和程序，综合考虑案件难易程度、涉案金额等，明晰风险责任，合理确定费用。

第六章　奖　惩

第三十三条　中央企业应当建立健全案件管理激励机制，明确条件和标准，对在案件处理过程中避免或者挽回损失的部门、人员给予表彰和奖励。

第三十四条　中央企业在案件处理过程中，发现相关部门或者个人在经营管理中存在违规行为，造成资产损失或者其他严重不良后果的，应当开展责任追究；对涉嫌违纪违法的，按照规定移交相关部门或者机构处理。

第三十五条　中央企业对有关人员在案件管理过程中玩忽职守、滥用职权、谋取私利，给企业造成资产损失或者其他严重不良后果的，应当按照规定追究相关人员责任。

第三十六条　国务院国资委对中央企业违反本办法规定，因案件管理不到位造成损失的，可以约谈相关企业并责令整改；对因违规行为引发重大案件并造成重大损失的，根据有关规定在中央企业负责人经营业绩考核中扣减相应分值，并对相关人员开展责任追究；对涉嫌违纪违法的，按照规定移交相关部门或者机构处理。

第七章　附　则

第三十七条　地方国有资产监督管理机构可参照本办法，指导所出资企业加强案件管理工作。

第三十八条　本办法由国务院国资委负责解释。

第三十九条　本办法自2023年8月1日起施行。《中央企业重大法律纠纷案件管理暂行办法》（国资委令第11号）同时废止。

关于印发创建世界一流示范企业和专精特新示范企业名单的通知

（国资厅发改革〔2023〕4号）

各中央企业，各省、自治区、直辖市及计划单列市和新疆生产建设兵团国资委：

为全面贯彻党的二十大精神，深入落实党中央、国务院关于加快建设世界一流企业的决策部署，在11家中央企业创建世界一流示范企业工作取得积极成效的基础上，国务院国资委组织中央企业和地方国资委同步开展创建世界一流示范企业和专精特新示范企业"双示范"行动。经过企业申报、专家评审、征求意见等环节，已确定示范企业名单，现印发给你们。请深入做好创建工作，聚焦促进企业提高核心竞争力和增强核心功能，努力打造一批产品卓越、品牌卓著、创新领先、治理现代的世界一流企业和专业突出、创新驱动、管理精益、特色明显的世界一流专精特新企业。

国务院国资委将强化跟踪指导，适时总结评估，动态调整示范企业名单。同时，挖掘总结典型，加强宣传推广，营造浓厚创建氛围，推动企业加快实现高质量发展，并充分发挥示范带动作用。

创建世界一流示范企业和专精特新示范企业名单

一、创建世界一流示范企业（地方国有企业7家）

1. 上海汽车集团股份有限公司
2. 安徽海螺集团有限责任公司
3. 深圳市投资控股有限公司
4. 潍柴控股集团有限公司
5. 京东方科技集团股份有限公司
6. 万华化学集团股份有限公司
7. 宁波舟山港集团有限公司

二、创建世界一流专精特新示范企业（200家）

中国核工业集团有限公司

1. 中国核能电力股份有限公司
2. 同方威视技术股份有限公司

中国航天科技集团有限公司

3. 中国运载火箭技术研究院
4. 中国空间技术研究院
5. 上海航天技术研究院

中国航天科工集团有限公司

6. 航天信息股份有限公司
7. 中国航天科工三院三十一所（北京动力机械研究所）

中国航空工业集团有限公司

8. 中航光电科技股份有限公司
9. 中航（成都）无人机系统股份有限公司
10. 中航复合材料有限责任公司

中国船舶集团有限公司

11. 中船重工安谱（湖北）仪器有限公司

中国兵器工业集团有限公司

12. 武汉重型机床集团有限公司
13. 内蒙古北方重型汽车股份有限公司

中国兵器装备集团有限公司

14. 重庆长安汽车股份有限公司
15. 重庆青山工业有限责任公司

中国电子科技集团有限公司

16. 河北中瓷电子科技股份有限公司

中国航空发动机集团有限公司

17. 中国航发南方工业有限公司

中国石油天然气集团有限公司

18. 中国石油天然气股份有限公司塔里木油田分公司

19. 中国石油集团东方地球物理勘探有限责任公司

20. 中国石油天然气股份有限公司独山子石化分公司中国石油化工集团有限公司

21. 中国石化催化剂有限公司

22. 中国石化润滑油有限公司

23. 中石化经纬有限公司

中国海洋石油集团有限公司

24. 中海油田服务股份有限公司

国家石油天然气管网集团有限公司

25. 国家石油天然气管网集团有限公司科学技术研究总院分公司

国家电网有限公司

26. 北京智芯微电子科技有限公司

27. 国网智能科技股份有限公司

28. 国网信息通信产业集团有限公司

中国南方电网有限责任公司

29. 南方电网数字电网研究院有限公司

30. 南方电网科学研究院有限责任公司

31. 南方电网电力科技股份有限公司

中国华能集团有限公司

32. 西安热工研究院有限公司

33. 中国华能集团清洁能源技术研究院有限公司

34. 华能澜沧江水电股份有限公司

中国大唐集团有限公司

35. 中国大唐集团绿色低碳发展有限公司

中国华电集团有限公司

36. 南京国电南自维美德自动化有限公司

37. 华电重工股份有限公司

国家电力投资集团有限公司

38. 国核宝钛锆业股份公司

39. 上海核工程研究设计院股份有限公司

40. 中能融合智慧科技有限公司

中国长江三峡集团有限公司

41. 中国长江电力股份有限公司

42. 中国三峡新能源(集团)股份有限公司

国家能源投资集团有限责任公司

43. 国能榆林化工有限公司

44. 国能朔黄铁路发展有限责任公司

45. 国能智深控制技术有限公司

中国电信集团有限公司

46. 天翼云科技有限公司

中国联合网络通信集团有限公司

47. 联通数字科技有限公司

48. 中讯邮电咨询设计院有限公司

中国移动通信集团有限公司

49. 中移(苏州)软件技术有限公司

中国电子信息产业集团有限公司

50. 麒麟软件有限公司

中国第一汽车集团有限公司

51. 一汽解放汽车有限公司

东风汽车集团有限公司

52. 深圳联友科技有限公司

中国一重集团有限公司

53. 一重集团(黑龙江)专项装备科技有限公司

中国机械工业集团有限公司

54. 合肥通用机械研究院有限公司

55. 第一拖拉机股份有限公司

56. 中机试验装备股份有限公司

哈尔滨电气集团有限公司

57. 哈尔滨电气集团佳木斯电机股份有限公司

58. 哈尔滨电机厂有限责任公司

59. 哈电集团哈尔滨电站阀门有限公司

中国东方电气集团有限公司

60. 四川东树新材料有限公司

61. 四川宏华电气有限责任公司

鞍钢集团有限公司

62. 攀钢集团钒钛资源股份有限公司

中国宝武钢铁集团有限公司

63. 欧冶链金再生资源有限公司

64. 中钢集团邢台机械轧辊有限公司

65. 中钢洛耐科技股份有限公司

中国铝业集团有限公司

66. 云南驰宏国际锗业有限公司

中国远洋海运集团有限公司

67. 中远关西涂料化工(天津)有限公司

中国中化控股有限责任公司

68. 圣奥化学科技有限公司

69. 西北橡胶塑料研究设计院有限公司

中粮集团有限公司

70. 中粮科工股份有限公司

中国五矿集团有限公司

71. 株洲硬质合金集团有限公司

72. 中冶赛迪集团有限公司

中国通用技术(集团)控股有限责任公司

73. 天津市天锻压力机有限公司

中国建筑集团有限公司

74. 中建西部建设股份有限公司

75. 中建钢构工程有限公司

76. 中建三局智能技术有限公司

中国储备粮管理集团有限公司

77. 中储粮成都储藏研究院有限公司

国家开发投资集团有限公司

78. 合肥波林新材料股份有限公司

79. 厦门市美亚柏科信息股份有限公司

80. 北京同益中新材料科技股份有限公司

招商局集团有限公司

81. 招商局重庆公路工程检测中心有限公司

华润(集团)有限公司

82. 东营天东制药有限公司

中国旅游集团有限公司[香港中旅(集团)有限公司]

83. 中国旅游集团中免股份有限公司

中国商用飞机有限责任公司

84. 上海飞机制造有限公司

中国节能环保集团有限公司

85. 烟台九目化学股份有限公司

中国诚通控股集团有限公司

86. 天津力神电池股份有限公司

中国中煤能源集团有限公司

87. 中煤西安设计工程有限责任公司

中国煤炭科工集团有限公司

88. 北京天玛智控科技股份有限公司

中国机械科学研究总院集团有限公司

89. 北自所(北京)科技发展股份有限公司

中国钢研科技集团有限公司

90. 北京安泰钢研超硬材料制品有限责任公司中国化学工程集团有限公司

91. 中国天辰工程有限公司

中国盐业集团有限公司

92. 中盐内蒙古化工钠业有限公司

中国建材集团有限公司

93. 中国巨石股份有限公司

94. 中复神鹰碳纤维股份有限公司

中国有色矿业集团有限公司

95. 宁夏东方钽业股份有限公司

中国稀土集团有限公司

96. 定南大华新材料资源有限公司

中国有研科技集团有限公司

97. 有研粉末新材料股份有限公司

矿冶科技集团有限公司

98. 北京当升材料科技股份有限公司

99. 北矿检测技术股份有限公司

中国国际技术智力合作集团有限公司

100. 中智关爱通(上海)科技股份有限公司

中国建筑科学研究院有限公司

101. 建科环能科技有限公司

中国中车集团有限公司

102. 株洲中车时代电气股份有限公司

103. 中车制动系统有限公司

104. 沃顿科技股份有限公司

中国铁路通信信号集团有限公司

105. 北京全路通信信号研究设计院集团有限公司

106. 卡斯柯信号有限公司

中国铁路工程集团有限公司

107. 中铁工程装备集团有限公司

108. 中铁大桥局集团有限公司

109. 中铁电气化局集团有限公司

中国铁道建筑集团有限公司

110. 中国铁建电气化局集团有限公司

111. 中铁第四勘察设计院集团有限公司

112. 中国铁建重工集团股份有限公司

中国交通建设集团有限公司

113. 中交第二航务工程局有限公司

114. 上海振华重工(集团)股份有限公司

115. 中交一公局集团有限公司

中国信息通信科技集团有限公司

116. 中信科移动通信技术股份有限公司

中国农业发展集团有限公司

117. 中牧实业股份有限公司

中国林业集团有限公司

118. 中林鑫宙竹缠绕发展有限公司

中国医药集团有限公司

119. 北京天坛生物制品股份有限公司

中国保利集团有限公司

120. 中轻长泰(长沙)智能科技股份有限公司

中国建设科技有限公司

121. 中国市政工程华北设计研究总院有限公司

122. 中国建筑设计研究院有限公司

中国冶金地质总局

123. 黑旋风锯业股份有限公司

中国煤炭地质总局

124. 中煤地华盛水文地质勘察有限公司

新兴际华集团有限公司

125. 新兴铸管股份有限公司

126. 际华集团股份有限公司

中国民航信息集团有限公司

127. 中国民航信息网络股份有限公司

中国航空油料集团有限公司

128. 中航油(北京)机场航空油料有限责任公司

中国航空器材集团有限公司

129. 中航材导航技术(北京)有限公司

中国电力建设集团有限公司

130. 中国电建集团华东勘测设计研究院有限公司

131. 中国水电基础局有限公司

中国能源建设集团有限公司

132. 电力规划总院有限公司

133. 中能建数字科技集团有限公司

中国安能建设集团有限公司

134. 安能重庆建设发展有限公司

中国广核集团有限公司

135. 北京广利核系统工程有限公司

中国华录集团有限公司

136. 北京华录高诚科技有限公司

华侨城集团有限公司

137. 深圳华侨城文化旅游科技集团有限公司

中国电气装备集团有限公司

138. 珠海许继电气有限公司

中国物流集团有限公司

139. 中储南京智慧物流科技有限公司

中国国新控股有限责任公司

140. 中国国新基金管理有限公司

中国检验认证(集团)有限公司

141. 中国汽车工程研究院股份有限公司

中国汽车技术研究中心有限公司

142. 中汽研汽车检验中心(天津)有限公司

中国铁塔股份有限公司

143. 铁塔智联技术有限公司

北京市

144. 北汽蓝谷新能源科技股份有限公司

145. 北京建工环境修复股份有限公司

天津市

146. 天纺标检测认证股份有限公司

河北省

147. 河钢数字技术股份有限公司

山西省

148. 山西潞安环保能源开发股份有限公司

内蒙古自治区

149. 中国北方稀土(集团)高科技股份有限公司

辽宁省

150. 沈阳鼓风机集团股份有限公司

吉林省

151. 吉林化纤集团有限责任公司

黑龙江省

152. 黑龙江省龙科种业集团有限公司

上海市

153. 上海国际港务(集团)股份有限公司
154. 上海电气集团股份有限公司
155. 上海申通地铁集团有限公司

江苏省

156. 无锡华光环保能源集团股份有限公司
157. 江苏联环药业股份有限公司

浙江省

158. 巨化集团有限公司
159. 浙江省能源集团有限公司
160. 杭州汽轮动力集团股份有限公司
161. 杭氧集团股份有限公司

安徽省

162. 安徽皖维高新材料股份有限公司
163. 安徽合力股份有限公司

福建省

164. 福建省长汀金龙稀土有限公司
165. 漳州片仔癀药业股份有限公司

江西省

166. 江西黑猫炭黑股份有限公司

山东省

167. 山东华鲁恒升化工股份有限公司
168. 浪潮电子信息产业股份有限公司
169. 新风光电子科技股份有限公司

河南省

170. 洛阳 LYC 轴承有限公司
171. 河南豫光金铅集团有限责任公司

湖北省

172. 湖北安琪生物集团有限公司

湖南省

173. 湖南华菱线缆股份有限公司
174. 湖南海利常德农药化工有限公司

广东省

175. 广东风华高新科技股份有限公司
176. 广州白云国际机场股份有限公司

广西壮族自治区

177. 柳州欧维姆机械股份有限公司

海南省

178. 海南天然橡胶产业集团金橡有限公司

重庆市

179. 重庆水泵厂有限责任公司
180. 重庆川仪调节阀有限公司

四川省

181. 四川九洲投资控股集团有限公司

贵州省

182. 贵州钢绳股份有限公司
183. 贵州茅台酒厂(集团)红缨子农业科技发展有限公司

云南省

184. 云南省贵金属新材料控股集团有限公司
185. 云南锡业股份有限公司

陕西省

186. 陕西法士特汽车传动集团有限责任公司
187. 陕西汽车集团股份有限公司
188. 秦川机床工具集团股份公司
189. 陕西鼓风机(集团)有限公司

甘肃省

190. 金川集团镍盐有限公司

青海省

191. 青海西部镁业有限公司

宁夏回族自治区

192. 宁夏水投云澜科技股份有限公司

新疆维吾尔自治区

193. 新疆中泰新鑫化工科技股份有限公司

新疆生产建设兵团

194. 新疆兵团勘测设计院(集团)有限责任公司

大连市

195. 大连华锐重工集团股份有限公司

宁波市

196. 浙江华展工程研究设计院有限公司

厦门市

197. 中红普林医疗用品股份有限公司

青岛市

198. 青岛海湾化学股份有限公司

深圳市

199. 深圳能源环保股份有限公司
200. 深圳市环保科技集团股份有限公司

关于印发《中央企业财务决算审核发现问题整改和责任追究工作规定》的通知

（国资发监责规〔2023〕25 号）

各中央企业，委内各厅局：

为进一步加强国有资产监管，健全中央企业财务决算监督管理制度，规范财务决算审核发现问题的整改和责任追究工作，我委制定了《中央企业财务决算审核发现问题整改和责任追究工作规定》，已经国资委 2023 年第 8 次委务会议审议通过，现印发给你们，请遵照执行。

中央企业财务决算审核发现问题整改和责任追究工作规定

第一章 总 则

第一条 为健全中央企业财务决算监督管理制度，规范财务决算审核发现问题的整改和责任追究工作，有效防范化解重大风险，促进中央企业高质量发展，根据《中华人民共和国企业国有资产法》《企业国有资产监督管理暂行条例》《中央企业财务决算报告管理办法》（国资委令第 5 号）和《中央企业违规经营投资责任追究实施办法（试行）》（国资委令第 37 号）等法律法规和有关规定，制定本规定。

第二条 本规定所称财务决算审核发现问题，是指国资委依法履行所出资企业财务监管职能，在中央企业年度财务决算报告审核过程中发现的经营管理问题，以及违反规定造成国有资产损失或其他严重不良后果的问题线索等。

第三条 国资委和中央企业按照国有资本出资关系和干部管理权限，依据财务监管和责任追究有关规定，组织开展财务决算审核发现问题的整改和责任追究工作。

第四条 国资委财务监管部门负责中央企业财务决算报告审核，移送财务决算审核发现违规经营投资问题线索，审核把关整改质量。国资委违规责任追究部门负责财务决算审核发现违规经营投资问题线索办理工作的统筹协调，开展重大违规经营投资问题线索核查，督办指导中央企业责任追究工作。

中央企业负责本企业财务决算审核发现问题整改和责任追究工作的组织实施，健全制度机制，细化工作流程，明确职责分工，强化督促协调，确保整改和责任追究工作落实到位。

第五条 中央企业财务决算审核发现问题整改和责任追究工作，应当坚持问题导向，突出标本兼治；坚持分级分层，压实主体责任；坚持依法合规，严格规范有序；坚持系统思维，加强协同联动。

第二章 问题整改

第六条 国资委财务监管部门对财务决算审核发现问题，应当按照相关工作程序，纳入中央企业年度财务决算批复，并提出整改意见。

第七条 中央企业收到年度财务决算批复后，应当认真组织财务决算审核发现问题整改落实，由企业主要负责人牵头，建立财务、审计、责任追究、法律合规及其他相关职能部门参与的整改工作机制，对照财务决算审核发现问题及整改意见，制定整改工作方案。

第八条 中央企业应当全面梳理财务决算审核发现问题，形成问题整改台账，以清单形式逐项列明整改事项、问题描述、整改措施、责任单位及人员、整改期限等。

第九条 中央企业应当在收到年度财务决算批复后 30 个工作日内将整改工作方案及问题整改台账报送国资委。

第十条 中央企业应当按照整改工作方案，对照问题整改台账，做好整改工作组织实施，从纠正违规行为、完善制度机制、开展责任追究、挽回资产损失或消除不良影响等方面评估整改质量。已完成整改问题应当从问题整改台账中销号，尚未完成整改问题，应当持续跟踪督促，确保整改工作落实到位。

第十一条 中央企业应当在收到年度财务决算批复当年 12 月 31 日前完成整改，并将整改工作报告报送国资委。

第十二条　国资委应当加强对中央企业财务决算审核发现问题整改的指导督促、监督检查，审核把关整改质量，对重大复杂问题国资委财务监管部门征求国资委相关业务厅局意见，保证整改工作效果。

第三章　责任追究

第十三条　国资委和中央企业按照违规经营投资问题线索移送办理有关规定，分级分层做好财务决算审核发现问题的移送、初步核实、分类处置及核查等工作。

第十四条　国资委财务监管部门移送国资委违规责任追究部门的违规经营投资问题线索主要包括：

（一）涉嫌进行虚假会计核算，编制虚假财务报告，操纵会计信息，调节财务指标和监管指标，造成会计信息严重失真，账实严重不符。

（二）涉嫌违反规定开展投资并购，投资项目亏损引发债务危机，危及企业持续经营。

（三）涉嫌违反规定筹集、使用、拆借资金，发生资金挪用、侵占、盗取、欺诈。

（四）涉嫌瞒报、漏报、谎报或迟报企业重大风险及风险事件，情形严重。

（五）涉嫌开展融资性贸易或“空转”“走单”等虚假业务。

（六）涉嫌违反规定对外提供巨额赊销信用、担保或预付款项，以及利用业务预付等方式变相融资。

（七）涉嫌违反规定开展货币类及商品类衍生业务。

（八）涉嫌违反规定更换年度财务决算审计会计师事务所，或授意、指使其出具虚假年度财务决算审计报告。

（九）涉嫌违反规定进行国有资产交易流转。

（十）其他造成国有资产损失或严重不良后果的违规经营投资问题线索。

第十五条　国资委违规责任追究部门受理移送违规经营投资问题线索后，经初步核实，采取核查、督办等方式开展责任追究工作，提级查办屡查屡犯和重大违规经营投资问题线索，依法依规对责任人作出处理。

（一）对涉及中央企业集团层面，或涉及所属子企业且情节严重、造成重大资产损失或其他严重不良后果的，由国资委直接核查。

（二）对涉及中央企业所属二级及以下子企业，且情节较重、资产损失较大，由国资委与中央企业组成核查组，开展联合核查。

（三）对移送的其他财务决算审核发现问题线索，由中央企业组织核查，国资委采取挂牌督办、指导督办等方式进行指导、监督和检查。

第十六条　中央企业应当逐条分析财务决算审核发现问题整改台账，依据本规定第十四条移送情形的规定，对其中造成资产损失或其他严重不良后果的违规经营投资问题线索，按照规定开展移送、初步核实并提出分类处置意见，制定责任追究工作安排，组织开展核查等工作。

第十七条　中央企业应当将责任追究工作安排作为整改工作方案附件，一并报送国资委。责任追究工作安排主要包括以下内容：

（一）初步核实工作开展情况。

（二）发现的违规经营投资问题线索情况。

（三）违规经营投资问题线索分类处置意见。

（四）核查实施主体、时间节点等。

（五）其他工作安排。

第十八条　中央企业应当在责任追究工作安排报送后60个工作日内，将相关工作组织、责任追究等情况形成专项工作报告报送国资委。对于报告时尚未完成责任追究的问题线索，应当纳入企业年度违规经营投资责任追究工作报告，直至问题线索责任追究到位。

第十九条　国资委和中央企业在查办违规经营投资问题线索时，发现企业经营管理人员涉嫌违纪或职务违法的问题线索，按有关规定移送纪检监察机构处理。

第四章　结果运用

第二十条　中央企业应当分析研判财务决算审核发现问题，将多发典型问题作为内部监督工作重点关注事项，根据需要开展专项检查。对检查发现问题做好整改和责任追究工作，重要工作情况及时报告国资委。

第二十一条　中央企业应当研究财务决算审核发现问题发生的深层次原因，健全完善经营管理制度，形成长效机制。对于形成原因较为复杂、涉及面较广的问题，通过专项治理、深化改革加以解决，从根源上防范化解问题发生，杜绝同一问题屡查屡犯。

第二十二条　中央企业在财务决算审核发现问题整改和责任追究工作中发生下列情形之一，造成贻误追损时机、资产损失或严重不良后果扩大的，应当按照有关规定追究相关企业和人员责任。

（一）未在规定时限内完成财务决算审核发现问题整改和责任追究，且未能说明原因或原因不充分的。

（二）对财务决算审核发现问题应当移送开展责任追究工作，而隐匿不报未移送的。

（三）因财务决算审核发现问题整改落实不力或责任追究不到位导致同类问题屡禁不止，造成重大国有资产损失或其他严重不良后果的。

（四）财务决算审核发现问题整改和责任追究工作中其他未履行或未正确履行职责，造成重大国有资产损失或其他严重不良后果的。

第二十三条　国资委应当汇总分析中央企业财务决算审核发现问题整改和责任追究工作情况，对普遍共性问题有针对性地完善国资监管政策制度，根据需要组织开展专项督导和核查，指导中央企业健全财务管理和责任追究体系，提升国资监管效能。

第五章　附　则

第二十四条　中央企业应当根据本规定，结合本企业实际情况，研究制定相关制度规定，细化财务决算审核发现问题的整改和责任追究工作程序，明确职责分工，深化成果运用等。

第二十五条　本规定由国资委负责解释。

第二十六条　本规定自印发之日起施行。

关于做好2023年中央企业违规经营投资责任追究工作的通知

（国资厅发监责〔2023〕10号）

各中央企业：

2022年，各中央企业以习近平新时代中国特色社会主义思想为指导，深入贯彻党中央、国务院关于加强国有企业违规经营投资责任追究的决策部署，持续推动违规经营投资责任追究工作走深走实，国企改革三年行动任务顺利完成，责任追究工作体系不断健全，追责力度精度持续提升，企业合规经营理念有效强化，为促进中央企业高质量发展提供有力保障。但同时也要看到，中央企业责任追究工作总体上开展还不平衡，部分企业存在不愿追责、不敢追责、不会追责的“三不”问题，有的企业监督协同贯通不够、追责成果运用有待加强、监督追责权威性需要进一步提升。为深入贯彻党的二十大精神，落实中央经济工作会议部署，按照中央企业负责人会议工作安排，现就做好2023年中央企业违规经营投资责任追究工作的有关事项通知如下：

一、总体要求

以习近平新时代中国特色社会主义思想为指导，全面学习、全面把握、全面落实党的二十大精神，贯彻中央经济工作会议部署，按照中央企业负责人会议有关工作安排，持续深化中央企业违规经营投资责任追究工作，突出提升责任追究震慑性、监督协同系统性、制度机制完备性、工作手段有效性。进一步健全违规经营投资责任追究工作体系和工作机制，强化责任追究“反向查、正向建”作用，切实维护国有资产安全，有效防范化解重大风险，为做强做优做大国有资本和国有企业，加快建设世界一流企业提供坚强保障。

二、重点任务

（一）加强保障夯基础，健全完善权威高效追责体系。各中央企业要坚持“两个一以贯之”，与国企改革政策文件再对标对表，持续构建权责清晰、约束有效的经营投资责任体系，健全用好责任追究工作机制。一是强化责任追究工作领导机制。始终将党的领导贯穿于责任追究工作全过程、各方面，推动责任追究工作在强化公司治理中发挥更大作用。加强党委（党组）对责任追究工作的统筹协调和督促落实，董事会及其相关专门委员会要研究部署和指导推动责任追究重点工作，经理层要依法行使经营管理权并配合支持责任追究工作，推动各治理主体一体落实监督追责职责。二是健全责任追究工作体系。对照国企改革三年行动有关责任追究工作的任务目标和考核要求，结合国企改革深化提升行动，从组织体系、制度体系和工作机制等方面进行全面自查，补齐短板、强化弱项，持续夯实工作体系建设成果。对新设立的中央企业或新投资并购的子企业，要同步明确责任追究职责主体，建立工作制度机制，确保工作体系有效覆盖。三是加强责任追究工作机制运行。集团公司要发挥主动追责、敢于追责、善于追责的引领带动作用，通过联合核查、挂牌督办、提级办理等方式加大子企业工作指导力度，把贯通追责优势转化为加强集团管控的实际效能。对违规"零报告"、追责"零查处"的子企业，要倒查工作机制设计和落实执行，针对性加以指导和解决，不断深化追责工作。

（二）加强震慑筑防线，严肃查处重大违规问题线索。各中央企业要把"查大案、盯高发、治顽疾"作为做好责任追究工作的主攻方向，抓牢抓实违规问题线索查处工作，坚决防止"破窗效应"，切实筑牢维护国有资产安全防线。一是紧盯重大违规问题。对党中央、国务院关注，国资委交办的重大违规问题线索予以重点查办，着力查处触碰国家法律"红线"的严重违规问题，历经多届企业领导班子或多位负责人的"惯性"违规问题，以及涉及上市公司、社会关注度高的问题等。二是紧盯违规问题高发领域。强化对企业权力集中、资金密集、资源富集、资产聚集部门和岗位的监督，严查股权投资、工程建设、资金管理、对外担保、金融业务等领域违规问题线索，依法依规追究有关人员责任。三是紧盯屡禁不止"牛皮癣"问题。对国资委三令五申严禁的融资性贸易、"空转""走单"虚假业务问题"零容忍"，一经发现即由集团公司或上级企业提级查办，涉及二级子企业或年内全集团累计发现 3 件上述同类问题的，应当报告国资委，由国资委提级查办。

（三）加强联动聚合力，发挥监督管理协同综合效能。各中央企业要加强责任追究与业务管理、内部审计、专项治理等工作的协同贯通，充分发挥责任追究震慑遏制作用，坚决防止问题"空转"和屡查屡犯，提升联防联治效果。一是强化财务监督联动。以落实《关于印发〈中央企业财务决算审核发现问题整改和责任追究工作规定〉的通知》（国资发监责规〔2023〕25号）为契机，切实做好财务决算审核发现问题的责任追究工作，提升财务监督的权威刚性。同时结合企业实际，研究制定相关制度规定，细化财务决算审核发现问题的整改和责任追究工作程序。二是强化专项治理联动。在国资委组织开展的虚假贸易业务、粮食购销、工程项目等领域的专项治理工作中，要将企业违规责任追究部门纳入专项治理工作机制，对排查发现的问题线索，要开展初步核实并按专项分别建立违规问题台账，对造成资产损失或其他严重不良后果的，及时组织核查和责任追究。集团公司要重点关注专项治理工作中违规问题线索"零报告、零移交、零追责"的子企业，针对性开展督导检查，严肃追究漏报、瞒报或隐匿不查等责任。三是强化专门监督联动。从严从实做好审计成果运用，加大审计发现问题的核查和责任追究力度，防止"问题企业改、责任无人担"而滋生的屡审屡犯现象。要增强责任追究工作穿透力，重点关注违规问题背后的利益动因，将发现的涉嫌利益输送、化公为私等腐败问题和违法违纪线索及时移送纪检监察机构，强化责任追究震慑力。

（四）加强整改促提升，发挥防范化解重大风险作用。各中央企业要注重发挥责任追究促整改、促提升正向作用，把查办违规问题、完善内部控制制度、规范提升管理贯通起来，从制度机制上提升防范化解重大风险能力。一是深度推广管理提升建议书。重点反映企业存在的突出违规问题，深入挖掘违规问题背后的制度缺失和管理漏洞，针对性提出强化管理和制度建设的意见建议。2023 年，各中央企业要将当年办结的一半以上核查项目形成管理提升建议书，同时高度关注房地产信托、政府和社会资本合作（PPP）项目、非主业投资等存在风险，针对性提出管理提升建议，更好发挥责任追究工作"防未病"作用。二是加大督促整改工作力度。要把整改到位作为违规问题对账销号的重要条件，从纠正违规行为、完善制度机制、开展责任追究、挽回资产损失和消除不良影响等方面评估整改质量。对未完成整改的问题，应当持续跟踪督促，确保整改工作落实到位。三是强化典型案例警示效果。加强典型违规经营投资责任追究案例通报力度，切实发挥"查办一案、警示一片"作用。对国资监管通报反映的典型、共性违规问题，要举一反三加大问题自查力度，抓紧完善相关内控制度，堵塞管理漏洞。将提升企业重大投资决策水平作为案例警示的重要发力点，强化与董事会成员，特别是外部董事的信息共享，采取会议集中通报、个别座谈交流、印送摘编报告等形式，及时知会典型违规案例，从源头上推动合规决策、科学决策。

（五）加强手段畅通道，持续做实监督追责信息化工作。各中央企业要注重发挥信息化对责任追究工作的支撑作用，建好用好监督追责信息系统，并以信息系统为依托贯通报告渠道。一是实现系统对接。持续推动监督追责信息系统迭代升级，按照国资监管数字化、网络化、智能化的目标要求，2023 年 6 月底前全面完成系统对接，强化数据标准化、动态化管理，进一步提升监管实时性、精准性和有效性。二是加强数据应用。深入推进监督追责业务与信息化的深度融合，加强数据横向采集和纵向贯通，实现动态汇总分析和数据穿透可视，加快提升监督追责智能化水平。三是做好季度报告。依托中央企业违规经营投资责任追究工作在线填报系统，落实好责任追究季度报告机制，及时收集、汇总并填报违规问题线索受理、立项、核查等动态进展，按要求向国资委报告责任追究工作情况。

（六）加强力量增能力，不断提升责任追究队伍素质。各中央企业要高度重视责任追究队伍建设，切实采取有力措施，打造一支政治强、业务精、作风优、纪律严的监督队伍。一是建强专职队伍。要强化责任追究工作力量配备，探索依托审计中心或采取类似模式，建设与企业规模体量、所处行业特点、监督管理需求等相适应的责任追究专职队伍，把政治素质和业务能力"双过硬"的干部放在责任追究岗位上，进一步夯实追责工作组织基础。二是用好人才库。要建设一支可由集团公司统一调配的企业责任追究工作专业人才库，及时补充财务、投资、金融、内控、法律等专业人员入库并参与违规问题核查，为责任追究工作提供有效支撑。同时，向国资委推荐优秀专业人才，加入中央企业监督追责专业人才队伍。三是做实教育培训。要加大培训力度，结合实际组织系统内违规责任追究队伍专门培训，积极派员参加审计、内控、财务、投资等专业培训，提高精准监督能力。加强责任追究队伍监督约束，树立法治思维，完善约束机制，强化提醒提示，使铁的纪律和实的作风成为责任追究干部的日常习惯和自觉遵循。

三、组织保障

（一）加强组织实施。各中央企业要高度重视违规经营投资责任追究工作，结合实际细化本通知重点任务，制定工作方案，提出可操作、可检验、可衡量的落实举措，明确时间节点和责任主体，推进重点任务落实到位。

（二）强化沟通报告。各中央企业要做好重点任务落实情况的报告，除已明确需及时报告的单项任务外，其他工作任务完成情况均纳入年度责任追究工作定期报告。要注重总结提炼责任追究工作的经验做法，形成的工作成效和创新成果及时报送国资委，遇到的问题及相关工作意见建议请沟通反映。

（三）深入指导交流。国资委将通过行业交流、调研督导、专项检查等方式强化对中央企业责任追究工作的督促指导，搭建责任追究工作交流平台。各中央企业要综合运用多种方式加强对子企业的督促指导和调研评估，推动提高责任追究工作整体水平。

关于印发《中央企业债券发行管理办法》的通知

（国资发产权规〔2023〕34 号）

各中央企业：

《中央企业债券发行管理办法》已经国资委 2023 年第 9 次委务会审议通过，现印发给你们，请遵照执行。

中央企业债券发行管理办法

第一章　总　则

第一条　为依法履行出资人职责，规范中央企业债券发行，利用债券融资推动国有资本和国有企业做强做优做大，提升企业核心竞争力，根据《中华人民共和国公司法》《中华人民共和国证券法》《中华人民共和国企业国有资产法》和《企业国有资产监督管理暂行条例》（国务院令第 378 号）等有关法律法规规定，制定本办法。

第二条　本办法所称中央企业，是指国务院国有资产监督管理委员会(以下简称国资委)代表国务院履行出资人职责的国家出资企业。本办法所称债券，是指中央企业及其各级子企业在境内外债券市场发行的公司信用类债券，包括企业债券、公司债券、非金融企业债务融资工具、金融债等。

第三条　中央企业债券发行管理遵循以下原则：

(一)坚持服务主业实业发展。中央企业结合主业实业发展需要制定债券发行计划，保障国家重大战略、重大工程、重点项目建设和实体经济发展，加快关键核心技术攻关，打造原创技术策源地和现代产业链链长，为实现高水平科技自立自强、提升产业链供应链韧性和安全水平提供资金支持。

(二)坚持分级分类管理。国资委以管资本为主管控中央企业整体资产负债水平和集团公司债券发行计划，中央企业依法依规决定所属子企业债券发行，加强对债券发行规模大、债券违约风险高的重点行业、重点企业监管。

(三)坚持债券全流程管控。加强制度建设、债券发行计划制定、债券发行事前审核、存量债券动态监测、债券兑付安排等全过程管理，切实提高管控水平，防范债券违约风险。

第四条　国资委依法建立健全中央企业债券发行监管体系，审核批准中央企业集团公司年度债券发行计划，推动中央企业强化债券全流程管控，有效防范债券违约风险，对中央企业债券发行违规事项造成国有资产损失以及其他严重不良后果的进行责任追究。

第五条　中央企业是债券发行管理的责任主体，负责建立本企业债券发行管理制度并组织实施，管理制度应当包括以下内容：

(一)债券发行管理原则。

(二)工作流程、管理部门及相关职责。

(三)债券发行主体管理要求。

(四)存量债券管理措施。

(五)债券风险防控措施。

(六)违规责任追究。

企业债券发行管理制度应当经内部决策机构审议通过后报送国资委。

第二章　债券发行计划管理

第六条　中央企业债券发行实行年度计划管理。中央企业制订年度财务预算时，综合考虑发展战略、投资计划、资金需求、资产负债水平、融资成本等因素，确定集团公司及所属子企业年度债券发行计划。中央企业年度债券发行计划主要包括集团公司及所属子企业存量债券情况、年度债券发行额度(包括一年期以内的短期债券净融资额、中长期债券发行总额、权益类债券发行总额)、募集资金用途、债券偿付计划等内容。

第七条　中央企业集团公司年度债券发行计划由国资委审核批准。股权多元化中央企业股东会(股东大会)审议集团公司年度债券发行计划时，应当将相关材料报送包括国资委在内的全体股东，国资委出具意见后，由其股东代表在股东会(股东大会)上行使表决权。中央企业应当于每年年初向国资委报送以下材料：

(一)集团公司年度债券发行计划的请示。

(二)集团公司年度债券发行计划表。

(三)可行性研究报告，包括宏观经济环境、债券市场环境、企业所处行业状况、同行业企业近期债券发行情况；企业生产经营情况、财务状况、债券余额；年度债券发行计划，包括发行规模、品种、期限、利率，募集资金用途和效益预测，拟投资项目纳入年度投资计划情况；债券发行金额对企业财务状况和经营业绩的影响，企业偿债能力分析，债券发行计划纳入年度预算情况、符合相关法律法规和国资委债券管理相关规定情况；风险防控机制和流程，可能出现的风险及应对方案。

(四)董事会决策文件。

(五)其他必要文件。

第八条　中央企业在报送集团公司年度债券发行计划表时，应当一并报送所属各级子企业年度债券发行计划；集团公司当年无债券发行计划的，中央企业应当汇总所属各级子企业年度债券发行计划报送国资委备案。

第九条　国资委根据国有经济布局优化和结构调整、中央企业高质量发展、中央企业债券违约风险防控等总体要求，主要从企业主业发展资金需求、公司治理机制、资产负债水平、风险防控机制建设等方面，审核批准中央企业集团公司年度债券发行计划。严格管控资产负债率超过警戒线、持续经营亏损、经营活动现金净流量为负数的中央企业债券发行额度。

第十条　中央企业集团公司可以在国资委批准的年度债券发行计划范围内自行确定债券发行具体时间、品种、期限，年度实际发行额拟超出国资委批准的年度债券发行计划的，应当将超出额度的每笔债券发行方案报国资委批准。

第十一条　国资委批准的中央企业集团公司年度债券发行计划当年有效，不与中央企业在债券市场注册的债券额度挂钩。

第十二条　中央企业依据有关法律法规及内部管理制度确定所属各级子企业债券发行管理权限，明确债券发行管理部门、管理流程和内控机制。

第十三条　中央企业应当建立债券发行主体认定机制，综合考虑子企业行业领域、财务指标、资产负债水平、信用评级、风险防控等基本条件，确定可以发行债券的子企业标准或名单。严格限制信用评级低、产权层级低、债券发行利率明显偏高、债券违约风险尚未解决的子企业发行债券。

第十四条　中央企业应当重点管控信用评级低、集中到期债券规模大、现金流紧张、经营指标显著恶化的子企业债券发行，债券发行审批应当由中央企业集团公司负责。

第三章　债券全流程管控

第十五条　中央企业应当结合年度投资计划、经营现金流、融资成本等因素，合理确定债券品种和债券期限，做好融资结构与资金安全的平衡、偿债时间与现金流量的匹配，防范短期债券滚动接续可能产生的风险，逐步提高中长期债券发行占比，防止短债长投、兑付期限过度集中等问题，逐步形成债券期限合理、融资成本最优的债券融资结构。

第十六条　中央企业应当积极利用债券市场注册制改革、债券市场基础设施互联互通、债券品种创新等资本市场重大改革举措，通过发行科技创新债券、碳中和碳达峰债券、乡村振兴债券、资产支持证券等创新品种，有效服务国家重大战略。

第十七条　中央企业应当科学论证发行永续债等权益类债券的必要性，充分考虑永续债对企业融资成本、偿债能力、高质量发展的影响，严格按相关规定控制永续债占企业净资产比重，合理控制永续债规模，所属子企业扩大永续债规模的原则上应当报中央企业集团公司批准。

第十八条　中央企业应当加强对境外债券市场融资环境研判，结合境外业务发展资金需求，积极维护投资者关系和良好国际信用评级，探索多市场、多币种发行境外债券，拓展融资渠道。建立健全境外债券风险防控机制，积极主动应对相关风险挑战，对于到期债券提前做好还款预案和相关资金安排，有效防范债券违约风险，统筹做好境外债券发行、募集资金使用和债券兑付相关工作。

第十九条　债券存续期内，中央企业应当严格遵守资本市场规则和监管要求，切实履行在募集说明书及其他相关文件中承诺的信息披露义务，及时披露可能影响偿债能力或投资者权益的重大事项。

第二十条　中央企业应当依照募集说明书披露的用途使用募集资金，投资项目回报率一般应当高于资金成本。严格执行国家金融监管政策，按照融资协议约定的用途使用资金，突出主业、聚焦实业，严禁过度融资形成资金无效淤积，严禁资金空转、脱实向虚，严禁挪用资金、违规套利。

第二十一条　中央企业应当及时通过国资委产权管理综合信息系统逐笔填报集团公司及所属子企业债券发行及兑付情况，实时在线监测全部存量债券，重点监测重点子企业存量债券及可能存在违约风险的债券。

第二十二条　中央企业应当高度重视债券违约风险防控，严禁恶意逃废债行为，维护投资者关系和市场形象。健全风险识别机制，做到早识别、早预警、早处置。稳妥处置违约风险，对确有兑付困难的企业，要提前与债券持有人沟通确定处置方案，通过债券展期、置换、现金要约收购、借助央企信用保障基金支持等方式主动化解风险。

第二十三条　出现可能影响债券本息兑付的事项时，中央企业应当在债券到期日 7 日前将相关情况及应急预案书面报告国资委。发生债券违约风险事件的应当按照《关于印发〈中央企业重大经营风险事件报告工作规则〉的通知》(国资发监督规〔2021〕103号)有关要求及时报告并妥善处置。

第二十四条　中央企业应当于每年1月31日前核对国资委产权管理综合信息系统填报的上年度债券数据准确性、完整性,全面体现年度债券发行计划执行情况。

第四章　监督追责

第二十五条　国资委将中央企业债券发行工作列入监督检查范围,采取抽查、专项检查等方式,对中央企业债券发行管理情况实施监督评估。对未按要求报送材料的企业,国资委将给予通报批评。

第二十六条　中央企业发生未按规定履行年度债券发行计划报批程序、发现债券违约风险隐瞒不报和未按规定处置债券违约风险等违规行为,造成国有资产损失或其他严重不良后果的,国资委将按照《中央企业违规经营投资责任追究实施办法(试行)》(国资委令第37号)等有关规定,追究相关责任人员的责任。

第二十七条　国资委相关工作人员违反本办法规定审批中央企业集团公司年度债券发行计划并造成不良影响的,国资委责令其改正;造成国有资产损失的,依法追究相关责任;涉嫌犯罪的,依法移送监察机关或司法机关处理。

第五章　附　则

第二十八条　中央企业发行可交换公司债券、可转换公司债券,按照《上市公司国有股权监督管理办法》(国资委　财政部　证监会令第36号)等规定执行。

第二十九条　本办法由国资委负责解释。

第三十条　本办法自印发之日起施行。《中央企业债券发行管理暂行办法》同时废止。

关于做好2023年春耕化肥保供稳价工作的通知

(发改经贸〔2023〕149号)

各省、自治区、直辖市及新疆生产建设兵团发展改革委、工业和信息化主管部门、财政厅(局)、生态环境厅(局)、交通运输厅(局)、水利厅(局)、农业农村厅(局)、商务厅(委)、国资委,海关总署广东分署、各直属海关,市场监管局(委、厅),供销合作社,各铁路局集团公司,农业发展银行各省级分行,中国石油天然气集团公司、中国石油化工集团公司、中国海洋石油集团有限公司、国家电网有限公司、中远海运集团、国家能源集团、中国中煤能源集团有限公司、国投集团公司、中国中化控股有限责任公司、中国供销集团有限公司、中国农业发展集团有限公司,全国煤炭交易中心,中国石油和化学工业联合会、中国农业生产资料流通协会:

化肥是农业生产的重要基础物资。2022年受国内外多重因素叠加影响,国内化肥市场形势复杂多变,经过各方面共同努力,化肥保供稳价工作取得积极成效,较好保障了国内农业生产需要。2023年是全面贯彻落实党的二十大精神的开局之年,国内化肥保供稳价工作仍面临不确定、不稳定因素,要以习近平新时代中国特色社会主义思想为指导,坚持稳中求进工作总基调,立足新发展阶段,完整、准确、全面贯彻新发展理念,加快构建新发展格局,统筹发展和安全,积极稳妥推动春耕化肥保供稳价工作高质量发展,切实保障国家粮食安全。现就有关工作通知如下:

一、稳定化肥生产和要素供应

(一)稳定化肥生产。化肥的稳定生产是保供稳价的基础和前提,各地区、各有关单位要充分认识保障国内化肥生产的重要性和紧迫性,主动落实出台的各项政策措施,督促指导重点化肥生产企业坚决落实好2023年最低生产计划,在符合环保、安全生产等要求和水资源支撑保障条件的前提下,推动本地化肥生产企业缩短停产时间,努力开工生产,提高产能利用率,做到"能开尽开、应开尽开"。钾肥生产大省有关部门支持钾肥企业提高钾资源利用效率,提升钾肥自主供应能力。

(二)保障生产要素供应。煤炭供应企业、化肥生产企业要加强供需对接,鼓励煤炭供应企业积极响应化肥生产企业需求,充分考虑化肥产品支农属性,将化肥生产用煤价格维持在合理水平,化肥生产企业要主动与上游煤炭供应企业开展业务对接,积极与煤炭企业建立稳定的商业关系。鼓励煤炭供应企业、铁路与重点化肥生产企业签订产运需三方中长期合同。各地要督促供需企业切实履行煤炭供应合同，及时协调解决企业存在的困难问题。铁路对已签订产运需三方中长期合同的化肥生产用煤运输计划与电煤同等优先安排。全国煤炭交易中心要将经产运需三方自主协商一致、单笔10万吨以上化肥用煤中长期合同，列为重点监管合同，并全部纳入国家诚信履约保障平台进行监管，原则上保证月度履约率不低于80%，季度和年度履约率不低于90%，监管情况按月报送国家发展改革委（经贸司）。中国石油天然气集团公司、中国石油化工集团公司等天然气和硫磺生产供应企业要积极践行企业社会责任，加强气源落实和合同保供力度，保障面向国内市场的化肥生产所需天然气、硫磺等生产要素供应稳定、价格合理，特别是确保化肥生产重点省份原料供应。各地电力运行部门和电网企业要加强电力调度，支持化肥生产企业签订电力中长期合同，除不可抗力因素外，不对化肥生产企业实施有序用电。化肥生产大省在组织电力市场交易时，要继续给予化肥生产企业倾斜支持，电力交易价格较本地燃煤发电基准价最高上浮不超过20%。湖北、贵州、云南等磷矿石产出大省要深入贯彻落实党中央、国务院关于建设全国统一大市场的决策部署，全面清理废除限制磷矿石全国流通的政策规定。钾肥生产大省水利部门要在符合水资源承载能力和生态保护要求的前提下，切实保障钾肥生产用水需求，指导钾肥生产企业合理高效用水。

二、提高化肥流通效率

（三）组织做好化肥干线运输。在疫情防控政策不断优化、生产生活秩序加快恢复、运输需求大量增加的情况下，铁路要积极调集运力，全力满足重点化肥和粮食生产集中地区化肥调运需求，重点向青海、新疆等钾肥生产基地倾斜运力，严格落实农用化肥铁路运价优惠政策。各地交通运输部门要优先保障供应国内的化肥及生产原料水路、公路运输通畅。公铁水等接驳站点要确保化肥高效集疏，优先协调保障化肥周转堆存用地用库、装卸用工、装卸设备和汽运车辆需要。各地要积极主动了解化肥生产企业运输需求，及时协调解决相关困难和问题。

（四）畅通化肥末端流通网络。粮食主产区特别是化肥调入大省相关部门要支持、推动农资流通企业加快备肥进销进度，鼓励农资流通企业与化肥生产企业建立“利益共享、风险共担”的上下游良性合作机制，提高流通领域备肥积极性；积极引导化肥生产流通企业创新营销服务模式，利用微商、电商、直播带货等方式，直接面向终端用户销售化肥，减少化肥流通环节、降低化肥流通成本、提升化肥流通现代化水平。供销社系统企业要充分发挥农资流通主渠道和“国家队”作用，根据当地种植结构实际，加大适销对路品种备货力度，提高余缺调剂能力，保证终端销售网点货源充足，确保春耕期间化肥供应不断档脱销、不误农时；进一步提升县域化肥应急配送能力，保障极端情况下农民用肥需求；保持化肥合理进销差价，主动让利于农民。

三、积极稳妥做好储备和进出口调节

（五）充分发挥储备兜底保障作用。中国海洋石油集团有限公司、中国中化控股有限责任公司、中国供销集团有限公司等重点化肥生产流通企业要按照市场化、法治化原则带头履行社会责任，积极承担国家化肥商业储备任务。各省级发展改革委、供销合作社等部门要会同有关承贷银行切实履行好国家化肥商业储备监督核查责任，督促承储企业严格按照《国家化肥商业储备管理办法》开展储备和投放工作，切实发挥国家化肥商业储备保供稳价作用。各省级发展改革委及时协调工业和信息化、交通运输、铁路等部门和单位以及农发行等有关金融机构，解决本地区国家化肥商业储备承储企业在贷款、运输及货源等方面的困难。中国农业生产资料流通协会要切实做好“国家化肥商业储备数据管理平台”日常运营、维护工作，支持承储企业用好平台，并及时调度、积极反映企业在执行承储任务过程中遇到的问题和困难。

（六）优化完善进出口工作。主营进口企业要进一步做好钾肥进口工作，与国内接卸港口企业提前做好进口化肥船舶到港计划衔接，及时从港口提离进口货物，避免压港。深入挖掘国际铁路进口钾肥运输潜力，积极提供优质高效运输服务，优先保障进口钾肥口岸接运换装，鼓励有条件的地方出台进口钾肥运价优惠补助政策。航运企业要积极克服各方面困难，全力保障进口钾肥海运运输需求。交通运输部门要及时督促有关港口优先接卸进口到港钾肥及硫磺等化肥生产原料，除不可抗力因素外，优先安排进口钾肥、硫磺海运船舶靠港。各直属海关要为进口钾肥、硫磺提供通关便利，加快通关速度；继续执行好化肥出口检验制度，确保出口化肥质量。化肥行业协会要引导化肥企业加强行业自律，倡导企业持续优化内外销结构，春耕期间保障好国内用肥需求。

四、规范化肥市场生产经营秩序

（七）打击制售假冒伪劣化肥行为。各地农业农村、市场监管部门要会同有关部门继续深入开展农资打假专项行动，加强从源头到地头、从生产到消费、从线下到线上的全链条各环节协同联动监管，切实加大对虚标含量、偷换养分、掺杂使假、以次充好、标识欺诈等制售假劣肥料违法行为的打击力度，及时通过新闻媒体曝光典型案例。鼓励企业、媒体、个人等社会各界积极参与农资打假工作，提高农民维权意识和维权能力，畅通维权投诉举报渠道，发挥相关部门投诉举报热线及平台作用，切实维护化肥市场正常生产经营秩序和农民合法权益。加大化肥知识普及力度，增强农民识假辨假能力，提高农民对施用假冒伪劣化肥危害的认识，引导农民通过正规渠道购买化肥。各地要引导和鼓励化肥生产企业按照《化肥产品追溯系统要求》标准建设产品追溯系统，加快实现化肥生产销售全程可追溯，坚决打击制假售假行为。

（八）净化化肥市场经营环境。各地市场监管部门要加大化肥市场监管力度，严厉查处化肥市场经营者相互串通、囤积居奇、捏造散布涨价信息等操纵市场、哄抬价格的违法行为。化肥行业协会要及时发布真实客观的化肥市场形势和价格信息，针对化肥市场虚假信息、错误观点和言论及时发声纠正，营造良好市场舆论氛围；加强国际和国内化肥价格监测，相关变动情况及时向有关部门报告。

五、提升肥料施用水平

（九）持续推进化肥减量化。各地农业农村部门、供销合作社要不断提高农民科学施肥意识和水平，加大力度普及科学施肥知识，积极推广测土配方施肥、机械深施、水肥一体化等科学施肥技术，引导农户科学施用缓控释肥料等新型肥料，推广应用种肥同播机、侧深施肥机等高效施肥机械；积极发展统测统配、智能配肥、代施代管等农化服务，提升施肥专业化、集约化水平和肥料利用率，推进化肥减量增效。

（十）加快提高有机肥替代水平。各地农业农村部门要统筹用好有机肥资源，因地制宜推广有机肥、生物有机肥、有机无机复混肥等，促进有机无机结合，指导农民通过增施有机肥、种植绿肥、秸秆还田、生物固氮等方式替代部分化学肥料投入，实现多元替代。

各地方、各方面要高度重视春耕化肥保供稳价工作，加大统筹协调力度，集中力量开展工作。省级发展改革委牵头本地区春耕化肥保供稳价工作，会同工业和信息化、财政、生态环境、交通运输、水利、农业农村、商务、国资、海关、市场监管、供销、铁路等部门和单位，结合本地实际，5 月底前定期或不定期开展会商，集中分析研判本地区春耕化肥市场供需和价格形势，主动协调解决化肥生产、运输、储备、销售、使用等环节存在的问题，其中 13 个粮食主产省要成立专门的春耕化肥保供稳价工作专班。5 月底前，各地区、各单位按月（次月前 10 日内）报送国家发展改革委（经贸司）化肥保供稳价工作情况，其中各地区情况由省级发展改革委牵头汇总报送；6 月份至年末，按季度（下一季度前 10 日内）报送工作情况。

特此通知。

关于印发《国有企业、上市公司选聘会计师事务所管理办法》的通知

（财会〔2023〕4 号）

各省、自治区、直辖市财政厅（局）、国资委，深圳市财政局，各计划单列市国资委，新疆生产建设兵团财政局、国资委，各证监局，有关国有企业、上市公司、会计师事务所：

为贯彻落实《国务院办公厅关于进一步规范财务审计秩序　促进注册会计师行业健康发展的意见》（国办发〔2021〕30 号）有关要求，完善国有企业、上市公司选聘会计师事务所有关规定，根据《中华人民共和国公司法》、《中华人民共和国会计法》、《中华人民

共和国注册会计师法》等，我们制定了《国有企业、上市公司选聘会计师事务所管理办法》，现予印发，请遵照执行。

国有企业、上市公司选聘会计师事务所管理办法

第一条　为规范国有企业、上市公司选聘会计师事务所行为，促进注册会计师行业公平竞争，推动提升审计质量，维护利益相关方和会计师事务所的合法权益，根据《中华人民共和国公司法》、《中华人民共和国会计法》、《中华人民共和国注册会计师法》及相关法律法规，制定本办法。

第二条　本办法适用于国有企业和上市公司。本办法所称国有企业，是指国务院和地方人民政府代表国家履行出资人职责的国有独资企业、国有独资公司、国有全资公司，以及国有控股公司。本办法所称上市公司，是指其股票在境内证券交易所上市交易的股份有限公司。

国有控股上市公司应当同时符合本办法中关于国有企业和上市公司的规定。

第三条　本办法所称选聘会计师事务所，是指国有企业、上市公司根据相关法律法规要求，聘任会计师事务所对财务会计报告发表审计意见、出具审计报告的行为。

国有企业、上市公司聘任会计师事务所从事除财务会计报告审计之外的其他法定审计业务的，可以比照本办法执行。

第四条　国有企业选聘会计师事务所，应当由董事会审计委员会（或者类似机构，下同）提出建议后，由股东（大）会或者董事会决定。

对于未设股东（大）会或者董事会的国有企业，由履行出资人职责的机构决定或者授权国有企业决定相关事项。

根据工作需要，履行出资人职责的机构可以直接选聘会计师事务所，对其出资的国有企业进行审计。

第五条　上市公司聘用或解聘会计师事务所，应当由审计委员会审议同意后，提交董事会审议，并由股东大会决定。

第六条　国有企业、上市公司选聘会计师事务所应当采用竞争性谈判、公开招标、邀请招标以及其他能够充分了解会计师事务所胜任能力的选聘方式，保障选聘工作公平、公正进行。

采用竞争性谈判、公开招标、邀请招标等公开选聘方式的，应当通过企业官网等公开渠道发布选聘文件，选聘文件应当包含选聘基本信息、评价要素、具体评分标准等内容。企业应当依法确定选聘文件发布后会计师事务所提交应聘文件的响应时间，确保会计师事务所有充足时间获取选聘信息、准备应聘材料。企业不得以不合理的条件限制或者排斥潜在拟应聘会计师事务所，不得为个别会计师事务所量身定制选聘条件。选聘结果应当及时公示，公示内容应当包括拟选聘会计师事务所和审计费用。

第七条　国有企业、上市公司应当细化选聘会计师事务所的评价标准，对会计师事务所的应聘文件进行评价，并对参与评价人员的评价意见予以记录并保存。

选聘会计师事务所的评价要素，至少应当包括审计费用报价、会计师事务所的资质条件、执业记录、质量管理水平、工作方案、人力及其他资源配备、信息安全管理、风险承担能力水平等。

选聘方应当对每个有效的应聘文件单独评价、打分，汇总各评价要素的得分。其中，质量管理水平的分值权重应不低于40%，审计费用报价的分值权重应不高于15%。

第八条　国有企业、上市公司评价会计师事务所的质量管理水平时，应当重点评价质量管理制度及实施情况，包括项目咨询、意见分歧解决、项目质量复核、项目质量检查、质量管理缺陷识别与整改等方面的政策与程序。

第九条　国有企业、上市公司评价会计师事务所审计费用报价时，应当将满足选聘文件要求的所有会计师事务所审计费用报价的平均值作为选聘基准价，按照下列公式计算审计费用报价得分：

审计费用报价得分＝（1－|选聘基准价－审计费用报价|/选聘基准价）×审计费用报价要素所占权重分值

第十条　国有企业、上市公司选聘会计师事务所

原则上不得设置最高限价，确需设置的，应当在选聘文件中说明该最高限价的确定依据及合理性。

第十一条　聘任期内，国有企业、上市公司和会计师事务所可以根据消费者物价指数、社会平均工资水平变化，以及业务规模、业务复杂程度变化等因素合理调整审计费用。

审计费用较上一年度下降20%以上（含20%）的，上市公司应当按要求在信息披露文件中说明本期审计费用的金额、定价原则、变化情况和变化原因，国有企业应当及时向履行出资人职责的机构报送有关情况说明。

第十二条　国有企业连续聘任同一会计师事务所原则上不超过8年。国有企业因业务需要拟继续聘用同一会计师事务所超过8年的，应当综合考虑会计师事务所前期审计质量、股东评价、监管部门意见等情况，在履行法人治理程序及内部决策程序后，可适当延长聘用年限，但连续聘任期限不得超过10年。

第十三条　审计项目合伙人、签字注册会计师累计实际承担同一国有企业、上市公司审计业务满5年的，之后连续5年不得参与该国有企业、上市公司的审计业务。

审计项目合伙人、签字注册会计师由于工作变动，在不同会计师事务所为同一国有企业、上市公司提供审计服务的期限应当合并计算。

国有企业、上市公司发生重大资产重组、子公司分拆上市，为其提供审计服务的审计项目合伙人、签字注册会计师未变更的，相关审计项目合伙人、签字注册会计师在该重大资产重组、子公司分拆上市前后提供审计服务的期限应当合并计算。

审计项目合伙人、签字注册会计师在公司上市前后审计服务年限应当合并计算。审计项目合伙人、签字注册会计师承担首次公开发行股票或者向不特定对象公开发行股票并上市审计业务的，上市后连续执行审计业务的期限不得超过两年。

第十四条　国有企业、上市公司应当在年度财务决算报告或者年度报告中披露会计师事务所、审计项目合伙人、签字注册会计师的服务年限、审计费用等信息。

上市公司每年应当按要求披露对会计师事务所履职情况评估报告和审计委员会对会计师事务所履行监督职责情况报告，涉及变更会计师事务所的，还应当披露前任会计师事务所情况及上年度审计意见、变更会计师事务所的原因、与前后任会计师事务所的沟通情况等。国有企业应当按照履行出资人职责的机构要求报送有关情况说明。

国有企业、上市公司更换会计师事务所的，应当在被审计年度第四季度结束前完成选聘工作。

第十五条　国有企业、上市公司审计委员会负责选聘会计师事务所工作，并监督其审计工作开展情况。审计委员会应当切实履行下列职责：

（一）按照董事会的授权制定选聘会计师事务所的政策、流程及相关内部控制制度；

（二）提议启动选聘会计师事务所相关工作；

（三）审议选聘文件，确定评价要素和具体评分标准，监督选聘过程；

（四）提出拟选聘会计师事务所及审计费用的建议，提交决策机构决定；

（五）监督及评估会计师事务所审计工作；

（六）定期（至少每年）向董事会提交对受聘会计师事务所的履职情况评估报告及审计委员会履行监督职责情况报告；

（七）负责法律法规、章程和董事会授权的有关选聘会计师事务所的其他事项。

第十六条　国有企业、上市公司审计委员会应当对下列情形保持高度谨慎和关注：

（一）在资产负债表日后至年度报告出具前变更会计师事务所，连续两年变更会计师事务所，或者同一年度多次变更会计师事务所；

（二）拟聘任的会计师事务所近3年因执业质量被多次行政处罚或者多个审计项目正被立案调查；

（三）拟聘任原审计团队转入其他会计师事务所的；

（四）聘任期内审计费用较上一年度发生较大变动，或者选聘的成交价大幅低于基准价；

（五）会计师事务所未按要求实质性轮换审计项目合伙人、签字注册会计师。

第十七条　国有企业、上市公司和受聘会计师事务所对选聘、应聘、评审、受聘文件和相关决策资料应当妥善归档保存，不得伪造、变造、隐匿或者销毁。文件资料的保存期限为选聘结束之日起至少10年。

第十八条　国有企业、上市公司和会计师事务所应当提高信息安全意识，严格遵守国家有关信息安全的法律法规，认真落实监管部门对信息安全的监管要求，切实担负起信息安全的主体责任和保密责任。国有企业、上市公司在选聘时要加强对会计师事务所信息安全管理能力的审查，在选聘合同中应设置单独条款明确信息安全保护责任和要求，在向会计师事务所提供文件资料时加强对涉密敏感信息的管控，有效防范信息泄露风险。会计师事务所应履行信息安全保护义务，依法依规依合同规范信息数据处理活动。

第十九条　财政部门负责对会计师事务所参与应聘有关行为实施监督管理，履行出资人职责的机构以及证券监督管理机构按职责负责对国有企业、上市公司选聘行为实施监督管理。

财政部门可以对违反本办法规定的会计师事务所依法采取责令改正、监管谈话、出具问询函、出具警示函、责令公开说明、责令定期报告等管理措施。

履行出资人职责的机构可以对违反本办法规定的国有企业依法采取通报批评、考核扣分、责任追究、撤销选聘结果、责令更换审计机构等管理措施。

证券监督管理机构可以对违反本办法规定的上市公司依法采取责令改正、监管谈话、出具警示函等管理措施。

第二十条　国有金融企业选聘会计师事务所可以参照本办法执行，国务院财政部门另有规定的，从其规定。

第二十一条　本办法由财政部、国务院国资委、证监会负责解释。

第二十二条　本办法自印发之日起施行。《委托会计师事务所审计招标规范》(财会〔2006〕2号)、《关于会计师事务所承担中央企业财务决算审计有关问题的通知》(财会〔2011〕24号)有关规定与本办法不一致的，以本办法为准。

国有企业当前执行的会计师事务所轮换规定与本办法第十二条规定不一致的，或者没有规定的，由履行出资人职责的机构统筹安排，自本办法施行之日起两年内完成衔接工作。

关于促进退役风电、光伏设备循环利用的指导意见

(发改环资〔2023〕1030号)

各省、自治区、直辖市及计划单列市、新疆生产建设兵团发展改革委、能源局、工业和信息化主管部门、生态环境厅(局)、商务主管部门、国资委：

近年来，我国新能源产业快速发展，风电、光伏等新能源设备大量应用，装机规模稳居全球首位。随着产业加快升级和设备更新换代，新能源设备将面临批量退役问题。为全面贯彻党的二十大精神，深入贯彻《2030年前碳达峰行动方案》有关部署，加快构建废弃物循环利用体系，促进退役风电、光伏设备循环利用，现提出如下意见。

一、总体要求

(一)指导思想

以习近平新时代中国特色社会主义思想为指导，全面贯彻党的二十大精神，深入贯彻习近平生态文明思想，完整、准确、全面贯彻新发展理念，加快构建新发展格局，着力推动高质量发展，加快发展方式绿色转型，深入践行全面节约战略，积极构建覆盖绿色设计、规范回收、高值利用、无害处置等环节的风电和光伏设备循环利用体系，补齐风电、光伏产业链绿色低碳循环发展最后一环，助力实现碳达峰碳中和。

(二)基本原则

——坚持系统观念。坚持从设备全生命周期角度考虑风电、光伏设备退役问题，加强产业链上下游协同，促进退役风电、光伏设备循环利用，实现资源利用效率最大化。

——坚持创新驱动。着力推动退役风电、光伏设备循环利用技术创新、模式创新，促进循环利用技术进步、成本下降、效率提升。鼓励有条件的地方和企业率先行动，培育先进技术和商业模式。

——坚持分类施策。综合考虑产业发展阶段、设备类型和退役情况，远近结合、适度超前，加快规范集

中式风电场、光伏发电站设备循环利用，逐步完善分布式光伏设备处理责任机制。

——坚持区域统筹。结合各地风电、光伏设备生产和退役情况，因地制宜布局退役设备循环利用产业集聚区，支持退役风电、光伏设备在区域间协同利用，加快培育资源循环利用产业。

（三）主要目标

到2025年，集中式风电场、光伏发电站退役设备处理责任机制基本建立，退役风电、光伏设备循环利用相关标准规范进一步完善，资源循环利用关键技术取得突破。到2030年，风电、光伏设备全流程循环利用技术体系基本成熟，资源循环利用模式更加健全，资源循环利用能力与退役规模有效匹配，标准规范更加完善，风电、光伏产业资源循环利用水平显著提升，形成一批退役风电、光伏设备循环利用产业集聚区。

二、重点任务

（一）大力推进绿色设计。引导生产制造企业以轻量化、易拆解、易运输、易回收为目标，在产品设计生产阶段进行绿色设计。积极实施《光伏制造行业规范条件》等规范要求，深入开展“绿色设计示范企业”创建。鼓励生产制造企业在保障产品质量性能和使用安全的前提下，在产品设计生产过程中优先选用再生材料。引导生产制造企业强化信息公开，面向设备回收、资源化利用主体公开零部件原材料、产品结构等详细信息和资源循环利用技术建议。（工业和信息化部、国家发展改革委按职责分工负责）

（二）建立健全退役设备处理责任机制。督促指导集中式风电和光伏发电企业依法承担退役新能源设备（含零部件，下同）处理责任，不得擅自以填埋、丢弃等方式非法处置退役设备，不得向生活垃圾收集设施中投放工业固体废弃物。督促指导发电企业将废弃物循环利用和妥善处置作为风电场改造升级项目的重要内容。（国家能源局、生态环境部按职责分工负责）督促指导发电企业拆除风电、光伏设备后及时做好周边生态环境修复。（国家能源局、自然资源部按职责分工负责）指导发电企业完善退役风电、光伏设备报废管理制度，提升报废资产处置效率。落实国有资产交易流转有关要求，进一步优化国有退役风电、光伏设备处理处置制度，推动企业高效、规范处置相关资产。（国务院国资委、国家能源局按职责分工负责）

（三）完善设备回收体系。支持光伏设备制造企业通过自主回收、联合回收或委托回收等模式，建立分布式光伏回收体系。鼓励风电、光伏设备制造企业主动提供回收服务。支持第三方专业回收企业开展退役风电、光伏设备回收业务。支持发展退役新能源设备拆除、运输、回收、拆解、利用“一站式”服务模式。鼓励生产制造企业、发电企业、运营企业、回收企业、利用企业建立长效合作机制，畅通回收利用渠道，加强上下游产业衔接协同。引导风电机组拆除后进行就地、就近、集中拆解。引导再生资源回收企业规范有序回收废钢铁、废有色金属等再生资源。（国家发展改革委、工业和信息化部、商务部按职责分工负责）

（四）强化资源再生利用能力。鼓励再生利用企业开展退役风电、光伏设备精细化拆解和高水平再生利用，重点聚焦风电机组中的基础、塔架、叶片、机舱、发电机、齿轮箱、电控柜等部件，以及光伏组件中的光伏层压件、边框、接线盒等部件开展高水平再生利用。支持龙头企业针对复杂材料加快形成再生利用产业化能力，重点聚焦风机叶片纤维复合材料，以及光伏组件中半导体材料、金属材料、聚合物等，探索兼顾经济性、环保性的再生利用先进技术和商业模式。（工业和信息化部、国家发展改革委按职责分工负责）

（五）稳妥推进设备再制造。严格用户单位采购再制造产品质量把关。稳妥推进风力发电机组、光伏组件再制造产业发展，率先发展风电设备中发电机、齿轮箱、主轴承等高值部件，以及光伏逆变器等关键零部件再制造。稳妥有序探索在新能源运营维修领域应用再制造部件，支持风电、光伏设备生产制造企业和运维企业拓展再制造业务。鼓励研究机构、行业组织和骨干企业共同搭建风力发电机组、光伏组件零部件再制造检测验证平台。培育风电、光伏再制造设备第三方鉴定评估机构，促进行业规范发展。（国家发展改革委、工业和信息化部、市场监管总局按职责分工负责）

（六）规范固体废弃物无害化处置。加大对退役风电、光伏设备回收利用处置全过程环境污染防治的监管力度，严格退役设备无害化处置的污染控制要求，确保符合国家环境保护标准，减少终端固体废弃物带来的环境污染风险。（生态环境部负责）

三、强化保障措施

（一）加大技术研发力度。将退役风电、光伏设备循环利用技术研发纳入国家重点研发计划相关重点专项。开发风电、光伏设备残余寿命评估技术，构建设备寿命评估方法学和技术体系，推动设备及关键部件延续利用和梯次利用。开展光伏组件高纯分离、稀有金属回收提取、复合材料回收利用、再生资源高值利用、风电设备零部件再制造等重点难点技术攻关，突破核心技术装备，研究建立全材料整线回收工艺。加快光伏组件回收等产业技术基础公共服务平台建设。加快开展利用技术体系集成示范，推动形成若干“政产学研用”一体化的科技成果转化模式。（科技部、工业和信息化部按职责分工负责）

（二）强化资金和政策支持。利用中央预算内投资现有资金渠道，加强对退役风电、光伏设备循环利用项目的支持。依法落实节能节水、固定资产加速折旧、资源综合利用产品增值税即征即退等相关税收优惠政策。研究将退役风电、光伏设备循环利用产业纳入绿色产业指导目录。丰富绿色金融产品和服务，为符合条件的退役风电、光伏设备循环利用类项目提供融资便利。鼓励有条件的地方制定退役风电、光伏设备循环利用产业专项支持政策。（国家发展改革委、财政部、税务总局、人民银行等部门按职责分工负责）

（三）健全标准规范体系。研究制定风电和光伏设备绿色设计、综合利用等标准规范。支持行业协会、龙头企业、第三方研究机构等研究制定退役风电、光伏设备相关技术标准。（工业和信息化部、国家能源局、国家发展改革委、市场监管总局等部门按职责分工负责）研究制定特殊环境下退役风电、光伏设备的绿色拆解及不同材质（含金属和复合材料）零部件回收利用标准。完善寿命期内风电设备、光伏组件及相关零部件运行评价标准，将设备及零部件可回收、可循环利用作为评价的重要内容，推动开展绿色认证工作。（市场监管总局负责）加快研究以填埋、焚烧、回收利用等方式处理废弃风机叶片、光伏组件整机和零部件的环境影响，针对废弃风电和光伏设备回收、利用、处置过程的污染控制问题，研究制定废弃风电光伏设备污染防治技术规范。（生态环境部负责）

（四）培育重点地区和企业。结合各地风电、光伏设备生产和退役情况，指导支持部分重点区域建设退役新能源设备循环利用产业集聚区。（国家发展改革委、工业和信息化部、国家能源局会同有关部门负责）支持中央企业发挥示范引领作用，率先加强退役风电、光伏设备循环利用，建设一批重点项目。（国务院国资委、国家发展改革委会同有关部门负责）

四、加强组织实施

（一）加强组织领导。国家发展改革委加强统筹协调，加大对退役风电、光伏设备循环利用工作的推进力度。各有关部门按职责分工，制定相关配套政策，形成协同推进合力。各地要充分认识退役风电、光伏设备循环利用的重要意义，采取有力措施强化政策落实。

（二）强化宣传引导。各地、各有关部门要加大对退役风电、光伏设备循环利用优秀项目和典型案例的宣介力度，推广一批可借鉴、可复制的先进经验。鼓励地方、行业协会和相关机构组织开展技术产品对接交流会、应用示范现场会等活动，促进先进技术产品模式交流推广。支持行业协会、第三方研究机构以编制行业发展报告等形式，梳理技术趋势和发展实践，推广最新技术模式，宣传典型案例，引导行业健康发展。

关于印发《绿色低碳先进技术示范工程实施方案》的通知

（发改环资〔2023〕1093 号）

各省、自治区、直辖市、新疆生产建设兵团发展改革委、科技厅、工业和信息化主管部门、财政厅（局）、自然资源厅（局）、住房城乡建设厅（委）、交通运输厅（局、委）、国资委、能源局、民航各地区管理局：

为加快绿色低碳先进适用技术示范应用，在落实碳达峰碳中和目标任务过程中锻造新的产业竞争优势，国家发展改革委等 10 部门制定了《绿色低碳先进技术示范工程实施方案》。现印发给你们，请认真抓好落实。

2023年首批示范项目申报工作同步启动，按照优中选优、宁缺毋滥的原则，各地区报送数量不超过10个。各地区发展改革委要会同本地区有关部门做好示范项目组织和申报工作，中央企业示范项目由国务院国资委负责汇总推荐，项目申报表、汇总表请于2023年10月8日前报送至国家发展改革委（环资司）。

绿色低碳先进技术示范工程实施方案

为全面贯彻党的二十大精神，认真落实党中央、国务院决策部署，加快绿色低碳先进适用技术示范应用和推广，在落实碳达峰碳中和目标任务过程中锻造新的产业竞争优势，按照"十四五"规划《纲要》和《中共中央　国务院关于完整准确全面贯彻新发展理念做好碳达峰碳中和工作的意见》《2030年前碳达峰行动方案》有关部署，结合相关领域规划与政策文件，制定本方案。

一、总体要求

（一）指导思想。以习近平新时代中国特色社会主义思想为指导，全面贯彻党的二十大精神，深入贯彻习近平生态文明思想，立足新发展阶段，完整、准确、全面贯彻新发展理念，构建新发展格局，推动高质量发展，通过实施绿色低碳先进技术示范工程，布局一批技术水平领先、减排效果突出、减污降碳协同、示范效应明显的项目（以下简称示范项目），加快占领全球绿色低碳技术和产业高地，为实现碳达峰碳中和目标提供有力支撑，为经济社会高质量发展提供绿色动能。

（二）工作原则

——创新驱动、示范引领。聚焦绿色低碳科技创新前沿，以技术基本成熟但尚未商业化推广的先进适用技术为重点，通过实施绿色低碳先进技术示范工程，加快科技成果转化和产业化推广，促进绿色低碳产业发展。

——目标导向、突出重点。围绕碳达峰碳中和"1+N"政策体系确定的目标任务，以能源、工业、建筑、交通等领域为重点，布局建设一批示范项目，全链条推进源头减碳、过程降碳、末端固碳先进适用技术示范应用。

——政府引导、市场主导。坚持有效市场和有为政府相结合，突出企业科技创新主体地位，强化政策引导，完善激励机制，鼓励各类企业积极参与绿色低碳领域创新与投资，更大激发市场活力和社会创造力。

——统筹部署、改革创新。加强部门和地方联动，综合运用投资、财政、金融等方式支持示范项目建设，协同推进相关领域改革创新，探索形成有利于绿色低碳新产业新业态发展的商业模式和政策环境。

二、主要目标

到2025年，通过实施绿色低碳先进技术示范工程，一批示范项目落地实施，一批先进适用绿色低碳技术成果转化应用，若干有利于绿色低碳技术推广应用的支持政策、商业模式和监管机制逐步完善，为重点领域降碳探索有效路径。

到2030年，通过绿色低碳先进技术示范工程带动引领，先进适用绿色低碳技术研发、示范、推广模式基本成熟，相关支持政策、商业模式、监管机制更加健全，绿色低碳技术和产业国际竞争优势进一步加强，为实现碳中和目标提供有力支撑。

三、重点方向

（一）源头减碳类

1. 非化石能源先进示范项目。包括高效智能光伏组件、碲化镉等新型薄膜太阳能电池、钙钛矿及叠层太阳能电池、超薄硅片等先进光伏产品研发制造与示范应用，大容量、低成本太阳能热发电、高效大容量风电、高效低速风电、深远海海上风电示范，生物天然气示范，浅层/中深层地热能供暖/制冷及综合利用、大容量高效地热能发电及干热岩发电示范，波浪能、潮流能、温差能等海洋清洁能源开发利用，先进核能发电与核能综合利用示范等。（国家发展改革委、国家能源局、工业和信息化部、自然资源部、国务院国资委按职责分工负责）

2. 化石能源清洁高效开发利用示范项目。包括清洁高效煤电与新能源发电综合调节、煤电机组快速启停及深度调峰、大型燃气机组国产化及灵活调峰、大型煤电机组耦合生物质和低碳燃料掺烧发电、煤矿瓦斯高效抽采和利用、油气管网节能降碳、低碳（近零

碳)油气田示范等。(国家发展改革委、国家能源局、工业和信息化部、国务院国资委按职责分工负责)

3. 先进电网和储能示范项目。包括先进高效"新能源+储能"、新型储能、抽水蓄能、源网荷储一体化和多能互补示范,长时间尺度高精度可再生能源发电功率预测、虚拟电厂、新能源汽车车网互动、柔性直流输电示范应用。(国家发展改革委、国家能源局、工业和信息化部、国务院国资委按职责分工负责)

4. 绿氢减碳示范项目。包括低成本(离网、可中断负荷)可再生能源制氢示范,先进安全低成本氢储存、运输装备研发制造与示范应用,氢燃料电池研发制造与规模化示范应用,纯烧、掺烧氢气燃气轮机研发制造与示范应用,氢电耦合示范应用等。(国家发展改革委、工业和信息化部、国家能源局、国务院国资委按职责分工负责)

(二)过程降碳类

5. 工业领域示范项目。包括低碳零碳钢铁冶炼示范、有色金属冶炼集成创新与流程优化,先进低碳石油化工、现代煤化工、绿色生物化工示范,可再生能源与石化化工生产系统耦合,工业绿色微电网、数字化绿色化协同降碳、"工业互联网+绿色低碳"、绿色(零碳、近零碳)数据中心、"海底数据中心+海洋清洁能源"示范等。工业领域示范项目能效水平应不低于行业标杆水平。(国家发展改革委、工业和信息化部、自然资源部、国务院国资委、国家能源局按职责分工负责)

6. 建筑领域示范项目。包括超低能耗建筑、近零能耗建筑先进示范,既有建筑节能改造示范、公共基础设施近零碳排放改造示范、供热计量改造示范,高效热泵研发制造与示范应用,新型胶凝材料、低碳混凝土、先进生物基建材等低碳零碳新型建材研发生产与示范应用等。(住房城乡建设部、国家发展改革委、工业和信息化部、国务院国资委按职责分工负责)

7. 交通领域示范项目。包括综合交通枢纽场站绿色化改造示范,现代公路养护工程绿色化示范,低碳(近零碳)机场、港口码头、港区建设示范,高速公路服务区超快充充电基础设施建设示范,机场、物流园区集疏运方式绿色化改造,港口集疏运结构调整示范,智能交通系统建设,高性能电动载运装备应用推广示范,绿色智能船舶、新能源航空器示范应用,空管新技术和程序研发应用,先进生物液体燃料、生物天然气、可再生合成燃料以及可持续航空燃料、低碳船用燃料研发生产供应等。(国家发展改革委、交通运输部、工业和信息化部、国务院国资委、中国民航局、国家能源局按职责分工负责)

8. 减污降碳协同示范项目。包括"废钢资源回收+短流程炼钢"、废铝资源同级利用示范,高炉废渣、电厂粉煤灰、煤矸石等固废再生替代原材料研发生产与示范应用,退役光伏组件、风机叶片、动力电池等新型废弃物高水平循环利用示范等。(国家发展改革委、工业和信息化部、国务院国资委按职责分工负责)

9. 低碳(近零碳)产业园区示范项目。系统运用非化石能源开发、综合能源系统和智慧微网建设、能源系统优化和梯级利用、工艺流程再造、产业间物质流循环耦合、碳捕集利用与封存(CCUS)等多种方式,实现产业园区深度减排,建设绿色低碳产业园区。(国家发展改革委、工业和信息化部、国务院国资委、国家能源局按职责分工负责)

(三)末端固碳类

10. 全流程规模化CCUS示范项目。以石化、煤化工、煤电、钢铁、有色、建材、石油开采等行业为重点,选择产业集聚度高、地质条件较好的地方,建设若干全流程规模化CCUS示范项目。对于石化、煤化工、石油开采行业,项目年捕集利用与封存量不低于50万吨,原则上应配套建设二氧化碳输送管道;对于煤电、钢铁、有色、建材行业,项目年捕集利用与封存量不低于10万吨。(国家发展改革委、工业和信息化部、自然资源部、生态环境部、国务院国资委、国家能源局按职责分工负责)

11. 二氧化碳先进高效捕集示范项目。采用新工艺、新设备、新型溶剂或材料,实现低浓度二氧化碳高效低成本捕集的先进技术示范项目。(国家发展改革委、科技部、工业和信息化部、国务院国资委、国家能源局按职责分工负责)

12. 二氧化碳资源化利用及固碳示范项目。包括二氧化碳制备合成气、甲醇等液体燃料、聚合物材料等化学利用,二氧化碳人工生物转化,二氧化碳矿化固定等。(国家发展改革委、科技部、工业和信息化部、国务院国资委、国家能源局按职责分工负责)

四、强化项目保障

（一）加强中央预算内投资等资金支持。对属于固定资产投资项目的示范项目，统筹利用现有中央预算内投资渠道积极支持符合条件的示范项目，将符合条件的绿色低碳先进技术示范工程基础设施建设项目纳入地方政府专项债券支持范围。各地区应通过预算内投资及其他财政资金渠道，加大对绿色低碳先进技术示范工程建设的支持力度。（国家发展改革委、财政部按职责分工负责）

（二）加强金融税收政策支持。积极发挥碳减排支持工具作用，引导金融机构为符合条件的项目提供资金支持，鼓励各类金融机构按照市场化法治化原则加大对示范工程融资支持力度。创新投融资方式，加强气候投融资等绿色金融和转型金融产品对示范项目的支持力度。落实国家首台（套）重大技术装备保险补偿机制和重点新材料首批次应用保险补偿机制，促进先进适用技术装备示范应用。落实好有利于绿色低碳产业发展的税收政策。（国家发展改革委、财政部按职责分工负责）

（三）加强资源环境要素保障。加强用能要素保障，合理测算项目全生命周期能源消耗和碳排放，将碳减排效果作为节能审查的重点考量因素。加强用地用海要素保障，鼓励地方探索弹性年期出让、长期租赁、先租后让、租让结合等灵活的土地供应方式保障用地需求。（国家发展改革委、自然资源部按职责分工负责）

五、组织实施

（一）项目组织。各地区发展改革委要加强统筹，会同本地区有关部门扎实推进绿色低碳先进技术示范工程建设。各地区有关部门要参照本方案分工，加强对相关企业和研究机构的指导和支持，组织一批符合方向要求、技术水平领先、减排效果突出、前期工作扎实、引领效应明显的项目。各地区发展改革委要建立本地区绿色低碳先进技术项目储备库，将行业主管部门认可并推荐的项目择优纳入储备库，引导项目实施主体扎实做好项目审批（核准、备案）及用地预审、节能审查、环境影响评价等各项前期工作。

（二）项目申报。国家发展改革委按年度向各地区和中央企业征集示范项目。各地区发展改革委要会同相关部门按照年度征集通知要求，以本地区储备项目为基础组织开展申报，对项目申报材料的真实性、完整性和合规性进行审核后，向国家发展改革委报送本地区绿色低碳先进技术示范工程项目申报表、汇总表。中央企业示范项目由国务院国资委负责汇总推荐。

（三）项目遴选推介。国家发展改革委汇总各地区及中央企业示范项目推荐清单后，按照部门职责分工将项目推送至各有关部门进行初审，确保项目符合重点方向要求。在初审基础上，国家发展改革委会同有关部门委托第三方开展评审，并将第三方评审结果交由有关部门复核，根据部门复核意见确定结果。国家发展改革委将示范项目清单推送至各地区、各有关部门和金融机构，作为落实各类支持政策的依据。

（四）项目管理。各地区要切实加强对示范项目的日常监管，持续跟踪项目建设进度、投资完成情况、技术减碳效果等，对于建设内容发生重大变更、技术路线发生重大调整或无法继续实施的项目，要及时提出更新、调整、退出的相关建议。国家发展改革委会同有关部门加强对示范项目的事中事后监管，对各地区实施情况开展评估检查，建立示范项目退出机制，并依法依规追究弄虚作假企业的责任。

（五）经验推广。各地区要及时总结示范项目建设经验，对于示范效果突出、商业潜力较大的绿色低碳技术和行之有效的支持政策举措，在本地区加大推广力度，并将有关经验报送国家发展改革委和行业主管部门。对于可在全国范围内推广的，国家发展改革委将会同有关部门加大宣传推广力度，适时将有关技术和产业纳入产业结构调整目录、绿色产业指导目录、绿色技术推广目录等，对好的经验做法予以复制推广。

关于进一步加强论坛活动规范管理的通知

（文旅办发〔2023〕81号）

各省、自治区、直辖市文化和旅游厅（局）、党委宣传部、党委网信办、外办、教育厅（教委）、公安厅（局）、民

政厅(局)、国资委、市场监管局(厅、委):

近年来,论坛活动在推动经济社会发展和思想文化交流等方面发挥了重要作用,但同时也存在一些假冒官方机构、正规组织举办"山寨"论坛活动,违规开展评比达标表彰活动,违规收费借机敛财,随意冠以高规格名号,主题交叉重复、内容空泛等问题,造成了经济社会资源的浪费,扰乱了市场秩序,损害了人民群众合法利益。为进一步打击整治违法违规行为,规范论坛活动管理,现就各类主体面向社会公开举办的论坛活动(包括论坛、峰会、年会以及其他具有论坛性质的会议活动)提出如下工作要求。

一、坚持正确导向。举办论坛活动必须坚持以习近平新时代中国特色社会主义思想为指导,践行社会主义核心价值观,遵守相关法律法规和政策规定。主办单位应切实履行主体责任,加强对活动内容的审核把关和活动全过程管理,确保论坛活动坚持正确政治方向、价值取向和舆论导向,着力提升论坛活动质量,充分发挥论坛活动在经济社会文化发展中的积极作用。

二、规范论坛活动举办主体、名称和内容。举办论坛活动的各类社会主体,应经依法登记、具有合法身份。未经合法登记的企业及社会组织或无实际承办主体不得面向社会公开举办论坛活动。论坛活动名称应准确、规范、名实相符,不得随意冠以"中国""中华""全国""国际""世界""峰会""高端""高峰""巅峰"等字样。论坛活动内容应围绕中心、服务大局,注重质量和实效,主题设置不得超出主办单位职责范围,设立分论坛、子论坛、平行论坛应紧紧围绕主论坛活动主题。

三、严厉打击各类违法违规行为。重点打击未经合法登记的主体面向社会公开举办的论坛活动、"山寨"论坛活动、以论坛活动名义进行诈骗敛财等违法违规行为。公安部门依法打击涉非法集资、非法经营、传销、诈骗等违法犯罪行为。市场监管部门严格查处论坛活动违规收费、虚假宣传等行为。民政部门严厉打击整治举办论坛活动的各类非法社会组织,依法查处在举办论坛活动中存在违反社会组织登记管理法律法规行为的社会组织。表彰奖励主管部门对借举办论坛活动违规设奖颁奖的,采取叫停活动、依法查处、责令整改、追究相关人员责任等措施。

四、规范社会组织举办论坛活动。社会组织举办论坛活动应按章程规定履行内部工作程序,并按其主管单位有关规定履行相关手续。论坛主题内容应符合章程规定的宗旨和业务范围;与其他单位合作举办论坛活动的,要加强对合作单位资质、能力的审核把关,加强对活动全过程的监督管理;不得只挂名、不参与管理,不得与非法主体合作开展活动。

五、规范管理党政机关及其直属单位举办论坛活动。除党中央、国务院决定开展的论坛活动外,党政机关及其直属单位举办论坛活动,要严格履行报批程序。省部级党政机关、人民团体、经国务院批准免于登记的社会团体举办新的论坛活动应报党中央、国务院审批;各省(区、市)党委、政府负责审批本地区省级以下地区、部门和单位举办的论坛活动;中央和国家机关、人民团体、经国务院批准免于登记的社会团体负责审批所属机关、直属单位举办的论坛活动。分级分类建立论坛活动保留清单,对清单范围内的论坛活动实行备案管理。各级党政机关及其直属单位原则上不再举办保留清单以外的论坛活动。确有必要新增的,应从严审核论证,按程序报批后纳入清单管理。党政机关及其直属单位论坛活动的审批实行总量控制、严控规模、厉行节约、注重实效等原则,防止形式主义和铺张浪费。贯彻落实中央八项规定及其实施细则精神,规范党员领导干部出席论坛活动。涉外论坛活动按照有关外事管理规定办理,规范邀请党和国家领导人、其他领导干部及重要外宾出席论坛活动。

六、鼓励支持合法合规论坛活动开展。对于组织规范、导向正确、效果优良、影响力大的论坛活动,各地区各部门应通过加强宣传推介、提供业务指导、给予表扬奖励等方式予以支持,打造一批具有示范性引领性的品牌论坛活动,助推论坛活动在服务高质量发展中发挥积极作用。

七、落实主管主办责任和行业监管职责。论坛活动主办单位要切实履行主体责任,加强对论坛活动的全过程管理,制定应急预案,确保活动健康有序开展。中央和国家机关要加强对所属单位举办论坛活动的规范管理,各省(区、市)论坛活动主管部门应切实履行论坛活动的属地管理职责,健全工作机制,完善管理制度，加强对本地区各类主体举办论坛活动的规范管理。各行业管理部门要加强对本行业、本领域论坛活动的业务指导和行业监管。

八、加强对场地提供主体的规范管理。论坛活动场地的主体不得为违法违规论坛活动提供便利，在签订合同、提供服务前，要对论坛活动举办主体的身份真实性、合法性予以核实，不得为未经合法登记的主体提供论坛活动场地。发现存在违法违规线索的，应及时通报相关部门。

九、规范媒体平台对论坛活动的宣传推广。新闻媒体、网站平台、公众账号不得对违法违规论坛活动进行宣传报道或为其刊登广告、提供传播渠道；要对论坛活动相关信息内容进行审核把关，不得不实宣传、夸大宣传。

十、加强信用管理和社会监督。对于违法违规举办论坛活动、造成不良社会影响的主体，除依据相关法律法规进行处理外，相关主管部门要将其纳入信用管理范畴。各相关部门要促进信息共享，对于有不良信用记录的论坛活动及举办主体予以重点监管。畅通举报投诉途径，鼓励广大群众积极参与打击违法违规论坛活动，鼓励合规论坛举办主体依法维护自身权益。

各地区各部门要进一步提高政治站位，认真落实本通知精神，强化责任担当，按照统筹协同、分级负责、分类管理、上下联动的要求，构建高效衔接、运转有序的工作机制，加强组织领导，层层压实责任，坚持问题导向、标本兼治、精准施策，推动论坛活动健康有序发展。

特此通知。

关于支持首台(套)重大技术装备平等参与企业招标投标活动的指导意见

（工信部联重装〔2023〕127 号）

各省、自治区、直辖市及计划单列市、新疆生产建设兵团工业和信息化、发展改革主管部门，国资委，中央企业，各有关单位：

为支持首台（套）重大技术装备平等参与企业招标投标活动，促进首台（套）重大技术装备推广应用，根据《招标投标法》等相关法律法规及政策文件，现提出如下意见。

一、规范招标要求

（一）国有资金占控股或者主导地位的企业项目，招标首台（套）重大技术装备同类型产品的，适用本意见。本意见所指首台（套）重大技术装备需符合重大技术装备推广应用目录（以下简称推广应用目录）内装备及主要参数。推广应用目录可在中国招标投标公共服务平台、省级招标投标公共服务平台、重大技术装备招标投标信息平台查询。

（二）招标投标活动要严格执行招标投标法律法规及有关政策文件，不得要求或者标明特定的生产供应商，不得套用特定生产供应商的条件设定投标人资格、技术、商务条件，不得变相设置不合理条件或歧视性条款，限制或排斥首台（套）重大技术装备制造企业参与投标。

（三）招标活动不得超出招标项目实际需要或套用特定产品设置技术参数，鼓励通过市场调研、专家咨询论证等方式，深入开展需求调查，形成需求研究报告。招标首台（套）重大技术装备同类型产品时，招标文件中应公布推广应用目录中涉及的主要参数指标，并按照招标项目的具体特点和实际需要，提出技术条件，可以参考引用推广应用目录中的主要参数。

（四）对于已投保的首台（套）重大技术装备，一般不再收取质量保证金。

二、明确评标原则

（五）首台（套）重大技术装备参与招标投标活动，仅需提交首台（套）相关证明材料，即视同满足市场占有率、应用业绩等要求。评标办法应当有利于促进首台（套）重大技术装备推广应用，不得在市场占有率、应用业绩等方面设置歧视性评审标准。

（六）评标办法应明确重大技术装备不得在境外远程操控，在中国境内运营中收集和产生的个人信息和重要数据应当在境内存储。对于不符合《网络安全法》《数据安全法》《个人信息保护法》等有关国家安全法律法规的，经评标委员会认定，应否决其投标。

（七）评标办法应落实支持重大技术装备攻关创新、促进绿色低碳循环发展、维护产业链供应链安全稳定等要求，将技术创新、资源能源利用效率、售后服务、后续供应、特殊或紧急情况下的履约能力等纳入评审指标范畴。

三、加强监督检查

（八）工业和信息化主管部门联合有关部门及各省级工业和信息化主管部门，充分利用现有检查队伍和资源，通过"双随机、一公开"等方式对相关重大技术装备招标投标活动实施监督检查。鼓励通过政府购买服务方式获取必要的支撑服务。

（九）各级工业和信息化主管部门要加强与招标投标行政监督、纪检监察、财政税收、国有资产监督管理等部门的沟通联系和协作配合。建立首台（套）重大技术装备参与招标投标问题线索联合处置、督导督办机制，依法从严查处违法违规行为。

（十）开通首台（套）重大技术装备招标投标领域妨碍全国统一大市场建设问题线索和意见建议征集窗口，畅通市场主体信息反馈渠道，归集首台（套）重大技术装备招标投标负面行为。负面行为清单等信息在重大技术装备公共服务平台、重大技术装备招标投标信息平台上公布。

关于印发《元宇宙产业创新发展三年行动计划（2023—2025 年）》的通知

（工信厅联科〔2023〕49 号）

各省、自治区、直辖市及计划单列市、新疆生产建设兵团工业和信息化、教育、文化和旅游、国有资产监督管理、广播电视主管部门，有关中央企业，有关单位：

现将《元宇宙产业创新发展三年行动计划（2023—2025 年）》印发给你们，请结合实际，认真贯彻落实。

元宇宙产业创新发展三年行动计划（2023—2025 年）

元宇宙是数字与物理世界融通作用的沉浸式互联空间，是新一代信息技术集成创新和应用的未来产业，是数字经济与实体经济融合的高级形态，有望通过虚实互促引领下一代互联网发展，加速制造业高端化、智能化、绿色化升级，支撑建设现代化产业体系。当前，全球元宇宙产业加速演进，为抢抓机遇引导元宇宙产业健康安全高质量发展，有力支撑制造强国、网络强国和文化强国建设，制定本行动计划。

一、指导思想

以习近平新时代中国特色社会主义思想为指导，全面贯彻党的二十大精神，完整、准确、全面贯彻新发展理念，加快构建新发展格局，把实施扩大内需战略与供给侧结构性改革有机结合，以构建工业元宇宙、赋能制造业为主要目标，以新一代信息技术融合创新为驱动，以虚实相生的应用需求为牵引，以培育元宇宙新技术、新产品、新模式为抓手，发挥有为政府和有效市场合力，统筹发展和安全，系统性谋划、工程化推进、产业化落地，推动元宇宙产业高质量发展。

二、基本原则

坚持创新驱动。释放元宇宙集成创新动能，带动相关技术跨界融合发展。坚持补短板和锻长板并重，加速元宇宙关键核心技术突破，推动产业加速向高端化迈进。

坚持场景牵引。开拓元宇宙应用场景，以场景建设带动元宇宙技术与产品落地应用，形成需求牵引供给、供给创造需求的高水平发展局面。

坚持融合互促。把握元宇宙虚实融合的特征，构建物理世界的虚拟映射，激发数字技术赋能、叠加、倍增作用，提升数字空间和物理世界生产力。

坚持安全可靠。统筹发展与安全，加强政策引导和标准引领，推动元宇宙治理体系建设。筑牢产业基础，增强产业链供应链韧性，提升安全保障能力。

坚持开放协作。深化国际交流合作，主动参与国际治理，实现互利共赢。加强产学研用协作，有效配置资源，推动创新链产业链资金链人才链深度融合。

三、发展目标

到 2025 年，元宇宙技术、产业、应用、治理等取得突破，成为数字经济重要增长极，产业规模壮大、布局合理、技术体系完善，产业技术基础支撑能力进一步夯实，综合实力达到世界先进水平。培育 3～5 家有全球影响力的生态型企业和一批专精特新中小企业，打造 3～5 个产业发展集聚区。工业元宇宙发展初见成效，打造一批典型应用，形成一批标杆产线、工厂、园区。元宇宙典型软硬件产品实现规模应用，在生活消费和公共服务等领域形成一批新业务、新模式、新业态。

长期看，元宇宙关键核心技术实现重大突破，形成全球领先的元宇宙产业生态体系。打造成熟的工业元宇宙，开拓虚实互促的制造业增长新模式。建成泛在、通用、无感的元宇宙空间，推动实现人类生产生活方式的整体跃升。形成安全高效的元宇宙治理体系，营造健康可持续的产业发展环境。

四、重点任务

（一）构建先进元宇宙技术和产业体系

1. 加强关键技术集成创新。强化人工智能、区块链、云计算、虚拟现实等新一代信息技术在元宇宙中的集成突破，推动智能生成算法、分布式身份认证、数据资产流通等元宇宙关键技术在国家重大科技项目中的布局。发展关键基础软件，开发面向元宇宙的操作系统和中间件，突破建模软件、绘制引擎、物理仿真引擎、沉浸式视音频编解码引擎，构建一站式元宇宙开发平台。突破高端电子元器件，加快图形计算芯片、高端传感器、声学元器件、光学显示器件等基础硬件的研发创新。

专栏 1　提升关键技术

数据流通技术。持续攻关区块链、隐私计算等技术，探索数据资产的价值发现、确权保护、授权流通，推进以区块链为核心的数据治理和数据资产跨平台流通技术体系，实现数据流通到价值流通的转变，构建元宇宙信任基础设施。

内容生产技术。打造适用元宇宙的智能内容生产工具，发展智能采集、智能渲染、智能编码、智能审核、智能驱动、智能生成与智能编辑，提高内容生产效率和质量，实现多人实时协同、端边云一体渲染的内容生产。

数字孪生技术。重点发展实时化仿真、物理精准仿真、云化建模仿真、数据驱动混合建模、群体智能优化仿真等技术，研发模型封装、资产管理壳等模型互操作技术，建立面向特定行业、特定环节的模型库、工艺库等基础知识库。

感知交互技术。突破手势、眼动、头部追踪、动作捕捉等体感交互技术，攻关语音、情感交互技术，前瞻布局新型显示、肌电传感等，实现基于自然交互的人、物、场同步，推动多通道感知交互的融合发展。

网络与计算技术。推动 5G－A/6G、千兆光网/万兆光网、FTTR、高速无线局域网、卫星互联网、云网融合等新型网络技术创新，加快高性能计算、异构计算、智能计算、量子计算、类脑计算等突破，推动云网、算网协同发展。

2. 丰富元宇宙产品供给。拓展元宇宙入口，加速 XR 头显、裸眼 3D 等沉浸显示终端的规模化推广，丰富基于手机、计算机、电视机等终端的元宇宙应用，支持脑机接口等前沿产品研发。创新数字人、虚拟空间开发工具组件，推动数字人制作便捷化、精细化、智能化，推广虚拟会议室、展厅、营业厅、社交空间等产品。培育写作、绘画、编曲等智能内容生成产品。发展全息实时通讯、3D 实景地图等超高沉浸感产品。

3. 构筑协同发展产业生态。着力培育元宇宙龙头企业和专精特新中小企业，打造产业创新联合体，构建大中小企业融通发展、产业链上下游协同创新的生态体系。鼓励地方结合产业基础，建设一批元宇宙创新应用先导区、科技园区、产业园，构建特色化的元宇宙产业集群。支持建立元宇宙开源社区，鼓励用户积极参与元宇宙技术创新和内容生产，建立健全数字内容流通新机制、新模式、新业态。

专栏2 培育产业生态

开发元宇宙"名品"。持续完善元宇宙产业图谱,编制元宇宙优秀产品目录,助力企业拓展市场合作渠道。面向细分领域,打造一批标杆产品,征集发布典型应用案例和场景。举办元宇宙专题竞赛、产业峰会,推广优秀技术产品、解决方案。

培育元宇宙"名企"。建立元宇宙企业梯次培育库,培育遴选专精特新"小巨人"、单项冠军和领航企业。发挥元宇宙创新探索方阵、联盟等行业组织作用,探索成立元宇宙产业生态联合体,打造安全可靠产业生态。

创建元宇宙"名区"。选取产业基础好的地区设立元宇宙创新应用先导区,依托高水平研究机构和企业建设元宇宙科技园区,立足各地特色和产业优势打造特色产业园,引导产业链上下游集聚发展。在元宇宙虚拟时空打造特色功能区,加速现实经济主体和模式在元宇宙空间的重构。

打造元宇宙"名人"。培育一批知名数字人,打造数字人标杆产品和品牌。发掘具有创新精神的元宇宙优秀企业家,培育一批有带动效应的领军技术专家及优秀创作者。成立元宇宙产业百人会,打造元宇宙产业交流平台,汇聚高端智慧推动产业发展。

(二)培育三维交互的工业元宇宙

4. 探索推动工业关键流程的元宇宙化改造。建设工业元宇宙基础通用模型数据库,打造高精度、可交互的工业虚拟映射空间。建设工业元宇宙仿真设计与验证平台,布局生产环节应用,提升设计阶段有效性和生产阶段效率。探索基于元宇宙的产线运维、产品检测新模式,强化预测性维护,提高运维检测效率和服务质量。打造基于工业元宇宙的营销平台和虚拟培训系统,提供沉浸式销售和培训环境。

5. 加快重点行业工业元宇宙布局。针对家电、汽车、船舶、航空航天、重大技术装备、电子信息制造等离散型制造业,加速实现基于工业元宇宙的跨行业协同。构建重点行业机理模型库,开发面向不同产品的个性化全生命周期管理系统。针对钢铁、纺织、电力等流程型制造业,推动工业元宇宙在物料配方优化、工艺模拟仿真等关键场景中的应用,强化流程排产、物料计算、材料追踪等预测性服务能力。

6. 探索工业元宇宙创新应用模式。建设工业元宇宙数字身份管理平台,构建全链路可信识别服务体系。加快推动工业数据要素资产化,打造工业数据资产服务平台,探索工业数据确权、定价、交易和流通机制。探索供应链金融应用模式,围绕资产设备、订单数据等开展供应链金融服务。打通产业链供应链各环节数据壁垒,打造三维立体、虚实融合的动态监测、预警、运营和决策等应用。创新研究工业元宇宙应用评估方法,建立分级分类的成熟度评价体系。

专栏3 工业元宇宙赋能

工业元宇宙+产线:推动人、机器、数据等关键要素的融合,构建虚实结合的产线数字孪生体。打造工业元宇宙虚拟装配空间,推动零配件辅助装配。丰富非接触式检测手段,利用虚拟仿真设备实现三维自动化、智能化质检。建设工艺仿真模型库,引导规范产线操作,提供专家远程协同指导。

工业元宇宙+工厂:布局建设工厂级元宇宙平台,打造低时延、高保真、智能决策的数字孪生系统。推动多类型工业软件集成,推进物流、资金流和信息流的融合应用。广泛采用沉浸交互设备实现工厂的智能巡检、远程协作等应用,打造生产运行监测系统,实现工厂生产运营各环节信息全面感知和实时反馈。

工业元宇宙+园区:打破传统时空限制,促进虚拟空间集聚,发展虚实结合的新型园区建设模式,提升工业园区产业规划和布局能力。探索工业园区的虚拟运营模式,优化园区空间布局、设施配套、资源调配等协同服务能力。建立基于工业元宇宙的科技创新和招商引资平台,创新园区服务模式。

(三)打造沉浸交互数字生活应用

7. 推广沉浸交互的生活消费场景。建设文旅元宇宙,围绕文化场馆、旅游景区和街区、节事活动等应用场景,提供数字藏品、数字人讲解、XR导览等产品和服务。打造数字演艺、"云旅游"等新业态,打造数智文旅沉浸式体验空间。构建商品三维模型、数字人导购、虚拟商场，提升沉浸式购物体验。加快元宇宙在广电视听场景的应用，推动建立元宇宙形态的节目制播体系，建立虚拟制作、虚实融合工具池及公共服务平台，促进节目生产工具迭代和创新，打造未来电视新模式，提升媒体服务能力，丰富人民精神世界。

8. 打造虚实融合的公共服务场景。加快数字人客服、实景导航等在政务服务应用，构建面向公众的一体化元宇宙政务服务体系。推动数字孪生技术在电力行业的应用，构建全域全时数字孪生电网，促进电力企业元宇宙化转型，提升供电服务水平。推进构建虚拟教室、虚拟实验室等教育教学环境，鼓励通过平台共享虚拟仿真实验实训资源，扩大优质教育资源覆盖面。积极稳妥推进数字孪生等技术开展临床研究，支持元宇宙企业与医疗机构加强研发合作。

9. 支撑智慧安全的应急保障场景。推动元宇宙与自然灾害预警预报、高危企业园区监管执法、灾害事故预测推演、应急救援处置等应急管理领域的创新融合，探索建设虚实一体的数字洪区、虚拟危化园区、数字矿山、灾害事故模拟推演等场景应用，为精准监测、智能预警、精细管控、科学救援提供支撑。建设实时监测、沉浸映射的智慧城市，赋能安全防范、管网诊断等重点场景，提升城市治理效能。

（四）构建系统完备产业支撑

10. 完善产业标准体系。开展元宇宙标准化路线图研究，建设元宇宙产业标准规范体系，全面梳理元宇宙产业链标准化需求，分级分类推动标准规范制定。围绕基础共性、互联互通、安全可信、隐私保护和行业应用等，组织开展国家标准、行业标准和团体标准制定和预研。鼓励各应用行业推进细分领域标准制定工作。深入开展标准宣贯推广，促进标准落地实施。推动元宇宙标准化组织建设，鼓励业界积极参与国际标准化工作。

11. 提升创新支撑能力。支持建设元宇宙重点实验室、制造业创新中心、内容制作基地等载体，加强基础技术研究，加快共性技术突破。打造元宇宙中试平台，强化新技术产品测试验证能力，加速优秀成果产业化落地。构建元宇宙产品评估评测体系，提升元宇宙产品和服务质量。健全元宇宙知识产权保护体系，提供高质量、专业化知识产权服务。引导金融资本支持元宇宙发展，推动减税降费政策向元宇宙相关产业倾斜，营造健康可持续的产融合作环境。

12. 打造一流基础设施。建设5G－A/6G、千兆光网/万兆光网、FTTR、卫星互联网等新型网络，满足元宇宙高速率、低时延、全域立体覆盖的应用需求。建设云边一体、算网一体、智能调度、绿色低碳的新型算力，为元宇宙超高内容拟真度、实时交互自由度提供算力保障。发展元宇宙信任基础设施，试点去中心化场景应用，支撑元宇宙可信存储需求。打造元宇宙基础设施综合管理平台，实现计算、存储和通信能力的分布式协同，提升运营效率与可靠性。

专栏4　强化产业基础

强化标准引领。成立元宇宙标准工作委员会，加快重点和亟需标准制定，促进不同元宇宙系统互联互通。强化标准应用，鼓励制定团体标准，选择条件成熟的行业和地区开展试验研制和试点推广。

构建产权体系。支持元宇宙产业重点领域知识产业优先审查，实施专利导航服务行动，鼓励企业加强知识产权合作。加速数字资产、数字人、数字内容等新兴领域产权归属研究。

加速成果转化。建设元宇宙创新成果产业化公共服务平台，建设一批元宇宙成果孵化创新中心，支持建设高水平元宇宙中试产业基地，加快共性技术转移和推广应用。组织专场对接活动，集中发布新技术、新成果和新产品，提高元宇宙工程化速率。

加强金融支持。引导中小企业发展基金等投资基金支持元宇宙产业发展，健全基金管理制度，完善基金市场化运作机制。引导建立元宇宙产业基金，用好国家产融合作平台，降低融资成本，支持企业做大做强。

（五）构建安全可信产业治理体系

13. 完善元宇宙协同治理机制。持续完善元宇宙政策法规，加强元宇宙风险跟踪研判，打造部门协同、社会参与的治理体系。明晰元宇宙监管主体职能，完善内容审查、风险处置、违规处理等规则流程。开展元宇宙伦理研究，将主流价值和伦理要求贯穿技术研发应用全过程。加强元宇宙行业自律，提升企业合规能力和社会责任意识，压实主体责任。加强社会监督，防范概念过度炒作，保障产业公平健康发展。

14. 强化安全保障能力建设。加强元宇宙安全技术研究，常态化开展安全风险评估，建立安全风险事件处置机制。指导元宇宙企业加强信息安全管理，建立健全违法信息监测、识别和处置机制，遏制虚假有害信息传播，切实防范网络诈骗等违法活动。建立元宇宙数据治理框架，加强数据安全和出境管理，规范对用户信息的收集、存储、使用等行为，提升数据安全治理能力和个人信息的保护水平。

五、保障措施

（一）强化统筹协调。统筹协调各部门，加强产业、创新、财政、金融、区域等政策协同，协同推进元宇宙技术攻关、标准制定、治理体系建设等工作。深化央地协作，鼓励地方结合实际制定针对性强、可操作的政策措施，优化产业布局，因地制宜推动元宇宙技术创新和产业发展。

（二）优化人才培养。支持高等院校加强元宇宙相关学科专业人才培养，深入推进产学研合作，鼓励企业与高校、科研机构联合培养人才，支持建设元宇宙技术技能人才实训基地，增强高水平人才供给。加强人工智能、区块链、虚拟现实等新一代信息技术融合创新海外高层次人才引进力度。选拔和支持一批元宇宙相关领域高水平管理、技术、技能人才，提高企业人才集聚能力。

（三）深化国际合作。深度参与元宇宙国际治理规则和标准制定，结合我国治网主张，推动建立多边、民主、透明的国际元宇宙治理体系。做好国际元宇宙治理规则与国内的衔接，提升国内元宇宙企业的国际化水平。加强元宇宙国际交流合作，集聚全球创新资源，拓展国际市场应用，推动国内国际双循环相互促进。

关于加强审计报告查验工作的通知

（财会〔2023〕15 号）

各省、自治区、直辖市财政厅（局），深圳市财政局，新疆生产建设兵团财政局，各省、自治区、直辖市及计划单列市和新疆生产建设兵团国资委，各地金融监督管理局，中国注册会计师协会，中国银行业协会，各省级注册会计师协会，各银行业金融机构，各会计师事务所，有关国有企业，其他有关单位：

为贯彻落实《中共中央办公厅　国务院办公厅印发〈关于进一步加强财会监督工作的意见〉的通知》、《国务院办公厅关于进一步规范财务审计秩序促进注册会计师行业健康发展的意见》（国办发〔2021〕30 号）要求，加强注册会计师行业信息化监管，强化审计报告查验，现将有关事项通知如下：

一、总体要求

以习近平新时代中国特色社会主义思想为指导，深入贯彻党的二十大精神，认真落实党中央、国务院决策部署，进一步加强注册会计师行业监管和业务指导，推动实现全国范围审计报告验证码应用，运用信息化手段打击不法机构假冒会计师事务所名义出具虚假审计报告、个别会计师事务所为同一审计事项违规出具多份审计报告等违法违规行为，促进提升审计质量和会计信息质量，更加有效发挥注册会计师行业在维护市场秩序、服务国家建设中的重要作用。

二、审计报告查验范围

会计师事务所应当按照规定将其承办《中华人民共和国注册会计师法》第十四条规定审计业务出具的报告（以下简称审计报告）上传注册会计师行业统一监管平台（网址 http://acc.mof.gov.cn，以下简称统一监管平台）并申请赋码。被审计单位、银行、社会公众、监管机构等审计报告使用者可以通过统一监管平台查验审计报告是否由依法取得执业许可的会计师事务所出具、是否在统一监管平台报备并相应取得全国统一的验证码等。

三、审计报告查验方式

审计报告使用者可通过统一监管平台或手机应用程序等方式，查询审计报告报备、赋码以及财务报表关键指标等情况。

（一）通过统一监管平台进行查验。统一监管平台设有“审计报告查验”功能，审计报告使用者可通过被审计单位或者会计师事务所提供的审计报告右下角的查询编码、审计报告电子版或纸质版文件等进行查验。根据审计报告使用者掌握查询资料的情况，设有三种不同的查验方式：一是快捷查验。对于掌握查询编码的审计报告使用者，可通过编码查询会计师事务所名称、签字注册会计师姓名、被审计单位名称、审计报告出具日期等信息。二是上传审计报告查验。对于掌握审计报告电子版的审计报告使用者，可直接上传电子版审计报告进行查验。统一监管平台对审计报告赋予验证码时采取防篡改技术，审计报告使用者提交的电子审计报告被篡改或未在统一监管平台进行报备的，系统自动比对后，将显示"此报告未在本系统备案"。三是报告编码和财务报表关键指标查验。对于掌握审计报告编码和资产总额、负债总额、利润总额、收入总额等财务报表关键指标的审计报告使用者，可输入审计报告编码和财务报表关键指标进行查验，系统自动比对后显示有关情况是否与报备情况一致（为保障数据安全，只显示比对结果是否一致，不显示审计报告中的具体数据）。

（二）通过手机应用程序进行查验。审计报告使用者可使用微信"扫一扫"、支付宝"扫一扫"等方式，直接扫描审计报告所附验证码，进行扫码查验，查询会计师事务所名称、签字注册会计师姓名、被审计单位名称、审计报告出具日期等信息。在扫码查验的同时，审计报告使用者还可通过手机上传审计报告进行比对查验，输入报告编码和资产总额、负债总额、利润总额、收入总额等财务报表关键指标进行查验。

四、加强审计报告报备工作

统一监管平台自 2022 年 10 月正式上线以来，已实现对会计师事务所在平台报备的审计报告赋予全国统一的验证码。会计师事务所应当加强审计报告报备工作，做到审计报告"应报尽报"，为审计报告查验工作提供基础条件。统一监管平台是审计报告报备、赋码、查验的唯一法定平台；严禁会计师事务所以任何非法途径获取和使用虚假验证码。审计报告报备包括以下环节：

（一）申请赋码。会计师事务所应当于审计报告交付委托人前，在统一监管平台填写审计报告有关信息、上传拟出具的正式审计报告并申请赋码。统一监管平台对审计报告赋予验证码并自动加密存储。审计报告上传时应当加盖会计师事务所印章、注册会计师签名签章，年度财务报表审计报告还应当在财务报表页加盖被审计单位公章。上传内容包含审计报告正文、被审计单位财务报表（如有），严禁上传涉密信息。报告附注部分及其他支持性材料无须上传。具备条件的会计师事务所可以上传加盖符合《中华人民共和国电子签名法》要求的会计师事务所电子公章、注册会计师电子签名签章的审计报告。

（二）报告解密。会计师事务所应当在获取审计报告验证码 7 日内，在统一监管平台解密审计报告；7 日内未予以解密的，统一监管平台将对会计师事务所进行提示并于 7 日届满时对赋码的审计报告自动解密。审计报告解密前，审计报告使用者只可进行快捷查验或扫码查验，无法通过上传审计报告、输入报告编码和财务报表关键指标等方式进行深度查验。

会计师事务所在统一监管平台扫描上传、报备赋码并打印的审计报告具有《中华人民共和国注册会计师法》规定的法律效力。

五、加强审计报告验证码应用推广

会计师事务所应当主动向被审计单位提供附验证码的审计报告。审计报告使用者应当关注获取的审计报告是否附验证码，并可通过统一监管平台或手机"扫一扫"等方式进行查验。财政部门、国有资产监督管理部门、金融监督管理部门在国有企业审计、银行业金融机构（以下简称银行）信贷审核等审计报告使用量较大领域，重点加强审计报告验证码应用，督促、指导有关企业向会计师事务所获取附验证码的审计报告并进行查验。

金融监管总局指导中国银行业协会推动审计报告验证码在银行信贷审核领域的应用推广、做好应用试点及推广工作，初期选取部分银行开展试点，总结经验、完善机制后，逐步推广到其他银行。中国银行业协会负责代表银行业反馈意见，及时收集审计报告验证码在行业推广过程中遇到的业务、技术等问题，向金融监管总局、财政部进行反馈。各地金融监督管理局指导辖内行业自律组织配合中国银行业协会做好辖内银行的试点及推广工作。

财政部将未按规定进行报备且未按要求整改、被列为监督检查重点关注对象的会计师事务所名单及时告知金融监管总局。中国银行业协会负责转发给银行，各银行在信贷审核时对相关会计师事务所出具的报告应当予以重点关注。

银行在开展年报审计等审计工作时，应当要求聘请的会计师事务所及时将审计报告在统一监管平台报备并赋予验证码。

六、加强组织实施

（一）强化宣传引导。各地财政部门、国有资产监督管理部门、金融监督管理部门应当广泛深入宣传审计报告查验对于促进会计师事务所规范谨慎执业、提升审计质量和会计信息质量的重要意义，推动形成审计报告使用者查验审计报告、拒绝接受未赋码审计报告的良好氛围，加强对会计师事务所执业情况的社会监督。

（二）加大监督力度。各省级财政部门、注册会计师协会应当加大对会计师事务所审计报告报备情况的监督检查力度。对于未按规定进行报备的会计师事务所，责令限期整改；未按要求整改的，予以公告并列为监督检查重点关注对象。依法严厉打击不法机构、个人冒用统一监管平台名义进行审计报告验证的违规行为。

（三）强化技术支持。财政部做好技术支撑，设立服务电话和邮箱，及时收集听取意见、解决审计报告验证码应用推广中的有关技术问题。

本通知自发布之日起施行。

关于严格执行企业会计准则切实做好企业2023年年报工作的通知

（财会〔2023〕29号）

各省、自治区、直辖市、计划单列市财政厅（局）、国资委，新疆生产建设兵团财政局、国资委，财政部各地监管局，金融监管总局各监管局，中国证监会各监管局，有关企业，有关单位：

为深入贯彻落实党的二十大精神和《中共中央办公厅　国务院办公厅印发〈关于进一步加强财会监督工作的意见〉的通知》、《国务院办公厅关于进一步规范财务审计秩序促进注册会计师行业健康发展的意见》（国办发〔2021〕30号）有关要求，强化国家统一的会计制度的贯彻实施，加大对企业会计准则实施环节的管理和指导力度，督促相关企业和会计师事务所严格执行企业会计准则，扎实做好2023年年报工作，现将有关事项通知如下：

一、编制2023年年报应予关注的准则实施重点

国家统一的会计制度是企业进行会计处理、生成会计信息的唯一标准，是规范会计行为和会计秩序的重要依据。企业应当按照国家统一的会计制度编制财务报告，向有关各方提供的财务报告，其编制基础、编制依据、编制原则和方法应当一致，不得提供编制基础、编制依据、编制原则和方法不同的财务报告。企业编制年报应当严格执行财政部发布的企业会计准则、企业会计准则解释、企业会计准则应用指南、会计处理规定等有关规定，不得编制或提供不符合国家统一的会计制度要求的会计信息。在此基础上，需要特别关注以下重点：

（一）关于存货。

企业应当按照《企业会计准则第1号——存货》（财会〔2006〕3号）等相关规定，在资产负债表日对存货按照成本与可变现净值孰低计量。企业在确定存货的可变现净值时，应当以取得的确凿证据为基础，并且考虑持有存货的目的、资产负债表日后事项的影响等因素。资产负债表日至财务报告批准报出日之间存货售价发生波动的，如有确凿证据表明其对资产负债表日存货已经存在的情况提供了新的或进一步的证据，则在确定存货可变现净值时应当予以考虑，否则，不应予以考虑。例如，对于存在活跃市场的大宗商品，资产负债表日至财务报告批准报出日之间的市场价格波动属于资产负债表日后非调整事项，不应予以考虑。

（二）关于长期股权投资。

企业应当按照《企业会计准则第2号——长期股权投资》（财会〔2014〕14号，以下简称长期股权投资准则）、《企业会计准则第40号——合营安排》（财会〔2014〕11号）的相关规定，判断是否对被投资单位具有重大影响或共同控制，并进行相应会计处理和披露。在判断对被投资单位是否具有重大影响时，企业应当严格遵循会计准则的规定，综合考虑所有事实和情况，对其是否对被投资单位的财务和经营政策有参与决策的权力来作出恰当的判断。例如，在投资方向被投资单位派驻董事的情形下，应当有充分证据证明该董事能够代表投资方参与被投资单位财务和经营政策的制定，并综合考虑其他所有事实和情况对被投资单位是否具有重大影响进行判断。企业不应仅以撤回或委派董事、委派监事、增加或减少持有被投资单位的股份等个别事实为依据作出判断。企业在判断对被投资单位是否具有重大影响时，应综合考虑投资方直接或间接持有被投资单位的表决权股份；企业在个别财务报表中对长期股权投资进行权益法核算时，应当仅考虑直接持有的被投资单位的股权份额。

企业按照长期股权投资准则采用权益法对被投资单位进行后续计量的，投资方在确认应享有被投资单位净损益的份额时，应当以取得投资时被投资单位可辨认净资产的公允价值为基础，对被投资单位的净利润进行调整后确认。对于投资企业与其联营企业、合营企业之间发生的未实现内部交易损益，按照应享有的比例计算归属于投资企业的部分，应当予以抵销，在此基础上确认投资收益。投资企业与联营企业、合营企业发生的未实现内部交易损失，按照《企业会计准则第 8 号——资产减值》（财会〔2006〕3 号，以下简称资产减值准则）等规定属于资产减值损失的，应当全额确认。投资方确认应分担被投资单位发生的损失，原则上应以长期股权投资及其他实质上构成对被投资单位净投资的长期权益减记至零为限，投资方负有承担额外损失义务的除外。原持有的对被投资单位的股权投资按照《企业会计准则第 22 号——金融工具确认和计量》（财会〔2017〕7 号，以下简称金融工具确认计量准则）等进行会计处理的，因追加投资等原因转按权益法核算时，投资企业应当按照金融工具确认计量准则确定的原股权投资在转换日的公允价值加上为取得新增投资而应支付对价的公允价值，作为改按权益法核算的初始投资成本。

（三）关于投资性房地产。

1. 关于投资性房地产的确认。企业应当按照《企业会计准则第 3 号——投资性房地产》（财会〔2006〕3 号，以下简称投资性房地产准则）等相关规定，根据投资性房地产的定义、特征、范围和确认条件等，对投资性房地产进行确认。投资性房地产应当能够单独计量和出售。

2. 关于投资性房地产的后续计量。企业应当按照投资性房地产准则的相关规定，对投资性房地产采用成本模式或者公允价值模式进行后续计量，计量模式一经确定，不得随意变更。成本模式转为公允价值模式的，应当作为会计政策变更，按照《企业会计准则第 28 号——会计政策、会计估计变更和差错更正》（财会〔2006〕3 号，以下简称会计政策、会计估计变更和差错更正准则）处理。已采用公允价值模式计量的投资性房地产，不得从公允价值模式转为成本模式。

（四）关于固定资产。

企业应当按照《企业会计准则第 4 号——固定资产》（财会〔2006〕3 号）等相关规定，将符合固定资产定义和确认条件的资产及时确认为固定资产，企业不得将应确认为固定资产的资产确认为其他资产或计入当期损益。固定资产应自达到预定可使用状态时开始计提折旧；已达到预定可使用状态但尚未办理竣工决算的固定资产，应当按照估计价值确定其成本，并计提折旧，待办理竣工决算后再按实际成本调整原来的暂估价值，但不需要调整原已计提的折旧额。

（五）关于生物资产。

企业应当按照《企业会计准则第 5 号——生物资产》（财会〔2006〕3 号，以下简称生物资产准则）等相关规定，对生物资产进行后续计量。生物资产通常按照成本计量，但有确凿证据表明其公允价值能够持续可靠取得的除外。对于采用公允价值计量的生物资产，生物资产准则规定了严格的条件，应当满足生物资产准则第二十二条以及《〈企业会计准则第 5 号——生物资产〉应用指南》（财会〔2006〕18 号）“五、生物资产的后续计量”等规定。

（六）关于无形资产。

企业应当按照《企业会计准则第 6 号——无形资产》（财会〔2006〕3 号，以下简称无形资产准则）等相关规定，合理划分企业内部研究开发项目的研究阶段和开发阶段。研究阶段的支出，应当于发生时计入当期损益；开发阶段的支出，满足无形资产准则第九条规定的有关条件的，才能确认为无形资产。企业以前期间已经按照无形资产准则等规定费用化计入损益的研究开发支出不得在后续期间重新资本化。

（七）关于资产减值。

1. 关于减值的判断和计量。企业应当按照资产减值准则等相关规定，根据企业具体情况对固定资产、使用权资产、长期股权投资等资产减值准备进行职业判断和会计处理，企业应当在资产负债表日判断资产是否存在可能发生减值的迹象，存在减值迹象的，应当合理确定关键参数，估计可收回金额，充分、及时计提减值并披露与减值相关的重要信息。判断资产减值迹象或认定减值金额时，应以相关资产在资产负债表日的状况为基础，以资产负债表日已经存在且能够取得的可靠信息为依据，而不应考虑资产负债表日后非调整事项的影响。例如，对于采用权益法核算的长期股权投资，当被投资方股价出现明显下跌且远低于被投资单位净资产的账面价值时，表明投资方对被投资单位的该项长期股权投资存在减值迹象，投资方应当对该项长期股权投资估计可收回金额，可收回金额应当根据该项长期股权投资的公允价值减去处置费用后的净额与该项长期股权投资预计未来现金流量的现值两者之间较高者确定。

2. 关于商誉减值。在商誉减值测试时，因企业合并所形成的商誉的账面价值，应当自购买日起按照合理的方法分摊至购买方预计能够从企业合并的协同效应中受益的资产组或资产组组合。被分摊商誉的这些资产组或资产组组合应当同时满足下列条件：(1)代表企业基于内部管理目的对商誉进行监控的最低水平；(2)不大于按照《企业会计准则第 35 号——分部报告》(财会〔2006〕3 号)所确定的报告分部，该报告分部是指《企业会计准则解释第 3 号》(财会〔2009〕8 号)第八项所规定的经营分部。

（八）关于收入。

1. 关于时段法和时点法。企业应当按照《企业会计准则第 14 号——收入》(财会〔2017〕22 号，以下简称收入准则)第十一条的相关规定，结合业务实际情况，判断履约义务是否满足在某一时段内履行的条件，如满足，则该履约义务属于某一时段内履行的履约义务，相关收入应当在履约义务履行的期间内确认；如不满足，则该履约义务属于在某一时点履行的履约义务，相关收入应当在客户取得相关商品或服务(以下简称商品)控制权的时点确认。企业不得通过随意调整收入确认方法提早、推迟确认收入或平滑业绩。例如，房地产企业预售商品房业务在我国法律法规环境下通常不符合时段法收入确认条件，应当按照时点法(通常为交付商品房时)确认收入。

2. 关于主要责任人和代理人。当企业向客户销售商品涉及其他方参与其中时，企业不应仅局限于合同的法律形式，而应当综合考虑所有相关事实和情况，评估特定商品在转让给客户之前是否控制该商品，确定其自身在该交易中的身份是主要责任人还是代理人：控制该商品的，其身份为主要责任人，用总额法确认收入；不控制该商品的，其身份为代理人，用净额法确认收入。取得相关商品控制权，是指能够主导该商品的使用并从中获得几乎全部的经济利益。部分行业如贸易、百货、电商、来料加工、广告营销等应对此予以特别关注，应当结合业务商业模式等相关事实和情况，严格按照收入准则的相关规定进行判断和会计处理。

为便于准则实施，企业在判断时通常也可以参考如下三个迹象：企业承担向客户转让商品的主要责任；企业在转让商品之前或之后承担了该商品的存货风险；企业有权自主决定所交易商品的价格。需要强调的是，企业在判断其是主要责任人还是代理人时，应当以该企业在特定商品转移给客户之前是否能够控制该商品为原则，上述三个迹象仅为支持对控制权的评估，不能取代控制权的评估，也不能凌驾于控制权评估之上，更不是单独或额外的评估，应予以综合考虑。

（九）关于政府补助。

1. 关于政府补助的判断。企业应当按照《企业会计准则第 16 号——政府补助》(财会〔2017〕15 号，以下简称政府补助准则)的相关规定，根据交易或事项的实质对来源于政府的经济资源所归属的类型作出判断，区分收入、政府补助和政府的资本性投入等分别进行相应的会计处理。企业从政府取得的经济资源不符合无偿性的，不属于政府补助。对于符合政府补助的定义和特征的，正确区分与资产相关的政府补助和与收益相关的政府补助，并按照该准则的要求进行确认、计量、列示与披露。

2. 关于政府补助的分类。对同时包含与资产相关部分和与收益相关部分的政府补助，应当采用合理的方法区分不同部分分别进行会计处理；确实难以区分的，应当整体归类为与收益相关的政府补助。

3. 关于政府补助的会计处理。企业应当按照经济业务实质对政府补助是否与日常活动相关进行恰当判断，并进行相应会计处理，不得不经判断随意将政府补助计入营业外收入。企业应当根据政府补助准则有关规定，合理确定将与资产相关的政府补助和与收益相关的政府补助计入当期损益的时点，不得提前或延后。企业取得政策性优惠贷款贴息，且财政将贴息资金直接拨付给企业的，应当将对应的贴息冲减相关借款费用。

（十）关于借款费用。

企业应当按照《企业会计准则第 17 号——借款费用》（财会〔2006〕3 号）等相关规定，合理确定借款费用资本化期间开始、暂停和停止时点，将借款费用分别计入符合资本化条件的资产成本或当期损益。符合资本化条件的资产，是指需要经过相当长时间的购建或者生产活动才能达到预定可使用或者可销售状态的固定资产、投资性房地产和存货等资产。购入即可使用的资产，或者购入后需要安装但所需安装时间较短的资产，或者需要建造或生产但建造或生产时间较短的资产，均不属于符合资本化条件的资产，例如企业取得的采矿权等。

（十一）关于企业合并。

1. 关于业务的判断。企业应当按照《企业会计准则第 20 号——企业合并》（财会〔2006〕3 号，以下简称企业合并准则）、《企业会计准则解释第 13 号》（财会〔2019〕21 号）的相关规定，正确判断企业合并中取得的经营活动或资产的组合是否构成业务，选择采用集中度测试仅限于判断非同一控制下企业合并中取得的组合是否构成业务。

2. 关于企业合并的类型。对于企业合并中取得的经营活动或资产的组合构成业务的，企业应当按照企业合并准则的相关规定，正确区分同一控制下企业合并和非同一控制下企业合并，并进行相应会计处理。

（十二）关于租赁。

1. 关于重新评估租赁的分类。出租人应当按照《企业会计准则第 21 号——租赁》（财会〔2018〕35 号）的规定，在租赁开始日将租赁分为融资租赁和经营租赁。在租赁开始日后，出租人无需对租赁的分类进行重新评估，除非发生租赁变更。在租赁开始日后，承租人按照原合同条款行使续租选择权或终止租赁选择权等导致租赁期变化的，不属于租赁变更，出租人无需对相关租赁的分类进行重新评估。

2. 关于评估合同是否为租赁或者包含租赁。

（1）企业在评估合同是否为租赁或者包含租赁时，应当在各潜在单独租赁部分（如可单独使用的资产）的层面评估资产供应方的替换权是否为实质性权利。评估时，企业应考虑资产供应方是否在整个使用期间都具有替换资产的实际能力，并能通过行使替换资产的权利获得经济利益。如果合同仅赋予资产供应方在特定日期或者特定事件发生日或之后拥有替换资产的权利或义务，资产供应方的替换权不具有实质性。

（2）企业在评估合同是否为租赁或者包含租赁时，需判断客户是否有权在整个使用期间主导已识别资产的使用目的和使用方式。在合同中预先确定资产使用目的和使用方式相关决策的，企业应当考虑该做法是对客户使用资产的范围作出限定，还是对客户在整个使用期间与改变资产的使用目的和使用方式相关的决策权作出限定，如果仅是对客户使用资产的范围作出限定，该限定不妨碍客户获得主导资产使用的权利。

（十三）关于金融工具。

1. 关于预期信用损失准备的确认。企业应当按照金融工具确认计量准则的规定，以预期信用损失为基础对以摊余成本计量的应收款项、合同资产以及相关贷款承诺、财务担保合同等进行减值会计处理并确认损失准备，不得以其信用风险较低为由不对其确认损失准备。

2. 关于应收账款的终止确认。企业通过保理、资产证券化等方式转让应收账款，应当按照《企业会计准则第 23 号——金融资产转移》（财会〔2017〕8 号）的规定，根据相关合同的经济实质，而非仅以其合同形式，判断该转让是否导致应收账款的终止确认。

（十四）关于保险合同。

执行《企业会计准则第25号——保险合同》（财会〔2020〕20号）的企业，应当严格按照该准则规定确认保险服务收入。

对于未采用保费分配法的保险合同组，企业确认的当期保险服务收入由未到期责任负债账面价值当期减少额中因当期提供保险合同服务而预计取得的对价金额和保险获取现金流量摊销的金额组成。与当期提供保险合同服务不相关的变动和分摊至未到期责任负债亏损部分的金额不应确认为保险服务收入。在确认保险服务收入时，不得包含保险合同中的投资成分。

对于采用保费分配法的保险合同组，企业应当将已收和预计收取的保费扣除投资成分并对重大融资成分进行调整后分摊至当期的金额，确认为保险服务收入。

（十五）关于会计政策、会计估计变更和差错更正。

企业应当按照会计政策、会计估计变更和差错更正准则的相关规定，正确划分会计政策变更、会计估计变更和前期差错更正，并进行相应会计处理和披露。企业应当采用追溯重述法更正重要的前期差错，并在重要的前期差错发现当期的财务报表中调整前期比较数据，不得在重要的前期差错发现当期的财务报表中直接调整当期数据。企业采用的会计政策和会计估计应当如实反映企业的交易和事项，不得滥用会计政策或随意变更会计估计。

（十六）关于持续经营的判断。

在编制财务报表的过程中，企业管理层应当按照《企业会计准则第30号——财务报表列报》（财会〔2014〕7号，以下简称财务报表列报准则）的相关规定，利用所有可获得信息来评价企业自报告期末起至少12个月的持续经营能力。评价结果表明企业仍处于持续经营状态的，应当以持续经营为基础编制财务报表；评价结果表明企业对持续经营能力产生重大怀疑的，应当在附注中披露导致对持续经营能力产生重大怀疑的因素以及企业拟采取的改善措施；评价结果表明企业处于非持续经营状态的，应当采用其他基础编制财务报表，并在附注中声明财务报表未以持续经营为基础编制的事实、披露未以持续经营为基础编制的原因和财务报表的编制基础。

（十七）关于合并财务报表。

1. 关于控制的判断。企业应当按照《企业会计准则第33号——合并财务报表》（财会〔2014〕10号，以下简称合并财务报表准则）的相关规定，综合考虑所有相关事实和情况，按照控制定义的三项要素判断企业是否控制被投资方。企业在判断是否拥有对被投资方的权力时，应当仅考虑与被投资方相关的实质性权利，包括自身所享有的实质性权利以及其他方所享有的实质性权利。企业不应仅以子公司自愿破产、签订一致行动协议或修改公司章程等个别事实为依据作出判断，随意改变合并财务报表范围。对控制的评估是持续的，当环境或情况发生变化时，投资方需要评估控制的三项要素中的一项或多项是否发生了变化，是否影响了投资方对被投资方控制的判断。企业应当审慎考虑与子公司相关的实质性权利，对是否丧失对子公司的控制权进行综合判断。

合并财务报表的合并范围应当以控制为基础予以确定，不仅包括根据表决权（或类似权利）本身或者结合其他安排确定的子公司，也包括基于一项或多项合同安排决定的结构化主体。在判断是否将结构化主体纳入合并范围时，如证券化产品、资产支持融资工具、部分投资基金（如REITs）等，企业应当严格遵循上述有关要求，按照合并财务报表准则的相关规定，综合所有事实和情况进行判断和会计处理。企业应当将所有控制的被投资方纳入合并范围（涉及母公司是投资性主体的情形除外），不得将未控制或丧失控制权的被投资方纳入合并范围，也不得将控制的被投资方不纳入合并范围。

2. 关于抵销内部交易的原则。母公司应当以自身和其全部子公司的财务报表为基础，根据其他有关资料，编制合并财务报表，将整个企业集团视为一个会计主体，正确抵消内部交易的影响，依据相关企业会计准则的确认、计量和列报要求，按照统一的会计政策，反映企业集团整体财务状况、经营成果和现金流量。

（十八）关于报表格式。

企业应当按照财务报表列报准则、《企业会计准则第31号——现金流量表》(财会〔2006〕3号)、《财政部关于修订印发2018年度金融企业财务报表格式的通知》(财会〔2018〕36号)、《财政部关于修订印发2019年度一般企业财务报表格式的通知》(财会〔2019〕6号)、《财政部关于修订印发合并财务报表格式(2019版)的通知》(财会〔2019〕16号)、《财政部关于修订印发2023年度保险公司财务报表格式的通知》(财会〔2022〕37号)等相关规定,并按照规定的报表格式和报表项目等要求编制2023年年度财务报表。同时,企业应当按相关准则要求对财务报表附注信息进行充分披露。

二、切实加强组织实施与监督检查,认真扎实做好企业2023年年报工作

(一)企业应当严格执行会计准则,加强内部控制,全面提升2023年年报质量。执行企业会计准则的各类企业应当以会计信息质量为核心,切实履行会计信息质量主体责任,建立健全会计信息质量治理架构。单位负责人要高度重视并切实加强对会计工作的组织领导,对会计资料的真实性、完整性负责。企业应当加强对企业会计准则以及近年来年报工作通知相关重点内容的学习理解,准确把握有关具体要求,严格按照企业会计准则规定,结合企业实际情况和业务实质,综合所有相关事实和情况,合理作出职业判断,并进行会计处理和信息披露。

企业应当对近年来问题多发频发的重点领域,加大会计核算和报表编制审核力度,确保年报数据真实准确,严防会计信息失真,上市公司不得通过调节会计信息规避退市。

企业应当加强业务真实性和风险充分识别的管理力度,严防大股东通过各种形式套取资金;严禁通过各种形式掩盖风险和损失;严禁利用会计准则和设计实施复杂交易调节利润、虚假转让资产、规避监管要求;严禁虚列经济事项套取资金。

企业应当强化内部财会监督作用,将财会监督纳入公司治理内容,强化公司治理层面财会监督力度,建立职责清晰、权责明确的财会监督体系;企业内部各部门、分支机构和附属机构在会计信息质量方面应各司其职、各负其责,共同落实财会监督要求,确保业务数据真实合规、风险充分识别计量、财务报表真实完整、信息披露充分透明。同时,要强化企业内部财会工作对业务发展和风险评估的监督作用,推动提升业务真实合规和风险充分识别。

执行企业内部控制规范体系的企业应当建立健全内部控制制度,完善风险评估机制,强化对重点领域和高风险领域内部控制有效性的评价,细化内部控制缺陷认定标准,科学认定内部控制缺陷,强化内部控制缺陷整改工作,完整、准确、真实披露内部控制评价报告,充分发挥内部控制在提升企业会计信息质量、防范财务舞弊等方面的重要作用。

(二)会计师事务所应当提高审计质量,充分发挥社会审计鉴证作用。会计师事务所应当紧抓质量提升主线,守住诚信操守底线,筑牢法律法规红线,充分发挥审计鉴证作用,持续提升审计质量。

有关企业应当严格按照《国有企业、上市公司选聘会计师事务所管理办法》(财会〔2023〕4号)等规定,做好年报会计师事务所选聘、披露、轮换等工作,促进注册会计师行业公平竞争,推动提升年报审计质量。上市公司应当严格履行会计师事务所选聘审议程序,议案经审计委员会同意后,方可提交董事会、股东大会;公司应当认真做好会计师事务所聘任、履职、费用等信息的披露;公司应当严格落实会计师事务所及注册会计师轮换要求,变更年审会计师事务所的,应当在年底前完成并披露变更原因。

会计师事务所在进行年报审计时,应当重点关注易发生错报的企业合并报表编制、收入确认、减值计提等领域,融资性贸易等业务,房地产、医药等重点行业,警惕通过伪造变造凭证、利用关联方虚构交易或第三方配合等方式实施系统性造假和配合造假的行为。对企业年报存在异常的,应当保持高度的职业怀疑,作出恰当的职业判断,进一步执行审计程序,不应直接采用管理层声明替代必要的审计程序,及时有效识别企业舞弊和财务造假。审计过程中,应当严格执行准则要求,实施恰当的审计程序,确保获取充分适当的审计证据以支撑审计结论和意见。

会计师事务所利用专家工作成果或外部评估机构结果并不能免除注册会计师审计责任,因此,应准确评价专家的工作是否足以实现审计目的,确保获取的审计证据充分、适当。会计师事务所应准确分析评估机构采用的评估方法及模型、重要假设、关键参数的恰当性,有效识别、评估和应对因舞弊导致的财务报表重大错报风险。

会计师事务所应当严守执业准则和职业道德,客观独立发表恰当审计意见,充分揭示金融机构真实风险,有效维护公众利益。会计师事务所审计过程中应准确识别金融机构业务真实性,纠正不规范实施会计准则行为以及利用会计准则调节利润和监管套利行为,不得协助金融机构滥用会计准则,不得协助金融机构掩盖金融风险。

会计师事务所应当根据企业内部控制规范体系和相关执业准则要求,对上市公司财务报告内部控制有效性进行审计,同时关注非财务报告内部控制重大缺陷,提升内部控制审计报告质量。

(三)监管部门应当加强协同配合,持续强化监管,有效促进提升企业会计信息质量。各地方和有关单位应当按照职责分工,强化宣传贯彻,积极采取措施,加强协同配合,督促辖区内有关企业严格执行企业会计准则,将企业 2023 年年报工作中的有关情况、问题建议等,及时向财政部及有关部门报告。

财政部、国务院国资委、金融监管总局、中国证监会将继续深入实施部门间年报通知工作机制,按照职责分工,加大协同配合力度,持续强化监督检查,密切跟踪企业和会计师事务所 2023 年年报编制、审计、决算等相关情况,加强信息共享与沟通,加大对企业进行财务造假、有关机构配合造假等违法违规行为的处罚力度,切实压实企业财务报告编制者主体责任、会计师事务所审计责任、其他单位有关责任。

关于支持中央企业发行绿色债券的通知

(证监发〔2023〕80 号)

中国证监会各派出机构,上海证券交易所,深圳证券交易所,北京证券交易所,中国证券登记结算有限责任公司,中国证券业协会,中国证券投资基金业协会,各中央企业:

中央企业关系国家安全与国民经济命脉,是我国实现碳达峰碳中和目标的关键主体。为贯彻落实中央金融工作会议关于做好绿色金融等五篇大文章的战略部署,进一步提升资本市场服务绿色低碳发展能力,支持中央企业发行绿色债券(含绿色资产支持证券,下同)融资,协同推进降碳、减污、扩绿、增长,带动支持民营经济绿色低碳发展,促进经济社会全面绿色转型,现就有关事项通知如下:

一、完善绿色债券融资支持机制

(一)加强对绿色低碳领域的精准支持。支持中央企业发行绿色债券,发展节能降碳、环境保护、资源循环利用、清洁能源、生态保护修复和利用、基础设施绿色升级等产业。鼓励中央企业根据绿色项目预期投资回收周期,发行中长期债券。

(二)对中央企业发行绿色债券提供融资便利。优化债券融资服务机制,对优质中央企业发行绿色债券优化审核安排,参照知名成熟发行人标准简化文件签章和信息披露等方面要求,适当延长财务报告有效期,即报即审,提高融资效率。探索在管控中央企业债券占带息负债比重时将绿色债券按一定比例剔除。

(三)便利债券回购融资支持机制。在通用质押式回购业务中,对于优质中央企业及子公司发行绿色债券给予信用债最高档折扣系数;在三方回购业务中,研究为中央企业及子公司绿色债券单独设立质押券篮子,在发行人信用资质和折扣系数等方面实施差异化管理。

(四)优化中介机构监管评价考核。新增专项排名及评优奖项,鼓励证券公司积极主动提供绿色债券中介服务,与绿色产业中央企业建立长效合作机制。鼓励信用评级机构在信用评级过程中将发行人的环境、社会和治理(ESG)因素纳入其信用风险考量,并在信用评级报告中进行专项披露。

(五)推进绿色投资理念。鼓励中央企业参照成熟经验主动披露绿色环境信息,吸引商业银行、保险公司、社保基金、养老金、证券基金等加大绿色债券投资力度。推动优质中央企业及子公司绿色债券纳入基准做市品种,鼓励做市商积极开展绿色债券做市报价服务,提高绿色债券交易流动性。加强中央企业发行人、主管部门与投资机构的沟通交流,鼓励市场投资机构以绿色指数为基础开发公募基金等绿色金融产品，引导降低融资成本。

二、助力中央企业绿色低碳转型和高质量发展

（六）推进中央企业绿色低碳转型。中央企业根据《中央企业债券发行管理办法》有关要求，结合绿色低碳发展实际需要，合理安排债券融资，推动产业结构和能源结构绿色转型升级，实施节能降碳改造、工艺革新和数字化转型，深入推进战略性重组和专业化整合，加快形成绿色低碳生产方式。

（七）发挥中央企业绿色科技创新主体作用。鼓励中央企业发行投向绿色领域科技创新项目建设的债券，强化绿色科技创新，支持绿色低碳关键核心技术攻坚突破和推广应用，提升高质量绿色产品服务供给能力。

（八）发挥中央企业绿色低碳发展示范作用。支持中央企业发行绿色债券筹集资金，通过项目合作、产业共建、搭建联盟等方式引领地方国有企业及各类市场经营主体绿色低碳发展，共同构建低碳供应链体系，推动节能低碳和环境服务等新业态发展和模式创新，全面提高能源资源利用效率。

三、发挥中央企业绿色投资引领作用

（九）引导绿色发展重点领域资金供给。鼓励符合条件的中央企业设立绿色发展基金或低碳基金发行绿色债券，通过投资支持符合条件的绿色项目建设、运营，吸引、撬动、聚合社会资本投向绿色产业。支持中央企业子公司探索利用碳排放权、排污权等资源环境权益进行质押担保，或由中央企业集团提供外部增信等方式发行绿色债券，推动细分领域节能减污降碳。

（十）支持中央企业开展绿色领域基础设施REITs试点。支持新能源、清洁能源、生态环保等领域基础设施项目发行REITs，拓宽增量资金来源，完善绿色融资支持。

四、加强组织实施保障

（十一）证监会及派出机构加强对中央企业发行绿色债券的服务支持，同时进一步推动国有企业、民营企业等绿色债券融资。会同国务院国资委建立信息共享机制，对中央企业绿色债券融资及资金使用情况加强监督管理，确保绿色债券募集资金按要求规范管理和使用。

（十二）国务院国资委不断优化中央企业绿色发展考核机制，将能源消耗强度、碳排放强度等指标纳入经营业绩考核体系，遴选绿色低碳示范项目，总结提炼成功经验、典型模式并加以推广。与证监会加强协调配合，加大对中央企业发行绿色债券融资的政策引导力度，支持利用资本市场形成绿色低碳核心竞争优势。

（十三）证券交易所着力提升绿色债券融资服务效能，积极发挥市场组织功能，激发市场经营主体活力，加强投融资对接，吸引更多资金投向绿色领域。证券业协会、基金业协会充分履行自律规范职责，营造良好的投融资环境，引导证券基金经营机构加大对绿色债券的业务投入。

关于加快“宽带边疆”建设的通知

（工信部联通信〔2023〕263号）

天津、河北、内蒙古、辽宁、吉林、黑龙江、上海、江苏、浙江、福建、山东、广东、广西、海南、云南、西藏、甘肃、新疆等有关省（区、市）及新疆生产建设兵团通信管理、工业和信息化、教育、民族工作、财政、自然资源、交通运输、农业农村、卫生健康、能源、边境管理、林业和草原主管部门，各铁路局集团公司、国铁控股合资铁路公司，中国电信集团有限公司、中国移动通信集团有限公司、中国联合网络通信集团有限公司、中国广播电视网络集团有限公司、中国铁塔股份有限公司、国家电网有限公司、中国南方电网有限责任公司：

为贯彻落实党中央、国务院决策部署，加快提升边疆网络供给能力，充分发挥宽带网络基础设施支撑和赋能作用，改善各族群众生产生活条件，助力兴边富民、稳边固边，现就加快“宽带边疆”建设有关工作通知如下。

一、总体要求

（一）指导思想

以习近平新时代中国特色社会主义思想为指导，深入贯彻党的二十大精神，坚持以人民为中心的发展思想，落实党中央、国务院关于兴边富民、稳边固边等决策部署，以边疆网络高质量发展为主线，以提升重点场景网络覆盖和应用水平为目标，统筹边疆地区城乡网络建设，深化移动和固定宽带网络覆盖，加快向5G和千兆光网升级，全面提升宽带网络供给和服务能力，打通边疆地区高质量发展信息“大动脉”。

（二）基本原则

部门联动，政企协同。加强多部门协同合作，鼓励地方政府出台配套政策，加大对“宽带边疆”建设支持力度。积极发挥基础电信企业主体作用，保障建设和运维投入，加快边疆地区宽带网络建设和应用推广。

统筹部署，重点推进。加强边疆地区宽带网络整体布局，统筹规划边疆地区5G、千兆光网等网络建设，以边境县为单位，突出重点应用场景，分步骤有序推进，丰富网络应用，高质量推进兴边富民、稳边固边工作。

需求牵引，分类施策。面向边疆地区数字化发展需求，结合当地地理环境、人口分布、经济水平等特点，实施差异化支持政策，加大对市场失灵的高成本地区支持，分类推进边疆地区网络演进升级。

共建共享，融合发展。统筹推进宽带网络基础设施集约建设，加快宽带网络基础设施与市政、交通、电力、林草等领域基础设施融合部署和共享利用，持续提升共建共享水平，高效发挥宽带网络支撑和赋能作用。

（三）工作目标

本通知实施范围包括内蒙古、辽宁、吉林、黑龙江、广西、云南、西藏、甘肃、新疆等9个沿边省（区）的陆地边境县（市、区、旗）和新疆生产建设兵团的边境团场；天津、河北、辽宁、上海、江苏、浙江、山东、福建、广东、广西、海南等11个沿海省（区、市）拥有海岸线的县（市、区）。

到2025年底，边疆地区县城、乡镇驻地实现5G和千兆光网通达；行政村、20户以上农村人口聚居区、边境管理及贸易机构、有人居住海岛通宽带（含通光纤、通4G或通5G）比例达到100%；沿边国道和省道沿线基本实现移动网络覆盖；内海海域按需实现网络覆盖。

到2027年底，边疆地区行政村、边境管理及贸易机构通5G网络比例达到95%以上；20户以上农村人口聚居区、沿边国道和省道沿线基本实现5G网络覆盖；有人居住海岛通5G网络比例达到100%；内海、领海等海域基本实现5G网络覆盖。

二、重点任务

（一）加快县城宽带网络升级

1. 升级扩容县城宽带网络基础设施。积极引导基础电信企业适度超前布局边疆县城“双千兆”网络基础设施，逐步推广部署大容量传输设备和数据设备，提升乡镇综合业务承载能力。统筹县域重要路由光缆建设，升级扩容县城至地级市、乡镇至县城之间的光缆网络，推动县城和乡镇建设双上联光缆路由。

2. 按需部署边疆地区应用基础设施。结合政务、医疗、教育、农村电商、边境管理等数字化发展需要，积极推进云资源池、内容分发网络等应用基础设施向边疆地区部署，合理布局算力基础设施。协同部署边缘计算、智能终端等设备，培育一批可在边疆地区复制推广的应用基础设施典型案例。

（二）加强乡村宽带网络建设

3. 加快农村人口聚居区宽带网络升级。促进边疆地区乡镇政府驻地、行政村宽带向千兆光网升级，灵活采用中频和低频5G基站，逐步推进5G网络向农村地区延伸覆盖。探索偏远地区分散用户宽带接入技术和组网方案，加快推进20户以上农村人口聚居区、抵边新村、林场/农场/牧场驻地等场景宽带网络覆盖。

4. 有序推进生产作业区宽带网络覆盖。推动移动网络向边疆地区种植区、养殖区和农产品加工区等农村生产作业区延伸覆盖，逐步提升网络覆盖广度和深度。加强农产品直播基地、农村物流服务网点、产销地农产品批发市场等重点区域“双千兆”网络建设，改善网络服务质量。

（三）推进道路移动网络覆盖

5. 优化交通要道沿线移动网络覆盖。以县域范围内国道、省道、高速公路等为重点，加快推进沿线4G/5G网络建设。优先覆盖乡镇政府驻地、行政村、旅游景区等临近的道路路段，逐步推进农村公路、边防公路移动网络覆盖。

6. 完善边疆铁路和航道沿线移动网络覆盖。结合业务需求和投资能力，提升边疆地区铁路、国际国境河流航道沿线移动网络覆盖水平。协商推进铁路隧道等重点区域网络建设，实现铁路沿线有效覆盖，积极保障用户用网需求。

（四）增强边境管理机构和边贸区域网络保障能力

7. 提升边境管理机构宽带网络供给能力。加快提升口岸、边民通道、边防检查站、边境检查站、边境派出所和警务室、执勤点等边境管理机构宽带网络覆盖水平和接入能力，推广物联网、大数据、人工智能等新一代信息技术应用，有效增强信息化戍边控边能力。

8. 加速边境贸易区域高质量网络建设。充分发挥沿边区位和资源优势，加快推进互市贸易点、物流枢纽、商品集散中心、特色产业园区和示范基地等重点区域"双千兆"网络建设，夯实"智慧海关、智能边境、智享联通"建设数字底座，有效提升贸易便利化水平。

（五）加强海岛海域宽带网络覆盖

9. 优化升级海岛区域宽带网络。深化有人居住海岛宽带网络覆盖，逐步推进海岛"双千兆"网络建设。探索海缆、卫星、微波等通信技术手段，加强重要海岛与临近岛屿、大陆的网络连接。按需推进无人居住海岛移动网络覆盖。

10. 推动沿海海域移动网络覆盖。结合海岸线特点和近远海海洋开发活动需要，逐步扩展沿海海域5G信号覆盖范围。鼓励依托海岸线、岛礁、灯塔、海上油气和风电平台等，推进内海、领海和毗邻区信号覆盖，灵活采用卫星、微波等技术保障专属经济区网络需求。

（六）提升网络维护服务水平

11. 加强边疆地区网络日常运行维护。加大人员、资金、物资等方面投入，加强对边疆地区网络设备、线路安全、运行状态等监测巡检，及时发现、排查和处置安全隐患。完善应急通信管理机制，不断提升应急处置能力。

12. 保障边疆地区网络质量。鼓励5G和4G网络协同发展，支持多模基站设备的研制和部署，满足农村地区对不同制式网络的需求。支持边疆地区优先开展异网漫游，降低边疆地区整体网络建设成本。开展网络质量评测和监测分析，保障用户业务访问体验。

13. 提升边疆地区网络服务水平。加大对实体营业厅、客服热线等一线窗口的服务考核力度，切实提升宽带网络服务质量。鼓励面向边疆农村脱贫户、老年人、残疾人等特殊群体推出专属优惠资费。

（七）赋能边疆地区数字化发展

14. 赋能公共机构数字化服务。推进边疆地区中小学5G和千兆光网建设，打造一批中小学"双千兆"网络建设标杆案例。推进边疆县级医院、乡镇卫生院、村卫生室等基层医疗卫生机构开展"双千兆"网络建设，推广信息技术在农村基本医疗和公共卫生服务中的融合应用，开展"宽带网络＋健康乡村"应用试点。

15. 赋能乡村产业数字化转型。深化"双千兆"网络在农业生产场景应用，助力打造一批智慧农场、智慧牧场、智慧渔场，实现农业生产全过程数字化。升级农村电商服务站点网络，助力农村直播电商发展。推进"5G＋智慧旅游"，打造新型旅游模式。

16. 赋能农村区域数字化治理。推进"双千兆"网络与乡村治理深度融合，充分发挥数字技术在基层党建、政务服务、综合治理等方面的重要作用。助力"互联网＋政务服务"下沉至农村区域，有效提升基层便民服务效率。以"双千兆"网络、高清视频、大数据平台等技术手段，不断提升农村网格化和精细化管理能力。

三、保障措施

（一）健全工作机制

各地通信管理局要会同当地工业和信息化、教育、民族工作、财政、自然资源、交通运输、农业农村、卫生健康、能源、边境管理、林业和草原、铁路等部门建立"宽带边疆"建设协同推进机制，制定工作方案、明确任务分工，并于2024年3月底前将工作方案报送工业和信息化部。建立任务台账，定期沟通协调，推动解决网络建设和维护困难，并按年度向当地党委、政府报告工作进展、存在困难和问题等情况。

（二）保障资金投入

基础电信企业要将提升边疆地区宽带网络发展

水平作为工作重点，保障边疆地区网络建设和运维资金投入，积极督促地方公司承担建设任务，对各省市县公司进行经营效益等相关考核时，应将承担电信普遍服务项目建设任务涉及的成本等部分予以剔除。中国铁塔股份有限公司要积极承担边疆地区铁塔站址建设任务，对于电信普遍服务项目按照有关文件要求加大支持力度。工业和信息化部、财政部统筹考虑“宽带边疆”建设需求，对于建设成本高、自然条件差的边疆农村地区网络覆盖需求，在电信普遍服务项目中予以重点支持。

（三）完善支持政策

鼓励各地有关部门出台专项政策，加强边疆地区网络基础设施与市政、公共服务基础设施等布局规划衔接，提前预留建设空间；加强用电保障，做好接入机房、移动通信基站等规划与电力设施规划有效衔接，简化审批流程。各地自然资源、林业和草原、边境管理等部门要积极协调解决通信光缆、海缆、基站等建设涉及的用地、用林、用草、用海问题，加快办理相关手续。鼓励地方政府积极协调减免赔补、海域使用等相关费用。国务院国资委对承担“宽带边疆”建设任务的企业在业绩考核中剔除相关影响。充分赋予“宽带边疆”建设以彰显中华民族共同体意识的意义，国家民委在开展有关评比表彰中给予支持。

（四）深化合作共享

鼓励各地推动机关事业单位所属设施向“宽带边疆”建设免费开放。加强跨行业资源共享，促进基础电信企业与市政、交通、电力、林草等行业单位双向共享管孔、杆塔/瞭望塔、站址、机房等资源。鼓励相关行业单位在满足本领域使用需求以及符合规范标准、安全生产、友好协商、责任明晰等要求的前提下，以合理公允的市场化方式开放电力杆塔、交通信号杆、道路门架、视频监控杆、高速公路管孔、铁路槽道等资源建设通信设施。加强行业内共建共享，推动跨企业存量资源互备合作，提升网络健壮性。

（五）加强跟踪问效

依托国家电信普遍服务管理支撑平台，加强对边疆地区网络基础设施建设和网络质量关键指标的监测评估。基础电信企业要加强对边境县的网络建设投资、网络规模、业务发展等情况进行跟踪分析，各地通信管理局要对重点任务落实情况开展日常监督和抽查抽测，定期向工业和信息化部报送进展情况，确保各项任务目标如期完成。组织开展“宽带边疆县”建设总结评价工作，树立一批特色鲜明、成效显著的典型。

（六）加大宣传力度

工业和信息化部会同有关部门加强“宽带边疆”建设工作进展和成效的分析梳理，并加大宣传推广。支持有关媒体机构灵活采用多种形式，深度挖掘并积极宣传“宽带边疆”建设应用典型案例和经验做法。各地通信管理局、基础电信企业和中国铁塔股份有限公司要加强对本地区、本企业典型案例梳理，开展经验交流分享，营造良好建设环境。

国有企业党的建设成果概览

第七篇

中国石化 SINOPEC

能 源 至 净　生 活 至 美

2023年，在全面贯彻党的二十大精神的开局之年、中国石化成立四十周年的历史节点上，习近平总书记亲临九江石化视察，为我们指明了高质量发展的目标方向和实践要领。一年来，在以习近平同志为核心的党中央坚强领导下，中国石化坚持以习近平新时代中国特色社会主义思想为指导，认真贯彻习近平总书记视察胜利油田、九江石化重要指示精神，坚定不移推进高质量发展，生产经营再创历史新高，各项工作开创崭新局面，在中国式现代化建设征程中书写了浓墨重彩的新篇章。

全力推进增产保供，坚决端牢能源饭碗。牢记习近平总书记殷切嘱托，大力实施油气勘探开发“七年行动计划”，国内油气产量当量刷新历史纪录。积极“向地球深部进军”，“深地工程”捷报频传，成为增储上产新的战略阵地。统筹推动光伏、风能、生物质能等新能源发展，能源转型势头更为强劲。引领我国氢能发展步伐，累计建成加氢站128座，成为全球建设和运营加氢站最多的企业。累计建成充换电站超6000座，油气氢电服综合服务商建设迈出新的步伐。作为国内最大的地热能开发利用企业，地热供暖能力超9600万平方米，成功承办第七届世界地热大会，为全球地热能利用提供了中国样板、中国思路和中国标准，中外嘉宾盛赞“全球地热开发进入新时代”。

全力实施产业转型，加快培育新质生产力。锚定构建“一基两翼三新”产业格局，改造提升传统产业，培育壮大新兴产业，布局建设未来产业，高端化、智能化、绿色化发展取得新成效。一批炼油结构调整、转型发展及整合退出项目加快实施，先进乙烯产能布局扎实推进，乙烯项目纳规数量创历年之最，端牢制造业饭碗底气更足。大力发展高端新材料等战略性新兴产业，高性能液体橡胶、PVA光学膜、碳纤维等产业化发展取得重大突破，为制造强国建设提供了更多顶替进口的高端材料。奋力担当国家战略科技力量，研发投入创历史新高，主动融入国家科技创新体系，全国重点实验室建设数量居能源化工行业首位，一批关键核心技术取得重大进展。4家企业获评国家级智能制造示范工厂，6家企业入选国家级5G工厂名录。

1月3日，中国石化镇海炼化获得我国石化行业首张国际安全评级体系（ISRS）七级证书，成为我国石化行业首个国际安全评级达到七级的企业，迈入国际先进行列，将引领我国石化行业QHSE管理绩效进入全新阶段

4月17日，随着下游对燃料电池氢需求的逐步回暖，4月，中国石化广州石化氢燃料电池供氢中心日充装量稳步提升，其中，4月6日单日充装出厂量达1.033吨，创2023年日充装出厂量新高。截至4月14日，广州石化已累计向粤港澳大湾区供应高纯氢911.9吨，推动粤港澳大湾区氢能产业发展

7月11日，全长109公里——我国首条百万吨输送规模、百公里输送距离、百公斤输送压力的高压常温密相二氧化碳输送管道工程——“齐鲁石化-胜利油田百万吨级CCUS项目”二氧化碳输送管道正式投运，对推动我国 CCUS（二氧化碳捕集、利用与封存）全产业链规模化发展具有里程碑意义

3月14日，中国石化“深地一号·顺北油气田基地”再获突破。顺北84斜井测试获高产工业油气流，折算油气当量达到1017吨，成为顺北油气田第22口“千吨井”。该井垂深深度达8937.77米，是亚洲陆上最深的千吨井，将为我国探索深地，保障国家能源安全贡献重要力量

9月23日，我国最大页岩气田——涪陵页岩气田累计产气量已突破600亿立方米。10余年来，源源不断地为长江经济带沿线6省70多个城市、2亿多居民送去绿色清洁能源，助力长江经济带高质量发展

9月25日，中国石化在斯里兰卡首都科伦坡召开加油站经销商大会，宣布正式启动在斯里兰卡的加油站油品供应工作，承诺将充分发挥优势，为斯里兰卡提供稳定、持续、高品质的油品，携手经销商共成长，为斯里兰卡经济发展和能源供应贡献积极力量

10月25日，中国石化充分发挥上中下游一体化优势，积极统筹国内外天然气资源，持续开展金坛、卫11、文23等9座储气库的注气工作，今冬明春天然气保供各项工作正有序开展。截至10月23日，中国石化天然气分公司已形成储气库有效工作气量超25亿立方米，可满足1.6亿户家庭1个月用气需求，为今冬明春保供季夯实了资源基础

11月17日，中国石化首座超级充换电综合能源站——安徽石油大众综合能源站在合肥投营。该站集加油、充电、换电、光伏、储能等功能于一体。这是中国石化打造世界一流现代化综合能源服务商的最新实践，将有效推动我国加快构建高质量充电基础设施体系

12月15日，中国石化巴陵石化年产60万吨己内酰胺产业链搬迁与升级转型发展项目全线顺利贯通，一次开车成功。该项目采用中国石化具有自主知识产权的新一代己内酰胺绿色成套新技术建设，这是该技术首次实现工业化应用，标志着全球单套产能最大、技术领先的己内酰胺生产研发基地建成投产，为沿江重化工业绿色转型发展提供新路径

全力践行绿色发展，助力美丽中国建设。深入贯彻习近平生态文明思想，协同推进降碳、减污、扩绿、增长，坚定不移走生态优先、绿色发展之路，为美丽中国建设贡献石化力量。实施“绿色企业行动计划”，113家企业全部完成绿色企业创建，累计21家企业被评为国家级绿色工厂。连续9年开展“能效提升”计划，全年节能86万吨标准煤。高标准打造国内首家“无废集团”，探索建立废塑料回收利用体系。新疆库车绿氢示范项目建成投产，内蒙古乌兰察布和鄂尔多斯风光融合绿氢示范项目稳步推进。引领我国CCUS全产业链规模化发展，建成国内油气领域首个“源网荷储”一体化智慧能源系统。纵深推进长江、黄河流域企业生态保护，绿色成为公司高质量发展的鲜明底色。

全力保障民生需求，服务人民美好生活。坚持以人民为中心的发展思想，积极致力社会公益，接续助力乡村振兴、增进民生福祉。加快巩固“以消费带产业、以产业带振兴、以教育带发展”特色帮扶模式。全年投入无偿帮扶资金2.53亿元，完成消费帮扶21.98亿元。“情暖驿站”升级扩大至8省（区）近百座加油站，累计服务超过5780万名春运返乡人员。持续20年开展“中国石化光明号”健康快车，免费治愈5.6万余名白内障患者。打造4098座“司机之家”、6033座“爱心驿站”，为户外劳动者提供暖心服务。创建“至美有你 与光同行”青少年爱眼科普活动。开展“至美有你”青少年及儿童成长资助计划，助力解决香港社会跨代差距。以点带面促进乡村教育优质均衡发展，开展“春蕾加油站”“石化助力老校长下乡”等活动。“微光计划”持续三年关注300万名乡村教师。全力服务保障亚运会等国家重大活动，彰显了央企担当。

全力投身“一带一路”建设，促进各方合作共赢。坚定不移助力共建“一带一路”高质量发展，积极推进勘探开发、炼化仓储、油品销售、工程服务、国际贸易等能源全产业链务实合作，为全球能源产业合作共赢注入强劲动能。在统筹全产业链“走出去”过程中，坚持依法合规纳税，坚持本地化用工、本地化采购，积极应对气候变化，共同守护绿色地球，积极参与社会公益，服务驻在国社会民生，为构建互利共赢、休戚与共的人类命运共同体贡献了力量。

中国一汽

中国第一汽车集团有限公司(以下简称中国一汽)是国有特大型汽车企业集团。前身为第一汽车制造厂，是我国第一个五年计划时期建设的156个重点项目之一，毛泽东同志亲笔题写厂名。1953年奠基，1956年建成投产并制造出新中国第一辆卡车(解放牌)，1958年制造出新中国第一辆小轿车(东风牌)和第一辆高级轿车(红旗牌)。中国一汽的建成，开创了新中国汽车工业的历史。

经过七十年的发展，建立了东北、华北、华东、华南、西南等五大生产基地，构建了全球化研发布局，拥有红旗、解放、奔腾等自主品牌和大众(奥迪)、丰田等合资品牌，累计产销汽车超过5700万辆，销量规模位列中国汽车行业第一阵营。截至2023年底，员工总数12万人，资产总额超6669亿元。

A7
亚洲狮
A6 Avant
探歌
Q3
奔腾NAT PRO
FAW
解放

东风汽车集团有限公司
DONGFENG MOTOR CORPORATION

2023年，东风汽车集团有限公司（以下简称东风公司）贯彻落实党中央重大决策部署和国务院国资委各项工作要求，加强党的领导，扎实开展主题教育，培育壮大战略性新兴产业，推进核心能力构建，夯实发展基础，努力发挥科技创新、产业控制、安全支撑应有作用，实现公司年度科技跃迁、转型升级目标。东风公司全面完成新能源品牌、平台及产品战略布局，全年销售汽车242万辆。其中，新能源汽车销售52.4万辆，比上年增长4.3%，销量规模在三家汽车央企中排名第一，销量占比同比提升4.4个百分点；商用车销售51万辆，比上年增长14%；海外市场快速增长，出口23.1万辆，比上年增长15.4%。截至2023年底，公司从业人员12.1万人，资产总额4110亿元。

2023年，东风公司完成新能源“三电”产业化布局，自主掌控平台架构、动力总成、智能驾驶、智能座舱、车规级芯片、自主控制器、轮毂电机、燃料电池等一批关键核心技术，打造了东风量子架构、马赫动力、龙擎动力、东风氢舟动力、东风悦享智能等技术品牌，并加速推动科技成果向品牌化、商品化转化，提升产品核心竞争力。累计自主掌控关键核心技术1930多项，参与国际标准研制4项。全年东风公司发明专利授权量位列国内自主整车集团第一，授权2816件，比上年增长15.88%，保持行业第一，累计拥有有效专利2.1万件，科技跃迁取得丰硕成果。

2023年，“东风C系列高效汽油机关键技术研究及应用”获得2023年度中国内燃机学会科技进步一等奖，东风公司智能驾驶、新能源汽车、商用车动力等方面关键技术的8项科技成果获得中国汽车工程学会科学技术奖，其中1项成果获得科技进步一等奖、3项成果获得科技进步二等奖、4项成果获得科技进步三等奖。

4月18日，猛士汽车科技公司首款量产车型——猛士917全球首发

8月19日，猛士科技园区正式开园

8月23—25日，东风新能源汽车“下一代智慧低碳架构平台开发技术”被评选为“2023电动汽车智能底盘大会领先科技成果”

9月15日，100辆东风华神高端物流车踏上出口征程

11月，东风本田汽车有限公司首批成套零件正式出口泰国本田和美国本田

11月6日，东风公司自主研发的马赫电混DH-i混动系统获得“中国心”2023年度十佳发动机及混动系统大奖

11月10日，东风公司青创营——青年大V训练营开班仪式

11月10日，东风智能新能源品牌SHOW暨eπ品牌发布会

12月，中国品牌量产车猛士917成功登顶位于新疆若羌县境南部的库木库里沙漠海拔4772米的沙峰

12月5日，2023岚图科技日暨岚图追光PHEV全球上市发布会在海南博鳌举行

12月25日，岚图汽车2023年第50000辆整车下线

12月28日，东风公司向甘肃地震捐赠款物1000万元

践行“两山”理论　对标绿色矿山标准

鄂尔多斯市国源矿业开发有限责任公司龙王沟煤矿（以下简称龙王沟煤矿）是国家“十一五”期间的重点煤炭建设项目，矿井生产能力为1500万吨/年，2020年6月30日建成并通过竣工验收，是国家安全生产标准化管理体系一级矿井、全国首批智能化示范煤矿、全国安全文化建设示范企业、煤炭工业特级安全高效矿井、内蒙古自治区绿色矿山。2023年6月，龙王沟煤矿特厚煤层智能高效综放工作面智能采煤和动力灾害精准防控系统被国家能源局作为典型案例收录到《全国煤矿智能化建设典型案例汇编》。

干净整洁的国源公司智慧园区

人工智能实验室人员正在进行实验

近年来，龙王沟煤矿坚持以习近平新时代中国特色社会主义思想为指导，牢记“两个至上”，积极贯彻落实国家、内蒙古自治区各级政府关于煤矿智能化发展的指导意见和相关要求，结合煤矿实际需求，率先在内蒙古自治区提出了建设智慧矿山的目标，历经五年努力，探索出了一条以顶层设计为导向、智慧矿山系统为核心、智能装备为抓手、人工智能应用为方向、人才建设为支撑的智慧矿山建设之路。

精准发力，树立先进理念

积极响应国家、内蒙古自治区高质量发展号召，确定“安全高效”的工作目标，凝聚“集控变监控、自动变主动、人管变机管、智能变智慧”的工作思路，树立“实际、实用、实效”的工作原则，建立“动态跟踪、月度督导、季度总结、年度考核”的工作机制，坚持前瞻性思考、全局性谋划、战略性布局、整体性推进。龙王沟煤矿先后建成智慧机电、智慧运输、智慧通防、智慧安监等，井上下所有固定场所实现无人值守，从事安全生产人员不足500人。通过智慧矿山建设，全员效率达到90.9吨/工日，矿井吨煤电耗8千瓦时以下，能源消耗率降低30%，年节约人工成本1.8亿元以上，实现了“少人则安，无人则安”。

系统推进，智能装备应用迈入新阶段

通过全国首个20米以上特厚煤层智能综放工作面建设及特厚煤层复杂煤体快速掘进成套装备的研究与应用，实现煤矿安全高效生产。龙王沟煤矿作为国家首批智能化示范煤矿，单井单面生产能力由1000万吨/年核增至1500万吨/年，单面最高月产突破146万吨，平均保持在125万吨/月；矿井快掘单进每个每月最高达430米，单进水平提高约1倍。

智慧党建中心

矿区巡检机器人在矿区巡检

支持地面远程集控的采煤机

数据赋能，打造矿井核心资产

打通数据隔阂和数据通道，建立数据知识图谱和大数据分析模型，建成具备全面实时感知、多源数据融合、动态分析预测、可视联动控制的智慧矿山综合分析管控平台，解决依靠经验和人工分析决策的不确定性问题，实现依靠数据分析和治理进行智能辅助决策，建设智慧矿山云海数据库和规范的数据自动编码湖库，实现海量异构数据的智能钻取、交换存储、治理分析等，为智慧矿山数据的深度应用和决策提供了基础保障。

多元融合，打造一流创新生态体系

建成国内首家矿用机器人集群协同控制系统，采用“智能调配、轮转巡检”模式，皮带巡检、物料搬运、瓦斯巡检、四足仿生、水仓清挖、退锚作业、管道沟探测等10类机器人在井上下各重要地点和危险区域实现自主巡检和自动作业，实现了机器人从单线作业向网格化应用的转变，为煤炭行业机器人多机协同、效率最大化提供了典范。推动AI人工智能技术转化，先后探索试验了周界安防、智能装车、智能调速、智能抓举、智能识别感知等技术，降低了有限空间、危险区域的安全风险，减轻了一线岗位人员的劳动强度，实现了自动化减人、智能化无人的本质安全目标。科技研发费用占营业收入的2%以上，累计探索实践高端技术126项，落地应用96项，申报省部级以上科技及成果奖35项，授权专利65件，发表专业论文100多篇。

实践育才，搭建智能化人才培养新舞台

自主组建煤炭行业首个智慧矿山攻坚团队—智慧联盟。通过不断地创新实践，搭建智能化技术孵化和高端人才培养创新模式，建立职工创新容错机制，充分为职工营造良好的创新环境，全面激发职工创新主动性和积极性，牢牢地掌握运行数据、核心技术和现有系统深度开发的主动权，把企业创新成果把握在自己手中，把能源的饭碗端在自己手里。

国源公司大数据中心

国源公司调度指挥中心正在利用指挥矿山软件系统进行调度

智慧联盟成员听取卢新民博士讲课

下井人员正在利用VR眼镜进行教学

龙王沟煤矿深入践行习近平总书记提出的“两山”理论，对标绿色矿山标准，推动矿区生态与碳减排协同发展，促进矿井绿色可持续发展。一是建设国内首条地下装车电气化铁路智能运销系统，实现绿色、智能、低碳装运；二是坚持“把设备当人看”的管理思想，建成区域领先的设备健康保障与云端会诊系统，实现设备从主动性维护向预测性维护的转变，科学指导现场精准检修与维护，为设备安全稳定运行提供强有力的保障；三是通过智能主煤流运输系统建设，实现带式输送机变频多级智能调速、工况智能识别、纵撕自动保护等功能，主运输系统能耗降低20%；四是建设空压机余热利用系统，减少燃煤锅炉非供暖期的运行时间，年节约费用150万元左右；五是积极探索井下水综合利用项目的建设，通过利用井下钻孔，实现奥灰水的综合利用，有效降低矿井供排水费用；六是通过优化高压线塔治理方案，解决高压线塔压覆资源问题，创效近13亿元；七是利用智能辅助运输管理系统和物流配送系统，合理优化物料配送方案，辅助运输车辆台数从55辆降低至44辆，全年节约费用1300万元左右。

大事记

第八篇

2023年国务院国有资产监督管理委员会大事记

1月

1日，国务院国资委党委书记张玉卓在国务院国资委值班室通过视频连线方式检查国资央企元旦假期值班工作，并慰问值班干部职工。

3日，国务院国资委党委委员、副主任谭作钧赴航天科工所属北京航天长峰股份有限公司、中国船舶所属中船海神医疗科技有限公司调研医疗器械生产保供工作，看望慰问科研生产一线职工。

5日，国务院国资委召开中央企业负责人会议。国务院国资委党委书记张玉卓出席会议并讲话。会议以视频方式召开。国务院国资委党委成员在国务院国资委主会场参加会议。

6日，国务院国资委举办中央企业新能源智慧运维服务合作项目集中签约仪式。国务院国资委党委委员、副主任翁杰明出席仪式并讲话。

8日，国务院国资委党委书记张玉卓到中国星网调研，详细了解企业组建运营、创新发展、雄安新区总部建设进展等工作情况。国务院国资委党委委员、副主任赵世堂参加调研。

10日，国家电网与国家电投生物质发电项目管理权交接仪式在北京举行。国务院国资委党委委员、副主任翁杰明出席仪式并讲话。

10日，由中央宣传部、国务院国资委、全国工商联共同指导，中国外文局主办的第十届中国企业全球形象高峰论坛以线上线下相结合的方式在北京举办。国务院国资委秘书长彭华岗出席并致辞。

10日，中国电建与通用技术集团医疗资源专业化整合项目签约仪式在北京举行。国务院国资委党委委员、副主任翁杰明出席并见证签约。

11日，国务院国资委党委书记张玉卓到中国有研调研，详细了解企业稀土开发利用技术、集成电路关键材料、新能源材料等研发应用情况，对企业改革创新发展和党的建设各项工作给予充分肯定。

11日，中国南水北调集团有限公司划转接收大会在北京召开。国务院国资委党委书记张玉卓出席会议并讲话。国务院国资委党委委员、副主任翁杰明主持会议并宣读中国南水北调集团划转接收实施方案。

11日，国务院国资委召开2022年度中央企业定点帮扶成效考核分类评价动员部署会议。国务院国资委党委委员、副主任谭作钧出席会议并讲话。国务院国资委副秘书长庄树新主持会议。

12日，国务院国资委召开地方国资委负责人会议。国务院国资委党委书记张玉卓出席会议并讲话。国务院国资委党委委员在主会场参加会议。

13日，国务院国资委、应急管理部联合召开中央企业安全生产工作视频会议。国务院国资委党委书记张玉卓出席会议并讲话。国务院国资委党委委员、副主任谭作钧主持会议并通报2022年中央企业安全生产情况。国务院国资委党委委员、副部长级干部周国平出席会议。

13日，国务院国资委在北京召开中央建筑企业专项工作部署会。国务院国资委党委委员、副主任赵世堂出席会议并讲话。

14日，中国三峡集团与中交集团水利电力建设资源专业化整合项目签约仪式在北京举行。国务院国资委党委委员、副主任翁杰明出席仪式并讲话。

16日，国务院国资委党委召开扩大会议，认真传达学习习近平总书记在中央政治局民主生活会上的重要讲话精神、二十届中央纪委二次全会精神、全国统战部长会议精神，紧密结合国资央企实际研究贯彻落实措施。国务院国资委党委书记张玉卓主持会议并讲话。国务院国资委党委委员出席会议。

17日，国务院国资委在国务院新闻办举行新闻发布会。国务院国资委秘书长、新闻发言人彭华岗出席介绍2022年中央企业经济运行情况，并回答记者提问。

17日，国务院国资委召开党风廉政建设和反腐败工作会议暨警示教育大会。国务院国资委党委书记张玉卓出席会议并讲话。中央纪委国家监委驻国务院国资委纪检监察组组长、国务院国资委党委委员龚堂华通报查处的典型案件并部署2023年纪检监察工作。国务院国资委党委委员、副主任袁野主持会议。国务院国资委党委委员出席会议。

当地时间17日，国务院国资委副主任翁杰明出席在瑞士达沃斯举办的世界经济论坛2023年年会"中国发展的新篇章"论坛并发言。其间，会见世界经济论坛创始人兼执行主席施瓦布，以及部分跨国企业高管，就加强中外企业交流合作等话题进行交流。

18日，习近平总书记通过视频连线看望慰问中国石油塔里木油田公司基层干部群众，并对能源保供工作作出重要指示后，国务院国资委党委高度重视，第一时间传达学习习近平总书记重要指示精神，印发通知作出部署。

18日，国务院国资委党委书记张玉卓到中国国新调研，代表国务院国资委党委看望慰问中央企业专职外部董事和企业一线干部职工，并深入调研中国国新基金投资、股权运作和金融服务等业务情况。

18日，国务院国资委管理局系统年度工作会议在北京召开。国务院国资委党委委员、副主任赵世堂出席会议并讲话。

18日，国务院国资委党委书记张玉卓代表国务院国资委党委，到驻委武警值班室、荣誉室和委机关中控值班室、医务室、餐厅看望慰问坚守在工作岗位的驻委武警战士和后勤服务保障人员。国务院国资委党委委员、副主任赵世堂参加看望慰问。

19日，国务院国资委党委书记张玉卓到航天科工所属中国航天三院，代表国资委党委看望慰问全国劳模、科研人员和企业一线干部职工，向他们致以新春的问候和美好祝福，并进行工作调研。

19日，国务院国资委党委委员、副主任赵世堂看望慰问部分国务院国资委老部长，代表国务院国资委党委向他们致以诚挚的节日问候。

2月

1日，国务院国资委召开国资监管信息化工作专题汇报会。国务院国资委党委书记、主任张玉卓出席会议并讲话。国务院国资委党委委员、副主任翁杰明主持会议。

2日，国务院国资委党委书记、主任张玉卓会见到访的广东省深圳市委副书记、市长覃伟中一行，双方就深化国资国企改革、加强科技创新合作、共同落实国家战略推进高质量发展进行深入交流。

2日，国务院国资委党委书记、主任张玉卓到中国电科调研，走进中国电科智能科技研究院，认真听取中国电科科技创新、改革发展和党的建设工作情况汇报，详细了解企业在电子装备、网信体系、产业基础、网络安全等领域最新科研成果及生产应用情况。

6日，国务院国资委党委召开会议，认真传达学习习近平总书记在中央政治局第二次集体学习时的重要讲话精神，传达学习全国国有企业改革三年行动总结电视电话会议和国务院国企改革领导小组第八次会议精神、全国安全生产电视电话会议精神，紧密结合国资央企实际，研究贯彻落实工作措施。国务院国资委党委书记、主任张玉卓主持会议并讲话。国务院国资委党委委员出席会议并结合分管工作作发言。

6日，国务院国资委党委委员、副主任谭作钧赴中国石化所属燕山石化开展安全生产督导调研，现场检查燕山石化100万吨连续重整装置、二次蒸馏装置、乙烯球罐区等设备，了解安全保障及应急防护措施。国务院国资委副秘书长庄树新参加调研。

9日，国务院国资委党委召开中央企业宣传思想工作会议。受国务院国资委党委书记、主任张玉卓委托，国务院国资委党委委员、副主任谭作钧出席会议并讲话。

9日，国务院国资委联合印发《关于做好2023年春耕化肥保供稳价工作的通知》（发改经贸〔2023〕149号）。

13日，国务院国资委党委召开扩大会议，认真传达深刻领会习近平总书记在新进中央委员会的委员、候补委员和省部级主要领导干部学习贯彻习近平新时代中国特色社会主义思想和党的二十大精神研讨班开班式上的重要讲话精神，紧密结合国资央企实际，研究贯彻落实工作措施。国务院国资委党委书记、主任张玉卓主持会议并讲话。国务院国资委党委委员出席会议。

16日，国务院国资委党委发布2022年度"央企楷模"，召开中央企业"时代楷模""央企楷模"代表座谈会。国务院国资委党委书记、主任张玉卓会见楷模代表并讲话。国务院国资委党委委员、副主任谭作钧参加会见座谈，并出席 2022 年度“央企楷模”发布活动。

16—17 日，国务院国资委党委理论学习中心组召开学习贯彻党的二十大精神集体学习会。国务院国资委党委书记、主任张玉卓主持集体学习并讲话。国务院国资委党委委员翁杰明、谭作钧、袁野、龚堂华、赵世堂、周国平分别结合分管工作以现场或书面形式作发言。国务院国资委副部长级干部参加学习会。国资委副秘书长作发言。

20 日，国务院国资委党委召开扩大会议，认真传达学习习近平总书记在中央政治局常委会听取近期新冠疫情防控工作情况汇报时的重要讲话精神，深入学习领会习近平总书记重要文章《当前经济工作的几个重大问题》，紧密结合国资央企实际，研究贯彻落实工作措施。国务院国资委党委书记、主任张玉卓主持会议并讲话。国务院国资委党委委员出席会议。

20 日，国务院国资委联合印发《关于印发〈国有企业、上市公司选聘会计师事务所管理办法〉的通知》（财会〔2023〕4 号）。

23 日，国务院新闻办举行“权威部门话开局”系列主题新闻发布会，国务院国资委党委书记、主任张玉卓，国务院国资委党委委员、副主任翁杰明、赵世堂应邀出席，系统介绍“深入学习贯彻党的二十大精神　全面推进中央企业高质量发展”工作情况，并回答记者提问。

23 日，中央纪委国家监委驻国务院国资委纪检监察组在北京召开 2022 年度委管企业纪委书记述职会议。中央纪委国家监委驻国务院国资委纪检监察组组长、国务院国资委党委委员龚堂华出席会议并讲话。

24 日，国务院国资委党委书记、主任张玉卓到中核集团调研。其间，到中核集团所属中国原子能科学研究院、中国核工业科技馆，围绕加快推进重大项目研发、安全高效开发利用核能等与企业科研人员深入交流。

24 日，国务院国资委举行干部荣誉退休仪式。国务院国资委党委书记、主任张玉卓出席仪式并讲话。国务院国资委党委委员、副主任谭作钧主持仪式，并宣读国务院国资委党委致退休干部的感谢信和 2022 年以来国务院国资委机关和直属单位退休的局级干部、一级二级巡视员等荣誉退休同志名单。国务院国资委党委委员一同出席并为荣誉退休同志颁发证书和纪念牌。

27 日，国务院国资委党委召开国资委和中管企业持续深化巡视整改推进会。受国务院国资委党委书记、主任，巡视整改工作领导小组组长张玉卓委托，国务院国资委党委委员、副主任，巡视整改工作领导小组副组长兼办公室主任翁杰明出席会议并讲话。中央纪委国家监委驻国务院国资委纪检监察组组长，国务院国资委党委委员、巡视整改工作领导小组副组长龚堂华出席会议。国务院国资委副秘书长、巡视整改工作领导小组办公室副主任庄树新主持会议。

27 日，国务院国有企业改革领导小组办公室以视频方式召开国企改革三年行动经验成果交流会议。国务院国有企业改革领导小组办公室副主任，国务院国资委党委委员、副主任翁杰明出席会议并讲话。

28 日，国务院国资委召开中央企业提高上市公司质量工作专题会。国务院国资委党委委员、副主任赵世堂出席会议并讲话。

28 日，国务院国资委直属机关召开 2023 年党的工作暨 2022 年度党组织书记述职评议会。国务院国资委党委委员、副主任，直属机关党委书记翁杰明出席会议并讲话。

28 日，国务院国资委综合研究工作领导小组召开第三次会议。国务院国资委党委委员、副主任、领导小组组长翁杰明主持会议并讲话。

28 日，国务院国资委办公厅印发《关于印发创建世界一流示范企业和专精特新示范企业名单的通知》（国资厅发改革〔2023〕4 号）。

3 月

1 日，辽宁省与央企深化合作座谈会在北京举行。国务院国资委党委书记、主任张玉卓出席会议并讲话。国务院国资委党委委员、副主任翁杰明、谭作钧、袁野、赵世堂出席座谈会。

1 日，国务院国资委党委召开扩大会议，认真传达学习党的二十届二中全会精神，紧密结合国资央企实际研究贯彻落实措施。国务院国资委党委书记、主任张玉卓主持会议并讲话。国务院国资委党委委员出席会议。

2日，国务院国资委召开中央企业深化法治建设加强合规管理工作会议。国务院国资委党委委员、副主任翁杰明出席会议并讲话。

2日，国务院国资委党委书记、主任张玉卓在国资委会见青海省委书记、省人大常委会主任陈刚，省委副书记、省长吴晓军一行，双方就深化国资国企改革、加强央地合作、共同落实国家战略推进高质量发展进行深入交流。国务院国资委党委委员、副主任袁野、赵世堂参加会见。

3日，国务院国资委召开会议，对国有企业对标开展世界一流企业价值创造行动进行动员部署。国务院国资委党委书记、主任张玉卓出席会议并讲话。国务院国资委党委委员、副主任翁杰明主持会议。

3日，国务院国资委党委书记、主任张玉卓会见到访的吉林省委书记、省人大常委会主任景俊海，吉林省委副书记、省长韩俊一行。国务院国资委党委委员、副主任袁野、赵世堂参加会见。

6日，国务院国资委党委召开扩大会议，认真传达学习习近平总书记参加十四届全国人大一次会议江苏代表团审议时的重要讲话精神，学习贯彻习近平总书记在中央党校建校90周年庆祝大会暨2023年春季学期开学典礼上的重要讲话精神，紧密结合国资央企实际研究落实举措。国务院国资委党委书记、主任张玉卓主持会议并讲话。国务院国资委党委委员出席会议。

8日，国务院国资委召开直属机关三八红旗手（集体）表彰暨座谈会。国务院国资委党委委员、副主任，直属机关党委书记翁杰明出席会议并讲话，代表国务院国资委党委向广大女干部女职工致以节日祝贺和诚挚祝福。

10日，中央纪委国家监委驻国务院国资委纪检监察组、委管企业纪委、协会纪委纪检监察干部队伍教育整顿动员部署会议召开。中央纪委国家监委驻国务院国资委纪检监察组组长、国务院国资委党委委员龚堂华出席会议并讲话。

13日，国务院国资委党委召开扩大会议，认真传达学习习近平总书记在看望参加全国政协十四届一次会议的民建、工商联界委员，出席十四届全国人大一次会议解放军和武警部队代表团全体会议时的重要讲话精神，紧密结合国资央企实际研究贯彻落实举措。国务院国资委党委书记、主任张玉卓主持会议并讲话。国务院国资委党委委员出席会议。

14日，重庆与央企携手合作落实成渝地区双城经济圈建设国家战略、共建现代化新重庆座谈会在北京举行。国务院国资委党委书记、主任张玉卓出席会议并讲话。国务院国资委党委委员、副主任袁野、赵世堂，国务院国资委党委委员、副部长级干部周国平出席会议。国务院国资委与重庆市政府签署战略合作框架协议。

14日，中央党校国资委分校举行2023年春季学期开班式。受国务院国资委党委书记、主任张玉卓委托，国务院国资委党委委员、副主任、中央党校国资委分校校长谭作钧出席并讲话。

15日，国务院国资委党委书记、主任张玉卓在国资委会见到访的香港贸易发展局主席、香港"一带一路"总商会理事会主席林建岳一行。国务院国资委党委委员、副主任赵世堂参加会见。

16日，国务院国资委党委召开2022年度中央企业党委（党组）书记党建工作述职会议。国务院国资委党委书记、主任张玉卓主持会议并讲话。国务院国资委党委委员、副主任谭作钧，中央纪委国家监委驻国务院国资委纪检监察组组长、国务院国资委党委委员龚堂华出席会议。

17日，国务院国资委印发《关于印发〈中央企业财务决算审核发现问题整改和责任追究工作规定〉的通知》（国资发监责规〔2023〕25号）。

18日，国务院国资委与越南国资委部长级对话会暨中越国企改革发展研讨会在北京举行，双方共同启动中越国企改革发展结构化交流项目。国务院国资委党委书记、主任张玉卓出席会议并讲话。国务院国资委党委委员、副主任赵世堂主持会议。

20日，国务院国资委党委召开扩大会议，深入传达学习习近平总书记全国两会期间重要讲话精神和全国两会精神，围绕政府工作报告部署要求，研究国资央企贯彻落实措施。国务院国资委党委书记、主任张玉卓主持会议并讲话。国务院国资委党委委员出席会议。

21日，国务院国资委党委书记、主任张玉卓在国资委会见到访的内蒙古自治区党委副书记、自治区主席王莉霞。国务院国资委党委委员、副主任赵世堂参加会见。

21 日，第二届国有经济研究峰会在北京举行。国务院国资委党委书记、主任张玉卓出席并致辞。国务院国资委党委委员、副主任翁杰明作发言。

22 日，国务院国资委党委书记、主任张玉卓到中国融通集团调研，详细了解企业资源开发、科技服务、农业旅业等业务板块组建运营情况，认真听取改革发展和党的建设工作情况汇报及意见建议。

23 日，国务院国资委党委书记、主任张玉卓应邀在中央党校形势与任务报告会上作专题报告，围绕深入学习贯彻党的二十大精神和习近平总书记关于国有企业改革发展和党的建设的重要论述，用大量翔实的数据和生动的案例，对坚定不移做强做优做大国有企业怎么看、怎么办进行全面系统的阐述。

23 日，国务院国资委在山东青岛召开对标世界一流提升智能管理水平现场推进会。国务院国资委党委委员、副主任翁杰明出席会议并讲话。

23 日，国务院国资委办公厅印发《关于做好 2023 年中央企业违规经营投资责任追究工作的通知》(国资厅发监责〔2023〕10 号)。

24 日，国务院国资委党委书记、主任张玉卓在国资委会见淡马锡执行董事兼首席执行长狄澜。

24 日，国务院国资委副主任赵世堂在国资委会见壳牌首席执行官魏思旺一行。

24 日，国务院国资委副主任赵世堂在国资委会见力拓集团首席执行官石道成一行。

24 日，国务院国资委党委委员、副主任赵世堂应邀出席中国年度管理大会并致辞。

27 日，国务院国资委党委学习贯彻习近平新时代中国特色社会主义思想和党的二十大精神研讨班开班。国务院国资委党委书记、主任张玉卓在开班式上围绕学懂弄通做实习近平新时代中国特色社会主义思想和党的二十大精神作辅导报告。国务院国资委党委委员、副主任谭作钧主持开班式。国务院国资委党委委员，副部长级干部出席开班式。

28 日，“服务构建新发展格局　加快建设中国特色自由贸易港”座谈会在海口举行。受国务院国资委党委书记、主任张玉卓委托，国务院国资委党委委员、副主任赵世堂出席会议并讲话。

28 日，国务院国资委党委召开中央企业党委(党组)负责人党建工作述职会议。受国务院国资委党委书记、主任张玉卓委托，国务院国资委党委委员、副主任谭作钧主持会议并讲话。

29 日，国务院国资委举办中央企业专业化整合项目集中签约仪式。国务院国资委党委委员、副主任翁杰明出席仪式并讲话。

29 日，博鳌亚洲论坛 2023 年年会举办“打造充满活力的现代企业”分论坛。国务院国资委党委书记、主任张玉卓出席并发表致辞，国务院国资委党委委员、副主任赵世堂参加。国务院国资委原党委委员、秘书长彭华岗等嘉宾围绕深化国企改革、提高企业核心竞争力、增强企业活力等主题深入交流研讨、共谋合作发展。在海南期间，张玉卓深入南方电网、中国旅游集团、中国绿发等中央企业有关项目，详细调研企业改革创新发展和党的建设工作情况。

30 日，国务院国资委主任张玉卓在出席博鳌亚洲论坛 2023 年年会期间会见香港特别行政区行政长官李家超。国务院国资委副主任赵世堂参加会见。

30 日，国资委文明委召开全体会议，深入学习贯彻习近平总书记关于精神文明建设重要论述精神，研究部署 2023 年国资央企精神文明建设工作。国务院国资委党委委员、副主任，国资委文明委主任谭作钧主持会议并讲话。

31 日，国务院国资委召开直属机关纪检干部队伍教育整顿动员部署会议。国务院国资委党委委员、副主任，直属机关党委书记翁杰明出席会议并讲话。

31 日，国务院国资委召开国有企业创建世界一流专业领军示范企业推进会。国务院国资委党委委员、副主任翁杰明出席会议并讲话。

4 月

4 日，国务院国资委党委召开扩大会议，认真传达学习贯彻 3 月 30 日中央政治局会议精神、习近平总书记在中央政治局第四次集体学习时的重要讲话精神，学习贯彻习近平新时代中国特色社会主义思想主题教育工作会议精神，紧密结合国资央企工作实际，研究贯彻落实措施。国务院国资委党委书记、主任张玉卓主持会议并讲话。国务院国资委党委委员出席会议并作发言。

4日，国务院国资委党委书记、主任张玉卓赴中国稀土、中林集团调研。国务院国资委党委委员、副主任袁野、赵世堂分别参加对有关企业的调研。

6日，国务院国资委党委书记、主任张玉卓赴中国电子所属华大九天调研，就中央企业集成电路产业发展工作听取建议。国务院国资委党委委员、副主任赵世堂参加调研。

6日，国务院国资委机关在北京昌平南口绿化基地组织开展2023年春季义务植树活动。国务院国资委党委委员、副主任赵世堂与国务院国资委机关干部职工一同参加植树活动。

7日，国务院国资委主任张玉卓在国资委会见到访的空中客车公司首席执行官傅里。

7日，国务院国资委党委书记、主任张玉卓在国资委会见天津市委副书记、市长张工。国务院国资委党委委员、副主任赵世堂参加会见。

7日，国务院国资委以视频形式召开直属机关定点帮扶暨社会事务管理工作会议。国务院国资委党委委员、副主任赵世堂出席会议并讲话。国务院国资委副秘书长庄树新主持会议。

10日，国务院国资委党委召开学习贯彻习近平新时代中国特色社会主义思想主题教育动员部署会。国务院国资委党委书记、主任，国务院国资委党委主题教育领导小组组长张玉卓在会上作动员讲话。国务院国资委党委委员、副主任，国务院国资委党委主题教育领导小组副组长、办公室主任谭作钧主持会议。国务院国资委党委委员，副部长级干部出席会议。

11日，国务院国资委党委学习贯彻习近平新时代中国特色社会主义思想主题教育领导小组召开专题培训会。国务院国资委党委委员、副主任，主题教育领导小组副组长兼办公室主任谭作钧出席培训会并讲话。

12日，国务院国资委党委书记、主任张玉卓和有关中央企业负责同志深入雄安新区调研，与河北省委书记、省人大常委会主任倪岳峰，河北省委副书记、省长王正谱会见并座谈。国务院国资委党委委员、副主任赵世堂参加活动。调研期间，张玉卓一行深入雄安新区启动区综合服务中心，了解中央企业投身雄安新区建设整体情况，并实地调研中国星网、中国华能、中国中化等央企总部项目建设情况。

18日，全国国资委系统构建国资监管大格局研讨培训班在北京举办。国务院国资委党委委员、副主任翁杰明出席培训班并讲话。

18日，国务院国资委副主任赵世堂在国资委会见香港特区政府财政司司长陈茂波。

19日，国务院国资委党委召开扩大会议，认真传达学习习近平总书记在广东考察调研时的重要讲话精神，学习贯彻中共中央关于学习《习近平著作选读》第一卷、第二卷的通知，紧密结合国资央企实际，研究贯彻落实措施。国务院国资委党委书记、主任张玉卓主持会议并讲话。国务院国资委党委委员出席会议并作发言。

19日，国务院国资委举办“4·15”国家安全和保密宣传教育月活动展。国务院国资委党委书记、主任张玉卓参观展览，并就做好国资央企国家安全、保密、密码工作提出工作要求。国务院国资委党委委员、副主任翁杰明，中央纪委国家监委驻国务院国资委纪检监察组组长、国务院国资委党委委员龚堂华一同观展。

20日，国务院国资委与中国科协举行工作会商会议。国务院国资委党委书记、主任张玉卓主持会议并讲话。国务院国资委党委委员、副主任赵世堂，中国科协党组副书记、专职副主席束为分别介绍落实双方全面战略合作协议工作进展情况。国务院国资委党委委员、副主任袁野参加会议。

20日，国务院国资委党委书记、主任张玉卓赴南水北调集团调研，详细了解企业改革发展和党的建设情况，听取工作建议。

21日，国务院国资委召开国资央企信息化工作推进会议。国务院国资委党委委员、副主任翁杰明出席会议并讲话。

21日，国务院国资委召开国有企业创建世界一流示范企业推进会。国务院国资委党委委员、副主任翁杰明出席会议并讲话。

22日，国务院国资委党委委员、副主任谭作钧应邀出席在南京举办的2023中国网络媒体论坛开幕式暨主论坛并发表主旨演讲。其间，出席国务院国资委新闻中心主办的“机构力量·政务服务商务新融合”平行论坛暨第九届中国企业新媒体年会。

23—25日，驻国务院国资委纪检监察组举办学习贯彻习近平新时代中国特色社会主义思想读书班（第一期）。中央纪委国家监委驻国务院国资委纪检监察组组长、国务院国资委党委委员龚堂华作开班讲话，带头领读《习近平著作选读》第一卷、第二卷重点篇目，并结合实际谈学习体会。

24日，深化国资央企与上海市合作、推动制造业发展座谈会在上海举行。国务院国资委党委书记、主任张玉卓出席会议并讲话。会前，张玉卓深入有关企业生产车间、研发中心与企业负责人、科研人员深入交流，就企业研发制造、技术创新、人才支撑等工作进行调研。

24—25日，国务院国资委党委书记、主任张玉卓深入驻沪中央企业，进行学习贯彻习近平新时代中国特色社会主义思想主题教育专题调研。其间，深入中国商飞所属上海飞机制造有限公司5G＋工业互联网创新实验室、C919总装车间，中国船舶所属外高桥造船公司，中国宝武所属宝钢股份高炉车间、硅钢智慧工厂等调研，与企业干部职工深入交流，充分肯定企业积极落实国家战略，聚焦主业、做强实业，锻造“大国重器”取得的成效；到中国远洋海运集团应急指挥中心、东航集团运行控制中心等调研，对企业以高水平对外开放打造国际合作和竞争新优势，以一流的设施、一流的管理、一流的服务，推动产业链、供应链、价值链深度融合，积极服务构建以国内大循环为主体、国内国际双循环相互促进的新发展格局，给予充分肯定。

25日，由国务院国资委与中国工程院共建的中国产业基础能力发展战略研究院揭牌仪式在北京举行。国务院国资委副主任赵世堂出席会议并讲话。国务院国资委副秘书长庄树新出席仪式。

26日，国务院国资委党委召开扩大会议，认真传达学习二十届中央全面深化改革委员会第一次会议精神，紧密结合国资央企实际，研究贯彻落实举措。国务院国资委党委书记、主任张玉卓主持会议并讲话。国务院国资委党委委员出席会议并发言。

26日，国务院国资委党委学习贯彻习近平新时代中国特色社会主义思想主题教育读书班（第一期）开班。国务院国资委党委书记、主任，国务院国资委党委主题教育领导小组组长张玉卓带头交流读书学习心得并作开班动员。国务院国资委党委委员、副部长级干部参加读书班。

26日，国务院国资委国有产权管理工作会议在北京召开。国务院国资委党委委员、副主任赵世堂出席会议并讲话。

26日，国务院国资委印发《关于印发〈中央企业债券发行管理办法〉的通知》（国资发产权规〔2023〕34号）。

27日，国务院国资委召开安全生产委员会扩大会议，深入学习贯彻习近平总书记关于安全生产的重要指示精神，贯彻落实国务院安委会、国务院联防联控机制有关工作要求，研究部署中央企业安全生产和疫情防控工作。国务院国资委党委委员、副主任谭作钧主持会议并讲话。

27—28日，国务院国资委党委委员、副主任赵世堂出席第六届数字中国建设峰会系列活动并致辞。峰会期间，出席第三届国有企业数字化转型论坛和“国云筑基、智算引擎”云生态大会。在闽期间，出席福建省与中央企业深化合作推进会。

28日，国务院国资委党委召开中央企业年轻干部、青年科技工作者、青年工匠学习贯彻习近平新时代中国特色社会主义思想和党的二十大精神座谈会。国务院国资委党委书记、主任张玉卓出席座谈会并讲话。国务院国资委党委委员、副主任谭作钧主持会议。

28日，国务院国资委党委学习贯彻习近平新时代中国特色社会主义思想主题教育读书班（第一期）进行交流研讨并结班。国务院国资委党委书记、主任，国务院国资委党委主题教育领导小组组长张玉卓主持读书交流研讨并讲话。读书班期间，国务院国资委党委委员、副主任谭作钧，中央纪委国家监委驻国务院国资委纪检监察组组长、国务院国资委党委委员龚堂华作专题交流。国务院国资委党委委员，副部长级干部参加学习研讨。

5 月

6 日，国务院国资委召开重点领域中央企业安全生产工作视频会议。国务院国资委党委委员、副主任谭作钧出席会议并讲话。国务院国资委副秘书长庄树新主持会议。

8 日，国务院国资委召开中央企业乡村振兴工作会议。国务院国资委党委委员、副主任谭作钧出席会议并讲话。国务院国资委副秘书长庄树新主持会议。

8 日，科技部、国务院国资委举行工作会商，共同深入学习贯彻习近平总书记关于科技创新的重要论述，贯彻落实党中央、国务院决策部署，进一步研究政策措施，支持推动中央企业加快建设科技领军企业，不断强化国家战略科技力量。国务院国资委党委书记、主任张玉卓出席会商会并讲话。国务院国资委党委委员、副主任赵世堂介绍国务院国资委落实双方战略合作机制工作情况和下一步工作考虑。

9 日，国务院国资委与南非国企部部长级对话会在北京举行。国务院国资委主任张玉卓出席会议并讲话。国务院国资委副主任赵世堂主持会议。

9 日，国务院国资委党委书记、主任张玉卓在国资委会见到访的海南省委副书记、代省长刘小明。国务院国资委党委委员、副主任赵世堂参加会见。

9 日，国务院国资委党委委员、副主任翁杰明赴兵器装备集团调研企业改革发展有关情况，现场观看长安新能源汽车展示，并就加快推动中央企业新能源汽车业务发展进行深入交流。

10 日，国务院国资委党委举办“学习贯彻习近平新时代中国特色社会主义思想，新时代国资央企改革发展这十年”主题汇报演讲。国务院国资委党委书记、主任，国务院国资委党委主题教育领导小组组长张玉卓寄语青年同志。国务院国资委党委委员出席活动。

10 日，国务院国资委党委召开学习贯彻习近平新时代中国特色社会主义思想主题教育巡回指导组组长座谈会。国务院国资委党委委员、副主任，国务院国资委党委主题教育领导小组副组长谭作钧出席会议并讲话。

11 日，国务院国资委党委召开扩大会议，认真传达学习习近平总书记在高标准高质量推进雄安新区建设座谈会上的重要讲话精神，学习贯彻 4 月 28 日中央政治局会议、二十届中央财经委员会第一次会议精神，紧密结合国资央企工作实际，研究贯彻落实举措。国务院国资委党委书记、主任张玉卓主持会议并讲话。国务院国资委党委委员出席会议并发言。

12 日，驻国务院国资委纪检监察组召开学习贯彻习近平新时代中国特色社会主义思想交流研讨会暨教育整顿工作推进会。中央纪委国家监委驻国务院国资委纪检监察组组长、国务院国资委党委委员龚堂华出席会议并讲话。

12 日，国务院国资委党委委员、副主任翁杰明到中国汽车技术研究中心有限公司调研，并与企业负责同志进行深入交流。

12 日，中央纪委国家监委驻国务院国资委纪检监察组召开纪检监察干部先进典型座谈会。中央纪委国家监委驻国务院国资委纪检监察组组长、国务院国资委党委委员龚堂华出席会议并讲话。

13 日，国务院国资委党委书记、主任张玉卓到驻沪中央企业调研，了解技术研发、创新激励、人才队伍建设等做法。国务院国资委党委委员、副主任谭作钧参加调研。

15 日，国务院国资委党委召开扩大会议，认真传达学习贯彻习近平总书记在河北考察并主持召开深入推进京津冀协同发展座谈会时的重要讲话精神，紧密结合国资央企实际，研究贯彻落实工作举措。国务院国资委党委书记、主任张玉卓主持会议并讲话。国务院国资委党委委员出席会议。

15 日，国务院国资委在广州召开“科改行动”扩围深化现场推进会。国务院国资委党委委员、副主任翁杰明出席会议并讲话。

15 日，国务院国资委在广汽集团召开“双百行动”扩围深化现场推进会。国务院国资委党委委员、副主任翁杰明出席会议并讲话。

15 日，中央纪委国家监委驻国务院国资委纪检监察组组长、国务院国资委党委委员龚堂华带领全组干部走进中国航天科技五院，参观五院展示中心，聆听“央企楷模”杨宏、“大国工匠”郑兴作航天精神主题报告，深入了解航天事业发展历程和辉煌成就，学习领会航天精神时代内涵和价值。

17 日，国务院国资委党委举行学习贯彻习近平新时代中国特色社会主义思想主题教育读书班（第二期）专题辅导报告会暨委党委理论学习中心组二季度集体学习。国务院国资委党委书记、主任张玉卓主持报告会。国务院国资委党委委员、副部长级干部，驻委纪检监察组听取报告会。

17—20 日，国务院国资委党委举办学习贯彻习近平新时代中国特色社会主义思想主题教育读书班（第二期）。在读书班上，国务院国资委党委书记、主任，国务院国资委党委主题教育领导小组组长张玉卓带头学思践悟。读书班（第二期）期间，国务院国资委党委委员、副主任翁杰明、袁野、赵世堂作专题交流，国务院国资委党委委员、副部长级干部参加学习研讨。

19 日，国务院国资委党委书记、主任张玉卓在国资委会见来访的湖北省委副书记、省长王忠林。国务院国资委党委委员、副主任赵世堂参加会见。

19 日，国务院国资委党委书记、主任张玉卓到中国移动开展主题教育专题调研。到中国移动创新大楼，和企业科研人员深入交谈，详细了解企业科技创新最新进展、人工智能等战略性新兴产业布局工作情况。同日，国务院国资委党委班子成员分别深入中国物流、中国中检、中国煤炭科工等中央企业开展主题教育专题调研。

23 日，国务院国资委党委召开扩大会议，认真传达学习习近平总书记在听取陕西省委和省政府工作汇报、山西运城考察时的重要讲话精神，紧密结合国资央企实际，研究贯彻落实工作举措。国务院国资委党委书记、主任张玉卓主持会议并讲话。国务院国资委党委委员出席会议。

24 日，国务院国资委召开中央企业加快发展战略性新兴产业部署会。国务院国资委党委书记、主任，中央企业加快发展战略性新兴产业专项工作领导小组组长张玉卓出席会议并讲话。国务院国资委党委委员、副主任，中央企业加快发展战略性新兴产业专项工作领导小组副组长赵世堂主持会议并介绍有关工作情况。

25 日，国务院国资委召开中央企业、地方国资委办公室主任会议暨国资委 2023 年安全保密工作会议。国务院国资委党委委员、副主任翁杰明出席会议并讲话。

25 日，国务院国资委党委书记、主任张玉卓在国资委会见来访的广东省委副书记、省长王伟中。国务院国资委党委委员、副主任赵世堂参加会见。

28 日，在 2023 中关村论坛期间，国务院国资委举办首届“国企发现与发明论坛”，国务院国资委党委委员、副主任赵世堂出席论坛并致辞。

29 日，国务院国资委党委召开扩大会议，在国资委审计工作领导小组传达学习的基础上，深入学习贯彻习近平总书记在二十届中央审计委员会第一次会议上的重要讲话和会议精神，紧密结合国资央企实际研究贯彻落实措施。国务院国资委党委书记、主任张玉卓主持会议并讲话。国务院国资委党委委员出席会议并作发言。

29 日，国务院国资委副主任翁杰明在国资委会见香港特区政府律政司司长林定国一行。

29 日，中电信量子信息科技集团在安徽合肥揭牌。国务院国资委党委书记、主任张玉卓出席揭牌仪式。

29—30 日，共青团中央企业系统（在京）代表会议在京召开。国务院国资委党委高度重视，国务院国资委党委书记、主任张玉卓对近年来中央企业团青工作扎实推进跨越式发展取得的成效给予充分肯定。国务院国资委党委委员、副主任谭作钧出席会议开幕式并讲话。

30 日，国务院国资委党委书记、主任张玉卓深入中国电科第三十八研究所、国机集团合肥通用机械研究院调研，详细了解企业技术创新、人才激励、产业应用等工作情况。

31 日，国务院国资委、国家自然科学基金委举行工作会商。国务院国资委党委书记、主任张玉卓出席会商会并讲话。

6 月

1 日，国务院国资委党委召开“学习贯彻习近平总书记中央党校建校 90 周年庆祝大会重要讲话精神　推进国资央企党校高质量发展”座谈会。国务院国资委党委委员、副主任，中央党校国资委分校校长谭作钧出席会议并讲话。

1 日，国务院国资委在广州组织召开部分中央企业迎峰度夏能源电力保供专题会。国务院国资委党委委员、副主任袁野出席会议并讲话。

2日，国务院国资委召开中央企业生态环境保护工作会议暨警示教育会和2023年“安全生产月”活动推进会议。国务院国资委党委委员、副主任谭作钧出席会议并讲话。

5日，国务院国资委党委召开扩大会议暨党委理论学习中心组集体学习会，认真传达学习习近平总书记在中央政治局第五次集体学习时的重要讲话精神，深入学习贯彻二十届中央国家安全委员会第一次会议精神，紧密结合国资央企实际研究贯彻落实措施。国务院国资委党委书记、主任张玉卓主持会议并讲话。国务院国资委党委委员出席会议并结合学习体会作发言。

7日，国务院国资委召开中央企业援疆援藏工作会议。国务院国资委党委委员、副主任谭作钧出席会议并讲话。国务院国资委副秘书长庄树新主持会议。

8日，国务院国资委党委书记、主任张玉卓到中国安能开展学习贯彻习近平新时代中国特色社会主义思想主题教育专题调研。国务院国资委党委委员，中国安能党委书记、董事长周国平主持调研座谈会。其间，张玉卓视频连线中国安能武汉应急救援基地，与企业负责同志座谈交流，详细了解企业改革发展和党的建设工作情况。

8日，国务院国资委党委召开直属机关基层党组织警示教育及工作作风提升工作部署会暨主题教育干部队伍教育整顿工作推进会。国务院国资委党委委员、副主任，国务院国资委党委主题教育领导小组副组长谭作钧出席会议并讲话。

8日，国务院国资委、中国科学院举行座谈会并签署战略合作协议。国务院国资委党委书记、主任张玉卓出席签约仪式并讲话。国务院国资委党委委员、副主任赵世堂，中国科学院副院长、党组成员汪克强分别代表双方签署协议。

12日，国务院国资委党委召开扩大会议暨党委理论学习中心组集体学习会。国务院国资委党委书记、主任张玉卓主持会议并讲话。国务院国资委党委委员出席会议并联系分管工作实际谈学习体会。

12日，国务院国资委发布《中央企业法律纠纷案件管理办法》(国务院国有资产监督管理委员会令第43号)。

14日，国务院国资委召开中央企业提高上市公司质量暨并购重组工作专题会。国务院国资委党委委员、副主任赵世堂出席会议并讲话。

16日，国务院国资委党委书记、主任张玉卓，国务院国资委党委委员、副主任谭作钧代表国务院国资委党委亲切看望会见中央企业系统(在京)团十九大代表团成员，向各位代表表示热烈祝贺，并向中央企业广大团员青年致以诚挚的问候。

19日，国务院国资委党委召开委直属机关干部队伍教育整顿警示教育会。国务院国资委党委书记、主任，国务院国资委党委主题教育领导小组组长张玉卓出席会议并讲话。国务院国资委党委委员、副主任，国务院国资委党委主题教育领导小组副组长、办公室主任谭作钧主持会议。国务院国资委副部长级干部出席会议。

21日，国务院国资委党委召开扩大会议，深入学习《习近平论科技自立自强》，原原本本学原文读原著、认认真真学思想悟原理，紧密结合国资央企实际研究贯彻落实措施。国务院国资委党委书记、主任张玉卓主持会议并讲话。国务院国资委党委委员出席会议并结合分管工作谈学习体会。

23日，国务院国资委召开中央企业安全生产紧急视频会议。国务院国资委党委委员、副主任谭作钧主持会议并讲话。

25日，国务院国资委党委书记、主任张玉卓在国资委会见来访的湖南省委副书记、省长毛伟明。国务院国资委党委委员、副主任袁野参加会见。

25日，国务院国资委在辽宁沈阳召开深化东北地区国资国企改革现场推进会。国务院国资委党委委员、副主任谭作钧出席会议并讲话。会前，参会人员赴沈鼓集团、沈阳机床进行现场调研。

26日，国务院国资委党委书记、主任张玉卓深入地方国有企业华海清科股份有限公司的研发车间等调研，详细了解企业技术创新、人才选育、激励机制等情况。

27日，国务院国资委主任张玉卓应邀出席2023年夏季达沃斯论坛开幕式，并参加“直面挑战：在脆弱的环境中重启增长”分论坛。论坛期间，张玉卓与世界经济论坛主席施瓦布进行会谈。

29 日，国务院国资委主任张玉卓会见来访的蒙古国国资委主席青格勒。

29 日，国务院国资委副主任苟坪参加第三届中国—非洲经贸博览会，出席中非基础设施合作论坛并致辞。

30 日，国务院国资委党委召开 2023 年巡视工作会议暨第一轮巡视动员部署会。国务院国资委党委书记、主任，国务院国资委党委巡视工作领导小组组长张玉卓在会上作了讲话。国务院国资委党委委员、副主任谭作钧宣布国务院国资委党委 2023 年第一轮巡视组长授权任职和任务分工决定。中央纪委国家监委驻国务院国资委纪检监察组组长、国务院国资委党委委员龚堂华主持会议。

30 日，第五次中央企业归侨侨眷代表大会在北京召开。国务院国资委党委委员、副主任谭作钧出席大会开幕式并讲话。

30 日，国务院国资委召开中央企业能源电力保供工作推进会。国务院国资委党委委员、副主任袁野出席会议并讲话。

7 月

4 日，国务院国资委党委召开扩大会议，认真传达学习习近平总书记在中央政治局第六次集体学习时的重要讲话、对党的建设和组织工作作出的重要指示、同团中央新一届领导班子成员集体谈话时的重要讲话精神，深入学习贯彻全国组织工作会议、共青团第十九次全国代表大会精神，紧密结合国资央企实际研究贯彻落实措施。国务院国资委党委书记、主任张玉卓主持会议并讲话。国务院国资委党委委员出席会议并联系分管工作作交流发言。

4 日，国务院国资委副主任苟坪在国资委会见沙特投资部投资业务次大臣萨利赫·哈巴提。

4 日，国务院国资委党委 2023 年第一轮巡视培训班开班。中央纪委国家监委驻国务院国资委纪检监察组组长、国务院国资委党委委员龚堂华出席开班仪式并作辅导报告。

5 日，国务院国资委主任张玉卓在国资委会见到访的沙特通信和信息技术部大臣阿卜杜拉·苏瓦哈。

5 日，国务院国资委党委书记、主任张玉卓主持召开国有企业经济运行圆桌会议第一次会议。

5—6 日，国务院国资委党委委员、副主任袁野带队赴成都督导调研中央企业迎峰度夏和大运会电力保供工作。其间，组织召开西南地区中央能源企业电力保供工作座谈会，深入国家能源集团大渡河流域生产指挥中心、金堂煤电厂等保供一线，详细了解水库蓄水、电煤库存、安全防汛等工作情况。

7 日，国务院国资委党委书记、主任，国务院国资委党委主题教育领导小组组长张玉卓围绕主题教育学思想、强党性、重实践、建新功的总要求，结合国资央企实际，为国资委机关、直属单位、委管企业、直管协会党员干部讲专题党课。专题党课由国务院国资委党委委员、副主任，国务院国资委党委主题教育领导小组副组长、办公室主任谭作钧主持。国务院国资委党委委员、副部长级干部参加党课学习。

10 日，国务院国资委党委召开扩大会议，认真传达学习习近平总书记在江苏考察时的重要讲话精神，深刻领会关于国资央企的重要指示、紧密结合实际研究落实举措，学习贯彻习近平总书记对防汛救灾工作重要指示，在前期工作基础上对国资央企统筹发展和安全，抓好企业安全生产防汛、助力国家做好防汛救灾工作作出进一步部署。国务院国资委党委书记、主任张玉卓主持会议并讲话。国务院国资委党委委员出席会议并结合分管工作作发言。

11 日，国务院国资委党委书记、主任张玉卓赴河北省邢台市平乡县、邯郸市魏县调研国务院国资委定点帮扶工作，先后到平乡县田付村镇艾村、后营村及魏县东代固镇闫庄村，实地察看国务院国资委捐建的村小学、村“两室”使用情况，详细了解国务院国资委机关帮扶协作组助力当地发展、乡村治理、乡村集体经济建设取得的成效。在河北期间，到雄安新区深入雄安城市规划展示中心、计算中心和国家电网智慧能源融合站，了解中央企业投身雄安新区建设整体情况。

12 日，国务院国资委党委召开学习贯彻习近平新时代中国特色社会主义思想深入推进模范机关建设座谈会。国务院国资委党委委员、副主任谭作钧出席会议并讲话。

12 日，国务院国资委召开 2023 年全国节能宣传周国资央企推进会。国务院国资委党委委员、副主任谭作钧出席会议并讲话。

13日，国务院国资委党委书记、主任张玉卓出席国务院国资委召开的国有企业经济运行第二次圆桌会议。国务院国资委党委委员、副主任袁野主持会议。

13日，国务院国资委党委组织开展习近平总书记视察或作出重要指示批示的重大项目、重大工程示范点建设研讨交流。国务院国资委党委书记、主任，国务院国资委党委主题教育领导小组组长张玉卓，国务院国资委党委委员、副主任，国务院国资委党委主题教育领导小组副组长、办公室主任谭作钧出席。

13—14日，国务院国资委举办中央企业负责人研讨班。国务院国资委党委书记、主任张玉卓出席并讲话。国务院国资委党委委员参加研讨学习，并结合分管工作作专题发言。

17日，国务院国资委党委召开扩大会议，认真传达学习习近平总书记在中央全面深化改革委员会第二次会议上的重要讲话精神，紧密结合国资央企工作实际研究贯彻落实举措。国务院国资委党委书记、主任张玉卓主持会议并讲话。国务院国资委党委委员出席会议并结合分管工作作发言。

18日，中央纪委国家监委驻国务院国资委纪检监察组组长、国务院国资委党委委员龚堂华带领全组干部赴中国国家版本馆中央总馆参观学习。

19日，国务院国资委与青海省委、省政府在西宁召开国资央企助力青海高质量发展会议。国务院国资委党委书记、主任张玉卓出席会议并讲话。国务院国资委党委委员、副主任谭作钧主持会议。

20日，国务院国资委党委书记、主任张玉卓应邀出席第二十四届青海绿色发展投资贸易洽谈会开幕式暨主旨论坛并致辞。其间，深入国家电投黄河上游水电开发公司、中国建材中复神鹰碳纤维股份有限公司实地调研中央企业援青建青工作进展与成效。

21日，国务院国资委联合印发《关于促进退役风电、光伏设备循环利用的指导意见》(发改环资〔2023〕1030号)。

24日，国务院国资委党委召开扩大会议，认真传达学习习近平总书记在全国生态环境保护大会上的重要讲话精神，深刻领会习近平总书记关于网络安全和信息化工作的重要指示，深入贯彻落实全国生态环境保护大会、全国网络安全和信息化工作会议部署，紧密结合工作实际，研究细化国资央企扎实做好生态环境保护、网络安全和信息化工作的具体举措。国务院国资委党委书记、主任张玉卓主持会议并讲话。国务院国资委党委委员出席会议并结合分管工作作发言。

25日，国务院国资委党委书记、主任张玉卓主持召开国有企业经济运行第三次圆桌会议。国务院国资委党委委员、副主任袁野出席会议。

25日，驻国务院国资委纪检监察组举行主题教育、教育整顿主题党课报告会。中央纪委国家监委驻国务院国资委纪检监察组组长、国务院国资委党委委员龚堂华作党课报告。

25—26日，国务院国资委举办地方国资委负责人国有企业改革深化提升行动研讨班。国务院国资委党委书记、主任张玉卓出席研讨班并讲话，国务院国资委党委委员、副主任谭作钧主持研讨学习并作总结，国务院国资委党委委员参加研讨学习。

26日，国务院国资委党委召开学习贯彻习近平新时代中国特色社会主义思想主题教育调研成果交流会。国务院国资委党委书记、主任，国务院国资委党委主题教育领导小组组长张玉卓主持会议并讲话。国务院国资委党委委员分别就所牵头专题的调研成果作交流发言，国务院国资委副部长级干部出席会议。

27日，国务院国资委党委召开中央企业学习贯彻习近平新时代中国特色社会主义思想主题教育整改整治工作推进会。国务院国资委党委委员、副主任，国务院国资委党委主题教育领导小组副组长谭作钧出席会议并讲话。

27日，国务院国资委召开中央企业境外投资合作工作专题会议。国务院国资委党委委员、副主任苟坪出席会议并讲话。

8月

1日，国务院国资委党委召开扩大会议，认真传达学习习近平总书记在四川考察时的重要讲话精神，学习贯彻《中共中央　国务院关于促进民营经济发展壮大的意见》，切实把思想和行动统一到中央政治局会议对当前经济形势的判断和经济工作的决策部署上来，研究部署加快推进中央企业高质量发展、增强企业科技创新能力、携手民营企业共同发展、扎实做好安全生产和防汛救灾工作等方面的政策措施，推动国资央企在经济社会发展中更好发挥“稳定器”“压舱石”作用。国务院国资委党委书记、主任张玉卓主持会议并讲话。国务院国资委党委委员出席会议并结合分管工作提意见建议。

4 日，国务院国资委举办“智慧国资　数字央企”大讲堂。国务院国资委党委书记、主任张玉卓出席第一期大讲堂，并会见主讲人科大讯飞董事长刘庆峰，围绕深化务实合作、创新人工智能在工业场景应用进行深入交流。

4 日，国务院国资委联合印发《关于印发〈绿色低碳先进技术示范工程实施方案〉的通知》（发改环资〔2023〕1093 号）。

6 日，国务院国资委党委书记、主任张玉卓赴黑龙江深入哈电集团生产车间、研发中心调研。其间，到哈电集团汽轮机公司分厂、电机公司水电汽发重型车间、水力发电设备国家重点实验室与企业一线科研人员、干部职工深入交流，详细了解企业科技创新、人才培养及成果转化的情况。

7 日，国务院国资委联合印发《关于进一步加强论坛活动规范管理的通知》（文旅办发〔2023〕81 号）。

9 日，国务院国资委党委召开第一批学习贯彻习近平新时代中国特色社会主义思想主题教育评估工作征求意见座谈会。国务院国资委党委委员、副主任，国务院国资委党委主题教育领导小组副组长谭作钧出席会议并讲话。

14 日，国务院国资委主任张玉卓在国资委会见到访的德国蒂森克虏伯集团执行董事会主席兼首席执行官米格尔·洛佩兹，双方就加强企业间务实交流合作，扩大能源技术创新、工业绿色低碳转型发展合作等进行友好深入交流。

14 日，国务院国资委党委召开扩大会议，进一步深入学习领会习近平总书记关于防汛救灾工作的重要指示精神，贯彻落实党中央、国务院决策部署，在前期工作基础上，对国资央企抓好企业安全生产防汛救灾，积极做好交通、通信、电力等基础设施保障畅通等工作进行再动员再部署，为防汛救灾和灾后恢复重建进一步贡献力量。国务院国资委党委书记、主任张玉卓主持会议并讲话。国务院国资委党委委员出席会议并结合分管工作作发言。

16 日，国务院国资委联合印发《关于支持首台（套）重大技术装备平等参与企业招标投标活动的指导意见》（工信部联重装〔2023〕127 号）。

17 日，受国务院国资委党委书记、主任张玉卓委托，国务院国资委党委委员、副主任谭作钧带队赴北京门头沟永定河河道中央企业抢险清理现场调研指导工作。

17 日，国务院国资委党委书记、主任张玉卓在国资委会见来访的山西省委副书记、省长金湘军。国务院国资委党委委员、副主任苟坪参加会见。

18 日，国务院国资委党委召开理论学习中心组集体学习会。国务院国资委党委委员、副部长级干部参加集体学习。会前，国务院国资委领导班子进行自学。

20—21 日，由国务院国资委指导、华润集团主办的“中药产业链沙龙”在云南昆明举行。国务院国资委党委委员、副主任苟坪出席活动并讲话。在滇期间，赴华润集团所属昆药集团、中铝集团所属云南铜业和云南省属企业贵金属集团新材料产业园调研。

21 日，国务院国资委党委召开扩大会议，认真传达学习习近平总书记在首个全国生态日之际作出的重要指示精神，贯彻落实中央政治局常务委员会会议对防汛抗洪救灾和灾后恢复重建工作的决策部署，紧密结合工作实际，进一步指导推动中央企业勇挑重担，积极履行社会责任，扎实做好生态环境保护工作，为防汛抗洪、抢险救灾和灾后恢复重建贡献更大力量，更好彰显国家队的使命担当。国务院国资委党委书记、主任张玉卓主持会议并讲话。国务院国资委党委委员出席会议并结合分管工作作发言。

24 日，国务院国资委党委书记、主任张玉卓在国资委会见来访的河北省委副书记、省长王正谱。

28 日，国务院国资委党委召开扩大会议，认真传达学习习近平总书记出席金砖国家领导人第十五次会晤时的重要讲话精神，紧密结合工作实际研究贯彻落实的具体举措，进一步指导推动国资央企将“金砖＋”国家作为国际合作的重要方向，不断完善与金砖国家国资监管部门的伙伴关系网络布局，积极开展国企改革发展结构化交流，鼓励支持中央企业参与金砖国家工商理事会、新工业革命伙伴关系等合作机制，促进经贸和财金领域往来与交流，更好服务国家总体外交。国务院国资委党委书记、主任张玉卓主持会议并讲话。国务院国资委党委委员出席会议。

29 日，国务院国资委党委书记、主任张玉卓主持召开国有企业经济运行第四次圆桌会议。国务院国资委党委委员、副主任袁野出席会议。

29 日，国务院国资委办公厅联合印发《关于印发〈元宇宙产业创新发展三年行动计划（2023—2025年）〉的通知》（工信厅联科〔2023〕49 号）。

30 日，国务院国资委党委管理领导班子的中央企业组织工作推进会在北京召开。国务院国资委党委委员、副主任谭作钧出席会议并讲话。

30 日，“书写中国式现代化央企答卷”第六届中央企业优秀故事发布活动在北京举行。国务院国资委党委委员、副主任谭作钧出席并致辞。

9 月

1 日，国务院国资委党委委员、副主任苟坪出席中国质量（成都）大会开幕式及“开展质量提升建设一流企业”分论坛。分论坛由国务院国资委主办，国务院国资委社会责任局、中国质量协会承办。

4 日，国务院国资委党委召开扩大会议，认真传达学习习近平总书记在听取新疆维吾尔自治区党委和政府、新疆生产建设兵团工作汇报时的重要讲话精神，学习贯彻习近平总书记给中国航发黎明发动机装配厂“李志强班”职工重要回信精神，贯彻落实中央政治局会议精神，紧密结合工作实际研究贯彻落实举措，进一步推动国资央企完整准确全面贯彻新时代党的治疆方略，不断提高援疆建疆工作质量和成效；推动以党建链赋能产业链创新链，更好肩负起科技自立自强重任；持续增强干部教育培训的系统性、针对性、有效性，不断提升干部人才队伍政治能力和专业化水平。国务院国资委党委书记、主任张玉卓主持会议并讲话。国务院国资委党委委员出席会议并结合分管工作作发言。

4 日，国务院国资委召开中央企业司库体系建设推进会。国务院国资委党委委员、副主任袁野出席会议并讲话。

8 日，国务院国资委党委书记、主任张玉卓到黑龙江齐齐哈尔深入中国一重调研企业改革创新发展和党的建设情况，听取企业意见建议。其间，到中国一重的重型装备、专项装备、轧电制造厂生产车间、技能大师工作室，与企业一线干部职工深入交流，详细了解企业在核电、风电、石化、冶金等装备制造领域技术创新工作情况。

11 日，国务院国资委党委学习贯彻习近平新时代中国特色社会主义思想主题教育第一批总结暨第二批部署会议召开。国务院国资委党委书记、主任张玉卓出席会议并讲话。国务院国资委党委委员、副主任谭作钧主持会议。国务院国资委党委委员、副部长级干部出席会议。

11 日，国务院国资委党委召开扩大会议，认真传达学习习近平总书记在黑龙江考察并主持召开新时代推动东北全面振兴座谈会时的重要讲话精神，学习贯彻习近平总书记向 2023 年中国国际服务贸易交易会全球服务贸易峰会发表的重要致辞精神，紧密结合工作实际研究贯彻落实举措，进一步支持推动国资央企持续推进落实好东北全面振兴战略，积极助力地方经济发展，强化战略支撑作用；准确把握国际经贸合作的重要领域和发展方向，为服务国家开放发展大局多作贡献。国务院国资委党委书记、主任张玉卓主持会议并讲话。国务院国资委党委委员出席会议并结合分管工作作发言。

11 日，国务院国资委党委召开第二批学习贯彻习近平新时代中国特色社会主义思想主题教育工作培训会议。国务院国资委党委委员、副主任，主题教育领导小组副组长兼办公室主任谭作钧出席会议并讲话。

13 日，国务院国资委副主任苟坪在香港出席第八届“一带一路”高峰论坛开幕式并致辞。会前，会同有关中央企业负责同志与香港特区行政长官李家超举行座谈，就深化国资央企对港合作进行交流。

14 日，国务院国资委、工业和信息化部共同召开中央企业产业链融通发展共链行动启动会。国务院国资委党委书记、主任张玉卓出席会议并讲话。国务院国资委党委委员、副主任苟坪主持会议。

14 日，国务院国资委副主任苟坪出席中国—赞比亚投资推介活动并致辞。活动前，同哈凯恩德·希奇莱马总统进行交流。

14 日，国务院国资委联合印发《关于加强审计报告查验工作的通知》(财会〔2023〕15 号)。

16 日，国务院国资委党委书记、主任张玉卓到广西，深入中国储备粮管理集团有限公司南宁直属库、广西玉柴机器集团有限公司所属玉柴研发总院调研，听取企业意见建议。在广西期间，应邀出席第 20 届中国—东盟博览会和中国—东盟商务与投资峰会开幕式，并与广西壮族自治区政府负责同志就深化国资国企改革、加大央企与广西合作交流力度等进行深入交流。

16 日，由国务院国资委中国大连高级经理学院和中国科学院学部工作局主办的院士科学家系列讲座暨首期“双链会议”在北京召开。国务院国资委党委委员、副主任王宏志出席会议并致辞。

18 日，国务院国资委党委召开扩大会议，认真传达学习习近平总书记对新时代办公厅工作作出的重要指示精神及全国党委和政府秘书长会议精神，研究政策措施进一步推动国资委党委办公厅提高政治站位、强化政治担当、提高政治能力、落实政治责任，深化政治机关和模范机关建设，以新担当新作为为国资央企高质量发展作出新贡献。国务院国资委党委书记、主任张玉卓主持会议并讲话。国务院国资委党委委员出席会议并结合分管工作作发言。

22—23 日，第六届中国企业论坛在山东济南举办。受国务院国资委党委书记、主任张玉卓委托，国务院国资委党委委员、副主任王宏志出席论坛并作主旨演讲。

25 日，国务院国资委举办第二期“智慧国资　数字央企”大讲堂。国务院国资委党委书记、主任张玉卓出席并会见主讲人中国科学院院士、北京大学教授梅宏，围绕推动加大大数据前沿技术研发、推进数据开放共享、培育新场景新业态等进行深入交流。

25 日，国务院国资委召开中央企业安全生产工作视频会议。国务院国资委党委委员、副主任苟坪出席会议并讲话。国务院国资委秘书长庄树新主持会议。

25—28 日，国务院国资委举办 2023 年国有企业总法律顾问(首席合规官)培训班。国务院国资委党委委员、副主任王宏志出席并讲话。

26 日，国务院国资委党委召开扩大会议暨党委理论学习中心组集体学习会。国务院国资委党委书记、主任张玉卓主持学习会，并带领大家原原本本读原著、学原文、悟原理，结合学习心得谈认识与体会。国务院国资委党委委员出席会议并结合分管工作作发言。

26 日，国务院国资委召开中央企业提高上市公司质量暨公司治理工作专题会。国务院国资委党委委员、副主任袁野出席会议并讲话。

26 日，由国务院国资委、工业和信息化部指导，通用技术集团、中国工经联主办的工业母机产业链行动暨技术创新高端论坛在辽宁沈阳举行。国务院国资委党委委员、副主任苟坪出席活动并致辞。在辽宁期间，调研通用技术集团所属沈阳机床、中国中化所属沈阳化工研究院。

27 日，中央企业“三优一能”表彰大会暨“百—万—百万”科技人才培养工程动员部署会在北京召开。国务院国资委党委委员、副主任袁野出席会议并讲话。国务院国资委秘书长庄树新主持会议。

28 日，国务院国资委召开国有企业改革深化提升行动专题推进会。国务院国资委党委委员、副主任王宏志出席会议并讲话。

10 月

中秋、国庆节假日期间，国务院国资委党委书记、主任张玉卓到国资委值班室，通过视频连线方式检查国资央企生产经营、节日服务保障和安全生产工作，慰问坚守一线的企业广大干部职工。

7 日，国务院国资委党委召开扩大会议，认真传达学习习近平总书记在浙江考察调研、出席第十九届亚运会、主持召开中央政治局第八次集体学习及对妇女儿童工作等的重要讲话和重要指示精神，认真学习贯彻中央政治局会议精神，紧密结合工作实际研究贯彻落实举措，进一步指导推动国资央企全面从严治党向纵深发展，扎实做好发展改革监管和党的建设工作，不断增强国有企业核心功能和核心竞争力，夯实中国特色社会主义的重要物质基础和政治基础。国务院国资委党委书记、主任张玉卓主持会议并讲话。国务院国资委党委委员出席会议并作发言。

8 日，国务院国资委联合印发《关于印发〈算力基础设施高质量发展行动计划〉的通知》(工信部联通信〔2023〕180 号)。

10日，国务院国资委党委召开深化落实习近平总书记全国国有企业党的建设工作会议重要讲话精神座谈会。国务院国资委党委书记、主任张玉卓出席会议并讲话。国务院国资委党委委员、副主任谭作钧主持会议。国务院国资委党委委员出席会议。

10日，国务院国资委召开中央企业经济运行情况通报会。国务院国资委党委书记、主任张玉卓出席会议并讲话。国务院国资委党委委员、副主任谭作钧主持会议，国务院国资委党委委员、副主任袁野通报中央企业前三季度经济运行情况。国务院国资委党委委员出席会议。

11日，中央纪委国家监委驻国务院国资委纪检监察组与国务院国资委党委召开2023年全面从严治党专题会商会。国务院国资委党委书记、主任张玉卓主持会议并讲话。中央纪委国家监委驻国务院国资委纪检监察组组长、国务院国资委党委委员龚堂华出席会议并讲话。国务院国资委党委委员谭作钧、袁野、王宏志、苟坪、周国平围绕落实“一岗双责”情况作汇报和表态发言。龚堂华通报2023年以来驻国务院国资委纪检监察组履行监督责任情况。

13日，国务院国资委党委召开贯彻落实习近平总书记系列重要指示批示专题会议。国务院国资委党委书记、主任张玉卓主持会议并讲话。国务院国资委党委委员出席会议并结合分管工作作发言。

16日，国务院国资委党委召开扩大会议，认真传达学习习近平总书记在江西考察调研并主持召开进一步推动长江经济带高质量发展座谈会时的重要讲话和重要指示精神，紧密结合国资央企工作实际研究贯彻落实举措，坚持把习近平总书记的重要讲话重要指示精神作为国资央企参与推动长江经济带高质量发展的根本遵循，完整准确全面贯彻新发展理念，牢固树立全局观念，科学把握工作方式方法，推动国资央企助力长江经济带高质量发展。国务院国资委党委书记、主任张玉卓主持会议并讲话。国务院国资委党委委员出席会议并结合分管工作作发言。

17日，“一带一路”企业家大会在北京举行。国务院国资委党委书记、主任张玉卓出席大会并致辞。

18日，中央第三巡视组巡视国务院国有资产监督管理委员会党委工作动员会召开。国务院国资委党委书记、主任张玉卓主持会议并讲话。国务院国资委领导班子成员，中央纪委国家监委驻国务院国资委纪检监察组有关负责同志出席会议。国务院国资委副部长级干部列席会议。

19日，国务院国资委召开中央企业助力长江经济带高质量发展座谈会。国务院国资委党委委员、副主任苟坪出席会议并讲话。

19日，国务院国资委党委召开扩大会议，认真传达学习习近平总书记关于巡视工作重要讲话精神，贯彻落实党中央关于巡视工作的重要部署要求，进一步深刻认识深化政治巡视、抓好巡视整改的重要意义，紧密结合国资央企工作实际研究贯彻落实举措，以高度的责任感、科学务实的举措，压紧压实配合中央巡视工作的政治责任，以实际行动坚定拥护“两个确立”、坚决做到“两个维护”，确保党中央决策部署在国资央企落地见效。国务院国资委党委书记、主任张玉卓主持会议并讲话。国务院国资委党委委员出席会议并发言。

19日，国务院国资委召开国有企业对标世界一流企业价值创造行动推进会。国务院国资委党委委员、副主任王宏志出席会议并讲话。

19日，国务院国资委召开中央企业深化专业化整合加快推进战略性新兴产业发展专题会。国务院国资委党委委员、副主任王宏志出席会议并讲话。

20日，国务院国资委党委书记、主任张玉卓，国资委党委委员、副主任谭作钧代表国资委党委亲切看望会见中国妇女十三大中央企业系统（在京）代表团成员，向各位代表表示热烈的祝贺，并向中央企业系统330万名女职工致以诚挚的问候。

22日至11月5日，2023年剑桥中国企业领导力高级研修班在英国举办。国务院国资委党委委员、副主任谭作钧在开班式上致辞，并与部分参与授课的跨国企业负责人和知名专家学者进行交流。

24日，国务院国资委党委召开扩大会议，认真传达学习习近平总书记在出席第三届“一带一路”国际合作高峰论坛欢迎宴会和开幕式、开展一系列重要外事活动时发表的系列重要讲话精神，认真学习贯彻习近平总书记向欧美同学会发表的重要贺信精神，紧密结合国资央企工作实际研究贯彻落实举措，积极指导推动国资央企对接好国家层面共建“一带一路”工作机制，不断完善参与“一带一路”建设总体思路、重点任务、工作举措，以更高标准高质量参与“一带一路”建设。国务院国资委党委书记、主任张玉卓主持会议并讲话。国务院国资委党委委员出席会议并结合分管工作作发言。

26 日，国务院国资委主任张玉卓在国资委会见古巴副总理兼外贸外资部长卡布里萨斯。双方就鼓励支持中央企业深化与古巴企业经贸往来、加大投资合作力度等交换意见。

26 日，第二届北斗规模应用国际峰会在湖南株洲召开。国务院国资委党委委员、副主任苟坪出席开幕式并致辞。

26 日，国务院国资委党委巡视工作领导小组召开 2023 年第一轮巡视集中反馈会议。国务院国资委党委书记、主任，国务院国资委党委巡视工作领导小组组长张玉卓出席会议并讲话。

28 日，中央企业青年精神素养提升工程推进会暨团员和青年主题教育工作会议在北京召开。国务院国资委党委书记、主任张玉卓对中央企业各级党组织、各级团组织和广大央企青年提出要求。国务院国资委党委委员、副主任谭作钧出席会议并讲话。

31 日，国务院国资委党委召开扩大会议，认真传达学习习近平总书记同中华全国总工会新一届领导班子成员集体谈话时重要讲话精神，认真学习贯彻习近平总书记主持召开的中央政治局会议精神，紧密结合工作实际研究贯彻落实举措，进一步指导推动国资央企在前期工作基础上，精心组织、细化措施推动工会工作再上新台阶；不断强化大局观念，加强前瞻性谋划、整体性统筹，推动党中央决策部署在国资央企落地见效。国务院国资委党委书记、主任张玉卓主持会议并讲话。国务院国资委党委委员出席会议并结合分管工作作发言。

31 日至 11 月 3 日，国务院国资委党委 6 个巡视组分别向 2023 年第一轮巡视的 6 家工程建设类委管企业进行“一对一”反馈。根据工作安排，各巡视组向被巡视党组织主要负责人通报巡视发现的突出问题，并向领导班子反馈巡视情况。

11 月

1 日，国务院国资委党委书记、主任张玉卓在国资委会见海南省委书记、省人大常委会主任冯飞，省委副书记、省长刘小明一行，双方就共同落实国家战略加快推进海南自由贸易港建设、深化国资国企改革、加强中央企业与地方各类企业合作强化创新引领等进行深入交流。国务院国资委党委委员、副主任王宏志参加会见。

2 日，中央企业智库联盟第四届理事会会议暨中央企业新型智库建设学习交流会在北京召开。国务院国资委党委委员、副主任王宏志出席会议并讲话。

4 日，国务院国资委党委书记、主任张玉卓赴中国商飞调研，并主持召开国有企业经济运行第五次圆桌会议。国务院国资委党委委员、副主任袁野出席会议。会前，张玉卓一行深入中国商飞上海飞机设计研究院，实地考察航电实验室、铁鸟实验台等，与企业科研人员亲切交流，详细了解企业科技创新、改革发展和党的建设等工作情况。

4 日，国产首艘大型邮轮“爱达·魔都号”命名交付仪式在上海举行。国务院国资委党委书记、主任张玉卓出席仪式并讲话。

5 日，国务院国资委党委书记、主任张玉卓应邀出席第六届中国国际进口博览会暨虹桥国际经济论坛开幕式，并与上海市负责同志座谈交流，双方聚焦深化国资国企改革、推动中央企业加强与上海各类所有制企业合作等交换意见。

6 日，国务院国资委党委召开扩大会议，认真传达学习习近平总书记在中央金融工作会议上的重要讲话精神和中央金融工作会议决策部署，紧密结合国资央企工作实际研究贯彻落实举措，立足推动主业发展、振兴实体经济的职责使命，积极探索具有出资人特色的中央企业金融监管体系，进一步加强对中央企业金融业务的监管和风险防范，有效发挥金融促进实体产业发展作用，以中央企业金融业务高质量发展为企业整体高质量发展提供有效支撑和服务。国务院国资委党委书记、主任张玉卓主持会议并讲话。国务院国资委党委委员出席会议并结合分管工作作发言。

6 日，国务院国资委与商务部共同举办第六届虹桥国际经济论坛"开放创新赋能企业发展"分论坛。国务院国资委副主任苟坪出席论坛并致辞。在沪期间，出席第六届中国国际进口博览会开幕式、兵器工业集团中蒙矿山一体化产业链合作会议和中国东航签约仪式，参观部分中央企业招展展位和外企展位。

8日，国务院国资委党委委员、副主任谭作钧在浙江乌镇出席2023年世界互联网大会乌镇峰会开幕式及相关活动。在峰会主办的"携手构建网络空间命运共同体精品案例"发布展示活动中，国务院国资委获评"卓越组织"单位。峰会期间，参观乌镇峰会"互联网之光"博览会，调研并详细了解中国电科、国家电网、中国电信、中国联通、中国移动、中国电子、中国铁塔等7家中央企业布展有关情况。

10日，国务院国资委党委召开扩大会议，认真传达学习习近平总书记主持召开中央全面深化改革委员会第三次会议时的重要讲话精神，贯彻落实中央全面深化改革委员会第三次会议审议通过的《关于进一步完善国有资本经营预算制度的意见》《关于健全自然垄断环节监管体制机制的实施意见》等文件精神，结合国资央企实际研究完善配套制度措施，坚守功能定位、牢记职责使命，以更高标准更严要求抓好国资央企系统国有资本经营预算，进一步指导推动中央企业聚焦主责主业，调整优化国有资本布局结构，加快推进中央企业高质量发展，更好发挥科技创新、产业控制、安全支撑作用。国务院国资委党委书记、主任张玉卓主持会议并讲话。国务院国资委党委委员出席会议并结合分管工作作发言。

16日，国务院国资委召开中央企业今冬明春保暖保供工作专题会。国务院国资委党委委员、副主任袁野出席会议并讲话。

20日，国务院国资委主任张玉卓在国资委会见世界经济论坛创始人兼执行主席施瓦布。双方就发挥各自资源优势，搭建交流对话的平台，推动各领域务实合作交换意见。

22日，国务院国资委党委召开学习贯彻习近平文化思想交流推进会。受国务院国资委党委书记、主任张玉卓委托，国务院国资委党委委员、副主任谭作钧出席会议并讲话。

23日，国务院国资委党委召开扩大会议，认真传达学习习近平总书记在北京和河北考察灾后恢复重建工作时、对山西吕梁市永聚煤矿办公楼火灾事故作出的重要指示批示精神，学习贯彻习近平总书记在2023年世界互联网大会乌镇峰会开幕式、第六届中国国际进口博览会上的重要讲话和重要指示精神，坚持以人民为中心的发展理念，坚持系统观念，研究完善政策措施，以更大力度、更实举措、更高标准指导推动中央企业高效统筹发展和安全，在北京、河北等地灾后恢复重建工作中勇挑重担，不断提升防灾减灾救灾能力，全力保障人民群众生命财产安全，更好发挥国有经济战略支撑作用。国务院国资委党委书记、主任张玉卓主持会议并讲话。国务院国资委党委委员出席会议并作发言。

24日，国务院国资委召开中央企业品牌建设工作会议暨中央企业品牌引领行动推进会。国务院国资委党委书记、主任张玉卓出席会议并讲话。国务院国资委党委委员、副主任袁野主持会议。

24日，国务院国资委召开中央企业负责人专题会议。国务院国资委党委书记、主任张玉卓出席会议并讲话。国务院国资委党委委员、副主任袁野主持会议。国务院国资委党委委员出席会议。

24日，国务院国资委党委在辽宁沈阳中国航发黎明公司召开"牢记习近平总书记嘱托，勇当强国兴企时代先锋"座谈交流会。国务院国资委党委书记、主任，学习贯彻习近平新时代中国特色社会主义思想主题教育领导小组组长张玉卓提出要求，国务院国资委党委委员、副主任，学习贯彻习近平新时代中国特色社会主义思想领导小组副组长兼办公室主任谭作钧出席会议并讲话。

27日，由中央宣传部、国务院国资委、全国工商联共同指导，中国外文局主办的第十一届中国企业全球形象高峰论坛在北京举办。国务院国资委党委委员、副主任谭作钧出席论坛并致辞。

28日，由国务院国资委、公安部共同指导举办的第五届国家网络与信息安全信息通报机制中央企业网络安全大赛启动会在北京召开。国务院国资委党委委员、副主任王宏志出席并致辞。

28日，由中央组织部主办、国务院国资委牵头组织的2023年专家咨询服务活动暨"八桂之约·院士专家冬令营”活动对接会在广西南宁举行。受国务院国资委党委书记、主任张玉卓委托，国务院国资委党委委员、副主任谭作钧出席活动并讲话。

29 日，中国电子科技集团有限公司与中国华录集团有限公司重组大会在北京举行。国务院国资委党委书记、主任张玉卓出席会议并讲话。国务院国资委党委委员、副主任王宏志主持会议并宣读国务院国资委关于中国电科与华录集团重组的通知。

12 月

1 日，国务院国资委党委推进中央企业巡视整改专项治理工作专题会议召开。国务院国资委党委书记、主任张玉卓出席会议并讲话。中央纪委国家监委驻国务院国资委纪检监察组组长、国务院国资委党委委员龚堂华主持会议。国务院国资委党委委员、副主任谭作钧、袁野、王宏志分别通报有关中央企业违反中央八项规定精神问题情况、国务院国资委党委开展中央企业金融板块业务风险问题专项治理工作方案、国务院国资委党委开展违反中央八项规定精神问题专项治理工作方案。国务院国资委党委委员出席会议。

4 日，国务院国资委党委召开扩大会议，认真传达学习习近平总书记在主持二十届中央政治局第十次集体学习、上海考察并主持召开深入推进长三角一体化发展座谈会时的重要讲话和重要指示精神，贯彻落实近期中央政治局会议精神，紧密结合工作实际研究贯彻落实举措，完整准确全面贯彻新发展理念，科学把握工作方式方法，进一步加强国资央企涉外法治建设，提升涉外法治思维和依法办事能力，推动国资央企深度融入长江经济带、长三角一体化高质量发展中，为服务构建新发展格局提供有力支撑。国务院国资委党委书记、主任张玉卓主持会议并讲话。国务院国资委党委委员出席会议并结合分管工作作发言。

5 日，国务院国资委副主任苟坪会见越南国资委副主席阮景全率领的越南国资国企高级管理人员研讨班代表团。

7 日，国务院国资委联合印发《关于严格执行企业会计准则　切实做好企业 2023 年年报工作的通知》(财会〔2023〕29 号)。

13 日，国务院国资委党委召开扩大会议，认真传达学习习近平总书记重要讲话精神和中央经济工作会议精神，紧密结合国资央企实际研究贯彻落实措施，强调要胸怀“国之大者”，聚焦经济建设这一中心工作和高质量发展这一首要任务，牢牢把握新时代新征程的新使命新任务，坚定不移做强做优做大国有资本和国有企业，不断增强企业核心功能、提高核心竞争力，充分发挥科技创新、产业控制、安全支撑“三个作用”，积极服务国家重大战略，为我国经济实现“质”的有效提升和“量”的合理增长、增进民生福祉、保持社会稳定贡献更大力量。国务院国资委党委书记、主任张玉卓主持会议并讲话。国务院国资委党委委员出席会议并结合分管工作逐一谈学习体会。

13 日，国务院国资委副主任苟坪在珠海出席第二届中国(澳门)国际高品质消费博览会暨横琴世界湾区论坛并致辞。

14 日，国务院国资委副主任苟坪在澳门出席第十六届亚洲国有企业公司治理会议并致辞。在澳门期间，拜访澳门特区政府行政长官贺一诚和澳门中联办副主任吕玉印，就支持澳门经济社会高质量发展、服务保障民生及推动横琴粤澳深度合作区建设等内容进行深入交流。

20 日，国务院国资委党委召开扩大会议，认真传达学习习近平总书记在广西考察时对低温雨雪冰冻灾害防范应对工作、甘肃临夏州积石山县 6.2 级地震等系列重要指示精神，紧密结合工作实际研究贯彻落实举措，在前期工作基础上，进一步指导推动国资央企坚持人民至上、生命至上，更好统筹发展和安全，抓紧抓实各项措施，全力以赴做好风险防范、基础保供、抢险救援和安全运行工作，切实维护人民生命财产安全和社会大局稳定。国务院国资委党委书记、主任张玉卓主持会议并讲话。国务院国资委党委委员出席会议并结合分管工作作发言。

22 日，国务院国资委党委委员、副主任苟坪出席中央企业和地方国资国企社会责任系列蓝皮书集中发布活动。

25—26 日，国务院国资委召开中央企业负责人会议。国务院国资委党委书记、主任张玉卓出席会议并讲话。国务院国资委党委成员出席会议。

28 日，国务院国资委召开中央企业财务工作会议。国务院国资委党委委员、副主任袁野出席会议并讲话。

29日，国务院国资委党委召开扩大会议，认真传达学习习近平总书记对“三农”工作作出的重要指示精神，贯彻落实中央农村工作会议精神，紧密结合工作实际研究贯彻落实举措，推动国资央企更好发挥在农机制造、粮油储备、化肥种子等行业领域的基础性、保障性作用，坚决落实帮扶责任，为助力农业高质量发展、建设农业强国作出更大贡献。国务院国资委党委书记、主任张玉卓主持会议并讲话。国务院国资委党委委员出席会议并结合分管工作作发言。

29日，国务院国资委联合印发《关于加快“宽带边疆”建设的通知》(工信部联通信〔2023〕263号)。

2024

CHINA'S STATE-OWNED ASSETS SUPERVISION AND ADMINISTRATION YEARBOOK

中国国有资产监督管理年鉴

附录

第九篇

2023年度中央企业负责人经营业绩考核A级企业名单

根据《中央企业负责人经营业绩考核办法》，2023年度中央企业负责人经营业绩考核结果已经国务院国资委党委会议、委务会议审议通过。A级企业名单如下：

1. 中国移动通信集团有限公司
2. 招商局集团有限公司
3. 国家电网有限公司
4. 中国石油天然气集团有限公司
5. 中国长江三峡集团有限公司
6. 国家电力投资集团有限公司
7. 中国海洋石油集团有限公司
8. 中国石油化工集团有限公司
9. 中国南方电网有限责任公司
10. 中国电信集团有限公司
11. 国家能源投资集团有限责任公司
12. 中国核工业集团有限公司
13. 中国华电集团有限公司
14. 中国华能集团有限公司
15. 中国电子科技集团有限公司
16. 国家石油天然气管网集团有限公司
17. 中国广核集团有限公司
18. 华润(集团)有限公司
19. 中国联合网络通信集团有限公司
20. 中国中煤能源集团有限公司
21. 中国船舶集团有限公司
22. 中国远洋海运集团有限公司
23. 中国中车集团有限公司
24. 国家开发投资集团有限公司
25. 中国建筑集团有限公司
26. 中国第一汽车集团有限公司
27. 中国兵器装备集团有限公司
28. 中国大唐集团有限公司
29. 中国五矿集团有限公司
30. 中国航空发动机集团有限公司
31. 中国兵器工业集团有限公司
32. 中国宝武钢铁集团有限公司
33. 中国东方电气集团有限公司
34. 中国煤炭科工集团有限公司
35. 中国铝业集团有限公司
36. 中国交通建设集团有限公司
37. 中国通用技术(集团)控股有限责任公司
38. 中国电子信息产业集团有限公司
39. 中国电气装备集团有限公司
40. 中国有色矿业集团有限公司
41. 中国钢研科技集团有限公司
42. 中国铁路通信信号集团有限公司
43. 中国化学工程集团有限公司
44. 中国南方航空集团有限公司
45. 中粮集团有限公司
46. 中国东方航空集团有限公司
47. 中国建材集团有限公司
48. 中国航空集团有限公司
49. 中国保利集团有限公司

2023年《财富》“世界500强”中国企业上榜情况

2023年排名	2022年排名	公司名称	营业收入（百万美元）	总部所在城市
3	3	国家电网有限公司	545947.5	北京
5	6	中国石油化工集团有限公司	429699.7	北京

续表

2023 年排名	2022 年排名	公司名称	营业收入（百万美元）	总部所在城市
6	5	中国石油天然气集团有限公司	421713.6	北京
14	13	中国建筑集团有限公司	320430.5	北京
22	28	中国工商银行股份有限公司	222484.2	北京
30	29	中国建设银行股份有限公司	199826.1	北京
32	27	鸿海精密工业股份有限公司	197876.0	新北
34	32	中国农业银行股份有限公司	192398.3	北京
35	39	中国铁路工程集团有限公司	178562.9	北京
37	49	中国银行股份有限公司	172327.6	北京
43	43	中国铁道建筑集团有限公司	160847.4	北京
44	44	中国宝武钢铁集团有限公司	157216.3	上海
47	52	京东集团股份有限公司	153217.4	北京
53	33	中国平安保险(集团)股份有限公司	145759.1	深圳
54	38	中国中化控股有限责任公司	143240.0	雄安新区
55	62	中国移动通信集团有限公司	142832.4	北京
56	42	中国海洋石油集团有限公司	141731.8	北京
59	54	中国人寿保险(集团)公司	139615.9	北京
63	63	中国交通建设集团有限公司	136670.7	北京
69	65	中国五矿集团有限公司	132019.7	北京
70	68	阿里巴巴集团控股有限公司	131337.9	杭州
71	100	中国中信集团有限公司	131242.3	北京
72	74	中国华润有限公司	126169.5	香港
75	72	山东能源集团有限公司	122383.2	济南
78	83	中国南方电网有限责任公司	118813.5	广州
81	123	恒力集团有限公司	114664.5	苏州
83	86	中国邮政集团有限公司	112778.5	北京
84	76	国家能源投资集团有限责任公司	112048.7	北京
85	69	厦门建发集团有限公司	110665.6	厦门
93	84	上海汽车集团股份有限公司	105195.7	上海
103	111	华为投资控股有限公司	99470.3	深圳
106	87	中粮集团有限公司	97765.1	北京
108	105	中国电力建设集团有限公司	97034.9	北京
112	113	中国医药集团有限公司	96072.2	北京

续表

2023年排名	2022年排名	公司名称	营业收入（百万美元）	总部所在城市
129	131	中国第一汽车集团有限公司	89485.0	长春
135	132	中国电信集团有限公司	87961.5	北京
138	136	浙江荣盛控股集团有限公司	86535.6	杭州
141	147	腾讯控股有限公司	86028.3	深圳
142	95	厦门国贸控股集团有限公司	85818.8	厦门
143	212	比亚迪股份有限公司	85082.0	深圳
147	150	中国航空工业集团有限公司	82654.1	北京
150	138	物产中大集团股份有限公司	81952.4	杭州
154	161	交通银行股份有限公司	78757.1	上海
157	171	江西铜业集团有限公司	78243.2	贵溪
158	120	中国人民保险集团股份有限公司	78181.7	北京
160	146	中国兵器工业集团有限公司	76506.9	北京
161	157	太平洋建设集团有限公司	76433.0	乌鲁木齐
170	169	陕西煤业化工集团有限责任公司	74776.7	西安
171	222	盛虹控股集团有限公司	74700.8	苏州
173	191	中国保利集团有限公司	73998.5	北京
175	172	山东魏桥创业集团有限公司	73484.5	滨州
179	179	招商银行股份有限公司	71514.6	深圳
181	165	广州汽车工业集团有限公司	71386.1	广州
185	225	浙江吉利控股集团有限公司	70356.8	杭州
186	168	台积公司	69415.8	新竹
187	142	厦门象屿集团有限公司	69286.9	厦门
192	193	北京汽车集团有限公司	67852.2	北京
206	173	万科企业股份有限公司	65789.5	深圳
213	163	晋能控股集团有限公司	63639.8	大同
214	166	中国铝业集团有限公司	63595.4	北京
232	223	兴业银行股份有限公司	59152.3	福州
238	209	中国华能集团有限公司	57890.8	北京
239	256	中国能源建设集团有限公司	57708.1	北京
240	188	东风汽车集团有限公司	57595.9	武汉
243	244	浙江恒逸集团有限公司	57468.0	杭州
248	217	联想集团有限公司	56863.8	香港

续表

2023年排名	2022年排名	公司名称	营业收入（百万美元）	总部所在城市
249	229	河钢集团有限公司	56728.3	石家庄
250	292	宁德时代新能源科技股份有限公司	56632.8	宁德
253	252	中国电子科技集团有限公司	56083.8	北京
256	262	国家电力投资集团有限公司	54484.6	北京
265	257	青山控股集团有限公司	53980.0	温州
267	115	中国远洋海运集团有限公司	53929.6	上海
277	278	美的集团股份有限公司	52789.6	佛山
279	267	中国联合网络通信股份有限公司	52632.3	北京
285	269	陕西延长石油(集团)有限责任公司	51525.9	西安
291	205	绿地控股集团股份有限公司	50897.0	上海
292	260	上海浦东发展银行股份有限公司	50864.5	上海
300	289	金川集团股份有限公司	49900.7	金昌
307	247	中国建材集团有限公司	49088.8	北京
309	272	中国船舶集团有限公司	48890.1	上海
314	320	敬业集团有限公司	48120.0	石家庄
326	279	中国机械工业集团有限公司	46482.2	北京
330	310	浙江省交通投资集团有限公司	45772.0	杭州
331	192	中国太平洋保险(集团)股份有限公司	45759.9	上海
336	323	中国华电集团有限公司	45534.1	北京
340	313	苏商建设集团有限公司	45265.4	上海
343	341	中国兵器装备集团公司	44790.2	北京
351	329	中国民生银行股份有限公司	43553.6	北京
354	351	上海建工集团股份有限公司	43031.1	上海
361	380	广州市建筑集团有限公司	42403.2	广州
364	373	紫金矿业集团股份有限公司	41445.6	龙岩
370	391	深圳市投资控股有限公司	41025.2	深圳
371	283	鞍钢集团有限公司	40684.6	鞍山
375	333	和硕	40356.8	台北
378	363	新希望控股集团有限公司	39988.0	成都
380	381	中国核工业集团有限公司	39632.9	北京
381	431	泰康保险集团股份有限公司	39411.6	北京
383	348	江苏沙钢集团有限公司	39241.3	张家港

续表

2023年排名	2022年排名	公司名称	营业收入（百万美元）	总部所在城市
384	467	美团	39092.5	北京
385	—	奇瑞控股集团有限公司	39091.7	芜湖
394	414	广州工业投资控股集团有限公司	38345.2	广州
397	360	小米集团	38276.8	北京
402	—	杭州市实业投资集团有限公司	37398.0	杭州
407	419	海尔智家股份有限公司	36928.8	青岛
410	411	杭州钢铁集团有限公司	36772.3	杭州
411	438	上海医药集团股份有限公司	36768.8	上海
412	440	山东高速集团有限公司	36743.8	济南
414	427	广东省广新控股集团有限公司	36608.9	广州
415	377	顺丰控股股份有限公司	36502.4	深圳
417	426	广州医药集团有限公司	36309.8	广州
418	396	中国大唐集团有限公司	36266.4	北京
421	395	怡和集团	36049.0	香港
429	—	海亮集团有限公司	35701.8	杭州
435	368	中国电子信息产业集团有限公司	35390.9	深圳
436	389	蜀道投资集团有限责任公司	35379.3	成都
437	356	中国中煤能源集团有限公司	35364.0	北京
438	436	铜陵有色金属集团控股有限公司	35244.5	铜陵
439	453	长江和记实业有限公司	35199.8	香港
442	—	拼多多控股公司	34981.1	上海
444	345	广达电脑公司	34860.2	桃园
446	—	友邦保险控股有限公司	34851.0	香港
451	434	中国中车集团有限公司	34519.7	北京
452	451	上海德龙钢铁集团有限公司	34399.5	上海
458	465	北京建龙重工集团有限公司	34069.6	北京
460	432	陕西建工控股集团有限公司	34060.9	西安
465	378	台湾中油股份有限公司	33903.7	高雄
467	476	通威集团有限公司	33731.3	成都
470	410	首钢集团有限公司	33621.3	北京
471	359	山西焦煤集团有限责任公司	33533.2	太原
472	495	广西投资集团有限公司	33428.1	南宁

续表

2023 年排名	2022 年排名	公司名称	营业收入（百万美元）	总部所在城市
475	466	湖南钢铁集团有限公司	33344.8	长沙
483	483	中国航空油料集团有限公司	32984.2	北京
488	479	立讯精密工业股份有限公司	32758.5	东莞

注：该排行榜于 2024 年 8 月 5 日发布于《财富》。

2024

CHINA' S STATE-OWNED ASSETS SUPERVISION AND ADMINISTRATION YEARBOOK

中国国有资产监督管理年鉴

索引

索　引

使用说明

1. 本索引采用主题索引法编制。除大事记外，年鉴中有实质检索意义的内容均予以标引，以便检索使用。

2. 本索引基本上按汉语拼音音序排列。具体排列方法如下：以数字开头的，排在最前面；汉字标目则按首字的音序、音调依次排列，首字相同时则以第二个字排序，并依此类推。

3. 索引标目后的数字，表示检索内容所在的年鉴正文页码；数字后面的字母 a、b，表示年鉴正文中的栏别，合在一起即指该页码及左、右两个版面区域。年鉴中用图表反映的内容，则在索引标目后面用括号注明（图）（表）字，以区别于文字标目。

4. 为反映索引款目间的隶属关系，对于二级标目，采取在上一级标目下缩二格的形式编排，之下再按汉语拼音音序、音调排列。

0～9（数字）

A

B

C

D

E～F

G

H

J

K

L

M

N

P～Q

R

S

T

W

X

Y

Z

（王彦祥　张若舒　编制）